Dr. E. Koehne

Just's botanischer jahresbericht. Systematisch geordnetes repertorium der botanischen literatur aller länder

Dr. E. Koehne

Just's botanischer jahresbericht. Systematisch geordnetes repertorium der botanischen literatur aller länder

ISBN/EAN: 9783742865137

Hergestellt in Europa, USA, Kanada, Australien, Japan

Cover: Foto ©berggeist007 / pixelio.de

Manufactured and distributed by brebook publishing software
(www.brebook.com)

Dr. E. Koehne

Just's botanischer jahresbericht. Systematisch geordnetes repertorium der botanischen literatur aller länder

Just's
Botanischer Jahresbericht.

Systematisch geordnetes Repertorium

der

Botanischen Literatur aller Länder.

Begründet 1873. Vom 11. Jahrgang ab fortgeführt

und unter Mitwirkung von

v. Dalla Torre in Innsbruck, U. Dammer in Berlin, E. Fischer in Bern, Giltay in Wageningen, C. Günther in Berlin, Hoeck in Friedeberg i. d. Neumark, Jännicke in Frankfurt a. M., Knoblauch in Göttingen, Kohl in Marburg, Kronfeld in Wien, Ljungström in Lund, Matzdorff in Berlin, B. Meyer in Riga, Möbius in Heidelberg, Carl Müller in Berlin, Petersen in Kopenhagen, Pfitzer in Heidelberg, Prantl in Breslau, Solla in Vallombrosa, Sorauer in Proskau, Staub in Budapest, Sydow in Schöneberg-Berlin, Weiss in München, Zahlbruckner in Wien

herausgegeben

von

Dr. E. Koehne

Oberlehrer in Berlin

Sechzehnter Jahrgang (1888).

Zweite Abtheilung:

Palaeontologie. Geographie. Pharmaceutische und technische Botanik. Pflanzenkrankheiten.

BERLIN, 1891.

Gebrüder Borntraeger.

(Ed. Eggers.)

Karlsruhe.
Druck der G. BRAUN'schen Hofbuchdruckerei.

Vorrede.

Wie im vorigen Jahre wird im Folgenden eine Zusammenstellung derjenigen Zeitschriften gegeben, welche für den Jahrgang 1888 (Band XVI) bei der Redaction eingegangen sind; desgleichen werden diejenigen Herren namhaft gemacht, welche Sonderabdrücke ihrer Schriften einzusenden die Güte hatten und für ihre dem Jahresbericht erwiesene Mithülfe den verbindlichsten Dank der Redaction hiermit entgegennehmen mögen.

Von Zeitschriften wurden eingesandt: 1. Ber. üb. d. Thätigk. d. Thier- u. Pflanzenschutzvereins f. d. Herzogthum Coburg, 1888; Ber. 25. Vers. preuss. Bot. Vereins, Insterburg 1886, 26. Vers. preuss. Bot. Ver., Königsberg 1887; Bot. G. XIII; B. S. B. France XXXVI; B. S. L. Paris n. 91, 95, 96; B. Torr. B. C. XV; Bull. Bot. Departm. State Agric. College Jowa 1888 (B. D. Halsted); La Cellule IV, 2; Hedwigia XXVII; Journ. de botanique II (2 Exempl.); Journ. of mycology IV; Mitth. geogr. Ges. f. Thür. zu Jena VI, 3, 4, v. VII, 1, 2; Revue bryologique XV; Schles. Ges. für 1887; Schr. Danzig, neue Folge, VII, 1; Sess. cryptog. des Soc. bot. et mycolog. de France 1887.

Exemplare ihrer Schriften sandten folgende Verfasser (bezw. deren Verleger): T. F. Allen, H. M. Ami, P. Ascherson, J. A. Bäumler, G. Ritter von Beck, J. Boehm, Th. Bokorny, N. L. Britton, J. Brunchorst, F. Buchenau, E. Bucherer, A. Burgerstein, M. Büsgen, D. Clos, F. Cohn, J. M. Coulter, F. Crépin, U. Dammer, F. Delpino, P. Dietel, Eliot, A. Ernst, L. Erréra, O. Geise, A. Gray, H. Hager, B. D. Halsted, F. A. Haszlinsky, E. Heinricher, P. Hennings, R. Hess, W. F. Hillebrand, R. Hintz, E. Horn, M. Hovelacque, E. Huth, W. Jännicke, T. Johnson, K. F. Jordan, Junker, L. Just, G. Karsten, A. Kerner Ritter von Marilaun, O. Kirchner, H. Klebahn, E. Knoblauch, P. Knuth, A. Koch, L. Koch, F. Th. Koeppen, P. Koturnitzky, J. Kündig, H. Leitgeb, M. Lierau, G. Lindau, H. Lindemuth, O. Loebel, F. Ludwig, P. Magnus, M. Marlet, M. Meissner, A. Meunier, A. Meyer, B. Meyer, C.

Mez, R. Mittmann, J. W. Moll, Baron F. v. Müller, N. J. C. Müller, G. Oertel, F. W. Oliver, H. Pammel, J. Peyritsch, E. Pfitzer, H. Potonié, P. Prahl, N. Pringsheim, Rabenhorst's Kryptogamen-Flora IV, 8—10, H. Rodewald, P. Roeseler, J. N. Rose, H. H. Rusby, M. C. Sauvageau, R. Schäfer, A. Scherffel, H. Schinz, J. Schrodt, O. Schultz, Aug. Schulz, K. Schumann, C. Schwalb, S. Schwendener, D. H. Scott, J. Donnell Smith, R. F. Solla, M. Staub, J. Ritter von Szyszylowicz, P. J. Teitz, F. Thomas, G. B. de Toni, W. Trelease, P. Vuillemin, H. Wager, J. H. Wakker, M. Westermaier, R. von Wettstein, A. Wieler, de Wildeman, M. Willkomm, F. Wönig, A. Zahlbruckner.

Berlin, im Februar 1891.

Dr. E. Koehne.
Friedenau, Kirchstr 5.

Inhalts-Verzeichniss.

Systematische Uebersicht des Inhalts.

Verzeichniss der Abkürzungen für die Titel von Zeitschriften.

A. A. Torino = Atti della R. Accademia delle scienze, Torino.

Act. Petr. = Acta horti Petropolitani.

A. Ist. Ven. = Atti del R. Istituto veneto di scienze, lettere ed arti, Venezia.

A. S. B. Lyon = Annales de la Société Botanique de Lyon.

Amer. J. Sc. = Silliman's American Journal of Science.

B. Ac. Pét. = Bulletin de l'Académie impériale de St.-Pétersbourg.

Belg. hort. = La Belgique horticole.

Ber. D. B. G. = Berichte der Deutschen Botanischen Gesellschaft.

B. Ort. Firenze = Bullettino della R. Società toscana di Orticultura, Firenze.

Bot. C. = Botanisches Centralblatt.

Bot. G. = J. M. Coulter's Botanical Gazette, Crawfordsville, Indiana.

Bot. J. = Botanischer Jahresbericht.

Bot. N. = Botaniska Notiser.

Bot. T. = Botanisk Tidskrift.

Bot. Z. = Botanische Zeitung.

B. S. B. Belg. = Bullet. de la Société Royale de Botanique de Belgique.

B. S. B. France = Bulletin de la Société Botanique de France.

B. S. B. Lyon = Bulletin mensuel de la Société Botanique de Lyon.

B. S. L. Bord. = Bulletin de la Société Linnéenne de Bordeaux.

B. S. L. Paris = Bulletin mensuel de la Société Linnéenne de Paris.

B. S. N. Mosc. = Bulletin de la Société impériale des naturalistes de Moscou.

B. Torr. B. C. = Bulletin of the Torrey Botanical Club, New-York.

Bull. N. Agr. = Bullettino di Notizie agrarie. Ministero d'Agricoltura, Industria e Commercio, Roma.

C. R. Paris = Comptes rendus des séances de l'Académie des sciences de Paris.

D. B. M. = Deutsche Botanische Monatsschrift.

E. L. = Erdészeti Lapok. (Forstliche Blätter. Organ des Landes-Forstvereins Budapest.)

Engl. J. = Engler's Jahrbücher für Systematik, Pflanzengeschichte und Pflanzengeographie.

É. T. K. = Értekezések a Természettudományok köréből. (Abhandlungen a. d. Gebiete der Naturwiss. herausg. v. Ung. Wiss. Akademie Budapest.)

F. É. = Földmivelési Érdekeink. (Illustrirtes Wochenblatt für Feld- u. Waldwirthschaft, Budapest.)

F. K. = Földtani Közlöny. (Geolog. Mittheil., Organ d. Ung. Geol. Gesellschaft.)

Forsch. Agr. = Wollny's Forschungen auf dem Gebiete der Agriculturphysik.

Fr. K. = Földrajzi Közleményék. (Geographische Mittheilungen. Organ der Geogr. Ges. von Ungarn. Budapest.)

G. Chr. = Gardeners' Chronicle.

G. Fl. = Gartenflora.

J. de B. = Journal de botanique.

J. of B. = Journal of Botany.

Jahrb. Berl. = Jahrbuch des Königl. botan. Gartens und botan. Museums zu Berlin.

J. de Micr. = Journal de micrographie.

J. L. S. Lond. = Journal of the Linnean Society of London, Botany.

J. R. Micr. S. = Journal of the Royal Microscopical Society.

K. L. = Kertészeti Lapok. (Gärtnerzeitung.) Budapest.

Mem. Ac. Bologna = Memorie della R. Accademia delle scienze dell' Istituto di Bologna.

Mitth. Freib. = Mittheilungen des Botanischen Vereins für den Kreis Freiburg und das Land Baden.

M. K. É. = A Magyarországi Kárpátegyesület Évkönyve. (Jahrbuch des Ung. Karpathenvereins, Igló.)

M. K. I. É. = A m. Kir. meteorologiai és földdelejességi intézet évkönyvei. (Jahrbücher der Kgl. Ung. Central-Anstalt für Meteorologie und Erdmagnetismus, Budapest.)

Mlp. = Malpighia. Messina.

M. N. L. Magyar Növénytani Lapok. (Ung. Bot. Blätter, Klausenburg, herausg. v. A. Kánitz.)

Mon. Berl. = Monatsberichte der Königl. Akademie der Wissenschaften zu Berlin.

M. Sz. = Mezőgazdasági Szemle. (Landwirthschaftl. Rundschau, red. u. herausg. v. A. Cserháti u. Dr. T. Kossutányi. Magyar-Óvár.)

M. T. É. = Mathematikai és Természettud. Értesítö. (Math. und Naturwiss Anzeiger, herausg. v. d. Ung. Wiss. Akademie.)

M. T. K. = Mathematikai és Természettudományi Közlemények vonatkozólag a hazai viszonyokra. (Mathem. und Naturw. Mittheilungen mit Bezug auf die vaterländischen Verhältnisse, herausg. von der Math. u. Naturw. Commission der Ung. Wiss. Akademie.)

N. G. B. I. = Nuovo giornale botanico italiano, Firenze.

Oest. B. Z. = Oesterreichische Botan. Zeitschrift.

O. H. = Orvosi Hetilap. (Medicinisches Wochenblatt). Budapest.

O. T. É. = Orvos-Természettudományi Értesitö. (Medicin.-Naturw. Anzeiger: Organ des Siebenbürg. Museal-Vereins, Klausenburg.)

P. Ak. Krak. = Pamiętnik Akademii Umiejętności. (Denkschriften d. Akademie d. Wissenschaften zu Krakau.)

P. Am. Ac. = Proceedings of the American Academy of Arts and Sciences, Boston.

P. Am. Ass. = Proceedings of the American Association for the Advancement of Science.

P. Fiz. Warsch. = Pamiętnik fizyjograficzny. (Physiographische Denkschriften d. Königreiches Polen, Warschau.)

Ph. J. = Pharmaceutical Journal and Transactions.

P. Philad. = Proceedings of the Academy of Natural Sciences of Philadelphia.

Pr. J. = Pringsheim's Jahrbücher für wissenschaftliche Botanik.

P. V. Pisa = Atti della Società toscana di scienze naturali, Processi verbali, Pisa.

R. Ak. Krak. = Rozprawy i sprawozdania Akademii Umiejętności. (Verhandlungen und Sitzungsberichte der Akademie der Wissenschaften zu Krakau.)

R. A. Napoli = Rendiconti della Accademia delle scienze fisico-matematiche, Napoli.

Rass. Con. = Nuova Rassegna di viticoltura ed enologia della R. Scuola di Conegliano.

Rend. Lincei = Atti della R. Accademia dei Lincei, Rendiconti, Roma.

Rend. Milano = Rendiconti del R. Ist. lombardo di scienze e lettere, Milano.

Schles. Ges. = Jahresbericht der Schlesischen Gesellschaft für vaterländische Cultur.

S. Ak. München. = Sitzungsberichte der Königl. Bayerischen Akademie der Wissenschaften zu München.

S. Ak. Wien = Sitzungsberichte der Akademie der Wissenschaften zu Wien.

S. Gy. T. E. = Jegyzökönyvek a Selmeczi gyógyszerészeti és természettudományi egyletnek gyüléseiről. (Protocolle der Sitzungen des Pharm. und Naturw. Vereins zu Selmecz.)

S. Kom. Fiz. Krak. = Sprawozdanie komisyi fizyjograficznéj. (Berichte der Physiographischen Commission an der Akademie der Wissenschaften zu Krakau.)

Sv. V. Ak. Hdlr. = Kongliga Svenska Vetenskaps-Akademiens Handlingar, Stockholm.

Sv. V. Ak. Bih. = Bihang till do. do.

Sv. V. Ak. Öfv. = Öfversigt af Kgl. Sv. Vet.-Akademiens Förhandlingar.

T. F. = Természetrajzi Füzetek az állat-, növény-, ásvány-és földtan köréböl. (Naturwissenschaftliche Hefte etc., herausg. vom Ungarischen National-Museum, Budapest.)

T. K. = Természettudományi Közlöny. (Organ der Königl. Ungar. Naturw. Gesellschaft, Budapest.)

T. L. = Turisták Lapja. (Touristenzeitung.) Budapest.

Tr. Edinb. = Transactions and Proceedings of the Botanical Society of Edinburgh.

Tr. N. Zeal. = Transactions and Proceedings of the New Zealand Institute. Wellington.

T. T. E. K. = Trencsén megyei természettudományi egylet közlönye. (Jahreshefte des Naturwiss. Ver. des Trencsiner Comitates.)

Tt. F. = Természettudományi Füzetek. (Naturwissenschaftliche Hefte, Organ des Südungarischen Naturw. Ver., Temesvár.)

Verh. Brand. = Verhandlungen des Botanischen Vereins der Provinz Brandenburg.

Vid. Medd. = Videnskabelige Meddelelser.

V. M. S. V. H. = Verhandlungen und Mittheilungen d. Siebenbürg. Ver. f. Naturwiss. in Hermannstadt.

Z. öst. Apoth. = Zeitschrift des Allgemeinen Oesterreichischen Apothekervereins.

Z.-B. G. Wien = Verhandlungen der Zoologisch-Botanischen Gesellschaft zu Wien.

XV. Allgemeine Pflanzengeographie und Pflanzengeographie aussereuropäischer Länder.

Berichterstatter: F. Höck.

Uebersicht:

I. Allgemeine Pflanzengeographie. R. 1—259.

II. Pflanzengeographie aussereuropäischer Länder.[1]) R. 260—508.

Alphabetisches Verzeichniss der berücksichtigten Arbeiten (für beide Theile).

1. **Adlam**, R. W. Cold Weather in Natal. (G. Chr., ser. 3, vol. 4, 1888, p. 237—238). (R. 55.)

*2. — Bulb Cultivation in Natal. (G. Chr., ser. 3, vol. 3, 1888, p. 775.)

*3. — A Visit to the Durban Botanic Gardens. (G. Chr., ser. 3, vol. 3, 1888, p. 299—300.)

*4. — Natal Notes. (G. Chr., ser. 3, vol. 3, 1888, p. 557.)

*5. — Natal Notes. (G. Chr., ser. 3, vol. 3, 1888, p. 649.)

*6. Alavaill, E. Richesses agricoles et forestières du Tonkin. Paris (Challamel et Co.), 1888. 48 p. 8°.

7. Alfaro, A. Lista de los Plantas encontradas hasta ahora en Costa Rica y en los Territorios limitrofes, extractada de la Biologia Centrali Americana. (Anales del Museo Nacional de la Republica de Costa Rica 3d Part, 4°, p. 101, 1887. — Cit. u. ref. nach B. Torr. B. C., XV, 1888, p. 298.) (R. 290.)

8. Amadeo, A. J. The Botany and Vegetable Materia medica of the Island of Porto-Rico. (Ph. J., 3. ser., vol. 18. London, 1888. p. 761—762, 881—882, 906—907.) (R. 308).

9. Ami, H. M. Flora Temiscouatensis. (B. Torr. B. C., XV, 1888, p. 134—136.) (R. 388.)

---

[1]) Im Wesentlichen ist die Eintheilung Drude's in Florenreiche (Berghaus physik. Atlas) zu Grunde gelegt. Ueber einige kleinere Abweichungen vergleiche bei den einzelnen Gebieten. Daselbst sind auch die jedem Florenreich zugehörigen Gebiete genannt.

[2]) Als Ergänzung zu 9 und 19 ist der Bericht über Pflanzengeographie von Europa anzusehen, der von einem anderen Berichterstatter geliefert wird.

*10. Andersson, G. Bericht über die neuesten Untersuchungen der Torfmoore, Kalktuffe und Süsswasserablagerungen mit besonderer Rücksicht auf die Einwanderung der skandinavischen Vegetation. (Bot. C., XXXIV, 1888, p. 350—351.)
11. Arnold, J. S. Notes on the Flora of the Upper Chemung Valley. (B. Torr. B. C., XV, 1888, p. 131—133). (R. 395.)
12. Ascherson, P. Briefe. (Verh. Brand., XXVII, 1888, p. VII—XI.) (R. 497.)
13. — Die geographische Verbreitung der Seegräser. (Anleitung zu wissenschaftlichen Beobachtungen auf Reisen, in Einzelabhandlungen, herausgegeben von G. Neumayer. 2. Aufl., Bd. 2, p. 191—212.) (R. 266.)
14. Bach, C. Beerenobstcultur in Baden. (G. Fl., XXXVII, 1888, p. 573.) (R. 128.)
15. Bachmetieff, B. E. Meteorologische Beobachtungen, ausgeführt am meteorologischen Observatorium der landwirthschaftlichen Akademie bei Moskau. Das Jahr 1885 — erste Hälfte. Moskau, 1885. (R. 37.)
16. Baichère, E., Abbé de. Note sur la végétation des environs de Carcassonne. (B. S. B. France, XXXV, 1888, session extraordinaire, p. XXVIII—XXXV.) (R. 19.)
17. Bailey, F. M. Queensland woods. (Catalogue of the indegenous woods contained in the Queensland Court, Colonial and Indian exhibition of 1886, with a brief popular description of the trees, their distribution, qualities, uses of timber etc., 8⁰, 86 p. — Cit. u. ref. nach Bot. C. XXXV, 1888, p. 15—16.) (R. 441.)
18. Bailey, L. H. The block maple. (Bot. G., XIII, 1888, p. 213—214.) (R. 363).
19. — Carex notes from the British Museum. (J. of B., XXVI, 1888, p. 321—323.) (R. 398 Z.)
20. — Notes on Carex. (Bot. G., XIII, 1888, p. 82—89.) (R. 398 B.)
21. Baillon, H. Types nouveaux d'Apocynacées (suite de la page 752). (B. S. L. Paris, n. 95, 1888, nov., p. 757—760.) (R. 431 u. 467.)
22. — Le genre Newtonia. (B. S. L. Paris, n. 91, févr. 1888, p. 721—722.) (R. 485 d.)
23. — Remarques sur le genre Thenardia. (B. S. L. Paris, n. 96, déc. 1888, p. 763—768.) (R. 432 x.)
24. Baker, E. G. On a new Species of Cytinus from Madagascar constituting a new Section of that Genus. (J. L. S. Lond., XXIV, 1888, p. 465—469.) (R. 471 f.)
25. Baker, J. G. Handbook of the Amaryllideae, including the Alstroemericeae and Agaveae. (London, 1888, 216 p., 8⁰.) (R. 95.)
26. — A Synopsis of Tillandsieae. (J. of B., XXVI, 1888, p. 13—17, 39—50, 79—82, 104—111, 137—144, 167—172.) (R. 284.)
27. — Agave (Euagave) Baxteri Baker n. sp. (G. Chr., ser. 3, vol. 3, 1888, p. 392.) (R. 311 D.)
28. — Aloe (Eualoe) longiflora Baker n. sp. (G. Chr., ser. 3, vol. 4, p. 736.) (R. 467 c.)
29. — Aloe (Eualoe) penduliflora Baker n. sp. (G. Chr., ser. 3, vol. 4, p. 178.) (R. 485 i.)
30. — Albuca (Leptostyla) Allenae Baker n. sp. (G. Chr. ser. 3, vol. 3, 1888, p. 10.) (R. 485 h.)
31. — Lilium (Archelirion) Henryi Baker n. sp. (G. Chr., ser. 3, vol. 4, p. 660.) (R. 424 f.)
32. Balfour, J. B. Botany of Socotra. (Tr. Edinb., vol. 31. Edingburgh, 1888. 75. 446 p. 100 Taf. 1 Karte.) (R. 484.)
*33. Ballair, G. A. Principes de la culture des plantes pour la production des graines; conservation, amélioration des races et renseignements pratiques pour la culture des porte-graines de nos principaux légumes. Compiègne (Mennaier), 1888. 14 p. 8⁰.
34. Balland. La Cephalaria syriaca. Sur la présence des graines de Cephalaria syriaca dans les blés. (Revue du service de l'intendance militaire, 1. année, 2. u. 3. livr. Paris 1888. Ref. nach Journ. de Pharmacie et de Chimie, 5. sér., t. 18. Paris, 1888. p. 156, 157.) (R. 486 a.)
35. Band, H. A hazai flora kiválóbb növényeinek ismertetése kulturája, alkalmazása és termőhelye (Die Beschreibung, Cultur, Verwendung und der Standort der her-

vorragenderen Pflanzen der heimischen Flora. (Kerté szeti Lapok. Budapest, 1888. III. Jahrg. p. 62—66, 93—97, 120—122, 147—149, 172—174 [Ungarisch].) (R. 111.)

*36. Barfus, E. v. Die Kaffeecultur in Menado. (Ausland, 1888, p. 710—711.)

37. Baron, R. On the Flora of Madagascar. (Rep. 58. Meet. Brit. Ass. Adv. Science, Bath 1888. London, 1889. p. 724—726.) (R. 468.)

38. — Eine Reise durch das nordwestliche Madagascar. (Mitth. d. geogr. Ges. zu Jena, VII, 1888, p. 1—17.) (R. 470.)

39. Barradas, F. Breves apuntes sobre la familia de las Leguminosas. (Memorias della Societad cientifica Antonio Alzate, t. 1, p. 130. Mexico, 1887. — Ref. nach B. S. B. France, XXXV, rev. bibliogr. p. 35.) (Ref. 125.)

40. Basaroff, A. J. Der grösste Wachholder in der Krujm. (Bote für Gartenbau etc., No. 9, p. 135—136. Mit Abbildung. St. Petersburg, 1889.) (R. 256.)

41. Battandier, J. A. Note critique sur quelques espèces méditerranéennes. (Ass. fr. pour l'av. d. Sc., 16. sess. 1. P. Paris, 1887. p. 247. 2. P. Paris, 1888. p. 567—572. Taf. 18.) (R. 486c.)

42. — Note sur quelques plantes d'Algérie rares ou nouvelles. (B. S. B. France, XXXV, 1888, p. 385—393.) (R. 486e. u. 508c.)

*43. — Notes sur quelques plantes rares ou critiques. Paris (Chaix), 1888. 4 p. 8° avec fig.

44. Battandier et Trabut. Excursion botanique dans le Sud de la Province d'Oran. (B. S. B. France, XXXV, 1888, p. 338—348.) (R. 487.)

45. — — Flore d'Algerie, ancienne Flore d'Alger, contenant la description de toutes les plantes signalées jusqu'à ce jour comme spontanées en Algérie. — Dicotylédones par Battandier; 1er fascicule: Thalamiflores. Un volume grand in —8°, broché. Prix 4 francs. Alger, chez Adolphe Jourdan. Paris, librairie Savy, 1888. (Cit. und Ref. nach B. S. B. France, XXXV, 1888, revue bibliogr., p. 153—154.) (R. 486d.)

46. Beal, W. J. Comparison of the Flora of eastern and western Michigan in the latitude of 44°, 40'. (Bot. G., XIII, 1888, p. 238—239.) (R. 398U.)

47. — Observations on the succession of forests in northern Michigan. (Bot. G., XIII, 1888, p. 239—240.) (R. 398V.)

48. — Flora of the jack pine plains of Michigan. (Proceed. of the Society for the Promotion of Agricultural Science for the 1888 meeting. — Ref. nach Bot. G., XIII, 1888, p. 328.) (R. 362.)

*49. Beauchamp, W. M. Onondaga Plant Names. (B. Torr. B. C., XV, 1888, p. 214.)

*50. — Onondaga Indian Names of Plants. (B. Torr. B. C., XV, 1888, p. 262—266.)

*51. — Erythraea Centaurium from the original station at Oswego, N. Y. (Bot. G., XIII, 1888, p. 231.)

*52. Beaurredon, J. La culture de la vigne dans l'antiquité. Dax (Labèque), 1888. 19 p. 8°.

53. Bebb, M. S. Notes on North American Willows, with a description of new or imperfectly known species. (Bot. G., XIII, 1888, p. 109—112, 186—187.) (R. 398O.)

54. — White Mountain Willows. I. (B. Torr. B. C., XV, 1888, p. 121—125, Plate LXXXI.) (R. 403.)

55. Becalli, A. Idesia polycarpa. (B. Ort. Firenze, an. XIII, p. 42—43.) (R. 197.)

56. Beccari, O. Nuove specie di palme recentemente scoperte alla Nuova Guinea. (N. G. B. J., vol. XX, 1888, p. 177—180.) (R. 432v.)

57. Beck, G., Ritter v. Schicksale und Zukunft der Vegetation Niederösterreichs. (Vortrag, gehalten am 23. März 1888. Sep.-Abdr. aus den Blättern d. Vereins f. Landeskunde von Niederösterreich, 1888. 10 p. 8°.) (R. 77.)

58. — Itinera principum S. Coburgi. Die botanische Ausbeute von den Reisen Ihrer Hoheiten der Prinzen von Sachsen-Coburg-Gotha. U. s. w. Mit Benützung des

handschriftlichen Nachlasses Heinrich Ritter Wawra von Fernsee. 2. Th. Wien, 1888, VI, 205 p., 18 Taf. (R. 311f., 398M., 432d., 432C., 450c.)

59. Beck, G., Ritter v. Bericht über die botanischen Ergebnisse der Expedition. (Philipp Paulitschke. Harar. Leipzig, 1888. p. 450—462. 1 Doppeltafel.) (R. 480.)

60. — Flora des Stewart-Atolls im Stillen Ocean. (Ann. d. K. K. nat.-hist. Hofmuseums, Bd. 3. Wien, 1888, p. 251—256.) (R. 431g.)

61. Becker, L. Der türkische Weizen und der Mais in geschichtlicher Hinsicht. (Natur, XXXVII, 1888, p. 97—99, 124—127, 133—135, 160—163, 186—188, 223, 236, 247—248.) (R. 148.)

*62. Benecke, F. Die verschiedenen Sesamarten und Sesamkuchen des Handels. (Pharmaceutische Centralhalle, 1887, No. 44, p. 545—551. — Vgl. Bot. C., XXXIV, 1888, p. 272—273.)

*63. — Lallemantia Iberica, eine neue Oelpflanze. (Zeitschr. f. Nahrungsmitteluntersuchung u. Hygiene, 1887, No. 12, p. 237—244. Mit 5 Holzschnitten. — Ref. in Bot. C., XXXIV, 1888, p. 366—367.)

*64. Bennet, H. Pinus canariensis, a lime-loving Conifer. (G. Chr., ser. 3, vol. 4, 1884, p. 39.)

65. Bennett, J. L. Plants of Rhode Island, being an enumeration of plants growing without cultivation in the State of Rhode Island. (8⁰. p. 128, Proc. Providence Franklin Soc., 1888. — Cit. u. Ref. nach B. Torr. B. C., XV, 1888, p. 290.) (R. 392.)

66. Berthold, F. J. Pflanzenphänologie im Dienste der Klimatologie und deren Bedeutung für die Interessen des Gartenbaues. (Neubert's deutsches Gartenmagazin, XLI, 1888, p. 342—348.) (R. 25.)

67. Bessey, C. E. Botanical Work in Minnesota. (Amer. Naturalist, vol. 22. Philadelphia, 1888. p. 66—67.) (R. 398T.)

68. — The Eastward Extension of Pinus ponderosa Douglas var. scopulorum. (Amer. Naturalist, vol. 21. Philadelphia, 1887. p. 928—929.) (R. 360.)

69. — The Iron-Wood Tree in the Black Hills. (Amer. Naturalist, vol. 21. Philadelphia, 1887. p. 929.) (R. 319.)

70. Birndt, C. Wanderungen von Pflanzen. (Natur, XXXVII, 1888, p. 512.) (R. 74.)

71. Boccaccini, C. Prima nota sulla resistenza alla stagione e sulla precocità di alcune piante dei pressi di Cuneo. (N. G. B. J., vol. XX, 1888, p. 414—417.) (R. 381.)

72. Bodola, L. A rizstermelésről Magyarországon (Die Reiscultur in Ungarn. (T. K., Budapest, 1888, Bd. XX, p. 178—183. [Ungarisch.]) (R. 149.)

72a. Böckeler, O. Beiträge zur Kenntniss der Cyperaceen. Heft I. Cyperaceae novae. (Varel, 1888. 53 p. 8⁰.) (Ref. in Bot. C., XXXVI, 1888, p. 360—364.) (R. 96.)

*73. Boëry, P. Les plantes oléagineuses, huiles et tourteaux; les plantes alimentaires des rég. intertrop.: cacao, café, canne à sucre etc. (Pet. bibl. scient.) Paris (Baillière et fils), 1888. 160 p. 8⁰ avec. fig.

74. Boissier, Edmond. Flora orientalis etc. Supplementum ed. R. Buser. (Genf, Basel, Lyon, 1888. XXXIII, 466 p., 1 Bildn., 5 Abb., 1 Plan.) (R. 498 und 508d—f.)

*75. Boldi, M. Confronti economici sull' impianto della vigna in Puglia. (Boll. d. Soc. generale dei viticolt. italiani, an. III. Roma, 1888. gr. 8⁰. p. 80—95, 218—222.) — (Oeconomische Werthschätzungen des Weinbaues im Gebiete von Ceriguola, für 8 verschiedene Anbausysteme.)

75a. Bolus, H. Grundzüge der Flora von Südafrika. Aus dem Englischen übertragen von Dr. O. Kersten. Mit einem Anhang über die wichtigsten Nutzhölzer Südafrikas. Leipzig, 1888. 43 p. 8⁰. (R. 457.)

76. Bonnet, E. et Maury, P. D'Aïn-Sefra à Djenien-Bou-Resq. Voyage botanique dans le Sud Oranais. (Journ. de Bot., II, 1888, p. 277—301, 312—322.) (R. 488.)

77. Bonnier, G. Étude experimentale de l'influence du climat alpine sur la végétation et les functions des plantes. (B. S. B. France, XXXV, 1888, p. 436—439.) (R. 49.)

78. Borbás, V. A hazai fenyvek magyar nevei (Die ungarischen Namen der Nadelhölzer). (T. K. Budapest, 1888. Bd. XX, p. 23—29. [Ungarisch.]) (R. 241.)

79. Bordage, E. La dissémination des plantes. (Revue scient., 3. sér., t. 13. Paris, 1887. p. 428—432.) (R. 59.)

80. Borggreve, B. Die Verbreitung und wirthschaftliche Bedeutung der wichtigeren Waldbaumarten innerhalb Deutschlands. (Forsch. zur deutschen Landes- u. Volkeskunde, III. Stuttgart, 1889. 31 p. 8°.) (R. 188.)

81. Bornmüller, J. (Oest. B. Z., XXXVIII, 1888, p. 397—398.) (R. 501.)

*82. — Populus Steiniana Bromllr. (P. alba × P. nigra.) (G. Fl., XXXVII, 1888, p. 173—177.)

*83. Bornmüller, R. Erinnerungen eines deutschen Gärtners an Texas. (Neubert's Deutsches Gartenmagazin, XLI, 1888, p. 140—143, 167—170, 261—264, 290—293.)

84. Brandeger, T. S. Flora of the Santea Barbara Islands. (Reprint from Proc. Cal. Acad. Sci., 2d ser., Part. 2, p. 201—226. Issned, Oct. 1888. — Ref. nach Bot. G., XIII, 1888, p. 303.) (R. 336.)

85. Braun, J. Ein japanesischer Pfirsich. (Neubert's Deutsches Gartenmagazin, XLI, 1888, p. 355—358.) (R. 141.)

86. Brecher. Ueber Anbau von Acer (Negundo) californicum. (Allg. Forst- u. Jagd-Ztg., N. F., 64. J. Frankfurt a. M., 1888, p. 238.) (R. 191.)

*87. Breedemeier, H. Freesia refracta F. W. Klatt var. alba hort. Ein schöner Winterblüher. (G. Fl., XXXVII, 1888, p. 412—414.)

88. Breitfeld, A. Der anatomische Bau der Blätter der Rhododendroideae in Beziehung zu ihrer systematischen Gruppirung und ihrer geographischen Verbreitung. (Engl. J., IX, 1888, p. 319—379.) (R. 99.)

*89. Brendel, F. Flora Peoriana. The vegetation in the Climate of Middle Illinois. Peoria (Ill.), 1887. Erlangen (Merkel), 1888. p. 89. 8°.

90. Brick, C. Beiträge zur Biologie und vergleichenden Anatomie der baltischen Strandpflanzen. (Schriften der naturforschenden Gesellschaft in Danzig, VII, 1888, p. 108—155.) (R. 17.)

91. Britton, Dr. N. L. A small collection of plants made by Mr. S. Rusby in June 1887. (B. Torr. B. C., XV, 1888, p. 57—58.) (R. 347.)

*92. — Our Native Pines. (Staten Isl'd, Mag. I, 14—16. — Cit. nach B. Torr. B. C., XV, 1888, p. 224.)

93. — A Revision of the North American Species of the Genus Scleria. (Annals of the New-York Ac. of Sc., vol. 3. New-York, 1883—1885. p. 228—237.) (Ref. 333.)

94. Britton, Dr. N. L. and Rusby, H. H. A list of Plants collected by Miss Mary B. Croft 1884—1885 at San Diego Texas, near the Headwaters of the Rion Dulce. (Transaction of the New-York Academy of Sciences, vol. VII, 1887—1888, p. 7—14.) (R. 352 u. 398 S.)

95. Britton, Dr. N. L. The Genus Disporum, Salisb. (B. Torr. B. C., XV, 1888, p. 187—188.) (R. 104.)

96. — New or Noteworthy American Phanerogams. (B. Torr. B. C., XV, 1888, p. 97—104.) (R. 272.)

97. — The Genus Hicoria of Rafinesque. (B. Torr. B. C. XV, 1888, p. 277—285.) (R. 331.)

98. — Notes on the Flora of the Kittatiny Mountains. (P. Am. Ass., XXXVI, 1888, p. 272.) (R. 386.)

*99. — Juncus Balticus, collected at New Dorp, and new to the local flora. (B. Torr. B. C., XV, 1888, p. 204.)

*100. — Artemisia Stelleriana Besser from several points along the coast. (B. Torr. B. C., XV, 1888, p. 328.)

101. — Echinocystis. (B. Torr. B. C., XV, 1888, p. 302.) (R. 330.)

*102. — Introduction of Nelumbo speciosa Willd. into ponds and streams in Mercer and Burlington counties N. J. (B. Torr. B. C., XV, 1888, p. 176.)

103. Britton, Dr. N. L. Viola tenella Muhl (Eb.). (R. 385).
*104. Britton, Mrs. Trifolium incarnatum and T. hybridum from New Dorp, Staten Island. (B. Torr. B. C., XV, 1882, p. 204.)
105. Brown, N. E. Disa lacera Sw. and var. multifida N. E. Br. (n. var.). (G. Chr., ser. 3, vol. 4, p. 664.) (R. 460.)
106. — Ficus Canoni N. E. Br. n. sp. (G. Chr., ser. 3, vol. 3, 1888, p. 9—10.) (R. 432z.)
107. — Veronica Cupressoides and its allies. (G. Chr., ser 3, vol. 3, p. 20—21.) (R. 452.)
*108. — Veronica lycopodioides. (Eb., p. 118.)
109. — Catasetum pulchrum N. E. Brown. (G. Chr., ser. 3, vol. 3, 1888, p. 10.) (R. 311b.)
*110. Brunt, Mr. van. Polemonium coeruleum growing in abundace at Balsam Lake, Catskill Mountains, being another station for a plant extremely rare east of the Alleghanies. (B. Torr. B. C., XV, 1888, p. 328.)
111. Buck, E. C. Shrub for Slope. (G. Chr., ser. 3 vol. 3, 1888, p. 653—654.) (R. 425.)
*112. Buhse, F. Dendrologischer Leitfaden zur Bestimmung der in Liv-, Kur- und Estland am häufigsten angepflanzten Bäume und Sträucher. (Herausgegeben vom Riga'schen Gartenbauverein. 61 Seiten mit 2 Taf. Riga, 1887.)
*113. Burbidge, F. W. Hardy fruit trees. (G. Chr., ser. 3, vol. 3, p. 615—616.)
114. Bureau, E. Sur un Fignier à fruits souterrains. (Journ. de Bot., II, 1888, p. 213—216.) (R. 419.)
115. Calloni, Silvio. Naturalisation du Commelina communis L. près de Lugano. (Bibl. univ. Archives des sc. phys. et natur., 3. pér., t. 18. Genève, 1887. p. 180—197.) (R. 84.)
116. Camena d'Almeida, P. Le rôle et les effets climatogiques des forêts. (Revue de géographie 11. ann. tom. 22. Paris, 1888. p. 20—27.) (R. 58.)
117. Canby, C. W. Erigeron Tweedyi n. sp. (Bot. G., XIII, 1888, p. 17.) (R. 398Q.)
118. Candolle, C. de. Plantae Lehmannianae in Guatamala, Costarica, Columbia, Ecuador etc. collectae Piperaceae. (Secundum ordinem in DC. Prodromo, vol. XVI, t. 1, institutum digestae. — Engl. J., X, p. 286—290.) (R. 311n.)
119. Carruthers, W., Weldon, W. F. R, Baker, J. G., Murray, G. M. and Thiselton-Dyer, W. T. Report of the Committee, appointed for the purpose of exploring the Flora of the Bahamas. (Rep. 58 Meet. Brit. Ass. Adv. Science, Bath, 1888. London, 1889. p. 361—363.) (R. 309.)
*120. Carthy, J. M. Das heutige Siam und seine Zustände. (Ausland, 1888, p. 349—352, 373—377.)
121. Ćelakowsky, L. Ueber einige orientalische Pflanzenarten. (Oest. B. Z., XXXVIII, 1888, p. 6—10, 44—48, 83—86.) (R. 508g.)
122. Cettolini, S. La vite ed il sus clima. (L'Italia agricola, an. XX. Milano, 1888. 4⁰. p. 37—40, 53—55, 68—70.) (R. 171.)
*123. Chapellier. Sur les Iguames. (Bull. Soc. nationale d'acclimatation, 5 avril 1888. Tirage à part de 8 pages in 8⁰. — Cit. nach B. S. B. France, XXXV, 1888; Revue bibliogr., p. 102.)
124. Chickering, J. W. Some Maine plants. (Bot. G., XIII, 1888, p. 322.) (R. 337.)
*125. Chitty, W. Bee-Plants for large Bee Farms. (G. Chr., ser. 3, vol. 3, p. 86).
125a. Chodat, Robert. Notice sur les Polygalacées et Synopsis des Polygala d'Europe et d'Orient. (Bibl. univ. Arch. des sc. phys. et nat., 3. pér., t. 18. Genève, 1887. p. 281—299.) (R. 98.)
126. Clarke, C. B. On Panicum supervacuum sp. nova. (J. L. S. Lond., XXIV, 1888, p. 407—408.) (R. 432g.)
127. Claypole, K. B. On Some Inaccuracies in De Candolle's „Cultivated Plants". (B. Torr. B. C., XV, 1888, p. 190.) (R. 137.)
128. Cnattingius, Jacob. Några iakttagelser rörande löfträden (Einige Beobachtungen über die Laubbäume.) (Bot. N., 1888, p. 46—47, 8⁰.) (R. 252.)

129. Cocberell, Th. D. A. White flowered Linum perenne. (Bot. G., XIII, 1888, p. 215.) (R. 364.)
130. Cogniaux, A. Descriptions de quelques Cucurbitacées nouvelles. (Bull. l'Ac. roy. Belgique, 57 ann., 3. ser., t. 14. Bruxelles, 1887. p. 346—364.) (R. 311g, 311M, 432t, 450b, 485g.)
131. — Notice sur les Mélastomacées austro-américaines de M. Ed. André. (Bull. l'Ac. roy. Belgique, 57. ann., 3 ser., t. 14. Bruxelles, 1887. p. 927—973.) (R. 311s.)
132. *— Notice sur les Melastomacées austro-américaines de M. Ed. André. (Bull. l'Ac. roy. Belgique, XIV, ser. 3, 1887. — Ref. nach Journ. de Bot., II, 1888; Revue bibliogr., p. 33.) (R. 311w.)
133. Cohn, F. Ueber Madragora. (Schles. Ges., 1888, p. 285—293.) (R. 233.)
*134. Comes, O. Viticoltura ed enologia in California. (Rass. Con., an. II, 1888, p. 716—717.)
135. Commission für die Flora von Deutschland. Bericht über neue und wichtigere Beobachtungen aus dem Jahre 1887. (Ber. D. B. G., p. CV—CLIV.) (R. 68.)
136. Coaz, M. J. Du développement des plantes phanérogames sur le terrain abandonné par les glaciers. (Bibl. univ. Arch. des sc. phys. et nat., 3. pér., t. 17. Genève, 1887. p. 543—550.) (R. 83.)
*137 Coulter, J. M. Eryngiums. (Garden and Forest, I, 206. — Cit. nach B. Torr. B. C., XV, 1888, p. 222.)
138. Coulter, J. M. and Rose, J. N. Revision of North American Umbelliferae. (Herbarium of Wabash College, Crawfordsville, Ind. December 1888. 144 p. 8⁰. VIII Pl.) (R. 312 u. 398 C.)
139. — — Notes on Western Umbelliferae. (Bot. G., XIII, 1888, p. 77—81, 141—146, 208—211.) (R. 313 u. 398 K.)
140. Coulter, J. M. and Thompson, H. Origin of the Indiana Flora. (15th Ann. Rep. Dept. Geol. and Nat. Hist. Indiana, p. 255—282.) (R. 355.)
141. Crépin, Fr. Novae rosae descriptio. (B. S. B. Belg., XXVII, 1888, 2, p. 96.) (R. 424g.)
142. — Description d'une nouvelle rose asiatique. (Compt. rend. des séan. de la soc. roy. de botan. de Belgique. Année 1888, p. 150—154.) (R. 432k.)
143. — Observations sur les roses décrites dans le „Supplementum florae orientalis" de Boissier. (B. S. B. Belg., XXVII, 1888, 2, p. 97—113.) (R. 499.)
144. — Sur des restes de Roses découverts dans les tombeaux de la nécropole d'Arsinoe de Fayoum (Egypte). (B. S. B. Belg., XXVII, 1888, p. 183—186.) (R. 232.)
145. Crozier, A. A. Vitality of seeds. (Bot. G., XIII, 1888, p. 18—19.) (R. 42.)
*146. Curtiss, A. H. Bald Cypress. How it couverts Lakes into Forests. (Garden and Forest, I, 123. — Cit. nach B. Torr. B. C., XV, 1888, p. 199.)
*147. — The Flora of the Florida Keys. (Garden and Forest, I, 279—280. — Cit. nach B. Torr. B. C., XV, 1888, p. 271.)
148. Dame, L. and Collins, F. S. Flora of Middlessex county, Mass. 201 p., With map 1888. (Cit. u. ref. nach Bot. G., XIII, 1888, p. 278.) (R. 387.)
149. Dammer, U. Beiträge zur Kenntniss der Fichtenformen. (G. Fl., XXXVII, 1888, p. 614—617.) (R. 29.)
*150. — Stachys tuberifera Naud., eine neue Gemüsepflanze. (G. Fl., XXXVII, 1888, p. 264.)
*151. Dawson, G. M. Forest Trees of the far Northwest. (Garden and Forest, I, p. 58—59. — Cit. nach B. Torr. B. C., XV, 1888, p. 145.)
152. Day, D. F. A Catalogue of the flowering and fern-like plants growing without cultivation in the viconity of the Falls of Niagara. 67 p. 8⁰. Troy. 1888. (Ref. nach Bot. G., XIII, 1888, p. 247.) (R. 398 W.)
153. Debeaux, O. Notes sur quelques plantes rare ou peu connues de la flore oranaise. (Assoc. franç., pour l'avancement des sciences fusionée avec l'association scientifique de France. Congrès d'Oran, 1888. 8⁰. 16 p.) (Ref. nach Bot. C., XXXVII, p. 149—150.) (R. 495.)

154. Deblanchis, M. B. Influence des basses températures sur les végetaux en général et sur les espèces du genre Eucalyptus en particulier. (Boletin de la Academia Nacional de Ciencias en Cordoba [Republica Argentina], IX. Buenos Aires, 1886, p. 301—348.) (R. 56.)

*155. Degrully, Viala et Flahault, L'Olivier. Fasc. I. Montpellier, 1887. (Cit. nach Georgr. Jahrb., XIII, p. 315.)

*156. Delamare, E., Renauld, F., et Cardot, J. Flora Miquelonensis. Florule de l'île Miquelon (Amérique du Nord). Enum. systématique avec notes descriptives des Phanérogames, Cryptogames vasculaires, Mousses, Sphaignes, Hépatiques et Lichens. Lyon (F. Plan), 1888. 79 p. 8⁰.

*157. Dietz, S. Beiträge zur Kenntniss der Substratrichtung der Pflanzen. (Untersuch. aus d. Bot. Inst. zu Tübingen, II, 1888, p. 478—488. — Ref. in Bot. C., XXXVI, 1888, p. 106.)

158. Dippel, L. Lonicera Webbiana der französischen und der belgischen Gärten. (G. Fl., XXXVII, 1888, p. 4-9.) (R. 407.)

*159. Dod, C. W. Daffodils and the Frost. (G. Chr., ser. 3, vol. 3, 1888, p. 524.)

160. Doengingk, Al. 35jährige Beobachtungen über den Beginn der frühesten und spätesten Blüthezeit der in Kischinews Umgebung wildwachsenden und cultivirten Pflanzen nebst einigen Bemerkungen über vegetabilische Parasiten und pflanzenfeindliche Insecten. (B. S. N. Mosc., Bd., LXI, p. 332—358. Moskau, 1885.) (R. 36.)

*161. Douglas, J. Tulip and Narcissus Culture in Holland. (G. Chr., ser. 3, vol. 3, 1888, p. 745—746.)

*162. — The Bulb Gardens at Haarlem. (G. Chr., ser. 3, vol. 3, 1888, p. 621—622.)

*163. — Hardy flowers from Holland. (G. Chr., ser. 3, vol. 4, 1888, p. 151—152 u. 238.)

*164. Douglas, R. Notes on the Longevity of Coniferous Tree Seeds. (Garden and Forest I, 250. — Cit nach B. Torr. B. C., XV, 1888, p. 222.)

165. — On the Longevity of Coniferons Tree Seeds. (Garden and Forest, July 18. — Cit. u. ref. nach Bot. G., XIII, 1888, p. 219.) (R. 359.)

*166. — Notes on the Longevity of Coniferons Tree Seeds. (Nach „Garden and Forest". — In G. Chr., ser. 3, vol. 4, p. 185.)

167. Doumerc, Jean. Les forêts de l'Algérie. (Revue scient., ser. 3, tom 12. Paris, 1886. p. 353—363.) (R. 492.)

168. Drake del Castillo, E. Illustrationes florae insularum maris pacifici. Fasc. 4. Paris, 1888. (Ref. 432B.)

*169. Dressler, H. Phänologische Beobachtungen zu Frankfurt a. O. im Jahre 1887. (Monatl. Mitth. aus d. Gesammtgeb. der Naturw., V, p. 259—262.) (R. 33.)

170. Drude, O. Pflanzengeographie. Nach der ersten Darstellung von A. Grisebach neu bearbeitet. (Anleitg. z. wiss. Beob. auf Reisen, herausg. von Neumayer, 2. Aufl., Bd. II, p. 139—190.) (R. 1.)

171. — Bericht über die Fortschritte in der Geographie der Pflanzen 1886—1888. (Geogr. Jahrb., XII, p. 289—352.) (R. 2.)

172. — Ueber die bei der Abgrenzung und Benennung der „Vegetationsregionen" in Berghaus' Physikalischem Atlas, V. Abth. Pflanzenverbreitung, befolgten Principien. (Bot. Z., XLVI, 1888, p. 288—291.) (R. 3.)

173. Drummond, A. T. Distribution and physical and Past Geological Relations of British North American Plants. (Canad. Rec. Sci., II, p. 412—423, 457—469 and III, p. 1—21. — Cit. und ref. nach B. Torr. B. C., XV, 1888, p. 91—92.) (R. 401.)

174. Duchartre, P. Asa Gray. (Journ. de Bot., II, 1888, p. 133—140.) (R. 321.)

175. Dudley, W. R. A preliminary List of the vascular plants of the Lackawanna and Worming Valleys. (Proceed. of the Lackawanna Institute of History and Science, I. — Cit. u. ref. nach Bot. G., XIII, 1888, p. 104.) (R. 348.)

176. Durand, Th., Sur les récoltes botaniques de M. H. Pittier dans l'Amérique Centrale. (B. S. B. Belg., XXVII, 1888, 2 p. 175—178.) (R. 300 u. 311B.)

*177. Earley, W. A selection of hardy herbaceous Plants. (G. Chr., ser. 3, vol. 3, p. 75, 142.)

178. Eggers. Fortune Island, Bahama. (Nature XXXVII, p. 565—566.) (R. 310.)

179. — Zur Botanik von San Domingo. (Natur XIV, 1888, p. 44.) (R. 307.)

180. Ellacombe, H. N. Plant-Name a thousand years ago. (G. Chr., ser. 3, vol. 4, 1888, p. 502—503.) (R. 237.).

181. Elwes, H. J. Notes from a Naturalist in Mexico. (G. Chr., ser. 3, vol. 4, p. 662—663.) (R. 301.)

182. Engler, A. Pantae Marlothianae. Ein Beitrag zur Kenntniss der Flora Südafrikas. Mit Unterstützung von A. Cogniaux, A. Heimerl, O. Hoffmann, F. Pax, C. Schumann. (Engl. J., X, 1888, p. 1—50, 242—285. Mit 10 Taf.) (R. 463 u. 467b.)

183. Engler, A. und Prantl, K. Die natürlichen Pflanzenfamilien. (Ausführl. Titel. Bot. J., XV, 2 p. 41, Lief. 16—25.) (R. 94, 124, 126, 133, 133a., 135, 157, 159—161, 176—178.)

184. Entleutner, A. F. Die periodischen Lebenserscheinungen der Pflanzenwelt in den Anlagen von Meran. (Oest. B. Z., XXXVIII, 1888, p. 372—374, 414—417.) (R. 52.)

185. — Die Ziergehölze von Südtirol. Systematisch zusammengestellt. (Z. B. G. Wien, XXXVIII, 1888, p. 115—132.) (R. 200.)

186. Ernst, A. Gartenbau in Caracas. (G. Fl., XXXVII, 1888, p. 611—614, 634—637.) (R. 207.)

*187. Ettinghausen und Krašan. Beiträge zur Erforschung der attavistischen Formen an lebenden Pflanzen und ihrer Beziehungen zu den Arten ihrer Gattung. (Denkschr. d. mathematisch-naturwissenschaftl. Classe der kaiserl. Akademie d. Wissensch. in Wien, Bd. LIV, 1888. Mit 4 Taf. — Ref. in Bot. C. XXXV, 1889, p. 13—14.)

188. Evans, A. Toxicophlea spectabile. (G. Chr., ser. 3, vol. 3, 1888, p. 434.) (R. 211.)

189. Favier, A. Culture de la Ramie. 2e rapport sur sa culture. (Minist. de l'agric. Bull., 7. ann., 1888, Paris, p. 33—40.) (Ref. 185.)

*190. Feletti, L. Cenni sulla viticoltura ed enologia del Canavesano. (Boll. della Soc. generale dei viticoltori italiani; an III. Roma, 1888. gr. 8°. p. 56—62). — (Eine Monographie des Weinbaues im Bezirke Jvrea [Piemont], zur näheren Illustration der „Carta vinicola d'Italia".)

*191. Fiedler, B. u. Roedel, H. Baumcharaktere: 1. Sykomoren bei Gizeh (Natur, XXXVII, 1888, p. 488—490. Mit Abbildung); 2. Steineichen am Monte Pincio (Eb., p. 532. Mit Abbildung); 3. Aelteste Käste (Edelkastanien) in Dannenfels am Donnersberg) (Eb., p. 614—615. Mit Abbildung).

192. Fiek, E. Resultate der Durchforschung der schlesischen Phanerogamenflora im Jahre 1887. (Schles. Ges., 1888, p. 309—339.) (R. 75.)

193. Filet, G. J. Plantkundig Woordenboek voor Nedérlandsch — Indie met horte aanwyzingen van het geneeskundig — en huisbondelijk gebruik der planten, en vermelding der verschittende inlandsche en wetenschappelijke benaningen. (Tweede vermeerderde en verbeterde druk, Gr.-Lex.-Format XII, p. 348. Amsterdam 1888. — Ref. in Oest. B. Z., XXXVIII, 1888, p. 211—212. — Bot. Z., XLVI, 1888, p. 350—351.) (R. 238.)

194. — Plantkundig woordenboek voor Nederlandsch Indie. (20. Ausgabe, Amsterdam, J. H. de Bussy, 1888, p. 348.) (R. 244.)

*195. Fitz-James, Mme. de. La reconstitution future de vignoble algérien, mémoire adressé à G. Hébrard, prés de la sect. d'agron. au congr. d'Oran. Montpellier (Grollier), 1888. 92. p. 8°.

196. **Flahault**, Ch. L'herbier méditerranéen fermé à la faculté des sciences de Montpellier. (B. S. B. France, XXXV, 1888, session extraordinaire, p. LX—LXIV.) (R. 486.)

197. **Fletcher**. List of the Plants contained in a Collection made by Mr. Froggatt in N.W.-Australia. (Proc. Linn. Soc. New South Wales. p. 2, vol. 3. Sydney, 1889. p. 1256—1258.) (R. 439.)

198. **Fliche**, M. Étude sur le pin pinier. (Pinus pinea L.) (Assoc. franc. pour l'avanc. des sc. 15. sess. 1. Part. Paris, 1887. p. 148—149. 2. Part, Paris, 1887. p. 507—514.) (R. 491.)

*199. **Focke**, W. O. Die Vegetation in den Wintern 1885/86 und 1886/87. (Abhandl. d. Naturw. Vereins zu Bremen, IX, p. 471—472.)

*200. — Propfmischlinge von Kartoffeln. (Eb., p. 314.)

*201. — Bemerkungen über die Arten von Hemerocallis. (Eb., X, p. 156—158.)

*202. — Die Verbreitung beerentragender Pflanzen durch die Vögel. (Eb., X, p. 140.)

*203. **Formanek**. Correspondenz (über Frühlingsflora von Brünn). (Oest. B. Z., XXXVIII, 1888, p. 181.)

204. **Foster**, M. Irises. (G. Chr., ser. 3, vol. 4, p. 182—183.) (R. 508h.)

205. — Iris Korolkowi. (G. Chr., ser. 3, vol. 4, 1888, p. 36—37.) (R. 219.)

*206. **Foukouba**, H. La vite nel Giappone. (Rass. Con., an. II, 1888, p. 558—563.)

207. **Fowler**, J. Arctic Plants growing in New Brunswick, with notes on their distribution. (Trans. Roy. Soc. Canada, vol. V, 1887, p. 189- 205. — Ref. nach B. Torr. B. C., XV, 1888, p. 322—323.) (R. 405.)

208. **Franchet**, M. A. Plantae Davidianae ex Sinarum imperio. II. (Nouv. Arch. du Mus. d'hist. nat., 2. sér., tom. 10. Paris, 1887, 1888. p. 33—198. Taf. 10—17.) (R. 417 u. 424b.)

209. **Franchet**, A. Les Mutisiacées du Yun-nan. (Journ. de Bot., I, 1888, p. 65—71.) (R. 399 u. 424c.)

210. — Note sur quelques Primula du Yun-nan. (B. S. B. France, XXXV, 1888, p. 428—431.) (R. 421 u. 424e.)

211. — Notes sur les Saussurea du Yun-nan. (Journ. de Bot., II, 1888, p. 309—312, 337—341, 358—359.) (R. 420 u. 424d.)

212. **Freyn**, J. Beitrag zur Flora von Syrien und des cilicischen Taurus. (D. B. M., VI, 1888, p. 81—87.) (R. 502.)

*213. **Friedel**, E. Die alten Weiden von Berlin. (Verh. Brand., XXIX, 1888, p. 127—129.)

214. **Gannet**, Henry. Do Forests influence Rainfall? (Science, vol. 11. New York, 1888, p. 3—5.) (R. 57.)

215. **Garbocci**, A. Osservazioni sopra alcuni saggi d'acclimazione di piante nell' Orto botanico della R. Universitá di Pisa. (B. Ort. Firenze, an. XII, 1887, p. 306—308.) (R. 53.)

*216. — Alcuni cenni sopra il Dipsacus fullonum Mill. (B. Ort. Firenze, an. XII, 1887, p. 159.) — (Empfiehlt den Anbau der Pflanze zu industriellen Zwecken.)

*217. **Garcin**, A. G. Note sur l'Hydrophyllum canadense. Lyon (Plan), 1888. 12 p. 8⁰ av. 1 pl.

218. **Gattinger**, A. Diervilla rivularis n. sp. (Bot. G., XIII, 1888, p. 191.) (R. 398a.)

219. **Gay**, H. Algiers. (G. Chr., ser. 3, vol. 3, 1888, p. 103—104.) (R. 489.)

220. **Genest**, O. Das Amurland. (Ausland, 1888, p. 248.) (Ref. 422.)

221. **Gernhard**, R. Gärtnerische Skizzen aus Südbrasilien. (G. Fl., XXXVII, 1888, p. 357—362, 467—471, 522—527.) (R. 127.)

222. **Gimoldi, di Torre**. Araucaria excelsa. (G. Chr., ser. 3, vol. 3, 1888, p. 648—649.) (R. 202.)

223. **Goeschke**, F. Das Buch der Erdbeeren. Praktische Anleitung zu ihrer Cultur im freien Lande wie auch zum Treiben in Kästen und Häusern, nebst Beschreibung der Arten und Varietäten. 2. Aufl. Berlin, 1888. 268 p. 8⁰. (R. 129 u. 235.)

*224. Goldo, G. Aufzählung der Gefässpflanzen, die in den Jahren 1884—86 in der Umgegend der Stadt Omsk gesammelt wurden. (Scripta botanica hort. univers. Petropol. II. p. 41—114.)

225. Goljde, K. Einige Worte über Unkräuter der Getreidepflanzen. (Memoiren der westsibirischen Abth. der Kais. Russ. Geogr. Ges., Bd. VII, Heft II; Miscellen, p. 27—30. Omsk, 1885. [Russisch.]) (R. 89.)

*226. Goodale, G. L. A Course of Lectures on Forest and Forest Products. (Cit. nach B. Torr. B. C., XV, 1888, p. 191.)

227. Gornitzky, K. S. Verzeichniss russischer und einiger fremdländischer Pflanzennamen. Ergänzung zum „Botanischen Wörterbuch" von N. Anneukoff. Gesammelt und zusammengestellt 1850—1886. 22 p. Charjkow, 1886. Dasselbe in: Arbeiten der Naturforsch. Ges. bei d. Kais. Univers. zu Charjkow, Bd. XX. Charjkow, 1887. (Russisch.) (R. 242.)

228. Graebener, L. Planera Keati Sieb. (G. Fl., XXXVII, 1888, p. 21—23.) (R. 223.)

229. — „Ehrwürdige Häupter" des Karlsruher Schlossgartens. (G. Fl., XXXVII, 1888, p. 554—557.) (R. 255.)

230. — Zwei Erscheinungen aus dem Gebiete der Gärtnerei. (Verh. d. Naturw. Ver. zu Karlsruhe, 10. Bd., 1883—1888. Karlsruhe, 1888. Sitzungsber., p. 58.) (R. 122.)

231. Gray, Asa. New or rare plants. (Bot. G., XIII, 1888, p. 73.) (R. 398 E.)

232. — Contributions to American Botany. Notes upon some Polypetalous Genera and Orders. (P. Am. Ac., N. S., vol. 15; W. S., vol. 23, P. 1. Boston, 1888. p. 223—227.) (R. 270.)

*233. Gray, A. and Hinxman, L. W. Flora of West-Sutherland. (Tr. Edinb., XVII, part. 2. — Cit. nach Engl. J., X, Literaturber., 126.)

*234. Grazzi-Soncini, G. Viti americane: Riparia e Solonis. (Rass. Con., an. I, 1887, p. 281—288.) Jacquez ed Elsingbourgh (l. c., p. 313 ff.). — Verbreitung der Cultur der genannten Reben in Italien.

235. Greely, A. W. Three years of Arctic service. London, 1886. (Cit. u. Ref. nach Geogr. Jahrb., XII, p. 317.) (R. 411.)

*236. — Botany of the United States Expedition to Lady Franklin Bay, Grinnell Land. (International Polar Exp., Report of Proceedings, vol. II, p. 11—18. Washington, 1888. — Cit. nach B. Torr. B. C., XVI, 1888, p. 84.)

237. Greene, E. L. Some West American Asperifoliae III. (Pittonia I, p. 107—120. — Ref. nach B. Torr. B. C. XV, 1888, p. 20.) (R. 315.)

238. — New or Noteworthy Species. (Pittonia I, p. 139—143. — Ref. nach B. Torr. B. C., XV, 1888, p. 25.) (R. 398 A.)

239. — Polemoniaceae. (Pittonia I, p. 120—139.) (Ref. nach B. Torr. B. C., XV, 1888, p. 24—25.) (R. 398 H.)

240. — New Species from Mexico. (Pittonia, I, p. 153—159.) (Ref. nach B. Torr. B. C., XV, 1888, p. 93.) (R. 311 K.)

241. — New or Noteworthy Species II. (Pittonia I, p. 159—164.) (Ref. nach B. Torr. B. C., XV, 1888, p. 93.) (R. 265 a.)

242. — The Botany of Cedros Island. (Pittonia I, p. 194—208.) (Ref. nach B. Torr. B. C., XV, 1888, p. 239.) (R. 304.)

243. — On some Species of Dodecatheon. (Pittonia, I, p. 209—214.) (Cit. u. ref. nach B. Torr. B. C., XV, 1888, p. 240.) (R. 265 q.)

244. — New or Noteworthy Species. (Pittonia I, p. 215—225, advance sheets, Oct. 1888.) (Cit. u. ref. nach B. Torr. B. C., XV, 1888, p. 299.) (R. 265 p.)

245. — New Species from Mexico. (Pittonia I, p. 153—176.) (Cit. u. ref. nach B. Torr. B. C., XV, 1888, p. 242—243.) (R. 311 J.)

*246. — California Woods in Autumn. (Garden and Forest, I, p. 422—423. — Cit. nach B. Torr. B. C., XV, 1888, p. 323.)

*247. — Preliminary Catalogue of Anthophyta and Pteridophyta reported as growing spontaneousby within one hundred miles of New York City. (Pittonia I, p. 184—194.) (A critical review, especially in regard to the principles of nomenclature involved. — Cit. nach B. Torr. B. C., XV, 1888, p. 245.)

*248. Greffrath, H. Zur Theecultur. (Auslend, 1888, p. 619—620.)

249. Grierson, G. A. The Sudden Appearence and Gradual Extinction of Certain Species of Plants in Limited Areas. (Ph. J., 3. ser., vol. 18. London, 1888. p. 532, 533.) (R. 62.)

*250. Güssfeldt. Reise in den Anden von Chile und Argentinien 1887. (Cit. nach Geogr. Jahrb., XIII, p. 349.)

251. Guillaud, J. A. Les zones botaniques de sud-ouest de la France. (Ass. fr. p. l'avanc. des sc., 16. sess., 1887, 1 P. Paris, 1887. p. 251—252.) (R. 26.)

252. Guinier. Développement anormal de Bourgeous de hêtre à l'automne. (B. S. B. France, XXXV, 1888, p. 400.) (R. 40.)

*253. Haberer, J. V. List of Plants in the Vicinity of Utica, for April, May and portion of June. (Pamph. 8°. 20. 1888. — Cit. nach B. Torr. B. C., 1888, p. 203.)

254. Haig, Ch. R. A new vegetable. (G. Chr., ser. 3, vol. 3, 1888, p. 627.) (R. 154.)

255. Halsted, B. D. Bulletin from the botanical department of the State Agricultural College. (Ames, Jowa, 1888, 118 p. 8°. — Ref. nach Bot. C., XXXVI, 1888, p. 109—111) (R. 47.)

256. — Plants and dry weather. (Bulletin from the Botanical Department of the State Agricultural College, Ames. Jowa, 1888. p. 13—18.) (R. 48.)

257. — Die californische Flora im trockenen Winter. (Popular Science Monthly No. 6, Apr. 1887. — Ref. nach Natur, XXXVI, 1888, p. 274—275.) (R. 43.)

258. — Weeds. (Bot. G., XIII, 1888, p. 327.) (R. 268.)

259. — Preliminary List of the weeds of Jowa. (Bulletin from the Botanical Department of the State Agricultural College. Ames. Jowa, 1880. p. 34—54.) (R. 370.)

*260. — Note on the sparsity of pollen in some varieties of the tomato flowers. With „Some preliminary notes upon the relation of our native and naturalised flowering plants to soil and climate" by Lorenby. (Proceed. of the Society for the Promotion of Agricultural Science for the 1888 meeting. — Cit. nach Bot. G., XIII, 1888, p. 328.)

261. Harrow, W. Sechium edule. (G. Chr., ser. 3, vol. 4, 1888, p. 602.) (R. 145.)

262. Hart, J. H. Solanum coruigerum. (G. Chr., ser. 3, vol. 3, 1888, p. 181.) (R. 306.)

263. Hartert, E. Reise im westlichen Sudan. (Petermann's Mitth., Bd. 33, p. 172—183. Gotha, 1887.) (R. 479.)

*264. Harz, C. O. Ueber ägyptische Textilstoffe des 4. bis 7. christl. Jahrhunderts. (Bot. C., XXXIV, 1888, p. 185—186.)

265. Hausskuecht, C. Kleinere botanische Mittheilungen. (Mitth. der Geogr. Ges. zu Jena, VI, p. 21—32.)

266. — Beiträge zur Gattung Epilobium. (Mitth. der Geogr. Ges. zu Jena, VII, 1888, p. 4—6.) (R. 65, 345 u. 398D.)

267. — Botanische Notizen. (Mitth. des Bot. Ver. f. Gesammtthüringen, 1888, p. 34.) (R. 186.)

268. — Centaurea. (Sitzungsber. des Bot. Ver. f. Gesammtthüringen, 1888, p. 18.) (R. 73.)

269. Havard, V. Distribution of the Buffalo Grass (Buchloe dactyloides Engelm.). (B. Torr. B. C., XV, 1888, p. 215—218.) (R. 324.)

270. Haviland, E. Flowering Seasons of Australian Plants. (Proc. Linn. Soc. New South Wales, 2. ser., vol. 3. Sydney, 1889. p. 267—268.) (R. 447.)

*271. Hemsley, W. T. Bosquejo de la Geografia y Rasgos principales de la Flora de Mexico. Translated by Dr. Jose Ramirez; from the Botany of the Biologia Centrali-Americana. (La Naturaleza, 2d series I, p. 67—81. — Cit. nach B. Torr. B. C., XV, 1888, p. 171.)

272. Henry, A. Chinese Names of Plants. (Journ. of the China Brauch of the R. Asiatic Society f. the year 1887. N. S. Vol. 22. Shangai, 1888. p. 233—283.) (R. 243.)

273. Hennings, P. Eine giftige Cactee, Anhalonium Lewinii n. sp. (G. Fl., XXXVII 1888, p. 410—412.) (R. 311 G.)

274. Herder, F. v. Biographische Notizen über einige in den Plantae Raddeanae genannte Sammler und Autoren. (Engl. J., IX, 1888, p. 429—456.) (R. 400.)

275. Hertwig, F. Das Küstengebiet von Natal und Pondoland in seiner wirthschaftlichen Entwicklung. (Sep.-Abdr. aus Petermann's geogr. Mitth., 1888, Heft XII.) (R. 473.)

276. Hess, R. Ueber Waldschutz und Schutzwald. (Deutsche Zeit- und Streitfragen, herausgeg. von Holtzendorff III, 1888, Heft 38. Hamburg, 1888. 42 p. 8°.) (R. 189.)

277. Hetley, Ch. The Native Flowers of New Zealand illustrated in Colours. Part I. London (Sampson, Low.). Imp. 4°. 12 plates. (Cit. u. ref. nach J. of B., XXVI, 1888, p. 157.) (R. 453.)

278. Hieronymus, G. Ueber Tephrosia heterantha Grisebach. (Ber. über die Thätigkeit der Schles. Ges. im Jahre 1887, p. 256.) (R. 278.)

279. — Referat über Berghaus, Physikalischer Atlas. V. Abth. (Bot. Z., XLVI, 1888, Sp. 220—226.) (R. 275.)

280. Hilgard, E. W. Ueber den Einfluss des Kalkes als Bodenbestandtheil auf die Entwicklungsweise der Pflanzen. (Forsch. Agr. W. B. Heidelberg, 1888, p. 185—195.) (R. 14.)

281. Hill, E. J. Some Indiana plants. (Bot. G., XIII, 1888, p. 323.) (R. 372.)

282. Hillebrand, W. Flora of the Hawaiian Islands. London und Heidelberg (C. Winter), 1888. 673 p. 8°. Mit 4 Karten. (R. 431 u. 432 A.)

283. Höck, F. Einige Hauptergebnisse der Pflanzengeographie in den letzten 20 Jahren. (Monatl. Mitth. a. d. Gesammtgeb. d. Naturw., 1888, p. 249—254, 273—277; VI, 6—12, 24—30, 140—144, 163—169. — Auch „Sammlung naturw. Vorträge". Herausgeg. von Huth, Bd. II.) (R. 4.)

284. — Phänologisches aus Friedeberg N.-M. (Eb., VI, 1888, p. 190—192.) (R. 34.)

*285. Höfer, F. und Kronfeld, M. Die Volksnamen der niederösterreichischen Pflanzen. (Vgl. Z. B. G. Wien, XXXVIII, 1888, p. 95—96.)

286. Hoffmann, H. Ueber den phänologischen Werth von Blattfall und Blattverfärbung (Sonderabdr. aus der „Allgemeinen Forst- u. Jagd-Ztg.". Juli 1888. Frankfurt a. M. 4 p. 4°.) (R. 31.)

287. — Phänologische Beobachtungen. (Bes.-Abdr. aus dem XXVI. Ber. d. Oberhess. Ges. f. Natur- u. Heilkunde. Giessen, 1888, p. 33—50.) (R. 32.)

288. Hollick, A. Heleocharis prolifera Torr. (Proc. Nat. Sci. Assoc. Staten Island, March 10, 1888. — Cit. u. ref. nach B. Torr. B. C., XIV, 1888, p. 146.) (R. 389.)

*289. — A brief account of the plants which have been found growing independent of cultivation on Staten Island. (Proc. Nat. Sci. Ass'n of Staten Island. June 9, 1888. — Cit. nach B. Torr. B. C., XV, 1888, p. 224.)

*290. — A. Recent Discovery of Hybrid Oaks on Staten Island. (B. Torr. B. C., XV, 1888, p. 303—309.)

291. Hollick, A. and Davis, W. T. Hybrid Oaks on Staten Island. (Proc. Nat. Sci. Ass'n. of Staten Island. Sept. 8th 1888. — Cit. u. ref. nach B. Torr. B. C., XV, 1888, p. 275.) (R. 390.)

292. Hollrung, Dr. Kaiser Wilhelms-Land und seine Bewohner. (Verh. d. Ges. f. Erdk. zu Berlin, XV, 7. Berlin, 1888, p. 298—314.) (R. 431 c.)

293. Holmberg, E. L. Viaje à Misiones. (Boletin de la Accademia Nacional de Ciencias en Cordoba [Republica Argentina] Tomo X. Buenos Aires, 1887, p. 5—252.) (R. 276.)

294. Hooker, J. D. The Flora of British India. Part 15. London, 1888. 224 p. (R. 432 b.)

295. **Hooker's** Icones plantarum. 3. ser., vol. 6, Part II. London. Edinburgh, 1886. Taf. 1526–1550. Vol. 8, Part I, III, IV. Ebendort, 1887–1888. Taf. 1700–1725, 1751–1800. (R. 311e., 418b., 424a., 432c., 456, 485b.)
296. **Horsefield**, J. Hardy plants. (G. Chr., ser. 3, vol. 4, 1888, p. 9–10.) (R. 220.)
*297. **Hough**, R. B. American Woods, exhibited by actual specimens and with copious explanatory text. Part I. Representing 25 species by 27 sets of sections. (Cit. nach B. Torr. B. C., XV, 1888, p. 295.)
298. **Huth**, E. Die Verbreitung der Pflanzen durch Meeresströmungen. (Naturw. Wochenschr. II, 1888, p. 105–107.) (R. 61.)
299. **Jackson**, B. D. Note on the Botanical Plates of the Expedition of the „Ostrolabe and the Zélée". (J. of B., XXVI, 1888, p. 269–272.) (R. 261.)
300. **Jackson**, J. R. Banana Culture in Nicaragua. (G. Chr., ser. 3, vol. 4, 1888, p. 455.) (R. 134.)
301. — Mexican fibre. (G. Chr. ser. 3, vol. 3, 1888, p. 397.) (Ref. 182.)
302. **Jacobasch**, E. Abnorme Blüthezeit von Papaver Rhoeas L. (Verh. Brand, XXIX, 1888, p. 189–190.) (R. 30.)
*303. **Jäger**, H. Der Gemüsegärtner. II. Enthaltend die besondere Cultur aller bekannten Gemüsearten im freien Lande. III. Die Gemüsetreiberei oder: Die Cultur der Frühgemüse, Früchte und Champignons in Mistbeeten, Treibkästen und Treibhäusern. (Hannover, 1888.) (Cit. nach Natur, XXXVII, 1888, p. 589.)
304. **James**, J. F. New Variety of Asclepias tuberosa. (Bot. G., XIII, 1888, p. 271; vgl. auch Eb., p. 234.) (R. 348x.)
305. **Jammes, Ludovic**. La culture de la vigne au Cambodge. (Revue scient., 3. sér., t. 12. Paris, 1886. p. 604–605.) (R. 173.)
306. **Jankó**, J. A virágos növények fajainak száma és megoszlása (Die Zahl und Vertheilung der Phanerogamen. (T. K. Budapest, 1888. Bd. XX, p. 228–241 [Ungarisch].) (R. 93.)
307. **Jenman**, G.S. Tropical Aquatics. (G. Chr., ser. 3, vol. 3, 1888, p. 391–392.) (R. 202.)
308. **Illés**, N. A török mogyoróról (Corylus Colurna) (Von der türkischen Haselnuss). (E. L. Budapest, 1888. XXVII. Jahrg., p. 1002–1007. [Ungarisch.]) (R. 130.)
309. — Tölgyeink tenyészeti igényeik tekintetében (Die Existenzbedingungen unserer Eichen. (E. L. Budapest, 1888. XXVII. Jahrg., p. 124–135. [Ungarisch.]) (R. 190.)
310. **Ilsemann**, Chr. Interessante Gehölze des Arboretums zu Ung. Altenburg. (Neubert's Deutsches Gartenmagazin, XLI, 1888, p. 75–77.) (R. 201.)
*311. **Jörns und Klar**. Bericht über die unter Leitung des Vereins z. B. d. G. auf den Rieselfeldern der Stadt Berlin zu Blankenburg ausgeführten Versuche im Jahre 1887. (G. Fl., XXXVII, 1888, p. 201–207.)
312. **Johnson**, J. Y. Helichrysum devium n. sp. (G. Chr., ser. 3, vol. 4, p. 62.) (R. 508b.)
313. **Johnson**, L. N. A tramp in the North Carolina mountains. (Bot. G., XIII, 1888, p. 269–271, 318–321.) (R. 379.)
314. **Joly**, C. Castagno colossale nell' isola di Madera. (B. Ort. Firenze, an. XIII, 1888, p. 232–233. Mit 1 Tafel.) (R. 258.)
*315. — Note sur trois arbres gigantesques (Journ. Soc. nation. d'Horticulture de France, juin 1888) Tirage à part de 6 pages in 8° et 3 photographies. (Cit. nach B. S. B. France, XXXV, 1888; Revue bibliogr. p. 190.)
316. **Joret**, H. Die Vanille. (Nach „Naturaliste" in Natur, XXXVII, 1888, p. 364–366.) (R. 158.)
317. **Joseph, Archiduc**. Essais d'Acclimatation de Plantes et influence d'un hiver très rigoureux à Fiume (Traduit du] Bulletin de la société d'histoire naturelle de Croatie par madame Marlet, née de Cop et M. Marlet et publié par les soins de E. Bertherand). Alger, 1888. 30 p. 8°. (R. 51.)
318. **Ito, Tokutaro**. Ranzania a new genus of Berberidaceae. (J. of B., XXVI, 1888, 302–303.) (R. 424b.)

*319. Julien, A. Aperçu sur le mode de distribution des plantes de la région de Constantine. Paris, 1888. 12 p. 8⁰.

320. Jung, E. Das Bier, seine Geschichte und seine Bedeutung. (Natur, XXVII, 1888, p. 48—51, 63—66.) (R. 172.)

321. Just, L. Vierter Bericht über die Thätigkeit der Grossh. badischen pflanzenphysiologischen Versuchsanstalt in Karlsruhe im Jahre 1887. Karlsruhe, 1888. 70 p. 8⁰. (R. 110.)

*322. Kaigorodoff. Kurze Uebersicht des Pflanzenreichs nach klimatischen Zonen. 126. p. 65 Abb. St. Petersburg, 1884. (Russisch.)

323. Karo, F. Correspondenz. (Oest. B. Z., XXXVIII, 1888, p. 73.) (R. 414.)

324. Karsten, G. Ueber die Entwicklung der Schwimmblätter bei einigen Wasserpflanzen. (Bot. Z., XLVI, 1888, Sp. 565—578, 581—589.) (R. 9.)

*325. Kellermann, W. A. and Mrs. Kellermann. Kansas Forest Trees, identified by Leaves and Fruit. (Trans. Kansas Acad. Sc., X, p. 99—111. — Cit. nach B. Torr. XV, 1888, p. 146.)

326. Kelly, W. Tobacco Culture in Scotland. (G. Chr., ser. 3, vol. 3, 1888, p. 370.) (R. 165.)

327. Kerner v. Marilaun, A. Studien über die Flora der Diluvialzeit in den östlichen Alpen. (Sitzungsber. d. Kais. Akad. d. Wissensch. in Wien. Math.-naturw. Classe, XVIII, 1, 1888, p. 7—33.) (Ref. 76.)

328. Kersten, O. Die Verwerthung der südafrikanischen Wälder. Berlin. 6 p. 8⁰. (R. 458.)

329. — Eine Hauptaufgabe der vaterländischen Afrikaforschung. (Sonderabdr. d. Mittheilungen der vaterländischen Afrikaforschung zu Berlin.) (R. 459.)

330. Kienitz. Fortschritte der forstlichen Bestrebungen in Nordamerika. (Forstl. Bl., 3 F., 12. Jahrg. [25. Jahrg.]. Berlin. 1888, p. 70—76, 299—304.) (R. 320.)

331. Kirchhoff, A. Aus Kaiser-Wilhelms-Land. (Natur, XXXVII, 1888, p. 503—507. Mit einer Farbentafel.) (Ref. 431 d.)

332. Knoblauch, E. Ueber Carex vaginata Tausch. (Bericht über die 25. Versamml. d. preuss. bot. Vereins zu Insterburg am 5. October 1886, p. 71—72.) (R. 69.)

333. Knuth, P. Die „Kratts“ der nordschleswigschen Haide. (Natur, XXXVII, 1888, p. 258.) (Ref. 71.)

334. — Die Flora von „Land Oldenburg“. (Natur, XXXVII, 1888, p. 332-333.) (R. 70.)

335. — Botanische Beobachtungen auf der Insel Sylt. (Humboldt, VII, 1888, p. 104—106.) (R. 21.)

336. Köppen, F. Th. Geographische Verbreitung der Holzgewächse des europäischen Russlands und des Kaukasus. St. Petersburg. 8⁰. Theil I, XXVI und 668 p.; II, IV u. 592 p. (R. 23.)

337. Körnicke, F. Bemerkungen über den Flachs des heutigen und alten Aegyptens. (Ber. D. B. G., VI, 1888, p. 380—384.) (R. 180.)

*338. Kolb, M. Eranthemum nervosum, Frühlingsblume R. Bowe. Eine der reichsten und dankbarsten Winterblüthler des Warmhauses. (Neubert's deutsches Gartenmagazin, XLI, 1888, p. 54.)

339. Korbusch, E. Phänologie. (Forstjournal, Bd. XVI, Heft 2, p. 133—140, St. Petersburg, 1886. [Russisch.]) (R. 24.)

340. Korschinsky, S. Ueber die Bodenarten und über geobotanische Forschungen im Jahre 1886 in den Gouvernements Kasan, Samara, Ufa, Perm und Wjatka. (Arb. der Naturforsch.-Ges. an d. Kais. Univers. Kasan, XVI, Heft 6. 8⁰. 72 p. [Russisch.] — Ref. nach Bot. C., XXXVII, p. 274—276.) (R. 8.)

*341. Krätzer, H. Die Luffa und deren Benutzung. (Natur, XXXVII, 1888, p. 492—493.)

*342. — Das deutsche Rosenöl. (Natur, XXXVII, 1888, p. 223—224.)

343. Krašan, Fr. Ueber continuirliche und sprungweise Variation. (Engl. J. IX, 1888, p. 380—428.) (R. 6.)

344. — Reciproke Culturversuche. (Oest. B. Z., XXXVIII, 1888, p. 192—199, 232—237.) (Ref. 11.)

345. — Weitere Bemerkungen über Parallelformen. (Oest. B. Z., XXXVIII, 1888, p. 293—337—340.) (R. 10.)

346. Krassnoff, A. N. Ueber die gegenwärtige Flora des nordöstlichen Thian-Schan und ihre Beziehungen zur älteren Vegetation Asiens. (Prot. [Arbeiten] der St. Petersburger Naturforsch.-Ges., Bd. XVIII, p. 52—55. St. Petersburg, 1887. [Russisch.]) (R. 90.)

347. Krassnoff, A. v. Ueber seine Reisen im Thian-Schan. (Verh. d. Ges. f. Erdkunde zu Berlin, XV, 1888, p. 255—270.) (R. 416.)

348. — Versuch einer Entwicklungsgeschichte der Pflanzenwelt im Central-Thian-Schan. (Schles. Ges., 1888, p. 300—304.) (R. 91.)

349. Krause, E. H. L. Reiseerinnerungen. (Abh., herausgegeben v. naturw. Ver. zu Bremen, IX, 1887, p. 387.) (R. 477.)

*350. Kronfeld, M. Bemerkungen über volksthümliche Pflanzennamen. (Oest. B. Z., XXXVIII, 1888, p. 376—379.)

351. Krüger, E. Ueber das Verhalten von Pinus rigida und einigen anderen ausländischen Nadelhölzern in der Oberförsterei Jädkemühl. (Forstl. Bl., 3. F., 12. Jahrg. [25. Jahrg.]. Berlin, 1888. p. 248—252.) (R. 192.)

*352. Kuntze, O. Um die Erde. Reiseberichte eines Naturforschers. 2. Ausg. Leipzig (Baldamus), 1888. IV u. 514 p. 8⁰.

353. Kurtz, F. Bespelzter Mais, Zea Mays var. tunicata Larrk. in Argentinien. (G. Fl, XXXVII, 1888, p. 628.) (R. 147.)

354. Lakowitz. Die Vegetation der Ostsee im Allgemeinen und die Algen der Danziger Bucht im Speciellen. (Schriften d. Naturforsch. Ges. in Danzig, VII, 1888, p. 65—73.) (R. 267.)

*355. Lanessan, J. L. de. Les plantes utiles des colonies françaises. Paris, 1888. 990 p. 8⁰.

·356. Lange, Joh. Haandbog i den danske Flora (Handbuch der dänischen Flora). 4de Udgave. Kjöbnhavn, 1888. CLXXXVIII u. 925 p.) (R. 408.)

*357. — Nomenclator „Florae danicae" sive index systematicus et alphabeticus operis, quod „Icones Florae danicae" inscribitur, cum enumeratione tabularum ordinem temporum habente, adjectis notis criticis. 364 p. 4to. Kjöbnhavn, 1888.

358. Langhans, P. Die Handelsgebiete und Handelsgürtel im deutschen Kamerungebiete. (Deutsche Rundschau für Geographie und Statistik, XI, 1888, p. 49—54.) (R. 475.)

359. Latimer, S. F. Botanic Garden Tenerife. (G. Chr., ser. 3, vol. 3, p. 711—713.) (R. 486b.)

360. Lausleye, E. de. Der Boden Bosniens. (Ausland, 1888, p. 108—110.) (R. 119.)

*361. Lawley. Relazione sul libro di F. Sabut che tratta dell' adattamento delle viti americane al terreno ed al clima. (Atti d. R. Accad. economica-agraria dei Georgofili, 4a ser., vol. XXI. Firenze, 1888.)

*362. Lebl. Der Stachelbeerstrauch. (Neubert's Deutsches Gartenmagazin, XLI, 1888, p. 210—215.)

363. Leeds, B. F. Euphorbia peplus. (Bot. G., XIII, 1888, p. 325.) (R. 342.)

*364. Lebl. Die Rose und ihre Verwendung. (Neubert's Deutsches Gartenmagazin, XLI, 1888, p. 79—82.)

365. Lendenfeld, R. v. In den australischen Alpen. (Deutsche Rundschau für Geographie und Statistik, XI, 1888.) (R. 443.)

*366. Leo, H. The Vegetable Lamb of Tartary; a Curious Fable of the Cotton Plant. (Sampson Low and Co. 8⁰, XI + 112 p. — Cit. nach J. of B., XXVI, 1888, p. 93.)

*367. Leslie, L. Native Orchids. (Vick's Mag. II, p. 228–230, illustrated. — Cit. nach B. Torr. B. C., XV, 1888, p. 243.)

*368. Letourneux, A. Exploration scientifique de la Tunisie. (Paris, 1888. 93 p. 8°.)

*369. Leuillieux, A. Le Soya hispida, sa valeur alimentaire, ses indications. Paris (Davy) 1888. 53 p. 8° ad. fig.

*370. Lighthipe. Obolaria Virginica, from Rocky Hill, N. J. (B. Torr. B. C., XV, 1888, p. 204.)

*371. Linden, J. Zwei in Finnland noch nicht beobachtete Ballastpflanzen, Ballota foetida Lam. und Ononis repens L. (Bot. C., XXXVI, 1888, p. 186.)

*372. Lopatecki, M. Violets of British Columbia. (W. Amer. Sci., IV, 38.) (A list of forms observed, with loculities.)

*373. — The Willows of British Columbia and Alaska. (West. Am. Scientist, IV, 64—66. — Cit. nach B. Torr. B. C., XV, 1888, p. 246.)

*374. Loret, V. La flore pharaonique d'après les documents hieroglyphiques et les spécimens découverts dans les tombes. (Paris, 1887. 64 p. 8°.)

375. Ludwig. Verbreitung von Pflanzen durch Schützenbuden. (Monatl. Mitth. a. d. Gesammtgeb. d. Naturw., VI, 1888, p. 148—149.) (R. 63.)

376. Lundström, A. N. Ueber die Salixflora der Jenissey-Ufer. (Bot. C. XXXV, 1889, p. 29—31, 61–63, 114—116.) (R. 415.)

*377. Mc. Carthy, Gerald. Botanizing tour in the South. (Vicks Ill. Monthly, p. 295—297, illustrated. — Cit. nach B. Torr. B. C., XV, 1888, p. 295.)

*378. — The study of Local Floras. (Journ. Elisha Mitchell Sci. Soc., IV, p. 25—30. — Cit. nach B. Torr. B. C., XIV, 1888, p. 147.)

*379. M'Corquodole, W. The Douglas Fir as a Timber Tree. (G. Chr., ser. 3, vol. 3, p. 142.)

380. Mc. Gee, E. R. Some Nebraska plants. (Bot. G., XIII, 1888, p. 301.) (R. 361.)

381. Macivor, R. W. Emerson. On some Australian Indigenous Saline Fodder-Plants. (Chem. News., vol. 57. London, 1888. p. 33.) (R. 229.)

382. Macoun, J. M. Notes on the Flora of James Bay. (Bot. G., XIII, 1888, p. 115—118.) (R. 406.)

383. — Catalogue of Canadian Plants. Part IV. (8°. p. 248 p. Montreal, 1888.) (Ref. nach B. Torr. B. C., XV, 1888, p. 296—297.) (R. 402.)

*384. — Forests of Vancouver Island. (Garden and Forest, I, p. 46—47. — Cit. nach B. Torr. B. C., XV, 1888, p. 145.)

*385. Mac Owan, P. Freesias at the Cape. (G. Chr., ser. 3, vol. 3, 1888, p. 492—493.)

*386. Madinier, P. Sur l'introduction en Algérie des plantes économiques de l'Arizona, la Californie méridionale et le Nouveau Mexique. Paris (Chaix), 1888. 6 p. 8°.

387. Magnin, A. Sur la végétation calcicole des gneiss et des schistes métamorphiques du Lyonnais et de la vallée du Rhône. (Ass. fr. p. l'avanc. des sc. 16. sess., 1887, 1. P. Paris, 1887. p. 252—253.) (R. 15.)

388. Magnus, P. Leontopodium alpinum Cass. (Verh. Brand., XXIX, p. III.) (R. 20.)

389. — Kurze Bemerkung über die Silberweide am Schönberger Ufer in Berlin. (Verh. Brand., XXIX, 1888, p. 130—131.) (R. 30.)

390. Maiden, J. H. Australian Indigenous Plants providing Human Foods and Food-adjuncts. (Proc. Linn. Soc. New South Wales, 2. ser., 3. vol. Sydney, 1889. p. 481—556.) (R. 107.)

391. — Note on the Synonymy of Ficus scabra G. Forst. (Proc. Linn. Soc. New South Wales, 2. ser., vol. 3. Sydney, 1889. p. 1314—1315.) (R. 437.)

392. Mattei, G. E. Convolvulaceae. Bologna, 1887. 8°. 35 p. 9 Taf. (R. 97.)

393. Marc, F. A növényhonositásról (Von der Pflanzenacclimatisation). (T. K. Budapest, 1888, Bd. XX, p. 108—111. [Ungarisch.]) (R. 45.)

394. Martelli, U. Webb, Fragmenta florulae aethiopico-aegyptiacae, continuazione. (N. G. B. J., vol. XX, 1888, p. 389—395.) (R. 481.)

395. Martelli, U. Contribuzione alla flora di Massaua. (N. G. B. J., vol. XX, 1888, p. 359—371.) (R. 483.)

396. Martius, Eichler et Urban. Flora Brasiliensis. Lipsiae (Frid. Fleischer in Comm.). Fasc. 100—102 (1887) et 103—104 (1888). (R. 287.)

I. A. Cogniaux. Melastomaceae. Trib. VI—VIII. Miconieae, Blakeae, Memecyleae. Addenda et emendanda (Fasc. 100, 1887, p. 205—396, Tab. 46—79 et Fasc. 103, 1888, p. 397—655, Tab. 80—130). (R. 287.)

II. A. Engler. Guttiferae (Fasc. 102, 1888, p. 381—474, Tab. 79—108). (R. 287.)

III. A. Engler. Quiinaceae (Fasc. 102, 1888, p. 475—486, Tab. 109—110). (R. 287.)

III. C. Schumann. Rubiaceae IIa. Paederieae, Spermacoceae, Stellatae (Fasc. 101, 1887, p. 1—124, Tab. 68—93). Nebst vorgeheftetem Titel und Index zu vol. VI, pars V, p. 471—486). (R. 287.)

397. Massalsky, W. J. Verbreitung der Elodea canadensis in Osteuropa. (Prot. der Naturforscher-Gesellsch., p. 26. St. Petersburg, 1885. [Russisch.]) (R. 88.)

*398. Massalsky, W. Fürst. Skizze des Gebietes von Batum. Vorläufige Mittheilung. (Nachrichten der Kais. Russ. Geograph. Gesellschaft, XXII, p. 354—379. [Russisch.] — Ref. im Bot. C. XXXVI, 1888, p. 332—334.)

*399. — Skizze des angrenzenden Theiles des Gebietes von Kars. (Eb. XXIII, p. 1—35. [Russisch]. — Ref. in Bot. C. XXXVI, 1888, p. 335—339.) (R. .)

400. Massey, W. F. Sedum. (B. Torr. B. C., XV, 1888, p. 193.) (R. 376.)

401. Masters, M. T. Decaschistia ficifolia Mast., sp. nov. (G. Chr., ser. 3, vol. 4, p. 565.) (R. 429.)

402. — Anthurium Chamberlaini. (G. Chr., ser. 3, vol. 3, 1888, p. 452—463.) (R. 311k.)

403. — The Cabrian Pine. (G. Chr., ser. 3, vol. 4, 1888, p. 267.) (R. 204.)

404. Mauda, W. A. Cypripedium Pitcherianum, Mauda, n. sp. — Philippine Islands. (G. Chr., ser. 3, vol. 3, 1888, p. 10.) (R. 432q.)

405. Maury, P. Les Cypéracées de l'Ecuador et de la Nouvelle-Grenade. (Journ. de Bot., II, 1888, p. 389—396, 418—425.) (R. 295 u. 311u.)

406. — Note sur les Cypéracées du Mexique. (B. S. B. France, XXXV, 1888, p. 173.) (R. 302.)

407. — Sur un Eranthemum nouveau de Gabon. (Journ. de Bot., II, 1888, p. 264—267.) (R. 485e.)

408. — Sur un Prasophyllum cultivé au muséum d'histoire naturelle. (Journ. de Bot., II, 1888, p. 301—303.) (R. 450f.)

*409. Mayet. Voyage dans le Sud de la Tunisie. Paris, 1887. (Vgl. Geogr. Jahrb. XIII, p. 330.)

*410. Meehan, Th. Hardy fruit trees. (G. Chr., ser. 3, vol. 4, 1888, p. 161, vgl. Eb. p. 190—191.)

*411. — Age of de Big Trees of California. (Gard. Mon., XXIX, p. 376. — Cit. nach B. Torr. B. C., XV, 1888, p. 20.)

412. Memminger, E. R. Prunus pumila in North Carolina. (Bot. G., XIII, 1888, p. 95—96.) (R. 378.)

*413. Mengarini, F. La viticoltura e l'enologia del Lagio. Roma, 1888.

414. Merz. Bericht über seine erste Reise von Amoy nach Kin-kiang. (Ztschr. d. Gesellsch. f. Erdk. z. Berlin, XXIII, 1888, p. 401—418.) (R. 430.)

415. Mez, C. Die amerikanischen Lauraceen des Döll'schen Herbars. (Mitth. Freib., 1888, p. 420—422.) (R. 311O.)

416. Michel, Henri. Note sur quelques plantes américaines pouvant être acclimatisées en France. (Mém. Soc. d'émulation du Doubs., ser. 6, vol. 1. 1886. Besançon, 1887. p. 346—352.) (Ref. 121.)

417. Mohr, K. Ueber die Verbreitung der Pflanzen durch Thiere. (Pharmaceutische Rundschau, August, 1888, New-York. — Ref. nach Natur, XXXVII, 1888, p 442—443.) (R. 60.)

*418. Mohr, K. The hard wood Forests of the South. (Garden and Forest, I, 34–35. — Cit. nach B. Torr. B. C., XV, 1888, p. 145.)

419. Morong, Th. A new water-lily. (Bot. G., XIII, 1888, p. 124–125, plate VII.) (R. 398 P.)

420. Morris, D. Psiadia robundifolia. (G. Chr., ser. 3, vol. 3, p. 211.) (R. 466.)

421. Müller, F. Baron v. Remarks on the Victorian Flora. (Extracted from „Victoria and its Metropolis, Past and Present", Melbourne, Mc. Carren, Bird and Co., p. 601—607.) (R. 444.)

422. — Description of two hitherto unrecorded West Australian Plants. (Proc. of the Linn. Society of New South Wales, III [ser. 2], 1888, p. 162–164.) (R. 435a. u. 450e.)

423. — Description of an hitherto unrecorded Goodenia indigenous to Victoria. (Extra-Print from „Victorian Naturalist", May, 1888. Bot. C., XXXV, 1888, p. 99–101.) (R. 433 u. 450a.)

424. — Descriptions of new West Australian Plants. (Extra-Print from the „Victorian Naturalist", Oct., 1888.) (R. 450g.)

425. — Description of a new Athrixia from western Australia. (Extra-Print from the „Victorian Naturalist", August, 1888.) (R. 436 u. 450h.)

426. — Supplement to the Enumeration of Victorian Plants, comprising the Species added since Part II of the Key to the System of our Native Vegetation was published, with Addition of a few Species inadvertently before omitted. (Extra-Print from the Victorian Naturalist, 1888, May. — Bot. C. XXXV, 1888, p. 306–308.) (R. 446.)

427. — Flora of King Island. (Victorian Naturalist IV, 1888, p. 140—146.) (R. 448.)

428. — Key to the System of Victorian plants I. Dichotomous arrangement of the orders, genera and species of the native plants, with annotations of primary distinctions and supporting characteristics. Melbourne (R. S. Brain), 1887/88. XIII u. 559 p. 8°. II, 1885, 60 p., 152 tab. (R. 445.)

429. — Note on the Central-Australian Actinotus Schwarzii. (Extra-Print from the Victorian Naturalist, August, 1888. Bot. C. XXXV, 1888, p. 339.) (Ref. 440.)

430. — Notes on some Salsolaceous Plants. (Extra-Print from the Victorian Naturalist, Nov. 1888.) (R. 435 u. 450d.)

431. — Select Extra-Tropical Plants, readily eligible for Industrial Culture or Naturalisation, with indications of their native countries and some of their uses. Melbourne. 517 p. 8°. (R. 106.)

*432. — Iconography of Australian species of Acacia and cognate genera. Decade 12, 13. Melbourne, 1888.

433. Müller, K. Das Pampas-Gras (Gynerium argenteum. Mit Abbildung.) (Natur, XXXVII, 1888, p. 195—197.) (R. 208.)

434. — War das alte Palästina ein Waldland? (Natur, XXXVII, 1888, p. 346—347.) (R. 92.)

435. — Der grösste Baum des tropischen Afrika's. (Natur, XXXVII, 1888, p. 202.) (R. 472.)

*436. — Stammt die Alpenflora vom Nordpol her? (Natur, XXXVII, 1888, p. 227.)

*437. — Washingtonia robusta, eine neue Zimmerpalme. (Eb. p. 232.)

*438. — Die Cocapflanze in Ostindien. (Eb. p. 287.)

*439. — Die Kopra. (Eb. p. 412—415.)

*440. — Der Kampfer im Pflanzenreiche. (Eb. p. 499—503.)

441. Murr, J. Zur Diluvialflora des nördlichen Tirols. (Oest. B. Ztg., XXXVIII, 1888, p. 297—300.) (R. 80.)

442. — Wichtigere neue Funde von Phanerogamen in Nordtirol. (Oest. B. Z., XXXVIII, 1888, p. 202—206, 237—240.) (R. 81.)

443. — Ueber die Einschleppung und Verwilderung von Pflanzenarten im mittleren Nord-

tirol. (Bot. C., XXXIII, 1888, p. 121—123, 148—152, 183—184, 213—218.) (R. 78.)

*444. **Naudin**, C. et **Müller**, F. von. Manuel de l'acclimateur au choix de plantes recommandées pour l'agriculture, l'industrie et la médecine et adaptées aux divers climats de l'Europe et des pays tropicaux. Paris (Librairie agricole), 1887. 565 p. 8°. (Vgl. No. 431.)

445. **Nealley**, G. C. Rapport of an Investigation of the Forage Plants of Western Texas. Department of Agricult. Bot. Divis. Bull., No. 6. Washington, 1888. p. 30—47.) (R. 227.)

*446. **Nealley**, G. C, **Tracy**, S. M. and **Vasey**, G. Grasses of the Arid Districts. (Bull. No. 6, Bot. Div. U. S., Dept. Agric. pamph., p. 60, thirty plates. Washington, 1888. [A report of an investigation of the grasses of the arid districts of Texas, New Mexico, Arizona, Nevada and Utah during 1887.] — Cit. nach B. Torr. B. C., XV, 1888, p. 223.)

*447. **Nehring**. Entgegnung auf Wortmann's Abhandlung über die Diluvialsteppe. (Sitzungsbericht d. Ges. naturforsch. Freunde zu Berlin, 1888, No. 9.)

448. **Nencioni**, G. Sull' Euryale ferox, Sal. (B. Ort. Firenze, an. XII, 1887, p. 10—11.) (R. 198.)

449. **Newberry**, J. S. Die Nahrungs- und Faserpflanzen der nordamerikanischen Indianer. (Ausland, 1888, p. 67—73, 85—89.) (R. 118.)

*450. **Newberry**, P. The Early history of Vine Culture in England. (G. Chr., ser. 3, vol. 4, 1888, p. 563—565.)

*451. **Niederhöfer**, E. A. Ueber den Einfluss des Bodens und Klimas auf die Vertheilung der Pflanzen, nach Materialien aus dem Gouvernement Nishnij-Nowgorod. (Bd. XVI, Heft 1, p. 415—461 der Arbeiten der St. Petersburger Naturforsch.-Ges., 1885.)

452. **Northrop**. Viburnum Opulus at Whitestone, L. J. (B. Torr. B. C., XV, 1888, p. 204.) (R. 394.)

*453. — A tree of Prunus serotina, 12 ft. 2 in. in circumference, on the rood from Bridgeton to Roadstown, Salem Co., N. J. (B. Torr. B. C., XV, 1888, p. 175.)

*454. — Helonias bullata from Bridgeton. (Eb.)

*455. — Draba Caroliniana from South Amboy. (Eb.)

456. **O'Brien**, J. Cypripedium Elliothianum n. sp. (G. Chr., ser. 3, vol. 4, p. 501.) (R. 432 r.)

457. **Orcutt**, C. R. Useful plants of Southern California. (Garden and Forest I, 414—415. — Ref. nach B. Torr. B. C., XV, 1888, p. 327.) (R. 369.)

*458. — The most northern Station of Agave Shawii. (West American Scientis, t. IV, 68. — Cit. nach B. Torr. B. C., XV, 1888, p. 239.)

459. **Ordujnsky**, A. B. Bedeutung des Kochsalzes bei der Cultur der Palmen und einiger anderen Pflanzen. (Bote für Gartenbau, No. 9, p. 133—135. St. Petersburg, 1885. [Russisch.]) (R. 16.)

460. **Owen**, M. L. Plants of Nantucket. (Pamph., 8 vo., 87 p., 1888. — Cit. und Ref. nach B. Torr. B. C., XV, 1888, p. 244—245.) (R. 371.)

461. **Owen**, M. J. A catalogue of plants growing without cultivation in the county of Nantucket Mass. (XII pl., 87 p., Northampton Mass, 1888. — Cit. nach Bot. G., XIII, 1888, p. 277.) (R. 398 Y.)

462. **Oyster**, J. H. Kansas Botanical Notes. (B. Torr. B. C., XV, 1888, p. 213—214.) (R. 367.)

*463. — Catalogue of North American Plants. (2d Ed. Pamph., 8 vo., 125 p. Paola, Kansas, 1888. — Cit. nach B. Torr. B. C., XV, p. 53.)

*464. **Palmer**, E. Effect on Vegetation of the variable Rainfall of Northwestern Mexico. (Amer. Nat., XXII, 459—461. — Cit. nach B. Torr. B. C., XV, 1888, p. 222.)

465. **Parish**, S. B. Phacelia heterosperma. (Bot. G., XIII, 1888, p. 37—38.) (R. 398 F.)

465a. **Parry**, C. C. The Pacific Coast Alders. (B. Californ. Acad. II, n. 7, p. 351—354.) (R. 558.)

466. Paschkewitsch, W. W. Die frühe Rosen-Bernstein-Kirsche. (Bote für Gartenbau, No. 34, p. 445—447. St. Petersburg, 1885. [Russisch.]) (R. 142.)

*467. Pasquale, G. A. Cenni sulla flora di Assab. (Atti A. Napoli, ser. 2a, vol. I, 1888, 12 p. — Vgl. Bot. J., XIV, I, 313, No. 43 und XIV, II, p. 202, R. 566.)

468. Pax, F. Monographische Uebersicht über die Arten der Gattung Primula. (Engl. J., X, p. 75—241.) (R. 100 u. 432c)

469. Pease, F. S. The Honey-Plant. (P. Am. Ass, XXXVII, 1888, p. 277.) (R. 230.)

470. — Products from the Honey-Plant seed. (Eb. p. 278.) (R. 230.)

471. Peck, Ch. H. Forty first Annual Report of the Trustees of the State Museum of Natural History for the Year 1887. (Report of the Botanist, p. 51—86.) New York, 1888. (Ref. nach Bot. C., XXXVIII, p. 735.) (R. 308.)

*472. Peckolt, Th. Nutzpflanzen Brasiliens. (Pharm. Rundschau, VI. — Cit. nach B. Torr. B. C., XV, 1888, p. 326.)

*473. Perkins, G. H. Catalogue of the Flora of Vermont. (From the 10th Report of the State Board of Agriculture, 1888. — Cit. nach B. Torr. B. C., XV, 1888, p. 298.)

474. — Physalis grandiflora, Hook. (B. Torr. B. C., XV, 1888, p. 219—220.) (R. 326.)

*475. Penhallow, D. P. Relation of Climate to Vegetation. (Canad. Rec. Science, III, 107—124. — Cit. nach B. Torr. B. C., XV, 1888, p. 174.)

476. Peuka, K. Ueber die Zeit des ersten Auftretens der Buche in Nordeuropa und die Frage nach der Heimath der Arier. (Globus, Bd. 53. Braunschweig, 1888, p. 200—205.) (R. 67.)

477. Philippi, F. Botanische Reise nach der Provinz Atacama im Frühjahr 1885. (Verh. d. deutschen wiss. Ver. zu Santiago. 5. Heft. Valdivia, 1887. p. 214—221.) (R. 281.)

478. Philippi, R. A. Die Frühlingsvegetation von Colima in Chile. (G. Fl., XXXVII, 1888, p. 152—154.) (R. 280.)

479. Pierre, L. Sur le genre Melieutha. (B. S. L. Par., n. 96, déc. 1888, p. 762—763.) (R. 432l.)

*480. — Flore forestière de la Cochinchine. Paris, 1882—1888. (Cit. nach Engl. Jahrb., X, Literaturber. p. 47.)

481. Pirotta, R. Intorno ad una sensitiva dell' Argentina. (Sep.-Abdr. aus Annuario d. R. Istituto botanico di Roma; vol. III, fasc. 2, 1888. 4°. 5 p. 1 Taf.) (R. 279.)

*482. Poggenburg. Dirca palustris and Tephrosia in Virginia at Lake Mahopoc. (B. Torr. B. C., XV, 1888, p. 328.)

*483. — Sagittaria subulata at Highland Falls. (Eb.)

484. Poisson, J. Note sur un nouveau genre de Celtidées. (Ass. Fr. pour l'av. des Sc., 16. sess., 1. P. Paris, 1887. p. 251. 2. P. Paris, 1888. p. 593—596, Taf. 22.) (R. 286.)

485. Pollak, H. Fernando Noronha und seine Strafcolonie. (Ausland, 1888, p. 150—153.) (R. 120.)

486. Pomel, H. Etudes sur des espèces Barbaresques des types des Evax et des Filago. (B. S. B. France, XXXV, 1888, p. 333—337.) (R. 508a.)

487. Pommel, L. H. Color variation in flowers of Delphinium. (Bot. G., XIII, 1888, p. 216.) (R. 358.)

488. Pool, J. Forage Plants of Arizona and New Mexico. (Department of Agricult. Bot. Div. Bull. No. 6. Washington, 1888. p. 48—50.) (R. 365.)

*489. Popoff, Eu. v. Dioscorea Batatas Desne. (Neubert Deutsches Gartenmagazin, XLI, 1888, p. 12—13.)

490. Pottyondy, B. Az árva rozsnok (Bromus inermis) wayp mint ma köznyelven nevezik: mágocsi. Die Cultur von Bromus inermis. (M. Sz. Magyar-Óvár, 1889. VI. Jahrg., p. 110—113. [Ungarisch.]) (R. 228.)

*491. Prein, J. Erster Nachtrag zu dem Pflanzenverzeichnisse des Gouvernem. Jenisseisk.

(Mitth. d. ostsib. Abth. d. Kais. Russ. Geogr. Ges., Bd. XIX, p. 1—17. Irkutsk, 1888.)

*492. Prein und Jatschewsky. Mittheilungen über eine Expedition in das Sajangebirge. (Eb., XVII.)

*493. Pringle, C. G. Forest Vegetation of Northern Mexico. (Garden and Forest I, 70, 116—117, 141—142, illustrated. — Cit. nach B. Torr. B. C., XV, 1888, p. 171.)

*494. — Heuchera sanguinea in Mexico. (Eb., I, 152. — Cit. v. eb. p. 172.)

*495. Pucci, A. L'acclimazione delle piante. (B. Ort. Firenze, an. XIII, 1888, p. 44 ff.) — (Ausführliche Recension von C. Naudin et F. v. Mueller Manuel de l'acclimateur. Vgl. No. 444.)

*496. Putnam, II. C. The Forests of the United States. (Garden and Forest I, 297—298. — Cit. nach B. Torr. B. C., XV, 1888, p. 241.)

497. Radde, G. J. and Waljter, A. und A. M. Kouschin. Vorläufiger Bericht über die 1886 auf allerhöchsten Befehl unternommene Expedition in das transkaspische Gebiet und das nördliche Chorassau. Tiflis, 1886. 115 p. (Russisch.) (R. 507.)

498. Radlkofer, L. Ergänzungen zur Monographie der Sapindaceengattung Serjania. (Abhandl. d. Kgl. bayer. Akad. d. Wiss., II. Classe, Bd. XVI, Abth. I, X u. 195 p. Mit 9 Taf. — Ref. nach Bot. C., XXXIV, 1888, p. 300—302.) (R. 102.)

*499. Rathay, E. Ueber die Geschlechtsverhältnisse der Reben und ihre Bedeutung für den Weinbau. (Bot. C., XXXIII, 1888, p. 126—127.)

*500. — Die Geschlechtsverhältnisse der Reben und ihre Bedeutung für den Weinbau. Mit 2 lithogr. Taf. u. 18 Holzschn. Wien, 1888. 8⁰. 114 p. 1888. (Ref. in Bot. C., XXXVI, 1888, p. 107—114.)

501. Regel, E. Begonia Scharffiana Rgl. (G. Fl., XXXVII, 1888, p. 127—128.) (R. 311a.)

502. — Cryptanthus Morreniana Rgl. n. sp. (G. Fl., XXXVII, 1888, p. 157—158.) (Ref. 311p.)

503. — Diastema picta Rgl. (Gesneraceae). (G. Fl., XXXVII, 1888, p. 240—241.) (R. 311r.)

504. — Pleurothallis platystachys Rgl. (G. Fl., XXXVII, 1888, p. 459—460.) (R. 311H.)

505. — Tulipa Leichtlini Rgl. (G. Fl., XXXVII, 1888, p. 93—94.) (R. 432f.)

506. — Zur Cultur empfohlene Pflanzen. (Bote für Gartenbau. St. Petersburg, 1885. 1886.) (R. 209.)

507. — Ueber Rhododendren. (Protocoll No. 336 der kais. Russ. Gartenbau-Ges. Bote für Gartenbau. St. Petersburg, 1886. [Russisch.]) (R. 210.)

*508. — Proposition de construire des cartes de la distribution geographique de certaines espèces de plantes ligneuses. (Bul. de Con. Bot. d. St. Petersb. 1884, p. 1—6.)

*509. Reiche, C. Einflüsse äusserer Verhältnisse auf die Blattformen unserer Eichen. (Sitzungsber. d. Naturw. Ges. Isis in Dresden, 1887, 2, p. 35.)

510. — Ueber die Veränderungen, welche der Mensch in der Vegetation Europas hervorgebracht hat. (Humboldt, VII, 1888, p. 169—173, 253—256.) (R. 64.)

511. Reichelt, K. Pirus Ussuriensis Maxim. (Pomologische Monatshefte. Neue Folge. Jahrg. XIII, Heft 10, p. 291—293. Mit Abbildung. — Ref. nach Bot. C., XXXVI, 1888, p. 15—16.) (R. 136.)

512. Reichenbach, H. G. fil. Orchideae describuntur. (Flora, LXXI, 1888, p. 149—156.) (R. 265b., 311F., 432o., 471d., 485c.)

513. — Aëranthus ophioplectron n. sp. (G. Chr., ser. 3, vol. 4, p. 91.) (R. 471a.)

514. — Aëranthus trichoplectron n. sp. (G. Chr., ser. 3, vol. 3, p. 264.) (R. 471b.)

515. — Cynosorchis elegans n. sp. (Eb., p. 424.) (R. 471b.)

516. — Cynosorchis Lowiana n. sp. (Eb., p. 424.) (R. 471b.)

517. — Aëranthus Grandidierianus Rchb. f. (G. Chr., ser. 3, vol. 3, p. 72.) (R. 471g.)

518. — Angraecum Sanderianum n. sp. (Eb., p. 168.) (R. 471g.)

519. — Bollea hemixantha n. sp. (G. Chr., ser. 3, vol. 4, p. 206.) (R. 311q.)

520. — Catasetum tapiriceps n. sp. (G. Chr., ser. 3, vol. 3, p. 136.) (R. 311c.)

521. Reichenbach, H. G. fil. Cattleya labiata. (G. Chr., ser. 3, vol. 3, 1888, p. 680—681.) (R. 265f.)
522. — Cleistostoma ringens n. sp. (G. Chr, ser. 3, vol. 4, p. 724.) (R. 432p.)
523. — Coelogyne lactea Rchb. f. (Mss. in litt. ad beat. exc. J. Day Ap., 1884.) (G. Chr., ser. 3, vol. 3, p. 521—522.) (R. 432i.)
524. — Cypripedium Elliothianum n. sp. (G. Chr., ser. 3, vol. 4, p. 532—533.) (R. 432s.)
525. — Cypripedium Rothschildianum n. sp. (G. Chr., ser. 3, vol. 3, 1888, p. 456.) (R. 432u.)
526. — Dendrobium Wattii Rchb. f.; Dendrobium cariniferum var. Wattii Hook f. (Bot. Mag., 1883, t. 6, 715. — G. Chr., ser. 3, vol. 4, p. 725—726) (R. 428.)
527. — Dipodium paludosum Rchb. f.; Grammatophyllum paludosum Griff.; Wailesia paludosa Rchb. f. (G. Chr., ser. 3, vol. 4, p. 1888, p. 91.) (R. 432m.)
528. — Epidendrum auriculigerum n. sp. (G. Chr., ser. 3, vol. 4, p. 34.) (R. 265e.)
529. — Esmeralda bella n. sp. (G. Chr., ser. 3, vol. 3, p. 136.) (R. 265h.)
530. — Eria striolata n. sp. (G. Chr., ser. 3, vol. 3, 1888, p. 554.) (R. 432u.)
531. — Lissochilus giganteus Welwitsch. (G. Chr., ser. 3, vol. 3, 1888, p. 616—618.) (R. 474.)
532. — Lycaste macropogon n. sp. (G. Chr., ser. 3, vol. 3, 1888, p. 200.) (R. 311E.)
533. — Maxillaria Hübschii n. sp. (G. Chr., ser. 3, vol. 3, p. 136.) (R. 265i.)
534. — Megaclinium oxyodon n. sp. (G. Chr., ser. 3, vol. 4, p. 90.) (R. 471c.)
535. — Odontoglossum Hrubyanum n. sp. (G. Chr., ser. 3, vol. 4, p. 234.) (R. 282.)
536. — Oncidium chrysops n. sp. (G. Chr., ser. 3, vol. 3, p. 104.) (R. 265g.)
537. — Oncidium chrysorhapis n. sp. (G. Chr., ser. 3, vol. 3, p. 72.) (R. 311d.)
538. — Oncidium robustissimum n. sp. (G. Chr., ser. 3, vol. 4, p. 352.) (R. 311b.)
539. — Cycnoches versicolor n. sp. (Eb., p. 596.) (R. 311i.)
540. — Phalaenopsis Buyssoniona n. sp. (G. Chr., ser. 3, vol. 4, 1888, p. 295—296.) (R. 265d.)
541. — Phalaenopsis denticulata n. sp. (G. Chr., ser. 3, vol. 3, p. 296.) (R. 265k.)
541a. — Cypripedium dilectum n. sp. (hyb. nat.). (Eb., p. 330—331.) (R. 265l.)
542. — Oncidium (Cyrtochilum) detortum n. sp. (Eb., p. 392—393.) (R. 265m.)
543. — Phalaenopsis gloriosa n. sp. (Eb., p. 554.) (R. 265n.)
544. — Cypripedium bellatulum n. sp. (Eb., p. 648) (R. 265o.)
545. — Roderiguezia Bungerothii n. sp. (G. Chr., ser. 3, vol. 3, 1888, p. 264.) (R. 311y.)
546. — Odontoglossum Boddaertionum n. sp. (Eb., p. 296) (R. 311z.)
547. — Saccolabium cerinum n. sp. (G. Chr., ser. 3, vol. 4, p. 206.) (R. 432n.)
548. — Thunia candidissima n. sp. (G. Chr., ser. 3, vol. 4, p. 34.) (R. 265e.)
549. Reinecke. Centaurea transalpina Schleicher. (Mitth. d. Georgr. Ges. zu Jena, p. 18.) (R. 72.)
550. Reissenberger, L. Ueber die Zeit der Blüthe und Fruchtreife des Roggens, der Weinrebe und des Maises nach vieljährigen Beobachtungen in der Umgebung von Hermannstadt. (Verh. u. Mitth. d. siebenbürg. Ver. f. Naturw. in Hermannstadt, XXXVIII, 1888, p. 121—132.) (R. 35.)
*551. Rensselaer, M. G. van. July on the Shores of Buzzards Bay. (Garden and Forest, I, 327.) (A popular account of the most conspicuous plants of the region.) (Cit. nach B. Torr. B. C., XV, 1888, p. 274.)
*552. Reuter. Eine grosse Paulownia imperialis in Norddeutschland und ein Beitrag zur Geschichte der Paulownia. (G. Fl., XXXVII, 1888, p. 322—323.)
553. Ricasoli, V. Della utilità dei giardini d'acclimazione e della naturalizzazione delle piante. Firenze, 1888. 8°. XXVII u. 87 p. (R. 86.)
554. — Il Pittosporum phillyreoides DC. (B. Ort. Firenze, an. XIII, 1888, p. 328—329. Mit 1 Tafel.) (R. 54.)
*555. Rich, Miss. A single plant of Pentstemon pubescens at W. Mt. Vernon. (B. Torr. B. C., XV, 1888, p. 204.)

556. **Richardson**, C. Plants of Economic Value as Food for Man and Stock in Texas and New Mexico. (Agric. Sci. I, p. 269—275. — Ref. nach B. Torr. B. C., XV, 1888, p. 55.) (R. 357.)
557. **Ridley**, H. N. Eichhornia azurea Mart. (G. Chr., ser. 3, vol. 3, p. 22.) (R. 291.)
558. — Ponthieva grandiflora n. sp. (G. Chr., ser. 3, vol. 3, p. 264—265.) (R. 311 v.)
559. — A Revision of the Genera Microstylis and Malaxis. (J. L. S. Lond., XXIV, 1888, p. 308-351.) (R. 105, 311 x., 311 L., 311 P., 398 N., 432 a., 432 y. u. 508 l.)
560. **Robinson**, J. Aquilegia Canadensis L. var. flaviflora (Tenney) Britton. (B. Torr. B. C., XV, 1888, p. 165—166.) (R. 382.)
*561. **Robinson**, W. Hardy flowers: Descriptions of upwards of 1300 of the most ornamental species. 4. and cheaper edit. London (Garden Office), 1888. 332 p. 8⁰.
562. **Rock**, M. Guatemala Forests. (Amer. Naturalist, vol. 22. Philadelphia, 1888. p. 385—399.) (R. 298.)
563. **Rolfe**, R. A. Catasetum fuliginosum Lindl. (G. Chr., ser. 3, vol. 4, p. 473.) (R. 293.)
563a. — Angraecum tridactylites Rolfe n. sp. (G. Chr., ser. 3, vol. 4, 1888, p. 34.) (R. 485f)
564. — Catasetum Garnettianum Rolfe n. sp. (G. Chr., ser. 3, vol. 4, p. 692.) (R. 311 l.)
565. — Cytisus racemosus. (G. Chr., ser. 3, vol. 4, p. 63—64.) (R. 206.)
*566. — Cytisus racemosus and its allies. (G. Chr., ser. 3, vol. 3, 1888, p. 523.)
567. — Dendrobium chryseum Rolfe n. sp. (G. Chr., ser. 3, vol. 3, p. 233.) (R. 432 h.)
568. — Masdevallia platystachis Rolfe n. sp. (G. Chr., ser. 3, vol. 4, p. 178—179.) (R. 311 C.)
569. — Masdevallia punctata Rolfe n. sp. (G. Chr., ser. 3, vol. 4, p. 323.) (R. 311 t.)
570. — Megaclinium scaberrulum Rolfe n. sp. (G. Chr., ser. 3, vol. 4, p. 6.) (R. 485 a.)
571. — The Genus Polycycnis. (G. Chr., ser. 3, vol. 4, p. 501—502.) (R. 297.)
572. — Pleurothallis punctulata Rolfe n. sp. (G. Chr., ser. 3, vol. 4, p. 756.) (R. 311 m.)
573. — Zygopetalum marginatum Rchb. f. (G. Chr., ser. 3, vol. 4, p. 693.) (R. 296.)
574. **Rolland**, G. Les Oasis sahariennes et le Palmier-dattier. (Ass. fr. p. l'avanc. des sc., 16. sess., 1887. 1. P. Paris, 1887. p. 345—346. 2. P. 1888, p. 895—904.) (R. 494.)
575. **Rose**, E. Le Galanthus nivalis L. aux environs de Paris. (B. S. B. France, XXXV, 1888, p. 257—260.) (R. 41.)
576. — Le jardin des plantes en 1636. (Journ. de Bot., II., 1888, p. 191—196, 210—212, 218—220. Mit Abbildung.) (R. 113.)
577. **Rosenvinge**, L. **Kolderup**. Fra en botanisk Reise i Grönland (Aus einer botanischen Reise in Grönland). (Bot. T., Bd. 16, p. 203—215, 1888.) (R. 410.)
578. **Rost**, B. Der Buchweizenbau und die verschiedenen Zwecke, zu welchen der Buchweizen angebaut werden kann. (Fühling's Landw. Ztg., 37. Jahrg. Leipzig, 1888. p. 356—363.) (R. 151.)
*579. **Rümcker**, K. Die Veredlung der vier wichtigsten Getreidearten des kälteren Klimas. Dissert. Wittenberg, 1888. 119 p. 8⁰.
580. **Rusby**, H. H. An Enumeration of the Plants Collected by Dr. H. H. Rusby in South America 1885—1886. (B. Torr. B. C., XV, 1888, p. 177—184, 247—253.) (R. 271.)
581. — The cultivated Cinchonas of Bolivia. (P. Am. Ass., XXXVI, 1888, p. 272—273.) (R. 174.)
582. — Drug. Bull. II, 219—222; illustrated. (Cit. nach B. Torr. B. C., XV, 1888, p. 275.) (R. 332.)
583. — Lilium. (B. Torr. B. C., XV, 1888, p. 302.) (R. 384.)
584. — Lily. (B. Torr. B. C., XV, 1888, p. 302.) (R. 328.)
*585. — Anhalonium Lewinii, Hennings, from the plateau of Central Mexico. (B. Torr. B. C., XV, 1888, p. 204.)
*586. **Sadebeck**, R. Die von der zweiten Singhalesencarawane mitgebrachten Ceyloner

Drogen, Früchte, Rohstoffe u. s. w. (Sitzungsber. d. Ges. f. Botanik zu Hamburg, III, 1887, p. 55—57. — Ref. in Bot. C., XXXVI, 1888, p. 147.)

*587. Sadworth, G. B. Forest Flora of the Rocky Mountain Region. (Dept. of Agric. Forestry Div., Bull. No. 2, p. 252.)

588. Safford, W. E. Botanizing in the Strait of Magellan. (B. Torr. B. C., XV, 1888, p. 15—20, 104—108.) (R. 273.)

589. — An Inviting Field for a Collector. (B. Torr. B. C., XV, 1888, p. 210—211.) (R. 274.)

*590. Sailer, S. J. A. Tropaeolum tuberosum. (G. Chr., ser. 3, vol. 3, 1888, p. 627.)

591. Sandwish. The Cork Tree in the Forests of Tunis. (Ph. J., 3. ser., vol. 18. London, 1888. p. 282.) (R. 493.)

*592. Saporta, G. de. Origine paléontologique des arbres cultivés ou utilisés par l'homme. Paris, 1888. 8°. 360 p. 44 fig.

593. Sargent, C. S. Stuartia pentagyna and Aralia spinosa. (Garden and Forest, I, 415. — Ref. nach B. Torr. B. C., XV, 1888, p. 326.) (R. 386.)

*594. Sargent, F. Le Roy. The Common Dandelion. (Pop. Sci. News XXII, 65—67, illustrated. — B. Torr. B. C., XV, 1888, p. 171.)

595. Savorgnan, M. Della canapa. (L'Italia agricola, an. XX. Milano, 1888. 4°. p. 87, 103, 133, 151, 200, 230, 278, 296, 311, 326, 409, 423, 439.) (R. 179.)

*596. Schaffranek, A. A Floral Almanac of Florida. 4°. Pamphlet, 37 p. Palatka, 1888. (Cit. nach B. Torr. B. C., XV, 1888, p. 323.)

597. Schenck, H. Beiträge zur Kenntniss der Utricularien. (Pr. J., XVIII, 1887. — Ref. nach Journ. de Bot., II, 1888; Revue bibliogr., p. 22—23.) (R. 12 u. 311 N.)

*598. — Ueber die Schweinfurth'sche Methode, Pflanzen für Herbarien auf Reisen zu conserviren. (Bot. C., XXXV, 1888, p. 175—176.)

599. Schimper, A. F. W. Die epiphytische Vegetation Amerikas. (Botan. Mitth. aus den Tropen, Heft II. Jena, 1888. 162 p. u. 6 Taf. 8°. — Ref. nach Bot. C., XXXVII, 1889, p. 180—182.) (R. 283.)

*600. — Die Wechselbeziehungen zwischen Pflanzen und Ameisen im tropischen Amerika. (Botan. Mitth. aus den Tropen, I. Jena, 1888. 8°. 96 p. 3 Taf. — Vgl. Bot. C., XXXIV, 1888, p. 265—267.)

601. Schinz, H. Beiträge zur Kenntniss der Flora von Deutsch-Südwestafrika und der angrenzenden Gebiete. (Verh. Brand, XXIX, 1888, p. 44—64, XXX, 1888, p. 137—186, 229—276.) (R. 462 u. 467a.)

602. — Mehrjährige Reisen durch die südafrikanischen Wüsten und Steppengebiete. (Mitth. d. geogr. Gesellsch. zu Jena, VI, 1888, p. 184—186.) (R. 455.)

603. Schlatterer, A. Die Epilobien in Döll's Herbar. (Mitth. Freiburg, No. 44, 1887, p. 383—386.) (R. 260.)

604. Schlich, W. The Douglas Fir in Scotland. (G. Chr., ser. 3, vol. 4, 1888, p. 531—532, 568—569, 598—600.) (R. 203.)

605. Schneck, J. Notes on some Illinois grapes. (Bot. G., XIII, 1888, p. 95. (R. 354.)

*606. Schrenk. Echinocystis echinata from the Upper Delaware, near Cochecton, New York. (B. Torr. B. C., XV, 1888, p. 302.) (R. 329.)

*607. — Aster subulatus from the serpentine rocks at Hoboken, N. J. away from marine influence. (Eb.)

*608. — Symphoricarpus racemosus var. pauciflorus from Niagara with leaves quite hairy beneath instead of glabrous as described. (Eb.)

*609. — Hypericum Ascyron from Sullivan County, N. Y., and a specimen of Cypripedium pubescens, from South Yonkers, N. Y. (B. Torr. B. C., XV, 1888, p. 204.)

610. Schumann, K. Reliquiae Rutenbergianae. (Abhandl. herausgeg. v. Naturw. Verein zu Bremen, IX, 1887, p. 402—403.) (R. 469 u. 471c.)

611. Schwacke, W. Eine neue Olacinee. (Engl. J., X, p. 291—292.) (R. 311o.)

612. Schwappach. Ueber den Anbau der Carya- und Juglans-Arten. (Zeitschr. f. Forst- u. Jagdwesen, 20. Jahrg. Berlin, 1888. p. 14—18.) (R. 46.)

613. Schwendener, S. Rede zur Gedächtnissfeier König Friedrich Wilhelms III. in der Aula der Königlichen Friedrich-Wilhelms-Universität am 3. August 1888. Berlin, 1888. 21 p. 4°. (R. 112.)

614. Scribner, F. L. New or little known Grasses. (B. Torr. B. C., XV, p. 8—10.) (R. 397 u. 398 R.)

615. — Notes on Andropogon. (Bot. G., XIII, 1888, p. 294—296.) (R. 322.)

616. Seaman, W. H. Azalea nudiflora. (Bot. G., XIII, 1888, p. 230.) (R. 50.)

617. Semler, Heinrich. Die Veränderungen, welche der Mensch in der Flora Kaliforniens bewirkt hat. (Petermann's Mitth., 34. Bd., 1888, Gotha, p. 239—243, 276—283, 302—312.) (R. 114.)

*618. — Die tropische Agricultur. (Ein Handb. f. Pflanzen und Kaufleute, Bd. 3. Wismar (Hinstorff), 1888. 806 p. 8°.)

*619. — Tropische und amerikanische Waldwirthschaft und Holzkunde. Berlin (Parey), 1888. XVI u. 736 p. 8°. Mit Illustr.

620. Senft. Der Erdboden nach Entstehung, Eigenschaften und Verhalten zur Pflanzenwelt. Ein Lehrbuch für alle Freunde des Pflanzenreichs, namentlich aber für Forst- und Landwirthe. Hannover, 1888. X u. 158 p. 8°. (R. 7.)

*621. S(enoner), A. Le piante dei giardini nel Trentino. (B. Ort. Firenze, an XIII, 1888, p. 184—185.) — (Auszug aus Entleutner's Aufzählung der Ziergewächse in den Gartenanlagen des Trentin.)

622. Sievers, W. Die Sierra Nevada de Santa Marta und die Sierra de Perija. (Ztsch. d. Ges. f. Erdk. z. Berlin, XXIII, 1888, p. 1—158.) (R. 294.)

*623. Sintenis. Mimulus luteus kommt wildwachsend in Estland vor. Neu für die Ostseeprovinzen. (Sitzungsber. der Naturforscher-Ges. b. d. Univ. Dorpat, Bd. VIII, Heft 2. p. 297. Dorpat, 1888.)

624. Smith, Aubrey, H. Carex miliaris Michx. (Proc. Amer. Philos. Soc., vol. 25, 1888, p. 320.) (R. 404.)

625. Smith, J. B. Undescribed plants from Guatemala. (Bot. G., XIII, 1888, p. 26—29, 74—77, 188—190, 299—300.) (R. 311 A.)

626. Smith, J. M. Native Plants of the Island of Rhode Island. (Proc. Newport Nat., Hist. Soc., Doc. 6, p. 24. — Ref. nach B. Torr. B. C., XV, 1888, p. 299.) (R. 393.)

627 Smith, J. D. Another Station for Rhododendron Vaseyi. (B. Torr. B. C., XV, 1888, p. 164—165.) (R. 377.)

628. Smith, J. G. Buchloe dactyloides. (Bot. G., XIII, 1888, p. 215—216.) (R. 226.)

629. Spooner, E. New Zealand its Fruit and Forest Trees. (G. Chr., ser. 3, vol. 3, p. 332.) (R. 451.)

630. Sprenger, C. Una vite nuova, Cissus mexicana Hort. (B. Ort. Firenze, an. XIII, 1888, p. 298—301.) (R. 303.)

*631. — Berichtigungen zu dem Bericht über die Versuchspflanzen auf den Kieselfeldern in Heft 7, p. 201. (G. Fl., XXXVII, 1888, p. 262—263.)

632. Stapf, O. Der Landschaftscharakter der persischen Steppen und Wüsten. (Oesterr.-Ung. Revue. N. F. S. B., Oct. 1887 bis März 1888, p. 227—251, 348—366, 5. Bd., April bis Sept. 1888, p. 51—62, 155—165. Wien.) (R. 504.)

633. — Ueber einige Iris-Arten des botanischen Gartens in Wien. (Oest. B. Z., XXXVIII, 1888, p. 12—15.) (R. 500.)

634. — Narthex Polakii n. sp. (Z. B. G., Wien, XXXVIII, 1888, p. 70—71.) (R. 508k.)

635. — Edelweiss. (Z. B. G., Wien XXXVIII, 1888, p. 32—33.) (R. 239.)

636. — Beiträge zur Flora von Persien. (Z. B. G., Wien, XXXVIII, 1888, p. 549—552.) (R. 505 u. 508i.)

637. Steele, Miss. Pentstemon laevigatus. (B. Torr. B., CXV, 1888, p. 150.) (R. 373.)

*638. — Physostegia Virginiana, collected twelve miles above the mouth of the Connecticut River and remote from gardens. (B. Torr. B. C., XV, 1888, p. 302.)

*639. — Geum vernum abundantly naturalized in Prospect Park, Brooklyn. (B. Torr. B. C., XV, 1888, p. 204.)

*640. Steele, Miss. Orchis spectabilis, Anemone dichotoma and Rhamnus catharticus from Garrison N. Y. (B. Torr. B. C., XV, 1888, p. 204.)

*641. — Physostegia Virginiana collected 12 miles above the mouth of the Connecticut River and remote from gardens. (B. Torr. B. C., XV, 1888, p. 302)

*642. Stein, B. Strophanthus Ledienii, Stein vom Kongo. (Schles. G., p. 265.)

643. Sterns, E. E. A Suggestion Concerning Smilax herbacea L. (B. Torr. B. C., XV, 1888, p. 189—190.) (R. 269.)

644. — Laurus nobilis L. (B. Torr. B. C., XV, 1888, p. 150.) (R. 374.)

*645. — Lithospermum arvense from Missourie. (B. Torr. B. C., XV, 1888, p. 28.)

646. — Notes on Smilax pumila. (B. Torr. B. C., XV, 1888, p. 51—52.) (R. 340.)

647. — Proposed Revision of North American Smilaces. (B. Torr. B. C., XV, 1888, p. 86.) (R. 340.)

648. — Re-discovery of Nymphaea elegans, Hook, at a new Station. (B. Torr. B. C., XV, 1888, p. 13—15.) (R. 353.)

649. — Saxifraga Virginiensis Michx. var. pentadecandra Sterns. (B. Torr. B. C., XV, 1888, p. 166—167.) (R. 383.)

*650. — Saxifraga Virginiensis var. pentadecandra from New York Island. (B. Torr. B. C., XV, 1888, p. 175.)

*651. Stevenson, W. The Trees of Commerce. (G. Chr., ser. 3, vol. 4, 1888, p. 297.)

652. Stowell, W. A. Notes on the Flora of Bergen County, N. J. (Journal of the Trenton National History Society n. 3 Jan. 1888. Trenton, N. J., 1888, p. 345—347.) (R. 381.)

653. Sturtevant, E. Lewis. History of Garden Vegetables. (Amer. Naturalist. vol. 21. Philadelphia, 1887. p. 49—59, 125—133, 321-333, 433-444, 520—532, 701—712, 826—833, 903—912, 975—985.) (R. 109.)

654. — Notes on Peppers. (Agric. Sci. II, p. 1—4. — Cit. u. ref. nach B. Torr., B. C., XV, 1888, p. 94.) (R. 162.)

655. — History of Garden vegetables. (Amer. Nat., XXII, 802—808. — Cit. u. ref. nach B. Torr. B. C., XV, 1888, p. 325.) (R. 152.)

656. — Capsicum fasciculatum n. sp. (B. Torr. B. C., XV, 1888, p. 133—134.) (R. 265c.)

657. — Capsicum umbilicatum. (B. Torr. B. C., XV, 1888, p. 108—109.) (R. 290.)

*658. Sulzberger, R. La rose, histoire, botanique, culture. Namur (Wesmaël-Charlier), 1888. 148 p. 8⁰. avec. 10 pl. lith. et 20 cartes de géogr. lith. teintées.

659. Syme, C. Abies subalpina, Picea pungens Engelmann. (G. Chr., ser. 3, vol. 3, 1888, p. 586—587.) (R. 314.)

*660. Szyszyłowicz, J. Polypetalae Thalamiflorae Rehmannianae a d. Dre. A. Rehmann annis 1875—1880 in Africa australi extratropica collectarum. Cracoviae 1887 et 1888. 76 et 76 p. 8⁰.

661. Taïroff, B. La viticoltura nel Caucaso. (Bollett. d. Soc. gener. dei viticolt. italiani, an. III. Roma, 1888. gr. 8⁰. p. 294—295.) (R. 170.)

662. Temple, M. Peach Growing at Duniepace, Stirlingshire. (G. Chr., ser. 3, vol. 4, 1888, p. 640.) (R. 139.)

663. Tepper, J. G. O. Bemerkungen über die Kangaroo-Insel und einige Charakterpflanzen derselben. (Bot. C., XXXVI, 1888, p. 307—311, 342—345, 373—375.) (R. 449.)

664. Thomas, Fr. Phänologische Beobachtungen zu Ohrdruf aus den Jahren 1884—1887. (Mitth. d. Geogr. Ges. zu Jena VI, 1888, p. 39—42.) (R. 27.)

665. — Ueber die Brauchbarkeit einjähriger phänologischer Beobachtungen. (Ber. d. Oberhess. Ges. f. Natur- u. Heilkunde, XXVI. Giessen, 1888, p. 56—57.) (R. 28.)

*666. Thompson, M. Geographical Botany. (15th Ann. Rep. Dept. Geol. and Nat. Hist. Indiana, p. 242—252. — Cit. nach B. Torr. B. C., XV, 1888, p. 23.)

*667. Tirocco, G. B. Sistemi della coltura della vite e produzione della stessa nei dece circondarii della provincia di Porto Maurizii. (Rass. Con., an. II, 1888, p. 481—486).

668. Toni, G. B. de et Paoletti, G. Spigolature per la flora di Massaua e di Suakim.

(Bullettino della Società veneto-trentina di scienze naturali, tom. IV. Padova, 1888. p. 64—76.) (R. 482.)

669. Torrey Botanical Club. Preliminary Catalogue of Anthophyta and Pteridophyta reported as growing spontaneously within a hundred miles of New York City. VIII and 90 p. with map. New York. (Cit. u. ref. nach Bot. G., XIII, 1888, p. 171.) (R. 396.)

670. Trabut, L. Les zones botaniques de l'Algérie (Association française pour l'avancement des sciences; Congrés d'Oran 1888) Tirage à part de 10 p. in 8⁰. (Ref. nach B. S. B. France, XXXV, 1888; Revue bibliogr., p. 206—207.) (R. 486 f.)

671. Tracy, S. M. Report of an Investigation of the Grasses of the Arid Districts of New Mexico, Arizona, Nevada and Utah. (Department of Agricult. Bot. Div. Bull. N. 6. Washington, 1888. p. 5—29.) (R. 350.)

672. Trautvetter, E. R. ab. Syllabus plantarum Sibiriae boreali — orientalis a Dre. Alex a Bunge fil. lectarum. (Act. Petr., X, 1888, Fasc. 2, 8⁰, 66 p. Petropoli, 1888. — Ref. nach Bot. C., XXXVII, p. 214—215.) (R. 413.)

673. Treat, M. Among the Pines in June. (Garden and Forest, I, 243. — Ref. nach B. Torr. B. C., XV, 1888, p. 224.) (R. 325.)

674. Treichel, A. Botanische Notizen, VIII. (Schriften d. Naturf. Ges. in Danzig, VII, 1888, p. 74—77.) (R. 259.)

675. Trelease, W. North American Rhamnaceae. (Transact. of the St. Louis Academy of Science vol. V, no. 3, 1889.) (R. 316.)

676. — A Revision of North American Linaceae. (Transactions of the Ac. of Sc. of St. Louis, vol. 5, N. 1, 2, 1886—1888. St. Louis, 1888. p. 7—20. T. 3, 4.) (R. 334.)

677. — On Ceanothus. (P. Calif. Acad. 24, ser. I, part 1, 1888, p. 106—118.) (R. 317 u. 398 G.)

678. Treub, V. M. Notice sur la nouvelle flore de Krakatau. (Annales du jardin botanique du Buitenzorg, vol. VII, 3 part. Leiden (E. J. Bull), 1888, p. 213—223. 1 Karte. (R. 431 b.)

679. Trimen. Ceylon. (G. Chr., ser. 3, vol. 3, 1888, p. 397.) (R. 427.)

680. — Cultivation of Economic Plants in Ceylon. (Ph. J., 3. ser., vol. 18. London, 1888. p. 1016.) (R. 163.)

681. Tursky, M. Kann Picea excelsa Lk. im Süden Russlands angepflanzt werden? (Forst-Journal, Bd. XVI, Heft 4, p. 353—361. Mit 1 Karte. St. Petersburg, 1886. [Russisch.]) (R. 190.)

682. Ugolini, G. Dell' olmo. (B. Ort. Firenze, an. XIII, 1888, p. 203—206.) (R. 196.)

683. — Dei Celtis. (B. Ort. Firenze, an. XIII, 1888, p. 45—48.) (R. 195.)

684. Ullepitsch. Correspondenz. (Oest. B. Z., XXXVIII, 1888, p. 397.) (R. 82.)

*685. Vannuccini, V. Il vitigno americano dei terreni calcarei. (Rass. Con., an. II, 1888, p. 26—29.). — Auszug aus dem Berichte P. Viala's über seine Studienreise nach Amerika, die Rebenvegetation auf verschiedenen Bodenarten betreffend.)

686. Vasey, G. Characteristic vegetation of the North American desert. (Bot. G., XIII, 1888, p. 258—265.) (R. 349.)

687. — Synopsis of the genus Panicum Linn. (Bot. G., XIII, 1888, p. 96—97.) (R. 323.)

688. — On two Species of Gramineae. (B. Torr. B. C., XV, 1888, p. 293—294.) (R. 339.)

689. — Report of an Investigation of the Grasses of the Arid District of Texas, New Mexico, Arizona, Nevada and Utah, in 1887. Grasses and Forage Plants figured in this Bulletin. (Department of Agricult., Bot. Div., Bull. No. 6. Washington, 1888. p. 51—61. Taf. 1—30.) (R. 351.)

690. — New or Rare Grasses. (B. Torr. B. C., XV, 1888, p. 48—49.) (R. 346.)

691. — New Western Grasses. (B. Torr. B. C., XV, 1888, p. 11—13.) (R. 398 J.)

692. — Notes on Some Rare Grasses. (B. Torr. B. C., XV, 1888, p. 294—295.) (R. 366.)

*693. — Forage Plants. (Report of the Botanist, U. S. Dept. Ag. Rep. for 1887. — Cit. nach B. Torr. B. C., XV, 1888, p. 241.)

694. Viala, P. Mission Viticole en Amérique. (Rapport au Ministre de l'Agriculture, Pamph., p. 24, Montpellier, 1888. — Ref. nach B. Torr. B. C. XV, 1888, p. 93.) (R. 169.)

695. Vincent, L. Note sur J. Blanche, ancien Consul de France en Syrie. (B. S. B. France, XXXV, 1888, session extraordinaire. p. XXXVIII—XL.) (R. 503.)

696. Virchow, R. Zwei Riesentannen in den Voralpen des Canton Bern. (Verh. Brand., XXIX, 1888, p. 167.) (R. 257.)

697. Viviand-Morel. Valerianella olitoria L. (Bull. Trimestrid de la soc. Bot. de Lyon. 1 Janv. 1888. p. 9—11.) (R. 155.)

698. Vrany, M. Höfchérke. Gnaphalium Leontopodium Scp. (Szepesi Embékkönyo, herausgeg. von Bischof G. Császka bei Gelegenheit der XXIV. Wanderversammlung der ung. Aerzte und Naturforscher zu Tátrafüred, 1888. Szepes-Várulja, 1888. p. 122—123. [Ungarisch]). (R. 234.)

*699. Wágner, L. von. Tabakcultur, Tabak- und Zigarrenfabrikation. Weimar (Voigt), 1888. XIX u. 500 p. 8°. Mit Illustr.

700. Walcott, H. L. T. Choke-cherry. (Bot. G., XIII, 1888, p. 233.) (R. 143.)

701. Warming, Eug. Om Grönlands Vegetation. (Meddelelser om Grönland, 12te Hefte, Kjöbenhavn, 1888. 223 p., mit einem französischen Résumé [von dem das hier gegebene Referat theilweise eine Uebersetzung ist].) (R. 409.)

702. Watson, S. Calandrinia oppositifolia S. Watson sp. nov. (G. Chr., ser. 3, vol. 4, p. 601.) (R. 398 L.)

703. — An erratum. (Bot. G., XIII, 1888, p. 322.) (R. 338.)

*704. — Rocky Mountain Cypripediums. (Garden and Forest, I, 138. — Cit. nach B. Torr. B. C., XV, 1888, p. 171.)

*705. — Delphinium viride. (Eb. p. 149, fig. 29. — Cit. von Eb.)

*706. — Phlox nana. (Garden and Forest, I, 413, fig. 66. — Cit. nach B. Torr. B. C., XV, 1888, p. 326.)

707. — Rosa Nutkeana. (Eb. p. 449. — Cit. von Eb.)

*708. — Tigridia Pringlei. (Garden and Forest, I, 389, fig. 61. — Cit. nach B. Torr. B. C., XV, 1888, p. 300.)

*709. — Pitcairnia Palmeri. (Garden and Forest, I, 209, fig. 38. — Cit. nach B. Torr. B. C., XV, 1888, p. 224.)

*710. — Chionophila Jamesii Benta. (Garden and Forest, I, p. 79, 80, fig. 15. — Cit. nach B. Torr. B. C., XV, 1887, p. 144.)

*711. — Hymenocallis humilis and H. Palmeri. (Garden an Forest, I, 114, fig. 23, 138, fig. 25. — Cit. nach B. Torr. B. C., XV, 1888, p. 172.)

*712. — Phlox adsurgens Torr. (Eb. p. 66, fig. 11. — Cit. nach Eb. p. 173.)

*713. — Amelanchier alnifolia Nutt. (Garden and Forest, I, 185, fig. 34. — Cit. nach B. Torr. B. C., XV, 1888, p. 199.)

*714. — Camassia Cusickii. (Eb. 172, fig. 32. — Cit. von Eb.)

*715. — Brodiaea Bridgesii. (Eb. 125, fig. 24. — Cit. von Eb.)

*716. — Delphinium viride. (Eb. 149, fig. 29. — Cit. nach Eb. p. 200.)

*717. — Heliconia Choconiana. (Eb. 161, fig. 31. — Cit. nach Eb. p. 202.)

718. Watson, W. Yellow-berried yew. (G. Chr., ser. 3, vol. 4, 1888, p. 576.) (R. 251.)

719. Webster, A. D. Halesia hispida. (G. Chr., ser. 3, vol. 3, 1888, p. 435.) (R. 212.)

720. — Conifer for chalky soils. (G. Chr., ser. 3, vol. 3, p. 231—232.) (R. 215.)

*721. — Ornamental Oaks. (G. Chr., ser. 3, vol. 3, 1888, p. 407—408.)

*722. — Darwin's Garden. (G. Chr., ser. 3, vol. 3, p. 359—360.)

723. Weise, W. Leitfaden für den Waldbau. Berlin, 1888. VIII, 208 p. (R. 191.)

724. Weiss, J. E. Die Pflanzengeographie in ihrer Bedeutung für die Pflanzencultur. (Neubert's Deutsches Gartenmagazin, XLI, 1888, p. 299—302, 338—341, 364—367.) (R. 5.)

725. Wendland, H. A new palm. (G. Chr., ser. 3, vol. 4, p. 408.) (R. 311 Q.)

726. Wenzig, Th. Die Gattung Spiraea L. neu bearbeitet. (Flora, 1888, p. 243--248, 266—274, 275—290.) (R. 101.)

727. Wheeler, W. M. Flora of Milwaukee County. (Extract from Proc. Nat. Hist. Soc. of Wisconsin Apr. 1888, p. 154—190. — Ref. nach Bot. G., XIII, 1888, p. 170—171.) (R. 356.)

728. Wiesbaur, G. Correspondenz. (Oest. B. Z., XXXVIII, 1888, p. 33—34.) (R. 44.)

729. Winkler, C. Decas quarta Compositarum novarum Turkestaniae nec non Bucharae incolarum. (Act. Petr., X, 2. Petropoli, 1888. 8⁰. 16 p.) (R. 418a.)

730. Wittmack, L. Landwirthschaftliche Culturpflanzen. (Anl. z. wiss. Beob. auf Reisen, herausgeg. v. Neumayer. 2. Aufl., vol. 2, p. 109—138.) (R. 108.)

731. — Ueber einen Roggen aus dem 30jährigen Kriege. (Jahrb. Deutsch. Landwirthsch.-Ges., Bd. 3, 1888. Berlin, 1889. p. 69—76.) (R. 150.)

732. — Die Heimath der Bohnen und der Kürbisse. (Ber. D. B. G., VI, 1888, p. 373—380.) (R. 123.)

733. — Blüthenstand einer für den Gartenbau neuen Bromeliacee. (Sitzungsber. d. Ges. Naturf. Fr. z. Berlin, 1888, p. 125—126.) (R. 305.)

734. — Insectenpulvercultur auf den städtischen Rieselfeldern zu Berlin. (G. Fl., XXXVII, 1888, p. 69—70.) (R. 231.)

735. — Sendung von F. A. Schran. (Sitzungsber. d. Ges. Naturf. Fr. z. Berlin, 1888, p. 123—125.) (R. 476.)

736. — Quesnelia Enderi (Rgl.) Grovis et Wittm. (G. Fl., XXXVII, 1888, p. 195—300.) (R. 288.)

737. Woenig, Fr. Die Pflanzen im alten Aegypten, ihre Heimath, Geschichte, Cultur und ihre mannichfache Verwendung im socialen Leben, in Cultur, Sitten, Gebräuchen, Medicin und Kunst. Mit zahlreichen Originalabbildungen. Leipzig. 8⁰. (R. 496.)

738. Wolcott, H. L. T. Is the Amber-Colored Choke-Cherry entitled to a distinct Name? (B. Torr. B. C., XV, 1888, p. 267—268.) (R. 380.)

739. Wollny, E. Untersuchungen über die Feuchtigkeit und Temperaturverhältnisse des Bodens bei verschiedener Neigung gegen den Horizont. (Forschungen auf dem Gebiete der Agrikulturphysik, IX., Heft 1—2, p. 1—70.) (R. 18.)

740. Woolls, W. Lemnaceae or Duckweeds. (Proc. Linn. Soc. New South Wales, 2. ser, vol. 3. Sydney, 1889. p. 1247—1249.) (R. 442.)

741. — Notes on Jussiaea repens and some rare plants from the Lachlan. (Proc. Linn. Soc. New South Wales, 2. Ser., vol. 3. Sydney, 1889. p. 337—338.) (R. 438.)

742. — Sapindaceae of Australia. (Proc. Linn. Soc. New South Wales, 2. ser., vol. 3. Sydney, 1889. p. 1270—1276.) (R. 434.)

743. Yokoyama, M. Untersuchungen über die Pflanzenzonen Japans. (Petermann's Mitth., 33. Bd. Gotha, 1887. p. 161—165. Taf. 9.) (R. 423.)

*745. Zabel. Pruhus Maureri Zbl. (Pr. incana × pumila). (G. Fl., XXXVII, 1888, p. 124—126.)

746. Zahlbruckner, A. Beitrag zur Flora von Neu-Caledonien. (Annalen des K. K. Naturhist. Hofmuseums, III, 1888, p. 271—292, Taf. XII, XIII.) (R. 431 i. u. 432 w.)

*747. Zimmeter, A. Correspondenz über die Frühlingsflora von Innsbruck. (Oest. B. Z., XXXVIII, 1888, p. 145—146.)

748. — Zur Frage der Einschleppung und Verwilderung von Pflanzen. (Eb., p. 154—157.) (R. 79.)

749. Zwanziger, G. A. Verzeichniss der in Kärnthen volksthümlichen deutschen Pflanzennamen. (Jahrb. d. Naturhist. Landes-Museums von Kärnthen, 19. Heft. Klagenfurth, 1888. p. 55—83.) (R. 236.)

*750. The Abies nobilis at Thorpe perrow. (G. Chr., ser. 3, vol. 3, p. 236, fig. 38.)

751. Umbelliferae in Afghanistan. (G. Chr., ser. 3, vol. 3, 1888, p. 752—753.) (R. 506.)

752. Die sporadisch-geographische Verbreitung von Aldrovandia vesiculosa. (Natur, XXXVII, 1888, p. 650.) (R. 85.)
753. Aleurites moluccana. (G. Chr., ser. 3, vol. 4, 1888, p. 67.) (R. 131.)
754. The Algerian Fir. (G. Chr., ser. 3, vol. 3, p. 140—141.) (R. 490.)
*755. Amelanchier oligocarpa. (Garden and Forest, I, 245, 246, fig. 41. — Cit. nach B. Torr. B. C., XV, 1888, p. 222.)
*756. Apple Culture. (G. Chr., ser. 3, vol. 3, 1888, p. 492.)
*757. Apple Culture in Cornwall. (G. Chr., ser. 3, vol. 3, p. 586.)
*758. Nova Scotia Apples. (G. Chr., ser. 3, vol. 4, 1888, p. 215.)
*759. Apples from the Cape. (G. Chr., ser. 3, vol. 3, 1888, p. 497.)
760. Araucaria Bidwillii. (G. Chr., ser. 3, vol. 3, 1888, p. 370.) (R. 247.)
761. Araucaria of New Guinea. (G. Chr., ser. 3, vol. 3, p. 82.) (R. 431c.)
762. The Araucarias. (G. Chr., ser. 3, vol. 3, 1888, p. 774.) (R. 66.)
763. Arbutus Andrachne. (G. Chr., ser. 3, vol. 4, 1888, p. 724.) (R. 249.)
*764. Astragalus mollissimus. (Pharm. Rec., VIII, 197, 198, illustrated. — Cit. nach B. Torr. B. C., XV, 1888, p. 222.)
765. Bambusa Veitchii. (G. Chr., ser. 3, vol. 3, p. 332.) (R. 224.)
*766. The Banana Trade, Trinidad. (G. Chr., ser. 3, vol. 3, 1888, p. 14.)
767. The Banyan Tree. (G. Chr., ser. 3, vol. 4, p. 214–215.) (R. 245.)
768. Australian Baobab. (G. Chr., ser. 3, vol. 3, 1888, p. 521.) (R. 431f.)
*769. Bee flowers. (G. Chr., ser. 3, vol. 3, p. 341.)
770. Begonia Lubbersii. (G. Chr., ser. 3, vol. 3, 1888, p. 300 u. 301.) (R. 289.)
771. Waldungen von Besenpfriemen. (Humboldt, VII, 1888, p. 312.) (R. 184.)
772. Botanical Magazine. (Ref. nach G. Chr., ser. 3, vol. 3, 1888, p. 81, 242, 305, 466, 592—594, 722, vol. 4, p. 15, 186, 300–301, 415—416, 573 u. 670.) (R. 263, 454, 461.)
773. Shantung Cabbage. (G. Chr., ser. 3, vol. 3, 1882, p. 619.) (R. 156.)
774. The Cardamom Plant. (Ph. J., 3 p., vol. 18. London, 1888. p. 1032. (R. 164.)
*775. Carpenteria Californica. (Garden, XXXIV, p. 75, illustrated. — Cit. nach B. Torr. B. C., XV, 1888, p. 239.)
*776. Cherokee Rose. (Garden and Forest, I, 234, illustrated. — Cit. nach B. Torr. B. C., XV, 1888, p. 222.)
*777. Hardiness of Clivia miniata. (G. Chr., ser. 3, vol. 4, 1888, p. 72.)
778. Coco-nut Palm. (G. Chr., ser. 3, vol. 3, p. 599.) (R. 132.)
*779. N. N. La coltivazione du tabacchi in Italia. Firenze (Stab. Civelli), 1888. — (Eine national-öconomische Schrift.)
780. The Culture of Colza in Normandy. (G. Chr., ser. 3, vol. 3, 1888, p. 562.) (R. 187.)
781. Exotic Conifers at Great Altitudes in Central Europe. (G. Chr., ser. 3, vol. 4, 1888, p. 478.) (R. 193.)
782. S. W. Is there a second species of Conradina? (B. Torr. B. C., XV, 1888, p. 191.) (R. 375.)
*783. Cypripedium Californicum. (Garden and Forest, I, 281, Fig. 45. — Cit. nach B. Torr. B. C., XV, 1888, p. 240.)
*784. Cypripedium fasciculatum. (Garden and Forest, I, 90, Fig. 16. — Cit. nach B. Torr. B. C., XV, 1888, p. 200.)
785. The Cruise of the „Djimphna“. (Nature, XXXVII, p. 173—174.) (R. 412.)
786. Duranta Plumieri. (G. Chr., ser. 3, vol. 3, 1888, p. 44—45.) (R. 285.)
787. Die grösste Eiche in Norwegen. (G. Fl., XXXVII, 1888, p. 584—585.) (R. 253.)
*788. Epigaea repens. (Garden and Forest, I, 154. — Cit. nach B. Torr. B. C., XV, 1888, p. 201.)
*789. Erythronium Hendersoni. (Garden and Forest, I, 316, 317, Fig, 50. — Cit. nach B. Torr. B. C., XV, 1886, p. 275.)
*790. The Untimely Fall of the Leaf. (G. Chr., ser. 3, vol. 3, p. 146.)
791. The California Fan Palm. (G. Chr., ser. 3, vol. 3, 1888, p. 50.) (R. 344.)

*792. Ficus aurea. — The wild fig-tree of Florida. (Garden and Forest, I, 128, illustrated.)
*793. Flora Ottawensis. (Ottowa Nat., II, 61—64 and 77—80, continued. — Cit. nach B. Torr. B. C., XV, 1888, p. 241.)
*794. Gardening in Florida. (G. Chr., ser 3, vol. 3, 1888, p. 679—680.)
*795. Market Gardening in Florida. (G. Chr., ser. 3, vol. 3, 1888, p. 21—22.)
796. A new forage plant. (G. Chr., ser. 3, vol. 4, 1888, p. 387.) (R. 225.)
*797. Annual Report of the Division of Forestry for 1887. (Pamph. 4to, 156 p., Washington, D. C., 1880. — Cit. nach B. Torr. B. C., XV, 1886, p. 275.)
*798. Forestry in Quiana. (G. Chr., ser. 3, vol. 4, 1888, p. 156—157.)
*799. Die Forstwirthschaft in den Alpen. (Ausland, 1888, p. 290—292.)
*800. Fremontia Californica. (Garden, XXXIII, 562, illustrated. — Cit. nach B. Torr. B. C., XV, 1888, p. 223.)
801. Garden and Forest. (Cit. nach Bot. G., XIII, 1888, p. 171.) (R. 262.)
802. M. F. Die Flora der Gesellschaftsinseln. (Globus, Bd. 53. Braunschweig, 1888, p. 171—173.) (R. 431b.)
803. Der Gran Chaco der argentinischen Republik. (Ausland, 1888, p. 31—36, 56—60, 76—78.) (R. 277.)
804. Hamamelis Zuccariniana. (G. Chr., ser. 3, vol. 3, 1888, p. 278.) (R. 216.)
*805. Hardy flowers in December. (G. Chr., ser. 3, vol. 4, 1888, p. 670—671.)
806. Notes in economic plants in Havana. (G. Chr., ser. 3, vol. 4, 1888, p. 39. (R. 181.)
807. A hazai fenyvek magyar nevei (Die ungarischen Namen der heimischen Nadelhölzer). (T. K., Budapest, 1888, Bd. XX, p. 266—273. [Ungarisch].) (R. 240.)
808. Howea (Kentia) Belmoreana G. Chr., ser. 3, vol. 3, p. 332.) (R. 248.)
809. Vegetables and fruit in Jersey. (G. Chr., ser. 3, vol. 4, 1888, p. 33—34.) (R. 116.)
*810. Indian Botanic Gardens. (G. Chr., ser. 3, vol. 3, 1888, p. 551—552.)
*811. N. N. Carta vinicola d'Italia con cenni illustrativi. (Società generale dei viticoltori italiani. Roma, 1887. 1 Karte mit 153 p. Text.) — (Darstellung der Weinproduction in Italien an der Hand der im Texte mitgetheilten statistischen Zahlenwerthe. Der Text bringt noch Bemerkungen und Angaben für die Praxis.)
812. M. F. Die Flora der Küsteninseln Kaliforniens. (Globus, Bd. 53. Braunschweig, 1888, p. 206.) (R. 335.)
813. Ein eigenthümlich isolirtes Vorkommen des Kirschlorbeers. (Humboldt, VII, 1888, p. 156.) (R. 87.)
814. La flore nouvelle de Krakatoa. (Revue scient, 3. sér., t. 16. Paris, 1888. p. 250.) (R. 431a.)
815. The Last of its Race. (G. Chr., ser. 3, vol. 3, p. 180 u. 181.) (R. 465.)
816. Die Negerrepublik Liberia. (Ausland, 1888, p. 114—115.) (R. 478.)
*817. Lilium Canadense. (Garden, XXXIV, 182, illustrated. (Cit. nach B. Torr. B. C., XV, 1888, p. 276.)
818. Liquirice Culture in Russia. (G. Chr., ser. 3, vol. 4, 1888, p. 71.) (R. 175.)
819. Lithospermum graminifolium. (G. Chr., ser. 3, vol. 4, 1888, p. 236.) (R. 221.)
*820. Lycium pallidum. (Garden and Forest, I, 340, fig. 54. — Cit. nach B. Torr. B. C., XV, 1888, p. 276.)
821. Manettia bicolor. (G. Chr., ser. 3, vol. 3, 1888, p. 494.) (R. 213.)
*822. Maracaibo. (Ausland, 1888, p. 836—837.)
823. Melons in Afghanistan. (G. Chr., ser. 3, vol. 3, 1888, p. 656.) (R. 144.)
824. The vegetable products of Magador. (G. Chr., ser. 3, vol. 4, 1888, p. 68.) (R. 115.)
825. Mussaenda borbonica. (G. Chr., ser. 3, vol. 4, 1888, p. 543.) (R. 168.)
826. New Phanerogams published in Britain in 1887. (J. of Bot., XXVI, 1888, p. 116—121, 186—190.) (R. 264.)
827. Nova Scotia. (G. Chr., ser. 3, vol. 3, p. 269—270.) (R. 217.)
828. Nymphaea tuberosa. (Garden an Forest, I, 368, fig. 58, 59. — Cit. u. Ref. nach B. Torr. B. C., XV, 1888, p. 299.) (R. 391.)

*829. Der Obstbau in Preussen. (G. Fl., XXXVII, 1888, p. 571—572.)
*830. Obsternte in Californien. (G. Fl., XXXVII, 1888, p. 271.)
*831. The Oil Palm at Loanda. (G. Chr., ser. 3, vol. 3, 1888, p. 772.)
*832. Flora Ottawensis. (Ottawa Nat., May 1888. — Cit. nach B. Torr. B. C., XV, 1888, p. 201.)
833. Pentas carnea. (G. Chr., ser. 3, vol. 3, 1888, p. 623.) (R. 218.)
834. Die Pfirsichernte in Amerika. (Nature, XXXVII, 1888, p. 623.) (R. 140.)
*835. Philadelphus Coulteri. (Garten and Forest, I, 232, fig. 40. — Cit. nach B. Torr. B. C., XV, 1888, p. 224.)
*836. Phlox Stellaria. (Garden and Forest, I, 256, fig. 42. — Cit. nach B. Torr. B. C., XV, 1888, p. 243.)
837. Pinus Coulteri. (G. Chr., ser. 3, vol. 4, 1888, p. 724.) (R. 250.)
838. Pinus Sabiniana. (G. Chr., ser. 3, vol. 4, 1888, p. 44—45.) (R. 343.)
*839. Primula Rusbyi. (Garden and Forest, I, 320. — Cit. nach B. Torr. B. C., XV, 1888, p. 276.)
840. What shall be done with our Prosartes. (Bot. G., XIII, 1888, p. 162—164.) (R. 103.)
*841. Pseudophoenix Sargenti. (Garden and Forest, I, 352, fig. 55 u. 56. — Cit. nach B. Torr. B. C., XV, 1888, p. 276.)
*842. The Manufacture of Quinine in India. (G. Chr., ser. 3, vol. 3, 1888, p. 714—715.)
*843. Rhododendron arborescens. (Garden and Forest, I, 400, fig. 64. — Cit. nach B. Torr. B. C., XV, 1888, p. 300.)
*844. Rhododendron Vaseyi. (Eb. p. 377, fig. 60. — Cit. von Eb.)
845. Rhododendron colletianum. (G. Chr., ser. 4, vol. 4, 1888, p. 237.) (R. 205.)
*846. Die Riesenazaleen des Herrn Ghellinck de Walle auf der Genter Ausstellung. (G. Fl., XXXVII, 1888, p. 314.)
*847. Eine Rieseneiche in Norwegen. (G. Fl., XXXVII, 1888, p. 564—565.)
848. Gefällte Rieseneiche. (G. Fl., XXXVII, 1888, p. 516.) (R. 254.)
*849. Rosencultur zur Herstellung von Rosenöl. (G. Fl., XXXVII, 1888, p. 347—348.)
*850. Planting Sand-Hills. (G. Chr., ser. 3, vol. 4, 1888, p. 602. — Vgl. Eb., p. 660—661.)
*851. Scott. Hardy rock plants at Kew. (G. Chr., ser. 3, vol. 3, p. 770—771.)
852. Stellaria graminea L. (B. Torr. B. C., XV, 1888, p. 220.) (R. 327.)
*853. The Manufacture of Sugar from Sorghum. (G. Chr., ser. 3, vol. 3, 1888, p. 434.)
854. Symphyandra Hoffmanni sp. nov. (G. Chr., ser. 3, vol. 4, p. 760—761.) (R. 222.)
855. Syringa japonica. (G. Fl., XXXVII, 1888, p. 217—218.) (R. 214.)
856. The Depreciation of China Teas. (G. Chr., ser. 3, vol. 4, 1888, p. 234—235.) (R. 167.)
857. Opium and Tobacco in Teheran. (G. Chr., ser. 3, vol. 3, p. 204.) (R. 166.)
*858. British Tobacco. (G. Chr., ser. 3, vol. 4, 1888, p. 133.)
859. Trinidad. (G. Chr., ser. 3, vol. 3, p. 270.) (R. 183.)
860. Ulmus montana With. in Norwegen. (G. Fl., XXXVII, 1888, p. 620—623.) (R. 22.)
861. University of California Agricultural Experiment Station. (Bulletin n. 76. — Cit. u. ref. nach B. Torr. B. C., XV, 1888, p. 95.) (R. 341.)
862. Vanda coerulea. (G. Chr., ser. 3, vol. 3, 1888, p. 40.) (R. 426.)
*863. Vanilla Culture in Mexico. (G. Chr., ser. 3, vol. 3, 1888, p. 562.)
864. Varage Seeds and Craboo Fruits. (G. Chr., ser. 3, vol. 3, p. 238.) (R. 146.)
865. A new Vegetable. (G. Chr., ser. 3, vol. 3, p. 16.) (R. 153.)
866. Vegetable Products in Centralafrica. (G. Chr., ser. 3, vol. 4, p. 7—8.) (R. 117.)
*867. Vegetable Products in Vera Cruz. (G. Chr., ser. 3, vol. 4, 1888, p. 208.)
*868. The Walnut as a timber tree. (G. Chr., ser. 3, vol. 3, p. 142.)
*869. The Weeping Larch. (G. Chr., ser. 3, vol. 3, 1888, p. 430. — Vgl. auch Eb., 469, 531.)
*870. Weinbau und Weinausfuhr Spaniens. (G. Fl., XXXVII, 1888, p. 243—244.)
*871. Effects of the Winter 1887—88 in the South of France. (G. Chr., ser. 3, vol. 3, 1888, p. 498.)

*872. Einwirkungen des Winters 1887—88. (Verh. d. Ver. z. Beförd. d. Gartenbaues in d. Kgl. Preuss. Staaten u. d. Gartenbau-Ges. zu Berlin, 1888, p. 83—84.)

*873. Classified List of the Wood-Producing Trees of Trinidad. (Annual Report on the Trinidad Royal Botanic Gardens and their Work for 1887. — Cit. nach B. Torr. B. C., XV, 1888, p. 246.)

874. Yucca filifera Carr. (G. Chr., ser. 3, vol. 3, 1888, p. 743 u. 751.) (R. 246.)

I. Allgemeine Pflanzengeographie.

I. Allgemeinen Inhalts. (R. 1–6)

Vgl. auch No. 322* (Uebersicht des Pflanzenreichs nach klimatischen Zonen), No. 352* (Kuntze's Reise um die Erde), No. 378* (Studium der Localfloren), No. 451* (Einfluss von Boden und Klima auf die Vertheilung der Pflanzen), No. 505* (Einfluss äusserer Verhältnisse auf die Blattform der Eichen), No. 598* (Schweinfurth's Methode zum Conserviren von Pflanzen), No. 666* (Geographical Botany).

1. **O. Drude** (170) setzt die Grundbegriffe der Pflanzengeographie für wissenschaftliche Reisende auseinander. Die Beobachtungsrichtungen sind einerseits die morphologisch-systematische, andererseits die physiologisch-biologische. Nach der Verschiedenheit dieser Richtungen unterscheidet man Flora und Vegetation. Die Flora eines Gebiets wird durch den Catalog ihrer Pflanzenarten dargestellt, die Vegetation dagegen berücksichtigt die das Pflanzenleben regulirenden äusseren Bedingungen (geogr. Lage, Schwankung der Jahreszeiten, Beleuchtungs- und Ernährungsmöglichkeit, Klima, Boden u. s. w.) Verf. erläutert den Unterschied durch ein Beispiel. Die Flora von Nowaja Semlja setzt sich aus 193 Blüthenpflanzen zusammen, darunter häufig *Dryas octopetala*, 10 *Saxifraga*-Arten, 1 *Viola (V. biflora)*, 20 *Cruciferae* (allein 10 *Draba*); die Vegetation der Insel charakterisirt sich durch Baumlosigkeit, starke Wurzelstockbildung der meisten Arten, Blüthenentwicklung derselben im Juni und Juli, mit folgender schneller Fruchtreife, Bildung kleiner, zuweilen immergrüner Blätter, häufig in Rosettenform; auf feuchter Niederung schliessen sich die Arten zur „Tundra" zusammen, auf den trockenen Felsgehängen bekleiden sie als „Felspflanzen" locker das Gestein oder Geröll. Die Maluinen haben eine ganz ähnliche Vegetation, da sie in ihrer südlichen Lage etwa jener nördlichen Insel entsprechen, aber die Flora besteht aus 135 gänzlich verschiedenen Blüthenpflanzen, darunter keine *Saxifraga*, von 7 Doldengewächsen eins als häufigste Pflanze, nur 3 *Cruciferae* anderer Art, keine *Dryas*, dafür ein Myrtengewächs u. s. w. Es gehören die Inseln also zu ganz verschiedenen Florenreichen trotz Aehnlichkeiten in der Vegetation.

Die Vegetationsformationen stellen zunächst rein äusserliche Bezeichnungen für grosse oder kleine, gleichmässige oder ungleichmässige „Bestände" dar, wie Wälder, Wiesen, Moore, Haide, Scrub u. s. w., haben also insofern nichts mit dem Florencharakter zu thun. Sobald aber ein näher bestimmender Zusatz beigefügt wird wie „immergrüner Fichten-, Tannenwald", „sommergrüner Lärchenwald", „Moor von Wollgras und Binsen", „*Calluna vulgaris*-Haide", „Brigalow-Scrub", „Mallee-Scrub" tritt der systematische Florencharakter ein, wodurch der Charakter für den Kenner erschöpfend charakterisirt wird; ein Fichtenwald kann nur im nordischen, ein Brigalow-Scrub im australischen Florenreich vorkommen gemäss der Arealbeschränkung der ihn bildenden Gattungen. Die Vegetationsformationen sind, abgesehen von dem ihnen zu Grunde liegenden systematischen Material, dem Zonencharakter unterworfen. Eine gute Darstellung der klimatischen Zonen (z. B. Köppens in „Meteorol. Zeitschr., Mai 1884") entspricht den hauptsächlichsten Vegetationszonen, besonders unter Mitberücksichtigung der Quantität und periodischen Vertheilung der Niederschläge. Man kann daraus sofort die klimatischen Elemente und die Länge der Vegetationsperiode erkennen. Ein Ausdruck dieses Zonencharakters ist aber die Erscheinungsweise der Vegetationsformationen, wie sie auch allgemein verständlich sind. Doch ist durch solche allgemeine Schilderungen wenig erreicht, es muss auch das zur Schau tretende systematische Material möglichst verwerthet werden. Durch Combination des systematischen und biologischen Charakters entstehen kleinere sehr natürliche Einheiten, in welchen gleichmässige Flora mit gleichmässiger Vegetation verbunden ist, die Regionen (Verf. dehnt den Begriff auch auf die früher als Zonen bezeichneten Unterabtheilung in der Ebene aus); ihre Zahl ist eine beträchtliche, ihre Abgrenzung eine schwierige (vgl. Bot. J., XIV, 1886, 2. Abth., p. 90, R. 1). Bei jeder Region sind die Gesichtspunkte zu beachten, nach welchen eine bestimmte Flora zum Träger bestimmter Vegetationsformationen geworden ist. Es sind Beobachtungen anzustellen über Periodicität in der Entwicklungsweise der Pflanzen, ihre Anschmiegungen an das besondere Klima und die besonderen orographischen Verhältnisse und die Anpassungen an andere Organismen, betreffend die Geselligkeit und Häufigkeit der Arten, den Aneinanderschluss bestimmter Arten in Genossenschaften, die Bildung bestimmter Vegetationsformationen mit einzelnen oder vielen hervorragenden Heerführern. Letztere sind auch von grosser Bedeutung zur Beurtheilung des klimatischen Charakters eines Landes.

Der allgemeine Satz, dass die Vegetation unter dem Einfluss von Wärme, Licht und Feuchtigkeit stehe, erhält erst dadurch seine pflanzengeographische Bedeutung, dass jedes Gewächs in seiner Entwicklung an eine bestimmte Temperatursphäre gebunden ist, dass es nur beleuchtet, seine Nährstoffe in organische Verbindungen verwandelt, die zum Wachsthum brauchbar sind, und dass es in seiner bildenden Thätigkeit still steht oder abstirbt, wenn die Strömung des Wassers von der Wurzel zu den Blättern gehemmt und unterbrochen wird. Nur die ewig feucht-heissen Tropen und manche Inseln mit sehr gleichmässigem Klima zeigen keine Periodicität in der Entwicklung der Vegetation, sonst ist immer eine Unterbrechung zu constatiren. Aber auch bei scheinbar gleichartiger Vegetation ist ein Wechsel der Arten in verschiedenen Jahreszeiten zu erkennen und diesem dann besonders nachzuspüren. Es sind daher auch hier phänologische Beobachtungen zu machen. So ist auch bei immergrünen Pflanzen der Abschluss der eigentlichen Wachsthumsperiode zu beobachten. Die Polargrenzen vieler Laubbäume mögen darin ihren eigentlichen Grund haben, weil sie die Wachsthumsperiode so spät im Hochsommer schliessen, dass die nun folgende Ernährungsperiode nicht mehr lange genug ausgedehnt werden kann. Der Schluss der Ernährungsperiode zeigt sich bei sommergrünen Pflanzen leicht an Blattfall und Blattverfärbung, während er bei immergrünen schwer zu beobachten ist. Obwohl, streng genommen, die ganze Vegetationsperiode einer Landschaft sich aus der Summe aller einzelnen Gewächs-Vegetationsperioden zusammensetzt, so beschränkt man sich bei kurzer Schilderung dieser wichtigsten aller biologischen Erscheinungen, doch auf die Periodicität der zusammenhängenden Formationen und man hat unter diesen wieder den Holzgewächsen den Vorzug zu geben. So sagt man, die Vegetationsperiode liege in Mitteldeutschland zwischen Mitte April und Anfang October. Zu erläutern ist dies durch klimatische Daten, namentlich über extreme Temperaturen bei Eintritt in die Vegetationsperiode, neben täglichen Durchschnitten sowohl in Lufttemperatur als Feuchtigkeit und Bemerkungen über Bodentemperatur, Insolation und herrschende Luftströmungen. Solche fehlen noch in Deutschland abseits der Städte vielfach, sind aber von grosser Bedeutung. So wird das Schneeglöckchen durch das Schmelzwasser des Schnee's zur Entwicklung getrieben, während das Austreiben der Erlen und Haselkätzchen durch später erfolgende Insolationswärme sonnig-milder Frühlingstage bedingt ist. Von grosser Bedeutung für Beobachtung in fernen Ländern ist auch die Schaustellung der Blüthen.

Die Vegetationformen (von denen sich ähnliche in Vegetationsclassen zusammenfassen lassen) sind der Ausdruck der Wechselbeziehungen zwischen Klima, Pflanzenleben und Flora. Die Hauptgruppen der vom Verf. unterschiedenen Vegetationsformen sind im Bot. J., XIV, 1886, 2. Abth., p. 92—93 besprochen. Hier ordnet er die wichtigsten Grisebach'schen Formen diesen unter. Zu den Schopfbäumen gehören die Formen der Zwergpalmen, Palmen, Clavija, Farnbäume und Xanthorrhoen, zu den Grasbäumen (der in die Höhe geschossene Stamm bringt zahlreiche Seitenzweige hervor und endet damit sein

Wachsthum) gehört nur die Bambusenform, die ganz der systematischen Gruppe der *Bambuseae* angehört. Die immergrünen Wipfelbäume (Wipfelbäume hier charakterisirt: „zahlreiche, an den Zweigen gleichmässig vertheilte End- und Seitenknospen sind bei der Erneuerung der Blätter thätig") umfassen die Formen der Mimosen, Lorbeeren, Betulaceen, Tamarinden, Banyanen, Eucalypten, Cypressen und Nadelhölzer, die sommergrünen die Buchen-, Linden-, Eschen- und Weidenform, die regengrünen umfassen ausser einigen Gliedern der ebengenannten Formen noch die Sykomorenform. Die Vegetation der Sträucher zerfällt in:

† Ein kriechender Wurzelstock treibt zahlreiche dünne Stämmchen, deren jedes einzelne unverzweigt eine Krone immergrüner Blätter trägt. Rohrstammbüsche (hierher einerseits kleine, in dichten Gruppen buschartig wachsende Palmen, andererseits kleine Bambusen mit Seitenzweigen an den Stämmen).

†† Stämmchen einzelne oder mehrere aus gemeinsamer Wurzel, verzweigt: Zwerg-Sträucher (hierher *Rhamnus*-, Krummholz-, Weiden-, Myrthen-, Oleander-, Tamarisken-, Oschus-, Sodada- und Proteaceen-Form).

Zu den Lianen gehört ausser der Lianen-, noch die Rotang-Form. Grisebach's Form der Mangroven fällt mit Drude's gleichnamiger Vegetationsclasse zusammen; die Holzparasiten umfassen Grisebach's *Loranthus*-Form, die Stamm-Succulenten Grisebach's *Cactus*-Form, die blattlosen Gesträuche Grisebach's Dornsträucher, *Spartium*-Form und Casuarinen-Form. Die Halbsträucher zerfallen in sommergrüne (z. B. Heidelbeere) und immergrüne (ausser der Eriken-Form noch ein Typus mit breiten, lederartigen kleinen Blättern, z. B. *Vaccinium Vitis Idaea*). Zu den Epiphyten gehören hauptsächlich von Grisebach's Formen: Bromelien-Form, atmosphärische Orchideen- und Aroideen-Form, zu den Rosettenträgern: Pisang-Form, Scitamineen-Form, Farnkräuter und viele im Erdreich wurzelnde Glieder der Aroideen-Form, zu den Blatt-Succulenten Grisebach's Agaven-Form, zu den Stauden die Wiesengräser, Rohrgräser, Steppengräser, Savannengräser, Cyperaceen-Form, Zwiebelgewächse, *Gnaphalium*-Form, Immortellen-Form, *Convolvulus*-Form und Glieder der Formen der Farnkräuter, Aroideen u. a. Die wichtigsten Glieder dieser Gruppe lassen sich in folgender Weise übersichtlich anordnen:

A. Der Wurzelstock treibt neben oder mit den Blättern Blüthensprosse (Phanerogamen).

1. Die ausdauernden Axen ruhen mit Verdunstungs- oder Frostschutz auf der Erdoberfläche.

   a. Es perennirt eine grosse, alljährlich neu austreibende, einem kugeligen Stamm gleichende Stengelknolle (z. B. *Testudinaria*). — Knollenstämme.

   b. Es perenniren verzweigte, beblätterte Stengel, sich alljährlich erneuernd (z. B. *Salix herbacea, Sedum, Sempervivum*, viele *Saxifraga*-Arten). — Immergrüne Stauden.

2. Die unterirdisch ausdauernden Axen bilden über der Erdoberfläche die Ruheperiode überstehende Blätter in Rosetten oder Rasen.

   a. Pflanzen getrennt von einander, Blätter jeder einzelnen in Rosettenform. — Rosettenstauden.

   b. Pflanzen mit dicht rasig-verzweigter Grundaxe. — Wiesen-, Steppen- Savannengräser.

3. Die Ruheperiode wird unterirdisch überdauert.

   a. Die ausdauernde Axe hat die Form eines fleischig-holzigen Wurzelstockes. — Rhizomstauden.

   (Hierzu verschiedene Formen, die sich durch lange Ausläuferbildungen der Grundaxe mit Bildung geselliger Bestände, durch dichtrasige Ausläuferbildungen [*Scirpus caespitosus, Eriophorum*], durch aufrechte oder windende Stengeltriebe, durch Trennung der blühenden von den beblätterten Trieben [*Convallaria maialis*] oder Vereinigung beider [*Hypericum*] durch Erscheinen der blühenden Triebe vor den neuen Blättern [*Hepatica, Tussilago*] oder gleichzeitig mit oder nach ihnen, durch Haarbekleidung, Gestalt und Verdunstungsschutz der Stengel und Blätter [Halophyten u. a.] unterscheiden.)

b. Die ausdauernde Axe ist kurz und von fleischigen Schuppenblättern umhüllt. — Zwiebelgewächse.

c. Die ausdauernde Axe ist rundlich-fleischig mit kleinen Schuppenblättern. — Knollengewächse.

B. Die kriechende Grundaxe treibt einzeln stehende Blätter, immergrün oder am Schluss der Periode absterbend, mit Sporen als Vermehrungsorganen. — Kriechfarne.

Zu den ein- und zweijährigen Blüthenpflanzen gehören von Grisebach's Formen die annuellen Gräser, Chenopodeen-Form und Cucurbitaceen-Form.

Die wichtigsten Vegetationsformationen sind:

A. Wälder.

I. Sommergrüne Wälder (Laubwälder einfachen oder gemischten Baumschlages, sommergrüne Nadelwälder).

II. Immergrüne Wälder (Nadelwälder, Laubwälder einfachen oder gemischten Baumschlags. — Hierher sind auch die Tjemorowälder der Sunda-Inseln aus der blattlosen *Casuarina montana* zu ziehen).

III. Regengrüne Wälder (Catinga- oder Savannenwälder in Brasilien, offene Waldungen [Kurz] auf der Lateritformation in Birma [Bäume entfernt stehend, viele blattlos blühend in der heissen Zeit, Palmen und Lianen fast fehlend], trockene Waldungen [Kurz] von vorigen durch hinzukommendes dorniges Unterholz verschieden, Algarobenhaine der Chanar-Steppe in Nordargentina).

IV. Tropische Regenwälder: Gesellige immergrüne Bäume stets mit Lianen und Epiphyten (Matovirgem, Igapo im Ueberschwemmungsgebiet des Amazonas, Eta ausserhalb desselben; Capoeires in Brasilien die neu entstandenen Wälder an gelichtet gewesenen Orten innerhalb des Urwaldes: Galeriewälder oder Uferwaldlinien an den die Savannen durchströmenden Flüssen; Jungle in Indien, stark mit stacheligen Palmlianen durchsetzter Regenwald; Sumpfwaldungen in Birma [Mangroven des Innern]).

V. Tropische Littoralwälder aus Mangroven, Boden stets unter dem Meerwasser (mit *Rhizophora, Brugniera, Aegiceras, Sonneratia* u. a.).

VI. Mischwälder der Abth. I und II }
VII. " " " II und III } als festgeschlossene Formationseinheiten.

B. Gebüsche mit ähnlicher Eintheilung wie die Wälder. (Zu den immergrünen Gebüschen gehören die Maquis der Mittelmeerländer, die Bosjes am Cap, die Ambavilles auf den Mascarenen, die Carraxos in Brasilien, Scrub in Australien, z. B. Mallee-Scrub, besonders aus strauchigen Myrtaceen, nämlich *Eucalyptus incrassata, dumosa, oleosa, gracilis, uncinata,* Mulga-Scrub aus *Acacia aneura* u. a. Zu den Dorngebüschen gehören die Espinales in Chile, Chaparals in Texas, Karroos am Cap [niederes Gestrüpp aus holzigen Compositen, namentlich dem geselligen *Elytropappus*]). Einen Uebergang zu den Wäldern bilden die Buschwälder (Pine Forest in Australien, ein Scrub mit *Callitris*, Battletree-Scrub ebenda mit *Brachychiton*).

C. Gesträuche aus geselligen Halbsträuchern, die den Boden dicht überziehen.

I. Blattwechselnde, z. B. *Vaccinium Myrtillus* und *uliginosum*.

II. Immergrüne, z. B. Haiden.

D. Staudenformationen.

I. Stauden mit niedrigen Halbsträuchern, z. B. Blomsterwark (Kjellman) im arkt. Sibirien (reicher Pflanzenwuchs auf fruchtbarem Boden, herrschend Zwergweiden und *Dryas* mit vielen untermischten, in Einzelrasen stehenden Arten), Tomillares in Spanien, Matten am Mittelmeer.

II. Stauden ohne Halbsträucher, aber meist mit reichlich eingestreuten Gräsern, so die meisten Alpenmatten in den alpinen Regionen der europäisch-asiatischen Hochgebirge; Filzpflanzen (Kerner) als Formation kleiner, dichtrasiger, vielfach verwebter und verstrickter Stauden.

III. Stauden mit zahlreich untermischten oder sogar vorherrschenden Moosen und Erdflechten; als Nebenelement Gräser und Halbsträucher. So in nordischen Hochgebirgen und auf trockenen Flächen des arktischen Gebiets häufig (während die sumpfigen von Tundra eingenommen sind, wozu diese überleitet). Charakteristisch *Polytrichum, Hypnum, Cetraria, Cladonia.*

E. Grasfluren.

I. Wiesen, stetig grünende Grasfluren auf feuchtem, aber nicht stagnirende Wasserflächen enthaltendem Boden, mit beigemischten Stauden. Bei mehr oder weniger Wasserreichthum entstehen Anger, Sumpf- und Torfwiesen, letztere mit Cyperaceen statt der Gräser.

II. Grassteppen, Grasfluren mit Sommerdürre, den Boden zusammenhängend deckend, mit eingestreuten schnell vergänglichen, oder durch ihre Organisation vor zu starker Verdunstung geschützten Stauden. Wie I, oft mit Bäumen vermischt, dann entstehen

III. Parklandschaften, Verbindung von Wiesen, Baumgruppen und hohen Stauden. Charakteristisch am Amur, in Kamtschatka und Kalifornien.

IV. Prairien (im engeren Sinne), Grassteppen oder trockene Wiesen mit lichtem (10—20 %, Bodenfläche einnehmendem) Baumwuchs, so besonders östlich vom Felsengebirge.

V. Savannen, hohe Grasfluren mit Stauden und meist auch Bäumen, die bei geringer Temperaturvariation und schärferem Gegensatz nasser und trockener Jahreszeiten entstehen, immer aber von tropischen Regen bedingt sind. Sie verhalten sich zu tropischen Regenwäldern wie Grassteppen zu immergrünen Wäldern der Subtropen oder zu deren Gebüschformationen. Auch die tropische Nordküste Australiens hat Savannen, während im extratropischen Australien Grassteppen mit Scrub sich anschliessen. Den Campos in Brasilien entsprechen die Llanos in Venezuela und Pens in Jamaica.

VI. Baumsavannen. Mischung voriger Formation mit regengrünem und immergrünem Wald. (Vielleicht gehören hierher die Waldsavannen Australiens.)

F. Steppenformationen: Ausschluss des Baumlebens durch Trockniss, Entwicklung einer gegen Dürre geschützten Vegetation mit kurzer, frühsommerlicher Triebkraft, fehlender Anschluss der Gewächse zu einheitlicher Decke, daher Kahlheit des Bodens an vielen Stellen. Durch die Dauer regenloser Jahreszeiten oder auch des Winters ist die Entwicklung der Vegetation auf wenige Frühlingsmonate eingeschränkt und nur bei gewissen, durch ihre Organisation geschützten Formen über längeres Zeitmaass ausgedehnt.

I. Krautsteppen. Gesellige Kräuter, Gräser, Zwiebel- und Knollenpflanzen. Geringe Entwicklung der vegetativen oberirdischen Organe, rasche der Blüthen.

II. Strauchsteppen. Einmischung zahlreicher, oft dorniger Büsche.

III. Salzsteppen. Mit Halophyten (theilweise strauchig oder gar baumartig wie der Saxaul).

(Vgl. R. 349 u. 504.)

IV. Wüstensteppen. Wo grosse Strecken Flugsandes oder Gesteins ohne Vegetation sind, nur die bewässerten Stellen gegen Dürre geschützte Pflanzen tragen, wie Dornsträucher, Succulenten, Zwiebelgewächse, einjährige Kräuter etc. (Grosse Strecken in der Sahara, Gobi, Mohave-, Atacama- und Kalahari-Wüste, im westlichen Innern Australiens.) Eine Vereinigung dieser mit den sogenannten Eiswüsten hält Verf. für falsch, da ihre Ursachen wesentlich verschieden sind.

G. Moore. Wo in niederschlagsreichen Ländern auf ebenem, wasserundurchlässigem Boden ohne Möglichkeit von Teichbildungen sich Gewächse angesiedelt haben, die das reichliche Wasser durch frei in die Atmosphäre gestreckte Blätter verdunsten und den Boden mit dichter, schwammiger Decke überziehen, entstehen Moore. Nie fehlen Moose, häufig sind auch Halbsträucher, Gräser und Riedgräser.

I. Moore mit eingestreuten niederen Bäumen und Büschen. Z. B. Mitteldeutsche Gebirgshochmoore mit Sumpfkiefer und Sumpfbirke; Uebergänge zu den Brüchen („Waldmoore").

II. **Moos- und Halbstrauchmoore**, in denen Sumpfmoose überwiegen, z. B. Kärrmark (Kjellman) in Sibirien, meist aus Flechten und Moosen.

II. **Grünmoore**, besonders aus Cyperaceen und Sumpfgräsern, z. B. Tufmark (Kjellman) in Sibirien, hohe Polster von *Eriophorum vaginatum*, Cyperaceen-Formation in den Emsmooren aus *Eriophorum* und *Scirpus*.

H. **Sumpf-, Fluss- und Teichformationen.**

I. **Sumpf- und Uferformationen**, welche die unter Wasser wurzelnden, aber sich über seiner Oberfläche frei und meist kräftig entfaltenden Bestände umfassen z. B. **Schilfformation** von *Glyceria fluitans* in Ungarn (**Wasen** am Neusiedler-See); **Binsenformationen** (**Zsombek-Formation** in Ungarn); **Rohrdickichte**, **Cane-breaks** der südlichen Union aus *Arundinaria*.

II. **Wasserpflanzenformation** aus schwimmenden und untergetauchten Blüthenpflanzen, sowie aus fluthenden Moosen und Süsswasseralgen.

J. **Oceanische Formationen.** (Bedürfen noch sehr genaueren Studiums.)

I. **Litorale Formationen**, Küstenstrecken zwischen höchstem Fluthstand und tiefster Ebbe mit Tangen (meist kleinere Chlorophyceen).

II. **Sublitorale Formationen** (meist bis 15 Faden Tiefe).

III. **Elitorale Formationen.**

Standorte und besondere Vegetationsformationen. Durch die Gesteinsunterlage ist namentlich die Stetigkeit und Menge des Wasserzuflusses zu den Wurzeln beeinflusst. Dann ist von ihrer Verwitterung und Löslichkeit der Humusgehalt des Bodens, die Zufuhr unorganischer Stoffe und die Fruchtbarkeit der Erdkrume bedingt. Aehnliches gilt auch von oceanischen Algenformationen. Botanisch ist die Angabe der Formationen ungenügend, wenn nicht auch ihre wichtigsten Glieder angegeben sind; so sind Coniferenwälder überall, solche von *Abies* nur in nördlichen, von *Araucaria* in südlichen Breiten, immergrüner Nadelwald von *Abies balsamea* ist charakteristisch für **Canada**, von *Araucaria brasiliensis* für **Südbrasilien**, von *Araucaria excelsa* für die **Norfolk-Insel**. Angaben über Häufigkeit einer Pflanze in einem durchreisten Gebiete sind bei Sammlungen sehr erwünscht, dafür schlägt Verf. folgende Ausdrücke vor: soc. (**social**), den Grundton angebend, z. B. *Pinus silvestris* im märkischen Kieferwald oder soc. { *Vaccinium uliginosum*, *Calluna vulgaris*, *Empetrum nigrum* } im Moore des Fichtel-Sees; gr. (**gregariae**), welche erstere an einzelnen kleinen Stellen fast verdrängen, dann in abnehmender Häufigkeit; cop.^{3} (= **copiosae**), cop.^{2} und cop.^{1}, Pflanzen, die hier und da vereinzelt auftreten heissen sp. (= **sparsae**), sp. gr., wenn nur höchst vereinzelt ein Haufen von ihnen auftritt. Ganz einzelne heissen **solitariae**, wenn sie überhaupt aufzunehmen sind. Anwendung derselben ergiebt sich aus folgenden Beispielen.

1. Torfmoor im Brockenfeld, 14. August 1886. Schwammige Torfmasse, hoch über der Granitunterlage; 800 m ü. d. M.
   Soc. { *Scirpus caespitosus*, *Sphagnum* }
   Cop.^{3} *Empetrum nigrum*; Cop.^{2} *Betula nana*.
   Cop.^{1} gr. *Calluna vulgaris* und *Juncus squarrosus*.
   Sp. gr. *Carex pauciflora*.
   Sp. *Eriophorum vaginatum*, *Andromeda polifolia*, *Vaccinium Myrtillus*, *V. Vitis Idaea*, *V. uliginosum*.

2. Subalpine Haide auf der Brockenhöhe, 13. August 1886. Trockene Torferde auf Granitgeröll; 1130 m ü. d. M.
   Gr. { einzelne, vermischte Rudel von *Pulsatilla alpina*, *Calluna vulgaris*, *Vaccinium Myrtillus*, *Calamagrostis Halleriana* }
   Cop.^{3} bis Cop.^{1} *Hieracium alpinum*, *Empetrum*, *Luzula sudetica*, *Trientalis europaea*.
   Sp. *Melampyrum pratense*[1]) und *silvaticum*.

---

[1]) Dass derartige Bezeichnungen sehr von zufälliger Beobachtungszeit u. s. w. abhängen, zeigt *Melampyrum pratense*, die Ref. ebenda im Juli 1889 fast tonangebend fand, mindestens aber als Cop.^{3} hätte bezeichnen müssen, während *Pulsatilla alpina* von ihm gar nicht gesehen ist.

3. Fichtenwald südl. von Andreasberg i. H., 16. August 1886. Humoser Abhang auf Grauwacke; 630—640 m ü. d. M.
   Soc. { *Picea excelsa* } in reinem Bestande, den Boden bedeckend.
   Gr. oder cop.[3] *Oxalis Acetosella.*
   Sp.[2] gr. *Lysimachia nemorum*, *Mercurialis perennis*, *Polypodium Dryopteris*, seltener *Euphorbia amygdaloides.*
   Sp.[1] gr. *Circaea alpina*, an quelligen Stellen; *Chrysosplenium oppositifolium*, *alternifolium.*
   Sp.[1] *Polygonatum verticillatum*, *Paris quadrifolia* etc.
4. Halbstrauchformation in der Samojeden-Tundra, 67½° n. Br. (Nach Schrenk, 1837.)
   Soc. { *Betula nana*, *Salix arbuscula*, *lapponum*, *lanata* }
   Cop. *Empetrum nigrum*, *Ledum palustre*, *Andromeda polifolia*, *Vaccinium uliginosum* und *V. Vitis Idaea.*
   Sp. gr. *Rubus chamaemorus.*
5. Wollgrasformation in der Samojeden-Tundra, 68° n. Br. (Nach Schrenk 1837.)
   Soc. { *Eriophorum vaginatum* }
   Cop. *Eriophorum angustifolium*, *Carex ampullacea* und *rotundata.*
   Sp. ♃ *Ranunculus Pallasii*, *Eutrema Edwardsii* etc.
6. Steinflechtenformation auf granitischem Geröll in der canadischen Tundra, 69° n. Br. (Nach Richardson.)
   Soc. { *Cetraria*- und *Cornicularia*-Arten }
7. Litorale Tangformation im östlichen Skager-Rak, Insel Jemningarne; Kiesgrund. (Nach Kjellman 1877.)
   Soc. { *Lithoderma fatiscens* }
   Cop.[3] *Lithothamnion polymorphum*, *Phyllophora Brodiaei.*
   Cop.[2] *Furcellaria fastigiata.*
   Sp. Arten von *Rhodomela*, *Polysiphonia*, *Delesseria*, *Chaetopteris.*

Die selteneren Arten können solchen Charakterlisten fehlen, die Verbreitung der Formation ist die Hauptsache; so ist *Scirpus caespitosus* in Deutschland weit verbreitet, aber in weiter Formation scheint er nur im Nordwesten aufzutreten.

(Man vgl. hierzu Drudes Erörterung über Vegetationsformationen im Geogr. Jahrb. XIII, p. 298, wo auf eine Reihe neuerer Arbeiten eingegangen wird, die in vorliegendem Berichte theilweise nur kurz erwähnt werden konnten. Ferner vgl. man R. 409, wo eine Eintheilung der Flora Grönlands in Vegetationsformationen gegeben ist.)

2. **O. Drude** (171) macht auf einige Verbesserungsvorschläge für seinen Atlas der Pflanzengeographie aufmerksam. (Eine ausführliche Besprechung vgl. Ausland, 1888, p. 262 ff., ferner Bot. J., XV, 1887, 2 Abth., p. 67, R. 1.) **Engler** (Petermann's Geogr. Mitth., 1887, p. 358) schlägt vor, die nordatlantische Zone von *Quercus Ilex* bis Irland zu erweitern, sowie eine Aenderung der Eintheilung der nordamerikanischen Waldgebiete. **Willkomm** hat in seiner „Forstlichen Flora von Deutschland und Oesterreich" eine Gliederung des Gebietes angedeutet, **Kerner** eine solche von Oesterreich-Ungarn gegeben (Oesterreich-Ungarns Pflanzenwelt), **Jännicke** (Senckenberg. Ges. Frankfurt a./M., 1887) eine von Deutschland. **Hemsley** (Challenger Expedition) findet das Gebiet der antarktischen Inseln nicht in sich harmonisch, insofern, als es zwar die an eigenartigen Formen reichen Südspitzen der Continente Australien, Afrika, auch Neu-Seeland (bis auf die Gebirge mit antarktischer Vegetation) ausschliesst, aber die sehr verschiedenartigen Inseln Tristan d'Acunha, St. Paul und Amsterdam in sich aufnimmt, welche nach ihrer charaktergebenden Vegetation mehr südafrikanisch seien. **Drude** findet Hemsley's Ausspruch, dass in diesen Breiten die Begrenzung mehr eine zonale als meridionale sein müsse, bestätigt durch eine Temperaturkarte von **Neumayer** (Verh. d. 7. deutschen Geographentages, Taf. 2, Stuttgart, 1887), welche zeigt, dass der eine entscheidende Rolle spielende Gürtel, in dem die Sommerwärme von 10° C. erreicht oder die Winterkälte bis 10° C. sinkt, auf nur 6 Breitegrade zusammengedrängt, Kerguelen von den oben genannten Inseln scheidet. Die Küstenregion der Philippinen muss einen anderen Anschluss erhalten (Geogr. Mitth.,

1888, Litber. No. 310), eine genauere Abgrenzung der Waldregion **Japans** (Geogr. Mitth., 1887, 161, Taf. 9) und **Nordamerikas** (vgl. Bot. J., XIV, 1886, 2, p. 227, R. 628) ist nach neueren Untersuchungen möglich. Nach **Warming** (Meddelelser om Grönland, XII, 1888) würde das südliche Grönland bis 61° oder 62° n. Br. als eigene, südwärts Anschluss findende Birkenregion von der Dryasregion zu trennen sein. **Hieronymus** (vgl. R. 275) macht auf die Unsicherheit der Regionen in **Südamerika** aufmerksam. **Bolus** (vgl. Bot. J., XIV, 1886, 2. Abth., p. 210, R. 577) liefert eine ausgezeichnete Skizze der Flora **Südafrikas**. Eine Gliederung der Flora **Mexicos** hat **Hemsley** versucht (Biologia centrali-americana). Gegen den Ausspruch dieses Forschers, dass das antarktische Florenreich sich auch auf das continentale Australien ausdehnen liesse, spricht eine Aussage **F. v. Müller's** (Victoria and its Metropolis, p. 603, Melbourne, 1888), wonach „die in den alpinen Höhen von Tasmanien und Australien gefundenen Pflanzen vielmehr die allgemeinen Züge der Niederungsflora daselbst zur Schau tragen, als dass sie neue Ordnungs- und Gattungstypen hinzugefügt hätten".[1])

3. **O. Drude** (172) setzt die Principien aus einander, die ihn bei Abgrenzung und Benennung der **Vegetationsregionen** in dem Bot. J., XV, 1887, 2. Abth., p. 67, R. 1 besprochenen Atlas leiteten, wozu ein Angriff durch **Hieronymus** (vgl. R. 275) ihm besondere Veranlassung gab. Er sagt, dass das von jenem für Südamerika betreffs der Benennung der Regionen Getadelte fast ebenso für die anderen Karten gelten könne. So sei in Europa die mitteleuropäische Bergregion als „Region von *Abies pectinata*", die südskandinavisch-russische als „Region von *Quercus Robur*" benannt, obwohl *Qu. Robur* z. B. auch in Sachsen, am Rhein u. s. w. wachse, andererseits nicht alle mitteleuropäischen Bergregionen stets voller Edeltannen seien. Wo die botanische Benennung Schwierigkeiten machte, sind besondere Pflanzen der Ordnung, deren Areal auf Blatt No. 45 dargestellt, ausgewählt, daher Bezeichnungen durch *Copernicia cerifera, Araucaria brasiliensis, Prosopis alba;* der Name soll nicht andeuten, dass die Region voll jener Pflanze stecke. Ursprünglich hatte Verf. viel mehr Pflanzen zur Charakterisirung der Regionen ausgewählt, doch wären dadurch die Karten mit Namen überfüllt worden. Auch hätte Verf. eine alphabetische Pflanzennamenliste hinzufügen wollen zur sachlichen Ergänzung, in welcher z. B. die Gattungen durch Angabe der gemeinten Species ergänzt wären, doch wurde auch diese auf Wunsch des Verlegers cassirt. Dass eine Richtigstellung der ausgewählten Pflanzen durch Specialforscher möglich und wünschenswerth, hat Verf. nie bezweifelt. Die Florenkarte von Europa zeigt, wie Verf. sich die Ausführung der Anderen dächte, wenn der Stand der Forschung und andere äussere Umstände dies ermöglichten. Es ist nie daran gedacht, dass die als Charakterarten genannten Beispiele mit ihrem Areal in die betreffende Region hineinfielen, wie Verf. in den Vorbemerkungen hervorhebt, „dass die Arealgrenzen nur selten mit einer nach dieser Art benannten Region zusammenfallen". Denn die wichtigen Formationsglieder sinken gewöhnlich im weiteren Umfang ihres Areals zu unbedeutenden Nebenbestandtheilen anderer Gemeinden herab. Was **Hieronymus** in Bezug auf die Uebergänge tadelt, hätte er auf den ausführlicheren Karten des Verf.s in dem Bot. J., XII, 1884, 2. Abth., p. 94, R. 3 besprochenen Werke finden können, z. B. hochandine Signatur in den Cordilleren Columbias; die neue Karte ist daraus durch Kürzung entstanden. Ein Theil der getadelten Einzelheiten fällt bei Verbesserung der dargestellten Grenzen. So glaubt Verf., dass die patagonische Geröllregion sich vielleicht von der Nordgrenze der „südlichen Monte-Formation" hinab zu erstrecken hat bis zum Gebiet des Chubut und dann durch eine neue, dürftigere und fast strauchlose Vegetationsregion abzulösen ist: „südliche patagonische Gerölle". Bei der grossen Unbekanntschaft der südlich vom Rio Negro liegenden Territorien blieb fast nichts übrig, als der Wahrscheinlichkeit zu folgen, dass die Charakterarten nördlich vom 40.° s. Br. auch südlich desselben noch gelten; allgemein setzt man den Rio Colorado als Nordgrenze der „patagonischen Formation", wenn Verf. an dessen Stelle den Namen „südliche Monte-For-

[1]) Eine zusammenhängende Betrachtung dieser Zusätze und Berichtigungen zu einem der wichtigsten Hülfsmittel pflanzengeographischer Forschung schien mir an dieser Stelle des Berichts weit mehr angebracht, als eine Zerreissung in Einzelreferate je nach den Verff. und Unterordnung derselben unter die einzelnen Gebiete; theilweise werden die Arbeiten noch bei den einzelnen Gebieten besprochen werden, oder sind es schon in früheren Jahrgängen.

nation" im Anschluss an die durch *Monttea aphylla* etc. bezeichnete Region einsetzte, geschah es, um den Uebergang aus den nördlich des Rio Colorado liegenden Districten anzudeuten. *Plantago patagonica* und *Monttea aphylla* sind beide im Expeditionsbericht zum Rio Negro als „häufig" genannt, aus der auch von Hieronymus getheilten Annahme, dass der gleiche Vegetationscharakter sich am Osthang der Anden weit südwärts ziehe, sind sie zur Benennung der Region gewählt. Betreffs der Benennung hat Verf. die bekannteren Namen den vielleicht richtigeren vorgezogen.

4. **F. Höck** (283) liefert eine zusammenstellende Arbeit über einige Hauptergebnisse der Pflanzengeographie in den letzten 20 Jahren, die ihrer Anlage nach eine Fortführung von Grisebach's Arbeit „über den jetzigen Stand der Pflanzengeographie" (1866) sein sollte. Die Ungleichheit der verschiedenen Theile ist dadurch bedingt, dass Verf. für die letzten Theile von Seiten der Redaction zu wenig Platz eingeräumt wurde, weil die Arbeit zu wenig von allgemeinem Interesse wäre.

5. **J. E. Weiss** (724) bespricht die Bedeutung der Pflanzengeographie für die Pflanzencultur, wobei er die wichtigsten klimatischen Unterschiede der hauptsächlichsten Zonen bespricht und einige Charakterpflanzen hervorhebt, um dann aus deren Heimath Schlüsse auf ihre Cultur zu ziehen. Bei neuen Einführungen ist statt ausführlicher Culturangaben von weit grösserem Werth Angaben über die localen Verhältnisse des Heimathsorts (vgl. Bot. J., XV, 1887, 2. Abth., p. 81, R. 68) zu geben.

6. **Fr. Krašan** (343). *Festuca glauca* ist auf dolomitischen, felsigen und sandigen, sehr trockenen Kalkboden angewiesen, *F. sulcata* ist dagegen weit verbreitet als Bewohnerin magerer Grasplätze und mitunter fruchtbarer Wiesen mit erdiger Krume. *F. glauca* ist bläulichgrün, bereift und hat steife, glatte, theils walzliche, theils seitlich zusammengedrückte Blätter, ihre Textur ist derb und zähe, eingetrocknet schrumpfen sie sehr wenig ein, ihr Querschnitt bleibt kreisrund oder eiförmig; *F. sulcata* ist virescent, das Blatt ist rauh, seine zwei Seiten auswärts flach, zu einer offenen Rinne der Länge nach zusammengefaltet, nach anhaltendem Regen aber flach aus einander gefaltet, der Querschnitt ist im frischen Zustand ein offenes Dreieck, beim Trocknen faltet es sich eng zusammen, jede Aussenseite bekommt eine tiefe Längsfurche. Doch finden sich Uebergänge zwischen beiden Typen, wo sie zusammen vorkommen, besonders wenn in grösseren Felsspalten eine Mischung von Sand und Humus die Ausfüllung bildet. Eine Verpflanzung von *F. sulcata* auf eine dolomitische Felswand ergab, obwohl Bildung hybrider Zwischenformen unmöglich, eine Zwischenform zwischen beiden Arten, die einer Hybride sehr glich; ähnliche Ergebnisse brachte eine Cultur aus Samen. Es ergiebt sich daraus mit grosser Wahrscheinlichkeit, dass *F. sulcata* auf felsigem Substrat eine allmähliche Umwandlung nach *F. glauca* hin erfährt.

Dagegen zeigen verschiedene Cupuliferen unter ähnlichen äusseren Einflüssen sprungweise Variation. So erzeugte z. B. bei *Castanea vulgaris* ein Maifrost die Form der *C. atavia*. Am variationsfähigsten zeigten sich wieder die Eichen, über deren Formenmannigfaltigkeit Verf. schon verschiedene höchst interessante Mittheilungen gemacht hat. So bewirkte z. B. bei *Quercus alba* der Frost ein Hervortreten des Pinnatifida-Blattes; im Ganzen dagegen zeigen die amerikanischen Arten weit weniger Variationsfähigkeit als die Roburoiden. Ein Vergleich mit fossilen Eichen führt Verf. wieder zu einem wichtigen Schluss für die Phylogenie; eine Anomalie an rudimentären Blättern am Grunde von *Qu. sessiliflora* fand sich wieder an tertiären arktischen Arten, was also deutlich auf den hochnordischen Ursprung unserer Wintereiche hinweist; hierfür spricht auch die nahe Verwandtschaft tertiärer Eichen Nordamerikas mit *Qu. aliena* Chinas. Aehnlich erkannte Verf. eine Formverwandtschaft lebender und fossiler Buchen, wobei sich ergab, dass die Formelemente am Sommertriebe der Buche meist regressiver Natur sind; das unterste Blatt des Sommertriebes entspricht z. B. wesentlich der miocenen *Fagus Feroniae*, zum Theil noch älteren Formen; doch ist im Ganzen die Formenmannichfaltigkeit fossiler Buchen noch zu wenig gesichtet, um sichere Schlüsse zu gestatten.

Eine genaue Untersuchung eines kleinen Gebietes von Steiermark lehrte Verf. eine grosse Formenmenge kennen, die er als Ausgangspunkte beginnender Species bezeichnet. Dabei zeigte sich oft eine so grosse Veränderlichkeit, dass die Form, wenn vereinzelt betrachtet, eine ganz andere Stellung im System erhalten würde. Dabei scheinen aber neue Formelemente kaum mehr aufzutreten, sondern die äusseren Einflüsse meist eine Art Attavismus hervorzurufen, was die Aufstellung eines Stammbaums sehr erschwert. Die Bildung neuer Formen geht meist so vor sich, dass der Variation eine entsprechende Missbildung vorangeht. Von solchen Anomalien bespricht Verf. die der Behaarung eingehender. (Vgl. auch R. 10 u. 11.)

2. Einfluss des Substrats auf die Pflanzen. (R. 7–18.)

Vgl. auch R. 4 (Hauptergebnisse der vorliegenden Untersuchungen über Einfluss des Substrats), 6, 215 (Bäume auf Kalkboden). — Vgl. ferner No. 157* (Substratrichtung d. Pfl.), No. 260* (Einige Beziehungen der Pfl. zu Klima u. Boden), No. 685* (Reben auf versch. Bodenarten.)

7. F. **Senft** (620) bespricht den Erdboden als Heimathstätte des Pflanzenreichs. Auf flachgründigem Boden können nur Pflanzen mit wagerecht ausgebreiteten Wurzeln, auf tiefgründigem dagegen mit verschiedenem Wurzelsystem gedeihen. Dann nehmen meist Pflanzen ohne Pfahlwurzeln die oberen Bodenschichten, Pflanzen mit solchen die unteren in Anspruch. Die Pflanzen der oberen Lagen sind von grösster Bedeutung für den Boden; da sie sich meist über den Boden ausbreiten, ihn also schützen vor grellen Sonnenstrahlen und Schlemmkraft des Regens sowie die Pflanzenabfälle zur Verwesung anregen und die mineralischen Bodenbestandtheile zersetzen, die dann durch die Feuchtigkeit den unteren Bodenlagen zugeleitet wird. Daher sind flachwurzelige Pflanzen auch hauptsächlich auf einem Boden, der aus Zerstörung der Felsen hervorgegangen, erst wenn er etwa 1 m mächtig, kommen da Pflanzen mit Pfahlwurzeln. Ausser Tiefgründigkeit ist auch noch Bindigkeit (Consistenz) des Bodens erforderlich. Ein Sandboden mit höchstens 15 % Thon hat (bes. trocken) so wenig Bindigkeit, dass nur Pflanzen mit tief eindringender Grundaxe und zahlreichen von ihr ausgehenden Saugwurzeln, mit denen sie die losen Bodenmassen zusammenklammern, da gedeihen, weil sie gegen Wind und Wasser genügend geschützt. Dagegen leben in strengthonigem Boden hauptsächlich Pflanzen mit kurzrübenförmigem Grundstock und starken, schief ziehenden seitlichen Aesten oder mit knollen- oder zwiebelförmiger Grundaxe, die aus ihrer Basis zähe, starke, senkrecht in den Boden dringende Büschelwurzeln treibt. In nassem, zur Verschlammung neigendem Thonboden treiben die Pflanzen erst am Kopf der Grundaxe ein Büschel wagerecht abziehender Wurzeln und dann einen abwärts sich verlängernden stengelförmigen Wurzelstamm, an dessen Ende sich wieder ein Büschel starker, seitwärts ausgebreiteter Wurzeläste befindet.

Ein Verwitterungsboden ist für um so länger mit Nahrung versorgt, je verschiedenartiger die Mineralreste sind.

Auch die Lagerungsart eines Bodens ist von Bedeutung. Nur in wagerechtem Boden kann sich die Feuchtigkeit mit ihren Nährstoffen gleichmässig vertheilen. In concaven Strecken der Wellenhügel zeigt der Boden daher andere Fruchtbarkeitsverhältnisse als in convexen. Auch der Untergrund übt grossen Einfluss. Sehr lockerer, stark verdunstender, sand- oder kalkreicher Boden wird nur dann fruchtbar sein, wenn der Untergrund das Bodenwasser zurückhält. Dagegen ist für wasserbindenden Obergrund, ein durchlässiger Untergrund von Vortheil. Nicht nur Wasser, sondern auch Nährstoffe dringen vom Untergrund in den Obergrund. Auf Berghängen ist undurchlässiger Untergrund fast stets gefährlich. Tiefe Risse im Boden sind dann besonders gefährlich. Auch durchfliessende Gewässer üben grossen Einfluss aus (bilden z. B. Ortstein, Wiesenmergel). Schliesslich sind benachbarte Gebirge und Wälder von grossem Einfluss. (Letztere bilden z. B. oft Moore.)

Als Bodenerzeugerinnen treten Pflanzen hauptsächlich auf, die fast wurzellos sind, sich dennoch festhalten und hauptsächlich aus der Luft Nahrung aufnehmen, also besonders Kryptogamen. Die ersten Phanerogamen sind sehr verschiedener Art.

Ist der Boden flach und seichtgründig, kiesig oder steinig und besonders mit Flechtenhumus gedüngt, dann erscheinen an sonnigen Orten:

1. niedere, dem Boden aufliegende, theils mit kleinen nackten, theils mit grossen behaarten Blättern versehene Pflanzen, welche flach nach allen Seiten ausgebreitete Wurzeln

haben und oft auch Ausläufer treiben. (*Thymus, Scleranthus, Fragaria collina, Dianthus caesius, Potentilla reptans, Hieracium pilosella* u. a.);

2. aufstrebende Saftgewächse (*Sedum, Sempervirum*).

Ist der Verwitterungsboden schon tiefergründig und reicher an thoniger oder lehmiger Krume und Mooshumus (auf beckenförmigen Oberflächen oder am Fusse der Felsen) so erscheinen besonders grasartige Pflanzen und zwar:

1. auf den dürren, von der Sonne sehr erwärmten, noch flachgründigen, moosigen Flächen, besonders borstigblättrige, filzwurzelige (*Nardus stricta, Festuca ovina, Aira flexuosa* und *canescens*);

2. auf mässig feuchtem, mit leichter Moosdecke bewachsenen, lehmreicheren Verwitterungsboden mit kleinen Rasenbüscheln, flachen, behaarten Blättern und kleinen Büschelwurzeln versehene (*Anthoxanthum odoratum, Holcus lanatus*);

3. auf nassem Boden mit dichter Moosdecke *Eriophorum* und *Carex*.

Bald wird der Boden aber für diese ersten Pflanzen zu fett oder zu mager und es treten andere auf.

Die Schuttpflanzen enthalten meist scharfätzende, giftige, amoniakalische Säfte, mit denen sie theils lebend, theils todt erdbildend wirken. Hierzu gehören:

1. auf Stein- und Kalkschutt *Hyoscyamus, Datura stramonium, Echium vulgare, Sedum acre, Urtica urens, Conium maculatum.*

2. aut Pflanzenschutt (Moos, Haidestengel, Grashalme, Fichtennadeln u. s. w.) *Chelidonium majus, Geranium robertianum, Galeopsis tetrahit, Solanum nigrum, Atropa belladonna, Digitalis purpurea, Chaerophyllum temulum, Urtica dioica*, sowie wahrscheinlich *Epilobium angustifolium* und *Mercurialis perennis*;

3. auf gemischtem Schutt *Solanum nigrum, Urtica, Conium, Datura.*

Die Reihenfolge der Pflanzen auf kahlem Boden studirte Verf. an den Hörselbergen bei Eisenach. Auf öden Gehängen zeigten sich zuerst Flechten (bes. *Parmelia parietina*), dann daneben Moose (*Hypnum sericeum, Barbula muralis*), nach einigen Jahren sah man dann zwischen allen Steinritzen *Festuca ovina*, die bald eine dicke Rasendecke bildete Hierzwischen, theilweise sie verdrängend, traten dann auf *Koeleria cristata, Brachypodium pinnatum, Briza media* und *Melica ciliata*, die nach 2 Jahren *Festuca* fast ganz vertrieben hatten. Hierzwischen siedelten sich Kaninchen, Mäuse und namentlich Vögel an, die Samen mit sich brachten, so dass bald emporsprossten: *Ononis spinosa* und *repens, Helianthemum annuum, Origanum vulgare, Anthyllis vulneraria, Verbascum lychnitis* und *nigrum, Lactuca scariola, Viburnum Lantana, Crataegus* und besonders *Juniperus communis.* Letzterer versteht besonders mit seinen weit ausgebreiteten Wurzeln die Erde festzuhalten. Um ihn gesellten sich daher andere Pflanzen: *Briza media, Origanum, Prunella grandiflora, Gentiana ciliata, Veronica spicata, Agrimonia eupatoria, Poterium sanguisorba, Anemone Pulsatilla* und *silvestris, Orchis militaris, Gymnadenia conopsea, Ophrys myodes* und *Carlina acaulis.* (Verf. fragt, woher die Samen der Orchideen kamen, da sie nicht mit Thieren verschleppt werden konnten, die einfachste Erklärung bei diesen kleinen leichten Samen ist wohl durch den Wind, theils auch durch Schlammmassen an den Füssen der Vögel. — Ref.) Später entstanden hier dann *Viburnum lantana, Ligustrum vulgare, Cornus sanguinea, Rhamnus frangula* und *cathartica*; noch später *Cotoneaster vulgaris, Crataegus oxyacantha* und *monogyna, Prunus spinosa, Rosa rubiginosa*, die nach 12 Jahren einen Gesträuchwald bildeten, auf dessen Boden dann *Sorbus Aria* und *torminalis, Corylus avellana*, Buchen, Mehlbeeren und Elsbeeren, die die Sträucher wieder zurückdrängten und zwischen denen Bergahorn und Linde erschienen, so dass schliesslich ein wirklicher Wald entstand.

Verf. macht dann im Folgenden namentlich genaue Angaben über Bodencharakterpflanzen, von welchen er Bodendüngeranzeiger, Kalkanzeiger, Kalianzeiger, Kochsalzanzeiger, Kieselanzeiger unterscheidet. Am Schluss geht er noch auf Culturschutzpflanzen und Unkräuter ein, doch muss hierfür auf das Original verwiesen werden.

8. S. **Korschinski** (340) bespricht den Einfluss des Bodens auf die Vertheilung der Pflanzen in Russland mit besonderer Rücksicht auf das Tschernosem.

9. G. **Karsten** (324) stellte Versuche mit Wasserpflanzen an, welche für die An-

passung der Pflanze an das Substrat von Bedeutung sind, wenn sie auch ihrem wesentlichen Inhalte nach in anderen Theilen dieses Berichtes zu berücksichtigen sind. (Vgl. Bot. C., XXXVI, 1888, p. 230—232.)

10. **F. Krašan** (345) macht darauf aufmerksam, dass wenn auch der Boden auf die Bildung von Pflanzenformen von Einfluss sei, dieser doch sicher nicht ihre Bildung allein bedinge. Einzelne Pflanzen sind gar nicht durch das Substrat veränderlich, so hält *Pteris aquilina* an sehr verschiedenen Standorten aus, andere sterben gleich bei veränderten Bedingungen, z. B. *Thlaspi cepaeaefolium*. Vom Boden können nur Anregungen zu Veränderungen ausgehen, doch verhalten sich da auch die Arten verschiedener Gattungen sehr verschieden. Der Versuch beweist nur, ob das Substrat von Einfluss auf die Pflanze sei oder nicht.

11. **Fr. Krašan** (344.) Nägeli erklärte 1865: „Der Einfluss der äusseren Verhältnisse bewirkt allerdings auch Modificationen an der Pflanze, aber es sind dies keine eigentlichen Varietäten oder Rassen, sie führen noch nicht dazu und erlangen keine Beständigkeit." Er stützt sich auf folgende Cardinalpunkte:

1. Dass oft verschiedene Varietäten derselben Art an demselben Standort, also unter gleichen äusseren Verhältnissen vorkommen, und dass die vom Pflanzenzüchter erzeugten ungleichen Rassen einer Art unter gleichen äusseren Bedingungen entstehen.

2. Dass dieselbe Varietät auf sehr verschiedenen Localitäten getroffen wird und unter verschiedenen äusseren Verhältnissen künstlich erzeugt wird.

Wären klimatische und Bodenverhältnisse für Rassenbildung bedeutsam, so könne der Gärtner aus denselben Samen auf demselben Beete nur eine Rasse hervorbringen. Seit 1865 hat Verf. den Streit der Meinungen darüber verfolgt und die Pflanzen daraufhin an ihren natürlichen Standorten beobachtet, von welchen Beobachtungen er einige mittheilt.

Der Grazer Schlossberg, eine isolirte, 120 m emporragende Dolomitmasse inmitten der Stadt, ist auf der Süd- und Westseite nur spärlich bewachsen, trägt auf der Nord- und Ostseite dichte Gehölze. Auf den kahlen Seiten finden sich u. a. *Sempervivum hirtum, Potentilla arenaria, Thymus (Calamintha) alpinus* und *Festuca glauca*; letztere ist sehr häufig in grösseren und kleineren Büschelrassen in Spalten und Fugen des Gesteins, sie zeigt sich auch an felsigen Lichtungen der Nordseite, hier mit mehr verlängerten, im Uebrigen aber auch glatten, zähen Blättern. An den Gesimsen und kleinen Terrassen der Felsen an der Sonnenseite erblickt man aber, gewöhnlich wo sich ein Gemenge von Humus und Detritus von dem leicht bröckelnden Felsen gebildet hat, auch *F. sulcata* Hackel, leicht zu erkennen an den rauhen, grasgrünen Blättern (vgl. R. 6). Letztere wird allgemein im Flachland auf Grasplätzen, an Wegen, Rainen u. s. w., sowohl auf mobilem Boden als auch über Schiefer und Kalk, sobald sich darüber eine dichte, gleichmässige Grasnarbe gebildet hat, beobachtet. *F. glauca* ist dagegen auf Dolomit und dolomitischen Kalk beschränkt. Ausserhalb Graz ist sie bei Weinzödl, 7—8 km nordnordwestlich vom Schlossberg; auch hier trifft sie mit *F. sulcata* zusammen, nur dass sie von der eigentlichen Felsregion, wo in den Spalten und Klüften kein Humus vorkommt, ausgeschlossen ist, während *F. glauca* auch den sandigen Detritus in der Nähe der Felsen (auf dolomitischem Untergrunde) bewohnt. An den Grenzlinien beider Arten fand Verf. Uebergangsformen. Verf. stellte daher die Culturversuche an, über die im R. 6 berichtet wird. Jedenfalls ist danach wahrscheinlich, dass die Bodenverhältnisse einen gewissen Einfluss auf die Entstehung der Art haben.

Aehnlich schliessen sich *Hieracium murorum* L. und *H. subcaesium* Fries. in ihrem Vorkommen meist gegenseitig aus. Das erstere bewohnt schattige Localitäten mit Humusboden, letzteres sonnige Oertlichkeiten, ist sogar vom Waldhumus ausgeschlossen, kommt aber auf steinigem Kalkboden am besten fort. Culturversuche zeigten, dass das vom felsigen Boden stammende *H. subcaesium* einen Humusboden nicht verträgt, wenn der Pflanze ein schattiger Standort geboten ist, dagegen hält unter Umständen bei sorgfältiger Isolirung das aus dem Walde stammende, an Humus gewöhnte *H. murorum* auf dem dürrsten Kalkfelsen aus.

Ebenso wächst *Rhamnus pumila* L. nur auf Felsen, verwächst förmlich mit dem

Kalkfels. Alles dies zeigt deutlichen Einfluss des Substrats. Ohne das betreffende Substrat würde die betreffende Art nicht existiren. (Vgl. R 14.) Der nöthige Kalk, den jede Pflanze zum Leben braucht, findet sich auf jedem Substrat; das Nebeneinandervorkommen von Arten verschiedenen Substrats erklärt sich durch das Vorwiegen keiner der sonst charakteristischen Bedingungen.

12. **H. Schenck** (597) bespricht westindische Utricularieae hinsichtlich ihres Baues, auch betreffs ihrer Anpassung an das Leben im Wasser (vgl. im Uebrigen Bot. J., XV, 1887, I, p. 362, R. 235).

13. **C. Haussknecht** (265.) *Helichrysum arenarium*, die meist auf Sandboden vorkommt, sich in Schlesien aber auch auf Kalk und Basalt findet, wächst auf Gipshügeln bei Frankenhausen. Daselbst findet sich auch die sonst für Salzwiesen angegebene *Erythraea linariaefolia*. Auch findet sich dort die bisher nur von rothem Sandstein zwischen Sachsenburg und Oldisleben gefundene *Festuca Valesiaca*, sowie endlich die in Thüringen bisher noch gar nicht beobachtete *Asperula cynanchica* L. b. *arenicola* Reut.

14. **E. W. Hilgard** (280) bespricht den in Europa kaum erkennbaren, bei der landwirthschaftlichen Aufnahme der Staaten Mississippi und Louisiana auffallend angetroffenen Einfluss des Kalkgehalts des Bodens nicht allein auf das Vorkommen bestimmter Arten, sondern auch auf die individuelle Entwicklung bestimmter Pflanzen. Während der Tulpenbaum, die Linde, die wilden Pflaumen, die schwarze Wallnuss, die Zeder, die Esche, *Verbena Aubletia*, *Cassia marilandica* und *occidentalis*, *Baptisia leucophaea*, manche Compositen, namentlich *Ambrosia*, *Xanthium*, *Silphium*, *Verbesina*, gewisse *Aster* und *Solidago* bestimmt Kalk, die südlichen Fichten und gewisse Vaccinien und Eichen einen kalkfreien Boden anzeigen, sind andere Pflanzen allgegenwärtig, aber auf kalkhaltigem und -freiem Boden verschieden entwickelt. So kommen *Quercus ferruginea* und *Q. obtusiloba* auf jedem Boden vor, entwickeln sich aber auch auf verschiedenem Untergrund sehr verschieden. Die erstgenannte Eiche ist auf Sand niedrig (18—20 Fuss), mit knorrigem Stamm, offener Krone und langen, dünnen, oft verkrümmten Zweigen, auf dem schwarzen Prairieboden nicht höher, aber mit geradem Stamm und kurzen, dicht gedrängten und üppig belaubten Aesten, auf mässig kalkigem, leichtem Lehmboden, hoch (40—50 Fuss), mit ovaler Krone, fast rechtwinklig abstehenden Aesten und einem oben stets zur Seite gebogenen dicken Stamm. *Q. obtusiloba* zeigt auf Sandboden den für *Q. ferruginea* geschilderten Charakter, ist auf schwerem kalkfreiem Boden besenförmig verzweigt und mit zerstreuten kleinen Blattbüscheln (wie auf Sand) belaubt, auf Prairieboden wie *Q. ferruginea* von Apfelbaumform, auf Kalk wieder hoch, konisch und mit oben gekrümmtem Stamm. Hoher Kalkgehalt befördert ferner reiche Tragbarkeit, so z. B. auch bei der Baumwolle. Die trockenen Regionen von Arizona, Kalifornien und Oregon besitzen, wo überhaupt Bäume, solche von obstbaumartigem Wuchs. Die Ursache ist der grössere Kalkgehalt des Bodens, den der spärliche Regen nicht auszulaugen vermag; so enthält gleicher Boden zu beiden Seiten des Kaskadengebirges in Oregon 2 % gegen 0.35—0.50 % Kalk. Matzdorff.

15. **A. Magnin** (387) betont, dass bei der Beurtheilung des Vorkommens kalkliebender Pflanzen inmitten kalkfeindlicher Pflanzen auf Granit, Gneis etc. nicht allein der Boden, sondern alle äusseren physikalischen Bedingungen und der Kampf ums Dasein wesentlich zu berücksichtigen sind. Die Pflanzen verhalten sich gegen diese Bedingungen verschieden, und können dieselben einander vertreten, so dass kalkiger Boden z. B. in Folge anderer Einflüsse selbst sonst kalkfeindliche Pflanzen trägt. — In der Discussion führt Timbal-Lagrave das Vorkommen von Kalkpflanzen zum Theil auf von Flüssen mitgeführten Kalk zurück. Matzdorff.

16. **A. B. Ordujsky** (459) constatirte, dass Cl-Na-Gehalt zu 0.268 % in Wasser der *Phoenix*-, *Cocos nucifera*- und *Echinopsis*-Cultur zum Vortheil gereiche.

Bernhard Meyer.

17. **C. Brick** (90) behandelt die Halophyten des baltischen Strandes.

Schon Goethe (Italienische Reise) erkannte die Abhängigkeit des Baues der Halophyten vom Salz des Sandbodens, mehr aber (wie er meint) von der salzigen Luft. Für eine solche Abhängigkeit spricht besonders, dass Pflanzen, die sonst auf nicht-salzigem

Terrain wachsen, auf Salzboden succulente Blätter tragen. Auch Linné hatte erkannt, dass der Salzboden seine eigene Flora habe, ferner Aug. Pyr. de Candolle, welcher das Hauptgewicht auf die physikalische Wirkung des Bodens legte. Schon Trautschold nimmt eine gemischt physikalisch-chemische Wirkung an, denn der Salzboden bei Sarepta trägt ausser eigentlichen Halophyten auch Pflanzen, die auf salzleerem Boden wachsen, wie *Lotus corniculatus*, *Pulicaria vulgaris*, *Achillea Millefolium*, *Cichorium intybus*, *Crepis tectorum* u. a. Ascherson benutzte das Vorkommen von Salzpflanzen in Brandenburg geradezu zur Auffindung von Salzstellen. Er unterscheidet dabei zwischen Halophyten, welche bestimmt auf Kochsalz deuten, und Halophilen, die nur Salzboden vorziehen. Zu ersteren rechnet er *Apium graveolens*, *Aster Tripolium*, *Atriplex hastatum* var. *salinum*, *Bupleurum tenuissimum*, *Glaux maritima*, *Juncus Gerardi*, *Plantago maritima*, *Salicornia herbacea*, *Scirpus rufus* und *Spergularia marina*. Der Umstand, dass manche Salzpflanzen auch auf Bitter- und Glaubersalzterrain bei Pilna, Sedlitz und Seitschitz im nördlichen Böhmen vorkommen, lässt ihn schliessen, dass sie mehr als Natron-, denn als Chlornatriumpflanzen aufzufassen sind. (Auch die Ansichten von Thurmann, Hoffmann, Contejean u. A., die meist schon in diesem Jahresbericht erörtert wurden, werden besprochen.) Einen directen Beweis für die Abhängigkeit der Salzpflanzen vom Chlornatriumgehalt des Bodens führt Braungart (Journ. f. Landwirthsch., XVII, 1879, XVIII, 1880) an: „Wenn an den Meeresküsten nach Eindeichung der Fläche mit lehmsandigem Boden und der dadurch bewirkten Verhinderung einer ferneren Benetzung mit Salzwasser nach einigen Jahren die Salzflora (*Aster Tripolium* etc.) verschwindet, was offenbar daher rührt, dass der Salzgehalt des Bodens durch Regenwasser ausgelaugt wurde, so ist es unmöglich zu sagen, dass hier nicht die physikalischen, sondern lediglich die chemischen Eigenschaften (der Salzgehalt) des Bodens und dadurch die Pflanzen eine Veränderung erlitten haben.

Die bisher vorliegenden Analysen über den Kochsalzgehalt der Pflanzen gehen sehr auseinander. Am meisten Chlornatrium scheint *Chenopodium maritimum* zu enthalten (76.91 % der Asche), reichlich damit versehen sind auch *Plantago maritima*, *Cochlearia anglica*, *Aster Tripolium* und *Arenaria media*. Solchen Pflanzen muss daher auch Kochsalz zum Leben nöthig sein. Zu starke Düngung damit wirkt aber immer schädlich. Ein geringer Procentsatz von Chlornatrium wirkt auch fördernd auf die Keimung gewöhnlicher Pflanzen. Das Salz übt diesen Einfluss wahrscheinlich, indem es die Wanderung und Umsetzung der in den Keimblättern oder dem Endosperm aufgehäuften Nährstoffe begünstigt. Salzpflanzen können bei ihrer Keimung höheren Kochsalzgehalt ertragen. Culturversuche haben gezeigt, dass die meisten Salzpflanzen auch ohne Kochsalz gedeihen können, wie namentlich durch Hoffmann bekannt ist.

Verf. stellt nun anatomische Untersuchungen über folgende Salzpflanzen an: *Honkenya peploides*, *Cakile maritima*, *Salsola Kali*, *Salicornia herbacea*, *Aster tripolium*, *Glaux maritima*. (Betreffs der Einzelergebnisse vgl. den Bericht über Anatomie im laufenden Jahrgang dieses Jahresberichts.) Die Hauptergebnisse sind, dass sie sich vor ihren sonstigen nächsten Verwandten auszeichnen durch

1. ein Saftgewebe in Gestalt von stark entwickeltem Rindenparenchym,
2. die stets vorhandene Gefässbündelscheide, die als Stärkescheide fungirt,
3. das seltene Vorhandensein von Stärke in den Chlorophyllkörnern.

Culturversuche mit kochsalzarmer Lösung gelangen, aber nur schwierig; bei *Glaux* fehlten den salzfreien Pflanzen die so charakteristischen Luftgänge des Rindenparenchyms.

3. Einfluss des Standorts auf die Pflanzen. (R. 18–22.)

18. E. Wollny (789) bespricht den Einfluss von Feuchtigkeits- und Temperaturverhältnissen des Bodens auf die Pflanzenwelt bei südlicher Exposition. (Vgl. Bot. C., XXXV, p. 47–49.)

19. E. de Baichère (16) bespricht die Vertheilung der Pflanzen von Carcassonne mit besonderer Berücksichtigung der Standortsverhältnisse.

20. P. Magnus (388) bespricht den Einfluss des Standorts auf *Leontopodium alpinum*. Verf. fand es oben auf dem Berge Blaser im Gschnitzthal Tirols 4–7 cm hoch,

während es im Sondesthal bei Gschnitz 11.5 cm hoch war. Wird es in der Ebene cultivirt, so wird die filzige Behaarung so locker, dass die grüne Farbe der Stengel und Blätter zum Durchbruch kommt und die hoch aufgeschossene Pflanze grünlich erscheint. Die Vereinigung der Köpfchen zu einer terminalen, von dem Kranze der grossen Tragblätter umgebenen Gesammtinflorescenz, die sich zur Anlockung der Insecten ausgebildet hat, verschwindet in der Ebene auch oft dadurch, dass die Stiele der seitlichen Köpfchen sich sehr verlängern. Dies ebenso wie die Lockerung des Filzes glaubt Verf. auf Mangel an Licht zurückführen zu können, da es an schattigen Standorten besonders häufig auftritt.

21. **P. Knuth** (335) bespricht die Pflanzenwelt Sylts in ihrem Kampf mit Sand und Wind. Auffallend ist die Kleinheit vieler Pflanzen (die Verf. als Schutz gegen den Wind auffasst), dann die Zahl der Blattrosetten bildenden Pflanzen. Bäume und Sträucher können nur unter dem Schutz eines Hauses, einer Mauer, eines Walles u. s. w. gedeihen (wie überhaupt meist an der Westküste Schleswigs. Ref.). Sie zeigen Neigung nach Osten. Die Zahl der windblüthigen Pflanzen ist eine grosse (95 Arten von 245 Sylter Blüthenpflanzen). Viele Pflanzen sind mit Flugorganen versehen (*Hieracium umbellatum, Tragopogon pratense, Leontodon autumnale, Arnica montana,* die in riesigen Mengen auftretende *Salix repens*). Wegen der Kleinheit treten die bunten Blüthenfarben mehr hervor, z. B. *Thymus Serpyllum, Lotus corniculatus* (Aehnliches ist Ref. an Deichen bisweilen aufgefallen), die vielleicht noch durch Armuth an Insecten vermehrt wird, so erscheinen wirklich vergrössert die Blüthen von *Viola tricolor* und namentlich *V. canina; Senecio vulgaris* tritt in Dünenthälern, in denen sie nur sparsam vorkommt, mit Strahlblüthen auf, *Lathyrus maritimus* hat wegen geringer Zahl von Insecten die Fremdbestäubung aufgegeben, vermehrt sich meist nur vegetativ. Um dem Sand zu widerstehen, wachsen die Pflanzen meist gedrängt neben einander in den Dünen, weniger vereinzelt. Der Sandflug hat oft starke Verästelung der Pflanzen zur Folge, z. B. *Plantago maritima, Honckenya peploides.*

22. **Ulmus montana** With (860) (= *U. excelsa* Borkh. = *U. hollandica* Pall. = *U. scabra* Mill.) ist in Norwegen die einzige wilde Ulmenart. Sie ist im südlichen Theil gemein, im nördlichen seltener, findet sich noch bis Bodoe (67° 17′) und selbst in ungünstigen Sommern bilden sich im Kirchspiel Bejern (66° 59′) noch reife Früchte. Angepflanzt kommt sie noch bei Tromsoe (69° 40′) und Alten (70°) fort, scheint aber buschförmig zu bleiben, im südlichen Theil des Landes steigt sie 500—565 m, selten 680 m. In Schweden geht sie nur bis 61°, vereinzelt bis 63° 10′. Ja sie findet sich bei Jemtland (64$^1/_2$°), wohin sie wahrscheinlich von Norwegen durch eine Oeffnung des Grenzgebirges auf 63$^1/_2$ n. Br. gelangt ist. In Finnland reicht sie bis 62° (in der Schweiz steigt sie 1200 m hoch). 2 grosse Exemplare werden abgebildet und beschrieben.

4. Einfluss des Klimas auf die Pflanzen.

a. Allgemeines (einschl. phänologische Arbeiten von allgemeiner Bedeutung). (R. 23–31.)

Vgl. auch R. 1 (Vegetationsformationen und Pflanzenformen). — Vgl. ferner No. 260* (Einige Beziehungen d. Pfl. zu Klima u. Boden), No. 322* (Uebersicht d. Pflanzenreichs nach klimatischen Zonen), No. 464* (Einfluss des Regens auf die mexicanische Vegetation), No. 475* (Beziehung des Klimas zur Vegetation).

23. **F. Th. Köppen** (336) giebt eine sehr werthvolle Zusammenstellung über die Verbreitung der Holzgewächse des europäischen Russlands und des Kaukasus. Bei cultivirten Pflanzen wird der Versuch gemacht, die Culturgrenze von der Grenze der natürlichen Verbreitung zu trennen, ja noch weiter geht Verf., er trennt z. B. bei *Vitis vinifera* gar noch die Traubencultur von der eigentlichen Weincultur. Bei den Culturpflanzen werden auch immer Angaben über die muthmaassliche Heimath gemacht. Bei einigen der wichtigsten Arten ist eine kartographische Darstellung der Verbreitung gegeben, nämlich bei *Daphne Mezereum, Viburnum Opulus, Cornus sibirica, Malus communis, Prunus spinosa, Pyrus communis, Prunus Chamaecerasus, P. Padus, Amygdalus nana, Caragana*

frutescens, Astragalus virgineus, Fagus sylvatica, Alnus glutinosa, Salix viminalis, Quercus pedunculata, Lonicera coerulea, Linnaea borealis, Carpinus Betulus, Lonicera Xylosteum, Rhamnus Frangula, Acer platanoides, Fraxinus excelsior, Rhamnus cathartica, Cytisus biflorus, Acer campestre, A. tataricum, A. Pseudoplatanus, Hedera helix, Viscum album, Larix sibirica, Pinus sylvestris (auch muthmaassliche einstige Verbreitung), *Picea excelsa, Abies sibirica, Pinus Cembra, Taxus baccata, Picea orientalis*, sowie die Verbreitung des Tschernosjom. Bei allen wird so weit wie möglich nach den Gründen für die Verbreitung gesucht, namentlich auf einen Zusammenhang mit Jahres- oder Monatsisothermen Prüfung angestellt, wobei Verf. zuweilen zu recht interessanten Resultaten gelangt. Wenn auch im Wesentlichen die Verbreitung innerhalb des europäischen Russland erörtert wird, so wird doch auch vielfach auf die angrenzenden Gebiete, namentlich die anderen russischen Länder, Rücksicht genommen, natürlich entsprechend der bisherigen Erforschung derselben.

Ein kurzes Referat des Inhaltes zu geben, ist unmöglich, doch mag eine Aufzählung der Gattungen folgen, damit Jeder, der mit der Verbreitung derselben sich beschäftigt, schon durch den Index dieses Jahresberichts auf diese für die allgemeine sowohl als für die specielle Pflanzengeographie werthvolle Arbeit hingewiesen werde. Von nebensächlichen Erwähnungen abgesehen, werden folgende Gattungen behandelt.

Atragene, Clematis, Berberis, Cistus, Tamarix, Myricaria, Reaumuria, Hypericum, Hibiscus, Tilia, Acer, Vitis, Zygophyllum, Staphylea, Evonymus, Paliurus, Zizyphus, Rhamnus, Nitraria, Pistacia, Rhus, Spartium, Sarothamnus, Genista, Cytisus, Colutea, Halimodendron, Caragana, Calophaca, Astragalus, Coronilla, Hedysarum, Gleditschia, Cercis, Lagonychium, Albizzia, Amygdalus, Persica, Prunus, Spiraea, Dryas, Potentilla, Rubus, Rosa, Crataegus, Cotoneaster, Amelanchier, Mespilus, Sorbus, Pyrus, Malus, Cydonia, Punica, Philadelphus, Ribes, Parrotia, Hedera, Cornus, Sambucus, Viburnum, Lonicera, Linnaea, Artemisia, Vaccinium, Oxycoccos, Arbutus, Arctostaphylos, Andromeda, Cassandra, Cassiope, Calluna, Erica, Phyllodoce, Loiseleuria, Rhododendron, Ledum, Diapensia, Diospyros, Ilex, Olea, Phillyrea, Ligustrum, Fraxinus, Jasminum, Periploca, Convolvulus, Solanum, Lycium, Vitex, Salvia, Atriplex, Eurotia, Kochia, Kalidium, Halóstachys, Halocnemum, Suaeda, Salsola, Noëa, Anabasis, Calligonum, Atraphaxis, Daphne, Hippophaë, Elaeagnus, Laurus, Viscum, Arceuthobium, Loranthus, Andrachne, Buxus, Empetrum, Morus, Ficus, Celtis, Ulmus, Zelkowa, Juglans, Pterocarya, Platanus, Quercus, Castanea, Fagus, Corylus, Carpinus, Ostrya, Alnus, Betula, Salix, Populus, Myrica, Smilax, Ruscus, Danaë, Ephedra, Taxus, Cupressus, Juniperus, Pinus, Larix, Picea, Abies. (Ueber desselben Verf.'s Bearbeitung der Nadelhölzer Russlands vgl. Geogr. Jahresber., XIII, p. 319.)

24. **E. Korbusch** (338) giebt ausser einem Aufruf und Anweisung zu phänologischer Untersuchung in Russland eine Liste von 57 krautigen und holzigen Pflanzen der Forstanstalt Tschigirin (Gouv. Kiew) mit Datumangabe des Anfangs der Blattentwicklung, des Beginns, Höhepunktes und Schlusses der Blüthezeit, der Fruchtreife und des Blätterfalles, endlich bei Holzpflanzen eine Angabe der Fruchtergiebigkeit. Bernhard Meyer.

25. **F. J. Berthold** (66) bespricht die Bedeutung der Phänologie für den Gartenbau, die ja einleuchtend ist. Dabei geht er besonders auf die Wärmeconstanten ein. Doch möchte Ref. glauben, dass aus diesen erst dann ein praktischer Werth erzielt werden könnte, wenn man die Tageslänge während der Vegetationszeit und vielleicht gar auch noch die Intensität der Sonnenstrahlung (vgl. Hann, Klimatologie, p. 77—79) in Betracht zöge.

26. **J. A. Guillaud** (251) theilt das südöstliche Frankreich in folgende Zonen ein: 1. Des Oelbaums mit *Smilax aspera, Arbutus Unedo*, im Freien wachsen *Eucalyptus globulus, Acacia dealbata*, Citronen, Granatbaum, Kamellie. 2. Der Pinie mit *Phillyrea*, Korkeiche und *Quercus tozza*; die Buche fehlt. 3. Der Kastanie mit Buchen; die Pflanzen der 2. Zone fehlen. 4. Bergzone der Buchen an den Abhängen der Pyrenäen und des Centralmassivs. Matzdorff.

27. **Fr. Thomas** (664) setzt seine phänologischen Beobachtungen aus Thüringen, über die im Bot. J., XI, 1883 berichtet wurde, fort, durch Mittheilungen von

Beobachtungen in Ohrdruf, woran sich einige allgemeine Erörterungen anschliessen, namentlich über Unbrauchbarkeit einjähriger Beobachtungen.

28. **Fr. Thomas** (665) vergleicht seine Beobachtungen aus Ohrdruf mit solchen von Giessen und zeigt, wie unter Umständen auch einjährige Beobachtungen verwendbar werden.

29. **U. Dammer** (149). *Picea obovata* findet sich vereinzelt noch bei St. Petersburg, sowie in Skandinavien (Enare-See). Sie zeigt viele Uebergangsformen zur *P. excelsa*, namentlich in dem Grenzgebiet der beiden Arten vom Altai bis St. Petersburg; solche finden sich aber auch in Thüringen (Oberhof), in Graubünden, im Ober-Engadin und im Riesengebirge. Verf. schliesst daraus, dass *P. obovata* Ledeb. nur eine dem kalten und continentalen Klima angepasste Form der *P. excelsa* Lk. sei.

30. **P. Magnus** (389) bespricht die Einwirkung des Blitzes auf eine Silberweide bei Berlin.

31. **H. Hoffmann** (286) weist darauf hin, dass Blattfall statt Laubentfärbung als phänologische Phase unbrauchbar sei, und stellt einige Beobachtungen über das Verhältniss dieser beiden Erscheinungen bei verschiedenen Bäumen zusammen. Am Schluss weist er, wie schon mehrfach früher, darauf hin, dass nicht jede Phase bei jeder Pflanze verwendbar sei, so z. B. Laubverfärbung nicht für *Sambucus nigra*, *Robinia Pseudacacia* und *Persica*, gut aber für Buche und Birke, weil bei ersterer die Blätter unverfärbt fallen. Auch die Lage eines Ortes ist für phänologische Beobachtungen nicht gleichgiltig. In einer Anmerkung wird auch noch wieder auf die Unbrauchbarkeit der an einem Exemplar einer Art gemachten Beobachtungen hingewiesen.

b. Specielle phänologische Beobachtungen. (R. 32—38.)

Vgl. auch No. 596* (Pflanzenkalender für Florida).

32. **H. Hoffmann** (287) theilt wie in den vorhergehenden Jahren (vgl. Bot. J., XV, 1887, 2. Abth., p. 78, R. 41) phänologische Beobachtungen aus Mitteleuropa mit, diesmal wesentlich für 1887, denen er auch wieder als Anhang einen Bericht über phänologische Literatur beigiebt, wonach die in diesem Jahresberichte gemachten Literaturangaben sich noch etwas ergänzen lassen.

33 **H. Dressler** (169) theilt einjährige phänologische Beobachtungen aus Frankfurt a./O. mit.

34. **F. Höck** (234) fügt seinen phänologischen Beobachtungen aus Friedeberg (Neumark), die als Fortsetzung der vorjährigen (vgl. Bot. J., XV, 1887, 2. Abth., p. 78, R. 41) anzusehen sind, einige Beobachtungen über die Winterflora seines Wohnortes bei.

35. **L. Reissenberger** (550) macht Zusammenstellungen über Beginn der Blüthezeit und Fruchtreife von Roggen, Rebe und Mais bei Hermannstadt (Siebenbürgen) nach 35-jährigen Beobachtungen und sucht daraus die Vegetationsconstanten für die Blüthezeit dieser Arten zu bestimmen (durch Summirung der positiven Tagesmittel der Temperatur von Beginn des Jahres bis zur Blüthezeit). Er macht am Schluss darauf aufmerksam, wie man umgekehrt mit Hilfe dieser Zahlen aus Temperaturbeobachtungen alljährlich den Beginn der Blüthezeit (bis auf wenige Tage genau) vorausbestimmen kann. Für Roggen ist die mittlere Blüthezeit am 29. V., die mittlere Reife 7. VII., die mittlere Ernte 17. VII. (früheste Blüthe 7. V. 1876, späteste 6. VI. 1875); für die Rebe mittlere Blüthezeit 14. VI., Reife 9. IX. (früheste Blüthe 28. V. 1872, späteste 28. VI. 1864); für Mais Blüthe 12. VII., Reife 10. IX. Die thermischen Vegetationsconstanten sind für Roggen 826° C., für Rebe 1105° C., für Mais 1630° C.

36. **Al. Doeningk** (160). Verf. behandelt erst Klima und Bodenverhältnisse von Kischinew und Umgebung und führt für 400 Pflanzen den frühesten und spätesten Beginn der Blüthezeit und die mittlere Zeit der Blüthenentwicklung an. 34 Pilze, als Parasiten einzelner Laubbäume, des Getreides und Weinstocks angegeben, repräsentiren häufig vorkommende Arten (*Oidium Tuckeri* fehlt daselbst); ferner sind aufgezählt: 13 Bäume bewohnende Flechten, phanerogame Parasiten, endlich parasitirende Schmetterlinge (58), Wespen (11), Gradflüger (4) und Milben, von denen letzteren *Phyllerius vitis* Am.,

Erineus mali Am., *Volvellina marginalis* Am., *Volvulifera pruni*; *Bursifex pruni* Am., *Calycophtorea avellanae* Am., *Tetrangebus sociarius* Müll. besonders schädigend auftreten.
Bernhard Meyer.

37. **B. E. Bachmetieff** (15) giebt mit Tagesdatum ein Verzeichniss der im April, Mai und Juni bei Moskau aufblühenden Pflanzen. *Corydalis* tritt als erste (12. April) auf.
Bernhard Meyer.

38. **C. Boccaccini** (71) beabsichtigt phänoskopische Beobachtungen in der Umgegend von Cuneo anzustellen und giebt eine vorläufige Uebersicht, topographisch und klimatisch, des Gebietes. — Gleichzeitig führt er 43 Phanerogamen-Arten an, welche er auf einem Spaziergange am 20. October noch in Blüthe bemerkte; darunter *Lampsana communis*, *Centaurea paniculata*, *Leucanthemum atratum*, *Berteroa incana* etc. — Am 15. December, nach Schneefall und Eisbildung, blühten noch 5 Phanerogamen, so u. a. *Bunias Erucago* und *Leontodon autumnalis*. — Verf. nennt auch eine Anzahl von Blüthenpflanzen, welche regelmässig sehr frühzeitig um Cuneo erscheinen. Es sind jedoch die meisten die Frühlingskräuter Mitteleuropas, zu welchen man noch *Bunias Erucago*, *Lamium purpureum*, *Ajax Pseudonarcissus* hinzurechnen könnte.
Solla.

c. Durch das Klima bedingte auffallende Erscheinungen im Pflanzenleben (Unzeitiges Blühen, Reifen, Belauben und Entlauben, doppelte Jahresringe, ruhende Samen u. s. w.).

(R. 39—42.)

Vgl. auch R. 34, 38, 44, 52. Vgl. ferner No. 164*—166* (Lange Keimfähigkeit v. Coniferen-Samen), No. 199* (Vegetation in dem Winter 1885/86), No. 203* (Frühlingsflora von Brünn), No. 747* (Frühlingsflora von Innsbruck), No. 790* (Unzeitiger Blattfall).

39. **E. Jacobasch** (302) theilt mit, dass bei Schöneberg *Papaver Rhoeas* auf einem Felde vom August bis Oktober 1887 blühte, während es auf nahen Feldern zur gewöhnlichen Zeit (Juni, Juli) geblüht hatte. (Da die spät blühenden Pflanzen meist gefüllt waren, da auf dem Felde, wo sie standen, früher Gartenbau getrieben war, sind es vielleicht nur künstlich zur Spätblüthe gezogene Klatschrosen. Ref.)

40. **Guinier** (252) beobachtete abnorme Entfaltung der Knospen der Buche nach heissen Tagen am Ende September.

41. **E. Rose** (575) fand am 15. April 1888 bei Paris blühend *Galanthus nivalis* (die neu für das Gebiet ist), *Draba verna*, *Viola odorata*, *Potentilla Fragariastrum*, *Tussilago Farfara*, *Salix Caprea* und *Anemone nemorosa*.

42. **A. Crozier** (145) berichtet über Versuche, betreffend die Keimfähigkeit in Sumpf- und Sandboden ruhender Samen.

d. Einfluss der klimatischen Factoren auf Wachsthum und Erträge der Pflanzen. (R. 43—47.)

Vgl. auch No. 246* (Kalifornische Wälder im Herbst), No. 871* (Wirkung des Winters im Süden von Frankreich), No. 872* (Einwirkungen des Winters 1887/88 in Preussen).

43. **B. D. Halstedt** (257) beobachtete im Winter 1886/87, trotzdem es in 9 Monaten nicht geregnet hatte, eine grössere Zahl blühender Pflanzen in Kalifornien. Zuerst erschienen *Convolvulus occidentalis* und *Galium angustifolium*. Selbst Holzpflanzen fehlten nicht, wie *Rubus ursinus*, *Baccharis pilularis*, *B. viminea* u. a.

44. **G. Wiesbaur** (728) theilt mit, dass bei Mariaschein in Böhmen 1887 wegen zu trockenen Sommers *Chrysanthemum indicum*, *Helianthus tuberosus* und *Tanacetum Balsamita* nicht zur Blüthe gelangten, nennt einige Herbstblüher und zum zweiten Mal blühende Pflanzen und geht schliesslich auf Volksnamen ein.

45. **F. Marc** (393) theilt seine Beobachtungen mit, die er im Thiergarten von Budapest an der Acclimatisation unterzogenen Pflanzen machte. *Liquidambar styraciflua* S. hält den Winter von Budapest nicht aus; in strengen Wintern erfriert hier sogar *Robinia*

pseudacacia L. (? Ref.). — *Böhmeria nivea* Roxb., *B. tenacissima* Roxb. und *B. utilis* Roxb. gediehen mehrere Jahre hindurch ganz gut, aber im Winter 1886/87 erfroren ihre Wurzeln. — *Dioscorea sativa* L. hält mehrere Winter auch ohne Decke aus. — *Eleusine coracana* Pers. gedeiht ebenfalls. — Die mittlere Jahrestemperatur von Budapest beträgt + 10° C; die mittlere Temperatur des Winters — 0.4° C.; jährlich sind 112 Tage mit Niederschlag. Staub.

46. **Schwappach** (612) betont, dass die ausländischen *Juglans* und *Carya* guten Boden und Schutz gegen Frost beanspruchen. Betreffs der ersten Anforderung steht fest, dass Eichenboden 3. Classe die Untergrenze bildet; gegen den Frost empfiehlt sich Vorkeimen von Anfang Februar an bis zur Aussaat im Mai, sowie der Anbau in höchstens 10 a grossen Horsten. Da ferner die genannten Pflanzen schon im ersten Jahre eine tiefgehende Pfahlwurzel entwickeln, empfiehlt sich die Anlage in Rajolstreifen und Behacken der Culturen. Das Verpflanzen muss aus demselben Grunde spätestens nach 2 Jahren geschehen. *Carya amara* zeigt das rascheste und kräftigste Längenwachsthum und ist am härtesten; ihr reiht sich *C. alba* an, während *C. porcina* und noch mehr *C. tomentosa* am empfindlichsten sind. Matzdorff.

47. **B. D. Halsted** (255) bespricht den Einfluss der Trockenheit auf die Vegetation der Prairie (vgl. Bot. C., XXXVI).

e. Abänderung unter klimatischen Einflüssen. (R. 48—50.)

48. **B. D. Halsted** (256) bespricht die Wirkungen der Trockenheit auf die Pflanzen in Jowa. Viele Kräuter wurden durch die trockene Witterung zwergartig, erzeugten fast nur Blüthen und Früchte. Viele Pflanzen verfrühten sich in Bezug auf ihre Blüthezeit. Durch Kleinheit fielen besonders auf *Ambrosia trifida*, *Oenothera biennis* und *Cnicus altissimus*.

Die tiefwurzelnden Pflanzen ertrugen natürlich am besten die Trockenheit. Häufiger als sonst erschienen wegen geringerer Concurrenz *Verbena stricta*, *Mollugó verticillata*, *Silphium laciniatum*; gut widerstanden auch der Dürre *Poa pratensis* und *Trifolium pratense*.

Als im September Feuchtigkeit eintrat, blühten hernach *Viola palmata* var. *cucullata* Gray, *V. pubescens*, *Anemone dichotoma*, *Oxalis violacea* und *O. corniculata* var. *stricta*.

49. **G. Bonnier** (77) stellte Versuche an über das Verhalten einiger Pflanzen der Ebenen in alpinen Gegenden. Er berichtet über die vorläufigen Ergebnisse, namentlich für *Potentilla Tormentilla*, *Alchemilla vulgaris*, *Lotus uliginosus* und *Ranunculus acer*.

50. **W. H. Seamann** (616). *Azalea nudiflora* ist in hohen Breiten und auf Bergen klebrig und wohlriechend, in niederen Breiten und auf ebnerem Boden fast geruchlos und glatter.

f. Verhalten der Pflanzen bei niederen Wärmegraden.

(R. 51—53.)

Vgl. R. 193 (Coniferen bei rauhen Winden). — Vgl. ferner No. 159* (Narcissen in ihrem Verhalten gegen Frost), No. 805* (Im December winterharte Blumen), vgl. unter No. 777*, No. 561* und 851*.

51. **Erzherzog Joseph** (317) bespricht die klimatischen Verhältnisse von Fiume, vergleicht das Klima mit dem anderer Länder von ähnlicher Mitteltemperatur und giebt eine ausführliche Tabelle der in Fiume winterharten Pflanzen, deren Vaterland nebst dessen Durchschnittstemperatur er angiebt. Eine Kälte, wie sie in 75 Jahren nicht dort vorgekommen war, gab ihm Gelegenheit zum Studium des Einflusses niederer Temperatur auf die Pflanzen. Er führt daher am Schlusse die Pflanzen auf, die ganz oder theilweise erfroren sind (vgl. Bot. J., XIV, 1886, 2. Abth., p. 108, Ref. 70a.).

52. **A. F. Entleutner** (184) bespricht die augenfälligsten Erscheinungen in den Meraner Anlagen im Spätsommer und Herbst 1888, die besonders durch Betrachtung einer grösseren Zahl ausländischer Pflanzen Interesse gewinnen.

53. **A. Garbecci** (215) zählt mehrere subtropische Gewächse auf, welche, in freie Erde gepflanzt, den Winter zu Pisa aushielten. Der Winter war ausnehmend lang gewesen;

die Temperatur erhielt sich durch mehrere Tage hindurch auf —5°. Dennoch vertrugen diese Temperatur u. a.: *Cycas revoluta* Thmb., *Cocos campestris* Mart., *C. plumosa* L., *Hedychium Gardnerianum*, *Brachychiton populneum;* ferner noch *Cyperus Papyrus* L., *Casuarina equisetifolia* Forst., einige Aganeen und manche exotische *Liliaceae*. Solla.

54. **V. Ricasoli** (554). Am Monte Argentaro gedeiht vortrefflich *Pittosporum phillyreoides* DC., von welchem ein Exemplar bis 13 cm lange und 0.5 cm (und mehr) breite Blätter besitzt. Die Pflanze hielt eine Winterkälte von —4° unbeschädigt aus und bringt samenreiche Früchte. Ueber die Keimfähigkeit der Samen ist nichts gesagt.

Eine prachtvolle Chromolithographie führt die Pflanze nach dem Leben vor.

Solla.

55. **R. W. Adlam** (1) bespricht die Einwirkung niederer Temperatur auf die Pflanzen Natals.

g. Schutzmittel der Pflanzen gegen klimatische Einflüsse. (R. 56.)

56. **M. B. Deblanchis** (154) bespricht die Einwirkung niederer Temperaturen auf die Vegetation im Allgemeinen sowohl, als besonders auf die *Eucalyptus*-Arten. Er führt Versuche aus den Schweizer Alpen an, die er gemacht hat, bespricht ausführlich die Ursachen, welche die Widerstandsfähigkeit vergrössern und giebt Tabellen über die Grenztemperaturen und die Verbreitungsfähigkeit der *Eucalyptus*-Arten, zunächst im Allgemeinen, dann mit Rücksicht auf das Alter und schliesslich auch auf die Bodenfeuchtigkeit; auch über die Schnelligkeit des Wachsthums der einzelnen Arten hat er Versuche angestellt. Bezüglich der Einzelheiten muss auf das Original verwiesen werden.

5. Einfluss der Pflanzenwelt auf Klima und Boden.

(R. 57—58.)

57. **H. Gannets** (214) untersuchte die Frage nach dem Einfluss der Bewaldung auf den Regenfall für 3 grössere nordamerikanische Gebiete: 1. die Prairiegegend von Jowa, Nordmissouri, Südminnesota, Illinois zum grössten und Indiana zum kleinen Theile; 2. Ohio; 3. Massachusetts, Rhode Island, Connecticut, den benachbarten Theil New Yorks, New Hampshire, Maine. Dieselben umfassen: über 100 000, 40 000 und 25 000 engl. Quadratmeilen. Im ersten Gebiet ist während der letzten 30 Jahre die Beforstung stark gewachsen, im zweiten hat seit 50 Jahren eine Entforstung stattgefunden, im dritten wurde bis ca. 1860 entforstet, dann aber wieder der Wald vermehrt. Obschon der Regenfall je nach Jahren und Oertlichkeiten sehr wechselt, so bieten doch die für die genannten Bezirke aufgestellten Uebersichten Interesse, da sie die Beobachtungen von einer bedeutenden Anzahl von Jahren und Stationen zusammenfassen. In dem ersten wurde auf 24 Stationen während 10—40 Jahre, zusammen während 128 Jahre, in dem zweiten auf 12 Stationen während 12—48 Jahren, zusammen während 294 Jahren, im dritten bis 1860 auf 18 Stationen während 10—46 Jahren, zusammen während 400 Jahren, von 1860 auf 14 Stationen während 10—24 Jahre zusammen während 200 Jahre, der Niederschlag beobachtet. Verf. theilte sodann die Beobachtungszeit in zwei Hälften und zog für jede die Regensummen. Das Resultat war, dass im ersten Gebiet nur bei 6 Stationen eine Vermehrung der Regenmenge beobachtet wurde, so dass im Durchschnitt jede Station in der ersten Hälfte ein Plus von 1.58 Zoll pro Jahr aufwies. Im zweiten Gebiet zeigten 5 Stationen eine Vermehrung, 7 eine Verminderung; jede Station hatte in der ersten Hälfte ein Plus von 0.21 Zoll pro Jahr. Im dritten Gebiet fand sich vor 1860 für 13 Stationen eine Vermehrung, für 4 Stunden eine Verminderung, für 1 Station keine Veränderung; auf die zweite Hälfte fiel ein Plus von 2.9 Zoll pro Station und Jahr. Nach 1860 zeigten gleich viel Stationen (7) Vermehrung und Verminderung; die Regenhöhensumme war in beiden Zeithälften die gleiche. Es folgt daraus, dass der bisher als gültig angenommene Satz hierdurch nicht bestätigt wird; doch genügen eben wohl die bisher angewandten Methoden des Regenmessens durchaus nicht.

Matzdorff.

58. **P. Camena d'Almeida** (116) berichtet nach Ebermayer, Henckel, Grise-

bach, Voeikov, Helmersen und Wild, Fautrat, la Cour, Clavé, Avoni u. e. A. über den Einfluss der Wälder auf die Temperatur der Luft und des Bodens und auf den Regenfall. Matzdorff.

6. Geschichte der Floren.[1]) (R. 59—92.)

(Vgl. auch R. 41, 114, 335 (Gesch. d. Flora d. kalif. Küsteninseln), 432 (Neue Flora von Krakatau). — Vgl. ferner No. 10* (Zur Gesch. der skandinav. Fl.), No. 187* (Attavistische Formen lebender Pflanzen), No. 202* (Verbreit. beerentragender Pflanzen durch Vögel), No. 371* (*Ballota foetida* und *Ononis repens* neue Ballastpfl. f. Finnland), No. 374* (Pharaonische Flora), No. 447* (Ueber die Diluvialsteppe), No. 623* (*Mimulus luteus* neu für die russ. Ostseeprov.).

59. **E. Bordage** (79) giebt eine Uebersicht über die Verbreitungsmittel der Pflanzen, Wind, Wasser, Thiere, Mensch, Schleudervorkehrungen, unter Aufführung bemerkenswerther Beispiele. Matzdorff.

60. **K. Mohr** (417) bespricht Pflanzenwanderungen in der östlichen Golfregion der Vereinigten Staaten, wie sie ohne Zuthun des Menschen, aber auf dessen Verkehrswegen statthaben. Das behandelte Gebiet umfasst das continentale westliche Florida, westlich bis zum Mississippi und bis zu den Grenzen von Alabama und Mississippi. In dem Gebiet beobachtete Verf. 250 Arten fremden Ursprungs, von denen $^2/_5$ dort bleibenden Platz gefunden haben. Sie gehören meist der nordasiatisch-europäischen, seltener der Mittelmeerflora oder den wärmeren Zonen an. 1875 fand sich bei Mobile die westindische *Melochia hirsuta* ein, verschwand 4 Jahre, bis sie wieder massenhaft auf Feldern und in Gärten erschien und jetzt ein lästiges Unkraut ist. Aehnlich verbreitete sich *Richardsonia scabra* seit dem Kriege der Union mit Mexico vor 40 Jahren massenhaft. Besonders schnell aber hat sich durch Thiere *Lespedezia striata* verbreitet; sie erschien zuerst in den fünfziger Jahren bei Charleston in Südcarolina, 1865 bei Macon in Georgia, verbreitete sich in den nächsten 4 Jahren von da überall bis Alabama. Hauptsächlich war Thierdung bei der Verbreitung bethätigt. Jetzt ist sie schon bis Kalifornien vorgedrungen. Aehnlich hat sich *Prosopis juliflora* verbreitet, dann auch *Helenium tenuifolium*, letztere in 5 Jahren in Mississippi und Alabama bis auf 200 Meilen Entfernung. Auch *Prunus Chicasa*, *Nicotiana glauca* und *N. longiflora* sind rasch gewandert, die letzten beiden wohl ohne thierische Hülfe.

61. **E. Huth** (298) bespricht die Verbreitung durch Meeresströmungen bei *Cocos nucifera*, *Nipa fruticans*, *Hedera umbellifera*, *Barringtonia speciosa*, *Casuarina equisetifolia* u. a. Wohl kaum zu rechtfertigen ist nach Reins Untersuchungen die Angabe über Einführung des Maises in Japan. Schliesslich bespricht Verf. die Widerstandsfähigkeit der Früchte gegen Seewasser und die Fähigkeit der Verschleppung durch dasselbe.

62. **G. A. Grierson** (249) macht auf einige Fälle plötzlichen Erscheinens neuer Pflanzen in Folge Bodenänderung aufmerksam. So traten mit einer Eisenbahn in Norfolk *Oenothera odorata* und *Delphinium Ajacis* und in Cambridgeshire *Stellaria media*, in neuen Strassen Aucklands *Rumex pulcher* und der Insel Inchkeith (Firth of Forth) *Hyoscyamus niger* und *Sinapis alba* plötzlich in grossen Mengen auf. In Tasmanien besetzt ein *Senecio* abgebrannte Strecken. Matzdorff.

63. **Ludwig** (375) theilt mit, dass *Chrysanthemum suaveolens* Aschs., ursprünglich ein Gartenflüchtling, durch Schützenbuden weiter verbreitet werde.

64. **K. Reiche** (510) bespricht die Einwirkung des Menschen auf die Umgestaltung der Flora Europas. Ausgerottet scheint keine Art zu sein. Zurückgedrängt ist mit Unterstützung des Menschen z. B. in Dänemark die Eiche durch die Buche (diese wird wieder durch Haidekraut verdrängt), ferner *Trapa natans* durch Trockenlegung vieler Teiche (in Schweden und der Schweiz ganz verschwunden), viele Orchideen z. B. durch Drainiren, Heuernte u. s. w., *Taxus baccata* und andere Bäume durch Verbrauch des Holzes (auch der Einfluss der Entwaldung auf das Klima und der weitere des veränderten Klimas auf die Pflanzenwelt wird besprochen).

---

[1]) Vgl. hierzu auch das Ref. über Verbreitungsmittel der Pflanzen, sowie das über Palaeontologie, ferner Geogr. Jahrb., XIII, p. 302ff.

Weit grösser ist die Zahl der hinzugekommenen Pflanzen, namentlich wo gleiches Klima eine Einwanderung erleichterte, z. B. von Südafrika nach Südeuropa. So ward von den zahlreichen am Cap lebenden *Oxalis*-Arten *O. cernua* ein weit verbreitetes Unkraut, afrikanisches *Mesembryanthemum* umwuchert südspanisches Gemäuer, das südafrikanische *Pelargonium zonale* wächst in allen Hecken. Noch weit bedeutsamer für die Physiognomie Südspaniens wurde neben *Aloe perfoliata* die *A. arborescens*, welche in Tausenden von Exemplaren den Felsen von Gibraltar bekleidet. Nach der Entdeckung Amerikas kamen *Agave americana* und *Opuntia vulgaris* hinzu. In Portugal sind auch australische *Eucalyptus*- und *Acacia*-Arten hinzugekommen. Ferner sind für ganz Südeuropa neu die *Citrus*-Arten, der Mais, auch der Oelbaum war früher weniger verbreitet. In Mitteleuropa sind u. a. neu die *Oenothera, Rudbeckia laciniata.*

Auch auf die Verbreitungsmittel wird eingegangen und schliesslich einiger von Europa in Amerika eingewanderter Pflanzen gedacht. So sind z. B. *Digitalis purpurea, Prunella vulgaris, Hypochaeris radiata* in Chile verbreitet.

65. **C. Haussknecht** (266) nennt *Epilobium gemmascens* C. A. Meyer vom Pindus als neu für Europa.

66. Die **Araucarias** (762) gehören zu den ältesten Pflanzengattungen und lassen sich bis in die Steinkohlenzeit zurück verfolgen. Die bemerkenswerthesten der jetzt lebenden Arten sind *A. excelsa* der Norfolk-Inseln, *A. Cunninghami*, die am Brisbane-River grosse Waldungen bildet, *A. brasiliensis* von Südbrasilien und *A. Cookii* von Neu-Caledonien, die sämmtlich im G. Chr. abgebildet sind.

67. **K. Penka** (476) weist nach, dass in Nordeuropa die Buche[1]) bereits im mesolithischen Zeitalter geherrscht hat. Die Eichenperiode reicht in einen Theil der Kjökkenmöddingerzeit hinein, die sehr ausgedehnt war, und kommt da neben der Kiefer vor. Matzdorff.

68. Die **Commission für die Flora von Deutschland** (135) berichtet über zahlreiche in Mitteleuropa neu verwilderte oder eingeschleppte Arten, doch muss hier auf den Bericht über „Pflanzengeographie von Europa“ vor allem verwiesen werden, da das Original den meisten deutschen Botanikern leicht zugänglich sein wird.

69. **E. Knoblauch** (332) nennt als neu für Preussen *Carex vaginata* Tausch. (= *C. sparsiflora* Steud.), die im Kreise Memel und im Kreise Ortelsburg gefunden ist. Sie ist auch neu für die norddeutsche Tiefebene, abgesehen von einem Funde Krause's (auf den Verf. nachträglich bei Einsendung dieser Arbeit an die Redaction des Bot. J. aufmerksam machte) bei Warnemünde. Sie findet sich sonst zunächst in den russischen Ostseeprovinzen und Skandinavien.

70. **P. Kunth** (334) hält Land Oldenburg wegen seiner grossen Zahl seltener Pflanzen für eine ehemalige Insel, wofür auch noch spricht, dass von der Neustädter Bucht in gerader Linie zur Hohwachter Bucht eine tiefe Bodensenkung zieht, die durch den Gruber See einerseits, den Weischer See andererseits eröffnet wird. Im Gegensatz zu der übrigen ostholsteinischen Küste fehlen Wälder ausser dem kleinen Siggener Holz ganz, aber mit Büschen (meist *Corylus Avellana*) bewachsene Hügel mit sandig-steinigem Untergrund erinnern an die Kratts Nordschleswigs, sind daher vielleicht Reste früherer Wälder. Nur in Land Oldenburg (nicht sonst in Schleswig-Holstein) finden sich *Libanotis montana* Crntz, *Peucedanum Cervaria* Cosson, *Campanula glomerata* und *Orobanche elatior* Sutton; die sonst in der Provinz seltenen *Delphinium Consolida* und *Scandix Pecten Veneris* sind hier häufig. Dagegen fehlen von Pflanzen des übrigen Schleswig-Holsteins *Ranunculus reptans, Stellaria crassifolia, Cerastium glutinosum, Trifolium spadiceum* und *Gnaphalium luteo-album.* Von im übrigen Schleswig-Holstein seltenen Pflanzen finden sich: *Thalictrum minus, Anthyllis Vulneraria, Lathyrus silvestris, Linaria minor, Origanum vulgare, Corydalis fabacea, Picris hieracioides, Serratula tinctoria, Inula salicina, Silene inflata, Geranium sanguineum,*

---

[1]) Ueber Bestandwechsel von Eiche und Buche in Frankreich vgl. Bot. J., XV, 1887, 2. Abth., p. 92, n. 44. Vgl. auch Geogr. Jahrb., XIII, p. 301. (Dort wird auch nach Lendenfeld die Verbreitung von *Callitris* im Innern von Neu-Südwales als abhängig von periodischen Regenschwankungen kurz erwähnt.) Höck.

G. palustre, Betonica officinalis, Galium boreale, Melampyrum cristatum, Spiraea Filipendula, Scabiosa Columbaria, Fragaria collina, Potentilla sterilis, Orobanche elatior, Campanula latifolia C. glomerata, Viola hirta, Brachypodium pinnatum, Avena pratensis und *Calamagrostis Epigeios.* (Letztere möchte Ref. doch nicht gerade unter die seltenen Pflanzen Schleswig-Holsteins rechnen, ähnlich wie *Silene inflata* u. a.). Vor 60 Jahren fanden sich auch noch *Thalictrum simplex* und *Orobanche caryophyllea*, die aber nicht wiederzufinden sind.

71. **P. Knuth** (333) hält die „Kratts" für Reste von Eichenwäldern, die wegen zu starker Abholzung nicht mehr genügende Widerstandsfähigkeit gegen die Weststürme haben. Neben verkrüppelter *Quercus pedunculata* finden sich in diesem Gemisch von Wald und Haide von Bäumen *Populus tremula, Frangula Alnus, Prunus spinosa, Sorbus aucuparia, Rubus* sp., *Salix* sp., *Lonicera Periclymenum, Myrica Gale*, 4 *Genista*-Arten und vereinzelte *Juniperus communis.* Von Kräutern sind charakteristisch *Trifolium pratense, Vicia Cracca, Lotus corniculatus, Potentilla Tormentilla, P. silvestris, Prunella vulgaris, Euphrasia vulgaris, Melampyrum pratense, Veronica Chamaedrys, V. officinalis, Thymus Serpyllum, Ranunculus polyanthemus, Cuscuta Epithymum, Stellaria graminea, Polygala vulgaris, Hypericum perforatum, Trientalis europaea, Campanula rotundifolia, Viola canina, Jasione montana, Achillea millefolium, A. Ptarmica, Hypochaeris radicata, Gnaphalium dioicum, Filago minima, Solidago virgaurea, Hieracium umbellatum, Clinopodium vulgare, Knautia arvensis, Succisa pratensis, Galium Mollugo, G. silvestre, G. saxatile, Platanthera bifolia, P. chlorantha, Orchis maculata, Maianthemum bifolium, Convallaria maialis, Polygonatum multiflorum, Empetrum nigrum* (Kraut? Ref.), *Holcus lanatus, Avena elatior, Agrostis vulgaris, Aira flexuosa, Anthoxanthum odoratum, Triodia decumbens, Luzula campestris, L. pilosa, Pteris aquilina, Polypodium vulgare.* Von selteneren Pflanzen Schleswig-Holsteins finden sich da *Vicia Orobus* (sonst nur im Spessart), *Orobus niger, Lathyrus montanus, Anthyllis vulneraria, Geranium sanguineum, Ajuga pyramidalis* (sonst nirgends in Schleswig-Holstein), *Gymnadenia conopea* (desgl.), *Hypericum pulchrum, H. montanum, Selinum carvifolia, Pimpinella saxifraga, Serratula tinctoria, Achyrophorus maculatus, Scorzonera humilis, Arnica montana, Cirsium heterophyllum, Cornus suecica, Arctostaphylos uva ursi, Gymnadenia albida, Allium fallax, Anthericum Liliago, Polygonatum officinale, Vaccinium uliginosum, Molinia coerulea* und *Carex montana* Leers.

72. **Reinecke** (549) beobachtete *Centaurea transalpina* nördlich von Erfurt am Bahnkörper der Erfurt-Nordhausener Bahn.

73. **Haussknecht** (268) bemerkt zu vorstehender Mittheilung, dass *C. transalpina* und *nigrescens* mit südeuropäischen Klee- und Grassamen in Thüringen öfter eingeschleppt vorkomme, ohne sich dauernd zu halten; nur an Bahndämmen scheinen sie sich einzubürgern, z. B. im Gebüsch neben dem Ilmviaduct bei Weimar.

74. **O. Birndt** (70) theilt mit, dass er Wanderungen des Schneeglöckchens bei Dresden auf einem Kirchhofe von Osten nach Westen bemerkt habe, indem auf östlich gelegenen Gräbern dieselben allmählich verschwanden, auf westlichen sie dafür auftraten. Verf. glaubt, dass die jungen Zwiebeln immer westlich von den alten ansetzen, vielleicht auch der reife Same in dieser Richtung fällt und die alten Zwiebeln und Pflanzen nach einigen Jahren absterben.

75. **E. Fiek** (192) nennt als neu für Schlesien:

Thalictrum minus L. var. *capillare* (Rchb. sp.) Rawitsch; *Medicago minima* (L.) Bertolini var. *viscida* Koch: Grünberg; *Rubus Bayeri* Focke: Beskiden; *R. Idaeus* L. *fructibus flavis:* spontan bei Grünberg; *Senecio nebrodensis* L.: Hirschberg (zunächst in Alpen Niederösterreichs, Verbreitung?); *Centaurea nigra* L.: Hirschberg und Liegnitz (an Eisenbahndämmen, offenbar an beiden Orten durch die Bahn von N. her); *H. Auricula* × *pratense* G. Schneider (*H. semiauricula* eiusd.): Schmiedeberg; *H. murorum* (L.) Fr. var. *cinereum* Formánek: Gesenke; *Phyteuma spicatum* L. var. *sphaerocephalum* Form.: Grosser Kessel des Gesenkes; *Scutellaria galericulata* L. var. *pubescens*: Kreis Grünberg; *Rumex limosus* × *crispus* Figert nov. hybr.: Liegnitz; *Quercus pedunculata* × *sessiliflora:* Kreis Liegnitz: *Alnus serrulata* × *incana* nov. hybr.: in den Kreisen Liegnitz, Lüben und Goldberg; *Betula obscura* Kotula nov. spec.: Teschen, Oderberg, Freistadt; *Salix repens* L. var. *serrata* Figert: Liegnitz, Bahnhof Arnsdorf; *S. acutifolia* × *Caprea* Figert nov. hybr.: Liegnitz; *Populus pyramidalis* × *nigra* Figert: Liegnitz; *Gladiolus paluster* Goud. f. *albiflora*: Schweidnitz; *Carex rostrata* × *vesicaria* (*C. Pannewitziana* Figert).

76. **A. Kerner v. Marilaun** (327) bespricht die Verbreitung der in den Ostalpen vereinzelt auftretenden Pflanzen. An Verbreitung durch Stürme oder Thiere ist nicht zu denken, weil sie in ganzen Genossenschaften auftreten. Sie sind daher eher als Reste einer verdrängten Flora, die Verf. als aquilonare bezeichnet anzusehen. Als Beispiele derselben werden genannt: *Astragulus exscapus*, *vesicarius*, *Oxytropis Uralensis*, *Dracocephalum Austriacum*, *Telephium Imperati*, *Ephedra distachya* im oberen Vintschgau; *Astragulus Onobrychis*, *Oxytropis pilosa*, *Dorycnium decumbens*, *Helianthemum Fumana*, *Rhamnus saxatilis*, *Ostrya carpinifolia*, *Stipa pennata* und *capillata* an südlichen Lehnen bei Innsbruck, *Paeonia corallina* bei Reichenhall in Bayern und St. Egid in Niederösterreich, *Corylus tubulosa* am Grünberg bei Gmunden, *Buxus sempervirens* und *Saxifraga umbrosa* am Schoberstein in Oberösterreich, *Crocus vernus* (*Neapolitanus*) und *Anemone apennina* bei Gresden im kleinen Erlafthale, *Arenaria grandiflora* auf der Raxalpe, *Plantago Cynops* und *Cyperus longus* bei Baden in Niederösterreich. Es ist bekannt, dass sie da, wo sie nicht vereinzelt auftreten, gesellschaftlich wachsen. Man kann daher hieraus ein Bild der ehemaligen Flora der Ostalpen entwerfen. Es fragt sich nur, wann hat dieser Zustand aufgehört. Sicher muss es nach der Eiszeit sein, denn diese hätten sie nicht überdauert. Vielleicht aber war es noch vor der zweiten gelinderen Diluvialzeit, da einige in der Nähe der Gletscher ihre Früchte reifen, doch sprechen dagegen *Stipa pennata*, *Astragalus exscapus*, *vesicarius* und *Onobrychis*, *Ephedra distachya*, *Dracocephalum Austriacum* u. a., welche nur in warmem trockenem Klima gedeihen. Also ist wahrscheinlich, dass zwischen die Periode der diluvialen Thalgletscher und die Gegenwart eine Periode mit warmem trockenem Sommer eingeschoben war, in welcher diese Pflanzen eindrangen, in der also in den Ostalpen ein ähnliches Klima herrschte, wie heute am schwarzen Meer. Seitdem hat die Sommertemperatur abgenommen und die Pflanzen haben sich nur an einzelnen warmen Berglehnen gehalten. Da im Laufe der letzten Jahrhunderte die obere Baumgrenze um mehr als 124 m zurückgegangen und stellenweise (Hötting) früher Wein gebaut wurde, wo heute dies unmöglich, findet vielleicht noch immer eine Abnahme der Temperatur statt, während andererseits ein allmähliches Vordringen pontischer Pflanzen auf den Verkehrswegen nicht abzustreiten ist.

Sobald das Klima einer Vegetation ungünstig, tritt eine andere an ihre Stelle, schon an Bergen von 1800 m Höhe lassen sich vier Floren nachweisen, wie Verf. an einem Beispiel zeigt.

Im Gegensatz zu den aquilonaren Pflanzen stehen solche der höheren Gebirgsregionen, die in Südeuropa nicht fortkommen, weil ihr Erwachen aus dem Winterschlaf zu früh im Jahre beginnt. Die Fichten und Zirbeln bedürfen schon zur Zeit des bei sehr niederer Temperatur erfolgenden Erwachens aus dem Winterschlaf einer täglichen Lichtdauer von 14 bezw. 16 Stunden. Wo diese Bedingung nicht erfüllt ist — und in Südeuropa konnte sie selbst zur Zeit der grössten Ausbreitung alpiner Gletscher nicht erfüllt sein — gehen sie zu Grunde, ähnlich *Calluna vulgaris* u. a. In dem Maasse als klimatische Aenderungen stattfanden, welche den allgemeinen Rückgang der Flora bewirkten, rückte demnach den Gletschern zunächst die alpine Flora, dann die Fichtenwaldflora und endlich die aquilonare Flora nach. Spuren aller dieser Floren hielten sich aber hier und da in der Ebene, z. B. auf kalten Mooren alpine Pflanzen. Eine Identification der alpinen und arktischen Flora war deshalb ein grosser Irrthum, der nur bei Vergleich aus Büchern und Herbarien entstehen konnte. Denn die meisten arktischen Pflanzen sind in den Alpen sehr selten, während umgekehrt die charakteristischen Alpenpflanzen in der arktischen Region fehlen (z. B. vollständig die Gattungen *Aquilegia*, *Petrocallis*, *Kernera*, *Rhizobotrya*, *Biscutella*, *Noccaea*, *Hutchinsia*, *Polygala*, *Gypsophila*, *Heliosperma*, *Facchinia*, *Cherleria*, *Möhringia*, *Linum*, *Hypericum*, *Geranium*, *Rhamnus*, *Coronilla*, *Paronychia*, *Herniaria*, *Sempervivum*, *Astrantia*, *Eryngium*, *Bupleurum*, *Athamanta*, *Galium*, *Scabiosa*, *Adenostyles*,

Homogyne, *Bellidiastrum*, *Anthemis*, *Chrysanthemum*, *Senecio*, *Centaurea*, *Scorzonera*, *Hypochaeris*, *Soyeria*, *Phyteuma*, *Hedraeanthus*, *Erica*, *Swertia*, *Pleurogyne*, *Cerinthe*, *Scrophularia*, *Linaria*, *Erinus*, *Paederota*, *Wulfenia*, *Tozzia*, *Calamintha*, *Herminum*, *Betonica*, *Arctium*, *Soldanella*, *Globularia*, *Daphne*, *Crocus*, *Sesleria*), von anderen wie *Ranunculus*, *Arabis*, *Viola*, *Dianthus*, *Trifolium*, *Geum*, *Saxifraga*, *Valeriana*, *Cirsium*, *Saussurea*, *Artemisia* fehlen gerade die charakteristischsten alpinen Arten im arktischen Gebiet.

Dagegen zeigt sich deutliche Verwandtschaft der Hochgebirgsfloren unter einander. Da schon in der Tertiärzeit verschiedene Zonen auf denselben unterscheidbar gewesen sein müssen, ist es wahrscheinlich, dass auch damals schon die alpine Flora bestand. Ueber die Tertiärzeit hinaus zurück zu gehen, verbieten die bekannten geologischen Funde. Gerade die fossilen Reste gehören meist der Flora der Ebenen an (Verf. geht auf die Besprechung der fossilen Reste ein), aus den Ostalpen ist kein Fund fossiler alpiner Arten zu verzeichnen.

Zum Schlusse führt Verf. einige zoologische Thatsachen zur Stütze der aufgestellten Theorien an.

Vgl. auch No. 436*.

77. **G. Ritter von Beck** (57) schildert die Geschichte der Vegetation in Niederösterreich. Aus den ältesten Erdperioden ist wenig bekannt und dies meist mit dem in anderen Ländern Erforschten übereinstimmend. Im Neogen finden sich neben Vertretern subtropischer Gattungen solche, welche als directe Vorläufer der jetzigen Vegetation anzusehen sind, wie *Pinus*, *Carpinus*, *Fagus*, *Castanea*, *Populus*, *Salix*, *Acer*, *Juglans*, *Rhus*, *Cornus* etc. Einige Pflanzen der damaligen Zeit zeigen schon mehr oder minder deutliche Jahresringe, wie *Fagonium*, *Accrinium*, *Peuce*, *Platanium*, *Betulinium* etc. Es scheint also schon die Flora der Höhen von der des Strandes des damaligen Süsswasserbeckens verschieden gewesen zu sein.

In der Diluvialzeit mussten die meisten Pflanzen wegen Kälte sich nach Süden zurückziehen, soweit dies möglich war. Doch haben vielleicht einige, welche sich wie *Plantago cynops*, *Convolvulus cantabricus*, *Rhus cotinus*, *Limodorum* meist an beschränkten wärmeren Orten finden, an ähnlichen Stellen auch die Diluvialzeit überdauert. An Stelle der zurückgedrängten Pflanzen traten die bis dahin auf die Gebirge beschränkten, sowie vom Norden her sich zurückziehenden Arten. Einzelne arktisch-alpine Arten hielten sich noch nach der Eiszeit an geschützten Stellen, ihre Zahl nimmt mit der Entfernung vom Hochgebirge und Verringerung der Höhe jetzt rasch ab, wie Verf. in einer vergleichenden Tabelle zeigt. In kühleren Thalschluchten sind Hochalpenpflanzen selten, ihre Vorkommnisse aber um so interessanter. Verf. erwähnt von der Felschlucht Boding bei Rohr im Gebirge (750 m): *Carex firma*, *Primula Clusiana*, *Heracleum austriacum*, *Ranunculus montanus*, *Rhododendron hirsutum* nebst zahlreichen präalpinen Pflanzen, von Langan am Fuss des Dürrensteins (700 m): *Arabis pumila*, *Viola biflora*, *Carex firma*, *Saxifraga stellaris*, *Pinguicula alpina* und *Rhododendron hirsutum*, von Felsen zwischen Mürzsteg und Krampen (800 m): *Saxifraga Burseriana*, *Dryas octopetala* und die meisten genannten Arten. Die Voralpen-Arten erhielten sich in ähnlicher Weise in der Ebene, doch nimmt auch ihre Zahl mit Entfernung von den Voralpen ab; während auf dem Hohen Lindkogl noch 21 Arten wachsen, finden sich im Kalklande nördlich bis in das Thal bei Kaltenleutgeben nur 13, wie *Thesium alpinum*, *Melampyrum subalpinum*, *Calamintha alpina*, *Rosa alpina* bis Kalksburg, *Scolopendrium*, *Salix nigricans*, *Saxifraga Aizoon*, *Primula Auricula* bis Kaltenleutgeben, *Cirsium erisithales*, *Euphorbia saxatilis* auf dem Anninger, *Draba affinis*, *Lunaria rediviva* bei Giesshübel, *Crepis alpestris* auf dem Geissberge bei Petersdorf, *Aspidium lobatum*, *Platanthera viridis*, *Trollius europaeus*, *Primula elatior*, *Arnica montana* im Wiener Wald. Zahlreicher sind präalpine Arten in dem kälteren Plateau des Waldviertels. In der Ebene haben sich auf Mooren bei Moosbrunn *Gymnadenia odoratissima*, *Primula farinosa*, *Pinguicula alpina* und *Cochlearia officinalis* gehalten.

Die spätere Entwässerung der östlichen Ebenen bewirkte ein mehr continentales Klima und führte zur Einwanderung der panonischen Flora, die noch heute Fortschritte macht. Bei einzelnen Arten lässt sich die Einwanderungsgeschichte sicher verfolgen, z. B. *Lepidium perfoliatum* und *Xanthium spinosum.*

Jetzt hat die arktisch-alpine Flora die Hochgebirgstriften inne, die präalpine den Hang der Alpen, die untersten Regionen besiedeln die zuletzt eingewanderten Pflanzen, die mitteleuropäischen und panonischen. Die letztere wird besonders bei zu starker Abholzung immer mehr eindringen, aber nicht eben zum Vortheil des Landes, weshalb Verf. vor dieser warnt.

78. J. **Murr** (443) liefert eine werthvolle Arbeit über neu eingeschleppte Pflanzen im mittleren Nordtirol. Auf die Thätigkeit der Winde (Scirocco), Flüsse, aber auch auf den menschlichen Einfluss wird näher eingegangen. Doch muss hier dieser kurze Hinweis genügen, da die Arbeit in einer der verbreitetsten botanischen Zeitschriften enthalten ist.

79. A. **Zimmeter** (748) macht zu vorstehend erwähnter Arbeit einige Zusätze. Es scheint ihm auf die Bedeutung des Scirocco für den Transport von Samen und Früchten zu viel Werth gelegt. Es ist ihm nicht gut denkbar, wie die ziemlich schweren Früchte resp. Samen von *Ostrya carpinifolia, Dorycnium decumbens, Ranunculus parnassifolius, Braya alpina, Malva alcea* u. a. durch Winde transportirt seien, ohne dass sie zwischen Nordtirol und ihrer südlichen Heimat Spuren hinterlassen hätten; einige sind vielleicht Relicte, andere zufällig eingeschleppt. In den fünfziger Jahren oder am Anfang der sechziger Jahre waren schon vorhanden *Ostrya, Euphorbia exigua* (auf Ruderalboden bei der Schweinsbrücke), *Cucubalus baccifer* (beim grossen Ziegelstadel in der Haller Au), *Reseda luteola* (bei Weiler Kranebitten), *Potentilla supina* (bei Mühlau — Verf. glaubt, dass diese unmöglich ein Gartenflüchtling, da sie kaum je gebaut). Bei Innsbruck waren jetzt seltene Pflanzen, z. B. *Iris sibirica, Asperugo procumbens, Malaxis monophyllus,* wahrscheinlich früher häufiger, *Linnaea borealis* und *Scolopendrium officinarum,* sind dort sogar ganz verschwunden, wahrscheinlich wegen Reducirung der Wälder, ebenso das wohl mit Getreide eingeschleppte *Scandix Pecten Veneris.* In der ersten Hälfte des 17. Jahrhunderts, wo diese fünf nach Guarinonis Herbar vorhanden waren, fanden sich auch schon viele sicher nicht heimische Unkräuter vor, wie *Alchemilla arvensis, Lycopsis arvensis, Potentilla supina, Chenopodium murale, hybridum, Vulvaria* und *Asperugo procumbens,* ferner *Agrostemma Githago, Alyssum calycinum, Bryonia alba, Delphinium Consolida, Dorycnium decumbens, Lamium amplexicaule, Lepidium ruderale, Saponaria ocymoides, Veronica triphyllos* u. a. Dagegen scheinen erst seit der Zeit des Bahnbaues (1858) eingeschleppt u. a.: *Stenactis bellidiflorus, Centaurea nigrescens, Silene anglica, Sinapis dissecta, Linum perenne, Brassica nigra, Vaccaria pyramidata, Ambrosia artemisiaefolia, Setaria italica, Centaurea Biebersteinii* und die 1871 zuerst beobachtete *Salvia silvestris.*

80. J. **Murr** (44). Wenn auch mehrere der früher von ihm durch den Scirocco erklärten Arten (z. B. *Ostrya carpinifolia,* die nach seiner Meinung erst seit 30 Jahren an der Mühlauer Klamm wachse) nach Kerner (vgl. R. 76) als Reste der Diluvialflora anzusehen seien, so glaubt Verf. doch z. B. im Gebiet des Wippthals den Einfluss des Scirocco aufrecht erhalten zu können, er erinnert an die dortigen Standorte der *Berteroa incana* und *Oxytropis pilosa.* Wenn nach Kerner von den Pflanzen der Martinswand *Dorycnium decumbens, Helianthemum Fumana, Rhamnus saxatilis* (bisweilen in die alpine Region reichend), *Stipa pennata* und *capillata* aquilonare Pflanzen sind, möchte Verf. dies auch für *Colutea arborescens, Genista germanica, Medicago minima, Galium lucidum, Lactuca perennis* und vielleicht auch *Teucrium Botrys* annehmen. Auch die bisher nur von den Flugsandhügeln oberhalb Mühlau als Standortsnachbarin von *Medicago minima* und *Cerastium brachypetalum* bekannte *Veronica prostrata,* die auch an der Geisterkapelle am Fuss der Martinswand vorkommt, wird wohl (wie ihre 2 Genossinnen ?) aquilonar sein.

Verf. erklärt sich mit Kerner, dass das Vorkommen alpiner Arten in der Nähe der Thalsohle, wo ein Herabgeschwemmtsein durch Gletscher ausgeschlossen, so dass diese Arten beim Zurückweichen der diluvialen Thalgletscher vorzüglich an kühleren, geschützteren Lagen sich erhielten, wobei er auf *Rhododendron hirsutum* an der Nordseite des Spitzbühels bei Mühlau hinweist; dies wird bestätigt dadurch, dass neben *Rhododendron* (der dort fast stets erst in der Bergregion auftretende) *Sorbus Aria* und *Betula pubescens* noch folgende montane und alpine Arten vorkommen: *Rubus saxatilis, Homogyne alpina, Globularia nudicaulis* (letztere beiden sehr sporadisch), *Tommasinia verticillata, Laserpitium latifolium, Pyrola minor, Gymnadenia odoratissima* und *Cypripedium Calceolus* (letztere selten); auch *Malaxis monophyllus* kommt sonst nur in bedeutender Höhe vor. Auch das an der Nordseite des Spitzbühels lebende *Thesium tenuifolium*, das wohl nur eine auf fettem Humus sich entwickelnde Thalform des *Th. alpinum* ist, scheint zu den Relicten zu gehören. An den Sandgehängen gegenüber dem Spitzbühel finden sich neben und unter *Hippophae* grosse sterile Rasen der dort als Gebirgspflanze zu betrachtenden *Arctostaphylos officinalis* (auch am Nagelfluhbruch, wo sich ebenfalls Relikten finden) und der alpinen *Dryas octepetala*. (Das nur sterile Vorkommen der ersteren wie auch der *Homogyne alpina* im Wald ober dem Bretterkeller bei Wilten deutet darauf hin, dass die Arten sich in einer viel kühleren, ihrem Gedeihen entsprechenden Periode hier zuerst festsetzten.) Am unteren Ende einer Thalmulde, die sich hinter dem Spitzbühel gegen den Arzler Kalkofen zieht, fand sich neben *Biscutella laevigata* und *Potentilla vulgaris*, *Gentiana firma* Neilr., die sich auf Weideboden ober Absam wieder findet. *Scheuchzeria*, die früher da gefunden ist, jetzt aber nicht wieder, müsste ebenfalls als Relikte betrachtet werden. Dass Enclaven borealer Arten unter Umständen eine vergleichsweise warme Periode ertragen können, zeigt, dass an einer der heissesten Stellen jener Gegend, am Fuss der Martinswand neben der aquilonaren Flora mehrere Glacialpflanzen sich finden, z. B. *Potentilla caulescens, Aster alpinus* (letztere auch auf Felsen bei Rietz im Oberisarthal), *Leontodon incanus, Crepis alpestris* und *Euphrasia salisburgensis*. Unter dem Einfluss des über das Plateau von Sennfeld in's Innthal strömenden Nordwindes hat sich an der Poststrasse des Schlosses Fragenstein bei Zirb 2—300 m über der Thalsohle eine Enclave alpiner Arten erhalten, z. B. *Pinus obliqua* Sauter, *Rhododendron hirsutum, Arctostaphylos officinalis, Dryas octopetala, Saxifraga mutata* und *Gymnadenia odoratissima*. Die tiefsten, nicht auf Einfluss der Wildbäche zurückzuführenden Standorte von Alpenrosen im mittleren Nordtirol sind neben *Rh. hirsutum* am Spitzbühel und bei Fragenstein nächst Hall ein Vorkommen derselben Art am Waldrand bei Baumkirchen nächst Hall, und *Rh. ferrugineum* im Moor bei Kolbenthurm und einer eines nicht sicher bestimmten *Rhododendron* unmittelbar an der Reichstrasse am Eingang in's Zillerthal neben *Arabis alpina*. Auch die Sumpfwiesen bei Afling nächst Innsbruck haben einige Kälte liebende Arten, wie *Senecio cordatus, Aconitum variegatum, Gymnadenia odoratissima* und *Thesium tenuifolium*. Auch die unmittelbar auf den Sonnenburger Hügel folgende Strecke des Wippthals scheint analoge Verhältnisse aufzuweisen, indem dort *Sorbus Aria, Arctostaphylos officinalis* und *Saxifraga aizoides* sich finden, welche letztere hier bei 700 m Höhe ihren tiefsten Standort in jener Gegend erreicht.

81. **J. Murr** (442) nennt folgende Arten als neu für Nordtirol: *Batrachium lutulentum* (im Teich am Bahnhof von Flauring), *Papaver Rhoeas* × *dubium* (Bahnstrecke bei Arzl und in den Wiltauer Feldern), *Lotus tenuifolius* (Afling), *Potentilla Johanniniana* (im südlichen Mittelgebirge sehr verbreitet), *Galium vernum* (Haide bei Mutters), (*G. rubrum* wird von Bergwiesen am Hühnerspid ober Gassesass genannt, welches wahrscheinlich der nördlichste Standort der Art in Tirol ist), *G. aristatum* (am Aufstieg zum Grenzhorn bei Erl nächst Kufstein), *Crepis nicaeensis* × *biennis* (Wiltauer Felder), *Hieracium poliotrichum* (Afling), *H. superaurantiacum* × *Auricula* (Rosskogl), *Phyteuma spicatum* × *Halleri* (Afling), *Campanula pusilla β. pubescens* (Haller Salzberg), *C. Scheuchzeri β. hirta* (Eb.), *Thymus montanus* (Innsbruck), *Galeopsis versicolor* × *Tetrahit* (Afling, Lienz), *Globularia nudicaulis flore alba* (Zirler Mähdern), *Polygonum mite* × *Persicaria* (Heittinger Au), *Thesium tenuifolium* (Spitzbühel, Gallwiese, Afling), *Carex Metteniana* (Afling), *C. rupestris* (Saile), *C. nigra* × *atrata* (Saile), *C. pallescens* × *silvatica* (Lans), *C. superflava* × *Hornschuchiana* (Innsbruck), *Poa fertilis* (Ambras, Gallwiese, Flauring), *Festuca amethystica* (Mühlau). (Im Uebrigen vgl. den Bericht über Pflanzengeographie von Europa.)

82. **Ullepitsch** (684) berichtet, dass er 1882 schon *Galium Boutraianum* Gdgr. am Fusse des Dreisesselberges am Gränzbache gefunden habe, in nichts von den französischen Original-Exemplaren verschieden; sie ist also neu für Bayern und Oesterreich.

83. **M. J. Coaz** (136) berichtet über die Pflanzen, die sich auf den vom Rhone-

gletscher[1]), oder in ca. 1772 m Meereshöhe, seit 1874 verlassenen Gebiete angesiedelt haben. In jedem September wurde die unterste Gletschergrenze durch schwarze Steine gekennzeichnet. Verf. giebt die Verzeichnisse der Pflanzen, die augenblicklich auf jeder der so gewonnenen Jahreszonen wachsen: 1874—1875, 38 000 qm, 39 Pflanzen; 1875—1876, 26 200 qm, 37 Pflanzen; 1876—1877, 36 600 qm, 23 Pflanzen; 1877—1878, 16 800 qm, 12 Pflanzen; 1878—1879, 27 900 qm, 9 Pflanzen; 1879—1880, 40 800 qm, 9 Pflanzen; 1880—1881, 23 200 qm, 7 Pflanzen; 1881—1883, 25 500 qm, 1 Pflanze. Auf das Mittel von 27 278 qm bezogen, kommen auf diese 8 Zonen 28, 34, 16, 20, 9, 6, 8 Pflanzenarten. Dieselben gehören 18 Familien, 38 Gattungen und 70 Arten an. Am häufigsten sind die Gramineen mit 7 Gattungen und 14 Arten, die Compositen mit 8 Gattungen und 10 Arten vertreten. Der einzige Bewohner der jüngsten Zone ist *Saxifraga aizoides* L. Daneben siedeln sich leicht *Epilobium Fleischeri* und *Oxyria digyna* an, am verbreitetsten sind *Poa nemoralis, Saxifraga aspera, Achillea moschata, Sagina Linnaei.* Der Boden ist aus Mangel an Humus sehr schlecht. Auch für den Aletsch-, Fex-, Roseygletscher werden Listen gegeben. Matzdorff.

84. **S. Calloni** (115) berichtet über die Naturalisation von *Commelina communis* L., die sich am Ufer des Vedeggio, der bei Agno in den Luganer See fällt, seit 1884 vollzogen hat. Die Colonie umfasste im genannten und in den beiden folgenden Jahren einige Individuen, die gut vegetirten und blühten. Die Pflanze stammt aus China und Cochinchina (Amur und Ussuri) und ist bisher in Europa nicht naturalisirt worden. Die Wärmesumme ihres neuen Standortes genügt, wenn man die ihrer Heimath in Betracht zieht.

Matzdorff.

85. **Aldrovandia vesiculosa** (752) ist in Arles, Bourdeaux und einigen anderen Orten Frankreichs gefunden, ferner an einzelnen Stellen in Italien, Tirol, Ungarn, Schlesien, Litthauen und Kalkutta, neuerdings in Brandenburg und zwei anderen Stellen in Preussen sowie im südlichen Bayern, ferner in Central-Afrika, in Australien, am unteren Amur und im Wolga-Delta. An letzterem Orte findet sie sich besonders in Binsendickichten, an den unzugänglichsten Stellen bedeckt sie das Wasser dicht, an offenen ist sie selten. Aehnlich ist es bei Krakau. Korzschinky glaubt, dass sie ähnlich wie *Trapa natans* im Verschwinden begriffen, nur in Binsendickichten den Kampf mit anderen Pflanzen aushalten kann.

86. **V. Ricasoli** (553), welcher zu Port' Ercole am Monte Argentario (635 m M. H.) eine ausgedehnte Gartenanlage besitzt, theilt mehrere Beobachtungen über Akklimatisirung und Einbürgerung von Pflanzen mit, soweit er dieselben an den eigenen Culturindividuen vornehmen konnte.

Allgemeines über den Nutzen von ähnlichen Anlagen und Beobachtungen wird vorausgeschickt; sodann bespricht Verf. den Unterschied, welchen er zwischen den akklimatisirten und eingebürgerten Gewächsen aufstellt.

Eingehender berichtet sodann Verf. über den Park von Port' Ercole (1868 gegründet, zu 42° 23′ 20″ n. Br. und 1° 14′ 40″ w. Lg. vom Mario, auf 27 m M. H., am Fusse des genannten Berges) und über die meteorisch-klimatischen Verhältnisse in demselben. Die Natur des Untergrundes und die vorgenommenen Arbeiten sind gleichfalls erwähnt. Schliesslich giebt Verf. eine ausführliche Uebersicht der in dem Parke gepflanzten Gewächse seiner Culturversuche, der Gewächse, welche strenge Winter aushalten u. dgl.

Interessant ist das Verzeichniss der Arten, welche sich im genannten Parke entweder spontan oder nach vorgängiger Cultur eingebürgert haben; es sind: *Acacia nematophylla, A. retinoides, A. longifolia, A. suaveolens, A. oleaefolia, Eucalyptus rostrata, Cynoglossum linifolium* L. mit mehreren *Acanthus*-Arten aus dem Süden; *Chamaepeuce Casabonae* DC., *C. gnaphalioides* DC., *Antholyza aetiopica* L., *Eschscholtzia californica* Chmss., *Ephedra altissima* Dsf., *Gomphocarpus fruticosus* R. Br., *Nicotiana glauca* Grah., *Ricinus communis* L., *Melia japonica* Don., *Solanum laciniatum* Ait., *Polygala grandis* Host., *P. attenuata* Lood. und andere Arten.

[1]) Vgl. hierzu Bot. J., XIV, 1886, 2, p. 96, R. 11. Ueber ehemalige Gletschergrenzen in Russland vgl. Geogr. Jahrb., XIII, p. 303. Höck.

Verf. bespricht sodann die verschiedenen Factoren, welche eine Vegetation fördern oder ihr nachtheilig fallen können und führt geeignete, ihm vorgekommene Beispiele an, namentlich von Gewächsen, welche aller in's Werk gesetzten Fürsorge zum Trotze nicht oder mühsam aufkamen; solche: *Pithecoctenium buccinatorium* DC., *Choisya ternata* H. B., *Citharexylon reticulatum* H. B., mehrere *Hakea*- und andere Proteaceen-Arten. — Mitunter wurde die Schwierigkeit des Aufkommens in den Verwüstungen entdeckt, welche Thrips-Arten den jungen Gewächsen zufügten.

Auf die täglichen Temperaturangaben an fünf verschiedenen Stellen des Parkes, vom December 1885 bis März 1888, kann nur im Original nachgewiesen werden, desgleichen auf das Verzeichniss der vorkommenden Gewächse, und darin jener, welche den Winter überstanden haben und überstehen, und solche, welche im Freien der Kälte wegen oder aus unbekannten Ursachen gelitten haben, und selbst solcher, welche der Winter zu Grunde richtete.

Die Gesammtzahl der Arten betrug 1866, welche 626 Gattungen angehörten; von jenen starben, der Kälte wegen, 157 Arten, und zwar 76 im Freien, 81 in geschützter Lage. — Von 114 *Eucalyptus*-Arten kamen 21 nicht auf; von zahlreichen *Acaciae* gaben 9 Arten keine günstigen Culturresultate, namentlich *A. dodonaeifolia* Dsf. war stets sträubend gegen alle Versuche. Doch mag das für einige Arten wohl der Kälte wegen, für andere aber auch der hohen Temperaturen halber gewesen sein.

Eine Temperatur von 0° überstanden: *Anthurium crassinervium, Blechnum brasiliense, Chamaedorea elegans, Cocos Weddelliana, Dicksonia Wendlandi, Ficus elastica, F. rubiginosa, Hedyscepe Canterburyana, Howea Balmoreana, H. Forsteriana, Philodendron lacerum;* und selbst Temperaturen von —3° und —4°: neben mehreren Palmen noch *Ficus Benjaminea, F. macrophylla, F. rugosa, F. Sycomorus, Alsophyla australis, Platycerium alcicorne* und andere Farne. Solla.

87. Der **Kirschlorbeer** (813), der im Orient heimisch ist, findet sich in Serbien an der westlichen Lehne des Ostrožub in den Blasinaer Bergen, wo er sich nur vegetativ zu ernähren scheint. Ascherson erklärt ihn für einen directen Abkömmling des jungtertiären Kirschlorbeers, der in Europa weite Verbreitung hatte.

88. **W. J. Massalsky** (397). Der östlichste Punkt des Auftretens der *Elodea Canadensis* ist Druskeniki in der Nähe des Niemens. Bernhard Meyer.

89. **K. Goljde** (225) constatirt ein geringeres Vorkommen von Unkraut auf westsibirischen als europäischen Getreidefeldern. *Centaurea Cyanus* und *Lolium temulentum* fehlen ganz, *Agrostemma Githago* kommt sehr selten vor; am häufigsten sind um Omsk Cruciferen, ferner *Chrysanthemum inodorum* L., *Lithospermum arvense* L., *Echinospermum Lappula* Lehm., *Galeopsis Ladanum, Chenopodium album* L., *Polygonum Convolvulus* L., und *Triticum repens, Erigeron canadensis* L. ist in Sibirien bisher nur am Alatau angetroffen worden. *Claviceps purpurea* fehlt in der Gegend von Omsk auch in feuchten Jahren vollständig. Bernhard Meyer.

90. **A. N. Krassnoff** (346) unterscheidet im Gebiet des Mittel- und Unterlaufs des Ili, in der Umgebung des Balchasch-Sees und der Gletschergruppe des Chan-Tengri folgende Bodenindividuen: 1. europäischen Charakters: Sumpfland, Schwarzerde, Waldland und Alpenwiesen; und 2. des mittelasiatischen Typus: Sandboden, Salzmoräste (Tokiry?), Felsenschutt, und steinigte Lösswasten. Erstere kommen nur an den Bergabhängen vor, die von schmelzendem Schnee der Gipfel bewässert werden, letztere in den tieferen Thälern und auf schneefreien Bergen. Dieser Verschiedenheit des Bodens entspricht die der Flora. Die Schwarzerde und das Nadelwaldgebiet zeigen fast dieselben Formen wie im europäischen Russland. Desgleichen das Sumpfland und die Ueberschwemmungswiesen eine fast identische Flora, wie sie das Ueberschwemmungsgebiet südrussischer Flüsse trägt. Nichtsdestoweniger fand K. eine Fülle neuer und local begrenzter Pflanzen, so *Corydalis Vedschenkoana* und *Oxytropis Beketowi* Krassn. (beide durch Mimikry ausgezeichnet), *Parraya flabellata, Chrysosplenium tianschanicum* Krassn., *Saussurea Famintzini* Krassn., *Gymnandra Grigorjewi* Krassn., *Comarum Salessovi* (Niesen erregend), *Beketovia tianschanica* Krassn., *Haplotaxis involucrata* (mit Kohlkopf-artiger Blüthenstandshülle); ferner sind *Berberis heteropoda*, einige

Fagopyrum-Arten, *Ranunculus pulchellus*, *R. songaricus*, *Chorispora sibirica* zu nennen, die als Vertreter ihrer in Asien und Europa zerstreuten Genera für dieses Gebiet eigenthümlich sind. So ist ferner *Acer Semenovii* und *Spiraea trilobata* tropischen Formen sehr ähnlich. — Die asiatischen Vegetationsformationen sind denen des aralo-kaspischen Steppengebiets sehr ähnlich; so die Sandflora der des Amu- und Lyr-Darja (*Ammodendron Lieversii*, *Calligonum Caput Medusae*, *Lachnoloma Lehmanni*, *Strepholoma desertorum*, *Scorzonera acrolasia*, *Sc. hemilasia*, *Artemisia eranthema*, *A. eriocephala*, *Scorodosma foetidum* u. a. m.), die Thonbodensteppen mit *Artemisia*-Formation denen des kaspischen Gebiets. Viele Formen des asiatischen Typus ziehen sich von dem Steppenboden der Vorberge bis zu den Gletschern des Chan-Tengri hin, wobei einjährige Species zu mehrjährigen werden, oder sonst stark variiren: *Chorispora Bungeana*, *Ch. macropoda*, *Malcolmia mongolica*, *Lepidium micranthum*, *Cerastium lithospermifolium* u. s. w. Die Species vieler Genera verhalten sich so zu einander, dass eine Species, die einem Boden mit europäischem Charakter eigenthümlich ist, in sich mehrere Species des gleichen Genus zu vereinigen scheint, die auf asiatischer Bodenart vorkommen. Jene (die europäische) erscheint als Typus, von dessen Eigenschaften bald die eine, bald die andere Gruppe bei den einzelnen Species zu Tage tritt, die sich dem asiatischen Boden angepasst haben. Die Flora mit europäischem Habitus hält Verf. für die ältere, die geologischen Daten deuten auf frühere reichere Bewässerung.

Die Flora der Gebirgsketten südlich vom Chan-Tengri ähnelt dem Bestande der Vegetation im Sarewschansky-Bassin, während die des transilischen Alatau der des Altay und dem Semiretschenkischen-Alatau entspricht. Bernhard Meyer.

91. **A. v. Krassnoff** (348) sammelte in Tienschan ca. 1200 Arten, die ihm als Grundlage für sein Studium der Entwicklungsgeschichte der Gebirgsflora dienen.

Nach Muschketoff war der Tienschan im Tertiär noch ein Archipel in einem Meere, welches die gegenwärtige aralo-kaspische Ebene bedeckte und mit zwei Strassen in der Dsungarei und Ferghana mit dem centralasiatischen Meere Han-Hai in Verbindung stand. Die Hebung begann am Ende der Tertiärzeit, als der nördlicher gelegene Altai subtropische Flora mit *Acer*-, *Liriodendron*- und *Fagus*-Arten hatte. Nach seiner Hebung hat der Tienschan eine Gletscherperiode gehabt, in der die Gletscher viel grösser waren als heute, wenn auch nicht so gross wie in den Alpen. Während der Periode der Schmelzung des Schnees waren die jetzt wieder trockenen Längsthäler Seen. Die den Nordostwinden ausgesetzten Theile sind jetzt sehr trocken und kalt, während die Thäler, welche den Nordwestwinden geöffnet sind, feuchter und wärmer sind. Die frühere Geschichte der Flora war also ähnlich wie in Europa; nach mildem Klima im Pliocän folgte eine Eiszeit; während aber nach dieser Zeit in Europa eine wärmere Periode folgte, in welcher die Pliocänflora an Stelle der glacialen trat, erlaubte im Tienschan die geringere Wärme nicht eine solche Rückkehr und die Trockenheit verlangte eine erneute Anpassung der Arten. An den nördlicheren Ketten, die den feuchteren Nordwestwinden preisgegeben sind, ist die alpine Flora der europäischen ähnlich; dort sind Alpenmatten mit üppigem Blumenflor, Wiesensümpfe und Alpenseen, Steinschutt und Geröllpflanzen, nivale und Gratflora, die, obschon aus anderen Gattungen bestehend, doch nach ihrem Habitus der der Alpen ähnlich; auffallend ist aber, dass *Sphagnum* und die dies begleitenden Arten fehlen, ebenso wie jegliches Gesträuch, jede *Saxifraga* oder Zwergweide, *Rhododendron* oder *Helianthemum*, *Azalea* oder *Dryas*; nur 8 Sträucher finden sich ganz zerstreut, nie zu Formationen vereint wegen zu früher Schneefälle und starker Temperaturschwankungen. In den mittleren Ketten herrscht die sogenannte Formation der Alpenprärien, die aus *Festuca*- und *Philagrostis*-Arten und graulichen, stark behaarten, in den Alpen seltenen Formen besteht, wo *Leontopodium*, *Aster alpinus*, *Pulsatilla albana*, *Potentilla* und *Delphinium caucasicum* herrschen. Weiter nach Süden finden sich ganz besondere, für den Tienschan charakteristische Alpensteppen, die in ihrem Habitus den mittelasiatischen Wüsten ähneln, aber aus Zwergformen bestehen, so aus kleinen Formen von *Stipa orientalis* und *capillata*, *Artemisia frigida*, *maritima* und *rupestris* und verschiedenen Coniferen auf trockenem, staubigem Boden, die wie in der Steppe weit von einander stehen. Wie in den Alpen sind die früher vergletscherten Gebiete viel ärmer an Pflanzenformen. Hier aber ist die Armuth so gross, dass man tagelang reisen kann, ohne andere Pflanzen zu sehen als *Artemisia* und *Festuca*, die in weiter Entfernung von einander stehen. In den Längsthälern des Khan-tengri sind so nur die nach Süden gerichteten Abhänge, weiter aber sind im Kok-Schaal-tan alle Thäler vegetationslos und der Boden besteht aus lockerem Konglomerat, Geröll und feinem, gelblichem Staub von den früheren Steppenflüssen; Löss bedeckt die trockensten Seiten der Thäler, ist nie unmittelbar an den Gletschern.

Nicht ächte Steppen, wie Richthofen u. a. glaubte, sondern Alpensteppen und Lössgebiete charakterisirten die europäische Natur zur Quartärzeit und wie die Kameele in Asien, so weideten auch diluviale Thiere auf solchen Steppen, wo weder Saxaul noch Tamarisken, sondern ächt alpine Pflanzen wuchsen. Europas Glacialflora war also näher der hochasiatischen als jetzt und die ihr fehlenden Formationen der Alpensteppen, Alpenprärien und Lössgebiete waren damals dort ebenso verbreitet wie in Asien, wie aus der Verbreitung des Löss hervorgeht. Später aber, nachdem das Klima milder und feuchter wurde, verschwanden Löss und Alpensteppen und von den Alpenprärien blieben nur Spuren in seltenen Pflanzen der Kalkgesteine, wie *Leontopodium*, *Artemisia rupestris*, *Potentilla nivea* u. a.

Nach Vergleich der Floren von Centraltienschan, Alpen, Altai, Himalaya und Polarländern fand Verf., dass der Tienschan 150 Alpenformen mit Europa gemein hat, dass diese aber alle zu den Formationen gehören, die Alpen, Polarländern und Tienschan gemein sind und dass alle im Tienschan verbreitet sind. Dies hält Verf. für einen Beweis dafür, dass die Formen nicht von Norden eingewandert sind, sondern ältere, weit verbreitete Formen sind, die seit dem Pliocän bis jetzt auf ähnlichen Formationen wohnten und bis jetzt, nur mit schwachen Modificationen, erhalten sind. Dagegen gehören die in Europa fehlenden, mit Altai und Himalaya gemeinsamen Formen theils zu den sogenannten nivalen Pflanzen, theils zur Steppen- und Plateauflora, d. h. solchen Standorten, die in Europa fehlen. Auch endemische oder nur mit dem Altai gemeinsame alpine Formen finden sich im Tienschan in verschiedensten Formationen, die zeigen, dass seit der Eiszeit die Flora des Tienschan näher der des Altai stand und von der europäischen abweicht. Ausserdem sind viele sogenannte Altai'sche Formen mit Nordsibirien gemein und geben der Flora einen mehr polaren Charakter als der europäischen. Aechte Tienschanpflanzen sind theils nivale und Wiesen-, theils Alpensteppenpflanzen. Erstere sind höchst eigenthümlich gebaut und gehören zu den Gattungen, die überall, auch in anderen Zonen, endemische Formen bilden, wie *Corydalis, Ranunculus, Parrya, Malcolmia, Oxytropis, Astragalus, Pedicularis, Dracocephalum, Tulipa, Allium, Saussurea, Triticum, Tanacetum, Calamagrostis* und *Stipa*. Im Gegentheil sind Alpensteppenformen mehr oder weniger schlechte Arten, deren Formen und Structur leicht physiologisch durch Einwirkung grosser Trockenheit und Kälte zu erklären ist. Bis jetzt wurden im Alpengebiet des östlichen Tienschan 250 Arten gefunden, was uns glauben lässt, dass der Osttienschan ebenso reiche alpine Flora besitzt, wie die Schweiz.

Vgl. R. 416.

92. **K. Müller** (434). G. vom Rath hält Palästina, wie Nordafrika, Griechenland, Syrien, Mesopotamien u. a. für ehemals bewaldet und glaubt, dass durch neue künstliche Bewaldung auch wieder mehr Nutzen aus dem Lande zu ziehen wäre. G. Rosen ist ganz entgegengesetzter Ansicht; die Worte „die Erde war wüst und leer, denn Gott hatte noch nicht regnen lassen" kann man sich am besten durch den Einfluss des Herbstregens nach siebenmonatlicher Trockenheit erklären. Verf. möchte beide Ansichten vereinigen. Dass jenes Land mehr als heute bewaldet war, „ergiebt schon der Libanon mit seiner Zedern-Reliquie". „Dass es aber selbst in der Ebene hier und da ausgedehnte Bestände von Bäumen gegeben haben muss, bezeugt die Geschichte von Jericho, das früher als die Palmenstadt verherrlicht wurde, während es heute das erbärmliche Dorf Richa ist." (Vgl. auch Geogr. Jahrb., XIII, 331.)

7. Geographische Verbreitung systematischer Gruppen.

(R. 93—105.)

93. **J. Jankó** (306) stellt nach Hooker und Bentham die Zahl von Pflanzenarten, Gattungen und Familien zusammen und gruppirt dieselben hinsichtlich ihrer Verbreitung.

Staub.

94 **A. Engler** und **K. Prantl** (183). In den vorliegenden Lieferungen der Natürlichen Pflanzenfamilien bearbeiten folgende Verff. die Verbreitung der folgenden Familien.

R. Caspary (Lief. 16) *Nymphaeaceae*.

A. Engler (Lief. 16, 17, 18, 20, 21, 22) *Ceratophyllaceae*, *Lactoridaceae*, *Philydraceae*, *Ulmaceae*, *Moraceae*, *Urticaceae*, *Proteaceae*, *Burmanniaceae*.

K. Prantl (Lief. 16, 18, 19) *Magnoliaceae*, *Trochodendraceae*, *Anonaceae*, *Myristicaceae*, *Ranunculaceae*, *Fagaceae*, *Lardizabalaceae*, *Berberidaceae*, *Menispermaceae*, *Calycanthaceae*.

L. Wittmack (Lief. 17) *Bromeliaceae*.

S. Schönland (Lief. 17) *Commelinaceae*, *Pontederiaceae*.

F. Pax (Lief. 17, 19) *Iridaceae*, *Monimiaceae*.

O. G. Petersen (Lief. 21) *Musaceae*, *Zingiberaceae*, *Cannaceae*, *Marantaceae*.

E. Pfitzer (Lief. 22, 23, 25) *Orchidaceae*.

W. O. Focke (Lief. 24) *Rosaceae*.

95. **G. Baker** (25) liefert eine Monographie der *Amaryllidaceae* (incl. *Alstroemerieae* et *Agaveae*). Da die Verbreitung der Gattungen im Bot. C., XXXVI, p. 72 ff. angegeben, sei bezüglich derselben auf dies Referat verwiesen, im Uebrigen muss auf den systematischen Theil des Bot. J. verwiesen werden.

96. **O. Böckeler** (72a.) beschreibt eine Anzahl neuer Arten *Cyperaceae* (vgl. den systematischen Theil dieses Jahresberichts). Die Heimath derselben findet man im Bot. C., XXXVI angeführt. Sie stammen meist aus Süd- und Mittelamerika, Ostasien oder dem tropischen Afrika.

97. **G. E. Mattei** (392). Die Convolvulaceen sind Bewohner warmer und temperirter Gegenden; in den letzteren trifft man die Arten von *Convolvulus* an, in den ersteren kommen besonders Arten von *Ipomaea* und *Quamoclit* — diese namentlich als ornithophile Pflanzen — vor. Gegen Norden zu erstrecken sich die Convolvulaceen nur wenig; auf den Alpen fehlen sie ganz und werden von den Gentianeen vertreten.

Es ist jedoch zu bemerken, dass Verf. in der vorliegenden Schrift nur 6 Gattungen mit 12 Arten betrachtet und von *Convolvulus* gar nur *C. tricolor* L. und *C. arvensis* L.

Solla.

98. **R. Chodat** (125a.) bespricht zuerst die morphologischen und ontogmetischen Verhältnisse der Polygalaceen. Die 400—500 Arten sind über die ganze Erde mit Ausnahme Neu-Seelands verbreitet. Das Cap d. g. H. ist durch grosse Varietät und Schönheit der Gattungen und Arten ausgezeichnet. Centralafrika besitzt wenige, Amerika viele Arten. Asien ist arm an Arten, birgt aber die interessantesten und am wenigsten gekannten Gattungen *Xanthophyllum*, *Trigoniastrum (?)*, *Securidaca*, *Salomonia*. In Australien vertritt *Comesperma* diese Familie. Es folgt eine Uebersicht der europäischen und orientalischen Arten: 35 *Orthopolygala*, 5 *Chamaebuxus*, 1 *Brachytropis*. Matzdorff.

99. **A. Breitfeld** (88) prüft den anatomischen Bau der Blätter der *Rhododendroideae* zunächst in Beziehung zu ihrer systematischen Gruppirung. Schon hierbei wird auf die geographische Verbreitung Rücksicht genommen. So trennt Verf. z. B. die Section *Vireya* von *Eurhododendron* aus anatomischen Rücksichten, fügt aber hinzu: „Für eine Trennung beider Sectionen spricht auch noch ihre geographische Verbreitung, denn *Vireya* findet sich nur in Hinterindien und auf dem malayischen Archipel; neuerdings hat F. v. Müller eine Art, *Rhododendron Lochae*, in Australien und zwar auf der Halbinsel York gefunden — während *Eurhododendron* seine Hauptverbreitung im Osthimalaya und auf den östlichen Ausläufern desselben besitzt". Das vom Verf. aufgestellte System (vgl. Bot. C., XXXV, p. 40) zeigt deutliche Uebereinstimmung zwischen Classification und Verbreitung. Besondere Berücksichtigung verdienen hier aber die letzten Theile der Arbeit. Die Arten von *Vireya* finden sich in Gegenden, denen es zu keiner Jahreszeit an Niederschlägen mangelt. Dem entspricht der Blattbau. Die Epidermis ist zweischichtig, die erste Schicht besteht aus kleinen starkwandigen Zellen, während die Zellen der zweiten Schicht sehr gross und zartwandig sind und als Wassergewebe dienen, indem sie das reichlich zuströmende Wasser aufspeichern, um es in den kurzen Pausen, in denen kein Regen fällt, an das Blattgewebe

wieder abzugeben. Hierzu stimmt die geringe Entwicklung des Pallisadenparenchyms gegenüber der mächtigen Schwammschicht; das Blatt braucht nicht Vorrath zu sammeln, das mächtige, von zahlreichen Lücken durchsetzte Schwammparenchym ist geeignet, den durch Verdunstung enstehenden Wasserdampf aufzunehmen.

Die *Eurhododendron*-Arten des Himalaya finden sich in der tropischen, gemässigten und alpinen Region, besonders des niederschlagsreicheren Ostens des Gebirges. (Ebenso sind die anderen Arten der Section in niederschlagsreichen Gebieten.) Es lassen sich 2 Gruppen unterscheiden, 1. mit mächtigem Blattquerschnitt und mit Haaren besetzter Blattunterseite, 2. mit minder mächtigem Blattquerschnitt und mit einzelligen Papillen und Schuppenhaaren besetzter Blattunterseite. Die erste Gruppe ist besonders in höher gelegenen Regionen, die zweite in niederen verbreitet, doch sind sie nicht streng getrennt. Im Wesentlichen ergiebt sich: „Wenn wir die Eurhododendren des Himalaya in 2 Gruppen bringen, welche durch die Höhenlinie 8000 Fuss geschieden werden, so gehören zu der Gruppe, welche in Höhen über 8000 Fuss verbreitet ist, vornehmlich die Arten mit dreischichtiger Epidermis, mehr oder minder dichtem Haarkleid auf der Unterseite und mächtig entwickeltem Blattquerschnitt, während die Arten, welche in Höhen unter etwa 8000 Fuss vorkommen, eine zweischichtige Epidermis, Papillen und Drüsenschuppen auf der Unterseite und einen minder mächtigen Blattquerschnitt haben."

Die untersuchten Arten der Section *Osmothamnus* sind sämmtlich in der alpinen Region des Himalaya und im alpinen und arktischen Gebiet Europas verbreitet, eine, *Rhododendron lepidotum*, kommt auch in der gemässigten Region des Himalaya vor. Ihre Epidermis besteht aus einer Schicht dickwandiger Zellen und die Unterseite der Blätter ist mit Oel absondernden Schuppenhaaren bekleidet. (Das Oel schützt Tags vor zu grosser Erwärmung, Nachts vor zu starker Abkühlung — also hier anderer Schutz als bei Eurhododendren desselben Gebiets.)

Die amerikanischen Arten von *Azalea* finden sich in der gemässigten Bergregion besonders des Ostens der Vereinigten Staaten in feuchten Wäldern. Ihre einschichtige Epidermis besteht aus grossen, sehr zartwandigen Zellen. Ausser durch die Zartheit unterscheiden sie sich von den vorhergehenden Arten besonders durch die Abfälligkeit des Laubes. In China und Japan findet sich *Azalea* zwar noch vorwiegend in der gemässigten Region, aber auch in der tropischen und alpinen. Die Arten der Section *Tsusia* finden sich in Asien ungefähr unter denselben klimatischen Verhältnissen wie die von *Azalea*, nur reichen sie weiter nach Süden. Sie stimmen mit diesen im Blattbau auch im Wesentlichen überein, nur ist ihr Blattquerschnitt mächtiger und ihr Blattbau minder zart, was dadurch zu erklären, dass sie zum Theil wenigstens den Winter überdauern.

Von der Gruppe der *Phyllodoceae* lassen sich wieder 2 Abtheilungen unterscheiden. Die ersten gleichen in Blattanatomie meist *Osmothamnus;* hierher gehören *Rhodothamnus Chamaecistus* aus Ostsibirien und der alpinen Region der Alpen, sowie *Leiophyllum buxifolium*, *Kalmia latifolia* und *K. angustifolia*, die alle 3 in der östlichen Union in der gemässigten Bergregion verbreitet sind; sie stimmen trotz der verschiedenen Klimate in Blattanatomie überein. Die zweite Gruppe enthält *Daboecia polifolia* (Haiden Irlands), *Kalmia glauca* (östliche Union in Sümpfen, westliche Union alpin), *Bryanthus glanduliflorus* und *B. empetriformis* (Pacifisches Nordamerika, arktisch und alpin), *Loiseleuria procumbens* (Nordeuropa, Sibirien, arktisches und alpines Nordamerika), *Phyllodoce taxifolia* (desgl.), *Ph. Pallasiana* (Kamtschatka, Ualaschka). Sie sind ausgezeichnet durch einschichtige Epidermis mit zartwandigen oder mässig starkwandigen Zellen, Bekleidung der Blattunterseite mit langen einzelligen Papillen und stark nadelförmigen Drüsenhaaren, sowie durch Krümmung der Blattoberseite. Durch letzteres wie durch dichte Blattstellung werden die Blätter gegen den Einfluss niederer Wärmegrade geschützt, auch wird dadurch dem Licht eine beträchtliche Oberfläche zugewandt, die zarte Epidermis gewährt den Vortheil, dass die Blätter gut durchwärmt und durchleuchtet werden.

In der arktischen Zone finden sich Arten von sehr abweichendem anatomischen Blattbau; *Rh. chrysanthum* (Eurhododendron) hat deutlich zweischichtige Epidermis, die aus starkwandigen Zellen gebildet ist, die Blätter sind vollständig kahl; *Rh. lapponicum*

(Osmathomnus) hat eine einschichtige aus starkwandigen Zellen gebildete Epidermis, die Blätter sind auf beiden Seiten mit Drüsenschuppen bedeckt; *Rh. dauricum* und *kamtschaticum* haben dagegen entschieden zarten Blattbau, sie sind Vertreter der Azaleen im arktischen Gebiet; am zahlreichsten sind die *Phyllodoceae* vertreten mit *Bryanthus empetriformis, B. glanduliflorus, Phyllodoce taxifolia, Ph. Pallasiana, Loiseleuria procumbens.*

Im alpinen Gebiet Europas findet sich neben Osmothamnen nur *Rhodothamnus Chamaecistus*, der im Blattbau von jenen nur dadurch abweicht, dass die Blattunterseite nicht mit Schuppenhaaren besetzt, dafür aber mit starker Cuticula versehen ist.

Im Himalaya finden sich neben einander Eurhododendren und Osmothamnen (im übrigen siehe oben).

Im malayischen Gebiet findet sich nur *Vireya*, die andererseits auf dies Gebiet beschränkt ist.

In Japan sind ausser 4 Eurhododendren vornehmlich Vertreter mit zarter Epidermis.

Im atlantischen Nordamerika finden sich Arten von sehr verschiedenem anatomischen Bau, am zahlreichsten sind die zarten Azaleen vertreten.

Aus allen Erdtheilen ausser Afrika sind *Rhododendra* bekannt, aus dem tropischen Australien nur neuerdings *Rh. Lochae*, von den australischen Inseln nur aus Neu-Guinea, nämlich *Rh. Konori, arfakianum* und *papuanum.* Ausser diesen und den Vertretern des malayischen Archipels ist die Gattung auf die nördliche Erdhälfte beschränkt.

Von anderen Rhododendroideen ist nur *Befaria* längs den Anden bis nach Peru gewandert, aber keine Art findet sich in der südlichen kalten oder südlichen gemässigten Zone, während auf der nördlichen Erdhälfte sich *Rhododendra* in allen Zonen finden; in der Tropenzone steigen sie hinab bis 1000 m, in der arktischen und subarktischen bis zum Meeresstrand; auch in der gemässigten Zone finden sich *Rhododendra* an niederen Orten, namentlich Sümpfen, Haiden, trockenen Bergabhängen. Nur Centralasien, das malayische Gebiet, Japan und Nordamerika haben eine grössere Artenzahl, das Hauptverbreitungscentrum ist in den Gebirgsketten von Tibet, China u. Birma, die sich an den östlichen Himalaya anschliessen. (Eine genaue Uebersicht über die Verbreitung geben die Tabellen, welche Verf. am Schluss der Arbeit giebt, doch sind sie zu gross, um hier wiedergegeben zu werden; ebenso kann hier nicht noch einmal auf die Verbreitung der *Rhododendra* in den einzelnen Gebieten eingegangen werden, da diese schon theilweise angedeutet wurde.)

Die anderen Gattungen der *Rhododendroideae* sind artenarm; monotypisch sind *Ledothamnus, Cladothamnus, Rhodothamnus, Daboecia, Loiseleuria, Tsusiophyllum.* Viele von ihnen sind endemisch, so *Ledothamnus* in Guiana, *Tsusiophyllum* in Japan, *Cladothamnus* in Sitka; *Diplarche* ist mit 2 Arten im Osthimalaya vertreten; aber auch die artenreichere *Kalmia* kommt nur in Nordamerika, *Befaria* nur von den Anden von Südamerika bis zur Union vor. Während die östliche Halbkugel 9 Gattungen mit 17 Arten hat, besitzt die westliche 11 Gattungen mit 32 Arten (während *Rhododendron* auf der östlichen Halbkugel am meisten entwickelt); auch reichen sie im Ganzen weiter nach Norden als *Rhododendron*, denn von ihnen finden sich 11 Arten im arktischen Gebiet; besonders weit verbreitet sind *Ledum palustre, Phyllodoce taxifolia* und *Loiseleuria procumbens.*

Betreffs der Phylogenie der Familie sind wir fast ganz auf die Untersuchungen der jetzt lebenden Arten beschränkt, da fossile Funde zweifelhafter Art sind. Die *Rhododendra* hatten früher wahrscheinlich eine nördlichere und eine weitere Verbreitung als heute, wie Verf. für diese Familie speciell beweist aus den Gründen, die Engler benutzt, um nachzuweisen, dass die Waldflora Ostasiens und des atlantischen Nordamerikas früher circumpolar verbreitet war.

Die Section *Eurhododendron* hat ihr Verbreitungscentrum in den chinesischen Alpen und im Osthimalaya, doch wird die Wanderung von da nach Amerika wohl nicht über die schmale Brücke der Aleuten gegangen sein. Also auch deren Verbreitung spricht für die ehemals circumpolare Verbreitung der Gruppe, ähnlich die Verbreitung von *Azalea* in Ostasien und dem atlantischen Nordamerika, desgleichen die starke Verbreitung der kleineren Gattung der Familie im arktischen und subarktischen Gebiet, die wohl Reste früher reicher entwickelter Formen sind. Vielleicht ist es gerade der Gattung *Rhododendron* gelungen, bei der Wanderung nach Süden Gebiet zu erringen, wobei sie von einer ehemaligen Sumpf- und Haidepflanze sich in eine Hochgebirgspflanze umwandelte.

100. **F. Pax** (468). Die meisten Arten von *Primula* sind Bewohner der höheren Gebirge der nördlich gemässigten Zone, deren Grenzen nur wenige überschreiten. Unter diesen ist besonders beachtenswerth *P. farinosa* var. *magellanica* Pax (*P. magellanica* Lehm., denn *P. farinosa* reicht längs den Rocky Mountains nur bis Colorado nach Süden). Trotzdem glaubt Verf. wegen ähnlicher Verhältnisse bei *Draba, Saxifraga, Gentiana, Alopecurus, Carex, Phleum* u. s. w. an eine Verbreitung durch Südamerika, obwohl keine Zwischenstationen bekannt sind. (Ref. möchte in solchem Fall doch eher an zufällige Einschleppung glauben, besonders da es sich um eine weit verbreitete Art handelt.) Ausser dieser Art überschreitet die Grenzen der Gattung nur *P. prolifera*, welche in der unteren Region (1300—2000 m) des östlichen Himalaya vorkommt und auf den Gebirgen Java's bei 3800 m Höhe noch einmal wiederkehrt, sowie die Section *Floribundae*.

Die Verbreitung der Section zeigt am einfachsten die Tafel auf p. 70. Dem Himalaya mit Einschluss des Yun-nan fehlen nur 4 Sectionen, die *Fallaces*, welche in nahen Beziehungen zu den im Himalaya reich entwickelten *Sinenses* stehen, die *Veres*, die *Macrocarpae*, welche sich von den *Nivales* nur wenig entfernen und *Auricula*. Diesem Gebiet kommt auch kein anderes bezüglich der Artenzahl nur annähernd gleich. Die meisten Sectionen sind geographisch beschränkt. Es lassen sich 4 Elemente nach der Verbreitung unterscheiden:

1. Das arktisch-alpine, gebildet von den *Farinosae, Nivales* und *Macrocarpae*; die Arten dieser Sectionen bewohnen das arktische und subarktische Gebiet und kehren auf den Hochgebirgen Europas, Asiens und Nordamerikas wieder. In Europa erscheint *P. farinosa* wie manche andere Glacialpflanze auf den Hochmooren der baltischen Ebene.

2. Das europäisch-westasiatische Element, gebildet von den *Floribundae, Veres, Auriculatae* und Section *Auricula*, umfasst Hochgebirgspflanzen der Pyrenäen, Alpen, des Kaukasus und Westhimalaya sowie der Gebirge von Sinai und Habesch; die Gruppe der *Veres* umfasst auch Pflanzen der Ebene und des Vorgebirges von ganz Mitteleuropa bis zum Altai.

3. Das asiatische Element, bestehend aus den Sectionen *Sinenses, Fallaces, Monocarpicae, Petiolares, Bullatae, Soldanelloides, Capitatae, Minutissimae, Tenellae, Barbatae, Callianthae* und *Cordifoliae*. Verbreitungscentrum im Osthimalaya und Yun-nan, nur von je einer Art der *Sinenses (P. cortusoides), Fallaces (P. megaseaefolia), Callianthae (P. flava)* und *Cordifoliae (P. grandis)* überschritten.

4. Das ostasiatisch-amerikanische Element, von den *Proliferae* gebildet, erreicht seine Hauptentwicklung im Osthimalaya und Yun-nan, strahlt aber in's tropische Gebiet *(P. prolifera)* und in's nördliche China *(P. Maximowiczii)* und Japan *(P. japonica)* aus. *P. Parryi* vertritt diesen Verwandtschaftskreis in den Rocky Mountains.

Für die Verbreitung der Gattungen gelten folgende Thatsachen:

1. Amerika ist sehr arm an Arten, die Arten sind ausser *P. Parryi* arktisch-alpin.
2. *P. farinosa* var. *magellanica* gehört zu den arktisch-alpinen Arten.
3. In der sehr artenreichen gemässigten Zone der alten Welt sind 2 Hauptverbreitungscentra (Osthimalaya mit 12 fast endemischen Sectionen und europäisch-vorderasiatisches Gebiet mit 4 charakteristischen Sectionen.)
4. Die arktisch-alpinen Arten sind in der alten Welt viel formenreicher als in der neuen, am formenreichsten in Westasien.

Das arktische und subarktische Gebiet enthält relativ wenig Arten, die nur 4 Sectionen angehören, den kleinblüthigen *Farinosae*, den grossblüthigen *Nivales*, den letzteren nächst verwandten *Macrocarpae*, sowie mit einer Art (der Färör), den *Veres*. Das subarktische Gebiet ist formenreicher als das arktische. Beide Gebiete sind am reichsten in Ostsibirien. Die Vertheilung der Arten ersieht man am leichtesten aus folgender Uebersicht:

(Fortsetzung auf p. 71.)

<table>
<tr><th></th><th>Arkt. Gebiet</th><th>Subarkt. Geb.</th><th>Mitteleuropa</th><th>Ural</th><th>Mittelmeergeb.</th><th>Kaukasus</th><th>Afghan. Tienschan Altai</th><th>Nördl. China</th><th>Sinai Habesch</th><th>Himalaya [1])</th><th>Yun-nan</th><th>Japan</th><th>Java</th><th>Atlant. Nordamerika</th><th>Rocky Mountains</th><th>Magelhaenstr.</th></tr>
<tr><td>1. Sinenses</td><td>—</td><td>—</td><td>—</td><td>1</td><td>—</td><td>—</td><td>2</td><td>—</td><td>—</td><td>1 | + | 7</td><td>6</td><td>1</td><td>—</td><td>—</td><td>—</td><td>—</td></tr>
<tr><td>2. Fallaces</td><td>—</td><td>—</td><td>—</td><td>—</td><td>—</td><td>1</td><td>—</td><td>—</td><td>—</td><td>—</td><td>—</td><td>3</td><td>—</td><td>—</td><td>—</td><td>—</td></tr>
<tr><td>3. Monocarpicae</td><td>—</td><td>—</td><td>—</td><td>—</td><td>—</td><td>—</td><td>—</td><td>—</td><td>—</td><td>—</td><td>2</td><td>—</td><td>—</td><td>—</td><td>—</td><td>—</td></tr>
<tr><td>4. Floribundae</td><td>—</td><td>—</td><td>—</td><td>—</td><td>—</td><td>—</td><td>1</td><td>—</td><td>2</td><td>1 |</td><td>—</td><td>—</td><td>—</td><td>—</td><td>—</td><td>—</td></tr>
<tr><td>5. Petiolares</td><td>—</td><td>—</td><td>—</td><td>—</td><td>—</td><td>—</td><td>—</td><td>—</td><td>—</td><td>1 + | 2</td><td>—</td><td>—</td><td>—</td><td>—</td><td>—</td><td>—</td></tr>
<tr><td>6. Bullatae</td><td>—</td><td>—</td><td>—</td><td>—</td><td>—</td><td>—</td><td>—</td><td>—</td><td>—</td><td>| 2</td><td>2</td><td>—</td><td>—</td><td>—</td><td>—</td><td>—</td></tr>
<tr><td>7. Veres</td><td>—</td><td>1</td><td>3</td><td>2</td><td>3</td><td>5</td><td>2</td><td>—</td><td>—</td><td>—</td><td>—</td><td>—</td><td>—</td><td>—</td><td>—</td><td>—</td></tr>
<tr><td>8. Soldanelloides</td><td>—</td><td>—</td><td>—</td><td>—</td><td>—</td><td>—</td><td>—</td><td>—</td><td>—</td><td>1 | + 1 + | 5</td><td>2</td><td>—</td><td>—</td><td>—</td><td>—</td><td>—</td></tr>
<tr><td>9. Auriculatae</td><td>—</td><td>—</td><td>—</td><td>—</td><td>—</td><td>6</td><td>2</td><td>—</td><td>—</td><td>2 | + 1</td><td>—</td><td>—</td><td>—</td><td>—</td><td>—</td><td>—</td></tr>
<tr><td>10. Capitatae</td><td>—</td><td>—</td><td>—</td><td>—</td><td>—</td><td>—</td><td>—</td><td>—</td><td>—</td><td>2 | + | 4</td><td>3</td><td>—</td><td>—</td><td>—</td><td>—</td><td>—</td></tr>
<tr><td>11. Farinosae</td><td>2</td><td>4</td><td>3</td><td>1(?)</td><td>—</td><td>1</td><td>3</td><td>2</td><td>—</td><td>1 | + 2 + | 1</td><td>—</td><td>1</td><td>—</td><td>1</td><td>1</td><td>1</td></tr>
<tr><td>12. Minutissimae</td><td>—</td><td>—</td><td>—</td><td>—</td><td>—</td><td>—</td><td>—</td><td>—</td><td>—</td><td>3 |</td><td>—</td><td>—</td><td>—</td><td>—</td><td>—</td><td>—</td></tr>
<tr><td>13. Tenellae</td><td>—</td><td>—</td><td>—</td><td>—</td><td>—</td><td>—</td><td>—</td><td>—</td><td>—</td><td>| 4</td><td>2</td><td>—</td><td>—</td><td>—</td><td>—</td><td>—</td></tr>
<tr><td>14. Nivales</td><td>2</td><td>2</td><td>—</td><td>—</td><td>—</td><td>1</td><td>1</td><td>—?</td><td>—</td><td>1 | + 1 + | 3</td><td>2</td><td>—</td><td>—</td><td>—</td><td>3</td><td>—</td></tr>
<tr><td>15. Barbatae</td><td>—</td><td>—</td><td>—</td><td>—</td><td>—</td><td>—</td><td>—</td><td>—</td><td>—</td><td>| 1</td><td>2</td><td>—</td><td>—</td><td>—</td><td>—</td><td>—</td></tr>
<tr><td>16. Macrocarpae</td><td>1</td><td>—</td><td>—</td><td>—</td><td>—</td><td>—</td><td>—</td><td>1</td><td>—</td><td>—</td><td>—</td><td>6</td><td>—</td><td>—</td><td>1</td><td>—</td></tr>
<tr><td>17. Callianthae</td><td>—</td><td>—</td><td>—</td><td>—</td><td>—</td><td>—</td><td>1</td><td>1</td><td>—</td><td>1 | + | 4</td><td>4</td><td>—</td><td>—</td><td>—</td><td>—</td><td>—</td></tr>
<tr><td>18. Cordifoliae</td><td>—</td><td>—</td><td>—</td><td>—</td><td>—</td><td>1</td><td>—</td><td>—</td><td>—</td><td>1 + | 4</td><td>—</td><td>—</td><td>—</td><td>—</td><td>—</td><td>—</td></tr>
<tr><td>19. Proliferae</td><td>—</td><td>—</td><td>—</td><td>—</td><td>—</td><td>—</td><td>—</td><td>1</td><td>—</td><td>| 1</td><td>5</td><td>1</td><td>1</td><td>—</td><td>1</td><td>—</td></tr>
<tr><td>20. Auricula</td><td>—</td><td>—</td><td>20</td><td>—</td><td>2</td><td>—</td><td>—</td><td>—</td><td>—</td><td>—</td><td>—</td><td>—</td><td>—</td><td>—</td><td>—</td><td>—</td></tr>
<tr><td>21. Incertae sedis</td><td>—</td><td>—</td><td>—</td><td>—</td><td>—</td><td>—</td><td>—</td><td>—</td><td>—</td><td>3 + | 1</td><td>—</td><td>—</td><td>—</td><td>—</td><td>—</td><td>—</td></tr>
<tr><td>Zahl der Arten</td><td>5</td><td>7</td><td>26</td><td>4(?)</td><td>5</td><td>15</td><td>12</td><td>5</td><td>2</td><td>13 | + 8 + | 10</td><td>30</td><td>12</td><td>1</td><td>1</td><td>6</td><td>1</td></tr>
<tr><td>Zahl der Sectionen</td><td>3</td><td>3</td><td>3</td><td>3</td><td>2</td><td>6</td><td>7</td><td>5(?)</td><td>1</td><td>15</td><td>10</td><td>5</td><td>1</td><td>1</td><td>4</td><td>1</td></tr>
</table>

[1]) Ein Strich rechts von der Zahl bedeutet das Vorkommen der gezählten Arten nur im W., ein Strich links von der Zahl das Vorkommen nur im O.

(Fortsetzung von p. 69.)

Arkt. und subarkt. Europa	Ostsibirien	Arkt. und subarkt. Nordamerika	
P. sibirica	*P. sibirica*		
var. *finnmarchica*			
P. scotica			
P. stricta			
		P. egalliccensis	*Farinosae*
P. farinosa			
var. *genuina*	var. *genuina*	var. *genuina*	
	var. *longiscapa*	var. *longiscapa*	
	var. *armena*		
	var. *mistassinica*	var. *mistassinica*	
	P. nivalis		*Nivales*
	P. pumila		
	P. cuneifolia		*Macrocarpae*
P. acaulis			*Veres*

P. sibirica, scotica, stricta, pumila und *egalliccensis* überschreiten nie die Südgrenze der subarktischen Zone, *P. cuneifolia* reicht südwärts bis Nippon, *P. farinosa* und *nivalis* finden sich auch auf Hochgebirgen beider Hemisphären, *P. acaulis* ist wesentlich mitteleuropäisch.

Mitteleuropa ist artenreich, während im Mittelmeergebiet mit Ausnahme Kleinasiens und des Kaukasus die Artenzahl abnimmt; 26 Arten aus 3 Sectionen in Mitteleuropa stehen im Mittelmeergebiet 5 Arten aus 2 Sectionen gegenüber, nämlich *P. officinalis, elatior, acaulis* (Section *Veres*) und *P. auricula, Pali auri* (Section *Auricula*). Die Section *Auricula* ist in Europa endemisch, sie sind hauptsächlich in den Alpen entwickelt, erlöschen schnell in den Karpathen *(P. Clusiana, Auricula, minima)*, der Balkanhalbinsel *(P. Kitaibeliana, minima)* und den Pyrenäen *(P. viscosa, hirsuta, integrifolia)*. Das Riesengebirge hat nur die im übrigen Mitteldeutschland fehlende *P. minima*. Ausser dieser und der im Schwarzwald vorkommenden *P. Auricula* ist die Section auf die Alpen und die genannten Gebirge beschränkt. Ausser der auf der Balkanhalbinsel endemischen *P. Kitaibeliana* finden sich alle auf den Alpen. Die Verbreitung der endemischen Arten der Alpen ergiebt sich aus folgender Tabelle:

	Nordöstl. Voralpen	Südwestl. Voralpen	Mittlere Centralalpen	Oestl. Centralalpen	Südl. Voralpen
Arthritica Schott	*P. Clusiana*	—	*P. integrifolia*	—	*P. spectabilis* *P. glaucescens (longobarda)* *P. Wulfeniana*
Auricula Schott	—	*P. marginata*	—	—	*P. carniolica* *P. ciliata*
Erythrodosum Schott	—	—	*P. pedemontana* *viscosa*	*P. commutata* *villosa* *oenensis*	—
Rhopsidium Schott	—	—	—	—	*P. tyrolensis* *P. Allionii*
Cyanopsis Schott			*P. glutinosa*	*P. glutinosa*	

Für die Verbreitung der ganzen Section gelten folgende Sätze:

1. Das Entwicklungscentrum der Section ist in den Alpen.
2. Die Arten der Pyrenäen gehören zu *Erythrosum* und *Arthritica*.
3. Die Karpathen und siebenbürgischen Gebirge haben ausser *P. Auricula* noch *P. Clusiana* und *minima*.
4. Ausser *P. viscosa* haben die in und ausser den Alpen vorkommenden Arten dort weite Verbreitung.
5. Der Artenreichthum der Alpen nimmt ostwärts zu, dies gilt nicht nur von den auf Urgestein wachsenden Arten *(Erythrosum)*, sondern auch von den kalkholden und kalksteten *(Arthritica, Auricula, Rhopsidium)*. Dies erklärt sich grösstentheils, weil die südlichen Voralpen weniger von der Eiszeit beeinflusst wurden als die Central- und Westalpen.

Letzteres bestätigt also De Candolle's allgemeine Schlüsse, dass die meisten Arten der Alpen erst nach der Eiszeit dahin gelangten, die grösste Zahl ihrer Bewohner damals zu Grunde ging, dass innerhalb der Alpen aber die Gebiete am reichsten, wo die diluviale Vergletscherung am geringsten. Die Aurikeln waren wegen kurzer Vegetationszeit sehr geeignet, die Eiszeit zu überdauern. Ausser *Auricula* finden sich noch *Farinosae* und *Veres* in Mitteleuropa. Erstere Section ist arktisch-alpin, *P. farinosa* ist eine ächte Glacialpflanze, die Alpen und Karpathen haben noch die endemische, homostyle *P. longiflora*, Thracien die etwas isolirt stehende *P. frondosa*. Die *Vernales* (oder *Veres*) haben ihr Centrum in Vorderasien, sie treten in den 3 bekannten Arten *(P. officinalis, acaulis, elatior)* mit vielen Formen auf. Es zeigen die Primeln Mitteleuropas keine Beziehungen zu denen des Himalaya, Japans und Nordamerikas, wenn man von den arktisch-alpinen *Farinosae* absieht.

Kaukasus und pontische Gebirge sind artenreich; während der Ural arm ist, obwohl er die im anderen Europa fehlende *P. cortusoides* hat. In ersteren Gebirgen kommen ausser vielen Varietäten 15 Arten aus folgenden 6 Sectionen vor: *Fallaces, Vernales, Auriculatae, Farinosae, Nivales* und *Cordifoliae*. Die arktisch-alpinen *Farinosae* und *Nivales* sind nur durch *P. farinosa* und *P. nivalis* var. *Bayernii* vertreten. Auch die *Fallaces* und *Cordifoliae* sind nur mit je einer Art vertreten, welche beide innerhalb der Section etwas isolirt stehen. Beide Sectionen sind sonst ostasiatisch, fehlen aber in Centralasien. Die *Vernales* und *Auriculatae* haben ihr Entwicklungscentrum im Kaukasus, wo sie eine Reihe endemischer Arten besitzen, strahlen aber von da aus, erstere nach Europa und Westsibirien (Altai), letztere nach Osten (Altai und Centralhimalaya), Vorderasien verbindet also Mitteleuropa mit Ostasien. Von den *Vernales* sind auch identische Formen in Europa und Vorderasien *(P. acaulis, officinalis* var. *inflata)*, sowie vicariirende Formen *(P. elatior* var. *genuina* und var. *intricata* in Europa, var. *Pallasii* und var. *cordifolia* in Vorderasien; *P. officinalis* var. *genuina* in Europa, var. *macrocalyx* in Vorderasien). Von den 6 Arten der *Auriculatae* sind 3 endemisch, 3 reichen bis Afghanistan, bis Persien und zum Himalaya, wo denn auch neue Arten auftreten. In Nordamerika zeigen sich keine deutlichen Verwandtschaftsbeziehungen, ebenso zum arktisch-subarktischen Gebiet. Jedenfalls sind die Gebirge des östlichen Mittelmeergebietes viel reicher an Arten als die des westlichen und mittleren Mittelmeergebiets, über welche folgende Tabelle am kürzesten Aufschluss giebt:

	Spanien	Balearen	Algerien	Italien	Balkanhalbins.
P. elatior	v. *genuina*	—	—	v. *genuina?*	—
	v. *intricata*	—	—	—	—
P. acaulis	v. *genuina*	—	v. *genuina*	v. *genuina*	v. *genuina*
	—	v. *balearica*	—	—	v. *Sibthorpii*
P. officinalis	v. *genuina*	—	—	—	v. *genuina*
	v. *Columnae*	—	—	v. *Columnae*	v. *Columnae*
	—	—	—	*P. Auricula*	—
	—	—	—	*P. Palinuri*	—

Centralasien ist die Heimath der meisten Sectionen, wie Tabelle I und folgende Tabelle zeigt (in der die für das Gebiet endemischen Sectionen mit * versehen):

Nur dem Tienschan, Altai etc. angehörend	Nur dem Himalaya und Yun-nan angehörend	Im Himalaya, Yun-nan, Tienschan u. Altai heimisch
Vernales	**Monocarpicae* **Petiolares* **Bullatae* **Soldanelloides* **Capitatae* **Minutissimae* **Tenellae* **Barbatae* *Cordifoliae* *Proliferae*	*Sinenses* *Floribundae* *Auriculatae* *Farinosae* *Nivales* *Callianthae*

Diese Tabelle zeigt, dass ohne Zweifel im Himalaya und Yun-nan der grösste Formenreichthum ist; auch die Sectionen, welche über alle centralasiatischen Gebirge ausgebreitet, haben die grösste Artenzahl im Himalaya; die einzige Ausnahme machen die *Floribundae*, die mit *P. floribunda* über Afghanistan und den Westhimalaya verbreitet, sonst in Centralasien fehlen. Die in dem Himalaya und Yun-nan allein vorkommenden Sectionen gehören dem ostasiatischen Element an, nur die *Proliferae* dem ostasiatisch-amerikanischen. Die den Himalaya nicht erreichenden *Vernales* sind europäisch-westasiatisch, die *Sinenses* und *Callianthae* ostasiatisch, die *Floribundae* und *Auriculatae* europäisch-westasiatisch, die *Farinosae* und *Nivales* arktisch-alpin. Hieraus ergeben sich folgende Thatsachen:

1. Die nordwestlichen centralasiatischen Gebirge zeigen in reichlicherem Maasse arktisch-alpine Verwandtschaftskreise entwickelt, als der Kaukasus, in geringerem als Himalaya und Yun-nan.
2. Dieselben zeigen Beziehungen zu Europa *(Vernales)*, zum Kaukasus *(Auriculatae, Vernales)*, zu Japan *(Sinenses)* und Habesch *(Floribundae)*, viel deutlichere aber zum Himalaya.
3. Ausser den im Himalaya formenreichen arktisch-alpinen Sectionen *(Farinosae, Nivales)* zeigen sich Beziehungen zu Europa **gar nicht**.
4. Himalaya und Yun-nan zeigen **schwache** Beziehungen zum Kaukasus *(Cordifoliae, Auriculatae)*, zu Habesch *(Floribundae)*, Japan *(Proliferae)* und den Rocky Mountains *(Proliferae)*.

Der Himalaya hat daher eine reiche, starken Endemismus zeigende Primelflora, die nur wenig ausstrahlt, mit je **einer** Art zum Kaukasus, nach Habesch, Java, China und Japan. Afghanistan, Tienschan und Altai haben eine Mischflora aus europäisch-sibirischen, ostasiatischen und arktisch-alpinen Formen.

Das nordwestliche Centralasien hat nur folgende 4 endemische Formen: *P. Kaufmanniana, P. Olgae, P. nivalis* var. *farinosa, P. Fedschenkoi.* Den **ganzen Himalaya** bewohnen **nur** *P. petiolaris, pusilla* (vom äussersten Westen ausgeschlossen), *denticulata, involucrata, Pumilio, nivalis* und *rotundifolia.* Alle anderen sind auf den Westen oder Osten beschränkt. Ueber deren Vertheilung auf die Sectionen giebt folgende Tabelle Aufschluss: (Tabelle siehe folgende Seite.)

In den Gebirgen östlich von Centralasien, über die noch nur wenig bekannt, scheinen die *Primula*-Arten nächste Verwandtschaft mit denen Japans und Nordamerikas zu zeigen. Endemisch sind dort *P. stenocalix, urticifolia, flava* und *Maximowiczii.*

Japan ist im Vergleich zum südöstlichen China arm an Primeln; es besitzt weit weniger Arten als Mitteleuropa; seine 12 Arten gehören 5 Sectionen an, von denen 3 mit je **einer**, eine mit 6 Arten vertreten sind. Die endemischen *Fallaces*, die sich nahe an die *Sinensis* anschliessen, haben 3 einander nahe stehende Arten. Es zeigt sich hier besonders

	Endemische Arten im	
	Westhimalaya	Osthimalaya u. Yun-nan
Sinenses	1	13
Monocarpicae . . .	—	2
Petiolares	—	2
Bullatae	—	4
Soldanelloides . . .	1	7
Auriculatae	2	—
Capitatae	1	5
Farinosae	—	1
Minutissimae . . .	3	—
Tenellae	—	6
Nivales	—	4
Barbatae	—	3
Callianthae	1	8
Cordifoliae	—	4
Proliferae	—	4
Incertae sedis . . .	—	2
Summa . .	9	65

(Fortsetzung von p. 73.)

starker conservativer Endemismus, recente Neubildung kann nur für die *Macrocarpae* angenommen werden. Zwei Drittel der Arten sind arktisch-alpin: *P. farinosa* var. *armena* reicht von Turkestan durch Sibirien bis Japan, ähnlich *P. cuneifolia*, von Ostsibirien und der Behringstrasse auch *P. macrocarpa* und 3 andere Arten gehören einer Section an, die arktisch-alpin ist, *P. cortusoides* aus der Section *Sinenses* ist Japan und Sibirien gemeinsam. Die Verwandtschaft der *Fallaces* und *Sinenses*, sowie die Verbreitung von *P. japonica* zeigt Beziehungen zu China. Nirgends aber finden sich so deutliche Beziehungen zu den Rocky Mountains wie in Japan; *P. Parryi* jenes Gebirges steht *P. japonica* sehr nahe, jenes Gebirge hat sonst auch nur arktisch-alpine Sectionen. Von den *Macrocarpae* giebt es in relativ südlichen Breiten Arten nur in Japan und den Rocky Mountains. In letzterem Gebirge herrscht auch ein ähnlicher conservativer Endemismus.

Nordamerika ist arm an Primeln, besonders wenn man vom subarktischen Gebiet absieht. Das atlantische Nordamerika besitzt nur *P. farinosa*, die aus dem subarktischen Gebiet hineinreicht bis Maine. Das pacifische Nordamerika hat in dem Felsengebirge ausser *P. farinosa* noch 5 endemische Arten aus 3 Sectionen, nämlich von den *Nivales: P. Rusbyi, angustifolia* und *Cusickiana;* von *Macrocarpae: P. suffrutescens;* von *Proliferae: P. Parryi.* Die nächsten Beziehungen sind zu Japan.

Tropische und subtropische Arten stammen, von der schon erwähnten *P. prolifera* abgesehen, nur aus der Section *Floribundae*, ihre Verbreitung ist folgende:

Maskat	Arabien, Yemen	Sinai	Habesch
P. Aucheri	*P. verticillata* var. *typica*	*P. verticillata* var. *Boveana*	*P. verticillata* var. *sinensis*

Die *Primulaceae* bewohnen fast die ganze Erde. Für die Vertheilung der Tribus gilt folgendes:

1. Die *Samoleae* sind hauptsächlich auf der Südhalbkugel, *S. Valerandi* ist fast kosmopolitisch.

2. Alle anderen Tribus sind wesentlich auf das nördliche, extratropische Florenreich beschränkt.
3. Die *Corideae* mit der artenarmen Gattung *Coris* sind rein mediterran, alle anderen auf der Ost- und Westhalbkugel.
4. Die *Primuleae* strahlen aus dem nördlichen extratropischen Florenreich wenig aus (*Stimpsonia* in Japan, *Ardisiandra* auf Fernando-Po, *P. farinosa* an der Magelhaenstrasse). Die meisten Gattungen sind in der Alten und Neuen Welt durch identische und vicariirende Formen vertreten, doch meist in Amerika artenärmer. Es zeigen sich 3 Verbreitungscentren: 1. europäische Hochgebirge von Pyrenäen bis Kaukasus (endemische Gattungen: *Arctia*, *Soldanella*, ferner endemisch *Primula*, Section *Auricula*, dann *Douglasia Vitaliana* aus einer Gattung, von der 3 weitere Arten hocharktisch); 2. vorderasiatisches Hochgebirge (endemische Gattungen: *Dionysia* und *Kaufmannia*); 3. Himalaya (endemisch monotypische Gattungen: *Bryocarpum* und *Pomatosace*, endemische Sectionen von *Primula* und *Androsace*). *Cortusa*, *Androsace* und *Primula* sind in jedem dieser 3 Verbreitungscentren vertreten.
5. Die *Lysimachieae* sind mit den Gattungen *Steironema*, *Lysimachia*, *Naumburgia*, *Lubinia* und *Apocharis* in wärmeren und subtropischen Gegenden der nördlichen Halbkugel weit verbreitet, reichen aber bis Australien und zum Cap; noch weiter verbreitet ist *Asterolinum*, *Pelletiera*, *Anagallis* und *Centunculus*, während *Trientalis* die kälteren Gebiete charakterisirt und *Glaux*, ein Halophyt, der nördlichen Hemisphäre eigen ist.
6. Die *Cyclamineae* sind Gebirgspflanzen der nördlichen Hemisphäre, *Cyclamen* für die östliche, *Dodecatheon* für die westliche Halbkugel charakteristisch.

Fossile *Primula*-Arten sind unbekannt, aber die Verbreitungsverhältnisse erlauben Schlüsse auf die Phylogenie der Gattung. Die Primeln sind nicht geeignet durch Früchte und Samen zur Verbreitung über weite Gebiete. Wind und Wasser können nur für die locale Verbreitung längs den Gebirgen abwärts in Betracht kommen, so sind z. B. vielleicht *P. Auricula* und *P. farinosa* so von den Alpen nach Oberbayern und Oberschwaben verbreitet, wenn sie sich nicht etwa da seit der Diluvialzeit local erhalten haben. Viele Arten sind bodenstet, so z. B. kalkstet oder kalkliebend: *P. spectabilis, tyrolensis, Allionii, malvacea, bullata, bracteata, yunnanensis, cernua* u. a. Daraus ergiebt sich, dass die jetzige Verbreitung der Arten nicht erst das Resultat von Wanderungen während der letzten Erdepoche, sondern theilweise auf ursprünglichen Verbreitungsverhältnissen im Tertiär beruht. Schon in dieser Zeit kann man 4 entschiedene Verbreitungscentren unterscheiden:

1. Osthimalaya und angrenzende Gebirge; 2. Kaukasus; 3. Alpen und Pyrenäen; 4. nordostasiatische resp. nordwestamerikanische Gebirge.

In den Gebirgen Ostasiens waren sicher im Tertiär schon die Sectionen mit ihren Haupttypen entwickelt, die als ostasiatisches Element bezeichnet wurden. Der Formenreichthum einzelner Sectionen und das Auftreten vieler „schlechter Arten" macht wahrscheinlich, dass Neubildung von Arten in der letzten Erdperiode stattfand. Ausstrahlung erfolgte hier nur gen Westen längs des Nordfusses *(P. cortusoides)* oder längs des Südfusses *(P. grandis* und *megaseaefolia)* des jetzigen Centralasien; vereinzeltes Vorkommen von den am Südfuss verbreiteten Arten macht wahrscheinlich, dass ihre jetzigen Vorkommnisse nur Reste früherer weiterer Verbreitung, Vorderasien (am reichsten im Kaukasus) war wohl schon im Tertiär Sitz der Typen für die *Floribundae*, *Vernales* und *Auriculatae*, von welchen wohl nur letztere im Posttertiär Neubildung aufwiesen. Die *Vernales* scheinen im Tertiär schon nach Centraleuropa, in der Eiszeit nach Apenninen und Sierra Nevada, sowie andererseits längs des Nordfusses von Centralasien zum Altai gelangt zu sein. In höheren Breiten stiegen sie auch in die Ebene. Die *Auriculatae* wanderten nur gen Osten zum Altai und Centralhimalaya.

Die *Floribundae* waren wohl nie im Kaukasus, sondern haben ihr tertiäres Entwicklungscentrum in Afghanistan, von wo sie längs der persischen Gebirge nach Arabien und Habesch gelangten.

Die europäischen Hochgebirge besassen im Tertiär die Haupttypen von Section

Auricula, ihr Centrum waren die Alpen, deren Gebiet sie auch nur wenig überschritten; Neubildung fand in der Jetztzeit wohl nur in den Ostalpen statt. Die arktisch-alpinen Sectionen *(Farinosae, Nivales* und *Macrocarpae)* sowie die sich daran anschliessenden *Proliferae*, welche alle in der Alten und Neuen Welt Vertreter haben, besitzen ihr tertiäres Entwicklungscentrum sicher in den Hochgebirgen von Nordostasien und Nordwestamerika. Von dort wurden sie in der Eiszeit südwärts gedrängt bis zu den Hochgebirgen der alten Welt und den Rocky Mountains (ja *P. farinosa* nach Ansicht des Verf.'s längs der Anden bis zur Magelhaenstrasse. — ? Ref.) und stiegen, mit Hinterlassung einiger Spuren in der Ebene, in postglacialer Zeit an den Gebirgen in die Höhe.

Bezüglich der *Primulaceae* ist wahrscheinlich, dass im Allgemeinen die *Primuleae, Cyclamineae* und vielleicht auch *Lysimachieae* sich ähnlich entwickelten wie *Primula*.

Ueber die Verbreitung der einzelnen Sectionen von *Primula* gilt Folgendes:

1. Die *Sinenses* haben ihr Centrum im Osthimalaya, wo sie am formenreichsten, und Yun-nan, nur die *Cortusina* reichen bis zum Ural und nach Japan. Den einfachsten Ueberblick über die Vertheilung der Arten der Sectionen giebt folgende Tabelle:

	Sibirien	Turkestan	Osthimalaya	Yun-nan u. Westchina	Südjapan
Auganthus	—	—	—	*sinensis*	—
Poculiformia	—	—	*obconica*	*obconica*	—
	—	—	*filipes*	—	—
	—	—	*Clarkei*	—	—
	—	—	*Listeri*	—	—
	—	—	*oreodoxa*	—	—
	—	—	—	*blattariformis*	—
	—	—	—	*malvacea*	—
Cortusina	—	—	*mollis*	—	—
	—	—	*vaginata*	—	—
	—	—	*heucherifolia*	—	—
	—	—	*geranifolia*	*septemloba*	—
	cortusoides	*Kaufmanniana*	—	—	*cortusoides*

2. Die *Fallaces* werden von 3 japanischen Arten *(P. Reinii, kisoana* und *yesoana)* sowie einer Art aus dem östlichen Mittelmeergebiet gebildet. Sie stehen den *Sinenses* nahe, erinnern aber besonders an die *Cordifoliae*, mit denen sie die cylindrische Kapsel gemein haben, können aber mit diesen nicht vereint werden, weil sie behaart und niemals bepudert sind.

3. Die *Monocarpicae (P. malacoides* und *Forbesii)* sind auf das Yun-nan beschränkt; sie stehen zwischen der Gattung *Androsace* und den *Sinenses (Poculiformia)*; an letztere erinnern sie durch Blattform, becherförmigen Kelch mit später etwas verlaubenden Abschnitten und die rundliche Kapsel.

4. Die *Floribundae* bewohnen ein Gebiet, das ostwärts vom Westhimalaya, westwärts von Habesch begrenzt ist, in beschränkten Localitäten. Während *P. floribunda* von Kumaon und Kashmir sowie aus Afghanistan (hier nur bis 2200 m aufsteigend) bekannt, sind die anderen Arten *(P. Aucheri* und *verticillata)* aus Arabien und Habesch bekannt (siehe oben). Die Section ist von den *Sinenses* durch Blattform und kleine gelbe Blüthen sowie die nicht selten weisse Mehlbestäubung der Blätter verschieden. Letztere stellt sie nahe den *Petiolares*, die ihnen entschieden am nächsten, oder doch durch ansehnlichere Blüthen sowie wunderbare Variabilität der Blattform von ihnen verschieden.

5. Die *Petiolares* haben ihre Hauptverbreitung im Osthimalaya, wo alle 3 Arten vorkommen. Von ihnen reicht *P. petiolaris* westwärts bis Bhotan, während *P. Hookeri* auf Sikkim, *P. monpinensis* auf Osttibet (Monpine) beschränkt sind. Wenn auch *P. Hookeri* und *petiolaris* bis 4000 m aufsteigen, so sind sie doch nicht rein hochalpin, denn letztere

findet sich schon bei 1300—1400 m Höhe. Für die einzelnen Regionen scheinen sich besondere Formen ausgebildet zu haben. Sie stehen den *Sinenses* und besonders *Bullatae* nahe in Blatt- und Blüthenbildung, zeigen auch Beziehungen zu den *Floribundae*, doch sind die Blüthen letzterer viel kleiner und stets gelb, der Blüthenstand doldig oder aus übereinander gestellten Quirlen bestehend und die Involucralbracteen laubig im Gegensatz zu den *Petiolares*.

6. Die *Bullatae* bieten durch *P. Davidii* Beziehungen zu voriger Section (besonders *P. monpinensis*); *P. bullata* und *bracteata*, 2 Kalkpflanzen, sind im Yun-nan, *P. ovalifolia* und *Davidii* in Osttibet heimisch. Gegen Vereinigung mit voriger Section sprechen derbe Consistenz der Blätter, gekerbter oder stumpf gezähnelter Blattrand und geringere Variationen in der Blattform bei den *Bullatae*.

7. Die *Vernales* sind in ganz Europa ausser dem subarktischen Gebiet verbreitet, reichen durch das ganze Mittelmeergebiet sowie andererseits nach dem altaischen Sibirien, doch sind die meisten Formen von beschränkter Verbreitung, wie folgende Tabelle zeigt:

	Mitteleuropa	Europ. Mittelmeergebiet	Algier	Vorderasien	Sibirien
P. elatior	v. *genuina*	v. *genuina*	—	v. *Pallasii*	v. *Pallasii*
	v. *intricata* (Alpenpfl.)	v. *intricata*	—	v. *cordifolia*	—
P. acaulis	v. *genuina*	v. *genuina*	v. *genuina*	v. *genuina*	—
	v. *caulescens*	v. *caulescens*	—	v. *caulescens*	—
	—	v. *balearica*	—	v. *Sibthorpii*	—
	—	—	—	*P. heterochroma*	—
	—	—	—	*P. amoena*	—
P. officinalis	v. *genuina*	v. *genuina*	—	—	—
	—	—	—	v. *macrocalyx*	v. *macrocalyx*
	v. *inflata* (südöstl. Pfl.)	—	—	v. *inflata*	v. *inflata*
	—	v. *Columnae*	—	v. *Columnae*	—

Die Section schliesst sich den anderen mit revolutiver Knospenlage nahe an, ist aber durch Blattform, Blüthenstand und Kapsel leicht unterscheidbar.

8. Die *Soldanelloides* sind auf Himalaya und Yun-nan beschränkt und haben die Hauptentwicklung in Sikkim. Die Verbreitung der Arten zeigt folgende Uebersicht:

Westhimalaya	Centralhimalaya	Osthimalaya	Yun-nan
P. Reedii	—	*P. Wattii* *P. uniflora* *P. soldanelloides*	*P. pinnatifida* *P. spicata*
	—	*P. sapphirina*	
	P. pusilla	*P. pusilla*	

Die Section schliesst sich ähnlich wie die *Monocarpicae* einerseits an die *Sinenses*, andererseits an *Androsace* an, während keine Section mit involutiven Blättern wirkliche Anknüpfungspunkte an *Androsace* gewährt. *P. Wattii* und Verwandte (*P. spicata*, *pinnatifida*) nähern sich den *Sinenses*, *P. pusilla* und *Androsace* am meisten.

9. Die *Auriculatae* bilden ein gut charakterisirtes Bindeglied zwischen den *Farinosae*, denen sie sich mit den Arten des West- und Centralhimalaya nähern, und den *Capitatae*, denen die Formen des Kaukasus nahe stehen, von denen sich die *Auriculatae* ausser weniger durchgreifenden Unterschieden nur durch die Involucralbracteen unterscheiden, die bei ihnen spornartig ausgesackt sind. Die *Capitatae* und *Auriculatae* bilden auch pflanzen-

geographisch gut umgrenzte Gruppen, die sich gegenseitig ausschliessen und in zwei verschiedenen Florengebieten gegenseitig sich vertreten; gemeinsam kommen sie nur im Westhimalaya vor, doch sind die 2 westhimalayischen Arten der *Auriculatae* nicht solche, die den Uebergang zu den *Capitatae*, sondern vielmehr zu den *Farinosae* vermitteln. Die Hauptentwicklung der *Auriculatae* ist im Ostkaukasus, und zwar gerade in Formen, die den *Capitatae* sich nähern. Die Verbreitung der einzelnen Arten zeigt folgende Uebersicht:

Vorderasiat. Hochgebirge	Altai	Afghanistan	Westhimalaya
P. farinifolia	—	—	—
P. darialica	—	—	—
P. luteola	—	—	—
P. auriculata	—	—	—
P. capitellata	—	*P. capitellata*	—
P. algida	*P. algida*	—	—
—	—	—	*P. elliptica*
—	—	—	*P. rosea*

10. Die *Capitatae* sind ganz auf den Himalaya und Yun-nan beschränkt und erreichen die Hauptentwicklung in Sikkim. Die Verbreitung der Arten zeigt folgende Uebersicht:

Westhimalaya	Osthimalaya	Yun-nan
P. denticulata	*P. denticulata*	*P. denticulata*
—	*P. capitata*	{ *P. cernua*
P. erosa	—	{ *P. nutans*
—	*P. bellidifolia*	—
—	*P. glabra*	—

Während die weniger verbreiteten Arten hochalpin sind (*P. cernua*, Kalkpflanze), steigt *P. denticulata* bis 1500 m herab, so in Khasia, und *P. erosa* bewohnt eine Zone zwischen 1500 und 3200 m. Die Arten stehen einander sehr nahe, sie zeigen die nächsten Beziehungen zu den Sectionen *Farinosae* und *Auriculatae*.

11. Die *Farinosae* sind über das ganze arktische und subarktische Gebiet, sowie das ganze gemässigte Europa und Asien bis zu den Pyrenäen, Alpen, dem Gebiet der Balkanhalbinsel und Himalaya verbreitet (im letzteren *P. farinosa*, *involucrata*, *Pumilio*, *concinna*), in Nordamerika (*P. farinosa* und *egallicensis*) scheinen sie auf das arktische und subarktische Gebiet beschränkt, gehen aber längs des Felsengebirges bis Colorado südwärts. Isolirt steht *P. farinosa* var. *magellanica* auf den Falklandinseln. Kaukasus und Himalaya sind ziemlich formenarm, ebenso Japan (*P. farinosa* var. *armena*), formenreich dagegen das subarktische Gebiet (*P. sibirica*, *stricta*, *scotica*, *farinosa*), sowie die Gebirge Sibiriens und Turans (*P. sibirica*, *Olgae* und *farinosae*). Die Pyrenäen, Alpen und Karpathen haben nur *P. farinosa* var. *genuina* gemein, in den Alpen und Karpathen tritt noch *P. longiflora* hinzu. Der Balkanhalbinsel fehlt die ächte *P. farinosa*, kommt nur var. *exigua* vor, *P. longiflora* reicht bis Rumänien und Montenegro, aber Balkan- und Pyrenäenhalbinsel haben keine Form gemein; in Thracien ist *P. frondosa* endemisch. Es zeigen sich Verwandtschaftsbeziehungen einerseits zu *Auriculatae* und *Capitatae*, andererseits zu *Minutissimae*. In Kansu findet sich ausser *P. Pumilio* die endemische *P. stenocalyx*.

12. Die *Minutissimae* sind 3 den *Tenellae* nahe stehende hochalpine Arten (*P. reptans*, *minutissima* und *Heydei*), aber durch Ausläufer von ihnen verschieden, sie sind nur im Westhimalaya, während die *Tenellae* auf Osthimalaya und Yun-nan beschränkt sind.

13. Die *Tenellae* sind gleichfalls hochalpin (*P. yunnanensis*, kalkliebend), zeigen

ausser zu vorigen zu den *Nivales* Beziehungen. Sie zerfallen in 2 Gruppen, deren Beziehungen aus folgender Uebersicht zu ersehen:

Osthimalaya	Yun-nan
P. muscoides *P. tenuiloba* *P. Stirtoniana*	
P. tenella	*P. bella* *P. yunnanensis*

14. Die *Nivales* sind von den grossblüthigen Sectionen am weitesten verbreitet. In der Alten Welt sind sie vom Kaukasus ostwärts durch ganz Sibirien und Centralasien bis zur Behringstrasse zu finden; in Amerika sind in der alpinen Region des Felsengebirges 3 Arten *(P. angustifolia, Cusickiana, Rusbyi)* verbreitet, doch weichen die amerikanischen Arten (ob alle?) etwas vom Typus ab (ähnlich wie *P. Parryi* bei den *Proliferae*). In Asien sind 4 Typen zu unterscheiden, ein sibirischer (*P. nivalis*, in ganz Sibirien in vielen Formen [eine Form im Himalaya], *P pumila* in Ostsibirien), ein himalayischer *(P. Stuartii)* und 2 auf Sikkim und die benachbarten Hochgebirge beschränkte, an die *Proliferae* erinnernde (*P. elongata* in Sikkim, *P. sikkimensis* da und in Yun-nan repräsentiren einen, *P. secundiflora* von Yun-nan den anderen Typus). Die Section bildet den Ausgangspunkt für verschiedene mit involutiver und revolutiver Knospenlage, von denen die *Macrocarpae* am nächsten stehen, sonst aber die *Cordifoliae, Barbatae, Callianthae, Nivales, Proliferae* und *Auricula* Beziehungen zeigen.

15. Die *Barbatae* mit *P. vinciflora* und *Delavayi* von Yun-nan und *P. Elwesiana* von Sikkim zeigen nur zu vorigen geringe Beziehungen, sind sonst ziemlich isolirt.

16. Die *Macrocarpae* enthält arktisch-alpine Arten, deren Hauptentwicklung in Japan mit 5 Arten, wovon 4 endemisch *(P. macrocarpa, Fauriae, kakusanensis, heterodonta)*, während eine *(P. cuneifolia)* von Nippon bis zur Behringstrasse und Ualaschka verbreitet ist, eine *(P. suffrutescens)* auf die alpine Region der californischen Sierra Nevada beschränkt und eine andere, dem Typus der Section am fernsten stehende (*P. urticifolia* [alle anderen stehen einander sehr nahe]), aus der alpinen Region des westlichen Kansu bekannt ist. Sie stehen am nächsten den *Nivales*.

17. Die *Callianthae* sind auf den Himalaya und die sich daran anschliessenden Gebirge beschränkt, hauptsächlich im Osten derselben entwickelt. *P. dryadifolia* verbindet sie mit den *Cordifoliae* (besonders *P. pulchra*), *P. Fedschenkoi* steht dem Typus etwas fern, *P. flava* ist in ihrer Zugehörigkeit noch sehr unsicher; die Verbreitung zeigt sich am besten aus folgender Uebersicht:

Turkestan	Westhimalaya	Osthimalaya	Yun-nan	Kansu
Fedschenkoi	*Griffithii*	*obtusifolia*	—	*P. flava*
		Kingii *Dickieana* *Pantlingii*	*glacialis* *calliantha* *amethystina* *dryadifolia*	

Sie stehen am nächsten den *Nivales*, scheinen gewissermaassen eine ihnen parallele Entwicklungsreihe zu sein.

18. Die *Cordifoliae* gehören mit Ausnahme von der etwas isolirt stehenden *P. grandis* aus dem westlichen Transkaukasien, alle dem östlichen Himalaya an, von diesen reicht nur die an erstere sich näher anschliessende *P. grandis* bis zum Centralhimalaya, während die anderen unter einander nahe verwandten Arten *(P. rotundifolia, Gambeliana, pulchra, cordifolia)* auf den Osthimalaya, ja fast auf Sikkim (nur *P. rotundifolia* von da bis Kashmir)

beschränkt sind. Sie zeigen Beziehungen zu *Callianthae* und *Nivales*. *P. grandis* ist unter dem Namen *Stredinskya* von Stein vielleicht nicht mit Unrecht zu einer eigenen Section erhoben.

19. Die *Proliferae* zeigen die nächsten Beziehungen zu den *Nivales*, besonders durch *P. Parryi*, geringere zu den *Callianthae*. Ihre Verbreitung zeigt am einfachsten folgende Uebersicht:

Java	Sikkim	Yun-nan	Nordchina	Rocky Mts.	Japan
—	—	*japonica* var.	—	—	*japonica*
prolifera	*prolifera*	*serratifolia*	—	—	
—	—	*Poissoni*	—	—	
—	—	*sonchifolia*	*Maximowiczii*	*Parryi*	
—	—	*membranifolia*	—	—	

20. *Auricula* ist endemisch auf den europäischen Hochgebirgen; hat ihr Centrum in den Alpen, wo die Ostalpen wegen geringerer Vergletscherung am reichsten. Die Pyrenäen haben nur 3 Arten (*P. integrifolia, viscosa, hirsuta*), von denen keine endemisch. Verbindende Standorte im südfranzösischen Berglande fehlen. Nach den Karpathen sind *P. minima, Clusiana* und *Auricula* gelangt, letztere auch zum Schwarzwald, erstere mit Ueberspringung der Ostsudeten zum Riesengebirge. Sonst fehlt die Section in den deutschen Mittelgebirgen. Auf der Balkanhalbinsel finden sich nur *P. minima* und *Kitaibeliana*. Im Apennin kommt nur *P. Auricula* vereinzelt vor, ausserdem aber als einzige den Alpen fehlende Art der Section *P. Palinuri* bei Neapel (entsprechend *Acer Lobelii* und *neapolitanum*). Alle anderen Arten sind auf die Alpen beschränkt, nämlich: **P. ciliata, marginata*, **carniolica*, **spectabilis* (subspec. *longobarda* in Lombardei bildet Uebergang zur folgenden) *glaucescens* (Comersee), **Wulfeniana*, **villosa, oenensis*, **commutata, pedemontana, Allionii*, **tyrolensis, glutinosa*, darunter die mit * auf die Ostalpen beschränkt. Die Section steht am nächsten den *Nivales*.

101. **Th. Wenzig** (726) macht folgende Angaben über Verbreitung der Arten der Gattung *Spiraea*:

I. *Physocarpos*.

1. *S. opulifolia* L. (= *Neillia* × *opulifolia* Wats.): Nordamerika: Kanada bis Georgien und Missouri, Kentuky und Westchester, Philadelphia; cultivirt in Gärten (seit 1690 in England).

— — *β. mollis* T. et Gr. (*β. tomentella* Seringe = *S. capitata* Pursh.): Oregon (Cascaden), Utah (City Creak Cañon 7000 Fuss), Kalifornien (seit 1827 in England).

— — *γ. pauciflora* T. et Gr. (= *S. pauciflora* Nutt. mss. = *S. monogyna* Torr. = *Neillia Torreyi* Wats.): Oregon, Colorado, Neu-Mexico.

— — *δ. Amurensis* (= *S. Amurensis* Maxim.): Amur.

— — *ε. ferruginea* Nutt. mss.: Florida, Georgien, Alabama.

II. *Euspiraea*.

a. *Chamaedryon*.

2. *S. trilobata* L.: Sibirien, Dsungarei, Nordchina, Nordmongolei (seit 1801 in England).

3. *S. thalictroides* Pallas (= *S. hypericifolia γ. thalictroides* Ledeb.): Transbaikal, Sibirien, Daurien (cultivirt in Berlin seit 1806).

4. *S. crenata* L. (incl. *S. hypericifolia* und *S. alpina*): Mittleres und südliches Russland, Kaukasus, Sibirien, russ. Armenien, Turkestan, Ostmongolei (cultivirt in Berlin).

— — *α. lasiocarpa* Wg. (= *S. lasiocarpa* Kar. et Kir.): Altaisches Sibirien.

5. *S. hypericifolia* L.: Krim, Kaukasus, Türkei.
 — — α. *acutifolia* Wg. (*S. acutifolia* Willd. = *S. sibirica* ht. Paris) Altaisches Sibirien (cultivirt in Berlin seit 1806).
 — — β. *obovata* Wg. (*S. obovata* Willd. = *S. crenata* L. β. *Kotschyana* Boiss.): Armenien, Cilicien, Kärnthen.
6. *S. cana* W. et K. (*S. sericea* Turcz.): Südosteuropa, Armenien, Amur (seit 1825 in England).
7. *S. alpina* Pallas (*S. dahurica* Maxim.): Altaisches Sibirien, Daurien, Schilka, Tibet.
8. *S. chamaedrifolia* L. (*S. flexuosa* Fischer, *S. alpina* ht. Paris): Russland, Sibirien, Amur, Schilka (cultivirt in Nordamerika, Paris, Berlin [unter dem Namen *S. alpina* und *oblongifolia* W. et K.] und Schwetzingen.
 — — α. *ulmifolia* Wg. (*S. ulmifolia* Scopoli, *S. chamaedrifolia* Jacq. [Host]): Galizien, Siebenbürgen, Banat, Marmaros, Kärnthen, Japan.
 — — β. *confusa* (*S. confusa* Körnicke et Regel): Sibirien, Dalmatien, Kärnthen (cultivirt in Berlin.)
 — — γ. *oblongifolia* Camb. (*S. oblongifolia* W. et K.): Ungarn, Banat, Dalmatien (cultivirt in Berlin und Paris).
 — — δ. *Pikowiensis* Wg. (*S. Pikowiensis* Besser): Podolien (cultivirt in Berlin).
9. *S. chamaedrifolia* Thunbg.: Japan, Küste der Mandschurei.
10. *S. dasyantha* Bge: Peking.
 — — α. *pubescens* Wg. (*S. pubescens* Turcz.): China, Ostmongolei.
11. *S. Brahuica*: Belutschistan, Afghanistan, Peshawar.
12. *S. cantoniensis* Loureiro (*S. lanceolata* Poir., *S. corymbosa* Roxb., *S. Reevesiana* Lindl., *S. japonica* Sieb.): China, Japan, Mauritius (cultivirt in Berlin).
13. *S. Thunbergii* Sieb. (*S. crenata* Thunbg.): Nagasaki (cultivirt in Berlin).
 — — α. *prunifolia* Wg. (*S. prunifolia* var. Sieb. et Zucc., *S. crenata* var. Thunbg.): Nagasaki (cultivirt in Berlin).

b. *Spiraria.*

α. *Corymbi compositi.*

14. *S. betulifolia* Pallas: Sibirien, Kamtschatka, Mandschurei, Sachalin, Beringstrasse, Alaska, China, Ostmongolei, Rocky Mountains, Oregon (3500 Fuss), Washington (6000 Fuss), Kalifornien (7000 Fuss) (cultivirt in Berlin).
 — — α. *corymbosa* Wg. (*S. corymbosa* Rafinesque, *S. crataegifolia* Lk.): Virginia, Oregon, Cascaden, Wyoming (cultivirt in Berlin und Paris).
15. *S. decumbens* Koch (= *S. flexuosus* Rchb.); Kärnthen, Krain, Friaul, Tirol, (cultivirt in Erlangen und Berlin).
 — — α. *Hacquetii* Wg. (*S. Hacquetii* Fenzl et K.): Italien, Krain.
16. *S. callosa* Thunbg. (*S. japonica* L., *S. Fortunei* Planch, *S. pulchella* Kunze, *S. callosa* α. *robusta* Hook f. et Thoms.): Japan, Ostindien, Bengalen, Khasia-Berge (5—6000 Fuss), (cultivirt in Leipzig).
 — — α. *macrophylla* Hook. mss. (*S. micrantha* Hook.): Sikkim (6—8000 Fuss), (cultivirt in Berlin).
 — — β. *bella* Wg. (*S. bella* Sims., *S. expansa* Wall., *S. stellata* Wall., *S. glauca* Wall.): Indien, Yokohama (cultivirt in Paris, Schwetzingen, Berlin, in England seit 1820).
 — — γ. *fastigiata* Wg. (*S. fastigiata* Wall.): Nepal.
17. *S. canescens* D. Don. (*S. cuneifolia* Wall.): Himalaya (cultivirt in Berlin, seit 1825 in England).
 — — var. *glabra* Hook. mss. (*S. arcuata* Hook.): Sikkim (12—14 000 Fuss).
18. *S. vacciniifolia* D. Don. (*S. laxiflora* Royle, *S. rhamnifolia* Wall., *venustula* Kth. et Bouché): Gurwhal (cultivirt in London und Berlin).

β. *Racemi simplices.*

19. *S. parviflora* Benth: Mexico.

γ. Racemi compositi.

20. *S. argentea* Mutis (*S. magellanica* Poir): Neu-Granada, Guatemala, Costa Rica.
21. *S. laevigata* L. (*S. altaica* Pallas, *S. caerulescens* Poir.): Altaisches Sibirien (cultivirt in Berlin und Paris, in England seit 1784).
22. *S. salicifolia* L.: Süd- und Mittelrussland, ganz Sibirien, Mandschurei, Nordamerika von Neu-Fundland und Saskatschawan bis Georgien, Kärnthen, Krain, Steiermark, Ungarn (vielleicht nur verwildert) (seit 1665 in England).

— — *α. linearis* Wg.: Illinois.

— — *β. lanceolata* T. et Gr.; Saskatschawan, Winipeg-See.

— — *γ. paniculata* Aiton (*S. alba* Duroi): Massachusetts (cultivirt in Berlin).

— — *δ. latifolia* Aiton (*S. carpinifolia* Willd.): Boston, Neu-York, Virginien, Neu-Fundland, Sachalin (seit 1806 in Berlin).

Von Culturformen gehören zu der Art: *S. Bethlemensis* ht. Berol., *S. Billardii* ht. Gall., *S. angustifolia* Otto et Dietrich, *S. pachystachys* ht. Berol.

23. *S. tomentosa* L.: Nordamerika (cultivirt in Berlin und Schwetzingen).
24. *S. Douglasii* Hook.: Nordamerika (cultivirt in Berlin).

— — *α. Nobleana* S. Wats. (*S. Nobleana* Hook.): Kalifornien.

— — *β. Menziesii* Presl. (*S. Menziesii* Hook.): Oregon, Washington.

25. *S. discolor* Pursh. (*S. discolor* var. *ariaefolia* S. Wats., *S. ariaefolia* Smith): Westl. Nordamerika (seit 1827 in England).

— — *β. dumosa* S. Wats. (*S. dumosa* Nutt. mss., *S. ariaefolia β discolor* T. et Gr.): Oregon, Kalifornien, Colorado, Utah, Neu-Mexico, Mexicanisches Grenzgebiet.

III. *Sorbaria.*

26. *S. sorbifolia* L.: Sibirien, Kamtschatka, Mandschurei, Peking (cultivirt in Berlin, Schwetzingen, Paris).

— — *β. alpina* Pallas (*S. Pallasii* Regel et Tiling): Baikalisches Gebirge.

— — *γ. angustifolia* Wg.: Afghanistan.

— — *δ. Lindleyana* Wg. (*S. Lindleyana* Wall., *Schizonotus tomentosus* Lindl. mss.): Nepal, Simla.

IV. *Ulmaria.*

27. *S. Ulmaria* L. (*S. glauca* Schulz, *Ulmaria palustris* Mönch, *U. pentapetala* Gilibert): Russland, Armenien, Cilicien, Schweden (Upsala), Schottland, Island, Deutschland, Frankreich (auch cultivirt).

— — *β. denudata* Koch (*S. denudata* Presl.): Dorpat, Moskau, Schlesien, Böhmen, Steiermark, Elsass.

28. *S. Filipendula* L. (*Filipendula vulgaris* Mönch., *F. hexapetala* Gilibert): Mittel- und Südrussland, Sibirien, Dsungarei, Bithynien, Türkei, Siebenbürgen, Ungarn, Dalmatien, Deutschland, Schweden (Upsala), Dänemark, Schottland, Frankreich.

— — *β. minor* Gouan: Montpellier.

— — *γ. pubescens* Camb. (*S. pubescens* DC.): Provence.

29. *S. multijuga* Wg. (*Filipendula multijuga* Maxim): Japan.
30. *S. kamtschatica* Pallas: Kamtschatka, Sachalin, Küste der Mandschurei, Nipon, Simla (1000 Fuss).

— — *α. himalensis* Lindl. (*S. vestita* Wall.): Kamaon, Kitschvar, Kashmir, Lahul (cultivirt in Berlin).

— — *β. occidentalis* Wg. (*S. occidentalis* Wats.): Oregon.

31. *S. palmata* Thunbg. (*S. digitata* Willd. *α. glabra* Ledeb., *S. angustiloba* Turcz.): Japan, Amur.

— — *α. tomentosa* Wg. (*S. palmata* Pallas, *S. digitata* Willd., *S. digitata β. tomentosa* Ledeb.): Daurien, Kamtschatka, Amur.

32. *S. lobata* Murray (*S. palmata* L.): Nordamerika (cultivirt in Berlin seit 1806, auch unter dem Namen *S. stipularis*).

V. *Petrophytum*

33. *S. caespitosa* Nutt.: Utah, Wabsatch Mountains, Mexicanisches Grenzgebiet.

VI. *Eriogynia*.

34. *S. pectinata* T. et Gr. (*Saxifraga pectinata* Pursh., *Luetkea sibbaldioides* Bongard, *Eriogynia pectinata* Hook): Westl. Nordamerika, Oregon bis Alaska.

VII. *Chamaebatiaria* Porter.

35. *S. Millefolium* Torr.: Westl. Union.

VIII. *Aruncus*.

36. *S. Aruncus* L. (*Aruncus silvester* Kosteletzki): Kroatien, Oesterreich, Schweiz, Frankreich, Deutschland, Italien, Süd- und Mittelrussland, Sibirien, Kamtschatka, Alaska, Mandschurei, Japan, Sikkim, Pennsylvanien, Kentuky, St. Louis, Illinois, Oregon.

— – α. *triternata* Wg. (*S. triternata* Wall.): Nepal.

— — β. *americana* Pursh. (*S. acuminata* Douglas, *S. Humboldtii* Sp.): cultivirt in Berlin.

— — γ. *astilboides* Maxim. mss. (*S. astilboides* Maxim.): Nipon.

102. **L. Radlkofer** (498) bespricht die Verbreitung der Gattung *Serjania*.

103. **Prosartes** (840) ist von Bentham mit *Disporum* vereinigt worden. Es wird in vorliegendem Aufsatz die Bezeichnung der 9 amerikanischen Arten von *Prosartes* besprochen.

104. **N. L. Britton** (95) giebt im Anschluss an vorige Arbeit die Bezeichnung aller bekannten *Disporum*-Arten:

I. Asiatische.

D. calcaratum (Wall.) Don.
var. *Hamiltonianum* (Wall.) Baker.
D. sessile (Thunb.) Don.
var. *minus* Miquel.
var. *stenophyllum* Franch. et Sav.
D. Chinense (Ker.) (= *Uvularia Chinensis* Ker. = *D. pullum* Salisb.).
var. *parviflorum* (Wall.) (*Uvularia parviflora* Wall. = *D. pullum* Salisb. var. *parviflorum* Baker).
D. Leschenaultianum (Wall.) Don.
D. smilacinum Gray.

II. Amerikanische.

D. Menziesii (Don.) (= *Prosartes Menziesii* Don. 1839 = *Uvularia Smithii* Hook. 1840).
D. lanuginosum (Michx.) (= *Streptopus lanuginosus* Michx. = *Prosartes lanuginosus* Don.).
D. maculatum (Buckley) (= *Streptopus maculatus* Buckley = *Prosartes maculata* Gray).
D. trachycarpum (Watson) (= *Prosartes trachycarpa* Wats.). (Diese kommt südwärts bis zu den Mogollon-Bergen von Arizona vor und findet sich auch bei Bill William's Mt., Centralarizona.)
D. Hookeri (Torr.) (= *Prosartes Hookeri* Torr.).
var. *oblongifolium* (Watson) (= *Prosartes Hookeri* Torr. var. *oblongifolium* Watson).
D. maius (Hook.) (= *Uvularia lanuginosa* Pers. var. *maior* Hook. = *Prosartes Oregana* Wats.).
D. parvifolium (Wats.) (= *Prosartes parvifolia* Wats.).

105. **H. N. Ridley** (559) giebt folgende Verbreitung der *Microstylis*-Arten an:

§ *Dienia*.

1. *M. monophyllos* Lindl. (= *M. diphyllos* Lindley = *M. brachypoda* Gray = *M. Gmelini* Lindl. = *Ophrys monophyllos* L. = *O. latifolia* L. = *O. lilifolia* L. = *E. monophyllos* Schmidt = *Malaxis Monophylla* Swartz = *M. diphyllos* Cham.

= *Monorchis ophioglossoides* Mentzel): Norwegen, Russland, Schweiz, Tirol, Steiermark, Kamtschatka, Nordamerika (Michigan, New York, westl. Canada u. a.).

2. *M. maianthemifolia* Rchb. f. = *Malaxis maianthemifolia* Schlecht. et Cham.: Mexico (Xalapa).
3. *M. cordata* Rchb. f. = *Dienia cordata* Lind.: Mexico.
4. *M. ichthiorrhyncha* Rchb. f. = *Malaxis ichthiorhyncha* Rich. et Gal. = ? *Microstylis cochlearifolia* Rchb. f. = *Malaxis cochlearifolia* Rich. et Gal.: Huatusco und Costa Rica.
5. *M. arachnifera* n. sp.: Sierra Madre von Mexico.
6. *M. porphyrea* n. sp. = *M. purpurea* Wats. (non Lindl.): Südarizona (vielleicht dieselbe wie *M. Ehrenbergii* Rchb. f.: Mexico, Real del Monte).
7. *M. gracilis* n. sp.: Guatemala.

§ *Spicatae.*

8. *M. disepala* Rchb. f.: Venezuela, 2000—3000′.
9. *M. Warmingii* Rchb. f.: Brasilien (Lagoa Santa).
10. *M. floridana* Chapman: Florida.
11. *M. rotundata* n. sp.: Gouadeloupe?
12. *M. spicata* Lindl. = *Malaxis spicata* Swartz: Jamaica, Westmoreland Berge, Cuba.
13. *M. Massonii* n. sp.: Westindien (St. Christoph, Dominica).

§ *Umbellulatae*

14. *M. ophioglossoides* Nutt. = *Malaxis unifolia* Mich. = *M. ophioglossoides* Willd.: San Louis Potosi in Mexico, östl. Nordamerika bis Canada.
15. *M. umbellulata* Lindl. = *Malaxis umbellulata* Swartz = *M. umbelliflora* Lunan: Jamaica und Dominica.
16. *M. caracasana* Klotsch. ined.: Columbia.
17. *M. hastilabia* Rchb. f.: Tocota, Guatemala, Brasilien (S. Paulo Organ-Berge).
18. *M. simillima* Rchb. f.: Costa Rica.
19. *M. Lagotis* Rchb. f.: Costa Rica. (In diese Reihe gehört auch die ziemlich unbekannte *M. excavata* Lindl.)
20. *M. fastigiata* Rchb. f. = *M. ophioglossoides* Bot. Reg., sowie Link. et Otto (non Nutt.) = *Malaxis maianthemifolia* Rich. et Gal. (non Schlecht.) = *Dienia maianthemifolia* Rchb. f. = *Ophrys ensifolia* Pav.: Mexico, Santa Martha und Bolivia (Sorata).
21. *M. longisepala* n. sp.: Mexico.
22. *M. corymbosa* Wats.: Arizona (Huachuca-Berge).
23. *M. ventricosa* Poepp. et Endl.: Peru (Pampayaco).
24. *M. rupestris* Poepp. et Endl.: Peru (Cassapi), Venezuela (Tovar).
25. *M. brachystachys* Rchb. f.: Mexico (Real del Monte).
26. *M. histionantha* Link et Otto = *M. Parthoni* Rchb. f. = *Malaxis Parthoni* Morren = *Cheiropterocephalus sertuliferus* Barb. Rodr. = *Epidendrum umbellatum* Velloz: Venezuela, Neu-Granada, Costa Rica, Nicaragua, Brasilien.
27. *M. pubescens* Lindl.: Brasilien (Orgon-Berge).
28. *M. crispifolia* Rchb. f.: Costa Rica.
29. *M. andicola* n. sp.: Ecuador (Pichincha, 11 000′).
30. *M. Moritzii* n. sp.: Venezuela (Tovar, subalpine Region).

§ *Pedilaea.*

31. *M. calycina* n. sp. = *Dienia calycina* Lindl. = *Serapias parasitica* Pav. = *Ophrys monophylla* Pav.: Mexico, Guatemala, Peru.
32. *M. myurus* Rchb. f. = *Dienia myurus* Lindl. = *Pedilaea myurus* Lindl. = *D. crispata* Lindl.: Thal von Mexico.
33. *M. macrostachya* Lindl. = *Ophrys macrostachya* Llave = *Malaxis densiflora* Rich. et Gal.: Mexico.
34. *M. montana* Rothrock: Arizona und Mexico.

§ *Tipuloideae.*

35. *M. tipuloidea* Lindl.: Columbia, Costa Rica.

§ *Caulescentes.*

36. *M. caulescens* Lindl.: Ecuador, 8000′.

§ *Dieniae Gerontogeae.*

37. *M. muscifera* n. sp. = *Dienia muscifera* Lindl.: Afghanistan, Himalaya, Nordindien (Guhrwal).
38. *M. cylindrostachya* Rchb. f. = *Dienia cylindrostachya* Lindl.: Nepal, Nordwesthimalaya.

§ *Crepidium.*

39. *M. Godefroyi* Rchb. f.: Kambodscha.
40. *M. congesta* Rchb. f. = *Dienia congesta* Lindl. = *Malaxis latifolia* Sm. = *M. plicata* Roxb. = *Liparis Bernaysii* F. v. Müll.: Himalaya, Khasia-Berge, Siam; Hongkong, Malayische Inseln, Australien (eine Varietät auf Ceylon: var. *fusca* = *Dienia fusca* Lindl. = *M. fusca* Rchb. f. = *M. trilobulata* Kurz [diese auch: Maulmein und Anden], eine Varietät auf Java: var. *gracilior*).
41. *M. biaurita* Lindl.: Nordindien (Sylhet).
42. *M. Josephiana* Rchb. f.: Sikkim.
43. *M. Burbidgei* Rchb. f.: Labuan.
44. *M. discolor* Lindl.: Ceylon, Centralindien.
45. *M. flavescens* Lindl. = *Crepidium flavescens* Blume: Java.
46. *M. biloba* Lindl.: Nepal.
47. *M. Wallichii* Lindl.: Nepal, Sylhet, Khasia, Ghurwal, Maulmein, Anamallay-Hügel, Kambodscha.
48. *M. carinata* Rchb. f. = *Diénia carinata* Rchb. f.: Philippinen.
49. *M. oculata* Rchb. f. = *Anoectochilus javanicus* Hort.: Java.
50. *M. polyphylla* n. sp.: Neu-Caledonien.
51. *M. taurina* Rchb. f.: Neu-Caledonien.
52. *M. purpurea* Lindl.: Ceylon, Java.
53. *M. calophylla* Rchb. f. = *Liparis elegantissima* Hort.: Malayische Inseln (Genaueres unbekannt).
54. *M. chlorophrys* Rchb. f.: Borneo.
55. *M. seguarensis* Kränzlin: Neu-Guinea.
56. *M. Ventilabrum* Rchb. f.: Sunda-Inseln.
57. *M. metallica* Rchb. f.: Borneo.
58. *M. platycheila* Rchb. f.: Fidschi-Inseln.
59. *M. Rheedii* Lindl. (= *Epidendrum resupinatum* Forst = *Pterochilus plantagineus* Hook. et Arn. = *Microstylis bella* Rchb. f. = *M. plantaginea* Cuzent): Sunda-Inseln, Gesellschafts-Inseln.
60. *M. Bancana* n. sp. (= *Crepidium Rheedii* Blume): Banca.
61. *M. versicolor* Lindl. (= *Malaxis Rheedii* Swarz = *Liparis priochilus* Loddiges = *L. intermedia* Rich.): Anamallays und Ceylon.
62. *M. pratensis* n. sp. (= *M. versicolor* Wight = *Liparis densiflora* Rich.): Südindien.
63. *M. luteola* Wight: Indien, Ceylon.
64. *M. crenulata* n. sp.: Südindien, Westnilgherries.
65. *M. lancifolia* Thwaites: Ceylon.
66. *M. cardiophylla* Rchb. f.: Comoren.
67. *M. stellidostachys* Rchb. f.: Westafrika, Princés Island (Isola do Principe? Ref.).
68. *M. commelynaefolia* Zoll: Java.

Die einzige Art *Malaxis* (*M. paludosa*) ist in Mittel- und Westeuropa verbreitet.

8. Geschichte und Verbreitung der Nutzpflanzen (bes. der Culturpflanzen). (R. 106—231.)

a. Arbeiten, die sich auf mehrere Gruppen derselben gleichmässig beziehen.[1] (R. 106–125.)

Vgl. auch 5, 23 (Russ. Culturbäume), 25, 477. — Vgl. ferner No. 6* (Producte Tonkins), No. 33* (Zucht von Culturpflanzen), No. 311* u. 631* (Culturpflanzen der Rieselfelder von Blankenburg bei Berlin), No. 352* (Kuntze's Reise um die Erde), No. 355* (Nutzpflanzen der französ. Colonien), No. 472* (Nutzpflanzen Brasiliens), No. 586* (Producte Ceylons), No. 582* (Palaeontolog. Ursprung der nutzbaren Bäume), No. 618* (Tropische Agricultur), No. 706* *(Delphinium viride)*, No. 707* *(Phlox nana)*, No. 708* *(Rosa Nutkeana)*, No. 709* *(Tigridia Pringlei)*, No. 710* *(Pitcairnia Palmeri)*, No. 711* *(Chionophila Jamesii)*, No. 712* *(Hymenocallis humilis)*, No. 713* *(Phlox adsurgens)*, No. 714* *(Amelanchier alnifolia)*, No. 715* *(Camassia Cusickii)*, No. 716* *(Brodiaea Bridgesii)*, No. 717* *(Delphinium viride)*, No. 718* *(Heliconia Choconiana)*, No. 745* *(Prunus Maureri)*, No. 806* (Nutzpflanzen von Habana), No. 867* (Nutzpflanzen von Vera Cruz).

106. **F. v. Müller** (431) liefert eine sehr werthvolle Zusammenstellung von extratropischen Nutzpflanzen. Im Ganzen werden 2396 Arten genannt, dabei aber gelegentlich noch nahe verwandte in ähnlicher Weise brauchbare erwähnt. Bei jeder Art wird je nach der Bedeutung mehr oder minder kurz die Heimath, Verbreitung, Verwendung u. s. w. besprochen. Von bekannteren Nutzpflanzen vermisst Ref. *Petroselinum*, *Portulaca*, *Nasturtium officinale* und *Cardamine amara*, worauf er für eine neue Auflage aufmerksam machen möchte, doch könnte die eine oder andere derselben unter einem synonymen Namen aufgeführt sein, da jede Pflanze in dem alphabetisch geordneten Verzeichniss nur an einer Stelle erwähnt, nicht, was vielleicht praktisch wäre, die gebräuchlichsten Synonyma mit aufgenommen, um auf den betreffenden Ort zu verweisen. Auf das Verzeichniss, das den Hauptinhalt des Buches einnimmt, folgen einige Ergänzungen, dann tabellarische Uebersichten über das Klima in Victoria (Australien), weil für dies Land ursprünglich die Zusammenstellung gemacht ist und eine sehr werthvolle Zusammenstellung der Gattungen nach der Art der Nutzanwendung (Nährpflanzen, Faserpflanzen, Futterpflanzen u. s. w.), sowie eine Zusammenstellung der Gattungen nach dem natürlichen Pflanzensystem und eine solche nach der Heimath, sowie dann nach der Culturart und endlich ein Verzeichniss volksthümlicher Namen. Ein Referat über den Einzelinhalt lässt sich nicht geben; das Werk ist aber für alle Untersuchungen über Nutzpflanzen eins der wichtigsten Nachschlagebücher.

Vielleicht wäre es von Nutzen, auch unter den bekanntesten synonymen Namen die Pflanzen aufzuführen, um dann auf den acceptirten zu verweisen, so wurde z. B. *Pastinaca sativa* L. vom Ref. zunächst vermisst, fand sich dann unter dem Namen *Peucedanum sativum* Benth. Vielleicht mögen auch die anderen vermissten Namen so zu erklären sein, z. B. findet sich *Sium sisarum* L. unter dem Namen *Pimpinella sisarum* Benth.

Vgl. auch No. 444* und No. 495*.

107. **J. H. Maiden** (390) führt in alphabetischer Ordnung nachfolgende einheimische australische Pflanzen auf, die als menschliche Speise Verwendung finden. Verf. giebt die jedesmalige Anwendung, hie und da chemisch-physiologische Notizen, sowie die geographische Verbreitung dieser Nutzpflanzen: 4 *Acacia*, *Acaena sanguisorbae* Vahl., *Achras australis* R. Br., *Adansonia Gregorii* F. v. M., *Adenanthera pavonina* L., *Agaricus campestris* L., *Aleurites moluccana* Willd., *Alsophila australis* R. Br., *Amarantus viridis* L., *Angiopteris evecta* Hoffm., *Apium australe* Thou., 2 *Aponogeton*, *Araucaria Bidwillii* Hook., *Astelia alpina* R. Br., *Astroloma humifusum* R. Br., *Atalantia glauca* Hook. f., *Atherosperma moschata* Labill., *Atriplex cinerea* Poir., *Avicennia officinalis* L., *Banksia*, *Billardiera scandens* Smith., *Bombax malabaricum* DC., *Bowenia spectabilis* Hook., *Brasenia peltata* Pursh., *Buchanania arborescens* Blume, *Caladenia*, *Calophyllum inophyllum*

[1] Vgl. Bot. J., XIII, 1885, 2. Abth., p. 118 und XIV, 1886, 2. Abth., p. 129.

L., *Canavalia obtusifolia* DC., 3 *Capparis, Cardamine hirsuta* L., *Cardiospermum Halicacabum* L., *Careya arborea* Roxb., *Cargillia australis* R. Br., *Carissa ovata* R. Br., *Cassytha filiformis* L., *Castanospermum australe* A. Cunn., *Casuarina stricta* Ait., 2 *Chenopodium, Citriobatus pauciflorus* A. Cunn., *Citrus australis* Planch., 2 *Claytonia, Cocos nucifera* L., 2 *Colocasia*, 2 *Coprosma, Cordia Myxa* L., *Correa alba* Andr., *Crinum flaccidum* Herb., *Cucumis trigonus* Roxb., *Cyathea medullis* Swartz., *Cycas media* R. Br., *Cymbidium canaliculatum* R. Br., *Cyttaria Gunnii* Berk., 2 *Dendrobium, Dicksonia antarctica* Labill., 3 *Dioscorea, Dodonaea, Diploglottis Cunninghamii* Hook. f., *Drimys aromatica* F. v. M., *Elaeagnus latifolia* L., *Elaeocarpus Bancroftii* F. v. M. und Bail., *Entada scandens* Benth., *Erythrina indica* Lam., 7 *Eucalyptus, Eucheuma speciosum* J. Agardh, 4 *Eugenia, Eustrephus latifolius* R. Br., 2 *Exocarpus*, 3 *Ficus*, 2 *Fusanus, Gastrodia sesamoides* R. Br., 2 *Gaultheria, Geitonoplesium cymosum* A. Cunn., *Geranium dissectum* L., *Gleichenia dichotoma* Hook., *Gracillaria confervoides* var. Grev., 2 *Grevillea, Grewia polygama* Roxb., *Haemodorum spicatum* R. Br., 2 *Kakea, Heleocharis sphacelata* R. Br., 2 *Hibiscus*, 2 *Hirneola, Hovea longipes* Benth., *Ipomoea, Lagenaria vulgaris* Ser., *Lambertia formosa* Smith., *Lavatera plebeja* Sims., 3 *Leptomeria, Leptospermum scoparium* Forst., *Leucopogon Richei* R. Br., *Linum marginale* A. Cunn., 3 *Lissanthe, Livistona australis* Mart., *Maba laurina* R. Br., *Macadamia ternifolia* F. v. M., 3 *Macrozamia, Marattia Fraxinea* Smith., *Marlea vitiensis* Benth., *Marsdenia Leichhardtiana* F. v. M., *Marsilea quadrifolia* L., *Melodorum Leichhardtii* Benth., *Mesembryanthemum aequilaterale* Haw., *Microseris Forsteri* Hook., 2 *Mimusops, Morinda citrifolia* L., *Mucuna gigantea* DC., *Mühlenbeckia adpressa* Meissn. var. *hastifolia*, *Mylitta australis* Berk., 3 *Myoporum*, 2 *Myrtus, Nasturtium palustre* DC., *Nelumbium speciosum* Willd., *Nitraria Schoberi* L., *Nymphaea gigantea* Hook., *Ocimum sanctum* L., *Oryza sativa* L., 3 *Owenia, Oxalis corniculata* L., 2 *Pandanus, Panicum decompositum* R. Br., *Parinarium Nonda* F. v. M., *Persoonia, Phaseolus Mungo* L., *Physalis minima* L., *Picris hieracioides* L., *Pipturus argenteus* Wedd., *Pittosporum phillyraeoides* DC., *Podocarpus spinulosa* R. Br., 2 *Portulaca, Pteris aq.* L. var. *esculenta, Rhagodia parabolica* R. Br., *Rhamnus vitiensis* Benth., 2 *Rubus, Salicornia australis* Soland., 2 *Sambucus, Santalum lanceolatum* R. Br., *Scaevola Koenigii* Vahl., *Schmidelia serrata* DC., *Semecarpus Anacardium* L., *Sesbania aculeata* Pers., 4 *Solanum, Sonchus oleraceus* L., 4 *Sterculia*, 2 *Styphelia, Suaeda maritima* Dumort., *Tacca pinnatifida* Forst., *Telopea speciosissima* R. Br., 3 *Terminalia*, 2 *Tetragonia, Timonius Rumphii* DC., *Trigonella suavissima* Lindl., *Typha angustifolia* L., *Typhonium Brownii* Schott., *Vigna lanceolata* Benth., 2 *Vitis, Xanthorrhea, Ximenia americana* L., 2 *Zizyphus*.

Matzdorff.

108. **L. Wittmack** (730) weist darauf hin, dass bei Angaben über die Cultur in einem Gebiet auf die Varietäten der Culturpflanzen Rücksicht zu nehmen sei. Er giebt einige Anweisungen zum Sammeln und stellt dann die wichtigsten bisher bekannten und noch zu erforschenden Fragen über landwirthschaftliche Culturpflanzen zusammen.

Vom Weizen sind 6 Hauptformen bekannt, die zu einer Art, *Triticum vulgare* Vill. gehören. Sie zerfallen in a. Nackte Weizen, 1. *T. durum* L. in wärmeren Gegenden mit continentalem Klima; ziemlich selten 2. *T. turgidum* L. (englischer Weizen) in Südeuropa und Aegypten, theilweise auch in Deutschland gebaut [mit anliegenden langen Grannen], 3. *T. vulgare* dazu *α. compactum* kurzährig (begrannt: Igelweizen; unbegrannt: Binkelweizen) *β. elongatum*, langährig (begrannt: Bartweizen; unbegrannt: Kolbenweizen); b. Bespelzte Weizen, 4. *T. dicoccum* Schrank, Emmer, 5. *T. Spelta* Dinkel oder Spelz, 6. *T. monococcum*. Dazu noch eine eigene Art bildet *T. polonicum* (Riesenroggen). Vaterland aller Arten unbekannt. *T. vulgare* soll vom Euphrat stammen, *T. monococcum* scheint identisch mit *T. boeoticum* Boiss., also in Boeotien und Serbien heimisch, die Heimath der anderen Arten ist unbekannt. Sicherlich sind die nächsten Arten aus den bespelzten hervorgegangen; wahrscheinlich stand die Urform *Aegilops* nahe.

Secale Cereale ist nach de Candolle heimisch zwischen den österreichischen Alpen und dem Kaspi-See, Pancic will ihn in seinem *S. sorbicum* wild gefunden haben, Körnicke in *S. montanum*. Roggen liebt kühleres Klima als die meisten Weizenformen. Man findet ihn in den Tropen vereinzelt, z. B. in Südbrasilien, Parana, Natal dann auch an der Magelhaensstrasse.

Von Gerste sind 3 Hauptformen, die wohl eine Art bilden, bekannt. Sie reicht am weitesten polwärts und aufwärts in Gebirgen, stammt wohl von *H. spontaneum* C. Koch, die vom Kaukasus bis Persien vorkommt und als wilde Form der zweizeiligen Gerste anzusehen ist. Besonders viele Gerstenformen finden sich in Habesch.

Ausser dem gemeinen Hafer werden *Avena orientalis, strigosa, brevis* u. a. gebaut, auf dem Aetna auch *A. sterilis*, die *A. fatua* nahe steht, als Grünfutter. Vaterland unbekannt, in Alt-Griechenland wenig gebaut, in Centralasien jetzt nur verwildert.

Zea Mays ist amerikanisch, näheres unbekannt, in centralamerikanischen Gräbern besonders zu suchen. Er findet sich in den peruanischen Gräbern wie in den Mounds Nordamerikas. Eine gelbe bespelzte Form *Z. M. tunicata* wurde in Paraguay (ob wirklich wild?) gefunden, fast gleichzeitig aber auch in Nordamerika Vgl. R. 147. Dem Mais am nächsten steht ein sehr hohes in Guatemala heimisches Gras, *Euchlaena luxurians* Dur. et Asch., vulgo Theosinthe, das jetzt als Futterpflanze, die angeblich 7 Mal im Jahr geschnitten werden kann, in den Tropen (z. B. Brasilien und Aegypten) gebaut wird.

Oryza sativa stammt aus Asien oder Afrika, doch ist auch auf *O. latifolia* zu achten, welche Art in Centralamerika wild vorkommen soll, vielleicht aber aus Asien eingeführt ist. Ihm nahe steht auch *Zizania aquatica* aus Seen und Flüssen Nordamerikas.

Panicum miliaceum L., eine der ältesten Culturpflanzen, wird als heimisch in Aegypten und Arabien oder Kleinasien, ja sogar auch China angesehen; doch fehlt es an sicheren Beweisen. *P. italicum* ist wohl zuerst in Südostasien gebaut, aber die Stammpflanze scheint *P. viride* L. (*Setaria viridis* P. B.) zu sein. *P. sanguinale* L. ist von der wilden Form kaum verschieden, daher wohl eine der jüngsten Culturpflanzen. Sie ist von geringer Bedeutung, kommt einerseits bei Slaven, andererseits im Uganda vor. In Indien wird *P. frumentaceum* Roxb. gebaut, das vielleicht aus dem tropischen Afrika eingeführt ist.

Sorghum vulgare ist die wichtigste aller Hirsearten, ausser im tropischen Afrika noch sehr verbreitet in Aegypten, Vorderasien, Indien, China, Nord- und Südamerika. *Pennisetum spicatum* ist ebenfalls im tropischen Afrika verbreitet und dort auch heimisch. *Eleusine Coracana* Gaertn. und *E. Tocussa* Fresen. stammen von *E. indica*. *Eragrostis abyssinica* Link (*Poa abyssinica* Jacq.) stammt von *E. pilosa* Beauvais. Von der wilden Form werden die Samen gesammelt, ähnlich wie (z. B. bei Frankfurt a. O.) von *Glyceria fluitans*. In ähnlicher Weise werden, ohne angebaut zu sein, benutzt: *Panicum decompositum* R. Br., australische Hirse, das einzige Korn, von dem die Nomaden Centralaustraliens Vorräthe sammeln (vgl. Müller, F. v. Select extra-tropical plants readily eligible for industrial culture or naturalisation, with indications of their native countries and some of their uses. New Victorian edition. Melbourne, 1885, vgl. R. 106), *P. distichum* Lamarck, in allen Tropen, in Indien zur menschlichen Nahrung, *Melocanna bambusoides* Trinius, ein bis 20 m hohes Bambusgras Indiens, dessen Frucht fleischig und von der Grösse einer Birne ist mit einem Samen, der angenehm schmecken soll.

Von Hülsenfrüchten werden am meisten Bohnen gebaut, nirgends aber mehr als im tropischen Brasilien, wo sie als Ersatz des Fleisches zu dem stickstoffarmen Maniokmehl dienen. (Schwarze Bohnen mit Maniok bestreut sind Nationalgericht in Brasilien.) Die meisten (auch brasilianischen) Bohnen gehören zu *Phaseolus vulgaris*, die in peruanischen Gräbern gefunden. (Rein hält Afrika für ihre Heimath; Verh. d. Rheinl. 42 J. Sitzber. 324.) Sicher stammen aus Amerika *Ph. multiflorus* L. (Feuerbohne) und *Ph. lunatus* (Limabohne auch Madagascarbohne), überhaupt alle grosssamigen Bohnen, während die kleineren wie *Ph. Mungo, radiatus, Max* etc. in Indien heimisch sind. *Ph. inamoenus* L. wird von manchen nur als Varietät von *Ph. lunatus* angesehen. *Ph. radiatus* wird in Japan viel gebaut. *Vigna sinensis (Dolichos sinensis, D. Catjang, D. melanophthalmus)* ist in den Tropen sehr verbreitet und wird oft mit *Phaseolus vulgaris* verwechselt (hat aber ovalkeilförmigen, an einem Ende schmäleren Nabel). *Lablab vulgaris* Savi kommt besonders in Aegypten vor, *Canavalia ensiformis* L. wird besonders in Afrika, Ost- und Westindien gebaut, eine rosa gefärbte Art, *C. incurva* DC. in Japan (Vaterland ?), *C. lineata* DC. wächst in Südjapan wild. *Soja hispida* Mönch (*Glycine Soja* Bth.) ist in China und Japan heimisch und spielt dort eine grosse Rolle. *Faba vulgaris* Mönch gehört zu den ältesten Culturpflanzen (Chyamoi bei Homer), ist selten in ägyptischen Gräbern, da sie für unrein galt, fand sich in grösserer Zahl in Troja (Hissarlik), auch in den Pfahlbauten, selbst Norddeutschlands, stets aber in einer sehr kleinsamigen Varietät, die leicht mit Erbsen verwechselt werden kann (aber Nabel am vorderen Ende, nicht oben in der Mitte). Sie wird in Deutschland, Spanien, Algier und einigen Tropenländern gebaut. Man sieht den Süden des Kaspi-Sees oder Nordafrika für ihre Heimath an. Einige halten *Vicia narbonensis*, die sich aber durch fast kugelige Samen und den in der Mitte befindlichen Nabel deutlich unterscheidet, für ihre Stammpflanze. Erbsen gehören eigentlich alle zu *P. sativum*, für deren Vaterland man die kühleren Gegenden Kleinasiens hält; sie ist in Troja (Hissarlik) von Schliemann und Virchow in grösseren Mengen gefunden, bis jetzt aber nicht in ägyptischen Gräbern.

Cajanus indicus bildet in den Tropen einen Ersatz für die Erbsen, besonders in Westafrika (Wandabohne), stammt aber aus Indien, wo er im Himalaya bis 2000 m steigt. Ersatz für Erbsen liefern ferner: *Lens esculenta* Mönch, *Ervum Ervilia* L., *Lathyrus Ochrus*, *L. Cicera* L., *L. sativus* L., *Cicer arietinum*, *Lupinus albus* L. u. a., die fast alle in Südeuropa oder dem Orient heimisch sind. Unter der Erde entwickeln die Früchte, nachdem sie oberirdisch geblüht haben: *Arachis hypogaea* (in allen Tropen verbreitet) besonders in Westafrika, aber heimisch in Südamerika, wie Funde in europäischen Gräbern beweisen) und *Voandzeia subterranea* du Petit-Thouars (Bambarrasbohne, heimisch im tropischen Afrika).

Vom Buchweizen, der jetzt selbst in Parana gebaut wird, sind folgende Arten zu unterscheiden: *Polygonum Fagopyrum* L. (in der Mandschurei heimisch), *P. tataricum* L. (in der Tatarei und Westsibirien), *P. emarginatum* Roth (der wohl aus Indien oder China stammt und jetzt viel in Japan gebaut wird). Aehnliche Verwendung finden: *Chenopodium Quinoa* Willd. (Hauptnahrungspflanzen in kälteren Theilen der südamerikanischen Anden, wild unbekannt) und *Amarantus frumentaceus* Roxb. (in Indien wegen der sehr kleinen stärkereichen Körner zur menschlichen Nahrung gebaut, wild, wie es scheint, auf Hügeln von Mysore und Coimbatore — noch andere Arten in Indien benutzt).

Von Knollengewächsen ist am wichtigsten die Kartoffel (vgl. A. de Condolle, Bot. J., XIV, 1886, 2. Abth.), dann *Batatas edulis* Choisy (für die amerikanische Heimath sprechen Funde in peruanischen Gräbern — auch andere Arten benutzt, z. B. *Ipomoea mammosa* Choisy in Amboina und Kotschinchina, *Batatas paniculata* Choisy in Westafrika, *Ipomoea purga* in Westindien, die beiden letzteren haben aber Wurzeln, die purgirend wirken), dann *Dioscorea* (etwa 200 Arten, von denen einige in der Alten, andere in der Neuen Welt cultivirt wurden, jetzt sind sie durch den Verkehr vermischt und es ist schwer, die Heimath anzugeben, namentlich *D. sativa* L., *D. Batatas* Decaisne, die sogenannte chinesische Batate ist nicht wild in China gefunden, ebenso die auf den Südsee-Inseln oft gebaute *D. alata* L. und ebenso kennt man nicht die Heimath amerikanischer Arten (als Igname, Jubame bezeichnet man in Brasilien nicht Dioscoren, sondern *Colocasia esculenta*, *Dioscorea* heisst da Caro oder Cara, wie bei den alten Peruanern). Von Maniok baut man besonders die giftige *Manihot utilissima* Pohl und die nicht giftige *M. Aipi* Pohl (*M. palmata* J. Müller). Erstere liefert am meisten Stärke von allen tropischen Gewächsen. Beide stammen aus Amerika, wie alle übrigen der 42 Arten der Gattung, erstere ist auch in peruanischen Gräbern gefunden. Jetzt ist sie in Westafrika sehr verbreitet. *Colocasia antiquorum* Schott. var. *esculenta* stammt wahrscheinlich aus Indien, wird aber jetzt in vielen Tropen gebaut. Auf den Südsee-Inseln bildet sie mit den folgenden als Taro ein wichtiges Nahrungsmittel. *Alocasia macrorrhiza* Schott. ist heimisch auf den Südsee-Inseln. Weiter werden benutzt: *Nelumbium speciosum* in Süd- und Ostasien, *Amorphophallus Rivieri* var. *Konjak* in Japan (vielleicht heimisch in Kotschinchina), *Xanthosoma sagittifolia* Schott. in Südamerika (vulgo: Margueritas, auch in Japan), *Oxalis tuberosa* (vulgo: Oca in Peru), *Ullucus tuberosus*, *Boussingaultea baselloides*, *Arracacha esculenta* (in Venezuela gegessen), *Tacca pinnatifida* (Südsee-Inseln), *Maranta arundinacea* (angeblich aus Westindien, in Brasilien nur gebaut), *Maranta indica* (angeblich aus Ostindien, auch auf den Antillen gebaut, nach Körnicke nur Varietät von *M. arundinacea*, wahrscheinlich alle *Maranta*-Arten aus Amerika). Ostindische Arrowroot liefern *Curcuma angustifolia* Roxb., *C. leucorrhiza* Roxb., *C. rubescens* Roxb., Queensland-Arrowroot *Canna edulis* und *C. indica*, Sago *Sagus Rumphii* Willd., *S. laevis* Rumph., *S. farinifera* Lam., *Arenga saccharifera* Labill., *Borassus flabelliformis*, *Caryota urens* u. a.

Ueber Obst, Gemüse u. s. w. liegen theilweise noch recht ungenaue Thatsachen vor. Gurken, Melonen und Wassermelonen sind in der alten Welt heimisch (*Cucumis Anguria* kommt zwar viel in Amerika vor, ist aber nach Hooker wahrscheinlich eine Culturform von den afrikanischen *C. prophetarum* und *Figarei*, obwohl diese beiden ausdauernd sind), über Kürbisse herrscht grosse Meinungsverschiedenheit. Auch auf technisch wichtige Pflanzen wird kurz eingegangen. Auf Gemüse der Eingeborenen ist sehr zu achten. Sie gedeihen oft, wo keine Getreide mehr vorkommen, so im Norden *Cochlearia officinalis* L., ein Mittel gegen den Skorbut wie *Pringlea antiscorbutica* Anders. im Süden. Es sei noch hervorgehoben, dass *Coffea arabica* anscheinend wild am Kongo gefunden ist, und dass als Surrogat dafür *Cassia occidentalis* jetzt auch in Westafrika gebaut wird.

109. **E. L. Sturtevant** (653) giebt eine grosse Menge Anmerkungen und Ergänzungen zu Vilmorin-Andrieux, the Vegetable Garden, 1885, die sich in alphabetischer Ordnung auf die Gartenpflanzen bis „Evening Primrose" erstrecken und namentlich literarische und synonymische Beziehungen erörtern. Matzdorff.

110. **L. Just** (321) berichtet über Anbauversuche mit schwedischem Saatgetreide (Hafer, zweizeilige Gerste) sowie mit Winterwicken und stellt sein Gutachten auf über den Anbau von Brombeeren, *Vaccinium macrocarpum*, *Sorghum saccharatum* und *Bambusa*-Arten. Bei allen diesen Neueinführungen verhält sich Verf. skeptisch, wesentlich aus volkswirthschaftlichen Rücksichten. Es folgen noch Untersuchungen über Samen und Krankheiten von Culturpflanzen u. a. Ein kurzer Bericht auch der hier einschlägigen Mittheilungen ist schwer zu geben, da einerseits die Station wesentlich praktische Zwecke verfolgt, andererseits die Hauptergebnisse der Untersuchungen meist in tabellarischer Form gegeben sind.

111. **H. Band** (35) führt aus der Flora Ungarn's viele Pflanzen an, die sich zur Gartencultur vorzüglich eignen. Staub.

112. **S. Schwendener** (613) bespricht die Geschichte des botanischen Gartens in Berlin und macht auf die Aufgaben solcher Gärten für die Zukunft aufmerksam: namentlich sollen sie als Versuchsstation für wissenschaftliche Fragen dienen, die Modepflanzen der Handelsgärtner aber haben mehr zurückzutreten.

113. **E. Rose** (576) bespricht die Einrichtung des „Jardin des plantes" im Jahre 1636 und die zu der Zeit dort angebauten Pflanzen.

114. **H. Semler** (617) schildert ausführlich die vom Menschen in der kalifornischen Flora bewirkten bedeutenden Veränderungen. Die Spanier führten nur Bohnen, Mais, Oliven, Wein, später rothen Pfeffer und Blumen ein. Sie hielten Kalifornien für so wenig zum Ackerbau geeignet, dass für die Goldsucher aus Chile Kartoffeln, Weizen und Gerste eingehandelt werden mussten. Seitdem die Vereinigten Staaten Kalifornien in Besitz nahmen, wurden mit zahllosen fremden Pflanzen Culturversuche gemacht, ohne dass man die einheimischen auf ihren Anpflanzungswerth hin zu untersuchen auch nur sich bemüht hätte. Es ist aber nach Verf.'s Ansicht gänzlich irrig, zu glauben, Kalifornien besässe keine der Cultur würdigen Nutzpflanzen. Freilich eignen sich *Pinus sabiniana*, deren Samen, und *Vaccinium ovatum*, deren Früchte auf den kalifornischen Markt kommen, nicht für dieselbe, allein die Himbeere *Rubus leucodermis* wird nicht beachtet, obschon *R. strigosus* und *occidentalis* in vielen Spielarten gepflegt werden. Die Brombeere *R. villosus* und die Thaubeeren *R. procumbens* und *canadensis* sind eingeführt, *R. ursinus* aus den kalifornischen Küstenwäldern und *R. pedatus* aus der Sierra Nevada werden vernachlässigt. Die europäische Stachelbeere geht spätestens binnen 3 Jahren ein, doch ist *Ribis divaricatum*, die noch grösser und kräftiger als die in Europa vielfach als Unterlage benutzte *R. aureum* ist und sich in den Rothholzwäldern von Mendocino ähnlich Pfirsichbäumen entwickelt, ebenso wenig als *R. speciosum*, *Menziesii*, *cereum* in Anzucht genommen worden.

Auch die Fingerhutbeere, *Rubus nutkanus*, und die Lachsbeere, *R. spectabilis*, werden trotz empfehlender Eigenschaften nicht gezüchtet. Alle Spielarten von *Ribes rubrum* und *nigrum* sind eingeführt, ebenso *Berberis vulgaris*, aber unbeachtet blieben die einheimischen *Ribes bracteosum, Amelanchier alnifolia* (Junibeere), *Berberis repens, aquifolium, nervosa, pinnata.* Von Weinarten ist *Vitis californica*, nicht die Missionstraube, die die Mönche allein einführten, einheimisch; ihre Beere übertrifft die wilden von *V. aestivalis, riparia, labrusca, rotundifolia* ohne Frage, und doch ist erst, seitdem die Reblaus die fremden Weine befiel, *V. californica* als Unterlage in Benutzung gekommen. Unbeachtet blieben die Pflaumen *Prunus subcordata, demissa, ilicifolia*, blieben *Juglans californica, Corylus rostrata, Pirus rivularis.* Dagegen wurden der Apfelbaum, der nur bei 600—1200 m Meereshöhe gutes Obst liefert und seit 1873 durch aus allen Welttheilen eingeschlepptes Ungeziefer in ganz ungeheurem Maasse geschädigt wird, der besser gedeihende Birnbaum, die Quitte, wenn auch nur in geringem Maasse, die Mispel als Zierbaum, die japanische Mispel, *Eriobotrya japonica*, die hier im Februar und März reift, die japanische Pflaume, der japanische Persimmon, *Diospyros Kaki*, weiter *Castanea japonica*, japanische Orangen, *Citrus japonica* eingeführt. Ein wahres Modefieber herrscht überhaupt gegenwärtig betreffs japanischer Pflanzen. Unter den japanischen Fruchtsträuchern ragt *Hovenia dulcis* hervor, während die jedenfalls von den Mexikanern (gleich dem Granatapfel) eingeführte und von ihnen hochgeschätzte weisse Sapote, *Casimiroa edulis?*, nicht weiter beachtet worden ist. Kirschen gedeihen nur in Mittelkalifornien; sie tragen viele, aber fade Früchte. Die sauren werden wenig gepflanzt, unter den süssen bevorzugt man die Bigarreaus. Bedeutender ist die ebenfalls auf Mittelkalifornien beschränkte Pflaumen- und Zwetschencultur. Freilich gewinnen alle Früchte an Säure, und die Zwetschensteine zeigen Neigung, sich zu runden. Am besten gedeihen die französischen Zwetschen von Agen und Katharinenpflanzen. In Folge der günstigen Verhältnisse ist die Aprikosencultur grösser als in irgend einem anderen Staate der Union; der Pfirsich, der schon im zweiten Jahre trägt, wird über Bedarf gebaut. Die Cultur der Nectarinen ist beschränkt geblieben, die des Mandelbaumes seit dem Anfang der siebenziger Jahre („Mandelfieber") zurückgegangen, die der Walnuss verspricht erst jetzt etwas, seitdem die besten französischen Sorten, mit den Praeparturiens an der Spitze, gepflanzt werden, die der Hasel steckt in den ersten Anfängen, von Kastanien wird die der Edel-, japanischen und der *Castanea americana* getrieben. Der weisse Maulbeerbaum ist als Nährpflanze des Seidenspinners eingeführt worden, der schwarze, der rothe und ein russischer werden hie und da angepflanzt. Trotz des Fehlens der Caprification trägt der Feigenbaum gut, auch die Olivencultur verspricht etwas. Ganz neu ist die des Pekanbaumes, *Carya olivaeformis*, aus Texas, Tennessee und den benachbarten Staaten. Die der Bewässerung bedürftigen auf Mittelkalifornien beschränkten Erdbeeren sind arm an Aroma. Für *Citrus* tritt Südkalifornien in den Vordergrund, doch geht *C. aurantium* bis zum 38° n. Br. Geringer ist die Bedeutung von *C. limonum*, ganz gering die von *C. bigaradia, medica, limetta*; *C. japonica* s. o. — Von der Meinung, alle tropischen und halbtropischen Pflanzen cultiviren zu können, ist man zurückzukommen gezwungen worden. Die Cultur der Ananas ist aufgegeben worden, die Bananen erfroren, die Dattelpalmen blieben unfruchtbar, aber man kannte auch nicht ihre Diöcie. Die Guava, *Psidium pyriferum*, geht noch bis zum 37°, die Pitaya, *Cereus pitajaya*, steht in südkalifornischen Gärten. Der Wein kommt vom äussersten Süden bis zum 38° n. Br. vor. Deutsche stehen an der Spitze seiner Cultur. Der Riesling vom Rhein gedeiht nur im Norden. — Die einheimischen Wurzelgewächse *Camassia esculenta, Helosciadum californicum* und *Lewisia rediviva* werden nicht besonders geachtet. Die Kartoffel ist eingeführt, gedeiht aber nur an ganz vereinzelten Orten. Bataten sind gut, Zwiebeln freilich nicht dauerhaft, Knoblauch kommt kaum vor, Runkel- und Wasserrüben erlangten nur Fehlversuche, für die Zuckerrübe hofft man, Unterkohlrabi, Knollensellerie, Rettig sind unbekannt, Radieschen, Karotten, rothe und weisse, namentlich Teltower Rüben, Haferwurzeln werden gezüchtet. — Von dem 39 930 880 ha grossen Land, in dem $^2/_5$ Gebirgswüste sind, standen 1886 6 637 496 ha in Getreidecultur. Dieselbe ist also sehr bedeutend. Es kamen auf Weizen 1 117 600, Gerste 432 680, Mais 40 243, Hafer 28 345, Roggen 11 925, Buchweizen 460 ha. Eine Form von *Avena fatua* ist weit und breit verwildert, von *Sorghum* werden nur einige bessere Spielarten gebaut, Wicke und Lupine fehlen, die Linse bauen Deutsche. Dabei finden sich ein Dutzend einheimischer Lupinen. Bedeutender als alle anderen Hülsenfrüchte ist *Phaseolus nanus*. *Phas. vulgaris* wird auch auf dem Felde gebaut, *Vicia Faba* ist bedeutungslos, Erbsen finden sich überall. Raps und Hanf sind wieder verschwunden, der Flachs geht zurück. Die Sonnenblumencultur ist unbedeutend, grösser die der Erdnuss. Die Baumwolle (Uplandstaude) kommt gut fort, Jute- und Ramiepflanzen haben nur zu Versuchen gedient. Sie und der Tabak brauchen eine feuchtere Luft. Der Hopfenbau ist in Mittel- und Nordkalifornien wichtig. Tomatos finden sich in Mittel- und Südkalifornien häufig, Spargel, Rhabarber, Gurken werden in grosser, Meerrettig, Kürbis in einiger Menge angebaut. Vereinzelt sind Cichorien und Lakritzen.

Von grosser Bedeutung, namentlich im kalkreichen Südkalifornien, ist *Medicago sativa*, Alfalfa. Rother Klee schlug fehl, gering ist die Bedeutung des weissen und Incarnatklees. *Medicago denticulata* oder *maculata*, *Lespedeza striata* verwilderten. *Panicum spectabile* und *Sorghum halepense* sind in Südkalifornien beliebt. Besser ist freilich als Futter *Penicillaria spicata*. *Cynodon dactylon* und neuerdings das Bermudagras sind eingeführt. Culturwiesen fehlen in Kalifornien; *Dactylis glomerata* war früher in Obsthainen, *Poa pratensis* steht nur in Gärten, *Phalaris canariensis* liefert Vogelfutter. Mit keiner auf den Wildwiesen einheimischen Grasart sind auch nur Versuche angestellt worden. — Nutzgärten nach deutschen Begriffen fehlen in Folge hoher Löhne und dem Zwange künstlicher Bewässerung. In Marktgärtnereien ziehen Italiener und Chinesen Weiss- und Roth-, weiter Rosenkohl. Blumenkohl kommt nur bei San Francisco vor. Die Bleichsellerie ist sehr wichtig, die Artischocke ganz unbedeutend. *Solanum molongenum* kommt in Südkalifornien vor. Neuerdings ist auch *S. Guatemalense* gebaut worden. Weiter werden Lauch, Lattich, Wasserkresse, Endivien, Salat, Radies, rothe und gelbe Rüben in den Marktgärtnereien gezogen, in Südkalifornien auch rother Pfeffer und *Hibiscus esculentus*. Die eigentlichen Gärten enthalten ausser Blumen und Beerenobst Küchenkräuter. Petersilie und Salbei fehlen fast nie, Senf, Kümmel, Anis, Fenchel, Thymian, Rosmarin sind häufig, Koriander, Basilicum, Majoran, Melisse selten, Sauerampfer, Dill, Kerbel fehlen, Boretsch steht nur in deutschen Gärten. — In den Ziergärten und Parks finden sich mit einer gewissen Regelmässigkeit nur die 3 einheimischen Bäume *Cupressus macrocarpa*, *Pinus insignis* und *Chamaecyparis Lawsoniana*. Vergeblich sucht man *Sequoia*, *Pinus Lambertiana*, *Abies grandis*, *nobilis* u. a. m. Dabei pflanzt man nicht etwa Laubbäume, sondern Cypressen, Thujen, Araucarien. Im Golden Gatepark San Franciscos sind $^9/_{10}$ Nadel-, $^1/_{10}$ Gummibäume und australische Akazien. Selten finden sich Zuckerahorn, Ulme, Maulbeerbaum. Die deutschen Buchen gingen im 2. Jahre ein. Wie es im vorigen Jahrzehnt australische Bäume anzupflanzen Mode war, so im jetzigen japanische. Kalifornien besitzt 14 Fichten, 5 *Abies*, *Thuja gigantea*, 3 Cypressen, 3 *Juniperus*. Gepflanzt werden von ihnen (s. o.) nur 1 Fichte und 1 Cypresse, aber daneben Fichten aus Japan, Europa und den Canaren, 6 fremde *Abies*, 6 fremde *Thuja*, 5 fremde Cypressen, 3 fremde *Juniperus* und die 3 Cedern, die Kalifornien fehlen, nebst zahllosen anderen Zierbäumen. Auch die einheimischen Rosen, Lilien, Veilchen und viele andere Blumen vernachlässigt man gegen fremde. Der Stern des als Nutzholzbaum eingeführten blauen Gummibaums ist im Sinken. Trotz seiner 14 Eichen, 3 Ahorne, 2 Eschen, 2 Birken, 1 Platane und 1 Arbutus hat Kalifornien kein hartes Werkholz. Am ehesten eignet sich dazu das der seltenen *Umbellularia californica*. Nutzholzbäume müssen daher eingeführt werden. In den Städten und ihrer Umgebung ist zwar die kalifornische Flora zurückgedrängt, behauptet aber doch das Heimathsrecht, in den Ackerbaudistricten finden sich bis auf wenige Gräser nur fremde Pflanzen. Matzdorff.

115. In **Mogador** (824) gelangen von pflanzlichen Producten in den Handel vor allem Hanf, Tabak, Opium, dann Feigen, Datteln, Weintrauben, Melonen, Wassermelonen, Citronen, Limonen, Mais, Wallnüsse, Pomeranzen, Pfirsiche, Aprikosen, Pflaumen, Aepfel, Birnen, Cactusfeigen u. a. In Südmarokko liefern Handelsproducte *Argania Sideroxylon*, *Callitris quadrivalvis*, *Arisarum vulgare* u. a.

116. Auf **Jersey** (809) werden vor allem Kartoffeln gebaut, dann Wein in Häusern,

die im Winter geheizt sind, ferner Birnen, Aepfel, Tomaten, und von Gemüsen besonders Radies, Spargel, Sellerie, Zwiebeln und Petersilie.

117. **Vegetable Products** (866). In Centralafrika werden besonders Kautschuk, Indigo, *Strophanthus* (Gift zum Tödten von Thieren), Faserstoffe und Kaffee gewonnen, mit Thee und Chinarinde hat man einen Culturbeginn gemacht. Kautschuck ist namentlich durch Raubbeutung jetzt schon im Verschwinden, so ist *Landolphia florida* aus den Mount Zomba schon seltener geworden.

118. J. S. **Newberry** (449) bespricht die Nahrungs- und Faserpflanzen der Indianer Nordamerikas, deren er eine grosse Zahl aufzählt.

119. E. de **Laveleye** (360) geht u. a. kurz auf die Culturpflanzen Bosniens ein.

120. H. **Pollak** (485) geht kurz auf die Culturpflanzen von Fernando Norona ein.

121. H. **Michel** (416) hat folgende peruanische Pflanzen in Frankreich angepflanzt und zur Samenerzeugung gebracht: Màca, eine Conifere, Huamanripa, eine Composite, Mais und dessen Varietäten Yurak-sora und Kellu-sora, Chamairo, eine lianenartige Aristolochiacee. Matzdorff.

122. **Gräbener** (230) schildert Schädigungen in Gewächshäusern, die Ameisen dadurch hervorrufen, dass sie Schild- und weisse Läuse pflegen, an junge Triebe, Keime, Blumenknospen, Palmenwurzeln sich setzen und mit Erde umwallen. Matzdorff.

123. L. **Wittmack** (732) stellt von neuem seine Gründe für die amerikanische Heimath von *Phaseolus vulgaris* und den *Cucurbita*-Arten auf, die durch weitere Funde in amerikanischen Gräbern immer mehr an Sicherheit gewinnen. (Vgl. R. 108.)

124. R. **Caspary** (183). Nutzen gewähren die tropischen Arten der Gattung *Nymphaea* durch essbare Knollen und Samen. Von *Nelumbo* sind die stärkereichen, angeschwollenen Rhizome ein tägliches Nahrungsmittel der ärmeren Classen in Japan und die Samen (pythagoräische Bohnen) von Alters her als essbar bekannt. Die Samen von *Victoria* liefern, wie die von *Nuphar polysepalum*, Mehl, und die Samen unserer heimischen Arten von *Nuphar* und *Nymphaea* wären sicher ebenso benutzbar. Die Rhizome von *Nuphar luteum* werden stellenweise zu Schweinefutter benutzt. Die blauen und weissen subtropischen Arten von *Nymphaea* haben im Cultus der Aegypter, die sie auf ihren Denkmälern vor 5000 Jahren höchst kenntlich abbildeten, grosse Bedeutung, ähnlich die blau, weiss und roth blühenden Arten im Cultus der Inder.

125. F. **Barradas** (39) bespricht die Anwendung folgender Leguminosen: *Mimosa pudica*, *Acacia acapulsensis*, *Caesalpinia echinata*, *Haematoxylon campechianum*, *Acacia albicans* u. a.

b. Obstarten (Essbare Früchte). (R. 126—146.)

Vgl. auch R. 16, 108, 110, 116, 451. — Vgl. ferner No. 113* (Winterharte Obstbäume), No. 202* (Verbreit. beerentragender Pflanzen), No. 362* (Stachelbeerstrauch), No. 410* (Winterharte Fruchtbäume), No. 756* (Apfelcultur), No. 757* (Desgl. in Cornwall), No. 758* (Desgl. in Neu-Schottland), No. 759* (Desgl. von Capland), No. 766* (Bananenhandel), No. 778* (Cocospalme), No. 829* (Obstbau in Preussen), No. 830* (Obsternte in Kalifornien).

126. W. O. **Focke** (183). Die werthvollsten Obstpflanzen der gemässigten Zone gehören der Familie *Rosaceae* an, namentlich Aepfel, Birnen, Quitten, Kirschen, Pflaumen, Aprikosen, Pfirsiche, Mandeln, Himbeeren, Brombeeren und Erdbeeren. In subtropischen Ländern liefern *Eriobotrya* und *Chrysobolanus* geschätzte Früchte, neben denen auch *Acioa*, *Couepia*, *Parinarium* u. a. zu nennen sind.

127. R. **Gernhard** (221). Obstbau wird in Südbrasilien kaum getrieben, höchstens Orangen und Weinstock werden gepflegt; im Uebrigen überlässt man die Bäume sich selbst. Daher lässt sich auch kaum entscheiden, ob europäisches Obst sich züchten lässt oder nicht. Es finden sich Pfirsiche, aber nicht Aprikosen; Stachelbeeren, Johannisbeeren, Himbeeren und Wallnüsse gedeihen schlecht, ähnlich wahrscheinlich Erdbeeren (*Fragaria indica* wächst wild mit faden Früchten), besser Feigen, vielleicht auch Kirschen. Unter den einheimischen sind *Psidium*-Arten am wichtigsten.

128. **C. Bach** (14) berichtet, dass in Baden 40 Musteranlagen für Beerenobst entstanden seien, die 111½ a einnehmen mit 2874 Johannisbeer, 2138 Stachelbeer- und 125 Brombeerpflanzen.

129. **F. Goeschke** (223) unterscheidet folgende Arten von *Fragaria:*

a. aus Asien (beide nicht gebaut):

1. *F. Daltoniana* J. Gay: Sikkim, 10000—12000 Fuss ü. M.
2. *F. Neilgherrensis* Schlechtd.: Indien, in bergigen, mässig warmen Gegenden, besonders auf den Neilgherries, in der Nähe des Flusses Malabar, in der Nähe von Utacamund 7197 Fuss ü. M., dann auf den Khasiabergen 5500 Fuss ü. M.;

b. aus Europa:

3. *F. vesca* L.: Ganz Europa, in Ebenen und der subalpinen Region, von Lappland und Island bis Sicilien und Madeira (hier nur in Gebirgen), dann bis Sibirien, Daurien und zur mongolischen Grenze, sowie als einzige europäische Art in dem grössten Theil von Nordamerika und nach Humboldt und Bonpland in Neu-Granada (Provinz Papayon).
4. *F. collina:* Wesentlich mitteleuropäisch (nicht von Spanien, Sicilien, Griechenland, Grossbritannien und Lappland bekannt), namentlich zahlreich im Elsass, östlich bis zum Baikal-See.
5. *F. elatior* Ehrh.: Wie vorige, wesentlich mitteleuropäisch (nicht erwiesen für Schweden, Spanien, Italien und den griechischen Archipel, auch in Südfrankreich selten), besonders cultivirt im Grossen um Vierlanden und wohl überhaupt älteste Art in der Cultur.

c. aus Amerika:

6. *F. Chiloënsis* Duck.: Küste des Grossen Oceans, besonders Chile (Chonosarchipel, Chiloe, Valdivia, Conception, Juan Fernandez) und Kalifornien, sowie nördlich bis zur Mündung des Columbia (1712 durch Frézier von Conception nach Europa gebracht, damals schon in Chile gebaut).
7. *F. Virginiana* Ehrh.: Virginien und Canada (schon 1624 nach Europa gebracht);
8. *F. Grayana* El. Vilm: Aus dem Südwesten des Staates von New-York, doch nicht weiter verbreitet (hiervon z. B. die Culturform „Deutsche Kronprinzessin").
9. *F. lucida* El. Vilm: Kalifornien, besonders auf sandigem Meerufer um San Francisco (in Cultur klein).

d. Hawaii-Inseln:

10. *F. Sandwicensis* Dne. (nach Gray zu *F. chiloënsis* gehörig): Hawaii (ob für unser Klima passend, ist fraglich).

Vor dem 15. Jahrhundert scheint Erdbeercultur unbekannt gewesen zu sein, obwohl sie von einigen römischen Schriftstellern über Ackerbau erwähnt wird (nicht aber von Theophrast, Hippocrates, Dioscorides, Galenus, Cato, Varro, Columella, auch bei Plinius nicht als eigentliche Culturpflanze). Aber 1483 ist der Garten des Bischofs Ely zu Halborn in England wegen ausgezeichneter Erdbeeren berühmt gewesen (es war *F. vesca*). In England auch erreichte sie zuerst eine höhere Stufe, in Belgien und Holland wird sie auch wohl betrieben, dagegen in Deutschland erst in grösserem Maassstabe seit den sechziger Jahren dieses Jahrhunderts.

Die Erdbeeren dürfen nicht durch hohe Bäume beschattet sein, sind aber wohl durch Bäume gegen kalte Winde zu schützen. Sie gedeihen in jeder Lage. In warmer südlicher Lage werden die Früchte oft nicht gross, aber in Qualität besser, während bei nördlicher die Quantität auf Kosten der Qualität zunimmt.

130. **N. Illés** (308) empfiehlt die Cultur der *Corylus Colurna* in den südlichen Theilen Ungarns. Alte Exemplare sind ihm von der Margarethen-Insel bei Budapest, von Diósqpör und von Temesvár bekannt. Die beiden Bäume bei Diósqpör soll der Tradition nach Königin Maria, die Tochter Ludwigs des Grossen angepflanzt haben. Sie haben eine Höhe von 14 m. Staub.

131. **Aleurites moluccana** (753), die im indischen Archipel, Kotschinchina, Bengalen, Ost- und Westindien, Mauritius und anderswo wächst, liefert essbare

Früchte ähnlich der Walnuss, die reich an Oel sind und daher für den europäischen Handel werthvoll werden könnten.

132. **Coco-nut** (778). Die Ausfuhr von Cocosnüssen aus Westindien beläuft sich jährlich auf etwa 3 Millionen, die einen Ertrag von 50 000 L. liefern.

133. **A Engler** (183). *Artocarpus integrifolia* von Ostindien und *A. incisa* von den Sunda-Inseln werden seit Alters überall in den Tropen, namentlich auf den Inseln im Stillen Ocean angebaut, da ihre kopfgrossen Scheinfrüchte roh und geröstet genossen werden, sie ausserdem brauchbares Nutzholz und Flechtwerk liefern. Zu Brot verwendbar, roh und zubereitet, geniessbar sind auch die Früchte der amerikanischen *Brosnimum Alicastrum*.

Ficus Carica ist, wenn auch im östlichen Mittelmeergebiet zuerst angebaut, doch im westlichen Theil desselben, mindestens schon am Ende der Pliocänzeit zu finden.

133a. **O. G. Petersen** (183). *Musa sapientum* und *M. paradisiaca* wurden von Alters her gebaut und gehen jetzt vielfach in einander über. Auf Java fordert die Cultur eine Mitteltemperatur von 21° C., aber am besten gedeihen Bananen in wärmeren niedrigeren Gegenden bei 26—27° C. Mitteltemperatur, bis 330 m ü. d. M. An der Golfküste Nordamerikas werden sie bei 21—24° C. Mitteltemperatur, wo die Temperatur bis 7° sinkt, bei leichter Deckung gebaut. In Florida können sie südlich von 29° mit Erfolg gebaut werden, nördlicher reifen zwar die Früchte bisweilen, geben aber nicht sichere Ausbeute. In der Küstenebene von Palästina werden Bananen stellenweise gebaut

134. **J. R. Jackson** (300). Die Bananencultur in Nicaragua ist in Zunahme begriffen. Viele Bananen werden jetzt alljährlich ausgeführt.

135. **K. Prantl** (183). *Anona squamosa* aus Westindien wird in allen Tropenländern cultivirt, weniger geschätzt ist *A. reticulata* von ebenda.

136. **E. Reichelt** (511) bespricht *Pirus Ussuriensis* Maxim., einen Birnbaum nach einem lebenden Exemplar. (Vgl. Bot. C., XXXVI.)

137. **E. B. Claypole** (127) weist auf einige Ungenauigkeiten in A. de Candolle's Bot. J., X, 1882, 2. Abth., p. 299ff., R. 173 besprochenen Werk über Ursprung der Culturpflanzen hin. Die Pfirsich soll in Theophrast IV, 4 als persische Frucht erwähnt werden; nach einer anderen Stelle aber ist der hier erwähnte persische oder medische Apfel die Citrone. Ferner soll die Bigarade nach einer Stelle den Römern unbekannt gewesen sein, während A. de Candolle an anderer Stelle sagt: „Wenn die süsse Orange in sehr alten Zeiten in Indien cultivirt worden wäre .... würde sie sicher im römischen Reich den Vorzug gefunden haben vor der Limone, Citrone und Bigarade". Dies Letztere enthält auch eine Ungenauigkeit betreffs der Limone, denn sie soll nach Gallesio nicht vor den Kreuzzügen in Italien nachweisbar sein.

139. **M. Temple** (662) berichtet über Pfirsichcultur im Freien in Stirlingshire (Schottland), die sehr lohnend ist, obwohl weder besonders günstige klimatische Verhältnisse noch Schutzvorrichtungen in Betracht kommen. Die Frucht reift einen Monat später als gewöhnlich.

140. Die **Pfirsichernte** (834) lieferte in Maryland, Delaware und New Jersey 18 874½ Millionen Körbe Pfirsiche, 1888 in Maryland und Delaware allein 8 Millionen Körbe für die Ausfuhr.

141. **J. Braun** (85) empfiehlt einen japanischen Pfirsich zur Cultur in Töpfen.

142. **W. W. Paschkewitsch** (466) führt unter dem Namen Rosenbernsteinkirsche eine Kirschsorte ein, die im Gouvern. Kiew in Uman seit den sechziger Jahren gezogen wird, und von der in der Literatur nichts bekannt sein soll: Länge der Frucht 24 mm, Breite 26 mm, breit-herzförmig, oben stark abgeplattet; grösste Breite oberhalb der Mitte, an der Rücken- und Bauchseite abgeflacht, stärker an ersterer. In der Rückenmitte eine schwach vertiefte Linie, eine breitere an der Bauchseite. Stengel 55—66 mm, unten conisch verdickt, hellgrün. Griffelspur dunkelbraun, liegt oft in schwacher Vertiefung. Fruchthaut sehr fest, hellgelb bis hellbernsteinfarbig, an der Sonnenseite carminroth. Das Fleisch fest, ziemlich trocken, blassweisslich. Die Adern strahlen vom Kern nach der Peripherie aus und vereinigen sich ca. 1 mm unter der Oberfläche. Der Kern rundlich-oval, etwas zusammengedrückt, an der Rückennath mit drei Rippen, deren mittelste zweigetheilt ist, am oberen Ende eine

kleine Vertiefung, von der die Rücken und 2–3 seitliche (falsche) Rippen ausgehen; das andere Ende ganz rund. An der Bauchseite 2—3 Paar federartig auseinandergehende Rippen. Reife 1885 a. 20. Juni. Eine Abbildung ist beigegeben. Bernhard Meyer.

143. **L. T. Walcott** (700) beschreibt eine neue Varietät der Würgkirsche.

144. **Melone** (823). *Cucumis Melo* lebt wild in Afghanistan; Wassermelonen werden da in bedeutendem Maasse angebaut.

145. **W. Barrow** (261). *Sechium edule* gedeiht nicht im Freien in England, dagegen in Madeira und anderen atlantischen Inseln.

146. **Varage** (864) sind Samen von *Chrysobalanus Icaco*, die zum Leuchten dienen können.

Craboo sind Früchte von *Byrsonima spicata*.

c. Getreidearten (Essbare Samen). (R. 147–151.)

Vgl. auch R. 35 (Roggen), 108, 110. — Vgl. ferner No. 369* (*Soja hispida*), No. 579* (Veredelung der 4 wichtigsten Getreidearten des kälteren Klimas).

147. **F. Kurtz** (353) theilt mit, dass bespelzter Mais in den Provinzen Tucuman und Santa Fé von Argentina vereinzelt in den Culturen der normalen Form vorkomme, was nach einer Bemerkung der Redaction der G. Fl. auf die Heimath von *Zea Mays* einen Schluss gestattet. Vgl. auch R. 108.

148. **L. Baker** (61) macht den Versuch, den altweltlichen Ursprung des Mais aus der alten Literatur (namentlich Bock, Ruellius, Fuchs), sowie aus einem Funde in ägyptischen Gräbern zu erklären. Auch Volksnamen werden zur Erklärung herangezogen.

149. **C. Bodola** (72) theilt die Geschichte der Reiscultur in Ungarn mit. Nach der Vertreibung der Türken aus Ungarn siedelte der General Mercy in der Umgebung von Temesvar Rheinländer und Italiener an. Letztere begannen dort die Cultur des Hanfes, der Seide und des Reis. Aus hygienischen Rücksichten wurde 1768 vom kaiserlichen Statthalter Perlas die Reiscultur verboten, welches Verbot aber bald darauf von Kaiser Josef II. aufgehoben wurde, 1773 erhielt Limmi aus Mantua Felder zur Wiederbelebung der Reiscultur und breitete sich dieselbe unter dem Schutze der Regierung immer mehr aus. Von 1773–1787 wurde bereits auf 2302 Jochen Reis gepflanzt. Die reichste Reisernte war 1794, nämlich 25 800 Metzen; von da an aber gerieth sie wieder in Verfall. Mit dem Tode des Kaisers änderte sich die nationalöconomische Richtung der Regierung; die Kriege nahmen alle Arbeitskraft in Anspruch. Schon 1804 war Paul Arizi der einzige Reisproducent. Ein grosses Hinderniss mag auch jener Umstand gebildet haben, dass man zur Cultur die spät reifende Varietät „Nostrano" aus Mantua verwendete. Seit 1880 nahm der Verf. die Reiscultur im Comitate Bais auf; bei Pékla sind gegenwärtig 150 Joch dazu bestimmt, in welche 130 hl Reis gesäet und 4500 hl geerntet wurden. Man verwendet dazu den frühreifenden Carolinenreis. Nach den chemischen Untersuchungen sei der ungarische Reis am reichsten an Proteïn. Staub.

150. **Wittmack** (731) berichtet über Roggen, der als sogenanntes Schwedenkorn im Proviantamt zu Neisse aufbewahrt wird und aus der Zeit von Torstensons Besetzung der Stadt im Jahre 1642 stammen soll. Die Befunde ergaben keinen Grund, an dieser Angabe zu zweifeln. Der Roggen ist nicht allzu klein, sondern ungefähr von der Grösse gewöhnlichen Sommerroggens. Er erscheint dadurch, dass die Embryonen, wohl durch häufiges Sieben, abgebrochen oder stark verletzt sind, kleiner. Er war sehr trocken, die Keimfähigkeit gänzlich erloschen. Brot, welches aus diesem Korn gebacken wurde, schmeckte fade und kraftlos. Auffallend gross war die Menge fremder Beimengungen. Ausser Zwiebeln von *Allium oleraceum* und Früchten von *Ranunculus arvensis* und *Galium* fanden sich einzelne Wicken, (vier- oder sechszeilige) Gerste, ein Weizenkorn und namentlich sehr viel Roggentrespe, ein deutlicher Beweis für den Niedergang der Landwirthschaft im 30jährigen Kriege. Matzdorff.

151. **B. Rost** (578) bespricht als Buchweizenarten, die in Deutschland nicht gebaut werden, aber die deutschen Verhältnisse wohl ertragen könnten, sibirischen (*Polyg.*

tartaricum und *helxine*), chinesischen (*emarginatum*), indischen (*orientale*) und daurischen Buchweizen (*frutescens*). Sodann spricht Verf. über agronomische Beziehungen des Buchweizens. Matzdorff.

Vgl. auch R. 287.

d. Gemüsearten (Pflanzen mit essbaren vegetativen Theilen).

(R. 152–157.)

Vgl. auch R. 45 (*Dioscorea*), 116. — Vgl. ferner No. 123* (Ignamen), No. 200* (Pfropfmischlinge von Kartoffeln), No. 303* (Gemüsegärtnerei), No. 489* (*Dioscorea Batatas*), No. 590* (*Tropaeolum tuberosum*).

152. **E. L. Sturtevant** (655) bespricht die Geschichte folgender Gemüsepflanzen: *Mesembryanthemum crystallinum*, *Valerianella eriocarpa*, *Helianthus tuberosus* und *Brassica oleracea acephala*.

153. **Vegetable** (865). Als neues Gemüse wird empfohlen und abgebildet eine Art *Stachys*, die fälschlich als *S. affinis* bezeichnet, von Naudin mit dem Namen *S. tuberifera* belegt, aber vielleicht identisch mit der in Japan cultivirten Chorogi (*S. Sieboldtii*) ist. Sie gelangt auf den Pariser Markt unter dem Namen Crosnes. Sie scheint aus Ostasien zu stammen. (Vgl. auch G. Chr., ser. 3, vol. 3, 1888, p. 211 und 469; ebenda, vol. 4, p. 476—477.)

Vgl. auch No. 150*.

154. **Ch. R. Baig** (254) empfiehlt *Lepidium Draba* zur Gemüsecultur, es soll Spinat und Spargel ersetzen.

155. **Viviand-Morel** (697) sucht nachzuweisen, dass das in Frankreich viel gebaute Rapünzchen (*Valerianella olitoria*) dort heimisch sei; es wird als *Phuminimum alterum* schon 1587 von Dalechamps in seiner „Historia generalis plantarum" erwähnt und besitzt zahlreiche volksthümliche Namen.

156. **Cabbage** (773), *Brassica chinensis* L., die lange in China in hohem Ruf steht, wird zur Cultur für englische Gärten empfohlen.

157. **O. G. Petersen** (183). *Canna edulis* aus Peru wird wegen ihrer stärkehaltigen Rhizome in Westindien und Australien gebaut. *Maranta arundinacea* aus dem tropischen Amerika wird aus gleichem Grunde cultivirt.

e. Pflanzen, die Genussmittel (gewürziger, narkotischer oder alkoholischer Art) liefern. (R. 158–173.)

Vgl. auch R. 23 und 35 (Rebe). — Vgl. ferner No. 36* (Kaffee), No. 52* (Weinbau im Alterthum), No. 75* (Wein), No. 134* (Weinbau in Kalifornien), No. 190* u. 206* (Weinbau in Italien), No. 195* (Desgl. in Algerien), No. 234* (Amerik. Reben in Italien), No. 248* (Thee), No. 342* (Rosenöl), No. 361* (Amerik. Reben), No. 413* (Weinbau), No. 438* (Coca), No. 450* (Früheste Geschichte der Weincultur in England), No. 499* u. 500* (Geschlechtsverhältnisse der Reben und ihre Bedeutung für den Weinbau), No. 667* (Weinproduction), No. 685* (Rebe auf versch. Bodenarten), No. 699* (Tabak), No. 779* (Desgl.), No. 811* (Statistik über Weinproduction in Italien), No. 853* (Zucker aus *Sorghum*), No. 858* (Englischer Tabak), No. 863* (Vanillecultur in Mexico), No. 870* (Weinbau und Weinausfuhr Spaniens).

158. **H. Joret** (316) beschreibt die Cultur und Verbreitung der Vanille, sowie ihre Zubereitung für den Handel; erst durch Gährung entsteht der beliebte Geruch; er ist noch nicht an der Pflanze bemerkbar.

159. **K. Prantl** (183). Die Früchte von *Xylopia aethiopica*, Mohrenpfeffer, dienen als Gewürz, bei den Eingeborenen von Uadai als Geld; *X. aromatica*, deren Samen auch als Maniquette, Neger- und Guinea-Pfeffer im Gebrauch sind, dürfte von Afrika nach Guyana gebracht sein.

Die Samen von *Monodora Myristica* in Westafrika (auf den Antillen eingeführt) „Muscades de Calabask" werden wie Muskatnüsse verwendet. *Myristica fragrans* Houtt. (*M. moschata* Thunb.), heimisch auf einigen kleineren Inseln der Molukken, jetzt dort und auf den Philippinen, Mauritius, in Brasilien und Guyana cultivirt, liefert Muskatnüsse (Samen) und Macis oder Muskatblüthe (Samenmantel).

160. **O. G. Petersen** (183). *Zingiber officinale*, dessen Rhizom als Ingwer benutzt wird, ist in den Tropenländern allgemein gebaut, wild nicht bekannt, aber wohl in Südasien heimisch. Es wurde im Mittelalter in Europa eingeführt. *Elettaria Cardamomum* ist wild in feuchten Bergwäldern der südlichen Westküste Vorderindiens, an einigen Orten in grosser Menge, wo sie von Alters her benutzt wird; die Eingeborenen sammeln die Früchte der wildwachsenden Pflanze und sorgen auch für deren Vermehrung.

161. **E. Pfitzer** (183). *Vanilla planifolia* wird ausser ihrer Heimath im östlichen Mexico noch auf Java, Bourbon und Mauritius im Grossen gezogen.

162. **E. L. Sturtevant** (654) bespricht die Cultur verschiedener *Capsicum*-Arten.

163. In **Trimens** (680). Im Bericht über den botanischen Garten Ceylons finden sich als dort cultivirte Handelspflanzen aufgeführt: Thee, Kaffee, *Cinchona* (Rinde), *Remijia pedunculata* (Samen), *Piper Cubeba*, Ipecacuanha, *Erythroxylon Coca*, *Piper nigrum*, *Uncinaria Gambier*. Matzdorff.

164. Die Mutterpflanze der **Cardamomen** (774), *Elettaria Cardamomum*, wird in ihrem heimischen Vorkommen in den Wäldern Malabars beschrieben. Matzdorff.

165. **W. Kelly** (326) theilt günstige Resultate über Versuche mit Tabakcultur in Schottland (Aberdeenshire) mit.

166. In **Teheran** (166) nimmt Opium unter den Ausfuhrartikeln die erste, Tabak die zweite Stelle ein.

167. **Teas** (856). Die Verwerthung von Thee aus Indien und Ceylon in England trägt sehr dazu bei, die Einfuhr dieses Products aus China zu vermindern.

168. **Mussaenda borbonica** (825) von Réunion wird als Surrogat für Kaffee empfohlen.

169. **P. Viala** (694) hält von Weinen der nordöstlichen Union *Vitis Berlandieri*, *V. cinerea* und *V. cordifolia* für die geeignetsten zur Cultur auf Kalkboden in Südfrankreich.

170. **B. Tairoff** (661) berichtet über die Weinberge und die Weincultur in den Kaukasusländern. Die Rebe kommt daselbst spontan und selbst oberhalb 1000 m vor. Klima und Boden sind sehr zuträglich für ihr Gedeihen. Von Feinden kennt man bis jetzt nur die Reblaus und das *Oidium*; auch der Hagel verursacht öfters Verheerungen. — Die Weinproduction ist noch primitiv. Solla.

171. **S. Cettolini** (122) bemüht sich, in vorliegender Schrift die Gesetze darzuthun, welche aus der geographischen Verbreitung der Weinrebe für Anbauversuche derselben hervorgehen. Der Hauptgedanke in der Arbeit ist, dass die verschiedenen Rebensorten in verschiedener Weise dem Klima gegenüber empfindlich sind, und dass die dadurch hervorgerufenen Veränderungen auch auf den Wein nachwirken. In Folge dessen lassen sich von Weinreben, die eine ganz determinirte Qualität Wein liefern, unter geänderten klimatischen Bedingungen nicht mehr entsprechende Producte erzielen, so sehr die Weinstöcke unter jeder anderen Beziehung wohl gepflegt wurden.

Die Arbeit ist ferner auch dadurch interessant, dass man in ihr mehrere Zahlenwerthe vereinigt findet, welche man sonst nur zerstreut in der Literatur aufzusuchen hätte. So: über die Breiten- und Höhengrenzen des Vorkommens der Reben; über Temperaturmedia, sowie über Wärmesummen, welche zum Blühen und zur Fruchtreife erforderlich sind. Auch die meteorischen Niederschlagsverhältnisse sind näher gewürdigt; die italienischen Provinzen je nach der Häufigkeit der Regentage (vom Mai bis August) und nach der Niederschlagsmenge (innerhalb der angegebenen Zeit) gruppirt, hierauf werden Maassregeln mitgetheilt, um dem Ansammeln des Grundwassers vorzubeugen. Solla.

172. **E. Jung** (320). Im Alterthum war das Bier in Südeuropa verbreitet. Die Kaffern bereiten seit Jahrhunderten Bier aus *Sorghum vulgare*. Die Araber und Abessinier benutzen neben diesem noch Mehl von *Poa abessinica* zu ihrem „Bousa“. Im Sudan wird *Holcus spicatus* verwandt. Die alten Aegypter machten aus Gerste ein bierartiges Getränk; wahrscheinlich lernten die Griechen von den Aegyptern die Kunst des Brauens. In Thrakien

brauten die Päoner aus Gerste und Hirse mit beigemengtem Würzkraut ein berauschendes Getränk. An der unteren Donau wohnte nach Cassius Dio ein Volk, das seine Gerste nicht nur ass, sondern trank, doch zwei Jahrhunderte später fanden die Hunnen da Meth. In Spanien wurde nach Plinius ein Gebräu gemacht, das längere Zeit aufbewahrt werden konnte, also das erste Lagerbier; Bier war zur Zeit des Scipio bei allen Iberern Nationalgetränk, so auch in Frankreich im Mittelalter; in Nordfrankreich und Belgien ist es noch Volksgetränk. Auch die alten Briten bereiteten aus Getreide Bier, meist aus Gerste, doch auch aus Weizen, Hafer und Hirse. Bei den Angelsachsen und Dänen war Bier Lieblingsgetränk. Die Walliser und Schotten hatten zwei Arten Bier, gewöhnliches und gewürztes. Eduard der Bekenner befahl Bier ausdrücklich zu einem Gastmahl. Die alten Germanen übernahmen vielleicht von ihren westlichen Nachbarn den Biergenuss, Diodor nennt sie Trinker von Zutos, Tacitus spricht von einem aus Gerste oder Weizen bereiteten Trank; erst als in der Völkerwanderung Hopfen eindrang, ward aber ein dem jetzigen Bier ähnliches Getränk bereitet. Anfangs würzten die Deutschen das Bier mit *Ledum palustre*, die Cimbern mit *Tamarix germanica*, die alten Skandinavier mit der Frucht von *Myrica Gale*. Karl der Grosse gab den Befehl, dass, wenn er von einem Palatium zum andern zog, jedesmal tüchtige Braumeister mitzogen. Auch in den Klöstern wurde Bier gebraut, schweres für die Patres, leichtes für den Convent, weshalb leichtes noch oft „Confent" heisst. Von den deutschen Städten waren namentlich Regensburg, Ulm, Eimbeck, Braunschweig, Nürnberg, Merseburg und Bamberg durch Bier berühmt. Im 15. Jahrhundert wurde in Süddeutschland Bier durch Wein mehr verdrängt.

Es folgen noch Angaben über Brauerei der Neuzeit, die aber im Original nachgesehen werden müssen, da sie pflanzengeographisch ganz ohne Interesse sind.

173. **L. Jammes** (305) schildert die Culturversuche des Kaufmanns Marot in Pnom-Penh, Cambodscha, mit Weinstöcken. Von 1882 eingeführten französischen Reben kam eine fort und wurde seitdem vermehrt. Von einer weiteren Sendung konnten 30—35 % verwerthet werden. Jetzt beabsichtigt Maros Versuche mit algerischen Reben zu machen.

Matzdorff.

f. Arzneipflanzen. (R. 174—175.)

Vgl. auch No. 440* (Kampfer), No. 842* (Chinarinde aus Indien).

(Als Ergänzung zu diesem und dem folgenden Abschnitt vgl. man den Bericht über „Pharmaceutische und Technische Botanik". Vgl. auch R. 287.)

174. **H. H. Rusby** (581) bespricht cultivirte *Cinchona*-Arten von Bolivia und besonders neu erzielte Bastarde.

175. **Liquirize** (818), *Glycyrrhiza glabra* wird bei Batum und Elisabethpol angebaut.

g. Technisch verwendbare Pflanzen (einschl. Oelpflanzen jeder Art). (R. 176—187.)

Vgl. auch R. 45 *(Boehmeria)*, 118, 287. — Vgl. ferner No. 62* (Sesam), No. 63* (*Lallemantia Iberica* als Oelpflanze), No. 73* (Oelpflanzen), No. 155* (Oelbaum), No. 216* (*Dipsacus fullonum* für industrielle Zwecke), No. 264* (Aegypt. Textilstoffe), No. 341* *(Luffa)*, No. 342* u. 849* (Rosenöl), No. 361* (Rose und ihre Verwendung), No. 366* (Erzählung von der Baumwollenpfl.), No. 379* (Douglastanne als Zimmerholz), No. 438* (Kopra), No. 651* (Handelshölzer), No. 831* (Oelpalme in Loanda), No. 850* (Bepflanzen von Sandhügeln), No. 868* (Walnussbaum als Holzpfl.), No. 873* (Holzproduction von Trinidad).

176. **K. Prantl** (183). Der Bast von *Xylopia frutescens*, Embira und Ibira, wird zu Seilen verwendet, diese und *X. emarginata* werden wegen rascher Bewurzelung der Zweige zu Hecken gebraucht.

177. **A. Engler** (183). Die Blätter sämmtlicher *Morus*-Arten bilden die Hauptnahrung der Seidenraupen, auch werden sie zum Gelbfärben benutzt. Das Holz wird zu Drechslerarbeiten verwendet. *M. nigra* ist wahrscheinlich in Persien heimisch, in Italien verwildert, *M. alba* in China heimisch, seit den ältesten Zeiten in Asien und seit dem 12. Jahrhundert in Europa, besonders im Mittelmeergebiet, cultivirt.

Broussonetia papyrifera, wahrscheinlich in China heimisch, wird jetzt in Japan, auf Formosa, Timor und Java, in Nordamerika und Südeuropa angebaut; gleich ihr wird die auf Nippon heimische *B. Kaempferi* in Japan zur Papierbereitung benutzt.

Boehmeria nivea, im tropischen und gemässigten Ostasien wild, wird auf den Sunda-Inseln und in China allgemein gebaut.

178. **O. G. Petersen** (183). *Curcuma longa*, die wegen eines prachtvollen Farbstoffs in Indien und China gebaut wird, ist wild nicht mehr zu finden, aber sicher in Ostasien heimisch.

179. **M. Savorgnan** (595) wählt die Cultur der Hanfpflanze zum Gegenstande im Allgemeinen, als auch mit besonderer Rücksicht auf die Verhältnisse in Italien. — Statistische Zahlenwerthe werden vorangeschickt; hierauf folgt die botanische Beschreibung der Pflanze (nach Pokorny), mit 2 Abbildungen; eine detaillirte Angabe der Aschenanalysen verschiedener Organe der Pflanze und dies mit besonderer Rücksicht auf die Natur und Düngung des erforderlichen Culturbodens. Botanischerseits werden noch erwähnt: die Feinde der Pflanze; als solche: die Unkräuter, darunter *Orobanche ramosa;* wenige Insecten, von diesen hauptsächlich *Plusia gamma;* schliesslich die meteorischen ungünstigen Verhältnisse; von Pilzen ist nur vorübergehend des Rostes gedacht. — Ferner bespricht Verf. noch den histologischen Bau des Hanfstengels ganz kurz und schliesst daran einige Seiten an über die chemisch verschiedene Zusammensetzung und über den mikroskopisch nachweisbaren Unterschied zwischen Hanf-, Leinfaser und Baumwollhaar. — Das Uebrige bezieht sich auf Cultur der Pflanze und Industrie der Hanffaser. Solla.

180. **F. Körnicke** (337) sucht darzuthun, dass der altägyptische Lein von *Linum angustifolium* stamme, während jetzt einige mit *L. humile* verwandte Formen da gebaut werden.

181. In **Havana** (806) wird neben Tabakcultur, die der enormen Preise wegen etwas zurückgeht, die Cultur von Faserstoffen, besonders *Sansevieria*, empfohlen.

182. **J. R. Jackson** (301). Die mexicanische Faser (Mexican Fibre) oder Istle stammt von *Agave heteracantha*. (Verf. geht auf die Geschichte und den Handel dieses Faserstoffs näher ein.)

183. In **Trinidad** (859) ist *Catilloa elastica*, wie es scheint mit Erfolg, eingeführt.

184. Waldungen von **Besenpfriemen** (771), *Spartium Scoparium*, finden sich in dem spärlich bewaldeten Gebiet zwischen den Albaner und Sabiner-Bergen und werden theils künstlich hervorgerufen, indem man Culturland sich selbst überlässt, um dann die Besenpfriemen als Brennholz zu verwerthen.

185. **A. Favier** (189) stellt in seinem Bericht über den Anbau der Ramiepflanze zunächst fest, dass eine grüne, *Urtica utilis tenacissima*, und eine weisse in zwei Varietäten, *U. nivea* und *U. candicans*, unterschieden werden müssen. Jenseits des 43.° n. und s. Br. kann keine Ramiepflanze gezogen werden.

Der beste Boden ist ein humusreicher, sandhaltiger und für das Wasser durchlässiger. Düngung ist nöthig. Matzdorff.

186. **Haussknecht** (267) betrachtet *Populus pyramidalis* als eine Varietät von *P. nigra*, welche letztere er als in den Alpen heimisch ansieht.

187. **Colza** (780). Die Rapscultur in der Normandie ist in Abnahme begriffen wegen der geringen Nachfrage nach Rapsöl.

h. Zierpflanzen (einschl. Forstpflanzen)[1]. (R. 188—224.)

Vgl. auch R. 20 (Edelweiss), 46, 56 (Eucalypten), 87, 251 (gelbfrüchtige Eibe), 320, 451, 452 *(Veronica)*, 499 (Rosen). — Vgl. ferner No. 2* (Zwiebelcultur in Natal), No. 82* *(Populus Steiniana)*, No. 87* *(Freesia refracta)*, No 112* (Bäume u. Sträucher d. russ. Ostseeprovinzen), No. 151* (Waldbäume d. pacif. Nordam.), No. 161* (Tulpen- u. Narcissencultur in Holland), No. 162* (Zwiebelcultur ebenda), No. 163 (Eb. winterharte Blumen), No. 177* (Winterharte Sträucher), No. 201* (Arten von *Hemerocallis*), No. 226* (Forstcultur),

[1] Vgl. Bot. J., XIV, 1886, 2. Abth., p. 145. Anm.

No. 297* (Amerikanische Hölzer), No. 338* (*Eranthemum nervosum* ein Winterblüher), No. 364* (Rosen und ihre Verwendung), No. 379* (Douglastanne), No. 385* (*Freesia* am Cap), No. 418* (Wälder d. südl. Union), No. 480* (Waldflora von Kotschinchina), No. 552* (Zur Geschichte von *Paulownia*), No. 561* (Winterharte Zierpfl.), No. 566* (*Cytisus racemosus* und seine Verwandten), No. 619* (Trop. u. amerik. Waldwirthschaft), No. 621 (Ziergewächse), No 658* (Die Rose), No. 721* (Ziereichen), No. 722* (Darwin's Garten), No. 750* (*Abies nobilis*), No. 777* (*Clivia miniata* winterhart), No. 797* (Forstwirthschaft), No. 798* (Desgl. in Guyana), 799* (Desgl. in den Alpen), No. 805* (Im December winterharte Blumen), No. 817* (*Lilium canadense*), No. 851* (Winterharte Felspflanzen), No. 869* (Trauerlärche).

188. **B. Borggreve** (80) bespricht die Verbreitung der deutschen Waldbäume, giebt eine Uebersicht über die Waldgebiete Deutschlands und geht kurz auf die wirthschaftliche Bedeutung der deutschen Waldbäume ein.

Als Charakterbäume werden hervorgehoben: Eiche (niederrheinisch-westfälisches Gebiet), Buche (Pommern bis Odenwald), Tanne (Süddeutschland), Kiefer (Nordostdeutschland).

Polargrenze erreichen: *Abies pectinata, Quercus Cerris, Castanea vesca, Fagus silvatica.*

Aequatorialgrenze erreichen: *Picea excelsa, Pinus silvestris.*

189. **R. Hess** (276) bespricht in populärer, aber anregender Form, das Verhältniss von Waldschutz und Schutzwald, mit besonderer Rücksicht auf Deutschland, wobei er auch wesentlich auf ältere Zeiten eingeht. Das Verhältniss zu den Thieren wird in sehr interessanter Weise besprochen. Sowohl Bewaldung als Entwaldung werden geschildert.

190. **N. Ilés** (300) bespricht die Existenzbedingungen ungarischer Eichen und weist darauf hin, dass dieselben bei ihrer Cultur durch den Forstmann wohl zu berücksichtigen sind.

Staub.

191. **W. Weise** (723) giebt im 3. Theil, der den Waldbau der einzelnen Holzarten behandelt, die horizontale und verticale Verbreitung, sowie die Bedingungen, die an den Boden gestellt werden, für folgende Waldpflanzen an (die gewöhnlichen Bäume sind hier fortgelassen): *Carya alba, amara, tomentosa, porcina, Juglans nigra, Quercus rubra, Ulmus americana. Fraxinus americana, pubescens, ascania, Acer dasycarpum, saccharinum, Negundo californica, Betula lenta,* kalifornische Pappeln, *Rhus vernicifera, Zelkova Keaki; Abies Nordmanniana, Pseudotsuga Douglasii, Picea Sitchensis, Pinus rigida, ponderosa, Jeffreyi, Laricio* var. *corsicana, austriaca, Cembra, Chamaecyparis Lawsoniana, Thuja gigantea, Juniperus virginiana,* japanische Nadelhölzer. Matzdorff.

192. **E. Krüger** (351) schildert Culturversuche, die in der vorpommerischen Oberförsterei Jädkemühl mit *Pinus rigida, Laricio, Strobus, Jeffreyi, Abies Douglasii, balsamea, Nordmanniana* angestellt worden sind. *P. rigida* und *Laricio* wurden, *P. Strobus* und *silvestris* wurden nicht vom Halimasch ergriffen, *Abies Douglasii* hatte vom Frost zu leiden. Matzdorff.

193. **Conifers** (781). Von Coniferen haben am Schlossberg in Württemberg in einer Höhe von 848 m 8 Jahre den rauhen Nordostwinden getrotzt, ohne vom Frost zu leiden: *Araucaria imbricata, Cedrus Deodora, C. atlantica, C. Libani, Abies amabilis, A. magnifica, A. nobilis* (mit var. *glauca* und *argentea*), *A. lasiocarpa (Lowiana), A. Pinsapo, Sciadopitys verticillata.* Sie ertrugen eine Wintertemperatur von 25° R. Dasselbe gilt von folgenden Laubpflanzen: *Castanea vesca, Juglans regia, Azalea amoena, Rhododendron hirsutum* und *ferrugineum.*

194. **Brecher** (86) bespricht den Anbau von *Acer californicum.* Dieser Ahorn braucht Feuchtigkeit, wächst dann aber auch rasch und liefert sehr hartes Holz.

Matzdorff.

195. **G. Ugolini** (683) unterscheidet 5 *Celtis*-Arten, einschliesslich der europäischen *C. australis* und giebt kurze Monographien von jeder bezüglich ihrer Tracht, ihres Vorkommens und ihrer Culturbedingungen. Solla.

196. **G. Ugolini** (682) bespricht *Ulmus campestris,* sein Vorkommen und dessen Anpassung an die Verhältnisse höherer Breiten. — Vorübergehend sind auch amerikanische Arten erwähnt; der beiden anderen europäischen Arten gedenkt Verf. nicht.

Neben den technischen Eigenschaften des Ulmenholzes sind auch die Feinde desselben angeführt; als solche treffen wir jedoch nur zwei Lamellicornier und die Gallerma; die weit schädlicheren Thiere, selbst unter den Insecten, sind gar nicht genannt.

Solla.

197. **A. Becalli** weist auf die Rusticität von *Idesia polycarpa* (55) hin, weshalb er die Cultur derselben als Zierpflanze warm empfiehlt. Ein zu Intra vor 12 Jahren in freie Erde gepflanztes Exemplar erreichte eine Höhe von 10 m mit einem Kronenumfange von 12 m. Junge Pflänzchen hielten strengen Winter gut aus; selbst zu Florenz vertrugen einige Exemplare im Freien eine Winterkälte von —8 bis —10°.

Verf. führt an, dass zu Intra das einzige Exemplar bestehe und dennoch reichlich Früchte mit keimfähigen Samen trage; er hält somit die Pflanze für monöcisch oder polygam und nicht für diöcisch, wie andere angeben. Solla.

198. **G. Nencioni** (448). Geschichte der Einfuhr von *Euryale ferox* Sal. als Zierpflanze in Europa (1809). Die natürlichen Standorte der Pflanze (an der Janasus-Mündung, im Kauka-See etc.) stellen eine mögliche Einbürgerung derselben in den Gewässern Europas in Aussicht (wie es die Meinung Arcangeli's ist). Ihre Cultur als Zierpflanze wird warm empfohlen. Solla.

199. **M. Tursky** (681). So sehr auch die Südgrenze der *Picea excelsa* Lk. als Waldbaum mit der nördlichen Grenze der Schwarzerde (und der 20° Isotherme des Julis) zusammenfällt, so wenig ist diese Bodenart ihrem Vorkommen, resp. ihrer natürlichen Aussaat ungünstig. Wahrscheinlich hängt die südliche Grenze ihres Gedeihens mit der 21°- und 22°-Isotherme des Juli zusammen, aber selbst am Asow'schen Aleev kommt sie noch fort. Die Orte, wo sie angepflanzt wird, sind aufgezählt. Bernhard Meyer.

200. **A. F. Entleutner** (185) bespricht die Ziergehölze von Südtirol. Mit Weinreben bekränzte sonnige Hänge und von mächtigen Edelkastanien überschattete Thalgelände verleihen schon von Frankenfeste an der Vegetation einen südlichen Charakter. In der Umgebung von Brixen reift an geschützten Stellen wohl die Feige, aber nicht mehr der Granatapfel; auch keine Pinie und Cypresse erheben sich dort. Erst in Bozen begegnet man einer fast mittelländischen Gartenflora. Oelbaum und Lorbeer, Cypresse und Ceder bringen dort reife Früchte. Immergrüne Erdbeer- und *Evonymus*-Bäumchen, immergrüne Eichen und Magnolien schmücken die dortigen Gärten. Dieselbe südliche Gartenflora, sogar in noch grösserem Artenreichthum, findet man in den 7 Stunden nördlicher gelegenen, aber im Norden durch hohe Berge geschützten Meran. In Trient und besonders in Roveredo giebt es zwar ausgedehnte Parks, aber sie bieten dem Botaniker nichts Neues. Erst in der Sarconiederung, wo der Oelbaum cultivirt wird, finden sich mächtige *Eucalyptus* und fruchtbeladene Orangenbäume, ächte Akazien und Palmen, ja in besonders geschützter Lage überdauert daselbst der Camelienstrauch ohne allen Schutz den Winter. Daher zeigt auch die vom Verf. zusammengestellte Zierholzflora Südtirols vielfach südlichen Character, wenn auch andererseits dem Norddeutschen mancher alter Bekannter in der Liste entgegentritt.

201. **Chr. Ilsemann** (310) nennt von interessanten Bäumen aus Ung. Altenburg: *Acer dasycarpum*, *Wieri laciniatum* H., *A. tataricum* var. *Ginala* Maxim., *Aesculus Hippocastanum* L., *Ae. Schirnhoferi* A. C. Rosenthal, *Berberis chinensis* Desf., *Catalpa syringaefolia aurea* Hort., *Citrus (Limonia) trifoliata*, *Crataegus pyracantha Lalamdei* Hort., *Elaeagnus Frederici variegata* v. Sieb., *Prunus serotina* Ehrh., *pendula* Hort., *Rosa berberidifolia* Pall., *Rubus rosaefolius flore pleno* Hort., *Xanthoceras sorbifolia* Bge., *Nandina domestica* Thunbg., *atropurpurea* Hort. u. a.

202. **Torre di Grimaldi** (222). *Araucaria excelsa* von den Norfolk-Inseln gedeiht in milden Klimaten nahe der See, ist besonders häufig auf kalkigen Felsen des Mittelmeergebiets, dagegen in der Heimath jetzt verschwunden.

203. **W. Schlick** (604) berichtet über die Cultur von Douglasfichten in Schottland, namentlich über deren Wachsthum, über Grösse, Beschaffenheit des Holzes u. a.

204. **M. T. Masters** (403). Die *Pinus pyrenaica* der englischen Anpflanzungen ist nur eine Form der sehr variablen *P. Laricio*, dagegen ist die ächte *P. pyrenaica* Lapeyrouse (= *P. bicutia* Tenore = *P. Loiseleuriana* Carr. = *P. Pallisii* Parolini = *P. Paroli-*

niana Webb. et Carr.) verbreitet in Central- und Südostspanien, Calabrien, Cypern, Creta, dem caramanischen Taurus, Syrien und Bithynien, auf deren Beschreibung Verf. eingeht.

205. **Rhododendron colletianum** (845) Aitch. et Hemsl. aus Afghanistan (Kuram Thal, 10000—13000 Fuss) ist winterhart.

206. **R. A. Ralfo** (565) hält für wahrscheinlich, dass *Cytisus racemosus* der Gärten nur durch künstliche Zucht, wohl aus *Genista stenopetala* Webb. (= *G. bracteolata* Link) der Canaren entstanden sei.

207. **A. Ernst** (186). Der Gartenbau in Caracas befasst sich meist mit Heranzucht von Zierpflanzen, weniger mit Gemüse- und Obstcultur; in den letzten 50 Jahren ist kein einziges neues Gemüse, keine einzige neue Obstart in Venezuela eingeführt.

208. **K. Müller** (433) bespricht das für gärtnerische Zwecke wichtige Pampasgras, unter welchem Namen verschiedene Arten cultivirt werden, zuerst *Gynerium saccharoides* H. B. K. aus Venezuela.

209. **E. Regel** (506). Von den zahlreichen Pflanzen, welche Verf. mit erläuternden Bemerkungen zur Cultur empfiehlt, seien hier die mit Abbildungen versehenen bezeichnet (weil diese auch ohne Text etwa den Lesern von Nutzen sein könnten) [Anno 1883]. *Anthurium splendidum* h. Bull. p. 18, *Begonia Veitchi* Hook. fl. pl. p. 70, *Campanula garganica* Ten., *Begonia Roezli* Rgl. var. *rosea* p. 71, *Oxycoccus macrocarpa* Pers., *Alyssum Wulfenianum* Bernh. p. 102, *Codiaeum pictum* Hook. var. *taeniosa* p. 103, *Pelecyphora aselliformis* Ehrb., *P. pectinata* p. 104, *Sedum sempervivum* Ledb. p. 117, *Epacris onosmiflora* Cunningh. p. 142, *Cereus Engelmanni* Parry p. 177, *Nepenthes Northiana* Hook. fil. p. 196, *Fritillaria imperialis* L. var. *inodora purpurea* Rgl. p. 231, *Cypripedium grande* h. Veitsch. p. 248, *Panax Victoriae* k. Bull., *Asperula odorata* L., *Trevirana longiflora* Rgl. p. 278, *Dasylirion longifolium* Zucc. p. 279, *Begonia tuberosa* M-me Linden p. 271, *Cypripedium microchilum* h. Veitsch. p. 298, *Dianthus Caryophyllus* in 6 Sorten p. 469, *Russelianum* Hook. var. *Gaertneri* p. 513, *Medinilla Curtisi* Hook. p. 535, *Primula officinalis hortensis* p. 570, *Pr. officinalis duplex*, *Pr. elatior* Jacq., goldgerändert, *Pr. elatior calycantha* p. 571, *Pr. acaulis* Jacq. fl. pl. p. 572, *Pr. sinensis plenafimbriata* p. 573, *Pr. cortusoides* L., *Sieboldia amoena* p. 574, *Lilium longiflorum* Thbrg. *β. formosum* p. 590, *Adiantum cuneatum deflexum*, *Ad. rhodophyllum* h. Veitsch. p. 658, *Pr. Auricula* L., Englische Aurikel p. 633, *Pr. villosa* p. 635, *Pr. farinosa*, *Pr. capitata* p. 639, *Pr. luteola* p. 640, *Pr. nivalis*, *Pr. Stuarti* p. 644.

1886: *Anthurium ferrierense*, *A. Rothschildianum* (Bergmann), *Dianthus Caryophyllus nanus plenus* p. 44, *Eremurus aurantiacus* Baker, *E. Bungei* Baker p. 57, *Begonia hybrida florida (B. semperflorens Schmidtiana)* p. 63, *Gloxinia gesneroides* p 64, *Iberis sempervirens* L. fl. p. 65, *Trifolium rubens* L. p. 66, *Dieffenbachia Seumanni* h. Veitsch. p. 66, *Cypripedium venanthum superbum* h. Veitsch. p. 82, *Calceolaria arachnoidea crenatiflora* p. 113, *Crocus Imperata* Ten. p. 114, *Concourcelle de Tripoli* p. 117, *Sphaeralcea rivularis* Torr. p. 118, *Salvia interrupta* Schonsb. p. 119, *Amasonia punicea* Vahl. p. 128, *Callistephus* (Aster) *chinensis* Nees ab Eisenb., Washington, Nadel p. 176, *Eritrichum barberigum* Asa Gray p. 176, *Humulus japonicus* p. 177, *Papaver Rhoeas* L. var. *Hookeri* p. 178, *P. somniferum* L. var. *Mephisto* p. 179, *Phacelia Parryi* Torrey p. 179, *Phlox Drummondi* Hook. fl. pl. p. 180, *Lilium tenuifolium* Fisch. p. 231, *L. pulchellum* Fisch. p. 232, *Ardisia picta* h. Bull., p. 240, *Arisaema fimbriatum* Mast., p. 190, *Begonia albopicta* h. Bull., *Comoënsia maxima* Welw. p. 248, *Hedysarum multijugum* Maxim. p. 230, *Caladium bicolor* Vent. p. 292, *Alocasia Landeriana* h. Bull. p. 308, *Davallia tenuifolia* Swartz var. *Veitchiana* h. Veitsch. p. 313, *Cypripedium Morganiae* h. Veitsch. p. 345, *Alstroemeria haemantha* Knig. et Pav. p. 346, *Didymocarpus polyanthus* Hook. p. 347, *Tropaeolum tricolor* Sweet. p. 348, *Tydaea hybrida nana* h. Haage et Schmidt p. 349, *Abies Mertensiana* Lind. p. 360, *Drymis Winteri* Forst. p. 372, *Eucharis candida*, *Euch. amazonica*, *Euch. Sanderiana* p. 399, *Woodwardia radicans* Smith p. 414, *Ophiopogon spicatus* Gawl. p. 460, *Pandanus Kerchovei* L. Lind. et Rod. p. 517 und 549, *Chionanthus retusa* Paret. p. 525, 526, *Odontoglossum coronarium* Lindl. p. 590, *Hillia longifolia* Sw. 603, 604, *Erinus alpinus* L. p. 641, *Hablitzia tamnoides* M. Bieb. p. 641, *Hieracium lanatum*

Vill. p. 642, *Veronica alpina* L. p. 642, *Centaurea Cineraria* L. p. 643, *Asphodelus albus* Mill. p. 644, *Centaurea Fenzlii* Reichart p. 645, *Artemisia Stelleriana* Bess. p. 646, *Heterotoma lobeloides* Jacc. p. 657, *Nepenthes Rafflesiana insignis* Cat. W. Bull. p. 668.

Bernhard Meyer.

210. **E. Regel** (507) gelang eine Kreuzung zwischen *Rhododendron caucasicum* und *Rh. hybridum*. Die neue Form ist von stärkerem Wuchs und hat grössere Blätter als *Rh. caucasicum*. Die Blüthen sind gross und verschiedenfarbig. Ausdauernder als andere Sorten vermag sie den Winter St. Petersburgs, mit Tannenzweigen bedeckt, zu ertragen. Verf. weist ferner auf das Fehlen der *Rhododendron* in Centralasien und auf zwei neue Species, *Rh. Smirnowi* Trautv. und *Rh. Unguerii* Trautv. bei Batum hin. Bernhard Meyer.

211. **A. Evans** (188) empfiehlt als Winterblüher *Toxicophloea spectabile* aus Südafrika.

(Vgl. auch G. Chr., 1872, March. 16.)

212. **A. D. Webster** (719) empfiehlt sehr angelegentlich *Halesia hispida* als Zierpflanze.

213. **Manettia bicolor** (821) wird als Zierpflanze empfohlen, desgleichen *Goodia latifolia*.

214. **Syringa japonica** (855) aus Nordjapan wird als Zierpflanze empfohlen.

215. **A. D. Webster** (720) empfiehlt zu Cultur auf Kalkboden: *Abies Pinsapo*, *Sequoia gigantea*, *Abies cephalonica* (heimisch auf den kalkigen „schwarzen Bergen" von Cephalonien), *Pinus Strobus*, *P. silvestris*, *Thuja gigantea*, *Th. occidentalis* und *Larix europaea* (vgl. auch G. Chr., ser. 3, vol. 3, 1888, p. 307). Ueber andere Bäume für Kalkboden vgl. Eb., p. 398.

216. **Hamamelis Zuccariniana** (804). Bei Besprechung dieser neuen Culturform wird mitgetheilt, dass im botanischen Sinne nur 2 Arten der Gattung unterschieden werden können, nämlich *H. virginica* aus dem nordöstlichen Amerika und *H. japonica* aus Japan, welche Franchet sogar zu einer Art zusammenfasst.

217. **Nova Scotia** (827). Biographie des um die Pflege von Gartenpflanzen verdienten P. Jack.

218. **Pentas carnea** (833) wird als Zierpflanze empfohlen.

219. **M. Foster** (205) empfiehlt *Iris Korolkowi* aus Centralasien zur Cultur.

220. **J. Horsefield** (296) empfiehlt (als winterharte Pflanzen) zur Cultur: *Caltha palustris* fl. pl., *Mertensia sibirica*, *Anemone vitifolia*, *A. silvestris*, *Hieracium aurantiacum*, *Tradescantia virginica (rosea)*, *Lychnis diurna* (plena), *Geranium platypetalum*, *Cynoglossum montanum*. (Vgl. weiter G. Chr., ser. 3, vol. 4, 1888, p. 208—210.)

221. Das immergrüne **Lithospermum graminifolium** (819), das winterhart ist (gleich *L. prostratum* und *rosmarinifolium*), wird abgebildet.

222. **Symphyandra Hoffmanni** (854) aus Bosnien, die in England winterhart ist, wird abgebildet.

223. **L. Graebener** (228) bespricht *Planera Keaki* aus Japan, die in Karlsruhe winterhart ist.

224. **Bambusa Veitchii** (765), wahrscheinlich identisch mit *B. palmata* Latour Marliac, soll winterhart sein.

i. Futterpflanzen.[1]) (R. 225—231.)

Vgl. auch R. 351. — Vgl. ferner No. 125* u. 769* (Bienenfutterpfl.), No. 369* *(Soya hispida)*, No. 446* (Gräser des trockenen Gebiets), No. 693* (Futterpfl.).

225. **Forage plant** (796). *Iris pabularia* von Kashmir wird als Futterpflanze empfohlen.

226. **J. G. Smith** (628) empfielt *Buchloe dactyloides* als Futtergras.

227. **G. C. Nealley** (445) giebt einen Bericht über Futterpflanzen, namentlich Gräser, die derselbe im westlichen Texas beobachtet hat. Er giebt einen ausführ-

[1]) Vgl. Bot. J., XIV, 1886, 2. Abth., p. 152. Anm.

lichen Reisebericht und führt sodann 98 Gräser auf, unter ihnen als neue Arten: S. 43 *Stipa flexuosa*, Medero Creek; S. 44 *Muehlenbergia* n. sp., Limpia Cañon; *Sporobolus Nealleyi*, Sand Hills.; S. 46 *Triodia Nealleyi*, Cibilo Cañon; *T. repens*, Limpia Creek. Matzdorff.

228. **B. Pottyondy** (490) theilt seine Erfahrungen über die Cultur von *Bromus inermis*, die seit 30 Jahren auf der Herrschaft Mágors betrieben wird, mit. Auf der benannten Herrschaft, die im trockensten Gebiete des ungarischen Tieflandes liegt, sind 1460 Joch künstliche Wiesen und Weiden mit dieser Pflanze hervorgebracht worden. Dem Heuerträgnisse nach übertrifft sie oft die Luzerne, ist von ungemeiner Dauerhaftigkeit, von Parasiten verschont und verdrängt leicht ihre Mitconcurrenten. P. giebt die Anweisung zur Cultur. Staub.

229. **R. W. E. Macivor** (381) untersucht die australischen Schaffutterpflanzen *Atriplex speciosus* und *A. campanulata* auf ihren Nährwerth. Sie enthalten im Durchschnitt doppelt so viel Aschentheile als andere Pflanzen und sind in Folge ihres Gehalts an Kohlenhydraten und Eiweissstoffen von hohem Futterwerth für Schafe. Matzdorff.

230. **F. S. Pease** (469, 470) bespricht die Honigpflanze *Echinops sphaerocephalus* aus Centralfrankreich.

231. **L. Wittmack** (734) berichtet über Cultur von *Pyrethrum carneum, roseum* und *caucasicum (?)* zum Zweck einer Gewinnung von Insectenpulver.

Anhang A. Die Pflanzenwelt in Kunst, Geschichte, Volksglauben und Volksmund. (R. 232–244.)

Vgl. auch R. 44, 148 (Mais), 277, 479. — Vgl. ferner No. 49* u. 50* (Pflanzennamen bei den Onondaya-Indianern), No. 285* (Volksnamen niederösterreich. Pflanzen), No. 350* (Bemerkungen über volksthümliche Pflanzennamen), 366* (Erzählung von der Baumollenpflanze), No. 722* (Darwins Garten).

232. **F. Crépin** (144) entdeckte in Resten von Rosen aus altägyptischen Gräbern *Rosa sancta* Rich., die jetzt in Habesch (Provinz Tigré) um Kirchen angebaut wird.

233. **F. Cohn** (133) spricht über die culturhistorische Bedeutung der *Mandragora* und im Anschluss daran über antike Pflanzenabbildungen.

234. **M. Vrany** (698) theilt eine Volkslegende aus der Zigas mit, die sich auf *Gnaphalium Leontopodium* Scp. bezieht. Staub.

235. **F. Goeschke** (223) macht auch Angaben über Benennung der Erdbeeren in verschiedenen Ländern.

236. **G. A. Zwanziger** (749) giebt ein Verzeichniss von etwa 1200 Volksnamen, die in Kärnthen für Pflanzen gebräuchlich sind. Matzdorff.

237. **H. N. Ellacombe** (180) liefert eine Zusammenstellung altenglischer Pflanzennamen mit Uebersetzung durch neuenglische.

238. **G. J. Filet** (193) giebt einheimische Pflanzennamen von Niederländisch Indien nebst Erklärung und Angaben über Verwendung der Pflanzen.

239. **O. Stapf** (635) theilt mit, dass die Bezeichnung „Edelweiss" für *Leontopodium alpinum* wirklich ursprünglich volksthümlich (in Bayern, Osttirol und Westkärnthen) sei, bei Werfen und Berchtesgaden hiess sie „Bauchwehblume", in der Schweiz „Wullblume". (Neue Standorte dafür sind: 1. Obersberg in der „kalten Kuchel", nordöstlich von Schwarzau in Niederösterreich, 2. Crnopač bei Gračač an der Grenze von Dalmatien und Croatien, 3. Grabovica an der bosnisch-herzegowinischen Grenze.) — *L. Himalayanum* DC. wächst im südwestlichen China. (Vgl. auch Bot. C., XXXIV, 1888, p. 393.)

240. Die Redaction (807) des „Természettudományi Közlony" sah sich in Folge einer literarischen Polemik veranlasst, die Meinungen über die ungarischen Namen der ungarischen Nadelhölzer zusammenzustellen und nach kritischer Beleuchtung derselben zu einem definitiven Resultate zu gelangen. Demzufolge heist *Pinus silvestris α* = erdei fenyö, *P. nigra* Am. (austriaca Höss) = fekete fenyö, *P. Pumilio* Haenke = törpe fenyö, *P. Mughus* Scop. = berczi fenyö, *P. Cembra α.* = havasi fenyö, *Abies excelsa* DC. = lucz

fenyö, *A. pectinata* DC. = jegenye fenyö, *Larix europaea* DC. = vörös fenyö und die cultivirte *Pinus Strobus* α. = sima fenyö. Staub.

241. **V. Borbás** (78) bespricht die verschiedenen ungarischen Benennungen der in Ungarn einheimischen Nadelhölzer. Staub.

242. **K. S. Gornitzky** (227). Neben 350 in alphabetischer Reihenfolge lateinisch angeführten Species sind die russischen Volksnamen und das Geltungsgebiet dieser verzeichnet, bei der Minderzahl sind polnische, lettische, estnische, bulgarische, armenische und andere Namen hinzugefügt. Bernhard Meyer.

243. **A. Henry** (272) giebt die chinesischen Namen in originalen Schriftzügen und Uebertragung in die unserigen von gegen 600 Pflanzen. Matzdorff.

244. **G. J. Filet** (194). Enthält 1. eine alphabetische Liste der in den Neederlandischen Colonien Ostindiens gebräuchlichen inländischen Pflanzennamen unter Hinzufügung des wissenschaftlichen Namens und kurze Notizen über Gebräuche der betreffenden Pflanze; 2. eine alphabetische Liste wissenschaftlicher Pflanzennamen mit Verweisung nach ersterer Liste. Giltay.

Anhang B. Durch Grösse, Alter oder eigenthümlichen Wuchs ausgezeichnete Pflanzen (besonders Bäume).

(R. 245–259)

Vgl. auch R. 22, 30. — Vgl. ferner No. 192* (Baum-Charaktere, alte Kastanien), No. 213* (Alte Weiden Berlins), No. 315* (Bericht über drei Riesenbäume), No. 411* (Alter der dicken Bäume aus Kalifornien), No. 552* (Eine grosse *Paulownia imperialis*), No. 846* (Riesen-Azaleen), No. 847* (Rieseneiche).

245. **Banyan** (767). Abbildung einer grossen Banyane aus Madura (Südindien).

246. Von **Yucca filifera** (874) (= *Y. baccata* var. *australis* Engel.) sind 2 grosse Exemplare aus Mexico abgebildet. (*Y. baccata* findet sich in Westtexas, Neu-Mexico, Südcolorado, Südkalifornien und Nordmexico.)

247. Von **Araucaria Bidwillii** (760) wird ein auffallend grosser Zapfen aus Port Elisabeth beschrieben.

248. **Howea** (808) Ein 42 Fuss grosses Exemplar von *Howea Belmoreana* existirt in Kew. Die Art scheint identisch mit *H. Forsteriana* Becc., *H. australis* Wendl. und *H. (Kentia) rupicola* Hart. Linden; sie ist früher auch als *Hedyscepe (Veitchia) canterburyana* bezeichnet.

249. Von **Arbutus Andrachne** (763) wird ein grosses Exemplar aus Kew abgebildet.

250. Von **Pinus Coulteri** (837) wird ein grosses Exemplar von ebenda abgebildet.

251. **W. Watson** (703) macht Mittheilungen über einen gelbfrüchtigen Eibenbaum bei Dublin.

252. **Jacob Cnattingius** (128). Auf vielen von den kleinen Inseln und Schären der (schwedischen) Provinz Östergötland sah Verf. viele, ja die meisten unserer wilden Laubbäume zusammen wachsend. — Einzelne Exemplare wurden sehr gross. So erreichte eine Eiche 23 Fuss Stammweite, 4 Fuss über dem Boden gemessen, und eine andere 19 Fuss; eine Hasel hatte in derselben Höhe einen Stamm von 8 Fuss im Durchmesser.

Ljungström.

253. Die grösste **Eiche** (787) in Norwegen hatte nach Schübeler vor 20 Jahren 37.6 m Höhe, 94 cm Stammumfang 7.8 m über dem Boden und 2.2 m Umfang 5.8 m über dem Boden.

Vgl. No. 847*

254. Eine **Riesen-Eiche** (848) im Eichwald bei Frankfurt a./O. von 21 Fuss Umfang ist gefällt worden, eine ähnliche stand noch vor Kurzem daneben.

255. **L. Graebener** (224) giebt Dimensionen verschiedener grosser Bäume verschiedener Art aus dem Schlossgarten von Karlsruhe an.

256. **A. Basaroff** (40) giebt an, dass im Walde des Martjan-Berges sich grosse (bis

2 m 85 cm im Umfang) *Juniperus excelsa*-Bäume befinden, während bisher nur kleinere meist strauchartige für die Halbinsel bekannt waren. Bernhard Meyer.

257. **R. Virchow** (696) berichtet über 2 grosse Edeltannen am Fusse des Staufen; bei Diesdorf soll ein noch grösserer Baum stehen.

258. **C. Joly** (314) berichtet über einen Kastanienbaum, 50 m hoch und mit 11.6 m Stammumfang auf 1 m Höhe vom Boden. Der Baum, welcher in zwei Phototypien vorgeführt wird, wächst und vegetirt rüstig zu Achada auf der Insel Madeira. — Sein Alter lässt sich nicht festsetzen. Solla.

259. **A. Treichel** (674) macht Angaben über verwachsene Rothbuchen, sowie über einige durch Stärke oder sonstige Eigenschaften ausgezeichnete Bäume Preussens.

II. Aussereuropäische Floren.

I. Arbeiten, welche sich gleichzeitig auf verschiedene Gebiete beider Erdhälften beziehen. (R. 260—265.)

Vgl. auch R. 104 *(Disporum)*, 105 *(Microstylis)*. — Vgl. ferner No. 378* (Studium der Localfloren), No. 508* (Vorschlag betreffend den Entwurf von Karten über Verbreitung gewisser Holzpflanzen), No. 660* *(Polypetalae Thalamiflorae Rehmannianae)*, No. 755* *(Amelanchier oligocarpa* vgl. auch die unter 8a aufgeführten Arbeiten No. 706*—718* u. 745*), No. 764* *(Astragalus mollissimus)*, No. 784* *(Cypripedium fasciculatum)*, No. 788* *(Epigaea repens)*, No. 789* *(Erythronium Hendersoni)*. No. 819* *(Lithospermum graminifolium)*, No. 820* *(Lycium pallidum)*, No. 835* *(Philadelphus Coulteri)*, No. 836* *(Phlox Stellaria)*, No. 839* *(Primula Rusbyi)*, No. 841* *(Pseudophoenix Sargenti)*, No. 843* u. 844* *(Rhododendron arborescens* u. *Rh. Vaseyi)*.

260. **A. Schlatterer** (603) nennt folgende aussereuropäische *Epilobium*-Arten aus Döll's Herbar: *E. latifolium* L., f. *glabrescens* (Grönland, Sibirien), *E. frigidum* Hausskrecht (Persien), *E. algidum* M. Bieb. (Elisabethpol, Nargana), *E. stereophyllum* Fresenius (Habesch), *E. fissipetalum* Steudel (Eb.) und *E. coloratum* Mühlenb. f. *umbrosa* und f. *minor* (Amerika).

261. **B. D. Jackson** (299) giebt ein Verzeichniss der abgebildeten Pflanzen in dem Werke über die Expeditionen der „Astrolabe" und „Zélée" nach den südlicheren Meeren, weil diese von Pritzel theilweise falsch angegeben sind. Es sind folgende Phanerogamen abgebildet: *Victoriperrea impacida, Freycinetia Urvilleana, Hombronia calathiphora, Veratrum Dubouzeti, Lasiorhiza purpurea, Philesia buxifolia, Luzula alopecurus, Uncinia macrolepis, U. gracilis, Carex Andersoni, C. festica, Festuca scoparia, Bromus pictus, Agalmanthus umbellata, Aralia polaris, Ligusticum antipodum, Albinea oresigenesa, Ozothamnus Vanvilliersii, Calucechinus antarctica, Calusparassus betuloides, C. Pumilio, Calucechinus Montagni, Veronica decussata, V. finanstrina, Senecio littoralis* var. *lanata, Homanthis echinulatus, Clarionella magellanica, Senecio acanthifolius, Gnaphalium consanguineum, Culcitium magellanicum, Senecio verbascifolius, S. flaccidus, S. Hookeri, S. Danyansi, S. exilis, S. Laseguei, Colletia discolor, Escallonia serrata, Arjoona patagonica, Azorella filamentosa, A. trifurcata, Bolax glebaria, B. caespitosa, Valeriana sedoides, V. magellanica, Forstera arctiastrifolia, F. uliginosa, Azorella Ranunculus, Mastigophorus Gaudichaudii, Arjoona pusilla, Azorella lycopodioides, A. caespitosa, Panargyrum abbreviatum, Colobanthus crassifolius, C. muscoides, Drapetes muscosa, Boopis australis, Plantago juncoides, Drimys Winteri, Berberis ilicifolia, B. empetrifolia, B. buxifolia, B. inermis, Jacquinotia prostrata. Pernettya pumila, P. mucronata, Jacquinotia myrsinites, J. volubilis, Pernettya ovalifolia, P. oblongifolia, P. rigida, P. Gayana, Acaena multifida, A. Sangui-*

sorbae, A. pumila, A. lucida, A. ovalifolia, A. pinnatifida, A. ascendens, A. aureata, Baccharis patagonica, B. magellanica, Dracophyllum longifolium, D. longiflorum var. *retortum, Chiliatrichum ovatifolium, C. Feliciae, Richea Desgrozii, Dracophyllum Lessonianum, Senecio candicans, Panax simplex, Gunnera magellanica, Gentiana Campbelli, Primula magellanica, Gentiana magellanica.*

262. **Garden and Forest** (801) liefern Abbildungen von *Rosa minutifolia, Hymenocallis humilis* und *H. Palmeri.*

263. **Botanical Magazine**[1]) (772) liefert Abbildungen folgender Pflanzen: t. 6074 *Ceratotheca triloba* (vgl. G. Chr., 1887, p. 492, fig. 99), t. 6975 *Thunbergia affinis* (vgl. G. Chr., ser. 3, vol. 2, 1887, p. 460, fig. 94), t. 6976 *Prunus Jacquemonti* Hook. f. vom Nordwesthimalaya und Afghanistan, t. 6977 *Masdevallia Chestertoni* Rchb. f. von Neu-Granada, t. 6978 *Amorphophallus virosus* N. E. Brown. (vgl. G. Chr., 1885, XXIII, p. 759), t. 6979 *Coelogyne Massangeana* (vgl. Eb., 1878, p. 684 und 1882 [XVII], p. 369), t. 6480 *Salvia scapiformis* Hance von Formosa und den Khasia-Bergen, t. 6981 *Aloe Hildebrandti* aus dem östlichen tropischen Afrika, t. 6982 *Oncidium Jonesianum* aus Paraguay (vgl. G. Chr., XX, 1881, p. 781), t. 6983 *Vanda Sanderiana* Rchb. f. (auch genannt *Esmeralda Sanderiana*, vgl. G. Chr., XX, 1883, p. 440), t. 6984 *Primula geraniifolia* Hook. f. vom Osthimalaya, t. 6986 *Heleniopsis japonica* Baker von Japan, t. 6987 *Onosma pyramidalis* Hook. f. vom Westhimalaya, t. 6988 *Nymphaea Kewensis* (= *N. Lotus* × *Devoniensis*), t. 6989 *Brodiaea Howellii* vom Washington-Territorium, t. 6990. *Masdevallia gibberosa* Rchb. von Neu-Granada, t. 6991 *Cattleya lutea* vom Himalaya, t. 6992 *Abies Nordmanniana*, t. 6993 *Dendrobium clavatum* vom Kamaon und Assam, t. 6995 *Alpinia officinarum*, t. 6996 *Douglasia laevigata* A. Gray aus Nordwestamerika (vgl. G. Chr., ser. 3, vol. 3, p. 525 und 564. Sie wurde zuerst 1880 entdeckt am Mount Hood in Oregon, ausser ihr gehören noch *D. nivalis* von den Rocky Mountains nahe den Quellen des Columbia, sowie die gleichfalls nordamerikanischen *D. montana* und *arctica* der Gattung an, der einzige europäische Vertreter der Gattung ist die in der Schweiz häufige *Gregoria [Androsace vitalliana]*), t. 6997 *Passiflora violacea* von Südbrasilien. In der Juni-Nummer finden sich: *Catasetum Bungerothii* von Venezuela, *Kempferia secunda* von den Khasia-Bergen, *Huernia aspera* aus dem tropischen Afrika, *Palicourea nicotianaefolia* von Brasilien, *Cassia coquimbensis* von Coquimba. In den weiteren Nummern folgen: t. 7003 *Macrotomia Benthami* vom Westhimalaya, t. 7004 *Asphodelus acaulis* von Algier, t. 7005 *Illicium verum* Hook. f. aus China, t. 7006 *Coelogyne graminifolia*, t. 7007 *Cyperorchis elegans* vom Himalaya, t. 7008 *Trevesia palmata* vom Central- und Osthimalaya sowie von den Khasia-Bergen, t. 7009 *Echinocactus Haselberghyi*, t. 7010 *Sarcochilus Hartmanni* von Queensland, t. 7011 *Aristolochia Westlandi* von China (Hongkong gegenüber), t. 7012 *Narcissus pseudo-Narcissus* var. *Johnstoni*, t. 7013 *Spathoglottis Vieillardi* Rchb. f. von Neu-Caledonien, t. 7014 *Caraguata Andreana* E. Morren, t. 7015 *Masdevallia Mooreana* Rchb. f., t. 7016 *Narcissus Broussonettii* Lagasca von Marokko, t. 7017 *Erythronium Hendersoni* von Oregon, t. 7018 *Howea Belmoreana* von den Lord Howe's Inseln (ausser dieser Gattung sind noch 1 oder 2 andere Palmengattungen dieser Inselgruppe eigenthümlich), t. 7019 *Rhododendron Collettianum* von Afghanistan, t. 7020 *Iris Alberti* (ähnlich *I. pallida* vermittelnd zwischen *Pogoniris* und *Evansia*) von Turkestan, t. 7021 *Disa racemosa* von der östlichen Seite des Tafelbergs in 800—2500 Fuss Höhe bis Grahamstown verbreitet, t. 7022 *Asarum macranthum* von Formosa, t. 7023 *Phaius Wallichii* vom tropischen Indien, t. 7024 *Peraminum fragrans* von Chile, t. 7025 *Iris Korolkowi* von Turkestan, t. 7026 *Calantha striata* von Japan, t. 7027 *Agave Ellemeetiana*, t. 7028 *Begonia Schaeffii* von Brasilien, t. 7029 *Iris Suwarowi* von Turkestan, t. 7030 *Pentapera sicula* von Sicilien, Cypern und Barka, t. 7031 *Hexisia bidentata* von Columbia, Panama und Nicaragua, t. 7032 *Primula Rusbyi* von Neu-Mexico (Magollon Mountains) und Arizona (Mount Wrightson).

[1]) Vgl. Bot. J., XV, 1887, 2, p. 132.

264. **New Phanerogams** (826). Zusammenstellung der 1887 in englischen Zeitschriften publicirten neuen Arten. Es mag auf diese als Ergänzung hingewiesen werden, obgleich jetzt wohl alle da genannten Zeitschriften auch von den Referenten des Bot. J. ausgezogen werden, doch könnte durch Zufall namentlich in dem recht unübersichtlichen G. Chr. eine neue Art übersehen worden sein.

265. Neue Arten mit ungenauer oder fehlender Heimathsangabe:

a. **E. L. Greene** (241) beschreibt folgende neue Arten: *Trifolium scabrellum*, *Saxifraga Marshallii*, *Potentilla dancifolia*, *Cryptanthe Rattani*, *Allocarya hirta*, *Arabis purpurascens* Howell, *Cardamine gemmata*, *Cedronella rupestris* und *Triteleia Hendersoni*. (Gleichzeitig werden Bemerkungen gemacht zu *Rhamnus rubra* Greene, *Astragalus Magdalenae* [= *A. candidissimus* Wats., non Ledeb.], *Viscainoa geniculata* n. sp. gen. nov. = *Staphylea geniculata* Kellogg und zu *Potentilla Utahensis* = *Icesia Utahensis* Watson.)

b. **H. G. Reichenbach fil.** (512) beschreibt Flora:

p. 150 *Lockhartia cladoniophora* nach einem Exemplar des botanischen Gartens zu Hamburg.

p. 151 *Oncidium (Pentasepala macropetala) oloricolle*, die er im cultivirten Zustand erhielt.

p. 154 *Pleurothallis cordiophyllax* (verw. *P. cordifolia* Rchb. f.) ohne Standortsangabe.

p. 155 *Bulbophyllum Watsonianum* nach einem cultivirten Exemplar, das aus Hongkong eingeführt sein soll; die verwandten *B. Napelli* und *Regnelli* stammen aus Brasilien.

c. **E. L. Sturtevant** (656) beschreibt *Capsicum fasciculatum* n. sp. ohne Heimathsangabe.

d. **H. G. Reichenbach fil.** (540) beschreibt *Phalaenopsis Buyssoniana* n. sp. (verw. *Ph. Regnieriana*) ohne Heimathsangabe.

e. **H. G. Reichenbach fil.** (548) beschreibt *Thunia candidissima* n. sp. (verw. *Th. Marshalliana*) ohne Heimathsangabe und *Epidendrum auriculigerum* n. sp. (verw. *E. Brassavola*) ohne Heimathsangabe.

f. **H. G. Reichenbach fil.** (521) beschreibt *Cattleya labiata* n. sp. ohne Heimathsangabe.

g. **H. G. Reichenbach fil.** (536) beschreibt *Oncidium chrysops* n. sp. (verw. *O. bicallosum* Lindl.) ohne Fundortsangabe.

h. **H. G. Reichenbach fil.** (529) beschreibt *Esmeralda bella* n. sp. ohne Heimathsangabe.

i. **H. G. Reichenbach fil.** (533) beschreibt *Maxillaria Huebschii* n. sp. ohne Heimathsangabe. (Nach dem Sammler zu schliessen, möchte sie wohl aus Mittelamerika stammen. Ref.)

k. **H. G. Reichenbach fil.** (541) beschreibt *Phalaenopsis denticulata* n. sp. ohne Heimathsangabe.

l. **H. G. Reichenbach fil.** (541a.) beschreibt *Cypripedium dilectum* n. sp. (hyb. nat.), das zwischen *C. Boxalli* und *C. hirsutissimum* in gewisser Weise ein Mittelglied bildet.

m. **H. G. Reichenbach fil.** (542) beschreibt *Oncidium (Cyrtochilum) detortum* n. sp. ohne Heimathsangabe.

n. **H. G. Reichenbach fil.** (543) beschreibt *Phalaenopsis gloriosa* n. sp. (verw. *Ph. amabilis* Lindl.) ohne Heimathsangabe.

o. **H. G. Reichenbach fil.** (544) beschreibt *Cypripedium bellatulum* (verw. *C. Godefroyae*) ohne Heimathsangabe.

p. **E. L. Greene** (244) beschreibt folgende neue Arten: *Lupinus malacophyllus*, *L. ligulatus*, *Ptelea crenulata* (= *P. angustifolia* Brev. et Wats., non Benth.), *Tropidocarpum capparideum*, *Streptanthus barbiger*, *Erigeron Sonnei*, *E. petrophilus*, *Cacalia Palmeri*, *Senecio aphanactis* (= *S. silvaticus* Gray Bot. Cal., non L.), *S. hydrophilus* var. *Pacificus*, *Lasthenia conjugens*, *Campanula aurita*, *Collomia Rawsoniana*, *Lycium Hossei*, *Sonnea foliacea*, *Phacelia suaveolens*, *P. Arthuri*, *Ribes Victoris* und *Epilobium Oreganum*. Ferner erwähnt er, dass *Lupinus variicolor* Steud. = *L. Franciscanus*, ferner *Sedum Pringlei* S. Wats. = *S. Forreri* Greene und *Calochortus Madrensis* S. Wats. = *C. venustulus* Greene sei.

q. E. L. Greene (243) beschreibt folgende neue Arten: *Dodecatheon patulum*, *D. cruciatum* und *D. Clevelandi*.

2. Oceanisches Florenreich. (R. 266–267.)

266. P. Ascherson (13) bespricht die geographische Verbreitung der Seegräser: I. *Hydrocharitaceae:* 1. *Holophila stipulacea* (Forsk.) Aschers. scheint dem Indischen Ocean eigenthümlich; sie ist bekannt vom Rothen Meer, wo sie tonangebend, und von den Inseln Madagascar, Nossi-Beh, Mauritius und Rodriguez, zweifelhaft vom Cap der guten Hoffnung und Cap Agulhas, frühere Angaben von Ceylon beruhen auf Verwechslung mit der folgenden. 2. *H. ovalis* (R. Br.) J. D. Hook. scheint den ganzen Indischen Ocean und die Südsee zu bewohnen, ist sicher nachgewiesen an den Küsten von Madagascar, Nossi-Beh, Mauritius, Rodriguez, Seychellen, des Persischen Golfes, Ceylons, Vorder- und Hinterindiens, der Nikobaren, Südchinas, der Philippinen, der Liukiu-Inseln, Celebes, Sumbawa, Flores, Amboina, Timor, von Süd- und Ostaustralien, Tasmanien, Neu-Caledonien, Neu-Mecklenburg, Neu-Hannover, der Anachoreten, der Marianen, Viti-, Samoa- und Tonga-Inseln. 3. *H. Baillonis* Aschers. ist nur bekannt von den Küsten von Martinique, Guadeloupe und St. Thomas. 4. *H. Beccarii* Aschers., das kleinste aller Seegräser, ist nur bekannt von den Küsten Borneos, Arrakons und Ceylons. 5. *H. spinulosa* (R. Br.) Aschers. ist nachgewiesen an der Ost- und Nordküste Australiens und bei den Philippinen, wahrscheinlich aber im indischen Archipel weiter verbreitet. 6. *H. (?) Engelmanni* Aschers. wurde an der Küste Floridas gesammelt und ist im Antillen-Meer weiter verbreitet. 7. *Enhalus acoroides* (L. fil.) Steud. findet sich im Indischen Ocean, und zwar besonders häufig im Indischen Archipel und im westlichen Stillen Ocean; die äussersten bekannten Punkte sind Cap York in Queensland, Neu-Mecklenburg, Ceylon, Nossi-Beh und Jambo am Rothen Meer. 8. *Thalassia testadinum* Solander (König) ist bisher im tropischen Atlantischen Ocean, und zwar nur im Antillen-Meer beobachtet worden, der nördlichste bekannte Punkt ist Key West. 9. *Th. Hemprichii* (Ehrb.) Aschers. = *Schizotheca Hemprichii* Ehrb. findet sich im Indischen und Grossen Ocean innerhalb der Tropen, ist nachgewiesen von Sansibar, Ceylon, Java, Timor, Lucipara (Banda-See), Amboina, Borneo, Mindanao, den Liu-kiu-Inseln, den Anachoreten, Neu-Hannover, Neu-Mecklenburg und Neu-Caledonien.

II. *Potameae:* 10. *Cymodocea (Phycagrostis) nodosa* (Ucria) Aschers. = *C. aequorea* Kön. lebt im Mittelmeer, an dessen Nord- und Südküste, wie um die Inseln sie an geeigneten Stellen überall zu finden ist; ob sie in das Schwarze Meer eindringt, ist nicht sicher festgestellt, dagegen ist sie ausserhalb der Strasse von Gibraltar an der spanischen Küste bei Cadiz, an den Ufern der Canaren und bei Joal in Senegambien beobachtet worden. 11. *C. (Phycagrostis) rotundata* (Ehrb. u. Hempr.) Aschers. u. Schweinf. ist beobachtet im Rothen Meer, bei Madagascar, an der Nordwestküste Australiens, bei Timor, den Anachoreten, Neu-Hannover, Neu-Mecklenburg. 12. *C. (Phycagrostis) serrulata* (R. Br.) Aschers. u. Magnus gehört dem Indischen und Stillen Ocean an, man kennt sie vom Rothen Meer, Madagascar, Nossi-Beh, aus dem Bengalischen Golf, von Singapore, Mindanao, Süd- und Ostaustralien und Neu-Caledonien. 13. *C. (Amphibolis) ciliata* (Forsk.) Ehrenb. aus fast demselben Gebiet wie vorige, ist sehr häufig im Rothen Meer, findet sich an der Ostküste Afrikas (Rowumeo-Bai, Mündung des Luabo), bei Magotte, Madagascar, Nossi-Beh, Reunion, Mauritius, sowie an der tropischen Ostküste Australiens. 14. *C. (Amphibolis) antarctica* (Labill.) Endl. = *Amphibolis antarctica* Aschers. u. Sond. ist nur von der West-, Süd- und Ostküste Australiens, sowie von Tasmanien bekannt, den Wendekreis scheint sie nicht zu überschreiten. 15. *C. (Phycoschoenus) manatorum* Aschers. lebt auf der amerikanischen Küste des Atlantischen Oceans in Westindien (Martinique, St. Thomas, Puertorico, Haiti, Cuba), bei Key West und den Bermudas. 16. *C. (Phycoschoenus) isoetifolia* Aschers. bewohnt den Indischen und Stillen Ocean, ist nachgewiesen im Rothen Meer, wo sie tonangebend, bei Sansibar, Madagascar, Nossi-Beh, Ceylon, Vorderindien, den Nikobaren, Westaustralien, Neu-Caledonien, den Viti- und Tonga-Inseln. 17. *Halodule Wrightii* Aschers. findet sich im tropischen Atlantischen Ocean, und zwar im Antillen-Meer (St. Thomas, St. Croix, Puertorico, Haiti,

Cuba, Key West), sowie wahrscheinlich an der Nieder-Guineaküste. 18. *H. australis* Miq. ist gefunden im Indischen und Stillen Ocean, und zwar im Rothen Meer (tonangebend), an den Küsten der ostafrikanischen Inseln (Madagascar, Nossi-Beh, Mauritius), Vorderindiens, des Indischen Archipels (Sumbava, Flores, Timor, Amboina), der Marianen, Anachoreten, Neu-Hannovers, Neu-Mecklenburgs, der Viti- und Tonga-Inseln, endlich an der Ostküste Australiens. 19. *Zostera marina* L. ist nahezu auf die nördliche gemässigte Zone beschränkt. Im Atlantischen Ocean findet sie sich an der Ostküste Nordamerikas (ob südlich bis Florida?), nördlich bis Island und Westgrönland (bei Ostgrönland von Pansch vergebens gesucht), im Mittelmeer an der ganzen europäischen und kleinasiatischen Küste (bis Smyrna), sowie im Schwarzen Meer, aber nicht bei Syrien, Nordafrika, Sardinien und Corsica, an den Küsten der iberischen Halbinsel, Frankreichs, der Britischen Inseln, in der Nord- und Ostsee überall, an der Westküste Norwegens bis zum Waranger Fjord, doch nach Norden abnehmend und unfruchtbar werdend (auch noch an der Murmanischen Küste in Kujaschaja guba). Sie findet sich noch im nördlichen Stillen Ocean an den Küsten der Mandschurei, Japans, der Behringstrasse, der Aleuten (Ualaschka), Alaskas und Kaliforniens, ist an der Nordküste Asiens dagegen von Kjellman vergebens gesucht. 20. *Z. Capricorni* Aschers. bewohnt ein Gebiet im westlichen Stillen Ocean, welches durch den südlichen Wendekreis nahezu halbirt wird, ist beobachtet an der Ostküste Australiens (Cap York, Moeton-Bai, Port Jackson) und bei Neu-Seeland (Auckland). 21. *Z. nana* Rth. hat 3 Verbreitungsbezirke: 1. im nördlichen Atlantischen Ocean, wo sie weiter nach Norden, aber nicht so weit nach Süden reicht wie *Z. marina;* sie ist von der amerikanischen Küste nicht bekannt, wohl aber von den Canaren, allen Küsten des Mittelmeers und seiner Inseln, des Schwarzen und Kaspischen Meers, der Iberischen Halbinsel, Frankreichs, Islands und Grossbritanniens (zweifelhaft für Nordschottland), an der niederländischen und deutschen Nord- und Ostseeküste bis Heiligenhofen (für Mecklenburg und Pommern nicht nachgewiesen, wohl aber einmal in der Danziger Bucht gefunden), in den dänischen Gewässern nördlich bis zum Limfjord, bei Skandinavien nur im Kattegat am Ufer von Bohnslän und Halland; 2. im nördlichen Stillen Ocean, bisher nur an der japanischen Küste bei Kanagawa; 3. in den südafrikanischen Gewässern am Cap, bei Natal und Nossi-Beh. 22. *Z. Muelleri* Irmisch ist beobachtet an der Süd- und Ostküste Australiens (nördlich bis Moreton-Bai) und bei Tasmanien, ist zweifelhaft für Neu-Seeland und vielleicht ist auch eine von Philippi bei Coquimbo (Chile) gesammelte *Zostera* hierher zu rechnen. 23. *J. tasmanica* ist nur von Loutitt-Bai, Port Phillip und Western Port an der Südküste Australiens bekannt. 24. *Phyllospadix Scouleri* Hook. ist bisher auf beschränktem Gebiete gefunden, nämlich an 5 Orten der Westküste Nordamerikas von 50—34° n. Br. 25. *Ph. (?) serrulatus* Rupr. wurde bei Alaska (Sitka oder Ualaschka?) gefunden. 26. *Posidonia oceanica* (L.) Del. ist im Mittelmeer allgemein verbreitet, wo sie in beträchtliche Tiefen hinabsteigt, im Schwarzen Meer nicht nachgewiesen, ebenso nicht südlich von Gibraltar im Atlantischen Ocean, wohl aber nördlich bis Biarritz (bei Bordeaux dagegen vergebens gesucht). 27. *P. australis* J. D. Hook. bewohnt die West-, Süd- und Ostküste Australiens (vermuthlich nur südlich vom Wendekreis) und die Ufer Tasmaniens.

Die meisten Arten gehören einer der klimatischen Zonen fast ausschliesslich an. Die Arten des Indischen Oceans überschreiten im Rothen Meer (und vermuthlich im Persischen Golf) den Wendekehr um 7° entsprechend der tropischen Flora und Fauna; ähnlich verhält es sich vielleicht mit *Cymodocea manatorum* bei den Bermudas und *Zostera marina* im europäischen Eismeer. Nur *Cymodocea serrulata* und *Halophila ovalis* greifen aus der Tropenzone weit in die südliche gemässigte hinein und *J. Capricorni* wohnt auf der Grenze zweier Zonen. Es vertheilen sich die Seegräser auf die einzelnen Oceane in folgender Weise: Nördliches Eismeer: 1; Atlantischer Ocean: 9; Indischer Ocean: 16; Grosser Ocean 18. Sie bewohnen in der Regel zusammenhängende Gebiete, nur 2 *Zostera*-Arten nicht. Dass die beiden Bezirke von *Z. marina* im nördlichen Atlantischen und Stillen Ocean etwa längs der Nordküste Amerikas oder Asiens zusammenhängen, ist mindestens sehr zweifelhaft. Ganz unwahrscheinlich ist ein solcher Zusammenhang zwischen dem nordatlantischen und nordpacifischen Vorkommen der *Z. nana;* ob diese etwa von den Canaren an der Westküste Afrikas bis zum Cap verbreitet sei, muss im Hinblick auf das Gesetz der vorwiegend tropischen und vorwiegend temperirten Bezirke dahingestellt sein, auch ist für die japanische und ostafrikanische Form die Identität mit der europäischen nicht zweifellos. Nur wenige Arten sind über die Breite eines Oceans verbreitet, wenn dessen gegenüberliegende Küsten sich nicht irgendwo auf geringere Entfernungen nahe kommen, die einzige sicher feststehende Thatsache vom Gegentheil ist bei *Z. marina*, da die Identität der *Halodula Wrightii* an der afrikanischen und *Zostera Muelleri* an der amerikanischen Westküste noch zweifelhaft bleibt. Bei *Z. marina* sind wohl die Fär Öer und Island die vermittelnden Stationen, obwohl bedeutende Tiefen sie trennen. Einige indisch-pacifische Arten sind dagegen bei annähernder Continuität der Küsten von Ostafrika bis zu den Viti- und Tonga-Inseln oder annähernd so weit verbreitet (*Halophila ovalis, Thalassia Hemprichii, Cymodocea serrulata* und *isoetifolia, Halodula australis*). Beschränkt dagegen sind die Gebiete der westindischen, südaustralischen und Mittelmeerarten, sowie der nordpacifischen *Phyllospadix*-Formen. Die Verbreitungsgebiete der Gattungen (sowie Untergattungen) von *Cymodocea* sind meist getrennt. Innerhalb derselben gruppiren sich die Arten meist zu 2, indem eine Anzahl Arten, welche sich durch verhältnissmässig geringe Merkmale unterscheiden, getrennte Gebiete bewohnen, so:

Thalassia testudinum	*T. Hemprichii*
Cymodocea (Phycagrostis) nodosa	*C. (Ph.) rotundata*
— (Phycoschoenus) manatorum	*— (Ph.) isoetifolia*
Halodula Wrightii	*H. australis*
Zostera nana	*Z. Muelleri*
Posidonia oceanica	*P. australis.*

Dagegen bewohnt eine andere Reihe von Arten-Paaren, welche sich durch beträchtlichere Merkmale unterscheiden, wenigstens theilweise gleiche Gebiete, so:

Halophila stipulacea	*H. ovalis*
— Engelmanni	*— Baillonis*
Cymodocea (Phycagrostis) rotundata	*C. (Ph.) serrulata*
Zostera marina	*Z. nana*
— Capricorni	*— Muelleri*
— Muelleri	*— tasmanica.*

Vielleicht greifen auch die Gebiete von *Cymodocea ciliata* und *antarctica* über einander. — Auffallend ist die fast vollständige Congruenz von Arten verschiedener Gattungen.

Die grösstentheils getrennten Gebiete der Gattungen machen es wahrscheinlich, dass dieselben bereits zu einer Zeit existirten, wo eine andere Vertheilung von Land und Wasser Wege offen liess, die jetzt geschlossen sind, vielleicht auch andere klimatische Bedingungen Verbreitungen zuliessen, die jetzt unmöglich. Dagegen deuten die zusammenhängenden Gebiete der meisten Arten darauf hin, dass diese erst von einer Epoche herrühren, in der die Meeresgrenzen und klimatischen Verhältnisse den heutigen ähnlich waren; bei den Arten der ersten Reihe ist in dem Aufhören der Continuität der Grund für die Differenzirung zu suchen. *Zostera nana* deutet auf Verbindung von Kaspi-See und Schwarzem Meer. Die Verbreitung von *Z. marina* erklärt sich ungezwungen aus der Schwierigkeit der Wanderung dieser Seichtwasserpflanze über tiefe Abgründe. Dass der Verbreitung oft klimatische Gegensätze in den Weg treten, wird dadurch bewiesen, dass noch nie durch die Schifffahrt ein Seegras verbreitet ist. Für die Abhängigkeit von der jetzigen Beschaffenheit der Meere spricht besonders, dass die Seegrasfloren an beiden Seiten der geologisch neuen Landenge von Suez ganz verschieden sind, von den 4 Mittelmeerarten ist keine mit den 9 Arten des Rothen Meeres identisch, sie gehören mit Ausnahme von *Cymodocea* sogar verschiedenen Gattungen an. Bei dieser Gattung scheint allerdings das Vorkommen von *C. rotundata* im Rothen Meer darauf hinzudeuten, dass die nahe verwandte *C. nodosa* des Mittelmeers eine ältere (zu einer Zeit, wo dasselbe noch nach Südosten geöffnet war, eingewanderte oder von dieser Zeit verbliebene) Bewohnerin dieses Beckens ist, als die vielleicht erst nach dem Durchbruch der Strasse von Gibraltar eingewanderten *Zostera*-Arten. Diese *Cymodocea* und *Posidonia oceanica* haben sich dagegen vielleicht umgekehrt aus dem Mittelmeer an die atlantischen Küsten verbreitet. Bemerkenswerth wäre es, wenn beide wirklich im

Schwarzen Meer fehlten. Auch für die *Posidonia* des Mittelmeers deutet der Wohnsitz der Verwandten auf ehemaligen Zusammenhang der beiden Bezirke, womit das Vorkommen von Pflanzenresten, die mit grosser Wahrscheinlichkeit an *Posidonia* angeschlossen werden, in den Tertiär- und oberen Kreidefloren in Einklang steht.

267. **Lakowitz** (354) nennt als Phanerogamen der Ostsee nur *Zostera marina* und *Z. nana*, sowie nahe dem Strande *Potamogeton pectinatus*.

3. Arbeiten, welche sich auf mehrere amerikanische Florenreiche beziehen oder deren Beziehung auf ein bestimmtes Florenreich Amerikas nicht klar ersichtlich ist.

(R. 268—272.)

Vgl. auch R. 96 (*Cyperaceae* aus Süd- und Mittelamerika), 98 *(Polygalaceae)*, 101 *(Spiraea)*, 103 *(Prosartes)*. — Vgl. ferner No. 297* (Amerikanische Hölzer), No. 398* und 399* (Skizze der Floren von Batum und Kars).

268. **Halsted** (258) bittet um Angabe der 20 schlimmsten Unkräuter aus den verschiedenen Theilen Nordamerikas, um Methoden zur Ausrottung derselben herauszufinden.

269. **E. E. Sterns** (643). Wood unterscheidet *Smilax herbacea* L., *S. peduncularis* Muhl und *S. lasioneuron* Hook. als 3 verschiedene Arten, Gray zieht alle zu *S. herbacea*, Chapmann nimmt 2 Arten, A. de Candolle 5 Varietäten an. Verf. tritt für die Vereinigung aller zu einer Art, aber Unterscheidung von 4 Varietäten ein.

270. **A. Gray** (232) bespricht in seinen Beiträgen zur amerikanischen Flora auch die Gattung *Amyris* (Rutaceen) und führt neben *A. maritima* Jacq. und deren Var. *angustifolia* als zweite Art *A. parvifolia* auf. Heimath Texas und (wahrscheinlich) Mexico. Die anderen Bemerkungen dieser Arbeit sind systematischer Natur. Matzdorff.

271. **H. H. Rusby** (580) schildert die botanischen Ergebnisse einer Reise durch Südamerika. Er giebt zunächst eine kurze Schilderung der allgemeinen Eindrücke, sowie der hauptsächlichsten Fundorte und lässt dann eine Aufzählung der gesammelten Pflanzen folgen, von welcher aber noch nur die der Kryptogamen erschienen ist.

272. **N. L. Britton** (96) beschreibt:

p. 97 *Aquilegia Canadensis* L. var. *flaviflora* n. var. (*A. flaviflora* Tenney) gegenüber Poughkeepsie, sowie bei Seabright, Monmouth County, New Jersey, gefunden (an letzterem Ort zusammen mit *Cerastium arvense* und *Smilacina stellata*).

„ 97 *Cerastium Texanum:* Hills Blanco, nahe der mexikanischen Grenze.

„ 98 *Astilbe decandra* D. Don. var. *crenatiloba* n. var. von Roan Mt., Osttennessee.

„ 98 *Juncus filipendulus* Buckley = *J. Buckleyi* Engelm. = *J. leptocaulis* Torr.

„ 98 *Cyperus Martindalei* n. sp. von Florida und Appalachicola.

„ 99 *C. echinatus* (Ell.) = *Mariscus echinatus* Ell. = *Cyperus Baldwinii* Torr. von Nordmexico und Jamaica.

(*C. ferox* Rich wird nicht erwähnt in der Biologia Centrali-Americanae, findet sich aber am Orizaba, in Guatemala und Chihuahua, ebenso findet sich der ebenfalls nicht genannte *C. ochraceus* Vahl am Orizaba und bei Türckheim in Coban [Guatemala]).

„ 99 *C. humilis* Kunth var. *elatior* n. var. bei Coban (Carolina).

„ 99 *Websteria submersa* (Sauvalle) (= *Scirpus submersus* Sauv. = *W. limnophila* S. Hart).

„ 100 *Heleocharis Engelmanni* Steud. = *H. obtusa* Schult.? var. *setis brevioribus* Engelm.: St. Louis, Mo.

„ 100 *Dichromena cephalotes* (Walt.) (= *Scirpus cephalotes* Walt. 1788 = *D. leucocephala* Michx. 1803).

„ 101 *D. Watsoni* n. sp. von Guatemala.

„ 101 *D. nivea* Boeckl. (= *Rhynchospora nivea* Boeckl. = *D. diphylla* Torr. = *D. Reverchoni* S. Hart): Texas und Arkansas.

p. 101 *Psilocarya nitens* (Vahl) (= *Scirpus nitens* Vahl 1806 = *P. rhynchosporoides* Torr. 1836 = *Rhynchospora nitens* Gray): Florida.

„ 101 *Fimbristylis capillaris* (L.) Gray (= *Isolepis ciliatifolia* Torr.) var. *pilosa* n. var.: Guatemala, Santa Rosa.

„ 101 *F. cap.* var. *coarctata* (Ell.) (= *Isolepis coarctata* Torr.).

„ 101 *F. Vahlii* Link ist der ältere Name für *F. congesta* Torr.

„ 101 *F. monostachya* (Vahl) Hassk. ist die richtige Bezeichnung für *Abildgaardia monostachya* Vahl.

(*F. schoenoides* Vahl vom südlichen Asien ist neuerdings in Walton Co., Florida, gefunden.)

„ 103 *Scirpus Pringlei* n. sp.: Chihuahua, bei Guerrero.

(*Sc. mucronatus* L. der Alten Welt ist im Delaware County, Penn. gefunden).

„ 104 *Sc. stenophyllus* Ell. (= *Isolepis stenophylla* Torr.) ist ein älterer *Scirpus*, muss also ersteren Namen haben.

„ 104 *Hemicarpha micrantha* (Vahl) (= *Scirpus micranthus* Vahl = *H. subsquarrosa* Nees).

„ 104 *Rhynchospora axillaris* (Lam.) (= *Schoenus axillaris* Lam. = *Rh. cephalantha* Gray).

„ 104 *Scleria graminifolia* n. sp. vom Fusse der Sierra Madre in Chihuahua.

4. Antarktisches Florenreich.

(Antarktische Inseln und pacifisch-patagonische Küste, s. von 40° s. Br.)

(R. 273—274.)

Vgl. auch R. 275.

273. **W. E. Safford** (588) berichtet über Pflanzenwuchs an der Magelhaenstrasse. Bei der Gregory-Bai waren aus der Ferne gar keine Bäume sichtbar, sondern nur einige Büsche und dunkelgrüne Flecke von Vegetation, bisweilen unterbrochen von einem braunen Grase. Am Ufer fand Verf. *Armeria vulgaris*, *Symphyostemon narcissoides*, *Calceolaria nana*, *Cerastium arvense*, ein kleines *Erigeron*, *Homoianthus echinulatus*, *Senecio candicans*. Etwas weiter landeinwärts wurden gefunden: *Geum Magellanicum*, *Lathyrus Magellanicus*, *Valeriana carnosa*, *Phacelia circinata* und die in antarktischen Gegenden weit verbreitete *Acaena adscendens*, ferner *Anemone decapetala* L. (= *A. Caroliniana* Walt.), *Oxalis enneaphylla*, *Pernettya mucronata*, *P. pumila*, *Empetrum nigrum* var. *rubrum*, *Berberis dulcis* var. *buxifolia*, *Chilobothrium amelloides* (eine strauchartige Composite), *Embothrium coccineum* u. a., dann in einem See *Hippuris vulgaris*, *Myriophyllum elatinoides*, *Limosella aquatica* u. a.

Bei Sandy Point wurden ausser einigen der genannten Pflanzen beobachtet: *Calceolaria plantaginea* (welche hier *C. nana* vertrat), *Berberis empetrifolia*, *Ribes Magellanica*, *Berberis buxifolia*, *Fagus antarctica*, *F. betuloides* u. a. Bei der Fortescue-Bai fand Verf. *Berberis ilicifolia* und einige Kryptogame.

Bei Port Tamar war eine reiche Vegetation, u. a. beobachtete Verf. *Mitraria coccinea*, *Philesia buxifolia*, *Mysodendron punctulatum* und mehrere Farne.

Die Vegetation am Smythe's Channel war ähnlich der an der Westküste Patagoniens, von neuen Arten nennt Verf. *Desfontainea spinosa* (eine Loganiacee, also Vertreterin einer Familie, die das antarktische Amerika mit Australien und Neu Seeland gemein hat, ähnlich wie die *Proteaceae*, *Libocedrus*, *Araucaria* u. a.) und *Libocedrus tetragona* (eine Cupressinee).

274. **W. E. Safford** (589) theilt mit, dass unter den von ihm bei Gregory-Bai gesammelten Pflanzen von Philippi 4 neue Arten erkannt wurden, nämlich *Draba Saffordi*, *Viola Saffordi*, *Ranunculus (?) aberrans* und *Micromeria (?) pusilla*, von denen letztere beiden vielleicht gar Repräsentanten neuer Gattungen sind. Er empfiehlt daher diesen Fundort für neue Untersuchungen.

5. Andines Florenreich.

(Argentina, Chile [einschl. Juan Fernandez] und tropische Anden südlich vom Aequator [einschliesslich Galapagos-Inseln].)

(R. 275–282.)

Vgl. auch R. 147 (Bespelzter Mais), 157, 286, 315. — Vgl. ferner No. 250* (Reise in den Anden von Chile und Argentina).

275. **Hieronymus** (279) bespricht die auf das südliche Südamerika, speciell auf Argentina sich beziehenden Theile von Drudes „Atlas der Pflanzenverbreitung" (vgl. Bot. J., XV, 1887, 2. Abth., p. 67, R. 1). Als Charakterpflanze des Gebiets der patagonischen Gerölle hat Drude *Monttea aphylla*, *Chuquiragua* und *Plantago patagonica* genannt. *Monttea aphylla* Benth. Hook. (= *Oxycladus aphyllus* Miers.) wurde zuerst bei Mendoza entdeckt, dann von Schickendantz in der Provinz Catamarca, von H. in der Provinz Rioja, von Berg am Rio Negro und von Lorentz am Rio Colorado. Diese Fundorte liegen ausserhalb, nördlich von Drude's Gebiet, der nördlichste, etwa unter 27°, der südlichste unter 41° südl. Br. Es ist allerdings wahrscheinlich, dass *Monttea aphylla* auch im Norden von Drude's Gebiet vorkommt, aber nach H. in der Literatur noch nicht angegeben. *Chuquiragua* hat allerdings in dem Gebiet Vertreter, doch liegt ihre Hauptverbreitung weiter nördlich, wo sie in Ecuador und Peru hineinreicht. *Plantago patagonica* Jacq. stammt wahrscheinlich nicht aus dem Gebiet, sondern aus der Provinz Buenos Ayres. H. hält es für unzweckmässig, einen Vertreter einer so polymorphen Gattung als Charaktertypus aufzustellen, besonders da *Plantago*-Arten selten in grossen Massen auftreten. Auch reicht das sterile Gebiet nicht bis dicht an die Cordilleren, sondern ein Streif verhältnissmässig fruchtbaren Landes vom See Nahuel-Huapi bis zum Quellensystem des Rio de Santa Cruz zieht sich über 9 Breitengrade hin, den Seelstrang auf 150—200 km Breite und 1000 km Länge schützt, bildet einen Uebergang zum antarktischen Waldgebiet, wenn er nicht dazu gerechnet werden muss; schon ziemlich bedeutende Seebecken in mehr oder weniger Entfernung von der Cordillere beweisen, dass noch recht bedeutende Wassermassen auch auf dem Ostabhang der Cordilleren niederfallen (vgl. auch Phys. Atlas, No. 37, jährl. Regenmenge), dass dies kein Xerophytengebiet sein kann. Der Chañar-Monte wird von Drude durch *Gourliea decorticans*, *Prosopis alba* und *Bulnesia Retamo* charakterisirt. Lorentz hat darauf aufmerksam gemacht, dass Grisebach's Bezeichnung der Xerophytenwaldung in einem grossen Theil des Westens als Chañarsteppe nicht gut angebracht ist, er nannte dies Monteformation; H. hat es früher als Espinale oder Espinarwaldungen bezeichnet, *Gourliea decorticans* kommt ziemlich in der ganzen Republik Argentina vor, vielleicht nur mit Ausnahme des südlichen Theils von Patagonien und eines Theils der Provinz Buenos Ayres, findet sich häufig in den Espinarwaldungen, vorzüglich auch an den Rändern der grossen Salzsteppen, welche als Salinas bezeichnet werden, er findet sich aber auch besonders in grossen Beständen, und hier als recht stattlicher Baum im Gran Chaco, so dass die Früchte desselben zu gewissen Zeiten Hauptnahrungsmittel der Indianer bilden; der von Drude gegebene Verbreitungsbezirk ist also viel zu klein. *Prosopis alba* hält H. für unpraktisch als Charakterpflanze, da sie einer polymorphen Gattung angehört. H. hat ausserdem nach Erscheinen von Drude's Karte (Icones et Descript. plant. Argent. Sep.-Abdr., Lief. 1, p. 3 und 4) nachgewiesen, dass die eigentliche in den Plant. Lorentz, von Grisebach beschriebene *Prosopis alba* Gris. später von demselben (in den Symb. ad flor. Argent.) mit *P. Siliquastrum* DC. verwechselt ist, dass die ursprüngliche Art nur aus der Provinz Cordoba sicher bekannt sei, wenn sie auch wahrscheinlich im Norden und Nordosten von Argentina weiter verbreitet sei. Für *Bulnesia Retamo* ist der Verbreitungsbezirk ziemlich richtig. Für das ungefähr richtig abgegrenzte Gran Chaco giebt Drude *Bougainvillea* als Charaktertypus an. Allerdings kommen *B. infesta* Gris. und *B. praecox* Gris. hier vor, sind aber beide nicht besonders charakteristisch für das Gran Chaco. Die ganze Gattung aber ist mehr vertreten in den Gebirgen von Cordoba, Tucuman, Catamarca und Brasilien. Als fernere Charakterpflanze des Gran Chaco nennt Drude *Copernicia cerifera*, übersicht

aber, dass diese nur an Ufern von Lagunen und Flüssen wächst und zwar nur da, wo diese öfteren Ueberschwemmungen ausgesetzt sind, also nur für Uferlandschaften des Gran Chaco charakteristisch ist. Das Gebiet der subtropischen Wälder von Oran (Salta, Jajui und Tucuman) charakterisirt Drude durch *Acacia Cebil* Gr., die von Grisebach in den Symb. ad flor. Arg. mit Recht unter *Piptadenia* gestellt wird und von *Piptadenia macrocarpa* Benth. wohl nicht verschieden ist, auch an geeigneten Stellen noch in Catamarca sich findet; als weiterer Charaktertypus wird *Loxopterygium* genannt, doch versteht Drude darunter wahrscheinlich weder das in dem französischen Guiana heimische *L. Sagottii* Hook. f., noch das an einer einzigen Stelle in der Provinz Salta zur Zeit gefundene *L. Grisebachii* Hier. et Lor., sondern *L. Lorentzii* Gr. Pl. Lor., das Grisebach in den Symb. ad flor. Argent. als Vertreter einer neuen Gattung *Quebrachia* betrachtet, Engler aber richtig als zu *Schinopsis* gehörig erkannt hat. Dabei zieht Drude das Gebiet der subtropischen Wälder bis in Gegenden Bolivias, in welchen schon recht bedeutende Gebirge vorhanden sind, weshalb er auch die hochandine *Bolax globaria* als Charakterpflanze nennt. H. bezweifelt, dass eine *Cocos* noch einige Meilen vom rechten Ufer des Parana in Santa Fé, und gar in den Salinen von Cordoba und Catamarca wachse. Beim Einzeichnen der Südgrenze von *Trithrinax* soll Drude vergessen haben, dass *T. campestris* noch im Westen der Sierra de Cordoba wie auch in der Provinz San Louis grosse Bestände bilde. *Espeletia* scheint nach Drude noch bis zu 36 oder 37° südl Br. südlich vorzukommen; er will damit die höhere Cordillerenflora charakterisiren; dabei sind dieselben nach seiner Karte in Columbia und Venezuela spärlich vertreten. Unter dem Namen *Baccharis Tola* versteht Drude schwerlich die von Philippi an 3 Stellen der Atacama gefundene Pflanze, sondern wahrscheinlich die von den Eingeborenen Tola genannte und auch von Tschudi mit der *Baccharis* verwechselte *Lepidophyllum quadrangulare* Gray. Nach Drude's Karte No. 50 möchte man glauben, dass die ganze Provinz Corrientes, der grösste Theil von Santa Fé mit Wäldern von *Araucaria brasiliensis* und Gebüschen von *Ilex paraguariensis* bedeckt seien; letztere Pflanze muss nach Münter als *I. Bonplandiana* Mtr. verbessert werden, diese und jene *Araucaria* kommen in Argentina jedoch nur in den Misiones vor.

Auf Karte No. 45 ist die Verbreitungsgrenze von *Acacia* falsch angegeben, *A. atramentaria* Bth. ist noch häufig in dem zwischen Rio Colorado und Rio Negro liegenden Gebiet angetroffen, *A. furcata* und *A. Aroma* häufig in Mendoza und San Luis. *Mimosa Rocae* Niederl., welche die Sierras pampeanus im Süden der Provinz Buenos Ayres bewohnt, ist nur eine Form von *M. incana* Benth.

Drude bildet auf Karte No. 44 ein andines Florenreich aus 3 Gebieten, dem der tropischen Anden, Chile und Argentina. Von letzterem Land sind jedoch Corrientes und Entrerios und die subtropischen Wälder von Oran dem Gebiet 5 Parana des tropischen Amerikas eingeschlossen. H. scheint auffallend, dass Drude von den tropischen Anden die Cordilleren von Columbia ausschliesst. Es scheint danach, dass Drude für seine drei das andine Florenreich zusammensetzenden Gebiete der gemeinsame Xerophytencharakter der Vegetationsdecke vorgeschwebt habe, dann wäre diese Zusammenfassung richtig, nicht aber vom floristischen Standpunkte. Nur der südliche Theil von Patagonien bis etwa zum Rio Chubut, soweit er nicht zum Gebiet der antarktischen Wälder gerechnet werden muss, lässt sich auch vom floristischen Gesichtspunkt an die Cordillerenflora anschliessen, nicht jedoch die niedrigeren Theile von Ecuador, Peru und Chile und ebensowenig die argentinischen Pampas, die Espinarwaldungen und der Gran Chaco, wo überall zu viele Elemente vorhanden sind, die Gattungen und Familien angehören, welche auch in benachbarten regenreichen, tropischen Gegenden Vertreter oft in grösserer Zahl aufweisen und zu wenig charakteristische Typen, deren Voreltern vielleicht die Cordilleren bewohnt haben, oder solche, die gar gemeinsam sind.

Vgl. Drude's Entgegnung Ref. 3.

276. **E. L. Holmberg** (293) macht Mittheilung über eine Reise durch Argentina, in welcher gelegentlich (p. 59ff., 111ff., 164ff., 187ff., 201ff., 233ff.) auch die Flora der durchreisten Gebiete besprochen wird.

277. Der **Gran-Chaco** (803) wird hinsichtlich seiner Flora besprochen, u. a. auch auf Volksnamen eingegangen.

278. **G. Hieronymus** (278) besprach *Tephrosia heterantha*, eine Papilionacee mit 2 Sorten Blüthen vom westlichen Bett des Flusses Nacimientes in der Provinz Catamarca der Republik Argentina.

279. **R. Pirotta** (481) erzog aus Samen, die er vom La Plata erhalten hatte, eine Mimosee mit empfindlichen Blättern, welche im November zur Blüthe gelangte und Früchte trug und auch den Winter zu Rom überstand.

Die fragliche Pflanze wird im Vorliegenden mit einer ausführlichen lateinischen Diagnose versehen und eingehender beschrieben. Sie gehört zu den *Eumimosae, pectinatae* nach Bentham, besitzt aber je zwei gekrümmte interstipulare Stacheln und keine sonst auf den Internodien zerstreuten, einjochige Blätter und 25–35jochige empfindliche Blättchen. Verf. ist geneigt, sie als **neue Art** aufzufassen und benennt sie ad int. *Mimosa Spegazzinii*. Die beigegebene Tafel illustrirt die Pflanze und einzelne Details derselben. Solla.

280. **R. A. Philippi** (478) schildert die Vegetation von Colima im Frühling 1887, welche Schilderung im Wesentlichen allgemein für den Fuss der Anden der mittleren Provinzen Chiles passt. Im vorhergehenden Winter hatte es so stark geregnet, wie seit Menschengedenken nicht; deshalb war selbst der dürrste, sonst vollkommen kahle Abhang grün und mit Blumen bedeckt. Bäume fehlen dort ganz, nur vereinzelte maunshohe Büsche finden sich. *Acacia Cavenia* war voller goldener Blüthen, die die Luft parfumirten; häufig war *Euxenia* oder *Podanthus Mitiqui*, *Colliguaya odorifera*, eine strauchartige, stachelige *Adesma*, *Mühlenbeckia sagittifolia*. In allen diesen Sträuchern rankten sich ein paar *Dioscorea*-Arten hinauf, deren Knollen oft gegessen werden, vor allem aber *Tropaeolum azureum*. In der Nähe der Bäder war der Boden rasenartig mit *Loasa triloba* bedeckt, an anderen Orten mit *L. sclareaefolia*, die wie Nesseln brennen. Häufig waren auch von Europäern *Capsella bursa pastoris*, *Erysimum officinale*, *Sinapis nigra*, *Brassica napus campestris*, *Fumaria media*, *Erodium moschatum* und *Malva parviflora* (anderswo *M. nicaeensis* gemeiner); dazwischen fanden sich oft *Leuceria tenuis*, *Calandrinia compressa*, *Amsinckia angustifolia* und *Schizanthus pinnatus*. Von Weitem machte es den Eindruck, als seien die Abhänge mit grünem Grasteppich bedeckt, auf dem die schönen Blumen wie Stickereien prangten. Aber europäische Wiesen- und Grasteppiche giebt es in Chile nicht. Anfangs stehen zwar *Avena hirsuta*, *Bromus Trinii* und *Festuca sciuroides* dicht genug und prangten in saftigem Grün, aber in 6 Wochen ist dies spurlos verschwunden. Dann erscheinen Calandrinien, Leucocoryne, Huilien, *Trichopetalum stellatum*, *Pasithea coerulea*, *Oxalis squamata*, *O. arenaria* u. a. In Felsspalten findet sich oft *Calandrinia discolor*, seltener *Tetilla hydrocotylifolia*; weiter unten fand sich *Cereus quisco*, *Helianthus thurifer*, *Marrubium vulgare*, *Haplopappus uncinatus* (dort einziger Vertreter der artenreichen Gattung), *Senecio adenotrichus* (von 212 chilenischen Arten als einziger Vertreter dort vom Verf. bemerkt), *Calceolaria corymbosa*, *C. adscendens*, *C. purpurea* (von den 70 chilenischen Arten dort allein vertreten) u. a. Auf einem weiteren Spaziergang am Nordabhang des Thals fand Verf. die einzigen Bäume, keinen aber höher als 5 m, alle ziemlich vereinzelt, nämlich *Quillaja saponifera*, *Litria caustica* (fast nur ein Busch) und *Maitenus boaria* (*Boaria chilensis* DC. Prodr.), sowie vielleicht in der Entfernung einige andere; alle Bäume und Sträucher waren immergrün, wie überhaupt die laubwerfenden Bäume auf der südlichen Erdhälfte selten sind. In Gärten bemerkte Verf. Weinreben, Pomeranzen, Pelargonien und *Robinia Pseudacacia*.

281. **F. Philippi** (477) schildert eine im Frühjahr 1885 in die chilenische Provinz Atacama unternommene botanische Reise; es war damals ein ausnahmsweise reicher Regen in derselben gefallen. Bei Caldera sammelte er die Añañuca, einen neuen *Habranthus*, fand zwischen Pabellon (am Copiapó) und Chañarcillo *Cordia decandra*, *Adesmia cinerea*, *Centaurea chilensis*, *Bulnesia*, *Pintora*, *Phrodus*, *Calandrinia*, *Argylia puberula*, *Cruckshanksia hymenodon*, bei Chañarcillo *Huidobria chilensis*. Sonst ist hier die Vegetation ärmlich, auch auf einer thonigen und steinigen Ebene, der Travesia, die auf dem Wege nach Chañarcito durchmessen wurde, finden sich sonst nur kleine Büsche der genannten

Cordia, von *Cassia*, *Heliotropium*, *Lycium*, *Skythuans acutus* und nur an tieferen Stellen ausdauernde Pflanzen, an den Abhängen Säulencacteen. Jetzt war diese Wüste ein Blumenbeet; ausser den genannten fand man *Balsamocarpum brevifolium* Clos., *Calandrinia*, *Argylia*, *Closia*, *Cephalophora*, *Tyllorna*, *Chaetanthera*, *Quinchamalium*, *Solanum*, *Alona*, *Nolana*, *Cruckshanksia*, *Silvaea*, *Bustillosia*, *Atriplex*, *Chenopodium*, *Senecio*, *Lastarriaea*, *Chorizanthe*, *Sphaerostigma*, *Adesmia*, *Alstroemeria*. Weiter wuchsen im Thal von Chañarcito bis Carrizal bajo holzige *Atriplex*, eine neue *Calandrinia*, Säulen- und Gliedercactus, *Anisomeria fruticosa*, *Nicotiana solanifolia*, *Leontochir Ocallei* Ph., Synanthereen, *Heliotropium*, *Centaurea chilensis*. Von einem Ausflug nach Yerbas Buenas brachte Borchers *Caesalpinia angulicaulis*, 2 *Aristolochia*, *Pintoa Bulnesia* u. a. mit. Auf den Wegen nach Vallenar und Freirinar fand sich ausser *Alstroemeria violacea* Ph., *Adesmia* und *Aristolochia* wenig interessantes. Am Puerto de Huasco war *Mesembryanthemum crystallinum* in grossen Mengen verwildert. — Die gesammelten Pflanzen zeigen den Charakter einer Wüstenflora mit ihren bekannten Eigenschaften; es waren Dicot.: 56 Familien mit 225 (darunter 68 neuen) Arten, Monocot.: 6 Familien mit 30 (6 neuen) Arten, Acotyl.: 1 Familie mit 3 Arten. Die wichtigsten Familien sind die Synanthereen (13 %), Leguminosen (12 %), Borragineen (11 %), Portulaceen ($7^1/_2$ %), Nolanaceen (5 %); sonst betrug ihr Procentsatz weniger als 5. Matzdorff.

282. **H. G. Reichenbach fil.** (535) beschreibt *Odontoglossum Hrubyanum* n. sp. aus Peru.

6. Neotropisches Florenreich.

(Parana-Gebiet, Amazonas-Gebiet, Magdalena-Orinoko-Gebiet Westindien [einschliessl. Florida] Mittelamerika [einschliessl. Mexico[1]].)

(R. 283—311.)

Vgl. auch R. 12 (Westind. Utricalariaceen). 114, 127, 134, 135, 157, 207, 208, 265b., 271, 272, 275, 316 (*Rhamnaceae*). — Vgl. ferner No. 147* (Fl. v. Florida Keys), No. 271* (Fl. von Mexico), No. 386* (Einführung mexican. Pfl. in Algier), No. 464* (Einfluss des Regens auf die Vegetation in Mexico), No. 472* (Nutzpfl. Brasiliens), No. 493* (Waldvegetation v. Neu-Mexico), No. 494* (*Heuchera sanguinea* in Mexico), No. 585* (*Aehalonium Lewinii* von Centralmexico), No. 596* (Pflanzenkalender für Florida), No. 792* (Wilde Feige von Florida), No. 794* und 795* (Gartenwirthschaft in Florida), No. 798* (Forstwirthschaft in Guiana), No. 806* (Nutzpfl. von Habana), No. 822* (Maracaibo), No. 863* (Vanillecultur in Mexico), No. 867* (Nutzpfl. von Vera Cruz), No. 873* (Holzproduction von Trinidad).

283. **A. F. W. Schimper** (599) bespricht die Verbreitung der Epiphyten Amerikas innerhalb ihres Wohnbezirks. (Vgl. Bot. C., XXXVII.)

Vgl. auch No. 600* Wechselbeziehungen zwischen Pflanzen und Ameisen im tropischen Amerika. (Vgl. in beiden Fällen den biologischen Theil dieses Jahresberichts.)

284. **J. G. Baker** (26) fährt in seiner Aufzählung der *Tillandsieae* (vgl. Bot. J., XV, 1887, 2. Abth., p. 222, R. 484) fort. Die Arten sind folgendermaassen verbreitet:

Tillandsia Sintenisii: Puerto Rico (3000′ hoch).
T. Swartzii: Jamaica.
T. brassicoides: Rio Janeiro.
T. plumosa: Mexico (Provinz Puebla, auf Bäumen).
T. rupicola: Ecuador (*Anaplophytum calothyrsus* Beer [aus Peru], *A. longebracteatum* Beer, *A. setaceum* Beer [von Cuba] und *A. Sprengelianum* Beer sind Verf. unbekannt geblieben).
T. pulchra: Südbrasilien, Guiana, Venezuela, Trinidad, Cuba.
T. globosa: Südbrasilien.
T. dianthoidea: Uruguay, Buenos Ayres, Parana.

[1]) Da eine genaue pflanzengeographische Begrenzung nicht immer möglich ist, sollen Florida und Mexico immer ganz diesem Florenreich zugerechnet werden, soweit nicht Arbeiten ganz sich auf ein von dem Florenreich ausgeschlossenes Gebiet beziehen; auch dann ist hierauf zu verweisen.

T. stricta: Süd- und Centralbrasilien, Paraguay, Tucuman, Catamarca und Oran, Bolivia (8000′), Britisch Guiana.
T. meridionalis: Uruguay.
T. Benthamiana: Centralmexico.
T. geminiflora: Südbrasilien.
T. Gardneri: Südbrasilien, Trinidad.
T. disticha: Südbrasilien.
T. brachyphylla: Südbrasilien.
T. Ionantha: Mexico.
T. brachycaulos: Mexico.
T. brachycephala: Peru.
T. gymnophylla: Venezuela.
T. drepanocarpa: Südbrasilien (Provinz St. Paula).
T. complanata: Kolumbia.
T. axillaris: Jamaica, Venezuela, Ecuador.
T. virginalis: Mexico (Provinz Cordova).
T. triticea: Südbrasilien (Provinz St. Paulo).
T. Parkeri: Britisch Guiana.
T. spiculosa: Venezuela (4000—7000′).
T. compacta: Venezuela.
T. cyanea: Guatemala.
T. tetrantha: Peru.
T. maculata: Peru.
T. rubra: Peru.
T. caracasana: Caracas.
T. rubella: Bolivia.
T. Fendleri: Venezuela.
T. Roezlii: Nordperu.
T. rigidula: Britisch Guiana.
T. Kalbreyeri: Neu-Granada (3500′).
T. martinicensis: Martinique.
T. penduliflora: Dominica, Martinique.
T. excelsa: Jamaica, Cuba.
T. elata: Santa Moarta, Sierra Nigra.
T. megastachya: St. Vincent.
T. Lindeni: Peru.
T. Hamaleana: Peru.
T. platypetala: Ecuador.
T. umbellata: Ecuador (gemässigte Region).
T. Billbergiae: Mexico.
T. Duvalliana: Südbrasilien (Rio Janeiro).
T. heliconioides: Rio Magdalena.
T. pachychlamys: Britisch Guiana.
T. Schlechtendahlii: Mexico.
T. incurvata: Südbrasilien.
T. carinata: Südbrasilien.
T. chrysostachis: Anden von Peru.
T. Barilleti: Anden von Ecuador.
T. splendens: Französisch und Britisch Guyana.
T. gladiiflora: Costa Rica.
T. viminalis: Costa Rica.
T. longicaulis: Südbrasilien.
T. viridiflora: Mexico (Provinz Cordova).
T. longibracteata: Venezuela, Trinidad.

T. psittacina: Rio Janeiro.
T. laxa: Venezuela (3000').
T. parabaica: Südbrasilien.
T. Warmingii: Südbrasilien.
T. amethystina: Südbrasilien.
T. Platzmanni: Südbrasilien (Parana).
T. Selloana: Südbrasilien.
T. Wawrana: Brasilien.
T. orizabensis: Mexico (Orizaba).
T. haplostachya: Cuba.
T. gradata: Südbrasilien.
T. unilateralis: Südbrasilien.
T. heterostachya: Südbrasilien.
T. ensiformis: Südbrasilien.
T. recurvata: Südbrasilien.
T. platynema: Südbrasilien.
T. fenestralis: Parana.
T. Jonghei: Minos Geraes.
T. corallina: Minos Geraes.
T. amazonica: Thal des Amazonas (bei Para).
T. guttata: Südbrasilien.
T. scalaris: Südbrasilien (St. Paulo).
T. ringens: Oestlich Cuba (bei Monte Verde).
T. Chagresiana: Chagres (Landenge von Panama).
T. stenostachya: Trinidad.
T. dissitiflora: Cuba.
T. Deppeana: Centralmexico, Venezuela, Cuba.
T. gigantea: Wälder am Rio Negro.
T. glutinosa: Südbrasilien (Rio de Janeiro, St. Paulo).
T. Itatiaiae: Centralbrasilien (Sérra Itatiaia, 9000').
T. hieroglyphica: Südbrasilien (Rio Janeiro, St. Paulo).
T. gracilis: Südbrasilien.
T. Rodigasiana: Südbrasilien.
T. procera: Brasilien (bei Itabype).
T. Tweediana: Südbrasilien (Rio Janeiro).
T. Philippo-Coburgi: Südbrasilien (Rio de Janeiro und St. Paulo).
T. reticulata: Südbrasilien (Rio Grande de Sul).
T. Morreni: Südbrasilien (bei Petropolis).
T. tesselata: Südbrasilien (Provinz Santa Catherina).
T. regina: Südbrasilien (Rio Janeiro und St. Paulo).
T. grandis: Mexico (Hacienda de Laguno).
T. paniculata: Westindien.
T. capitata: Cuba.
T. sphaerocephala: Bolivia (Sorata, 9000—10,000').
T. oxysepala: Anden von Peru.
T. cryptantha: Mexico (Cuernavaca).
T. macrochlamys: Centralmexico.
T. longipetala: Anden von Columbia (3000—4000').
T. biflora: Anden von Peru und Bolivia (8000—9000').
T. Grisebachiana: Venezuela (Tovar).
T. xiphophylla: Mexico (Thal von Cordova).
T. phyllostachya: Centralmexico.
T. acorifolia: Venezuela (6500').
T. rhodocincta: Britisch Guyana, Haimirida-Berge, Roraima.

T. Turneri: Anden von Bogota.
T. utriculata: Florida, Bahamas, Cuba, Trinidad, Venezuela.
T. mucronata: Venezuela (Tovar, 6500').
T. strobilantha: Mexico (Orizaba).
T. Malzinei: Mexico (Cordova).
T. Saundersii: Brasilien.
T. capituligera: Cuba.
T. pleiostochya: Venezuela (Tovar, 7000—8000').
T. ventricosa: Venezuela (Tovar, 7000').

Im Uebrigen muss auf den Bericht über Systematik verwiesen werden, woselbst auch die neuen Arten als solche aufzuführen sind. Dies genügt aber jedenfalls, um sich eine Idee von der Verbreitung dieser für das tropische Amerika so charakteristischen Gruppe zu machen. (Zweifelhafte Arten sind meist unberücksichtigt gelassen.)

285. **Duranta Plumieri** (786), die weit verbreitet im tropischen Amerika ist, wird abgebildet.

286. **J. Poisson** (484) beschreibt als neue Gattung der Celtideen Endl. *Samaroceltis* mit (p. 595, Taf. 22) *S. rhamnoides* von Asuncion in Paraguay. Während die andern Gattungen dieser Familie campylotrope Samenknospen besitzen, zeigt die neue Gattung orthotrope. Die Frucht ist geflügelt (daher der Gattungsname) und ähnelt der der Ahorne.

Matzdorff.

287. **C. F. P. von Martius, A. W. Eichler** und **J. Urban** (396).

I. A. Cogniaux *Melastomaceae.* Verf. hat nunmehr mit erstaunlicher Leistungsfähigkeit in verhältnissmässig kurzer Zeit die umfangreiche Familie für die Flora Brasiliensis bewältigt (vgl. Bot. J., XIV, 2. Abth., p. 68, No. 519 und p. 254, No. 751, !). Zu den bereits veröffentlichten 3 Gattungen und 154 Arten der Tribus VI. *Miconieae* kommen weitere 16 Gattungen mit 350 Arten hinzu. *Miconia* allein zählt 211, *Clidemia* 42, *Tococa* 30, *Ossaea* 16, *Henriettea* 12, die übrigen Gattungen nur 1—7 Arten. Trib. VII. *Blakeeae* zählt nur 2 Gattungen und 4 Arten, Trib. VIII. *Memecyleae* die einzige Gattung *Mouriria* mit 30 Arten. Es folgen dann Addenda et Emendanda zu Vol. XIV, Theil III, desgleichen zu Theil IV; endlich die Tafelerklärung, eine kurze Schilderung der geographischen Verbreitung der brasilianischen Melastomaceen und der Index zu Vol. XIV, Theil III.

Die Zahl aller bekannten Melastomaceen schätzt Verf. auf rund 2500 Arten in 133 Gattungen. Zu den zahlreichen Tropenbewohnern gesellen sich nur wenige Arten der subtropischen Gebiete und sehr wenige in den gemässigten Theilen von Nordamerika und Ostasien. Von Triana's 13 Tribus sind 8 in Amerika und speciell auch in Brasilien vertreten, und zwar sind 7 davon auf Amerika beschränkt, nur die *Memecyleae* bewohnen auch die Tropen der Alten Welt. Von den 240 *Microlicieae* sind nur 16 ausschliesslich ausserbrasilianisch.

Von den 58 brasilianischen Gattungen (44 % der Gesammtzahl), von denen keine in der Alten Welt vertreten ist, finden sich 19 nur in Brasilien, 10 davon nur in je einer phytogeographischen Provinz dieses Reiches. 6 weitere Gattungen überschreiten Brasiliens Grenzen, obgleich keine ihrer Arten innerhalb derselben fehlt. Die meisten übrigen haben die weitaus grössere Artenzahl innerhalb, nur 7 haben ihren Schwerpunkt ausserhalb Brasiliens.

Von den 1130 vom Verf. beschriebenen Arten sind 978 (41 % der ganzen Familie) Bewohner Brasiliens, 800 davon (82 % der brasilianischen) sind endemisch, 646 auf je eine phytogeographische Provinz beschränkt. Die übrigen 178 Arten bewohnen die Nachbargebiete, meist nicht über die Anden oder Guyana hinaus, nur 33 gehen bis Centralamerika und Mexico. Die wenigen Arten, welche als gemein in Amerika überhaupt bezeichnet werden können, sind *Nepsera aquatica, Pterolepis trichotoma* und *glomerata, Tibouchina longifolia, Miconia guianensis, albicans, stenostachya, laevigata, prasina, Ibaguensis, nervosa, rubiginosa, minutiflora, ciliata* und *theaezans, Clidemia hirta, spicata* und *rubra.*

Da viele Melastomaceen Bergregionen lieben, so nimmt die Oreadenregion allein

561 Arten (58 %, der brasilianischen) für sich in Anspruch und 6 Gattungen sind in dieser Region endemisch.

Von der vom Verf. gegebenen Tabelle möge hier der Raumersparniss halber nur das Endergebniss wiedergegeben werden, wobei die eingeklammerten Zahlen die endemischen Arten bedeuten:

Arten	*Napaeae*	*Dryades*	*Oreades*	*Hamadryades*	*Najades*	*Incertae sedis*	Summa	Guiana, Venezuela	Neu-Gran., Ecuador Peru, Bolivia	Pampas	Centralamerika Mexico	Antillen
c. 2500	35(5)	342(361)	561(361)	55(7)	236(104)	35	978(800)	121	89	17	33	35

Nutzen. Einige Arten haben essbare, zum Theil säuerliche Früchte, so *Blakea, Topobea, Bellucia, Henriettea succosa, Loreya arborescens, Maieta Guianensis, Clidemia hirta, C. spicata, C. rubra, Miconia macrophylla.* Einen aromatischen und digestiven Abguss liefert *Miconia theaezans*. Gegen Bräune und Bronchitis wird von den Eingeborenen ein Aufguss von *Tibouchina aspera, holosericea* und *Langsdorffiana* benutzt, zur Heilung von Geschwüren und Wunden die Rinde von *Henriettea succosa*, zur Auswaschung alter Geschwüre eine Abkochung von *Miconia alata*, zur Milderung des „dolor ictuum" der Saft von *M. guianensis*, gegen Gallenleiden die Beeren von *Clidemia hirta*, als adstringirendes Mittel *Mouriria guianensis*, gegen Schlangenbiss ein alkoholischer Auszug der Rinde von *Miconia ligustroides*.

Schwarze Farbstoffe liefern die Rinde von *Tibouchina Maximiliana, holosericea* und *Langsdorffiana* und von *Miconia prasina;* zum Schwarzfärben von Häuten dienen die Früchte von *Miconia albicans, ceramicarpa, ciliata* und andere unter dem Namen Tinta de Zapateiro. *Miconia fulva* giebt eine gelbe, die Frucht einiger *Blakea*-Arten eine rothe Farbe.

Das Holz ist meist unbrauchbar; nur dasjenige von *Mouriria* ist sehr hart und dient zur Anfertigung von Pfeilen.

Als ornamentalste Gattungen Brasiliens sind zu nennen: *Ericoenema, Chaetostoma, Lavoisiera. Rhynchanthera, Tibouchina, Huberia. Behuria, Meriania, Bertolonia, Salpinga, Miconia, Tococa, Clidemia, Bellucia, Blakea, Mouriria.*

Die neuen Arten und Varietäten, von p. 205 - 396 im Jahre 1887, von p. 397 an im Jahre 1888 veröffentlicht, sind folgende:

Trib. VII. *Miconiae. Bellucia dichotoma*, p. 514.

Clidemia Candolleana (*C. bullosa* DC. nec Cogn.), nebst *β. Schwackeana*, p. 490; *epibaterium* DC. *β. parvifolia*, p. 478; *Francavillana*. p. 502, Tab. CVI; *Kapplerii*, p. 496; *Raddiana* (*Leandra capillaris* Raddi), p. 509; *rubra* Mart. *δ. brevifolia*, p. 500; *septuplinervia*, p. 506; *sessiliflora*, p. 505.

Henriettea Glaziouiana, p. 532, nebst *β. verruculosa*, p. 533; *Saldanhaei*, p. 531, Tab. CXIII; *Spruceana*, p. 530.

Henriettella Glaziouiana, p. 539, Tab. CXIV; *ovata*, p 540, Tab. CXV.

Heterotrichum octonum DC. *β. Brasiliensis* Cogn., p. 429.

Loreya minor, p. 522.

Miconia amplexicaulis Naud. *β. parvifolia*, p. 273; *argyrophylla* DC. *β. attenuata*, p. 296; *aureoides*, p. 260, Tab. LII, Fig. 1; *brevipes* Benth. *β. longifolia*, p. 345; *Candolleana* Triana *β. angustifolia*, p. 383; *carassana*, p. 346; *chartacea* Triana *β. Miqueliana*, p. 369; *ciliata* DC. *β. attenuata δ. serrata*, p. 409—410; *cinerea*, p. 290, Tab. LX; *comosa*, p. 408; *conferta*, p. 416, Tab. LXXXV, Fig. 2; *crassinervia*, p. 391, LXXIX; *discolor* DC. *β. subconcolor*, p. 284; *dodecandra* Cogn. (*Melastoma dodecandra* Desr.) *β. longifolia*, p. 243; *Doriana*, p. 376, Tab. LXXVI, Fig. 2; *Egensis*, p. 374; *Eichlerii*, p. 362, Tab.

LXXII; *elaeagnoides*, p. 390; *elegans*, p. 312, Tab. LXIII, nebst *β. latialata* und *γ. pauciflora* p. 313; *eriocalyx* p. 342, Tab. LXIX; *flava* DC. *β. Poeppigii*, *γ. angustifolia* p. 389; *Francavillana* p. 237, Tab. XLVIII; *Glazioviana* p. 301, Tab. LXI, Fig. 2; *guianensis* Cogn. (*Tamonea guianensis* Aubl.) *α. vulgaris* p. 246; *herpetica* DC. *β. acutifolia* p. 287; *hirtella* p. 423, Tab. LXXXVII, Fig. 1; *hispida* p. 395; *holosericea* Triana *γ. subquintuplinervia* p. 237; *impetiolaris* D. Don. *β. Spruceana* p. 272; *inconspicua* Miq. *β. lanceolata* p. 415; *jucunda* Triana *δ. parvifolia* p. 230; *Langsdorffii* p. 232, Tab. XLVII, Fig. 1; *lappacea* Triana *β. angustifolia* p. 335; *lepidota* DC. *β. grandifolia* p. 293; *ligustroides* Naud. *β. cordifolia* p. 384, Tab. LXXVII, Fig. 2; *longipedunculata* p. 266, Tab. LIV; *longispicata* Triana *β. minor* p. 267; *lurida* p. 356. Tab. LXXI, Fig. 1; *Maximowicziana* p. 355. Tab. LXX, Fig. 2; *minutiflora* DC. *β. latifolia* p. 385; *multinervia* p. 259, Tab. LI, nebst *β. minor* p. 260; *oblongifolia* p. 373, Tab. LXXV; *ovata* p. 281; *pennibilis* p. 287, Tab. LIX; *pepericarpa* DC. *β. grandiflora* p. 360; *pileata* DC. *β. longisetosa*, *γ. latifolia* p. 407; *Pohliana* p. 350; *prasina* DC. *ε. angustifolia* p. 317; *pseudo-aplostachya* p. 263, Tab. LIII, Fig. 1; *pseudonervosa* p. 338, Tab. LXVII; *puberula* p. 386, Tab. LXXVIII, Fig. 1; *pusilliflora* Triana *β. major*, *γ. intermedia* p. 403; *racemifera* Triana *β. diffusa* p. 367; *Regelii* p. 405, Tab. LXXXIII, Fig. 1; *rigidiuscula* p. 398, Tab. LXXXII, Fig. 1, nebst *β. purpurascens* und *γ. parvifolia* p. 399; *rimalis* Naud *β. brevifolia* p. 404; *robusta* p. 270, Tab. LV; *rufescens* DC. *β. grandifolia* p. 274; *Sagotiana* p. 290; *Saldanhaei* p. 372, Tab. LXXIV, nebst *β. subsessiliflora* p. 373; *sarmentosa* p. 323, Tab. LXV, Fig. 2; *Schwackei* p. 342, Tab. LXVIII; *scrobiculata* p. 334, Tab. LXVI; *secundiflora* p. 286, Tab. LXVIII; *Sellowiana* Naud *β. pubescens* p. 401; *Solmsii* p. 393; *staminea* DC. *β. parvifolia* p. 231; *stelligera* p. 275, Tab. LVI, Fig. 1; *subcordata* p. 244, Tab. L; *subglabra* p. 412; *subvernicosa* p. 374, Tab. LXXVI; *stylosa* p. 258; *tetragona* p. 387, *theaezans* Cogn. (*Melastoma theaezans* Bonpl.) subsp. 1. *viridis*, *ε. longifolia*, *ζ. spinulosa*, *η. Glazioviana*, *ϑ. subtriplinervia*; subsp. 2. *flavescens*, *ι. lanceolata*, *κ. cuneata*, *λ. tetragona*, *μ. vulgaris*, *ν. triplinervia*, *ο. Saldanhaei*, *π. parvifolia*, *ϱ. integrifolia*, p. 420—422; *tomentella* p. 284; *tomentosa* D. Don. *β. ovata* p. 255; *Trailii* p. 242; *Trianaei* p. 391, Tab. LXXX, Fig. 2; *Tschudyoides* p. 327; *umbrosa* p. 315, Tab. LXIV; *Warmingiana* p. 282, Tab. LVII.

Myrmidone lanceolata p. 468, Tab. XCVIII, Fig. 2; *macrosperma* Mart. *β. denticulata* p. 467.

Ossaea amygdaloides Triana *β. ambigua* p. 548; *angustifolia* Triana *β brevifolia* p. 543, Tab. CXVI, Fig. 1; *coriacea* Triana *β. grandifolia* p. 554; *cuneata* p. 550; *fragilis* p. 551; *humilis* p. 552, Tab. CXVIII, Fig. 2; *sanguinea* p. 549, Tab. CXVII; *Warmingiana* p. 544, Tab. CXVI, Fig. 2.

Pleciochiton Glazioviamum p. 426, Tab. LXXXVIII, Fig. 2; *setulosum* p. 426, Tab. LXXXVIII, Fig. 1.

Pterocladon Sprucei (Hook. f.) p 210.

Tococa formicaria Mart. *γ. Garderi* p. 440; *lasiostyla* p. 455, Tab. XCVII, Fig. 1; *longisepala* p. 449, Tab. XCVI; *nitens* Triana *γ. major* p. 459; *platyphysca* p. 437; *Spruceana* p. 443, Tab. XCV, Fig. 2; *stephanotricha* Naud. *β. ferruginea* p. 434; *subglabrata* p. 438, Tab. XCII.

Trib. VII. *Blakeeae.* — *Blakea Brasiliensis* p. 561, Tab. CXXI, Fig. 2; *Spruceana* p. 560, Tab. CXXI, Fig. 1.

Trib. VIII. *Memecyleae.* — *Mouriria Chamissoana* (*M. guianensis* Cham. nec Aubl.) p. 573; *Doriana* Saldanha in litt. p. 572, Tab. CXXII, Fig. 1; *dumetosa* p. 585, Tab CXXV, Fig. 1; *Francavillana* p. 576; *Glazioviana* p. 580, Tab. CXXIV, Fig. 1; *pendulifolia* p. 578; *Petroniana* Cogn. et Sald. p 588, Tab. CXXVI; *Regeliana* p. 573, Tab. CXXII, Fig. 2.

Addenda et emendanda zu vol. XIV, Theil III. — *Chaetostoma luteum* p. 590; *Petronianum* Sald. et Cogn. p. 591, Tab. CXXVII.

Comolia tetraquetra p. 603.

Lavoisiera angustifolia p. 595; *imbricata β. subserrulata* p. 595.

Macairea foveolata p. 596.

Microlicia avicularis β. subspathulata p. 593; *Glazioviana* p. 591; *leucantha β. purpurea* p. 592; *Mendonçaei* p. 593; *Warmingiana β. latifolia* p. 591.

Siphanthera arenaria β. cordifolia p. 596.

Tibouchina hirsuta p. 601; *imperatoris* Sald. et Cogn. p. 598, Tab. CXXVIII, Fig. 2, nebst *β. parvifolia* p. 599; *Petroniana* Cogn. et Sald. p. 598, Tab. CXXVIII, Fig. 1; *Urbanii* p. 602, Tab. CXXIX, Fig. 1.

Trembleya phlogiformis ι. *microlicioides* p. 594; *pithyoides β. major* p. 594.

Addenda et emendanda zu vol. XIV, Theil IV. — *Benevidesia* Sald. et Cogn. nov. gen. p. 604; *B. organensis* Sald. et Cogn. p. 605, Tab. CXXIX, Fig. 2.

Leandra coriacea p. 608; *echinata* p. 607; *Schwackei* p. 610; *sessiliflora* p. 610; *tomentosa* nebst *β. minor* p. 609.

Meriania robusta p. 605.

Miconia angustifolia p. 613; *laeta* p. 614; *Petroniana* p. 612, Tab. CXXX; *Petropolitana* p. 613.

Tococa capitata Trail ms. p. 615; *Trailii* p. 616. E. Koehne.

II. A. Engler. *Guttiferae*. Verf. vereinigt, wie er in einer Anmerkung p. 382 vorausschickt, die *Hypericaceae* und *Clusiaceae* unter dem Namen *Guttiferae*. Auf p. 386 ff. werden die Gründe dafür, sowie für die Classification der Familie näher aneinandergesetzt. Alle Gattungen besitzen in irgend welchen Axenorganen, öfters selbst in der Regel intercellulare Harz- oder Oelcanäle, und zwar alle *Calophylloideae* und *Clusioideae* im Marke und der primären Rinde; desgleichen die früher zu den *Ternstroemiaceae* gerechneten, von van Tieghem aber zu den *Clusiaceae* gebrachten Gattungen *Kielmeyera*, *Haploclathra*, *Marila*, *Caraipa*, *Mahurea*. Harzcanäle fehlen im Mark, sind aber in der Rinde vorhanden bei *Psorospermum senegalense* und *Hypericum Elodes*, dagegen haben Canäle im Mark *Cratoxylon*-Arten und *Eliaea articulata*. Nur im Phloëm finden sich Canäle bei *Hypericum* und *Vismia*.

Bei manchen *Clusioideae-Clusieae* gesellen sich zum Kelch kelchähnliche Hochblätter, so dass man eine Abgrenzung beider nicht mehr vornehmen kann. Auch können die Kelch- in die Blumenblätter übergehen, so besonders bei *Tovomita*. Die Blüthenaxe ist am sonderbarsten bei *Clusia* sect. *Androstylium*, nämlich aus kegelförmigem Grunde in einen Cylinder, dann in eine Kugel übergehend. Zuweilen finden sich unter den Carpiden zwischen den Staminalphalangen axile Drüsen.

Die Blüthendiagramme sind ungemein verschieden, indem ein Fortschreiten von einer unbestimmten Anzahl spiralig geordneter Blüthentheile zu stark veränderten Typen verfolgt werden kann. Verf. führt nicht weniger als 13 verschiedene Grundformen auf, die im Original nachgesehen werden müssen.

Betreffs des Androeceums scheint die Vergleichung der verschiedenen in der Familie vorkommenden Verwachsungsfälle, entgegen den aus der Entwicklung der Blüthen von *Hypericum perforatum* von anderen gezogenen Schlüssen, dem Verf. zu beweisen, dass die Staminalphalangen, wo vorhanden, nicht als Theilungs-, sondern als Verwachsungsergebnisse aufzufassen sind. Der Bau und die Oeffnungsweise der Antheren weist grosse Mannichfaltigkeit auf. Das Gynaeceum besteht aus 3—14 *(Clusia Arrudea)*, nur bei *Endodesmia* aus 1 Carpid. Parietalplacenten findet man nur bei wenigen *Hypericoideae*, aber einige *Hypericum*-Arten haben Centralplacenten wie die meisten übrigen Gattungen mit Ausnahme der *Calophylloideae* und *Endodesmioideae*. Die Ovularzahl kann bis auf wenige, ja sogar auf ein einziges herabsinken. Die Frucht kann septicid oder septifrag aufspringen, wobei die Samen bald an den Klappenrändern, bald an den stehen bleibenden Scheidewandrändern sitzen; sie kann auch eine Bacca oder Drupa werden u. s. w. Die meisten Clusieen-Samen zeigen einen ächten Arillus, der vom Funiculus aus wuchert oder ein vom Exostomium her entstehendes Arillodium (Planchon et Triana), zuweilen beides an demselben Samen. Dabei kommen mancherlei eigenthümliche Bildungsformen vor. An den Embryonen ist das fast gänzliche Fehlen der Cotyledonen eine nicht seltene Erscheinung.

Die Uebersicht der Gruppen und Gattungen kann hier nur ohne die Charakteristiken wiedergegeben werden:

Subordo I. *Kielmeyeroideae* (Wawra in Flor. Bras. fasc. 97, p. 293 seq. sub. *Ternstroemiacei*, vgl. Bot. J., XIV, 2. Abth., p. 266).

Tribus I. *Kielmeyereae: Kielmeyera, Mahurea, Marila.*

Tribus II. *Caraipeae: Caraipa, Haploclethra.*

Subordo II. *Hypericoideae* (Reichardt in Flor. Bras., p. 181 seq. sub. *Hypericaceis*, vgl. Bot. J., v. VI, 2. Abth., p. 1080.

Tribus III. *Hypericeae: Ascyrum, Hypericum.*

Tribus IV. *Cratoxyleae: Eliaea, Cratoxylon.*

Tribus V. *Vismieae: Vismia, Psorospermum, Haronga.*

Subordo III, Tribus VI. *Endodesmioideae: Endodesmia* (Africa).

Subordo IV, Tribus VII. *Calophylloideae:* In Brasilien *Mammea, Calophyllum* und im tropischen Asien *Mesua, Poeciloneuron, Kayea.*

Subordo V. *Clusioideae.*

Tribus VIII. *Clusieae:* In Brasilien *Clusia, Rengifa, Oedematopus, Havetiopsis, Renggeria, Tovomita, Tovomitopsis,* im übrigen Südamerika *Clusiella, Chrysochlamys, Balboa.*

Tribus IX. *Garcinieae:* In Brasilien *Rheedia*, in der Alten Welt *Ochrocarpus, Garcinia, Xanthochymus, Clusianthemum, Allanblackia.*

Tribus X. *Moronobeae*: In Brasilien *Moronobea, Platonia, Symphonia*, in der Alten Welt *Pentadesma, Montrouziera.*

Da die beiden ersten Unterfamilien bereits früher in der Flora Brasiliensis abgehandelt wurden, die dritte aber afrikanisch ist, so wird in vorliegendem Heft nur die geographische Verbreitung der *Calyphylloideae* und *Clusiodeae* kurz abgehandelt. Alle Arten derselben bewohnen die Tropen. *Mammea* ist monotypisch und rein amerikanisch. Von den etwa 25 *Calophyllum*-Arten bewohnen 5 Amerika, die übrigen das tropische Asien; nur 3 sind brasilianisch, 2 davon endemisch; 2 bewohnen die Najaden, eine die Najaden- und Dryadenregion.

Die *Clusicae* sind alle neuweltlich, und zwar meist Bewohner des Urwaldes, selten der Camposbüsche. Von *Clusia* sind im ganzen etwa 80 Arten leidlich bekannt, in Brasilien 33, eine davon auch in Guiana, diese nebst 18 anderen Arten in den Najaden, 12 (grösstentheils aus sect. *Criuva*) in den Dryaden, 7 der letzteren auch in der Oreadenregion; diese besitzt nur eine endemische Art. Ausserhalb Brasiliens sind besonders die feuchtheissen Theile von Guiana, Columbien, Bolivien und Peru reich an Clusien, weniger reich die Antillen und Centralamerika. *Oedematopus* (2 Najad., 1 Dryad.) und *Renggeria* (2 Naj.) sind in Brasilien endemisch. *Havetiopsis* hat im Ganzen 5, in Brasilien 2 (Naj.), in Guiana, Peru und Columbien je eine Art. Von *Rengifa* sind bisher nur 1 peruvianische, 2 guianensische Arten bekannt. *Clusiella, Pilospermum, Balboa* sind monotypisch und auf Neu-Granada beschränkt, *Chrysochlamys* auf die tropischen Anden von Peru und Columbien. *Tovomitopsis* (8 Arten) hat 4 Arten in Costarica und Nicaragua, 1 in Columbien, 1 in Ostperu, 2 in Südbrasilien (Dryad.). *Tovomita* (30 Arten, grösstentheils im Amazonengebiet) hat 18 brasilianische Arten, nämlich 3 in der Dryadenregion endemische und 15, wovon 12 endemisch, in der Najadenregion.

Die altweltlichen *Garcinieae* bewohnen mit 3 Gattungen das tropische Afrika, Madagascar, die Maskarenen und das tropische Asien, mit je einer endemischen Madagascar und Neu-Caledonien. *Rheedia* zählt 3 Arten im tropischen Afrika und Madagascar, 17 im tropischen Amerika, 3 auf den Antillen nebst Centralamerika, 3 in den tropischen Anden, 3 in Guiana, 8 in Brasilien. Von letzteren sind 4 in der Dryadenregion endemisch, 4, wovon nur 1 endemisch, bewohnen das Nejadengebiet.

Die *Moronobeae* haben je 1 afrikanische und neucaledonische Gattung, ferner 5 *Symphonia*-Arten auf Madagascar, wovon 1 auch in Westafrika und dem tropischen Amerika auftritt. Die monotypische *Platonia* ist im Najadengebiet endemisch, *Moronobea* zählt 3 Arten in Guiana, 1 in der Amazonenregion Brasiliens.

Nutzen. Der Reichthum der Guttiferen an harzigen und gummösen Farbstoffen ist im Allgemeinen bekannt. Unter den amerikanischen Arten liefern purgirendes Harz

Clusia rosea und *alba* von den Antillen, ein zur Heilung von Wunden hochgeschätztes Harz *Clusia flava* (Antillen und Florida), *Rheedia acuminata* und *lateriflora, Calophyllum Calaba* und *brasiliensis*. Die Blüthen von *Clusia insignis* scheiden reichlich einen wohlriechenden Saft aus, der mit Cacaobutter eine Wundsalbe liefert. Der schwarze, aus dem Stamm der grossen *Clusia*-Arten, z. B. *C. rosea* und *alba*, sowie aus dem von *Symphonia globulifera* ausfliessenden Saft wird oft gleich Schiffspech verwendet. Viele Guttiferen haben schleimigsüsse, angenehm schmeckende Früchte mit Citronensäuregehalt, so in Amerika die *Mammea*, aus deren Blüthen auch die Eau de Créole bereitet wird, während der aus den Zweigen träufelnde Saft Toddy oder Momin liefert. Sehr wohlschmeckend sind die Beeren von *Platonia insignis* (Pacoury uva), eines ungeheuren Baumes. Weniger gerühmt werden die Früchte von *Ochrocarpus* und *Rheedia*. Die Samen fast aller *Calophylloideae, Garcinieae* und *Moronobeae* sind sehr ölreich; die von *Mammea* gelten als wurmtreibend; die von *Platonia* schmecken wie Mandeln. Das Holz aller Guttiferen ist sehr hart.

Beschrieben werden in vorliegendem Heft ausser den brasilianischen auch die ostperuanischen und guianensischen Gattungen und Arten, da sie den nordbrasilianischen sehr ähnlich sind und vielleicht in Brasilien noch gefunden werden; dagegen sind die andinen, die von den brasilianischen schon stark abweichen, übergangen worden. Neue Arten und Varietäten sind:

Calophyllum brasiliense Camb. *β. elongatum* p. 399.

Clusia angustifolia p. 420; *axillaris* p. 413, Tab. LXXXIV, Fig. 1; *Burchellii* p. 416; *columnaris* p. 432, Tab. XCIII, Fig. 2; *Gaudichaudii* Choisy ms. nec Cambess., p. 419, Tab. LXXXVII, Fig. 2; *grandifolia* p. 429, Tab. XCII, Fig. 2; *Jenmani* p. 432; *lanceolata* Camb. *β. oblongifolia* p. 419; *Martiana* (*C. Pana-Panare* Mart.) p. 411, Tab. XCV, Fig. 1; *microphylla* p. 427; *pallida* p. 414; *parviflora* Sald. ms. p. 406, Tab. LXXXII, Fig. 1; *penduliflora* p. 412, Tab. LXXXIV, Fig. 2; *pulcherrima* p. 414; *Riedeliana* p. 410, Tab. LXXXII, Fig. 3; *sessilis* Klotzsch ms. p. 406; *spathulaefolia* p. 42; *viscida* p. 422, Tab. LXXXIX, Fig. 1.

Moronobea Jenmani p. 467; *intermedia* p. 466.

Rheedia Gardneriana Planch. et Triana *α. parvifolia, β. Glaziovii* p. 463, Tab. CIV, Fig. 2; *Sagotiana* p. 460; *Spruceana* nebst *β. cuneata* p. 463; *tenuifolia* p. 463.

Tovomita acuminata p. 449; *Bahiensis* p. 455, Tab. XCIX, Fig. 2; *brevistaminea* p. 447, Tab. XCVI, Fig. 3; *elliptica* p. 453; *Glazioviana* p. 445; *Jenmani* p. 447; *Martiana* p. 453; *obovata* p. 451; *Riedeliana* p. 449, Tab. XCVII, Fig. 2.

Tovomitopsis Saldanhae p. 457; *Spruceana* p. 458. E. Koehne.

III. A. Engler, *Quiinaceae*. Verf. hält die Vereinigung dieser Familie mit den *Clusiaceae* für unmöglich, weil ausser anderen beträchtlichen Abweichungen die *Quiinaceae* namentlich der Harzgänge gänzlich entbehren. Näher stehen sie den *Ternstroemiaceae*. Sie bewohnen sämmtlich das tropische Amerika, besonders die Hylaea Brasiliens nebst Guiana, einige Arten auch Neu-Granada und die Antillen. Ueber ihren Nutzen liegen keine erheblichen Angaben vor. Verf. führt 16 *Quiina*-Arten auf, wovon 9 brasilianisch sind, dazu *Touroulia guyanensis* Aubl. aus dem französischen Guiana.

Neue Arten sind *Quiina Glaziovii* p. 482, Tab. CIX, Fig. 2; *Qu. Peruviana* p. 481 und *Qu. Spruceana* p. 481. E. Koehne.

II. C. Schumann, *Rubiaceae*. Der Arbeit des Verf.'s gehen Titel und Index zu J. Müller, *Rubiaceae* I, die den 5. Theil des VI. Bandes der Flora Brasiliensis bilden (vgl. Bot. J. IX, Abth. 2, p. 501 u. 973), voraus.

Darauf behandelt Verf. die Trib. 7, *Paederieae* mit 1 Gattung und 1 Art, Trib. 8. *Spermacoceae* mit 12 Gattungen und 108 Arten und Trib. 9. *Stellatae* mit 3 Gattungen und 26 Arten, unter letzteren die eingebürgerte *Sherardia arvensis*. Unter den *Spermacoceae* sind am artenreichsten *Borreria* mit 56 und *Diodia* mit 22 Arten, unter den *Stellatae Relbunium* mit 22 Arten, die übrigen Gattungen zählen höchstens 10 Arten. Neu sind *Hemidiodia*, begründet auf *Spermacoce ocimifolia* Willd. und die allerdings schon 1886 vom Verf. aufgestellte *Schwendenera*. Der Bearbeitung der *Spermacoceae* geht ein kurzer Excursus morphologicus über diese Gruppe voraus.

Es werden folgende neue **Arten und Varietäten** beschrieben:

Borreria decipiens p. 57; *eryngioides* Cham. et Schl. *β. affinis* p. 48; *hispida* (Spruce ms) nebst *β. glabrescens* p. 62; *latifolia* Schum. (*Spermacoce lat.* Aubl.) *β. sideritis*, *γ. minor*, *δ. scabrida* p. 61; *leiophylla* (*verbenoides* Cham. et Schl. pro parte) p. 66; *monodon* p. 63; *Poaya* DC. *α. genuina*, *β. stenophylla*, *γ. suffruticosa*, *δ. nervosa* p. 59; *pygmaea* (Spruce ms.) p. 58; *Kunkii* p. 42; *tenella* Cham. et Schl. *β. linoides*, *γ. platyphylla*, *δ. crispata*, p. 55, *ε. tenera*, *ζ. pumila*, *η. suaveolens* p. 56, Tab. LXXVI, Fig. 2; *thalictroides* p. 71; *Warmingii* p. 42 nebst *β. minor* p. 43; *Wunschmanni* p. 53.

Diodia Kuntzei p. 15; *polymorpha* Cham. et Schl. *γ. lasiodisca* p. 12, *angulata* p. 13; *sarmentosa* Sw. *β. bisepala* p. 27.

Mitracarpus anthospermoides p. 86; *Eichleri* p. 86; *frigidus* Schum. (*Spermacoce frig.* Willd.) *α. genuinus*, *β. discolor*, *γ. Salzmannianus*, *δ. Humboldtianus* p. 82; *microspermus* (*Nitracarpum scabrellum* Benth. pro parte) p. 83; *parvulus* p. 84.

Psyllocarpus laricioides Mart et Zucc. *γ. longicornu* p. 33.

Relbunium buxifolium p. 119, Tab. XCI, Fig. 1; *diphyllum* p. 117; *hirtum* Schum. (*Galium hirtum* Lam.) subsp. a. *genuinum* forma *minor* p. 108, Tab. XC, Fig. 2, subsp. b. *camporum* p. 108, Tab. XC, Fig. 1, nebst forma *floribunda* p. 109, subsp. c. *reflexum* p. 109; *hypocarpum* Hemsl. *α. Relbun*, *β. incanum*, *γ. alpestre*, *δ. indecorum* p. 113.

Richardsonia astroides p. 95; *pedicellata* p. 97.

Staëlia aurea p. 77; *capitata* p. 72; *catechosperma* p. 74; *restita* p. 78.

E. Koehne.

288. **L. Wittmack** (736) beschreibt *Quesnelia Enderi* Gravis et Wittm. (Bromeliac.) vom Orgelgebirge Brasiliens, die eine „Sammelart" zu sein scheint, sicher aber *Bilbergia Enderi* Rgl. (G. Fl., 1886, p. 97, t. 1217) nicht umfasst.

289. **Begonia Lubbersii** (770) aus Brasilien ist abgebildet (vgl. dazu G. Chr., ser. 3, vol. 3, p. 341 u. 432).

290. **E. L. Sturtevant** (657) beschreibt *Capsicum umbilicatum* Vellozo von Rio Janeiro.

291. **H. N. Ridley** (557) fand um Pernambuco 3 Arten *Eichhornea* wild, nämlich *E. speciosa*, *azurea* und *tricolor*, letztere am häufigsten.

292. **G. S. Jenman** (307) theilt mit, dass in Britisch Guiana von *Eichhornia* 3—4 Arten gemein sind, vor allem *E. speciosa*. Letztere wächst in breiten Canälen, welche die Strassen von Georgetown durchschneiden neben *Victoria*, *Nymphaea*, *Cabombe*, *Pistia*, *Utricularia*, *Ceratopteris*, *Marsilia*, *Azolla*, *Salvinia* u. a., sobald die Canäle längere Zeit nicht gereinigt sind. Besonders häufig ist jene *Eichhornia* aber in tiefen Gewässern, wo ihre Wurzeln den Grund nicht erreichen (z. B. im Canje-River). (Auf deren Lebensweise geht Verf. näher ein.) Die schönste Art jener Gattung in Guiana ist *E. natans*. Dagegen hat Verf. *E. tricolor*, die von Pernambuco bekannt ist, noch nicht in Guiana gesehen.

293. **R. A. Rolfe** (563) giebt eine ausführlichere Beschreibung des bisher unvollständig bekannten *Catasetum fuliginosum* Lindl. aus Britisch Guiana.

294. **W. Sievers** (622). In der Sierra Nevada de Santa Marta finden sich im Allgemeinen dieselben Stufen der Pflanzenwelt übereinander, wie in den Anden, von den Palmenhainen bis zu den Moosen und Flechten, den Andesrosen und Frailejon-Arten. Nur der Süd-, Südost- und Ostabhang zeigen diese nicht deutlich, da hier die typische Tropenvegetation des Tieflandes spärlich ausgebildet ist. Am Nordabhang findet sich zunächst eine Palmenzone, am Südabhang eine Cactusregion. Darauf folgen die Farnwälder, die Cinchonenregion, die Region der Befarien, die der Gramineen und endlich die der Alpenkräuter, der Moose und Flechten auf den kalten Páramos. In der Sierra de Perija ist dieselbe Reihenfolge, doch ist die Palmenregion meist durch die Cactusregion ersetzt und die Region der Alpenkräuter, Moose und Flechten wenig entwickelt. Palmenwälder finden sich am Nordabhang, an der feuchten Küste zwischen der Laguna Grande und Santa Marta; *Cocos* und eine **Tára** walten vor, weiter aufwärts tritt grössere Mannichfaltigkeit ein. Der tropische Tieflandswald bedeckt die gesammte Nordabdachung bis ca. 1200 m Höhe; in den Wäldern von Jiro Casaca im Osten von Santa Marta besteht ein Theil

des Waldes aus *Laurus persea*. Bananen wachsen wild (? Ref.) am Weg von Santa Marta—Minca und am Weg von Dibulla nach dem Inneren. An den Ufern des Rio Naranjo und des Rio Jordan sollen förmliche Wälder süsser Apfelsinen, Reste verlassener Pflanzungen, vorkommen; an der Küste finden sich Mangroven, namentlich auf der sandigen Vorebene von Dibulla bis Rio Hacha. Palmen reichen etwa bis 1000 m; dann folgt der Farnwald, der unbemerkt in den Cinchonenwald übergeht, der etwa bis 2000 m reicht, an der Sierra de Perija bei Colonia Mutis aber bis 2500 m (ähnlich wie der Alguacilwald im Chinchicua-System). Die Region der Befarien ist besonders ausgeprägt an der Curucatá- und Chucucaná-Kette, wo sie etwa von 2800—3100 m herrschen; die Andesrose tritt hier in Baumform auf, sie steht theils einzeln, theils in Gruppen auf der Böschung des Abhangs; in Venezuela dagegen tritt sie nur als Strauch auf. Dasselbe gilt von der Frailejon-Pflanze, einer *Espeletia*, von welcher es viele Arten in Venezuela giebt: diese sind auf den Páramos der Cordillere von Merida stets nur Stauden, während auf der Sierra Nevada de Santa Marta eine Art gar als Baum auftritt in einer Zone von 3900—4600 m, während die gewöhnlichen Frailejon-Arten bis 3000 m hinabreichen. Oberhalb 4600 m wird Pflanzenwuchs spärlich.

Im Gegensatz zur waldreichen Nordseite ist die Südseite waldarm, wegen geringerer Feuchtigkeit, oft sind die Gegensätze scharf durch die Kammlinie getrennt, bisweilen findet sich aber auch eine Zwischenzone. Wo am Nordabhang vor den höheren Ketten noch Ebene liegt, ist diese steril und waldlos, da die Seewinde ihre Feuchtigkeit erst am Gebirge abgeben; auf dem ganzen Südabhang giebt es nur einen grossen Wald, den Alguacil an der Chiuchicuá-Kette bei Pueblo Viejo in der Cinchonen-Region. Auch Palmenwälder treten auf der Südseite nur einmal auf, nämlich zwischen Las Minas und Maria Angola an den aus der Teregungurua-Kette quellenden Flüssen; hier wechseln lichte Wälder der Curua-Palme mit Sabane und bieten durch diesen Constrast ein entzückendes Landschaftsbild dar. Im Allgemeinen hält sich im Süden die Vegetation an die Flüsse.

Ausser Zusammenhang mit den anderen Wäldern stehen die des Westabhangs, der Sierra Nevada und die der Sierra de Perija. Erstere beginnen in der Ebene bei Rio Frio südlich von La Ciénaga und erfüllen das ganze Land zwischen Rio Frio und Rio de la Fundacion mit ungeheurer Fülle. Sie sind frisch, voll, ausgedehnt und üppig, zeichnen sich aber besonders dadurch aus, dass sie in der Trockenzeit sehr trocken sind, während die meisten Wälder stets sehr feucht und sumpfig bleiben. Die Wälder des Westabhangs der Nevada verdanken ihr Dasein der Fülle der Flüsse zwischen 11° und 10° 30′ n. Br., sie sind am üppigsten an denselben, namentlich zwischen Rio Frio und Rio Sevilla, sowie zwischen Rio Catácu und Rio de la Fundacion. Im Süden des letzteren wird das Wasser spärlich und sogleich auch die Ueppigkeit des Hochwaldes beschränkt; halbdichter, trockener Buschwald erfüllt das Land zwischen Rio de la Fundacion und Quebrada Copei. Westlich davon scheinen wieder frischere Wälder vorzukommen. Die Wälder des Westabhangs reichen weit hinauf. Die Wälder der Sierra de Perija beginnen mit 1200—1400 m Höhe, an der Sierra Nigra und dem Cerro Pintado erst mit 1400 m, bei Manaure und der Sierra Montaña von 1100—1200 m. In dieser Höhe sind sie dann auf der ganzen Kette, am dichtesten von 1600—2500 m, meist bis zur höchsten Spitze der Berge hinaufreichend; nur am Cerro Pintado dürfte die Region der Grasebenen und der Frailejon erreicht werden. Im Allgemeinen liegt die Waldgrenze in der Sierra de Perija bei 2600 m, was ungefähr mit der Waldgrenze in der Cordillere von Merida übereinstimmt, während sie in der Nevada niedriger liegt (etwa 2000 m).

Cactus-Districte bedecken vornehmlich das ganze Thal des Rio Cesár und das untere Thal des Raucheria von Barrancas an, ferner die Abhänge der Anden bis 400 m hinauf, dann die Kalksteinketten am linken Ufer des Raucheria, Theile der Vorberge des Gebirges von Treinta am Rio San Francisco und Rio Enea, die grosse Ebene von Rio Hacha bis Barbarcoa, die Randketten der Nevada von 400 m abwärts, und zwar auf der ganzen Linie von Fouseca bis Valencia de Jesus, ferner das Thal des Rio Manzanares bei Santa Marta zwischen dieser Stadt und Bonda, endlich die Hügel zwischen Rio Papáres und Rio Gaira an der Westküste.

Savannen finden sich vor allem im Cesárthale, wo Flüsse in grosser Zahl münden, wie zwischen Agnas Blancas und Diluvio, dann bei Caracoli und Camperucho, ferner besonders am Rio Cesár selbst, auf der Linie der Plagones, in geringerem Maasse bei El Patillal, La Junta, La Peña, nahe San Juan, ferner bei Marocaso, El Barrealito und Caracoli, am Rio Enea und Rio San Francisco, in der Sierra de Perija auf den Terrassen des Steilabfalls bei Manaure in 840 m Höhe, bei der Sierra Montaña in derselben Höhe, bei Espirita Santo, Palmira und El Jobo am Fuss der Cordillere. Morastige Savannen finden sich am Nordabhang der Nevada längs der Küste.

Grasbewachsene, für Viehzucht geeignete Gehänge bieten die meisten Ketten der inneren Nevada von 1000—3000 m Höhe dar und auch auf den Páramos über 3000 m finden sich solche; an den Graten der Schnee-Kette klettern noch Schafheerden; vor allem ausgezeichnet ist das Thal von San Sebastian.

Angebaut werden besonders Zuckerrohr, Mais, *Yucca* (namentlich im Cesárthal und am Nordabhang), *Cocos*, Cacao (seit kurzem), Kaffee (besonders neuerdings in der Sierra Negra mit Erfolg), Coca, *Agave*, Tabak und *Cinchona*.

295. **P. Maury** (405) nennt ausser einigen neuen Arten (vgl. R. 311u) folgende *Cyperaceae* aus Ecuador und Neu-Granada: *Cyperus melanostachyus*, *C. amabilis*, *C. elegans*, *C. prolixus*, *C. compressus*, *C. ferox*, *C. Luzulae*, *C. flavus*, *C. meyeneacus*, *C. esculentus*, *C. distans*, *Kyllingia brevifolia*, *Eleocharis tenuissima*, *E. Chaetaria*, *E. ocreata*, *E. montana*, *E. atropurpurea*, *E. capitata*, *E. nodulosa*, *E. geniculata*, *Dichromena globosa*, *D. nervosa*, *Fimbristylis diphylla*, *F. autumnalis*, *F. glomerata*, *F. monostachya*, *Scirpus cernuus*, *Sc. inundatus*, *Sc. lacustris*, *Fuirena umbellata*, *Hemicarpha subsquarrosa*, *Lipocarpha Sellowiana*, *L. sphacelata*, *Hypolytrum latifolium*, *Rhynchospora globosa*, *Rh. barbata*, *Rh. glauca*, *Rh. aurea*, *Rh. cariciformis*, *Rh. polyphylla*, *Rh. Ruiziana*, *Scleria hirtella*, *Sc. pratensis*, *Sc. reflexa*, *Sc. macrocarpa*, *Uncinia jamaicensis*, *Carex bonariensis*, *C. leptostachya*, *C. Pichinchensis*, *C. Humboldtiana*, *C. acuta*, *C. Jamesoni*, *C. haematorhyncha* und *C. tristicha* (s. vol. spec. off.)

296. **R. A. Rolfe** (573) bespricht *Zygopetalum marginatum* Rchb. f. aus Neu-Granada.

297. **R. A. Rolfe** (511) bespricht die Arten von *Polycycnis*, die er am Schluss in folgender Weise übersichtlich zusammenstellt:

1. *P. vittata* Rchb. f. in Walp. Ann. Bot. Syst., VI, p. 618; *Houlletia vittata* Lindb., Bot. Reg., XXXVIII, Misc., p. 47, t. 69 (Britisch Guiana).
2. *P. barbata* Rchb. f. in Bonplandia, III, p. 218; *Cycnoches barbatum* Lindl. in Jour. Hort. Soc., IV, p. 268; Bot. Mag., t. 4479 (Neu-Granada).
3. *P. muscifera* Rchb. f. in Bonplandia, III, p. 218; *Cycnoches musciferum* Lindl. in Lindl. and Past. Fl. Gard, III, p. 28, fig. 248 (Neu-Granada).
4. *P. lepida* Linden et Rchb. f. in G. Chr., 1869, p. 1038; Illustration Horticole und ser. p. 100, t. 19 (Neu-Granada).
5. *P. gratiosa* Rchb. f. in G. Chr., 1871, p. 1451 (Costa Rica).

298. **M. Rock** (562) findet, dass die grossen Unterschiede, die die Vegetation von Guatemala zeigt, nicht aus der geographischen Ausdehnung des Landes erklärt werden können, sondern ausser auf meteorologischen Einflüssen und auf den Einwirkungen der alten Bewohner hauptsächlich auf der verschiedenen Meereshöhe beruhen. I. Der heisse Küstenstrich (bis zu 3000 Fuss Höhe) umfasst 1. die pacifische, 2. die caribische Küstenebene, 3. die Golfregion. Letztere wird 1. durch das Bassin des Neumacinta, 2. durch die Thäler des Lagertero und Salegná, 3. durch das Thal des Cuilco gebildet. II. Sodann geht ein grosses Bergsystem (bis 10 und 12000 Fuss, häufig 8 und 9000 Fuss hoch) vom Isthmus von Tehuantepec zum Golf von Honduras. III. Das übrig bleibende Zehntel des Landes umfasst die Tafelländer von Ixchignan und Chémal (11 und 11 500 Fuss) mit 1000 Fuss höheren Zügen und 6 Vulcanen (13 und 14 000 Fuss).

Der Rand der Krater des Agna, Tajumulco und Tacaná war öde, abwärts fanden sich trockene Gräser, niedrige Kräuter und verkrüppelte Fichten und Cedern. 500—1000 Fuss tiefer begannen Fichtenwälder und erstreckten sich bis 9000 Fuss Meereshöhe. In ihnen Büsche und Blumen, letztere namentlich an sonnigen Orten und an Wasserfällen.

Verf. betont die bekannte Blumenarmuth der tropischen Wiesen. An Abhängen, auf Flussbänken und auf den von den alten Bewohnern des Landes gelichteten Waldstellen fanden sich Ranunkeln, Veilchen, Geranien, Fuchsien, Begonien, Compositen, Lilien, Heidelbeeren *Abutilon*, Dahlien. Die Wälder beherbergen mit der Höhe wechselnde Arten von Farnen, Orchideen und anderen Epiphyten. Auf der nackten Lava wachsen Moose und Farne. Die den vom Caribenmeere her wehenden Passaten ausgesetzten Höhen tragen in Folge der reichen Feuchtigkeit Baumfarne bis zu 9000 Fuss; diese werden 20–30 Fuss hoch und sind am reichsten in den Nordschluchten des Tacaná entwickelt.

Der eigentliche Wald steht zwischen 11 000 und 8000 Fuss. Die schon erwähnten Fichten sind mindestens 3 Arten, unter denen die wichtigste die in allen Höhen heimische Ocóte ist. Eine baumartige Composite findet sich fast stets genau bei 10 000 Fuss Meereshöhe, die Pinabete bei 9000 Fuss. An der oberen Grenze des gemässigten Gürtels (II. s. o.) beginnt die Ceder (oder Cypresse) Wälder zu bilden. Der charakteristischste Baum ist der „box-tree", dessen botanischer Name Verf. unbekannt blieb.

Zwischen 8 und 9000 Fuss liegt auch die Region der Kartoffel. Ihr gehört auch der Hafer an.

Unterhalb 8000 Fuss herrschen Eichen vor. Sie bestehen Kalk und Schiefer, wie die Fichten Lava und Sandstein. Neben ihnen Hollunder, *Euphorbia, Cactus*, Kirsche, *Liquidambar styraciflua* L.

Zwischen 7 und 3000 Fuss herrschen Culturländereien vor. Die Wälder am Golfabhang des Gebirges sind fast undurchdringlich in Folge reichster Entwicklung von Reben, Lianen, Dornsträuchern, Farnen, Bambusen und Dolchgräsern.

An Fruchtbäumen fand Verf. wild eine Pflaume, eine Kirsche, Zapate und Manzanilla, cultivirt die Agnacate, Apfel und Pfirsich. Ausser letzterem finden sich an allen Indianergehöften Rosen und Geranien. Kaffee wird bis 6000 Fuss angebaut, gedeiht aber am besten zwischen 3 und 4000 Fuss. Weiter sind der Seidewollenbaum (Ceibo), Zuckerrohr, Baumwolle, zahlreiche tropische Früchte zu erwähnen.

Der grössere Theil des heissen Landstrichs (I. s. o.) ist unbewohnt und mit urwüchsigem oder secundärem Wald bedeckt. Verf. verweist auf C. Kingsley's Schilderung und erwähnt Palmen, Mahagoni u. e. a.

Zum Schluss macht Verf. auf den Umstand aufmerksam, dass zahlreiche jetzt mit Wald bestandene Strecken von den früheren Bewohnern Guatemalas in Cultur genommen waren. Andere ehemalige Felder sind die „Sabanas" der nördlichen Provinz Petten.

Matzdorff.

299. **A. Alfaro** (7) zog aus der Biologia Centrali Americana eine Liste der Pflanzen von Costa Rica aus, nach welcher 1218 Arten sicher dort vorkommen, während man von 3386 Arten nach der allgemeinen Verbreitung erwarten sollte, dass sie sich dort finden würden.

300. **Th. Durand** (176) nennt folgende Phanerogame, die bisher aus Costa Rica noch nicht bekannt waren, für dies Land nach Sammlungen von Pittier:

Cardamine ovata Benth., *Lepidium virginicum* L., *Anoda hastata* Cav., *Malvaviscus sepium* Schlecht., *Hypericum decorticans* H. B. K., *Spiraea argentea* Mutis, *Alchemilla orbiculata* R. et P., *A. tripartita* R. et P., *Weinmannia glabra* L. f., *Osmorhiza brevistylis* DC., *Cestrum aurantiacum* Lindl, *Siegesbeckia orientalis* L., *Gnaphalium attenuatum* DC., *Rondeletia* (Rogiera) *cordata* Benth., *Vaccinium floribundum* H. B. K., *Ipomoea coccinea* L., *I. hirta* Mart. et Gal., *Solanum torvum* Sw., *Nicandra physaloides* Gärtn., *Physalis hirsuta* L. var. *barbadensis* Dunal., *Wigandia caracasana* H. et B., *Buchnera americana* L., *Lantana amara* L., *Urtica magellanica* Poir., *Bomarea Caldesiana* Herb., *Didymopanax angustifolium*, *Gilibertia arborea* (*Oreopanax costaricense* und *O. Oerstedtianum* waren schon früher als endemisch bekannt).

301. **H. J. Elwes** (181) macht bei einem Bericht über eine Reise durch Mexico Mittheilungen über Kieferwälder, Kaffeeplantagen, Obstpflanzungen u. a.

302. **P. Maury** (406) unterscheidet in Mexico 217 *Cyperaceae* (darunter 4 später zu beschreibende neue Arten), 103 davon sind dem Lande eigenthümlich. Die Arten ver-

theilen sich auf 14 Gattungen, von denen keine in Mexico eigenthümlich; je eine Art haben *Hemicarpha*, *Lipocarpha*, *Uncinia*, *Eriophorum*, 3 andere Gattungen haben zusammen 14 Arten, so dass also die Hälfte der Gattungen nur $^1/_{13}$ der Arten zählt. 6 Gattungen haben je 12–28 Arten, *Cyperus* dagegen 82 Arten (*Carex* nur 28).

Von allen Arten sind 45 allgemein in den Tropen verbreitet, diese sind gemein mit Süd- und Mittelamerika. Einige Arten finden sich ausserhalb Amerikas an wenigen Orten, so *Fimbristylis spadicea* in Japan, *F. castanea* an der Guineaküste, *Carex cladostachya* auf den Philippinen, *C. Brongniartii* am Cap, *Cyperus ischnos* in Ostindien, *Scleria bracteata* an der Küste von Amboina, *Carex festiva* in Europa, *Cyperus vegetus* naturalisirt bei Bourdeaux: dagegen ist *Carex pygmaeus* der Alten Welt aus Amerika nur von Mexico und Habana bekannt, auch *Scirpus parvulus* Osteuropas findet sich in Mexico.

Unter den ausschliesslich amerikanischen Arten sind nur wenige ($^1/_8$ aller Arten) Mexico und Nordamerika gemein, sie gehören zu *Carex* und *Rhynchospora*, dagegen sind $^2/_3$ aller Arten gemein mit Centralamerika, Westindien und Südamerika, die meisten Arten von *Cyperus*, *Heleocharis*, *Scleria*, *Scirpus*, *Fuirena* und *Fimbristylis*.

Die benachbarten Länder zeigen folgende Verhältnisse:

Südstaaten der Union: 214 Arten, 8 Gattungen, herrschend *Carex* (78 Arten) *Cyperus* (35), *Rhynchospora* (30), *Heleocharis* (25).

Kalifornien: 117 Arten, 14 Gattungen, herrschend *Carex* (78), *Cyperus* (11), *Scirpus* (11), *Heleocharis* (8).

Englische Antillen: 107 Arten, 14 Gattungen, herrschend *Cyperus* (35), *Rhynchospora* (24), *Scirpus* (19), *Scleria* (14).

Cuba: 157 Arten, 14 Gattungen, herrschend *Rhynchospora* (45), *Cyperus* (39), *Scirpus* (incl. *Heleocharis* 34), *Scleria* (20).

In Mexico kann man nach der Vertheilung der Arten unterscheiden, zwischen Flussregion und andiner Region. Die kleinen zarten Arten gehören der unteren Küste oder Waldregion an, ihre Zahl ist wenig beträchtlich. Die grossen Arten von *Cyperus* bewohnen mit grossen Gräsern die Savannen. *Cyperus* und *Scleria* sind für die heisse Region charakteristisch, *Heleocharis*, *Carex* und *Rhynchospora* für die gemässigte Region. Auf dem Plateau, in der trockenen Region leben kleine, starrblättrige Arten. Ziemlich allgemein verbreitet sind *Heleocharis Dombeyana*, *H. acicularis*, *Fimbristylis capillaris*, *F. polymorpha*, *F. autumnalis*, *Rhynchospora polycephala*, *Scleria bracteata*, *Carex straminea*, *C. cladostachya*, *Cyperus seslerioides*, *C. esculentus*, *C. thyrsiflorus*, *C. prolixus*, *C. ischnos*, *C. flavus*.

Ein Vergleich der beiden Küsten und des Innern lässt folgende Gruppen unterscheiden (mit Hauptarten der Verbreitungsgebiete):

1. Atlantische Küste und Plateau: *Heleocharis sulcata* (Vera Cruz und San Luis Potosi), *Fimbristylis monostachya* (Vera Cruz und Mexico), *F. castanea* (Orizaba, Tabasco und Mexico), *Dichromena nervosa* (Vera Cruz und Puebla), *Rhynchospora termis* (Vera Cruz, Mirador, Orizaba und Mexico), *R. polycephala* (Tuxamapa, Mirador, Mexico), *Scleria hirtella* (Vera Cruz, Orizaba, Mexico), *S. Torreyana* (Eb.), *S. mexicana* (Mirador, Puebla), *Carex festiva* (Orizaba, Real del Monte), *C. Brongniartii* (Jalapa, San Luis Potosi), *Cyperus strigosus* (Vera Cruz, Mexico), *C. elegans* (Vera Cruz, Toluca), *C. incompletus* (Vera Cruz, Chihuahua), *C. vegetus* (Cordova, Orizaba, Mexico), *C. surinamensis* (Vera Cruz, Tabasco, Mexico), *C. articulatus* (Orizaba, Guanaxuato).

Beide Küsten: *Dichromena leucocephala* (Orizaba, Vera Cruz und Lagos, Michoacan), *D. pubera* (Vera Cruz und Oaxaca), *Heleocharis fistulosa* (Jalapa und Acapulka), *Scleria bracteata* (Vera Cruz, Mirador und Oaxaca), *S. Liebmannii* (Vera Cruz, Mirador und Oaxaca), *Carex cladostachya* (Orizaba, Jalapa, und Oaxaca), *Cyperus Olfersianus* (Orizaba, Vera Cruz und Oaxaca), *C. polystachyus* (Orizaba, Vera Cruz und Oaxaca), *C. compressus* (Orizaba und Jorullo [Michoacan]), *C. virens* (Orizaba, Vera Cruz, Cordovan, Oaxaca).

3. Plateaux und pacifische Küste: *Cyperus flavicomus* (Oaxaca und Mexico, Guanaxuata), *C. humilis* (Acapulco und Mexico), *C. viscosus* (Tehuantepec und Mexico), *C. fugax* (Guadalajarra und Chinantla [Puebla]).

Am auffallendsten ist die beschränkte Verbreitung vieler Arten.

303. **C. Sprenger** (630) hat aus Samen von *Cissus mexicana* Hort., die er aus Mexico erhalten hatte, mehrere junge Pflänzchen bekommen, von welchen er sich viel für die Zukunft erwartet. Knollige Wurzeln derselben Pflanze wurden nächst Portici, unweit des Strandes, sowie in einem Garten zu Eboli in freie Erde eingesetzt, allein sie gingen in beiden Fällen zu Grunde. — Eine Abbildung führt ein gekeimtes Pflänzchen vor. Solla.

304. **E. L. Greene** (242) zählt 82 Arten der Cedros-Insel, der grössten mexicanischen Küsten-Insel auf, darunter als neue Arten *Spaeralcea fulva* und *Eriogonum molle*. *Isomeris arborea* Nutt. wird als *Cleome Isomeris* Greene bezeichnet.

305. **L. Wittmack** (733). Eine für den Gartenbau neue Pflanze, die mit *Tillandsia phyllostachya* Baker aus Mexico wahrscheinlich identisch ist und in Costarica gesammelt wurde, zeigt ein eigenthümliches starres Abstehen der Rispenzweige, das in vieler Beziehung an Gräser erinnert.

306. **J. B. Hart** (262). *Solanum cornigerum*, dessen Heimath bisher unbekannt war, lebt massenhaft auf der Insel Trinidad nahe der Küste. Es ist aber wahrscheinlich nur eine Varietät von dem in Jamaica sehr verbreiteten *S. mammosum*, das ein Gift gegen amerikanische Kakerlacken liefert (vgl. auch G. Chr., ser. 3, vol. 3, 1888, p. 245 und 493).

307. **Baron Eggers** (179) sammelte in San Domingo ca. 1200 Pflanzenarten. Im Ganzen war die Vegetation nicht sehr üppig. *Cacteae*, welche die Dürre des Klimas charakterisiren, zeigen sich in der Vega in der Nähe von Santiago sehr häufig; die höheren Theile der inneren Gebirge sind mit ausgedehnten Nadelwäldern bedeckt, der Boden ist dort sandig und ziemlich unfruchtbar; die *Coniferae* reichen von 600 Fuss bis zu den höchsten Stellen. Die Sierra Monte Christo, eine Küstenkette, besteht aus tertiärem Kalk und trägt keine *Coniferae*, dagegen Cacteen, Acacien und Agaven ziemlich häufig; Palmen sind selten, etwa 6—7 Arten, so *Oreodoxa*. *Sabal*, *Thrinax* und *Euterpe; Orchideae* sind gering an Zahl, *Cycadeae* fehlen, nur soll eine *Zamia* im Süden in der Nähe von San Domingo vorkommen. Verf. fand eine bisher in Westindien nur von Trinidad bekannte *Clariga*, ferner *Phyllocoryne jamaicensis*, eine *Stanhopea* oder *Laelia* und mehrere Farnbäume. In den Gebirgen finden sich *Tupa*-Arten, 2 *Ericaceae*, 2 *Fuchsia*-Arten, *Ranunculaceae*, *Loranthus* u. a. *Juglans cinerea* reicht bis 1800 Fuss Höhe, *Rudolphia rosea* bis 4000 Fuss. Auf den Stämmen der Nadelhölzer wachsen interessante *Bromeliaceae*. Bei 1000 Fuss Erhebung finden sich eine weissblühende knollentragende *Oxalis*. Krautige *Compositae* finden sich zwischen Gräsern über 7000 Fuss Höhe. Der *Podocarpus* Jamaicas fehlt. Verschiedene *Echites*-Arten wachsen im Flachland, ferner *Bletia*- und *Laeliopsis*-Arten, *Coccoloba macrophylla* u. a. Häufig sind ausgedehnte Savannen. In mehreren Theilen der Insel finden sich *Mahagoni*-Wälder, die benutzt werden.

308. **A. J. Amadeo** (8) theilt die Insel Puertorico in zwei Florengebiete ein, das der Küste und das des Inneren. Am Ufer findet man *Thalassia Testudinum* und *Halophila Baillonii*, der weisse Korallensand trägt *Coccoloba unifera*, *Chrysobalanus Icaco*, *Hippomane Mancinella*, *Colubrina reclinata*, *Borrichia arborescens*, *Guilandina Bonduc*, *Sesuvium portulacastrum*, *Cakile aequalis*, *Scaevola Plumieri*, *Cactus ficus indica*, *Ipomoea asarifolia*, *Passiflora foetida*. Von ihnen kommen einige auch auf den Felsenklippen vor, deren Gehölze ausser einigen *Cactus* vor allem *Melocactus communis*, *Agave americana*, *Jacquinia armillaris*, *Plumieria alba* beherbergen. Uferlagunen lassen *Rhizophora Mangle*, *Anona palustris*, *Conocarpus erecta*, *Typha angustifolia* u. a. gedeihen; näher der Küste wachsen die „Palma real" und *Pterocarpus Draco*. Die Cultur der Küste erstreckt sich vorwiegend auf Zuckerrohr. Culturweiden werden von *Panicum jumentorum* und *P. molle* gebildet, Wildwiesen, namentlich von *Panicum*- und *Andropogon*-Arten. Weiter werden Bananen, Mais, Reis, Bataten, *Cytisus Cajan*, der Cassavestrauch, Bohnen, Yamswurzeln, Melonen, Tabak gebaut. In der Nähe der Wohnungen stehen *Anona muricata*, *A. squamosa*, *Mangifera indica*, *Tamarindus*, *Sapota*, *Achras*, *Carica Papaya*, *Chrysophyllum Cainito*, *Melicocca oliviformis*, *Mammea americana*, *Persea americana*, *Poinciana regia*, *Bignonia stans*, *Adenanthera pavonina*, ein ostindischer *Laurus*. Culturboden trägt *Cassia occidentalis*, *Argemone mexicana*, *Parthenium Hysterophorus*, *Heliotropium indicum*, *Momordica Charantia* erschöpft, sandiges oder thoniges Land *Cordia Gerascanthus*, *Mimosa glauca*,

Triumfetta Lappula, *Solanum nodiflorum*, *Asclepias gigantea*, die oft verwilderten *Ricinus communis* und *Gossypium barbadense*. In trockenen Flussbetten stehen *Melissa sempervirens*, *Conyza odorata*, *Malvaviscus*, *americana*, *Lantana crocea*, *Cassia alata*. — Das an Flüssen, Hügeln und Kaffeeplantagen reiche Innere besitzt Wälder mit *Cedrela odorata*, *Dacryodes hexandra*, *Mimusops*, *Hedwigia balsamifera*, Farnen, Orchideen, Palmen. An den Bächen wachsen *Jambosa vulgaris*, *Bambusa*, *Piper caudatum*, *Bixa orellana*, *Citrus*-Abarten, *Heliconia caribea*. *Hibiscus liliaceus* und *Bromelia Ananas* schützen Felder, die mit Mais, Reis, Kartoffeln und Gräsern bedeckt sind. Die Wiesen beherbergen ausser letztgenannten Blumenpflanzen und ähneln in Folge dessen mehr südeuropäischen als tropischen Fluren. Ausser Kaffee wird Cacao angebaut. Die arme Bevölkerung isst die einheimischen *Caladium aquatile*, *Arum arboreum*, *Zamia intermedia*. — Cocospalmen werden zumeist im Ufergebiet cultivirt, *Echinodorus cordifolius* und *Nymphaea crenata* wachsen auf stehenden Gewässern.

Verf. geht sodann näher auf eine Anzahl Arzneipflanzen ein, auf die Apocynaceen *Plumieria alba*, *Rauwolfia canensis*, *Nerium Oleander*, *Tabernaemontana neriifolia*, *Thevetia neriifolia*, *Allamanda cathartica*, weiter auf *Phyllanthus Nivuri*, *Leonotis nepetaefolia*, *Heliotropium indicum*, *Petiveria alliacea*, *Mammea americana*, *Zanthoxylum caribaeum*, *Boerhavia scandens*, *Cassia alata*, *C. occidentalis*, *Polypodium adiantiforme*, *Heliconia caribaea*, *Cynosurus scoparius*. Matzdorff.

309. Der **Ausschuss** (119) der „British Assoc. f. the Advancement of Science" für die Erforschung der Flora der Bahama-Inseln berichtet, namentlich nach den Sammlungen von Eggers, dass diese Provinz der westindischen Region, die ungefähr 20 Inseln umfasst, den endemischen *Pinus bahamensis*, verwandt *P. Taeda*, weiter *Juniperus bermudiana* (auch auf Jamaica und den Bermudas) besitzt. Die westindischen Dilleniac., Piperac., Guttif., Ternström.; Gesnerac. fehlen, die Myrtac., Laurac., Melanostomac. sind nur schwach vertreten. Es wiegen vor Compos., Leguminos., Rubiac. und Euphorbiac., doch keine ihrer Gattungen mit mehr als 5—6 Arten. 1 Bambus, 3 Palmen. Endemisch sind ausser den genannten *Pinus Mimosa bahamensis*, *Acacia acnifera*, *A. cariophylla*; *Passiflora pectinata*; *Vernonia bahamensis*, *Salmea petrobioides*; *Croton Eluteria*, *C. Cascarilla*, *Argithamnia sericea*; *Bletia purpurea*, 2 oder 3 *Epidendrum*; *Jacaranda bahamensis*; *Phialanthus myrtilloides*, *Stenostomum myrtifolium* u. a., im Ganzen über 20 ausdauernde Pflanzen. Die andern gehören 1. westindischen, 2. weit verbreiteten tropisch amerikanischen Typen an oder sind 3. kosmopolitische Kräuter oder Uferpflanzen, so *Suriana maritima*, *Ximenia americana*, *Ruppia maritima*. Von Nutzpflanzen sind zu nennen *Swietenia Mahagoni*, *Canella alba*, *Guajacum sanctum*, *Lysiloma Sabicu*, die beiden *Croton*, *Sideroxylon mastichodendron*. Matzdorff.

310. **Eggers** (178) berichtet über die Flora von Fortune Island, einer Insel der Bahamas. *Cycadeae* hat er gar nicht beobachtet. *Guajacum sanctum* scheint gemein, desgleichen an der Küste *Ambrosia crithmifolia* und *Passiflora pectinata*. Von Palmen beobachtete Verf. *Sabal umbraculifera* und wahrscheinlich *S. Palmetto*. Ein strauchiger *Phyllanthus* und ein kleinblättriges *Erythroxylon* sind gemein, desgleichen *Croton Ujalmarsonii*. Von *Cassia* und *Acacia* sind mehrere Arten, von *Psychotria* und *Phorodendron* je eine, letztere auf *Byrsonima lucida* beobachtet, ferner *Swietenia Mahagoni*, 2 *Coccoloba*, eine grossblättrige *Euphorbia*, eine *Cordia*, 2 *Tillandsia* u. a. Von Bäumen sind häufig *Hippomane Mancinella* und *Conocarpus erecta*. Cultur findet sich nur auf der Sandbank der Westküste, dort werden gebaut *Sorghum*, süsse Kartoffeln und Cocospalmen. Um die Wohnungen findet man *Poinciana regia*, *Casuarina equisetifolia* und *Terminalia Catappa*.

311. Neue Arten aus dem Gebiet (vgl. auch R. 272, 286):

a. **E. Regel** (501) beschreibt *Begonia Scharffiana* n. sp. (verw. *B. tomentosa* Schott. und *B. rigida* Rgl.) aus Brasilien (Provinz St. Catharina).

b. **N. E. Brown** (109) beschreibt *Catasetum pulchrum* n. sp. aus Brasilien.

c. **H. G. Reichenbach fil.** (520) beschreibt *Catasetum tapiriceps* n. sp. aus Brasilien.

d. **H. G. Reichenbach fil.** (537) beschreibt *Oncidium chrysorhapis* n. sp. von St. Catharina in Brasilien.

e. **Hooker's** (295) Icones plantarum (s. Titel) enthalten folgende neue Arten aus dem cisäquatorialen Südamerika: Taf. 1550. *Swietenia macrophylla* G. King, verw. *S. Mahagoni* L. Im botanischen Garten Calcuttas, aus Samen von Honduras. Taf. 1720. *Bombax Jenmani* Oliv. Essequibofluss in Britisch Guyana. Taf. 1769. *Talisia princeps* Oliv. = *Theophrasta pinnata* Jacq. = *Brownea princeps* und *erecta* Lindl., verw. *Th. megaphylla* Sagot und *stricta* Fr. et Pl. Venezuela. Matzdorff.

f. **G. von Beck** (58) giebt in dem 2. Theil des botanischen Berichtes über die Reisen der coburgischen Prinzen Philipp, August und Ferdinand in den Jahren 1872—1879 (der 1. wurde von Wawra von Fernsee 1883 veröffentlicht) eine Uebersicht über die Ausbeute, die in „Nordamerika, Brasilien, Kalifornien, den Hawaischen Inseln, Neuseeland, Australien, Java, Pulo Penang, Ceylon, Ostindien" gemacht wurde. — Neue Arten und Varietäten (zum Theil noch von Warra bestimmt)[1]) aus Brasilien:

S. 1 *Anemone Sellowii* Pritzel var. *colossea* G. Beck von Itatiaia; S. 11 *Sicydium monospermum* Cogn. var. *stipitata* G. Beck von Cantagallo (Taf. 11 B.); *Begonia populnea* Schott var. *longepetiolata* Wwr. vom Orgelberg; S. 15 *Centratherum muticum* Less. neu für Brasilien, Itatiaia; S. 17 *Lychnophora Itatiaiae* Wwr., verw. *Blanchetii* Schultz Bip., doch von alpinem Ansehen, vom Itatiaia; S. 28 *Baccharis Itatiaiae* Wwr., verw. *B. camporum* DC., vom Itatiaia; S. 30 *Chionolaena innovans* Wwr., verw. *C. Isabellae* Bak., doch von ganz verschiedenem, alpinem Habitus, von Itatiaia; S. 33 *Achyrocline (?) satureioides* DC. var. *lanosa* Wwr. vom Itatiaia; S. 47 *Senecio auritus* Wwr. vom Itatiaia; S. 50, Taf. 1 *Trixis gigas* Wwr., verw. *T. Glaziovii* Bak., vom Itatiaia; S. 56, Taf. 11 A *Plantago Cantagallensis* A. Zahlbr., verw. *P. Guilleminiana* Decaisne, von Cantagallo; S. 57, Taf. 10 A *Hebanthe Philippo-Coburgi* Zahlbr. *(Euhebanthe)* von Juiz de Fora; S. 88 *Heliconia Ferdinando-Coburgii* Szyszyłowicz, verw. *H. Bihai* L. und *brasiliensis* Hook., von Cantagallo (Taf. 5); S. 94, Taf. 14 *Xyris Augusto-Coburgi* Szyszyłowicz, verw. *X. blepharophylla*, vom Itatiaia; *Xyris tortula* Mart. forma *robusta* Szyszyłowicz, ebendaher; S. 97, Taf. 13 *Paepalanthus Beckii* Szyszyłowicz (Gruppe *Lophophyllum*) vom Itatiaia; S. 99 *Rhynchospora macrantha* Szyszył. = *Nemochloa macrantha* Nees = *Pleurostachys macrantha* Knth.

Weiter folgen die Kryptogamen. Matzdorff.

g. **A. Cogniaux** (130) beschreibt neue Cucurbitaceen aus dem brasilianischen Gebiete: (S. 354) *Wilbrandia Glaziovii* mit var. *α. subintegrifolia* und *β. lobata*, beide verw. *W. ebracteata* Cogn., beide vom Meeresufer bei Gavia, Provinz Rio de Janeiro. (S. 358) *Cayaponia (Eucayaponia) Almeideana* Sald. et Cogn., steht zwischen *C. fluminensis* Cogn. und *C. hirsuta* Cogn., Laranjeiras in derselben Provinz. (S. 360) *C. (Euc.) reticulata*, verw. *C. coriacea* Cogn., dieselbe Provinz. (S. 361) *C. (Trianosperma?) Saldanhaei*, verw. *C. trilobata* Cogn., ebendorther. (S. 364) *Fevillea albiflora* Cogn. nov. var. *β. Glaziovii*, anstatt glatter, mit sehr kurzen Haaren besetzter Kelch, ebendorther. Matzdorff.

h. **H. G. Reichenbach fil.** (538) beschreibt *Oncidium robustissimum* n. sp. (Gruppe *Pulvinata*) aus Brasilien.

i. **H. G. Reichenbach fil.** (539) beschreibt *Cycnoches versicolor* n. sp. von Brasilien.

Vgl. ferner Ref. 287: Neue Arten aus der Flora Brasiliensis.

k. **M. T. Masters** (402) beschreibt *Anthurium Chamberlaini* n. sp. aus Venezuela (?).

l. **R. A. Rolfe** (564) beschreibt *Catasetum Garnettianum* n. sp. vom Amazonenstrom.

m. **R. A. Rolfe** (572) beschreibt *Pleurothallis punctulata* n. sp. von Neu-Granada.

n. **C. de Candolle** (118) beschreibt aus den „Plantae Lehmannianae" folgende neue Arten:

p. 286 *Piper savanense:* Columbia (verw. *P. tuberculatum*).
„ 287 *P. Gondotii:* Columbia.
„ 288 *P. daguanum:* Columbia (verw. *P. dasypodi*).
„ 288 *P. tablazosense:* Costa Rica (verw. *P. coccolabense* und *megalophyllum*).
„ 288 *P. nudibracteatum:* Columbia (verw. *P. nobile*).

---

[1]) Vgl. Bot. J., XI, 1883, 2. Abth., p. 162, R. 313. Höck.

p. 289 *Peperomia pinulona:* Guatemala.
„ 289 *P. Lehmanni:* Ecuador.
„ 289 *P. Palmirensis:* Columbia.
„ 289 *P. pavasiana:* Columbia.

o. **W. Schwacke** (611) beschreibt *Tetrastylichium Engleri* n sp. (verw. *T. brasiliense* Engl.) von Rio Nova (Minas Geraes).

p. **E. Regel** (502) beschreibt *Cryptanthus Morenianus* n. sp. (*Disteganthus Moensi* h. Jacob Mackoy et Comp.), die wahrscheinlich aus den Gebirgen Columbiens stammt.

q. **H. G. Reichenbach fil.** (519) beschreibt *Bollea hemixantha* n. sp. (verw. *B. Lalindea*) von Columbia.

r. **E. Regel** (503) beschreibt *Diastema picta* n. sp. aus den Anden von Columbia.

s. **A. Cogniaux** (131) giebt eine Uebersicht über 104 1875 und 1876 von E. André in Neu-Granada und Ecuador gesammelte Melastomaceen. Darunter sind neu: (S. 929) *Ernestia (Euernestia) ovata*, steht zwischen *E. tenella* DC. und *quadriseta* O. Berg, westlicher Abhang der Anden des westlichen Neu-Granada. (S. 934) *Tibouchina (Diotanthera) arthrostemmoides*, ähnelt der Gattung *Arthrostemma*, südliche Cordillere der Anden Neu-Granadas. (S. 936) *T. (Purpurella) Andreana*, Centralcordillere der Anden Neu-Granadas. (S. 937) *Brachyotum (Dicentrae) rotundifolium*, verw. *B. campanulare* Triana, Anden Ecuadors. (S. 938) *B. (Adesmiae) Andreanum*, Centralanden Ecuadors. (S. 943) *Centronia (Brachycentrum) tomentosa*, verw. *C. excelsa* Triana, Rand der Urwälder in den Anden Ecuadors. (S. 945) *Monolena ovata*, verw. *M. primulaeflora* Hook. f., Fuss der östlichen bogotauischen Cordillere. (S. 948) *Miconia (Eumiconia) decipiens*, nahe verw. *M. impetiolaris* Don., am Rio Nembi, südliche Cordillere der Anden Neu-Granadas. (S. 950) *M. (Glossocentrum) chlorocarpa*, verw. *M. sclerophylla* Triana, Anden des südlichen Neu-Granadas. (S. 952) *M. (Amblyarrhena) Andreana*, Neu-Granada. (S. 953) *M. (A.) majalis*, verw. *M. macrantha* Triana und *M. grandiflora* Cogn., bei Popayan in Neu-Granada. (S. 956) *M. (A.) scabra*, verw. *M. asperrima* Triana, sowie (S. 957) *M. A. Radula*, am Chimborasso. (S. 958) *M. (A.) suborbicularis*, verw. *M. scabra* Cogn. und *M. Radula* Cogn., kalte Region der ecuadorischen Anden. (S. 960) *M. (A.) cardiophylla*, verw. *M. Lechleri* Triana, Centralcordillere Neu-Granadas. (S. 962) *M. (Cremanium) nodosa*, verw. *M. tinifolia* Naud., südliche Cordillere Neu-Granadas. (S. 964) *M. (Chaenopleura) corymbiformis*, verw. *M. quadrangularis* Naud. und *M. Sintenisii* Cogn., Neu-Granada. (S. 969) *Blakea (Eublakea) Andreana*, verw. *B. quadrangularis* Triana, Thal des Cauca in Neu-Granada. (S. 972) *Topobea Andreana*, verw. *T. scrabula* Triana, Südcordillere der Anden Neu-Granadas. — Ferner sind *Tibouchina cerastifolia* Cogn. für Ecuador und *Monochaetum lineatum* Naud. für Neu-Granada neue Arten. Matzdorff.

t. **R. A. Rolfe** (569) beschreibt *Masdevallia punctata* n. sp. (verw. *M. swertiaefolia* Rchb. f.), die aus den tropischen Anden (wahrscheinlich von Neu-Granada) stammt.

u. **P. Maury** (405) beschreibt folgende neue *Cyperaceae:*

p. 392 *Cyperus flexibilis:* Neu-Granada.
„ 395 *C. Andreanus:* Ecuador.
„ 396 *Dichromena fasciata:* Neu-Granada.
„ 422 *Rhynchospora panicifolia:* Neu-Granada.
„ 423 *Carex bonariensis* var. *telimensis:* Neu-Granada.

v. **H. N. Ridley** (558) beschreibt *Ponthieva grandiflora* n. sp., eine epiphytische Orchidee, welche auf Bäumen der westlichen Anden Ecuadors in 2600—2700 m Höhe lebt.

w. **A. Cogniaux** (132) zählt aus Neu-Granada und Ecuador 103 Arten *Melastomaceae* auf, darunter werden als neue Arten beschrieben:

Bucquetia glutinosa DC. *β. rosea.*
Ernestia ovata.
Tibouchina arthrostemnoides.
T. Andreana.
Brachyotum rotundifolium.
B. Andreanum.

Centronia tomentosa.
Monolena ovata.
Miconia decipiens.
M. chlorocarpa.
M. Andreana.
M. majalis.
M. scabra.
M. Radula.
M. suborbicularis.
M. cardiophylla.
M. nodosa.
M. corymbiformis.
Blakea Andreana.
Topobea Andreana.

x. **H. N. Ridley** (559) beschreibt:

p. 325 *Microstylis caracasana* Klotsch ined.: Columbia.
„ 330 *M. andicola* Ridl.: Ecuador, Pichincha, 11 000′.
„ 330 *M. Moritzii:* Venezuela (Tovar, subalpine Region).

y. **H. G. Reichenbach fil.** (545) beschreibt *Roderiguezia Bungerothii* n. sp. aus Venezuela, sowie *Odontoglossum Boddaerteanum* n. sp. von ebenda.

z. **H. N. Ridley** (546) beschreibt von *Microstylis*

p. 321 *M. gracilis* n. sp.: Guatemala (Amazola und Timula 1700′).

A. **J. D. Smith** (625) beschreibt folgende neue Arten aus Guatemala:

p. 26 *Chrysochlamys Guatemaltecana (§ Tovomitopsis)*: Wälder von Pansamala, Depart. Alta Verapaz, 3800′.
„ 26 *Harpolyce rupicola* (verw. *H. arborescens* Gray): Bergklippen bei Santa Rosa, Depart. Baja Verapaz, 5000′.
„ 27 *Bauhinia Rubeleruziana (§ Casparia* DC.): Ufer des Rio Rubeleruz, Depart. Alta Verapaz, 2500′.
„ 27 *B. Pansamalana (§ Casparia):* Ufer, Pansamala und Sacolol, 3700—3800′.
„ 28 *Anneslia Quetzal (Calliandra* sect. *Racemosae* Benth.): Santa Rosa, Dep. Baja Verapaz, 5000′.
„ 28 *Triolena paleolata:* Felsen in den Pansamala-Wäldern, 3800.
„ 29 *Myriocarpa heterostachya* (*M. heterospicata* Bot. G., XII, 133): Pansamala-Wälder, 4000′.
„ 74 *Mimosa sesquijugata* (Ser. *Sensitivae* Bth. — verw. *M. glaucescens* Bth. aus Brasilien): Felsritzen bei Santa Rosa, 5000′.
„ 74 *Melampodium brachyglossum:* Coban, Depart. Alta Verapaz, 4300′.
„ 74 *Ardisia Tuerckheimii:* Wälder von Pansamala, 3800′.
„ 75 *Cobaea triflora:* Ufer des Rio Cajabon bei Coban, 4300′.
„ 75 *Beloperone Pansamalana (§ Beloperonides):* Pansamala-Wälder, 3800′.
„ 75 *Thyrsacanthus geminatus* (verw. *T. callistachyus* Nees): Ebenda.
„ 76 *Scutellaria lutea* (§ *Stachymacris* Bth.): Wald bei Santa Rosa, 5000′.
„ 76 *Dorstenia Choconiana* Wats. var. *integrifolia:* Pansamala-Wald, 3800′.
„ 188 *Gonzalea thyrsoidea:* Pansamala, 3800′.
„ 188 *Mikania pyramidata:* Wälder bei Coban, 4300′.
„ 188 *Zexmenia Guatemalensis:* Coban, 4300′.
„ 189 *Encelia pleiocephala:* Coban, 4300′, Felsen.
„ 189 *Gonolobus velutinus* Schlecht. var. *calycinus:* Pansamala, 4000′.
„ 189 *Lamourouxia integerrima* (§ *Hemispadon* Bth.) (verw. *L. lanceolata* Bth.): Pansamala, 4000′.
„ 190 *Pitcairnia Tuerckheimii* (§ *Eupitcairnia* Baker): Santa Rosa, 3000′.
„ 190 *Zanthoxylon Costaricense* aus Costa Rica wird daran angeschlossen.

p. 299 *Hanburia parviflora.* Pansamala, 3800′.
„ 299 *Calea trichotoma* (verw. *C. glomerata* Klatt in Engl. J., VIII, 45): Coban, 4300′.

B. **Ph. Durand** (176) fand in den Sammlungen Pittier's aus Costa Rica von *Melastomaceae* ausser der schon von Polakowsky gefundenen *Arthrostemma campanulare* Tr. und der von Lehmann in Guatemala gefundenen *Miconia atro-sanguinea* Cogn. 2 neue Arten, die er beschreibt als:

p. 176 *Conostegia Pittierii* Cogn.: Alto del Roble, 1800 - 2000 m (verw. *C. Poeppigi* Cogn.).
„ 176 *Heterotrichium globuliflorum* Cogn.: Alto del Roble, 2000 m.

(Auch *Miconia aeruginosa* Naud., *M. glabrescens* Schlcht., *M. globuliflorum* Cham. und *Pterolepis pumila* Cogn. sind beobachtet.)

C. **R. A. Rolfe** (568) beschreibt *Masdevallia platystachya* n. sp. von Costa Rica.

D. **J. G. Baker** (27) beschreibt *Agave (Euagave) Baxteri* n. sp., die wahrscheinlich aus Mexico stammt.

E. **H. G. Reichenbach fil.** (532) beschreibt *Lycaste macropogon* n. sp. (verw. *L. macrobulbum*) aus Costa Rica.

F. **H. G. Reichenbach fil.** (512) beschreibt Flora:

p. 151 *Microstylis labrosa* (verw. *M. spicata* Lindl.): Cuba.
„ 152. *M. Mandonii:* Bolivia (Larecaja). (Früher fälschlich vom Verf. für *M. fastigiata* gehalten.)
„ 152 *M. Jaresiae:* Mexico (Oaxaca 5000′).
„ 152 *M. brachyrrhynchos* (ähnl. *M. fastigiata* Rchb. f.): Thal von Mexico und Oaxaca.
„ 153 *M. linguella:* Mexico.
„ 153 *M. maior:* Antillen.
„ 153 *Pleurothallis (Aggregatae) scoparia:* Ecuador.
„ 153 *P. Wendlandiana* (verw. *P. chloroleuca* Lindl.): Neu-Granada.
„ 124 *P. rhomboglossa* (verw. *P. chloroleuca* Lindl.): Neu-Granada.

G. **P. Hennings** (273) beschreibt *Anhalonium Lewinii* n. sp. (verw. *A. Williamsii* Lew.) aus Mexico, welche ein starkes Gift enthält.

H. **E. Regel** (504) beschreibt *Pleurothallis platystachys* n. sp. aus Brasilien.

J. **E. L. Greene** (245) beschreibt folgende neue Arten aus Mexico:

Muilla coronata, Allium peninsulare, A. dichlamydeum, A. crispum, Thalictrum platycarpum, T. Fendleri var. *platycarpum* Trelease), *Papaver Lemmoni, P. heterophyllum* (*Mecanopsis heterophylla* Benth.), *Eschscholtzia modesta, E. tenuisecta, E. leptandra, Potentilla saxosa, Lupinus capitatus, L. polycarpus, Trifolium quercetorum, Syrmotium nudatum, Astragalus circumdatus, Senecio astephanus, Erigeron viscidulus, Troximon Marshallii, Phacelia rugulosa* Lemmon, *P. leucantha* Lemm., *Russelia retrorsa.*

K. **E. L. Greene** (240) beschreibt von der Sierra Madre in Mexico folgende neue Arten:

Dalea cyanea, Astragalus Daleae, Sedum divergens [später verändert in *S. Forreri*], *Hypericum parvulum, Ranunculus Forreri, Valeriana rhomboidea, Achaetogeron Forreri, Gentiana superba, Lithospermum tubuliflorum, Verbena subuligera, Helecoma jucunda, Salvia Forreri, Stachys venulosa, Cedronella coccinea, Zebrina (?) pumila* und *Calochortus venustulus.*

Salvia aliena wird charakterisirt nach Exemplaren von der Maria Madre-Insel.

L. **H. N. Ridley** (559) beschreibt:

p. 320 *Microstylis arachnifera* n. sp.: Mexico (Sierra Madre).
„ 327 *M. longisepala* n. sp.: Mexico (Parada bei Oaxaca).
„ 331 *M. calycina* = *Dienia calycina* Lindl.: Thal von Mexico, Peru und Guatemala.

M. **A. Cogniaux** (130) beschreibt aus dem mexikanischen Gebiet die neue Curcurbitacee (p. 352) *Apodanthera crispa*, steht zwischen *A. undulata* A. Gray und *A. Buracari* Cogn., Nähe von San Luis Potosí. Matzdorff.

N. **H. Schenck** (597) beschreibt *Utricularia Schimperi* n. sp. (verw. *U. montana*) aus Westindien.

O. C. **Mez** (415) revidirte die *Lauraceae* des Döll'schen Herbars, was ihn zu verschiedenen Bermerkungen veranlasste. Als neue Subspec. wird aufgestellt:

p. 421 *Nectandra sanguinea* Rottb. spec. collat.: subspec. *N. Martinicensis* von Martinique.

P. H. N. **Ridley** (559) beschreibt:

p. 322 *Microstylis rotundata* n. sp : Guadeloupe?

„ 323 *M. Massonii* n. sp.: St. Christoph, Dominica.

Q. H. **Wendland** (725). *Pseudophoenix Sargenti* n. sp. gen. nov. Palmarum aus Florida (Elliot's Key) mit Abbildung.

Neoboreales Florenreich.

(Kalifornien, Montana-Gebiet, Texanisches Gebiet, Virginisches Gebiet [einschliesslich Bermudas-Inseln].)

(R. 312—398.)

Vgl. auch R. 2, 14, 43, 47, 57, 60, 99 *(Rhododendron)*, 169 *(Vitis)*, 227, 246, 268, 272, 301—304 (Mexico), 311 K. ff. (desgl.), 402—407 (Nördl. Nordamerika). — Vgl. ferner No. 49* u. 50* (Onondaga-Namen), No. 51* (*Erythraea Centaurium* aus New York), No. 83* (Texas), No. 89* (Fl. im mittleren Illinois), No. 92* (Fichten von Staten Island), No. 99* (*Juncus balticus* neu für Staten Island), No. 100* (*Artemisia Stelleriana* von New York), No. 101* *(Echinocystis)*, No. 102* (*Nelumbo speciosa* in New Jersey), No. 104* (*Trifolium incarnatum* u. *hybridum* von Staten Island), No. 110* (*Polemonium coeruleum* von den Catskill Mountains), No. 134* (Weinbau in Kalifornien), No. 147* (Fl. v. Florida Key), No. 151* (Waldbäume d. pacif. Nordam.), No. 156* (Fl. v. Miquelon, vgl. Bot. J., XV, 1887, 2. Abth. p. 237, R. 535), No 217* *(Hydrophyllum canadense)*, No. 246* (Kaliforn. Wälder im Herbst), No. 247* (Pfl. in einem Umkreis von 100 [engl.] Meilen um New York), No. 253* (Pfl. aus der Nähe von Utica), No. 289* u. 290* (Pfl. v. Staten Island), No. 325* (Waldbäume von Kansas), No. 367* (*Orchideae* der Union), No. 370* (*Obolaria Virginica* aus New Jersey), No. 372* (Veilchen v. Britisch Columbien), No. 373* (Weiden v. ebenda), No. 377* (Zur Flora d. südl. Union), No. 378* (Studium der Localfloren), No. 379* (Douglas-Tanne), No. 384* (Wälder von Vancouver Island), No. 386* (Einführung nordam. Pfl. in Algier), No. 418* (Wälder der südl. Union), No. 437* *(Washingtonia robusta)*, No. 453 (*Prunus serotina* in New Jersey), No. 454* (*Helonias bullata* ebenda), No. 455* (*Draba Caroliniana* von Südamboy), No. 458* (Nördlichstes Vorkommniss von *Agave Shawii*), No. 463* (Verzeichniss nordam. Pflanzen), No. 464 (Einfluss der veränderlichen Regenverhältnisse auf die Vegetation von Nordwestmexico), No. 473* (Verzeichniss der Flora von Vermont), No. 482* (*Dirca palustris* u. *Tephrosia Virginiana* am See Mahopac), No. 483* (*Sagittaria subulata* in den Hochlandsfällen), No. 493* (Waldvegetation von Nordmexico), No. 496* (Wälder der Union), No. 551* (Charakterpfl. der Burzard-Bai), No. 555* (*Pentstemon pubescens* v. Mt. Vernon), No. 587* (Waldflora des Rocky Mountain-Gebiets), No 594* (Das gemeine *Dandelion*), No. 606* (*Echinocystis echinata* vom oberen Delaware), No. 607* (*Aster subulatus* von Hoboken), No. 608* (*Symphoricarpus racemosus* vom Niagara), No. 609* (*Hypericum Ascyron* vom Sullivan County in New York), No. 638* (*Physostega Virginiana* 12 [engl.] Meilen vom Connecticut [selten soweit östlich]), No. 639* (*Geum vernum* bei Brooklyn), No. 640* (*Orchis spectabilis*, *Anemone dichotoma* u. *Rhamnus catharticus* aus New York), No. 645* (*Lithospermum arvense* von Missouri), No. 650* (*Saxifraga Virginiensis* von New York), No. 705* (*Cypripedium* von dem Felsengeb.), No. 775* *(Carpenteria Californica)*, No. 776* (Cherokee-Rose), No. 783* *(Cypripedium Californicum)*, No. 793* u. 832* (Flora Ottawensis), No. 800* *(Fremontia Californica)*, No. 817* *(Lilium Canadense)*, No. 830* (Obsterne in Kalifornien).

312. J. M. **Coulter** und J. N. **Rose** (138) geben eine vollständige Uebersicht der nordamerikanischen *Umbelliferae* mit Beschreibungen, Synonymik, Verbreitung und Abbildung der Früchte, auf welchen ihr System hauptsächlich basirt. Da schon bei Besprechung von vorläufigen Arbeiten über die *Umbelliferae* der Ost- und Westseite (vgl. Bot.

J., XV, 1887, 2. Abth., p. 230, R. 501) die Verbreitung der meisten Arten angegeben wurde, sei hier nur auf die neuen oder neu benannten Arten (vgl. R. 398C.) eingegangen, im Uebrigen aber für das Wesentliche der Verbreitung der einzelnen Gattungen auf folgende Tabelle verwiesen. (Die mit * versehenen Gattungen sind endemisch.)

	I. Zahl der Arten in N.-Amerika	II. Eingeführt	III. Nur im Osten	IV. Nur im Westen	V. Sowohl im Osten als Westen	VI. Auf der ganzen Erde
Aegopodium . . .	1	1	—	—	—	1
Aethusa	1	1	—	—	—	1
*Aletes**	1	—	—	1	—	1
*Ammoselinum** . .	2	—	—	2	—	2
Angelica	16	—	4	12	—	30
Anthriscus . . .	1	1	—	—	—	10
Apiastrum . . .	2	—	—	1	1	2
Apium	4	3	—	—	1	12
Berula	1	—	—	—	1	2
Bifora	1	—	—	—	1	3
Bowlesia	1	—	—	1	—	12
Bupleurum . . .	2	1	—	1	—	90
Carum	5	1	—	4	—	50
Caucalis	3	2	—	1	—	18
Chaerophyllum . .	1	—	1	—	—	30
Cicuta	3	—	1	1	1	30
Coelopleurum . .	2	—	—	1	1	2
*Coloptera** . . .	3	—	—	3	—	3
Conioselinum . .	1	—	1	—	—	2
Conium	1	1	—	—	—	2
Coriandrum . . .	1	1	—	—	—	2
Crantzia	1	—	—	—	1	1
Cryptotaenia . . .	1	—	1	—	—	1
*Cymopterus** . . .	13	—	—	13	—	13
*Cinosciadium** . .	2	—	2	—	—	2
Daucus	2	1	—	—	1	50
Discopleura . . .	2	—	1	1	—	2
*Erigenia**	1	—	1	—	—	1
Eryngium	22	—	10	9	3	150
*Eulophus** . . .	5	—	1	4	—	5
*Eurytaenia** . . .	1	—	—	1	—	1
Foeniculum . . .	1	1	—	—	—	3
*Harbouria** . . .	1	—	—	1	—	1
Heracleum . . .	1	—	—	—	1	70
Hydrocotyle . . .	7	—	4	1	2	70
*Leptocaulis** . . .	2	—	1	—	1	2
*Leptotaenia** . . .	7	—	—	7	—	7
Ligusticum . . .	9	—	2	7	—	20
*Maseniopsis** . .	1	—	—	1	—	1
*Masenium** . . .	3	—	—	3	—	3
Oenanthe	1	—	—	1	—	35
*Oreoxis**	1	—	—	1	—	1
*Orogenia**	2	—	—	2	—	2
Osmorhiza . . .	6	—	2	4	—	6

	I. Zahl der Arten in N.-Amerika	II. Eingeführt	III. Nur im Osten	IV. Nur im Westen	V. Sowohl im Osten als Westen	VI. Auf der ganzen Erde
Pastinaca	1	1	—	—	—	10
Peucedanum . . .	43	—	—	43	—	100
Phellopterus . . .	1	—	—	1	—	1
Pimpinella . . .	3	1	1	1	—	65
*Podistera** . . .	1	—	—	1	—	1
*Polytaenia** . . .	1	—	—	—	1	1
*Pseudocymopterus**	3	—	—	3	—	3
Sanicula	10	—	1	9	—	13
Selinum	7	—	—	7	—	30
Sium	2	-	1	—	1	3
*Thaspium** . . .	3	—	2	—	1	3
Tiedemannia . . .	4	—	3	1	—	4
*Trepocarpus** . .	1	—	—	—	1	1
Velaea	6	—	—	6	—	7
*Zizia**	2	—	2	—	—	2

313. **J. M. Coulter** und **J. N. Rose** (139) machen folgende für die Pflanzengeographie beachtenswerthe Bemerkungen über Umbelliferen des pacifischen Nordamerika: *Podoscladium Bolanderi* Gray ist vielfach mit *Carum Gardneri* und *C. Oreganum* verwechselt worden, daher viel weiter verbreitet als man annahm, nämlich durch grosse Theile von Kalifornien und Oregon, ähnlich ist auch *Podoscladium Californicum* weiter verbreitet als man annahm. — *Musenium* scheint vom britischen Nordamerika längs den Rocky Mountains südwärts verbreitet. — *Peucedanum Geyeri* ist oft mit anderen Gattungsgenossen von Sammlern verwechselt, *P. nudicaule* findet sich auch in Montana, Dakota und dem Nationalpark. — *Angelica arguta* findet sich ausser auf der Vancouver-Insel auch im Washington Territorium und im Oregon. — *Sanicula hirta* ist oft in Herbarien mit *S. bipinnatifolia* verwechselt. — *Phellopterus littoralis* ist ausser in Oregon auch auf der Vancouver-Insel gefunden. — *Pimpinella apiodora* scheint weit verbreitet, aber selten gesammelt zu sein. — *Eryngium petiolatum* Hook. ist eine Sammelart. — *Coelopleurum Gmelini* Led. ist mit *Selinum Grayi* verwechselt, sie findet sich an der atlantischen Küste von der Massachusetts-Bai bis Labrador, an der pacifischen, südwärts bis zur Vancouver-Insel, Alaska und wahrscheinlich auch im Washington Territorium und Oregon. — *Ligusticum apiifolium* reicht von Oregon in Kalifornien hinein. — *L. scopulorum* scheint nicht jenseits des Felsengebirges vorzukommen.

314. **C. Syme** (659) bespricht die sehr geringen Unterschiede von *Abies subalpina* und *A. bifolia* aus Nordamerika. Auch *Picea pungens* und *P. sitchensis* sind durch Uebergänge verbunden.

315. **E. L. Greene** (237) führt alle in Gray's Synoptical Flora beschriebenen *Krynitzkia*-Arten zu der 9 Jahre älteren Gattung *Cryptanthe* über und beschreibt 7 neue Arten der Gattung, so dass die Artenzahl mit Einschluss von 6 chilenischen Arten jetzt sich auf 46 beläuft.

316. **W. Trelease** (675) zählt folgende *Rhamnaceae* aus Nordamerika auf:

Condalia obovata Hook.: Texas bis Mexico.

C. spathulata Gray: Südkalifornien, Arizona und Texas bis Mexico.

C. mexicana Schl.: Südarizona, Mexico.

C. ferrea Griseb. (= *Scutia ferrea* Brongn. = *Rhamnus ferreus* Vahl): Südflorida und Florida Keys bis Westindien.

Zizyphus obtusifolia Gray (= *Rhamnus? obtusifolius* Hook. = *Paliurus Texensis* Scheele): Texas bis Mexico.
Z. lycioides Gray: Neu-Mexico bis Mexico.
Z. lycioides var. *canescens* Gray: Arizona bis Südkalifornien und Niederkalifornien.
Z. Parryi Torr.: Südkalifornien.
Microrhamnus ericoides Gray: Neu-Mexico bis Texas und Mexico.
Berchemia volubilis DC. (= *Rhamnus volubilis* L. f. = *R. scandens* Hill.): Virginien bis Florida und Texas.
Karwinskia Humboldtiana Zucc.: Mexico und Niederkalifornien bis Texas und Neu-Mexico.
Reynosia latifolia Griseb. (= *Rhamnidium revolutum* Chapm.): Südflorida und Florida Keys bis Westindien.
Rhamnus crocea Nutt.: Kalifornien und Arizona.
R. crocea var. *pilosa* Trel.: Berge des San Diego County.
R. cathartica L.: Heckenpflanze; im Osten bisweilen verwildernd.
R. lanceolata Pursh.: Pennsylvanien bis Missouri, südwärts bis Alabama und Texas.
R. alnifolia L'Hér.: Kalte Sümpfe von Neu-Braunschweig bis Saskatchewan, Montana und Oregon, südwärts bis Pennsylvanien, Illinois und Kalifornien.
R. Caroliniana Walt.: New York bis Florida, westwärts bis Kansas und Texas.
R. Purshiana DC.: Britisch Columbia und südwärts in den Gebirgen bis Kalifornien, Montana und Texas.
R. Californica Esch.: Kalifornien und Nevada bis Südcolorado und Mexico.
R. Californica var. *tomentella* Brew. et Wats. (= *R. tomentellus* Benth.): Südkalifornien Arizona und Neu-Mexico.
R. Californica var. *rubra* (= *R. rubra* Greene): Ostabhang der Sierra Nevada in Kalifornien.
Sageretia Michauxii Brongn. (= *Rhamnus minutiflorus* Michx.): Längs der Küste von Nordcarolina bis Florida und Alabama.
S. Wrightii Wats.: Neu-Mexico bis Texas.
Ceanothus vgl. Ref. 317.
Colubrina Texensis Gray (= *Rhamnus? Texensis* Torr. Gr. = *Condalia obovata* Gray): Texas und Mexico.
C. reclinata Brongn. (= *Ceanothus reclinatus* L'Hér. = *Rhamnus ellipticus* Ait. = *Zizyphus Domingensis* Nouv. Duhamel): Südflorida, besonders Umbrella Key, bis Westindien.
C. ferruginosa Brongn. (= *Rhamnus Columbrinus* L.): Südflorida und Florida Keys bis Westindien.
Adolphia infesta Meisn. (= *Ceanothus infestus* H. B. K. = *Colletia? multiflora* DC. = *C. disperma* DC.: Arizona und Neu-Mexico bis Mexico.
A. Californica Wats.: Südkalifornien.
Gouania Domingensis L.: Südflorida und Keys, Westindien bis Brasilien.

317. W. Trelease (677) unterscheidet folgende Arten von *Ceanothus*:

C. sanguineus Pursh: Britisch Columbia bis Idaho und Kalifornien.
C. microphyllus Michx.: Georgia bis Florida.
C. serpyllifolius Nutt.: Florida.
C. Americanus L.: Ontario bis Manitoba, südwärts bis Florida und Texas.
C. ovatus Desf.: Canada und Seengebiet bis Texas (var. *pubescens*: Felsengebirge).
C. thyrsiflorus Esch.: Gebirge des westlichen Kaliforniens.
C. spinosus Nutt.: Mittel- und Südkalifornien.
C. Palmeri Trel.: Gebirge von Südkalifornien.
C. Parryi Trel.: Nur bekannt als cultivirt bei Calistoga in Kalifornien.
C. integerrimus Hook. Arn.: Kalifornien bis Arizona.
C. parvifolius Trel.: Kalifornien bis Oregon.
C. arboreus Greene: Inseln der kalifornischen Küste (= *C. sorediatus* Lyon.).
C. velutinus Dougl.: Britisch Amerika bis Kalifornien, Colorado und Nebraska, hauptsächlich in den Bergen.
C. incanus Torr. Gr.: Kalifornien.

C. eglandulosus Trel.: Gebirge von Kalifornien und Niederkalifornien.
C. divaricatus Nutt.: Kalifornien und Niederkalifornien.
C. cordulatus Kellog.: Gebirge von Kalifornien.
C. Fendleri Gray: Gebirge von Colorado, Neu-Mexico und Arizona.
C. sorediatus Hook. Arn.: Küstenkette von Südkalifornien, sich bis Niederkalifornien erstreckend.
C. hirsutus Nutt. (= *C. diversifolius* Kellogg.): Gebirge von Südwestkalifornien (var. ? *glaber Watson:* O. Humboldt Berge, Arizona).
C. decumbens Wats.: Berge von Centralkalifornien.
C. dentatus Torr. Gr. (dazu als Culturvarietät: *C. floribundus* Hook., sowie als spontane Varietät *C. Lobbianus* Hook.): Küstenkette von Südkalifornien.
C. impressus Trel.: Santa Barbara County, Kalifornien.
C. papillosus Torr. Gr.: Berge von Westkalifornien.
C. Veatchianus Torr. Gr.: (Nur aus Culturen von kalifornischen Samen bekannt.)
C. prostratus Bth.: Washington Territorium bis Kalifornien und Nevada.
C. cuneatus Nutt.: Oregon bis Niederkalifornien.
C. Greggii Gray: Utah, Arizono und Neu-Mexico bis Mexico.
C. crassifolius Torr.: Küstenkette von Südkalifornien, Niederkalifornien und kalifornische Inseln.
C. rigidus Nutt. (dazu var. *grandifolius* Torr. = *C. crassifolius* var. *glabratus* Gray): Küstenregion von Kalifornien.
C. verrucosus Nutt.: Südkalifornien und Niederkalifornien (= *C. cuneatus* Wats. etc.).
C. macrocarpus Nutt. (= *C. cuneatus* Wats. etc): Küstenkette von Mittel- und Südkalifornien.

318. **Ch. H. Peck** (471) bespricht folgende Phanerogamen Nordamerikas: *Nymphaea odorata, Rubus villosus* var. *humifusus, Vaccinium Canadense, Scirpus polyphyllus, S. Torreyi.*

319. **C. E. Bessey** (69) giebt ferner nordamerikanische Standorte des Eisenholzbaumes *Ostrya virginica* an: Schwarze Hügel in Dakota, Nordnebraska am Niobrarafluss, am Missouri. Matzdorff.

320. **Kienitz** (330) giebt an der Hand des Sargent'schen Werkes (s. Bot. J., 1884, II, p. 84, No. 721) und anderer Literatur einen Bericht über die forstlichen Bestrebungen in Nordamerika. Der Waldgeographie nach zerfällt dasselbe in ein atlantisches und ein pacifisches Gebiet. Das erstere umfasst: 1. die nördlichen Wälder mit Weiss- und Schwarzfichte, Pappeln, Zwergbirken, Weiden; 2. den nördlichen Kieferngürtel mit der Weymouthskiefer, die Grenze zahlreicher Laubhölzer, so der Buche, Eichen u. a.; 3. den südlichen Küsten-Kieferngürtel mit *Pinus palustris* Müll., *Taxodium distichum* Rich.; 4. den Laubwald des Mississippibeckens und der atlantischen Ebene mit Eichen, Hickory, Walnüssen, Magnolien, Eschen; 5. den subtropischen Wald von Florida mit westindischen Bäumen; 6. den mexicanischen Wald von Südtexas mit *Prosopis juliflora* DC. Das pacifische Gebiet enthält: 1. den nördlichen Wald mit der Weissfichte; 2. den Küstenwald, der im Norden *Chamaecyparis Nutkaensis* Spach., *Picea Sitchensis* Carr., *Tsuga Mertensiana* Carr. trägt, am dichtesten zwischen dem Cascadengebirge und der Küste (*Pseudotsuga Douglasii* Carr., *Picea Sitchensis, Tsuga Mertensiana, Thuja Menziesii* Dougl.) und den Rothholzbeständen (*Sequoia sempervirens* Endl.) Kaliforniens ist, nur an den Strömen Ahorn, Pappeln, Eschen, Erlen, sonst nur Nadelhölzer zeigt, *Pinus monticola* Dougl. mehr im Innern als nahe der Küste aufweist. *Chamaecyparis Nutkaensis,* Eschen, Ahorn, Eichen, *Arbutus* geben östlich nicht über die Cascaden hinaus. Südlich vom 43.° nördl. Br. treten südlichere Formen auf: *Pinus Lambertiana* Dougl., *Umbellularia californica* Nutt., *Chamaecyparis Lawsoniana* Parl., dann Rothholz (siehe oben). Charakteristisch für die westlichen Abhänge der Sierra Nevada sind *Pinus Lambertiana, ponderosa* Dougl., *Libocedrus decurrens* Torr., *Wellingtonia gigantea* Lindl., in den Thälern stehen Eichen; 3. den inneren Wald, des im nördlichen und mittleren Theil arm an Arten und kümmerlich von Laubhölzern nur *Cercocarpus ledifolius* Nutt. und *Populus tremuloides* Michx., sonst *Pinus Jeffreyi* Murr., im südlichen

Felsengebirge *Picea Engelmanni* Engelm. zur höchsten Entwicklung bringt; 4. den mexicanischen Wald mit *Prosopis juliflora* DC., Pappeln, *Celtis* u. a. — Nordamerika besitzt 412 Bäume, davon 292 im atlantischen, 153 im pacifischen Gebiet, 33 beiden gemeinsam.

In den Handel kommt nach Furnas in den westlichen Staaten das Holz von *Pinus Lambertiana* Dougl., *P. ponderosa* Dougl., *P. monticola* Dougl., *Pseudotsuga Douglasii* Carr., *Abies grandis* Lindl., *Tsuga Pattoniana* Engelm., *Mertensiana* Carr., *Larix occidentalis* Nutt., *Thuja gigantea* Nutt., *Libocedrus decurrens* Torr., *Chamaecyparis Lawsoniana* Parl., *Nutkaensis* Spach., *Sequoia sempervirens* Endl. Von Laubhölzern sind nur *Alnus rubra* Boug. und *Fraxinus Oregana* Nutt. zu nennen. In den mittleren Staaten wiegen Pappeln (*heterophylla* L., *angustifolia* James, *trichocarpa* Torr. und Gray, *monilifera* Ait., *Fremontii* Watson), Weiden, *Acer dasycarpum* Ehrh., *Negundo* vor. Zucker wird von *Acer saccharinum* Wang., daneben von *A. nigrum* Gray, *rubrum* L., *dasycarpum* Ehrh., *macrophyllum* Pursh gewonnen. Matzdorff.

321. **P. Duchartre** (174) giebt eine Biographie und ein Schriftenverzeichniss des um die botanische Erforschung Nordamerikas höchst verdienten Asa-Gray.

Weitere biographische Notizen über Asa-Gray (theils mit Schriftenverzeichnissen) findet man:

B. Torr. B. C., XV, 1888, p. 59—72.

Bot. G., XIII, 1888, p. 49—52.

Bot. G., XIII, 1888, p. 178—186; (ferner theils nach B. Torr. B. C., XV, p. 145 citirt):

Am. Journ. Sci., XXXV, p. 181—202.

Nature, XXXVII, p. 375—377.

Garden and Forest, I, n. 1 and 2.

American Garden, IX, p. 100.

Western Druggist, VI, p. 49—56.

G. Chr., III, p. 144; ferner nach B. Torr. B. C., XV, 275.

The Historical American for Aug. 1888.

Annual Meeting of the American Academy of Arts and Sciences, held in Boston, Wednesday, June 13th., 1888.

B. S. B. Belge, XXVII, 1888, 2, p. 158—162.

J. of B., XXVI, 1888, p. 161—167.

G. Chr., 1872, p. 1421.

322. **F. L. Scribner** (615) unterscheidet nach Hackel's „Monographia Andropogonearum" folgende Arten *Andropogon* der Union: 1. *A. semibarbis* Kunth, 2. *hirtiflorus* Kunth subvar. *oligostachys* Hack. und subvar. *feensis* Hack., 3. *cirratus* Hack., 4. *tener* Kunth, 5. *scoparius* Michx. subsp. *genuinus* Hack. und subsp. *maritimus* Hack. mit var. *maritimus* (Südstaaten) und var. b. *divergens* (Texas), 6. *gracilis* Spr., 7. *macrourus* Michx. a. *genuinus*, b. *abbreviatus* Hack., c. *hirsutior* Hack. (Mobile), d. *corymbosus* Chapm., e. *glaucopsis* Chapm., 8. *Virginicus* L. α. *genuinus* mit subvar. *stenophyllus* Hack., b. *glaucus* Hack., c. *dealbatus* Hack., d. *tetrastachyus* Hack., 9. *Liebmanni* Hack. var. b. *Mohrii* Hack., 10. *longibarbis* Hack., 11. *Elliottii* Chapm. (non. *A. vaginatus* Ell. sed *A. clandestinus* Hale), 12. *brachystachyus* Chapm., 13. *arctatus* Chapm., 14. *argyreus* Schult., 15. *Cabanisii* Hack., 16. *provincialis* Lam., 17. *Hallii* Hack. (mit Var. *flaveolus, incanescens* und *muticus*), 18. *Wrightii* Hack. (Neu-Mexico), 19. *saccharoides* SW. var. *Torreyanus* Hack. var. *submuticus* (Texas), var. *perforatus* (*A. perforatus* Trin.) (Texas), 20. *Sorghum* Brot. subsp. *halepensis* Hack. subsp. *sativus* (cultivirt), 21. *nutans*, 22. *unilateralis* Hack. (*Sorghum secundum* Chapm.), 23. *pauciflorus* Hack. (*Sorghum pauciflorum* Chapm. — gehört zur Sect. *Chrysopogon*), 24. *contortus* L. (*Heteropogon* sp. R. et S.), 25. *melanocarpus* Ell.

323. **G. Vasey** (689) theilt die *Panicum*-Arten der Union in folgende Gruppen:

I. *Digitaria:* 4 Arten.

II. *Trichachne:* *P. leucophaeum* H.B.K., *P. lachnanthum* Torr.

III. *Brachiaria:*

1. *Paspaloidea:* *P. platyphyllum* Mouro, *P. plantagineum* Link.

2. *P. Subspicata: P. paspaloides, Curtisii, obtusum, reticulatum, Texanum, Chapmani, Reverchoni, subspicatum, stenodes.*
3. *Approximata: P. prostratum, caespitosum, fasciculatum, grossarium.*
4. *Polystachya: P. pilosum, laxum, barbinode* und kleine Formen von *P. anceps.*

IV. *Eupanicum:*
1. Reihe: *P. xanthophysum, depauperatum, angustifolium.*
2. Reihe: *P. scoparium, consanguineum, laxiflorum, dichotomum* und Verwandte.
3. Reihe: *P. gymnocarpon, hians, barbinode, laxum.*
4. Reihe: *P. latifolium, clandestinum, viscidum, scabriusculum, commutatum, Nealleyi, microcarpon.*
5. Reihe: *P. capillare, proliferum, Hallii, autumnale, Buckleyi, miliaceum, verrucosum.*
6. Reihe: *P. anceps, agrostoides, virgatum, amarum, maximum, bulbosum, avenaceum, Havardii.*
7. Reihe: *P. divaricatum* L.
8. Reihe: *P. Urvilleanum* Kth.

324. **V. Havard** (269) bespricht die Verbreitung des Büffelgrases *(Buchloe dactyloides).* In Dakota suchte er es vergebens. Man hat es angegeben vom oberen Missouri, doch fand Verf. es nicht zwischen Bismarck und Fort Assiniboine, sowie von dort bis Benton und zu den „Falls". In Nordostmontana fand Verf. es nur am Sunday Creek bei Fort Keogh, in Centralmontana fehlt es. In Nebraska ist es gemein in centralen und südöstlichen Regionen, aber mindestens selten im Norden und Nordosten. In Kansas erreicht es seine Ostgrenze etwa 100 Meilen westlich vom Fort Scott, es ist im westlichen Theil gemein, in Colorado scheint es nur im Osten vorzukommen, in Wyoming findet es sich im Südosten, ist aber mindestens selten im Norden und Westen, in Texas findet es sich nicht selten in centralen und nordöstlichen Theilen, westwärts bis zu den Armen des Concho-River, fehlt aber in trockenen sandigen Theilen des Südwestens; es ist im Nordwesten von Neu-Mexico gefunden, sowie im Westen des Indianer-Territoriums. Es ist also jedenfalls nicht allgemein in den Prairien verbreitet.

325. **M. Treat** (673) theilt mit, dass *Lonicera japonica* (in Nordamerika?) so überhand nehme, dass sie die eingeborene Vegetation erdrücke.

326. **G. H. Perkins** (474) fand *Physalis grandiflora*, welche nach der „Flora of North Amerika" von der Südküste des Lake Superior bis zum Saskatchewan-District verbreitet sein soll, massenhaft auf einer Insel im nördlichen Lake Champlain (Providence Island). Mit ihr zusammen wachsen *Abauria cirrhosa* und *Corydalis aurea.*

327. **Stellaria graminea** (852), welche neuerdings an verschiedenen Orten Nordamerikas, meist durch Grassamen eingeschleppt, sich fand, ist auch zu Catskill, N. Y., gefunden.

328. **Rusby** (584) erwähnt eine Lilie von Pittsburg, Pa., welche zwischen *Lilium Canadense* und *L. superbum* in der Mitte steht.

329. **Schrenk** (606) fand *Echinocystis echinata* am oberen Delaware bei Cochecton, New York, als heimisch (ferner *Aster subulatus* auf Serpentinfelsen bei Hoboken, N. J., fern vom Einfluss des Meeres und *Symphoricarpus racemosus* var. *pauciflorus* am Niagara mit unten ganz behaarten Blättern).

330. **Dr. Britton** (101) bemerkt, dass dies östliche Vorkommen von *Echinocystis* deshalb praktisch so werthvoll sei, weil es die Identität der Pflanze mit Rafinesque's Gattung *Micrampeles* zeige, welcher Name als älterer daher den Vorzug verdiene.

331. **N. L. Britton** (97) stellt die Gattung *Hicoria* Raf. (1808) wieder her, da sie älter ist als *Carya* Nuttall (1818). Dieselbe ist auf das östliche Nordamerika beschränkt, nur 2 Arten finden sich in Mexico. Die Arten lassen sich folgendermaassen gruppiren:

A. Subgenus *Pacania* Raf.
1. *H. Pecan* (Marsh.) (= *Juglans Pecan* Marsh. [1785] = *J. olivaeformis* Michx. [1803] = *Carya olivaeformis* Nutt.). (Vielleicht gehört dazu *H. Texana* Le Conte).

B. Subgenus *Euhicoria*.

2. *H. ovata* (Mill.) (= *Juglans ovata* Mill. [1759] = *J. alba* Michx. [1803], non L. = *Carya alba* Nutt.).
3. *H. Mexicana* (Engelm.) (= *Carya Mexicana* Engelm.).
4. *H. alba* (L.) (= *Juglans alba* L. [1753] = *J. tomentosa* Lam. [1797] = *Carya tomentosa* Nutt.).
   var. *maxima* (Nutt.) (= *Carya alba* Nutt. var. *maxima* Nutt. = *H. maxima* Raf.).
5. *H. sulcata* (Willd.) (= *Juglans sulcata* Willd[1]) [1796] = *Carya sulcata* Nutt.). Verf. fügt als Fundorte zu den bekannten hinzu Alexandria, Huntingdon County und Sellersville, Bucks County in Pennsylvanien.)
6. *H. microcarpa* (Nutt.) (= *Carya microcarpa* Nutt.).
7. *H. glabra* (Mill.) (= *Juglans glabra* Mill. [1759] = *J. porcina* Michx. [1810] = *Carya glabra* Torr. = *C. porcina* Nutt.).
8. *H. minima* (Marsh.) (= *Juglans alba minima* Marsh. [1785] = *J. amara* Michx. [1810] = *Carya amara* Nutt.).
9. *H. aquatica* (Michx. f.) (= *Juglans aquatica* Michx. f. = *Carya aquatica* Nutt.). (Sie reicht nach Norden bis Mob Jack Bai, Virginia.)
10. *H. myristicaeformis* (Michx. f.) (= *Juglans myristicaeformis* Michx. f. = *Carya myristicaeformis* Nutt.).

(Ganz unbekannt ist Verf. *Carya Texana* C. DC.; in Sussex County, New Jersey, findet sich eine abweichende Form von *H. glabra*.)

332. **H. H. Rusby** (582) bespricht die Verbreitung und medicinische Benutzung der Arten von *Ephedra*, von welcher Gattung sich in der Union folgende 6 Arten finden: *E. Nevadensis* Wats., *E. antisyphilitica* C. A. Meyer, *E. pedunculata* Engelm., *E. trifurca* Torrey, *E. Californica* Wats. und *E. Torreyana* Wats.

333. **N. L. Britton** (93) führt als (11) nordamerikanische Arten der Gattung *Scleria* und neue Arten derselben auf: *S. gracilis* Ell.; *Baldwinii* Steud., p. 229 n. var. *costata*, Georgia, Florida, Texas; *triglomerata* Michx., p. 230 n. var. *gracilis*, New Jersey; *oligantha* Ell.; *lithosperma* Willd. var. *filiformis*; *reticularis* Mich., p. 232, 3 n. var. *pubescens*, New Jersey, Cuba, *obscura*, Salem, Nordcarolina, Rhode Island, *pumila*, Orizaba, Mexico; *Torreyana* Walpers.; *ciliata* Michx.; *pauciflora* Muhl; *hirtella* Swartz, 236 n. var. *pauciciliata*, Cuba; *verticillata* Muhl. Matzdorff.

334. **W. Trelease** (676) giebt eine Uebersicht über die 21 bekannten nordamerikanischen *Linum*-Arten. Matzdorff.

335. **F. M.** (812) ist der Meinung, dass sich die kalifornischen Küsteninseln während der Quaternärzeit vom Festlande getrennt haben. Von 296 Pflanzen sind 48 endemisch, die 248 andern sind für das kalifornische Festland charakteristisch. Allgemein amerikanische Arten sind sehr selten. Eine Anzahl Pflanzen, die an isolirten Stellen Kaliforniens um das Dasein kämpfen, sind hier häufig und gedeihen üppig. Endlich ist *Lavatera*, von der 18 Arten im Mittelmeergebiet und 1 in Australien wohnen, die aber auf dem amerikanischen Festland fehlt, hier mit 4 Arten vertreten. Die Erklärung dieser Verhältnisse ist durch die Thatsachen gegeben, dass Kalifornien spät (die Sierraregion stammt aus der Kreidezeit, die Küste wurde seit dem Pliocän frei) von Mexico her besiedelt wurde. Erst nach der Abtrennung des Küstenstrichs fand eine Einwanderung von durch Vergletscherung südwärts getriebenen nördlichen Arten statt. Diese rotteten die ursprüngliche Flora auf dem Festland vielfach aus, so dass die Inselflora die Kaliforniens zur Pliocänzeit darstellt. Die Seewinde liessen eine Neubesiedelung vom Festlande her kaum zu, während die von ihnen ins letztere getragenen Samen jene isolirten Kämpfer haben entstehen lassen mögen. *Lavatera* endlich war offenbar zur Pliocänzeit weit verbreiteter und artenreicher als jetzt. Matzdorff.

[1]) C. de Candolle citirt Duhamel als Autorität, doch kann Verf. in dessen Schriften diesen Namen nicht finden.

336. **T. S. Brandeger** (84) zählt die Pflanzen von Santa Cruz und Santa Rosa (etwa 400) auf und vergleicht sie mit denen der nahen Inez-Berge. 10—12 Arten sind endemisch.

337. **J. W. Chickering** (124) beobachtete bei Dennysville in Maine: *Euphrasia officinalis* (nur 20 Meilen landeinwärts gefunden), *Rubus Chamaemorus* (auch auf den Weissen Bergen), *Empetrum nigrum*, *Rhinanthus Crista-Galli* (gefährliches Unkraut) und *Mertensia maritima* (westwärts bis York, Me.).

338. **S. Watson** (704) macht Bemerkungen über die Variabilität von *Cacalia tussilaginoides* unter den „Jolisco Plants" (P. Am. Ac. XXII).

339. **G. Vasey** (689) theilt mit, dass das von ihm im westlichen Amerika unter dem Namen *Sporobolus ramulosus* bezeichnete Gras nicht *Vilfa ramulosa* H.B.K. sei, sondern *V. confusa*, also *Sporobolus confusus* (Forern.) heissen müsse; *Sp. ramulosus* findet sich nicht in der Union, ist aber wahrscheinlich identisch mit *Sp. racemosus* Vasey von Chihuahua.

Verf. erhielt Exemplare von *Avena Smithii* Porter aus Nordmichigan, welche ihm zeigten, dass die Art zu *Melica* überzuführen, also als *Melica Smithii* (Porter) zu bezeichnen sei.

340. **E. E. Sterns** (646, 647) fordert auf, genauere Beobachtungen über die Ausdauer von *Smilax laurifolia* und *S. pumila* aus dem pacifischen Nordamerika zu liefern und giebt einige ergänzende Bemerkungen zur Beschreibung der letzteren.

Er fordert auf zu einer Revision der nordamerikanischen *Smilax*-Arten.

341. **California** (861). In Kalifornien ist *Cinnamomum camphora* hart, die Korkeichen erreichen bedeutende Grösse, *Acacia Arabica* kann im Süden gebaut werden und auch Thee liefert für den binnenländischen Gebrauch ausreichendes Product.

342. **B. F. Leeds** (363). *Euphorbia peplus* verbreitet sich rasch in Santa Chara County, Kalifornien. *E. Lathyris* erreicht da 5—7 Fuss Höhe.

343. **Pinus Sabiniana** (838) ist die erste Conifere, welche man beim Ersteigen der kalifornischen Sierra Nevada von Westen her trifft; die Früchte werden von Indianern gesammelt. Sie ist als Zierpflanze in Europa eingeführt. (Ihr natürlicher Standort, sowie ihre Einführung in die Cultur werden besprochen.)

344. **Fan Palm** (791). *Washingtonia filifera* (ehemals zu *Prichardia* oder *Brahea* gerechnet) war einst in Kalifornien weit verbreitet, so in der südlichen Wüste bei San Jose, in Calistoga, am Sacramento, Stockton u. a.

345. **C. Haussknecht** (266) theilt mit, dass *Epilobium Oregonense* Hausskn., welches bisher nur aus Oregon bekannt war, auch in den Hochgebirgen Kaliforniens gefunden sei.

346. **G. Vasey** (690). Auf der Vancouver-Insel wurden folgende neue Arten gefunden:

p. 48 *Deyeuxia Vancouverensis* (verw. *D. strigosa* Kth.).
„ 48 *D. breviaristata*.
„ 48 *Deschampsia caespitosa* var. *maritima*.
„ 48 *D. atropurpurea* var. *minor*.
„ 48 *Glyceria pumila*.
„ 48 *Bromus Macounii* (ähnlich *B. erectus* Huds.).
„ 48 *Elymus Vancouverensis*.

Von Oregon werden genannt an neuen Arten:

p. 47 *Melica Harfordii* var. *minor*: Siskiyon-Berge.
„ 47 *Glyceria angustata* (= *Atropis angustata* Gris. = *Poa angustata* R.Br. = *P. Nutkaensis* Rupt.).

(Ausserdem werden genannt *Elymus Caput Medusae* L. und *Glyceria festucaeformis* Heyn aus Oregon.)

Aus Westtexas nennt Verf. folgende vermuthlich neue Arten:

p. 49 *Triodia Nealleyi* (ähnlich *T. avenacea*).
„ 49 *Bouteloua stricta*.
„ 49 *Stipa flexuosa* (ähnlich *S. avenacea*).

p. 49 *Sporobolus Nealleyi.*
„ 49 *Sp. cryptandrus* var.
(Ausserdem werden aus Westtexas *Muehlenbergia monticola* und 2 neue [unbenannte] *Muehlenbergia*-Arten, sowie Formen, die wahrscheinlich zu *M. spiciformis* gehören.)
p. 49 *Oryzopsis Webberi* = *Eriocoma Webberi* Thurber: Reno (Nevada).
„ 49 *Poa Tracyi:* Neu-Mexico (Raton) (Gruppe *P. flexuosa*).
„ 49 *Diplachne Tracyi* (verw. *D. fascicularis*): Nevada (Reno).

347. **Dr. N. L. Britton** (91) nennt als neu für die Black Hills in Dakota: *Actaea spicata, Arabis hirsuta, Arenaria lateriflora, Ceanothus ovatus, Astragalus glabriusculus, Potentilla Norvegica, Saxifraga Jamesii, Heuchera hispida, Sanicula Marylandica, Thaspium aureum, Aralia nudicaulis, Antennaria plantaginifolia, Troximon glaucum, Asclepias ovalifolia, Veronica Americana, Dracocephalum parviflorum, Lilium Philadelphicum, Smilacina stellata, Smilax herbacea* var. *pulverulenta, Cypripedium parviflorum, Maianthemum Canadense* und ein *Sisyrinchium.*

348. **W. R. Dudley** (175) zählt 769 Arten von den Lachwanna- und Wyoming-Thälern auf.

349. **G. Vasey** (686) bespricht die nordamerikanische Wüste. Sandiger Boden, nur mit Chenopodeen und Gräsern, ist verhältnissmässig beschränkt. Auf salzreichem Boden sind allerdings erstere vorwiegend, es finden sich da *Sarcobatus, Salicornia herbacea, Suaeda, Kochia prostrata, Eurotia lanata, Grayia polygaloides, Schoberia polygaloides, Lycium Andersoni, Distichlis maritima* u. a.

Doch sind andere Theile des Gebietes verhältnissmässig artenreich, tragen auch Baumwuchs. Eine Aufzählung aller einzelnen Arten kann hier nicht gegeben werden, es sei daher auf das Original verwiesen. Verf. will namentlich darthun, dass das besprochene Gebiet keine Wüste im volksthümlichen Sinne ist. Vgl. folgendes Ref.

350. **S. M. Tracy** (671) hat die Gräser der trockenen Gebiete von Neu-Mexico, Arizona, Nevada und Utah erforscht und berichtet über folgende Stationen; die in Klammern beigefügten Zahlen geben die Anzahl der für jede derselben aufgeführten Futterpflanzen (ganz vorwiegend Gräser, nur wenige Dicotyledonen) an: Raton, Neu-Mexico (9), am Fusse der Ratonberge, besitzt auf den umliegenden Ebenen als gute Weidegräser *Buchloe dactyloides* (Buffalogras), *Hilaria Jamesii,* an einigen Plätzen *Agropyrum glaucum* (blue-grass). Auf den höheren Mesas liegen gute Ländereien mit *A. repens, Poa Tracyi, Festuca ovina* var., *Carex muricata (?),* ziemlich vielem *Bouteloua oligostachya* (Gramagras). Santa Fé, Neu-Mexico (23). Auf den benachbarten Mesas spärlicher Graswuchs, hauptsächlich Grama- und Buffalogras. In den bergigen Thälern herrscht grössere Mannichfaltigkeit, auf bewässertem Land finden sich einige östliche Arten. Albuquerque, Neu-Mexico (31) in dem breiten Thal des Rio Grande auf sandigem Boden. Hier und längs der Mesasabhänge ist gemein *Oryzopsis cuspidata* (Indianerhirse). Die niedrigen Strecken tragen *Agrostis verticillata, Eatonia obtusata,* die Mesas *Bouteloua oligostachya, Hilaria Jamesii, Aristida purpurea. Poa pratensis* und *Cynodon dactylon* sind eingeführt. Coolidge, Neu-Mexico (12) in einem sandigen, trockenen Thal. Am häufigsten ist *Bouteloua oligostachya,* im Thal *Buchloe dactyloides,* gelegentlich kommt *Agropyrum glaucum,* hie und da *Hilaria Jamesii* vor. — Winslow, Arizona, liegt ähnlich wie Coolidge, aber noch trockener und sandiger. *Bouteloua* und in geringerem Maasse *Buchloe,* am Fluss *Distichlis maritima. Atriplex* und *Salicornia herbacea* sind häufig. In den San Francisco-Bergen ist *Hilaria Jamesii* häufig, auch findet sich *Bouteloua* und eine *Festuca.* Flagstaff, Arizona (15), liegt im dichten Fichtenwald der genannten Berge 6886 Fuss hoch. Fliessendes Wasser fehlt gänzlich. Am gemeinsten sind eine *Festuca*-Art (Fichtenbüschelgras), *Bouteloua, Andropogon scoparius, Agropyrum glaucum.* Peach Springs, Arizona (9), in einem trockenen Thal, das von hohen Hügeln umgeben ist, die einen kargen Wuchs von Cedern tragen. Viele Agaven, *Cactus* und Yuccen. Grand Canon, Arizona (14, darunter nur 3 Gräser). — The Needles, California, liegt am Coloradofluss, dessen sandige Ufer niedrigen Pflanzenwuchs tragen, ausgenommen *Larrea Mexicana* und *Sarcobatus vermiculatus.* Von Gräsern wurden

nur *Distichlis maritima* und auf trockenem Boden *Bouteloua polystachya* bemerkt. Von hier bis Bagdad kam kein Gras zur Beobachtung. Barstow, California (7). Mohave, California, am Rand der Mohavewüste. *Oryzopsis cuspidata* war ziemlich gemein, auch *Hordeum jubatum* und auf den südlichen Hügeln *Elymus condensatus*. Gelegentlich fand sich *Erodium* und auf allen Hügeln häufig *Stipa speciosa*. Los Angeles, California (23), in einem gut bewässerten Thal, rings hohe Hügel. Auf letzteren *Elymus condensatus*, reichlich *Stipa setigera, Avena fatua, Erodium*. An den Abhängen *Bromus ciliatus*. — Reno, Nevada (37), am Truckeefluss, am Fuss der Sierra Nevada. „Alfalfa" *(Medicago sativa)* und „Redtop" *(Agrostis vulgaris)* liefern allein Heu. *Beckmannia* („timothy") steht reichlich an Grabenufern. Am häufigsten sind *Agrostis vulgaris, scabra, Avena fatua, Elymus triticoides, Poa tenuifolia, Oryzopsis cuspidata, Vicia Americana, Elymus condensatus, Trifolium involucratum, Sporobolus asperifolius, Erodium cicutarium* („filarce"). Wadsworth, Nevada (6) am Truckeefluss. Die Wiesen an seinen Ufern tragen *Agrostis, Koeleria, Bromus* und Sauergräser. Winnemucca, Nevada (7) mit trockenem und salzigem Boden. Battle Mountain, Nevada, in einem sehr trockenen Thal. Nur in einem Garten konnten 4 Gräser gesammelt werden. Palisade, Nevada (13). Elko, Nevada (7) nahe den Heisswassern des Humboldtflusses. Auf einer östlich gelegenen Wiese waren *Poa laevis, Agrostis exarata, Sporobolus filifolius, Elymus* sp. am häufigsten, hie und da *Beckmannia*; an trockeneren Stellen und am Fuss der Hügel kam *Elymus condensatus* vor, *Distichlis* (Salzgras) vielfach am Fluss. — Ogden, Utah (39) im Salzseethal am Fluss gleichen Namens. Häufig waren Redtop und Timothy, auf den Bergen gelegentlich *Stipa comata* und *Agropyrum glaucum*, gelegentlich auch *Erodium cicutarium*. Auf erschöpftem Boden als lästiges Unkraut *Hordeum jubatum*. Lake Park, Utah (7). Salt Lake City, Utah (11). Zwischen der Stadt und dem Fusse der Berge schöner Anwuchs von *Agropyrum repens* und *glaucum*. Juab, Utah. Im trockenen Thal *Erodium cicutarium, Agrostis vulgaris, Agropyrum divergens* (Drahtbüschelgras). Letzteres ist auf den östlichen Bergen vorwiegend, die westlichen Hügel tragen es und *Oryzopsis cuspidata*. Frisco, Utah (6). Das trockene Hügelland zeigt vornehmlich *Bouteloua oligostachya, Poa tenuifolia* var., *Oryzopsis cuspidata, Atriplex confertifolia*. Provo, Utah (15), liegt ähnlich wie Ogden. *Agrostis vulgaris, Beckmannia, Hordeum*, Sauergräser. Pleasant Valley, Utah, sehr trocken. Die gewöhnlichsten Arten sind *Agropyrum glaucum, repens, Elymus condensatus*, auf den Hügeln *Oryzopsis cuspidata, Poa tenuifolia* var. Green River, Utah (12). Auf dem Flusssand einige gemeine Gräser, auf den Mesas nur gelegentlich *Agropyrum repens* und *Poa tenuifolia* var.

Matzdorff.

351. **G. Vasey** (689) führt als Ergänzung zu den Arbeiten von Tracy (Ref. 350) und Nealley (Ref. 277) über Gräser und Futterpflanzen aus Texas[1]), Neu-Mexico, Arizona, Nevada und Utah 29 Gräser, sowie „Alfalfa" *(Medicago sativa)* und *Opuntia Engelmannii* auf, giebt Bemerkungen dazu und bildet die meisten von ihnen ab.

Matzdorff.

352. **N. L. Britton** und **H. H. Rusby** (94) zählen folgende von Miss Croft bei San Diego, Texas, in der Nähe der Quellen des Rio Dulce gesammelte Pflanzen auf:

Anemone decapetala L. var. *heterophylla* (Nutt.) (= *A. heterophylla* Nutt. mss. Wood), *Berberis trifoliata, Argemone Mexicana, Vesicaria Fendleri, V. lasiocarpa, Draba platycarpa, Sisymbrium pinnatum* (Ell.) Greene (= *S. canescens* Nutt.), *Lepidium intermedium, Jonidium polygalaefolium* Vent. (= *J. lineare* Torr.), *Polygala ovalifolia, Krameria lanceolata, Portulaca parvula, Talinum lineare* H. B. K. (= *T. aurantiacum* Engelm.), *Callirhoë pedata, Sida diffusa, S. physocalyx, Abutilon holosericeum, A. Texense, Sphaeralcea hastulata, S. pedatifida, Hibiscus cardiophyllus, Linum Berlandieri, L. multicaule, Aspicarpa hyssopifolia, Geranium Carolinianum, Erodium Texanum, Oxalis corniculata, O. dichondraefolia, O. Drummondii, Thamnosma Texanum, Schaefferia cuneifolia, Calubrina Texensis, Vitis incisa, Lupinus subcarnosus, Eysenhardtia amorphoides, Dalea lasianthera, D. nana, Petalostemon gracilis, Astragalus Nuttallianus, Indigofera leptosepala*

[1]) Ueber Zimmerholz von Texas vgl. Ausland, 1887, p. 120. Höck.

Vicia exigua, Galactia heterophylla, G. marginalis, Rhynchosia Texana, Sophora secundiflora, Cassia pumilio, Prosopis juliflora, Desmanthus Jamesii, Schrankia angustata, Acacia filicina, A. Greggii, Oenothera Hartwegii, Oe. rosea, Oe. speciosa, Gaura Drummondii, G. sinuata, G. tripetala, Passiflora tenuiloba, Sicydium Lindheimeri Gray (= *Maximowiczia Lindheimeri* Cogn.), *Echinocactus setispinus, Bowlesia lobata, Apium echinatum A. Popei, Chaerophyllum procumbens, Daucus pusillus, Houstonia angustifolia, Galium virgatum, Eupatorium Greggii, Eu. incarnatum, Liatris punctata, Gymnosperma corymbosum, Gutierrezia Sarothrae* (Pursh.) (*Solidago Sarothrae* Pursh. 1814 = *Brachyris Euthamiae* Nutt. 1818 = *G. Euthamiae* T. and G.), *Heterotheca subaxillaris* (Lam.) (= *Inula subaxillaris* Lam., *H. Lamarckii* Cass.), *Chrysopsis villosa* (Pursh.) Nutt. var. *canescens* (DC.) Gray, *Haplopappus spinulosus, Aphanostephus humilis, Aster multiflorus, Erigeron tenuis, Achaetogeron Palmeri, Evax multicaulis, Melampodium cinereum, Engelmannia pinnatifida, Parthenium Hysterophorus, Helianthus annuus, H. ciliaris, Encelia subaristata, Verbesina encelioides, V. Virginica, Coreopsis cardaminaefolia, Polypteris Texana, Hymenatherum tenuilobum, Helenium amphibolum, H. setigerum* (DC.) (= *Amblyolepis setigera* DC.), *Gaillardia pulchella, G. suavis* (Gray et Engelm.) (= *Agassizia suavis* Gray et Engelm. 1846 = *H. simplex* Scheele 1849), *Artemisia Mexicana* Willd. var. *angustifolia* Schultz, *Chaptalia nutans, Perezia runcinata, Pinaropappus roseus, Lygodesmia aphylla* (Nutt.) DC. var. *Texana* T. et G., *Monodora heterophylla, Philibertia viridiflora* (Torr.) (= *Gonolobus viridiflorus* Torr. 1828 = *Sarcostemma cynanchoides* DC. P. 1844 = *P. cynanchoides* Gray), *Metastelma barbigerum, Gonolobus parviflorus, Gilia rigidula, Coldenia canescens, Echinospermum Redowskii* (Hornem.) Lehm. var. *strictum* (Nees.) S. Wats. (var. *cupulatum* Gray), *Lithospermum canescens* Michx. (Lehm.), *Ipomoea Nil.* (L.) Pursh. (= *I. hederacea* Jacq.), *I. trifida* (H. B. K.) Don. var. *Berlandieri* (Gray), *Convolvulus hermannioides, Evolvulus sericeus, Cuscuta indecora* Choisy var. *pulcherrima* (Scheele), Engelm., *Solanum eleagnifolium, Physalis Fendleri* Gray var. *cordifolia* Gray, *Chamaesaracha sordida, Capsicum baccatum, Nicotiana repanda, Bouchetia anomala* (Miers.) (= *Nierembergia anomala* Miers. 1846 = *Bouchetia erecta* DC.), *Leucophyllum Texanum, Linaria Canadensis, Aphyllum multiflorum, Calophanes linearis, Ruellia tuberosa, Siphonoglossa Pilosella, Lantana Comara, Verbena canescens, V. ciliata, V. officinalis, Hedeoma Drummondii, Salvia ballotaeflora, S. Texana, Monarda clinopodioides, Scutellaria Drummondii, Plantago Patagonica* L. var. *gnaphalioides* (Nutt.) Gray, *P. Virginica, Nyctaginea capitata, Allionia incarnata, Acleisanthes longiflora, Rivina laevis, Rumex Berlandieri, Aristolochia longiflora, Euphorbia melanodenia, Eu. Peplidion, Phyllanthus polygonoides Croton capitatus, Acalypha hederacea, Tragia ramosa* Torr. 1828 (= *T. stylaris* Müll. Arg. 1865), *Stillingia dentata* (Torr.) (= *Sapium (?) annuum* Torr. var. *dentatum* Torr. 1859 = *Stillingia Torreyana* S. Wats. 1879), *Urtica chamaedryoides, Parietaria debilis, Cooperia Drummondi, Zephyranthes Andersoni* (Herb) Bth. Hook. (= *Habranthus Andersonii* Herb.), *Allium mutabilis, Nothoscordum striatum, Commelina nudiflora, C. Virginica, Cyperus aristatus, Panicum leucophaeum* H. B. K. var. *leucanthum* Vasey, *Setaria setosa* Beauv. var. *caudata* Griseb., *Thurberia Arkansana* (Nutt.) Vasey, *Andropogon saccharoides, Stipa setigera, Chloris cucullata, Trichloris pluriflora, Bouteloua hirsuta* Lag. var. *minor* Vasey, *B. racemosa* und *Marsilia macropoda*.

353. **E. E. Sterns** (648) theilt mit, dass *Nymphaea elegans*, die vor 40 Jahren im südwestlichen Texas aufgefunden, dann aber nicht wieder entdeckt sei, in nicht unbeträchtlicher Menge bei Waco im östlichen Centraltexas wachse.

354. **J. Schneck** (605) bespricht folgende *Vitis*-Arten aus Illinois: *V. palmata* Vahl (Sumpfränder neben *Cephalothus occidentalis, Populus heterophylla, Gleditschia monosperma* u. a.), *V. riparia* Michx. (Flussufer), *V. cordifolia* Michx. (Flussthäler — grösste Art des Gebiets), *V. cinerea* Engelm. (längs grossen Flüssen), *V. aestivalis* Michx. und *V. indivisa* Willd.

355. **J. M. Coulter** und **H. Thompson** (140) theilen Indiana nach seiner Flora in 7 Regionen und geben Listen von Pflanzen dieser Regionen, indem sie die Wanderungen der Pflanzen und deren Ursachen erörtern. 342 Arten werden als auch in Europa vor-

kommend genannt, auch auf die Aehnlichkeit mit den Floren Sibiriens und Japans ist hingewiesen. Im nördlichen Indiana ist ein Sammelplatz von Wanderern aus allen Richtungen, wie durch Verzeichnisse nachgewiesen wird. Im Ganzen sind 1191 Arten aus Indiana bekannt.

356. **W. M. Wheeler** (727) zählt 691 Pflanzen vom Milwaukee-County auf, von denen 124 (und zwar 113 aus Europa) eingeführt sind.

357. **C. Richardson** (556) giebt Bemerkungen über 2 *Opuntia*-Arten von Neu-Mexico und Texas.

358. **L. H. Pammel** (487). *Delphinium tricorne* ist in vielen Theilen des Mississippithals gemein und die einzige Art bei St. Louis, aber immer mit blauen Blüthen. Sie findet sich aber bei Glencoe, Mo. mit weissen Blüthen, ebenso bei Buff Lake und bei Allenton, Mo. *Delphinium azureum* wächst bei La Crosse, Wis., aber immer mit weissen oder grünlichen, nie mit blauen Blüthen.

359. **R. Douglas** (165) findet, dass Samen von Coniferen ihre Lebensfähigkeit länger in trockenen Klimaten wie Colorado bewahren, als man gewöhnlich annimmt. Samen von *Pinus ponderosa* keimten gut nach 5 Jahren, solche von *Picea pungens* und *Pseudotsuga Douglasii* nach 3 Jahren.

360. **C. E. Bessey** (68) giebt als östlichste Grenze der Verbreitung von *Pinus ponderosa* Dougl. var. *scopulorum* die Ufer des Niobraraflusses bis gegen den 102. Meridian u. a. Gegenden des nördlichen Nebraska an, 3° östlicher als die gewöhnlichen Angaben.

Matzdorff.

361. **E. R. Mc. Gee** (380) beobachtet bei Clear Water in Nebrasca von Holzpflanzen besonders Weiden; am grössten wird *Populus monilifera*, auch *Fraxinus viridis Negundo aceroides* und *Celtis occidentalis* kommen vor, *Juglans nigra* dagegen erst in weiterer Entfernung am Verdigriscreek. Dann fanden sich *Amorpha fruticosa* und *Shepherdia argentea*, ferner *Amorpha fruticosa*, *Symphoricarpus occidentalis*, *Rhus Toxicodendron* und vereinzelt *Rh. glabra*. Eine der ersten Frühjahrsblume ist *Townsendia sericea*. Weiter kommen vor: *Petalostemon villosus*, seltener *P. violaceus* und *candidus*, dann *Pentstemon grandiflora*, *Astragalus caryocarpus* und andere Arten, *Cypripedium candidum* (häufig), *Rosa Arkansana*, *Taraxacum officinale* und *Cnicus arvensis*.

362. **Beal** (48) zählt 72 der charakteristischen Arten der Ebene von Michigan auf.

363. **L. H. Bailey** (18) bespricht die Unterschiede von *Acer saccharinum* Wangenheim und *A. nigrum* Michaux.

364. **Th. D. A. Cockerell** (129). Das typische *Linum perenne* findet sich in Colorado bis etwa 8000 Fuss, über 9000 Fuss aber die weissblüthige Form, welche sich auch an der James- und Hudsons-Bai findet.

365. **J. Pool** (488) giebt antwortlich eines Rundschreibens des Department of Agriculture ein Verzeichniss von 10 Gräsern, 1 *Cyperus* und 6 Dicotyledonen, die bei Bensons Arizona als Futterpflanzen wachsen. Matzdorff.

366. **G. Vasey** (692) fand bei Garden City am Arkansas in Westkansas *Andropogon Hallii* und *Redfieldia flexuosa*. Letztere band in ähnlicher Weise die Sanddünen, wie es *Ammophila longifolia* bei Chicago thut; sie scheint zuerst am Canadian River beobachtet zu sein, dann am Republican River (als *Graphephorum flexuosum* Thurber), ferner im San Luis Thal in Colorado; am Canadian und Arkansas-River ist sie ziemlich häufig.

Sporobolus cuspidatus, welches wohl richtiger zu *Muehlenbergia* zu ziehen ist, findet sich häufig in den Prairien von Dakota, *S. depauperatus* dagegen ist eine Art der Rocky Mountains.

367. **J. H. Oyster** (462) sammelte in Kansas *Stanleya pinnatifida* Nutt., *Argemone platyceras*, *Callirrhoë alcaeoides*, *C. involucrata*, *Malvastrum coccineum*, *Linum rigidum*, *L. sulcatum*, *Talinum calycinum*, *Baptisia australis*, *Gaura coccinea*, *Oenothera serrulata*, *Oxytropis Lamberti*, *Rosa Arkansana*, *Actinella scaposa*, *Erigeron pumilus*, *Pyrrhopappus scaposus*, *Castilleia sessiliflora*, *Mimulus glabratus* var. *Jamesii* und *Pentstemon acuminatus*.

368. **C. S. Sargent** (593) nennt *Stuartia pentagyna* und *Aralia spinosa* als häufig in den Big Smoky Mountains von Tennessee.

369. **C. R. Orcutt** (457) nennt als nutzbare Pflanzen aus Südkalifornien: *Romneya Coulteri, Simmondsia Californica* und *Prunus ilicifolia.*

370. **B. D. Halsted** (259) zählt die Unkräuter von Jowa auf (* bedeutet eingeschleppt, von den eingeklammerten Zahlen bedeutet 1, Pflanzen, die angreifend auftreten; 2, mindergefährliche, werthvolle Pflanzen, nicht ausschliessende Arten und 3, indifferente, also unschädlich, aber auch unnütze Pflanzen):

Anemone dichotoma (3), *Thalictrum dioicum* (3), *Th. polygamum* (3), *Th. purpurascens* (3), *Ranunculus abortivus* (3), *Ranunculus repens* (3), **R. bulbosus* (2), **R. acer* (2), *Delphinium azureum* (3), *Podophyllum peltatum* (3), **Chelidonium maius* (3), *Nasturtium palustre* (3), **N. Armoracia* (3), *Hesperis matronalis* (3), **Brassica alba* (2), **B. nigra* (2), **B. Sinapistrum* (1), *Barbarea vulgaris* (3), **Sisymbrium officinale* (2), **Camelina sativa* (3), **Capsella Bursa-pastoris* (1), *Lepidium Virginicum* (2), *Viola palmata* var. *cucullata*, **Hypericum perforatum* (3), **Saponaria officinalis* (2), **Vaccaria vulgaris* (2), **Silene inflata* (3), **Lychnis Githago* (1), **L. vespertina* (2), **Arenaria serpyllifolia* (3), **Stellaria media* (1), *S. longifolia* (3), **Cerastium viscosum* (2), **Spergula arvensis* (1), **Portulaca oleracea* (1) (nach Ansicht mancher Botaniker heimisch in Amerika. Ref.) **Malva rotundifolia* (2), *Callirhoe involucrata* (1), **Sida spinosa* (2), **Abutilon Avicennae* (1), **Hibiscus Trionum* (2), *Linum sulcatum* (3), *Geranium maculatum* (3), *Impatiens pallida* (3), *I. fulva* (3), *Oxalis violacea* (3), *O. corniculata* var. *stricta* (3), *Rhus Toxicodendron* (2), *Rh. glabra* (3), *Ceanothus Americanus* (3), *Crotalaria sagittalis* (2), *Trifolium repens* (3), **T. procumbens* (2), **T. arvense* (2), *T. agrarium* (2), **Melilotus officinalis* (3), **Medicago lupulina* (3), **M. sativa* (3). *Amorpha canescens* (3), *Astragalus caryocarpus* (3), *A. Canadensis* (3), *Oxytropus Lamberti* (3), *Vicia Americana* (3), *Baptisia leucophaea* (3), *Lespedeza violacea* (3), *Rosa blanda* (2), *Agrimonia Eupatoria* (3), *Geum album* (3), *Potentilla Norvegica* (3), *P. Canadensis* (3). *Rubus strigosus* (3), *R. villosus* (3), *R. occidentalis* (3), *Heuchera hispida* (3), *Penthorum sedoides* (3), *Epilobium angustifolium* (3), *E. coloratum* (3), *Oenothera biennis* (1), *Ludwigia polycarpa* (3), *Opuntia Rafinesquii* (2), *O. fragilis* (3), *Sicyos angulatus* (3), *Echinocystis lobata* (2), *Eryngium yuccaefolium* (3), **Daucus Carota* (1), *Heracleum lanatum* (2), **Peucedanum sativum* (1), *Thaspium aureum* (3), *Cicuta maculata* (3), *Cryptotaenia Canadensis* (3), **Conium maculatum* (3), *Archemora rigida* var. *ambigua* (3), *Sambucus Canadensis* (3), *Vernonia fasciculata* (1), *V. Noveboracense* (1), *Liatris pycnostachya* (3), *Kuhnia eupatorioides* (2), *Eupatorium purpureum* (2), *Eu. perfoliatum* (2), *Aster Novae Angliae* (3), *A. ericoides* (3), *A. miser* (3), *A. cordifolia* (3), *A. patens* (3), *A. (Diplopappus) umbellatus* (3), *A. amethystinus* (3), *Erigeron Canadense* (1), *E. annuum* (1), *E. Philadelphicus* (2), *E. strigosus* (2), *E. bellidifolius* (3), *Solidago Canadensis* (3), *S. serotina* (3). *S. rigida* (3), *S. Missouriensis* (3), *Silphium laciniatum* (3), *S. perfoliatum* (3), *Ambrosia trifida* (2), *A. artemisiaefolia* (1), *Xanthium Canadense* (1), *Heliopsis laevis* (3). *Echinacea purpurea* (2), *E. angustifolia, Rudbeckia laciniata* (2), *R. hirta* (2), *R. subtomentosa* (2), *Lepachys pinnata* (2), **Helianthus annuus* (1), *H. rigidus*, *H. grosse-serratus* (2), *H. strumosus* (2), *H. doronicoides* (2), *Actinoris squarrosa* (2), *Bidens frondosa* (1), *B. chrysanthemoides* (2), *B. cuneata* (2), *B. cernua* (2), *Helenium autumnale* (2), **Anthemis Cotula* (1), *A. arvensis* (3), *Achillea Millefolium* (2), **Chrysanthemum Leucanthemum* (2), **Tanacetum vulgare* (2), *Artemisia frigida* (3), *A. serrata* (3), *A. biennis* (3), **A. annua* (3), *A. Ludoviciana* (3), *A. dracunculoides* (3), *Gnaphalium polycephalum* (3), *Antennaria plantaginifolia* (3), *Erechthites hieracifolia* (4), *Senecio aureus* (3), **Cnicus arvensis* (1), *C. lanceolatus* (1), *C. altissimus* (1), *C. pumilus* (1), **Arctium Lappa* (1), **Cichorium Intybus* (2), *Hieracium scabrum* (3), *H. longipilum* (3), *H. venosum* (3), *H. Canadense* (3), *Prenanthes (Nabulus) alba* (2), *P. racemosa* (2), *P. aspera* (2), **Taraxacum officinale* (1), *Lactuca pulchella* (3), *L. Canadensis* (2), *L. leucophaea* (2), **Sonchus oleraceus* (2), **S. asper* (2), *Lobelia syphilitica* (3), *Specularia perfoliata* (3), *Plantago Rugelii* (3), **P. maior* (2), *P. lanceolata* (1), **Anagallis arvensis* (3), **Verbascum Thapsus* (2), **V. Blattaria* (2), **Linaria vulgaris* (1), *Scrophularia nodosa* (3), *Veronica Virginica* (3),

V. peregrina (2), *V. arvensis* (2), *Pedicularis Canadensis* (3), *Verbena hastata* (3), *V. urticifolia* (3), *V. stricta* (3), *V. bracteosa* (3), *Teucrium Canadense* (3), **Mentha piperita* (3), **M. viridis* (3), *M. Canadensis* (3), *Lycopus sinuatus* (3), *Pycnanthemum lanceolatum* (3), *Monarda fistulosa* (3), **Nepeta Cataria* (2), **N. Glechoma* (3), *Brunella vulgaris* (3), *Stachys aspera* (2), **Leonurus Cardiaca* (2), **Lamium amplexicaule* (2), **Echium vulgare* (1), *Onosmodium Carolinianum* (3), **Lithospermum arvense* (2), *L. angustifolium* (3), *L. canescens* (3), *Echinospermum Redowskii* var. *occidentalis* (3), **E. Lappula* (2), **Cynoglossum officinale* (2), *C. Morisoni* (2), *Hydrophyllum Virginicum* (3), *H. appendiculatum* (3), *Ellisia nyctelea* (3), *Convolvulus sepium* (1), *Cuscuta glomerata* (3), *C. inflexa* (3), *C. Gronovii* (3), *C. tenuiflora* (3), **Solanum Dulcamara* (3), **S. nigrum* (2), *S. Carolinense* (1), *S. rostratum* (1), *Physalis viscosa* (2), *Ph. lanceolata* (2), *Ph. pubescens* (2), **Lycium vulgare* (3), **Datura Stramonium* (1), **D. Tatula* (1), *Apocynum cannabinum* (3), *Asclepias Cornuti* (2), *A. tuberosa* (3), *A. verticillata* (3), *Acerates longifolia* (3), *Oxybaphus nyctagineus* (3), *Phytolacca decandra* (2), **Chenopodium album* (1), **Ch. Boxianum* (2), **Ch. urbicum* (2), **Amarantus retroflexus* (1), *A. albus* (1), *A. Blitoides* (1), *Polygonum aviculare* (1), *P. erectum* (2), *P. hydropiper* (2), *P. hydropiperoides* (2), **P. Convolvulus* (3), *P. dumetorum* (2), **P. Persicaria* (2), *P. Pennsylvanicum* (3), *P. incarnatum* (3), *P. amphibium* (2), **P. Fagopyrum* (3), **Rumex crispus* (1), **R. Acetosella* (1), *R. Britannia* (2), **R. obtusifolius* (2), *Euphorbia maculata* (2), *E. hypericifolia* (2), *E. corollata* (2), **E. Cyparissias* (3), *Acalypha Virginica* (2), *Urtica gracilis* (3), *Laportea Canadensis* (3), *Pilea pumila* (3), **Cannabis sativa* (3), *Arisaema triphyllum* (3), *Symplocarpus foetidus* (3), *Typha latifolia* (3), *Sagittaria variabilis* (3), *Veratrum Woodii* (3), **Asparagus officinalis* (3), *Allium Canadense* (3), *A. cernuum* (3), *Yucca angustifolia* (3), *Juncus effusus* (3), *J. tenuis* (3), *Tradescantia Virginica* (3), *Cyperus phymatodes* (3), *C. strigosus* (2), **Eleusine Indica* (2), **Eragrostis poaeoides* var. *megastachya* (2), **Bromus secalinus* (1), *Agropyrum repens* (1), *Hordeum jubatum* (2), **Panicum glabrum* (3), **P. sanguinale* (2), *P. capillare* (3), *P. dichotomum* (3), **P. Crus galli* (3), **Setaria glauca* (1), **S. viridis* (1), **S. verticillata* (1), *Cenchrus tribuloides* (1).

Von den 297 genannten Arten sind 184 einjährig, 27 zweijährig, 186 ausdauernd, und zwar gruppiren sich die eingeschleppten folgendermaassen nach den unterschiedenen Gruppen:

	(1)	(2)	(3)	Im Ganzen
Einjährig	18	19	7	44
Zweijährig . . .	3	6	3	12
Ausdauernd . . .	7	12	12	31

Hieraus ergeben sich die entsprechenden Zahlen für die einheimischen von selbst.

371. **M. L. Owen** (460) lieferte eine vorzügliche Localflora von Nantuchet, die wohl nur bezüglich der niederen Kryptogamen bedeutender Vervollständigung möglich ist. Von Blüthenpflanzen werden 470 heimische und 116 eingeschleppte aufgeführt, unter letzteren einige im übrigen Nordamerika fehlende oder wenigstens seltene, wie *Erica cinerea*, *E. tetralix*, *Calluna vulgaris* (vgl. Bot. J., XIV, 1886, 2, p. 120, R. 134: keine *Ericaceae*?) und *Ulex Europaeus*. Bemerkenswerth ist ferner das Vorkommen von *Corema Conradii* (vgl. Bot. J., XIV, 1886, 2. Abth., p. 234. R. 666 u. Eb. p. 237, R. 687), *Linnaea borealis* und *Chiogenes hispidula* (vgl. Eb. p. 234, R. 668). Im Verschwinden sind *Epigaea repens* und *Ilex opaca*.

372. **E. J. Hill** (281) erwähnt aus Indiana: *Viola pedata* L. var. *bicolor* Gray (Hammond, Lake County), *Cnicus undulatus* Gray (Pine Station), *Begonia pendula* Lindl., *Solanum rostratum* Lindl. (Liverpool, Lake County, eingeschleppt an der Bahn), *Potamogeton Robbinsii* Oakes und *P. praelongus* Wulfen (beide Crown Point), *Ceratophyllum demersum* (oft mit Früchten).

373. **Miss Steele** (637) theilt mit, dass *Pentstemon laevigatus* var. *Digitalis*, die früher nicht östlich von Hudson gefunden war, zu White Plains (Westchester Co.) vorkomme.

374. **Sterns** (644) berichtet, dass *Laurus nobilis* zu Edisto Id., SC. vollkommen eingebürgert sei, also als neu für Nordamerika zu betrachten sei.

375. Von **Conradina** (782) wurde eine Form bei Columbia in Südcarolina beobachtet, die vielleicht specifisch nicht zu *Conradina canescens* zu ziehen ist.

376. **W. F. Massey** (400). Seaman fand *Sedum Nevii* auf der Spitze der „Blue Ridge", gerade nördlich von Rockfish Gap, Va, also 200 Meilen nördlich von dem bisher bekannten nördlichsten Punkte. (Verf. theilt gleichzeitig mit, dass viele Brombeeren im Sommer 1888 rosafarbene Blüthen trugen und fragt, ob dies durch das kühle, feuchte Wetter bedingt sei.)

377. **J. D. Smith** (627). *Rhododendron Vaseyi* findet sich auf dem Grandfather Mountain, Caldwell Co., N. C., 4500—5500 Fuss hoch zusammen mit *Rh. maximum*, *Rh. Catawbiense* und *Kalmia latifolia*.

378. **E. R. Memminger** (412) theilt mit, dass obwohl Gray in seinem „Manual" als Verbreitung für *Prunus pumila* angiebt: „Massachusetts nordwärts bis Wisconsin und südwärts bis Virginia längs den Bergen", sie auch in anderen Arbeiten über die Flora Nordcarolinas nicht erwähnt sei, sie doch in Menge im Henderson County in der alpinen Region Nordcarolinas vorkomme.

379. **L. N. Johnson** (313) theilt die Hauptergebnisse einer Excursion durch die Berge von Nordcarolina mit. Da ein vollständiges Verzeichniss der Arten nicht gegeben ist, lässt sich ein kurzer Auszug des Mitgetheilten schwer machen.

380. **H. L. T. Walcott** (738) bespricht eine Form von *Prunus Virginiana* aus Massachusetts, die Watson als var. *leucocarpa* bezeichnet hat und stellt die Frage auf, ob diese wirklich als eigene Varietät zu betrachten sei.

381. **W. A. Stowell** (652) nennt von selteneren Pflanzen New Jerseys aus der Flora Bergen's: *Asclepias verticillata*, *Trollius laxus*, *Polygala paucifolia*, *Smilacina stellata*, *Menyanthes trifoliata*, *Camptopus rhizophyllus*, *Woodsia Ilvensis*, *Carex platyphylla*, *Corydalis flavula*, *Cypripedium pubescens*, *Diervilla trifida*, *Castilleia coccinea* und *Arisaema Dracontium*. Längs den Eisenbahnen verbreiten sich dort immer weiter *Cenchrus tribuloides* (vom Gebiet der „Yellow-Drift" längs der Delaware-, Susquehanna- und Westbahn, sowie der New York-, Erie- und Westbahn und endlich von Jersey City zu der Nordgrenze New Jerseys) und *Nasturtium officinale* (durch das ganze County). Als Berichtigung zu Wood's Botanist and Florist theilt Verf. mit: *Asclepias verticillata* wächst häufig im trockensten Theil des Gipfels der Berge von Darlington, *Desmodium Canadense* ist ebenso gemein an Ufern und anderswo, wie in Wäldern. Schliesslich macht er Mittheilung über doppeltes Blühen (Frühjahr und Herbst) von Veilchen (*Viola canina* var. *Muhlenbergii* und *V. pedata* var. *bicolor*, letztere wurde ihm gesandt aus Washington, D.C.).

382. **J. Robinson** (560) bespricht *Aquilegia Canadensis* L. var. *flaviflora* (Tenney) Britten (= *A. Canadensis* L. var. *Phippenii* Robinson) von Massachusetts.

383. **E. E. Sterns** (649) bespricht *Saxifraga Virginensis* Michx. var. *pentadecandra* Sterns von Manhattan Island.

384. **Rusby** (583) berichtet, dass bei Pittsburg Pa. ein *Lilium* gefunden wurde, das zwischen *L. Canadense* und *superbum* in der Mitte steht.

385. **Dr. Britton** (103) berichtet, dass *Viola tenella* Muhl zu Bridgeton in New Jersey gefunden sei; er hält sie für ursprünglich amerikanisch und specifisch verschieden von *V. tricolor*.

386. **N. L. Britton** (98) weist auf die Aehnlichkeit der Flora der „Kittatiny Mountains" mit der von „Pinebarrens" und anderer sandiger Küstengegenden hin.

387. **L. Dame** und **F. S. Collins** (148) zählen 2061 Arten von Middlesex-County Mass. auf, darunter 1484 Phanerogamen.

388. **H. M. Ami** (9) nennt als Ergänzung zur Flora des Temiscouata County von Northrop:

Clematis Virginiana, *Actaea alba*, *Anemone Pensylvanica*, *Nymphaea microphylla*, *Capsella Bursa pastoris*, *Oxalis corniculata* var. *stricta*, *Acer Pennsylvanicum*, *Negundo aceroides*, *Rhus Toxicodendron*, *Lathyrus palustris*, *Epilobium coloratum*, *Lonicera ciliata*, *Viburnum acerifolium*, *Solidago latifolia*, *S. lanceolata* und *rugosa*, *Aster acuminatus* und *cordifolius*, *Cnicus lanceolatus*, *C. muticus*, *Gnaphalium decurrens*, *Prenanthes altissima*, *Taraxacum officinale*, *Chiogenes hispidula*, *Pyrola secunda*, *P. rotundifolia* var. *asarifolia*, *Plantago maior*, *Trientalis Americana*, *Lycopus Virginicus*, *Polygonum Persicaria*, *P. amphibium*, *Alnus incana*, *Habenaria Hookeriana*, *Cypripedium acaule*, *Trillium erythrocarpum*, *Smilacina racemosa*, *Pinus Strobus*, *P. resinosa*, *Picea alba*, *Abies balsamea*, *Larix Americana*, *Pteris Aquilina*, *Onoclea Struthiopteris* und *O. sensibilis*.

Bei Rimouski am Südufer des Lorenzostroms sammelte Verf. *Viola tricolor*, *Erodium cicutarium*, *Matricaria inodora*, *Salsola Kali*, *Cakile Americana*, *Mertensia maritima*, *Achillea Ptarmica* u. a.

389. **A. Hollick** (288) beschreibt eine Pflanze aus einer tiefen Quelle auf Staten Island, die er für *Heleocharis prolifera* hält.

390. **A. Holick** und **W. T. Davis** (291) besprechen die *Quercus*-Arten von Tottenville, Staten Island; es fanden sich u. a. *Quercus heterophylla* Michx. und *Q. Rudkini* Britton, sowie andere Formen, welche die Verff. für Bastarde zwischen *Qu. Phellos* einerseits und *Qu. palustris*, *tinctoria* und *coccinea* andererseits halten; auch *Qu. heterophylla* scheint ihnen ein Bastard zu sein.

391. **Nymphaea tuberosa** (828) findet sich bei Trenton als neu für New Jersey.

392. **J. L. Bennett** (65) zählt 3158 Arten und Varietäten von Pflanzen von Rhode Island auf, darunter 1259 Phanerogamen.

393. **J. M. Smith** (626) fügt 19 Arten den bisher bekannten von Rhode Island hinzu.

394. **Northrop** (452) nennt *Viburnum Opulus* von Whitestone (Long-Island).

395. **J. S. Arnold** (11) fand folgende Pflanzen in der Nähe von Painted Post, Steuben Co., New York, welches an der Vereinigung des Canisteo und Conhocton, die zusammen den Chemung bilden, gelegen ist:

Ranunculus ambiguus, *Hypericum Ascyron*, *H. corymbosum*, *Malva moschata*, *Linum Virginianum*, *Polygala Senega*, *Trifolium agrarium*, *Melilotus officinalis*, *Vicia Americana*, *Hydrangea arborescens*, *Gaura biennis*, *Oenothera fruticosa*, *Thaspium barbinode*, *Aralia quinquefolia*, *Linnaea borealis*, *Lobelia spicata*, *Calystegia spithamaeus*, *Campanula Americana*, *Pentstemon pubescens*, *Veronica Virginica*, *Gerardia pedicularis*, *Castilleia coccinea*, *Monarda didyma*, *M. Clinopodia*, *M. fistulosa* var. *mollis*, *Galeopsis Tetrahit*, *Asclepias tuberosa*, *Blitum capitatum*, *Euphorbia corollata*, *Corallorhiza multiflora*, *Calopogon pulchellus*, *Cypripedium spectabile*, *Erythronium albidum*, *Chamaelirium luteum*, *Allium cernuum*, *Panicum xanthophysum*, *Sarrazenia purpurea*, *Drosera rotundifolia*, *Menyanthes trifoliata*, *Calla palustris*, *Arethusa bulbosa*, *Coptis trifolia*, *Geranium Carolinianum* und *Viburnum cassinoides*.

396. Der **Torrey Botanical Club** (669) hat durch ein Comité eine Zusammenstellung der Pflanzen um New York auf 100 Meilen Entfernung machen lassen. Angefügt ist ein Verzeichniss von Ballastpflanzen.

397. **F. L. Scribner** (614) theilt folgende Nomenclaturänderungen in Patterson's Catalogue mit:

Andropogon dissitiflorus Mx. = *A. Virginicus* L.; *A. Mohrii* Hack. = *A. Leibmanni* var. b.; *A. saccharoides* S. W. var. *inermis* Vasey = var. *submuticus* Hack.; *A. scoparius* var. *maritimus* ist eine Subspecies; *Chrysopogon nutans* = *A. nutans* L., *C. secundum* = *A. unilateralis* Hack., *C. Wrightii* = *A. pauciflorus* Hack., *Heteropogon acuminatus* = *A. melanocarpus* Ell., *H. contortus* = *A. contortus* L.; *Sorghum halepense* = *A. Sorghum* Brot. var. *halepensis* Hack.

Imperata brevifolia Vas. = *I. Hookeri* Rupr.; *Elionurus candidus* von Texas und Arizona ist nicht *E. candidus* Hack. in Flor. Brasil., sondern eine neue Art *E. barbiculmis*; *E. Nuttallianus* Vas. = *E. tripsacoides* H. B. K. typ., *Rottboellia corrugata* Baldw. ist anerkannt als Art mit der Var. *areolata*, *R. tesselata* Steud. ist eine Form von *R. corrugata*; *R. rugosa* hat eine var. *Chapmani*.

398. Neue Arten aus dem Gebiet.[1])

A. **E. L. Greene** (238) beschreibt folgende neue Arten: *Sidalcea Hickmani*, *Clarkia*

[1]) Vgl. auch R. 346 und 397. Durch Versehen beim Ordnen sind 398 T—Y fälschlich hier untergebracht.

Saxcana, *Phacelia nemoralis* und *Allocarya scripta*; 2 Arten *Eucharidium* werden zu *Clarkia* übergeführt; *Phlox gracilis* n. sp. = *Gilia gracilis* Hook.; *Cuphea viridostoma* Wats. wird als zu ungrammatisch verworfen und durch *C. mesochloa* Greene ersetzt.

B. **L. H. Bailey** (20) beschreibt folgende neue Arten und Varietäten von *Carex* aus Amerika:

p. 82 *C. pansa* (Gruppe *Multiflorae*): Oregon, Washington Territorium.
„ 82 *C. ablata* (= *C. frigida* aut. Am., non All.)
„ 82 *C. grisea* Wahl emend. *typica*: Neu-England bis Michigan und Illinois, auch Pennsylvania.
„ 83 *C. grisea* Wahl. emend. var. *angustifolia* Boot. (= *C. laxiflora* Ell. Sk. = *C. grisea* var. *minor* Olney): Südohio, Pennsylvanien und New Jersey, südwärts bis Florida und Texas.
„ 83 *C. grisea* var. *globosa*: St. Louis, Mo., Arkansas, Texas.
„ 84 *C. flava* L. var. *recterostrata*: Vancouver-Insel.
„ 85 *C. stricta* Lam. var. *decora*: Neu-England bis Illinois und Wisconsin, wahrscheinlich auch Nebraska, Oregon und Washington.
„ 86 *C. canescens* L. var. *vulgaris* (var. *alpicola* Bailey p. p.): Nördliche Union, Canada bis Idaho und vielleicht weiter westwärts.
„ 87 *C. Deweyana* Schw. var. *sparsiflora* (= *C. Bolanderi* var. *sparsiflora* Olney): Idaho bis Oregon und Vancouver-Insel.
„ 87 *C. arctata* Boot. var. *Faxoni*: New Hampshire, Nordminnesota, Nordwestontario und Michipicoton.
„ 87 *C. rosea* Schkuhr var.? *Arkansana*: Arkansas.
„ 87 *C. salina* Wahl. var.? *robusta*: Vancouver-Insel.
„ 88 *C. Liddoni* Boot. var. *incerta* (= *C. adusta* var. *congesta* Boot.): Kalifornien.
„ 88 *C. Jamesoni* Boot. var. *gracilis*.
„ 88 *C. triceps* Michx. var. *Smithii* Porter in litt. (= *C. Smithii* Porter): Südostpennsylvanien, s. New Jersey und weiter südwärts.
„ 88 *C. lucida* α. *retrorsa*: Michigan.

C. **J. M. Coulter** und **J. N. Rose** (135) beschreiben folgende neue Arten *Umbelliferae* aus Nordamerika:

p. 40 *Angelica Wheeleri*: Utah.
„ 40 *A. Canbyi*: Oregon, Dahoma.
„ 48 *Tiedemannia Fendleri* (*Archemora Fendleri* Gray): Colorado, Neu-Mexico.
„ 49 *Coloptera** *Newberryi* (*Peucedanum Newberryi* Wats., *Ferula Newberryi* Wats.): Südutah, Südarizona, Neu-Mexico.
„ 50 *C. Jonesii*: Utah.
„ 50 *C. Parryi*: Wyoming.
„ 52 *Leptotaenia Eatoni*: Utah:
„ 52 *L. Watsoni*: Dahoma.
„ 52 *L. purpurea* (*Ferula purpurea* Wats.): Oregon, Dahoma.
„ 53 *L. anomala*: Kalifornien.
„ 61 *Peucedanum eurycarpum* (*P. nudicaule* var. [?] *ellipticum* Torr. Gr., *P. macrocarpum* var. [?] *eurycarpum* Gray): Kalifornien, Oregon, Britisch Columbia.
„ 62 *P. Mohavense*: Mohave-Wüste, Kalifornien.
„ 64 *P. Oreganum*: Oregon.
„ 74 *Pseudocymopterus montanus* (*Thaspium [?], montanum* Gray, *Ligusticum montanum* Bth. Hook.): Colorado, Neu-Mexico, Arizona.
„ 75 *P. bipinnatus* (*Cymopterus bipinnatus* Wats.): Montana, Dakota.
„ 75 *P. anisatus* (*Cymopterus terebinthrans* var. *foeniculaceus* Gray, *C. anisatus* Gray): Gebirge von Colorado und Utah bis Nordwestwyoming und Oregon.
„ 80 *Cymopterus Jonesii*: Utah.
„ 86 *Ligusticum Porteri*: Colorado, Arizona, Neu-Mexico.
„ 86 *L. Canbyi*: Montana.

p. 88 *L. Grayi:* Kalifornien, Oregon, Dahoma.
„ 110 *Apiastrum patens* (*Leptocaulis patens* Nutt., ? *L. inermis* Nutt., *Apium patens* Wats.): Missouri bis Louisiana und Neu-Mexico.
„ 112 *Eulophus Parishii* (*Pimpinella Parishii* C. et R. Bot. G., XII, 157): Kalifornien.
„ 112 *E. Bolanderi* (*Podasciadium Bolanderi* Gray): Kalifornien, Oregon.
„ 113 *E. Pringlei:* Kalifornien.
„ 114 *E. Californicus:* Kalifornien.
„ 115 *Bupleurum Americanum* (*B. ranunculoides* Aut. am., non L.).
„ 119 *Osmorhiza ambigua* (*Glycosma ambiguum* Gray): Kalifornien, Dahoma.
„ 120 *Velaea arguta* (*Deweya arguta* T. Gr., *Arracacia arguta* Bth.-Hook.): Südkalifornien, Niederkalifornien.
„ 121 *V. Hartwegi* (*Deweya Hartwegi* Gray, *Arracacia Hartwegi* Wats.): Kalifornien.
„ 121 *V. Kelloggii* (*Deweya Kelloggii* Gray, *Arracacia Kelloggii* Wats.): Kalifornien, Oregon.
„ 121 *V. Parishii:* Südkalifornien.
„ 122 *V. Howellii:* Oregon.
„ 122 *V. vestita* (*Deweya vestita* Wats., *Arracacia vestita* Wats.): Kalifornien.
„ 123 *Museniopsis* Texana* (*Tauschia Texana* Gray, *Eulophus Texanus* Bth. et Hook.): Westtexas, hineinreichend nach Mexico.
„ 125 *Harbouria* trachypleura* (*Thaspium trachypleurum* Gray, *Cicuta [?] trachypleura* Wats.): Centralcolorado bis Neu-Mexico.
„ 125 *Aletes* acaulis,* (*Deweya [?] acaulis* Torr., *Oreasciadium acaule* Gray, *Seseli Hallii* Gray, *Musenium Greenei* Gray, *Carum [?] Hallii* Wats., *Zizia Hallii* C. et R. Bot. G., XII, 137): Colorado, Neu-Mexico.
„ 129 *Carum Howellii:* Oregon.

Die vier mit einem * bezeichneten Gattungen sind hier neu aufgestellt.

D. **C. Haussknecht** (266) beschreibt

„ 5 *Epilobium Pringleanum* n. sp. von Kalifornien, 7500 Fuss hoch um die Quellen des Sacramento River.

E. **A. Gray** (231) beschreibt folgende neue Arten:

Blepharipappus laevis: Ostkalifornien bis Oregon.
Hieraricium Howellii (verw. *H. Greenei*): Südoregon (Deer Creek Mountains).

(Gleichzeitig theilt er mit, dass *Hibiscus incanus* Wendl. = *H. lasiocarpus* Cav. [Allabama] sei und dass von *Troximon barbellulatum* eine Zwergform gefunden sei.)

F. **S. B. Parish** (465) beschreibt *Phacelia heterosperma* n. sp. (Gruppe der *Eutoca*) aus der Mojave-Wüste, Los Angelos Co, Kalifornien.

G. **W. Trelease** (677) Neue *Ceanothus*-Arten aus Kalifornien.

p. 109 *C. Palmeri* (vermittelnd zwischen *C. spinosus* und *integerrimus*).
„ 109 *C. Parryi* (nur in Cultur bekannt).
„ 110 *C. parvifolius* (= *C. integerrimus* var. ? *parvifolius* Wats.).
„ 110 *C. eglandulosus* (= *C. divaricatus* var. *eglandulosus* Torr. = *C. divaricatus* Wats.).
„ 112 *C. impressus.*

H. **E. L. Greene** (239) beschreibt als neue Art *Polemonium filicinum* (verw. *P. flavum*) von den Pinos Altos Mts. Die beschriebene *P. Brandegei* ist *Gilia Brandegei* Gray. *Collomia* wird zu generischem Rang erhoben und eine neue Art davon beschrieben. Auch *Navarretia* Ruiz et Pav. wird wieder anerkannt, 24 vorher zu *Gilia* gezogene (einschliesslich 8 neue) Arten derselben werden beschrieben.

J. **G. Vasey** (691) beschreibt folgende neue Gräser aus dem pacifischen Nordamerika:

p. 11 *Poa macrantha:* Mündung des Colorado in Oregon (vielleicht auch Tilamook-Bai).
„ 11 *P. argentea* Howell: Siskiyon Mts., Oregon.
„ 12 *Alopecurus Howellii:* Oregon.
„ 12 *A. Macounii:* Vancouver-Insel.
„ 13 *A. geniculatus* var. *robustus:* Alaska und Vancouver-Insel.

p. 13 *A. Californicus* (einige bisher zu *A. pratensis* gezogene Formen).

K. J. M. **Coulter** und J. N. **Rose** (139) beschreiben an neuen Umbelliferen aus dem pacifischen Nordamerika:

p. 78 *Peucedanum Canbyi:* Ostoregon und Union County.
„ 79 *P. Sandbergii:* Nordidaho, Nordmontana, British Columbia.
„ 80 *Angelica Hendersoni:* Washington Territorium.
„ 81 *Sanicula Howellii:* Oregon, Vancouver-Insel.
„ 141 *Eryngium petiolatum:* Kalifornien.
„ 141 *E. armatum* = *E. petiolatum* Hook. var. *armatum* Wats.: Kalifornien, von San Diego bis Humboldt und Butte Counties.
„ 142 *E. Vaseyi:* Kalifornien, Oregon.
„ 142 *E. articulatum* Hook. = *E. petiolatum* var. *juncifolium* Gray: Washington Territorium, Oregon, Kalifornien.
„ 142 *Peucedanum Martindalei:* Cascade Mountains, Oregon.
„ 143 *P. Donnellii:* Oregon.
„ 143 *P. Californicum:* San Luis Obispo, Kalifornien.
„ 144 *P. Vaseyi:* San Bernardino Mountains, Kalifornien.
„ 144 *Selinum Grayi:* Colorado.
„ 144 *S. Dawsoni:* Yukon.
„ 145 *Coelopleurum maritimum:* Washington Territorium.
„ 208 *Peucedanum Austinae:* Kalifornien.
„ 209 *P. Grayi* = *P. millefolium* Wats. (non Sonder).
„ 209 *P. Parishii:* Kalifornien.
„ 209 *P. Pringlei:* Kalifornien, Neu-Mexico.
„ 209 *P. Watsoni:* Washington Territorium, Oregon.
„ 210 *P. Brandegei:* Washington Territorium.
„ 210 *P. Hendersonii:* Oregon.

L. S. **Watson** (702). *Calandrinia oppositifolia* n. sp. von Oregon (Waldo) und Kalifornien (Del Norte County) wird besprochen und abgebildet.

M. G. **von Beck** (58). Neue Arten des Prairiengebietes:

p. 40 *Cyclachaena xanthiifolia* Fresen. var. *minor* Wwr.
„ 41 *Franseria exigua* Wwr., verwandt *F. discolor* Nutt., doch im Habitus ähnlich *F. pumila* Nutt. (Taf. 8 B.) Matzdorff.

N. H. N. **Ridley** (559) beschreibt:

p. 320 *Microstylis porphyrea* n. sp. (= *M. purpurea* Wats.): Südarizona.

O. M. S. **Bebb** (53) beschreibt folgende neue nordamerikanische *Salix*-Arten:

p. 110 *S. commutata:* Washington Territorium.
„ 111 *S. conjuncta:* Washington Territorium, Montana.
„ 186 *S. phylicoides* And. (bisher unvollkommen bekannt).

P. Th. **Morong** (419) beschreibt und bildet ab:

Castalia Leibergi n. sp. (ähnlich *C. pygmaea* Salisb.): Nordidaho, nahe „Granite station" der Nordpacificbahn.

Q. C. W. **Canby** (117) beschreibt *Erigeron Tweedyi* n. sp. (verw. *E. asperuginus* Gray) von felsigen Hügeln am Trail Creek in Südwestmontana (6000 Fuss).

R. F. L. **Scribner** (614) beschreibt folgende bisher unbeschriebene Gräser:

p. 8 *Muhlenbergia Arizonica* Scrib.: Mesas, nahe der mexikanischen Grenze.
„ 8 *Sporobolus interruptus* Vasey (verw. *S. heterolepis* Gray — in einigen Sammlungen als *S. Arizonicus* Thurber bezeichnet): Arizona.
„ 9 *Deyeuxia Suksdorffii* Scrib.: Washington, Oregon, Montana.
„ 9 *Bromus Pumpellianus* Scrib. (= *B. ciliatus* L. var. *Coloradensis* Vasey): Montana, Rocky Mountains, Yellowstone Park.

S. N. L. **Britton** und H. H. **Rusby** (94) beschreiben:

p. 10 *Haustonia Croftiae* n. sp. (verw. *H. humifusa* Gray): Texas (Quellen des Rio Dulce).

T. C. A. **Bessey** (67) zeigt, dass von den 762 bekannten Pflanzen Minnesotas 90 chori-, 100 gamo- und 87 apetale Dicotyledonen, 135 Monocotyledonen, 26 Pteridophyten, 42 Bryophyten, 77 Hymenomyceten, 39 Uredineen, 36 Flechten, 57 Pyrenomyceten, 21 Helvellaceen, 11 Oophyten, 45 Zygophyten und 28 Protophyten sind. Matzdorff.

U. W. J. **Beal** (46). Auf der Ostseite des Michigansees fanden sich folgende nordische Pflanzen, die auf der Westseite fehlen: *Ribes lacustre, Kalmia angustifolia, K. glauca, Dracocephalum parviflorum, Picea alba, Sparganium simplex, Carex Bachii, C. sterilis, C. capillaris, C. Houghtonii, Botrychium Lunaria, B. simplex;* dagegen auf der Westseite und nicht auf der Ostseite folgende südliche Pflanzen: *Acer dasycarpum, Rubus occidentalis, Sambucus Canadensis, Sassafras officinalis, Ulmus fulva, U. racemosa* und *Adiantum pedatum.* Auch der Umstand, dass zarte Früchte besser auf der Westseite gedeihen, zeugt für das mildere Klima derselben.

V. W. J. **Beal** (47) theilt Beobachtungen über die Aufeinanderfolge von Waldbäumen im nördlichen Michigan mit.

W. D. F. **Day** (152) zählt 909 Pflanzenarten von der Umgebung des Niagara auf.

X. J. F. **James** (304) beschreibt *Asclepias tuberosa* var. *flexuosa* nov. var. von den Cumberland Mountains in Tennessee.

Y. M. J. **Owen** (461) zählt 586 Arten Phanerogamen von Nantucket County in Massachusetts auf.

Z. L. H. **Bailey** (19) beschreibt p. 322 *Carex nova* n. sp. von den Bergen von Wyoming und Colorado. (Im Uebrigen muss bezüglich dieses Aufsatzes über amerikanische *Carices* auf den systematischen Theil dieses Jahresberichts verwiesen werden.)

a. A. **Gattinger** (218) beschreibt *Diervilla rivularis* n. sp. (verw. *D. sessilifolia*) vom Lookout Mountain in Georgia und von den Kelsey brothers Highlands, N. C.

8. Arbeiten, die sich auf mehrere asiatisch-australische Florenreiche beziehen oder deren Beziehung auf ein bestimmtes Florenreich Asiens oder Australiens nicht klar ersichtlich ist. (R. 399—400.)

399. A. **Franchet** (209). Von Mutisiaceen finden sich in Asien 35 Arten aus den Gattungen *Leucomeris, Nouelia, Ainsliaea, Pertya, Macroclinidium, Myripnois, Catamixis, Dicoma, Hochstetteria* und *Gerbera*, von denen die ersten 7 auf Asien beschränkt, die anderen 3 auch in Afrika vertreten sind.

Am reichsten sind der Himalaya, Indien und Afghanistan mit 15 Arten, während Hongkong z. B. nur 2 Arten besitzt. (Ueber die neuen Arten vgl. 424c.)

400. F. v. **Herder** (274) giebt eine Zusammenstellung der in den „Plantae Raddeanae" verarbeiteten Sammlungen, sowie biographische Notizen über Sammler und Autoren, welche in jener Arbeit genannt sind.

9. Nordisches Florenreich (Asiatisch-amerikanischer Theil).[1]) (Canada, Columbien, Ochotzkische Küstenländer, arktische Länder, Sibirien.) (R. 401—415.)

Vgl. auch R. 1 (Flora von Novaja Semlja), 89, 100 (*Primula*), 260 (*Epilobium*), 416, 418. — Vgl. ferner No. 224* (Gefässpfl. von Omsk.), No. 336* (Fl. von Grinell Land), No. 372* (*Viola*-Arten von Britisch Columbien), No. 373* (*Salix*-Arten von Britisch Columbien), No. 384* (Wälder der Vancouver-Insel), No. 491* (Zur Flora von Jenisseisk), No. 492* (Expedition in das Sajangebiet).

401. A. T. **Drummond** (173) lieferte eine vorzügliche Studie zur Pflanzengeographie von Canada.

---

[1]) Als Ergänzung vgl. den Bericht über „Pflanzengeographie von Europa".

402. **J. Macoun** (383) liefert den 4. Theil seines Katalogs canadischer Pflanzen, wobei verschiedene Ueberführungen von Pflanzen aus einer Gattung in eine andere vorkommen.

403. **S. Bebb** (54) bespricht ausführlich und bildet ab *Salix balsamifera* Barratt von den White Mountains; sie ist verbreitet von Labrador und Neu-Schottland westwärts bis zum Saskatchewan; Verf. unterscheidet 4 Formen derselben.

404. **Smith** (624). Die seit Michaux nicht mehr gefundene Art ist am Kennebec River, beim Ausfluss aus dem Moosehead-Lake durch Charles E. Smith 1865 und 1867 wiedergefunden, durch den Verf. 1872 am Marguerite River und Lake St. John, Untercanada.

405. **J. Fowler** (207) stellte fest, dass von 257 arktischen Pflanzen von Neu-Braunschweig 241 im arktischen Europa (Skandinavien und Lappland) vorkämen, dagegen nur 167 im östlichen arktischen Nordamerika. Er nimmt an, dass vor der Eiszeit die arktische Flora eine gleichartige war, dass sie nach dieser Zeit sich den speciellen klimatischen Verhältnissen der Länder anpasste.

406. **J. M. Macoun** (382). Die Flora der James-Bai ist besonders interessant wegen des Austausches von Arten. Wenn man die Küste nach Norden verfolgt, ändert sich die Flora beständig, so dass eine gründliche Prüfung der Flora eine Meile landeinwärts ein sehr allmähliches Verschwinden der südlichen Arten zeigt, an der Küste selbst aber die nordischen Arten häufiger werden, während die Inseln wenige Meilen von der Küste eine fast rein arktische Flora zeigen. Es ist dies offenbar durch Treibeis bedingt. Da das Wasser an der Westküste viel seichter ist, dringen die Eisberge dort viel weniger weit vor, als an der Ostseite. Die Pflanzen an der Westseite sind daher einfach die der nördlichen Waldländer. Moose Factory z. B. zeigt nur weniger Pflanzen, sonst aber gleiche wie Nordontario, wenn man zum Moose-River hinabsteigt, findet man keine Art, die nicht an der atlantischen Küste gemein wäre. Charlton Island aber, 60 englische Meilen nordöstlich von seiner Mündung, zeigt eine ganz andere Flora, es walten vor: *Chrysanthemum arcticum*, *Silene acaulis*, *Dryas octopetala* var. *integrifolia*, *Pedicularis flammea* und *Botrychium Lunaria* (letztere gemein auf allen Inseln der Bai); der bewaldete Theil der Insel zeigt meist die Arten von Moose Factory, der höher gelegene aber wesentlich arktische, wie *Campanula rotundifolia* var. *arctica*, *Achillea Millefolium* (rothblüthig), *Potentilla maculata*, *Salix arctica*, *S. reticulata*, *Poa cenisia*, eine weissblüthige Form von *Linum perenne*.

Am Big-River auf der Ostseite finden sich u. a. *Festuca ovina* var. *brevifolia*, *Glyceria maritima*, *Deyeuxia Langsdorffii*, *Phleum alpinum*, *Hierochloa alpina*, *Deschampsia atropurpurea* var. *minor*, an einem Küstensumpf *Sparganium hyperboreum*, *Juncus filiformis*, *J. balticus*, *J. triglumis*, *Luzula arcuata*, *L. spicata*, im Sande *Chrysanthemum* und *Matricaria inodora*.

Die Twins, zwei Inseln 60 englische Meilen von der Mündung des Big, sind fast kahl, abgesehen von einigen Sprossenfichten, von denen auf der Nordinsel etwa ein Schock höchstens 6 Fuss hoher Bäume stehen, welche aber zeigen, dass hier *Picea alba* nördlicher steigt, als *P. nigra*. Um alle Sümpfe der Inseln wächst *Salix glauca*, ferner von nordischen Arten ausser schon genannten *Carex rotundata*, *C. microglochin*, *C. rariflora*, und *C. nardina*, dann *Potamogeton pectinatus* und seltener *P. rutilus*, ferner *Epilobium latifolium*, *Bartsia alpina*, *Pedicularis Lapponica*, *Erigeron uniflorus*, *Arabis humifusa* var. *pubescens* und *Stellaria longipes* var. *Edwardsii*, sowie im Innern der Inseln *Saxifraga Hirculus*, *S. aizoides*, *Pedicularis hirsuta* und *Luzula comosa*, am grasigen Ufer *Veronica alpina*, *Sibbaldia procumbens*, *Ranunculus affinis* var. *validus* und *Parnassia Kotzebuei*.

Auch die nördlicher[1]) gelegenen Inseln ergaben nichts wesentlich Neues. Im Ganzen wurden an der Bucht etwa 300 Arten gesammelt, doch wird dadurch schwerlich die Flora erschöpft sein.

407. **L. Dippel** (158) beschreibt die *Lonicera Webbiana* der französischen Gärten

---

[1]) Betreffs der Miocänflora des hohen Nordens, speciell »Neu-Sibiriens« vgl. Geogr. Jahrb., XIII, p. 303, Ueber Saporta's »Paläontologische Ideen, an der Baumvegetation entwickelt«, die specieller im Bericht über Paläontologie zu besprechen sind, vgl. man Geogr. Jahrb., XIII, p. 304 f.; auch hier wird auf die arktischen Länder näher eingegangen. Vgl. ferner Geogr. Jahrb., XIII, p. 306 ff.

als eine von *L. Webbiana* Wall. verschiedene Art unter dem Namen *L. flavescens* Dippel. n. sp. aus dem britischen Columbien.

408. **Lange** (356). In dieser 4. Ausgabe seines Handbuches der dänischen Flora hat Verf. die Pflanzen nach dem natürlichen und nicht wie früher nach dem Linné'schen System geordnet. Die Characeen sind weggelassen. Die dänische Flora enthält 1370 Blüthenpflanzen und 43 Gefässkryptogamen.

Vgl. auch No. 357* Nomenclator florae daniae.

409. **Warming** (701) basirt seine Abhandlung zum Theil auf die Beobachtungen, die er selbst auf einer Reise nach Grönland 1884 gemacht hat, zum Theil auf handschriftliche Notizen der dänischen Reisenden Wormskjold (1813) und Jens Vahl (1828—1836), welche sich in den Archiven des botanischen Gartens zu Kopenhagen befinden, zum Theil endlich auf sämmtlichen Beobachtungen, die er in der Literatur hat finden können. Man wird p. 220—223 die Liste der Werke finden, auf die Verf. sich in dem dänischen Text bezieht.

I. Die Birkenregion in Grönland.

Grönland besitzt nur zwei der in Skandinavien befindlichen botanischen Regionen: Die Birkenregion und die alpine Region. Die letztere nimmt fast die ganze Oberfläche ein, welche von dem Eis nicht bedeckt ist, die erstere findet sich nur in dem südlichsten Theil des Landes, etwa bis 61—62° n. Br., im Innern der zahlreichen Fjorde, die von Süd und Südwest tief ins Land eindringen. Da begegnet man noch Birkenwäldern (*Betula odorata* var. *tortuosa* und *B. intermedia* [die Artenbenennungen nach J. Lange: Conspectus florae groenlandicae]), deren Stämme freilich unten niederliegend und wie auch die Aeste gekrümmt und gewunden sind, die doch eine Höhe von 4—6 m und einen Durchmesser von 20 cm erreichen können. Man wird p. 7 eine Tabelle finden für 11 Stämme angebend: die Zahl der Jahresringe, den grössten Durchmesser derselben, ihren grössten Radius und die Mitteldicke der Schichten bei diesem Radius. Ausser diesen zwei Birkenarten findet man, aber selten, *B. alpestris*, und neben den Birken *Sorbus americana* Willd. (gewöhnlich 1—2 m hoch mit einer Dicke von 5 cm); *Alnus ovata* (Schr.) var. *repens* (Wormskj.) mit entsprechenden Dimensionen; dieselbe kann doch die Höhe von 3 m und die Dicke eines Arms erreichen; *Juniperus communis* var. *nana*, die gewöhnlich nur 5—8 cm dick ist, selten ungefähr 15 (s. p. 9 eine Tabelle, die die Messungen von 10 Stämmen giebt). Endlich trifft man auch Weiden (*Salix glauca, S. Myrsinites*) sowie *Betula glandulosa*.

Ueber die Kräutervegetation in den Birkenwäldern und -Gesträuchern und die Pflanzen, die im Waldboden wachsen, weiss man noch nicht etwas sicheres. Aber es giebt nicht weniger als 55 Arten von Kräutern, die sich nur in diesen südlichsten Gegenden von Grönland finden (bis 62° n. Br. an der westlichen Küste und 60° an der östlichen), und es ist zu vermuthen, dass dieselben zu denen der Birkenregion mehr weniger in Beziehung stehen; man wird die Liste derselben p. 14 finden (die den Namen vorangesetzten Buchstaben bedeuten: E., dass die Art ein europäischer Typus ist, A., dass sie amerikanisch und G., dass sie endemisch ist). Die grosse Menge der Gramineen scheint auch für die Birkenregion charakteristisch zu sein; man findet da, wie es scheint, wirkliche Triften und Wiesen, wo die Gräser kräftig und vorherrschend sind (s. p. 15—17).

In der ganzen nördlichen Halbkugel ist die Strecke Grönland, Island, Norwegen und Lappland, bis zum Weissen Meer einnehmend, die einzige, wo die Birke die Polargrenze der Wälder bildet; vom Weissen Meer quer durch Russland, Sibirien und Amerika sind es die Coniferen (Drude, Atlas der Pflanzenverbreitung). Island gehört offenbar zu der Domäne der Birken; man findet da noch gegen Ost und Norden schöne Reste von Birkenwäldern. Grönland scheint sich so an Europa zu knüpfen, aber vor einer tiefern Untersuchung schwindet die Aehnlichkeit; die Arten von Holzgewächsen sind zum Theil verschieden (Grönland hat 4 amerikanische und 3 europäische Arten, s. p. 12); es ist besonders arm an Weidenarten im Vergleich mit Skandinavien (s. p. 13) und die Kräutervegetation ist zum Theil sehr verschieden. Unter den 55 krautartigen Pflanzen, die nur in Südgrönland wachsen, sind 4 amerikanische und 10 europäische Species; nimmt man alle diejenigen, die südlich von 62° an der westlichen Küste und südlich von 60° an der östlichen Küste wachsen findet man 18 amerikanische und 30 europäische Arten. Eine grosse Zahl der in Skandinavien gewöhnlichen Kräuter fehlen in Grönland (sie sind zum Theil genannt p. 17—18).

Wenn es die Birkenwälder sind, die in Grönland wie in Island und Skandinavien die Nordgrenze der Waldvegetation bilden, muss man die Ursache dafür in Aehnlichkeit der klimatischen Verhältnisse suchen. Die Tabellen p. 20—23 zeigen, dass das Klima von Südgrönland (Ivigtut) rücksichtlich der Temperatur dem von Island und dem nördlichen Norwegen genau entspricht und rücksichtlich der Quantität des Niederschlags mit dem mittleren Theil der Westküste von Norwegen übereinstimmt. Diese Quantität erreicht in Ivigtut die enorme Mittelhöhe von 1145.5 mm. Wenn die Coniferen an anderen Punkten der nördlichen Halbkugel die Birke aus der Waldgrenze verdrängen, ist der Grund dazu wahrscheinlich der, dass in diesen Gegenden die Luft weniger feucht, die Kälte intensiver und das Klima mehr continental ist.

Verf. sieht sich nicht im Stande, auf die Pflanzenformationen der Birkenregion näher einzugehen; aber sie sind sicher zum grössten Theil denjenigen der arktischen oder alpinen Region analog. In dieser Region unterscheidet Verf. die folgenden wichtigeren Formationen: Das Weidengebüsch mit den Kräuterfeldern, die Haide, die Felsenflora, die der gradweise abnehmenden Kraft des Klimas entsprechen, die Flora der Moore, die Strandflora und die Flora der gedüngten Erde, welche weniger vom Klima als von der physischen und chemischen Natur der Erde abhängig sind. Das Weidengebüsch entspricht der „regio alpina inferior" von Wahlenberg und die Felsenflora desselben der „regio nivalis" (s. p. 26—27).

II. Das Weidengebüsch und die Kräuterfelder.

In der Birkenregion und nördlich von derselben bis 73° n. Br. findet man Weidengebüsche an geschützten, der Sonne ausgesetzten Stellen, am Boden der Thäler, da wo sich der Humus hat sammeln können und wo die Ströme denselben während des Sommers bewässert haben. Die folgenden Büsche wachsen in diesen Weidengebüschen: *Alnus ovata* var. *repens*, die in den südlichen Theilen des Landes sehr verbreitet ist, aber nur bis etwa an die Polargrenze (Polarkreis? Höck) geht; *Juniperus communis* var. *nana*, die nicht den 68.° überschreitet; die Zwergbirken *Betula glandulosa* und *B. nana* und besonders *Salix glauca*, die noch bei 67—68° n. Br. Gebüsche von Mannesböhe bildet; bei Upernivik erreicht diese nur eine Höhe von 0.50 - 0.66 m.

Die Erde in den Weidengebüschen ist ein schwarzer und fruchtbarer Humus, in dem Regenwürmer leben; er ist gewöhnlich feucht, aber es giebt auch Gebüsche mit trockener Erde, und die Kräutervegetation variirt etwas mit dem Grad der Trockenheit wie auch mit dem Breitengrad. Die Kräuter, die an der Westküste zwischen 62° und 64° beziehungsweise zwischen 64° und 67° verschwinden, sind p. 34 aufgezählt. An der ganzen Westküste, von 60°—70° n. Br. findet man diejenigen, die p. 34—35 aufgezählt sind, aber sie sind nicht alle gleich gemein. Die grösste Polarhöhe erreicht *Archangelica officinalis;* zu den gemeinsten gehören die folgenden: *Alchemilla vulgaris, Potentilla maculata, Sibbaldia procumbens, Cerastium alpinum, Arabis alpina, Thalictrum alpinum, Taraxacum officinale, Luzula parciflora, Bartsia alpina, Carex scirpoidea, Poae, Oxyria digyna, Trisetum subspicatum, Aspidium Lonchitis* etc. etc.

Der Boden der Weidengebüsche ist reich an Moosen, die längs der Bäche sowie an den trockeneren Stellen wachsen; die gemeinsten sind p. 35—36 erwähnt. Dagegen finden sich daselbst sehr wenig Lichenen.

Die von einer niedrigen Vegetation bekleideten Localitäten, oft mit den Weidengebüschen zusammenhängend, aber bisweilen auch in einer gewissen Höhe an den Bergen isolirt, in den Einsenkungen, wo sich Pflanzenerde hat sammeln können und von Wasserströmchen bewässert wird, bilden eine besondere Vegetationsformation. Man könnte sie Grasfelder nennen, wenn die Gräser vorherrschten, aber diese sind gewöhnlich zurückgedrängt, und zwar bisweilen in solchem Grade, dass sie andern „Stauden" gewichen sind. Es sind grüne Felder, reich an Blüthen und wo etwa dieselben Arten wachsen, wie in den Weidengebüschen, aber ohne Büsche oder hohe Kräuter. Verf. hat sie „Kräuterfeld" genannt (p. 38 - 39).

In andern nördlichen Ländern finden wir entsprechende Vegetationsformationen. Die Weidengebüsche von Island schliessen viele Weidenspecies ein und die Kräutervegetation ist daselbst viel mehr europäisch (p. 42); dieselbe von Skandinavien ist zum Theil oben erwähnt (s. auch p. 41—42).

III. Die Haide (p. 44—68).

Ein sehr grosser Theil der Oberfläche von Grönland ist von einer Vegetation bedeckt, die zusammenhängend und gedrungen und reich an Individuen sein kann und die sich hauptsächlich aus kleinen, niedrigen, höchstens einen Fuss hohen Büschen mit gekrümmten und gedrehten Aesten zusammensetzt, sowie aus Kräutern, Moosen und Lichenen; die Büsche sind zum grossen Theil immergrün; dasselbe ist mit einem grossen Theil der Kräuter der Fall und geben sie auch dem Terrain denselben dunkel-braungrünen Farbenton, den unsere europäischen Heiden haben. Da diese kleinen Büsche an Heidekräuter erinnern oder den Ericineen selbst angehören, ist der Name Heide („Lyngmark") für diese Region gewählt. Die Erde der Heiden ist trocken, schwarz und sandig, oft auch kiesig; das Wasser rinnt schnell davon oder verdampft, und die Erde wird leicht von den Sonnenstrahlen erhitzt; es scheinen da wenig Regenwürmer zu sein; es ist auch zu bemerken, dass die todten Blätter nicht nur an den meisten Heidebüschen, sondern auch an vielen Kräutern jahrelang bleiben und langsam in Staub zerfallen, den der Wind an niedriger gelegene Stellen wegführt, wo er Humus bildet; wenn man dazu fügt, dass Moose und trockene Lichenen die Zwischenräume der verworrenen Wurzeln und Stämme der Gefässpflanzen ausfüllen, wird man verstehen, dass sich ein Heidetorf bilden kann, der als Brennmaterial verwerthet werden kann. Die gewöhnlichsten Büsche sind *Empetrum nigrum*, *Cassiope tetragona*, die bei 64° n. Br. auftritt und von da gegen Norden an Häufigkeit zunimmt, *Vaccinium uliginosum* var. *microphyllum*; *Ledum palustre* var. *procumbens*, *L. groenlandicum*, *Rhododendron lapponicum*, *Phyllodoce coerulea* und *Cassiope hypnoides*; ferner *Loiseleuria procumbens*, *Dryas integrifolia* und *Diapensia lapponica*, die drei letzteren in kleinen Haufen wachsend. Die Büsche, die die grösste Länge erreichen, aber deshalb nicht niederliegend sind, mit aufsteigenden, von den herrschenden Winden abgebogenen Zweigspitzen, sind *Betula nana*, *Salix glauca* und *Juniperus communis* var. *nana*; endlich die folgenden Büsche, die in Grönland selten sind: *Vaccinium vitis idaea* var. *pumila*, *Arctostaphylos uva ursi*, *A. alpina*, *Linnaea borealis* und *Thymus Serpyllum* var. *decumbens*. Die Kräuter der Heiden sind p. 57—59 aufgezählt, die Moose und Lichenen p. 60, insoweit sie diesem Terrain angehören.

Die geographische Verbreitung ist p. 62—68 erwähnt. Die Heiden finden sich noch bei 70° n. Br. in einer Höhe von 2—3000 Fuss, und sie erstrecken sich weit gegen Norden. Man findet Heiden von ganz ähnlichem Aussehen in Island, in Skandinavien (und anderen Theilen von Nordeuropa), im nordöstlichen Sibirien, in Lappland, in Nordamerika (an den „barren grounds"), aber wie es scheint, nicht in Nowaja Semlja, noch auf Spitzbergen oder dem nördlichsten Theil von Grönland.

IV. Felsenflora („Fjäldmark") (p. 68—105).

Wo sich das Terrain hebt und schroffer wird, wo die Höhe über dem Meer zu gross ist oder die geographische Breite zu hoch, wo der Felsen überall nackt ist oder schuttförmig zertheilt, ist der Boden nicht mehr wie in den Heiden von Büschen und Kräutern, die eine zusammenhängende Vegetation bilden, bedeckt. Die Vegetation giebt hier der Landschaft keine Farbe, denn sämmtliche Pflanzen sind hier in grossen Zwischenräumen zerstreut; diejenigen mit verholzten Zweigen sind zum grossen Theil verschwunden; ausser den Moosen und Lichenen sind die meisten Pflanzen mehrjährige Kräuter. Wir haben hier Grönlands Flora nivalis. Die Kräuter, denen man da begegnet, sind wesentlich dieselben, wie in den Heiden (die Liste derselben p. 70—71). Die phanerogamen Pflanzen zeigen die Eigenthümlichkeiten, dass die meisten in Haufen wachsen, jedes Individuum mit einer einzigen und starken Wurzel, dass die Blätter dicht über der Erde eine Rosette bilden und dass die Sprossen das erste oder die ersten Jahre ähnliche vegetative Rosetten bilden und erst das oder die nächsten Jahre blühen; ausserdem sind mehrere immergrün.

Die Moose der Felsenflora sind p. 61 und 76 und die Lichenen p. 61—62 und

p. 76 aufgezählt. Viele derselben sind schwarz oder schwarzbraun, wie die Andreaceen und die Gyrophoreen. Was die Lichenen betrifft, scheint ein grosser Unterschied zwischen Skandinavien und Grönland zu sein; in Norwegen z. B., an den Bergen von Dovre, sieht man oberhalb der Waldgrenze grosse Strecken von einem weichen und dichten Lichenenteppich bedeckt (*Cetrariae, Cladoniae, Alectoriae* etc.), der, selbst von weitem gesehen, mit einem weisslichen oder graulichen Glanz schimmert. Nichts ähnliches scheint in Grönland stattzuhaben. Die einzigen Localitäten, wo solche Lichenenteppiche gefunden werden, sind an den Scheren oder Inseln längs der Küsten, aber sie bilden nur hie und da Flecken von verhältnissmässig kleiner Ausdehnung. Rücksichtlich der geographischen Verbreitung nimmt die Felsenflora sicher das grösste Areal im hohen Norden ein. Obwohl die meisten Arten circumpolar sind, giebt es doch einen Unterschied zwischen der Flora von Spitzbergen oder Skandinavien und der Flora nivalis von Grönland (Details p. 104).

In Abschnitt V wird die Anpassung der Heideupflanzen an die Dürre besprochen (p. 105—126); dieselben verhalten sich etwa wie die Steppen- und Wüstenpflanzen, z. B. Arabiens. Man findet die folgenden Typen für den Bau der Blätter der holzigen Pflanzen: 1. Büsche mit ericoiden Blättern: *Empetrum nigrum, Cassiope tetragona*. 2. Blätter, deren Unterseite zahlreiche Schutzhaare trägt, unter und zwischen welchen die Spaltöffnungen sind. 3. Blätter mit „pinoider“ Structur (Vesque): *Juniperus communis, Cassiope hypnoides*. 4. Blätter mit einem Wachsüberzug: *Vaccinium uliginosum* und unter den Kräutern *Rhodiola rosea*. 5. Blätter mit einer sehr dicken und cutinisirten Epidermis. Dieser Abschnitt ist von vielen anatomischen Holzschnittbildern begleitet.

VI., VII., VIII. Vegetation der süssen Wasser, Moore und Pfützen. Strandvegetation. Vegetation des gedüngten Landes.

An vielen Seen sind der Boden und die Ufer nackt und lassen nichts sehen als Felsen, Schutt und Sand; an andern findet man eine reiche Vegetation von Moosen (p. 127). Gemeiniglich sind die süssen Wasser nicht reich an Arten oder Individuen. Die Phanerogamen sind p. 128 aufgezählt; die meisten sind selten. Man weiss noch nichts über die Süsswasseralgen. Zwischen der Vegetation der Moore von Sibirien und Grönland giebt es einen Unterschied; jene scheint reicher an Gramineen und ärmer an *Carex*. In den Mooren von Norwegen findet man eine Anzahl Phanerogamen, die in Grönland mangeln (p. 138). Die Zusammensetzung der entsprechenden Flora von Spitzbergen weicht ebenfalls von der grönländischen ab (p. 139). — Die Strandflora ist arm. Die Vegetation des gedüngten Landes ist ziemlich reich. Durch die Kryolithschiffe sind 32 Phanerogamenspecies eingeschleppt (p. 151).

IX. Uebergänge zwischen den Vegetationstypen. Artenstatistik.

Von diesem Abschnitte ist hervorzuheben das 4. Stück, über das Verhältniss zwischen orientalischen und occidentalischen Arten handelnd. Unter occidentalischen Typen versteht Verf. diejenigen, die sich in Amerika finden oder in Amerika und dem östlichen Asien, oder in Sibirien, oder deren Standort im Allgemeinen gegen Westen zu suchen ist; die orientalischen Typen sind hier die europäischen Typen, darunter inbegriffen diejenigen von Nowaja Semlja. Die europäischen Typen herrschen vor im südlichen Grönland (p. 168) und sind ebenfalls in grosser Majorität an der Ostküste von 60°—66°. Die Strecke von 64°—71° an der Westküste hat viele eigene Typen, sowohl occidentale wie orientale, aber jene sind häufiger; weiter gegen Norden nehmen die occidentalen Formen zu im Verhältniss zu den orientalen; endlich in Nordwestgrönland sind die occidentalen Typen in sehr grosser Majorität (18 gegen 1 orientalische), und da es sich ebenso im Nordosten Grönlands verhält (10:4), kann man ganz Nordgrönland als eine arktisch-amerikanische Vegetation habend betrachten, während Südgrönland und die Ostküste bis 66° eine grosse Mischung von europäischen Species haben.

X. Geschichte der Vegetation.

Es ist zu vermuthen, dass die Flora des niedrigen Landes in Grönland am Beginne der Eiszeit ganz vernichtet wurde; man findet jetzt die Reste davon 20—25° weiter nach Süden, z. B. in Nordamerika. Die alpine Flora, die ohne Zweifel an den hohen Bergen Grönlands vor der Eiszeit wohnte, wurde anfangs zum Theil eine Flora des niedrigen

Landes, oder verschwand sie selbst später? Die Meinungen über diese Während einige Verff. (Hooker, Buchenau, Focke, Heer, citi: dass viele Pflanzen in Grönland die Eisperiode überlebten, glauben an jedenfalls nur sehr wenige Pflanzen sich erhalten haben können, und lich Blytt (?) und Nathorst, müssen also eine postglaciale Einwa: annehmen. Sie vermuthen gleichzeitig, dass die Einwanderung von E wärts stattgehabt hat, von der Hypothese ausgehend, dass Grönland und einige Zeit nachher mit Schottland vermittelst einer Brücke verbu: Island, die Färöer und die Shetland-Inseln sein sollten. Es ist a trachtungsweise, dass Blytt und andere Verff. fortan die arktische dieselbe von Grönland als skandinavisch bezeichnen; es giebt keine: Skandinavien eher als Grönland als Mutterland der arktischen Flo: Gegentheil glaubt Verf., dass Grönland mehr als irgend ein anderes La land für die arktischen oder alpinen Pflanzen gewesen ist, weil es eine von Norden gegen Süden und höhere Berge hat als Skandinavien und arktischen Länder.

Die Hypothese von einer Einwanderung aus Europa landwärt Gründe: die grosse Aehnlichkeit der Floren und die Tiefen des Meer der oben erwähnten Kette.

Die Beziehungen der Floren der oben genannten Inseln zu d sind erst von Ch. Martins 1839 behandelt (p. 173—174), später, Grönland ist nach ihm eine europäische Provinz mit einer fast ex Flora; in botanischer Hinsicht hat sie nur eine schwache Aehnlichke kamen die von dänischen Botanikern gemachten Untersuchungen in Island. Rostrup zeigte (1870), dass die Flora der Färöer fast eur land (1874), dass dasselbe mit der Flora von Island der Fall ist (p. 1 sich so an Europa und nicht an Amerika zu knüpfen. Eine Ei Lange gegen diese Theorie (1880) wurde nicht hinlänglich beachtet; zurückgekommen.

Das zweite Argument zur Stütze der Hypothese von dieser sich auf die Tiefen des Meeres zwischen den Inseln, die zwischen Gr gelegen sind. Diese Inseln scheinen in der Wirklichkeit unter sich u Europa vermittelst einer unterseeischen Kette verbunden zu sein, d 300 Faden unter der Meeresfläche ist, nördlich und südlich von Meeres viel grösser wird. Denkt man sich diese Kette über die Wel den Landweg, von welchem die Pflanzen allmählich von Europa nach wandern und dasselbe bevölkern können, nach und nach als sich das periode das Land bedeckte, zurückzog. Die Hypothese von einer L Rob. Brown, Geickie, Blytt, Nathorst, Drude etc. vertheidigt Eisperiode sollte sie gebrochen sein durch den combinirten Einfluss d sphäre und die Senkungen der Erdkruste, und es sollten nur die Insel:

Es ist vielleicht nicht nur möglich, sondern selbst wahrsch sehr entfernten Epoche, vor der Eisperiode, ein grosser Continent u existirte, mit welchem Amerika und Europa verbunden waren, wa Uebereinstimmungen bezüglich ihrer Vegetation erklären konnte; a Grönland mit Europa nicht verbunden gewesen ist, noch selbst ni mittelbar vor der Eisperiode durch die hypothetische Brücke zwische und den Shetland-Inseln.

Was die Argumente betrifft, die zu Gunsten der Annahme dung quer durch das atlantische Meer angeführt sind, ist zu bemer eine solche Verbindung zwischen Island und Schottland statt gehabt scheinlich ist, dass sie auch zwischen Island und Grönland gewesen Berge von Island eines jüngeren Herkunfts sind und wesentlich von E sind, sind diejenigen der grönländischen Ostküste nach den Untersu

Expeditionen bis 66° nördl. Br. aus granitischen oder andern analogen Felsen gebildet, folglich von den vorhergehenden ganz verschieden, und zwar eben in dem Theile von Grönland, wo die fragliche Brücke anknüpfen sollte. Es finden sich freilich an der Ostküste von Grönland nördlich von 70° Berge, die denselben Bau wie die von Island haben; aber zwischen diesen zwei Theilen hat das Meer eine so bedeutende Tiefe, dass man eine ehemalige Landverbindung nicht wohl annehmen darf. Der submarine Kamm zwischen Island und Grönland ist vielleicht gebildet oder jedenfalls gewachsen durch die Residua geschmolzener Eisberge. Eine Landverbindung zwischen Island und Grönland hat nicht bewiesen werden können.

Das Argument, das sich auf die geographische Vertheilung der Pflanzen bezieht, giebt keinen sicheren Schluss. Lange hat 1880 gezeigt, dass die Angaben Hooker's nicht genau sind. Blytt theilt die Resultate Lange's mit, als ob derselbe gesagt hätte, dass nur 60 der Gefässpflanzen Grönlands amerikanische Typen seien, der ganze Rest aber (318 Arten) europäische Typen; in diesem Falle wäre Grönland wirklich eine Provinz in Europa. Aber Lange sagt, dass das amerikanische und europäische Element ungefähr gleich vertreten ist unter den 378 Gefässpflanzen von Grönland, nämlich durch 60 amerikanische und 57 europäische Typen. Obgleich unsere Kenntniss der zwei Floren diese Zahlen jetzt sehr verändert hat, ist das gegenseitige Verhältniss fast dasselbe geblieben. Grönland ist also nicht eine europäische Provinz, ein Name, der vielmehr Island und den Färöern gegeben werden konnte. Verf. kommt zu demselben Resultat, wenn er die Vegetation in seiner Allgemeinheit, oder die in beiden Ländern (Island und Grönland) gemeinen und für die Vegetation charaktergebenden Arten betrachtet; es ist eine so grosse Differenz in der Vegetation, dass die zwei Länder in einer relativ neuen geologischen Periode nicht vereinigt gewesen sein können, jedenfalls nicht nach der Eisperiode.

Die Theorie von einer Pflanzeneinwanderung in Grönland nach der Eisperiode ist übrigens zum Theil überflüssig, denn Grönland hat sicherlich während dieser Periode einen grossen Theil seiner Flora bewahrt. Die Untersuchungen der dänischen und anderen Geologen, deren die meisten in den „Meddelelser om Grönland" publicirt gewesen sind (p. 191—192), erweisen, dass viele der Berggipfel nie von Eis bedeckt oder gestreift gewesen sind. Vornehmlich das majestätische Alpenland in Südgrönland war nur halb bedeckt, während jetzt $^{2}/_{3}$ derselben eisfrei ist und die Gletscher als local angesehen werden können; auch viele Berggipfel anderorts in Grönland, z. B. im Nordosten (70—74° nördl. Br.) werden den Pflanzen viele Refugien haben leisten können. Denn die Pflanzen können überall wachsen, wo sie in den Bergregionen ein von Eis nicht bedecktes Terrain finden, und von diesen Alpenregionen Grönlands hat sich die Vegetation in diejenigen verbreiten können, die das Eis allmählich nach der Eisperiode verlassen hat. Eine Anzahl seltener grönländischer Pflanzen kann ein neues Argument zur Stütze dieser Betrachtungsweise leisten. Viele dieser Pflanzen wachsen nämlich so zerstreut, dass ihre Standorte sehr weit von einander entfernt sind und sicher alte präglaciale Bewohner von Grönland.

Wahrscheinlich haben dann die meisten grönländischen Arten die Eiszeit im Lande selbst überlebt, besonders in dessen südlichsten Alpenregionen, vielleicht auch in der bergigen Region des Nordostens; aber viele sind ohne Zweifel eingewandert, wahrscheinlich in alle Regionen, in Mehrzahl doch in den nördlichsten und den südlichsten Theil. Man kann namentlich sicher annehmen, dass viele der zarten Arten unter diesen letztgenannten nach der Eiszeit gekommen sind. Südgrönland (bis 62° nördl. Br. an der Westküste und bis 60° nördl. Br. an der Ostküste) hat 59 eigene Arten, die sich nirgendswo sonst im Lande finden, und es ist dieser Theil von Grönland, der einen entschieden europäischen Charakter hat.

Die Hypothese von einer landwärts stattgehabten Einwanderung verliert noch mehr an Wahrscheinlichkeit, wenn man ohne zu einer solchen seine Zuflucht zu nehmen, vermittelst noch wirkender Ursachen erklären kann, weshalb Südgrönland und der südlichste Theil der Ostküste ein europäisches Gepräge hat. Diese Ursachen können dargewiesen werden. Die erste ist die Conformität des Klimas zwischen Südgrönland, Island, den Färöern, den britischen Inseln und Norwegen (p. 20—25). Eine andere Ursache wird darin zu suchen sein, dass die Einwanderung dieser zarten südlicheren Pflanzen in Grönland quer durch das Meer aus Island leichter ist als aus Amerika.

Die Zugvögel, die sich aus Amerika nach Grönland begeben, ziehen von Norden entlang der amerikanischen Küste und überschreiten die Davis-Strasse nicht eher als zu dem Parallelkreis angekommen, wo sie nisten werden; wenn sie zurückziehen im Herbste, fliegen sie südwärts längs der grönländischen Küste und warten so lange wie möglich, um über das Meer zu ziehen. Während diese Vögel Pflanzen nach Südgrönland nicht bringen können, können die wenigen, die von Europa nach Grönland wandern, sei es längs der Inselkette, sei es direct südlich von derselben, dieses eher thun (p. 203–206). Anderseits wehen die an der westlichen Küste von Island herrschenden Winde von Osten bis Nordosten und können demnach Samen nach Grönland bringen, während in Canada, von wo ein Theil der betreffenden Pflanzen kommen könnten, die herrschenden Winde von Nordwesten eine entgegengesetzte Richtung nehmen (p. 206–220). Endlich begünstigen auch die Meeresströmungen eher die Einwanderung von Island als von Amerika, und in diesem Transport spielt das Eis eine grosse Rolle, denn dasselbe dient als Beförderungsmittel für Samen und Pflanzen, die es, sich an der grönländischen Küste anhäufend, daselbst deponirt (vgl. p. 211—213). An allen Punkten ist es also wahrscheinlich, dass die Pflanzeneinwanderung in Südgrönland eher von Island als von Amerika statthaben muss, und da die Pflanzen daselbst ein günstiges Klima vorfinden, ist der Reichthum dieser Gegenden und dadurch ganz Grönlands an europäischen Typen auf eine natürliche Weise erklärt.

Grönland ist keine europäische Provinz; durch seine Natur, seine Vegetation und sicherlich auch durch seine Fauna, ist es am engsten an Amerika geknüpft, aber es bietet indessen solche Eigenheiten dar, dass man es als ein Land für sich betrachten muss. Es ist nicht die Davis-Strasse, wie es Hooker vermuthet hat — sondern eher die Danmarks-Strasse, zwischen Grönland und Island, die die Grenzlinie zwischen der europäischen und der amerikanischen Flora bildet.

Für viele Einzelheiten diesem sehr inhaltsreichen Abhandlung muss der dänische Text, auf den in dieses Referat oft hingewiesen ist, nachgesehen werden.

O. G. Petersen.

410. **Rosenvinge** (577). Allgemeine Schilderungen der Vegetationsverhältnisse der vom Verf. im Sommer 1886 bereisten Gegenden Süd- und Westgrönlands mit eingestreuten biologischen Beobachtungen. Durch einen Vergleich zwischen „Sukkertoppen" (65° 20′) und „Holstensborg" (67°) auf der einen Seite und „Pröven" (72° 21′) und „Upernivik" (72° 48′) auf der anderen Seite, welche Oertlichkeiten alle in dem mittleren Dritttheil des Monats Juli besucht wurden, schien bestimmt hervorzugehen, dass das Blühen für die meisten Pflanzen etwa gleichzeitig oder jedenfalls nicht viel später an den zwei nördlichen als an den zwei südlichen Orten; doch schienen diejenigen Pflanzen, die in den südlicheren Gegenden früh blühen, in den nördlichen etwas später zu blühen, z. B. *Salix herbacea* und *Loiseleuria procumbens*.

O. G. Petersen.

411. **Greely** (235) behandelt die Flora vom Grinnell-Land. Im Ganzen sind 64 Blüthenpflanzen, 66 Moose und 7 Flechten bekannt. (Im Uebrigen vgl. das citirte Ref. im Geogr. Jahrb.)

412 **Djumphna** (785). Bericht über die Vegetation von Nowaja Semlja. Vertreten sind 28 Familien der Dicotylen, 4 der Monocotylen und 4 der Kryptogamen. Unter den Phanerogamen herrschen die Gramineen mit 31 Arten vor. Im Gegensatz zu südlicheren Gebieten blühen die Dicotylen vor den Monocotylen. Von neuen Arten sind am interessantesten *Salix arctica, Glyceria tenella, Potentilla emarginata, Carex incurva*, *C. lagopina* und *C. hyperborea*. Von *Saxifraga* sind 8 Arten beobachtet, während *Phaca* allein die *Papilionaceae* vertritt. Die meisten Pflanzen haben die Blumenkrone aufrecht, während hängende Kronen fast ganz fehlen. Die meisten Blumen sind geruchlos. Wahrscheinlich sind einige Pflanzen Ueberreste aus präglacialen Zeiten.

413. **E. R. v. Trautvetter** (672) giebt eine Aufzählung sibirischer Pflanzen, die von Bunge und Toll gesammelt wurden. (Vgl. Bot. C., XXXVII, p. 214—215, wo wenigstens die Vertheilung derselben auf die verschiedenen Familien angegeben ist.)

414. **F. Karo** (323) sammelte auf der Reise von Warschau nach Irkutsk ausser *Limosella* je eine Art *Rumex, Androsace, Achillea* und *Gnaphalium* am Irtisch; er will in Zukunft bei Irkutsk sammeln.

415. **A. N. Lundström** (376) bespricht die *Salix*-Arten vom Jenissei-Ufer, besonders ihre Verbreitung. Neu aufgestellt werden *S. Arnelli* und *S. eriocaulos* sowie verschiedene Bastarde.

10. Centralasiatisches Florenreich.

(Turan, Mongolei, Tibet.) (R. 416—418.)

Vgl. auch R. 99 und 205 (*Rhododendron*), 424.

416. **A. v. Krasnoff** (347) berichtet über seine Reisen im Tienschan. Semenoff hat schon (Sapiski d. Kaiserl. Russ. Geogr. Ges. 1867) den transilenischen Alatau, den Issyk-kul und das Tekess-Thal behandelt und war der erste, der das Gletschergebiet vom Chau-teugri besuchte. Nach ihm wurde der Issyk-kul und der Oberlauf des Naryn von Sewertzoff (Petermann's Mittheilungen, Ergänzungsheft 42, 1875) behandelt. Kaulbars (Sapiski d. Kaiserl. Russ. Geogr. Ges., V, 1875) machte eine lange Reise zwischen Sary-Djass und Djaak-tass und besuchte das Gebiet der Ak-schijrrak-Gebirge, sowie den Kuelu-Pass. Auch Muschketoff (Kurzer Bericht einer Reise in Turkestan im Jahre 1875 und „Turkestan" 1886) sowie Regel's Reisebriefe 1870—75 behandeln dies Gebiet und geben Schilderungen der Vegetationsverhältnisse. Verf. wählt daher hauptsächlich die Gegenden aus, die noch fast gar nicht bekannt sind.

Zwischen Turfan und dem Vorgebirge liegt eine Steinwüste, die aus demselben Geröll wie das Vorgebirge besteht, aber den lössähnlichen Cement verloren hat. (Verf. sucht nachzuweisen, dass nicht die Steppen und Wüsten, sondern die Verhältnisse der asiatischen Hochgebirge nach der Eiszeit in Europa vorhanden waren. Vgl. Ref. 90 und 91.)

Regel erklärte das Vorhandensein europäischer Formen durch Einwanderung, die theilweise über den Kaukasus und Westtienschan, theilweise über Sibirien und Altai vor sich ging. Endemismus der Arten suchte er durch frühere Isolirung (wegen Umschliessung durch Meere) zu erklären.

Nach der Verbreitung der alpinen Flora lassen sich zwei floristische Gebiete unterscheiden, die der Vorketten, die sich bis zu den Nordabhängen des Terskei-tau erstreckt und die des Gletschergebiets und der Südabhänge. Die Flora des ersteren ist sehr der europäischen ähnlich. Wie in den Alpen sind hier frische grüne Matten, auf welchen der Europäer auf jeden Schritt und Tritt alte Bekannte findet, wie *Papaver alpinum*, Edelweiss, blaue Gentianen, alpine Gramineen, *Pedicularis versicolor, Potentilla nivea* und *Allium atrosanguineum* (im Ganzen 66 % der Mattenflur). Wie in den Alpen lassen sich unterscheiden echte Matten und Sümpfe mit *Carex* und *Eriophorum*, sowie Gesteinschutt mit nivaler Flora, wo gelbe und blaue Blumen aus nacktem, schwarzem Boden herausspriessen. Auch die schöne Gratflora spielt hier eine grosse Rolle, wenn auch oft andere Arten die europäischen vertreten, so findet man statt *Linaria alpina Corydalis Fedschenkoana, Galium helveticum* wird durch *Tephrospermum altaicum, Viola calcarata* durch *V. altaica* ersetzt. Die am höchsten wachsenden Pflanzen sind *Parrya flabellata, Corydalis Fedschenkoana* und *Cerastium lithospermifolium* (bis 13000 Fuss). Auch *Saxifraga flagellaris, Chorispora Bungeana* und *Oxygraphis glacialis* gehen weit nach oben, doch waren nackte schneelose Strecken am Kuelu- und Bedel-Pass auf einer Höhe von 13500 Fuss sogar im August vegetationslos.

Im Tienschan fehlen aber Torfmoos, *Vaccinium*, Knieholz, das schöne alpine Gesträuch aus *Azalea, Rhododendron, Empetrum* und *Helianthemum*. Aber gerade die sogenannten skandinavisch-alpinen sind widerstandsfähig gegen das Klima. Sie sind daher als Reste einer früher weit verbreiteten Flora anzusehen.

Ganz andere Formationen als auf den Nordseiten sind auf der Südseite des Gebirges. Ausser den verbreiteten Grat- und Moränenpflanzen, die meist zu den himalayischen und endemischen Formen gehören, verschwinden hier fast alle erwähnten Formationen.

An ihre Stelle treten Alpenprärien und Alpensteppen, den Steppen der Ebene ähnlich, mit kümmerlicher Vegetation; grosse Strecken sind ganz nackt; am häufigsten sind *Compositae*, *Cruciferae*, *Boragineae*, *Papilionaceae* und *Gramineae* (*Artemisia*, *Triticum*, *Chorispora*, *Stipa*, aber meist in endemischen Arten). Wenige der Formen sind weit verbreitet, wie *Triticum pectinatum*, *Artemisia fragrans* und *A. rupestris*. Dagegen findet man mehrere dieser Arten als Seltenheiten in Europa zerstreut, wie *Artemisia rupestris* oder *Trifolium lupinaster* in Brandenburg. Dies bestätigt die Meinung des Verf.'s, dass in der Eiszeit die Floren Europas und Hochasiens einander näher standen als jetzt und dass europäische Lössgebiete nicht mit der asiatischen Wüstenflora, sondern mit den Formationen der Alpensteppen und Alpenprärien bedeckt waren. Manche *Cruciferae*, die in der Ebene einjährig, sind hier mehrjährig; vielleicht dauern sie, wie Nordenskjöld es von nordischen angiebt, in voller Blüthe aus. Andererseits finden sich Arten, die in Europa nur zur Eiszeit vorhanden waren, wie *Picea Schrenckeana* (nächst verwandt der quaternären *Picea oborata rotunda squamosa*) oder solche, die zu den aussterbenden gehören. Bemerkenswerth ist, dass in den feuchtesten Thälern sich viele Gattungen gehalten haben, die in Sibirien und Turkestan fehlen, aber in den peripherischen Theilen Asiens vorkommen, wie *Evonymus*, *Acer*, *Pirus*, *Ulmus*. Die Vorberge und Südabhänge haben wieder eigenthümliche Flora, doch auch hier kann man zwischen den endemischen Arten zahlreiche Uebergangsformen zu den Repräsentanten der Nordabhänge finden, welche zeigen, dass die Flora der Südseiten eine neue und zum Theil aus degenerirten Formen der Nordabhänge entstandene ist. Einige von solchen neuen Formen haben Merkmale guter Arten oder gar Gattungen. Viele Formen der Alpensteppen und Prärien sind sehr nahe den Formen der Matten verwandt und nur der grösseren Trockenheit angepasst. Dasselbe gilt auch von Formen der Wälder.

Vgl. hierzu Bot. C., XXXVII, p. 246—248. Aus diesem Referat seien folgende neue Arten hervorgehoben: *Parrya siliquosa*, *P. Beketovi*, *Beketovia Thianschanica* n. sp. gen. nov. Crucif., *Astragalus Borodini*, *Oxytropis Beketovi*, *Chrysosplenium Thianschanicum*, *Tanacetum Grigorievi*, *Saussurea Famintziniana*, *Pedicularis Maximowiczii*, *Lagotis Grigorievi*, *Dracocephalum Gobi*, *D. villosum*, *Atraphaxis Muschketovii*, *Tulipa Regelii*, *Triticum Batalini*, *Stipa Semenovii*, *S. Woronini*.

417. **M. A. Franchet** (208) setzt die Aufzählung der von David in verschiedenen Provinzen Chinas gesammelten Pflanzen mit derjenigen der im chinesischen Tibet (Provinz „Moupine") gefundenen fort. (S. 1. Th. im 8. Bd. der Nouv. Arch.) Weiter giebt er ausser einem Inhaltsverzeichniss und der Tafelerklärung zu beiden Theilen eine Tafel der geographischen Verbreitung sämmtlicher beschriebenen Pflanzen in den 5 Gebieten: Moupine (405 Arten), Kiang-Si (201 A.), Schen-Si (129 A.), südliche Mongolei (314 A.) und Peking (677 A.). Die 129 Arten aus Schen-Si stammen vom Tsing-ling-schan. Viele dieser Berg- und Hügelpflanzen kommen auch im mittleren Japan vor, ja, sind für dieses charakteristisch, so neben anderen namentlich auch Farne. Himalaya-Arten sind hier selten, obschon der genannte Bergzug durch die Höhen von Yun-nan mit Nordindien in Verbindung steht. Doch findet sich auch hier *Juniperus recurva* Hamilt., während die anderen Coniferen, z. B. *Abies sacra*, an japanische Formen erinnern, oder, wie z. B. *Abies Tsuga*, *Pinus Thunbergii* u. a., mit solchen identisch sind. Auch *Sophora Moorcroftiana* var. *Davidi* erinnert an die himalayanische Stammart. Zweitens fand David bei Kiu-kiang, einer Stadt im nördlichen Kiang-Si am Jang-tse-kiang zahlreiche, gleichfalls im mittleren Japan einheimische Arten. Diese auch sonst bestätigte grosse Uebereinstimmung der centralchinesischen Flora und der Nippons beträgt mehr als 25 % der freilich bis jetzt nur zu einem geringen Bruchtheil bekannten Pflanzen. Die anderen Florenelemente dieser beiden Gebiete stammen aus den benachbarten Provinzen und zu einem geringen Theil aus der Mongolei und Sibirien. Sehr interessant ist drittens das östliche Tibet, die Provinz Moupine. Die grosse Uebereinstimmung ihrer Flora mit der des Himalaya wird durch den Reichthum an Rosaceen, Saxifragaceen, die Menge der *Rhododendron* und *Primula*, die Armuth der Glumaceen und die Farnmenge gekennzeichnet. Ueber ein Viertel der hier gesammelten Pflanzen gehören auch dem Himalaya an. Eine weitere Eigenthümlichkeit ist die grosse Anzahl hier neu aufgefundener Arten: 152 unter 405. Doch kommen auch hier noch einige wenige Japaner

vor, z. B. *Kerria japonica*. In dem nur 6° südlicher gelegenen Yun-nan findet sich eine durchaus andere Flora, die zwar auch Himalaya-Pflanzen, aber andere als Moupine einschliesst, so dass nur 5—6% der Arten gemeinsam sind. Auch die Verwandtschaft dieser Flora zu der des bergigen Centralchinas scheint gering zu sein. Viertens durchforschte David die Hochebenen von Uroten und Ordos zu beiden Seiten des Hwangho, östlich des Ala-Schan, in der südlichen Mongolei. Mit Ausnahme des Hwang-ho-Thales und einiger bewaldeter niedriger Berge ist die Pflanzenwelt arm an Arten und Individuen. Die Uroten-Flora ähnelt sehr der des baikalischen Sibiriens, so in der Menge der *Caragana*, *Astragalus*, *Oxytropis*, *Artemisia*, Salsolaceen. Farne fehlen fast völlig. Von japanisch-chinesischen Formen findet sich mit Ausnahme von etwa *Juniperus rigida*, *Pinus Thunbergii* und, in geringerem Umfange, *Juniperus chinensis*, kaum etwas. Andererseits kommen hier einige Himalaya-Pflanzen vor, die letzten Reste einer vom Pol südwärts gewandten Flora: *Anemone rivularis*, *Dracocephalum heterophyllum*, *Hydrangea vestita*, *Rheum Emodi*. Die neuen Arten sind an Zahl gering und, ausgenommen *Corydalis albicaulis*, sibirischen Charakters. Genannte Pflanze, die auch in Yun-nan sich findet, ist himalayanisch. Fünftens sammelte David bei Dschehol in der Nähe Pekings, woselbst in grossen Wäldern das sibirische Element überwiegt, und japanische Formen nur sehr wenig sich finden, und auf dem Gebirge Ipcohaschan in derselben Gegend. Neben sibirischen und mongolischen Pflanzen kommen einige himalayanische vor, so *Rosa macrophylla* in der Varietät *mongolica* und *Rheum Emodi*. Matzdorff.

418. Neue Arten aus dem Gebiet:

a. **C. Winkler** (729) beschreibt folgende neue *Cousinia*-Arten aus Turkestan und Buchara: *C. pygmaea, pusilla, tomentella, pseudomollis, fallax, Jassyensis, Schmalhausenii, aurea, Buchariea, pulchra*. (Vgl. Bot. C., XXXVII, p. 315, ferner nach derselben Zeitschr. die neuen Arten in Ref. 416.)

b. **Hooker's** (295) Icones plantarum (s. Tit.) enthalten folgende neue Arten des asiatischen Steppengebietes: Taf. 1725 *Caragana decorticans* Hemsl., Kurrumthal in Afghanistan. Taf. 1755 *Heliotropium gymnostomum* Hemsl., Gilgit, Roshan. Taf. 1756 *Polygonum (§ Cephalophilon) Gilesii* Hemsl., Gilgite xped. Shoghos, südlich des Hindu Kusch. Matzdorff.

II. Ostasiatisches Florenreich.

(Japan und China [mit Ausschluss des äussersten Süden, Hainans und Formosas].)[1] (R. 419–424)

Vgl. auch R. 61 (Mais in Japan), 96 (*Cyperaceae* aus Ostasien), 99 (*Rhododendron*), 100 (*Primula*), 101 (*Spiraea*), 141, 153, 156, 177, 178, 212, 263, 417, 430.

419. **E. Bureau** (114) beschreibt ausführlich und erläutert durch Abbildungen *Ficus Ti-Koua* n. sp., eine chinesische Feigenart mit unterirdischen essbaren Früchten, die in China als Ti-Koua bezeichnet wird. Sie ist in gewisser Beziehung ein Bindeglied der Untergattungen *Eusyce*, *Urostigma* und *Covellia*, doch mit manchen selbständigen Eigenthümlichkeiten.

420. **A. Franchet** (211) theilt die *Saussurea*-Arten des Yun-nan in folgende Gruppen:

A. *Gymnoclyne*: *S. ciliaris*.

B. *Carduella*: *S. edulis*.

C. *Chaetocline*.

α. Involucri squamae laxe imbricatae nisi basi coriacea plus minus foliaceae etc.

† Acaules, monocephalae: *S. spathulifolia*.

†† Caulescentes, macrocephalae.

1. *Caricifoliae*: *S. romuleifolia*.
2. *Taraxacifoliae*: *S. Sughoo, taraxacifolia, Kunthiana, yunnanensis*.
3. *Villosae*: *S. villosa, longifolia, grosseserrata*.

[1]) Nicht immer war genaue pflanzengeographische Abgrenzung möglich, in solchen Fällen sind die Arbeiten bei den Grenzgebieten citirt.

††† Caulescentes pleiocephala.

1. Capitula congesta: *S. Delavayi, likiangensis.*

2. Capitula ramos terminantia solitaria: *S. radiata.*

β. Involucri squamae arcte adpressae, coriaceae etc.

S. lampsanifolia, peduncularis, vestita, chetchozensis.

D. *Eriocoryne: S. gossypiphora*

Die Arten von *Eriocoryne* und *Taraxacifoliae* erinnern an Arten des Himalayas, während die Gruppe C. β. an die in Sibirien verbreitete *S. discolor* durch die beiden letztgenannten Arten, dagegen durch die beiden ersten an *S. Tanakae* Japans erinnert.

Ueber die Verbreitung der neuen Arten vgl. R. 424d. Die anderen sind bekannt von folgenden Orten: *S. Sughoo:* Likiang, 4000 m (Sikkim bis Tibet); *S. taraxacifolia:* Lankong, 3200 m; *S. Kunthiana:* Fang-yang-tchang und Koua-la-po und *S. gossypiphora:* Likiang.

421. **A. Franchet** (210) nennt für das Yun-nan *Primula nivalis* Pall. var. *purpurea* Regel (Pax) = *P. purpurea* Royle und schliesst daran systematische Bemerkungen über die *Primula*-Arten des Yun-nan. (Vgl. auch R. 424e.)

422. **O. Genest** (220) geht kurz auf die Vegetationsformationen am Amur ein.

423. **M. Yokohama** (743) berichtet nach den zusammenfassenden Bemerkungen Jo Tanakas zu den Berichten der Botaniker der Kaiserlich japanesischen Forstbehörde über die 5 Pflanzenzonen Japans. 1. Die Zone des *Ficus Wightiana* Wall. umfasst die wärmsten Theile des Landes, die südlichsten Spitzen Kiusius, sowie einige benachbarte Inselchen. Neben dem Charakterbaum kommen *Cyathea spinulosa* Wall., *Eugenia Jambos* L., *Podocarpus Nageia* R. Br., *Citrus bigaradia* Duham. vor. 28 Arten, meist immergrün, darunter 1 Nadel-, 14 Laubhölzer. 11 Laubhölzer sind sommergrün. 15 Holzgewächse gehen bis in die zweite, *Morus alba* L. var. *stylosa* Bur. geht bis in die zweite und dritte Zone hinein. — 2. Der zweitwärmste Theil Japans umfasst ungefähr das halbe Land und bildet die Zone des *Pinus Thunbergii* Parlat. Sie beherrscht Kiusiu und Sikoko mit Ausnahme kleiner höchster Abschnitte und geht auf Honshu im Innern bis ca. zum 35.°, an den Küsten in schmalen Strichen bis ca. zum 37.°, auch hier die höchsten Theile ausgeschlossen. Unter den 46 Holzpflanzen ragen neben dem genannten *Cinnamomum Camphora* Nees, *Quercus cuspidata* Sieb. und andere Eichen hervor. Immergrün sind 2 Nadel- und 34 Holzgewächse, blattwechselnd 11 Bäume. 55 Arten gehen in die dritte, beziehungsweise in die Zwischenzone, *Juniperus sinensis* L. geht in die dritte und vierte Zone über. — 2a. Eine Zwischenzone zwischen zweite und dritte schiebt sich ein, wo sich offene Ebenen, Hügel oder Berge in weiter Ausdehnung fern vom Meer erstrecken, oder wo Flachland zwischen hohen Bergen auf der Grenze beider Zonen liegt, oder wo auf dieser Abholzungen vorgenommen sind. Sie findet sich nördlich der genannten Grade. — 3. Der kühlere Theil, die Zone der *Fagus silvatica* L., bildet auf Kiusiu, Sikoko und dem schon geschilderten Theil Honshus nur schmale bandförmige, hochgelegene Strecken, bedeckt aber nördlich der genannten Grenze die Hauptmasse Honshus. An Gesammtausdehnung kommt sie fast der zweiten Zone gleich. Alle anderen Zonen bilden zwischen diesen beiden Hauptflorengebieten Japans nur Inseln. Neben *F. silvatica* sind charakteristisch unter den 44 Holzgewächsen *Quercus crispata* Bl., *turbinata* Bl., *Thuya obtusa* Benth. a. Hook., *Thuyopsis dolabrata* L. u. a. 8 immergrüne, 36 sommergrüne Holzpflanzen; davon gehen 13 in die vierte Zone über.

In den Meeren, die an die erste Zone grenzen, leben Korallen; in denen an der dritten kommt *Laminaria saccharina* vor; beide fehlen in den an die zweite Zone stossenden Meeren. — 4. Die Zone des *Abies Veitchii* Henk. u. Hochst. ist sehr kalt und erstreckt sich nur auf hohen Bergen über kleine, nur im Norden der dritten Zone zusammenhängende Landstriche. Es sind auf diese Zone nur *A. Veitchii* und *A. brachyphylla* Max., also 2 immergrüne Pflanzen, beschränkt. 2 Bäume (Verf. nennt nur die japanischen Namen) treten in die fünfte Zone über. — 5. Diese kommt hie und da auf den höchsten Bergen vor und besitzt nur eine eigentliche Baumart.

An Hand der Tafel 9, die ausser der im obigen bereits angedeuteten Pflanzenkarte Japans noch eine graphische Darstellung der Mächtigkeit und des Ansteigens der Pflanzenschichten für jede der 61 Provinzen in den Farben der 5 Zonen enthält, wird weiter diese Neigung der Pflanzenschichten und die Zonenmächtigkeit besprochen. Letztere ist, da für die erste die untere, für die fünfte die obere Grenze fehlt, für 2: 1000 m, für 3: 1270 m, für 4: 730 m. Sodann folgen Verzeichnisse für jede der genannten Zonen und ihre Uebergänge, oft unter alleiniger Aufführung der japanischen Namen der Pflanzen.

Matzdorff.

424. Neue Arten aus dem Gebiet:

a. **Hooker's** (295) Icones plantarum enthielten in den im Titel genannten Theilen folgende neue Gattungen und Arten des chinesisch-japanischen Gebietes: Taf. 1526 *Plagiospermum* nov. gen. Oliv., Celastraceen oder Rosaceen?, verw. *Glossopetalon* Asa Gray, mit *Pl. sinense* Oliv.: Nordchina, Provinz Sching-king, Mukden. Taf. 1533 *Clematis leiocarpa* Oliv. (vielleicht eine Form von *Cl. uncinata* Champ.): Ichang in China. Taf. 1534 *Hypericum longistylum* Oliv.; ebenda. Taf. 1537 *Oligobotrya* nov. gen. Baker, Liliaceen, Trib. Polygonateen, gleicht *Polygonatum* im gamophylen Perianth und *Smilacina* im endständigen Blüthenstand, mit *Olig. Henryi* Baker.; Patung in Centralchina. Taf. 1538 *Itea ilicifolia* Oliv.; Ichang. Taf. 1540 *Neillia sinensis* Oliv., verw. *N. thyrsiflora* Don.; Patungdistrict. Taf. 1705 *Rubus Henryi* Hemsl. et O. Ktze.; Ichang, Provinz Hupeh. Taf. 1709 *Munronia unifoliolata* Oliv., verw. *M. pumila* Wt.: Ichang. Taf. 1710 *Sageretia ferruginea* Oliv.; ebenda. Taf. 1711 *Eleutherococcus Henryi* Oliv.; Patung in der Provinz Hupeh, China. *El. leucorrhizus* Oliv.; ebenda. Taf. 1712 *Wendlandia (Sestinia) Henryi* Oliv., verw. *W. Kotschyi* Boiss. et Hohen.; Ichang. Taf. 1715 *Schizandra propinqua* Hook. f. et Thoms. var. *sinensis* Oliv.; ebenda. Taf. 1716 *Petrocosmea* nov. gen. Oliv., Gesneraceen, § Cyrtandreen, verw *Didymocarpus*, mit *P. sinensis* Oliv.; ebenda. Taf. 1719 *Nasturtium Henryi* Oliv.; ebenda. Taf. 1721 *Phylloboca sinensis* Oliv., von *P. amplexicaulis* C. B. Clarke durch die Blätter verschieden: ebenda. Taf. 1754 *Berberis (Mahonia) gracilipes* Oliv.; Berg Omei in der Provinz Szechwan, China. Taf. 1759 *Rhamnus heterophyllus* Oliv.; Ichang, Szechwan. Taf. 1760 *Cocculus affinis* Oliv.; Nan-t'o im Ichangdistrict. Taf. 1762 *Mappia pittosporoides* Oliv.; Ichang. Taf. 1765 *Thalictrum ichangense* Lecoyer, verw. *Th. Przewalskii* Maxim.; Ichang, Nan-t'o, Provinz Kwangtung. Taf. 1766 *Th. microgynum* Lecoyer, verw. *Th. virgatum* Hook. f. et T.; ebenda. Taf. 1767 *Ribes pachysandroides* Oliv. Omei (s. o.). Taf. 1768 *Passiflora cupiformis* Mast.; bei der Stadt Fu in der chines. Prov. Szechwan. Taf. 1771 *Derris Fordii* Oliv.; Provinz Kwangtung in China. Taf. 1772 *Sindechites* nov. gen. Oliv., Apocynaceen, Trib. Echitideen, verw. *Trachelospermum* Baillon. mit *S. Henryi*; Ichang. Taf. 1774 *Alangium Faberi* Oliv.; Felsen bei Fu (s. o.). Taf. 1775 *Campanumoea axillaris* Oliv.; Berg Omei. Taf. 1778 *Parnassia (Saxifragastrum) Faberi* Oliv.; ebenda. Taf. 1787 *Ilex macrocarpa* Oliv.; Ichang, Nan-t'o-Berge, Provinz Kwangtung. Taf. 1788 *Lindera (Daphnidium) fragrans* Oliv.; Ichang. Taf. 1789 *Primula (Aleurites) Faberi* Oliv.; Omei. Taf. 1790 *Bauhinia (Pauletia) Faberi* Oliv.; Wushanschlucht in der Provinz Szechwan. Taf. 1797 *Didissandra sesquifolia* C. B. Clarke, verw. *Chirita monophylla* C. B. Clarke; Omei. Taf. 1798 *Hemiboca* nov. gen. C. B. Clarke, Gesneraceen, Trib. Cyrtandreen, mit 3 Arten: Sect. 1 Sympodiales *H. follicularis* C. B. Clarke, Kwangtung. Sect. 2 Subcapitatae *H. subcapitata* C. B. Clarke und *H. Henryi* C. B. Clarke; beide von Ichang. Taf. 1799 *Didymocarpus stenanthos* C. B. Clarke, verw. *D. subalternans* Wall.; Omei.

Matzdorff.

b. **M. A. Franchet** (208). Neue Arten aus der chinesischen Provinz Moupine (östliches Tibet): p. 36 *Erigeron Moupinensis.* p. 39 *Senecio (Ligularia) nimborum*, verw. *calthaefolius* Hook. p. 40 *S. Davidi (Cacalia)*, *Saussurea auriculata.* p. 41 *Ainsliaea lancifolia.* p. 42 *Launaea lampsanoides.* p. 43 *Vaccinium Moupinense.* p. 53 *Clethra* Gronov. sect. nov. *Clematoclethra* mit *Cl. scandens* (Taf. 10). p. 59 *Lysimachia platypetala*, verw. *multiflora* Wall. *Jasminum discolor.* p. 60 *Symplocos (Lodhra) botryantha*, verw. *myrtacea* Sieb. und Zucc. und *lancifolia.* p. 62 *Swertia (Ophelia) Davidi*, verw. *diluta* Ledeb. p. 63 *Didissandra (Bocoides) lancifolia.* p. 64 *Omphalodes (Euomphalodes) Moupinensis.* p. 65 *Budleia (Neemda) Davidi.* p. 66 *Pedicularis* (longirostres, siphonanthes) *macrosiphon.* p. 67 *P.* (longirostres, graciles) *Moupinensis.* *P.* (longirostres, graciles)

Davidi. p. 68 *Clerodendron (Euclerodendron) Moupinense.* p. 71 *Theligonum macranthum.* p. 73 *Polygonum (Persicaria trigyna) myosurus.* p. 76 *Lindera obovata.* p. 77 *Lindera puberula*, verw. *L. Griffithii* Meissn. und *sericea.* *Elaeagnus Davidi.* p. 79 *Aristolochia (Hexodon) Moupinensis*, verw. *Kaempferi.* p. 80 *Girardinia vitifolia*, verw. *heterophylla* Decne. p. 81 *Pilea fasciata*, verw. *trinervia* Wigh. p. 82 *Salix Moupinensis*, verw. *Oldhamiana* Miq. *S. (Synandrae) variegata*, verw. *incana* Schrank. p. 83 *S. microphyta*, verw. *furcata* Anders. p. 84 *Coelogine bulbocodioides*, verw. *humilis.* p. 85 *Calanthe megalopha*, verw. *tricarinata*, *C. Davidi.* p. 86 *C. fimbriata*, *Habenaria Davidi.* p. 88 *Cypripedium luteum.* p. 89 *Streptopus parviflorus.* p. 90 *Lilium Duchartrei* = *L. speciosum* var. *gracilior parvifolia* Duchartre. p. 93 *Fritillaria Davidi (Liliorhiza)* (Taf. 16 B.) *Ypsilandra* nov. gen. (ähnlich *Helionopsis*; steht in der Mitte der Narthecieen und Veratreen) mit *Y. thibetica* (Taf. 17). p. 95 *Tofieldia macilenta*, verw. *nuda* Maxim. und *himalaica* Baker, *T. thibetica.* p. 97 *Paris (Euthyra) chinensis.* p. 184 *P. thibetica.* p. 99 *Juncus luzuliformis*, verw. *membranaceus* Don., *J. allioides.* p. 102 *Carex Moupinensis.* p. 103 *C. thibetica*, *C. drepanorhyncha.* p. 105 *Calamagrostis collina*, *C. scabrescens* = *Deyeuxia scabrescens* Munro. p. 106 *C. Moupinensis.* Weiter 9 neue Farne.

Matzdorff.

c. **M. A. Franchet** (209) beschreibt folgende neue Arten und Formen der *Mutisiaceae* vom Yun-nan:

p. 66 **Nouelia insignis* n. sp. gen. nov.: Tapin-tze.
„ 67 *Gerbera raphanifolia:* Mo-che-tsin.
„ 68 *G. ruficoma:* Che-tcho-tze, oberhalb Tapin-tze.
„ 68 *G. Anandria* forma *autumnalis:* Tschen-fong-chang.
„ 68 *G. Anandria* forma *vernalis:* Che-tcho-tze.
„ 68 *G. Delavayi;* Choui-tsiu-yu, 1800 m.
„ 69 *Ainsliaea pteropoda* var. *obovata:* Mo-che-tchin.
„ 69 *A. pteropoda* var. *platyphylla:* Ebenda u. Mi-chai-lo.
„ 69 *A. pteropoda* var. *leiophylla:* Che-tcho-tze.
„ 70 *A. Yunnanensis:* Che-tcho-tze.
„ 70 **A. pertyoides:* Tapin-tze.

Die mit * versehenen Arten sind abgebildet.

d. **M. A. Franchet** (211) beschreibt von neuen *Saussurea*-Arten aus dem Yun-nan:

p. 337 *S. ciliaris:* Oberhalb Lankong, 3500 m.
„ 337 *S. edulis:* Tsang-chan, Likiang, Lankong, Hokin, 2500—4000 m.
„ 338 *S. spathulifolia:* Likiang, 4500 m.
„ 339 *S. romuleifolia:* Likiang, Tapin-tze, 2300 m.
„ 340 *S. yunnanensis:* Hokin, Tapin-tze.
„ 353 *S. villosa:* Koua-la-po, 3200 m.
„ 354 *S. longifolia:* Lankong, 3200 m.
„ 354 *S. grosseserrata:* Likiang, 3500 m.
„ 355 *S. Delavayi:* Tsang-chan, 4000 m.
„ 356 *S. likiangensis:* Likiang, 4500 m.
„ 356 *S. radiata:* San-tchang-kiou bei Hokin.
„ 357 *S. lampsanifolia:* Tapin-tze.
„ 357 *S. peduncularis:* Tapin-tze.
„ 358 *S. vestita:* Lankong, 3000 m; Tapin-tze.
„ 359 *S. chetchozensis:* Che-tcho-tze, oberhalb Tapin-tze, 2000 m.

e. **A. Franchet** (210) beschreibt vom Yun-nan:

p. 428 *Primula pellucida* n. sp. (*Aleuritia*, nächst verwandt *P. petiolaris*).
„ 428 *P. Listeri* King. mss. (in Hook. Fl. of Brit. Ind., III, 485) umfasst die var. *β. rotundifolia* u. *γ. glabrescens* von *P. obconica* (B. S. B. France, XXXIII, 66).
„ 429 *P. pulchella* (non Wall.) = *P. Stuartii* Franch. (B. S. B. France, XXXII, p. 270).

f. **J. G. Baker** (31) beschreibt *Lilium Henryi* n. sp. aus Ichang (wo noch *L. giganteum*, *tigrinum*, *longiflorum* und *Brownii* vorkommen).

g. **Fr. Crépin** (141) beschreibt *Rosa Watsoniana* n. sp. (verw. *R. anemonaeflora* Fortune) aus Japan.

h. **Tokutaro Ito** (318). *Ranzania japonica* n. sp. gen. nov. (= *Podophyllum japonicum* T. Ito in Maxim. Mel. Biol., XII, 1886, 417; J. L. S. Lond., XXII, 1887, 434). Japan (Hauptinsel [also nach unserer gewöhnlichen Bezeichnung: Nipon] Berg Togakuski, Provinz Shinano). Bei der Gelegenheit theilt Verf. mit, dass an demselben Berge das für Japan angezweifelte, in Amerika vorkommende *Podophyllum peltatum* L. sich finde.)

12. Indisches Florenreich.

(Himalaya[1]), Indien, Sunda-Inseln, Pampasgebiet, Nordaustralien[2]), Polynesien.) (R. 425—432.)

Vgl. auch R. 66, 99 *(Rhododendron)*, 163, 164, 167, 177, 225, 238 (Pfl. v. niederländ. Indien), 245, 399, 435, 439. — Vgl. ferner No. 6* (Tonkin), No. 120* (Siam), No. 438* (Coca in Indien), No. 480* (Waldflora von Kotschinchina), No. 586* (Producte Ceylons), No. 810* (Indische botanische Gärten), No. 842* (China-Rindengewinnung in Indien).

425. **E. C. Bock** (111) empfiehlt *Rubus nutans* zur Anpflanzung am Himalaya in einer Höhe von 6000—8000 Fuss.

426. **Vanda coerulea** (862) wächst in den Khasia-Bergen in 3000—4000 Fuss Höhe, ist daher keine Pflanze des Warmhauses, erträgt im Gegentheil keine sehr hohe Temperatur. (Betreffs Radlkofer's Arbeit über *Dobinea vulgaris* aus dem Himalaya vgl. den systematischen Theil dieses Jahresberichts.)

427. **Trimen** (679) hat nach G. Chr. einen Catalog aller Pflanzen des botanischen Gartens von Ceylon publicirt mit Angabe der singhalesischen Namen.

428. **H. G. Reichenbach fil.** (54) bespricht ausführlich *Dendrobium Wattii* Rchb. f. aus Munipore, die seiner Meinung nach vielleicht ein Bastard zwischen *D. Jamesianum* Rchb. f. und *D. flexuosum* Rchb. f. sein kann.

429. **M. T. Masters** (401) beschreibt *Decaschistica ficifolia* n. sp. von Barma.

430. **Merz** (414) schildert die Eindrücke einer Reise von Amoy nach Kin-kiang. Das Thal des Chialung-chiang war ganz mit Zuckeranpflanzungen bedeckt, deren saftiges Grün der Gegend eigenthümlichen Reiz verlieh. Das Zuckerrohr wird in 1 m von einander entfernten Reihen gepflanzt, zwischen denen Furchen gezogen werden, um das Bewässern zu erleichtern. Der Abstand der einzelnen Pflanzen beträgt etwa 30 cm. Als Dünger dienen Bohnenkuchen. Die Felder sind von Bambuszäunen eingehegt. Bei der Ernte wird das Zuckerrohr ganz dicht an der Wurzel abgeschnitten und in dichten Bündeln nach den Zuckermühlen gebracht, um ausgepresst zu werden. Das ausgepresste Rohr dient als Feuerungsmaterial. Ausser Zucker wird noch Indigo und Hanf gewonnen. Versandt werden auf dem Flusse ausser Papier namentlich Thee, Theeöl und Theeölkuchen. Bei Nia-ten, einem Dorfe an einer Verengung des Flusses, sind die anstossenden Berge gut bewachsen mit Wäldern, namentlich von *Pinus maritima* und *P. sinensis*, welche letztere im ganzen Südchina weit verbreitet ist und ihres harten Holzes wegen viel zu Sargdeckeln verwandt wird, daher anbauwürdig wäre. An der höchsten Stelle dieses Passes traf Verf. die ersten Theegärten. Bei Changping verbreitet sich das Flussthal und ist mehr angebaut, namentlich mit Zuckerrohr, Thee, Indigo und weiter hinauf auch Buchweizen. Weiter aufwärts sind ausgedehnte Wälder, bis in Süd-Fo-kien die Hauptheedistricte beginnen, auf deren Schilderung Verf. näher eingeht. Bei Ning-yang steigen Pflanzungen von Thee und Reis fast 1300 m hoch.

431. **H. Baillon**[3]) (21). Zwischen *Strophantus* und *Roupelia* sind vom malayischen Gebiet Uebergänge bekannt, sie müssen daher in eine Gattung vereinigt werden.

Perinerion Welwitschii von Angola erinnert bis zu gewissem Grade an *Baissea*, sowie andererseits an *Apocynum*.

---

[1]) Wenn auch wissenschaftlich die Theilung des Himalaya unter die anstossenden subtropischen Florenreiche richtiger ist, so mag doch aus praktischen Gründen dieser zu Indien gezogen werden.

[2]) Vgl. indess auch bei Australien.

[3]) Der Anfang der Arbeit ist nicht eingegangen, kann daher nicht berücksichtigt werden.

Zygonerium Welwitschii neigt zu *Gerbera* und zu *Wrightia* hin.

Alyxia R. Br. (1810) wäre wohl durch *Gynopogon* Forst. (1776?) zu ersetzen, *Carissa* L. (1767) durch *Arduina* Mill. (1759).

Pleioceras Barteri erinnert an *Rauwolfia*.

Parabeaumontia ist nur eine Section von *Beaumontia*.

431a. Die neue Flora Krakataus[1]) (814), deren Vorgängerin durch den Ausbruch vom August 1883 gänzlich vernichtet worden war, wurde 1886 durch Treub untersucht. Vögel, Winde und Wogen, aber nicht Menschen, haben die Keime derselben herbeigeführt. Das nächste Land ist gegen 10 Meilen entfernt. Treub fand 11 Farne von weiter Verbreitung, die sämmtlich auf benachbarten Inseln vorkommen, am Ufer 9 Phanerogamen, von denen 8 alle jungen Korall-Inseln bewohnen, im Innern einige andere Arten, sowie Samen und Früchte von Pflanzen, die auf der malayischen und polynesischen Inselchen und Atolls häufig sind. Als Vorläufer der phanerogamen Pflanzenwelt fanden sich auf den Bimsteinen und der Asche 6 Cyanophyceen, die den Boden und Humus für die Farnprothallien und Farne selbst vorbereitet hatten. Matzdorff.

431b. **M. Treub** (678). Die Insel Krakatau wurde bei dem vulcanischem Ausbruch vom 26. und 28. Aug. 1883 von oben und unten mit einer Schicht glühender Asche und Bimstein von 1—60 m bedeckt, so dass alle ursprüngliche Vegetation gründlich zerstört wurde. Da die Insel von dem nächsten bewachsenen Boden 18 km entfernt ist, da sie unbewohnt und schwierig zu besuchen ist, bietet sie ausgezeichnete Gelegenheit zu Studien, wie die Flora sich spontan wieder herstellt

Drei Jahre nach der Eruption bestand die Flora fast ausschliesslich aus Farnen. Phanerogame wurden nur vereinzelt gefunden. Unter den letztern sind 2 Compositen zu verzeichnen, die zweifelsohne dem Nordhornsport ihrer Samen ihre Existenz zu verdanken hatte.

Auch die Farne mussten durch Uebertreten ihrer Sporen auf die Insel gekommen sein. Der höchst rohe Boden wurde wahrscheinlich dadurch dazu befähigt die Sporen zum Auslaufen zu bringen, dass sie vielfach mit einer dünnen gallertartigen und hygroskopischen Cyanophyceenschicht bedeckt war. Auch auf Juan Vernandez und Ascension besteht die Vegetation hauptsächlich aus Farnen. Giltay.

431c. Die **Araucaria** (761), welche in Neu-Guinea beim Ersteigen des Mount Obree von 6000 Fuss aufwärts beobachtet wurde, hat sich als identisch mit *A. Cunninghami* des tropischen und subtropischen Ostaustraliens erwiesen. Sie ist auch im niederländischen Neu-Guinea am Mount Arfak, oder schon in einer Höhe von 3000—4000 Fuss beobachtet, scheint daher in Neu-Guinea weit verbreitet. Ihr nahe verwandt ist *A. Balansae* von Neu-Caledonien.

431d. **A. Kirchhoff** (331) geht in seiner Schilderung von Kaiser-Wilhelms-Land auch kurz auf den Landschaftscharakter ein. Auch auf einige Nutzpflanzen wird kurz eingegangen. (Vgl. auch Geogr. Jahrb., XIII, p. 343, ferner Ausland, 1888, p. 904 ff.)

431.e. **Dr. Hollrung** (292). Die Pflanzenwelt von Kaiser-Wilhelms-Land trägt durchaus tropischen Charakter. Wüsten fehlen ganz. Sie zeigt mehr Anklänge an die malayische als an die australische Flora. *Eucalyptus*, von der in Australien mehr als 300 Arten leben, ist in Kaiser-Wilhelms-Land noch nicht gefunden, den 300 australischen *Acacia*-Arten steht eine von Kaiser-Wilhelms-Land gegenüber, ebenso sind *Grevillea*, *Banksia*, *Persoonia*, *Hakea*, jene *Proteaceae*, die so häufig den Habitus Australiens bedingen, bisher nicht beobachtet. Aehnlich ist es mit den Coniferen, doch künden neuere Berichte den Fund von *Araucaria* in 1400 m Höhe in der Nähe der Bubuiquellen an. Andererseits finden sich viele in Australien fehlende Elemente, die entschieden nach den Philippinen und Molukken hindeuten, so *Lumnitzera pedicellata* (nur von den Philippinen bekannt), *Combretum trifoliatum* (von Barma und Java), *Kleinkovia*, *Garcinia*, *Phyllanthus philippinensis*, *Crataeva*, *Stelechocarpus Burahol* (Java und Singapur), *Myristica Spanogheana* (Timor), *Pericampylus incanus* (östliches Vorderindien, Hinterindien, Java), *Poikilospermum*, *Cypho-*

[1]) Vgl. auch Treub's Arbeit über denselben Gegenstand (Ann. Jard. bot. Buitenzorg, VII, 213—223), über die Drude im Geogr. Jahrbuch, XIII, p. 293 berichtet. Vgl. auch folgendes Referat. Höck.

lophus heterophyllus, Parsonsia spiralis, Dolichandrone Rheedii, Clinogyne u. a. Hauptvegetationsformationen sind Wald und Grasebene, daneben, aber nicht sehr hervorstechend, Mangrove-, Sagopalmen-, Bambusrohr- und Zuckerrohrdickicht. Im Bergland herrscht der Wald fast unumschränkt, in der Ebene behält namentlich gegen Norden hin das Grasland oft die Oberhand. Der Wald erhält tropisches Aussehen durch viele Monocotylen, wie *Cocos, Kentia, Areca, Ptychosperma, Caryota, Euterpe, Licuala, Pandanus* u. a. An trockenen, geneigten Plätzen fehlen oft alle monocotylen Bäume, so dass der Wald dann einem europäischen gleicht. Dies ist jedoch nur Ausnahme, meist stehen die Stämme schlank und lang aus der Erde emporgeschossen neben einander, die reichbelaubten Blattkronen sind so verschlungen, dass nur wenige Sonnenstrahlen das dichte Blätterdach durchdringen. Darunter herrscht dann buntes Gewirr von schlingenden, windenden, kletternden und schmarotzenden Gewächsen. Eigentliches Unterholz ist wenig vorhanden, auch sind wenig Kräuter am Boden. Aber Luftwurzeln hängen massenhaft herab. Der Bergwald pflegt wegen geringerer Feuchtigkeit weniger dicht zu sein als der der Ebene. Das Grasland macht ziemlich eintönigen Eindruck, weil meist nur eine Grasart flächenbildend auftritt; es fehlen dazwischen Wiesenblumen und Futterkräuter. Das verbreitetste Gras ist *Imperata arundinacea*. Die besten Futtergräser sind *Anthistiria, Andropogon* und *Pennisetum*. An den Ufern des Kaiserin-Augusta-Flusses sind *Saccharum spontaneum, Centotheca lappacea* und *Coix lacrima* sehr häufig. Die Eintönigkeit der Grasflächen wird im Süden durch gewisse, sich gern zwischen Gras aufhaltende Bäume und Sträucher, wie *Albizzia, Sarcocephalus, Callicarpa, Mussaenda, Phyllanthus, Cycas* u. a. etwas herabgemindert.

Die Einwohner benutzen besonders Yams, Taro und Banane, an einigen Orten auch Cocosnuss, Brotfrucht und Sago. Gelegentlich verzehren sie auch Früchte von *Nymphaea*, wilde Weinbeeren, Pandanen, Blüthenstände des wilden Zuckerrohrs, Papayen, Gurken, Bohnen, Ingwerwurzel, wilde Feige, Bassiafrüchte, Canariumkerne, sogar Früchte von *Tabernaemontana* u. a. Yams, Taro, Banane, Papaya und Gurke werden von den Eingeborenen in Plantagen angebaut.

431f. Der **Baobab** (768) Australiens, *Adansonia Gregorii* aus Nordaustralien wird abgebildet und mit *A. digitata* (vgl. G. Chr., ser. 3, vol. 3, 1888, p. 494) verglichen.

431g. **G. v. Beck** (60) giebt eine Darstellung der Flora des einen (Faule oder Small island) der 4 Corallenriffe, die das Stewart-Atoll oder Sikciana (8° 22′ s. Br. und 162° 58′ ö. L. v. Gr.) bilden. Auf der schmalen und niedrigen Insel wurden folgende 17 Pflanzen gesammelt: Flechte *Pannaria pannosa* Delix. Lebermoos *Chiloscyphus argutus* Nees. Laubmoos *Thuidium faulense* Reichardt. Farne *Vittaria plantaginea* Bory, *Asplenium laserpitiifolium* Lam. Phanerogamen *Tacca pinnatifida* Forst., *Cocos nucifera* L., *Pandanus* spec., p. 252 *Fimbristylis Faulensis* nov. spec., verwandt *F. glomerata* Nees. ab Esenb., *Stenotaphrum subulatum* Trinius, p. 253 *Fleurya glaberrima* nov. spec. = *Fl. interrupta* Hochst. non Gaud., p. 254 *Procris obovata* nov. spec. = *P. cephalida* Hochst. non Poiret., p. 255 *Schmidelia lasiostemon* nov. spec., *Euphorbia Atoto* Forst., *Rhizophora Mangle* L., p. 256 *Bassia microcalyx* nov. spec., *Lippia nodiflora* Rich. Die Mangroven haben sich auf der Lagunenseite angesiedelt, den aussen gelegenen Kalkboden bedecken Cocospalmen, das Innere der Insel, das mit Bimstein bedeckt ist, trägt üppigen, gemischten Laubwald mit Pandaneen und Brotfruchtbäumen. Matzdorff.

431h. **F. M.** (802) zeigt, dass die Flora der Gesellschafts-Inseln sich mehr durch Individuen- als Artenzahl auszeichnet. Sehr viele Arten, 60 % der Gefässpflanzen, sind ausdauernd oder Halbsträucher; die Bäume und Sträucher machen $38^1/_2$ %, die einjährigen Gewächse nur $1^1/_2$ % aus. Fast die Hälfte jener 60 % sind Farne, unter denen aber nur ein Baum, *Cyathea medullaris*, vorkommt. Die meisten Inseln sind vulkanisch (Gipfel im Orohena auf Tahiti 2236 m); ihr centrales Massiv strahlt mit engen Thälern gegen das Meer hin aus. Gering ist die Zahl der Inseln madreporischen Ursprungs. Das Klima ist tropisch feucht, die mittlere Temperatur beträgt 24°. — An den steilen Abhängen der Thäler gedeihen nur Holzpflanzen mit niedrigen Stämmen und kräftigen Wurzeln oder Farne mit Grundaxen. *Barringtonia speciosa, Calophyllum inophyllum, Guettarda speciosa* und *Casuarina equisetifolia* kommen daher nur am Meeresufer vor. Allein *Artocarpus* *incisa* geht ein wenig in die Thäler vor. Ebenso *Spondias dulcis*, doch bildet er Bestände nur bis 600 m Meereshöhe. Sträucher, wie *Randia thahitensis*, *Nauclea Forsteri*, *Weinmannia parviflora* und *Commersonia echinata*, finden sich auf den Gipfeln über 800 m. Neben den genannten können in den Thälern nur Kletterpflanzen, die 5 % aller Gefässpflanzen, und Parasiten und Pseudoparasiten, die 10 % aller Gefässpflanzen ausmachen, fortkommen. Nur am Rande der Bäche, auf den trockenen Hügeln und am Meere finden sich wenige Kräuter. Dem Umstand, dass in den engen Thälern der Boden das Wasser schlecht festhält, die Atmosphäre aber sehr feucht ist, sind die Farne, Urticaceen und Bananen gut angepasst. *Musa Fehi* und *Freycinetia*, zwischen 600 und 1200 m, machen ebendort den Eindruck malaiischer Dschungeln. Palmen gedeihen nicht gut. Ausser der küstenbewohnenden Cocospalme findet sich nur eine spärliche *Ptychosperma*. — Der Hauptcharakter ist der einer eingeführten Flora, so sind z. B. nur 7 % der Farne endemisch. Sie und die Leguminosen, Euphorbiaceen, Rubiaceen, Orchideen, Cyperaceen und Gräser verhalten sich ähnlich wie im indischen Gebiet. Entgegengesetzt sind die Palmen, Compositen, Labiaten und Acanthaceen dort reichlich, auf den Gesellschafts-Inseln nur spärlich vertreten. Dafür treten als charakteristische Typen die Zanthoxyleen, Lobeliaceen und Cyrtandreen auf. Die Zanthoxyleen Tahitis sind Arten von *Evidia* mit oceanischem oder australischem Gepräge. Die endemischen Lobeliaceen *Sclerotheca* und *Apetahia* nähern sich den hawaiischen und amerikanischen Formen. Aehnlich steht es mit den nur 1 % der Gesammtflora betragenden Compositen. Die endemische Gattung *Fitchia* steht mit ihren beiden baumartigen Arten einerseits *Dendroseris* von Juan Fernandez, andrerseits *Bidens* und *Coreopsis* nahe. Die Verwandtschaft zwischen den Floren von Hawai und Tahiti ist auch dadurch gekennzeichnet, dass eine der beiden tahitischen Labiaten zu *Phyostegia* gehört, die sonst ganz hawaiisch ist. — 25 % der bekannten Arten sind endemisch, 15 % sind der vorliegenden Flora und der der andern Archipele des Grossen Oceans gemeinsam. Dabei bilden die Grenzen die Marquesas, Sandwich-Inseln, Neu-Caledonien. 60 % gehören zugleich dem indischen Gebiet an. Die endemischen und oceanischen Gattungen vertheilen sich auf 60 Gattungen, von denen *Sclerotheca*, *Apetahia* und *Fitchia* auf eine amerikanische, *Lepinia* auf eine neucaledonische, *Moehrenhoutia* auf eine malayische Verwandtschaft hinweisen. 8 andere Gattungen sind australisch, alle anderen indisch. Die Orchideen, Rubiaceen und Euphorbiaceen enthalten die meisten endemischen Gattungen. Die endemischen und oceanischen Gattungen lieben hohe Thäler und Gipfel, die indischen flache Inseln und die Meeresküste, dringen aber (s. o.) in die Thäler vor. — Die bekannten Verbreitungsmittel haben die Gesellschafts-Inseln bevölkert. Während eines grossen Jahrestheils herrschende Nordostwinde und entsprechende Meeresströmungen führten malayische und indische Pflanzen über viele andere Inseln herbei. Für die endemischen Gewächse muss eine frühere Einwanderung und ihr anderweitiges Aussterben angenommen werden. Sie bilden die ältesten Florenbesandtheile; die Compositen und Lobeliaceen unter ihnen stammen aus Amerika, andere aus Indien, Australien und Neu-Caledonien. Die indischen Arten verdrängen jetzt die endemischen und oceanischen. Matzdorff.

431 i. **A. Zahlbruckner** (746) zählt nach einer höchst werthvollen Zusammenstellung der Literatur über die Flora Neu-Caledoniens die auf dieser Inselgruppe von Grunow 1884 gesammelten Pflanzen auf. Es finden sich darunter ausser einigen neuen Arten (vgl. R. 432) folgende Phanerogamen:

Senebiera didyma, *Gynandropsis pentaphylla*, *Abutilon Pancheri*, *Portulaca quadrifida*, *Montrouzeria sphaeroides*, *Sida carpinifolia*, *S. rhombifolia*, *Abutilon indicum*, *Hibiscus Manihot*, *H. Rosa-Sinensis*, *H. tiliaceus*, *Gossypium hirsutum*, *G. religiosum*, *Melochia odorata*, *Waltheria americana*, *Dubouzetia campanulata*, *Penicillanthemum racemosum*, *Oxalis corniculata*, *Melia Azedarach*, *Dysoxylum chrysophyllinum*, *Colubrina asiatica*, *Cardiospermum Halicacabum*, *Dodonaea viscosa*, *Crotalaria striata*, *Indigofera Anil*, *Sesbania aculeata* var. *cannabina* Hook. (= *S. cannabina* Pers.), *Clitoria Ternatea*, *Erythrina ovalifolia*, *Canavalia obtusifolia*, *Vigna lutea*, *Dolichos Lablab*, *Cajanus indicus*, *Caesalpinia sepiaria*, *Cassia occidentalis*, *C. laevigata* (wahrscheinlich eingeschleppt wie in Australien), *Tamarindus indica*, *Mimosa pudica* (auch var. *glabrata*), *Leucaena glauca* *Acacia Farnesiana*, *A. spirorbis*, *A. laurifolia*, *Albizzia Poiciniana*, *A. Lebbek*, *Pancheria elegans, P. ferruginea, Brugniera gynorrhiza, Baeckea virgata, Melaleuca leucodendron, Tristianopsis Guillainii, T. calobaxus, Pisidium pomiferum, Jambosa Pseudo-Malaccensis, Fremya speciosa, Punica Granatum* (cultivirt), *Jussieua suffruticosa, Passiflora quadrangularis, Mollugo nudicaulis, Apium leptophyllum, Grisia fritillarioides, Liudenia Vitiensis, Guettarda speciosa, Coffea arabica* (cultivirt), *Normandia neocaledonica, Ageratum conyzoides, Erigeron linifolius, Vittadinia australis, Gnaphalium luteo-album, Parthenium Hysterophorus, Wedelia biflora, Wollastonia strigulosa, Bidens pilosa, B. bipinnata, Glossogyne tenuifolia* Cass. (*Bidens tenuifolia* Labill.), *Cotula australis, Myriogyne minuta, Scaevola Koenigii, Sc. montana, Leucopogon albicans, Cyathopsis floribunda, Dracophyllum amabile, D. verticillatum, Plumbago ceylanica, Jasminum Sambac, J. simplicifolium, Melodinus phylliraeoides, Vinca rosea, Alstonia Vieillardii, A. Legouisiae, Asclepias curassavica, Erythraea australis, Lymnanthemum indicum, Cordia Myxa, Ipomoea palmata, I. congesta, I. Turpethum, I. tuberosa, I. coccinea, Polymeria pusilla, Solanum sodomaeum, S. nigrum, S. Austro-Caledonicum, Physalis indica, Capsicum frutescens, Datura suaveolens* (cultivirt), *Nicotiana Tabacum, Duboisia myoporioides, Russelia juncea* (cultivirt?), *Angelonia salicariaefolia* (cultivirt), *Bignonia venusta* (cultivirt), *Thunbergia alata, Dilivaria ilicifolia, Myoporum acuminatum, Lantana Camara* (eingeschleppt, jetzt grosse Flächen bedeckend), *L. Sellowiana, Lippia nodiflora, Stachytarpha dichotoma, Verbena venosa, Vitex trifolia, Clerodendron inerme, Avicennia officinalis, Plectranthus parviflorus, Salvia coccinea, S. occidentalis* (cultivirt?), *Stachys arvensis, Leonurus sibiricus, Teucrium canadense, Bougainvillea spectabilis* (cultivirt), *Achyranthes argentea, Salsola Kali, Chenopodium ambrosioides, Coccoloba platyclada, Nepenthes Vieillardi, Peperomia leptostachya, Amborella trichopoda, Wikstroemia indica, Grevillea Gillivrayi, G. macrostachya, Stenocarpus Forsteri, Euphorbia Drummondi, Eu. pilulifera, Phyllanthus rufidulus, Ph. Klotzschianus, Breynia distachya α. neocaledonica, Croton insularis, Manihot utilissima* (cultivirt), *Ficus prolixa, F. edulis, Artocarpus incisa, Pipturus incanus* var. *pellucidus* Wedd. (= *Urtica pellucida* Labill.), *Casuarina equisetifolia, Araucaria Cookii, Cycas circinalis, Spathoglottis Deplanchei, Phaius grandifolius, Eriaxis rigida, Caladenia carnea, C. (Lipteranthus) gigas, Crinum pedunculatum, Geitonoplesium cymosum, Cohnia neocaledonica, Dianella ensifolia, Commelina cyanea, Joinvillea Gaudichaudiana, Freycinetia Gaudichaudii, Colocasia antiquorum* var. *esculenta, Lemna minor, Potamogeton pectinatus, Naias tenuifolia, Kyllingia monocephala, Fimbristylis diphylla, Scirpus lacustris, Cyclocampe arundinacea* Benth. (= *Carpha arundinacea* Brong.), *Paspalum scrobiculatum, Panicum crus-galli, P. effusum, P. sanguinale, P. colonum, Cenchrus anomoplexis, Stenotaphrum subulatum, Ischaemum muticum, I. intermedium, Chrysopogon parviflorus* Benth. (*Andropogon micranthus* Kunth), *Andropogon sericeus, A. Allionii, Anthistiria gigantea, Sporobolus indicus, Cynodon Dactylon, Eragrostis Brownii.*

431k. **W. Hillebrand** (282). Die Flora der Hawaii-Inseln ist wegen der isolirten Lage der Inseln sehr eigenthümlich. Von 844 Phanerogamen (aus 335 Gattungen) und 155 Gefässkryptogamen (aus 30 Gatt.), also im Ganzen 999 Arten (aus 365 Gatt.) sind vermuthlich 115 Arten nach der Entdeckung Cooks (1779) eingeführt; diese vertheilen sich auf 101 Gattungen, von denen 22 auch einheimische Arten besitzen. Vor der Entdeckung scheinen folgende 24 Arten eingeführt zu sein: *Calophyllum Inophyllum, Paritium tiliaceum, Thespesia populnea, Eugenia (Jambosa) Malaccensis, Lagenaria vulgaris, Cucurbita maxima, Cordia subcordata, Ipomoea Batatas, Broussonetia papyrifera, Artocarpus incisa, Boehmeria stipularis(?), Aleurites Moluccana(?), Piper methysticum, Cocos nucifera, Colocasia antiquorum, Alocasia macrorrhiza, Musa sapientum, Zingiber Zerumbet(?), Curcuma longa, Tacca pinnatifida, Dioscorea pentaphylla, D. sativa, Cordyline terminalis* und *Saccharum officinarum.* Es sind also 860 Arten Gefässpflanzen heimisch, welche sich auf 265 Gattungen vertheilen (also 3,25 A. auf 1 Gatt.). Von diesen sind nicht weniger als 653 Arten endemisch (d. h. 75,93 %) und von diesen gehören wieder 250 Arten zu 40 endemischen Gattungen (mit also durchschnittlich je 6,25 A.). Das Verhältniss der endemischen Phanerogamen zu allen einheimischen ist 574 : 705 oder 81.42 % (bei den Dicotylen sogar 500 : 584 oder 85,62 %).

Die meisten endemischen Arten bewohnen ein sehr kleines Gebiet, sind auf eine Insel oder gar einen Theil derselben beschränkt. In einigen der grösseren Gattungen sind einige oder wenige herrschende Arten, welche sich über die ganze Inselgruppe oder den grösseren Theil der Gruppe ausbreiten, während andere wieder beschränkte Localitäten bewohnen. Wie das Alter der Inseln zunimmt von Osten nach Westen, so nimmt auch der Reichthum an endemischen Arten zu. Kauai, obwohl an Grösse erst die vierte Insel, hat nicht nur am meisten Arten, sondern auch am meisten differenzirte. In einigen Gattungen, wie *Schiedea, Raillardia, Dubautia* sind die Arten von Kauai am eigenthümlichsten. Der Südwesten von Oahu (die Kaala-Kette) steht Kauai vielleicht in beiden Beziehungen nicht nach, während der Haupttheil von Oahu mit Molokai etwa gleichalterig zu sein scheint, aber sich in anderer Weise wesentlich davon unterscheidet. Ostmaui ist weit neuer als Westmaui. Die Insel Hawaii zeigt sehr grosse Unterschiede bezüglich ihres Alters. Die grössten Contraste bezüglich der Vegetation zeigen Kauai und die Kaala-Kette von Oahu.

Verf. unterscheidet im ganzen Gebiet folgende 5 Zonen (vgl. dazu Bot. J., XV, 1887, 2. Abth, p. 220):

1. Die Tieflandzone. Offenes Land, mit Gras bedeckt nach dem Regen, mit isolirten Bäumen oder Baumgruppen (*Paritium tiliaceum, Erythrina, Reynoldsia, Pandanus, Capparis, Gossypium, Abutilon incanum*). Sie schliesst auch die Strandpflanzen ein.
2. Untere Waldzone (bis 1000–2000′ Höhe) von tropischem Charakter, besonders charakterisirt durch *Aleurites Moluccana* (vgl. im oben citirten Ref.).
3. Mittlere Waldzone in der Wolkenregion mit der grössten Ueppigkeit des Baumwuchses. Besonders charakteristisch sind *Pelea, Cheirodendron, Metrosideros polymorpha, Acacia Koa.* (Sonst vgl. wie oben.)
4. Obere Waldzone (bis 8000—9000′) mit *Sophora chrysophylla, Cyathodes, Myoporum, Raillardia* u. a. (Vgl. wie oben.)
5. Eine isolirte Stellung nehmen ein das Hochland von Kauai und die breite Spitze des Eeka von Westmaui mit torfigem Boden, für den Torfmoose, Gräser und Riedgräser, sowie *Metrosideros, Cyathodes, Geranium, Lysimachia* u. a. charakteristisch sind und eine Zahl ganz vereinzelter Arten aus Gattungen der antarktischen Gebiete. (Auf Hawaii, Maui, Lanai und in sehr beschränktem Maasse auf Molokai tritt andererseits stellenweise eine Formation auf, die an australischen Scrub oder kalifornischen Chaparal erinnert.)

Besonders charakteristisch für die Flora des Gebietes ist die auffallende Neigung zur Bildung von Varietäten in den Hauptgruppen. Einige der Varietäten sind auf sehr engen Raum beschränkt und viele von ihnen könnten fast ebenso gut als Arten betrachtet werden. Andere sind über mehrere Inseln verbreitet und scheinen mehr das Product eines besonderen Klimas zu sein.

Unter allen polynesischen Gruppen zeigt diese die nächsten Anklänge an amerikanische Floren. Australische Typen, welche auf den dazwischen liegenden Inseln fehlen oder selten sind, gehören zu *Scaevola, Isotoma, Pittosporum* u. a. Das Fehlen der *Gymnospermae* deutet darauf hin, dass die Insel nach den Perioden gebildet sind, in welchen diese herrschten. Für Hochgebirgspflanzen ist ein weisser Filz charakteristisch, z. B. *Argyroxiphium, Geranium, Raillardia struthioloides.* Die Bäume erreichen nirgends auf der Inselgruppe bedeutende Höhe, keine ausser der Cocospalme 100′. Auf Kauai ist *Alphitonia ponderosa* mit 60′ die höchste Pflanze. Fast alle heimischen Arten sind ausdauernd. Es finden sich wenig Wasserpflanzen.

Die Vertheilung der Arten innerhalb der einzelnen Gattungen ist aus einem Referat im Bot. C. (XXXIV, 1888, p. 328–330) ersichtlich. Es sind daher nur die neuen Arten einzeln aufgeführt (vgl. R. 432).

Man vgl. hierzu noch **W. B. Hemsley's** Besprechung dieses Buches in G. Chr., ser. 3, vol. 3, 1888, p. 652, aus welcher hier indess nur hervorgehoben werden mag, dass Hillebrandt Clarke's Monographie der *Cyrtondreae* (De Candolle's Monographia Phanerogamarum V) übersehen und daher mehrere Arten jener Monographie wieder beschrieben hat.

(Auch einheimische Pflanzenbezeichnungen werden mitgetheilt.)

Neue Arten aus dem Florenreich:

432. a. H. N. Ridley (559) beschreibt:

p. 343 *Microstylis bancana* n. sp. = *Crepidium Rheedii* Blume Banca.

„ 344 *M. pratensis* n. sp. = *M. versicolor* Wight: Südindien.

„ 346 *M. crenulata* n. sp.: Südindien, Westnilgherries.

Er giebt als Zusätze zu seiner Monographie von *Liparis* Beschreibungen von:

„ 350 *L. elegans* Lindl.: Pinang.

„ 350 *L. venosa* n. sp. (verw. *L. nepalensis*): Indien.

„ 350 *L. Trimenii* n. sp.: Ceylon.

b. J. D. Hooker's (294) 15. Theil seiner Flora des britischen Indiens umfasst die Fortsetzung der Euphorbiaceen, die Urticaceen, Platanaceen, Juglandeen, Myricaceen, Casuarineen, Cupuliferen, Salicineen, Ceratophylleen, die gesammten Gymnospermen, die Hydrocharideen, Burmanniaceen, den Anfang der Orchideen. Neu sind die folgenden Gattungen und Arten: p. 463. *Baliospermum corymbiferum* Hook. f.; Nepal, Sikkim. *B. malayanum* Hook. f.; Malakka, Borneo. p. 468. *Dalechampia Kurzii* Hook. f. = *D. scandens* Kurz non L.; Pegu, Tenasserim. p. 473. *Excoecaria rectinervis* Kurz = *Actephila rectinervis* Kurz, Nikobaren. p. 474. *E. robusta* Hook. f. = *E. oppositifolia* Müll. Arg., Concan. p. 476. *Botryophora* nov. gen. Hook. f., mit *B. Kingii*, von zweifelhafter Verwandtschaft innerhalb der Euphorbiaceen; Perak. p. 489. *Phyllochlamys Wallichii* King; Perak, Pinang. p. 490. *Allaeanthus Kurzii* Hook. f. = *Malaisia tortuosa* Kurz non Blume, Assam, Burma, Pegu, Tenasserim. p. 491. *Pterospermum andamanicum* King; Tenasserim, Andamanen. p. 493. *Stoctia Wallichii* King = *Morus bifaria* hort. Calc.; Pinang, Perak, Malakka, Singapur, Java? p. 519. *Ficus (Sycidium) bhotanica* King; Assam, Bhutan. p. 520. *F. (S.) nigrescens* King; Muunipur, Naga Hills. p. 522. *F. (Covellia) conglobata* King; trop. Sikkim, Chittagong, Munnipur. p. 524. *F. (C.) Miquelii* King = *F. caulocarpa* Miq., non *Urostigma caulocarpa* = *F. fistulosa* Kurz, zum Theil non Reinwdt.; Pegu, Perak, Singapur, Sumatra, Celebes. *F. (C.) fasciculata* King; Perak. p. 525. *F. (C.) obpyramidata* King, Perak. p. 526. *F. (Eusyce) excavata* King; Perak, Borneo. p. 529. *F. (E.) araneosa* King; Perak. p. 534. *F. (Neomorphe) macrocarpa* Wight = *Pogonotrophe macrocarpa* Miq.; Nilgiri. *F. (N.) guttata* Kurz = *Covellia guttata* Wight; Nilgiri und Pulney. p. 536. *F. (N.) Clarkei* King; Khassiageb. p. 545. *Conocephalus amoenus* King = *Urtica superba* et *amoena* Wall.; Pinang, Perak. *C. Scortechinii* King; Perak, Singapur. p. 546. *Prainea* nov. gen. King (Urticac.), verw. *Conocephalus*, mit (p. 547) *P. scandens* King; Perak. *Hullettia* nov. gen. King, verw. der vorangehenden Gattung (ursprünglich *Kurzia* genannt), mit *H. Griffithiana* King = *Dorstenia Griffithiana* Kurz; Tenasserim. *H. dumosa* King; Perak. p. 553. *Pilea Clarkei* Hook. f.; Sikkim. *P. lancifolia* Hook. f., Khassiageb. p. 558. *P. obliqua* Hook. f.; Khassiagebiet, Sikkim. *P. cordifolia* Hook. f.; ebendaher. *P. fruticosa* Hook. f.; Perak. p. 560. *Pellionia bulbifera* Hook. f.; = *Elatostemma bulbifera* Kurz; Tenasserim. p. 561. *P. burmanica* Hook. f.; ebendorther. p. 562. *P. acaulis* Hook. f.; Pinang. p. 566. *Elatostema Walkerae* Hook. f.; Ceylon. p. 567. *E. reptans* Hook. f.; Sikkim, Chittagong. p. 568. *E. pusillum* Clarke; gemäss. Himalaya. p. 569. *E. Griffithii* Hook. f.; Oberassam. *E. Clarkei* Hook. f.; Unterbengalen, Munnipur, Naga Hills. p. 570. *E. Wightii* Hook. f.; Nilgiri. p. 571. *E. Treutleri* Hook. f.; Sikkim. *E. nasutum* Hook. f. = *E. nigrescens* Clarke non Miquel; Sikkim. p. 572. *E. stellatum* Hook. f.; ebenda. p. 574. *E. ciliatum* Clarke; Munnipur. p. 577. *Boehmeria Kurzii* Hook. f.; Pegu. p. 591. *Debregeasia dentata* Hook. f. = *D. velutina* var. δ. Wedd.; Chittagong. *D. squamata* King; Perak. p. 592. *D. ceylanica* Hook. f. = *D. Wallichiana* Wedd. = *Morocarpus Wallichiana* Thwaites; Ceylon. — p. 597. *Engelhardtia nudiflora* Hook. f.; Pinang. — p. 606. *Quercus (Pasania) Kunstleri* King; Perak, Borneo. p. 608. *Q. (P.) Scortechinii* King; Perak. p. 609 *Q. (P.) dealbata* Hook. f. et Thoms. non Wall. = *Q. fenestrata* Roxb. var. *dealbata* Wenzig = *Q. callicarpifolia* Griff. zum Theil; Butan, Khassiageb., Naga Hills. p. 610. *Q. (P.) grandifrons* King; Perak. p. 612. *Q. (P.) Curtisii* King; Perak, Pinang. p. 613. *Q. (Cyclobalanus) Cantleyana* King; Perak, Singapur, Malakka? *Q. (C.) Wenzigiana* King = *Q. Daepenhorstii* Wenzig non Miq.; Perak, Pinang,

Malakka, Borneo. p. 614. *Q. (C.) Clementiana* King; Pinang, Perak. p. 616. *Q. (C.) confragosa* King; Perak. p. 618. *Q. (Lithocarpus) truncata* King; Assam, Naga Hills, Munnipur. p. 620. *Castanopsis diversifolia* King = *Castanea diversifolia* Kurz; Pegu, Martaban. p. 621. *C. catalpaefolia* King; Perak. p. 622. *C. argyrophylla* King; Perak, Arrakan, Tenasserim? p. 623. *C. Clarkei* King; Sikkim. *C. Hullettii* King; Singapur, Perak, Malakka, Rion- und Billiton-Inseln. p. 624. *C. Wallichii* King = *Castanea Tungurut* Wall. non Blume; Pinang, Singapur, Perak, Malakka. *C. nephelioides* King; Perak. — p. 642. *Gnetum macrostachyum* Hook. f.; Singapur, Pinang?, Malakka? p. 648. *Cephalotaxus Griffithii* Hook. f.; Oberassam, Munnipur. — p. 661. *Blyxa echinosperma* Hook. f. = *Hydrotrophus echinosperma* Clarke; Bengalien, Canara. *B. oryzetorum* Hook. f. = *Diplosiphon oryzetorum* Dcne.; Banda, Kaschmir, Khassiageb. *B. ceylanica* Hook. f. = *B. octandra* Planch.; Ceylon. *B. lancifolia* Hook. f.; Khassiageb. *B. Talboti* Hook. f.; Nordcanara. — p. 666. *Burmannia nepalensis* Hook. f. = *Gonyanthes nepalensis* Miers = *Cyanotis nepalensis* Miers; Nepal, Khassiageb., Cotschinchina, Hongkong. *B. Wallichii* Hook. f. = *Gonyanthes Wallichii* Miers; Barma, Travankur, Tenasserim, Honkong. — p. 677. *Oberonia maxima* Parish; Tenasserim. *O. orbicularis* Hook. f.; Sikkim. p. 678. *O. Thwaitesii* Hook. f. = *O. verticillata* β. *pubescens* Lindl. = *Malaxis verticillata* var. *pubescens* Reichb.; Ceylon. p. 679. *O. ferruginea* Parish; Tenasserim. p. 681. *O. Wallichii* Hook. f. = *O. iridifolia* Wall., zum Theil; Silhet. *O. pachyrachis* Rchb. f.; trop. Himalaya, Sikkim. p. 683. *O. Scortechini* Hook. f.; Perak. p. 685. *O. gracilis* Hook. f.; ebendort. p. 686. *Microstylis Khasiana* Hook. f.; Khassiageb. Matzdorff.

c. **Hooker's** (295) Icones plantarum (s. Titel) enthalten folgende neue Gattungen und Arten des indischen Monsungebietes: Taf. 1531. *Stoctia penangiana* Oliv., verw. *S. Sideroxylon* Teijs. u. Binnend.; Pinang. Taf. 1532. *Pratia borneensis* Hemsl.; Sarawak, Borneo. Taf. 1544. *Zizyphus affinis* Hemsl., eng verw. *Z. callophylla* Wall.; Perak. Taf. 1547. *Micropora* nov. gen. Hook. f., Laurineen, Trib. Perseaceen, eine isolirte Gattung, vielleicht verw. *Syndictis* und *Endiandra*, mit *M. Curtisii* Hook. f.; Pinang. Taf. 1548. *Euphorbia (Chamaesyce) burmanica* Hook. f. = *E. thymifolia* Wall. zum Theil; Barma, am Irawadi. Taf. 1701. *Polydragma* nov. gen. Hook. f., Euphorbiaceen, Trib. Crotoneen, verw. *Homonoia* Laur., mit *P. mallotiforme* Hook. f.; Malayische Halbinsel bei Perak. Taf. 1702. *Sphyranthera* nov. gen. Hook. f., Euphorbiaceen, Trib.?, vielleicht Acalypheen, mit *S. capitellata* Hook. f. = *Codiaeum ? lutescens* Kurz; Mittelandamanen. Taf. 1706. *Scortechinia* nov. gen. Hook. f., Euphorbiaceen, Trib. Phyllantheen?, dem genus *Ctenolophon* ähnlich, mit *S. Kingii* Hook. f.; MalayischeHalbinsel und Inseln, Perak, Malakka, Borneo. Taf. 1708. *Megaphyllaea* nov. gen. Hemsley, Meliaceen, Trib. Trichilieen, vorläufig neben *Chisocheton* zu stellen, mit *M. perakensis* Hemsl.; Larut, Perak. Taf. 1714. *Lophophyxis* nov. gen. Hook. f., Euphorbiacee?, von zweifelhafter Verwandtschaft, mit *L. Maingayi* Hook. f.; Malakka. Taf. 1718. *Mussaenda mutabilis* Hemsl. = *Acranthera mutabilis* Hemsl.; Perak. Taf. 1757. *Symplocos Curtisii* Oliv.; Pinang, Perak. Taf. 1758. *Melodinus coriaceus* Oliv.; Pinang. Taf. 1761. *Buettneria Curtisii* Oliv.; ebenda. Taf. 1763. *Euonymus macrocarpus* Gamble; Rhumpung, Butan bei Dardschiling. Taf. 1764. *Coix Lachryma* L. var. *octenocarpa* Oliv.; Burma. Taf. 1768. *Passiflora (§ Decaloba*, subsect. *Polyanthea) perpera* Mast.; Khassiageb., Munipur. *P. obscura* Griffish haud Lindl.; Khassiageb., Nunclow, Munipur. Taf. 1770. *Dendrocalamus sikkimensis* Gamble; Sikkim. Taf. 1776. *Stichoneuron membranaceum* Hook. f; Silhet, Khassiageb., östliches Bengalen. Taf. 1779. *Oberonia Clarkei* Hook. f.; Khassiageb. bei Shillong. Taf. 1780. *O. Falconeri* Hook. f., verw. *pyrulifera;* trop. Himalaya, Behar, Concan u. s. f. Taf. 1782. *O. zeylanica* Hook. f. = *O. Browniana* und *O. longibracteata* herb. Thwaites; Ceylon. Taf. 1785. *O. Helferi* Hook. f.; Tenasserim. Taf. 1786. *O. Treutleri* Hook. f.; Sikkim.

Matzdorff.

d. **G. v. Beck** (58). Neue Arten des indischen Monsungebietes:

p. 21 *Myriactis Wightii* DC. var. *robusta* Wwr., von Ceylon, Pedrotalagalla; p. 78 *Ficus vulcanica* Wwr., von Java, Tankoebanpraoc (Taf. 4 A.); p. 95 *Chamaecladon angustifolium* Schott. var. *Wawracanum* Szyszylowicz, von der Insel Pinang; p. 96 *Erio-*

caulon Philippo-Coburgi Szyszyl., verw. *E. atratum* Körn., von Ceylon, Pedrotalagalla (Taf. 12). Matzdorff.

e. **F. Pax** (468) beschreibt *Primula cordifolia* n. sp. aus Sikkim (300—400 m), die am nächsten verwandt *P. rotundifolia* und *Gambeliana*.

f. **E. Regel** (505) beschreibt *Tulipa Leichtlini* Rgl. n. sp. aus dem Scindthal in Kaschmir.

g. **C. B. Clarke** (126) beschreibt *Panicum supervacuum* n. sp. (verw. *P. prostratum* Lam.) von Bengalen.

h. **R. A. Rolfe** (567) beschreibt *Dendrobium chryseum* n. sp. aus Assam.

i. **H. G. Reichenbach fil.** (523) beschreibt *Coelogyne lactea* n. sp. von Barma.

k. **F. Crépin** (142) beschreibt *Rosa gigantea* Collet Mss. (Sect. Indica?) nov. spec.? (verw. *R. indica* Auct. non L.) von den Shan-Hügeln zwischen Barma und Siam.

l. **L. Pierre** (479) beschreibt *Melieutha suavis* n. sp. aus Kambodscha (Berg Chereer und Aral) als Vertreter einer neuen Gattung, die ein Zwischenglied zwischen den zu vereinigenden *Santalaceae* und *Oleacineae* bildet.

m. **H. G. Reichenbach fil.** (527) bespricht *Dipodium paludosum* Rchb. f. (= *Grammatophyllum paludosum* Griff. = *Wailesia paludosa* Rchb. f.), die in Malakka entdeckt war, aber nun auch von Borneo und Kambodscha bekannt ist.

n. **H. G. Reichenbach fil.** (547) beschreibt *Saccolabium cerinum* n. sp. (verw. *S. compressum* Lindl.) von den Sunda-Inseln.

o. **H. G. Reichenbach fil.** (512) beschreibt Flora

p. 151 *Grammatophyllum leopardinum* (verw. *G. speciosum* Bl.): Molukken.
„ 151 *Dendrochilum cobolbine:* Java.
„ 155 *Bulbophyllum Clarkei* (verw. *B. reptans* Lindl.): Polly Badgeley; Mishmeehills.

p. **H. G. Reichenbach fil.** (522) beschreibt *Cleistostoma ringens* n. sp., die mit *Phalaenopsis Sanderiana* von den Philippinen eingeführt wurde.

q. **W. A. Manda** (404) beschreibt *Cypripedium Pitcherianum* n. sp. von den Philippinen.

r. **J. O'Brien** (456) beschreibt *Cypripedium Elliottianum* n. sp. von den Philippinen.

s. **H. G. Reichenbach fil.** (524) liefert Ergänzungen zu vorstehender Beschreibung, aus denen hervorgehoben werden mag, dass die Art *C. Rothschildianum* (vgl. Ref. 432 u.) am nächsten steht.

t. **A. Cogniaux** (130) beschreibt neue Cucurbitaceen aus dem indischen Monsungebiet: (p. 355) *Melothria (Eumelothria) Papuana*, verw. *M. Grayana* Cogn. und *M. Peneyana* Cogn., Neu-Guinea am Stricklandfluss. (p. 363) *Alsomitra Muelleri*, verw. *A. Beccariana* Cogn., Inseln nahe der Südostküste von Neu-Guinea. Matzdorff.

u. **H. G. Reichenbach fil.** (525 u. 530) beschreibt *Cypripedium Rothschildianum* n. sp. (verw. *C. praestans*) von den papuanischen Inseln, sowie *Eria striolata* n. sp. von ebenda (verw. *E. stellata* Lindl.).

v. **O. Beccari** (56) giebt die ausführlichen Diagnosen zu 4 neuen Palmenarten, welche von der Cuthbertson'schen Expedition nach dem Owen Stanley auf Neu-Guinea herrühren.

Die **neuen Arten** sind: *Ptychandra Muelleriana* (p. 177) mit ca. 4 m hohem Stamm, — der *P. glauca* Scheff. aus den Molukken nahe stehend; *P. Obriensis* (p. 178) mit ganz besonderer Fruchtform, Stammhöhe nicht angegeben; *P. Sayeri* (p. 178) mit 9 m hohem Stamm, mit *P. Caryotoides* Ridl. verwandt. — *Calamus Cuthbertsoni* (p. 179) mit schmächtigem, kletterndem Stengel (?) und bewehrten Blattscheiden (?). — Sämmtliche genannten neuen Arten sind von W. A. Sayer auf dem Berge Obree zwischen 600 und 2500 m Meereshöhe gesammelt worden. Solla.

w. **A. Zahlbruckner** (746) beschreibt folgende neue Arten aus Neu-Caledonien:

p. 278 *Argophyllum Grunowii* (verw. *A. nitidum* und *ellipticum*): Thio.
„ 281 *Scaevola Beckii* (Sect. *Xerocarpeae*, Ser. *Monospermae*): Thio.
„ 286 *Stenocarpus Grunowii:* Thio.

(Alle 3 neuen Arten sind abgebildet.)

x. **H. Baillon** (23) beschreibt folgende neue Arten von *Parsonsia* (mit welcher *Thouardia* und *Lyonsia* vereinigt werden müssen), aus Neu-Caledonien:

p. 765 *P. flexuosa:* Bourail (Balansa n. 1413).
„ 765 *P. reflexa:* Mündung des Dotio (Balansa n. 3481).
„ 765 *P. puberecula:* Mündung des Tio („ „ 3648).
„ 766 *P. rigida:* Mons Poume (Balansa n. 3285), 400 m hoch.
„ 766 *P. flexilis:* Insel Art.
„ 766 *P. carnea* Panch. herb. (Pancher, Neu-Caledonien ohne nähere Angabe).
„ 766 *P. brachycarpa* (Balansa n. 3283 „ „ „ „).
„ 766 *P. (Lyonsia) angustifolia* (Deplanche n. 73) Kanala (Vieillard n. 982) Balade.
„ 766 *P. (Lyonsia) Uncaris:* Berg Mi (Balansa n. 1411).
„ 767 *P. (Lyonsia) Balansae:* Kanala („ „ 2404).
„ 767 *P. Lifuana:* Lifu (Balansa).
„ 767 *P. macrocarpa:* Nouméa (Balansa n. 241).
„ 767 *P. esculenta* Panch. herb.: Kanala (Pancher).
„ 767 *P. (Lyonsia) populifolia:* Ourone, Mündung des Dolio (Balansa n. 3478).
„ 767 *P. (Lyonsia) crebriflora:* Nouméa (Balansa n. 1422).
„ 768 *P. (Lyonsia) catalpaecarpa:* Insel Art (Balansa n. 3286).
„ 768 *P. affinis:* Conception (Balansa n. 2412).
„ 768 *P. Vieillardi:* Balade (Vieillard n. 935).

y. **H. N. Ridley** (559) beschreibt:

p. 339 *Microstylis polyphylla* n. sp. Neu-Caledonien (Vieillard n. 374).

z. **N. E. Brown** (106) beschreibt *Ficus Canoni* n. sp. von den Gesellschafts-Inseln (durch Bull als *Artocarpus Canoni* 1875 eingeführt).

432A. **W. Hillebrand** (282) beschreibt folgende neue Arten Phanerogamen von den Hawaii-Inseln:

p. 7 *Cocculus integer:* Lanai.
„ 8 *C. lonchophyllus* = *Holopeira lonchophylla* Miers: Maui.
„ 8 *C. virgatus:* Lanai oder Molokai (eine ähnliche Pflanze von Kauai).
„ 10 *Lepidium arbusculum:* Oahu.
„ 16 *Viola robusta:* Molokai.
„ 17 *V. helioscopia:* Oahu.
„ 23 *Pittosporum glomeratum:* Oahu.
„ 25 *P. Kauaiense:* Kauai.
„ 25 *P. insigne:* Maui.
„ 26 *P. Hawaiiense:* Hawaii.
„ 28 *Silene Alexandri:* Molokai.
„ 29 *S. cryptopetala:* Maui.
„ 31 *Schiedea pubescens:* Maui (je eine Varietät auf Molokai und Oahu).
„ 33 *S. Hawaiiensis:* Hawaii.
„ 33 *S. salicaria:* Westmaui.
„ 34 *S. Lydgatei:* Molokai
„ 36 *S. lychnoides:* Kauai.
„ 55 *Geranium tridens:* Maui.
„ 56 *G. humile:* Maui.
„ 65 *Pelea macropus:* Kauai.
„ 65 *P. Lydgatei:* Oahu.
„ 65 *P. parvifolia:* Maui (vielleicht auch Hawaii).
„ 65 *P. Molokaiensis:* Molokai und Maui.
„ 66 *P. Mannii:* Maui.
„ 67 *P. orbicularis:* Maui.
„ 68 *P. pallida:* Oahu.
„ 68 *P. cinerea* (= *Melicope cinerea* Gray): Oahu (Varietäten davon auf Hawaii, Lanai und Maui).

p. 68 *P. elliptica* (= *Melicope elliptica* Gray = *Pelea Kaalae* Wawra): Oahu Varietäten auch auf Maui und Molokai).
„ 70 *P. barbigera* (= *Melicope barbigera* Gray): Kauai.
„ 70 *P. Knudseni:* Kauai.
„ 72 *Platydesma cornuta* (= *Melicope grandifolia* Wawra [Gray?]): Oahu und Hawaii.
„ 72 *P. rostrata:* Kauai.
„ 72 *P. auriculaefolia* (= *Pelea auriculaefolia* Gray): Hawaii.
„ 74 *Zanthoxylum glandulosum:* Maui (Varietät auf Hawaii).
„ 75 *Z. Oahuense:* Oahu.
„ 76 *Z. Hawaiiense:* Hawaii (Varietät auf Lanai).
„ 81 *Alphitonia ponderosa* (= *A. excelsa* Mann): Kauai, Oahu, Molokai, Lanai, Maui, Hawaii.
„ 83 *Gouania Hillebrandi* Oliver in litter.: Maui.
„ 83 *G. Bishopii:* Maui.
„ 88 *Dodonaea stenoptera:* Molokai.
„ 110 *Mezoneuron Kauaiense* (= *Caesalpinia Kauaiensis*): Kauai, Oahu, Maui.
„ 113 *Acacia Koaia:* Molokai, Maui.
„ 113 *A. Kauaiensis:* Kauai.
„ 136 *Sicyos hispidus:* Maui.
„ 138 *S. laciniatus:* Maui.
„ 144 *Peucedanum Sandwicense:* Molokai (Var. v. Maui).
„ 145 *P. Kauaiense:* Kauai.
„ 149 *Pterotropia* (nov. gen. Araliac.) *dipyrena* (= *Heptapleurum dipyrenum* Mann. = *Dipanax Mannii* Seem.): Lanai, Maui, Hawaii.
„ 149 *P. Kauaiensis* (= *Heptapleurum Kauaiense* Mann = *Agalma Kauaiense* Seem.): Kauai. (Eine Var. auf Oahu.)
„ 151 *P. gymnocarpa:* Oahu.
„ 152 *Triplasandra meiandra* (= *Heptapleurum Waimeae* Wawra erw.): Oahu, Hawaii, Molokai, Lanai in einer Reihe versch. Varietäten.
„ 153 *P. Lydgatei:* Oahu.
„ 154 *P. Kaalae:* Oahu.
„ 162 *Kadua Remyi:* Lanai, Maui.
„ 162 *K. Knudsonii:* Kauai.
„ 164 *K. foliosa:* Maui (eine Varietät auf Oahu).
„ 165 *K. formosa:* Maui.
„ 166 *K. littoralis:* Molokai, Kauai.
„ 168 *Gouldia coriacea* (= *G. Sandwicensis* var. *coriacea* Gray = *Petesia coriacea* Hook. Arn. = *Kadua affinis* Ch. Schl.): Oahu (Varietäten auf Hawaii, Maui).
„ 169 *G. terminalis* (= *G. Sandwicensis* var. *terminalis* Gray = *Petesia terminalis* Hook. Arn.): Oahu, Molokai, Maui, Hawaii.
„ 169 *G. hirtella* (= *G. Sandwicensis* var. *hirtella* Gray): Kauai, Oahu.
„ 170 *G. macrocarpa:* Kauai
„ 173 *Bobea Mannii:* Kauai.
„ 174 *B. timonioides* (= *Obbea timonioides* Hook.): Hawaii.
„ 174 *B. Sandwicensis* (= *Chomelia Sandwicensis* Gray = *Guettardella Sandwicensis* Mann): Maui, Molokai, Lanai.
„ 175 *B. Hookeri* (= *Rhytidotus Sandwicensis* Hook.): Oahu.
„ 177 *Morinda trimera:* Maui (Var. auf Oahu).
„ 180 *Straussia oncocarpa:* Maui.
„ 180 *S. leptocarpa:* Maui.
„ 185 *Coprosma montana:* Hawaii. (Je eine Varietät von Maui und Kauai.)
„ 186 *C. cymosa:* Hawaii und Oahu.
„ 187 *C. stephanocarpa:* Ost- u. Westmaui.
„ 194 *Kemya Mauiensis:* Maui.

p. 194 *R. Kauaiensis:* Kauai.
„ 198 *Tetramolopium humile* (= *Vittadinia humile*): Maui.
„ 208 *Lipochaeta hastata:* Lanai, Westmaui.
„ 212 *Campylotheca Molokaiensis:* Molokai.
„ 212 *C. Remyi:* Hawaii.
„ 212 *C. pulchella* (= *Adenolepis pulchella* Less.): Oahu, Molokai.
„ 212 *C. dichotoma:* Maui.
„ 213 *C. Mauiensis* (= *Coreopsis Mauiensis* Gray): Maui.
„ 214 *C. Hawaiiensis* (= *Bidens Hawaiiensis*): Hawaii, Ostmaui.
„ 214 *C. Sandwicensis* (= *Bidens Sandwicensis* Less. = *B. angustifolia* Nutt.): Oahu (eine Varietät von Molokai).
„ 219 *Argyroxiphium virescens:* Maui.
„ 220 *Wilkesia Grayana:* Westmaui.
„ 223 *Dubautia Knudsenii:* Kauai.
„ 224 *D. raillardioides:* Kauai.
„ 226 *Raillardia Molokaiensis:* Molokai, Lanai.
„ 230 *Artemisia microcephala* (= *A. australis* var. *microcephala* Gray): Hawaii.
„ 232 *Hesperomannia arbuscula:* Westmaui.
„ 237 *Lobelia yuccoides:* Oahu, Kauai.
„ 238 *L. hypoleuca:* Oahu, Molokai, Hawaii.
„ 241 *Clermontia pallida:* Molokai.
„ 242 *C. multiflora:* Maui.
„ 242 *C. arborescens* (= *Cyanea arborescens* Mann = *Delissea Waikiae* Wawra): Molokai, Lanai, Maui.
„ 243 *C. Gaudichaudii* (= *Delissea clermontioides* Gaud.): Kauai, Maui.
„ 243 *C. coerulea:* Hawaii.
„ 243 *C. pyrularia:* Hawaii.
„ 245 *Rollandia grandifolia* (= *R. crispa* Mann und wahrscheinlich *R. lanceolata* var. *grandifolia* DC.): Oahu.
„ 246 *R. racemosa* (= *Delissea racemosa* Mann = *R. pedunculosa* Wawra): Oahu.
„ 249 *Delissea laciniata:* Oahu.
„ 250 *D. sinuata:* Oahu.
„ 251 *D. parviflora:* Hawaii.
„ 251 *D. fallax:* Hawaii.
„ 253 *Cyanea angustifolia* (= *Lobelia angustifolia* Cham. = *Delissea angustifolia* Presl = *D. acuminata* var. *angustifolia* Gray = *D. Honolulensis* Wawra): Oahu, Molokai.
„ 253 *C. Mannii* (= *Delissea Mannii* Brigham): Molokai.
„ 254 *C. acuminata* (= *Lobelia acuminata* Cham. = *Delissea acuminata* Gaud.): Oahu.
„ 254 *C. obtusa* (= *Delissea obtusa* Gray): Maui, Hawaii.
„ 254 *C. coriacea* (= *Delissea coriacea* Gray): Kauai.
„ 255 *C. hirtella* (= *Delissea hirtella* Mann): Kauai.
„ 255 *C. fissa* (= *Delissea fissa* Mann): Kauai.
„ 256 *C. comata:* Maui.
„ 256 *C. scabra:* Maui.
„ 257 *C. holophylla:* Maui
„ 258 *C. solenocalyx:* Molokai.
„ 259 *C. solanacea:* Molokai.
„ 259 *C. ferox:* Molokai.
„ 260 *C. asplenifolia* (= *Delissea asplenifolia* Mann): Westmaui.
„ 261 *C. arborea* (= *Delissea arborea* Mann): Ostmaui (Varietäten: Hawaii).
„ 262 *C. procera:* Molokai.
„ 263 *C. macrostegia:* Maui.
„ 263 *C. atra:* Westmaui.

p. 263 *C. Gibsonii:* Lanai.
„ 264 *C. Kunthiana?* (= *Delissea Kunthiana* Gaud.): Westmaui.
„ 264 *C. platyphylla* (= *Delissea platyphylla* Gray): Hawaii.
„ 268 *Scaevola cylindrocarpa:* Lanai.
„ 268 *Sc. procera:* Molokai, Westmaui, Kauai.
„ 277 *Sideroxylon spathulatum:* Lanai, Hawaii.
„ 277 *Chrysophyllum Polynesicum:* Lanai, Molokai, Oahu.
„ 280 *Myrsine Kauaiensis:* Kauai.
„ 281 *M. Lanaiensis:* Lanai.
„ 282 *Embelia pacifica:* Lanai, Maui, Oahu, Hawaii.
„ 284 *Lysimachia Lydgatei:* Maui.
„ 284 *L. rotundifolia:* Oahu.
„ 284 *L. Remyi:* Maui, Molokai.
„ 289 *Labordea lophocarpa:* Molokai, Lanai.
„ 290 *L. Grayana* (= *L. fragariaeoidea* Gray): Hawaii, Maui, Lanai, Oahu.
„ 291 *L. glabra:* Maui.
„ 293 *L. triflora:* Molokai.
„ 297 *Vallesia macrocarpa:* Oahu.
„ 305 *Solanum Kauaiense* (= *S. Sandwicense* var. (?) *Kauaiense* Gray): Kauai.
„ 328 *Cyrtandra begoniaefolia:* Ostmaui.
„ 328 *C. Wawrae* (= *C. peltata* Wawra): Kauai.
„ 328 *C. paritiifolia:* Maui.
„ 329 *C. macrocalyx:* Molokai.
„ 329 *C. procera:* Molokai.
„ 329 *C. biserrata:* Molokai.
„ 330 *C. lysiosepala* (= *C. triflora* var. *β. lysiocephala* Gray = *C. triflora* Wawra): Hawaii, Maui (eine Varietät von Molokai).
„ 330 *C. Grayana:* Maui.
„ 331 *C. Hillebrandi* Oliver in lit.: Oahu.
„ 333 *C. gracilis:* Oahu.
„ 335 *C. Lydgatei:* Molokai, Maui.
„ 336 *C. filipes:* Westmaui.
„ 337 *C. latebrosa:* Oahu, Molokai.
„ 346 *Haplostachys* (gen. nov. Labiat.) *Grayana* (= *Phyllostegia haplostachya* Gray): Maui, Hawaii (eine Varietät von Kauai).
„ 347 *H. truncata* (= *Phyllostegia truncata* Gray): Ostmaui.
„ 347 *H. rosmarinifolia:* Molokai, Maui.
„ 350 *Phyllostegia ambigua:* Maui.
„ 353 *Ph. hispida:* Molokai (eine Varietät von Maui).
„ 354 *Ph. Knudseni:* Kauai.
„ 358 *Stenogyne bifida:* Molokai.
„ 361 *St. viridis:* Westmaui.
„ 361 *St. cinerea:* Ostmaui.
„ 362 *St. vagans:* Maui.
„ 362 *St. (?) serpens:* Maui, Oahu.
„ 369 *Pisonia Sandwicensis:* Lanai, Maui, Molokai, Kauai.
„ 373 *Nototrichium* (gen. nov. Amarantac.) *Sandwicense* Hillebr. (= *Ptilotus Sandwicensis* Gray = *Psilotrichium Sandwicense* Seem.): Hawaii, Maui, Molokai, Oahu (eine Varietät von Kauai).
„ 373 *N. viride:* Kauai.
„ 373 *N. humile:* Oahu.
„ 378 *Rumex albescens:* Oahu, Kauai.
„ 382 *Cryptocarya Mannii* (= *Oreodaphne?* Mann): Kauai.
„ 386 *Wikstroemia villosa:* Westmaui.

p. 387 *W. bicornuta:* Lanai.
„ 390 *Santalum Haleakalae:* Maui.
„ 391 *Exocarpus brachystachys* (= *E. Gaudichaudii* var. *foliosa*): Oahu, Molokai.
„ 395 *Euphorbia lorifolia* (= *E. multiformis* var. *lorifolia* Gray): Hawaii, Maui, Lanai, Molokai.
„ 403 *Antidesma pulcinatum:* Hawaii, Ostmaui, Oahu.
„ 416 *Nerandia Kahoolawensis:* Kahoolawe.
„ 425 *Peperomia ligustrina:* Westmaui.
„ 426 *P. parvula:* Oahu.
„ 427 *P. pleistostachya:* Molokai.
„ 432 *Habenaria holochila:* Molokai, Maui, Kauai.
„ 467 *Cyperus decipiens:* Maui oder Molokai.
„ 468 *C. hypochlorus:* Kauai.
„ 469 *C. Mauiensis:* Maui.
„ 472 *Fimbristylis Hawaiiensis:* Hawaii.
„ 473 *F. pycnocephala:* Hawaii, Molokai, Ostmaui, Oahu.
„ 477 *Rhynchospora spicaeformis:* Maui.
„ 482 *Gahnia Mannii:* Lanai.
„ 486 *Carex montis Eeka:* Maui (Spitze des Eeka).
„ 501 *Panicum imbricatum:* Maui.
„ 503 *Setaria biflora:* Lanai.
„ 504 *Isachne pallens:* Oahu.
„ 513 *Garnotia Sandwicensis:* Molokai (eine Varietät von Hawaii).
„ 515 *Agrostis Sandwicensis:* Ostmaui, Oahu.
„ 516 *A. fallax:* Maui.
„ 516 *A. Kauaiensis:* Kauai.
„ 520 *Deschampsia pallens:* Molokai, Lanai, Maui.
„ 521 *D. nubigena:* Maui.
„ 526 *Poa longe-radiata:* Maui, Kauai.
„ 528 *Eragrostis grandis:* Molokai, Maui (eine Varietät auch auf Oahu).
„ 529 *E. thyrsoidea:* Oahu, Maui.
„ 330 *E. Hawaiiensis:* Hawaii.
„ 530 *E. phleoides:* Maui.
„ 531 *E. monticola* (= *Poa monticola* Gaud.): Ostmaui, Lanai.
„ 531 *E. atropioides:* Maui (Var. auch von Hawaii und Oahu).

B. E. **Drake del Castillo** (168) beschreibt und bildet ab als neue Arten von den Sandwich-Inseln: p. 71, T. 34. *Lipochaeta Aprevalliana*, verw. *L. lobata.* p. 73, T. 36. *L. flexuosa*, verw. *L. subcordata* A. Gray. p. 72, T. 35. *L. peduncularis*, verw. *L. connata.* p. 78, T 39. *Bidens Remyi.* Matzdorff.

C. G. **von Beck** (58). Neue Art von Hawaii (Honolulu): p. 77, Taf. 3. *Antidesma Wawraeanum* Beck. Matzdorff.

13. Australisches Florenreich. (R. 433—450.)

Vgl. auch R. 62, 107 (Australische Nährpflanzen), 229 (Schaffutterpfl.). — Vgl. ferner No. 432* (Bildliche Darstellung der australischen *Acacia*-Arten).

433. **F. v. Müller** (423) giebt bei Gelegenheit der Beschreibung einer neuen *Goodenia* neue Standorte für folgende australische Arten der Gattung (vgl. Bot. C., XXXV):

G. glauca, subintegra (vielleicht Varietät der vorigen), *hederacea, elongata, barbata, glabra, incana, pterygosperma, calcarata, Chambersi, cycloptera, pinnatifida, heteromera, gracilis, lamprosperma* und *Mucheana.*

434. **W. Woolls** (742) bespricht die Verbreitung der australischen Sapindaceen,

[1]) Wo eine genauere Bestimmung der Zugehörigkeit nicht möglich war, wurde eine Arbeit über einen Theil Australiens immer hier untergebracht.

16 Gattungen mit 102 Arten. Nur 3 Gattungen, *Heterodendron*, *Diplopeltis*, *Dodonaea*, mit 19 Arten, sind bisher in Westaustralien gefunden, 8 Arten kommen in Victoria und 11 in Südaustralien, 2 auf Tasmanien vor, *D. viscosa* und *ericifolia*, von ihnen letztere nur auf dieser Insel. Nordaustralien besitzt 19, Queensland 61 und Neu-Südwales 40 Arten. Von den letztgenannten finden sich die meisten nur am Nordrande der Kolonie. Bei Sydney wachsen allein *Cupania semiglauca* F. v. M., *Nephelium leiocarpum* F. v. M., *Dodonaea triquetra* Andr., *D. viscosa* L., *D. attenuata* A. Cunn., *D. cuneata* Rudge, *D. truncatilis* F. v. M., *D. megazyga* F. v. M.(?), *D. pinnata* Sm., *D. multijuga* G. Don., *D. boroniifolia* G. Don. In Queensland und den nördlichen Gebieten sind gemein *Cupania pseudorhus* A. Rich., *C. xylocarpa* A. Cunn., *C. nervosa* F. v. M., *Ratonia pyriformis* Benth., *R. tenax* Benth., *Nephelium tomentosum* F. v. M., *Harpullia pendula* Planch., *Akania Hilli* J. D. Hook. Im westlicheu Innern ist *Atalaya hemiglauca* F. v. M. häufig. Auch *Heterodendron oleifolium* Desf. kommt oft im Innern vor. Die 73 Gattungen der Sapindaceen sind meist tropisch (Südamerika und Südasien), doch kommen auch einige in Nordamerika und Nordindien, *Staphylea* in Europa vor. Die abweichende Gattung *Loxodiscus* findet sich auf Neu-Caledonien, 2 Arten (s. oben) auf Tasmanien, 1 auf Neu-Seeland. Für Australien ist, wie *Eucalyptus* unter den Myrtaceen und *Acacia* unter den Leguminosen, so *Dodonaea* in der vorliegenden Familie charakteristisch. Die 3 Linné'schen Arten dieser von ihm aufgestellten Gattung sind jetzt bis auf ungefähr 50 vermehrt, von denen die meisten, „einheimischer Hopfen", in Australien daheim sind, und zwar 18 in West-, 10 in Süd-, 7 in Nordaustralien, 8 in Victoria, 17 in Neu-Südwales, 13 in Queensland. Von den 18 westlichen Arten sind 11 endemisch und 12 östliche Arten fehlen im Westen. *D. viscosa* ist über ganz, namentlich das meeresnahe, Australien verbreitet. Für die endemischen australischen Arten liegt der Verbreitungsmittelpunkt im Westen, während andere aus Asien oder dem östlichen Archipel eingewandert sind. Die eigenthümliche Verbreitung der Arten, namentlich im Südosten und Südwesten, beruht wohl auf der während der Kreidezeit herrschenden Trennung der jetzigen Ostküste vom Festland. Matzdorff.

435. **F. v. Müller** (430) nennt folgende neue Standorte für Salsoleen: *Atriplex paludosum:* zwischen Victoria-Spring und Mount Rugged, am Murray, zwischen Lachlan- und Darling-River; *A. stipitatum:* Eucla, Fowler's Bai, King's Island; *A. isatideum:* Eucla; *A. nummularium:* Finke-River, Charlotte-Waters, Eucla, Bowen-Downs; *A. cinereum:* Israelite-Bai, Eucla, Fowler's-Bai, Rivoli-Bai, Clyde; *A. vesicarium:* zwischen Mount Rugged und Victoria-Spring, zwischen Flinder's Kette und Torrenssee, Finke-River, Mündung des Darling, Wilcannia, Thargomindah, zwischen Darling- und Lachlan-River; *A. Muelleri:* zwischen Flinder's Kette und Torrensee, Barcoo-River, Roma, Aramac; *A. prostratum:* Fowler's Bai, Yorkes-Halbinsel; *A. velutinellum:* Fowler's Bai, Mount Everard, Yantara Lake; *A. halimoides:* Yule-River, Ularing, Gascoyne-River, Eyre-See, Darling-Mündung, Lachlan-River, Namoi-River, Wilcannia, Thargomindah, Barcoo, Aramac, Carpentaria; *Bassia paradoxa:* Gascoyne-River, zwischen Flinder's Kette und Torrenssee, Spencergolf, oberer Darling, Paroon-River, Mount Lyell, Barrier-Kette, Lachlan-River, Charlotte-Waters, Finke-River, Bowen-Downs; *B. divaricata:* Fortescue-River, Norden des Eyre-Sees, Beltana, Kerang, Lachlan-River, Namoi, Yantara Lake, Darling, Warrego, Severn, zwischen Bulloo und Paroo; *B. bicornis:* Charlotte-Waters, Norden des Eyre-Sees, Lachlan-River, Darling, Paroo, Thargomindah, Warrego, Herbert-River, Flinder's-River; *B. eurotioides:* östliche Quellen des Swan-River; *B. lanicuspis:* Lachlan-River, Paroo, Bulloo, Charlotte-Waters, Finke-River.

435a. **F. v. Müller** (422) theilt folgende neuen Standorte für *Ptilotus*-Arten mit: *P. spathulatus:* nordwärts bis zum Lachlan-River; *P. incanus:* Finke-River; *P. Beckeri:* Känguru-Insel; *P. helipteroides:* Gascoyne-River, Finke-River; *P. Drummondi:* Gascoyne-River; *P. parvifolius:* Lake Eyre; *P. conicus:* Croker's Island; *P. spicatus:* King's Sound; *P. Fraseri* var. *Schwartzii:* Macdonnell's Ranges.

436. **F. v. Müller** (425) theilt folgende neuen Standorte für *Athrixia*-Arten mit: *A. tenella:* Fowler's Bai, Eucla, Point-Culver; *A. striata:* Stirlings Range; *A. australis:* Serpentine-River, Blackwood-River; *A. gracilis* reicht vom Swan-River bis zum Mount Ridley und in die Nähe der Esperance Bai; *A. multiceps:* Greenough-River, Tone-River, Israelite-Bai.

437. **J. H. Maiden** (391) stellt fest, dass *Ficus scabra* G. Forst. und *F. aspera* G. Forst. verschiedene Arten sind. Allein die erstere kommt in Australien vor. Die Abart *subglabra* Benth. von *F. aspera* gehört zu *F. stenocarpa* F. v. M. Matzdorff.

438. **W Woolls** (741) empfiehlt 1. Beobachtung und Sammlung australischer *Jussiaea*-Individuen, zur Entscheidung der Frage, ob die australische Art zu *J. repens* L. oder *diffusa* Forsk. gehört; 2. erwähnt Verf. als seltene Pflanzen vom Lachlan *Hibiscus Sturtii* Hook., *Glycyrrhiza psoraleoides* Benth., *Helichrysum semipapposum* DC., *Isoetopsis graminifolia* Turcz., *Justicia procumbens* L. Matzdorff.

439. **Fletcher** (197) theilt die Liste der von Froggatt bei Derby in Nordwestaustralien gesammelten ca. 180 Arten mit. Matzdorff.

440. **F. v. Müller** (429) bespricht *Actinotus Schwarzii* aus Centralaustralien namentlich im Vergleich zu den Gattungsgenossen. Sie ist die einzige Art der in Australien endemischen Gattung, welche den Wendekreis erreicht und auch die einzige, welche in Centralaustralien vorkommt.

441. **F. M. Bailey** (17) bespricht die Holzpflanzen von Queensland. Eine Vertheilung derselben auf die verschiedenen Familien wird von Möbius im Bot. C. XXXV besprochen.

442. **W. Woolls** (740) erörtert die bisher über die Lemnaceen Neu-Süd-Wales bekannten Thatsachen. Diese Familie ist nach Verf.'s Ansicht daselbst nur unvollständig erforscht. Matzdorff.

443. **R. v. Lendenfeld** (365) giebt eine Schilderung von Krummholz und Wald in den australischen Alpen, sowie eine Abbildung eines Stücks von einem australischen Urwald.

444. **F. v. Müller** (421) bespricht die Geschichte der Erforschung der Flora von Victoria. Die Zahl der jetzt bekannten Pflanzen ist fast doppelt so gross als die Grossbritanniens.

Auch auf die Sammlungen des australischen Herbariums wird eingegangen.

Vgl. auch No. 431* (Bemerkungen zur Flora Victorias bezüglich der einander folgenden Entdeckungen und der Leichtigkeit weiterer Erforschung).

445. **F. v. Müller** (428) liefert ein analytisches Bestimmungsbuch für die Flora von Victoria. In dem ersten Theil ist auch ein Verzeichniss der naturalisirten eingeschleppten Pflanzen mit Angabe ihrer Heimath enthalten, sowie ein Verzeichniss volksthümlicher Namen, endlich ein solches von Pflanzen, die durch ihre Vegetationsweise irgendwie hervorragen (Bäume, Parasiten, Kletterpflanzen u. s. w.). In dem zweiten Theile findet sich eine Uebersicht über die Verbreitung der Arten innerhalb des Gebietes, sowie eine grosse Zahl (152 Nummern) von Abbildungen (meist Habitusbildern mit Analysen). Da der zweite Theil früher erschienen ist, findet sich in dem ersten Theil eine Ergänzung zu den Tabellen über Verbreitung. Als neuerdings innerhalb des Gebietes entdeckt werden genannt: *Darwinia micropetala, Anthocercis albicans, Newcastlia Dixoni, Thelymitra fusco-lutea, Xerotes juncea, Althenia Australis* und *Psilotum triquetrum.*

Eine dem Buche beigefügte Karte über das Gebiet wird namentlich ausseraustralischen Benutzern von Werth sein, da sie für die vielfachen kleineren Mittheilungen des Verf.'s über die Flora des Landes zum Auffinden der Fundorte dienen kann.

Die Anordnung der Familien ist aus folgender Uebersicht zu ersehen (die in Klammern beigefügte Zahl giebt die Zahl der Arten an):

I. *Dicotyledoneae.*

A. *Choripetalae hypogynae.*

1. *Ranunculaceae* (13).
2. *Dilleniaceae* (12).
3. *Magnoliaceae* (1).
4. *Anonaceae* (1).
5. *Monimieae* (2).
6. *Lauraceae* (4).
7. *Menispermeae* (2).
8. *Papaveraceae* (1).
9. *Capparidaceae* (1).
10. *Cruciferae* (34).
11. *Violaceae* (7).
12. *Pittosporeae* (11).
13. *Droseraceae* (10).
14. *Elatineae* (2).
15. *Hypericineae* (1).
16. *Polygaleae* (8).
17. *Tremandreae* (2).
18. *Rutaceae* (42).

19. *Zygophylleae* (9).
20. *Lineae* (1).
21. *Geraniaceae* (7).
22. *Malvaceae* (9).
23. *Sterculiaceae* (10).
24. *Tiliaceae* (2).
25. *Euphorbiaceae* (26).
26. *Urticaceae* (5).
27. *Cupuliferae* (1).
28. *Casuarineae* (5).
29. *Viniferae* (2).
30. *Sapindaceae* (10).
31. *Celastrineae* (1).
32. *Stackhousieae* (5).
33. *Frankeniaceae* (1).
34. *Plumbagineae* (1).
35. *Portulaceae* (8).
36. *Caryophylleae* (15).
37. *Amarantaceae* (11).
38. *Salsolaceae* (58).
39. *Ficoideae* (7).
40. *Polygonaceae* (15).
41. *Phytolacceae* (2).
42. *Nyctagineae* (1).

B. *Choripetalae perigynae.*
1. *Leguminosae* (174).
2. *Rosaceae* (8).
3. *Saxifrageae* (4).
4. *Crassulaceae* (4).
5. *Onagreae* (2).
6. *Salicariae* (3).
7. *Halorageae* (25).
8. *Myrtaceae* (83).
9. *Rhamnaceae* (24).
10. *Araliaceae* (3).
11. *Umbelliferae* (40).

C. *Synpetalae perigynae.*
1. *Santalaceae* (16).
2. *Loranthaceae* (5).
3. *Proteaceae* (56).
4. *Thymeleae* (21).
5. *Rubiaceae* (16).
6. *Caprifoliaceae* (2).
7. *Passifloreae* (1).
8. *Cucurbitaceae* (2).
9. *Compositae* (209).
10. *Candolleaceae* (6).
11. *Goodeniaceae* (34).

D. *Synpetalae hypogynae.*
1. *Gentianeae* (7).
2. *Loganiaceae* (10).
3. *Plantagineae* (3).
4. *Primulaceae* (4).
5. *Myrsinaceae* (1).
6. *Jasmineae* (3).
7. *Apocyneae* (2).
8. *Asclepiadeae* (6).
9. *Convolvulaceae* (10).
10. *Solanaceae* (12).
11. *Scrophularinae* (25).
12. *Orobancheae* (1).
13. *Lentibularinae* (4).
14. *Gesneriaceae* (1).
15. *Bignoniaceae* (1).
16. *Asperifoliae* (14).
17. *Labiatae* (36).
18. *Verbenaceae* (3).
19. *Myoporinae* (18).
20. *Ericaceae* (2).
21. *Epacrideae* (45).

E. *Apetalae gymnospermae.*
1. *Coniferae* (4).

II. *Monocotyledoneae.*

A. *Calyceae perigynae.*
1. *Orchideae* (73).
2. *Irideae* (8).
3. *Hydrocharideae* (4).
4. *Amaryllideae* (4).

B. *Calyceae hypogynae.*
1. *Liliaceae* (43).
2. *Palmae* (1).
3. *Typhaceae* (2).
4. *Lemnaceae* (5).
5. *Fluviales* (18).
6. *Alismaceae* (2).
7. *Xyrideae* (2).
8. *Junceae* (13).
9. *Eriocauleae* (2).
10. *Restiaceae* (19).

C. *Acalyceae hypogynae.*
1. *Cyperaceae* (106).
2. *Gramineae* (126).

III. *Acotyledoneae vasculares.*
1. *Rhizospermae* (5).
2. *Lycopodineae* (9).
3. *Filices* (62).

Die Ergänzungen, welche Verf. hierzu liefert, also die Pflanzen, welche erst während der neuesten Zeit innerhalb des Gebiets beobachtet, sind folgende:

Cabomba peltata, *Hibbertia monogyna*, *Eriostemon capitatus*, *Sida intricata*, *Dodonaea lobulata*, *Phyllanthus thesioides*, *Casuarina paludosa*, *Kochia microphylla*, *Muehlenbeckia gracillima*, *Oxylobium trilobum*, *Jacksonia Clarkei*, *Zornia diphylla*, *Desmodium brachypodum*, *Acacia mollissima*, *Darwinia micropetala*, *Kunzea parvifolia*, *K.*

capitata, Callistemon linearis, Backhousia myrtifolia, Haloragis Baeuerleni, Sium erectum, Xanthosia myrtifolia, Notothixos subaureus, Persoonia revoluta, Hakea saligna, H. Macaeana, Pimelea hypericina, Opercularia hispida, Aster dentatus, A. lepidophyllus, Podolepis rhytidochlamys, Helichrysum adenophorum, Ammobium alatum, Angianthus tenellus, A. pleuropappus, Glossogyne tenuifolia, Goodenia pusilliflora, Gentiana quadrifaria, Anthocercis albicans, Glossostigma Drummondi, Prostanthera saxicola, Newcastlia Dicksoni, Styphelia microphylla, S. costata, S. adpressa, S. esquamata, S. attenuata, Epacris crassifolia, Diuris alba, Thelymitra epipactoides, Th. fusco-lutea, Pterostylis pedaloglossa, Dianella coerulea, Tricoryne simplex, Xerotes juncea, Philhydrum lanuginosum, Potamogeton lucens, Althenia australis, Fimbristylis ferruginea, Schoenus ericetorum, Andropogon affinis, Psilotum triquetrum, Adiantum diaphanum, Hypolepis tenuifolia, Aspidium tenerum.

446. **F. v. Müller** (426) giebt die Ergänzungen zum 2. Theil des im vorigen Referat besprochenen Werkes (vgl. vor. Ref. u. Bot. C., XXXV). Durch diese steigt die Zahl der Gattungen Victorias auf 556, die der Arten auf 1898. Auch werden eine Reihe von Pflanzen namhaft gemacht, die der Grenze jenes Gebietes nahe kommen, also auch innerhalb desselben zu erwarten sind.

447. **E. Haviland** (270) verzeichnet eine Anzahl Pflanzen, die in der Nähe von Sydney im April, Mai und Juni blühen. Matzdorff.

448. **F. v. Müller** (427) nennt als Pflanzen von King-Island:

Clematis aristata, C. microphylla, Ranunculus parviflorus, Hibbertia fasciculata, Atherosperma moschatum, Cassytha pubescens, Cardamine parviflora, Lepidium foliosum, Cakile maritima, Viola hederacea, Pittosporum bicolor, Billardiera longiflora, Bursaria spinosa, Drosera pygmaea, D. auriculata, D. peltata, D. binata, Comesperma volubile, Zieria Smithii, Boronia polygalifolia, Correa speciosa, Geranium pilosum, Pelargonium Australe, Elaeocarpus reticulatus, Beyeria viscosa, Phyllanthus Gunnii, Amperea spartioides, Urtica incisa, Casuarina distyla, Dodonaea viscosa, Stackhousia linarifolia, Stellaria pungens, S. multiflora, Scleranthus biflorus, Sagina procumbens, S. apetala, Colobanthus Billardieri, Rhagodia Billardieri, Atriplex cinereum, A. crystallinum, Salicornia Australis, S. arbuscula, Mesembryanthemum aequilaterale, M. Australe, Tetragonia implexicoma, Muehlenbeckia adpressa, Pultenaea juniperina, Dillwynia ericifolia, Swainsonia lessertifolia, Kennedya prostrata, Acacia sophora R.Br. (= *A. longifolia* W. var), *A. oxycedrus, A. verticillata, Aotus villosa, Acaena ovina, A. Sanguisorbae, Bauera rubioides, Tillaea verticillaris, T. macrantha, Calycothrix tetragona, Leptospermum laevigatum, L. lanigerum, L. scoparium, Melaleuca squarrosa, M. ericifolia, Eucalyptus globulus, E. viminalis, E. amygdalina, Epilobium tetragonum* (nicht ganz identisch mit der europäischen Art, daher vielleicht besser *E. glabellum* zu nennen), *Pomaderris apetala, Daucus brachyatus, Apium prostratum, Banksia marginata, Persoonia juniperina, Pimelea ligustrina, P. linifolia, P. serpyllifolia, P. curviflora, Sambucus Gaudichaudiana, Aster argophyllus, A. stellulatus, A. glutescens, A. lepidophyllus, A. axillaris, A. ramulosus, Lagenophora Billardieri, Gnaphalium indutum, G. japonicum, Podosperma angustifolium, Helichrysum apiculatum, H. cinereum, Nablonium calyceroides, Crespedia Richei, Cotula filifolia, C. coronopifolia, Senecio odoratus, S. spathulatus, S. lartus, Erechtites arguta, E. quadridentata, Cassinia aculeata, Calocephalus Brownii, Wahlenbergia gracilis, Candollea despecta, Scaevola suaveolens, Sc. Hookeri, Selliera radicans, Sebaea ovata, Plantago varia, Samolus repens, Alyxia buxifolia, Solanum aviculare, Mimulus repens, Mazus Pumilio, Veronica calycina, Euphrasia Brownii, Myosotis Australis, Cynoglossum Australe, Ajuga Australis, Mentha gracilis, Myoporum insulare, Styphelia Australis, S. ericoides, S. Richea, S. elliptica, Epacris lanuginosa, E. impressa, Sprengelia incarnata, Thelymitra aristata, Th. longifolia, Diuris pedunculata, Calochilus Robertsoni, Cryptostylis longifolia, Microtis porrifolius, Pterostylis cucullata, P. barbata, Cyrtostylis reniformes, Lyperanthus Burnetti, Caladenia Menziesii, C. latifolia, C. carnea, Patersonia glauca, Dianella longifolia, Lemna minor, Potamogeton polygonifolius, Cymodocea zosterifolia, Juncus pallidus, J. communis, Luzula campestris, Restio tetraphyllus, Centrolepis hispida, Heleocharis acuta, Scirpus* nodosus, *S. riparius*, *Lepidosperma gladiatum*, *Carex paniculata*, *C. pumila*, *C. pseudocyperus*, *Cladium psittacorum*, *Spinifex hirsutus*, *Danthonia penicillata*, *Stipa diplachne*, *S. flavescens*, *Agrostis Solanderi*, *A. venusta*, *Festuca litoralis*, *F. bromoides*, *Distichilis maritima*, *Zoysia pungens*, *Poa caespitosa*, *Selaginella uliginosa*, *Lycopodium laterale*, *L. densum*, *Ophioglossum vulgatum*, *Schizaea fistulosa*, *Dicksonia Billardieri*, *Alsophila Australis*, *Gleichenia circinata*, *Pteris arguta*, *P. aquilina*, *P. falcata*, *P. incisa*, *Lomaria capensis*, *Asplenium marinum*, *Aspidium aculeatum*, *A. capense*, *Polypodium pustulatum*.

Eingeschleppt sind: *Ranunculus muricatus*, *Capsella Bursa pastoris*, *Lepidium ruderale*, *Papaver aculeatum*, *Fumaria officinalis*, *Lavatera hispida*, *Silene Gallica*, *Polycarpon tetraphyllum*, *Cerastium vulgatum*, *Melilotus parviflora*, *Hypochaeris glabra*, *Gnaphalium luteo-album*, *Anagallis arvensis*, *Solanum nigrum*, *Bartsia latifolia*, *Poa dura*.

449. **J. G. O. Tepper** (663) bespricht die Flora von Kangaroo-Island, die in ihrer Gruppirung und in ihrem Aussehen vielen Gegenden des Festlandes sehr ähnlich ist, aber in der Zusammensetzung ebenso verschieden, indem hier zahlreiche Arten und selbst Gattungen häufig auftreten oder einzig dastehen, welche auf den nahen Theilen des Festlandes selten vorkommen oder fehlen, während der umgekehrte Fall sich bei anderen vorfindet. Als Charakterpflanzen werden besonders besprochen: *Boronia Edwardsi*, *Bertya rotundifolia*, *Acacia rupicola*, *Pultenaea viscidula*, *Cassyta Tepperiana*, *Helichrysum adenophorum*, *Phyllota pleurandroides*, *Spyridium halmaturinum*, *Bauera rubioides*, *Lhotzkya glaberrima*, *L. Smeatoniana*, *Darwinia micropetala*, *Calycothrix tetragona*, *Eucalyptus cneorifolius*, *Petrophila multisecta*, *Adenanthus sericeus*, *Ixodia achilleoides* var. *ptarmicoides*, *Calocephalus Brownii*, *Prostanthera spinosa*, *Styphelia Woodsii*, *Candollea Tepperiana* und *Phyllanthus Grunii*.

450. Neue Arten aus dem Gebiet:

a. **F. v. Müller** (423) beschreibt *Goodenia pusilliflora* n. sp. von verschiedenen Punkten Australiens.

b. **A. Cogniaux** (130) beschreibt neue Cucurbitaceen von Australien: (p. 346) *Trichosanthes Muelleri*, verw. *T. himalensis* C. B. Clarke. (p. 356) *Melothria (Eumelothr.) subpellucida*, verw. *M. marginata* Cogn., Endeavour-Fluss. (p. 357) *M. celebica* Cogn. nov. var. *β. villosior*, Carpentaria-Golf. Matzdorff.

c. **G. von Beck** (58). Neue Arten Australiens: p. 48 *Senecio Murrayana* Wwr., verwandt *S. lautus* Forst, vom Murray; p. 73 *Hakea breviflora* Wwr., verw. *H. recurva* Meissn., aus Westaustralien; p. 102 *Anthistiria vulgaris* Hack. var. *imberbis* Hack. = *A. imberbis* Retz. = *A. australis* R.Br., vom Murray; *Amphipogon pentacraspedon* Hack. = *Pentacr. amphipogonoides* Steud. oder var. von *A. lagurioides* R.Br., vom König Georgs Sund. Matzdorff.

d. **F. v. Müller** (430) beschreibt:

Atriplex Quinii n. sp. (verw. *A. stipitatum*): Mount Margaret, Grey-Range und Koorning-birri.

e. **F. v. Müller** (422). Nov. sp. aus Westaustralien; p. 162 *Ptilotus Macleayi*, am Kingssund. Zugleich giebt Verf. neue Fundorte von 9 weiteren *Ptilotus*-Arten. p. 164 *Acacia spodiosperma*, am See Austin, verwandt *A. scirpifolia* und *A. calamifolia*. Matzdorff.

f. **P. Maury** (409) beschreibt und bildet ab:

Prasophyllum Laufferianum n. sp. (verw. *P. Fimbria* Rchb. f.), eine von Lauffer aus Australien lebend gesandte Orchidee.

g. **F. v. Müller** (424) beschreibt folgende neue Arten aus Westaustralien:

Ptilotus Carlsoni: Zwischen York und Hampton Plains.

Cassia Cuthbertsoni: Oberer Ashburton-River.

Candollea Merallii: Lake Brown.

h. **F. v. Müller** (425) beschreibt *Athrixia Croniniana* n. sp. von dem Blackwood-River (Westaustralien).

14. Neuseeländisches Florenreich.

(Neu-Seeland, Kermadec- und Chatham-Inseln, Aucklands- und Campbells-Inseln, Mac-Quarrie-Inseln.) (R. 451–454.)

Vgl. auch R. 98 (*Polygalaceae* fehlend). — Vgl. ferner No. 108* (*Veronica lycopodioides*).

451. **E. Spooner** (629) berichtet über Obst- und Waldbäume Neu-Seelands, sowie über einige andere Culturpflanzen jenes Landes. (Ueber Producte Neu-Seelands vgl. auch Ausland 1888, p. 545ff.)

452. **N. E. Brown** (107) berichtet über einige häufiger cultivirte und mit einander verwechselte *Veronica*-Arten Neu-Seelands. Einige Abbildungen dienen zur Erläuterung des Textes.

453. **Ch. Hetley** (277) liefert Abbildungen folgender neuseeländischer Pflanzen: *Olearia semidentata, Epacris microphylla, Senecio perdicioides, Celmisia Monroi, Metrosideros lucida, Pimelea longifolia, Areca sapida, Dysoxylon spectabile, Geranium Traversii, Ranunculus Lyallii* und *Loranthus Adamsii*. (Die letzte Art soll eine neue Art sein, doch fehlt eine Diagnose.)

454. **Botanical Magazine** (772). t. 6073 *Phormium Hookeri* n. sp. vom Waitangi-River, Neu-Seeland.

15. Arbeiten, die sich auf mehrere afrikanische Florenreiche beziehen oder deren Beziehung auf ein bestimmtes Florenreich Afrikas nicht klar ersichtlich ist.

(R. 455–456.)

Vgl. auch R. 99 (*Rhododendron* fehlend), 232 (*Rosa sancta*). — Vgl. ferner No. 660* (*Polypetalae Thalamiflorae Rehmannianae*).

455. **H. Schinz** (602). In Südafrika ist die Küstenzone sehr arm an Pflanzen: fleischige *Ficoideae* und *Geraniaceae*, blattarme *Papilionaceae* und *Compositae*, *Welwitschia* und *Acanthosicyos horrida* sind charakteristisch. Den Uebergang zum Hinterland vermittelt eine schmale Zone strauchartiger *Euphorbiaceae* mit einzelnen *Aloe dichotoma* und einer grossen *Dracaena*.

In den Regionen der Tafelberge tritt auffallender Wechsel ein: sparriges niederes Buschwerk steht auf der Hochebene, wogendes Grasfeld erfüllt die Thalsohle. Bei den Quellen finden sich Ebenholzbüsche und *Acacia*-Arten (besonders *A. Giraffae, eriolaba* und *horrida*). Bei brachigem Boden gesellen sich noch dichte Bestände einer Tamariske hinzu. Eigentlicher Buschwald findet sich erst im Norden von Rehoboth längs der trockenen Flussläufe: *Acacia detinens* bildet meilenweit dichte Bestände. In Gross-Nama und Hereroland bilden ausserhalb der Küstenzone Akazien den Hauptbestandtheil der Busch- und Baumvegetation, untergeordnet treten auf *Celastrineae, Capparideae* und *Ebenaceae*. Zwischen Otjimbingue und Okahandja erscheint zuerst als grosser Laubbaum *Combretum primigenum*.

Die Kalahari gleicht einer englischen Parklandschaft: grosse Steppen wechseln mit Hainen aus *Copaifera Mopana, Combretum* und Akazien ab.

Im Ovamboland findet sich typische Waldvegetation: eine *Eugenia* am Kunene, *Mopane, Combretum, Gardenia, Adansonia, Cassia* mit vielen Lianen und *Hyphaene* bei den Dörfern.

456. **Hooker's** (295) Icones plant. (s. Titel) enthalten folgende neue Art des Kalaharigebietes: Taf. 1535 *Oligocarpus acanthospermum* H. Bolus = *Xenismia acanthospermum* DC. Kookfontein in Namaqualand. Matzdorff.

16. Südafrikanisches Florenreich.

(Südafrika bis zum Oranje-Fluss und zur Kalahari mit Ausschluss der Ostküste von Port Elisabeth an, aber mit Einschluss von St. Helena und Ascension.) (R. 457—467.)

Vgl. auch R. 211 *(Toxicophlea)*, 247, 455. — Vgl. ferner No. 365* (*Freesia* am Cap).

457. **H. Bolus** (75a.). **Dr. O. Kersten** liefert eine Uebersetzung der in Bot. J. XIV, 1886, 2. Abth., p. 210, R. 577 besprochenen „Grundzüge der Flora von Südafrika", dem er als Anhang eine Uebersicht der wichtigsten Nutzhölzer beifügt. (Vgl. Bot. C. XXXVII, p. 150—151.)

458. **O. Kersten** (328) liefert nach officiellen Berichten eine Zusammenstellung über Verwerthung der südafrikanischen Wälder mit Einschluss einer Aufzählung der wichtigsten Nutzhölzer.

459. **O. Kersten** (329) geht auf die Anbaufähigkeit Südafrikas kurz ein. (In einer kleinen Beilage stellt er „Einige Gutachten betreffs Pondoland" zusammen.)

460. **N. E. Brown** (105) bespricht *Disa lacera* Sw. aus Südafrika, von der er eine neue Varietät beschreibt.

461. **Botanical Magazine** (772). t. 6965 *Mesembryanthemum Brownii* Hook. f. aus Südafrika.

462. **H. Schinz** (601) beschreibt mit Unterstützung verschiedener Specialforscher eine grössere Zahl von Pflanzen (meist neuen Arten vgl. R. 467a.) aus Südwestafrika. Es mögen hier nur einige Bemerkungen folgen, die sich nicht auf hier neu beschriebene Arten beziehen:

Andropogon Schinzii Hack. (Diagnose in Hackel's Monographia Graminearum I. Andropogoneae); *Aristida Hochstetteriana* Beck. Ms. (Sect. *Arthraterum*): Buschmannsland, Hereroland (Beschreibung im letzten Theil der Botanik der Novara-Expedition); *Citrullus Naudinianus* Hook. f.: Amboland; *Copaifera Mopane* (Kirk) Benth.: Amboland, Angola, Mozambique und Letschuana; *Hibiscus urens:* Unterer Oranje-Fluss; *Pterodiscus aurantiacus* Welw. (wahrscheinlich identisch mit *P. Gayi* Dcne. = *Rogeria brasiliensis* Gay, dann also als *P. brasiliensis* (Gay) Aschers. zu bezeichnen, obwohl sie nicht in Brasilien, sondern nur in Südafrika vorkommt): In Benguela bei Mossamedes selten, weiter südlich häufiger im Hereroland und Amboland; *Aitonia capensis* L. fil. var. *microphylla* Schinz: Oranje-Fluss (= *Zygophyllum fasciculatum* Lichtenstein); *Melhania Griquensis* Bolus (hier ausführlich beschrieben): Upingtonia; *M. Forbesii* Planch. ms.: Amboland (ausserdem Mozambique, Madagascar, Natal, Sansibar, Mombai, auch Westafrika); *Hermannia (Euhermannia) comosa* Burch. ms.: Gross-Namaland; *H. (Euhermannia) paucifolia* Turcz. (nicht wesentlich verschieden von *H. chrysanthemifolia* E. Mey.): Zwischen Angra-Pequena und Oranje-Fluss, Gross-Namaland; *Waltheria Americana:* Upingtonia (innerhalb der Wendekreise sehr häufig).

463. **A. Engler** (163) zählt nach Sammlungen Marloth's ausser neuen Arten (s. Ref. 467b) folgende Arten aus Griqualand (G.), Betschuanenland (B.) und Hereroland (H.) auf: *Aloe dichotoma* (H.), *Ficus (Urostigma) natalensis* (B. — bisher nur Natal), *Forskahlea candida* (H. — sonst sandige Theile des Caplandes), *Loranthus namaquensis* (B., H. — verbreitet am Gariep und im Namaland), *Ximenia americana* (H. — Südamerika, malayisches Gebiet, tropisches Afrika), *Oxygonum alatum* (B. — bisher Kafferland), *Aerua lanata* var. *viridis* (G. — Tropen und Subtropen der Alten Welt), *Alternanthera achyrantha* (H. — sonst wie vorige), *Atriplex Halimus* (H. — verbreitete Küstenpflanze Europas und Afrikas), *Chenolea diffusa* (Namaland — bisher Capland), *Salicornia herbacea* (Namaland — Küsten der Alten und Neuen Welt), *Suaeda fruticosa* (H. — Küsten Europas und Afrikas), *Salsola Zeyheri* (Namaland — bisher Capland), *Limeum aethiopicum* (B. — verbreitet im Capland), *L. viscosum* (B. — bisher Natal), *Semonvillea fenestrata* (G., H. — bisher Klein-Namaland, Vaal- u. Kaledon-Fluss), *Giesekia pharmaceoides* (H. — bisher Ufer des Kaledon-, Krokodil- u. Vaal-Flusses), *Boerhavia pentandra* (G.), *Mollugo Cerviana* (H. — Tropen und Subtropen

der Alten Welt, auch Australien, in Südeuropa eingeschleppt), *Hypertelis verrucosa* (H., B. — Nieder-Guinea und Capland), *Galenia sarcophylla* (G. — nur Capland), *G. papulosa* (H. — nur Südafrika), *Mesembryanthemum junceum* (Karroo. für dies Gebiet charakterist. Halbstrauch), *M. spinosum* (ebenda), *Pollichia campestris* (B., H. — Capland und Natal), *Dianthus scaber* (B. — verbreitet im Capland). *Nymphaea stellata* (B. — im indisch-malayischen Gebiet, tropisches Afrika und Capland), *Clematis orientalis* (H. — verbreitet in Südafrika), *Sisymbrium lyratum* (B. — bisher Küsten des Caplandes), *Gynandropsis pentaphylla* (H. — Tropen der Alten Welt, auch Südafrika, in Amerika eingeschleppt), *Polemisia hirta* (H. — im südlichen Centralafrika verbreitet, im Capland fehlend), *Dianthera Petersiana* (B. — Süd- und Centralafrika häufig), *D. Burchelliana* (H. — sonst wie vorige), *Boscia Pechuelii?* (Kimberley), *Oligomeris capensis* (G. — verbreitet im Capland), *Vahlia capensis* (G. — Capland und Namaland), *Acacia albida* (H. — verbreitet im tropischen Afrika), *A. detinens* (G. — verbreitet an dürren, steinigen Orten des Caplandes), *A. tenax* (H.), *A. stolonifera* (G.), *A. hebeclada* (H.), *A. erioloba* (H.), *A. haematoxylon* (B.), *A. horrida* (G., H. — Capland), *Dichrostachys nutans* (H. — verbreitet im tropischen Afrika, der südlichste bisher bekannte Ort war der Ngami-See), *Parkinsonia africana* (H. — auch Namaland), *Cassia arachnoides* (G., H.), *Bauhinia gariepensis* (H. — bisher Ufer des Gariep und Namaland), *B. Pechuelii*[1]) (H.), *Lotononis Leobordea* (H.), *Argyrolobium candicans* (B. — bisher bekannt aus den östlichen Gebirgen des Caplandes im Süden des Oranje-Flusses), *Psoralea obtusifolia* (H., Barkly West — im Capland verbreitet, aber auch von Mossamedes bekannt), *Indigofera heterotricha* (H. — bisher nur Capland), *I. melanadenia* (bisher nur im Betschuanenland), *I. patens* (G.), *I. alternans* (H.), *Sylitra biflora* (H.), *Tephrosia oxygona* (H. — bisher Benguela), *T. sphaerosperma* (B. — Capland und inneres Centralafrika), *Mundulea suberosa* (H. — von Indien durch das tropische Afrika zum Capland verbreitet), *Sesbania punctata* (H. — verbreitet im tropischen Afrika, bisher aber nicht südlicher als Angola), *Lessertia benguelensis* (H.), *Vigna Burchellii* (B. — bisher Zululand), *Monsonia Burkeana* (B. — bisher Transvaal [Magalier-Berg]), *M. umbellata* (H. — bisher nur Bitterfontein im Capland), *Sarcocaulon Burmanni* (Namaland — sonst Karroo), *S. Patersoni* (H. — sonst ebenda), *Pelargonium ferulaceum* (Namaland — sonst nur Nordwesten des Caplandes), *Triaspis hypericoides* (B.), *Tribulus Pechuelii* (H.), *T. Zeyheri* (H.), *Zygophyllum simplex* (Damara — bisher Karroo), *Z. cuneifolium* (G. — bisher Karroo), *Seidelia triandra* (G. — Südafrika). *Croton gratissimus* (H. — Capland), *Rhus villosa* (G. — im subtropischen, sowie in gebirgigen Gegenden des tropischen Afrika), *Rh. puberula* (G. — im ganzen Capland zerstreut), *Rh. viminalis* (G. — verbreitet im Capland), *Cardiospermum Pechuelii* (H.), *Zizyphus mucronata* (G. H. — Capland und Natal), *Vitis jatrophoides?* (H. — Angola), *Grewia flava* (G. — vielleicht identisch mit *G. cana* Sond. vom Oranje-Fluss), *G. salviifolia* (H. — überall im tropischen Afrika und von da über Habesch bis Vorderindien verbreitet), *G. villosa* (H. — ähnlich verbreitet wie vorige, doch nicht so weit nach Süden reichend, wenn sie nicht etwa mit *G. obtusifolia* identisch), *Sterculia tomentosa* (H. — vom Nil durch das nördliche Centralafrika, Ober- und Nieder-Guinea verbreitet), *Dombeya rotundifolia* (H. — wohl identisch mit *D. densiflora* — aus Natal und Transvaal), *Melhania ovata* (H., vielleicht identisch mit *M. damarana* und *incana* — bekannt von den Cap-Verde-Inseln, Habesch und West-Vorderindien), *M. prostrata* (B.), *Hermannia (Mahernia) linnaeoides* (B. — identisch mit *Mahernia gracilis*), *H. (Mahernia) stellulata* (G.), *H. (Euhermannia) brachypetala* (G. — bisher Transvaal und Zululand), *H. (Acicarpus) stricta* (Gross-Namaland — bisher Capland), *H. (Acicarpus) linearifolia* (B. — Capland), *H. (Acicarpus) filipes* (H. — nächst verwandt mit *H. modesta* aus Nubien und Arabien), *Sida longipes* (B., H. — Capland und Natal), *Abutilon Sonneratianum* (B. — sonst wie vorige), *A. indicum* (B. — in den Tropen weit verbreitet), *A. hirtum* (H. — sonst oberes Nilgebiet, Kordofan, Mozambique und nach Masters Venezuela), *Pavonia Kraussiana* (H. — oberes Nilgebiet, südliches Centralafrika, Capland, Natal und Bourbon), *Hibiscus pusillus* (B. — Capland), *H. Elliottii* (H. — Damaraland), *H. atromarginatus* (H. — sonst Capland und Natal), *H. caesius* (H. — durch Süd-Centralafrika, Mozambique nach Afghanistan,

[1]) Nach Schinz (Verh. Brand., p. 172) hier fälschlich als identisch mit *Mopane* angegeben.

Dekhan bis Nordaustralien), *Cienfuegosia triphylla* (H. — bisher nur Damaraland), *Tamarix articulata* (H. — sonst Namaland), *Modecca Paschanthus* (B.), ***Kissenia** spathulata* (H. — bisher Aden, Namaland und Centralafrika unter 22° s. Br.), ***Combretum** erythrophyllum* (G. — bisher Ky-Gariep und Krokodil-Fluss), *C. apiculatum* (H. — bisher Transvaal [Magalis-Berg]), ***Montinia acris*** (H. — verbreitet im Capland und Namaland an trockenen Plätzen), *Peucedanum fraxinifolium* (H. — im tropischen Nilgebiet und am Congo bisher gefunden), *Statice* ***scabra*** (Augra Pequena — sonst Capland), ***Vogelia** africana* (Gross-Namaland, verbreitet in Südafrika), ***Royena pallens*** (G. — südliches und tropisches Afrika), ***R. hirsuta*** (G. — Natal und östliches Capland), ***Euclea pseudebenus*** (H. — westliches Südafrika), ***Eu. ovata*** (G. — inneres Capland und Kalahari), ***Monodora africana*** (G. — zerstreut in Südafrika), *Chironia* ***palustris*** (B. — Gebirge des östlichen Caplandes), ***Chilianthus arboreus*** (B. — Ostcapland), ***Curroria decidua*** (H. — Nigergebiet), *Xysmalobium lapathifolium* (B. — Capland), ***Pentarrhinum hispidum*** (G. — östliches Capland und Zululand), *Barrowia jasminiflora* (B. — Capland), *Brachystelma circinatum* (G. — Capland), *Hoodia Gordoni* (H. — Capland), ***Ipomoea contorta*** (G. — bisher nur zwischen Dwomstiriform und Glenfilling), ***I. argyreioides*** (G. — Gebirge des östlichen Caplandes), *I. oblongata* (G.), *Convolvulus* ***rhynchophyllus*** (G. — inneres Capland), *Evolvulus capensis* (B. — östliches Capland), *Codon* ***Royeni*** (H. — Karroo), *Withania somnifera* (G. — Subtropen [seltener Tropen] der Alten Welt), *Lycium arenicolum* (G.), *Datura Metel* (G. — wärmere Länder der ganzen Erde), ***Diclis petiolaris?*** (H.), ***Chaenostoma pedunculosum*** (H. — Namaland), *Lyperia* ***amplexicaulis*** (H. — Namaland), ***L. glutinosa*** (H. — Ufer des Gariep), ***L. integerrima*** (B.), ***L.** crocea* (G. — Karroo), ***Alectra melampyroides*** (G. — Capland, Natal), ***Striga orobanchoides*** (H. — Karribib — südliches und tropisches Afrika, Comoren, Ostindien), ***Rhigosum trichotomum*** (G. — Karroo), *Cotophractes Alexandri* (H. — Namaland), ***Pterodiscus aurantiacus*** (H. — Benguela, Amboland), ***Harpagophytum procumbens*** (G. — Ostcapland), ***Rogeria longiflora*** (H. — Nama- und Damaraland), ***Sesamum Schinzianum*** (H.), ***Blepharis squarrosa*** (G. — Fluss Kat und Grahamstown), *B. Burchelliana* (B. — Vet-River), ***B. irritans*** (G. — Uitenhage), *Crabbea angustifolia* (G.), *Justicia capensis* (G. — Ostcapland), ***J. incana*** (G. — Capland), ***J. orchidoides*** (B. — Capland), ***Isoglossa ciliata*** (G. — Ostcapland), ***Cordia ovalis*** (H. — Habesch), *Ehretia hottentottica* (G.), ***Heliotropium tubulosum*** (H. — Gariep), ***H.** curassavicum* (G., H. — Tropen und Subtropen beider Erdhälften), *Trichodesma* ***africanum*** (H. — Capland, Nordafrika), ***T. angustifolium*** (G. — Makalis-Berg und Rhinoster-Fluss), *Ocimum canum* (G., H. — Tropen beider Erdhälften), *Salvia gariepensis* (G. — Gariep), *S. stenophylla* (G. — Capland), ***Stachys spathulata*** (G. — Makalis-Berg und Klipplast-River), ***Leucas** capensis* (G.), *Oldenlandia stricta* (G., H. — Capland, Namaland, Gabun), ***Trochomeria debilis*** (G. — Angola), *Acanthosicyos horrida* (Walfischbai — Angola bis Neu-Seeland), *Raphanocarpus Welwitschii* (H. — Mossamedes), *Cucumis africanus* (H. — verbreitet in Südafrika), *Parastranthus thermalis* (G. — Capland, Transvaal, Natal), *Vernonia Kraussii* (B.), *Pteronia succulenta* (N. — Karroo), *Felicia affinis* (H. — Capland, Namaland), *Chrysocoma* ***tenuifolia*** var. *microcephala* (G. — Capland, Natal, Kaffernland), *Blumea gariepina* (G. — Gariep, Namaland), *B. caffra* (H. — Key-River, Natal, Namaland), *Helichrysum obvallatum* (G. — östliches Capland), ***Leontonyx glomeratus*** var. *intermedius* (H. — Capland), *Pegolettia* ***oxyodonta*** (H. — Namaland), *Geigeria passerinoides* (G., H. — Capland), *G.* ***Zeyheri*** (H. — Magalis-Berg im südöstlichen Afrika), *G. brevifolia* (B. — Gariep), *G. acaulis* (H. — Cordofan, Habesch), *G. alata* (H. — Cordofan, Arabien), *Oudetia linearis* (H. — Namaland, Centralafrika [12° s. Br.]), *Bidens bipinnatus* (H. — alle Tropenländer), *Matricaria globifera* (B. — Capland), *Cotula anthemoides* (G. — Karroo), ***Pentzia*** *quinquefida* (B. — Capland), *P. virgata* (G. — Capland), *Senecio arenarius* (H. — südwestliches Capland), ***S. glutinosus*** (H. — südliches Capland), *Tripteris amplectens* (N., H.), *Arctotis* ***stoechadifolia*** (G. — Capland), *Venidium* ***decurrens*** (G. — Capland, Kaffernland), *Gazania longifolia* (G. — Capland), *Berkleya Pechuelii* (H.), *Platycarpha carlinoides* (H. — Centralafrika [28° s. Br.]), *Dicoma capensis* (H. — Namaland, Capland), *Hieracium capense* (G. — Capland, Kaffernland, Natal), *Lophiocarpus* ***Burchellii*** (H. — Klaarwater, Betschuanenland), *Cadaba juncea* (G. — Karroo, Namaland).

464. **H. Baillon** (21).

p. 757 *Poacynum* (nov. gen.) *pictum* = *Apocynum pictum* Schrenk.

„ 760 *Motandra glabrata* n. sp. aus den Sammlungen von Welwitsch (also wahrscheinlich aus Südwestafrika).

465. **Last of its Race** (815). Die letzte *Psiadia rotundifolia* von St. Helena, wo die Art früher verbreitet war, jetzt aber durch Menschen und Ziegen vernichtet ist, wird abgebildet. Es ist eine baumartige Composite von 20 Fuss Höhe, die *Aster* nahe verwandt ist.

466. **D. Morris** (420). Gleich *Psiadia rotundifolia* sind auf St. Helena *Melhania Erythroxylon* und *M. melanoxylon* im Aussterben begriffen. -- *Sium helenianum* von ebenda wird wie die erste *Melhania* in Kew cultivirt, ihre Stengel sind essbar und werden in St. Helena auf den Markt gebracht.

467. Neue Arten aus dem Gebiet:

a. **H. Schinz** (601) puplicirt Diagnosen folgender neuen Arten und Varietäten aus Südafrika.

p. 45 *Cyperus Schinzii* Böckl. (verw. *C. fuscescens*): Amboland (Oshiheke bei Olukonda).

„ 45 *C. purpureus* Böckl. (vor. verw.): Olukonda.

„ 45 *C. pseudoniveus* Böckl. (verw. *C. niveus* Retz): Olukonda.

„ 46 *C. pseudoniveus* β. *tenuifolius* = *C. niveus* β. *polyphyllus* Böckl.: Centralafrika (Djur).

„ 46 *Anosporum Schinzii* Böckl.: Kilevium Kunene (Amboland).

„ 46 *Scirpus minutissimus* Böckl.: Damaraland (! Uridum).

„ 46 *S. leucanthus* Böckl. (verw. *S. supinus*): Gross-Namaland (Kleiner Fischfluss).

„ 47 *S. Schinzii* Böckl. (verw. *S. articulatus*): Gross-Namaland (! Aus).

„ 47 *Ficinia Schinziana* Böckl. (verw. *F. Kunthiana*): Tafelberg.

„ 47 *F. varia* Böckl. (verw. *F. laciniata*): Tafelberg.

„ 48 *Maerua angustifolia* Schinz: Amboland und Nordostdamaraland. (Verw. der ostafrikanischen *M. nervosa* Oliv. und *M. Grantii* Oliv., sowie der nordafrikanischen *M. triphylla* Rich.)

„ 49 *Boscia foetida* Schinz: In Gross-Namaland, Damaraland und Westkalahari häufig (*B. caffra* Sond. findet sich in Lüderitzland und Natal, *B. microphylla* Oliv. in Angola).

„ 50 *Cleome platycarpa* Schinz (verw. der nordafrikanischen *C. arabica* L.): In Gross-Namaland in trockenen Flussbetten häufig.

„ 50 *C. suffruticosa* Schinz (verw. der südafrikanischen *C. oxyphylla* Burch.): Gross-Namaland.

„ 51 *C. Lüderitziana* Schinz: Damaraland (zwischen Omaruru und Otjitambi).

„ 52 *Polygala Kalaxariensis* Schinz (verw. der südafrikanischen *P. illepida* E. Mey, *P. asbestina* Burch. und *P. serpentaria* E. et Z.): Kalahari (Lewisfontein).

„ 53 *P. albida* Schinz (verw. *P. persicariaefolia* DC.): Olukonda.

„ 54 *Tribulus Zeyheri* Sond. var. *Pechuelii* (Kuntze) Schinz (= *T. Zeyheri* Schinz): Damaraland.

„ 54 *T. Zeyheri* Sond. var. *hirtus* Schinz: Gross-Namaland.

„ 54 *T. Zeyheri* Sond. var. *hirsutissimus* Schinz: Damaraland.

„ 55 *Zygophyllum rigidum* Schinz: Gross-Namaland.

„ 55 *Z. longicapsulare* Schinz: Gross-Namaland.

„ 56 *Z. longistipulatum* Schinz (verw. *Z. microcarpum* Lichtenst.): Ebenda.

„ 57 *Z. Stapffii* Schinz (verw. der capländischen *Z. Morgsana* L.): Damaraland. (Die von Kuntze [Plantae Pechuelianae] als *Z. Morgsana* L. bestimmte Pflanze gehört dieser neuen Art an.)

„ 58 *Sarcocaulon L'Heritieri* DC. var. *brevi mucronatum* Schinz (Hauptform der Art am Cap): Gross-Namaland.

„ 59 *S. rigidum* Schinz: Angra Pequena. (Unmittelbar an der Küste schon häufig, bestimmt sie jenseits der Flugsandzone den Vegetationscharakter, tritt aber vor

Guos [einer Wasserstelle auf dem Weg von Angra Pequena nach ! Aus] mit dem Erscheinen buschförmiger Euphorbien mehr und mehr zurück; das 10 geogr. Meilen von der Küste entfernte, dieser parallele Tschiralgebirge bildet die Ostgrenze der Litoralflora und dort tritt die p. 58 beschriebene Form plötzlich auf und verdrängt diese Art.)

p. 60 *Monsonia Lüderitziana* Focke et Schinz: Unterlauf des Oranje, Südgrenze von Lüderitzland (verw. *M. umbellata* Harv.).

„ 61 *M. parvifolia* Schinz: Ebenda (verw. besonders voriger, dann auch *M. ovata* Cav.).

„ 61 *Ochna Aschersoniana* Schinz: Hochebene zwischen Otjiheveta und Omamboade (Nordwestdamaraland oder Upingtonia.) (Verw. *O. pulchra* Hook. [Ic. Pl. t. 588] aus der Kalahari.)

„ 63 *Sclerocarya Schweinfurthiana* Schinz (verw. *S. Birrea* Hochst. und *S. Caffra* Sond.): Amboland und Upingtonia. (Schönster und werthvollster Baum des Ambolandes; die Früchte liefern einen Saft, der gegohren ein sehr berauschendes Getränk giebt, das die Eingeborenen viel trinken.)

„ 139 *Cyperus subaphyllus* Böckl.: Hereroland.

„ 139 *Anthephora Schinzii* Hackel: Amboland.

„ 140 *Monelytrum Lüderitzianum* Hackel n. sp. gen. nov. Gramin.: Kaoko.

„ 141 *Panicum glomeratum* Hack. (Sect. *Brachiaria*): Hereroland.

„ 141 *P. xantholeucum* „ „ „ Amboland.

„ 142 *P. brachyurum* „ „ „ „

„ 142 *P. Schinzii* „ „ *Eupanicum* „

„ 143 *Tricholaena brevipila* Hack.: Gross-Namaland.

„ 143 *Aristida stipitata* Hack. (Sect. *Chaetaria*): Amboland.

„ 144 *A. alopecuroides* „ „ „ „

„ 145 *Willkommia sarmentosa* Hack. n. sp. gen. nov.: Amboland.

„ 146 *W. annua* „ „ „ „ „ „

„ 146 *Triraphis purpurea* Hack.: Gross-Namaland (verw. der australischen *T. mollis* Brown).

„ 147 *Tr. Schinzii* Hack.: Amboland.

„ 148 *Eragrostis membranacea* Hack.: Amboland.

„ 148 *E. enodis* Hack.: Angra Pequena.

„ 149 *Raphanocarpus humilis* Cogn.: Hereroland.

„ 149 *Momordica Schinzii* Hack.: Amboland.

„ 150 *Cucumis dissectifolius* Naud. var. *β. ? filiformis* Cogn.: Amboland.

„ 151 *Citrullus ecirrhosus* Cogn.: Gross-Namaland, Hereroland.

„ 152 *Coccinia sessilifolia* Cogn. var. *maior* Cogn.: Hereroland.

„ 152 *Melothria (Eumelothria) Marlothii* Cogn.: Amboland, Westgriqualand.

„ 152 *Blastania Lüderitziana* Cogn.: Hereroland.

„ 153 *Corallocarpus Schinzii* Cogn.: Gross-Namaland.

„ 154 *C. sphaerocarpus* Cogn.: Upingtonia.

„ 155 *Zygophyllum paradoxum* Schinz: Angra Pequena.

„ 156 *Aitonia capensis* L. f. var. *microphylla* Schinz: Gross-Namaland.

„ 156 *Pappea Schumanniana* Schinz: Gross-Namaland.

„ 157 *Lotononis clandestina* Benth. var. *Steingröveriana* Schinz: Unterer Oranje-Fluss.

„ 157 *Lebeckia multiflora* E. Mey. var. *parvifolia* Schinz: Angra Pequena, Oranje-Fluss.

„ 157 *Crotalaria Pechueliana* Schinz: Hereroland.

„ 158 *C. Leubnitziana* Schinz: Gross-Namaland.

„ 159 *C. Belckii* Schinz: Kaoko.

„ 160 *C. sphaerocarpa* Perr. var. *lanceolata* Schinz: Amboland.

„ 160 *C. podocarpa* DC. var. *villosa* Schinz: Amboland.

„ 161 *C. mollis* E. Mey. var. *erecta* Schinz: Angra Pequena, Oranje-Fluss.

„ 161 *Cyamopsis serrata* Schinz: Amboland.

„ 162 *Indigofera Hofmanniana* Schinz: Amboland.

p. 163 *Indigofera acutifolia* Schinz Gross-Namaland.
„ 163 *I. scaberrima* „ Amboland.
„ 164 *I. dimorphophylla* „ „
„ 165 *I. Charlieriana* „ „
„ 165 *Sesbania Mac Owaniana* Schinz „
„ 166 *Lessertia emarginata* „ „
„ 167 *L. incana* Schinz: Gross-Namaland.
„ 168 *Dolichos Lablab* L. var. *rhomboideus* Schinz: Südostondonga, Gross-Namaland.
„ 168 *Rhynchosia hirsuta* Schinz: Amboland.
„ 168 *Rh. longiflora* Schinz: Gross-Namaland.
„ 169 *Bauhinia Urbaniana* Schinz: Kalahari.
„ 172 *Kalanchoe multiflora* Schinz: Südwestlich vom Ngami-See.
„ 173 *Codon Schenckii* Schinz: Gross-Namaland, Hereroland.
„ 174 *Pavonia Schumanniana* Gürke: Amboland.
„ 176 *Hibiscus Schinzii* Gürke: Amboland.
„ 178 *H. Upingtoniae* Gürke: Upingtonia.
„ 179 *H. rhabdotospermus* Garcke var. *palmatipartita* Gürke: Gross-Namaland.
„ 179 *H. caesius* Garcke var. *micropetala* Gürke: Upingtonia.
„ 180 *Luganaea Schinzii* Gürke: Amboland.
„ 182 *Sesamum Schinzianum* Aschers. (Sect. *Sesamotypus*) (verw. dem noch unbeschriebenen *S. antirrhinoides* Welw. von Angola): Hereroland, Kaoko.
„ 184 *S. Schenckii* Aschers. (Sect. *Sesamopteris*): Hereroland.
„ 185 (vgl. auch p. 230) *S. triphyllum* Welw. ms. (Aschers.) (Sect. *Sesamopteris*): Amboland, portug. Nieder-Guinea.
„ 231 *Hermannia (Euhermannia) Gürkeana* Schumann: Amboland.
„ 232 „ „ *glanduligera* „ „
„ 233 *H. (Acicarpus) fruticulosa* Schumann: Goldbrands-Thal und Schakal-Fluss (sehr nahe der in dieser Gegend häufigen *H. striata* Harv.).
„ 235 *H. (Acicarpus) filipes* Harv. var. *elatior* Schumann: Amboland.
„ 235 *H. (Mahernia) Schinzii* Schumann: Kalahari (verw. *H. Abyssinica* Schumann).
„ 237 *Anthanantia glauca* Hack.: Gross-Namaland.
„ 237 *Triraphis ramosissima* „ „
„ 238 *Eragrostis emarginata* „ „
„ 239 *Acacia Goeringii* Schinz: Kalahari.
„ 240 *A. cinerea* „ Amboland.
„ 241 *Cissus Cramerianus* „ Hereroland (verw. *C. Mappia* Lamk. von Mauritius. — Verf. bemerkt im Anschluss daran, dass *C. Bainesii* wahrscheinlich nicht im Namaland vorkomme, wie Hooker angiebt).
„ 242 *Terminalia porphyrocarpa* Schinz: Amboland.
„ 243 *T. Rautanenii* „ „
„ 245 *Combretum hereroense* „ Nordhereroland.
„ 246 *C. Eilkerianum* „ In der Nähe des Kunene.
„ 247 *C. coriaceum* „ Hereroland.
„ 248 *Nesaea mucronata* Koehne: Amboland.
„ 250 *N. Schinzii* „ Upingtonia.
„ 251 *N. Lüderitzii* „ Hereroland.

(Die Auffindung dieser neuen Arten veranlasst Koehne zu verschiedenen Bemerkungen über Verbreitung anderer *Nesaea*-Arten und zur Aufstellung von *Salicariastrum* nov. sect. *Nesaeae*.)

„ 252 *Basanantha heterophylla*: Gross-Namaland, Amboland.
„ 253 *Jäggia* (nov. gen. *Passiflorac.*) *repanda* Schinz: Gross-Namaland.
„ 256 *Limeum viscosum* Fenzl forma *longepediculatum* Schinz: Amboland.
„ 256 *Jasminum Schröterianum* Schinz: Amboland.
„ 257 *Cephalostigma Fockeanum* „ „

p. 258 *Carissa* (Sect. *Eucarissa*) *pilosa* Schinz: Upingtonia.
„ 259 *Strophanthus Petersianus* Klotzsch var. *Amboensis* Schinz: Amboland.
„ 259 *Adenium Boehmianum* Schinz: Upingtonia, Kaoko.
„ 261 *Ectadium virgatum* E. Mey. var. *latifolium* Schinz: Für Angra Pequena sehr charakteristisch.
„ 261 *Asclepias Buchenaviana* Schinz: Hereroland.
„ 263 *Raphionacme lanceolata* „ Amboland.
„ 264 *Orthanthera Browniana* „ „ (Generisch mit *Barrowia* wohl zu vereinen.)
„ 265 *O. albida* Schinz: Gross-Namaland, Hereroland.
„ 265 *Ceropegia pygmaea* Schinz: Olukonda.
„ 266 *Trichocaulon pedicellatum* Schinz: Westhereroland.
„ 268 *Heliotropium Oliverianum* Schinz: Hereroland.
„ 269 *Trichodesma lanceolatum* Schinz: Gross-Namaland, Nordhereroland.
„ 270 *Ipomoea* (Sect. *Orthipomoea*) *adenioides* Schinz: Hereroland, Kaoko, Upingtonia.
„ 271 *I. Bolusiana* Schinz: Zwischen Olukonda und Omanlongo, wahrscheinlich auch im Hereroland.
„ 272 *I. Magnusiana* Schinz: Amboland.
„ 273 *I. convolvuloides* Schinz: Amboland.
„ 274 *Aniseia Hackeliana* Schinz: Amboland.
„ 275 *Breweria suffruticosa* Schinz: Upingtonia.

Vgl. auch R. 464.

b. A. **Engler** (183) theilt Beschreibungen folgender neuen Arten und Varietäten aus Südafrika (nach Sammlungen von Marloth) mit (besonders aus Betschuanenland [B.], Hereroland [H.], Griqualand [G.] und Namaland [N.]).

p. 2 *Aloe hereroensis* Engl.: Usakos, 900 m.
„ 2 *Haworthia tenuifolia* Engl.: B., Manjering bei Kuruman, 1200 m.
„ 3 *Dipcadi Marlothii* Engl.: B., Kuruman, 1200 m.
„ 3 *Asparagus juniperoides* Engl.: N., Aus, 600 m.
„ 3 *Ammocharis coccinea* Pax: G., Kimberley Boskof, 1180 m.
„ 4 *Buphane longepedicellata* Pax: G., Barkly West, 1200 m.
„ 5 *Ficus (Urostigma) damarensis* Engl.: H., Usakos, 800 m.
„ 6 *Oxygonum alatum* var. *Marlothii* Engl.: B., Kuruman, 1175 m.
„ 6 *Celosia spathulaefolia* Engl.: H., Hykamkat, 250 m.
„ 6 *Sericocoma Zeyheri* (Moqu.) Engl. = *Trichinium Zeyheri* Moqu.: G., Kimberley, 1200 m.
„ 7 *S. quadrangula* Engl.: H., Usakos, 900 m.
„ 7 *Aerua (Arthraerua) desertorum* Engl.: H., Walfischbai, 160 m.
„ 9 *Boerhavia diffusa* L. var. *hirsuta* Heimerl.: B., Kuruman, 1250 m.
„ 9 *B. hereroensis* Heimerl.: H., Otyimbingue, 900 m.
„ 10 *B. Marlothii* Heimerl.: Ebenda.
„ 11 *Tetragonia macroptera* Pax: H., Karrihib, 1000 m.
„ 12 *T. dimorphantha* Pax: H., Usakos, 900 m.
„ 12 *Mesembrianthemum spinosum* L. var. *micranthum* Pax: Karroo, 900 m.
„ 13 *M. Marlothii* Pax: N., Angra Pequena, 10 m.
„ 13 *Pollichia campestris* var. *Marlothiana* Engl.: B., Kuruman, 1200 m.
„ 14 *Polanisia hirta* Pax = *Decastemon hirtus* Klotzsch = *Cleome hirta* Oliver: H., Usakos, 900 m.
„ 14 *P. lutea* Klotzsch (Sond.) var. *polyphylla* Pax: H., Usakos, 900 m.
„ 14 *Dianthera carnosa* Pax: H., Husch, 400 m.
„ 15 *D. bicolor* Pax: H., Otyimbingue, 1000 m.
„ 16 *Grielum Marlothii* Engl.: H., Salem, 500 m.
„ 19 *Acacia Marlothii* Engl.: H., Otyimbingue, 1000 m.
„ 20 *A. spinosa* Marl. et Engl.: H., Usakos, 750 m.

p. 20 *Acacia hereroensis* Engl.: H., Okahandja, 1000 m.
„ 21 *A. uncinata* Engl.: H., Usakos, 900 m.
„ 23 *A. Lüderitzii* Engl.: H., Otyimbingue, 1000 m.
„ 23 *A. spirocarpoides* Engl.: G., Kimberley, 1200 m.
„ 24 *A. Maras* Engl.: H., Otyimbingue, 900 m.
„ 24 *A. dulcis* Marl. et Engl.: H., häufig, 500—1300 m.
„ 25 *Hoffmannseggia rubra* Engl.: H., Usakos, 900 m.
„ 26 *Bauhinia Marlothii* Engl.: H., Usakos, 900 m.
„ 26 *Lotononis Marlothii* Engl.: G., Kimberley, 1200 m.
„ 27 *Crotalaria damarensis* Engl.: H., Karribib, 1000 m.
„ 27 *C. Marlothii* Engl.: H., am Swachaub, 750 m.
„ 28 *Indigofera saxicola* Engl.: H., am Swachaub, 250 m.
„ 29 *Tephrosia angustissima* Engl.: B., Kuruman, 1500 m.
„ 29 *T. damarensis* Engl.: H., Hykamkab, 300 m.
„ 30 *Sarcocaulon Marlothii* Engl.: H., Hykamkab, 300 m.
„ 32 *Tribulus inermis* Engl.: H., Otyimbingue, 900 m.
„ 32 *T. erectus* Engl.: H., Otyimbingue, 800 m.
„ 32 *Zygophyllum Marlothii* Engl.[1]): D., Walfisch-Bai, 100 m.
„ 33 *Fagonia minutistipula* Engl.: H., 1000.
„ 33 *Thamnosma africanum* Engl.: H., Otyimbingue, 900 m.
„ 34 *Phyllanthus humilis* Pax: B., Kuruman, 1300 m.
„ 35 *Croton microbotryus* Pax: B., Kuruman, 1200 m.
„ 35 *Euphorbia (Tithymalus) hereroensis* Pax: H., Hykamkab.
„ 36 *E. (Euphorbium) Marlothii* Pax: H., Karribib, 1000 m.
„ 37 *Anaphrenium crassinervium* Engl.: H., Okahandja, 1400 m.
„ 37 *Rhus Marlothii* Engl.: H., Otyimbingue, 900 m.
„ 38 *Gymnosporia crenulata* Engl.: H., Usakos, 900 m.
„ 38 *Lauridia? multiflora* Engl.: H., Hykamkab, 300 m.
„ 39 *Marlothia* (n. gen. *Rhamnac.) spartioides* Engl.: B., Kuruman, 1200 m.
„ 41 *Melhania griquensis* Bolus: G., Groot Boetsap, 1200 m.
„ 42 *Hermannia (Mahernia) amabilis* Marloth: H., Hykamkab, 300 m.
„ 42 *H. (Euhermannia) cana* Schum.: B., Kachun, 1200 m.
„ 43 *H. (Acicarpus) solaniflora* Schum.: H., Swachaub, 300 m.
„ 44 *H. (Acicarpus) Helianthemum* Schum.: H., Usakos, 900 m.
„ 45 *Lüderitzia* (n. gen. *Urenearum, Malvac.*) *pentaptera* Schum.: H., Otyimbingue, 900 m.
„ 46 *Hibiscus Marlothianus* Schum: G., Kimberley, 1200 m.
„ 47 *H. Engleri* Schum.: H., Otyimbingue, 900 m.
„ 48 *Cienfuegosia pentaphylla* Schum.: H., Otyimbingue, 900 m.
„ 49 *Combretum primigenum* Marloth: H., Usakos, 900 m.
„ 243 *Nuxia gracilis* Engl.: G., Groot Boetsap.
„ 244 *Ipomoea Marlothii* Engl.: H., Usakos.
„ 245 *I. angustisecta* Engl.: G., Kimberley. 1200 m.
„ 246 *I. longipes* Engl.: G. Groot Boetsap.
„ 246 *I. bipinnatipartita* Engl.: H., Usakos.
„ 246 *Convolvulus mucronatus* Engl.: B., Kuruman, 1200 m.
„ 247 *C. ornatus* Engl.: G., Kimberley, 1200 m.
„ 248 *Codon Schenkii* Schinz: H., Tscharridib, 550 m.
„ 249 *Aptosimum albomarginatum* Marl. et Engl.: G., Barkly West.
„ 249 *A. nanum* Engl.: G., Groot Boetsap, 1200 m.
„ 249 *A. elongatum* Engl.: G., Barkly West, 1200 m.
„ 250 *A. arenarium* Engl.: H., Otyimbingue, 900 m.

---

[1]) Nach Schinz (Verh. Brand., p. 188) identisch mit *Z. Stapffii* Schinz.

p. 250 *Aptosimum lineare* Engl.: H., Usakos, 900 m.
„ 251 *Peliostomum Marlothii* Engl.: G., Kimberley, 1200 m.
„ 251 *Anticharis* (Sect. *Synanthera* Engl.) *inflata* Marloth et Engl.: H., Usakos, 900 m.
„ 252 *A. longifolia* Marl. et Engl.: Ebenda.
„ 252 *Celsia parvifolia* Engl.: H., Karribib, 1000 m.
„ 253 *Sphenandra cinerea* Engl.: Kalahari, Grootfontein, 1200 m.
„ 253 *Chaenostoma hyperioides* Engl.: H., Okahandja, 1400 m.
„ 253 *C. corymbosum* Marl. et Engl.: H., Davieib, 350 m.
„ 255 *Harpagophytum pinnatifidum* Engl.: G., Kimberley, 1200 m.
„ 256 *Rogeria bigibbosa* Engl.: H., Otyimbingue, 900 m.
„ 256 *Sesamum lamiifolium* Engl.: B., Kuruman, 1200 m.
„ 257 *S. Marlothii* Engl.: H., Swachaub, 600 m.
„ 257 *Ruellia Marlothii* Engl.: H., Usakos, 900 m.
„ 258 *Pseudobarleria canescens* Engl.: H., Karribib, 1000 m.
„ 258 *P. lanata* Engl.: H., Hykamkab, 400 m.
„ 259 *P. variabilis* Engl.: H., Usakos, 900 m.
„ 259 *P. glutinosa* Engl.: H., Usakos, 900 m.
„ 260 *Blepharis pruinosa* Engl.: H., Ubib, 1000 m.
„ 260 *B. dichotoma* Engl.: H., Usakos, 800 m.
„ 261 *Barleria hereroensis* Engl.: H., Daviep., 500 m.
„ 261 *B. latiloba* Engl.: H., Otyimbingue, 900 m.
„ 262 *B. prionitoides* Engl.: H., Karribib, 1000 m.
„ 262 *B. Marlothii* Engl.: H., Otyimbingue, 900 m.
„ 263 *Crabbea undulatifolia* Engl.: B., Grootfontein, 1200 m.
„ 263 *Justicia desertorum* Engl.: H., Husab, 300 m.
„ 264 *J. hereroensis* Engl.: H., Usakos, 800 m.
„ 264 *J. arenicola* Engl.: H., Usakos, 800 m.
„ 264 *J. genistifolia* Engl.: H., Karribib, 1000 m.
„ 266 *Dicliptera Marlothii* Engl.: H., Karribib, 1000 m.
„ 267 *Heliotropium albiflorum* Engl.: H., Barmen, 900 m.
„ 267 *Plectranthus hereroensis* Engl.: H., Okahandja, 1400 m.
„ 268 *Leucas altissima* Engl.: H., Otyimbingue, 900 m.
„ 269 *Oldenlandia divaricata* Engl.: H., Otyimbingue, 900 m.
„ 270 *Citrullus ecirrhosus* Cogn.: H., Namib-Husab, 250 m.
„ 270 *Melothria Marlothii* Cogn.: G., Barkly West, 1160 m.
„ 271 *Wahlenbergia spinulosa* Engl.: H., Okahandja, 1200 m.
„ 272 *Vernonia obionifolia* Hoffm.: H., Ubib, 1000 m.
„ 273 *Engleria* (nov. gen. *Asterearum*, verw. *Pteronia*) *africana* Hoffm.: H., Usakos.
„ 274 *Pechueli-Loeschea* (nov. gen. *Inulearum*, verw. *Pluchea*) *Leubnitziae* Hoffm. *Piptocarpha Leubnitziae* Kuntze: H., Dupas, 180 m.
„ 274 *Amphidoxa Engleriana* Hoffm.: B., Kachuo, 1200 m.
„ 275 *Helichrysum Marlothianum* Hoffm.: H., Usakos, 800 m.
„ 275 *H. roseo-niveum* Marl. et Hoffm.: H., bei Hykamkab und Husab, 300 m.
„ 275 *H. damarense* Hoffm.: H., Karribib, 1000 m.
„ 276 *Calostephane Marlothiana* Hoffm.: H., Karribib, 1000 m.
„ 277 *Melanthera Marlothiana* Hoffm.: H, Okahandja, 1200 m.
„ 277 *Eriocephalus pinnatus* Hoffm.: H., Ubib, 1000 m.
„ 278 *Eremothamnus* (nov. gen. *Senecionearum—Liabinarum*): *Marlothianus* Hoffm.: N., Angra Pequena, 10 m.
„ 279 *Senecio Marlothianus* Hoffm.: H., Otyimbingue, 9000 m.
„ 279 *S. Englerianus* Hoffm.: H., Tscharridib, 300 m.
„ 280 *S. alliariaefolius* Hoffm.: H., Dariep, 400 m.
„ 280 *Tripteris crassifolia* Hoffm.: H., Otyimbingue, 900 m.
„ 282 *Androcymbium roseum* Engl.: H., Barmen, 1100 m.

p. 283 *Commiphora glaucescens* Engl.: H., Usakos, 900 m.
„ 283 *C. saxicola* Engl.: H., Tscharridib, 750 m.

c. J. G. Baker (28) beschreibt *Aloe longiflora* n. sp. (verw. *A. vera* [*barbadensis*]) vom Capland.

17. Ostafrikanisches Florenreich.

(Madagascar, Mascarenen, Amiranten, Seychellen, Comoren.)

(R. 468—471.)

Vgl. auch R. 168 (Surrogat für Kaffee von Réunion).

468. **R. Baron** (37) berichtet, dass im Osten Madagascars ²/₅, von der ganzen Insel der achte Theil mit Urwald bedeckt sind. Leider brennen die Eingeborenen alljährlich grosse Strecken nieder. Von den 3440 bekannten Pflanzen sind mindestens ⁴/₅ endemisch. Verf. unterscheidet 3 Regionen: den Osten, Westen und das centrale Gebiet. Von 1977 ihrem Standort nach gut bekannten Pflanzen gehören 73 allen drei, 142 dem Osten und der Centralregion, 59 dem Westen und der Centralregion, 89 dem Osten und Westen an. Im Osten herrschen Farne und Leguminosen vor, im Westen Leguminosen und Euphorbiaceen, erstere mit 24.6 % der Gesammtzahl der Pflanzen. In der Centralregion stehen die Compositen an der Spitze (12.2 %). Dass der letztgenannte Bezirk sehr von den beiden anderen differirt, ist durch seine Meereshöhe erklärlich; auffallender ist, dass dem Osten und Westen von 1355 Pflanzen nur 89 gemeinsam sind. Das hohe Alter der centralen Erhebung bot beiden Floren Zeit, sich selbständig zu entwickeln. Einige Pflanzen der höheren Theile des Centrums haben eine bemerkenswerthe Verbreitung, so ein Veilchen, das sich auf Fernando Po, in Kamerun und Abessinien wieder findet, weiter *Caucalis melanantha*, *Drosera ramentacea*, *Lonchitis occidentalis* von ähnlicher Verbreitung, *Agauria salicifolia*, die in Réunion, Kamerun, am Nyassa wiederkehrt, *Sanicula europaea*, die weit über Afrika und die nördliche gemässigte Zone verbreitet ist. Es sprechen diese Thatsachen für ein früheres gemässigtes Klima, dessen Pflanzenwelt sich auf die Berge zurückgezogen hat. Der grosse Bruchtheil der endemischen Pflanzenarten (s. o.) und -Gattungen (¹/₇) spricht für das sehr hohe Alter der Flora der Insel. Die Trennung vom Festland fand wahrscheinlich im späten Pliocän statt. Matzdorff.

469. **K. Schumann** (610) nennt aus den Rutenbergischen Sammlungen von Madagascar: *Panicum colonum* (Nossi-bé), *P. crus galli* (Efitra), *P. maximum* (3 m hoch, vollkommen waldbildend), *P. ovalifolium* (Nossi-bé), *P. parcifolium* (St. Marie), *P. prostratum* (Nossi-bé), *P. repens* (Loucon-bé), *P. sanguinale*, *Setaria glauca* (Efitra), *Pennisetum cenchroides* (Nossi-bé, sehr gemein), *Olyra latifolia* (Nossi-bé), *Coix lacryma* (eb.), *Leersia hexandra*, *Pollinia villosa*, *Andropogon bipinnatus* (Nossi-bé, bekannt durch Schweinfurth aus dem Lande Djur), *A. rufus* (zwischen Tamatave und Antanarivo), *A. encomus*, *A. contortus* subvar. *Roxburghii* Hack. (= *Heteropogon Roxburghii* Nees) (Nossi-bé), *A. contortus* subvar. *hispidissimus* Hack. (*A. hispidissimus* Hochst.) (Efitra), *Chloris barbata* (Eb.), *Eleusine indica* (Nossi-bé, häufig), *E. Aegyptiaca* (Eb., an sonnigen Stellen), *Phragmites communis*, *Bromus avenoides*.

470. **R. Baron** (38) macht Mittheilungen über das nordwestliche Madagascar. Die grosse Ebene von Antsihanaka besteht grösstentheils aus einem gewaltigen Sumpf, der 30—40 (engl.?) Meilen lang und 15 Meilen breit und mit dichter Masse von Vegetation bedeckt ist, meist aus *Cyperus latifolius*, *C. aequalis*, *Phragmites communis* und *Typha angustifolia*.

Die Gegend um Ambàlavàry ist meist bewaldet, ja ein grosser Theil ist mit Hochwald bestanden. Es finden sich da viele bei Imerina fehlende Pflanzen, namentlich kletternder Farn.

Für Mandritsara nennt Verf. als charakteristisch zwei Sträucher, eine Bignoniacee mit Büschen langer gelber, trompetenförmiger Blumen an den Zweigenden und eine Apocynee (wahrscheinlich eine Art *Pachypodium*), ein dorniges Saftgewächs mit 5—6′ dickem

Stamm gleich am Boden. Beide Pflanzen wachsen auf dem kahlen Felsen, wo seine Oberfläche etwas verwittert ist.

Zwei Tagemärsche davon traf Verf. die Fächerpalme Sàtramira (wahrscheinlich eine Art *Hyphaene*), die bis nahe an die Meeresküste reicht.

Am Anjiugo ragten besonders hervor *Barringtonia speciosa*, der Rotra, der Sobihy, der Adabo *(Ficus speciosa)*, *Mimosa asperata*, eine Palme, *Pandanus* und der Brotfruchtbaum.

Die Vegetation in der Nähe des Meeres besteht mit Ausnahme der Bäume und Sträucher, die besonders die Flussufer zu lieben scheinen, hauptsächlich aus Sàtramira, Sàtrambê, Vóavóntaka, Sakóana, Bonára und Màvoràvina, die weit und breit den Boden bedecken, während die Thäler meist mit *Raphia*-Palmen, und bei genügender Feuchtigkeit mit Viha (einer *Arum*-Art) bestanden sind. Der Sàtramira und Sàtrambè sind Abarten der Fächerpalme *(Hyphaene?)*, der Vóavóntaka, ein niedriger stachliger Baum mit orangeähnlicher Frucht, ist eine *Strychnos (S. spinosa)*, der Sakóana (*Pterocarya* sp.) trägt eine säuerliche apfelartige Frucht, der Bonára *(Albizzia Lebbek)* bringt das Schwarzholz der Màvoràvina, ist eine strauch- oder baumartige Malpighiacee.

Bei Mahitsihàzo ist *Ravenala madagascariensis* verbreitet, während Adalo und Tamarinde weniger häufig als im Innern sind. Es fanden sich ferner *Nastus capitatus*, der Kòropétaka (Flaschenbaum?), *Amomum Daniellii* und *Sorindia madagascariensis*.

Bei Ambòdimadiro beginnt der Waldgürtel, welcher um den nördlichen und östlichen Theil der Insel sich hinzieht, wenn auch nicht, wie man oft annimmt, als ununterbrochener Gürtel, doch jedenfalls in grösserer Ausdehnung als im Westen, wo nur vereinzelt grössere Wälder vorkommen.

471. Neue Arten aus dem Gebiet:

a. **H. G. Reichenbach fil.** (513) beschreibt *Aëranthus ophioplectron* n. sp. von Madagascar.

b. **H. G. Reichenbach fil.** (514—516) beschreibt *Aëranthus trichoplectron* n. sp. aus Madagascar, sowie *Cynosorchis elegans* n. sp. von ebenda und *C. Lowiana* n. sp. von ebenda.

c. **H. G. Reichenbach fil.** (534) beschreibt *Megaclinium (Bulbophyllum) oxycodon* n. sp., die wahrscheinlich aus Madagascar stammt.

d. **H. G. Reichenbach fil.** (512) beschreibt Flora

p. 150 *Cynosorchis Lowiana:* Madagascar.

„ 150 *C. elegans:* Madagascar.

„ 155 *Bulbophyllum molossus:* Centralmadagascar.

e. **K. Schumann** (610) beschreibt als neue Arten aus Madagascar:

p. 401 *Panicum glanduliferum* (Sect. *Eupanicum* ser. *Effusae*).

„ 402 *Setaria Vatkeana* (Nossi-bé).

f. **E. G. Baker** (24) beschreibt *Cytinus Baroni* n. sp. als Vertreter einer eigenen Section *Botryocytinus* von einem Walde Nordwestmadagascars, wo er auf einer Hamamelidee *(Dicoryphe?)* schmarotzte.

g. **H. G. Reichenbach fil.** (517, 518) beschreibt *Aëranthus Grandidierianus* n. sp. von den Comoren, sowie *Angraecum Sanderianum* n. sp. von ebenda.

18. Tropisch-afrikanisches Florenreich.

(Südlich von Aegypten und der Sahara[1]).) (R. 472—485.)

Vgl. auch R. 55, 96 *(Cyperaceae)*, 98 *(Polygalaceae)*, 115 (Producte v. Mogador), 117, 263, 462, 463, 467. — Vgl. ferner No. 2*—5* (Natal), No. 467* (Pflanzen von der Assabbai), No. 642* (*Strophanthus Lediensis* vom Kongo).

[1]) Wenn auch im Ganzen die Sahara ein Uebergangsgebiet zwischen diesem und dem folgenden Florenreich ist, soll sie in zweifelhaften Fällen zu folgenden gerechnet werden.

472. **K. Müller** (435). Der grösste Baum des tropischen Afrikas ist *Canarium edule*, der 80—100 Fuss hoch wird.

473. **F. Hertwig** (275) bespricht bei Gelegenheit einer Reisebeschreibung durch Natal und Pondoland auch kurz die Vegetationsverhältnisse und einige Culturen.

474. **H. G. Reichenbach fil.** (531) bespricht ausführlich *Lissochilus giganteus* Welw. vom Kongo, von der eine Abbildung beigegeben ist.

475. **P. Langhans** (358) geht unter anderem auch auf einige Culturpflanzen von Kamerun ein.

476 **L. Wittmack** (735) bespricht ausführlich *Sansevieria longiflora* Sims. aus Kamerun.

477. **E. H. L. Krause** (349). In Kamerun liefert die Oelpalme zu jeder Jahreszeit reife Früchte. Die eingeführte Mangopflaume reift im Februar und März, die Ananas im Winter, der Wollbaum hatte am Gabum und auf Eluby anfangs März dem Aufbrechen nahe Blüthen. Die Pflanzendecke ist sehr verschieden, der äussere Strand schwer zugänglich, weshalb Verf. die Strandflora da nicht beobachtete. Sonst sind an der Guinea-Küste und noch auf den Capverden Winden mit kriechenden Wurzeln und weissen oder rothen Blumen häufig. Den sandigen Strand an der der Rhede zugekehrten Seite der Suellabnehrung umsäumt ein immergrüner Busch mit grossen gelben Malvenblüthen und grossen grasgrünen Blättern von Lindenblattform. Landeinwärts finden sich schlanke, immergrüne Bäume, den Boden des Waldes bedeckt Farnkraut, Lianen und Unterholz sind selten. Dichterer Buschwald steht auf ebenfalls sandigem Boden auf den niedrigen Inseln in der Malimbafahrt. Hier sind die nicht sehr dichten Bäume mit Lianen und Epiphyten bedeckt. An Bäumen und Schlingpflanzen überwiegen Schmetterlingsblumen, manche Lianen tragen Früchte, ähnlich denen des Ahorn, viele Kräuter sind Winden und Wicken ähnlich. Das Eindringen in den Busch hindert ein *Calamus* mit stachelreichen Wedeln. Der Schlickboden ist meist mit Mangroven bestanden.

Im hohen Lande finden sich keine grossen Waldbestände, sondern nur die Schluchten sind von Bäumen und Büschen eingefasst. Am häufigsten ist die Clavija-Form vertreten. Der höchste Baum ist ein *Eriodendron*. Die Savannengräser haben meterhohe Blätter. Eigentliche Wiesen scheinen bei Kamerun zu fehlen.

Die wichtigste Culturpflanze ist *Elaeis guineensis*, dann werden auch Mangos und Cocospalmen gebaut. Der wilde Kaffeebaum kann vielleicht noch wichtig werden. Halbwild wächst die Ananas und ein *Capsicum*, ferner finden sich ein Spinatstrauch und mehrere Kürbisse. Die Missionare bauen auch Mais. Banane und Maniok sind die wichtigsten Küchengewächse der Eingeborenen.

An der Westküste von Sansibar fehlt ursprüngliche Vegetation fast ganz. Häufiger finden sich *Mangifera indica*, *Cocos nucifera* und *Artocarpus integrifolia*, ziemlich selten *Adansonia*. Auf Landgütern findet man Gewürznelkensträucher. Sehr wichtig ist die Betelnusspalme, *Areca*, als Culturpflanze, da ihre Nüsse da viel gekaut werden. Als Zierbaum findet sich oft *Casuarina equisetifolia*. In Gärten finden sich gebaut *Phoenix dactylifera* (nur bei reichen Leuten, Früchte nicht geniessbar), *Carica Papaya*, *Ricinus*, Kürbisse und Kalebassen, *Jambosa vulgaris* und Apfelsinen (selten Mandarinen), *Punica granatum*, *Morus alba*, *Nerium Oleander*, *Anona squamosa*, *Ananassa sativa* (reife Früchte doch theuer, ca. 0.30 M), *Anacardium occidentale*, *Jatropha Curcas*.

Unter den Ruderalpflanzen Sansibars tritt die Rebe hervor. die oft verwildert. Auf Feldern wird viel *Manihot utilissima* gebaut, ferner *Ipomoea Batatas*, während *Solanum tuberosum* nur importirt vorkommt. Im Norden der Stadt findet sich Gemüsebau, Gurken, Kruphohnen und Radieschen. Die Tümpel sind geschmückt von *Nymphaea zanzibarensis* und *Utricularia stellaris*. Statt der Parklandschaft des weissen Bodens zeigt der rothe Flächen, die mit mittelhohem Gras und Strauchwerk bewachsen, den Charakter der Savanne tragen. Darüber erhebt sich ein Affenbrotbaum, auch die Cocospalme ist auf dem rothen Boden nicht selten, in Ortschaften findet sich *Eriodendron anfractuosum*. Die Wurzelgewächse fehlen dem rothen Boden, dagegen sieht man mehr Blumen und Orangen, ferner Pompelnussssträucher, den als Spinat gegessenen *Amarantus spinosus*. Unmittelbar an der

Küste ist der spärliche Boden dicht mit Gesträuch bedeckt, das von Schlinggewächsen durchsetzt, schwer zu passiren ist, besonders von *Acridocarpus zanzibariensis*. Am sandigen Strand ist *Hibiscus tiliaceus* häufig, ferner *Scaevola Plumieri*, *Pemphis acidula*, *Ipomoea Pescaprae* u. a. *Pandanus* und *Calotropis procera* wachsen weit landeinwärts. Mais und *Sorghum* werden gebaut. Grosse Strecken sind von *Mimosa pudica* bedeckt.

478. **Liberia's** (816) Vegetation wird kurz besprochen.

479. **E. Hartert** (263) giebt ein Verzeichniss der auf der mit Staudinger gemachten Reise im westlichen Sudan gesammelten und beobachteten, meist nutzbaren Pflanzen. Häufig werden die Haussanamen, Benutzung und ähnliches hinzugefügt. Matzdorff.

480. **Ritter G. v. Beck** (59) berichtet über die botanischen Ergebnisse der von K. von Hardegger und Ph. Paulitschke unternommenen Forschungsreise in die Somal- und Gallaländer von Harar. Die 66 bestimmbaren Pflanzen gehörten zu 70% der abessinischen Flora an, der Rest Nachbarfloren, darunter 10 Pflanzen der der Somalländer. Die 9 neuen Arten sind: (p. 451, F. 8, 9) *Littonia Hardeggeri*, verw. *L. Révoili* Franch. (p. 452, F. 1) *Haemanthus bivalvis*, verw. *H. tenuiflorus* Herbert und dessen var. *coccineus* Hooker. (p. 454, F. 7) *Crotalaria parvula*. (p. 455, F. 10, 11) *Eriosema erythrocarpon*. (p. 457) *Cordia harara*, verw. *C. abyssinica* Salt. (p. 457, F. 3—6) *Sericostoma verrucosum*, verw. *S. albidum*. (p. 459, F. 12) *Thunbergia Paulitschkeana*. (p. 459, F. 13, 14) *Crossandra spinosa*. (p. 461, F. 2) *Oldenlandia (Kohautia) longituba*. Matzdorff.

481. **U. Martelli** (394) setzt Webb's unterbrochen gebliebene Fragmenta florulae aethiopico aegyptiacae 1852, 1854 fort auf Grund der eigenen, an den Sammlungen Figari Bey's vorgenommenen Studien. Gleichzeitig schliesst Verf. die Citate bezüglich der von Schimper in Aethiopien gemachten Sammlungen daran an, weil die im florentiner Herbare vorliegenden Exemplare von dieser seltenen Sammlung vorher im Besitze Figari's gewesen.

Im Vorliegenden bespricht Verf. 39 Acanthaceen, mit ausführlichen Standortsangaben für jede Art. — darunter erscheint eine noch junge und daher nicht näher bestimmbare *Petalidium*-Art, aus den feuchten Wäldern von Fazogl; ferner eine Form von *Asystasia Schimperi* Andrs., mit kleinen Blättern, entsprechend jener von Solms (bei Schweinfurth Beitr. fl. Aeth.) angegebenen. Eine **neue Art** ist *Justicia aethiopica* (p. 393), in Fazogl, in Cordofan und im oberen Nubien vorkommend, *J. matammensis* Schwf. (1868) nahestehend und ihr sehr ähnlich, verschieden jedoch von ihr in dem Blüthen- und Fruchtbaue, sowie in der Grösse der Samen. — *Hypoestes tenuispica* Del. betrachtet als einfache Varietät β. von *H. Forskalii* R.Br. Solla.

482. **G. B. de Toni et G. Paoletti** (668) geben folgende 6 Phanerogamen bekannt, welche R. Bressanin in der Umgegend von Massaua und von Suakim gesammelt und eingesandt hatte: *Boucerosia Russelliana* A. Courb., *Statice axillaris* Forsk. (zwar nicht mehr mit Blüthen, konnte dennoch vergleichsweise bestimmt werden), *Monechma bracteatum* Hchst., *Eragrostis plumosa* Rtz., *Aërva javanica* Juss., *Cymodocea nodosa* Ucria.

Solla.

483. **U. Martelli** (395) giebt als Beitrag zur Flora Massaua's ein Verzeichniss von 122 Phanerogamen, welche innerhalb des Gebietes von Massaua bis Monkullo von O. Beccari (Mai 1870) und Dr. Arcadipane (December 1886) gesammelt wurden. Vergleichsweise ist im Anhange das Verzeichniss der von Beccari zu Assab (Mai 1870) gesammelten Phanerogamen (vgl. Bot. J., 1881) beigegeben. Massauas Flora schliesst sich mehr jener der arabischen Küsten als jener des abessinischen Hochlandes an.

Von den Massaua'schen Pflanzen sind u. a. erwähnt: *Dipterygium glaucum* (*Pteroloma arabicum* Hchst.) als einzige Cruciferae; 6 Capparideae; 6 Malvaceae; 1 Caryophylleae, *Polycarpaea staticeformis* Hchst.; 16 Leguminosae, darunter 4 *Indigofera*-Arten (Verf. hält *I. oblongifolia* Forsk. für identisch mit *I. paucifolia* Del.), 3 *Cassia*-, 2 *Acacia*-Arten; Ficoideae 4 Arten; 4 Compositae; von den 2 Solanaceae ist eine *Solanum*-Art undeterminirt; 3 Acanthaceae; 4 Verbenaceae; 2 Labiatae, darunter eine *Plectranthus*-Art; 12 Euphorbiaceae, mit 5 *Euphorbia*, eine *Acalypha*, wahrscheinlich neu; 2 Liliaceae; 2 Cyperaceae; 16 Graminaceae, unter diesen eine unbestimmte

Panicum-Art, 2 *Pennisetum*-Arten, *Tragus racemosus* Beauv., *Phleum pratense* L., *Eragrostis megastachya* Lk. etc.

Das Verzeichniss der Assabesischen Pflanzen nennt 28 Phanerogamen, von welchen nur 12 gleichzeitig auch im früheren Verzeichnisse (für Massaua) vorkommen. Unter den 28 befindet sich eine schmalblätterige Varietät der *Maerua oblongifolia* Rich., var. *angustifolia* Becc. in herb. Solla.

484. **J. B. Balfour** (32) schildert die Flora von Socotra und giebt ein ausführliches Verzeichniss der derselben angehörenden Pflanzen. Die Insel ist ein durchschnittlich 1000 Fuss hohes, vielfach zerschnittenes und welliges Plateau, dem nur im Süden eine grössere, sandige Ebene vorgelagert ist. Die Flüsse haben nur zum geringen Theile, vorzüglich im granitischen Innern, während des ganzen Jahres Wasser. Während des Nordostmonsuns, October bis April, ist es kühl; Januar durchschnittlich 70°, in den heissen Monaten 86°, doch auf den Plateaus nächtlich oft bis 52°. Früharchäischer Gneiss liegt zu Grunde, an manchen Stellen finden sich vormiocäne Eruptionsgesteine, an andern Orten Argillit und Sandstein, wahrscheinlich aus dem Carbon. Ueberlagert ist alles von plateaubildendem Kalk, hie und da vom Basalt und Trachyt durchbrochen. Wo das Wasser ausdauert, ist der Pflanzenwuchs üppig. Das kalkige Plateau ist öde, doch finden sich in den Spalten *Kalanchoe* und andere Succulenten und in einigen Depressionen Gräser, Kräuter und niedrige Bäume. Die sandigen Ebenen zeigen Pflanzen vom Typus der Wüsten des Festlandes: niedriges Gebüsch mit kurzen Stämmen und Zweigen, oft weissbehaart oder dornig; oder tiefwurzelnde Kräuter; oder biegsame Pflanzen mit spärlichem Laub, u. s. f. Manche duften aromatisch, andere enthalten Harze. Bei allen wiegt die blaugraue Farbe vor. Die Verwandtschaft findet sich im Arabo-Saharagebiet, gekennzeichnet durch die Gattungen *Farsetia, Cleome, Fagonia, Corchorus, Heliotropium, Indigofera, Crotalaria, Breweria, Balsamodendron, Anticharis* u. a. Die feuchten Thäler zeigen tropisch-altweltlichen Typus; dichte Gebüsche weisen Arten von *Elaeocarpus, Grewia, Boswellia, Ormocarpum, Dirichletia, Mussaenda, Sideroxylon, Euclea, Jasminum, Secamone, Porana, Orthosiphon, Clerodendron, Lasiosiphon*, Acanthaceen-Gattungen auf. Auf den Plateaus findet man eine *Dracaena*, Baumeuphorbien, strauchige Compositen, succulente *Senecio* u. a. m. Von den 828 Arten sind 575 phanero-, 253 kryptogam. 10 der ersteren sind in Cultur: *Gossypium barbadense, Ruta graveolens, Citrus Aurantium, Indigofera tinctoria, Tamarindus indica, Foeniculum vulgare, Ocimum canum, Ricinus communis, Phoenix dactylifera, Borassus flabelliformis*; auch einige andere sind wohl eingeführt. Von den 565 Phanerogamen, die 81 Ordnungen und 314 Gattungen angehören, sind 20 Gattungen und 206 Arten endemisch; die ersteren sind *Lachnocapsa, Dirachma, Arthrocarpum, Dendrosicyos, Nirarothamnos, Placopoda, Socotora, Mitolepis, Cochlanthus, Cystistemon, Xylocalyx, Ballochia, Trichocalyx, Ancalanthus, Cockburnia, Coelocarpus, Wellstedia, Haya, Lochia, Ischnurus*: die letzteren gehören ausser den genannten 116 Gattungen an. 18 endemische Gattungen sind monotyp, *Trichocalyx* ist di-, *Ballochia* trityp. Die Verwandtschaften der endemischen Arten und Gattungen, sowie der Gattungen, die endemische Arten enthalten, werden tabellarisch ausführlich erläutert. 54 unter den 116 Gattungen leben in der Alten und Neuen Welt, 26 sind auf Afrika und Asien, 13 auf Afrika, 11 auf die Alte Welt, 6 auf Asien, 5 auf das Mittelmeergebiet und den Orient, 1 auf die Neue Welt beschränkt. Die geographischen Beziehungen werden ausführlich erörtert, so zeigen 11 sonst rein afrikanische Gattungen am meisten Beziehungen zu Südafrika. Unter den nicht endemischen Pflanzen sind 90 in den Tropen und warmen Regionen der ganzen Erde weit verbreitet; 44 von ihnen sind einjährig; eine nicht geringe Zahl unter ihnen ist durch die Cultur eingeschleppt. 62 Arten (davon 24 einjährige) gehören weiten Gebieten der Alten Welt an; auch unter ihnen finden sich eingeführte. Weitere 109 sind auf Nordostafrika und Südwestasien beschränkt; für sie wird die genauere geographische Verbreitung angegeben. 35 Pflanzen kommen nur noch in Afrika, 31 in Asien vor, während einige wenige Arten andere Verbreitungsverhältnisse zeigen. In gleicher Weise werden auch die Kryptogamen besprochen (253 Arten aus 129 Gattungen, davon 93 endemische Arten und 1 endemische Flechtengattung).

Auffallende Blüthen besitzen ein *Adenium*, eine *Begonia*, ein *Crinum*, Arten von

Exacum, Ruellia, Jasminum u. a. Die Cucurbitacee *Dendrosicyos socotrana* zeichnet sich durch einen am Grunde oft 4—5 Fuss dicken Stamm aus; ihr stehen noch andere zur Seite. Weiter verbreitet sich Verf. über die Harze liefernden Pflanzen, Färbepflanzen.

Eine ausführliche Analyse erfährt endlich die Flora von Socotra betreffs ihrer Vertheilung auf die 81 Ordnungen. Am gattungsreichsten sind die Gramineen (28), Leguminosen (25), Compositen (24), Acanthaceen (15), Asclepiadeen (12), Scrophularineen (12), Euphorbiaceen (11); sonst 8 und weniger Gattungen. 33 Ordnungen mit nur je 1. Die meisten Arten weisen auf die Leguminosen (53), Gramineen (51), Compositen (39), Acanthaceen (27), Euphorbiaceen (27); 24 Ordnungen sind durch nur je 1 Art vertreten.

Da 36,5 % Arten und 6,3 % Gattungen endemisch sind, zeigt die Flora einen ausgesprochenen selbständigen Charakter. Der Ursprung derselben rührt für die östlichen Verwandtschaften aus der Zeit des Perm, für die Beziehungen zur altafrikanischen Flora aus dem frühen und mittleren Tertiär her; seitdem blieb Socotra Insel.[1])

p. 66, Taf. 14A. benennt Verf. seine frühere *Crotalaria dubia* (1882), *C. leptocarpa*, p. 196 zieht er *Cuscuta globulosa* Boiss. et Reut. als var. zu *C. planiflora* Tenore.

Matzdorff.

485. Neue Arten aus dem Gebiet (vgl. auch R. 480 u. 484):

a. **R. A. Rolfe** (570) beschreibt *Megaclinium scaberrulum* n. sp. vom Pondoland (10 Arten der Gattung sind bisher aus dem tropischen Afrika, eine aus Natal bekannt).

b. **Hooker's** (295) Icones plantarum (s. Titel) enthalten folgende neue Gattungen und Arten des Sudangebietes: Taf. 1527 *Anisotes parvifolius* Oliv., Kilimanjaro. Taf. 1528 *Somalia* nov. gen. Oliv., Acanthaceen, Trib. Justicieen, mit *S. diffusa* Oliv., Somaliland. Taf. 1529 *Ocimum tomentosum* Oliv., Habi im Somaliland. Taf. 1530 *Crotalaria Jamesii* Oliv., Habi und Adda Galla ebendort. Taf. 1542 *Psilotrichum africanum* Oliv., Kilimanjaro, Zambesi. Taf. 1713 *Othonna carnosa* Less. var. *discoidea* Oliv., Durban, Natal. Taf. 1717 *Aster perfoliatus* Oliv., Drachenberge an den Tugelafällen. Taf. 1777 *Musa proboscidea* Oliv., Hügel von Ukami, Westzanzibar. Taf. 1796 *Artabotrys Monteiroae* Oliv., vielleicht verwandt *A. suaveolens* Bl., Delagoa-Bai, Natal.

Matzdorff.

c. **H. G. Reichenbach fil.** (512) beschreibt: p. 49 *Cynosorchis compacta* n. sp.: Natal.

d. **H. Baillon** (22). *Newtonia insignis* n. sp. gen. nov. Legum. aus dem tropischen Westafrika.

e. **P. Maury** (407) beschreibt und bildet ab *Eranthemum plumbaginoides* n. sp. von Oberguinea, verwandt *E. Andersoni* und *albiflorum* von Indien und Nordamerika, sowie *E. nigritianum* von Fernando Po.

f. **R. A. Rolfe** (563a.) beschreibt *Angraecum tridactylites* n. sp. aus Sierra Leone (verwandt der südafrikanischen *A. bicaudatum* Lindl.).

g. **A. Cogniaux** (130) beschreibt folgende neue Cucurbitaceen aus dem Sudan: (p. 348) *Eureiandra Balfourii*, 200—700 m hoch auf der socotranischen Höhe Daschschana. (p. 349) *Cogniauxia ampla*. (p. 350) *C. cordifolia*. (p. 351) *Coccinia Buettneriana*, verw. *C. jatrophaefolia* Cogn., alle 3 von Gabun. (p. 357) *Kedrostis Boehmii*, verw. *K. rostrata* Cogn., östliches Afrika bei Kakoma.

Matzdorff.

h. **J. G. Baker** (30) beschreibt *Albuca Allenae* n. sp. aus Sansibar.

i. **J. G. Baker** (29) beschreibt *Aloe (Eualoe) penduliflora* n. sp. (verw. *A. consobrina, spicata* und *Hildebrandtii*) von Sansibar.

19. Mittelländisches Florenreich (asiatisch-afrikanischer Theil).[2])

(Nordafrika [einschliesslich Makaronesien] und Vorderasien [ausschliesslich Südarabien].) (R. 486–508.)

Vgl. R. 92 (Flora von Palästina), 99 *(Rhododendron)*, 100 *(Primula)*, 170, 175, 202, 204,

[1]) Vgl. auch Bot. C., XXXVII, p. 184—187 und Engl. J., X, 1888, Literaturber. p. 45—47. Höck.

[2]) Als Ergänzung vgl. den Bericht über „Pflanzengeographie von Europa"; vgl. auch Geogr. Jahrb., XIII, p. 329 ff.

206, 260 *(Epilobium)*, 263, 399, 425. — Vgl. ferner No. 65* *(Pinus Canariensis)*, No. 195* (Weinbau in Algerien), No. 319* (Verbreitung d. Pfl. von Constantine), No. 368* (Wissenschaftliche Erforschung von Tunis), No. 374* (Pharaonische Flora), No. 386* (Einführung amerikanischer Pfl. in Algier), No. 398* und 399* (Skizze der Flora von Batum und Kars), No. 409* (Reise durch den Süden von Tunis).

486. **Ch. Flahault** (196) berichtet über die Einrichtung eines Herbariums mediterraner Pflanzen zu Montpellier.

486a. **Balland** (34) schildert die Samen von *Cephalaria syriaca* (*Scabiosa syriaca* L.), die in ungesiebtem ägyptischen Getreide zu 0.5—2 %₀, in gesiebtem zu halb so grosser Menge sich finden, das Mehl bitter und das Brot schwärzlich machen. Die Pflanze kommt in Syrien und der Levante, doch auch in Frankreich bei Nimes vor. Matzdorff.

486b. **S. F. Latimer** (359) liefert bei Besprechung des botanischen Gartens von Teneriffa eine Abbildung der berühmten *Dracaena Draco*. Auch einige schöne Exemplare des der Inselgruppe eigenthümlichen *Pinus canariensis* finden sich in dem Garten. (Auch davon ist eine Abbildung beigegeben — vgl. auch eb. p. 723.)

486c. **Battandier** (41) bespricht einige Arten des Mittelmeergebietes:

Aethionema Thomasianum J. Gay vom Lella-Khadidja in der Djurdjura-Kette (2000 m hoch), das sonst im Hochgebirge Piémonts vorkommt; *Polygala rosea* Desf. = *P. Boissieri* Cosson, unterschieden von *P. nicaeensis* Risso; *Centaurea Fontanesi* Spach. In der Umgebung Algiers kommt nicht diese Art, sondern *C. sphaerocephala* L. vor; *Cerinthe gymnandra* Gasparini, *C. aspera* Roth und *C. oranensis* nov. sp. (Taf. 18 C., p. 572) vom Ufer des Mittelmeeres, woselbst sich diese Pflanze bis Marokko ausdehnt. Matzdorff.

486d. **Battandier und Trabut** (45) setzen ihre Flora von Algier (vgl. Bot. J., XII, 1884, 2. Abth., p. 182, Ref. 489) fort, doch mit etwas verändertem Plan, indem nicht nur die Pflanzen aus der Gegend der Stadt Algier, sondern die von ganz Algerien beschrieben werden, die aus Marokko, nicht aber aus Algerien bekannten Pflanzen in der systematischen Reihenfolge mit aufgezählt, nicht aber beschrieben werden.

486e. **J. A. Battandier** (42) nennt als neu für Algier: *Erysimum repandum, Elatine macropoda, Trifolium gemellum, Hippocrepis atlantica, Carum (Bunium) Macuca, Atractylis humilis, Crepis pulchra* und *Hypochaeris taraxacifolia* var. *integrifolia*.

Ausserdem werden neue Standorte angegeben für: *Ranunculus aurantiacus, R. millefoliatus, Erodium angulatum, Malope asterotricha, Trigonella uniflora, Astragalus narbonensis, Lotus pusillus, Amygdalus communis* (wahrscheinlich spontan), *Potentilla reptans* var. *argentea* und *Anethum graveolens*. (Vgl. Bot. C., XXXIX, 1889, p. 94.) (Ueber die neuen Arten vgl. Ref. 508 c.)

Vgl. ferner No. 43*, die vielleicht identisch mit der hier referirten Arbeit ist, was indess aus dem Titel nicht bestimmt ersichtlich.

486f. **L. Trabut** (670) unterscheidet in Algier im Anschluss an Cosson als Pflanzenregionen: die mediterrane, die der Berge und die der Hochebenen, an Zonen aber auf dem Abhang zum Mittelmeer folgende:

1. Olivenzone, sehr ausgedehnt, übergehend in die der Korkeiche, der Zwergpalme und der Kiefer: 20—1200 m.
2. Zone der Korkeiche — 10—1300 m. (Jährl. Regen 50—100 cm.)
3. Zone der Zwergpalme — 10—1200 m. (Jährl. Regen 30—40 cm.) Unterregionen: a) *Zizyphus Lotus*, b) grosse Umbelliferen, c) *Eryngium campestre*.
4. Zone der *Othonna cheiriifolia*, Ebenen des Osten — 1000 m; Sümpfe, Dschotts oder Salzseen.
5. Zone der Alepkiefer. — Unterregionen: a) *Callitris quadrivalvis*, b) *Juniperus Oxycedrus*, c) *J. phoenicea*.
6. Zone der *Quercus Ballota* — 1000—1600 m (selten 350—2700 m).
7. Zone der Ceder — 1200—1900 m.
8. Steppen (Salzsümpfe, Dschotts), a) steinige mit *Stipa tenacissima*, b) schlammige mit *Artemisia Herba alba* und salzige mit Halophyten, c) sandige mit *Aristida pungens*, d) Region der *Pistacia atlantica*.

487. **Battandier** und **Trabut** (44) machten eine Reise von Algier nach dem wenig bekannten Süden von Oran. Am ersten Tage sammelten sie bei Perrégaux: *Succowia balearica, Linum asperifolium, Eryngium dichotomum, E. ilicifolium, E. campestre, Elaeoselinum Fontanesii* Boiss. var. (*E. laxum* Pomel), *Microlonchus Delastrei, M. Duriaei, Amberboa Lippii, Centaurea ferox, C. infestans, Phelipaea mauritanica, Ph. lutea* und *Ballota hirsuta*. Vom Zuge nach Tizi aus bemerkten sie einen ihnen unbekannten *Atriplex*, bei Tizi *Glycyrrhiza foetida* massenhaft unter Luzernen. Bei Ain-el-Hadjar sammelten sie *Ranunculus bulbosus, Fumaria parviflora, Helianthemum deserti, H. Fontanesii, H. pilosum, Erodium crenatum, Potentilla reptans* var. *argentea, Centaurea acaulis, Carduncellus pinnatus, C. pectinatus, Thymus ciliatus, Teucrium Polium, Anarrhinum fruticosum, Juncus mauritanicus, J. striatus, Stipa barbata, Triticum squarrosum, T. hordeaceum*.

Auf dem Kreider wurden unter anderen bemerkt: *Statice delicatula, Taraxacum getulum* und eine Varietät von *Spergularia media*, dagegen nicht wieder *Silene dichotoma*; ebenso vermissten die Verff. bei El-Biod *Sisymbrium hispanicum*, sammelten dagegen *Linaria dissita*. Bei El-Archaia und später häufiger wurde eine neue *Ferula* beobachtet, die schon Cosson bemerkt hat, und die die Verff. daher *F. Cossoniana* nennen. *F. communis* liefert auf allen Bergen Gummi, während dies im Tell nicht der Fall ist. Bei Ain-Sefra wurden Knollen von *Pancratium Saharae* gesammelt. Beim Aufstieg auf die Schanze Si-Silimau wurde *Linaria agglutinans*, eine Varietät von *L. reflexa* gesammelt, ferner *Pulicaria mauritanica* und *Warionia Saharae*; der Weg ging durch Steppenland mit *Aristida pungens, Stipa tenacissima, Artemisia Herba-alba, Anvillea radiata, Rhanterium adpresum, Zollikoferia spinosa, Noaea spinocissima, Gymnocarpus fruticosus, Lygaeum Spartium* u. a.; dazwischen bildeten hin und wieder *Zizyphus Lotus, Genista Saharae, Retama Duriaei* und *R. sphaerocarpa* kleine Maquis; von einjährigen Pflanzen wurden unter anderen beobachtet; *Delphinium pubescens, Reboudia erucarioides, Matthiola livida* und *oxyceras, Brassica Tournefortii, Hirschfeldia adpressa, Diplotaxis virgata, Biscutella lyrata* und *auriculata, Notoceras canariense, Muricaria prostrata, Euarthrocarpus clavatus, Silene setacea, Tribulus terrestris, Orlaya maritima, Daucus pubescens, Scabiosa arenaria* und *monspeliensis, Senecio coronopifolius, Cladanthus arabicus, Spitzelia Saharae, Atractylis citrina* und *prolifera, Rumex bucephalophorus*. Auf der Schanze wurde eine neue, auch schon von Cosson beobachtete *Centaurea* bemerkt, der daher der Name *C. Cossoniana* gegeben wurde; sie ist nächst verwandt *C. Malinvaldiana*; ausserdem wurden bemerkt unter anderen: *Sinapis hispida, Sisymbrium erysimoides, Silene nocturna* und *ambigua, Micromeria debilis, Malcolmia arenaria, Moricandia spinosa, Asparagus albus*, sowie unter Felsen *Capparis spinosa* var. *canescens*, die sehr gemein in der Region ist, und *Aristida lanuginosa* spec. nov. Auf dem Wege nach dem Hügel Founassa wurde *Centaurea pungens* und eine neue Art *Carduncellus* gefunden, für welch letztere der Name *C. Duvauxii* vorgeschlagen wird, ferner *Chrysanthemum macrocephalum, Catananche propinqua* Pomel (*C. coerulea* var. *tenuis* Ball), welche im ganzen südlichen Oran *C. coerulea* vertritt. Am Hügel Founassa, der den Dschebel Mzi vom Mir-Dschebel trennt, wurde gerastet unter einer grossen *Pistacia atlantica*; dort sammelte man die in der ganzen Gebirgsregion gemeine *Coronilla juncea* subspec. *Pomeli*, ferner *Bupleurum exaltatum* und *Dianthus virgineus*. An der Schanze wurden gefunden: *Brassica Cossoniana, Crambe Kralikii, Delphinium Balansae, Andryala tenuifolia, Brassica Tournefortii, Capparis spinosa* und *canescens* und eine unbekannte *Zollikoferia*, die als *Z. arborescens* bezeichnet wird, sowie *Anabasis aretioides*. Auf dem Weg zum Mzi ward *Crucianella hirta* beobachtet, dann *Pyrethrum Gayanum, Zollikoferia arborescens, Pistacia atlantica*, am Aufstieg desselben nach einander folgende Arten: *Matthiola lunata, Pulicaria mauritanica, Coronilla juncea* subspec. *Pomeli, Bupleurum exaltatum, Centaurea Cossoniana, Anarrhinum fruticosum, Astragalus hamosus, Alsine montana, Buffonia tenuifolia, Erucastrum leucanthum, Atractylis caespitosa, Polygala rupestris, Orobanche cernua, Sideritis montana, Phagnalon purpurascens, Polycnemon Fontanesii, Ornithogalum sessiliflorum, Allium Cupani*, welche zwischen Büscheln von Alpha wuchsen. In der montanen Region finden sich unter Eichen und *Juniperus Oxycedrus*: *Silene* spec., *Sesili varium* var. (*Seseli atlanticum* Boiss. et Reut.),

Achillea odorata (neu für Algier), *Teucrium Polium* (gemein in dieser Region), *Thymus algeriensis*, *Avena pruinosa* spec. nov., *Carduncellus caespitosus* spec. nov., *Anacyclus depressus* (bisher nur aus Marokko bekannt), *Achillea odorata*, *Onopordon ambiguum*, *O. acaule*, *Marrubium sericeum*, *Nepeta amethystina*, *Avena filifolia*, *Stipa Lagascae* (neu für Algier), sowie folgende Pflanzen des Tells: *Helosciadium nodiflorum*, *Mentha Pulegium*, *Galium tunetanum*, *Rubia laevis*, *Geranium rotundifolium*, *Ononis Columnae*, *Arenaria serpyllifolia*, *Juncus Fontanesi*. An einer Böschung wurden beobachtet *Rosa collina*, *Verbascum* spec. nov. (verw. *V. Portae*), *Cirsium Willkommianum* (bisher nur von den Balearen bekannt), *Centaurea* spec. (verw. *C. Parlatorii*), *Erysimum grandiflorum*, *Pyrethrum Gayanum*, *P. Maresii*, *Nasturtium officinale*, *Pimpinella Tragium*, *Veronica rosea*, *V. praecox*, *Saponaria glutinosa*, *Carum mauritanicum*, *Lithospermum arvense*, *Linaria tristis*, *Silene italica*, *Sisymbrium Sophia*, *S.* spec. (verw. *S. crassifolium*), *Juncus mauritanicus*, *Fraxinus dimorpha*, sowie im Schatten von *Quercus Ballota*: *Festuca rubra* var. *scabrescens*, *F. triflora*, *Nardurus montanus* und *Poa flaccidula*.

Auf einer Wiese wurden *Trifolium gemellum* und *Anagallis Monellii* bemerkt, auf einem felsigen Plateau *Atractylis caespitosa*, *Arenaria serpyllifolia*, *Inula montana*, *Herniaria glabra*, *Alsine corymbulosa*, *Asperula aristata* und *Poa flaccidula*.

Auf dem Rückwege wurden bei Ain-Sefra gesammelt: *Delphinium pubescens*, *Papaver dubium*, *Sinapis incana*, *Eruca sativa*, *Brassica Tournefortii*, *Moricandia arvensis*, *Diplotaxis virgata*, *D. muralis*, *Matthiola livida*, *M. oxyceras*, *M. tristis*, *Eremobium lineare*, *Reboudia crucarioides*, *Notoceras canariense*, *Erysimum repandum*, *E. Kunzeanum*, *Biscutella auriculata*, *B. lyrata*, *Muricaria prostrata*, *Meniocus linifolius*, *Crambe Kralikii*, *Cleome arabica*, *Reseda arabica*, *R. neglecta*, *Helianthemum Deserti*, *H. pilosum*, *H. papillare*, *H. salicifolium* var. *brevipes*, *H. sessiliflorum*, *H. ellipticum*, *Dianthus amoenus*, *Silene bipartita*, *S. setacea*, *S. villosa*, *Saponaria vaccaria*, *Malva aegyptiaca*, *Erodium pulverulentum*, *Tribulus terrestris*, *Fagonia glutinosa*, *Peganum Harmala*, *Zizyphus Lotus*, *Aegyrolobium uniflorum*, *Genista Saharae*, *Retama Duriaei*, *R. sphaerocarpa*, *Ononis angustissima*, *O. serrata*, *Anthyllis numidica*, *Astragalus Gomba*, *A. Pseudostella*, *A. cruciatus*, *Medicago laciniata*, *Trigonella polycerata*, *Lotus pusillus*, *L. corniculatus*, *Psoralea bituminosa*, *Hippocrepis ciliata*, *Hedysarum spinosissimum*, *Cucumis Colocynthis*, *Telephium Imperati*, *Gymnocarpus fruticosus*, *Paronychia Cossoniana*, *P. nivea* var. *macrosepala*, *Loeflingia hispanica*, *Daucus pubescens*, *Orlaya maritima*, *Deverra Scoparia*, *Ferula Cossoniana*, *Crucianella hirta*, *Galium ephedrioides*, *Scabiosa fenestrata*, *Sc. monspeliensis*, *Nolletia chrysocomoides*, *Phagnalon purpurasceus*, *Evax desertorum*, *Filago spathulata*, *Leyssera capillifolia*, *Pulicaria mauritanica*, *P. arabica*, *Pallenis cuspidata*, *Anvillea radiata*, *Cladanthus arabicus*, *Artemisia Herba-alba*, *A. campestris*, *Rhanterium adpressum*, *Anthemis monilicostata*, *Senecio coronopifolius*, *Calendula gracilis*, *Carlina corymbosa*, *C. involucrata*, *Atractylis microcephala*, *A. citrina*, *A. prolifera*, *Amberboa crupinoides*, *Crupina vulgaris*, *Centaurea polyacantha*, *C. pubescens*, *Onopordon ambiguum*, *Carduus getulus*, *Catananche propinqua*, *Sonchus maritimus*, *Zollikoferia resedifolia*, *Z. spinosa*, *Hypochoeris arachnoides*, *Spitzelia Saharae*, *Andryala tenuifolia*, *Convolvulus supinus*, *Echium humile*, *Echiochilum fruticosum*, *Echinospermum patulum*, *E. Vahlianum*, *Nonnea phaneranthera*, *Antirrhinum ramosissimum*, *Linaria reflexa* var. *agglutinosa*, *L. dissita*, *Phelipaea arenaria*, *Salvia lanigera*, *Marrubium deserti*, *Micromeria debilis*, *Teucrium Polium*, *Statice Bonduelli*, *Bubania Feei*, *Plantago Psyllium*, *P. ciliata*, *P. ovata*, *P. albicans*, *P. amplexicaulis*, *Noaea spinosissima*, *Salsola vermiculata*, *Caroxylon articulatum*, *Calligonum comosum*, *Rumex tingitanus* var. *lacerus*, *R. bucephalophorus*, *Euphorbia Gayoniana*, *Eu. calyptrata*, *Eu. Chamaesyce*, *Ephedra altissima*, *Asphodelus fistulosus*, *A. pendulinus*, *Asparagus horridus*, *Pancratium Saharae*, *Cyperus conglomeratus* var. *effusus*, *C. distachyus*, *Juncus Fontanesi*, *Koeleria Salzmanni*, *Aeluropus littoralis*, *Agrostis alba*, *Festuca Fenas*, *Aristida pungens*, *A. floccosa*, *A. lanuginosa* (spec. var.), *A. obtusa*, *A. ciliata*, *A. brachyanthera*, *Stipa tortilis* var. *pubescens*, *Bromus squarrosus*.

Auf dem Wege zum Aïssa wurden *Ferula Cossoniana* und *communis*, sowie *Hippomarathrum Bocconei* bemerkt, am Fusse des Berges *Pyrethrum macrotum*, *P. Gayanum*,

Catananche propinqua, Coronilla juncea subspec. *Pomeli*, dann beim Besteigen desselben *Sideritis virgata, Herniaria fruticosa* var. *erecta, Santolina canescens, Hippocrepis scabra, Fumana Spachii, Thesium* spec. (verw. *Th. Bergeri* und *graecum*), *Passerina virescens, Erinacea pungens, Rhamnus amygdalina, Ruscus aculeatus, Centaurea Cossoniana, Linum squarrosum, Erysimum Kunzeanum, Calamintha Acinos, Stipa pennata, Thymus algeriensis* (wie am Mzi weissblüthig), *Teucrium Polium, Nepeta amethystina, Centaurea* spec. nov. des Mzi (auch viele andere Arten des Mzi), *Erucastrum leucanthum, Veronica rosea, V. praecox, Seseli varium* var. *atlanticum, Carum mauritanicum, Pimpinella Tragium, Alyssum cochleatum, A. serpyllifolium, Colutea arborescens, Koeleria valesiaca, Festuca* spec. nov. (verw. *F. infesta*).

Auf dem Gipfel fanden sich unter anderen *Rosa canina, Populus alba, Cirsium Willkommianum, Verbascum* spec., *Iris Xiphium, Cracca minor* var. *eriocarpon, Fumaria parviflora, Rumex crispus, Erodium cicutarium, Artemisia* spec., weiter abwärts wieder *Stipa pennata, Linaria heterophylla, Armeria allioides, Erysimum* spec. des Mzi.

Im Vergleich mit dem Antar zeigen Mzi und Aïssa schon grössere Verschiedenheiten, so sind z. B. *Centaurea Malincaldiana* und *Carduncellus Pomelianus* des Antar ersetzt durch *Centaurea Cossoniana* und *Carduncellus caespitosus*. Wenige Pflanzen sind diesen Bergen gemein mit anderen Algiers, dagegen sind 5 Pflanzen gefunden, die sonst nur aus Spanien bekannt waren, nämlich *Cirsium Willkommianum, Nepeta amethystina, Stipa Lagascae, Avena filifolia* und *Poa flaccidula*. Eine weitere Verwandtschaft mit der spanischen Flora bekunden: *Brassica Cossoniana* und *Nardurus montanus* dagegen eine solche mit dem östlichen Mediterrangebiet *Erysimum repandum* und das *Thesium* des Aïssa.

488. **E. Bonnet** und **P. Maury** (76) sammelten auf einer Reise von Aïn-Sefra nach Djenien-Bou-Resq Pflanzen aus folgenden Gattungen:

Clematis, Adonis, Ranunculus, Ceratocephalus, Delphinium, Papaver, Roemeria, Glaucium, Hypecoum, Fumaria, Platycapnos, Matthiola, Nasturtium, Arabis, Notoceras, Morettia, Malcolmia, Sisymbrium, Erysimum, Moricandia, Diplotaxis, Erucastrum, Brassica, Eruca, Reboudia, Erucaria, Enarthrocarpus, Farsetia, Alyssum, Koniga, Thlaspi, Hutchinsia, Capsella, Lepidium, Carrichtera, Savignya, Biscutella, Neslia, Zilla, Crambe, Muricaria, Capparis, Cleome, Cistus, Helianthemum, Reseda, Frankenia, Dianthus, Silene, Arenaria, Alsine, Stellaria, Spergularia, Cerastium, Malva, Erodium, Geranium, Fagonia, Peganum, Rhamnus, Zizyphus, Pistacia, Retama, Genista, Argyrolobium, Ononis, Erinacea, Medicago, Trigonella, Melilotus, Trifolium, Lotus, Astragalus, Colutea, Vicia, Coronilla, Arthrolobium, Hippocrepis, Ceratonia, Potentilla, Poterium, Rosa, Neuroda, Tamarix, Cucumis, Bryonia, Loeflingia, Telephium, Herniaria, Paronychia, Gymnocarpos, Pteranthus, Polycarpaea, Sedum, Umbilicus, Mesembryanthemum, Aizoon, Daucus, Caucalis, Deverra, Ferula, Carum, Ammi, Anthriscus, Orlaya, Eryngium, Lonicera, Callipeltis, Rubia, Galium, Crucianella, Centranthus, Valerianella, Scabiosa, Bellis, Nolletia, Phagnalon, Evax, Micropus, Rhanterium, Perralderia, Pulicaria, Asteriscus, Pallenis, Anvillea, Cladanthus, Pyrethrum, Anacyclus, Retinolepis, Cyrtolepis, Chrysanthemum, Artemisia, Chlamydophora, Lasiopogon, Helichrysum, Gnaphalium, Filago, Ifloga, Leyssera, Senecio, Calendula, Echinops, Atractylis, Amberboa, Centaurea, Kentrophyllum, Carduncellus, Onopordon, Carduus, Rhaponticum, Warionia, Carlina, Koelpinia, Hedypnois, Catananche, Seriola, Podospermum, Hypochoeris, Scorzonera, Spitzelia, Kalbfussia, Picridium, Zollikoferia, Sonchus, Taraxacum, Microrhynchus, Barkhausia, Andryala, Androsace, Anagallis, Samolus, Olea, Jasminum, Nerium, Apteranthes, Convolvulus, Cuscuta, Echium, Aechiochilon, Arnebia, Lithospermum, Nonnea, Cynoglossum, Echinospermum, Linaria, Antirrhinum, Scrophularia, Veronica, Phelipaea, Orobanche, Mentha, Rosmarinus, Salvia, Micromeria, Lamium, Sideritis, Marrubium, Teucrium, Ajuga, Statice, Bubania, Plantago, Atriplex, Blitum, Chenopodium, Echinopsilon, Suaeda, Caryoxylon, Salsola, Polycnemon, Anabasis, Calligonum, Emex, Rumex, Thymelaea, Arceuthobium, Cynomorium, Euphorbia, Forskalea, Quercus, Populus, Juniperus, Pinus, Ephedra, Erythrostictus, Iris, Pancratium, Muscari, Dipcadi, Allium, Asphodelus, Asparagus, Ruscus, Juncus, Carex, Scirpus, Cyperus, Lygeum, Pennisetum, Andropogon, Polypogon, Stipa Arthratherum, Cynodon, Echinaria, Ammo-

chloa, *Sieglingia*, *Avena*, *Trisetum*, *Koeleria*, *Phragmitis*, *Schismus*, *Agrostis*, *Bromus*, *Festuca*, *Brachypodium*, *Hordeum*, *Triticum*, *Aegilops*, *Lepturus* und einige Kryptogamen. (Vgl. Bot. C., XXXIX, p. 127—128.)

489. **H. Gay** (219) schildert die periodischen Erscheinungen in der Flora von Algier. Kaum ist im September oder November nach langer Trockenheit der erste Regen gefallen, so entwickeln sich schnell die Knollenpflanzen und bald sieht man: *Merendera filifolia*, *Colchicum autumnale*, *C. Bertoloni*, *Scilla anthericoides*, *S. autumnalis*, *S. fallax*, *S. parviflora*, *S. ligulata*, *Leucojum autumnale*, *Amaryllis lutea*, *Narcissus cupanianus*, *N. serotinus*, *Spiranthes autumnalis*, *Arum arisarum*, *Biarum Borei*. *Scilla maritima*, *S. undulata*. *Pancratium maritimum* und *P. collinum* blühen schon im Juli und dauern fort bis zum October. Ferner erscheinen *Cyclamen africanum* und *Ranunculus bullatus*, diese sowie *Leontodon tuberosum* und *Thrinax tuberosa* sind gemein. Zu gleicher Zeit blühen und reifen ihre Früchte: *Plumbago europaea*, *Calamintha heterotricha*, *Panicum colonum*, *P. Crus-Galli* und *Chenopodium ambrosioides* (aus Mexico). Wenn die erste Kälte verspürt wird, ist *Bellis atlantica* gemein; *Iris stylosa* blüht während des ganzen Winters; auch *Eriobotrya japonica* blüht im Herbst. Wegen der grossen Sommerwärme gedeihen dann fast alle Arten von *Citrus* und *Laurus* (besonders *L. camphora*, doch auch *L. gratissima* und *cinnamomum*), *Psidium*, *Anona*, *Eucalyptus* und *Acacia*. Doch leiden diese im Winter oft sehr, so z. B. *Psidium pyriferum*, *Anonona Cherimolia*, sowie *Begonia semperflorens*. Im December sind Blumen selten, doch noch immer genug für Bouquets, vor allem *Bellis annua*. Im Januar reifen auf Feldern und in Gärten Früchte von *Citrus*. Veilchen und Rosen erscheinen. Der März gleicht im Allgemeinen dem von Europa (Wind, Kälte, Regen, auf den Bergen oft Schnee), doch dauert die Kälte nicht lange und bald darauf erscheint eine grosse Zahl von Pflanzen.

490. Algerian Fir (754). *Abies numidica* De Lannoy (= ? *A. Pinsapo* var. *baborensis* Coss. = *Pinus Pinsapo* Parlatore = *Picea Numidica* R. Smith) wurde entdeckt in den Bergen von Babor in 4000—6000′ Höhe zwischen *Cedrus atlantica* auf Kalkboden, später in der Provinz Constantine gefunden und von da in die Cultur gebracht. Sie ist winterhart in Yorkshire. Sie wird oft mit der spanischen *A. Pinsapo* verwechselt, steht aber in Wirklichkeit *A. excelsa* viel näher als dieser.

491. **M. Fliche** (198) ist der Meinung, dass die Pinie bei ihrem kräftigen Wuchs und ihrer leichten Regeneration wohl, wie Grisebach behauptet hat, im westlichen und östlichen Mittelmeergebiet einheimisch sei. Auf die Canaren und wahrscheinlich auch auf Madeira ist sie eingeführt worden. In Frankreich (Aigues-Mortes bei Cannes) geht sie in Folge ihrer Vorliebe für Meeresufergegenden dem Aussterben entgegen. Ihre klimatischen Bedingungen sind helles Licht, eine mittlere Wärme von 15°, sie liebt einen frischen und lockeren Boden. Die Wassermenge kann sehr schwanken, gegen die chemische Beschaffenheit des Bodens ist sie indifferent. Matzdorff.

492. **Jean Doumerc** (167) berichtet über die Verbreitung und forstliche Verwendung algerischer Waldbäume[1]). Die wesentlichen sind *Pinus halepensis*, *maritima*, *Quercus Ilex* und var. *Ballota*, *Qu. suber*, *Mirbeckii*, *Cedrus Libani* var. *atlantica*, *Callitris quadrivalvis*. Matzdorff.

493. **Sandwith** (591) berichtet über die 330 000 acres umfassenden Korkeichenwaldungen des nordwestlichen Tunis. Matzdorff.

494. **G. Rolland** (574) macht auf die durch artesische Brunnen leicht reich bewässerbare Oasengegend Algiers von Oued Rir' aufmerksam, die sich vorzüglich für die Dattelncultur eignet. Er schildert die Oasen und den [illegible] der Palme. Matzdorff.

495. **O. Debeaux** (153) giebt einige neue Standorte für Pflanzen aus Algier an (vgl. Bot. C., XXXVII.)

496. **Fr. Woenig** (737) liefert eine zweite Auflage seines im Jahrgang 1886 besprochenen Werkes über Pflanzen im alten Aegypten. Ob aber die früher von anderer Seite gerügten Fehler ausgemerzt sind, vermag Ref. nicht zu sagen, da ihm die neue Auflage nicht zugegangen ist. Höck.

[1]) Ueber die Waldflora von Tunis vgl. Ausland, 1888, p. 11 [illegible].

497. **P. Ascherson** (12) berichtet über eine Reise in Aegypten. Auf dem Wege von Alexandrien bis Abukir fand Verf als neu für Aegypten *Silene gallica;* sie war bisher nur in der Kleinen Oase gefunden, ist aber bei Rosette stellenweise häufig, wo überhaupt einige europäische Pflanzen, die sonst in Aegypten selten sind, z. B. die gemeine Kamille, häufig vorkommen. Sykomoren sind da ebenfalls viele. Verf. sammelte beide Formen der *Vulpia brevis* (= *Festuca inops*), ebenso *Ammochloa*, ein Gras mit zum Theil unterirdischen Inflorescenzen.

Die östliche Mittelmeerzone Aegyptens besteht aus einer längs der Küste sich erstreckenden Zone von Sandhügeln, die stellenweise wie unsere Nehrungen grosse Salzwasserlagunen vom Meere trennen. Letztere sind auf ihrer Binnenseite von ausgedehnten Salzsteppen umgeben, die in der Zeit des hohen Nilstandes vielfach überschwemmt werden. Die Flora derselben besteht im April fast nur aus den 5 *Salicornia*-Arten der ägyptischen Flora, von denen die durch spiralige Blattstellung ausgezeichnete *Halopeplis* allerdings nur bei San bestandbildend auftritt. Der Brullus-See hat am Grunde vielfach *Zostera nana*-Wiesen, während in Mensaleh *Ruppia* vorherrscht (deren Früchte Flamingos als Hauptnahrung dienen), nur in der Ecke nach Port Said zu fand Verf. *Cymodocea* und *Zostera nana*. Im Mittelmeer scheint östlich von Abuquir (bis dahin *Posidonia, Cymodocea* und sehr selten *Zostera nana*) kein Seegras vorzukommen. Die Sandhügel haben meist eine recht interessante Flora, wo manche der bisher aus Alexandrien und der Ostecke bei El Arisch angegebenen Arten wieder erscheinen, wie *Ammochloa* (in Brullus) und *Vulpia brevis* (bei Damiette), eine *Euphorbia* bedeckt in Brullus weite Strecken. Das von Ehrenberg gefundene *Cocoma rimosum* hat Verf. vergebens gesucht, wie überhaupt an Pilzen sich wenig fand.

Die Steppe zwischen Qantarah und El Arisch, besonders die Umgebung letzterer Stadt ist sehr pflanzenreich. Die Cultur der dortigen Beduinen hängt nämlich mit Syrien, nicht mit Aegypten zusammen (früher noch mehr als jetzt), daher wimmelt es von syrischen Vulgaritäten, von denen einige auch mitteleuropäisch, bisher aber nicht aus Aegypten bekannt sind, z. B. *Chenopodium Vulcaria, Vogelia paniculata.*

Weit interessanter sind aber die Gebirgspflanzen des peträischen Arabiens, die längs des Wadi-el Arisch, in dem jeder Niederschlag gewaltige Wassermassen thalwärts führt, wie die Alpenpflanzen an der Isar bei München herabgestiegen sind. Neu für Aegypten sind davon *Chamaemelum auriculatum, Nasturtiopsis arabica, Moricandia dumosa, Arnebia decumbens* (auch in der Galala), *Crepis aspera*, von anderen Seltenheiten finden sich *Asteriscus pygmaeus, Isatis microcarpa, Glaucium sp., Zozimia absinthiifolia*, ferner *Leontice Leontopetalum, Linaria floribunda, Trigonella arabica, Atriplex dimorphostegia*, sowie *Cocoma rimosum* auf *Juncus maritimus* und einige andere Pilze.

498. Der Ergänzungsband zu **Boissier's** (74) Flora orientalis herausgegeben von R. Buser, enthält einen Lebenslauf des Verf.'s von H. Christ, ein Verzeichniss seiner Veröffentlichungen, eine Uebersicht über die von ihm überhaupt (18496) und neu beschriebenen (3602, mit anderen Autoren 2388) Arten und der neuen Gattungen (103, mit anderen 28), eine Liste der letzteren, eine Aufführung der ihm gewidmeten Gattungen *Boissiera* und *Edmondia*, sowie biographische Veröffentlichungen über den Verf. Dem vorliegenden Bande sind B.'s Bildniss, Abbildung seiner Büste im Genfer botanischen Garten und seines Herbars, sowie ein Plan der Lage des letzteren bei Genf angefügt. Verschiedene Indices für die gesammte Flora liegen gleichfalls hier vor. 566 für die Flora neue Arten, darunter 149 überhaupt neue, werden beschrieben. 534 beziehungsweise 65 + 51 (mit anderen) Beschreibungen rühren vom Verf. her. Ausserdem beziehen sich die Ergänzungen auf neue Standorte, morphologische Verhältnisse, die Synonymik. Die für die Flora orientalis neuen Unterordnungen, Tribus, Sectionen und Gattungen sind die folgenden. *Clematis* Sect. 4 *Atragenopsis* mit *Cl. Robertsiana* Aitch. u. Hemsl. *Callianthemum* C. A. Mey (Ranunculac.) mit *C. Cachemirianum* Camb. *Pseudovesicaria* Rupr. (Cruciferen) mit *P. digitata* C. A. Mey. *Draba* Sect. 3 bis *Holarges* DC. mit *D. incana* L. *Cleome* Sect. 1 bis *Polanisia* mit *C. viscosa* L. *Homalodiscus* Bunge wird eine Sect. von *Ochradenus*. *Hibiscus* Sect. 4 *Lagunea* Cav. mit *H. Solandra* l'Hér. *Berchemia* Neck. (Rhamneen) mit *B. lineata* L.

Desmodium Desv. (Leguminosen) mit *D. tiliaefolium* Don. *Alysicarpus* Neck. (Leg.) mit *A. vaginalis* DC. *Lespedeza* Mich. (Leg.) mit *L. sericea* Miq. Leguminosen-Tribus 9 bis *Dalbergieae* Benth. mit *Dalbergia* L. fil. *Sissoo* Roxb. Die 45 Arten der Gattung *Rosa* sind von H. Christ gänzlich neu eingetheilt und beschrieben. *Ammania* (Lythrarieen) Sect. *Ameletia* gehört zu *Rotala* L. (hierher *R. peploides* Köhne und *leptopetala* Blume). Die *Ammania*-Arten werden nach Köhne neu eingetheilt. *Melothria* L. (Cucurbitaceen) = *Zehneria* Endl. = *Pilogyne* Schrad. mit *M. heterophylla* Lond. *Saxifraga* Sect. 8 *Bergenia* Mönch. mit *S. ligulata* Wall. und *Stracheyi* Hook. f. a. Thoms. *Pleurospermum* Hoffm. (Umbellif.) = *Hymenolaena* DC. mit *P. corydalifolium* Aitch. a. Hemsl. u. *pulchrum* Aitch. a. Hemsl. *Selinum* L. e. p. (Umbellif.) mit *S. papyraceum* C. B. Clarke. *Aralia* L. (Araliaceen) mit *A. Cachemirica* Dcne. *Abelia* (Caprifoliac.) R.Br. mit *A. triflora* R.Br. *Aitchisonia* Hemsl. (Rubiaceen) mit *A. rosea* Hemsl. *Conyza* (Composit.) wird nach Benth. u. Hook. in die Gattungen *Blumea*, *Laggera* und *Pluchaea* aufgelöst, und ihre Arten werden vertheilt. *Leontopodium* R.Br. (Compos.) mit *L. alpinum* Cass. *Anaphalis* DC. (Comp.) mit *A. contorta* Hook. f. und *virgata* Thoms. *Tricholepis* DC. (Compos.) mit *T. spartoides* Clarke. Subordo I bis zu den der Compositen: Labiatifloren mit Trib. 11 bis zu den Mutisiaceen; hierher *Ainsliaea* DC. mit *A. aptera* DC. und *Pertya* Schulz. Bip. mit *P. Aitchisoni* C. B. Clarke. *Codonopsis* Wall. (Campanulac.) mit *C. ovata* Benth. *Cortusa* L. (Primulac.) mit *C. Matthioli* L. *Swertia* Sect. II *Ophelia* mit *S. purpurascens* Wall. und *cordata* Wall. *Mertensia* Roth (Borragin.) mit *M. echioides* Benth. *Strobilanthes* Blume (Acanthac.) mit *S. alatus* Nees. *Adhatoda* Nees. (Acanthac.) mit *A. Vasica* Nees. *Habenaria* W. (Orchideen) mit *H. Aitchisonii* Rchb. f. Orchideen-Tribus 4 bis *Malaxideae* Lindl. mit *Microstylis* Nutt. *muscifera* Lindl.

Von den bisher der Flora orientalis angehörigen Artennamen fallen 7 als derselben irrthümlich zugezählt fort, für 47 weitere werden ältere oder richtigere gewählt; 19 Arten werden als Varietäten zu andern Arten gezogen, und 6 bisherige Varietäten werden als selbständige Arten aufgestellt. Matzdorff.

499. **F. Crépin** (143) publicirt verschiedene Bemerkungen über orientalische Rosen, als Ergänzungen zu Christ's Bearbeitung derselben im „Supplementum florae orientalis". Die Hauptergebnisse betreffs der Verbreitung sind aus der auf p. 215 befindlichen Tabelle ersichtlich.

Ganz Asien hat 36 Arten, von denen 9 auch in Europa vorkommen; die eine derselben, *R. acicularis*, ist circumpolar, eine andere, *R. moschata*, bewohnt die Berge von Habesch; ausschliesslich asiatisch sind 34 Typen. Europa besitzt 18 Arten, von denen 7 oder 8 auf den Erdtheil beschränkt sind, Amerika 13 oder 14 (12 oder 13 ausschliesslich amerikanisch), Afrika 6 oder 7 (keine eigenthümlich). Die Formen von *R. moschata* sind europäisch.

500. **O. Stapf** (633) setzt seine Bot. J., XV, 1887, 2., p. 134, R. 318 besprochene Arbeit fort. Während die zuletzt genannten *Iris*-Arten ausschliesslich dem Orient angehören, tritt in Westeuropa eine Gruppe einander nahe stehender, aber auch zu diesen Beziehungen zeigender Formen auf. Die Verbindung beider Gruppen wird besonders durch *I. notha* M.B. bewirkt, die sich innig an *I. desertorum* Gawl-Ker. anschliesst. Baker hält sie für eine Varietät von *I. spuria*, doch nach Verf. ohne Recht. Sie bewohnt das südöstliche Russland und den Kaukasus, sowie das Gebiet am Elwend. Die Westeuropa angehörigen Formenreihe wird gewöhnlich als *I. spuria* L. zusammengefasst. Sie tritt innerhalb eines Gebiets auf, das von der Moldau und Siebenbürgen an ganz Mitteleuropa, sowie Theile von Spanien und Algier umfasst. Man hat bisher in der Gruppe ausser der typischen *I. spuria* noch 2 Arten unterschieden, *I. subbarbata* Joo (= *I. lilacina* Borb.) und *I. Reichenbachiana* Klatt, jene in Siebenbürgen, Ungarn und der Moldau, diese in Algier heimisch; ihren westlichsten Standort hat erstere im Marchfelde bei Wien, letztere ist wahrscheinlich die *I. Dierinckii* C. Koch, welcher Name dann den jedenfalls nicht verwendbaren *I. Reichenbachiana* Klatt ersetzen müsste, da es schon eine *I. Reichenbachiana* Heuff. giebt. Verf. geht auf die Unterschiede näher ein.

(Fortsetzung siehe p. 215.)

	Griechenland	Kleinasien	Kaukasus	Syrien	Persien	Afghanistan	Beludschistan
R. gallica	1	1	1	—	—	—	—
R. pimpinellifolia	—	1	1	—	—	—	—
R. xanthina	—	—	—	—	—	1	—
R. lutea	—	1	—	1	1	1	1
R. sulphurea	—	1	—	—	1	—	—
R. cinnamomea	—	1	1	—	—	—	—
R. oxyodon	—	—	1	—	—	—	—
R. Webbiana	—	—	—	—	—	1	—
R. Beggeriana	—	—	—	—	1	1	—
R. alpina	1	—	—	—	—	—	—
R. canina	1	1	1	1	1	1	—
R. glauca	(1)	(?)	(?)	—	—	—	—
R. montana	(1)	—	—	—	—	—	—
R. tomentella	(1)	—	(1)	—	—	—	—
R. Pouzini	(1)	—	—	—	—	—	—
R. trachyphylla	—	—	1	—	—	—	—
R. agrestis	1	—	—	—	—	—	—
R. micrantha	?	—	—	—	—	—	—
R. rubiginosa	—	—	1	—	—	—	—
R. iberica	—	—	(1)	—	—	—	—
R. glutinosa	1	1	1	1	1	—	—
R. Thureti	(1)	—	—	(1)	—	—	—
R. sicula	(1)	—	—	—	—	—	—
R. villosa	—	1	—	—	—	—	—
R. mollis	1	(1)	1	—	—	—	—
R. orientalis	—	(1)	—	—	—	—	—
R. Heckeliana	1	—	—	—	1	—	—
R. tomentosa	—	—	1	—	—	—	—
R. elymaitica	—	—	—	—	1	—	—
R. arvensis	1	—	—	—	—	—	—
R. sempervirens	1	—	—	—	—	—	—
R. moschata	—	—	—	—	1	1	—
R. phoenicia	—	1	—	1	—	—	—
	9	9	10	4	8	6	1

(Fortsetzung von p. 214.)

Zum Schluss stellt er die Beziehungen der Arten durch folgendes Schema dar:

Ochroleuca — *Güldenstaedtiana* — *halophila* — *livescens* < *Sogdiana* / *desertorum*

Monnieri Λ *aurea*   *notha* — *spuria* < *subbarbata* / *Dierinckii.*

501. J. **Bornmüller** (81). *Salix amplexicaulis* ist nicht auf die Balkanhalbinsel beschränkt, sondern findet sich auch am Fusse des kleinasiatischen Olymp bei Brussa. Neben ihr wachsen da *Styrax officinalis, Diospyros Lotus, Platanus orientalis, Castanea vesca, Juglans, Celtis australis, Morus nigra* und *alba, Ficus Carica, Populus italica,*

Fraxinus oxyphylla, *Tilia argentea*, *Quercus Haas* var. *atrichoclados*, *Laurus nobilis*, *Cydonia* (umwunden von *Smilax excelsa*), *Cercis siliquastrum*, *Hypericum calycinum*, *Marsdenia erecta* und ausgedehnte Haiden von rothen und weissen *Cistus*, *Erica arborea* und *Viburnum Tinus* bedecken die sonnigen Bergabhänge, höher ansteigend gesellt sich ihnen zu *Daphne pontica*, *Cistus laurifolius* und das seltene *Vaccinium Arctostaphylos*; es beginnt die Nadelholzregion mit *Abies Apollinis*, bis die letzten Höhen des Berges bei 2500 m nur von *Juniperus nana* und schliesslich noch der niedrigen *Daphne oleoides* bekleidet sind. Von den krautartigen Alpenpflanzen nennt Verf. als neu für Kleinasien *Gentiana Bulgarica* Velen.

502. J. **Freyn** (212) theilt die Bestimmung von Pflanzen Vorderasiens mit, und zwar von:

(A) Aintab, nordöstlich von Aleppo, ca. 900 m ü. d. M.

(B) Beredschik am Euphrat, ca. 400 m ü. d. M.

(G) Giaurdagh, nördlich von Aleppo, ca. 1000 m ü. d. M.

Anemone coronaria (B), *Adonis dentata* (B), *Ceratocephalus* sp. (A), *Ranunculus asiaticus* (A), *R. lomatocarpus* (A), *R. trachycarpus* (B), *Ficaria grandiflora* (A), *Helleborus vesicarius* (A), *Delphinium* sp. (spec. nov.?), *D. cappadocicum* (A), *Bongardia Rauwolfii* (A), *Leontice leontopetalum* (A), *Papaver Rhoeas β. oblongatum* Boiss. (A), *Hypecoum procumbens* (A), *Fumaria micrantha* (B), *Nasturtium officinale* (A), *Malcolmia africana* (B), *M. crenulata* (A), *Erophila minima* (A), *Erysimum repandum* (A), *E. crassipes* (B), *Thlaspi perfoliatum* (A), *Eruca cappadocica β. eriocarpa* (A), *Sinapis alba* (B), *Erucaria aleppica β. latifolia* (B), *Enarthrocarpus arcuatus* (B), *Viola ebracteolata* (A), *Reseda lutea* (B), *Vaccaria grandiflora* (A), *Silene coniflora* (B), *S. Oliveriana* (B), *Alsine picta* (B), *Holosteum umbellatum* (A), *Cerastium macrocarpum* (B), *Linum orientale* (B), *Malva rotundifolia* (A), *Althaea cannabina* (G), *Hypericum cardiophyllum* (G), *H. veronense* (A), *Geranium molle* (B), *G. tuberosum α. genuinum* (A), *Erodium cicutarium* (A), *Hymenocarpus circinnatus* (B), *Trifolium repens* (A), *Lotus Gobelia γ. villosus* (A), *Lathyrus affinis* (G), *Cercis siliquastrum* (G), *Potentilla reptans* (A), *Crataegus* sp. (G), *Sorbus torminalis β. pinnatifida* (G), *Lythrum Graefferi* (G), *Berula angustifolia* (A), *Bupleurum croceum* (A), *Ainsworthia trachycarpa* (B), *Cornus mas* (G), *C. australis* (G), *Sambucus ebulus* (G), *Lonicera viscidula* (G), *Asperula orientalis* (B), *Valeriana Dioscoridis* (B), *Cephalaria syriaca* (A), *Scabiosa* sp. (A), *Eupatorium cannabinum* L. *β. syriacum* (G), *Bellis perennis* (A), *Pulicaria uliginosa* (G), *Achillea micrantha* (A), *Anthemis scariosa* (B), *Chamaemelum oreades* (A), *Senecio vernalis* (B, A), *Calendula persica β. gracilis* (B), *Scorzonera lanata* (B), *Taraxacum aleppicum* Hausskn., *Lagoseris orientalis* (A), *Crepis aspera β. inermis* (A), *C. foetida* (A), *Styrax officinalis* (G), *Fraxinus petiolulata* (G), *Erythraea centaurium* (G), *Convolvulus stachydifolius* (B), *C. galaticus* (A), *C. arvensis* var. *biflora* (A), *Anchusa italica* (A), *Onosma molle* (B), *Alkanna tinctoria* var. *micrantha* (B), *Lithospermum arvense* (A), *Cynoglossum pictum* (A), *Solanum dulcamara β. indivisum* (G), *Verbascum glomeratum* (A), *Veronica orientalis* (B), *V. triphyllos* (A), *V. hederifolia* (A), *V. syriaca* var. *glabrescens* (A), *V. cymbalaria* (A), *Melissa officinalis* (G), *Salvia horminum* (G), *S. clandestina* (B), *S. acetabulosa β. simplicifolia* (A), *S. syriaca* (A), *Lamium aleppicum* (A), *Phlomis nissolia* (A), *Ajuga chia* (G), *Teucrium polium* (A), *Verbena officinalis* (A), *Anagallis arvensis* (B), *Daphne sericea* (G), *Quercus Cerris?* (G), *Corylus Avellana* (G), *Ostrya carpinifolia* (G), *Abies silicica* (G), *Pinus halepensis* (G), *Juniperus macrocarpa* (G), *Iris palaestina* (A), *I. sisyrinchium* (B), *Crocus biflorus* (A), *Ruscus aculeatus β. angustifolius* (G), *Asparagus acutifolius* (G), *Tulipa montana* (B), *T. Haussknechtii* (B), *Gagea arvensis* (A), *Bellevalia aleppica* (A), *Hyacinthus orientalis* (A), *Ornithogalum Kochii* (B), *O. fimbriatum β. ciliatum* (B), *Asphodelus microcarpus* (B), *Colchicum Ritchii* (A), *Asplenium adiantum nigrum* (G), *Adiantum capillus Veneris* (G), *Pteris aquilina* (G).

503. L. **Vincent** (695) berichtet über die Thätigkeit des um die botanische Erforschung Syriens hochverdienten J. Blanche, der am 11. December 1887 starb.

504. O. **Stapf** (632) schildert die persischen Steppen und Wüsten. Die botanischen Bestandtheile ihres Landschaftsbildes sind die folgenden. Die Pflanzenwelt erscheint

im Allgemeinen und in ihrer Gliederung völlig abhängig von Boden und Klima, und allein bei ihrer Auflösung in Gattungen und Arten treten die geschichtlichen Beziehungen hervor, wobei dann freilich ihr physiognomisches Charakterbild zerfliesst. Stetig wasserlose und allzusehr mit Salz geschwängerte Landstrecken besitzen gar kein pflanzliches Leben, so die Salzseen, Kewir, grösseren Sandansammlungen, blossliegenden Gesteinszüge und ähnliche Oertlichkeiten. Höchstens in besonders feuchten Jahren findet sich hier ein kümmerlicher Strauch oder loses Salsolaceen-Gebüsch. — Das gesammte Pflanzenleben des iranischen Hochlandes steht unter dem Einfluss der Schwierigkeit der Wasserversorgung. Die überkräftige Besonnung, der excessive Verlauf der Temperaturcurve, die Bodeneigenschaften stehen sämmtlich in zweiter Linie. Plötzlich tritt im Frühjahr die Pflanzenwelt auf, um im Vorsommer bereits zu vertrocknen, oder die Gewächse sind in dicke Panzer oder Pelze gehüllt, enthalten wasserzurückhaltende Säfte, senden sehr tief die Wurzeln in den Boden, um Feuchtigkeit zu bewahren. Laubentwicklung und Ausdehnung der Glieder werden vermieden, die Pflanzengesellschaften lösen sich in getrennt stehende Individuen auf. Der physiognomische Zug findet in gestauchten, gehäuftgliedrigen, blattlosen, mattgefärbten Pflanzen seinen Ausdruck. In gleichem Sinne wirken Insolation und Temperatur. Der Boden bewirkt die Trennung in salzliebende (Chenopodeenform) und salzscheuende Pflanzen, ist im verwitterten Kalk und Eruptivgestein des Hochlandes fruchtbar, im Thon, Thonschiefer, Sandstein, Mergel, Gyps unfruchtbar. Den Uebergang von der „nackten Wüste“ bildet das „Biaban“, der mit Aufschüttungsmassen angefüllte Raum im Innern des Hochlandes. Holzpflanzen fehlen hier fast gänzlich, die Pflanzendecke ist sehr dünn, selbst die Frühlingsvegetation ist ärmlich. Dagegen verbreitet sich über die äussere Seite der iranischen Randketten ein baum- und strauchreicher Gürtel mit Regen und zum grossen Theil andauernden Wasserläufen, oft noch vom Steppencharakter, oft Buschwald, im Frühjahr reich an Pflanzen, das „Dschaengael“, womit der Perser freilich auch die Urwälder des Tieflandes bezeichnet. Beide Regionen gehören der mittleren Höhenstufe an, über ihnen befindet sich das „Saerhadd“, das Sommerweideland der Nomaden. 5, ja 6 und 7 Monate herrscht hier der Winter. Nach unten gehen Biaban und Dschaengael in das „Germsir“ über, freilich kein eigentliches Hochland, mit ausgedehntem Salz-, Gyps-, Thon-, Mergel- und Sandsteinboden. Seine obere Grenze ist die Linie ausnahmsweiser Schneefälle und gelinder Fröste, zugleich die ungefähre nördliche Grenze der Dattelpalme und des Khonarstrauchs, *Ziziphus spina Christi*. Im Germsir ist der flüchtige Frühlingsbestand am üppigsten, der des Sommers mit Ausnahme der wenigen feuchten Stellen am ärmsten.

Unter den raschlebenden Frühlingspflanzen zeigen die Ephemeren die einfachsten Verhältnisse. Sie bilden die Mehrzahl der einjährigen Steppenpflanzen. Zahllos ist die Menge dieser zartlaubigen Gewächse. Die Blüthen fallen mehr durch ihre Menge (so beim Tausendguldenkraut, *Pentanema divaricatum, Linum spicatum, Diarthron vesiculosum*), als, wie bei Mohnarten und *Dicyclophora persica*, durch Grösse auf. Vom Germsir an nimmt ihre Zahl im Saerhadd, ja schon in den höheren Lagen des Dschaengael und in den nördlichen Theilen des Biaban ab; umgekehrt ist es bei den kurzlebigen ausdauernden Frühlingspflanzen. Diese sind massiger als die Ephemeren, ja zum Theil (Doldenblüthler) gewaltig gross. Selten tritt die Blüthenentwicklung erst nach dem Verfall des Laubes ein. Die fiederblättrigen Pflanzen unter ihnen schliessen sich physiognomisch den Ephemeren an, eine zweite Gruppe besitzt nur zerstreute Individuen, die Zwiebel- und Knollengewächse aber, sowie die frühlingsgrünen Blattstauden sind gekennzeichnet durch grundständige Blattrosetten und hochragende Blüthenschäfte. Wo der Boden im Sommer nicht zerfällt, sondern eintrocknend die Grundaxen einschliesst, gedeihen sie vorzugsweise; daher ihr Vorwiegen im Saerhadd. Charakteristisch sind für diese Gruppen *Ferula, Ferulago, Zosimia* [illegible]*taenia, Cachrys, Prangos, Dorema, Solenanthus;* weiter *Merendera, Muscari* am schmelzenden Schnee, Tulpen, die Kaiserkrone, *Allium, Bellevalia,* Milchsterne. Im Dschaengael entsprechen ihnen purpurne *Iris* und blaue *Ixiolirion.* — Die Halbwälder werden von wenigen Baumarten gebildet, einigen Eichen, Pistazien in den Zagrosketten, Akazien in Beludschistan. Im Buschwald erscheint neben der Pistazie die spitzblättrige Esche, doch richtet sie sich nur an reichen Quellen neben der Euphratpappel, Weiden-, Zürgelbäumen, der Oelweide hoch auf. In den Gebirgsschluchten, namentlich des Dschaengael, findet sich die wilde Feige, di Baenaeh- und Golchoing-Pistazie, der kaukasische Zürgelbaum, die weidenblättrige Birne Sonst kommen nur auf dem Zagros und im Elburs zwischen Dschaengael und Saerhadd Wachholder, im Elburs und in Chorassan Cypressen und Föhren vor. Im Buschwald wir auch der Khonar baumartig, der am Fuss der Bergzüge oft reine Bestände bildet, oft mi *Calotropis procera*, der blattlosen *Periploca*, Feigen- und Mandelbüschen oder höher mit de beiden letzteren und Pistazien gemischt auftritt. Im Dschaengael vertreten ihn Mandeln Weissdorn, Pistazien, Eschen, Ahorn, Mispel, Seidelbast, Kirschen, Geissblatt, Blasenstrauch Berberitzen. Weiter finden sich hier Feigen, *Rubus sanctus*, Rosen, Keuschbaum, Tama risken, selten Myrten und Mascatoleander. Auf felsigen Berggehängen und im Bachbettkie wohnen derbblättrige, starre Zweigsträucher, Kirschen, Mandeln, Kreuzdorn, *Gymnocarpu Atraphaxis*. Höchst mannichfach sind die Schutzmittel aller Holzpflanzen gegen das Aus trocknen. Sehr charakteristisch sind für das Germsir und tiefere Dschaengael Binsenmandel für die höheren Regionen Ephedren, für den Wüstenrand das Saxaul. Häufig sind die Laub sträucher bewehrt, eine Erscheinung, die noch in erhöhtem Maasse bei den Halbsträuchern un sommerharten Stauden Persiens wiederkehrt. Hierher gehören Weissdorn, Khonar, Mandel *Halimodendron argenteum*. — Die Zahl der Halbsträucher ist sehr gross. Einen Uebergan von den Sträuchern bilden die Gawanastragalen von grossem Reichthum der Arten un Formen. Sodann bilden andere Astragalen, daneben Acantholimen, Acanthophyllen, *Onc brychis*-Arten Stachelrasen. Beide Formen bilden, vornehmlich im Saerhadd, die Phrygana formation (Kerner), zusammen mit dem eigentlichen Phryganagestrüpp, vornehmlich Comp siten und Lippenblüthlern. — Die sommerharten Stauden schliessen sich theils an letzter theils an die frühlingsgrünen Blattstauden an. Wie die Phrygana an den Lehnen, so en wickeln sich die hochwüchsigen Stauden auf den flachen Schutthalden. Ihre Zahl ist gross vorwiegend sind es Korb- und Lippenblüthler. Die schutzlosen unter ihnen suchen da Gesträuch, so Alceen, Inulen, Centaureen, Sylphien, *Crambe*. Auf sonnigen Böschungen sin *Eremostachys*, Salbei, Silenen, Gypsophilen vergesellschaftet, hoch im Saerhadd grüne *Phlomis*. Malven beleben die Getreidefelder, verlassenen Acker überzieht *Glycyrrhiz Phlomis*, *Centaurea squarrosa* und *Belangeriana*, Cousinien werden von Windhosen a „Steppenhexen" ballenweis hoch emporgewirbelt. Cousinien, *Phlomis*, Eryngien, *Echino* bilden Distelfluren. Wermuthgesellschaften treten an der Grenze des Saerhadd und Biaba und im letzteren oft auf, ja bilden mit Euphorbien, Disteln, namentlich aber succulente Chenopodiaceen den Hauptbestandtheil der sommerlichen Pflanzenwelt des Biaban. In di Salzsteppen dringen allein Chenopodeen, wenige *Statice*-, *Reaumuria*-, *Frankenia*-, *Tamari* Arten ein. Im heissen Sommer öffnen die Succulenten ihre Blüthen, und die Salzstepp schmücken die bunten Salsoleen-Früchte. — Die Gräser sind ganz unbedeutend, nur a Wasserläufen gedeiht niedriges *Cynodon*. Die russische Thyrsa fehlt, obschon *Stipa*-Arte *Agropyrum*, *Hordeum*, *Piptatherum*, *Melica* einen Bestandtheil der Phrygana bilden. I südlichen Gürtel treten für *Stipa Andropogon*-, *Pennisetum*-, *Aristida*-Arten auf — Fü Culturpflanzen gilt, dass die Anpflanzung der Dattelpalme (s. o.) das Germsir charakterisir Wo Wasser vorhanden ist, finden sich Gersten-, Weizen-, Mohnfelder. Die Baumwolle komm spät, Sumpfniederungen tragen Reis. Die Biabanoasen tragen Klee, Mohn, Weizen, Gerst Baumwolle, in Gärten Wein, Granaten, Feigen, Mandeln, Pfirsiche, Aprikosen, Pflaume Maulbeeren, Rosen.[1]

Matzdorff.

505. **O. Stapf** (636) zählt Pflanzen von Sultanabad, sowie von dem Wege von do nach Saweh auf. Sultanabad liegt in **Persien** auf dem ersten Drittel des Weges vo Hamadem nach Ispahan an dem Zufluss des Kara-tschai, der am Kum vorbeifliesst und d grossen Kewir östlich von dieser Stadt speisen hilft. Es gehört zur Biaban-Regio doch erhebt sich schon nahe an Sultanabad das Gebirge zu bedeutenderen Höhen, die i das Saerhadd hinaufreichen. Saweh liegt ca. 110 km nordöstlich von Sultanabad und c 75 km westnordwestlich von Kum in der Biaban-Region. Kenderud, von wo etwa die Hälf der Pflanzen stammen, befindet sich ca. 45 km südlich von Saweh auf dem Wege nach Su

[1]) Vgl. hierzu auch Ausland, 1886, p. 748 ff. Höck.

tanabad in einem mässig hohen, dem Biaban angehörigen Bergland, der Landschaft Feragan (vgl. vorstehendes Referat). Aufgezählt werden:

Thalictrum isopyroides C. A. M.: Kenderud. (Nächster bekannter Standort: Elvend. Doch scheint die Pflanze im ganzen Iran verbreitet, nur stellenweise häufig. Ziemlich häufig fand sie Verf. im Schutt nahe dem Gipfel des Kuh-i-Tscheng bei Daescht-aerdschin, bei ca. 2800 m und auf dem Kotael Dahlie, südlich von Kasrun bei kaum 2000 m.)

Anemone Coronaria L.: Sultanabad. (Diese für die Mittelmeerländer charakteristische Art war bisher jenseits des Euphrat nicht gefunden.)

Ceratocephalus falcatus Pers. *β. exscapus* Boiss.: Sultanabad.

Leontice minor Boiss. (= *L. Armeniaca* Boivin): Eb. (In ganz Persien, wenn auch wohl nirgends häufig. Sie steigt, wenigstens im Süden, von der Dschaengael- und Biaban-Region bis zu 3000 m in das Saerhadd hinauf. Sie vertritt da das westliche *L. Leontopetalum*.)

Bongardia chrysopogon L.: Kenderud. (Bisher in Persien nur an der Grenze der südkaspischen Uferzone bei Rudbar [Ghilan] und Asterabad [Mazenderan], von Kaman nördlich von Kaswin und von Ispahan bekannt. Wahrscheinlich im ganzen nördlichen [nicht aber südlichen] Persien verbreitet.)

Alyssum menioccoides Boiss: Kenderud. (Neu für Persien; bisher nur von Mesopotamien und Syrien bekannt.)

Holosteum liniflorum Steven: Kenderud.

Biebersteinia multifida DC. „

Astragalus macropalmatus Bunge: Kenderud.

Astr. Candolleanus Boiss: Kenderud. (Beide *Astragali* wachsen auch einerseits bei Hamadan, andererseits in den Steppen nördlich von Ispahan bis zum Kohrud-Gebirge und bei Teheran.)

Lamium amplexicaule L.: Sultanabad.

Ajuga Chamaecisus Ging.: Kenderud. (In der Gebirgssteppe von der Dschaengael-Region bis in das Biaban hinaus; zwischen Kasrun und Schiras bei 2200 m Mitte Mai noch nicht blühend; auf dem Zin-i-Saefid, nordöstlich davon, ebenfalls 2200 m hoch, blühte er erst Anfang Juni.)

Atraphaxis candida Boiss. et Hausskn.: Sultanabad. (Bisher nur von Kuh-Gere im Bachtiaren-Gebiet bekannt, auch zwischen Dehgirda und Jezdikhast gesammelt, wo er auf etwas salzigem, trockenen Boden stellenweise häufig.)

Xiphion Caucasicum Hoffm. var. *coerulea* Regel: Kenderud. (Ganz gleich der Form aus Turkestan.)

Fritillaria imperialis L.: Sultanabad.

F. Carelini Fisch.: Sultanabad. (Nächster Fundort: Kaschan.)

Tulipa Biebersteiniana Roem. et Schult.: Kenderud.

T. violacea Boiss. et Buhse: Sultanabad.

Gagea reticulata Pall. var. *tenuifolia* Boiss.: Kenderud.

G. pusilla Schmidt: Sultanabad.

Carex stenophylla Wahlenb.: Kenderud.

506. **In Afghanistan** (751) sind *Umbelliferae* höchst charakteristisch, darunter einige durch bedeutende Grösse auffallend, so *Ferula foetida*, *F. galbaniflua* und *Dorema ammoniacum*.

507. **Radde und Waljter** (497) geben p. 69—112 eine Beschreibung ihrer Wanderung; die botanische Ausbeute, derer in vielfachen, aber zusammenhangslosen Notizen gedacht wird, besteht in 800 Phanerogamen einer- und Moosen, Flechten, Pilzen andererseits; jene sollen von E. Regel, diese von Broterus bearbeitet werden. Bernhard Meyer.

508. Neue Arten aus dem Florenreich.

a. **A. Pomel** (486) beschreibt folgende neue Arten aus Nordafrika:

p. 333 *Evax linearifolia:* Mostagnem.

„ 333 *E. psilantha:* Carthago.

p. 333 *Evax mucronata:* Oran.
„ 333 *Evacopsis angustifolia:* Pérégaux.
„ 334 *E. mareotica* = *Filago mareotica* Delile: Unterägypten.
„ 335 *Pseudevax mauritanica:* El Beida (Djebel Amour).
„ 335 *Gifolaria floribunda* Kralik in Exsic. tun. = *Filago mareotica* Coss. B. S. B. France, non *Evax mareotica* Delile: Hamamet.
„ 336 *Filago Numidica:* Djebel Alia bei Jemmapes.

b. **J. Y. Johnson** (312) beschreibt *Helichrysum devium* n. sp. von Ilheo Vermelho (östlich von Madeira).

c. **J. A. Battandier** (42) beschreibt folgende neue Arten und Varietäten aus Algier:

p. 385 *Silene Rouyana:* Mzi.
„ 386 *Bupleurum mauritanicum* (verw. *B. frutescens*): Zwischen Mahroun und Ras-el-Mâ, Provinz Oran.
„ 387 *Carum (Bunium) Chaberti:* Djurdjura.
„ 387 *Daucus laserpitioides* DC. var. *apterus:* Réghaia.
„ 388 *Ferula longipes* Cosson inédit.: Südwestoran.
„ 388 *Centaurea Cossoniana* (= *C.* sp. nov. *Centaureae Scabiosae* affinis Cosson Voy. et B. S. B. France III, 561. nec non in herb. exp. perm. Alger): Ain-Sefra.
„ 389 *C. Pomeliana:* Djebel Amour, Mzi, Aïsa.
„ 390 *Carduncellus Ducauxii:* Zwischen Si-Siliman und Founassa.
„ 390 *C. caespitosus:* Mzi, Aïsa.
„ 391 *Zollikoferia arborescens:* Mzi.
„ 392 *Thymus dreatensis:* Dreat.
„ 393 *Thesium mauritanicum:* Aïssa.

508d. **Edmond Boissier** (74). Neue Arten des Saharagebietes: p. 30 *Eremobium Aegyptiacum* (Spreng.) Aschers. = *Malcolmia Aegyptiaca*, Mittel und Unterägypten. *Farsetia ramosissima* Hochst., Aegypten am Rothen Meer. p. 70. *Helianthemum Sancti Antonii* Schweinf., ägyptisch-arabische Wüste. p. 156. *Rhamnus disperma* Ehrenb., verw. *Rh. Palästina*, ebend. p. 261 *Anisosciadium lanatum* Boiss., Midian in Arabien. p. 292 *Phagnalon Aegyptiacum* Boiss., ebend. p. 320 *Scorzonera Schweinfurthii* Boiss., ebend.

Matzdorff.

508e. **Edmond Boissier** (74). Neue Arten des Mittelmeergebietes: p. 5 *Ranunculus orbiculatus* Blanche, Libanon. p. 7 *R. Rhodensis* Boiss., verwandt mit *R. chaerophyllus*, Rhodus. p. 12 *R. Schweinfurthii* Boiss., verw. *R. Cassius*, Libanon. p. 13 *R. Orphanidis* Boiss. u. Heldr., verw. *R. lanuginosus*, Macedonien, Octa. p. 19 *Delphinium Hirschfeldianum* Heldr. u. Holzm., verw. *D. peregrinum*, Aegina. p. 31 *Cardamine Lazica* Boiss. u. Bal., Pontus bei Rizeh. p. 34 *Arabis stylosa* Boiss. et Bal. = *A. mollis* γ. *Nordmanniana* Rupr., östliche Küstenländer des Schwarzen Meeres. p. 36 *Barbarea conferta* Boiss. u. Heldr., verw. *B. Sicula*, Achaja. p. 45 *Malcolmia micrantha* Boiss. u. Reut., Cypern. p. 49 *Alyssum Troodi* Boiss., Cypern. p. 51 *A. Ruprechti* Boiss. = *A. Andinum* Rupr., Kaukasien. p. 53 *Draba Lacaitae* Boiss., Peloponnes. p. 57 *Peltaria Caramaniensis* Sibth. = *Ricotia tenuifolia* Sibth., Lycien. p. 60 *Aethionema spicatum* Post, verw. *A. Buxbaumii*, Nordsyrien. p. 61 *A. Creticum* Boiss. u. Heldr. = *A. ovalifolium* Boiss. non DC., Creta, Anatolien u. s. f. p. 64 *Isatis Athoa* Boiss., Athos. p. 66 *Brassica lasiocalycina* Boiss. u. Haussk. = *Erucastrum lasiocalycinum* B. u. H., Haleb. p. 79 *Dianthus Wawrae* Freyn, Karien. p. 81 *Tunica Peronini* Boiss., verw. *T. Pamphylica*, Cilicien. p. 82 *T. Phthiotica* Boiss. u. Heldr., verw. *T. graminea*, Oeta in Phthiotis. p. 88 *Gypsophila Laconica* Boiss. u. Heldr., Taygetos in Lakonika. p. 91 *Silene Holzmanni* Heldr., verw. *S. Behen*, Attika. p. 96 *S. Corinthiaca* Boiss. et Heldr., Korinth. p. 102 *S. Astartes* Blanche, verw. *S. Sieberi*, Libanon. *S. Galataea* Boiss., Cypern. p. 104 *S. Porteri* Post, Ziaret Dagh im nördlichen Syrien. p. 106 *S. Schlumbergeri* Boiss., verw., *S. dianthifolia*, Antilibanon. p. 107 *S. Barbeyana* Heldr., verw. *S. Saxifraga* und *S. Smithii*, Aetolien. p. 109 *Melandrium Balansae* Boiss., Schwarzes Meer bei Rizeh. p. 112 *Alsine*

Garckeana Asch. u. Sint., verw. *A. striata* Gren., Troas. p 112 *A. Brotherana* Boiss. = *Stellaria Brotherana* Trautv., Kaukasus. p. 113 *A. Pichleri* Boiss, Peloponnes. p. 114 *A. confusa* Heldr. u. Sart = *A. trichocalycina* Boiss., Parnass. p. 115 *Arenaria Brotherana* Trautv., Kaukasus. p. 120 *Cerastium Lazicum* Boiss., östliche Küstenländer des Schwarzen Meeres. p. 126 *Hypericum modestum* Boiss, Cypern. p. 128 *H. pruinatum* Boiss., Pontus Lazicus p. 130 *H. Noëanum* Boiss., Haemus in Kl Thracien. p. 137 *Linum Boissieri* Aschers. u. Sint., Troas p. 139 *L. Reuteri* Boiss. u Haussk., Cilicien. p. 160 *Genista Millii* Heldr., Euboea p. 163 *Trigonella Schlumbergeri* Boiss, Libanon. p. 171 *Hammatolobium Graecum* Heldr., verw. *H. lotoides*, Lakonika. p. 189 *Hedysarum Cyprium* Boiss., Cypern. p. 241 *Epilobium Balansae* Boiss. = *E. origanifolium β. Balansae* Boiss., Potus Lazicus. p. 248 *Saxifraga Sartorii* Heldr., verw. *S. Scardica*, Euboea. p. 251 *Bupleurum Boissieri* Post, verw. *B. tenuissimum*, Gjaur Dagh im nördlichen Syrien. p 253 *Pimpinella Cypria* Boiss., Cypern. p. 258 *Chaerophyllum oligocarpum* Post, Gjaur Dagh im nördlichen Syrien. p. 255 *Scaligeria capillifolia* Post, Akkerdagh im nördlichen Syrien. *Carum Olympicum* Boiss., verw. *C. Lomatocarum*, bithynischer Olymp. p. 262 *Athamantha arachnoidea* Boiss. u. Orph., verw. *A. Macedonica*, Lakonika. p 263 *Siler? cordifolium* Boiss., Karien. p. 264 *Ferulago Amani* Post, verw. *F. Cassia*, Gjaur Dagh im nördlichen Syrien. p. 265 *F. Blancheana* Post, Akkerdagh im nördlichen Syrien. p. 266 *Johrenia Porteri* Post, verw. *J. selinoides*, nördliches Syrien. *J. Pichleri* Boiss., Haemus in Thracien. p. 268 *Tordylium pustulosum* Boiss., verw. *T. Hasselquistiae*, Cilicien. p 269 *Heracleum verticillatum* Pančić, verw. *H. Sphondylium*, Macedonien. p 272 *Daucus subsessilis* Boiss., verw. *D. Durieua* Willk., Cypern. p. 280 *Asperula Baenitzii* Heldr., verw. *A. muscosa*, Attika. p 289 *Erigeron setiferum* Post, nördliches Syrien. p. 297 *Anthemis melanolepis* Boiss., verw. *A. Palaestina*, Cypern. p 298 *A. Muensteriana* Heldr., Euboea. p 302 *Senecio exilis* Blanche, Libanon. p 311 *Jurinea Cypria* Boiss, Cypern. *J. Cartaliniana* Boiss., verw. *J. Cadmea*, Kaukasus. p. 315 *Centaurea Doddsii* Post = *polycephala* Post, Antiochia. p. 320 *Scorzonera Troodea* Boiss, Cypern. p. 321 *S. Kenisaea* Boiss., verw. *S. Aucheriana*, Libanon. p. 325 *Crepis Marmanni* Boiss., Konstantinopel p 328 *Hieracium Koracis* Boiss., Aetolien. p. 349 *Convolvulus Sintenisii* Boiss., Cypern p 350 *Heliotropium Schweinfurthi* Boiss., Libanon. p 353 *Alkanna Calliensis* Heldr., verw. *A. tubulosa*, Akarnanien. p. 357 *Phelipaea Libanotica* Schweinf., Libanon.

Matzdorff.

f. **Edmond Boissier** (74). Neue Arten des asiatischen Steppengebietes: p 6 *Ranunculus Elymaiticus* Boiss. u Haussk., verw. *R. myosuroides*, Kuh Nur in Persien. p. 20 *Delphinium quercetorum* Boiss. u. Haussk., persisches Kurdistan p. 35 *Nasturtium Kurdicum* Boiss. et Haussk., verw. *N. silvestre*, ebendort p. 38 *Erysimum Kurdicum* Boiss. u. Haussk., verw. *E brachycarpum*, eb. *E. Blancheanum* Boiss., Palmyra. p. 39 *E. hirschfeldioides* Boiss. u. Haussk, Mesopotamien. . *E. frigidum* Boiss. u. Haussk., verw. *E. gelidum*, Sawus in Persien. p. 40 *E. nasturtioides* Boiss. u. Haussk, westliches Persien. *E. gladiiferum* Boiss u. Haussk., pers. Kurdistan. p 41 *E. filifolium* Boiss. u. Haussk., eb. p. 43 *Sisymbrium tetracmoides* Boiss. u. Haussk, Mesopotamien p. 44 *Malcolmia? ciliaris* Boiss., Afghanistan. p. 45 *M. micrantha* Boiss. u. Reut., Mesopotamien. *Hesperis nivalis* Boiss. u. Haussk., Sawus in Persien. p. 49 *Alyssum Singarense* Boiss. u. Haussk., verw. *A. bracteatum*, Sindschar in Mesopotamien p. 55 *Draba Afghanica* Boiss. = *D alpina* Aitch. non L., verw. *D. incompta*, Afghanistan. p. 60 *Aethionema schizopterum* Boiss. u. Haussk., verw *A. fimbriatum*. pers. Kurdistan. p 63 *Lepidium Pichleri* Boiss., verw. *L. lyratum*, Persien. p. 64 *Sameraria macrocarpa* Boiss u. Haussk., verw. *S glastifolia*, pers. Kurdistan p. 66 *Brassica lasiocalycina* Boiss. u. Haussk. = *Erucastrum lasiocalycinum* Boiss. u. Haussk., Sindschar in Mesopotamien p. 67 *Enarthrocarpus tragiceras* Boiss. u Haussk., östliches Persien. p. 77 *Dianthus Basianicus* Boiss. u. Haussk., Mesopotamien. p. 78 *D. sessiliflorus* Boiss., Bingöl Dagh in Armenien. p. 81 *Tunica macra* Boiss. u. Haussk, verw. *T. dianthoides* und *Thessala*, Kurdistan. p. 84 *Gypsophila herniarioides* Boiss., Afghanistan p. 86 *G. Hausskuechti* Boiss., verw. *G Libanotica*, Mesopotamien. p. 87 *G. pinifolia* Boiss. u. Haussk., verw. *G. sphaerocephala*, Isoglu Dagh in

Cataonien. *G. platyphylla* Boiss., Turkestan. p. 90 *Acanthophyllum Kurdicum* Boiss. u. Haussk., Kurdistan. p. 97 *Silene Parrowiana* Boiss. u. Haussk., westliches Persien. p. 99 *S. Nurensis* Boiss. u. Hausskn., Kuh Nur in Persien. *S. monantha* Boiss. u. Haussk., Mesopotamien. p. 100 *S. macronychia* Boiss., Afghanistan. p. 101 *S. citrina* Boiss. = *Lychnis Cabulica* Aitch., Afghanistan. p. 104 *S. hirticalyx* Boiss. u. Haussk., pers. Kurdistan. p. 105 *S. Avromana* Boiss. u. Haussk., eb. p. 110 *Buffonia calycina* Boiss. u. Haussk., verw. *B. enervis*, Turkestan. p. 111 *B. micrantha* Boiss. u. Haussk., westliches Persien. *B. capsularis* Boiss. u. Haussk., eb. p. 129 *Hypericum vermiculare* Boiss. u. Haussk., Mesopotamien. p. 132 *Alcea Arbelensis* Boiss. u. Haussk., verw. *A. Kurdica*, Mesopotamien. p. 133 *A. peduncularis* Boiss. u. Haussk., pers. Kurdistan. p. 148 *Haplophyllum Chaborasium* Boiss. u. Haussk., Assyrien. *H. Haussknechtii* Boiss., eb. *H. pycnanthum* Boiss. u. Haussk, pers. Kurdistan. p. 149 *H. cremophilum* Boiss. u. Haussk., Babylonien. p. 163 *Medicago Shepardi* Post, Aintab im nördlichen Syrien. p. 179 *Astragalus erythrosemius* Boiss., Afghanistan. p. 181 *A. canispinus* Boiss., eb. p. 183 *A. phyllostachys* Boiss., Persien bei Hamadan. p. 185 *A. melanogramma* Boiss., Elwend in Persien. p. 186 *A. Hamadanus* Boiss., eb. p. 187 *A. pentanthus* Boiss., Hamadan in Persien. p. 195 *Lathyrus Layardi* J. Ball, verw. *L. pratensis*, Kurdistan. p. 234 *Potentilla mallota* Boiss., Elwend in Persien. p. 260 *Prangos Bungei* Boiss., persische Provinz Chorassan. p. 268 *Peucedanum? pimpinelloides* Boiss. u. Haussk., verw. *? P. Chabraei*, Elwend in Persien. p. 287 *Aster Aitchisoni* Boiss = *A. pseudamellus* Aitch. u. Hook. f., Afghanistan. p. 290 *Inula (Corvisartia) orgyalis* Boiss., verw. *I. Helenium*, Wan in Persien. p. 294 *Helichrysum dracunculifolium* Boiss., Persien. p. 308 *Cirsium Aitchisoni* Boiss. = *Cnicus horridus* Aitch., Afghanistan und persische Provinz Chorassan. p. 310 *Jurinea ancistrophylla* Boiss. = *J. leptoloba* Aitch., Afghanistan. p. 311 *Phaeopappus depressus* Boiss., westliches mittleres Persien. p. 312 *P. insignis* Boiss., Persien, Assyrien. p. 324 *Zollikoferia tapetodes* Boiss., Afghanistan. *Crepis Aitchisoni* Boiss., eb. p. 336 *Trachelium Postii* Boiss., verw. *T. Rumelicum*, Syrien. p. 370 *Habenaria Aitchisonii* Rchb. f. = *H. brachyphylla* Aitch. non Lindl., Afghanistan. Matzdorff.

g. L. **Čelakovsky** (121) beschreibt folgende neue orientalische Pflanzen:

p. 6 *Lathyrus (Orobus) spathulatus* (unter *Orobus pallescens* M.B. von Boissier gerechnet) aus Cappadocien (Argaeos 5000′), auf deren Beziehungen zu den nächst verwandten *Orobus canescens* L. f. und *O. pallescens* M.B., sowie zu einigen anderen Arten er näher eingeht.

„ 47 *L. (Orobus) brachypterus*: Cilicien (bei Boissier als *O. sessilifolius* Sibth.). (Seine weiteren Erörterungen führen ihn zu einer vollständigen Gruppirung der Arten der Sect. *Orobus*.)

h. **M. Foster** (204) beschreibt *Iris cyprina* J. G. Baker et M. Foster n. sp. (verw. *I. pallida*) von Cypern und *I. Barnumi* J. G. Baker et M. Foster n. sp. (aus der Gruppe *Onocyclus*, in manchen Beziehungen *I. paradoxa* nahe stehend) aus Armenien (etwa 2 Stunden vom Wansee).

i. **O. Stapf** (636) beschreibt an neuen Arten aus Persien:

p. 550 *Thalictrum Sultanabadense* (verw. *Th. squarrosum* Steph): Sultanabad.

„ 551 *Fritillaria Zagrica* n. sp. (= *F. Pinardi* Stapf Bot. Erg. d. Polak'schen Exped. I, p. 18, non Boiss.): Sultanabad, Elwend und Kuh-i-barf bei Schiras.

k. **O. Stapf** (634) beschreibt *Narthex Polakii* n. sp. aus Persien.

l. **H. N. Ridley** (559) beschreibt:

p. 333 *Microstylis muscifera* = *Dienia muscifera* Lindl.: Afghanistan, Himalaya und Nordindien.

XVI. Palaeontologie.

Referent: **Moritz Staub.**

Schriftenverzeichniss.

1. **Adamson**, S. A. Notes on a recent Discovery of Stigmaria ficoides at Clayton, Yorkshire. (The Quarterly Journ. of the Geol. Soc. of London, vol. XLIV, 1888, p. 375–377, m. 1 Abb.) (Ref. 37.)
2. **Andersson**, G. Redogörelse för senare tiders undersökningar af torfmossar, kalktuffer och sötvattensleror, särdeles med hänsyn till den skandinaviska vegetationens invandrings historia. (Bot. N., 1888, p. 4–6.) (Ref. 96.)

2b. — Bericht über die neuesten Untersuchungen der Torfmoore, Kalktuffe und Süsswasserablagerungen, mit besonderer Berücksichtigung auf die Einwanderung der skandinavischen Vegetation. (Bot. C., Bd. XXXIV, p. 350—351.) (Ref. 96.)

3. **Barrois**, Ch. Note sur l'existence du genre Oldhamia dans les Pyrénées. (Ann. de la Soc. Géol. du Nord, T. XV, p. 154–157 avec pl. III) — Ref. Ann. Univ. Géol., T. V, p. 1238. (Ref. 7.)
4. **Beck**, G. v. Schicksale und Zukunft der Vegetation Niederösterreichs. (Vortrag, geh. i. Ver. f. Landeskunde v. Niederösterreich, 1888, 10 p.) — Ref. A. Engler's Bot. Jahrb., Bd. XI, Lit. p. 101. (Ref. 186.)
5. **Beck**, R. Die neuesten Anschauungen über die Pflanzen der Steinkohlenzeit. (Humboldt, VII. Jahrg. Stuttgart, 1888. p. 376–378). (Ref. 26.)
6. **Bennie**, J. and **Kidston**, R. On the Occurence of Spores in the Carboniferous Formation of Scottland. (Proc. Royal. Phys. Soc., Sess. 1885—1886. Edinburgh, 1886, p. 82–117, pl. 3–6.) (Ref. 31.)
7. **Bertrand**, C. Eg. et **Renault**, B. Recherches sur les Poroxylons. (Arch. Bot. du Nord de la France, 1888, in 8°. 147 p. et 79 fig.) — Ref. Journ. de Bot., 2e an., 1888, p. 53, 4. (Ref. 41.)
8. **Boulay**. Notice sur les plantes fossiles des grés tertiaires de Saint-Saturnin (Maine-et Loire). (Journ. de Bot., 2e an., 1888, p. 121–126, 151–157, 170–174 avec pl. VI.) — Ref. Ann. Univ. Géol., T. V, p. 1257. (Ref. 83.)
9. **Bozzi**, L. Sopra una specie pliocenica di pino trovata a Castelsardo in Sardegna. (Atti Soc. Ital. Sc. Nat. Milano, 1887. Vol. XXX, p. 363—367, m. Abb.) — Ref. Bollet. d. R. Com. Geol. d. Italia, vol. XX, p. 243. (Ref. 93.)
10. — Sulle filliti cretacee di Vernasso nel Friuli. (Atti d. Soc. Ital. di Sc. Nat., vol. XXXI. Milano, 1888. p. 399–405 e. tav.) (Ref. 75.)
11. **Breitfeld**, A. Der anatomische Bau der Blätter der Rhododendroideae in Beziehung zu ihrer systematischen Gruppirung und zur geographischen Verbreitung. (Engl. J., Bd. IX. Leipzig, 1888. p. 319–379.) — Ref. Ann. Univ. Géol., T. V, p. 1260. — N. Jahrb. f. Min., 1889, I, p. 171. (Ref. 155.)
12. **Britton**, N. L. On an Archaean Plant from the White Crystalline Limestone of Sussex County, N. J. (Ann. of the New York Acad. of Sc., vol. IV. New York, 1888. p. 123–124 u. pl. VII.) — Ref. Ann. Univ. Géol., T. V, p. 1238. (Ref. 1.)
13. **Buchenau**, Fr. Fossile Juncaceen. (A. Engler u. K. Prantl, Natürl. Pflanzenfam., II. Th., 5. Abth. Leipzig, 1888. p. 4.) (Ref. 153.)
14. **Bureau**, E. Études sur la Flore fossile du calcaire grossier parisien. (Mém. publ. par la Soc. Philomat. à l'occasion du cent. de la fecundation, 1788—1888, 2 pl. Paris, 1888.) — Ref. Ann. Univ. Géol., T. V, p. 1256. (Ref. 76.)
15. **Cash**, W. On the fossil Fructifications of the Yorkshire Coal-Measures. (Proc. of the Yorkshire Geol. and Polyt. Soc., N. S., vol. IX, part I, p. 435–458 u. 8 pl. Halifax, 1888.) — Ref. Ann. Univ. Géol., T. V, p. 1243. (Ref. 39.)
16. **Caspary**, R. Fossile Nymphaeaceen. (A. Engler u. K. Prantl, Natürl. Pflanzenfam., III. Th., 2. Abth., S. 5, 8, 9, 10.) (Ref. 167.)

17. **Clerici, E.** La Vitis vinifera fossile nei diutorni di Roma. (Bollet. d. Soc. geol. ital., vol. VI. Roma, 1887. p. 403—408.) (Ref. 94.)

18. **Crépin, F.** Sur les restes de Roses découverts dans les tombeaux de la nécropole d'Arsinoe de Fayoum (Egypte). (B. S. B. Belg., T. XXVII, 2me part.) — Ref. Bot. C., Bd. XXXIX, p. 331. (Ref. 170.)

19. **Crié, L.** Sur les affinités des flores jurassiques et triasiques de l'Australie et de la Nouvelle Zélande. (Compt Rend., 1888, T. CVII, p. 1014—1017.) — Ref. Bot. C, Bd. XV, p. 295. — Ann. Univ. Géol., T. V, p. 1248. — Bot. Z., Jahrg. 47, p. 688. (Ref. 125)

20. — Recherches sur la Flore pliocéne de Java. (Martin K. und A. Wichmann, Beitr. z. Geol. Ost Asiens und Australiens, Bd. V, Heft 1. Leiden, 1888. — Jaarbock van het Mijnwezen in nederlandsch Ost-Indië, 10. Jahrg., Wetensch. Gedaelte, p. 50—80. Amsterdam, 1888. Mit 8 Taf.) — Ref. Bot. C., Bd. XXXIX, p. 129—130. — Ann. Univ. Géol., T. V, p. 1258. (Ref. 104).

21. **Davis, G.** Origin of Life and species, and their distribution. A new theory. 52 p. Minneapolis, 1888. (Ref. 177.)

22. **Dawson, J. W.** On sporocarps discovered by Prof. E. Orton in the Erian shale of Columbus, Ohio. (Canad. Record. of se, p. 137—140.) — Ref. Ann. Univ. Géol., T. V, p. 1240. (Ref. 105.)

23. — On cretaceous plants from Port Mc Neill, Vancouver Island. (Trans. Roy. Soc. Canada, 1868, S. IV, p. 71—72.) — Ref. Ann. Univ. Géol., T. V, p. 1255. (Ref. 116.)

24. — On fossil woods and other plant remains from the cretaceous and Laramie formations of the West territories of Canada. (Proceedings and Transactions of the Royal Society of Canada, vol. V, 1887. Montreal, 1888.) (Ref. 117.)

25. — Cretaceous flora of the Nordwest territories of Canada. (Amer. Naturalist, 1888, vol. XXII, p. 953—959.) — Ref. Ann. Univ. Géol., T. V, p. 1255. (Ref. 118.)

26. — The Geological History of Plants. London, 1888. (The Internat. Scient. Series, vol. LXIII, 286 p. w. illustr.) — Ref. Bot. C., Bd. XXXVI, p. 142—144. — Ann. Univ. Géol., T. V, p. 1236, 1238, 1239. (Ref. 172.)

27. **Delgado, J. F. N.** Estudo sobre os Bilobites e outros fosseis das quartzites da base do systema silurico de Portugal. (Ref. 14.)

27b. — Etude sur les Bilobites et autres fossiles des quartzites de la base du systéme silurique du Portugal. (Comm. Trab. geol. Portugal. Suppl. Lisbonne, 80 p. und 12 pl.) — Ref. Ann. Univ. Géol., T. V, p. 1236. — N. Jbrb. f. Min., 1889, II, p. 492—496. (Ref. 14.)

28. **Delpino, F.** Applicazione di nuovi criterii per la classificazione delle piante I. (Mem. Ac. Bologna, ser. 4, T. IX, p. 221—243.) (Ref. 25.)

29. **Dollo, L.** Aachenosaurus multidens. (Bull. de la Soc. belge de Géol. 1888, t. II, Proc. verb. 300.) — Ref. N. Jbrb. f. Min., 1889, I, p. 349. (Ref. 139.)

30. **Dusén, K. F.** Ueber einige Sphagnum-Proben aus der Tiefe südschwedischer Torfmoore. (Bot. C., Bd. XXXV, p. 346—351. Cassel, 1888.) (Ref. 98.)

31. **Engler, A.** Fossile Gattungen der Liliaceen. (A. Engler und K. Prantl, Natürl. Pflanzenfam. Leipzig, 1888. II. Theil, 5. Abth. p. 91.) (Ref. 154.)

32. — Fossile Ulmaceen. (A. Engler und K. Prantl, Natürl. Pflanzenfam. Leipzig, 1888. III. Theil, 1. Abth., p. 62, 64, 65.) (Ref. 157.)

33. — Fossile Moraceen. (A. Engler und K. Prantl, Natürl. Pflanzenfam. Leipzig, 1888. III. Theil, 1. Abth., p. 73, 83, 92, 98.) (Ref. 158.)

34. — Fossile Gattungen, welche zu den Urticaceen gestellt wurden. (A. Engler und K. Prantl, Natürl. Pflanzenfam. Leipzig, 1888. III. Theil, 1. Abth., p. 117—118.) (Ref. 156.)

35. — Fossile Proteaceen. (A. Engler und K. Prantl, Natürl. Pflanzenfam. Leipzig, 1888, III. Theil, 1. Abth., p. 127, 155.) (Ref. 169.)

36. Engler, A. Fossile Loranthaceen. (A. Engler und K. Prantl, Natürl. Pflanzenfam. Leipzig, 1888, III. Theil, 1. Abth., p. 176.) (Ref. 168.)
37. — Fossile Rosaceen. (A. Engler und K. Prantl, Natürl. Pflanzenfam. Leipzig, 1888. III. Theil, 3. Abth., p. 10, 15, 21, 22, 25, 26, 27.) (Ref. 171.)
38. Etheridge. Additions to the fossil Flora of Eastern Australia. (Proc. of the Linn. Soc. of New-South-Wales, S. 2, vol. III, p. 3 w. 2 pl.) Sydney, 1888. (Ref. 124.)
39. Ettingshausen, C. v. On the Occurrence of a Ceratozamia in the Tertiary Flora of Leoben in Styria. (The Geol. Magaz. N. S. Dec. III, vol. V. London, 1888. p. 152—153.) — Ref. Ann. Univ. Géol., T. V, p. 1247.) (Ref. 88.)
40. — Contributions to the Tertiary Flora of Australia. (Memoirs of the Geological Survey of New-South-Wales, vol. III. Sydney, 1888 w. plat.) (Ref. 126.)
41. — Die fossile Flora von Leoben in Steiermark. I. Theil. (Enthaltend die Kryptogamen, Gymnospermen, Monocotyledonen, und Apetalen.) (Denkschr. d. Kais. Akad. d. Wiss. Wien, 1888. Bd. 54, p. 261—318. 4⁰. Mit 4 Taf.) — Ref. Bot. C., Bd. XXXVII, p. 216. — Ann. Univ. Géol., T. V, p. 1257. (Ref. 89.)
42. — Die fossile Flora von Leoben in Steiermark. II. Theil. (Enthaltend die Gamopetalen und Dialypetalen.) (Denkschr. d. Kais. Akad. d. Wiss. Wien, 1888. Bd. 54, p. 319--384. Mit 5 Taf. 4⁰.) — Ref. Bot. C., Bd. XXXVII, p. 216. — Ann. Univ. Géol., T. V, p. 1257. (Ref. 90.)
43. Ettingshausen, C. v. und Krašan, F. Beiträge zur Erforschung der atavistischen Formen an lebenden Pflanzen und ihrer Beziehungen zu den Arten ihrer Gattung. (Denkschr. d. Kais. Akad. d. Wiss., Bd. 54. Wien, 1888. p. 245—254. Mit 4 Taf. in Naturselbstdruck.) — Ref. Bot. C., Bd. XXXV, p. 13. — Ann. Univ. Géol., T. V, p. 1250. (Ref. 179.)
44. Ettingshausen, C. v. und Standfest, F. Ueber Myrica lignitum Ung. und ihre Beziehungen zu den lebenden Myrica-Arten. (Denkschr. d. Kais. Akad. d. Wiss., Bd. 54. Wien, 1888. p. 255—259. Mit 2 Taf. 4⁰.) — Ref. Bot. C., Bd. XXXVII, p. 281. — Ann. Univ. Géol., T. V, p. 1252. (Ref. 180.)
45. Felix, J. Untersuchungen über fossile Hölzer. 3. Stück. (Zeitschr. d. Deutsch. Geol. Ges., Bd. XXXIX. Berlin, 1887. p. 517—528. Mit T. XXV.) — Ref. Ann. Geol. Univ., T. IV, p. 900. (Ref. 134.)
46. Fliche, P. Sur les bois silicifiés de la Tunisie et de l'Algérie. (C. R. Paris, T. CVII. Paris, 1888. p. 569—572.) — Ref. Engl. J., Bd. XI, Litt. p. 31. — Journ. de Bot., 2e. An., p. 128. — Ann. Univ. Géol., T. V, p. 1258. — Bot. Z., Jahrg. 47, p. 657. (Ref. 133.)
47. — Faune et flore de quelques tufs quaternaires du N. E. de la France. (Soc. de Sc. de Nancy, 1888. Fasc. 21.) — Ref. Journ. de Bot., 2e. An., p. 79—80. (Ref. 91.)
48. Fliche, M. Notes sur les formes du genre Ostrya. (B. S. B. France, T. XXXIV, p. 162—173, m. Abb. Paris, 1888.) — Ref. Engl. J., Bd. XI, Lit. p. 31. — Ann. Univ. Géol., T. V, p. 1251. (Ref. 159.)
49. Fontaine, W. M. The flora of the Potomac Formation in Virginia. (Proc. Am. Ass.. XXXVI th. meet., New York, p. 275—276.) — Ref. Ann. Univ. Géol., T. V, p. 1253. (Ref. 115.)
50. Frech, F. Die Versteinerungen der unter-senonen Thonlager zwischen Suderode und Quedlinburg. (Zeitschr. d. Deutsch. Geol. Ges., Bd. XXXIX, 1887. Berlin, 1887. p. 141—202. Mit Taf. XI—XIX.) — Ref. Ann. Géol. Univ., T. IV, p. 890. (Ref. 73.)
51. Fritsch, C. Zur Phylogenie der Gattung Salix. (Verhandl. d. K. K. Zool. Bot. Ges. Wien, 1888, Bd. XXXVIII, Sitzungsber. p. 55—58.) — Ref. Engl. J., Bd. XI, Litt. p. 52. (Ref. 161.)
52. Gardner, J. St. On the correlation of the grès de Belleu with the Lower Bagshot. (Geol. Magar. Dec., III, vol. V, p. 188—189.) — Ref. Ann. Univ. Géol., T. V, p. 1256. (Ref. 78.)

53. Gardner, J. St. Third report of the Committee, consisting of Dr. W. T. Blanford, Prof. J. W. Judd, Mr. W. Carruthers, Dr. H. Woodward and Mr. J. S. Gardner, for the purpose of reporting on the fossil plants of the tertiary and secondary beds of the United Kingdom. (Britt. Ass. Manchester meet., p. 229.) — Ref. Ann. Univ. Géol., T. V, p. 1256. (Ref. 80.)

54. — Report of the Committee consisting of Dr. H. Woodward, Mr. H. Keeping, and Mr. Gardner appointed for the purpose of exploring the higher eocene beds of the Isle of Wight. (Brit. Ass. Manchester meet., p. 414—423, pl. III—IV.) — Ref. Ann. Univ. Géol., T. V, p. 1257. (Ref. 79.)

55. Giard, A. L'évolution des êtres organisés. (Cours fondé par la ville de Paris. Leçon inaug. prov. le 22. nov. 1888. 8⁰. 28 p.) (Ref. 176.)

56. Göppert, H. R. et Stenzel, G. Nachträge zur Kenntniss der Coniferenhölzer der paläozoischen Formationen. Aus dem Nachlass von H. R. Göppert im Auftrage der Kgl. Akad. d. Wiss. bearbeitet von S. Stenzel. (Abhandl. d. Kgl. preuss. Akad. d. Wiss. zu Berlin v. J. 1887. Berlin, 1888. 4⁰. 68 p. Mit 12 Taf.) — Ref. Engl. J., Bd. X, Lit. p. 36. — Bot. C., Bd. XL, p. 262—266. — Ann. Univ. Géol., T. V, p. 1246. — Bot. Z., Jahrg. 46, p. 546. (Ref. 128.)

57. Grad. Les forêts petrifiées de l'Egypte. (Bull. de la Soc. d'hist. nat. du Colmar. Ann. XXVII—XXIX, 1886/88. Colmar, 1888.) (Ref. 132.)

58. Gümbel, v. Algenvorkommen im Thonschiefer des Schwarz-Leogangthales bei Saalfelden. (Verh. d. K. K. geol. Reichsanst. Wien, 1888. p. 189—190.) — Ref. Ann. Univ. Géol., T. V, p. 1238. (Ref. 18.)

59. Harz, C. O. Ueber eine Entstehungsart des Dopplerites. (Bot. C., Bd. XXXIV, p. 88—90, 152—153.) (Ref. 192.)

60. Hay, R. Note on a remarkable fossil. (Transact. of the 18th amd 19th Ann. meet. of the Kansas Academy of Sc. [1885—1886], vol. X. Topeka, 1887. p. 128—129, w. ill.) (Ref. 119.)

61. Heilprin, A. The Geological Evidence of Evolution. 100 p. w. illustr. Philadelphia, 1888. (Ref. 175.)

62. Hieronymus, G. Fossile Restionaceae. (A. Engler und K. Prantl, Natürl. Pflanzenfam., II. Theil, 4. Abth. Leipzig, 1888. p. 7.) (Ref. 152.)

63. — Fossile Centrolepidaceae. (A. Engler und K. Prantl, Natürl. Pflanzenfam., II. Theil, 4. Abth., p. 15. Leipzig, 1888.) (Ref. 150.)

64. — Fossile Eriocaulaceae. (A. Engler und K. Prantl, Natürl. Pflanzenfam., II. Theil, 4. Abth., p. 26. Leipzig, 1888.) (Ref. 151.)

65. Holm, G. Om förekomsten of en Cruziana i öfversta Olenidskiffern vid Knifvinge i Vreta Kloster socken i Östergötland. (Geol. Fören. i Stockholm Förhandl., Bd. IX, 1887, p. 411. Mit T. XII.) — Ref. N. Jhrb. f. Min. etc., 1888, II, p. 486—487. (Ref. 12.)

66. Honeyman, D. Carboniferous Flora with attached Spirorbes. (Proc. and Trans. Inst. nat. Sc. of Halifax, vol. VII, p. 93.) (Ref. 40.)

67. Howse, R. A catalogue of fossil plants from the Hutton collection. (Nat. Hist. Trans. of Northumberland, Durham and Newcastle- upon- Tyne., Newcastle, in 8⁰. 135. p. w. 17 fig.) — Ref. Ann. Univ. Géol., T. V, p. 1240. — N. Jahrb. f. Min., 1889, II, p. 496—497. (Ref. 29.)

68. Huth, E. Ueber die Einwirkung der Organismen auf die Bildung der Mineralien. (Huth, E. Sammlung Naturw. Vorträge, Bd. II, Heft 1. Berlin, 1888. 24 p.) (Ref. 188.)

69. James, J. F. American fossil Cryptogamia. (Amer. Naturalist., XXII, p. 1107—1108.) — Ref. Ann. Univ. Géol., T. V, p. 1255. (Ref. 107.)

70. Johanson, C. J. Einige Beobachtungen über Torfmoore im südlichen Schweden. (Bot. C., Bd. XXXV, p. 317—320. Cassel, 1888.) (Ref. 97.)

71. John, G. Ueber bohrende Seeigel und ihre Beziehungen zu den Kalkalgen. Leipzig 1888. 8⁰. 46 p. Mit 1 Taf. (Ref. 189.)

72. Joly. On a peculiarity in the nature of the impressions of Oldhamia antiqua and O. radiata. (Journ. R. Geol. Soc. Ireland, XVII, p. 176—178 av. 1 fig.) — Ref. Ann. Univ. Géol., T. V, p. 1237. (Ref. 6.)

73. Kain, C. H. Diatoms of Atlantic City and vicinity. (B. Torr. B. C., 1888, May.) — Ref. Notarisia, Ann. IV, p. 806. (Ref. 23.)

74. Kerner, v. Marilaun, A. Studien über die Flora der Diluvialzeit in den östlichen Alpen. (Sitzungsber. d. Kais. Akad. d. Wiss. Wien, 1888. Bd. XCVII, Abth. 1, p. 7-39.) — Ref. Engl. J., Bd. XI, Lit. p. 34. — Ann. Univ. Géol., T. V., p. 1260. — Bot. Z., Jahrg. 47, p. 336. (Ref. 100.)

75. Kidston, Rob. On a new species of Calamite from the Middle Coal-measures (Eucalamites [Calamites] britannicus Weiss M. S.). (Ann. May. Nat. Hist., ser. 6, vol. 2. London, 1888. p. 129—132 w. P. VII.) — Ref. Ann. Univ. Géol., T. V, p. 1243. — N. Jbrb. f. Min., 1889, I, p. 343. (Ref. 33.)

76. — On Neuropteris plicata Sternbg. and Neuropteris rectinervis Kindst. n. sp. (Tr. Edinb., vol. XXXV, part. I, 1888, p. 313—315. Mit 1 Taf.) — Ref. N. Jbrb. f. Min., 1890, I, p. 173. (Ref. 46.)

77. — On the Fructification of two Coal-measure Fearns. (Proc. of the Roy. Phys. Soc. of Edinburgh, vol. IX, No. 3. — Ann. May. Nat. Hist., ser. 6, vol. 2. London, 1888. p. 22—27 w. F. 1.) — Ref. Ann. Univ. Géol., T. V, p. 1241. — N. Jbrb. f. Min., 1889, I, p. 343. (Ref. 47.)

78. — On the Frucification and Affinities of Archaeopteris hibernica, Forbes sp. (Proc. of the Roy. Phys. Soc. of Edinburgh, vol. IX, No. 3.) — Ann. May. Nat. Hist., ser. 6, vol. I, p. 412—415. — Ref. Ann. Univ. Géol., T. V, p. 1241. — N. Jbrb. f. Min., 1889, I, p. 163. (Ref. 48.)

79. — On the fossil flora of the Radstock Series of the Somerset and Bristol Coal-field (Upper-Coal-measures). Part. I. (Tr. Edinb., vol. XXXIII, part. II, 1888, p. 335—417, Taf. XVIII—XXVIII.) — Ref. N. Jbrb. f. Min., 1889, I, p. 164. (Ref. 50.)

80. — On the fossil flora of the Staffordshire Coal-fields. (Tr. Edinb., vol. XXXV, part. I, No. 5 and 6 w. 1 pl.) — Ref. N. Jbrb. f. Min., 1890, I, p. 173—175. (Ref. 51.)

81. Kinahan, G. H. Oldhamia. (Journ. R. Geol. Soc. Ireland, XVII, p. 166—170.) — Ref. Ann. Univ. Géol., T. V, p. 1238. (Ref. 9.)

82. Knowlton, J. H. Description of a new fossil species of the genus Chara. (The Bot. Gazette, vol. XIII, 1888, No. 6.) — Ref. Bot. C., Bd. XXXVI, p. 240. — Engl. J., Bd. XI, Lit. p. 33. — Ann. Univ. Géol., T. V, p. 1256. — N. Jbrb. f. Min., 1890, I, p. 180. (Ref. 106.)

83. — Description of two new species of fossil Coniferous wood from Jowa and Montana. (Proc. of U. St. Nat. Museum, vol. XI [1888], p. 5—8 w. pl. II, III.) — Ref. Engl. J., Bd. XI, Lit. p. 33. — N. Jbrb. f. Min., 1890, I, p. 180. (Ref. 135.)

84. — New species of fossil wood (Araucarioxylon Arizonicum) from Arizona and New-Mexico. (Proced. of U. St. Nat. museum, vol. XI [1888], p. 1—4 w. pl. I.) — Ref. Engl. J., Bd. XI, Lit. p. 32. — Ann. Univ. Géol., T. V, p. 1258. — N. Jbrb. f. Min., 1890, I, p. 179. (Ref. 136.)

85. — Description of two species of Palmoxylon — one new — from Luisiana. (Proced. of U. St. Nat. Museum, vol. XI [1888], p. 89—90 w. pl. XXX.) — Ref. Engl. J., Bd. XI, Lit. p. 33. — Ann. Univ. Géol., T. V, p. 1258. — N. Jbrb. f. Min., 1890, I, p. 180. (Ref. 137.)

86. — Notes on the fossil wood of the Yellowstone Natural Park. (Biolog. Soc. of Washington, 1888.) (Ref. 138.)

87. Kobbe, T. Ueber die fossilen Hölzer der Mecklenburger Braunkohle. (Arch. d. Verh. d. Freunde d. Naturg. in Mecklenburg, Jahrg. XLI., 1887. Güstrow, 1888, p. 89—143. Mit 2 Taf.) (Ref. 142.)

88. Körnicke, Fr. Bemerkungen über den Flachs des heutigen und alten Aegyptens. (Ber. D. B. G., Jahrg. VI. Berlin, 1888. p. 380—384.) (Ref. 182.)

89. Klebs, R. Ueber die Farbe und Imitation des Bernsteins. (Schriften d. Phys. Oek. Ges. zu Königsberg i. Pr., Jahrg. XXVIII, 1887. Königsberg, 1888. Sitzungsber p. 20—25.) (Ref. 190.)

90. Krašan, F. Ueber continuirliche und sprungweise Variation. (Engl. J., Bd. IX, p. 380—428. Leipzig, 1888.) — Ref. Ann. Univ. Géol., T. V, p. 1450. — N. Jhrb. f. Min., 1889, I, p. 172. (Ref. 178.)

91. Krassnow, A. v. Versuch einer Entwicklungsgeschichte der Pflanzenwelt im Thian-Schan. (Schles. Ges. f. d. J. 1887. Breslau, 1888. p. 300—304.) — Ref. Bot. C., Bd. XLII, p. 175—176. (Ref. 187.)

92. Kraus, G. Beiträge zur Kenntniss fossiler Hölzer. III. Die Göppert'sche Protopitys Bucheana. IV. Kritik fossiler Taxaceenhölzer. (Abhandl. d. Naturf. Ges. zu Halle, Bd. XVII. Halle, 1888. p. 65—76. Mit 3 Taf.) — Ref. N. Jhrb. f. Min., 1889, I, p. 336. (Ref. 129.)

93. Lanzi, M. La Diatomee fossili del Monte delle Piche et della Via Ostiense. (Atti d. Acad. pontif. de Nuovi Lincei, vol. XL. Roma, 1888. 9 p.) — Ref. Ann. Univ. Géol., T. V, p. 1230. (Ref. 21.)

94. Launay, L. de. Etude sur le terrain permien de l'Allier. (Bull. de la Soc. Geol. de France, ser. 3, t. XVI, 1888, p. 298—337 av. pl. II). (Ref. 60.)

95. Lebesconte, M. La théorie, qui considére les Cruziana comme des contre-moulages de pistes d'animaux, ne peut plus exister. (Bull. de la Soc. Géol. de France. Paris, 1888. ser. 3, T. XVI, p. 512—513.) — Ref. Ann. Univ. Géol., T. V, p. 1237. (Ref. 11.)

96. Lesquereux, L. Recent determinations of fossil plants from Kentucky, Luisiana, Oregon, California, Alaska, Greenland etc. with descriptions of new species. — Compiled and prepared for publication by F. H. Knowlton. (Proceed. of the U. St. Nat. Museum, vol. XI [1888], p. 11—38 w. pl. IV—XVI.) — Ref. Engl. J., Bd. XI, Lit. p. 32. — Ann. Univ. Géol., T. V, p. 1255. — N. Jhrb. f. Min., 1890, II, p. 373. (Ref. 120.)

97. — List of plants collected by Mr. J. C. Russell, at Black Creek, near Gadsden, Ala. with description of several new species. (Proceed. of the U. St. Nat. Museum, vol. XI [1888], p. 83—87 w. pl. XXIX.) — Ref. Engl. J., Bd. XI, Lit. p. 32. — Ann. Univ. Géol., T. V, p. 1242. (Ref. 113.)

98. — Fossil Plants collected at Golden, Colorado 1883 etc. (Bull. of the Mus. of Comp. Zoology at Harvard College, vol. XVI, No. 3. Cambridge, 1888. p. 43—59.) — Ref. Ann. Univ. Géol., T. V, p. 1255. — N. Jhrb. f. Min., 1890, II, p. 373. (Ref. 121.)

99. Lima, W. de. Flora fossil du Portugal. Monographia do genero Dicranophyllum (systema carbonico). (Public. de la Comm. de Travaux Géol. du Portugal. Lissabon, 1888. In — 4°, 14 et 12 p. av. 3 pl. texte portugis et français.) — Ref. Ann. Univ. Géol., T. V, 1246. — N. Jhrb. f. Min, 1889, II, p. 497. (Ref. 55.)

100. — Oswald Heer e a flora fossil portugueza. (Comm. da Commissão dos Trabalhos geologuos de Portugal, T. I, 1888, No. 2, p. 169—188.) — Ref. Ann. Univ. Géol., T. V, p. 1253. (Ref. 70.)

101. Marius, A. F. Doliostrobus Sternbergii nouveau genre de Coniféres fossiles tertiaire. (Ann. d. Sc. Géol., T. XX, No. 3, 20 p. av. 2 pl. Paris, 1888.) (Ref. 82.)

102. Mascarini, A. Le piante fossili nel travertino Asolano. (Bollet. d. R. Comit. Geolog. d'Italia, ser. II, vol. IX. Roma, 1888. p. 90—120.) — Ref. Ann. Univ. Géol. T. V, p. 1261. (Ref. 92.)

103. Mayer-Eymar, K. Systematisches Verzeichniss der Kreide- und Tertiärversteinerungen der Umgegend von Thun nebst Beschreibung der neuen Arten. (Beiträge z. geol. Karte d. Schweiz, Beilage zur 24. Lief., II. Theil. Bern, 1887. 4°, p. I—XXVIII; 1—126. Mit 6 Taf.) (Ref. 86.)

104. Meunier, F. Sur quelques empreintes problématiques du couches boloniennes du Pas-de-Calais. (Bull. de la Soc. Géol. du France, ser. 3, T. XIV, p. 564—568, pl. XXIX—XXX.) (Ref. 16.)

105. Meunier, St. Contribution á l'histoire du organismes problematiques des anciennes mers. (C. R. Paris, T. CVI. Paris, 1888. p. 242—244.) — Ref. Ann. Univ. Géol., T. V, p. 1237. (Ref. 3.)

106. — Conditions favorables á la fossilisation des pistes d'animaux et des autres empreintes physiques. (C. R. Paris, T. CVI. Paris, 1888. p. 434.) — Ref. Ann. Univ. Géol. T. V, p. 1237. (Ref. 5.)

107. — Pseudo-organismes actuels. (Le naturaliste, 1888, p. 251-254 av. 6 fig.) — Ref. Ann. Univ. Géol., T. V, p. 1237. (Ref. 5.)

108. — Nouvelle échantillon fossile de Muséum d'historie naturelle de Paris. (Le Naturaliste, 1888, p. 113—115 av. fig.) — Ref. Ann. Univ. Géol., T. V, p. 1237. (Ref. 15.)

109. — Fossiles nouveaux provenant d'Arabie. (Le Naturaliste, 1888, p. 204—205 a. 4 fig.) — Ref. Ann. Univ. Géol., T. V, p. 1237. (Ref. 13.)

110. Morière, M. Note sur une échantillon de Williamsonia Carr. trouvée dans l'Oxfordien des Vaches-Noires, en 1865. (Bull. de la Soc. Linn. de Normandie, p. IV, T. II, p. 61—69.) — Ref. Bot. C., Bd. XL, p. 186. (Ref. 64.)

111. — Note sur une fougére trouvée dans la grès liasique de Ste-Honorine-la Guillaume (Orne). (Bull. de la Soc. Linn. de Normandie, ser. IV, T. II, p. 45—47.) — Ref. Bot. C., Bd. XL, p. 185. (Ref. 62.)

112. Murr, J. Zur Diluvialflora des nördlichen Tirols. (Oest. B. Z., Jahrg. XXXVIII, 1888, p. 297—300.) (Ref. 101.)

113. Nathorst, A. G. Herrn Lebesconte's neueste Bemerkungen über Cruziana. (N. Jhrb. f. Min., Jahrg. 1888, I. Bd. Stuttgart 1888. p. 205-208.) (Ref. 10.)

113b. — Sur de nouvelles remarques de M. Lebesconte concernant les Cruziana. (Öfversigt of Kongl. Vetenskaps-Akad. Förhandl. Stockholm, 1888, No. 1, p. 3—6.) — Ref. Ann. Univ. Géol., T. V, p. 1236. (Ref. 10.)

114. — Nya anmärkningar om Williamsonia. Vorläufige Mittheilung. (Öfversigt of Kongl. Vetenskaps-Akad. Stockholm. Förhandl, 1888. Jahrg. 45, p. 359—365.) — Ref. Ann. Univ. Géol., T. V, p. 1249. (Ref. 63.)

115. — Zur fossilen Flora Japans. (Pal. Abhandl., herausg. v. W. Dames u. E. Kayser. Bd. IV, Heft 3, 56 p. Mit 14 Taf. u. 1 Karte im Text. 4⁰. Berlin, 1888.) — Ref. Bot. C., Bd. XXXIX, p. 96—102. — Földtani Közlöny, Bd. XIX, p. 141—154. — Ann. Univ. Géol., T. V, p. 1259. (Ref. 103.)

116. — Om de fruktformer af Trapa natans L., som fordom funnits i Sverige. (Bihang till K. Svensko Vetenskaps-Akad. Handling. Bd. 13, Afd. III, No. 10. Stockholm, 1888. 39 p. Mit 3 Taf. u. Abbild. im Text.) — Ref. Ann. Univ. Géol., T. V, p. 1261. (Ref. 181.)

117. Nehring. Vorläufige Entgegnung auf Wollemann's Abhandlung über die Diluvialsteppe. (Sitzungsber. der Vers. naturf. Freunde zu Berlin, Jahrg. 1888, p. 153—167.) (Ref. 102.)

118. Newberry, J. S. Rhaetic Plants from Honduras. (The American Journal of Scienze. New Hawen, 1888. Ser. 3, vol. XXXVI, p. 342—351 w. Pl. VIII.) — Ref. Ann. Univ. Géol., T. V, p. 1248. — N. Jhrb. f. Min., 1890, II, p. 372. (Ref. 111.)

118b. — Triassic plants from Honduras. (Transact. of the New York Acad. of Sc., vol. VII, 1888, p. 113-115.) — Ref. Ann. Univ. Géol., T. V, p. 1248. (Ref. 111.)

119. — Fossil Fishes and fossil plants of the triassic rocks. (Monographs of the Unit. Stat. Geol. Survey, vol. XIV. Washington, 1888. 4⁰. 96 p. Mit 26 Taf.) (Ref. 112.)

119b. — The Fauna and flora of the Trias of New-Jersey and Connecticut Valley. (Transact. of the New-York Acad. of Sc., vol. VI, p. 124—128.) — Ref. Ann. Univ. Géol., T. V, p. 1248. (Ref. 112.)

120. Pax, F. Fossile Amaryllidaceae. (A. Engler und K. Prantl, Natürl. Pflanzenfam., II. Theil, 5. Abth., p. 101. Leipzig, 1888.) (Ref. 148.)

121. — Fossile Gattungen der Dioscoraceen. (A. Engler und K. Prantl, Natürl. Pflanzenfam., II. Th., 5. Abth., p. 137. Leipzig, 1888.) (Ref. 149.)

122. — Fossile Iridaceen. (A. Engler und K. Prantl, Natürl. Pflanzenfam., II. Th., 5. Abth., p. 141, 146.) (Ref. 147.)

123. Penhallow, D. P. and Dawson, W. On Nematophyton and allied forms from the Devonian of Gaspé etc. (Trans. Roy. Soc. Canada, 1888, sect. IV, p. 27, 47, pl. I—II. Montreal.) — Ref. Ann. Univ. Géol., T. V, p. 1238. (Ref. 2.)

124. Pérot. Notes sur les bois fossiles. Les Psaronius du Bourbonnais. (Revue scient. du Bourbonnais etc., Ann. I, 1888. Moulins, 1888.) (Ref. 127.)

125. — Notes sur les bois fossiles. Les arbres silicifiés de la vallée de l'Allier. (Revue scient. du Bourbonnais etc., Ann. I. Moulins, 1888.) (Ref. 140.)

126. Piedboeuf, J. L. Ueber die jüngsten Fossilienfunde in der Umgegend von Düsseldorf. (Mitth. des Naturw. Ver. zu Düsseldorf. Heft 1, 1887, p. 9ff, mit 3 Taf.) — Ref. N. Jhrb. f. Min., 1888, II, p. 114. (Ref. 85.)

127. Potonié, H. Ueber die fossile Pflanzengattung Tylodendron. (Abhandl. d. Bot. Ver. d. Provinz Brandenburg, XXIX. Berlin, 1888. p. 114—126.) (Ref. 136.)

127b. — Notiz über Tylodendron E. Weiss. (Ber. d. Deutsch. B. Ges., Bd. V. Berlin, 1888. p. 437—438.) (Ref. 130.)

127c. — Die fossile Pflanzengattung Tylodendron. (Jahrb. d. Kgl. preuss. geol. Landesanst. f. 1887. Berlin, 1888. p. 311—331, mit Taf. XII—XIIIa.) — Ref. Engl. J., Bd. XI, Lit. p. 30. — Bot. C., Bd. XXXIX, p. 56—57. — Ann. Univ. Géol., T. V, p. 1246. — N. Jhrb. f. Min., 1889, I, p. 341. (Ref. 130.)

128. Prantl, K. Die fossilen Fagaceen. (A. Engler und K. Prantl, Natürl. Pflanzenfam., III. Abth., I. Th. Leipzig, 1888. p. 54, 55, 58.) (Ref. 160.)

129. — Fossile Magnoliaceae. (A. Engler und K. Prantl, Natürl. Pflanzenfam., III. Th., 2. Abth., p. 16, 17, 19. Leipzig, 1888.) (Ref. 165.)

130. — Fossile Anonaceae. (A. Engler und K. Prantl, Natürl. Pflanzenfam., III. Th., 2. Abth., p. 31—38. Leipzig, 1888.) (Ref. 164.)

131. — Fossile Ranunculaceen. (A. Engler und K. Prantl, Natürl. Pflanzenfam., III. Th., 2. Abth., p. 57, 63, 65. Leipzig, 1888.) (Ref. 166.)

132. — Fossile Berberidaceae. (A. Engler und K. Prantl, Natürl. Pflanzenfam., III. Th., 2. Abth., p. 77. Leipzig, 1888.) (Ref. 162.)

133. — Fossile Menispermaceae. (A. Engler und K. Prantl, Natürl. Pflanzenfam., III. Th., 2. Abth., p. 91. Leipzig, 1888.) (Ref. 163.)

134. Raciborski, M. O obecnym stanie mych badán flory kopalnej ogniotrwałych glinek krakowskich (Ueber den jetzigen Zustand unserer Kenntnisse der fossilen Flora der Krakauer feuerfesten Thone). (Ber. d. physiogr. Commiss. in Krakau, Bd. XXIII, 1888, p. 129—140. [Polnisch.]) (Ref. 67.)

135. — O florze i wieku ogniotrwałych glinek krakowskich (Ueber die Flora und das Alter der Krakauer feuerfesten Thone.) (Sitzungsber. d. physiogr. Comm. der Krakauer Akad. d. Wiss., Bd. XXIII, 1888. 8°. 4 p.) — Ref. Bot. C., Bd. XXXVII, p. 138. — Verhandl. d. K. K. Geol. Reichsanst. Wien, 1890, p. 96—97. (Ref. 68.)

136. Ramann, E. Die v. Post'schen Arbeiten über Schlamm, Moor, Torf und Humus. (Landw. Jahrb., Bd. XVII, 1888, Heft 2—3.) — Ref. Bot. C., Bd. XXXVIII, p. 362—364. (Ref. 193.)

137. Ratte, F. Notes on some Australian fossils. I. Salisburia palmata, emend. from Jeanpaulia or Baiera palmata Ratte. (Proc. Linn. Soc. of N. S. Wales, II, p. 136—137.) — Ref. Ann. Univ. Géol., T. V, p. 1249. (Ref. 122.)

138. — Additional evidence of fossil Salisburiae from Australia. (Proc. Linn. Soc. of N. S. Wales, II, p. 159—162 u. pl. III w. 1 fig.) — Ref. Ann. Univ. Géol., T. V, p. 1248. (Ref. 123.)

139. Reid, C. Notes on the geological history of the recent flora of Britain. (Ann. of Bot., vol. II, 1888, No. 6.) Ref. Ann. Univ. Géol., T. V, p. 1261. (Ref. 185.)

140. Reid, C. and Ridley, H. N. Fossil arctic plants from the lacustrine deposit at Hoxne, in Suffolk. (Geol. Mag. N. S., Dec. II, vol. V, London 1888, p. 441—444.) — Ref. Ann. Univ. Géol., T. V, p. 1261. (Ref. 95.)

141. Renault, B. Notice sur les Sigillaires. (Soc. hist. nat. Autun, 1er Bull., p. 121—199 a pl. III—VI.) — Ref. Ann. Univ. Géol., T. V, p. 1245. (Ref. 35.)

142. — Les Plantes Fossiles. (Biblioth. contemp. Paris, 1888. 8⁰, 397 p. av. figs.) — Ref. Ann. Univ. Géol., T. V, p. 1235, 1237, 1243, 1245. — Bot. C., Bd. XXXVII, p. 402. — Bot. Z., Jahrg. 46, p. 804—806. (Ref. 143.)

143. Renault, B. et Zeiller, R. Sur l'attribution des genres Fayolia et Palaeoxyris. (C. R. Paris, T. CVII, p. 1022—1025. Paris, 1888.) — Ref. Bot. C., Bd. XL, p. 25. — Ann. Univ. Géol., T. V, p. 1247. — N. Jhrb. f. Min., 1889, II, p. 387. — Bot. Z., Jahrg. 47, p. 638. (Ref. 42.)

144. — Ueber einige Cycadeen der Steinkohlenformation. (Berg- u. Hüttenmänn. Ztg., No. XLVII, p. 17—18.) (Ref. 44.)

145. — Études sur le terrain houiller de Commentry. Livre II. Flore fossile. Première Partie par M. Zeiller. (Bull. de la Soc. de l'indust. min. 3e S., T. II, Livre II. Saint-Étienne, 1888. 8⁰. 366 p. av. 1 atlas cent. 42 pl.) — Ref. Ann. Univ. Géol., T. V, p. 1242, 1246. — N. Jhrb. f. Min., 1889, II, p. 214—217. (Ref. 54.)

146. Révil, J. Les algues fossiles. (Soc. hist. nat. Savoie, T. II, 1888, p. 46—51.) — Ref. Ann. Univ. Géol., T. V, p. 1238. (Ref. 19.)

147. Rümker, K. Die Veredelung der vier wichtigsten Getreidearten des kälteren Klimas. Dissert. Halle-Wittenberg, 1888. 8⁰. 119 p. (Ref. 184.)

148. Sacco, F. Note di Paleoicnologia italiana. (Atti d. Soc. Ital. di Sc. Nat., vol. XXXI. Milano, 1888. p. 151—190 e. t. I—II.) — Ref. Ann. Univ. Géol., T. V, p. 1239. (Ref. 17.)

149. — Studio geologico dei clintorni di Guarene d'Alba. (A. A. Torino, vol. XXIII, 1887—1888, p. 158—175.) — Ref. N. Jhrb. f. Min., 1889, II, p. 150—151. (Ref. 84.)

150. Saporta, G. de. Ephédrées, Spirangiées et Types proangiospermiques. (Paléont. Française etc., 2. Sér., Végétaux. Terrain Jurassique. Paris, 1888. Livre 39, p. 177—208 a. pl. XXIII—XXVIII.) — Ref. Ann. Univ. Géol. T. V, p. 1249, 1250. (Ref. 65.)

151. — Sur les Dicotylée prototypiques du systéme infra-crétacé du Portugal. (C. R. Paris, T. CVI. Paris, 1888. p. 1500—1504.) — Ref. Ann. Univ. Géol., T. V, p. 1252. — N. Jhrb. f. Min., 1890, I, p. 179. — Bot. Z., Jahrg. 43, p. 368. (Ref. 69.)

152. — Notions stratigraphiques et paléontologiques appliquées à l'étude du gisement des plantes fossiles d'Aix en Provence. (Ann. de Sc. Géol., T. XX. Paris, 1888. p. 1—60, av. 2 Taf. u. Abb. i. T.) (Ref. 81.)

153. — Origine paléontologique des arbres cultivées on utilisées par l'homme. (Bibl. scientif. contemp. Paris, 1888. 350 p. av. 44 figs.) — Ref. Bot. C., Bd. XXXVII, p. 359. — Ann. Univ. Géol., T. V, p. 1250. — Bot Z., Jahrg. 47, p. 288. (Ref. 173.)

154. Schafarzik, F. Eine Carya-Frucht im Nummulites-Tschihatscheffi-Kalksteine bei Gran. (Földtani Közlöny, Budapest, 1888. Bd. XVIII, p. 482. [Ungarisch.] p. 520. [Deutsch.]) (Ref. 87.)

155. Shaler, N. S. Notes on the Taxodium distichum, or bald Cypress. (Mem. of the Mus. of Comp. Zoology at Harvard College, vol. XVI, No. 1, p. 1—15. Cambridge, 1887.) (Ref. 146.)

156. Schenk, A. Fossile Hölzer aus Ostasien und Aegypten. (Sv. V. Ak. Bih., Bd. 14, Afd. III, No. 2. Stockholm, 1888. 24 p.) — Ref. Engl. J., Bd. XI, Lit. p. 31. — Ann. Univ. Géol., T. V, p. 1258. (Ref. 131.)

157. Schenk, A. Die fossilen Pflanzenreste. (Sonderabdruck aus dem Handbuch der Botanik von A. Schenk.) Breslau, 1888. 284 p., mit 90 Holzschn. — Ref. Ann. Univ. Géol., T. V, p. 1235, 1242, 1246, 1247, 1249, 1250. (Ref. 145.)

158. — Palaeophytologie. (K. A. Zittel, Handbuch der Palaeontologie, II. Abth., 6. Lief., Dicotylae.) München und Leipzig, 1888. p. 493—572, mit 36 Abb. — Ref. Engl. J., Bd. XI, Lit. p. 30. — Ann. Univ. Géol., T. V, p. 1236, 1250. (Ref. 144.)

159. Schmidt. Sur quelques plantes fossiles de Kamensk, Oural. (Bull. du Comm. Géologique. St. Pétersburg, 1887. T. VI, p. 481—482. [Russisch, m. franz. Resumé.]) (Ref. 59.)

160. Schneider, O. Ueber japanischen und prähistorischen sicilischen Bernstein. (Sitzungsber. u. Abhandl. d. Naturw. Ges. Isis. Dresden. Jahrg. 1888, p. 9—14, mit 1 Textfig.) (Ref. 191.)

161. Schulze, E. Ueber die Flora der subhercynischen Kreide. (Inaug.-Dissert. Halle a. S., 1888. 8°. 33 p.) — Ref. Ann. Univ. Géol., T. V, p. 1254. — N. Jhrb. f. Min., 1889, I, p. 167. (Ref. 72.)

162. Seward, A. C. On Calamites undulatus Strnbg. (Geol. Magaz., Dec. III, vol. V, No. 7, fig. 239—290 w. pl. IX.) — Ref. Bot. C., Bd. XXXVI, p. 177. — Ann. Univ. Géol., T. V, p. 1243. — N. Jhrb. f. Min., 1889, I, p. 342. (Ref. 34.)

163. — On a Specimen of Cydopteris (Brngt.). (Geol. Magaz., Dec. III, vol. V, p. 344—347 w. pl. X, 1888.) — Ref. Bot. C., Bd. XXXVII, p. 151. — Ann. Univ. Géol., T. V, p. 1242. — N. Jhrb. f. Min., 1889, I, p. 343. (Ref. 45.)

164. Smets, G. Aachenosaurus multidens, reptile fossile des sables d'Aix-la-Chapelle. Hasselt, 1888. 8°. 23 p. 1 Taf. — Ref. N. Jhrb. f. Min., 1889, I, p. 349. (Ref. 139.)

165. Sollas, W. J. On a specimen of slate from Bray Head traversed by the structure known als Oldhamia radiata. (Journ. Roy. Geol. Soc. Ireland, XVII, p. 171—173.) — Ref. Ann. Univ. Géol., T. V, p. 1237. (Ref. 8.)

166. — Supplementary remarks on the previous paper on Oldhamia. (Journ. Roy. Geol. Soc. Ireland, XVII, p. 174—175.) — Ref. Ann. Univ. Géol., T. V, p. 1237. (Ref. 8.)

167. Squinabol, S. Nota preliminare su alcune impronte fossili nel carbonifero superiore di Pietratagliata. (Lavoro eseguito nel gabinetto di geologia della R. Universita di Genova. 8 p. 1 tv.) — Ref. Ann. Univ. Géol., T. V, p. 1240. (Ref. 56.)

168. Standfest, F. Die vermeintlichen Fucoidenreste der Grazer Devonablagerungen. (Mittheil. d. Naturw. Ver. f. Steiermark, Jahrg. 1888. Graz, 1889. p. LXXXIX—XCI.) (Ref. 20.)

169. Stefani, C. de. Andeutungen einer paläozoischen Flora in den Alpi marittime . . Brief an Stur. (Verhandl. d. K. K. Geol. Reichsanst. Wien, 1888, p. 93—94.) — Ref. Ann. Univ. Géol., T. V, p. 1240. (Ref. 57.)

170. Stenzel, G. Ueber Oderhölzer. (Schles. Ges. f. d. J. 1887. Breslau, 1888. p. 297—300.) (Ref. 141.)

171. Stur, D. Ueber die Flora der feuerfesten Thone von Grojec in Galizien. (Verhandl. d. K. K. Geol. Reichsanst. Wien, Jahrg. 1888, p. 106—108.) — Ref. Bot. C., Bd. XXXV, p. 12. — Ann. Univ. Géol., T. V, p. 1249. (Ref. 66.)

172. — Die Lunzer-(Lettenkohlen-)Flora in den „older Mesozoics beds of the Coal-Field of Eastern Virginia". (Verhandl. d. K. K. Geol. Reichsanst. Wien, 1888, p. 203—217.) — Ref. Bot. C., Bd. XXXVI, p. 365. — Ann. Univ Géol., T. V, p. 1247. N. Jhrb. f. Min., 1890, I, p. 175. (Ref. 110.)

173. Szajnocha, L. Ueber die von Dr. Rudolf Zuber in Südargentina und Patagonien gesammelten Fossilien. (Verhandl. d. K. K. Geol. Reichsanst. Wien, 1888, p. 146—151.) — Ref. Ann. Univ. Géol., T. V, p. 1248. (Ref. 109.)

174. — Ueber fossile Pflanzenreste aus Cacheuta in der Argentinischen Republik. (S. Ak. Wien, 1888, Bd. XCVII, Abth. I, p. 219—245. Mit 2 Taf. u. 1 Tab.) — Ref.

Engl. J., Bd. XI, Lit. p. 33. — Bot. C., Bd. XXXIX, p. 130. — Ann. Univ. Géol., T. V, p. 1248. — N. Jhrb. f. Min., 1889, I, p. 314. (Ref. 109.)

175. **Tondera**, F. Ueber die Pflanzen der Kohlenformation. (Kosmos, Bd. XIII, p. 143—151. Lemberg. [Polnisch.]) (Ref. 27.)

176. — Mittheilung über die Pflanzenreste aus der Steinkohlenformation im Krakauer Gebiete. (Verhandl. d. K. K. Geol. Reichsanst. Wien, Jahrg. 1888, p. 101—103.) — Ref. Bot. C., Bd. XXXV, p. 12. — Ann. Univ. Géol., T. V, p. 1240. (Ref. 58.)

177. Toula, F. Die Steinkohlen, ihre Eigenschaften, Vorkommen, Entstehung und nationalöconomische Bedeutung. Wien, 1888. 208 p. Mit 20 geol. Profilen u. Karten im Texte, einer Productionstabelle und 6 lithogr. Tafeln. (Ref. 24.)

178. Truan y Luard, A. et Witt, O. N. Die Diatomaceen der Polycystinenkreide von Jérémie in Hayti, Westindien. Berlin, 1888. gr. 4°. 31 p. Mit 7 Taf. — Ref. Bot. C., Bd. XXXVI, p. 225—226. (Ref. 22.)

179. **Van den Broeck**, E. Découverte d'un fruit de conifére recueilli par M. Cerfontaine dans les grés bruxelliens des environs de Bruxelles. (P. v. Soc. belg. Géol., T. II, p. 496) — Ref. Ann. Univ. Géol., T. V, p. 1256. (Ref. 77.)

180. Velenovsky, J. Die Farne der böhmischen Kreideformation. (Abhandl. d. Kgl. Böhm. Ges. d. Wiss., T. VII, Bd. II. 32 p. Mit 6 Taf. u. 1 Fig. Prag, 1888.) — Ref. Bot. C., Bd. XXXV, p. 333. — Engl. J., Bd. X, Lit. p. 38. — Ann. Univ. Géol., T. V, p. 1254. (Ref. 41.)

181. **Ward**, L. F. Evidence of the fossil plants as to the age of the Potomac formation. (Amer. Journ. etc., vol. XXXVI. New Haven, 1888. p. 119—131.) — Ref. Ann. Géol., T. V, p. 1253. (Ref. 114.)

182. — Remarks on an undescribed vegetable organism from the Fort Union Group of Montana. (P. Am. Ass., vol. XXXVII, p. 199—201, 1888.) — Ref. N. Jhrb. f. Min., 1890, I, p. 180. (Ref. 108.)

183. — The Paleontologic history of the genus Platanus. (P. Am. Ass., vol. XXXVII, p. 201—202.) (Ref. 174)

183b. — The Paleontologie history of the genus Platanus. (Proceed. of Unit. St. Nat. Museum XI. (1888), p. 39—42, wit pl. XVII—XXII.) — Ref. Engl. J., Bd. XI, Lit. p. 31. — Bot. C., Bd. XL, p. 58—59. — Ann. Univ. Géol., T. V, p. 1250. — N. Jhrb. f. Min., 1890, I, p. 180. (Ref. 174.)

184. Weiss, Ch. E. Eine neue Art Fayolia. (Zeitschr. d. Deutsch. Geol. Ges., Bd. XXXIX, p. 842.) (Ref. 43.)

184b. — Ueber Fayolia Sterzeliana n. sp. (Jahrb. d. Kgl. Preuss. Geol. Landesanst. f. 1887. Berlin, 1888. p. 94—99. Mit Taf. IV.) — Ref. Bot. C., Bd. XL, p. 25. — Ann. Univ. Géol., T. V, p. 1247. — N. Jhrb. f. Min., 1889, I, p. 167. (Ref. 43.)

185. — Ueber neue Funde von Sigillarien in der Wettiner Steinkohlengrube. (Zeitschr. d. Deutsch. Geol. Ges., Bd. XL. Berlin, 1888. p. 565—570. Mit 4 Textfig.) — Ref. Bot. C., Bd. XXXVIII, p. 571—572. — Ann. Univ. Géol., T. V, p. 1244. — N. Jhrb. f. Min., 1889, II, p. 218. (Ref. 36.)

186. Wettstein, R. v. Rhododendron Ponticum L., fossil in den Nordalpen. (S. Ak. Wien, 1888, Bd. XCVII, Abth. 1. 12 p. Mit 1 Taf. u. 1 Abbild. im Text.) — Ref. Bot. C., Bd. XXXV, p. 46. — Engl. J., Bd. X, Lit. p. 42. — Ann. Univ. Géol., T. V, p. 1260. (Ref. 99.)

187. Williamson, W. C. On some anomalous cells developed within the interior of the vascular and cellular tissues of the fossil plants of the coal-measures. (Ann. of Bot., 1888, vol. II, No. 3—4, p. 1—9. Mit 1 Taf.) — Ref. Bot. C., Bd. XXXV, p. 239—240. — Ann. Univ. Géol., T. V, p. 1247. — N. Jhrb. f. Min., 1889, I, p. 163. (Ref. 28.)

188. — On the fossil trees of the Coal-Measures. (Trans. Manchester Geol. Soc., XIX, p. 381—388.) (Ref. 30.)

189. — On the organisation of the fossil Plants of the Coal-Measures. Part XIV. The

true fructification of Calamites. (Phil. Transact. of the R. Soc. of London, vol. CLXXIX, p. 47—57. Pl. 8—11. London, 1888.) — Ref. Bot. C., Bd. XXXV, p. 300. — Ann. Univ. Géol., T. V, p. 1243. — N. Jhrb. f. Min., 1889, I, p. 162. (Ref. 32.)

190. Williamson, W. C. On the organisation of the fossil Plants of the Coal-Measures. Part XV. (Proc. Roy. Soc. of London, vol. 44. London, 1888. p. 367—368.) — Ref. Ann. Univ. Géol., T. V, p. 1242. (Ref. 49.)

191. — Report of the Committee consisting of prof. W. C. Williamson and Mr. Cash, for the purpose of investigating the carboniferous flora of Halifax and its neighbourhood. (Brid. Ass. Manchester meet., p. 235—236.) (Ref. 52.)

192. Wittmack, L. Die Heimath der Bohnen und Kürbisse. (Ber. D. B. G., Jahrg. VI, p. 374—380.) (Ref. 183.)

193. Young, J. Corse Glen D. and R. Kidston. Notes on a section of carboniferous strata containing erect stems of fossil trees and beds of intrusive dolerites in Victoria Park, Whiteinch, by J. Young and D. Corse Glen D.; with note on the nature of the fossil trees by R. Kidston. (Trans. geol. Soc. Glasgow, vol. VIII, p. 1—17. 4 pl.) — Ref. Ann. Univ. Géol., T. V, p. 1244. — N. Jhrb. f. Min., 1889, I, p. 342. (Ref. 38.)

194. Zeiller, R. Sur la présence, dans le grés bigarré des Vosges de l'Acrostichides rhombifolius Font. (Bull. de la Soc. Géol. de France, 3e ser., T. XVI, p. 693—699 u. 1 fig.) — Ref. Ann. Univ. Géol., T. V, p. 1247. (Ref. 61.)

195. — Description de la flore fossile de Bassin Houiller de Valenciennes. (Études des Gites Minéraux de la France etc. Paris, 1888. 731 p. gr. in — 4. avec 45 fig. et 1 carte en coul., et 1 atlas in — 4, cont. 94 pl.) — Ref. Ann. Univ. Géol., T. V, p. 1241, 1242, 1243, 1244. — N. Jhrb. f. Min., 1889, I. Lit. p. 511—516. (Ref. 53.)

195b. — Flora fossile du bassin houiller de Valenciennes. (Bull. de la Soc. Géol. de France, ser. 3, vol. XVI. Paris, 1888. p. 552—558.) (Ref. 53.)

196. — Note sur les végétaux fossiles recueillis par Mill. Arnaud et Mouret dans les calcaires d'eau douce subordonné aux lignits de Simeyrols (Dordogne). (Bull. de la Soc. Géol. de France, ser. 3, vol. XVI, p. 401—402.) — Ref. Ann. Univ. Géol., T. V, p. 1255. (Ref. 74.)

197. — Note sur la flore des lignites de Simeyrols. (Bull. de la Soc. Géol. de France, 3e ser., t. XV. Paris, 1887. p. 882—884.) — Ref. Ann. Univ. Géol., T. V, p. 1255. (Ref. 74.)

198. — Flore fossile des terrain houiller de Commentry. Partie I. avec atlas des planches. St. Etienne, 1888. (Ref. 54.)

Problematische Organismen und Algen.

1. **N. L. Britton** (12). Die Menge von Graphit in gewissen archäischen Kalksteinen, besonders in jenen des Laurentiansystems, wurde oft als Beweiss der Existenz des Pflanzenlebens in dieser alten Erdperiode betrachtet. Aber die Art des Vorkommens spricht nicht für den vegetabilischen Ursprung. Verf. glaubt nun den Beweis der Pflanzennatur des Graphits erbracht zu haben. Er und Northrop, J. J. fanden in den Highlands von New Jersey am Gestein Graphit in der Form feiner, kaum 0.5 mm dicker, 3 mm breiter und 6 cm langer bandartiger Häutchen; in manchen Partien des Gesteins vereinigten sich diese Bänder zu schwarzen Lappen, die in der That dünne Carbonschichten bildeten. Die Bänder und Häutchen verlaufen parallel mit der Schichtung des Gesteins und sind die Vertreter der ältesten Pflanze; die nur den Algen angehören kann und vom Verf. *Archaeophyton Newberryanum* genannt wird. Zellstructur war aber nicht zu erkennen.

2. **D. P. Penhallow** und **W. Dawson** (123) beschreiben nach dem Ref. Zeiller's aus

dem Devon von Gaspé die unter dem Namen **Nematophyton** (früher **Prototaxites**) bekannten fossilen Reste. Es sind dies ausschliesslich von grossen, zelligen Schläuchen gebildete Stämme, vermengt mit myceligen Fäden, die die Verzweigungen dieser Schläuche erzeugen und im Querschnitte die Markstrahlen nachahmen. Man kann keine Rinde unterscheiden und was man als concentrische Holzschichten betrachtete, erwies sich als durch zufällige Spalten getheiltes einförmiges Gewebe. Diese Algen gehören den Laminarien zu.

3. **St. Meunier** (104) beobachtete an der Meeresküste von Saint-Lunaire (Ille-et-Villaine), wie durch rieselndes, zum Meere zurückkehrendes Wasser im Schlamme Chondriten und anderen Algen ähnliche Vertiefungen entstanden. Die gewonnenen Gypsabgüsse geben ein noch besseres Bild als die Nathorst'schen. Der Küstenstrand bietet uns daher sehr viele physiche Abdrücke von organischem Ansehen (Pseudophyten); aber das Wasser zerstört auch wieder, was es gebildet und damit dieses bleibe, sind wieder, wie bei den bekannten „Regentropfenspuren" exceptionelle Umstände nothwendig. So könnten solche Spuren in tiefem ruhigem Wasser erhalten bleiben und bedenkt man die Mächtigkeit der übereinander liegenden und zahllose Spuren der Bilobiten enthaltenden Schichten, so ist die Annahme nicht ungerechtfertigt, dass die Existenz jener eine reelle sei. Im Zusammenhange damit theilt nun

4. **St. Meunier** (105) mit, dass unter den sehr verschiedenen Combinationen dieser Einfluss habenden Umstände, man einen der letzteren an mehreren Punkten der Meeresküsten thätig finden kann. In einer Wasserlache, die oberhalb der durch die Meereshöhe zugänglichen Zone liegt, lässt ein Thier irgend welche Spur zurück; wenn nun der Wind mit genügender Kraft Sand in diese Lache trägt, so kann leicht eine Schicht entstehen, die die Spur des Thieres als Abdruck bewahrt.

5. **St. Meunier** (106) konnte nach dem Ref. Zeiller's an den Meeresufern Westfrankreichs beobachten, wie das rieselnde Wasser verzweigte Vertiefungen, ähnlich den Abdrücken verzweigter Pflanzen und wie das abfliessende Wasser kleine Beeren erzeugen kann, ähnlich sphäroiden Früchten.

6. **Joly** (72) bemerkt nach dem Ref. Zeiller's, dass die beiden Species *Oldhamia antiqua* und *O. radiata* sich nur der verschiedenen Vorkommensverhältnisse in Verbindung mit dem Spalten des Gesteins nach von einander unterscheiden: erstere erscheint immer im Hohldruck; letztere immer im Relief.

7. **Ch. Barrois** (3) beschreibt aus den paläozoischen Schichten der Umgebung von Jurvielle (Haute-Garonne), und zwar aus der Schlucht von Montmédan-Majou *Oldhamia Hovelaquei* n. sp. Die wohl erhaltenen Abdrücke erinnern an Algen, und zwar an die Gruppe der Dasycladeen; die getrennten Partien des Fossils aber gut an *Nereites vermicularis* Sap.

8. **J. W. Sollas** (165, 166) erklärt nach seinen Funden von Bray Head in Irland *Oldhamia* als eine mineralische Erscheinung.

9. **G. H. Kinahan** (81) bemerkt nach dem Ref. Zeiller's, dass man *Oldhamia* nur in Cambrien beobachtet hat.

10. **A. G. Nathorst** (113, 113b.) weist die Grundlosigkeit der Kritik Lebesconte's (Bot. J., 1887, 2. Abth., p. 274, Ref. No. 1) bezüglich seiner Experimente über die als Algen gedeuteten Thierfährten, insbesondere mit Rücksicht auf *Cruziana* nach.

11. **M. Lebesconte** (95) hält dem gegenüber seine frühere Ansicht aufrecht. Er sah *Cruziana* im Gesteine im completen Relief mit Streifen oben und unten.

12. **G. Holm** (65) fand nach dem Ref. Dames' in Ostgothland bei Knifvinge zwischen den Olenen- und den Dictyonema-Schiefern eine dünne Schicht kalkhaltigen Sandsteins und auf den Schichtflächen desselben *Cruziana*-ähnliche Spuren. Er deutet sie als Spuren des Trilobiten von *Peltura scarabaeoides*, der nicht nur die dazu nöthige Grösse besitzt und auch ein mit Zacken versehenes Pygidium hatte.

13. **St. Meunier** (109) zeigt nach dem Ref. Zeiller's eine neue Form von *Cruziana* aus den silurischen Schichten Arabiens an.

14. **J. F. N. Delgado** (27) tritt nach dem Ref. Zeiller's bezüglich *Cruziana* mit jenem Argumente Nathorst entgegen, dass man bis heute noch keine Spur jenes Thieres gefunden habe, welches der Erzeuger der *Cruziana*-Abdrücke sei. Für *Rysophycus* und

Fraena sei die Hypothese Nathorst's wohl gültig; aber an den mikroskopischen Schliffen von *Cruziana* konnte er auch reine Anzeichen einer inneren Organisation erkennen. D. beschreibt noch neue Formen von Bilobiten.

15. **St. Meunier** (108) fand nach dem Ref. Zeiller's *Crossochorda* auf beiden Flächen einer und derselben Sandsteinplatte im Relief in den boloniensehen Schichten von Equiben.

16. **F. Meunier** (107) fand neben ächten Bilobiten in der Umgebung von Boulogne-sur-mer, am Gestade, beiläufig in einer Höhe von 35 m, auf welcher das Dorf Equihen liegt, 7 km südlich von Boulogne-sur-mer folgende problematische Familien: *Tigellites Devennesi* St. M., *Crossochorda Boursaulti* St. M., *C. bareanana* St. M., *Equihenia rugosa* St. M., *Bolonia lata* St. M., *Eophyton danguyanum* St. M.

17. **F. Sacco** (148) macht Mittheilung über seine Studien, die er seit zwei Jahren an in verschiedenen tertiären Localitäten Piemont's gesammelten Pflanzenabdrücken anstellte. An dem organischen Ursprung von *Palaeodictyon*, welches er ausführlich behandelt, zweifelt er nicht und beschreibt noch folgende Arten: *P. majus* Menegh., *P. Strozzii* Menegh., *P. Tellinii* Sacc., *P. minimum* Sacc., *P. regulare* Sacc., *P. tertiforme* Sacc., *P. maximum* Sacc., *P.* sp. S. meint selbst, dass durch oscillatorische Bewegungen des Wassers in weniger tiefen Becken von weniger raschem Wasserlauf ähnliche Gebilde entstehen können. Von *Taenidium* Heer sind beschrieben *T. carboniferum* Sacc., *T. Fischeri* Heer, ferner ? *Gyrochoste dubia* Sacc., *Gyrophyllites budriensis* Sacc., *Nulliporites bombicoides* Sacc., *N. stellaris* Sacc.; von *Münsteria* 6 Arten, darunter *M. involutissima* Sacc.; aus der *Helminthopsis magna* Heer macht S. das neue Genus *Taphrhelminthopsis*, welches er geneigt ist, eher für Thierfährten als für Algenreste zu betrachten; beschreibt davon aber folgende Arten: *T. auricularis* n. sp., *T. recta* n. sp., *T. expansa* n. sp., *T. pedemontana* n. sp; diesen schliesst sich an *Helminthopsis* Heer mit *H. antiqua* n. sp., *Helminthoida* mit *H. Tommasii* n. sp., *H. carbonifera* n. sp., *H. Taramellii* n. sp., *H. helminthopsoidea* n. sp., *Urohelminthoidea* mit *U. dertonensis* n. sp., *Zoophycus pedemontanus* n. sp. und beschreibt schliesslich *Nemertilites miocenica*, *N. pedemontana*, *N. Laagurum* n. sp.

18. **v. Gümbel** (58) fand auf der Halde eines Versuchsstollens auf Nickelerze im Schwarz-Leogangthale bei Saalfelden in einem hellgrauen, dem Silur angehörigen Thonschiefer sehr häufig unzweideutige Algenreste.

19. **J. Révil** (146) zeigt nach dem Ref. Zeiller's einige Algenreste aus dem Flysch der Alpen an.

20. **F. Standfest** (168) giebt neue Beweise, dass die Fucoiden der Grazer Devonablagerungen nicht vegetabilischen Ursprungs sind. Die schwarzen Flecken zwischen den Sandkörnern sind undurchsichtig und zeigen unter dem Mikroskope keine pflanzliche Structur; diese schwarzen Partien sind selbst im Gebläsefeuer unverbrennbar. Da die das Süss- und Meerwasser bewohnenden Weichthiere keine Spuren im Schlamme zurücklassen, so müssen Würmer die Erzeuger der „vermeintlichen Fucoidenreste“ sein. Wurmröhren, mit kreisförmigem oder plattgedrücktem Querschnitte, aus der schwarzen Substanz mehrerer Fucoiden bestehend, wurden auch wiederholt in den Grazer Devonablagerungen gefunden.

21. **M. Lanzi** (93) untersucht zwei Ablagerungen auf der Via Ostiense ausserhalb Roms. Beide gehören dem Quaternär an und führen Süsswasser-Bacillariaceen, mit Spongienresten, amorphem Kalk und feinem Kieselsande im Inhalte.

Die eine Lagerung stammt aus dem Monte delle Piche und zeigt als besonderen Charakter das Vorwiegen von *Synedra delicatissima* W. Sm., seltener tritt *Epithemia* darin auf und von *Cyclotella* sind nur wenige Individuen der *C. Meneghiniana* Cham. vertreten. Ausserdem finden sich noch 25 Arten und 8 Varietäten vor.

Die zweite stammt von der rechten Tiberseite, unterhalb des genannten Berges her In ihr kommen reichlich *Epithemiae*, ferner *Melosira distans* Ktz. und *Navicula viridis* Ktz. vor; hingegen werden *Synedra*-Individuen selten. Es tritt auch *Navicula interrupta* Ktz. auf, wahrscheinlich aus einer Vorzeit her, wo das ehemalige Wasserbassin mit dem offenen Meere in Verbindung stand, später dürfte mittelst eines natürlichen Dammes das Bassin abgeschlossen worden sein und sich in einen Binnensee verwandelt haben, denn alle übrigen Vorkommnisse, in Masse (8 Arten und 2 Varietäten sind zusammen angegeben) sprechen entschieden für das Vorhandensein von Süsswasser.

Verf. bringt schliesslich eine Note von E. Guinard und Bleicher über die quaternären Alluvialbildungen Roms (französisch) vollständig zum Abdrucke, mit einer Aufzählung von 41 Arten, welche sie beobachtet hatten. Solla.

22. **A. Truany Luard** und **O. N. Witt** (178). Nach dem Ref. Grunow's haben die Autoren aus der Polycystinenkreide von Jérémie in Hayti, Westindien, eine stattliche Reihe von Diatomaceen beschrieben. Die Ablagerung ist gleichalterig mit den Polycystinengesteinen von Barbadoes und von South Naparima auf Trinidad. Die Autoren haben folgende neue Arten und Varietäten beschrieben:

Actinoptychus Wittianus Jan. var. *hexagona*, *A. Hüttlingerianus*, *Auliscus punctatus* Grev. var. *robusta*, *A. Hardmannianus* Grev. var. *Haytiana*, *Biddulphia caraibica*, *B. antiqua*, *Coscinodiscus asteroides*, *C. Kinkerianus*, *C. Caraibicus*, *C. pauper*, *C. subdivisus*, *C. (?) naviculoides*, *C. Trochiscos*, *C. cribosus*, *C. lineatus* var. *tenera*, *C. elegans* var. *parvipunctata*, *Entogonia Daryana* Grev. var. *biangulata*, var. *quadrata*, var. *pentagona*, *Navicula Haytiana*, *N. margaritifera*, *Porpeia robusta*, *Stictodiscus Truani* Witt., *St. Haytianus*, *St. Buryanus* Grev. f. *rotunda*, *triangularis*, *subtriangularis* var. *gracilis*, *St. Hüttlingerianus*, *St. Caraibicus*, *St. Grunowii*, *St. Kinkerianus*, *St. adspersus*, *St. pulchellus*, *St. serpentinus*, *elaboratus*, *St. confusus*, *Triceratium arcticum* Brightn. (?) var. *robusta*, *Tr. trisulcum* Bail. var. *Haytiana*, var. *producta*, *Tr. Janischii*, *Tr. turriferum*, *Tr. elaboratum*, *Tr. Stolterforthii*, *Tr. Wittianum* Truan., *Tr. Imperator*, *Tr. arrogans*, *Tr. Jordani*, *Tr. Davidsonianum*, *Tr. insulare*, *Tr. Perryanum*, *Tr. succinctum*, *Trinacria Jeremiae*.

23. **C. H. Kain** (73). Enthält nach dem Ref. in der Notarisia das Verzeichniss von 27 Diatomaceen-Arten, die im Torfe von Julet (?) gefunden wurden, die Aufzählung von 16 Species, die auf Algen in der Bai von Atlantei City vorkommen und von 25 Species, die in Gruben der Sümpfe bei Absecon gesammelt wurden.

Man siehe noch Ref. 76, 85, 89, 128, 172.

Carbonformation.

24. **F. Toula** (177) giebt in einer gedrängten populären Darstellung den heutigen Standpunkt unseres Wissens über die Steinkohle. Im ersten Capitel bespricht er die verschiedenen Varietäten der Brennfossilien, macht mit der Methode der Bestimmung des Brennwerthes bekannt und äussert sich über die chemische Zusammensetzung der Kohlen. Im zweiten Capitel geht T. auf die geologischen Verhältnisse der productiven Steinkohlenformation über. Er schildert die grosse und mächtige Verbreitung des flötzleeren Kohlenkalkes oder Bergkalkes; dann den mit ersterem gleichalterigen Kulm mit seiner Flora, worauf in England wieder der flötzleere „Millstonegrit" folgt, worauf erst die obere productive Steinkohlenformation folgt, deren Carbonbildungen sich in paralische und limnische unterscheiden lassen. Im dritten Capitel lässt T. die einzelnen Kohlenreviere der Erde eine Revue passiren; im vierten Capitel bespricht er die Frage über die Annahme der Gleichartigkeit der physikalischen Verhältnisse während der Steinkohlenperiode über die ganze Erdoberfläche. T. weist dabei auf die interessanten Erscheinungen in der Flora der südostaustralischen und indischen Kohlenablagerungen hin, die als Resultat ergeben würden, dass während der Steinkohlenperiode die Gleichförmigkeit der physikalischen Verhältnisse höchstens im ersten Stadium (Kulmepoche) auch auf der Südhemisphäre bestand, während im späteren Zeitabschnitte sich ein überaus auffallender Gegensatz zwischen den Verhältnissen auf dem grösseren Theile der Nordhemisphäre und jenem des weiten Raumes zwischen Neu-Südwales, dem südlichen Afrika und Indien herausbildete. Ebenso haben alle neueren Forschungen den Beweis geliefert, dass die Atmosphäre der Steinkohlenperiode durchaus nicht reicher an Kohlensäure war, wie unsere heutige und dass uns nichts dazu berechtigt, zur Annahme verminderter Lichtstärke jener Zeiten. In der Vertheilung des Festlandes werden wir in erster Linie die Lösung der Frage betreffs der physikalischen Verhältnisse

der Steinkohlenperiode finden. — Im fünften Capitel wird kurz und übersichtlich die Flora der Steinkohlenperiode besprochen, zu deren Illustrirung 6 sehr instructive Tafeln dienen. Eine der interessantesten Fragen, die über die Entstehung der Kohlenflötze, findet im sechsten Capitel ihre Erörterung. T. führt alle auf Erwähnung Anspruch habenden Theorien an, ohne einer derselben das Recht der Infallibilität zuzusprechen, und geht damit im siebenten Capitel auf die Betrachtung der Frage, wie aus den Pflanzenanhäufungen die Kohlen wurden, über. v. Gümbel's neueste Untersuchungen über die Texturverhältnisse der Mineralkohlen findet hier die meiste Berücksichtigung. Des Verf.'s persönliche Ansichten sind wohl in den Schlusssätzen seiner beiden Vorträge zu finden. Er nimmt es als zweifellos an, dass die zur Bildung von Steinkohlenflötzen führenden Processe recht verschiedene gewesen sein können. Sind die Hauptmassen der Kohlen auch auf autochthone Sumpfvegetationen zurückzuführen, die in oft weit ausgedehnten flachen Mulden inmitten von Festländern erfolgt sein mögen, so kann ebenso sicher angenommen werden, dass auch an flachen Küsten Strandsümpfe reiches autochthones Material aufgespeichert haben können. Aber auch allochthone Kohlenbildung in Seen und Flussdeltas ist nicht ausgeschlossen; aber für die autochthone Kohlenbildung durch lange dauernde Sumpfvegetation sprechen die grossen Erstreckungen der Kohlenflötze. Die Wechsellagerungen von kohleführenden Schichten mit Ablagerungen mariner Natur weisen auf zeitweilige Ueberfluthungen hin, die durch Sturm- oder Hochfluthen des Meeres erzeugt, die Torfvegetation unterbrochen haben müssen. Kleinere Meeresbecken können vom grossen Meeresbecken durch eine Barre abgeschlossen worden sein und auch eine Senkung des Meeresspiegels kann zur Versüssung des Wassers und zur Entstehung einer üppigen Sumpfvegetation geführt haben. Aber die Kohlen sind alle nur aus Landpflanzen entstanden und stellt sich der Ansicht, die Kohle habe sich analog den Torfmooren gebildet, nur jene Thatsache gegenüber, dass die ungeheuren Sedimentabsätze bis zu tausenden von Metern übereinander voraussetzt, dass die Mulden während der Ablagerung stetig tiefer und tiefer wurden; wie auch die gewaltige räumliche Ausdehnung der Kohlenfelder uns es schwer begreifen lasse, wie so ein See, ein Meerbusen oder eine Strommündung ein so ausgedehntes Sediment hätte aufnehmen, oder dass irgend ein Fluss oder mehrere Flüsse ein solches Delta hätten bilden können?

25. **F. Delpino** (28) ist der Ansicht, dass die fossilen Pteridophyten hochgradig entwickelte Formen repräsentirten, von welchen die derzeit lebenden Gefässkryptogamen nur verarmte, vereinfachte Formen sind. Die geologischen Daten vermögen nicht im geringsten die Entwicklungsgeschichte der Pteridophyten innerhalb der Zeit und des Raumes erhellen; viel sicherer vermögen morphologische Criterien die Sache zu schlichten.

Die Calamarien gehören durchaus nicht zu den Equisetaceen; dagegen sprechen die Fruchtstände sowie die Blattstellungsgesetze derselben. Die Calamarien müssen vielmehr mit Pteridophyten identificirt werden, welche die Sporangien auf Blattfiederchen oder in der Blattachsel tragen. — Aehnliches wäre bezüglich der Gattungen *Psilotum* und *Tmesipteris* anzugeben, welche derzeit als Abkömmlinge jener heterosporen Lycopodineen, welche man als Calamarien bezeichnet, zu betrachten sind. Zu denselben sind auch die *Sphenophyllum*-Formen und die Lepidodendreen — sämmtliche heterospore Lycopodineen — zu rechnen. Diese Gruppe der Pteridophyten stellt den höchsten Evolutionsgrad der Gefässkryptogamen dar, heutzutage ist dieselbe Gruppe nur durch wenige Selaginelleen vertreten.

In den vorweltlichen Epochen hatte also die Evolution der Pteridophyten bereits ihren Höhepunkt erreicht. Solla.

26. **R. Beck** (5) giebt ein Resumé der wichtigsten Resultate der Studien von Solms-Laubach über die Pflanzen der paläozoischen Gruppe. (Man vgl. Bot. J. für 1887, II, p. 307, Ref. No. 127.)[1]

27. **F. Tondera** (175). Dem Ref. unbekannt.

28. **W. C. Williamson** (187). Nach dem Ref. Potonié's machte W. an fossilen Pflanzen der Steinkohle wiederholt die Entdeckung, dass in den Lumina gewisser Zellen andere als Bewohner vorkommen. In den Rindenfragmenten von *Anachopteris Corda* und *Lygino-*

[1] Der in dieses Ref. sich eingeschlichene Schreib- oder Druckfehler ist leicht zu corrigiren. Es soll in der zweiten Zeile heissen „soweit es sich nicht auf die Angiospermen bezieht".

dendron oldhamianum von den productiven Halifax-beds fand W. in den Zellen andere kleinere Zellen von $^1/_{600}$—$^1/_{1000}$ Zoll Durchmesser, bald vereinzelt — dann kugelrund — bald einem parenchymatischen Gewebe ähnlich, mit einander vereinigt. Bei *Rachiopteris corrugata* und einem *Lepidodendron* fanden sich solche Zellen in den Gefässen; ebenso in den Makrosporen eines *Lycopodium*-Strobilus. Die Deutung dieser Erscheinung innerhalb der Hydroiden ist schwierig, die innerhalb der Hydroiden können Thyllen sein, die in den Zellen des Rindenparenchyms vielleicht Algen und die in den Makrosporen parasitischer oder saprophytischer Natur.

29. **R. Howse** (67) giebt als Beitrag zur Carbonflora Englands den Catolog der fossilen Pflanzen der Hutton'schen Sammlung.

30. **W. C. Williamson** (188). Dem Ref. unbekannt.

31. **J. Bennie und R. Kidston** (6) berichten über Sporen aus dem Carbon Schottlands. Ersterer lieferte den geologischen, letzterer den botanischen Theil der Abhandlung. Verff. geben zunächst eine Kritik der bisherigen Veröffentlichungen, um sodann ein Verzeichniss der 37 Oertlichkeiten zu liefern, von denen Funde von Makrosporen vorlagen, unter genauer Angabe der geographischen und geologischen Beziehungen, sowie unter Aufzählung der Sporennamen. Weiter werden Natur und Verhältnisse der Schichten, die die vorliegenden Sporen führten, erörtert. Endlich werden die gefundenen Arten aufgeführt: *Triletes* Reinsch mit 18 Arten (4 laevigati, 9 apiculati, 5 zonales), p. 114. *Lagenicula* Kidston (neue Gruppe) mit 2 Arten. Alle werden abgebildet, die beiden *Lagenicula* auf T. 6, F. 20 und T. 5, F. 19. Matzdorff.

32. **W. C. Williamson** (189). Man vgl. Bot. J. für 1887, II, 2, p. 288, Ref. No. 41.

33. **R. Kidston** (75) schildert die von Weiss bestimmte neue Art *Calamites britannicus* aus der Gruppe *Eucalamites*. Diese Art zeigt jedoch durch die Form und die kettenförmige Anordnung der Blattnarben auf der Knotenlinie Beziehungen zur Gruppe *Calamitina* Weiss, und die querelliptischen Blattnarben erinnern an die von *Calamites Wedekindi* Weiss. Ferner werden Beziehungen zu *Eucalamites cruciatus* nachgewiesen. Fundort das mittlere Carbon von South Staffordshire. Matzdorff.

34. **A. C. Seward** (162). *Calamites undulatus* Sternbg. sp. hat in der Literatur die verschiedenste Deutung erfahren. S. weist nun an einem in der Kohlengrube von Wiggan gefundenen Steinkern, der die in pyritischen Sandstein umgewandelte Markhöhle dieses Calamiten darstellt, die Unhaltbarkeit dieser Art nach. Der Calamit zeigt sich auf den zwei entgegengesetzten Seiten in der Berippung verschieden. Während sie auf der einen dicht beisammenstehend, geraden Verlauf haben, sind sie auf der anderen breiter, an Zahl geringer und undulirt. Auch die Länge der beiden Seiten ist verschieden. Dieselben Eigenthümlichkeiten zeigt ein zweites Exemplar. Die Schliffe Williamson's beweisen, dass diese angegebenen Differenzen in Zusammenhang mit der ursprünglichen Anordnung der anatomischen Elemente des lebenden Calamiten stehen, die ihre Ursache im Druck finden kann, den die lebende Pflanze erlitten haben mag.

35. **B. Renault** (141) beschreibt nach dem Ref. Zeiller's unter dem Namen *Sigillariostrobus spectabilis* eine Fruchtähre von Montceau-les-Mines, die zwischen den Bracteen abgerundete, an ihrer Oberfläche gefaltete Körper zeigt, die nichts anderes sind, als die Pollensäcke, begleitet von austretenden Pollenkörnern, andererseits studirte R. die Blätter von *Sigillaria spinulosa* und *S. Brardi*, die bemerkenswerth den Blättern von *Lepidodendron* gleichen in Folge der Längsrinnen auf der Unterseite und dem ihm entsprechenden Mittelnerven der Oberseite und in welcher die Spaltöffnungen liegen; sie unterscheiden sich aber durch ihr diploxyles Bündel und obere Rinne, während die Blätter von *Lepidodendron* gekielt sind. R. giebt auch die Abbildung von *Sigillaria elegans* Brngt. von Autun, um zu zeigen, dass dieselbe *Sig. Menardi* sei. R. theilt ferner seine Studien über die Blattnarben von *Syringodendron* mit, diesbezüglich auf Bot. J. für 1887, 2, p. 235, Ref. No. 39 verwiesen werden kann. — An verschiedenen *Stigmaria*-Exemplaren von Autun und Falkenberg konnte R. wie bei den Sigillarien ein mehr weniger entwickeltes centripetales Holz und zwei in die Narben sich erstreckende Stränge beobachten, einen Blatt- und einen Wurzelstrang. Bei *Stigmaria flexuosa* konnte er aber nur Blattbündel mit centripetalem und

centrifugalem Holze entdecken mit vollkommen identischer Structur mit jener vom Genus *Sigillaria*, so dass nur die charakteristischen Narben keinen Irrthum aufkommen lassen; es ist daher dieses Exemplar sicher ein Rhizom der *Sigillaria*. R. folgert aus seinen Studien, dass, wenn die ältesten Sigillarien Aehren mit Makrosporen tragen, sie sich den Kryptogamen nähern, während die jüngsten Aehren Pollensäcke besitzen und sich dadurch den Cycadeen nähern, so ist der Zwischenraum zwischen den Gefässkryptogamen und Gymnospermen nur theilweise durch die Sigillarien ausgefüllt, aber die Lücke, die noch zwischen ihnen und den Cycadeen existirt, wird ausgefüllt durch *Sigillariopsis*, *Medullosa*, *Poroxylon* und *Cycadoxylon*.

36. **Ch. E. Weiss** (185). In neuerer Zeit wurden wiederholt reichliche Funde von Sigillarien-Resten in der Wettiner Steinkohlengrube gemacht. Unter den Funden verdient das grösste Interesse eine grössere Reihe von Stücken, welche mit *Sigillaria spinulosa* beginnend sich allmählich so fortsetzt, dass sie fast ohne Lücke in *S. Brardi* endet. Die erste Variation, welche man bei ersterer bemerkt, besteht darin, dass die Entfernung, der Blattnarben, welche bei den sogenannten glatten Exemplaren ziemlich gross ist, sich mehr und mehr reducirt, die Blattnarben drücken sich also beträchtlich, ferner wird dabei der Anfang eines Polsters rings um die Narbe kaum erkennbar. In diesem Zustande entsprechen die Abdrücke so ziemlich der *Sigillaria rhomboidea* Brngt. (nec Zeiller). Wir sehen aber bald die Polsterbildung schärfer auftreten, indem die seitlichen Bogenfurchen sich quer über die Narben hin fortsetzen und dadurch das Bild des Polsters vervollständigen. Solche Exemplare weichen mit ihren grösseren Polstern noch von *S. Brardi* ab; und benennt sie W. *S. Wettinensis*.

37. **S. A. Adamson** (1) beschreibt ein bei Clayton, Yorkshire, im November 1887 gefundenes Exemplar von *Stigmaria ficoides* Brngt. sp. Die Höhe des Strunkes betrug oberhalb der Wurzeln 3 Fuss 8 Zoll; die längsten Aeste des Strunkes 4 Fuss 4 Zoll; derselbe besitzt 8 Wurzeläste; der längste davon maass 16 Fuss 6 Zoll, davon fallen 3 Fuss 6 Zoll auf die Länge von der Strunkbasis bis zur Stelle der Bifurcation; der links stehende Ast hatte von da an eine Länge von 13 Fuss; der rechts stehende von 8 Fuss. Dicke der Wurzel an der Strunkbasis 12 Zoll.

38. **J. Young, D. Corse Glen** and **R. Kidston** (193). R. Kidston constatirte stigmarioide Wurzeln bei *Lepidodendron Veltheimianum* aus der unteren Steinkohlenformation von Victoria Park, Whiteinch. Auch Dolerit wurde dort gefunden.

39. **W. Cash** (15) studirte nach dem Ref. Zeiller's Calamarien-Aehren vom Typus *Calamostachys* und zeigen diese rings um ihre Axe keine strahlenden Holzbündel; bei *Calamostachys Binneyana* ist die Axe von einem sehr entwickelten Mark occupirt und die Sporangiophoren verbreitern sich an ihrer Spitze zu einer Scheibe aus; bei *Cal. Casheana* schliessen die Sporangien zweierlei Sporen ein; diejenigen der oberen Region und der oberen Hälfte des mittleren Quirls sind mit Mikrosporen erfüllt; die der anderen Hälfte des Quirls mit Makrosporen; es ist dies also entschieden eine kryptogamische Pflanze.

40. **D. Honeymann** (66). Dem Ref. unbekannt.

41. **C. Eg. Bertrand** et **B. Renault** (7) studirten nach dem Ref. P. V.'s die anatomische Beschaffenheit der Zweige von *Piroxylon Boysseti* und *P. Edwarsii*, der Stiele von *P. Boysseti*, der Blattlamina von *P. stephanensis* und der Wurzeln aller drei Arten. Das reiche Material zur Untersuchung lieferten ihnen die Localitäten Grand-Croix und Autun. *Protoxylon* ist ein sehr ausgeprägter Typus, ohne Repräsentanten in der Jetztwelt. Sie vertreten niedere Gymnospermen, sind enger verwandt mit den Centradesmiden oder Gefässkryptogamen mit radiärer Structur wie unsere Cycadeen; aber sie stehen höher als *Sigillariopsis*, *Sigillaria*, *Lyginodendron* und *Heterangium*. Mit den Pteridophyten stehen sie in keiner Beziehung. Die Fibrovasalstränge des Stammes haben eine und dieselbe Rolle. Sie sind in ihrem unteren Theile „réparateurs"; in ihrem oberen aber ins Blatt gehend. Die Blätter alterniren in einer linksläufigen Schneckenlinie. Jedes Blatt erhält vom Stamm ein einziges, sehr voluminöses, schon an der Basis zweilappiges Bündel, welches sich in der Blattfläche dichotomisch verzweigt. Wenigstens an der Basis der Lamina haben die Gefäss-

bündel ein beträchtliches secundäres Wachsthum. Die Epidermis ist auf beiden Seiten der Lamina sichtbar und zeigt in longitudinalen Reihen geordnete Stomata.

Wie bei den Phanerogamen sind die Würzelchen „à faisceau bipolaire" den Wurzeln so inserirt, dass die Fläche ihrer primären Holzplatte diejenige der Wurzel durchzieht, welcher sie aufsitzen. Wie bei allen actuellen Gymnospermen, erscheint die erste blattabsondernde Zone (zone exfoliatrice) der Wurzeln im Pericambium.

Die Stämme enthalten manchmal verzweigte Gummigänge, welche durch ihre Ausbreitung die benachbarten parenchymatösen Elemente zerstören, eindrücken, dadurch manchmal einen von Zellen eingefassten Canal nachahmend. Man beobachtet sie im secundären Liber, Mark und Gewebe.

Das Liber erreicht eine aussergewöhnliche Dicke. Innerhalb der Libriformstrahlen bemerkt man eine regelmässige Abwechslung von grossen parenchymatischen Zellen und gegitterten Röhren. Die Gitterzellen tragen, besonders auf ihren gewöhnlichen radialen Flächen, complicirtes Gitterwerk durch grosse Regionen ausgebreitet. Sie gehören dennoch dem Typus der einfachen Gitterung der Gymnospermen an und erinnern lebhaft an das tardife Liber der dicken Stämme von *Encephalartos*.

Alle diese Eigenthümlichkeiten sind beherrscht durch die diploxyle Natur der Fibrovascularbündel. Das centripetale Holz ist nicht zufällig in dem Stamme verbreitet, es fehlt bloss gegen die Basis der Fibrovascularbündel zu. Es ist ein primäres Gewebe, welches nicht, wie man voraussetzen könnte, mit dem Alter dem Centrum zu fortwächst. In einem mehr oder weniger verdickten Zweige bleibt seine centripetale lignöse Masse, die sich schon damals constituirte, als der Ast nur 5 bis 6 Reihen von centrifugalem Holz besass, invariabel. Das centripetale Holz behält seinen Platz in der ganzen Länge des Bündels. Es ist nicht das Homologe des centrifugalen primären Holzes der gewöhnlichen unipolaren Bündel. Es entsteht nicht durch die Verzehrung dieses centrifugalen primären Holzes. Es ist nur der Rest einer alten Organisation. Die fossilen Typen mit diploxylen Bündeln schliessen die Gymnospermen den Gefässkryptogamen von radiärer Structur an, insbesondere den echten Lepidondreen, und die Autoren nehmen an, dass diese radiäre Disposition die primitive Form, von welcher die anderen Formen der Bündel sich ableiten, sei. So gelangt man gradatim von den Stielen mit radiärer Structur zu den Stämmen: die radiale libero-lignöse Masse verbreitert sich, seine lignösen Lamellen treffen sich nicht mehr im Centrum der Axe. Jede lignöse Lamelle und das Liber, welche sie umgiebt, isoliren sich und bilden eine centripetale, unipolare Gruppe von autonomem Aussehen. Die secundären Producte erscheinen in den libero-lignösen Ringen (cordon), die äussere Partie eines jeden Lappens tritt in den Vordergrund. Sein centrifugales Holz reducirt sich und versucht sich in der oberen Partie des Fibrovascularstranges zu localisiren, man hat dann die Axen der diploxylen, unipolären Stränge. Schliesslich verschwindet das centripetale Holz gänzlich. Das dem Pole benachbarte centrifugale Holz trennt sich vom folgenden Holze und bildet das normale primäre Holz des gewöhnlichen unipolaren Bündels. Die Axe ist damals als normaler Stamm charakterisirt. Die Differenzirung des centrifugalen primären Holzes im Vergleiche zu dem ihm folgenden secundären Holze vollzieht sich immer mehr und mehr.

42. **B. Renault** et **R. Zeiller** (143). Das aus dem Kohlengebiet von Commentry als neues beschriebene Pflanzengeschlecht *Fayolia*, das mit *Palaeoxyris* Brngt. in verwandtschaftlicher Beziehung steht, erwies sich nach den neuesten Untersuchungen als die Eier von Squaliern.

43. **Ch. E. Weiss** (184, 184b.). In der Nähe von Borna (Sachsen) wurde aus einem dem Culm zugezählten Sandstein die neue Species *Fayolia Sterzeliana* gefunden.

44. **Renault und Zeiller** (144). Man vgl. Bot. J., XIV, 2., p. 15, Ref. No. 34.

45. **A. C. Seward** (163) beschreibt aus den Upper-Coal-measures von Brierly Common, Yorkshire, aussergewöhnlich breite *Cyclopteris*-Blättchen, die noch an der Rhachis befestigt sind. Sie zeigen mit *C. obliqua* Brngt. die meiste Aehnlichkeit. Ueber die wahre Natur des Genus *Cyclopteris* belehrt uns jedoch auch dieses Exemplar nicht.

46. **R. Kidston** (76) theilt nach dem Ref. Weiss' mit, dass *Neuropteris plicata* Stbg. von Longton Hall Colliery, Staffordshire, Middle coal measures die echte Art Stern-

berg's sei. *N. plicata* Stbg., die Römer in seiner Flora der Steinkohlen Westfalens als solche beschreibt, ist von der vorigen gänzlich verschieden und benennt sie Kidston *Neuropteris rectinervis* n. sp. K. fand sie bei Polton, Bonnyrigg, Mid-Lothian, Lower coal-measures.

47. **R. Kidston** (77) beschreibt aus dem unteren Carbon aus Lanarkshire (p. 26, Taf. 1, F. 10—12) *Cyclotheca* nov. gen., eine Marattiacee aus der Verwandtschaft von *Angiopteris*, die *Myriotheca* Zeiller und *Renaultia* ähnlich, aber durch die zweizeilig geordneten Sporangien von Kreisform gekennzeichnet ist, mit *C. biseriata* nov. sp. Weiter beschreibt Verf. (p. 33, T. 1, F. 1—8) als neue Art *Crossotheca fimbriata* aus dem mittleren Carbon von Barnsley in Yorkshire. Dieser Farn ist jedoch, wie Verf. in einer Schlussanmerkung feststellt, mit *Calymmatotheca schatzlarensis* Stur identisch, gehört freilich in die erstgenannte Gattung, so dass sein Name *Crossotheca schatzlarensis* Stur. sp. lauten muss.

Matzdorff.

48. **R. Kidston** (78) constatirte nach dem Studium der Originalexemplare von *Archaeopteris hibernica* Forbes sp., dass die Beschreibungen, die Schimper und Carruthers von diesem Fossil gaben, ungenau sind. Er schildert die ringlosen Sporangien, die sich gewöhnlich einzeln oder gelegentlich auch paarweise entwickeln, und zwar auf der Oberseite der rhachisähnlichen Nerven der sehr veränderten Fiederchen, wie man ähnliches auch bei *Osmunda regalis* beobachten kann. An anderen Exemplaren fand er an der Basis der Rhachis Stipulen und alles verweist diesen Farn zu den Marattiaceen.

49. **W. C. Williamson** (190) fand im unteren Carbon zu Halifax zahlreiche Pflanzenreste, die zunächst den Verf. veranlassten, die Gattung *Anachoropteris* Corda zu streichen und *Zygopteris* Corda nur adjectivisch zur Bezeichnung gewisser besonderer Formen der Gefässbündel von Blattstielen zu verwenden. Sodann wird *Rachiopteris hirsuta* neu beschrieben; die Rinde ist, namentlich an den jungen Schösslingen, reich mit gekrümmten vielzelligen Haaren bedeckt. Letztere ähneln denen der Triebe von *Marsilea*. Die Pflanze besitzt zahlreiche cylindrische Wurzeln. Weiter erhält provisorisch den Namen *R. verticillata* eine Pflanze, deren Secundärwurzeln regelmässige Wirtel bilden. Ausserdem werden zwei Arten Wurzeln erwähnt, die mit zahlreichen Lacunen im Rindenparenchym an die von Nymphaea erinnern. Matzdorff.

50. **R. Kidston** (79). Das Kohlenfeld von Somerset und Bristol bildet ein muldenförmiges Becken, welches 8 Flötze enthält; die Schichtenreihe ist von oben nach unten folgende:

1. Radstock Series	obere Abtheilung	Coal-Measures.
2. Rad Shales		
3. Farrington Series		
4. Pennant Rock		
5. New Rock Series	untere Abtheilung	
6. Volster Series		
7. Millstone Grit		
8. Mountaine Limestone		
9. Old Red Sandstone		

Aus den Radstock Series, daher der obersten Stufe, werden beschrieben: Fungi (1), Equisetaceae (9), ?Rhizocarpeae (2), Filicaceae (56), Lycopodiaceae (19); ferner Cordaites (1), Poacordaites (1); spärlich sind auch die Früchte. Als neue Arten werden beschrieben: *Sphenopteris Woodwardii* n. sp., *Ptychocarpus oblongus* n. sp., *Schizostachys sphenopteroides* n. sp., *Macrosphaeniopteris lindsaeoides* n. sp., *Megaphytum elongatum* n. sp., *Caulopteris anglica* n. sp., *Lepidostrobus spinosus* n. sp., *Sigillaria reniformis* Brngt var. *Radstockensis* n. var. Diese Flora hat die meisten (55) Arten mit den Steinkohlenbecken von Frankreich (ausgeschlossen houiller inférieur) gemein. Im Anhange bringt K. eine Liste fossiler Pflanzen von den eingangs aufgezählten Schichten 3—6.

51. **R. Kidston** (80) bringt nach dem Ref. Weiss' Beiträge zur Kenntniss der 5 Kohlenfelder von Staffordshire. Aus den oberen coal-measures beschreibt K. folgende Pflanzen: *Calamitina varians*, *Styolocalamites Suckowi*, *St. undulatus*, *Calamites* sp., *An-*

nularia stellata, *Sphenophyllum emarginatum*, *Neuropteris rarinervis* Bunb., *N. ovata* Hoffm., *N. Scheuchzeri* Hoffm., *N. flexuosa* Stbg., *Odontopteris Lindleyana* Stb., *Pecopteris arborescens* Schloth., *P. unita*, *P. Miltoni*, *Alethopteris decurrens* Art., *A. aquilina*, *Lepidodendron Wortheni* Lesq., *Lepidophyllum lanceolatum*, *Lepidostrobus variabilis* sp., *Sigillaria* sp., *Cyperites bicarinata* L. et H., *Stigmaria ficoides*, *Primularia capillacea*, *Cordaites angulosostriatus* Gr. Eur., *Sternbergia approximata*, *Walchia imbricata* Schmp. — Aus den mittleren coal-measures beschreibt K.: *Calamitina varians*, *Stylocalamites Sukowi*, *Calamocladus equisetiformis*, *Neuropteris rarinervis* Bunb., *Mariopteris muricata* Schloth. sp. var. *nervosa* Bmgt. sp., *Lepidodendron aculeatum*, *Lepidostrobus variabilis*, *Sigillaria reniformis* Brngt., *S. mamillaris* Bmgt., *S.* sp., *Cyperites bicarinata*, *Stigmaria ficoides*, *Cordaites* sp., *Cardocarpus Meachemii* Kidst. n. sp., *Carpolithes ovoideus* Goepp. et Berg.

52. **W. C. Williamson** (191). Dem Ref. unbekannt.

53. **R. Zeiller** (195, 195b.). Zu dem schon 1886 erschienenen Atlas der Flora des Kohlenbassins von Valenciennes (man vgl. Bot. J. XIV, 2., p. 7, No. 4) liegt nun der ausführliche Text vor. Es sind in demselben alle Arten beschrieben, die Z. in den Kohlenbassins von Nord und von Pas-de-Calais beobachten konnte. Da der Zweck des Werkes auch jener ist, die Bergbeamteten für das Studium der fossilen Flora anzueifern und ihnen dasselbe zu erleichtern, so schickt er den einzelnen Pflanzengruppen die nothwendigen botanischen Erläuterungen voraus. Von den 106 beschriebenen Species fallen 76 auf die Farne, unter denen wieder die Sphenopteriden mit 31 Arten dominiren, und zwar 29 *Sphenopteris*, darunter *Sphenopteris Delavali* n. sp., *Sph. Souichi* n. sp., *Sph. Crepini* n. sp., *Sph. Boulayi* n. sp., *Sph. laxifrons* n. sp., *Sph. Douvillei* n. sp.; ferner *Myriotheca Desaillyi* n. sp. und *Calymmatotheca asterioides* Lesqx. sp. Die Diplotmemeen sind durch die Genera *Diplotmema* (mit 4 Arten, darunter *Diplotmema Jacquoti* n. sp.) und *Mariopteris* Zeill. (mit 6 Arten, darunter *M. Soubeirani* n. sp., *M. Dernoncourti* n. sp.) vertreten. Von den Pecopterideen finden wir die Genera *Pecopteris* in 8 Arten (darunter *Pecopteris Simoni* n. sp.); von den Teniopterideen *Desmopteris elongata* Presl sp.; von den Alethopterideen *Alethopteris* in 6, *Lonchopteris* in 3 Arten; von den Neuropterideen die Genera *Neuropteris* in 9, *Dictyopteris* in 2, *Cyclopteris* in 1 Art vor. Bloss der Nervation nach ist bekannt *Spiropteris* Schimp.; von zweifelhafter Verwandtschaft ist *Aphlebia crispa* Gutb. sp.; von den Farnstämmen *Megaphyton* sind 4 Arten beschrieben, darunter *M. Souichi* n. sp. Im Ensemble der Flora figuriren die Equisetineen mit *Equisetites Bretoni* n. sp., 6 Calamiten (inbegriffen die Calamodendreen), 2 *Calamophyllites*, 4 *Asterophyllites*, darunter *A. lycopodioides* n. sp., 1 *Palaeostachya* und 4 *Annularia*. — Die Sphenophylleen sind durch 4 bekannte Arten vertreten. — Der Anzahl von Arten (54) nach folgen den Farnen die Lycopodineen, von welchen 10 auf *Lepidodendron* (darunter *L. Jaraczewskii* n. sp.) entfallen. Hierher gehören noch 1 *Lepidophloëos*, 1 *Halonia*, 2 *Ulodendron*, 2 *Bothrodendron*, 1 *Lycopodites*, 4 *Lepidostrobus* (darunter *L. Olryi* n. sp.) und 2 *Lepidophyllum* (darunter *L. triangulare* n. sp.). — Die Sigillarien sind durch 29 Arten vertreten, darunter 24 *Sigillaria* (mit *S. cordigera* n. sp., *S. acuta* n. sp., *S. Weissi* n. sp., *S. Sauveuri* n. sp., *S. Micaudi* n. sp.), 5 *Sigillariostrobus* (darunter *S. Crepini* n. sp.) und ausser der weitverbreiteten *Stigmaria ficoides* Brngt. sp. noch *St. Eveni* Lesqx. — Die Gymnospermen sind in der Flora von Valenciennes sehr schwach vertreten, im Ganzen durch 14 Arten, und zwar 2 *Cordaites*, 1 *Dorycordaites*, 1 *Artisia* und 2 *Cordaianthus*; die Samen *Samaropsis* (1), *Cordaicarpus* (2), *Cardiocarpus Boulayi* n. sp., *Trigonocarpus* (3) und *Carpolithes* (1).

Diese Flora reiht das Kohlenbecken in die mittlere Kohle ein, d. h. in dasselbe Niveau, dem die meisten grösseren europäischen Kohlenbecken angehören; es erweist sich beinahe als gleichzeitig mit dem System von Saarbrücken mit dem schon bekannten Unterschiede, dass die untere Zone des Beckens von Valenciennes und des französisch-belgischen überhaupt bei Saarbrücken fehlt; dagegen die obere des letzteren Systems in dem vorher benannten Gebiete; sowie andererseits das System von Ottweiler mit dem Loire-Bassin correspondirt. Die Ablagerungen von Zwickau und Lugau sind etwas jünger als die von Saarbrücken und kamen zum Abschluss, als die oberen Kohlenlager des französischen Loir-Beckens sich bildeten; dagegen ist das Bassin von Valenciennes concordant mit den Lagern von Schatzlar; ebenso findet man in Centralböhmen bei Radnitz eine grosse Zahl der französisch-belgischen Pflanzen wieder. Untenstehende Tabelle illustrirt diese Verhältnisse übersichtlich. Z. führt darnach des Ausführlicheren aus, dass man nach den Pflanzen auch in der Kohlenablagerung verschiedene Horizonte unterscheiden kann.

	Frankreich	Saarbrücken	Sachsen	Niederschlesien und Böhmen	Centralböhmen	
Obere Kohle	Becken von Loire	System von Ottweiler	Denudation u. Discordanz	. . . . Lager von Radowentz		
	. . . .	.	Bassin von Zwickau und Lugan	Lager von Schwadowitz	Lager von Miroschan	Lager von Radnitz
Mittlere Kohle	Becken von Valenciennes . . . . (Annoeullin)	System von Saarbrücken	. . . . Denudation u. Discordanz	Lager von Schatzlar		
Untere Kohle	Basse-Loire, Mayenne		Lager von Hainichen-Ebersdorf	Lager von Waldenburg		

54. **M. R. Zeiller** (145) beschreibt aus den Kohlenschichten von Commentry folgende Pflanzen:

I. Pflanzen von problematischer Verwandtschaft: *Daubreeia* n. gen. mit *D. pateraeformis* Germ. sp. — *Fayolia dentata* R. et Z., *F. grandis* R. et Z.

II. Zellkryptogamen: *Muscites polytrichaceus* R. et Z.

III. Gefässkryptogamen: **Farne.** Sphenopterideen: *Sphenopteris biturica* n. sp., *Sph. Fayoli* n. sp., *Sph. Matheti* n. sp., *Sph. Picandeti* n. sp., *Sph. Kidstoni* n. sp., *Sph. lenis* n. sp., *Sph. Casteli* n. sp., *Sph. fossorum* n. sp., *Sph. cristata* Brngt. sp., *Sph. Decorperi* n. sp., *Eremopteris Courtini* n. sp., *Zygopteris pinnata* Grand' Eury sp., *Diplopteмema Pallani* n. sp., *D. Busqueti* n. sp., *D. Ribeyroni* n. sp. — Pecopterideen: *Pecopteris Bioti* Brngt., *P. Gruneri* n. sp., *P. Boutonneti* n. sp., *P. arborescens* Schloth. sp., *P. paleacea* n. sp., *P. cyathea* Schloth. sp., *P. lepidorachis* Brngt. sp., *P. Candollei* Brngt. sp., *P. cuneura* Schimp., *P. hemitheloides* Brngt., *P. oreopteridia* Schloth. sp., *P. Platoni* Grand' Eury, *P. Daubreei* n. sp., *P. densifolia* Goepp. sp., *P. polymorpha* Brngt., *P. integra* Andr. sp., *P. unita* Brngt., *P. Launayi* n. sp., *P. Monyi* n. sp., *P. Elaverica* n. sp., *P. feminaeformis* Schloth. sp., *P. Sterzeli* n. sp. — *Spiropteris* Schimp. — *Callipteridium pteridium* Schloth. sp., *C. gigas* Schloth. sp. — Alethopterideen: *Alethopteris Grandini* Brngt. sp., *A. Grand' Euryi* n. sp. — Odontopterideen: *Odontopteris minor* Brngt., *O. genuina* Grand' Eury, *O. obtusa* Brngt., *O. Duponti* n. sp. — Neuropterideen; *Neuropteris crenulata* Brngt., *N. cordata* Brngt., *N. Blissi* Lacqx., *N. Matheroni* n. sp., *N. Planchardi* n. sp., *N. gallica* n. sp., *N. horrida* n. sp., *N. dispar* n. sp., *N. stipulata* n. sp., *N. heterophylla* Brngt. — *Cyclopteris reniformis* Brngt., *C. trichomanoides* Brngt., *C. densa* n. sp. — *Dictyopteris Brongniarti* Gutb., *D. Schützei* Roem. — Taeniopterideen: *Taenio-*

pteris jejunata Grand' Eury, *T. Carnoti* n. sp., *Lesleyaensis* n. sp. — Anomales Laub von zweifelhafter Verwandtschaft: *Aphlebia Germani* n. sp., *A. acanthoides* n. sp., *A. elongata* n. sp., *A. Grossouvrei* n. sp., *A. rhizomorpha* n. sp., *A. perplexa* n. sp. — Farnstämme: *Caulopteris peltigera* Brngt., *C. endorhiza* Grand' Eury, *C. patria* Grand' Eury, *C. protopteroides* Grand' Eury, *C. varians* n. sp., *C. Saportae* n. sp., *C. Fayoli* n. sp., *C. aliena* n. sp., *Ptychopteris macrodiscus* Brngt. sp., *P. ovalis* n. sp., *P. Douvillei* n. sp., *P. spectabilis* n. sp., *P. Chaussati* n. sp., *P. Benoiti* n. sp., *Megaphyton Mac Layi* Lesqx., *Rhizomopteris vetusta* n. sp.

55. **W. de Lima** (99) beschreibt nach dem Ref. Zeiller's aus der oberen Kohle von San Pedro da Cova in Portugal *Dicranophyllum lusitanicum* n. sp., verwandt mit *D. gallicum* aus der Kohle Mittelfrankreichs und in welcher Heer den Typus eines neuen Genus, *Distrigophyllum*, zu erkennen glaubte.

56. **S. Squinabol** (167) beschreibt nach dem Ref. Zeiller's aus den oberen Kohlenschichten von Pietra tagliata *Odontopteris obtusa;* andere schlecht erhaltene Abdrücke können Cordaiten angehören, andere dagegen sind nach Zeiller wahrscheinlich Wurzeln von *Calamites*, nicht aber monocotyle Blätter.

57. **C. de Stefani** (169) fand im Thale der Bormida di Mallare in der Nähe von Pietra tagliata (Provinz Genua) in einem paläozoischen Schiefer, der lebhaft an den von Tergove in Croatien erinnert, schlecht erhaltene Pflanzenreste. In einem derselben glaubt Stur cf. *Lepidodendron Haidingeri* Ettgsh. zu erkennen, der diesen Schiefer in das Obercarbon verweisen würde.

58. **F. Tondera** (176) zählt aus der Kohlenformation der Umgebung von Krakau (Jaworzno, Dabrowa, Siersza) 50 Pflanzenarten auf, deren Mehrzahl den Schatzlarer Schichten angehört. Es werden aufgezählt: 12 Calamiteae, darunter *Annularia spathulata* n. sp.; 18 Filicineae, darunter *Pecopteris densa* n. sp.; 10 Lycopodiaceae, darunter *Lepidodendron pulcinatum* n. sp.; 9 Sigillarineae, darunter *Sigillaria protracta* n. sp., und schliesslich *Cordaites* sp.

59. **Schmidt** (159) zählt nach der Bestimmung Lahusen's einige Pflanzen aus den Kohlenschichten von Kamensk im östlichen Ural auf. Es sind dies: *Sphenophyllum* sp., *Asterophyllites* n. sp., *Sphenopteris rutaefolia* Eichw., *Lepidophyllum minutum* Schmalh. etc.

60. **L. de Launay** (94). Im Norden von Allier liegt das permische Becken von Bourbon-l'Archambault. Aus dem Sandsteine von Coulandon zählt er 6 Farne, 6 Equisetineen, 2 Sphenophylleen, 2 Lycopodineen und 5 Gymnospermen, ferner einige Pflanzen aus dem Becken von Decize u. a. auf.

Man vgl. noch Ref. 127, 128, 129, 130, 143.

Europäische fossile Floren.

Mesozoische Gruppe.

61. **R. Zeiller** (194) fand im grès bigarré der Vogesen — bei Saint-Germain —, der verhältnissmässig arm an Pflanzen ist, *Acrostichides rhombifolius* Font., bisher nur aus den unteren secundären Lagern von Virginien und Nordcarolina bekannt. Die Schichten gehören nach Z. in die obere Trias (Lunz, Neue Welt).

62. **M. Morière** (111) fand im liassischen Sandstein von Ste.-Honorine-la Guillaume *Thinnfeldia rhomboidalis* Ettgsh. M. betrachtet *Thinnfeldia* für einen Farn, der mit *Pachypteris, Cycadopteris* und *Dichopteris* verwandt ist.

63. **A. G. Nathorst** (114) erwähnt zuerst die verschiedenen Deutungen, welche den mit dem Namen *Williamsonia* bezeichneten Pflanzenüberresten gegeben wurden, und tritt dabei den Ansichten Saporta's, besonders seiner letzten, entgegen, dass dieselben zu den von S. aufgestellten Gruppen „Proangiospermen" gehören. Weiter zeigt Verf., dass auch seine eigene ältere Anschauung, derzufolge sie Ueberreste von Balanophoreen sind, bei der Kenntniss, welche man jetzt von dem allgemeinen Entwicklungsgange der Pflanzenwelt habe, nicht annehmbar sei, sondern dass man Williamson's Deutung annehmen muss, die sie als „Fructificationsorgane, wenn nicht von wirklichen Cycadeen selbst, so doch von diesen

nahestehenden Pflanzen" betrachtet. Verf. ist es geglückt, directe Beweise für die Richtigkeit dieser Ansicht vorlegen zu können. Er erhielt nämlich 1886 von der Steinkohlengrube Bjuf in Schonen einige Exemplare von *Williamsonia angustifolia* Nath., „welche noch an den zugehörigen Stämmen befestigt waren", und ist es ihm zudem geglückt, die Blätter zu finden, welche mit den betreffenden Stämmen zusammen gehören. Aus den Exemplaren von Bjuf ist ersichtlich, dass *Williamsonia* nicht als irgend eine selbständige Pflanze anzusehen ist, sondern dass sie die Blüthen einiger jetzt ausgestorbenen Pflanzen sind, deren Blätter man von Alters her als den Cycadeen gehörig angesehen hat. *W. angustifolia* stellt also die Blüthen von *Anomozamites minor* und *W. Leckenbyi* dar und dürfte entweder zu *Anomozamites Lindleyanus* Schfr. oder zu *Pterophyllum pecten* Lindl. spec. gehören. Man nimmt an, wie oben gesagt wurde, dass *Williamsonia gigas* gewöhnlich zu *Zamites gigas* gehöre, weil es wahrscheinlich ist, dass *Weltrichia* den *Otozamites* zugehöre. Als eine analoge Bildung dürfte ebenso auch Zigno's Blastolepis anzusehen sein. Jedenfalls scheint es wenig zweifelhaft zu sein, dass ausser *Anomozamites* auch die Blüthen der Gattungen *Zamites* und *Otozamites Williamsonia* gewesen sind. Aber wenn dies der Fall ist, so scheint nicht länger davon die Rede sein zu können, dass diese Pflanzen als ächte Cycadeen angesehen werden können. Man kennt zwar den wirklichen Bau der betreffenden Blüthen nicht näher, aber so viel ist dessenungeachtet deutlich, dass sie so weit von den wirklichen Cycadeen abweichen, dass sie nicht so ohne Weiteres mit diesen vereinigt werden dürfen. Verf. glaubt, dass sie denselben als eine besondere Ordnung *Williamsonia* Carruthers zur Seite gestellt werden müssen. Dem Aufsatz folgt eine restaurirte Abbildung von *Anomozamites minor* Brgn. sp. mit *Williamsonia angustifolia* Nath. Gunnar Andersson. (Lund.)

64. **M. Morière** (110) fand im Oxfordien von Vaches-noires die Frucht von *Williamsonia Morieri* Sap. et Mass. *Protocarpa Bucklandi* scheint auch zu *Williamsonia* zu gehören.

65. **G. de Saporta** (150) setzt die Beschreibung der jurassischen Pflanzen fort, u. z. *Williamsonia pictaviensis, W. italica, W. Zeilleri, W. Gagnieri.* — Das Genus *Weltrichia* ist nur ein gamophylles Involucrum, wahrscheinlich eine Spadix und zählt drei Arten: *Weltrichia mirabilis, W. Fabrei, W. oolithica.*

66. **D. Stur** (171) berichtet, dass in den feuerfesten Thonen von Grojec in Galizien eine reiche Flora entdeckt wurde, die dem braunen Jura (Scarborough) angehören dürfte. Vorläufig bestimmte S. einen Stammsteinkern, wahrscheinlich *Calamites Meriani* Bgt., *Thinnfeldia* sp. n., *Ctenis Potockii* n. sp., *Oligocarpia (?) Grojecensis* n. sp., *Speirocarpus Bartoneci* n. sp., *Sp. Grojecensis* n. sp., *Sp. (?) Potockii* n. sp., *Davallia (?) recta* n. sp., *D. (?) ascendens* n. sp., *Pterophyllum* cf. *medianum* Bean. etc.

67. **M. Raciborski** (134) bringt eine vorläufige Mittheilung über seine Untersuchungen bezüglich der Flora der in der Umgebung von Krakau vorkommenden feuerfesten Thone. Aus denselben ist hervorzuheben: Mehrere Abdrücke stimmen mit *Marchantia polymorpha* f. *fontana* Wahlb. (*aquatica* Nees., *torfacea* Rbhst.) in der Gestalt, der Verzweigungsweise und Grösse des Thallus ganz überein, zeigen aber nur die sterile Form. R. benannte sie *Palaeohepatica Rostafinskii*. Neben anderen fructificirenden Farnresten fanden sich zwei *Ctenis*-Arten vor, an denen jedoch die Sporangienstructur nicht zu erkennen war, bei *Thinnfeldia rhomboidalis* stehen die Sporangienhäufchen in zwei Reihen, doch am Abdrucke war der Sporangienbau nicht zu erkennen, indem die Sporangien mit einem dicken Indusium bedeckt sind. Eine kleinblätterige *Danaea* besitzt ebenfalls gut erhaltene Fructificationen; auf einige *Osmunda*-artige Fructificationen gründete R. seine neue Gattung *Polysorites*; doch erkannte Verf. später, dass besser erhaltene Exemplare von *Osmunda sporophyllea* nicht zu unterscheiden sind. R. ist der Meinung, dass die Flora etwas jünger als die untere Liasflora von Steierdorf in Südungarn, aber älter als die Bathflora sei.

68. **M. Raciborski** (135) zählt in dieser vorläufigen Mittheilung die aus den feuerfesten Thonen von Krakau bekannten Pflanzenreste auf. Es sind dies folgende: *Equisetum Ungeri* Ettgsh., *Ctenis asplenioides* Ettgs., *Ct. Potockii* Stur, *Taeniopteris* cf. *vittatus* Brngt., *T.* aff. *parvulae* Heer, *Thamnatopteris exilis* Sap., *Clathropteris platyphylla* Brngt., *Sagenopteris elongata* Brngt., *Sphenopteris obtusifolia* Andrae, *Cyatheites* aff. *decurrens*

Andrae, *Thinnfeldia rhomboidalis* Ettgsh., *Th.* aff. *incisae* Sap., *Alethopteris Bartoneci* Stur, *Pterophyllum* aff. *Zenkeriano* Germ., *Zamites gracilis* Kurr = *Pterophyllum imbricatum* Ettgsh., ferner *Thinnfeldia* sp. n. 2, zahlreiche Species von *Zamites, Nilsonia, Otozamites, Anemozamites, Cycadites,* einige Coniferen und viele Farne mit wohl erhaltener Fructification.

69. **G. de Saporta** (151). Heer beschrieb in seiner fossilen Flora von Portugal die Pflanzen zweier Localitäten (Almargem und Valle de Lobos), die auf Weald wiesen, aber Dicotyledonen fehlen in ihnen. S. erhielt nun von Buarcos, Nazareth, Alcautara, Padrao und Bussaco Pflanzen, von denen die beiden ersten Localitäten dem Untercenoman, die übrigen aber dem oberen Cenoman angehören dürften. Die Pflanzen selbst unterscheiden sich nicht von denen des portugiesischen Weald, aber es finden sich unter ihnen etliche 20 Dicotylen vor, die den Familien der Myriceen, Salicineen, Laurineen, Thymeleen, Santalaceen, Loranthaceen, Euphorbiaceen, Ericaceen (?) und Magnoliaceen angehören dürften. Sie lassen einen eigenthümlichen übereinstimmenden Charakter mit den Pflanzen des Turon von Bagnols (Gault) erkennen. Diesen Thatsachen entspricht die Folgerung, dass die Etage von Almargem (nämlich das Aptien und Albien, genauer das Bellasien der Portugiesen, Vraconien des Jura, oberer Gault), das Niveau von *Pterocera incerta* d'Orb., *Ostrea pseudo-africana* Cheff etc. die Zeitepoche andeutet, in welcher die Dicotyledonen in Europa begannen aufzutreten und sich zu verbreiten.

70. **de Lima** (100) bespricht nach dem Ref. Zeiller's die jüngst entdeckte Kreideflora Portugals, die eine eigenthümliche bisher unbekannt gebliebene Association von dicotylen Pflanzen mit der Wealdenflora darstellt.

71. **J. Velenovsky** (180) beschreibt aus der Kreideflora Böhmens 20 Farne und 1 Lycopodiacee. *Gleichenia* ist durch die meisten Arten vertreten, nämlich 6, darunter *G. multinervosa* n. sp. und *G. crenata* n. sp. *Marattia cretacea* n. sp. liegt nur in einem vereinzelten Fragment vor; dagegen ist *Thyrsopteris capsulifera* n. sp. reichlich vorhanden. Auf den Fiederchen dieses Farn fand V. strahlförmige Nervation, weshalb er glaubt, dass diese Pflanze auch der Vertreter einer neuen Gattung sein könnte. Neu ist auch *Asplenites* n. sp., *Kirchnera dentata* n. sp., *Jeanpaulia carinata* n. sp., *Pecopteris minor* n. sp. Schliesslich wird *Selaginella dichotoma* n. sp. beschrieben. Die Arbeit enthält auch viele kritische Anmerkungen.

72. **E. Schulze** (161). Ueber die Flora der subhercynischen Kreide (Inaug.-Dissert. Halle a. S., 1888). 33 Seiten 8°.

Das subhercynische Gebiet der niedersächsischen Kreideformation enthält in Schichten der unteren Kreide und des Senons bei Halberstadt und Blankenburg Pflanzenreste, welche zum Theil von Dunker, Zenker, Stiehler und Heer bearbeitet wurden. Verf. aber untersuchte das reiche Material, welches im mineralogischen Institute in Halle a. S. sich findet.

Nach kurzer geschichtlicher Darstellung der über diese Pflanzenfunde erschienenen Literatur geht Verf. zur vorläufigen Besprechung (ein ausführlicheres Werk wird späterhin die beobachteten Formen näher beleuchten) der einzelnen Fundorte und der in ihnen enthaltenen Flora über.

Untere Kreide.

1. In dem Neocomsandsteine der Westseite des Helmsteines bei Westerhausen finden sich folgende Pflanzenformen: *Alethopteris revoluta, A. Goepperti* Schenk, *Mattonidium Goepperti* Schenk, *Gleichenia* cf. *rotula* Heer, *Gl.* cf. *Giesekiana* Heer, cf. *Lonchopteris Mantelli* Bgt., *Pteridophyllum fastigiatum* nov. sp.; — *Zamites* sp., cf. *Sequoia falcifolia* Röm. sp. (= *Sphenolepis Sternbergiana* Schenk), *Sphenolepis imbricata* Röm. sp. (= *Sph. Kurriana* Schenk). — Die Arten gehören zum Theil zu Formen des Neocom oder Wealden, andere lassen sich wenigstens mit solchen vergleichen.

2. Die Flora des zum Gaultquaderzuge gehörigen Langenberges zwischen Quedlinburg und Westerhausen wurde von Oberbergmeister Weichsel im Jahre 1854 entdeckt. Von den 3 durch Stiehler beschriebenen Arten wurde nur *Weichselia* anderwärts im Teutoburger Walde in Neocomschichten wiedergefunden. Die 3 Arten sind: *Weichselia*

Ludovicae Stiehler (ein prächtiges Farnkraut), *Pterophyllum Ernestinae* Stiehler und *Pandanus Simildae* Stiehler.

Obere Kreide.

Die Stufen der oberen Kreide im subhercynischen Gebiete zerfallen in folgende 4 dem Senon zuzählende Abtheilungen, von welchen 3 durch Schlüter mit Stufen des westfälischen Senons verglichen werden:

4. Ilsenburgmergel.
3. Heimburggestein (= Sandkalke von Dülmen mit *Scaphites binodosus*).
2. Subhercynischer Senonquader (= Quarzgestein von Haltern mit *Pecten muricatus*).
1. Salzberggestein (= Sandmergel von Recklinghausen mit *Marsupites ornatus*).

1. Die Flora des Salzberggesteines enthält nur wenige Arten: *Scleropteris callosa* n. sp., *Sequoia* sp., *Geinitzia formosa* Heer (nach Ewald im Salzbergmergel).

2. In dem subhercynischen Senonquader wurden bisher an 7 Stellen Pflanzenreste gefunden, welche folgenden Arten angehören: *Gleichenia Zippei* Corda sp., *Gl. acutiloba* Heer, *Pecopteris calopteris* Deb. und Ett. sp., *Asplenium* cf. *scrobiculatum* Heer, cf. *Carolopteris Aquensis* Deb. und Ett.; — *Torreya* cf. *Dicksoniana* Heer, *Cunninghamites oxycedrus* Presl., *C. elegans* Corda, *Eurysacis squamosa* Heer sp. (= *Cunninghamites squamosa* Heer), *Ceratostrobus formosus* Heer sp. (= *Geinitzia formosa* Heer), *C. strictus* (= *Geinitzia cretacea* Schimp.), *Araucarites Reichenbachi* Gein., *Sequoia Reichenbachi* Heer, *S. concinna* Heer, *S. pectinata* Heer, *S. Goepperti* Dunk. sp., *Cyparissidium gracile* Heer, *Taxites* cf. *Pfaffii* Heer, *Cedroxylon* cf. *Aquisgranense* Goepp. sp.; — *Cytisus cretaceus* Dunk., *Triphyllum* cf. *Bignonia Silesiaca* Velen., *Dewalquea Haldemiana* Sap. und Mar., cf. *D. insignis* Hos. und v. d. Mk., *Quercus robusta* n. sp., *Salix Goetziana* Heer, *Salicites Hartigi* Dunk., *Salix fragiliformis* Zenk., *Myrica Schenkiana* Heer, *Daphnophyllum Fraasii* Heer, *Credneria integerrima* Zenk., *Cr. denticulata* Zenk., *Cr. subtriloba* Zenk., *Cr. triacuminata* Hampe, *Cr. subserrata* Hampe, *Cr. acuminata* Hampe, *Chondrophyllum hederaeforme* Heer und *Phyllites* sp.

Aus einem eisenschüssigen Sandstein, welcher von einem unbekannten Fundorte (wahrscheinlich jedoch aus der Nähe von Quedlinburg) stammt, wurden folgende Formen bekannt: cf. *Podozamites latipennis* Heer, *Phyllocladites crenatus* n. sp. — *Myrica cretacea* Heer, *Rhus cretacea* Heer, *Chondrophyllum hederaeforme* Heer, *Ch.* cf. *grandidentatum* Ung., *Ch. tricuspe* n. sp., *Phyllites* n. sp.

Das Vorkommen von Dicotylen deutet auf ein jüngeres Alter als das der gaultinen Schichten, z. B. des Langenberges ist. Da mehrere Formen cenomanes Gepräge besitzen, so erscheint es nicht unmöglich, ob nicht irgendwo auch Cenomanschichten anstehen; andere Typen entsprechen aber auch senonen Ablagerungen.

3. Die Flora des Heimburggesteines lieferte: *Pecopteris cuspidata* n. sp., *P. osmundacea* n. sp., *Lygodites* cf. *aneimiifolius* Deb. und Ett. sp., *L. spathulatus* n. sp.; — *Phyllocladus laciniosa* n. sp., *Cunninghamites oxycedrus* Presl., *Ceratostrobus* cf. *formosus* Heer sp., *Sequoia Reichenbachii* Heer; — Monocotyle sp.; — *Dewalquea Nilssoniana* Bgt. sp., *Cytisus cretaceus* Dunk., *Triphyllum Geinitzianum* Goepp. sp., *Dryophyllum* cf. *Saportae* Watel. sp., *Dr.* cf. *cuspidigerum* Heer sp., *Dr.* cf. *tenuifolium* Deb., *Dr.* cf. *vittatum* Sap. und Mar., *Dr. repandum* $<$ *Quercus Westfalica* Hos. u. v. d. Mk., *Dryandroides quercinea* Velen., *Myrica* cf. *serrata* Velen., *Sycophyllum dentatum* n. sp., *Credneria integerrima* Zenk., *Cr. subtriloba* Zenk., *Cr. triacuminata* Hampe, *Phyllites* sp. — Noch dürften *Castanea Hausmanni* Dunk. und *Delessertites Hampeanus* für diese Flora angeführt werden.

4. Die Flora des Ilsenburgmergels führte Jasche auf. Als wahrscheinlich dieser Ablagerung angehörend fanden sich im mineralogischen Institute in Halle a. S.: *Delessertites* cf. *Thierendi* Miq. — *Ceratostrobus* sp., *Sequoia* cf. *pectinata* Heer. — *Dryandroides Haldemianus* Hos. und v. d. Mk., *Dryophyllum* cf. *cretaceum* Deb., *Myrica* cf. *liophylla* Hos. und v. d. Mk., *Phyllites* sp. — Die Flora des subhercynischen Senons zeigt einige Beziehungen zur eocänen Flora.

73. **F. Frech** (50) beschreibt aus dem den untersenonen Quadersandsteinen einge-

lagertem plastischem Thone von Quedlinburg: *Geinitzia formosa* Heer, *Cedroxylon* cf. *aquisgranense* Göpp. sp. (bestimmt und beschrieben von Dr. J. Felix) und *Credneria* (?) sp.

74. **R. Zeiller** (196, 197) beschreibt aus den den Ligniten untergeordneten Süsswasserkalken von Simeyrols Pflanzenreste. Dominirend unter denselben sind die Reste von *Sequoia aliena* Stbg., ferner fand sich vor *S. Reichenbachi* Gein., schliesslich schlecht erhaltene Dicotyledonenreste. Die beiden Coniferen verweisen diese Kalke in die Kreide.

75. **L. Bozzi** (10) beschreibt aus einem cretacischen Kalkfelsen von Vernasso in der Provinz Udine folgende Pflanzen: *Sequoia rigida* Heer, *S. ambigua* Heer, *S. concinna* Heer, *Cyparissidium gracile* Heer, *Arundo Groenlandica* Heer.

Man vgl. noch Ref. 139.

Känozoische Gruppe.

76. **E. Bureau** (14) studirte nach dem Ref. Zeiller's eine Serie von Pflanzen aus dem Pariser Grobkalke. Die von Watelet als *Delesserites parisiensis* beschriebene Alge reiht er unter die Delessericeen in das Genus *Nitophyllum* ein. Er constatirte auch das Vorkommen des Genus *Pandanus*, vertreten durch einen beblätterten Zweig von *Yucca*. Das Rhizom von *Nymphaea dubia* Wat. gehört *Nuphar* an und nähert sich sehr *Nuphar pumilum*; unterscheidet sich aber durch verschiedene Charaktere von den lebenden Arten und bildet in dem benannten Genus eine eigenthümliche Section.

77. **E. van den Broeck** (179) berichtet nach dem Ref. Zeiller's über einen in den eocenen Sandsteinen der Umgebung von Brüssel gefundenen Coniferenzapfen mit dreilappigen Schuppen. Die nähere Untersuchung ist in Aussicht gestellt.

78. **J. St. Gardner** (52) vergleicht die Ablagerungen des Pariser Beckens mit denen Englands. Die Flora der Travertine von Sezanne ist sicherlich eocen und hat ihren nächsten Repräsentanten in der Flora von Ardtun auf Mull; die des Pariser Grobkalkes correspondirt mit Bournemonth; schliesslich steht die Flora des Sandsteins von Belleu in Correlation mit den Lower Bagshot-Schichten auf Alum Bay. Differenzen zwischen beiden zeigen sich darin, dass bei Belleu die dreinervigen Blätter von *Daphnogene* und *Cinnamoum* viel häufiger sind; dagegen findet man hier weder *Podocarpus elegans*, noch *Maruttia Hookeri* oder *Aralia primigenia*.

79. **J. St. Gardner** (54) theilt nach dem Ref. Zeiller's verschiedene neue Funde mit. Im oberen Eocen der Insel Wight fand er ein schönes Blatt der *Nelumbium Buchi*, eine Frucht, die einer Iridee angehören dürfte; in einem etwas tieferem Niveau, in den Mergeln von Bembridge hat man ausser verschiedenen schon Bekannten noch den Zapfen einer in die Gruppe der *Pinus Mughus* gehörigen Conifere gefunden, und sehr häufig eine kleine Frucht, *Folliculites Websteri* und in den unteren Schichten von Headon noch andere Früchte.

80. **J. St. Gardner** (53) berichtet nach dem Ref. Zeiller's, dass er bei Bournemouth eine neue *Acer*-Art und bei Lough-Neagh eine neue *Pteris*-Art fand.

81. **G. de Saporta** (152) giebt eine kritische Untersuchung des geologischen Alters der Pflanzen von Aix. Bislang reihte er sie dem Ligurien Heer's ein; aber neue Funde, die Thiere und die Stratigraphie führen ihn dazu, diese Ablagerung als eine oligocäne zu betrachten. Alle fünf pflanzenführende Niveaus sind gleichalterig.

82. **A. F. Marion** (101) beschreibt *Doliostrobus Sternbergii* als neues tertiäres Coniferengenus. Die Pflanze ist von vielen Orten in ihren Zweigen als *Araucarites Sternbergii* bekannt. M. kennt die Pflanze nun in allen ihren Theilen und findet, dass sie den Araucarien nicht zugezählt werden kann; dem Zapfen nach gehört sie wohl in die Gruppe der Dammareen, doch die recente *Dammara* hat andere abweichende Charaktere. Die Pflanze wurde gefunden in den oligocänen Schichten der lacustren Bassins von Alais (Gard), Monteils, Servas; am häufigsten im Tunnel von Célas; der Typus erhält sich bis auf die jüngere Zeit, denn aus den mio-pliocänen Schichten von Cerdagne bei Bellver beschreibt M. unter dem Namen *Doliostrobus Rerollei* Zweige und eine isolirte Schuppe.

83. **Boulay** (8) beschreibt die fossile Flora aus dem eocenen Sandsteine von Gennes und insbesondere von Saint-Saturien (Maine-et-Loire). Die Stadt Saint-Saturien liegt 13 km südöstlich von Angers auf einem die Loire beherrschenden Hügel von 67 m Höhe.

Die Masse dieser Erhöhung gehört dem Cenoman an und ist oben mit einer schwachen Ablagerung von eocenem Sandstein bedeckt. Letzterer ist in zahlreiche Blöcke zerfallen, die auf den Abhängen zerstreut umherliegen. Einer dieser Blöcke von grossen Dimensionen erwies sich als fossilienführend, und zwar an seinem unteren Theile. Ausser einer kleinen *Ostrea* fanden sich die angeführten Pflanzenreste vor; u. a.: *Chara Fyeensis* Crié, *Aneimia subcretacea* Gard., *Podoloma* sp., *Glossochlamys* sp., *Cryptomeria Sternbergii* Gardn., *Podocarpus eocenica* Ung., *Bambusa Fyeensis* Crié. *Flabellaria Saportana* Crié, *F. Milletiana* Crié und folgende Dicotyledonen: *Myrica Meissneri* Heer, *M. aemula* Heer, *M. longifolia* Ung., *M. latipes* M. Boul., *Quercus Heberti* Crié, *Qu. cenomanensis* Sap., *Ficus Dehayesi* Wat., *F. Giebeli* Heer, *F. Schlechtendalii* Heer, *F. pachyneura* N. Boul., *Laurus Forbesi* de la H., *L. Decaisneana* Heer, *L. primigenia* Heer, *Daphnogene patulinervis* N. Boul., *Notelea eocenica* Ett., *Echitonium cuspidatum* Heer, *Nerium sarthacense* Sap., *Apocynophyllum neriifolium* Heer, *A. ligerinum* N. Boul., *Myrsine Doryphora* Ung., *Bumelia minor* Ung., *Diospyros senescens* Crié, *Morinda Brongniartii* Crié, *Apeibopsis Decaisneana* Crié, *Cassia Phaseolites* Ung., *Acacia Brongniarti* Wat., *A. Saportae* Wat., *Carpolithes* theils zu *C. Saportana* Crié, theils zu *Diospyros* gehörig. — Diese Flora zeigt mit jener der Sandsteine von Skopau in Sachsen und insbesondere mit Sotzka die meiste Uebereinstimmung und scheint also eher oligocän als eocen zu sein. *Aneimia subcretacea* Gard. und *Cryptomeria Sternbergii* Gard. hat dieser Fundort mit Bournemouth gemeinsam.

84. **F. Sacco** (149). Die tertiären Ablagerungen Italiens enthalten fast in allen ihren Stufen Pflanzenreste in grösserer oder geringerer Menge, die aber noch der Bearbeitung entgegensehen.

85. **J. L. Piedboeuf** (126) beschreibt nach dem Ref. von Koenen's aus der Umgegend von Düsseldorf 1. von Teredo zerbohrten Lignit und einen Tannenzapfen aus einem Brunnen, 20 m tief, am Erftcanal bei Neuss; 2. bei Sambem, Vohwinkel liegen bis zu 50 m mächtige, dichte Braunkohlen mit bis 1 m mächtigen in Lignit umgewandelten Baumstämmen; ferner Holzkohlenstücke und *Nipodites Burtini* ähnliche Meerschalenreste. Schliesslich fand Verf. in den Lenneschiefern bei Grünwald, Gräfroth und Oben zum Holze (bei Solingen) die Abdrücke von *Antophycus Dechenianum* (*Haliserites* Göpp.).

86. **K. Mayer-Eymar** (103) zählt auf p. 124–125 die aus dem unteren Aquitanien von Schloss Ralligen bei Thun in Heer's Flora tert. Helv. beschriebenen Pflanzen auf.

87. **T. Schafarzik** (154) fand *Carya ventricosa* Brngt. im Nummulites Tschihatscheffi-Kalksteine des Wachtberges bei Gran. (Oberes Eocen.) Staub.

88. **C. v. Ettingshausen** (40). Cf. Bot. Jahresber., 1887, II, p. 294, Ref. No. 74.

89. **C. v. Ettingshausen** (41). Leoben in Steiermark ist als reiche Fundstätte fossiler Pflanzen schon längst bekannt; doch erst jetzt erhielt die Literatur eine ausführliche Beschreibung derselben. C. v. E. beschreibt aus derselben:

Cryptogamae Fungi. Hyphomycetes: *Phyllerium Palaeo-Myricae* n. sp., *Ph. Palaeo-Carpini* sp. n., *Ph. Palaeo-Lauri* sp. n., *Ph. Palaeo-Cassiae* sp. n., *Ph. Kunzei* A. Br. — Pyrenomycetes. *Sphaeria münzenbergensis* sp. n., *Sph. achreia* Ettgsh., *Sph. Palaeo-Lauri* sp. n., *Sph. Palaeo-Daphnes* sp. n., *Sph. Trogii* Heer, *Sph. Dryadum* Ettgsh., *Sphaerites rhytismoides* Ettgsh., *Dothidea myricicola* sp. n., *D. Sterculiae* Ettgsh., *D. Dryadum* sp. n., *Depazea Feroniae* Ettgsh., *D. Palaeo-alni* sp. n., *Phacidium Feroniae* Ettgsh., *Xylomites Lonchitidis* Ettgsh., *X. lignitum* Ettgsh., *X. alni* Ettgsh., *X. Daphnogenes* Heer, *X. münzenbergensis* sp. n., *X. moskenbergensis* sp. n., *X. ficicolus* sp. n., *X. granulifer* sp. n., *X. grandis* Ettgsh., *Rhytisma ulmicolum* sp. n., *Rh. Feroniae* Ettgsh., *Rh. Geinitzii* Ettgsh., *X. Milleri* Ettgsh., *Sclerotium Cinnamomi* Heer.

Algae. *Enteromorpha stagnalis* Heer. — Musci. *Muscites savinensis* Ettgsh., *Hypnum Schimperi* Ung. sp., *H. Heppii* Heer. — Calamariae. Equisetaceae. *Equisetum Roessneri* Ettgsh.

Filices. *Pteris parschlugiana* Ung., *Pt. moskenbergensis* Ettgsh., *Pt. oeningensis* Ung., *Pt. radobojana* Ung., *Phegopteris stiriaca* Ung. sp., *Ph. Bunburii* Heer sp., *Cystopteris fumariacea* Wess. et Web.

A. **Phanerogamae.** Gymnospermae. Cycadeae. *Ceratozamia Hofmannii* Ettgsh. — Coniferae. *Callitris Brongniarti* Endl. sp., *Libocedrus salicornioides* Endl. sp., *Widdringtonia Ungeri* Endl. sp., *Taxodium distichum miocenicum* Heer, *Glyptostrobus europaeus* Brngt. sp., *G. Ungeri* Heer, *Sequoia Couttsiae* Heer, *S. Langsdorfii* Brngt. sp., *S. Tournalii* Brngt. sp., *Pinus Palaeo-Strobus* Ettgsh., *P. stenoptera* Ettgsh., *P. Palaeo-Cembra* Ettgsh., *P. Goethana* Ung. sp., *P. rigios* Ung., *P. Palaeo-Laricio* Ettgsh., *P. hepios* Ung., *P. Laricio* Poir., *P. Haidingeri* Ung. sp., *P. Freyeri* Ung., *P. holothana* Ung., *P. pachyptera* Ettgsh., *P. prae-silvestris* Ettgsh., *P. microptera* Ettgsh., *Podocarpus eocenica* Ung., *P. stiriaca* sp. n.

B. **Monocotyledones.** Glumaceae. Gramineae. *Arundo Goepperti* Heer, *Phragmites oeningensis* Al. Br., *Panicum rostratum* Heer, *Poacites laevis* Al. Br., *P. aequalis* Ettgsh., *P. arundinarius* Ettgsh., *P. acuminatus* Ettgsh. — Cyperaceae. *Cyperites binervis* sp. n. — Smilaceae. *Smilax grandifolia* Ung., *S. obtusangula* Heer, *S. parvifolia* Al. Br., *S. ovata* Wess., *S. moskenbergensis* Ettgsh. — Dioscoreae. *Asterocalyx* g. n., *A. stiriacus* sp. n. — Najadea. *Najadopsis trinervia* Ettgsh., *N. graminifolia* Ettgsh., *Zostera Ungeri* Ettgsh. — Typhaceae. *Typha latissima* A. Br., *Sparganium acheronticum* Ung. — Palmae. *Sabal major* Ung. sp.

C. **Dicotyledones.** a. Apetaleae. Ceratophylleae. *Ceratophyllum tertiarium* sp. n. — Casuarineae. *Casuarina sotzkiana* Ung. sp., — Myriceae. *Myrica lignitum* Ung., *M. Joannis* Ettgsh., *M. sotzkiana* Ettgsh., *M. subaethiopica* Ettgsh., *M. salicina* Ung., *M. deperdita* Ung., *M. Studeri* Heer. — Betulaceae. *Betula Dryadum* Brngt., *B. prisca* Ettgsh., *B. Brongniartii* Ettgsh., *B. rectinervis* sp. n., *B. Blancheti* Heer, *B. Kefersteinii* Goepp., *Alnus gracilis* Ung. — Cupuliferae. *Quercus nereifolia* Al. Br., *Qu. Apocynophyllum* Ettgsh., *Qu. Daphnophyllum* Ettgsh., *Qu. drymeja* Ung., *Qu. Griphus* Ung., *Qu. Milleri* Ettgsh., *Qu. Lonchitis* Ung., *Qu. Palaeo-Ilex* Ung., *Qu. tephrodes* Ung., *Qu. Pseudo-Alnus* Ettgsh., *Qu. Gmelini* Al. Br., *Qu. Charpentieri* Stur, *Qu. cruciata* Al. Br., *Castanea atavia* Ung., *Fagus Feroniae* Ung., *Corylus insignis* Heer, *C. Mac Quarii* Forb. sp., *C. Palaeo-Avellana* Ettgsh., *Carpinus Heerii* Ettgsh., *C. pyramidalis* Gaud., *Ostrya atlantidis* Ung., *O. stenocarpa* Ettgsh. — Ulmaceae. *Ulmus Bronnii* Ung., *U. plurinervia* Ung., *U. Braunii* Heer, *Planera Ungeri* Ettgsh. — Celtideae. *Celtis stiriaca* Ettgsh. — Moreae. *Ficus lanceolata* Heer, *F. sagoriana* Ettgsh., *F. multinervis* Heer, *F. tenuinervis* Ettgsh., *F. Lobkowitzii* Ettgsh., *F. Fridaui* Ettgsh., *F. Morloti* Ung., *F. Jynx* Ung., *F. Rachoyana* sp. n., *F. bumeliaefolia* Ettgsh., *F. Reussii* Ettgsh., *F. extincta* Ettgsh., *F. tiliaefolia* Ung. — Artocarpeae. *Artocarpidium Ungeri* Ettgsh., *A. serratifolium* Ettgsh. — Urticaceae. *Urtica miocenica* Ettgsh. — Plataneae. *Platanus aceroides* Goepp., *P. gracilis* Ettgsh. — Balsamifluae. *Liquidambar europaeum* Al. Br. — Salicineae. *Populus latior* Al. Br., *P. Geinitzii* Ettgsh., *P. mutabilis* Heer, *Salix varians* Goepp., *S. Lavateri* Heer, *S. Hartigi* Heer, *S. palaeo-caprea* sp. n., *S. angusta* A. Br., *S. palaeo-repens* Ettgsh., *S. subrepens* sp. n. — Polygoneae. *Polygonites deperditus* Ettgsh. — Nyctagineae. *Pisonia eocenica* Ettgsh. — Monimiaceae. *Hedycarya europaea* Ettgsh., *Laurelia rediviva* Ung. — Laurineae. *Laurus primigenia* Ung., *L. phoeboides* Ettgsh., *L. ocoteaefolia* Ettgsh., *L. grandifolia* sp. n., *L. princeps* Heer, *L. tetrantheroides* Ettgsh., *L. nectantroides* Ettgsh., *L. Agathophyllum* Ung., *L. Heliadum* Ung., *L. Swoszowiciana* Ung., *L. Haidingeri* Ettgsh., *Nectandra arcinervia* Ettgsh., *Oreodaphne stiriaca* Ettgsh., *Persea Braunii* Heer, *P. Heerii* Ettgsh., *P. hapalophylla* sp. n., *Litsaea miocenica* Ettgsh., *Cinnamomum Rossmaessleri* Heer, *C. Scheuchzeri* Heer, *C. lanceolatum* Ung. sp., *C. subrotundum* Al. Br. sp., *C. polymorphum* Al. Br. sp., *Daphnogene laurifolia* Ettgsh. — Santalaceae. *Leptomeria gracilis* Ettgsh., *L. oeningensis* Heer, *Exocarpus stiriaca* sp. n., *Santalum salicinum* Ettgsh., *S. acheronticum* Ettgsh., *S. osyrinum* Ettgsh., *S. microphyllum* Ettgsh. — Daphnoideae. *Daphne radobojana* Ung., *D. Seelandii* Ettgsh., *D. protogaea* Ettgsh., *D. Palaeo-Mezereum* sp. n., *D. Palaeo-Laureola* Ettgsh., *D. prae-longifolia* sp. n. — Proteaceae. *Protea europaea* sp. n., *Persoonia Daphnes* Ettgsh., *P. Myrtillus* Ettgsh., *Grevillea haeringiana* Ettgsh., *Hakea plurinervia* Ettgsh., *H. stenoptera* Ettgsh., *Rhopalophyllum acuminatum* Ung. sp., *Embothrium salicinum* Heer, *E. boreale* Ung., *E. sotzkianum* Ung., *E. affine* Ettgsh., *E.*

macropterum Ettgsh., *E. stiriacum* sp. n., *Banksia longifolia* Ettgsh., *B. haeringiana* Ettgsh., *B. Ungeri* Ettgsh., *B. Haidingeri* Ettgsh., *Dryandroides grevilleaefolia* sp. n., *D. fohnsdorfensis* sp. n. — Aristolochieae. *Aristolochia Aesculapi* Heer.

90. **C. v. Ettingshausen** (42) beschreibt im II. Theil seiner Flora von Leoben die Gamopetalen und Dialypetalen.

b. Gamopetalae. Rubiaceae. *Cinchonidium bilinicum* Ettgsh., *C. multinerve* Ettgsh., *C. angustifolium* Ettgsh., *C. parvifolium* sp. n., *C. randiaefolium* Ettgsh. — Lonicereae. *Lonicera prisca* sp. n. — Oleaceceae. *Olea stiriaca* Ettgsh., *O. prae-europaea* sp. n., *Ligustrum antiquum* sp. n., *Fraxinus primigenia* Ung., *F. prae-excelsior* sp. n., *F. macroptera* sp. n. — Apocynaceae. *Apocynophyllum lanceolatum* Ung., *A. Reussii* Ettgsh., *A. Amsonia* Ung., *A. longepetiolatum* Ettgsh., *A. haeringianum* Ettgsh., *A. stenophyllum* Ung., *A. salicinum* Ettgsh., *A. hunteriaeforme*, Ettgsh., *A. serratum* sp. n., *Plumeria stiriaca* sp. n., *Echitonium microspermum* Ung., *E. superstes* Ung., *E. macrospermum* Ettgsh. — Asperifoliae. *Heliotropites Reussii* Ettgsh. — Convolvulaceae. *Porana oeningensis* Heer. — Myrsineae. *Myrsine Doryphora* Ung., *M. salicina* Ettgsh., *Ardisia celastrina* Ettgsh.. *Maesa stiriaca* Ettgsh. — Sapotaceae. *Sapotacites sideroxyloides* Ettgsh., *S. minor* Ettgsh., *S. emarginatus* Heer, *Achras pithecobroma* Ung., *Sideroxylon hepios* Ung., *Bumelia Oreadum* Ung. — Ebenaceae. *Diospyros brachysepala* Al. Br., *D. anceps* Heer, *D. Auricula* Ung., *D. lotoides* Ung., *D. stiriaca* sp. n., *Royena Myosotis* Ung., *Moereightia longipes* Ettgsh. — Styraceae. *Symplocos gregaria* Al. Br., *Styrax antiquum* sp. n. — Vaccinieae. *Vaccinium acheronticum* Ung., *V. reticulatum* Al. Br., *V. cordatum* Ettgsh. — Ericaceae. *Andromeda protogaea* Ung., *A. vaccinifolia* Ung., *Arbutus serra* Ung. sp.

c. Dialypetalae. Araliaceae. *Gilibertia Hercules* Ung., *G. digitata* Ung., *Aralio-phyllum montanum* sp. n. — Corneae. *Cornus Büchii* Heer, *C. orbifera* Heer, *C. attenuata* sp. n. — Loranthaceae. *Loranthus Palaeo-Eucalypti* Ettgsh., *L. Circes* sp. n., *L. protogaeus* Ettgsh. — Saxifragaceae. *Ceratopetalum haeringianum* Ettgsh., *Hydrangea sagoriana* Ettgsh. — Nymphaeaceae. *Anoectoweria Brongniarti* Sap., *Nymphaea Charpentieri* Heer. — Nelumboneae. *Nelumbium Buchii* Ettgsh. — Bombaceae. *Bombax emarginatum* sp. n. — Sterculiaceae. *Sterculia Labrusca* Ung., *St. cinnamomea* Ettgsh., *St. laurina* Ettgsh. — Tiliaceae. *Tilia Milleri* Ettgsh., *Abeiopsis Haidingeri* Ung. sp. — Acerineae. *Acer trilobatum* Al. Br., *A. paulliniaecarpum* Ettgsh., *A. palaeo-campestre* Ettgsh., *A. angustilòbum* Heer, *A. decipiens* Al. Br., *A. rhombifolium* Ettgsh. — Malpighiaceae. *Heteropteris protogaea* Ettgsh., *Tetrapteris minuta* Ettgsh., *Hiraea Titaniae* sp. n., *Malpighiastrum teutonicum* Ettgsh. — Sapindaceae. *Sapindus falcifolius* Al. Br., *S. Ungeri* Ettgsh., *S. dubius* Ung., *S. moskenbergensis* Ettgsh., *S. Pythii* Ung., *S. cassioides* Ettgsh., *Dodonaea antiqua* Ettgsh. — Celastrineae. *Celastrus myrtillifolius* sp. n., *C. Aeoli* Ettgsh., *C. Lucinae* Ettgsh., *C. Hippolyti* Ettgsh., *C. Pseudo-Ilex* Ettgsh., *C. europaeus* Ung., *Pterocelastrus elaenus* Ung. sp., *Maytenus europaea* Ettgsh., *M. submarginata* Ettgsh., *M. integrifolia* Ettgsh., *Celastrophyllum venosum* sp. n., *Elaeodendron stiriacum* Ettgsh., *Evonymus moskenbergensis* Ettgsh., *E. Herthae* sp. n., *E. diversifolius* sp. n. — Hippocrateaceae. *Hippocratea crenulata* Ettgsh. — Ilicineae. *Ilex parschlugiana* Ung., *I. Dianae* sp. n., *I. berberidifolia* Heer. *I. stenophylla* Ung. — Rhamneae. *Paliurus Favonii* Ung., *Zizyphus parvifolius* Ettgsh., *Berchemia multinervis* Al. Br., *Rhamnus Gaudini* Heer, *Rh. Aizoon* Ung., *Rh. ulmifolius* Ettgsh., *Rh. aizoides* Ung., *Rh. rectinervis* Heer, *Rh. bilinicus* Ung., *Rh. pusillus* sp. n., *Pomaderris acuminata* Ettgsh. — Ampelideae. *Vitis teutonica* Al. Br. *Cissus fagifolia* Ettgsh., *C. celtidifolia* Ettgsh. — Juglandeae. *Juglans acuminata* Al. Br., *J. parschlugiana* Ung., *J. melaena* Ung., *J. undulata* Ettgsh., *J. Reussii* Ettingsh., *Carya bilinica* Ung., *Pterocarya denticulata* Web. sp., *Pt. leobenensis* Ettgsh., *Engelhardtia Brongniartii* Sap. — Anacardiaceae. *Pistacia Palaeo-Lentiscus* Ettgsh., *Rhus prisca* Ettgsh., *Rh. intermedia* n. sp., *Rh. tenuifolia* Ettgsh., *Rh. appendiculata* Ettgsh., *Rh. juglandina* Ettgsh., *Rh. cassiaeformis* Ettgsh., *Rh. Glowackii* sp. n., *Heterocalyx Ungeri* Sap., *Anacardiophyllum dubium* Ettgsh. — Zanthoxyleae. *Ailanthus Apollinis* sp. n., *Zanthoxylum integrifolium* Heer. — Coriarieae. *Coriaria stiriaca* sp. n. — Combretaceae. *Terminalia miocenica* Ung. — Myrtaceae. *Eucalyptus oceanica* Ung., *E. Persidis* sp. n., *E. haeringiana*

Ettgsh., *E. grandifolia* Ettgsh., *Eugenia Apollinis* Ung., *Callistemophyllum acuminatum* Ettgsh., *C. productum* Ettgsh., *C. abbreviatum* sp. n., *C. diosmoides* Ettgsh. — Pomaceae. *Photinia Eratonis* sp. n., *Sorbus Egeriae* sp. n. — Rosaceae. *Spiraea prunifolia* Ettgsh., *Sp. Osiris* Ettgsh., *Sp. acherontica* Ettgsh. — Amygdaleae. *Prunus Palaeo-Cerasus* Ettgsh. — Papilionaceae. *Cytisus Palaeo-Laburnum* sp. n., *Glycyrrhiza Blandusiae* Ung., *Robinia Hesperidum* Ung., *Kennedya dubia* Ettgsh., *Dioclea protogaea* Ettgsh., *Phaseolites securidaeus* Ung., *Dolichites maximus* Ung., *Dalbergia primaeva* Ung., *D. haeringiana* Ettgsh., *D. pterocarpoides* Ettgsh., *Palaeolobium moskenbergense* Ettgsh., *Sophora europaea* Ung., *Cercis radobojana* Ung. — Caesalpinieae. *Cassia Phaseolites* Ung., *C. Berenides* Ung., *C. hyperborea* Ung., *C. Fischeri* Heer, *C. Leptodictyon* Ettgsh., *C. Memnonia* Ung., *C. Feroniae* Ettgsh., *C. Zephyri* Ettgsh., *C. lignitum* Ung., *C. ambigua* Ung., *C. pseudoglandulosa* Ettgsh., *C. stenophylla* Heer, *Bauhinia parschlugiana* Ung. — Mimoseae. *Acacia sotzkiana* Ung., *A. parschlugiana* Ung., *Mimosites palaeogaea* Ung.

Dem folgen noch einige bisher unbestimmbare Fragmente. Die Flora besteht demnach aus 411 Arten, welche sich auf 177 Gattungen, 77 Ordnungen und 34 Classen vertheilen. Von der Gesammtflora sind 136 der Tertiärflora von Leoben eigenthümlich.

Die meiste Uebereinstimmung zeigt die Flora von Leoben mit der von Bilin.

91. **Fliche** (47) fand in Gemeinsamkeit mit Bleicher und Barthélemy bei Villars-les-Nancy, in der Umgebung des Schlosses von Lasné unter der 50—60 cm starken alluvialen Schichte recente Tuffe in einer Mächtigkeit von 1.5 m und unter derselben eine Torfschichte von 80—90 cm. In beiden letzteren Schichten wurden zahlreiche Thiere und Pflanzen gefunden, von ersteren insbesondere Muscheln, Insecten. Die Pflanzen sind von denen der heutigen Flora dieser Gegend verschieden. Die Häufigkeit der Birken- und Fliederreste weisen auf kälteres und feuchteres Klima hin. Die Tuffe zeigen hauptsächlich die Abdrücke von Blättern der Rothbuche, eines Ahorns; auch ein Blatt des Faulbaumes wurde gefunden. Leicht kann man auch in diesen Tuffen drei Perioden wechselnder Klimate erkennen.

92. **A. Mascarini** (102) veröffentlicht ein Verzeichniss fossiler Pflanzen aus dem Travertine von Ascoli, theils als Fortsetzung seines Conchylien-Verzeichnisses aus demselben Travertine (1882), mehr aber noch als Resultat der von ihm vorgenommenen Ordnung der Sammlung Ant. Orsini's. In letzterer war die Phytopaläontologie der Umgegend von Ascoli mit mehreren, darunter prachtvollen, zumeist determinirten Schaustücken vertreten. So wird nun dieselbe durch Verf. öffentlich bekannt gemacht. Verf. ordnet sein Verzeichniss nach Nyman's Conspectus. und fügt nahezu jeder Art einige Bemerkungen über deren fossiles und recentes Vorkommen hinzu.

Bisher waren nur 15 fossile Pflanzen aus der Gegend — durch Gaudin C. et Strozzi C. (1860) und durch Ponzi G. (1875) — bekannt; Verf. bringt nun deren Zahl auf 78, wobei ihm 3 *Quercus*-Arten, welche die Autoren anführen, nicht gelang, an den Eichenfragmenten der Orsini'schen Sammlung näher nachzuweisen.

Von den angeführten Arten seien folgende unter anderen genannt: *Capparis rupestris* S. et S., *Cistus salvifolius* L., *Linum usitatissimum* L., Karpolithe, wie auch von einer zweiten nicht näher determinirbaren Leinart, *Acer campestre* L. var. *austriacum* Ten., *A. platanoides* L. var. *Lobelii* Ten., *Staphylea pinnata* L., *Evonymus europaeus* L., *Rhamnus Alaternus* L., *Amygdalus communis* L., beide letzteren in sehr mangelhaften Resten erhalten; *Sempervivum tectorum* L., die ganze Pflanze; *Bupleurum fruticosum* C. von Orsini determinirt, wird mit Zweifel gegeben; *Tussilago Farfara* L., *Olea europaea* L., *Mentha aquatica* L., in sehr schönen Exemplaren; *Cyclamen europaeum* L. [? Ref.]; von *Juglans regia* L. kaum ein erkennbares Bruchstück, ebenso von *Castanea sativa* Mill.; zahlreiche Eichenarten, darunter *Quercus Cerris* und *Q. Aesculus; Carpinus duinensis* Scop., mehrere *Populus*- und, noch besser erhalten, *Salix*-Arten; *Alnus glutinosa* Grtn., am besten durch Blätter und Früchte vertreten. Verf. hält das fossile *Pinus sylvestris* L. der Autoren richtiger für *P. halepensis* Mill. *Lolium perenne* L., ein Antholit, seltene Wedelreste von *Pteris aquilina* L., weit zahlreicher hingegen von *Polypodium vulgare* L. Solla.

93. **L. Bozzi** (9) beschreibt aus dem pliocenen Sand von Castelsardo in Sardegna den Zapfen von *Pinus Strozzii* Gaud.

94. **E. Clerici** (17). Das Vorkommen von *Vitis*-Arten im Eocen Europas und Amerikas, im Miocän und Pliocän Europas, sowie in den quaternären Travertinen und Tuffen beweist, dass die Heimath der Pflanze nicht das Grenzgebiet des Kaukasus sein kann. C. beschreibt *Vitis vinifera* L. (Blätter) aus dem Travertin von Fiano Romano, am rechten Ufer des Tevere, ca. 35 km von Rom entfernt und aus dem vulkanischen Tuff von Peperino auf der via Flaminia ca. 6 km weit von Rom. An letzterer Localität fanden sich noch vor: *Carex pendula* Huds., cf. *Glyceria aquatica* Wahl., *Potamogeton natans* L., *Hedera helix* L., *Buxus sempervirens* L., cf. *Ulmus campestris* L., *Juniperus communis* L., *Taxus baccata* L.

95. **C. Reid** and **H. N. Ridley** (140) fanden in den seit 90 Jahren bekannten, in der Nähe der Stadt Hoxne, unmittelbar an der nördlichen Grenze von Suffolk und beiläufig 5 Meilen östlich von Diss liegenden palaeolithischen Ausfüllungen des Seebeckens eine reiche Flora. Es wurden folgende Moose gefunden: *Brachythecium rutabulum* Bruch et Schmp., *Amblystegium fluitans* Mitt., *Hylocomnium squarrosum* Schmp., *Campylium stellatum* Mitt. *Acroceratium sarmentosum* Mitt., *A. cuspidatum* Mitt., *Philonotis fontana* Brid., *Webera albicans* Schmp., *Bryum pallens* Sw., *Mnium punctatum* L. — Es fanden sich noch vor *Salix polaris* Wahlb. (Stamm, Blatt, Frucht), *S. myrsinites* L. (Blätter, Früchte), *Betula nana* L. (Blätter); alle folgenden nur in Früchten und Samen, und zwar *Ranunculus aquatilis* L., *R. sceleratus* L., *R. repens* L., *R. Flammula* L., *Rubus Idaeus* L., *Comarum palustre* L., *Hippuris vulgaris* L., *Oenanthe Phellandrium* Lam., *Cornus sanguinea* L., *Bidens cernua* L., *Ceratophyllum demersum* L., *Alnus glutinosa* Gaertn., *Taxus baccata* L. (auch Holz), *Pinus* sp. (Rinde), *Sparganium ramosum* L., *Potamogeton pusillus* L., *P. trichoides* Cham., *P. rufescens* Schrad., *P. pectinatus* L., *P. crispus* L., *Scirpus lacustris* L., *S. pauciflorus* Ligth., *Eleocharis palustris* L., *Carex ampullacea* L., *Chara* sp.

96. **Gunnar Andersson** (2) untersuchte ein Torfmoor bei Eslöf in Schonen. Unterhalb des Torfes fanden sich eine Sand- und eine Lehmschicht mit arktischen Pflanzenresten, und zwar Blättern von *Dryas octopetala, Betula nana, Salix polaris, reticulata* und *herbacea*, Früchten und Blättern von *Potamogeton* sowie Moosen. Also dieselbe Flora, welche Nathorst für mehrere andere schonische Localitäten nachgewiesen hatte. In den Randschichten des hierüber lagernden Torfes fand Verf. eine Reihenfolge von Waldbäumen, welche mit der von Steenstrup in den Torfmooren Dänemarks und von Nathorst in den schwedischen Kalktuffen festgestellten übereinstimmt. — Oberhalb der Schicht mit arktischen Pflanzen findet sich nämlich eine mit Resten von *Betula odorata* (gegenwärtig im nördlichen Skandinavien lebend und die Birkenregion der Hochgebirge bildend), *Salix aurita* und wahrscheinlich *cinerea*. Der Espenschicht Steenstrup's entsprechend, obgleich die Espe (vielleicht wegen der geringen Menge der Fossilien) nicht angetroffen wurde, und ebenso einer im Kalktuffe von Benestad vorkommenden Schicht. — In der folgenden Schicht, womit der eigentliche Torf anfängt, fanden sich anfangs spärlich, dann in unerhörten Mengen Nadeln, Kätzchen und Zweige der Kiefer. Ferner *Salix cinerea, aurita, Caprea* und seltener *repens;* reichliche Samen von *Nuphar luteum* und Früchte einer *Potamogeton*-Art, Früchte von *Rhamnus Frangula* und *Cornus sanguinea*, sowie Blätter von *Betula odorata* und *Populus tremula*. Steenstrup hat auch eine Schicht, wo die Kiefer vorherrscht und bei Benestad konnte Baron Kurck in einer Kieferschicht sogar mehrere Niveaus unterscheiden. — Zu oberst kommt eine durch die Eller charakterisirte Schicht; die obigen Pflanzen und *Corylus Avellana;* die Reste der Wasserpflanzen sind hier spärlicher, die von *Cornus* und *Rhamnus* reichlicher vorhanden. Auch dieser Schicht entspricht eine in Dänemark beobachtete, aber daselbst wie übrigens auch im Kalktuff bei Benestad kommt vor derselben noch die Schicht der Eiche. Dass dieser Baum im Torfmoos bei Eslof fehlt, dürfte davon herrühren, dass das Moos in einem Geschiebedecksandgebiete liegt, wohin die Buche noch nicht eingewandert ist, obgleich sie auf dem Geschiebelehm ringsdarum wächst und wo die Eiche also wahrscheinlich später als in das benachbarte Gebiet eingedrungen ist; mit einem Worte, wo die allgemeine Entwicklung der Flora etwas verzögert erscheint.

Ljungström (Lund).

97. **C. J. Johanson** (70) liefert aus den Torfmooren im südlichen Schweden Beweise

für die Blytt'sche Theorie von den weichselnden Perioden trocknen und feuchten Klimas. In einem Moore bei Elmhult in Småland konnte J. drei deutliche Schichten von Kieferstrunken beobachten. Die Bodenschicht des Torfes bestand in einer Tiefe von 13 Fuss aus Resten von höheren Wasserpflanzen *(Phragmites communis)* ohne Beimischung von *Sphagna*. Etwa höher, in einer Tiefe von 8—10 Fuss kamen zahlreiche Strunke von *Pinus silvestris*, daneben Zweige und Stammstücke der Birke vor. Ein hypnumartiges Moos war der Hauptbestandtheil des diese Strunke umgebenden Torfes. Darüber folgte eine Schicht von Sphagnum-Torf mit Resten von *Eriophorum vaginatum* und *Calluna vulgaris*. In 5—6 Fuss Tiefe folgte wieder eine Schicht mit Kieferstrunken, darauf wieder Sphagnum-Torf und darauf 2—3 Fuss unter der Oberfläche des Moores die dritte Schicht mit Kieferstrunken. Aehnliches fand J. auch in anderen Torfmooren im südlichen Småland. In Halland beobachtete J. in ungefähr 7 Fuss Tiefe ziemlich grosse Strunke von Eichen. Bei 11—20 Fuss Tiefe bestand die Bodenschicht wie gewöhnlich aus Resten von höheren Wasserpflanzen, unter denen *Menyanthes trifoliata* und *Nuphar luteum* vorkamen. Das deutet darauf hin, dass das Moor ehemals ein kleiner See gewesen, auf dem sich bei Eintritt von trockener Zeit Sphagnen ansiedelten und schliesslich einem Eichenwald Raum boten. Nach allem bisher bekannten weiss man nun, dass die Strunkschichten in den schwedischen Torfmooren dieselbe Verbreitung hatten wie in Norwegen, was beweist, dass auch Schweden nach der Eiszeit demselben Wechsel des Klimas wie Norwegen unterworfen war. J. untersuchte aber auch das „Foglamossen" nahe Wexjö in Småland, welches bis in einer Tiefe von 16—18 Fuss von Sphagnumtorf besteht. Das weist auf ein Alter von 800—1000 Jahre hin; aber auch dieses Torfmoor mag sich zur selben Zeit gebildet haben wie die übrigen, obwohl keine Strunkschicht bisher aus demselben bekannt ist.

98. **K. F. Dusén** (30) untersuchte 11 Proben von Sphagnum, die aus südschwedischen Torfmooren heraufgeholt wurden, und zwar 10 aus dem etwa 1 Meile südlich von der Stadt Wexjö gelegenen „Foglamosse" in der Gemeinde Tegnaby in Småland, aus einer Tiefe von 5—19 Fuss; die elfte Probe aus dem „Wintermosse" bei Stora Ettarp in der Gemeinde Euslöf in Halland aus einem Graben in 6 Fuss Tiefe. Von den Proben aus dem Foglamosse scheinen dem Verf. die meisten *Sphagnum nemoreum* Scop. var. *fuscum* Schmp. anzugehören, *S. nemoreum* Scop. (Syn. *S. acutifolium* Auct.) kommt heute noch in dem grössten Individuumreichthum in den schwedischen Mooren vor und liebt trockene Oertlichkeiten. Auch die elfte Probe erwies sich als diese Pflanze; nur eine der 10 Proben, und zwar eine solche aus 6 Fuss Tiefe gehört *Sphagnum cuspidatum* G. F. Hoffm. s. lat. an; heute ebenfalls eines der häufigsten Torfmoose, aber auf wasserreichen Localitäten vorkommend.

99. **R. v. Wettstein** (186). Die fossile Flora der Höttinger Breccie bei Innsbruck hat bezüglich ihres Alters schon die verschiedensten Deutungen erfahren. Die häufigste und bezeichnendste Pflanze dieser Breccie hat bisher bei den Laurineen, aber auch bei *Quercus* gestanden, während Verf. den Beweis liefert, dass dieselbe mit dem recenten *Rhododendron Ponticum* L. vollständig übereinstimmt. Das Auftreten dieser Pflanze in der Höttinger Breccie erklärt uns die eigenthümliche heutige Verbreitung derselben, nämlich einerseits im südwestlichen Theil Europas, anderseits im pontischen Gebirge und im Kaukasus; sowie auch die übrigen Pflanzen der Höttinger Breccie, die von der heutigen dortigen Flora bedeutend abweichen, ihr Analogon in der heutigen Flora der Waldregion der pontischen Gebirge bei 400—1900 m Meereshöhe haben. Aus den klimatischen Verhältnissen erfahren wir ferner, dass in der Zeit, als dieser *Rhododendron* noch bei Innsbruck blühte, hier auch ein entsprechendes, milderes Klima war und schliesslich kann man aus allem folgern, dass die Höttinger Breccie nicht durch allmähliche Ablagerung, sondern durch Verschüttung entstanden ist.

100 **A. Kerner von Marilaun** (74). An den untersten Stufen der östlichen Alpen finden wir die Ueberbleibsel einer Flora, die unstreitig für die pontische Pflanzenformation charakteristisch sind. Dieselben konnten dorthin nicht vor der Eiszeit gelangt sein, da sie von derselben gänzlich vernichtet worden wären. Die meisten von ihnen weisen auf ein warmes, trockenes Klima hin, woraus folgt, dass zwischen die Periode der diluvialen Thal-

gletscher und die Gegenwart eine Periode mit warmem, trockenem Sommer eingeschoben war und in welcher Periode in den östlichen Alpen klimatische Verhältnisse herrschten, wie sie derzeit in der Umgebung des Schwarzen Meeres beobachtet werden. Die Auffassung der Pflanzengeographen, dass sich die alpine Flora der europäischen Gebirge aus der arktischen Flora entwickelte, ist unrichtig, denn schon im Miocän existirten hohe Gebirge, die ihre alpine Flora haben mussten, die man aber heute noch nicht kennt und die bei jedesmaliger Aenderung der klimatischen Verhältnisse auch ihrerseits ihre Aenderungen durchmachte. Dies mag des öfteren geschehen sein, denn es hat gewiss in den verschiedensten Perioden Gletscher gegeben. Fossile Pflanzenreste aus der Diluvialzeit wurden im Bereiche der Ostalpen bisher nur wenige nachgewiesen. K. selbst fand auf den diluvialen Hügeln am linken Ufer des Inn bei Mühlau in etwa 30 m über dem höchsten Wasserstande des Inn liegender Braunkohle neben einigen Moosen, *Alnus incana* und *Phragmites communis*, Arten, welche noch heute im ganzen Inundationsgebiete des Inns angetroffen werden. Bei Thurau wurde in einem Lehm das von Menschenhand bearbeitete und angebrannt gewesene Holzfragment von *Abies excelsa* gefunden. Beide Funde fallen in eine Zeit, die man mit der der „Schieferkohle" der Schweiz, in die sogenannte interglaciale Zeit verlegen kann. Nordwärts von diesen Funden erhebt sich eine höhere Terrasse mit der Hungaburg (863 m) und an ihrem Gehänge gedeiht der Mais, die Wallnuss und wurde auch früher dort Wein gebaut. Auf der Plattform der Terrasse (900—1000 m) begegnen wir der bekannten Höttinger Breccia mit ihren vielfach gedeuteten fossilen Pflanzenresten (man vgl. auch v. Wettstein, Ref. 99). Die Annahme ist nicht unberechtigt, dass diese Pflanzen dort schon im Miocän lebten. Auch die jetzige Thierwelt dieser Localität bietet analoge Erscheinungen.

101. **J. Murr** (112) schliesst sich vollkommmen der Ansicht v. Kerner's über die Diluvialflora der Nordalpen an und liefert neue Daten dazu.

102. **Nehring** (117) vertheidigt Wollmann gegenüber seine schon früher ausgesprochene Ansicht über den Charakter der Diluvialsteppe. Er stützt sich dabei hauptsächlich auf die fossile Fauna und behauptet, dass Mitteleuropa und speciell Deutschland in der auf die Eiszeit folgenden Periode ein Klima, eine Vegetation und eine Fauna besessen hat, wie die Steppenbezirke des heutigen Westsibiriens sie aufzuweisen haben.

Man vgl. noch Ref. 140, 141, 142.

Aussereuropäische Floren.

103. **A. G. Nathorst** (115) bringt einen neuen werthvollen Beitrag zur fossilen Flora Japans. Dieselben stammen von folgenden Localitäten her:

1. Moriyoshimura, Senbokugori, Provinz Ugo: *Sequoia disticha* Heer, *Fagophyllum Gottschei* n. sp., *Aesculiphyllum majus* n. sp. — 2. Kayakusamori, Akitagori, Provinz Ugo: *Taxodium distichum miocenum* Heer, *Planera Ungeri* Ettgsh. — 3. Shimohinokinaimura, Senbokugori, Provinz Ugo: *Sequoia Tournalii* Brngt. sp., *Pinus* sp., *Fagus?* sp. indet., *Juglans acuminatum* Al. Br., *Comptoniphyllum Naumanni* n. sp., *Planera Ungeri* Ettgsh., *Cinnamomiphyllum* sp., *Lauriphyllum Gaudini* n. sp., *Phyllites* sp. 2. — 4. Aburadomura, Tagawagori, Provinz Uzen: *Alnus Kefersteinii* Ung., *Fagus Antipofi* Heer, *Aesculiphyllum minus* n. sp. — 5. Yamakumadamura, Iwafunegori, Provinz Yechigo: cf. *Querciphyllum Lonchitis* Ung. sp. — 6. Koyamura, Iwamaigori, Provinz Iwaki: *Sequoia disticha* Heer, *Acer arcticum* Heer, *Phyllites* indet. pl. — 7. Kami-Kanazawamura, Kujigori, Provinz Hitachi: *Sequoia* sp., *Cyperites* sp., *Salix Lavateri* Heer, *Comptoniphyllum japonicum* n. sp., *Zizyphus tiliaefolius* Ung. sp., *Juglandiphyllum* sp. et *Phyllites* indet. pl. — 8. Kita-Aikimura Sakugori, Provinz Shinano: cf. *Sequoia Tournalii* Brngt. sp., *Betula Brongniarti* Ettgsh., *Fagus Antipofi* Heer, cf. *Castanea Ungeri* Heer, *Juglans nigella* Heer, *Planera Ungeri* Ettgsh., *Ulmus* sp., *Vitiphyllum Naumanni* n. sp. — 9. Todohara Tanagori, Provinz Musashi: *Fagus* sp., *Castanea Ungeri*, Heer, *Comptoniphyllum japonicum* n. sp., *Sapindiphyllum dubium* n. sp. — 10. Itsackaichi (ebenda): Coniferenzweig, *Castanea Kubinyi* Kov., *Juglans acuminata* Al. Br., *Planera Ungeri* Ettgsh. — 11 Kongodjimura, Tonamigori, Provinz Yetchin: *Querciphyllum* sp. indet., *Carpiniphyllum* sp., *Ulmus ele-*

gantior n. sp. — 12. **Otsuchimura, Yenumagori, Provinz Kaga:** cf. *Carpinus grandis* Ung., cf. *Querciphyllum Lonchitis* Ung. sp. — 13. **Ogoyamura, Nomigori, Provinz Kaga:** *Trapa Yokoyamae* n. sp. — 14. **Ama-no-hashidate, Provinz Tango:** *Fagus* sp. — 15. **Azano, Inagori, Provinz Shinano:** *Carpiniphyllum pyramidale* Goepp. sp., *japonicum*, cf. *Castanea Kubinyi* Kov., cf. *Juglans nigella* Heer, *Liquidambar* sp., *Vitiphyllum* sp. — 16. **Oyamura, Minami-Muragori, Provinz Kii:** Unbestimmbare Pflanzenreste. — 17. **Unbekannte Localität auf der grossen Insel Sikoku:** *Carpiniphyllum* sp. — 18. **Miogamura, Shugori, Provinz Iyo, Sikoku:** *Araliphyllum Naumanni* n. sp. — 19. **Kamibayashi, Ukenagori, Provinz Iyo, Sikoku:** *Phyllites* sp. — 20. **Nobatamura, Onogori, Provinz Bungo, Kiushiu:** *Quercus* sp., *Acer Pazi* n. sp. — 21. **Kagokinzan, Kawanabegori, Provinz Satsuma, Kiushiu:** Unbestimmbares Laubholzfragment. — 22. **Yamautsuri, Shimagegori, Provinz Buzen, Kiushiu:** Ein vielleicht zu *Quercus* gehöriges Blattfragment. — 23. **Nakanomura, Mashikigori, Provinz Higo, Kiushiu:** *Phyllites* sp. — 24. **Morimura, Kusugori, Provinz Bungo, Kiushiu:** *Phyllites* sp. — 25. **Takashima, Nishi-Sonogigori, Provinz Hizen, Kiushiu:** Wahrscheinlich zu *Nelumbium* gehörige Reste. — 26. **Iwojima, Nishi-Sonogigori, Provinz Hizen, Kiushiu:** Ein wahrscheinlich zu *Sequoia* gehöriges Holzfragment. — 27. **Mogimura, Nishi-Sonogigori, Provinz Hizen, Kiushiu:** Ausser den schon von früher bekannten Pflanzen von Mogi kommen hier noch die Fragmente eines Ahorns, wahrscheinlich *Acer pictum fossile* und ein Blatt von *Liquidambar formosana fossilis* vor. — 28. **Nogamimura, Kusugeri, Provinz Bungo, Kiushiu:** *Fagus* sp., *Quercus* sp., *Zelkova Keaki* Sieb. *fossilis*. — 29. **Ushigatanimura, Onogori, Provinz Yechizen:** *Fagus intermedia* n. sp., *Polygonum cuspidatum* Sieb. et Succ. *fossile*, *Phyllites* sp. — 30. **Kwannonsaka, Sekimura, Kamogori, Insel Sado:** *Pinus* sp., *Alnus* sp. cf. *incana* Willd., *Betula* sp., *Tilia* sp. — 31. **Shiobaramura, Shioyagori, Provinz Shimozuke:** *Thuites* sp., *Betula alba* L. *fossilis*, *B. sublenta* n. sp., *Alnus*-Reste, *Carpinus subjaponica* n. sp., *Quercus crispula* Bl. *fossilis*, *Quercus* sp., *Fagus sylvatica* L. *fossilis*, *F. japonica* Maxim. *fossilis*, *Cercidiphyllum japonicum* S. et Z., *fossile*, *Actinidiophyllum* sp., *Tilia* sp. cf. *cordata* Mill., cf. *Acer Nordenskiöldi* Nath., *Acer?* sp., *Myriophyllum* sp. — 32. **Yokohama, Kuragigori, Provinz Musashi:** cf. *Phyllites bambusoides* Nath., *Fagus sylvatica* L. *fossilis*, *Quercus Stuxbergi* Nath., *Qu. Stuxbergi* Nath. var. *angustifolia* n. var., *Qu.* sp., *Carpinus* sp. cf. *yedoënsis* Maxim., *Zelkova Keaki* Sieb. *fossilis*, *Acer* cf. *pictum* Thunbg., *Acer* sp. cf. *palmatum* Thunbg., *Hoveniphyllum Thunbergi* n. sp., *Cornus submacrophylla* n. sp., *Leguminosites* sp. und noch mehrere unbestimmbare Blätter.

Die verschiedenen Floren gehören zwei verschiedenen Categorien an, und zwar die Pflanzen der Fundorte 1—12, 14 der vorpliocenen Zeit; zweifelhaft ist 15, 20; dem Alter nach unbestimmbar 13, 16—19, 21—26, obwohl man für dieselben mit Ausnahme 22 und 25 aus der Gesteinsbeschaffenheit schliessen muss, dass sie vorpliocenen Alters sind; die Pflanzen der Fundorte 27—32 sind pliocänen Alters.

Aus den als unzweifelhaften vorpliocenen Localitäten kennen wir daher 31 Arten, von denen 9 als neue beschrieben sind; von den übrigen kommen möglicher Weise bis 18 in der europäischen und 16 in der arktischen Tertiärflora vor. Beide, sowohl die europäische wie die arktische haben etwa gleichen Antheil an der hier besprochenen japanischen Tertiärflora. Auffallend ist dabei, dass unter den neuen 9 Arten nur 4 als ostasiatische Elemente gelten dürften.

Von den pliocenen Pflanzen lässt sich constatiren, dass sie sich innig an die jetzige Flora Japans mit Ausnahme der ein fremdes Element repräsentirenden *Fagus ferruginea* anschliessen und dass sie gänzlich von der vorpliocänen Flora Japans abweichen. Zum Verständniss der weiteren Folgerungen ist nun vorauszusenden, was uns die im Text mitgetheilte Karte der unteren Pflanzenzonen Japans nach **Jo. Tanaka** lehren. Wir entnehmen derselben, dass beinahe die ganze nördliche Hälfte des Inselreiches von *Fagus silvatica* L. occupirt ist. Sie reicht aber nur im nördlichsten Theile bis zur Küste, schon etwas weiter südlich, beiläufig vom 38. Grad an, umsäumt die Zone der *Pinus Thunbergii* Parl. den

Küstenrand, welche Zone weiter unten vom 35. Grad an bis beinahe zur äussersten Südspitze reicht, dort *Ficus Wightiana* Wallr. ein nur geringes Territorium überlassend; aber zwischen den beiden ersteren Zonen, insoweit sie den Küstensaum bilden, hat sich noch eine sogenannte Zwischenzone eingeschaltet. N. hatte früher angenommen, dass die Flora von Mogi im Meeresniveau liegend auf ein kälteres Klima als das heutige hinweise; aber die neueren auf Japan bezüglichen geologischen Forschungen zeigen, dass Japan und das japanesische Meer durch die Dislocation verticaler „Schollen“ entstanden seien, und es ist daher nicht unmöglich, dass die Flora von Mogi einst 800 m — so hoch liegt heute nach Tanaka die südliche Grenze der Buche — über dem Meer lag und so viel konnte sie seit der Pliocenzeit gesunken sein, was de Saporta's Meinung nur bekräftigen könnte, der die Flora von Mogi mit der der Cinerite vom Cantal übereinstimmend fand und beide für Gebirgsfloren erklärte.

Was nun die vorpliocenen Floren betrifft, so weisen die meisten Fundorte keine Pflanze auf, die für ein wärmeres Klima als das jetzt in Japan herrschende zu sprechen scheint. Aus den Arbeiten Lesquereux' und Heer's können wir folgern, dass über den Continent, welcher wahrscheinlich zur Miocenzeit vom 50.° bis zum 70.° n. Br. über diese Gegenden sich ausbreitete und Asien und Amerika verband, eine sehr ähnliche Vegetation verbreitet gewesen sein mag und diese sagt uns, dass schon damals wie jetzt die Gegend um das Beringsmeer unter gleichen Breitengraden kälter war als Europa. Vergleichen wir die miocene Sachalin-Flora mit der um 5 Breitengrade nördlicher liegenden Flora des Samlandes und von Rixhöft, so finden wir, dass jene doch einen mehr südlichen Charakter besass und die arctischen Pflanzen bilden in derselben mit 38 Arten nur 23 %. Ebenso auffallend ist es nun, dass auch die vorpliocäne Tertiärflora Japans zwischen 35—40° n. Br., also noch 16—11° südlicher als die Flora von Sachalin, fortgesetzt denselben ungefähren Charakter zeigt wie die letztere. Eine Vergleichung mit der fossilen Flora des Samlandes weist demgemäss noch immer denselben Gegensatz auf. Noch grösser wird dieser Gegensatz, wenn man die Tertiärflora der Schweiz mit der Japans vergleicht. Die Schweiz zeigt mit ihrer gegenwärtigen mittleren Jahrestemperatur von 12° einen Gegensatz zum Niveau um ca. 8—9°; die jetzige Isotherme von 12° durchzieht auch Japan unter 40° n. Br., und wenn die Temperaturerhöhung während der vorpliocenen Zeit Japan in gleichem Maasse wie Europa beeinflusst hätte, so würde die Isotherme von 20° C. die Insel unter 40° n. Br. durchzogen haben und dort dasselbe Klima gewesen sein wie in Oeningen. Nun wissen wir aber mit ziemlicher Sicherheit, dass die erwähnte Isotherme, wie noch heute, südlich von ganz Japan verlaufen ist und wir haben gar keinen Beweis für ein wärmeres Klima der vorpliocenen oder postmiocenen Zeit Japans.

N. unterzieht ferner die Verhältnisse des Nordpols, etwa unter 70° n. Br. auf Grönland seiner Untersuchung. Die basaltische Flora Grönlands weist auf eine ebenso hohe Temperatur hin, wie die vorpliocäne Tertiärflora Japans zwischen 35° und 45° n. Br. Jener schliesst sich zunächst die Tertiärflora Islands an (65° 30' n. Br.), und dasselbe zeigen auch Spitzbergen unter 78° und das Grinnel-Land unter 81° 44' n. Br. Es fällt nun gewiss auf, dass diese Fundstellen mit relativ grosser Temperaturerhöhung im Verhältniss zu Sachalin und Japan auf der entgegengesetzten Seite des Poles liegen und man steht vor der Frage, ob diese Verhältnisse nicht durch die Annahme der schon von Astronomen hervorgehobenen und neuerdings von M. Neumayr in der Geologie verwertheten Hypothese von der veränderten Lage des Poles, ihre natürlichste Erklärung finden würden.

Neumayr will den Nordpol im Meridian von Ferro um 10° gegen das nordöstliche Asien hin verschoben denken; auch N. findet es den constatirten Erscheinungen angemessener, diese Verschiebung mehr in die Nähe des japanisch-grönländischen Meridians zu verlegen, da Japan für das relativ kälteste, Grönland für das relativ wärmste Klima spricht. Der tertiäre vorpliocene Pol würde dann seine Lage etwa unter dem jetzigen 70.° n. Br. und 120° ö. L. von Greenwich gehabt haben. Wir hätten dann schon unter dem 85.° eine tertiäre Flora, wie sie uns thatsächlich Heer vom Tschirimyi-Kaja beschreibt und innerhalb dieses Polarkreises fielen auch die Floren von Kamtschatka, dem Amurlande und Sachalin. Ausserhalb des Polarkreises folgen alsdann die Tertiärfloren von Spitzbergen, vom Grinnel-Land, vom Buchtorma-Thal und der Mandschurei. Dann folgen die fossilen Floren Nord- und Mitteljapans (58—53° n. Br.), der Kirgisen-Steppe, von Alaska, vom Mackenzie, von Grönland, Island, dann die baltische fossile Flora und endlich die vielen fossilen Floren des übrigen Europa, von welchen jene der Schweiz etwa unter 36° n. Br. gelegen sein würde.

Die Annahme von der Veränderung der Lage des Pols erklären uns noch andere bis heute als räthselhaft erschienene Thatsachen und berechtigt uns auch zu der Annahme, dass diese so grossen Einfluss besitzende Erscheinung auch in anderen Zeitepochen stattgefunden habe, wie dies N. für die oberen Jurapflanzen von Spitzbergen zu beweisen versuchen wird.

104. **L. Crié** (20) beschreibt aus Java (Regentschaft Preanger) pliocene Pflanzen. Diese entstammen einem Tuffe, der einem Tunnel, welcher in den Berg Goenoeng Kendang östlich von Soekaboemi und südwestlich von Tjiandjoer gegraben wurde, angehört. Die Tuffe und Conglomerate dieses Berges liegen auf Kalkschichten, in denen *Lucina maxima* Mart. gefunden wurde und welche miocenen Alters sind. Die beschriebenen Pflanzen der Tuffe sind *Poacites cyperoides* n. sp., *P. arundinacea* sp. n., *Palmacites flabellata* sp. n., *Artocarpidium Martinianum* sp. n., *Actinodaphne Martiniana* sp. n., *Phyllites dipterocarpoides* sp. n., *Rhamnus ventilagoides* sp. n., *Saportacites Delprati* sp. n. Aus den pliocenen Ablagerungen des westlichen Theiles von Buitenzorg beschreibt C. das fossile Holz *Naudeoxylon spectabile* gen. et spec. n., welches mit den Naudeen und Cinchoneen, baumartigen Rubiaceen verwandt ist.

105. **W. Dawson** (22) beschreibt nach dem Ref. Zeiller's aus dem Erian von Columbus, Ohio das von ihm *Protannularia* benannte Genus, welches denen von *Salvinia* ähnliche Sporocarpien hat.

106. **J. H. Knowlton** (82) beschreibt aus der Wasatch group (unteres Tertiär) von Wales (Utah) eine neue *Chara*-Frucht: *Chara compressa* n. sp. Das Gestein enthält eine ausserordentliche Menge dieser Früchte.

107. **J. F. James** (69) giebt nach dem Ref. Zeiller's einige Bemerkungen zu der von L. Ward in der Fort-Union group gefundenen Pflanze. Dieselben stehen in Uebereinstimmung mit denen Saporta's und Nathorst's. Auch Zeiller schliesst sich in seinem Referate der Ansicht an, dass die vom centralen Rhizom ausgehenden Zweige überaus ähnlich sind den Aehren von *Ophioglossum*.

108. **L. F. Ward** (182). An den Ufern des Yellowstone wurden in der Nachbarschaft von Glendive montana an zwei Localitäten, namentlich bei Iron Bluff — am rechten Ufer in einer roth gebrannten Klippe im lichten sandigen Thone — und bei Burn's Ranch — am linken Ufer — eigenthümliche räthselhafte Reste gefunden, die die Botaniker für Thiere, die Zoologen aber für Pflanzen erklärten. W. hält sie für einen comprehensiven Typus, der die Charaktere von *Isoëtes*, *Ophioglossum*, *Lycopodium* und *Selaginella* in sich vereinigt, und auch Saporta und Nathorst sind der Ansicht, dass die Pflanze zu *Ophioglossum* gehöre.

109. **L. Szajnocha** (173, 174) beschreibt folgende 11 Arten aus den petroleumführenden Schichten von Cacheuta südlich von Mendoza in der argentinischen Republik: *Schizoneura hoerensis ?* His., *Sphenopteris elongata* Carr., *Pecopteris Schönleiniana* Brngt., *Neuropteris remota ?* Presl., *Thinnfeldia odontopteroides* Morr., *Th. lancifolia* Morr., *Taeniopteris Mareysiaca* Gein., *Cardiopteris Zuberi* n. sp., *Podozamites aff. ensis* Nath., *P. Schenkii* Heer, *Zeugophyllites elongatus* Morr., ausserdem undeutliche *Pterophyllum*-Reste (Blätter, ein Same) und Stengelreste von Cycadeen (?). Häufig ist der Thierrest: Estheria Mangaliensis Jones. Diese Flora ergiebt folgendes Endresultat: 1. Sie zeigt eine auffallende Aehnlichkeit mit der Flora der kohlenführenden Ablagerungen des Jerusalem-Bassins in Tasmanien und von Tivoli und Ipswich in Queensland. 2. Mit den europäischen Floren verglichen, kann sie als obertriadischen Alters bezeichnet werden und 3. folglich dürfen die kohlenführenden Schichten des Jerusalem-Bassin in Tasmanien und von Tivoli und Ipswich in Queensland auch als obertriadisch gedeutet werden.

110. **D. Stur** (172), der schon früher auf Grund der vorhandenen Literatur zu dem Resultate gelangte, dass die Pflanzen des Richmonder Kohlenreviers in Virginien mit denen

der Lunzer Schichten übereinstimmen, fand durch das Studium ihm vorliegender Originalpflanzen die volle Bestätigung seiner Ansicht. Schon das Gesteinsmaterial selbst, ein sandiger grauschwarzer Schieferthon ist dem Schieferthon von Lunz zum Verwechseln ähnlich. St. stellt nun in einem Verzeichniss die ihm in natura vorliegenden virginischen Pflanzen und die ihnen entsprechenden, daher synonymen Pflanzen von Lunz in einer Tabelle zusammen, wie folgt:

Cloven Hill.	Lunzer Schichten.
Equisetum Rogersi Schmp.	*Equisetum arenaceum* Jaeg. sp.,
Schizoneura virginiensis Font.	*Calamites Meriani* Brngt.
Macrotaeniopteris magnifolia Rog. sp.	*Taeniopteris latior* et *simplex* Stur.
„ *crassinervis* Font.	?
Acrostichides rhombifolius Font.	?
„ *densifolius* Font.	*Speirocarpus Rütimeyeri* Heer.
„ *microphyllus* Font.	„ *microphyllus* Stur.
„ *linnaeaefolius* Bunb. sp.	„ *lunzensis* Stur.
Mertensides distans Font.	*Oligocarpia robustior* Stur.
„ *bullatus* Bunb. sp.	„ *lunzensis* Stur.
Asterocarpus platyrrhachys Font.	*Asterotheca Meriani* Brngt. sp.
„ *penticarpus* Font.	„ „ „ „
„ *virginiensis* Font.	„ „ „ „
Lonchopteris virginiensis Font.	*Speirocarpus Haberfelneri* Stur.
Clathropteris platyphylla Font.	*Clathropteris reticulata* Kurz.
Pseudo-danaeopsis reticulata Font.	*Heeria lunzensis* Stur.
Ctenophyllum grandifolium Font.	*Pterophyllum Haueri* Stur.
„ *Braunianum* Font.	?
Podozamites tenuistriatus Font.	„ *Bronnii* Schenk.
Sphenozamites Rogersianus Font.	„ *Riegeri* Stur.

Aber auch die übrigen, St. nur in Abbildungen vorliegenden Pflanzen führen zu demselben Resultate und ergänzte dieses die von dort bekannte *Posidonomya* und so erkennen wir schliesslich das Coal-Field of Richmond in Virginien als ein Aequivalent der Lettenkohlengruppe Deutschlands. St. schliesst daran noch einige Erörterungen über die Floren der um den indischen Ocean sich gruppirenden Länder.

111. **J. S. Newberry** (116, 118b.) beschreibt obertriadische Pflanzen von San Juancito, Honduras, die viele Aehnlichkeit mit den von Sonora am Flusse Yaki in Mexico gefundenen haben. Es sind dies *Zamites (Pterophyllum) Rolkeri* Newb., *Z. (Otozamites) Leggetti* Newb., *Otozamites linguiformis* n. sp., *Taeniopteris glossopteroides* Newb., *Encephalartos ?denticulatus* n. sp., *Sphenozamites robustus* n. sp., *Sph. ? grandis* n. sp., *Anomozamites elegans* n. sp., *Pterophyllum propinquum* ?Goepp., *Pt. Braunsii* Schenk.; *Dioonites longifolius* ?Emm., *D. Carnallianus* ?Goepp., *Nilssonia polymorpha* Nath., *Noeggerathiopsis* sp. Die Flora erinnert auch an die rhätische Flora Frankens und Schonens.

112. **J. S. Newberry** (119, 119b.) beschreibt aus dem nordöstlichen Gebiete der Vereinigten Staaten der Trias angehörige Fische und Pflanzen. Diese triassischen Gebilde reichen in von einander getrennten Gebieten von Nova Scotia bis North Carolina. Es sind nach Nordost und Südwest gestreckte Bassins oder Estuarien, die mit Süsswasser, Brackwasser gefüllt waren und in denen sich der Niederschlag der Flüsse und Ströme — Conglomerate, Sandsteine und Schieferthone mit dazwischen gelagerter Diabase — stellenweise bis zu einer Mächtigkeit von 5000 Fuss ablegte. N. beschreibt aus ihnen 28 Arten fossiler Fische (Ganoiden) und folgende Pflanzenreste: Die Alge *Dendrophycus triassicus* n. sp., die sich aber von *D. Desorii* Lesqx. nicht unterscheiden lässt; die Coniferen: *Baiera Münsteriana* Ung., von welcher sich *B. multifida* Font. nur durch robusteren Habitus unterscheidet; ferner *Equisetum Rogersi* Schmp. und *E. Meriani* (?) Brngt. Gemein ist *Schizoneura planicostata* Rogers sp.; es kommen ferner vor *Pachyphyllum simile* n. sp., von welcher sich *P. brevifolium* n. sp. nur durch kleinere Blätter unterscheidet; *Cheirolepis Münsteri* Schmp. — Häufig ist *Otozamites latior* Sap.; neben welcher sich auch *O. brevifolius* F. Br. vorfindet; zu ersterer mag die Frucht *Cycadinocarpus Chopini* Newb. gehören.

Erwähnt wird noch *Dioonites longifolius* Emmons sp. Als häufigster Rest wird *Loperia simplex* n. sp. angeführt, der einem Riesengras angehört haben mag; ferner kommt auch das aus Virginien bekannte *Clathropteris platyphylla* Brngt. vor und schliesslich fanden sich der *Voltzia Coburgensis* Schauer ungemein ähnliche Stammfragmente vor, die aber Verf. vorläufig als *Palissya?* sp. bezeichnet.

113. L. **Lesquereux** (97) beschreibt von Black Creek, near Gadsden, Alabama 27 meist den Farnen angehörige Fossilien; darunter sind als neue bezeichnet *Sphenopteris (Zeilleria) Harveyi* mit der charakteristischen Fructification von *Zeilleria*, *Neuropteris Elrodi*, *Rhabdocarpus Russellii*, *Stigmaria Russellii*.

114. L. F. **Ward** (181). Das geologische Alter der Formation, auf welcher die Städte Baltimore, Washington, Frederiksburg und Richmond stehen, ist nicht genau bekannt. Fontaine erklärte sie für neocom. Die Flora der Potomac-Formation enthält 370 Pflanzenarten, von denen nur 16 anderen Formationen gemeinsam sind; von den übrigen 354 Arten zeigen aber 98 viel Aehnlichkeit mit anderen. W. führt nun des Weiteren die Vergleiche mit anderen Floren aus und geht aus seiner zu diesem Zwecke zusammengestellten Tabelle hervor, dass in der Potomac-Formation keine jurassischen Species vorkommen, obwohl sie eine grosse Zahl starker jurassischer Typen enthält; dagegen bietet das Weald die meisten gemeinsamen identischen Arten. W. kommt endlich zu dem Schlusse, dass die Flora der Potomac-Formation äquivalent ist dem Wealden von England und Deutschland, obwohl die Wirbelthierfauna, wie in so manchen Ablagerungen Amerikas, für den Jura spricht.

115. W. M. **Fontaine** (49) zeigt nach dem Ref. Zeiller's aus der Potomac-Formation in Virginien, die er dem unteren oder mittleren Neocom zutheilt, den Fund einer reichen Flora an; die aus 370 Species bestehend, ein Gemenge jurassischer und cretaceischer Formen bildet und eine beträchtliche Anzahl von Dicotyledonen enthält.

116. W. **Dawson** (23) schildert nach dem Ref. Zeiller's bei Port Mc Neill auf Vancouver Island gesammelte Pflanzen, die beinahe sämmtlich mit Ausnahme einiger Coniferenreste Dicotyledonen sind. Die Schichten, denen sie entnommen wurden, scheinen etwas jünger zu sein, wie die der Dakota-Group und die der Dunvegan-series; ihre Flora aber erinnert an die von Atane und Patoot.

117. W. **Dawson** (24). Man vgl. Bot. J., XV, 2. Abth., p. 303, Ref. No. 108.

118. W. **Dawson** (25) bespricht nach dem Ref. Zeiller's die Kreidefloren Canadas im Vergleiche mit den europäischen. Die unterste, die Flora der Kootanie-series parallelisirt er mit der von Kome auf Grönland; unmittelbar über derselben folgt das Urgonien, welches zwar noch reich an Gymnospermen ist, aber doch schon einige seltene Dicotyledonen einschliesst; dann folgen die cenomanischen Floren der Mill Creek-series und der Dunvegan-series, welche mit den Floren der Dakota-Group in den Vereinigten Staaten und denen von Atane und Patoot in Grönland unter den cenomanischen, sowie einem Theil der senonischen Floren Europas correspondiren; im oberen Theile lagern die verschiedenen Sectionen des Laramie-Systems, die den Danien angehören.

119. R. **Hay** (60) fand in Woodson sphäroidische Körper in der Grösse von 9—9½ Zoll, deren Inneres die Structur einer Wallnuss oder *Carya* (hickory nut) zeigt. Sie mögen der Dakota-Group angehören.

120. L. **Lesquereux** (96) beschreibt von 20 Localitäten Amerikas fossile Pflanzen, davon als neue Arten:

Aus dem Neocom von Alaska (Cap Lisbourne): *Zamites alaskana*, *Chondrites filiciformis*. — Aus den Laramie-Schichten von Cherry Creek, Waso County, Oregon: *Salix Schimperi*, *Phyllites wascoensis*. — Aus dem unteren Eocen von Ballard County in Kentucky: *Myrica elaenoides*, *Quercus Saffordii*. — Aus dem Eocen von Lassen County, Kalifornien: *Aralia Lasseniana*, *Oreodaphne lithaeformis*. — Miocene Fundstätten: Van Horns Ranch, John Day Valley, Oregon: *Acacia oregana*, *Acer Bendirei*, *A. dimorphum*, *Rhus Bendirei*, *Andromeda crassa*, *Porana Bendirei*, *Salix Engelhardti*, *Quercus Horniana*, *Qu. pseudolyrata* var. pl., *Ficus oregoniana*, *Smilax Wardii*.. — Coral Hollow, Alameda County, Kalifornien: *Persea punctulata*. — Shasta County, Kalifornien: *Persea Dilleri*, *Ficus shastensis*. — Von unbekanntem Fundorte *Crataegus Marcoiana*.

121. **L. Lesquereux** (98) zählt von Golden, Colorado, 117 Pflanzen auf, unter denen folgende als neue beschrieben werden: *Pteris undulata, Geonomides graminifolius, Palmocarpon lineatum, Piper Heerii, Betula fallax, B. Schimperi, Alnus myora, A. carpinifolia, Quercus celastrifolia, Qu. coloradensis, Qu. Whitei, Populus tenuinervata, Ulmus antecedens, Ficus Berthondi, F. Andraei, Protoficus Zeilleri, Styrax Laramiense, Cissus corylifolia, C. duplicato-serrata, Pterospermites grandidentatus, Negundo decurrens, Celastrus Gaudini, Paliurus Coloradensis, Rhamnus crenatus, Pterocarya retusa, Crataegus betulaefolia, C. myricoides, C. Engelhardti.* Die Flora ist zusammengesetzt aus Lycopodiaceen (1), Tilicaceen (9), Equisetaceen (1), Palmen (6), Piperaceen (1), Betulaceen (5), Cupuliferen (7), Salicineen (14), Plataneen (6), Urticaceen (2), Moreen (13), Lauraceen (4), Lonicereen (2), Oleaceen (1), Sapotaceen (2), Araliaceen (2), Ampelideen (8), Hamamelideen (1), Corneen (1), Nysseen (1), Magnoliaceen (1), Nelumboneen (1), Malvaceen (2), Tiliaceen (3), Aceraceen (1), Sapindaceen (1), Celastreen (1), Iliceen (1), Rhamneen (10), Juglandeen (4) und Pomaceen (5).

Keine der hier beschriebenen Pflanzen ist mit denen der Mittelkreide oder der Dakota-Group identisch; ebenso ist aus dem Senon keine Pflanze bekannt, die sich an die der Laramie-Group anschliessen würde. Letztere hat entschieden tertiären Charakter. Die Flora der Union-Group ist gleichalterig mit der von Golden.

122. **F. Ratte** (137) erkannte nach dem Ref. Zeiller's mit Feistmantel, dass die Salisburien schon in den Wianamatta-Schichten durch eine *Jeanpaulia*, die er ursprünglich für einen Farn betrachtete, vertreten seien.

123. **F. Ratte** (138) theilt nach dem Ref. Zeiller's mit, dass *Salisburia antarctica* von Ipswich in Australien vorkommt und daher triadisch sei.

124. **Etheridge** (38). Dem Ref. unbekannt.

125. **L. Crié** (19) findet in den Analogien der jurassischen und triassischen Florenelementen Australiens und Neu-Seelands einen Beweis dafür, dass die Continente Australien, Asien und Afrika einst mit einander in Zusammenhang standen. Unter den Farnen ist *Taeniopteris Daintrei* M. C. und *Alethopteris australis* Morr. Australien und Neu-Seeland gemeinsam. Im Jura von Neu-Seeland findet man *Macrotaeniopteris Zeelandica* Crié, analog der *M. Vianamattae* Feistm. aus der australischen Trias. Beide nähern sich der indischen *M. lata*. *Psaronius matuurensis* Crié und *Dictyophyllum huttonianum* Crié gehören zur fossilen Flora Neu-Seelands; im Trias dieser Insel kommen auch *Rhacophyllum, Zamites* und *Glossopteris* vor; interessant ist das Vorkommen von *Dictyopteris* in der australischen Trias. — Auch die Gymnospermen weisen gemeinsame Züge auf; so *Palissya australis* Crié und der indischen *Taxodites indicus* nahe stehende Reste; von Neu-Seeland ist ein Zweig von *Araucarites australis* bekannt; dem entspricht ein Holzfragment, *Araucarioxylon australe* Crié. — Die Cycadeen, in der actuellen Flora von Neu-Seeland unbekannt, fanden sich dort in der Trias und im Jura, und zwar *Nilssonia Zeelandica* Ettgsh., *Podozamites malvernicus* Ettgsh., *Pterophyllum Dieffenbachii* Ettgsh. und *Zamites Etheridgei* Crié; letztere auch aus Australien bekannt.

126. **C. v. Ettingshausen** (40) über die tertiäre Flora von Australien. Man vgl. Bot. J., Bd. XI, 2. Abth., p. 53, Ref. No. 20 und Bd. XV, 2. Abth., p. 304, Ref. No. 112.

Man vgl. noch Ref. 1, 2, 13, 22, 23, 131, 132, 133, 134, 135, 136, 137, 138, 172.

Fossile Hölzer.

127. **Pérot** (127). Dem Ref. unbekannt.

128. **H. R. Göppert** et **Stenzel, G.** (56). St. revidirte und brachte zum Abschlusse die in Göppert's Nachlass vorgefundenen Nachträge zur Kenntniss der Coniferenhölzer. Dawson's *Prototaxites* ist eine Seealge: *Nematophycus Logani* Carr. — I. **Cordaites** Grand' Eury. *C. Ouangondianus* Göpp. (*Araucarites Ouangondeanus* Göpp.), *C. Brandlingii* (Lindl. et Hutt. sp.) (*Araucarites* Br. Göpp.). An diese Art schliesst sich enge an *Araucarites Thannensis* Göpp., *Cordaites medullosus* Göpp. (*Araucarites medullosus* Göpp.). — II. **Araucarites** Presl. et Göpp. *Araucarites Ungeri* Göpp. Hierher gehört nicht *A. Richteri* Göpp.

(Ung. sp.). — *Araucarites Beinertianus* Göpp., *A. Tchihatcheffianus* Göpp., *A. carbonaceus* Göpp., *A. Elberfeldensis* Göpp., *A. cupreus* Göpp. — III. **Pinites** Göpp., *P. Conwentzianus* Göpp.

129. **G. Kraus** (92). Das von Göppert aus dem Uebergangsgebirge von Schlesisch-Falkenberg beschriebene Holzfragment *Protopitys Bucheana* scheint aller Wahrscheinlichkeit nach ein *Sigillaria*- oder *Stigmaria*-Holzfragment zu sein. Bezüglich der Gattung *Taxoxylon* Ung., d. i. bei den mit *Taxus* verglichenen fossilen Holzfragmenten fehlt der sichere Nachweis, indem in den meisten Fällen der Unterschied zwischen den dem *Taxus*-Holze eigenthümlichen, mit linksläufigen Spiralfasern besetzten getüpfelten Holzzellen oft mit spiraliger Zellhautstreifung verwechselt werden können. Auch das zu den Taxaceenhölzern gerechnete *Spiropitys* Göpp. scheint nur gewöhnliches *Cupressoxylon* zu sein; ebenso ist *Physematopitys* Göpp. kaum etwas anderes als das Wurzelholz von *Cupressoxylon*.

130. **H. Potonié** (127 b.c.). Unter dem Namen *Tylodendron* hat früher E. Weiss Stammfragmente aus der oberen Steinkohlenformation und dem Rothliegenden in die Wissenschaft eingeführt und sie als Stammreste von Coniferen betrachtet. Aus den Untersuchungen des Verf.'s geht aber nun hervor, „dass Tylodendron kein Holz, sondern das Mark, und zwar allerdings einer Conifere, wahrscheinlich specieller einer Araucarie in dem Sinne A. W. Eichler's ist".

Der Markkörper zeigt auf dem Querschliff ein gleichmässiges, grosszelliges, dünnwandiges Parenchym; im Längsschliff zeigen sich die Zellen niedriger als breit, nur hier und da höher als breit. Es ist eine Folge eines besonderen Verwesungsprocesses vor dem Beginn der Verkieselung, wenn man im Längsschliff verschwommen-parenchymatische, den Markraum durchquerende Gewebeplatten, die sich nach der Peripherie zu in mehrere spalten, findet, die man als Diaphragmen deuten könnte. In der Markkrone zeigt der Querschliff Holzkeile aus kleineren, sehr bald radial voreinander gestellten Trachëiden. Auf dem radialen Längsschliff durch die Markkrone lassen sich Spiralgefässe erkennen und Treppenhydroiden; sonst besteht das Holz aus Trachëiden mit gehöften, kreisförmigen Tüpfeln auf den radialen Wandungen, welche auf diesen einreihig oder in zwei, sehr selten in drei alternirenden Reihen oft so dicht stehen, dass sie sich berühren und hierdurch häufig an den Berührungsstellen polygonal werden. Die Poren in den Tüpfelwölbungen erscheinen kreisförmig. Sowohl im Quer- wie im Tangentialschnitte des Holzes erkennt man, dass die Markstrahlen im Secundärholz meist nur einzellschichtige, nur selten streckenweise auch zweizellschichtige Lamellen bilden. Die Höhe derselben kann im Tsch. bis über 20 Zellen betragen. Die Länge der Markstrahlzellen beträgt $2^1/_2$ bis 3 Trachëiden-Querdurchmesser. Auf ihren Radialwänden tragen die Markstrahlelemente spaltenförmige, schiefstehende Poren, und zwar linksschief zur Längsaxe der Markstrahlzellen, geradeso wie bei *Araucarites Rhodeanus* in Göppert's Arboretum foss. Jahresringe sind nicht bemerkbar. Nach allem ist daher *Tylodendron* bis auf Weiteres zu den Araucarieen, jedenfalls aber zu den ächten Coniferen zu stellen. Für die echte Coniferen-Natur spricht der Verlauf der Primärbündel, welcher mit dem mancher lebenden Coniferen übereinstimmt und die charakteristischen Anschwellungen im Mark, wie wir sie von den lebenden Araucarieen kennen. Nach Kraus lassen sich aus der absoluten Grösse und dem Verhältniss der tangentialen Holzzellbreite zur Breite des Tüpfelhofes ächte Araucarien von Araucarien-ähnlichen Hölzern unterscheiden, welches ein Verhältniss von 3 : 1 ergieht und wie sich dies auch bei *Tylodendron* constatiren liess. Die *Tylodendron*-Petrefacten sind daher Markkörper, an deren Oberfläche in den Furchen durch den Verlauf der Primärbündel und der von diesen abgehenden Blattspuren eigenthümliche Felder entstehen, die daher keine Blattpolster sind. Die periodischen Anschwellungen von *Tylodendron* entsprechen denen des Markes lebender Araucarien an den Stellen, wo die Zweigquirle abgehen. Aus all' dem ergiebt sich aber, dass die Entscheidung, ob die Araucarien, wie Schenk und andere Autoren angeben, wirklich erst in der mesozoischen Zeit auftreten, der Zukunft vorbehalten bleibt.

131. **A. Schenk** (156) beschreibt fossile Hölzer von folgenden Oertlichkeiten: 1. Insel Sachalin: 1. Stammholz von *Pityoxylon*; 2. *Pityoxylon Nordenskiöldi* n. sp. — 2. Japan: a. Insel Iwojima an der Küste von Kiu-siu bei Takashima, Provinz Hizen: Wurzelholz von

Cupressinoxylon, der *C. erraticum* Merkl. zunächst stehend; b. Satsuma auf Kiu-siu: Unbestimmbares Laubholz. — 3. Kupferinsel (östlich von Kamtschatka): Unbestimmbares Holzfragment. — 4. Beringinsel: Drei Holzfragmente von *Cupressinoxylon*. — 5. Tigil (Kamtschatka): Ausser unbestimmbaren Fragmenten noch *Pityoxylon Pachtanum* Kraus. — 6. Siademka (Kamtschatka): Das Wurzelholz von *Cupressinoxylon Severzovii* Merkl. und ein in Braunkohle verwandeltes Holz, ebenfalls *Cupressinoxylon*. — 7. Aegypten. Von Nordenskiöld während der Vegaexpedition im sogenannten versteinerten Walde gesammelt. Ein grosser Theil dieser Hölzer gehört zu *Nicolia aegyptiaca* Ung.; ein anderer Theil zu *N. Oweni* Carr. Als neu kommen hinzu: *Celastrinoxylon affine* n. sp., *Acerinium aegyptiacum* n. sp. und *Acacioxylon Vegae* n. sp.

Aus diesen Untersuchungen ergiebt sich, dass 1. für die Tertiärzeit das Vorkommen von Nadelhölzern mit Cupressineenstructur einerseits und mit der Structur der Kiefern und Fichten andererseits für Kamtschatka, Sachalin, die Berings- und Kupfer-Insel festgestellt ist; und 2. bestätigen die ägyptischen Hölzer die schon früher vom Verf. in Zittel's Lybische Wüste ausgesprochene Vermuthung, dass die dort vorkommenden Hölzer mehr als 2 bis 3 Arten angehören; so enthält auch eine von Dr. Schweinfurth mitgetheilte Sammlung Palmen, darunter *Palmoxylon Aschersoni* Schenk.

132. **Grad** (57). Dem Ref. unbekannt.

133. **P. Fliche** (46). In der südlichen Region des Hochplateaus von Tunis wurde eine ähnliche Lagerstätte von fossilen Holzfragmenten entdeckt wie in Aegypten. Die ihrer Rinde, Blätter und Wurzeln beraubten Stammstücke haben eine Länge von 0.3 m und einen Diameter von 0.2 m und liegen in allen Positionen zerstreut in den quarzischen, gelben oder röthlichen, glimmerigen und sehr beweglichen Sanden, die physikalisch und mineralogisch eine auffallende Analogie mit den gelben astien'schen Sanden von Italien, Bresse und Montpellier zeigen. Die Stämme seien ebenfalls, wie in Aegypten, an ihre jetzige Fundstelle geschwemmt worden und dort durch Einfluss chemischer Agentien versteinert. Die Hauptfundorte sind Oued Mamoura, Ain Cherichira und wurden von Fliche folgende Arten bestimmt: *Araucarioxylon aegyptiacum* Kraus, *Bambusites Thomasi* n. sp., *Palmoxylon Cossoni* n. sp., *Ficoxylon cretaceum* Schenk, *Acacioxylon antiquum* Schenk, *Jordania tunctana* n. sp., letztere hat eine grosse Aehnlichkeit mit *Juglans ebenoides* Schenk. In einem vor seiner Fossilification stark zersetztem Fragment von *Nicolia(?)* fand F. ein Mycelium. Der Wald von Tunis ist also eine Fortsetzung des Waldgebietes von Aegypten und mag dieses noch weiter gereicht haben, denn im Süden von Oran wurde ein Stammfragment gefunden, welches wohl an *Nicolia Oweni* Carr. erinnert, aber eine auffallende Analogie mit den recenten *Cassia*-Arten zeigt. F. bezeichnet es als *Cassioxylon Bartholomaei* n. sp.

134. **J. Felix** (45). 1. Hölzer von Phyöngyang in Korea: cf. *Cedroxylon regulare* Göpp. sp., *Araucarioxylon koreanum* n. sp. — 2. Hölzer von der Insel Timor: *Araucarioxylon Martensi* n. sp. — 3. Holz aus Abessynien: *Dombeyoxylon aegyptiacum* n. sp. — 4. Holz von Sabanilla in Columbien: *Euphorbioxylon* n. g., vertreten durch *E. speciosum* n. sp. — 6. Holz vom Monte Grumi bei Castelgomberto: *Anomaloxylon vicentinum* n. sp.

135. **F. H. Knowlton** (83) beschreibt von Jowa *Cupressinoxylon Glasgowi* n. sp. und von Dawson County in Montana *C. elongatum* n. sp. Ersterer Fundort gehört wahrscheinlich der Kreide; der letztere der Laramie-Gruppe an.

136. **F. H. Knowlton** (84) beschreibt aus dem „Chalcedony Park" von Arizona in Kalifornien *Araucarioxylon Arizonicum* n. sp., das *Araucarites Möllhausianus?* Goepp., *Araucarioxylon Rhodeanum* (Goepp.), Kraus, *A. virginianum* Knowlt. etc. ähnlich ist. Die Ablagerung gehört entweder zum Jura oder zur Kreide.

137. **F. H. Knowlton** (85) beschreibt aus Louisiana *Palmoxylon cellulosum* n. sp. und *P. Quenstedti* Felix. Das geologische Alter der Reste ist unsicher.

138. **F. H. Knowlton** (86). Dem Ref. unbekannt.

139. **L. Dollo** (29) theilt nach dem Ref. Dames' mit, dass die von J. Smets als *Aachenosaurus multidens* beschriebenen Reptilreste Stücke verkieselten Holzes seien.

140. **Pérot** (125). Dem Ref. unbekannt.

141. **G. Stenzel** (170). Schon seit dem Jahre 1841 ist es nach einem Vortrage

Göppert's bekannt, dass unter Breslau und seiner Umgebung zahlreiche halbfossile Eichenstämme *(Quercus pedunculata)* begraben liegen. Am häufigsten sind sie im Bett der alten Oder.

142. **F. Kobbe** (87). Vgl. Just Bot. J., Bd. XV, 2. Abth., p. 306, Ref. 117.

Allgemeines.

143. **B. Renault** (142) legt in seinem für einen grossen Leserkreis bestimmten Buche zahlreiche eigene, vorzüglich auf die anatomische und morphologische Structur der Pflanzen der paläozoischen und mesozoischen Zeit bezüglichen Untersuchungen und Studien nieder. Im ersten Capitel bespricht er die verschiedenen Erhaltungszustände der fossilen Pflanzen nach folgender Gruppirung: 1. Die fossilificirende Substanz ist solid, dadurch entsteht die Fossilisation en demirelief, der Abdruck oder der Abguss. 2. Die fossilificirende Substanz ist in Lösung und fossilificirt daher entweder durch Incrustation, durch Imbibition oder durch den inneren Abguss der Gewebe. Hierher gehört auch der Bernstein. 3. Erhaltung der Pflanzen als Lignite; 4. als Torf (bearbeitet nach Contejean, Elém. d. Géol. et de Pal.) und 5. als Steinkohle. — Im zweiten Capitel giebt R. Anweisung zum Sammeln, Präpariren und Conserviren der fossilen Pflanzen. R. behandelt dieses Thema mit besonderer Sorgfalt; er giebt Anweisung zum Schneiden, Schleifen und Poliren verkieselter Exemplare unter Beschreibung und Abbildung der dabei in Anwendung kommenden Maschinen; ferner Anweisung zur technischen Herstellung von Schnitten und Schliffen der Lignite, Steinkohle und Farnstämme, Ueberreste von Cordaiten, Stämmen der Sigillarien und Calamodendreen. — Im dritten Capitel beschreibt R. die Rolle der Pflanzen in der Formation der Steinkohle. R. legt die verschiedenen Ansichten über die Bildung der Steinkohle dar und wendet sich gegen die Hypothese, die die z. B. in Sandstein eingeschlossenen verkohlten Pflanzen durch die Eruption geschmolzenen Bitumens in Kohle verwandeln lässt; noch weniger liesse sich durch die Eruption eines solchen Bitumens die massenhafte Bildung der Kohle erklären, da man in der Kohle selbst ihre Structur bewahrende Pflanzenreste findet, so ist es natürlicher anzunehmen, dass die Pflanzen selbst und ihre Producte in Folge einer eigenthümlichen Umänderung die verschiedenen Varietäten der Kohle bildeten; doch ging diese Umänderung nicht unmittelbar vor sich, denn wir finden die vegetabilischen Materien in verschiedenen Zuständen der Alteration vor. Es muss jedoch in der Epoche der Kohle diese Transformation rasch genug vor sich gegangen sein, wie dies die vollkommen ausgebildete Kohle ausgebreiteter Bassins zeigt. Die Verkohlung muss auf zweierlei Operationen beruhen, einer rein chemischen, durch welche die pflanzlichen Gewebe und ihre Producte immer ärmer an Hydrogen und Oxygen, dagegen reicher an Carbon werden, — und einer rein mechanischen, die die verkohlenden Producte trocknend und pressend ihnen ihre bekannten physikalischen Eigenschaften verleiht; dass aber die chemischen und physikalischen Eigenschaften der Kohle auch von denen der pflanzlichen Gewebe abhängen, aus denen sie entstanden, ist sicher. Das anatomische Studium einer grossen Zahl von Kohlenpflanzen führt dahin anzunehmen, dass die korkigen und parenchymatösen Schichten der Rinde von mächtiger Entwickelung waren und zahlreiche Secretionsorgane für Gummi, Harze etc. entstehen liessen, die den Stoff zur Bildung der amorphen Kohle geliefert haben können. Die Erzeugung der Kohlen hat sich gegenwärtig verlangsamet, indem sich auch die Flora vollständig umgewandelt hat, die Zahl der Pflanzen auch eine geringere wurde, aber auch die Verhältnisse des Mediums sind für die Verkohlung der pflanzlichen Gewebe weniger günstig geworden. — Bezüglich der Entstehung der Kohlenablagerungen ist R. nicht der Ansicht, dass dieselben von einer an Ort und Stelle gewachsenen Vegetation hervorgingen; denn die erhalten gebliebenen Pflanzenreste zeigen deutlich, dass sie wiederholte Quetschungen, Reibungen erlitten haben, bevor sie im Schlamme begraben wurden. Berücksichtigt man noch die Verringerung, welcher das Volumen der Gewebe beim Uebergang in Kohle unterworfen ist, so müssten successive mehrere hochstämmige Wälder an einem und demselben Orte auf einander gefolgt sein, um schliesslich eine Schicht compacter Kohle in der Stärke von einigen Centimetern zu erzeugen. R. schliesst sich Fayol an, der experimentell nachwies, dass die Kohle durch

fliessende Gewässer in Seebecken transportirter Detritus sei und das Bildung eines Kohlenbeckens entstand, was relativ rasch genug vor si aufrecht stehenden Stämme sprechen nicht gegen diese Hypothes dass es Oertlichkeiten gab, die durch langsame Senkungen ebenfal wurden, die schliesslich den Sitz der Kohlenbildung ergaben. — begegnen wir den Studien über einige persistente oder erloschene Typ und erste Familie derselben finden wir die Equisetineen geschilder auf Grund einiger weit verbreiteter Arten. R. zieht daraus den Sch dieses uralten Genus sich bis auf unsere Tage nicht sehr geändert *Equisetum* ist das Geschlecht der Calamarien, welches aber nur au beschränkt blieb. R. unterscheidet nun die Unterfamilie der As auch mit der Gruppe der Asterophylliten bekannt, und zeigt nun E Equiseten der Kohlenperiode sich deutlich in zwei Gruppen scheiden der *E. isosporeae* und die der *E. heterosporeae;* andererseits in einer Familie hohen Alters ist, denn die Genera *Annularia* und *Asterophy* Devon, *Calamites* schon in der unteren und *Equisetum* in der mi Perm verschwinden aber die drei ersteren, während *Equisetum* sich erhält, ohne der Descendent der übrigen zu sein, denn es existirte s thümlichen Charakteren in der Gesellschaft der übrigen. III. Zu de lirter, aber nicht equisetiformer Axe gehört das Genus *Sphenophy Lepidodendron* Stbg. und V. *Sigillaria* mit den Genera *Clathraria* Gold., *Fucularia* Brngt., *Rhytidolepsis* Stbg., *Polleriana* Brngt. fol Rhizom dieser Strünke, doch findet man in den ältesten geologisch der *Stigmaria* ohne eine Spur des *Sigillaria*-Stammes, und dies ma dass einst auch diese Vegetationsweise der Sigillarien existirt habe. im Zustande des Rhizoms (Stigmarhizomes), aber durch die Aender stände und des Mediums können sie sich auch dem Luftleben angepa entwickelt haben. — Es folgt III. die Familie der Calamodendreen m *Arthropitus* und *Calamodendron.* Diese Pflanzen sind häufiger gewes vermuthet, denn viele den Calamiten zugeschriebene Abdrücke sind ihrer verkohlten Rinde entblössten Steinkerne des Marktheiles der giebt bei der Beschreibung einzelner hierher gehörigen Arten durc Dimensionen der Tracheïden an verkieselten, in Lignit und in Kohl plare den Beweis, dass der Fossilificationsprocess, Diminuation und ändernd einwirken können. Bei in Kohle verwandelten *Arthropitus b* dies $^{11}/_{12}$, bei *A. gigas* $^{16}/_{17}$ des ursprünglichen Volumens. — Alle Schil aus den eigenen Untersuchungen R.'s hervorgegangenen anatomischen Classe der Farne ist die älteste und reichste der Gefässkryptogam im Devon auf und sind schon vom Jura an durch noch heute lebende A *Marattiaceen* gehen bis zur Trias zurück. Als bestbekannte Gruppe *Pecopterideen* und *Bothryopterideen,* letztere mit ihrer eigenthümlichen *teris Brongniarti),* die in der Sporenkapsel gemeinsam freie Makro- u — Die VII. Classe bilden die Coniferen, von welchen R. der Fa besondere Aufmerksamkeit widmet. Dieselbe reicht bis in die mittle acceptirt von dieser einst reichen Familie die Genera *Ginkgo* Kae *Tricopitys* Sap., *Czekanowskia* Heer, *Phoenicopsis* Heer, *Rhipidop phyllum* Sap., *Dicranophyllum* Grand' Eury und *Whittleseya* Newb.; beiden ersteren.

Im fünften Capitel bespricht R. die Anwendung unserer Kenn Pflanzen beim Studium der Klimatologie der Vorzeit und bei der Schichten; ferner die Langlebigkeit und das rasche Verlöschen gewi Gleichmässigkeit der Jahrestemperatur der älteren Perioden spricht s tomische Structur der fossilen Stämme und es treten uns aus allen Th entgegen; das Gesetz von der Concordanz und das Gesetz vom Erlösc dem ersteren sind die Floren in einer und derselben Reihenfolge und simultan auf der ganzen Erdoberfläche erschienen, und zwar von ihrem ersten Auftreten an bis zur Kreidezeit, in welcher sich die heutigen Temperaturzonen herauszubilden begannen. Nach dem zweiten Gesetze wird eine Pflanzenart, die in einer bestimmten Region der Erde für immer ausstirbt, in den darauf folgenden Schichten jüngeren Ursprunges nicht weiter erscheinen: aber auch dieses Gesetz hat von der Kreidezeit an seine Ausnahmen, die eine Pflanzenart kann durch vorübergehende Umwälzungen von einer Localität verschwinden, dorthin aber nach Aenderung der Umstände wieder zurückkehren. Die Wissenschaft der fossilen Pflanzen liefert uns diesbezüglich zahlreiche Beispiele. *Bornia radiata* findet sich nur in der unteren Kohle vor, nie in einem höheren Horizonte; *Arthropitus gigas* lebte nur in der oberen Kohle und im unteren Perm; dagegen sehen wir gewisse Arten der temperirten Zone während der Gletscherperiode von gewissen Localitäten verschwinden und an anderen ihre Existenz bis heute fortsetzen. Alle diese Thatsachen beweisen auch die Wichtigkeit, die den Pflanzen bei der Altersbestimmung der Schichten zukommt und diesem Zwecke dienen auch die 26 Tableaus, in denen R. die Verbreitung mehrerer charakteristischer Pflanzen demonstrirt. — Das sechste Capitel erörtert die Wichtigkeit des Studiums der fossilen Pflanzen mit Rücksicht auf die Entwickelungsgeschichte des Pflanzenreiches. Das plötzliche Auftreten der Angiospermen ist gewiss auffallend, aber die fossilen Pflanzen geben uns Beweise, dass die Anklänge an die Angiospermen schon bei den Gymnospermen der Kohlenzeit zu finden sind. Die Gnetaceen entnehmen den Coniferen und Cycadeen in der Structur der verschiedenen Theile, die das Ei bilden, eine ganz grosse Analogie und haben sich in ihnen die Charaktere der Kryptogamen und angiospermen Dicotyledonen vereinigt; bei den Coniferen verschwinden gewisse Charaktere der Angiospermen, während andere kryptogamische sich erhalten haben oder noch mehr hervortreten; die Cycadeen behalten noch die kryptogamischen Charaktere der Coniferen, aber der Gefässkreis der Blätter verdoppelt sich, während das Holz des Stammes noch einfach, centrifugal bleibt. Zwischen den Makro- und Mikrosporangien von *Isoëtes* und *Lepidodendron rhodumnense* ist eine grosse Analogie; im Ganzen nimmt aber letztere einen höheren Rang ein, als die actuellen Isoëten, trotzdem ist aber der Zwischenraum, welcher sie von den Cycadeen trennt, noch beträchtlich genug, obwohl weniger beträchtlich als jener, welcher die Cycadeen von den Isoëten trennt. Eine Partie dieses Zwischenraumes wird aber durch die Sigillarien ausgefüllt. Die Sigillarien mit geriefter Rinde sind *Lepidodendron* verwandt, dagegen nähern sich die Sigillarien mit glatter Rinde den Cycadeen. Leider kennen wir nicht genügend die Fructification der Sigillarien, doch kennen wir eine Reihe von fossilen Genera mit höherem vegetativem Apparate (*Sigillariopsis* B. R., *Poroxylon* B. R. etc.), die sich mehr und mehr den Cycadeen nähern; aber ebenso die übrigen: *Equisetum*, *Calamites* etc. *Calamodendron* hat sich durch Samen, nicht durch Makrosporen vermehrt; einerseits durch mit *Gnetopsis elliptica* verwandten, in ein Ovarium eingeschlossenen Samen; andererseits mit *Arthropitus* durch *Gnetopsis angustodunense* analoge Samen; schliesslich *Bornia* durch *G. primaeva* und *G. enosti*. Die zahlreichen Arten von *Calamodendron* scheinen eine wichtige Reihe zu bilden, die mit einem Ende an die equisetiformen Gefässkryptogamen (Astrophyllites), mit den anderen aber an die angiospermen Dicotyledonen (Gnetaceen) anschliesst. Vergleichen wir die Prothallien von *Arthropitus* und *Calamodendron* mit den männlichen Granulationen (Mikrosporen) der Bothryopterideen, so fällt uns die grosse Aehnlichkeit beider auf; die Intine, das Endospor theilt sich in beiden Fällen in polyedrische Zellen und bildet das männliche Prothallium und man kann fragen, wenn die einen durch nachträgliche Theilung Antherozoiden erzeugten, haben die anderen nicht ebenfalls mobile Zeugungskörper ausgesendet? Der weibliche Zeugungsapparat der actuellen Coniferen, Cycadeen hat in seinen Samen das Prothallium und das Archegonium gewisser Kryptogamen beibehalten, und so ist die Frage keine verwegene, ob der männliche Zeugungsapparat in den alten Epochen nicht einen ähnlichen Weg machte, nämlich, dass gewisse Körper, die wir unter dem Namen Samen beschrieben haben, in die Pollenkammer gelangend, dort statt des Pollenschlauches Antherozoiden erzeugten? Die fossilen Funde geben Anhaltspunkte für diese Hypothese, welche, wenn bestätigt, die Gymnospermen den Gefässkryptogamen näher bringen wird.

144. A. Schenk (158). 5. Reihe. **Polycarpicae.** Die Familie der Lauraceen tritt in der jüngeren Kreide auf, aus dieser Periode kennt man aber nur Blätter; selbst in der Pliocän- und Quartärzeit beherbergte Europa noch eine Anzahl Lauraceen und war die Familie in der Tertiärzeit und darüber hinaus weit gegen Norden verbreitet. — Die Familie der Monimiaceen ist zweifelhaft; den meisten Anspruch auf Richtigkeit haben von ihnen die Früchte von *Laurelia* Juss. — Die Familie der Berberidaceen ist im Tertiär bisher nur durch Blätter vertreten. — Von der Familie der Menispermaceen sind nur wenige und unvollständige Reste erhalten. — Die Familie der Myristicaceen ist bisher nur durch unvollständige Blattfragmente von der Insel Borneo bekannt. — Die Familie der Magnoliaceen wird schon aus der Kreide Europas und Nordamerikas angeführt, im Tertiär ist sie sehr reich vertreten und noch im Pliocän Europas vorhanden. Die Funde machen diese Verbreitung sehr wahrscheinlich und lassen sich jene überwiegend mit nordamerikanischen und ostasiatischen Arten vergleichen. Die Ansicht, dass die Magnoliaceen während der Tertiärzeit in Australien existirt haben, ist nicht stichhaltig; die von Ludwig aus der Braunkohle der Wetterau beschriebenen Magnoliensamen haben mit solchen nichts gemeinsam. Grosses Interesse bietet die Gattung *Liriodendron* durch die grössere Anzahl ihrer Arten und ihrer Verbreitung; ihr circumpolarer Ursprung scheint aber noch nicht hinreichend begründet zu sein. — Die heutige Verbreitung der Familie der Anonaceen spricht eher für die ehemalige Verbreitung in der Kreide- und Tertiärperiode, als die Blätter und Früchte, die als hierher gehörig beschrieben werden. So ist *Anona cacaoides* Poppe ganz sicher keine Anonaceen-Frucht. — Von der Familie der Ranunculaceen kennt man wenige Reste, die auch nicht alle zweifellos sind. — Die Familie der Nymphaeaceen ist eine der genauer bekannten Familien, welche in der Kreide zuerst auftretend, im Tertiär ziemlich reich an Formen und weit verbreitet war. Einst innerhalb des Polarkreises sesshaft gewesen; ist sie heute Bewohnerin der Tropen und nur in einzelnen Formen in der gemässigten Zone vertreten. Aus der Reihe der noch existirenden Gattungen sind *Nelumbium* und *Nymphaea* nachgewiesen. Die Familie nach Rhizomen, Blättern und Früchten bekannt, enthält auch ausgestorbene Gattungen, so *Holopleura*, *Anoectomeria*; zu letzterer gehört als Fruchtrest *Palaeolobium haeringianum* Ettgsh.

6. Reihe. **Rhoeadinae.** Von den hierher gehörigen Familien Papaveraceen und Cruciferen kennt man nur wenige Früchte, die zum Theil richtig erkannt sein können (*Lepidium antiquum* Heer, *Clypeola debilis* Heer, *Papaverites* sp. Friedr.).

7. Reihe. **Cistiflorae.** Reich an lebenden Formen überliess diese Gruppe bisher nur wenige und dabei mitunter unsichere Reste. Aus der Familie der Violaceen sind Samen der *Anchietea borealis* Heer bekannt; auch die von Conwentz als *Cistinocarpum Roemeri* aus dem samländischen Bernstein beschriebene Kapselfrucht kann dieser Familie angehören. — Die von Ludwig der Familie der Cistaceen zugeschriebenen Reste gehören nicht hierher. — Aus der Familie der Bixaceen kennt man bisher nur einen fossilen Rest: *Kiggelaria oligocaenica* Friedr. — Die Reste der Familie der Ternstroemiaceen bewiesen es aufs sicherste, dass tropische Formen einst hoch im Norden vertreten waren, so die Blüthe *Pentaphylax Oliveri* Conw., *Stuartia Kowalewskii* Carp. aus dem Bernstein; dagegen sind viele Blätter fraglich. — Die Familie der Dilleniaceen ist nicht sicher nachweisbar; denn weder die von Göppert, noch die von Conwentz als solche beschriebenen fossilen Reste gehören nicht hierher. Auch *Dillenia eocenica* Sop. und Mar. ist fraglich. — Das Vorhandensein der Familie der Dipterocarpeen im Tertiär ist durch Früchte festgestellt.

8. Reihe. **Columniferae.** Die Familie der Tiliaceen ist häufig vertreten, und zwar mehr durch Blätter als durch Früchte; *Grewiopsis* Sap. trat in Nordamerika früher auf als in Europa, doch gehören nicht alle unter dieser Bezeichnung angeführten Blätter den Tiliaceen an. *Elaeocarpus* ist vorzüglich durch Früchte vertreten. Zweifelhaft sind die Reste von *Apeibopsis*, dessen Früchten die von *Nordenskiöldia* Heer verwandt sind. Sie erinnern aber auch an die Früchte der Malvaceen. — Die Familie der Sterculiaceen trat aller Wahrscheinlichkeit nach schon in der Kreide auf und ist durch zahlreiche Formen vertreten. Die verbreitetste ist *Sterculia Labrusca* Ung. Die Gattung *Ptero-*

spermum ist durch Samen und Blätter *(Pterospermites)* vertreten. Von den mit *Dombeya* verglichenen Blättern sind einige gut bestimmt; andere mögen zu *Ficus* gehören; andere wieder gänzlich zu streichen sein. — Die Familie der Bombaceen ist ebenfalls in einigen Resten erhalten; der wichtigste derselben ist die bei Aix gefundene Blüthe *Bombax sepultiflorum* Sap.

9. Reihe. **Gruinales.** Ist bisher nur durch die Funde im Bernstein vertreten. *Geranium Brysichii* Conw. ist zweifelhaft; dagegen richtig *Erodium nudans* Conw., *Oxalidites brachysepalus* Casp. und *O. averrhoides* Conw.; fraglich ist noch die Kapselfrucht *Linum oligocenicum* Conw., die auch einer *Euphorbia* angehören könnte.

10. Reihe. **Terebinthineae.** Reste der Familie der Rutaceen mit der Untergruppe der Dictamneen sind nur wenige und nur aus dem Pliocän bekannt. Von den Zanthoxyleen kennt man nur Blätter, die auch nur zum Theil vollständig erhalten sind; doch wurden sie in Gegenden gefunden, denen diese Gruppe heute gänzlich fehlt. Von *Ptelea* kennt man Früchte, unter welchen *Pt. macroptera* Kov. von Tállya kaum hierher gehört. Die Früchte von *Protamyris* (Amyrideen) haben nichts Beweisendes für die Richtigkeit ihrer Bestimmung. Man stützte sich dabei auch auf das Vorhandensein von Blättern; diese sind aber noch weniger stichhaltig. Die Familie der Simarubaceen ist durch die sicheren Reste von *Ailanthus* nachgewiesen. Die Früchte, die man den Zygophyllaceen zugeschrieben hat, haben wenig Beweisendes.

Die Familie der Anacardiaceen hat schon früher A. Engler in seiner Monographie von Rhus kritisch beleuchtet, der von den 70 fossilen Arten nur 4 als sicher der Gattung *Pistacia* angehörig; alle übrigen aber als zweifelhaft betrachtet. Auch die Früchte haben verschiedene Deutung erfahren. — Aus der kleinen Familie der Sabiaceen ist *Meliosma myriantha* Sieb. et Zucc. aus dem Pliocän von Mogi beschrieben; ebenso gehört zu der nur durch eine Gattung vertretenen Familie der Coriariaceen mit Sicherheit nur *Coriaria longaeva* Sap. von Armissan. Aus den Gruppen der Cedrelaceen und Connaraceen sind wenige Blätter bekannt, deren Leitbündelverlauf nicht dem der lebenden Blätter entspricht.

11. Reihe. **Aesculinae.** Auch die Familie der Sapindaceen zeigt keinen charakteristischen Leitbündelverlauf. Die Früchte *Cupanoides* können einer Sapindacee angehören, ob aber eben *Cuponia*, ist fraglich; ebenso die *Cupanites* benannten Blätter und auch ein Blüthenstand. Von der Gattung *Paulinia* sind zwei Blätter beschrieben, von denen *P. germanica* Ung. schwerlich einer Sapindacee angehört. *Koelreuteria* ist aus dem Tertiär bekannt, ebenso *Nephelium* in Blättern und Früchten. Zahlreiche Reste — Blätter, Blüthen, Früchte — hinterliess *Sapindus*, von denen nicht alle als unzweifelhaft betrachtet werden können. Eine der verbreitetsten Arten des Tertiärs ist *Sapindus falcifolius* A. Br. Auch *Dodonaea* und *Aesculus* beweisen durch sichere Funde ihre Vertretung im Tertiär. Aus Europa sind die Reste von *Staphylea* noch nicht bekannt; dagegen kennt man sie aus Nordamerika.

Die Familie der Aceraceen gehört nach ihrem Monographen Pax zu den bestbekanntesten Gruppen fossiler Pflanzen und giebt uns dieser Autor auch die beste Kritik derselben. Auffallend ist die geringe Zahl der Ahornreste des nordamerikanischen Tertiärs. Von den von hier beschriebenen Arten gehören zwei nicht zu *Acer*; *A. Bolanderi* Lesq. gehört den *Campestria* an, *A. arcticum* Lesq. ist unbrauchbar; die Früchte von *A. indivisum* Lesq. sind Malpighiaceen-Früchte; von *A. gracilescens* Lesq. ist nur T. XLIX, Fig. 7 richtig.

Von der Familie der Malpighiaceen sind Blätter und Früchte fossil erhalten; doch von der grossen Menge der besonders als *Malpighiastrum* beschriebenen Blätter halten nur wenige Stand; aber auch die übrigen, direct mit Malpighiaceen verglichenen Reste sind nicht alle sicher. So ist die Frucht von *Banisteria teutonica* Heer keine *Banisteria* (Verf. benennt sie *Malpighiastrum teutonicum*). Die beiden fossilen *Heteropteris*-Arten hält Verf. auch für zweifelhaft. Die Früchte von *Acer giganteum* Göpp. und *A. otopterix* Heer gehören zu *Banisteria (B. gigantea)*. *Petropteris* und *Hiraea* kamen im Tertiär vor.

145. **A. Schenk** (157) giebt vom botanischen Gesichtspunkte aus eine gedrängte kritische Zusammenstellung der Kenntnisse über die fossilen Pflanzenreste.

146. **N. O. Shaler** (155) beschreibt die eigenthümlichen kegelförmigen Auswüchse an den Wurzeln von *Taxodium distichum*, denen er eine besondere biologische Bedeutung zuschreibt. Die Spitze dieser Kniee, wie er sie nennt, ist gefässreich und ihr Holz weich und schwammig, sie steht immer über der Wasserfläche und wo durch Ueberschwemmung diese Kniee unter Wasser gelangen und von demselben bedeckt bleiben, dort sterben die Bäume ab. Dass der Baum nicht an das Wasser gebunden sei, beweist seine Cultur in Gärten und sein frühes Vorkommen in geologischen Epochen mit anderen Holzpflanzen; heute ist er mit keinem anderen vergesellschaftet. Nachdem er sich in die Sümpfe zurückzog, wohin ihm die anderen nicht nachfolgen konnten, war er dem Kampfe um seine Existenz ausgewichen, sowie *Sequoia gigantea*, *Pinus mitis*. Sh. glaubt ferner, dass die Vermehrung dieses Baumes durch Samen in sehr beschränktem Maasse vor sich gehen muss, denn es ist schwer anzunehmen, dass ein Coniferensamen in Wasser von einer Tiefe von ein oder mehr Fuss keimen und herauswachsen könnte; auch sah Sh. nie die Samen auf den Wurzeln anderer Bäume keimen oder irgend welche Knospenbildung und ist er die Ueberzeugung, dass die abfallenden Zweige die Vermehrung des Baumes vermitteln.

147. **F. Pax** (122). Ein ziemlich sicherer fossiler Rest der Iridaceen ist *Iris Escheri* Heer; zweifelhaft ist die Gattung *Iridium* Heer aus Grönland.

148. **F. Pax** (126). Von den Amaryllidaceen sind fossile Reste nicht mit Sicherheit nachgewiesen.

149. **F. Pax** (121). Von den als fossile Dioscoraceen beschriebenen fossilen Resten haben nur *Majanthemophyllum petiolatum* O. Web. und *Dioscorites resurgens* Sap. einigen Anspruch an Berechtigung.

150. **G. Hieronymus** (63) meint, dass fossile Arten der Familie der Centrolepidaceen kaum in Europa zu erwarten seien, da die Familie jetzt auf die südliche Hemisphäre beschränkt ist. *Podostachys* Marion dürften Aehren von Gramineen sein.

151. **G. Hieronymus** (64). Fossile Arten der Eriocaulaceen sind nicht mit Sicherheit nachgewiesen. Hieher gehöre nach Lesquereux *Eriocaulon ? porosum* aus dem Tertiär des westlichen Nordamerika.

152. **G. Hieronymus** (62). Für sehr nahe Verwandte der Restoniaceen werden die im Oligocen gefundenen Rhizocaulaceen gehalten.

153. **Fr. Buchenau** (13). Die Familie der Juncaceen muss nach ihrer mannichfaltigen Ausbildung und ihrer geographischen Verbreitung ein nicht geringes geologisches Alter haben. Fossile Reste aus den Untergattungen *Junci genuini* und *septati* (vielleicht auch *poiophylli*) haben sich im mittleren Tertiär gefunden.

154. **A. Engler** (31) hält die zu den Liliaceen gestellten fossilen Reste nicht als gesichert. So sind *Gloriosites* Heer, *Aloites* Vis., *Yuccites* Schmp. et Moug., *Eolirion* Schenk, *Convallarites* Schmalh., *Majanthemophyllum* und *Smilacina* keine unzweifelhaften Liliaceen.

155. **A. Breitfeld** (11) erwähnt bezüglich des Vorkommens fossiler Reste aus der Gattung *Rhododendron*, dass deren in der paläontologischen Literatur nur äusserst wenige aufgezählt werden, aber dass diese wegen der nicht charakteristischen Nervatur und Form der Blätter ausserdem sehr unsicher sind. *Rhododendron retusum* Goepp. von Schossnitz ist z. B. höchst wahrscheinlich mit *Juglans salicifolia* zu vereinigen. Jedenfalls haben aber im Tertiär *Rhododendron*-Arten existirt und ist ihr Verbreitungsbezirk ein nördlicherer gewesen, als jetzt.

156. **A. Engler** (34). *Credneria* Zenk. könnte auch zu der Reihe der *Malvales* oder zu den *Hamamelidaceae* gehören; auch *Ettingshausenia* Stiehl. könnte zu anderen Familien (*Moraceae Ulmaceae* etc.) gestellt werden; *Macclintockia* Heer von der Kreide bis ins Miocen von Grönland und im unteren Eocen von Grönland; *Aspidiophyllum* Lesqx., bekannt aus der jüngeren Kreide Nordamerikas, *Protophyllum* Lesqx. (Kansas, Nebraska) hat einige Aehnlichkeit mit den Blättern von *Laportea gigas;* aus dem Bernstein des Samlandes sind einzelne Blüthen von *Forskohlea* bekannt (*Forskohleanthum nudum* Conw.).

157. **A. Engler** (32) Fossile Arten von *Ulmus* sind zuverlässig vom Oligocen an

nachgewiesen. Solche fossile Arten sind *Ulmus subparvifolia* Nath., *U. Marionii* Sap. *U. primaeva* Sap., *U. Bronnii* Ung. und *U. minuta* Goepp. Bemerkenswerth sind ferner: *U. plurinervia* Ung. (Sacchalin und Alaska), *U. borealis* Heer (Grönland) und *U. californica* Lesq. (Kalifornien), woselbst jetzt die Gattung nicht mehr anzutreffen ist. — Die fossilen Reste von *Celtis* sind ziemlich sichergestellt, so namentlich *C. Hyperionis* Ung. Von *Zelkowa* sind als fossil bekannt die verbreitetste jungtertiäre *Z. Ungeri* (Ettgsh.), der *Z. crenata* Spach. verwandt ist; ferner kennt man noch *Z. acuminata* Planch., *Z. microphylla* (Newb.) und *Z. longifolia* (Lesqx.).

158. **A. Engler** (33). Man kennt fossil *Morus rubra* L. var. *pliocenica* Sap., auch Blätter und Fruchtfragmente von *Artocarpus*, doch die als *Artocarpidium* Ung. und *Artocarpoides* Sap. beschriebenen Reste sind unbeachtet zu bleiben. Bei der grossen Formvariabilität der Blätter von *Ficus* ist es schwer zu unterscheiden, ob alle als fossile Feigenblätter beschriebenen als solche zu betrachten sind; doch ist es als wahrscheinlich anzusehen, dass in der Kreideperiode *Ficus* auch in Grönland existirte, dass in der Tertiärperiode bis zum oberen Miocen *Ficus*-Arten in Nordamerika und Europa verbreitet waren, dass sie aber auch schon im Tertiär auf den Inseln des malayischen Archipels und Australien vorhanden waren. Die Funde aus dem europäischen Quartär beweisen, dass *Ficus Carica* L. *caprificus* schon lange im Mitteleuropagebiet heimisch ist. Ob *Protoficus* Sap. und *Eremophyllum* Lesqx. zu den Moraceen gehören, ist durchaus zweifelhaft.

159. **M. Fliche** (48). Die Floristen glauben zwei Arten der *Ostrya* unterscheiden zu können: *Ostrya carpinifolia* Scop. der Alten und *O. virginica* Willd. der Neuen Welt. Eingehende Untersuchungen zeigen uns aber, dass die angenommenen Charaktere von grosser Unbeständigkeit sind und dass die vermeintlichen Arten höchstens den Werth von Varietäten besitzen können. F. unterscheidet demnach nur eine Art: *Ostrya carpinifolia* Scop. mit den Varietäten α. *genuina*, β. *virginica*, γ. *corsica*.

Dies stünde mit den paläontologischen Funden scheinbar in Widerspruch; indem man nach Früchten, Involucrum und Blättern mehrere Arten unterschieden hat und hat man letztere mehr oder weniger auf die recente amerikanische Art zurückgeführt. Aber auch die Begründung fossiler Arten auf die Gestaltung des Involucrum ist nach Vergleich des lebenden Materials schwankend; so dass wir auch die bisher beschriebenen 6 fossilen Arten — mit Ausschluss einer sehr zweifelhaften — in eine zusammenziehen und ihr den Namen *Ostrya Atlantidis* Ung., als die zuerst beschriebene, belassen können.

Ostrya ist daher im Eocen aufgetreten und unstreitig circumpolaren Ursprunges; von ihrer Urheimath aus hat sie sich nach zwei Richtungen hin ausgebreitet.

160. **K. Prantl** (128). Die 20 aus der Kreide und dem Tertiär beschriebenen fossilen *Fagus*-Arten stehen sowohl der heutigen *F. silvatica* als der *F. ferruginea* sehr nahe und verweist bezüglich dieser Art, wie auch *Castanea* Verf. auf Krasan. Bezüglich *Quercus* meint P., es scheine, dass die Reste aus der europäischen Kreide viel Aehnlichkeit mit der tropischen Gattung *Pasania* besitzen, was auch von den tertiären *Q. Drymeia* Ung. und *Q. Lonchitis* Ung. gelten dürfte; unter den tertiären scheinen andere mit *Q. Ilex* verwandt und die Gruppe *Robur* im Tertiär in Europa nicht vertreten gewesen zu sein.

161. **C. Fritsch** (52). Die Salicaceen bilden eine sehr alte Ordnung, deren Verbindungsglieder mit den zunächst verwandten Pflanzen längst ausgestorben sind. Wahrscheinlich ist die Gattung *Populus* älter als die Gattung *Salix*, worauf bei letzterer die grössere Variabilität und die weitergehende Reduction der Blüthentheile spricht. Beide können von einem Urtypus abstammen, dem *Populus* ähnlicher geblieben ist, wie *Salix*. Wir finden aber bei letzteren Arten, die sich dem *Populus*- bezhw. dem hypothetischen Urtypus nähern. Ein solcher ist *Salix reticulata* L. Sie gehört der Gruppe der *Humboldtianae* an, die auch darin eine Annäherung an *Populus* zeigen, dass die Zahl der Staubblätter stets eine grössere (bis 20) ist. Mit diesen Arten eng verwandt sind aber die meisten tertiären Weidenreste.

Ein anderes Endglied der Weidenreihe bildet gewissermaassen die Gruppe der Purpurweiden (beide Staubblätter verwachsen, der Discus ist bis auf einen einzigen Zahn reducirt) und zwischen beiden steht die Mehrzahl der Weiden mit zwei getrennten Staubblättern und

1—2 Discuszähnen in der männlichen Blüthe. Es ist zweifellos, dass *Salix pupurea* L. von solchen Formen abstammt, welche zwei getrennte Staubblätter besassen und man fand viele regressive Formen, die diese Eigenthümlichkeit aufweisen. Man konnte daher auch bei den driandrischen Weiden regressive Formen erwarten, nämlich solche, die mehr als zwei Staubblätter besitzen und finden sich diese Formen thatsächlich bei *Salix fragilis* L. Regressive und progressive Formen werden in den meisten Fällen bald als Bastarde, bald als Varietäten, mitunter auch als Arten betrachtet; können aber durch ihr Studium und der Ermittlung der Bedingungen, unter denen sie entstehen, eines der wichtigsten Hülfsmittel für die phylogenetische Forschung werden.

162. **K. Prantl** (132). Von den beschriebenen fossilen 5 *Berberis*-Arten dürften mit Sicherheit hierher gehören *Berberis helvetica* Heer, ähnlich der *B. Aquifolium*, sowie *B. rhopaloides* Sap. und *B. stricta* Sap., beide ähnlich der *B. Fortunei*.

163. **K. Prantl** (133). Die als fossil beschriebenen Menispermaceen scheinen dieser Familie zuzugehören. Die Gattung *Macclintockia* Heer wird von Einigen hierher, von Anderen zu den Urticaceen gestellt.

164. **K. Prantl** (130). Von den Anonaceen sind aus der Gattung *Asimina* 2 fossile Arten aus dem Tertiär Nordamerikas bekannt und von *Anona* 9 Arten beschrieben.

165. **K. Prantl** (129). Von den Magnoliaceen sind etwa 30 Arten in Blättern, einige auch mit Frucht bekannt, welche wohl meist der *Magnolia grandiflora* L. näher stehen und in der Kreide- und Tertiärformation eine weite Verbreitung hatten. Die fossilen Arten *Liriodendron primaevum* Newb., *L. Mankii* Heer und *L. Procaccinii* Ung. stehen der lebenden Art *L. tulipifera* L. sehr nahe. — Von *Illicium* sind fossile Arten aus dem Tertiär Nordamerikas und Englands bekannt; *Illicites astrocarpus* F. v. Müll. (Frucht) aus dem Pliocen Neuhollands.

166. **K. Prantl** (131). Von fossilen Ranunculaceen kennt man die Blätter von *Dewalquea*, die mit denen von *Helleborus* verglichen werden; von *Clematis* einige Früchte; ebenso repräsentirt *Ranunculus emendatus* Heer Früchte.

167. **R. Caspary** (16). *Nelumbo Buchii* Ettgsh. von Leoben und vom Monte Promino scheinen mit *N. nucifera* Gärtn. verwandt; ebenso *Nymphaea gypsorum* Sap. von Aix mit *N. Lotus* L.; ebenso gehören aller Wahrscheinlichkeit nach *Nymphaea parvula* Sap., *N. Charpentieri* Heer, *N. lignitica* Wess. et Web. und *N. Ludwigii* Casp. zur Gruppe *Castalia* Planch. von *Nymphaea*. Auch die übrigen fossilen Reste der Nymphaeaceen scheinen richtig bestimmt zu sein, so *Holopleura* Casp., *Anoectomeira* Sap. und *Nymphaeites* Sternbg.

168. **A. Engler** (36). Fossile Loranthaceen kennt man kaum mit Sicherheit; auch sind nur Blätter aus den tertiären Ablagerungen von Radoboj als *Loranthus protogaeus* Ettgsh. beschrieben worden.

169. **A. Engler** (35) schliesst sich nicht der Ansicht v. Ettingshausen's und Unger's an, dass im Tertiär die Proteaceen, und zwar mit den gegenwärtig in Australien vorkommenden verwandte Formen, in Europa einen hervorragenden Bestandtheil der Vegetation ausgemacht hätten. Blätter, Samen und Früchte, die man fossil gefunden, lassen eine verschiedene Deutung zu. Viele dieser Reste sind mit viel grösserer Wahrscheinlichkeit zu den Myricaceen zu stellen; andere wieder dürften auch anderen Familien angehören.

170. **F. Crépin** (18). Aus den Gräbern der Necropole von Arsinoe (Fayoum, Aegypten) sind von Richard Rosen beschrieben, die er *Rosa sancta* benannte, die aber vielleicht nur eine Form der in Italien, Griechenland und Kleinasien einheimischen *Rosa gallica* ist, während in Aegypten die wildwachsenden Rosen fehlen.

171. **A. Engler** (37) behauptet, dass viele der zu den fossilen Rosaceen gezählten Blätter ihre richtige Deutung gefunden haben mögen. So seien *Spiraea vetusta* Heer der *Sp. hypericifolia* Lam. und *Sp. Andersoni* Heer der *Sp. tomentosa* L. ähnlich; *Cotoneaster protogaea* Sap., *C. major* Sap. und *C. Andromeda* Ung. gehören zum Typus der *C. vulgaris* Lindl.; *C. Pyracantha* (L.) Spach. ist auch aus dem Quarternär von Poggio bekannt und ist ihr *C. palaeo-pyracantha* Sap. aus dem Tertiär ähnlich. Zweifelhaft sind die Früchte von *Cydonia antiquorum* Heer; aber die Blätter von *Pirus Saturni* O. Web. sind denen

von *Cydonia vulgaris* ähnlich. Von den vielen fossilen *Pirus*-Blättern gehören mit grosser Wahrscheinlichkeit hierher: *Pirus Aria* L. var. *perollana* Gaud. und *P. Palaeo-Aria* Ett. Von *Amelanchier* sind als fossil beschrieben *A. prisca* Ettgsh., ähnlich der *A. cretica* Lindl. und *A. similis* Newb., verwandt mit *A. canadensis* Med. *Crataegus antiqua* und *C. Warthana* Heer entsprechen in ihrer Blattform der *Mespilus tomentosa* (L.) Wenzig, *C. Carneggiana* Heer, *M. coccinea* (L.) Willd, *C. oxyacanthoides* Goepp. der *M. Oxyacantha* (L.) Gärtn.

172. **W. J. Dawson** (26) schildert die Entwicklung des pflanzlichen Lebens in den aufeinander folgenden geologischen Perioden. Das Material zu dieser seiner Geschichte der Pflanzen entnimmt er Amerika, wodurch er seinem Buche ein besonders werthvolles Gepräge verleiht. Nachdem er im I. Capitel kurz die geologische Chronologie und Classification der Pflanzen bespricht, geht er im II. Capitel auf die Schilderung der Vegetation des Laurentian und der paläozoischen Periode über und bespricht auch die problematische Natur der fossilen Algen dieses Zeitalters. Anzeichen von der Existenz lebender Wesen haben wir schon aus der mittleren Partie des Laurentian — Graphit ist vegetabilischen Ursprunges —, doch in den diesem folgenden Ablagerungen bemerkt man noch keine besondere Entwicklung des Pflanzenlebens. Als älteste Pflanzen betrachtet D. *Protannularia (Buthotrephis) Harknessii* und *P. radiata*, vermeintliche Rhizocarpeen. Den übrigen als vegetabilische beschriebenen Resten gegenüber verhält sich D. sehr skeptisch, indem er ja selbst einer der ersten war, der z. B. in Protichnites des Potsdam-Sandsteines die Kriechspuren von Limulus erkannte. D. fügt dem noch hinzu, dass *Haliserites Dechenianus* Goepp. zu *Psilophyton* gehört; *Sphaerococcites dentatus* und *Sph. serra* Brngt. sp. sind Graptolithen, *Dictyophyton* und *Uphantenia* sind Schwämme; *Oldhamia* ist vielleicht dennoch pflanzlicher Natur; die von Stur aus dem böhmischen Silur beschriebenen Algen und Characeen sind wirkliche und zu *Psilophyton* gehörige Landpflanzen. Diesem Capitel schliesst sich eine Mittheilung über die wiederholte Untersuchung von *Prototaxites (Nematophyton)* von Prof. Penhallow an. Im III. Capitel begegnen wir der Schilderung der Erian- oder Devonwälder, aus welchen D. bereits mehr als 100 Arten, die sich auf etwa 30 Genera vertheilen, kennt, und aus Gefässkryptogamen und Gymnospermen zusammengesetzt sind und nur eine vermuthliche Angiosperme enthalten. Saporta's *Eopteris* aus dem Silur ist kein Farn, sondern eine durch Pyritkrystallisation hervorgebrachte Imitation. Kurz äussert sich D. über den Ursprung des Petroleums. In den dem Capitel angeschlossenen Notizen sind 1. Die vom Verf. zuerst als *Sporangites*, dann aber als *Protosalviniae* beschriebenen fossilen Spuren aufgezählt, und zwar *P. Huronensis* D., *P. Braziliensis* S., *P. bilobata* D., *P. Clarkei* D., *P. punctata* Newt. 2. Ansichten über die Natur und Verwandtschaftsverhältnisse von *Psilophyton*. 3. Die Baumfarne der Erianperiode. 4. Ueber die Erianbäume aus dem Genus *Dadoxylon* Ung. (*Araucarites* Goepp., *Araucarioxylon* Kraus). 5. Die von Hugh Miller und Anderen beschriebenen schottischen Devonpflanzen. 6. Die geologischen Verhältnisse einiger pflanzenführender Lager in Ostcanada. 7. Ueber das Verhältniss der Ursastufe der Bäreninsel zur paläozoischen Flora von Nordamerika. Im IV. Capitel begegnen wir einer Schilderung der Flora der Kohlenperiode, in welcher die Acrogenen auf ihrem Culminationspunkte stehen; D. berührt kurz die Bildung der Kohle und beschreibt im Anhange nach Gruppen die Kohlenpflanzen. Dem folgt in den folgenden zwei Capiteln die Schilderung der älteren mesozoischen und känozoischen Flora. Hinsichtlich des Alters der grönländischen und nordamerikanischen Ablagerungen schliesst sich D. den neueren Anschauungen an. Im VII. Capitel begegnen wir der Flora der Tertiärzeit und im VIII. den Ansichten des Verf.'s über den Ursprung und die Wanderung der Pflanzen, sowie über die Beziehungen der recenten und fossilen Floren zu einander. D. begründet ebenfalls den circumpolaren Ursprung der Pflanzen, acceptirt die Anschauung von der Aenderung der Lage der Erdaxe und meint, dass die Combination der von Lyell, Croll, Tyndall und Hunt als maassgebend angenommenen Factoren die Erscheinungen der verschiedenen geologischen Zeitepochen hinreichend erklären. D. bekennt sich als Anhänger der Schöpfungsidee. Im Anschlusse finden wir eine vergleichende Uebersicht über die successiven Floren Nordamerikas und Grossbritanniens; Heer's aus der grönländischen Flora geschöpfte Resultate;

schliesslich eine gedrängte Darstellung des Versteinerungsprocesses der Pflanzen und die Aufzählung der Hauptwerke über Paläobotanik.

173. **G. de Saporta** (153) machte den paläontologischen Ursprung unserer Wald- und Nutzbäume zum Gegenstande seiner Studien. Er schildert vor allem die Waldformation und die einzelnen grossen Waldgebiete, insbesondere dasjenige des Mittelmeergebietes, erörtert ferner die Beziehungen, die zwischen den gegenwärtigen Pflanzengesellschaften und denen der Vorzeit bestehen und stellt dies in einer synoptischen Tabelle prägnanter dar. (Tabelle siehe p. 276 u. 277.)

Dem folgt nun der specielle Theil, in welchem die kritische Analyse über den Ursprung und die vermuthliche Herkunft der verschiedenen Typen der baumartigen Gewächse gegeben wird. Aus diesem Theile heben wir folgende Speculationen des Verf.'s hervor. Im Gegensatze zu Schenk findet er, dass die Monocotyledonen auf ein für secundäre Variationen weniger empfängliches und expansives Terrain gesetzt, sich weniger recht entwickeln konnten, daher sich wenig verschiedene, ärmere und nur schwer ausgestaltete Typen ausbildeten, die zur selben Zeit auch in Folge der geringen Hinfälligkeit ihrer Blattorgane nur wenig Spuren zurücklassen konnten. Ihre Blätter besassen eine gut entwickelte Scheide, die sie mit dem Stamme in feste Verbindung brachte, die ohne besondere Kraftanstrengung nicht zu lösen war. Dies ist nach S. ohne Zweifel die wirkliche Ursache der relativen Seltenheit der fossilen Monocotyledonen. . . Die Mutterregion, in welcher die Dicotyledonen entstanden sind, muss in einer gleichen Entfernung vom äussersten Norden wie vom äussersten Süden gelegen sein und wie es scheint, gegen die nördliche Partie der gegenwärtigen gemässigten Zone zu und auf einem zwischen Europa und Amerika zuerst isolirt gelegenen Continent, der aber dann in Verbindung mit den übrigen trat und so die simultane Verbreitung der Dicotyledonen gegen Osten und Westen begünstigen konnte. Diese Mutterregion musste sich auch an die arktische anschliessen, wo die Dicotyledonen zu einer Zeit die Vermischung der Typen der Alten und der Neuen Welt anzeigen. Das Phänomen der raschen Ausbreitung der Pflanzen ist eines der wichtigsten, aber noch ungelösten Probleme.

Das Buch beschliessen die „Schlussfolgerungen", die S. aus den mitgetheilten Thatsachen zieht. Er findet, dass den Impuls zur Spaltung der Pflanzen in Arten und ihrer Wanderung die Abkühlung der Pole (refroidissement polaire) gab, d. i. die graduelle Verminderung der Erdtemperatur, die langsame und unregelmässige, aber unausgesetzte Alteration der klimatologischen Verhältnisse jeder Region, ausgehend von den Polen und fortschreitend in der Richtung zum Aequator hin. Diese Erkaltung trat gegen die Mitte der Kreidezeit ein, ist aber während der Dauer dieser Zeit eine beschränkte geblieben, denn es traten noch damals innerhalb des Polarkreises Pflanzen der gemässigten Zone auf. Aber am Schlusse der Kreidezeit sind jene verschwunden, die wir noch im alten Eocen der arktischen Region antrafen. Wir sagen, im alten Tertiär, denn die Assimilirung des arktischen Tertiärs mit dem europäischen Miocen (Heer) ist eine Illusion; indem eine Reihe von Beobachtungen und Untersuchungen den intimen Zusammenhang des arktischen Tertiärs mit dem englichen und schottischen Eocen nachgewiesen haben (Gardner).

Endlich reichte die subtropische, wenn nicht tropische Zone bis zum 61.—56. ^{0}, doch die arktische Zone erkaltete noch immer mehr und es bilden sich schliesslich die heutigen Temperatur- und Pflanzenzonen heraus. Da aber Kälte Kälte erzeugt, so mussten die Pflanzen der um die erkaltende Gegend liegenden Landstriche bald den Wechsel des Klimas verspüren, so z. B. die Ahorne, die im europäischen Eocen auf den hohen Bergen Colonien bildeten, stiegen von dort herab, um sich in den Thälern niederzulassen. Der Standort nach seiner Höhe und seiner Lage unter dem Breitengrade war nicht ohne Einfluss auf die Pflanzen und beide Factoren haben gewiss analoge Resultate gehabt; in Verbindung damit treten auch gegen Ende der Kreidezeit Senkungen ein, die die Pflanzen der Höhe in neue Verhältnisse, wenn nicht zum Erlöschen brachten, da aber diese Senkung nicht überall von gleicher Senkung war, so haben wir dadurch auch zum Theil die Verschiedenheit der Floren der verschiedenen Breiten erklärt. Dem polaren Einfluss und der Höhenlage schreibt S. auch den allergrössten Antheil an dem Phänomen der Hinfälligkeit der Blätter zu, obwohl nur wenig Pflanzen mit persistentem Laube in die Polarregion gelangen konnten, um sich dort zu accomodiren; alle diese Erörterungen gruppiren sich um den Begriff, den S. sich von der „Art“ bildete.

174. **L. F. Ward** (183, 183b.). Von den als Arten betrachteten 7 Platanen haben nur zwei eine grössere Verbreitung. *Platanus orientalis* und *P. occidentalis*, die Sycomore finden sich im Gebiete der Vereinigten Staaten, Neu Mexicos und Kaliforniens. Man kennt aber von diesem Geschlechte nicht weniger als 20 fossile Arten, deren grösster Theil in den arktischen Ablagerungen Nordamerikas, einige im Miocän Europas gefunden wurden. Die Lamariegroup in ihrer zweifelhaften Stellung zwischen Kreide und Tertiär enthält beinahe die Hälfte der bekannten Formen, unter denen sich aber auch solche vorfinden, die von den lebenden weit abweichen und mit *Aralia* vereinigt wurden. Das Bemerkenswertheste ist *Platanus nobilis* Newb. Kleinere Blätter derselben mit glatterem Rande hat man als *Aralia*-Blätter beschrieben, aber Verf. weist mit Hülfe eines reichen Materials nach, dass sie alle zu einem und demselben Typus gehören. So wie bei den fossilen Blättern, so treten auch bei den Blättern junger Schösslinge oder unterer Zweige der Sycomore die Basallappen auf oder erscheinen letztere auch in der Form von Stipulen, wie bei *Crataegus*. — Der Typus des Geschlechtes ist aber noch älter als die Lamariegroup, die unter ihr liegende Dakotahgroup von Kansas und Nebraska ist reich an dicotylen Pflanzenresten. Man kennt sie unter den Namen *Platanus, Arelia, Liquidambar, Sassafras, Liriodendron* und *Aspidiophyllum* und sind dies alle gelappte Blätter. W. will durchaus nicht behaupten, dass alle diese Blätter in der That zu *Platanus* gehören, aber vom wissenschaftlichen Standpunkte aus hat man das Recht, sie als Vorläufer der Platane zu betrachten. Im natürlichen System der recenten Flora stehen *Liquidambar* und *Platanus* weit von einander, aber vielleicht mit Unrecht, ebenso ist es nicht unmöglich, dass *Aralia, Sassafras* und *Liriodendron* Zweige eines gemeinschaftlichen Stammes darstellen. Die dreilappigen Blätter der *Sassafras* gehören meist den sterilen Zweigen an, die blühenden und fructificirenden Zweige tragen ungelappte und verlängerte Blätter. Die diesbezüglichen Abbildungen zeigen überzeugend, dass beide Blattformen vereinzelt gefunden, als nicht zu einer und derselben Species gehörig betrachtet würden. Vergleicht man nun die Nervation des gelappten *Sassafras*-Blattes mit der von *Sassafras cretaceum* Lesq. aus der Dakotagroup, so findet man leicht, dass letzteres eher zu *Aralia* oder zu *Platanus*, als zu *Sassafras* gehöre. Keines der aus der Dakotagroup als *Sassafras* oder *Liquidambar* beschriebenen Blätter zeigt die Basilarausbreitung wie *Platanus* älteren Alters, aber die anomalen Formen, welche als *Aspidiophyllum* beschrieben wurden, scheinen in Manchem mit ihnen analog zu sein. So hat *Aspidiophyllum trilobatum* Lesq. die drei Lappen, die Nervatur und Basilarexpansion von *Platanus*.

Ebenso bemerkenswerth ist es, dass gewisse Vorläufer des gewöhnlichen Tulpenbaumes sich demselben Typus nähern, wenigstens ihrer allgemeinen Form nach, und eine derselben, die von Lesquereux früher als *Liriodendron*, später aber zu *Aspidiophyllum (A. dentatum)* gestellt wurde, hat die verbreitete Basis mit engem Hals, so einfach die Platanenblätter des Lower Yellowstone Volley imitirend. Keine der Kreidaralien zeigt diese Form, aber *Aralia digitata*, welche Ward von Fort Union beschrieben, neigt sich ihr zu. Die Blätter sind fünflappig-theilig, wie ein gefingertes Blatt, haben aber dieselbe Bezahnung, Nervatur und die Basallappen wie *Platanus nobilis* aus den Schichten desselben Alters. Die Sycomore allein kann daher nicht Amerika als ihr Vaterland betrachten, sondern das ganze Geschlecht.

175. **A. Heilprin** (61). Dem Ref. unbekannt.

176. **A. Giard** (55). Dem Ref. unbekannt.

177. **G. Davis** (21). Dem Ref. unbekannt.

178. **F. Krašan** (90). Wie Versuche von *Festuca glauca* (Lam.) und *F. sulcata* Hackel nachweisen, können Uebergangsformen auch ohne Kreuzung durch Aenderung des Bodensubstrates entstehen; aber auch durch andere Factoren, so vorhergehender Frost, und Insectenfrass haben formverändernden Einfluss. K. weist dies an Eichen, *Castanea* und *Fagus* nach. Bei *Castanea vulgaris* treten nach Frost im zweiten Triebe ausser verschiedenen Blattanomalien die Blattformen der fossilen *C. atavia* Ung. auf.

(Fortsetzung auf p. 278.)

Hauptzeitalter oder geologische Hauptperioden	Unterabtheilungen der Hauptperioden	Etagen oder partielle Horizonte	Pflanzenperioden	Allgemeine Beobachtungen über den Ursprung und die Entwicklung der actuellen Typen mit holzigem Stamm
Primäre oder paläozoische Zeit	Silur	. . . .	Archaeophytisches Zeitalter	Erstes Erscheinen der Pflanzenwelt.
	Devon Carbon	. . . .	Paleophytisches Zeitalter. — Reich der Kryptogamen und primitiven Gymnospermen	Erste Anzeichen der Existenz der Cycadeen und der Coniferen (Salisburieen und Dammareen).
	Perm	. . . .	. . . .	Erste Spuren vom Typus *Salisburya (Ginkgo)* im Rothliegenden des Ural.
Zweite oder mesozoische Zeit	Trias	Grés bigarré, Muschelkalk Keuper	Mesophytisches Zeitalter. — Reich der Gymnospermen; Vorherrschen der Cycadeen und Coniferen, denen einige proangiosperme Typen beigesellt sind	Urformen der Dammareen.
		Rhät	. . . .	Entfernte Verwandte von *Ginkgo, Cycas;* Urformen der Taxodineen, Abietineen etc.
	Jura	Unterer Oolith	. . . .	Entfernte Verwandte der Cupressineen.
		Oxfordien Corallien	. . . .	Constatirte Existenz der Genera *Araucaria* und *Widdringtonia.*
		Kimmeridien Neocomien	. . . .	Constatirte Existenz der Genera *Pinus, Abies, Cedrus.*
	Kreide	Urgonien	. . . .	Erste noch zweifelhafte Spuren von dicotylen Angiospermen in der polaren Kreide; Genus *Populus?*
		Cenomanien	. . . .	Simultanes Erscheinen der dicotylen Angiospermen in der arktischen Region, in Centraleuropa und Nordamerika; — prototypische Quercineen und Laurineen; die ersten Leguminosen und Sapindaceen; — die Genera *Fagus, Platanus, Magnolia, Liriodendron, Comptonia, Aralia, Hedera* etc. Genus *Credneria, Aspidiophyllum* etc.

		Turonien, Senonien, Danien oder Kreide von Mästricht	. . . . . .	Zahlreiche prototype Eichen u. Kastanien; Urform von *Nerium*; Genus *Dewalquea*.
Tertiäre oder neozoische Zeit	Paleocän	Kalk von Mono, Herrsien, Sande von Bracheux, Lignite von Soisonnais; untere und mittlere Partie des Beckens von London	. . . .	Entfernte Verwandte von *Castanea*, von Eichen aus der *Cerris*-Gruppe, von *Daucus*, *Persea*, *Cinnamomum*, *Sassafras*, Epheu etc., primitive Weiden.
	Eocen	Unteres, Grobkalk von Paris und obere Partie des Londoner Beckens	. . . .	Verwandte Formen von *Ginkgo*. *Widdringtonia*, *Callitris*, *Pinus*, von *Phoenix* und *Sabal*, von *Myrica*, *Comptonia*, *Nerium*, *Zizyphus*, *Acacia* etc.
		Oberes, Kalk von Saint-Over, Gypse von Aix und Montmartre	. . . .	Die ersten europ. Betulaceen und Ulmaceen; Verwandte von *Laurus nobilis*; die Genera *Fraxinus*, *Catalpa*, *Acer*, *Ailanthus*, *Cercis* etc.
			Neophytisches Zeitalter. — Reich der Angiospermen	
	Oligocen	. . . .	. . . .	Einführung in Europa und graduelle Vermehrung der Typen mit fallendem Laub, Erlen, Birken, Weissbuche, Ulmen, Weiden und Pappeln, Aborne etc.
	Miocen	Unteres, Aquitanische Stufe	. . . .	Entfernte Verwandte der europ. Rothbuche, der Kastanie, *Platanus*; Vervielfältigung der Erlen, Weissbuchen, Ahorne; Verminderung der Palmen der Zahl und Bedeutung nach.
		Mittleres, Helvetische Stufe (Molasse)	. . . .	Wachsende Vermehrung der Weissbuchen, Weiden und Pappeln; Ahorne vergesellschaftet mit zahlreichen Laurineen.
		Oberes, Horizont der Congerienschichten	. . . .	Die Palmen, die Typen mit persistirendem Laub und die subtropischen Formen treten immer mehr zurück. Die Einwanderung ist zuerst auf Eichen mit fallendem oder welkendem Laube beschränkt.
	Pliocen	Unteres, Tuffe von Meximieux, Cinerite vom Cantal	. . . .	Elimination der Palmen. — Platanen, Lorbeer- und Tulpenbäume; Vorkommen von *Ginkgo* in Europa; zahlreiche Ahorne und Linden. — Immergrüne Eichen in Gesellschaft mit Eichen mit welkendem Laub. — Verschwinden der Palmen.
		Oberes, Schichten mit *Elephas meridionalis*	. . . .	Fortschreitende Elimination der letzten tertiären Typen und Ausbreitung der distincten Formen der jetzigen Periode in Europa.
Quartär oder Diluvium		. . . .	Beginn der Jetztzeit	Die gegenwärtigen Wälder sind constituirt.

(Fortsetzung von p. 275.)

Die Blätter des zweiten Triebes von *Fagus silvatica* weichen von denen des ersten in allen Hauptcharakteren ab (man vgl. Ref. No. 179). In den fossilen Formen Europas, Nordamerikas, aber auch Australiens und Neu-Seelands erkennt man unsere Waldbuche wieder. Dasselbe zeigt sich an den roburoiden Eichen, wo solche Veränderungen selbst den Ausgangspunkt neuer Arten bilden können (man vgl. Ref. No. 179 und Ref. No. 146 im Bot. J. für 1887, II, 2, p. 315). An *Quercus sessiliflora* bei Leibnitz in Steiermark, an der Westseite des Kreuzkogel, und zwar nur dort, konnte K. folgende Formenreihe unterscheiden. f. *pseudo-xalapensis* schon im ersten Trieb entstanden. Auf der Ostseite fand er die f. *heterophylla*, entstanden im zweiten Triebe (auch an *Q. pubescens*) und zwar mit dem Vorblatt am Grunde und dem *Pinnatifida*-Blatt α. an der Spitze des Sprosses, in der Mitte desselben die Combination beider Formen. Ferner die f. *pseudo-alba* α. an einzelnen Sprossen mit dem Urblatt und dem *Pinnatifida*-Blatt, während die meisten übrigen Sprosse entweder das normale Laub oder die *Pinnatifida*-Form α. tragen; schliesslich die f. *pseudo-alba* b. ohne Urblatt, die unteren Sprosse mit normalem Laub, die oberen mit dem *Pinnatifida*-Blatt β. Eine zweite Reihe ist folgende: Neben überwiegend normalem Laub a. die f. *xalapensis*, aber ohne Symmetrie, nur Frühlingstrieb; b. sowie a., aber die f. *xalapensis* deutlicher zeigend, nur Frühlingstrieb; c. nur einerlei Laub der f. *xalapensis* ohne oder mit Symmetrie dieses Blattes; nur Frühlingstrieb.

Es zeigt sich also das Bestreben, die neue Form zu fixiren und weiter zu entwickeln, was alsdann, wie es scheint, die Fruchtbarkeit des Baumes und eine raschere Verbreitung des neuen Typus zur Folge hätte. Aus allen Thatsachen geht hervor, dass 1. aus einem bestimmten, sich in der Regel unverändert forterbenden Typus etwas ganz Ungleichartiges entstehen könne; 2. dass zwei in Abänderung begriffene heterogene Typen einmal ein und dieselbe neue Form, oder auch nur ein und dasselbe neue Formelement erzeugen; 3. dass eine Pflanzenart sich in dem Sinne ändert, dass sie hierdurch mit einer zweiten (selbst sehr weit entlegenen) in ihren Formeigenschaften zusammentrifft. Diese drei Fälle schliessen einander nicht aus. — K. führt des Weiteren aus, dass man beim Studium der Abstammungsgeschichte, und zwar auf Grund der fossilen Floren die chronologischen Verhältnisse von den floristischen zu trennen habe. Die Identität der Species macht die Floren von Sezanne, Gelinden und Atanekerdluk gleichalterig; aber dem chronologischen Charakter nach ist letzterer wahrscheinlich vom Alter der Senonschichten Mitteleuropas. Bei der Charakterisirung einer fossilen Flora ist auch die Häufigkeit der maassgebenden Arten zu beachten; indem diese beim Uebergange aus einer geologisch tieferen Stufe in eine höhere nur allmählich an Individuenzahl abnehmen, während dies bei der stellvertretenden Art umgekehrt geschieht, wie dies v. Ettingshausen aus den Braunkohlenschichten von Leoben für *Castanea atavia*, *C. Ungeri* und *C. Kubinyi* nachwies; und was uns diese Schichten lehren, zeigt uns die dem Froste exponirte *C. sativa*. Letztere hat sich daher an Ort und Stelle aus der *C. atavia* gebildet, deren Urheimath in Grönland bei 70° n. Br. liegt. Hier wurde sie aber als *C. Ungeri* angetroffen, daher als jüngere Form, woraus sich schliessen lässt, dass auch im hohen Norden eine andere Form der *C. Ungeri* vorausgegangen ist, die man aber fossil noch nicht kennt. — Eine grössere Wandlung hat der Stamm der *Quercus sessiliflora* erfahren. Ihre Vorgänger sind in Grönland *Q. Johnstrupi* Heer und *Q. groenlandica* Heer. Die Formelemente beider kehren an unserer *Q. sessiliflora* wieder, welche von einer Kreuzungsform beider Art herstammen kann, wofür schon ihre grössere Existenzfähigkeit spricht. Nach demselben Principe lässt sich die Abstammung von *Fagus silvatica* erklären. Sie mag ebenfalls aus einem Complex von Formelementen, die sich heute an ihr wieder zeigen, hervorgegangen sein und zeugt schon ihr grosses Verbreitungsgebiet für ihre grosse Anpassungsfähigkeit. Für die Kastanie und Buche spricht aber nichts mehr, als wenn sie noch heute zur Bildung neuer Arten sich geneigt zeigen würden; dagegen zeigt die vielseitige Veränderlichkeit der Blüthentheile der Eiche, dass sie noch in fortwährender Formentwickelung ist. K. fasst nun die symptomatischen Vorläufer neu erscheinender Formen in Folgendem zusammen. Diese sind: 1. *Pachyphyllosis:* die Verdickung der Zellmembranen in der eigentlichen Blattsubstanz (Mesophyll und Epidermis).

2. *Neuromanie:* Verdickung und mannichfache Verkrümmung der Fibrovasalstränge in den Primär- und Secundärnerven unter starkem Hervortreten des (groben) Adernetzes. 3. Schwund des Blattrandes und nebenbei oft auch Schwund der Blattsubstanz zwischen den Secundärnerven, wodurch fensterartige Lücken in der Lamina entstehen und das Blatt meist so aussieht, wie wenn es von Raupen angefressen wäre. 4. Bleichsucht, ein bald mehr, bald weniger überhand nehmender Chlorophyllmangel im ganzen Blatt oder in einzelnen Partien desselben, bei weisslicher oder gelblicher Färbung. Diese Factoren wirken oft in Gemeinsamkeit an der Formengestaltung der Blätter mit und sind diese in ihren Umrissen unsymmetrisch, so werden sie zur Missbildung; wenn aber symmetrisch, so werden sie zum Typus. K. spricht sich auch über die Bedeutung des Erineum oder Phyllerium aus. Der zweite Trieb von *Fagus silvatica* ist stets, der von *Populus tremula* häufig behaart. Obwohl *Quercus sessiliflora* der *Q. pubescens* ungemein nahe verwandt ist, so findet man dennoch keine Uebergänge von ersterer zu letzterer; aber bei *Q. sessiliflora* entwickeln sich besonders an sonnigen und trockenen Standorten die Phyllerien oder Erineen. Nun zeigen letztere die eigenthümliche Erscheinung, dass sich im Hochsommer bei der Einschrumpfung des Erineums in zahlreichen Fällen am Umfange desselben neue pfriemliche Haare von bräunlicher Färbung bilden und dauert diese Haarbildung an vielen Stellen der Blattseite fort, so trifft man dann zuweilen Blätter an, die eine beinahe mit der von *Q. Tozza* identische Behaarung zeigen. Letzterer fehlt das Erineum, doch ihr Haarüberzug erscheint oft in dem Zustande des Erineums, weshalb man diese Trichombildung als secundäres Erineum bezeichnen kann.

Der genetische Zusammenhang zwischen dem Erscheinen des Erineums und dem Auftauchen dicht behaarter Formen lässt sich auch bei *Rubus* constatiren (*R. suberectus* And., *R. glandulosus* Bell., *R. bifrons* Vest.). K. erinnert ferner an die Haargebilde der *Thymus*-Arten; an die nach Frost spät erschienenen einjährigen Wurzelschosse der *Populus tremula* mit phylleriumartiger Behaarung und an die dichte und gleichmässige Behaarung in den Blattachseln der im folgenden Jahre erschienenen und aus den ganz kahlen Blättern und Axentheilen des vorjährigen Frühjahrtriebes hervorgegangenen Sommersprosse. — Aehnlich wie *Quercus sessiliflora* verhält sich auch *Alnus glutinosa*. K. beschliesst seine Auseinandersetzungen mit einer Erörterung des Idioplasma Nägerli's. Er constatirt, dass eine, wenn auch nur an einem einzigen Zweige des Baumes zum Vorscheine kommende Varietät, ob nun mit vollkommener Symmetrie des Blattes, oder als „Deformation", auch auf einen anderen Eichenstamm (theils Sommer-, theils Wintereichen) übertragen und dort mit ihren Formeigenschaften fixirt werden kann. Der Träger der gestaltenden Potenzen kann kein flüssiger und durch die Gewebe diffundirender Stoff sein, denn es genügt schon die Uebertragung einer einzigen Knospe, und muss daher der Sitz dieser Kräfte vorzugsweise in dem Vegetationspunkte jener zu suchen sein. Dies trifft mit der neueren Anschauung zusammen, dass das Idioplasma ausschliesslich an die Zellkerne gebunden ist. — K. beschliesst seine Abhandlung mit der Bemerkung, dass wir von der Einwirkung der Thiere auf die Entstehung, sowie überhaupt von den eigentlichen Ursachen der Erineum-Bildungen nichts wissen, und wir stehen überhaupt noch vor manchem ungelösten Räthsel, welches sich der modern gewordenen Abstammungslehre entgegenstellt.

179. **C. v. Ettingshausen und F. Krašan** (43). Die Nachtriebe der vom Frost getroffenen oder von Insecten angefressenen Zweige zeigen in den meisten Fällen eine mehr oder weniger auffallende Aehnlichkeit mit denen vorweltlicher Arten und eine in die Augen springende Annäherung zu lebenden Arten fremder Florengebiete, nämlich zu jenen Arten, welche wir als die Analogien der vorweltlichen betrachteten. Eine fernere Folge dieser Thatsache muss die sein, dass die wiederholte Einwirkung dieser beiden Factoren nothwendig eine Steigerung des abnormen Entwicklungsganges der Gewächse bedingen muss. Nach dem ersten Angriffe der störenden Ursache kommen ganz abnorme, monströse, krankhafte Gebilde zum Vorschein, denen es ganz und gar an Symmetrie fehlt; nachdem sich aber solche Eingriffe öfter wiederholt haben, ohne dass die Lebenskraft des Organismus vernichtet wurde, so tritt bei den abnormen Bildungen nach und nach Symmetrie auf und nach Jahren wird der Pflanze die Fähigkeit atavistische Gebilde hervorzubringen derartig inhärent, dass ein

nur geringfügiger Anstoss genügt, dieselben in Erscheinung treten zu lassen. I. **Quercus.** *Qu. pedunculata* Ehrh. Der junge Stockspross trägt zuerst schmale, beinahe ganzrandige, nur schwach gewellte Blätter, die dann in das einzelne seichte Loben besitzende Blatt übergehen und schliesslich die normalen Blätter zeigen. Dasselbe finden wir an den untersten Blättern des jungen Stocksprosses von *Qu. sessiliflora*, *Qu. pubescens*, *Qu. bicolor*, *Qu. Prinos*, *Qu. alba*. Aber das seicht gebuchtete, gegen die Basis keilig zugespitzte Blatt der bekannten amerikanischen Eichen differenzirt sich mit zunehmendem Alter des Baumes nicht weiter, nur bei *Qu. alba* nehmen wir bei der älteren Pflanze eine etwas tiefere Buchtung wahr. — Bei *Quercus sessiliflora* Sm. sieht der junge Stockspross ebenso wie der von *Qu. pedunculata* aus; an den Zweigen des älteren Baumes oder Strauches aber treten verschiedene Formen auf; so dass sich behaupten lässt, dass das Urblatt der Keimpflanze, resp. des jungen Stocksprosses und das tief eingeschnittene Blatt der Form *Pinnatifida γ.* die beiden Extreme sind, innerhalb welcher sich die Formen der *Sessiliflora*-Gruppe bewegen. Die Nervation, die Form und die Randbeschaffenheit der Urblätter von *Qu. pedunculata* und *Qu. sessiliflora* zeigt aber die nordamerikanische *Qu. virens* Ait., von welcher sie nur in der zarteren Textur abweichen; kommen aber in dieser Beziehung mit *Qu. Phellos* überein, welche zugleich in der Form und Nervation von den citirten Urblättern kaum abweichen. Alle viere aber convergiren zur miocenen *Qu. Daphnes*, und zwar die beiden lebenden amerikanischen in ihren Normalblättern, hingegen die beiden einheimischen in ihren Urblättern.

Krašan beschreibt nun von Liegnitz in Steiermark zwei Stämme von *Quercus sessiliflora*, deren Blätter sich in gar nichts von denen der mexicanischen *Qu. Xalapensis* Humb. et Bonpl. unterscheiden. Dieselbe Form tritt an einzelnen Zweigen und in Begleitung von krankhaft entstellten monströsen Blattgebilden, die allmählich in gesunde symmetrische Blätter der *Xalopensis*-Form übergehen, an benachbarten Eichenbäumen auf. Diese *Quercus pseudoxalapensis* findet nun in der fossilen *Qu. Lyellii* Heer ihre Analogie und dies macht es unwahrscheinlich, dass die zehn Eichenblattformen, welche Heer von Ober-Atanekerdluk beschrieb, das gemässigte Klima besessen haben soll, wirklich die Repräsentanten von zehn dort lebenden Arten gewesen waren. *Qu. myrtillus* Heer und *Qu. myrtilloides* Ung. sind ja ebenfalls so übereinstimmende Formen, dass man sie getrost mit einander vereinigen kann und ausserdem zeigen sie die unverkennbaren Uebergänge zur *Qu. Lyellii* Heer. — Die vom Normalblatte der *Qu. sessiliflora* abweichenden Formen finden sich bei *Qu. Lusitanica*, var. III. *Baetica* De Cand. (und das fossile Blatt von *Qu. Mirbeckii antiqua* Sap.), sowie bei *Qu. infectoria* Oliv.; andere wieder deuten auf fossile Formen hin, so namentlich auf *Qu. Johnstrupii* Heer. — II. *Fagus silvatica* L. Das Normalblatt erscheint nur am ersten Triebe; aber derselbe bringt auch noch andere Formen hervor, so eine var. *crenata*, eine forma *plurinervia*, eine f. *duplicato-dentata* und eine f. *cordifolia*. Anders verhält sich aber die Buche bei einem zweiten, nach Frost oder Insectenfrass eintretendem Triebe. Es entstehen dann Formen, die man folgenderweise benennen kann: *F. curvinervia*, f. *nervosa*, f. *parvifolia*. Nun beobachtete man aber auch, dass wenn die Buche mehrere Jahre hindurch Maifröste oder Schaden durch Insecten erleidet, die Blätter des nächstjährigen Triebes sich denen von *Fagus Feroniae* nähern. Aber auch die früher erwähnten haben Anklänge an die Normalformen anderer Arten; so die Formen des ersten Triebes an die nordamerikanische *F. ferruginea* Ait., die japanische *F. Sieboldii*. Die Formen des Nachtriebes erinnern uns wieder an vorweltliche Formen; so *F. cordifolia* Heer, *F. Feroniae* Ung., *F. prisca*, *F. Muelleri* Ett. und *F. Risdoniana* Ett. — III. *Arbutus Unedo* L. bringt ebenfalls unter gewissen Umständen zweierlei Blätter hervor. Die vom Verf. mitgetheilte anomale Form gleicht nun überraschend den Blättern von *Quercus serra* Ung. aus der Flora von Parschlug, welche man bisher für einen erloschenen Eichentypus hielt, der weder unter den recenten, noch unter den fossilen seine Analogie hat.

180. **C. v. Ettingshausen** und **F. Standfest** (44). Die beiden Localitäten Parschlug und Schönegg in Steiermark haben zahlreiche Blätter der fossilen *Myrica lignitum* Ung. zu Tage gefördert. Dieselben erweisen sich in jeder Beziehung als äusserst variabel und zeigen in ihren verschiedenen Formen die unbestreitbaren Anklänge an viele lebende Formen.

So finden wir die Blattformen der *Myrica lignitum* Ung. zunächst bei *M. aethiopica* L. (Südafrika), bei *M. Gale* L. (Europa und Nordamerika), *M. cerifera* L. (Nordamerika); wahrscheinlich auch bei *M. serrata* Lam. (Südafrika); ferner bei *M. pennsylvanica* Lam. (Nordamerika), *M. quercifolia* L. (Capland), *M. Faja* L. (Nordamerika) und *M. sapida* (Nepal). Dagegen zeigen *M. caroliniana* Willd. (Nordamerika), *M. integrifolia* Roxb. (Silhet) und *M. tinctoria* Ruir. (Peru) keine Verwandtschaft und bekräftigt dieses Verhalten der Blätter von *Myrica lignitum* Ung. die Ansicht, dass die Tertiärflora an verschiedenen Stellen dem Charakter nach die nämliche war, und dass aus ihr sich die verschiedenen Specialfloren der einzelnen Länder entwickelt haben.

181. **A. G. Nathorst** (116). Zahlreiche Untersuchungen der Seeböden Schwedens beweisen, dass *Trapa natans* L. einst in diesem Lande viel verbreiteter war. Die Formen der Früchte lassen sich in zwei Entwicklungsreihen scheiden.

Ser. A. f. *laevigata*, f. *suecica*, f. *rostrata*, f. *conocarpides*, f. *conocarpa*.

Ser. B. f. *subcoronata*, f. *coronata*, f. *verbanensis*, f. *elongata*.

Alle diese Formen sind miteinander verbunden und gehen in einander über. Der ältere Typus ist der *laevigata*-Typus; wie dies die fossilen Funde beweisen; ebenso gehört *T. natans* L. mit seinen quarternären Verwandten hierher.

182. **Fr. Körnicke** (85). Der heute in Aegypten gebaute Lein dürfte nicht zu *L. humile* Mill. (einer Varietät unseres Culturleins) gehören; bei dem in den altägyptischen Gräbern gefundenen Lein können wir aber zwei Sorten unterscheiden, die aber nicht mit dem heutigen ägyptischen Lein zusammenfallen. Dem gegenüber hebt Verf. hervor, dass in den Pfahlbauten der Schweiz im Gegensatze zum antiken Lein nur die wilde Stammform (*Linum angustifolium* Huds.) gefunden wurde.

183. **L. Wittmack** (102) hat schon früher nachgewiesen, dass *Phaseolus vulgaris* aus der Neuen Welt stamme und dass *phaselos*, *faseolus* etc. der Alten *Dolichos melanophthalmos*, eine Varietät der *D. sinensis* sei. Auch etomologische Nachweise weisen auf Amerika hin; ebenso die älteren Werke über die Geschichte der spanischen Eroberung in der Neuen Welt. Neue Beweise liefern nun W.'s Funde von prähistorischen Samen von *Phaseolus vulgaris* in nordamerikanischen Gräbern. Dieselben stammen aus Arizona. Dieselben entsprechen der *Phaseolus vulgaris saccharatus* V. Martens Abt. VI. *Ellipticus* und ist damit der Beweis von der amerikanischen Heimath der Gartenbohne geliefert. — Auch die Kürbisse haben in Amerika ihre Heimath, während in den Gräbern oder sonstigen Fundstellen der Alten Welt kein Kürbiskern angetroffen wurde, fand W. solche von *Cucurbita maxima* und *C. moschata* in den altperuanischen Gräbern zu Ancona; der Literatur des 16. Jahrhunderts nach existirten schon damals in Nordamerika verschiedene Kürbisarten.

184. **E. Rümker** (147). Dem Ref. unbekannt.

185. **C. Reid** (139) giebt nach dem Ref. Zeiller's eine complete Liste von Pflanzen aus recenten Ablagerungen Englands. Nach der präglacialen Flora der Forest-bed von Cromer begegnet man Pflanzen, die eine Abkühlung des Klimas anzeigen (*Salix polaris*, *Betula nana*, *Salix herbacea* und in Menge *Isoëtes*); in den interglaciaren Ablagerungen der Umgebung von Edinburg ist die Flora dieselbe wie die der heutigen Tage, obwohl sich eine bis zwei Arten vorfinden, die jetzt in diesem Lande fehlen. Hierauf findet man wieder in Yorkshire *Betula nana* und in höheren Lagern Pflanzen der trockenen Länder, welche eine etwas höhere Temperatur anzeigen, als die aus der prähistorischen Epoche bekannten und noch lebenden Pflanzen, die man in jüngeren Ablagerungen gesammelt hat.

186. **G. v. Beck** (4) schildert die Flora Niederösterreichs in den verschiedenen geologischen Perioden. Die älteste ist die triadische Flora von Lunz, ihr schliesst sich die Flora der Kreidezeit, gefunden in der Neuen Welt bei Wiener Neustadt, an; schliesslich die der Neogenzeit, bekannt aus dem Wiener Becken. Zur Glacialzeit mussten diese an wärmere Temperatur gewöhnten Pflanzen in das östliche Ungarn übergehen. Verf. schildert nun im Ferneren den Wechsel, dem die Flora dieses Landes unterworfen war.

187. **A. v. Krassnow** (91). Der Thian-Schan war in den Tertiärzeit ein Archipel von Inseln, am Ende dieser Zeit trat aber die Hebung des Gebirges ein; damals hatte der viel nördlicher liegende Altai eine subtropische Flora. Nach seiner Hebung hat der Thian-

Schan eine Gletscherperiode gehabt, obwohl jetzt die Gegend zu den trockeusten und continentalsten gehört. An den nördlichen Ketten, die den feuchteren Nordwestwinden freigegeben sind, ist die alpine Flora der europäischen sehr ähnlich. Torfmoore und ihre Vegetation fehlen aber. In den mittleren Ketten herrscht die sogenannte Formation der Alpenprärien; weiter nach Süden begegnet man der für den Thian-Schan charakteristischen Formation der Alpensteppen, die in ihrem Habitus den mittelasiatischen Wüsten sehr ähnlich sind, aber aus Zwergformen bestehen. In den breiteren Thälern liegt Löss, der sich nach K.'s Ansicht in Europa während der Gletscherperiode auf dieselbe Weise bildete, wie im Thian-Schan. Die diluvialen Thiere weideten auf solchen Steppen, wo ächte alpine Pflanzen wuchsen. Der Thian-Schan hat bis 150 Alpenpflanzen mit Europa gemein, alle diese Formen gehören zu denjenigen Pflanzenformationen, die der Alpen, den Polarländern und dem Thian-Schan gemeinsam sind. Es ist dies ein Beweis, dass die skandinavischen Formen weder von Skandinavien noch vom Norden eingewandert waren, sondern zu den älteren, weit verbreiteten Formen gehören.

188. **E. Huth** (68) bespricht in populärer Weise die Rolle, die den lebenden Organismen bei der Erzeugung von Mineralien zufallen. Dem schickt er einige jener Fälle voraus, in denen wirkliche Mineralien als Concretionen in der lebenden Pflanze auftreten. Solche sind der Tabaschir (amorphe Kieselsäure) in den Internodien der Bambusarten; die Coccosperlen (kohlensaurer Kalk) in den Coccosnüssen; Apatit im Teakholze. Dem folgen nun 1. Mineralien, welche durch die Excremente von Thieren entstehen. Hierher gehören der Kalisalpeter, Natronsalpeter; der aus Thierexcrementen hervorgehende Struvit und Salmiak; ebenso eine Reihe anderer aus den Guanolagern bekannt gewordene Mineralien: Teschemacherit, Stercorit, Taylorit, Lecontit, Brushit, Ornithit u. a. Wo Guano auf Basalt liegt, findet sich in diesem Vivianit vor und der Sombresit ist ein durch überliegenden Guano umgewandelter Kalkstein. 2. Durch die reducirende Wirkung der verwesenden Organismen entstehen der Alm, die Eisennieren, das Raseneisenerz, Vivianit, die Fuchs- oder Bickerde, Schwefelkies, Zinkblende, Bleiglanz; Kupferglanz, Kupferindig, Kupferkies, Kupfer; ja selbst, wenn auch selten, Silber und Gold. 3. Die Kalk absondernden Organismen. Als solche sind die Characeen, Lithothamnien und viele Moosarten; ferner die Mollusken, gewisse Würmer, Korallen und gewisse Protozoen längst bekannt. 4. Die Thätigkeit der Mikroorganismen, sowie Diatomaceen, Infusorien und Rhizopodien ist durch die Existenz mächtiger Bergzüge constatirt. 5. Kohle und Kohlenwasserstoffe: Graphit, Diamant (?), Petroleum und seine Derivate; die Kohle und die seltenen Minerale: Fichtelit, Könleinit und Hartit. 6. Erdharze und organischsaure Salze: Bernstein, Euosmit, Retinit u. a. Hierher gehören auch der in den lebenden Organismen sich bildende oxalsaure Kalk, und die in der Braunkohle gefundenen Humboldtin und Meilit.

189. **G. John** (71). Dem Ref. unbekannt.

190. **R. Klebs** (89). Die Grundsubstanz des Bernsteins ist ein reingelbes, klares Harz, aus welcher durch eingeschlossene kleine Bläschen alle trüben Bernsteinvarietäten entstanden. Der Durchmesser der Bläschen, welche die Färbung des Bernsteins bedingen, schwankt von 0,0008 bis 0,02 mm. Die Grösse und Dichtigkeit, in welcher sie liegen, erzeugen die verschiedenen Varietäten. Am kleinsten sind die Bläschen beim gewöhnlichen knochigen Bernstein (0,0008 - 0,004 mm), beim Bastard erreichen sie 0,0025—0,012 mm und beim flohmigen Bernstein 0,02 mm Durchmesser. Von diesen Bläschen liegen in einem mm^2 Knochen 900 000, im Bastard 2500, im flohmigen Bernstein 600 Stück. Der blaue Bernstein steht zwischen Flohmig und Bastard. Der Vergleich mit dem Vorgange an lebenden Coniferen beweist, dass das Bernsteinharz ursprünglich als klare Masse im Stamm enthalten ist und dann in zweifacher Weise ausfloss; einmal gemischt mit dem Zellsaft in der Gestalt, in welcher wir es heute als knochigen (undurchsichtigen) Bernstein kennen, das andere Mal leicht flüssiger, schneller erhärtend, ohne Zellsaft, aus todtem Holz, als klarer Bernstein (Schlaube). Durch die Einwirkung der Sonne entstanden aus dem noch weichen knochigen Bernstein durch Zusammenfliessen der kleinen Bläschen und Emporsteigen derselben alle die Uebergänge vom Knochen bis zum Klar, und von letzterem höchstwahrscheinlich auch

die tropfig-zapfigen Stücke ohne Schlaubenstructur. Diese Beobachtung widerspricht der bisherigen chemischen Anschauung über die Entstehung der Bernsteinvarietäten. Auch die Ansicht von der überreichen Harzproduction der Bernsteinconifere ist nicht stichhaltig. Schätzen wir den heutigen bekannten Verbreitungsbezirk des Bernsteins auf 10 Quadratmeilen und denken wir nur dieses Gebiet mit lichtem Wald, d. h. auf 4 qm einen Stamm, besetzt, und nehmen nur ein Jahrtausend bei 100-jährigem Generationswechsel an, so ergiebt dieses eine Production an Harz auf den Stamm von kaum 200 g, also weit weniger, als es bei unseren Coniferen im Durchschnitt der Fall sein dürfte, um die Menge Bernstein zu erlangen, welche nach sehr reichlicher Taxe in der blauen Erde des Samlandes durchschnittlich lagert. — Eine grosse Anzahl der Bläschen enthält Bernsteinsäure in Krystalldrüsen, eine andere Flüssigkeit. Weiteres werden die im Zuge befindlichen Untersuchungen ergeben. Der blaue (himmelblaue bis dunkelcyanblaue) Bernstein ist nur eine Interferenzerscheinung. Ueber die Ursachen der Färbung des äusserst seltenen grünen (hellgrün bis olivengrün) Bernstein lässt sich noch nichts Bestimmtes sagen. Brauner und rother Bernstein kommt als solcher in der Natur nicht vor. Entweder sind dergleichen Stücke kein Bernstein, sondern Harze anderer Bäume der Tertiärzeit, wie z. B. Glessit, oder es sind durch Brände während des Tertiärs bebrannte Stücke oder endlich nur durch die Zeit nachgedunkelter Bernstein. Aehnlich verhält es sich mit dem sogenannten schwarzen Bernstein, welcher auch kein Bernstein ist. Verf. bespricht auch die Imitationen des Bernsteins und die Methode, jene vom echten Bernstein leicht unterscheiden zu können.

191. **O. Schneider** (160). Der japanische Bernstein entwickelt keine Bernsteinsäure, ist also den Retiniten zuzuzählen. Die fossilen Harze Japans, die gleich dem importirten baltischen Bernsteine mit dem Namen Kohaku bezeichnet werden, finden sich in zwei ziemlich weit von einander liegenden Gebieten. Das eine derselben liegt an der Nordostküste von Nippon und in dem benachbarten Jesso; das andere, das Südgebiet aber auf der Insel Kiusiu, deren Harz sich aber von dem nordjapanischen auffällig unterscheidet. — Virchow gegenüber liefert Sch. den Beweis, dass es thatsächlich prähistorischen Bernstein in Sicilien gebe. (Man vgl. Bot. J., 1887, II, p. 294, Ref. 71.) Doch erwies sich derselbe als bernsteinsäurehaltiger, daher wahrscheinlich baltischer Bernstein.

192. **C. O. Harz** (59) theilt die bisher bekannt gewordenen Fundorte des Dopplerits und die physikalischen und chemischen Eigenschaften desselben mit. Bemerkenswerth ist, dass aus Mittel- und Norddeutschland, Frankreich, Russland, Grossbritannien, Schweden und Norwegen bisher keine einzige Fundstelle dieses Minerals vegetabilischen Ursprungs bekannt ist. Nach den Untersuchungen des Verf.'s, die er in den Hochmooren von Aibling und Kolbermoor anstellte, erwies sich, dass die Rhizome von *Carex filiformis* die Doppleritquelle der Torfmoore seien; doch hält er es für wahrscheinlich, dass die meisten Torf bewohnenden Pflanzen jene Substanz bilden, wovon aber die Föhre ausgenommen werden mag, denn bei ihren Wurzeln und Stämmen fand er niemals Doppleritbildung, ja nicht einmal echte Vertorfung.

193. **E. Ramann** (136) theilt die älteren Untersuchungen v. Post's (186½) über die Bildung und Entstehung von Schlamm, Moor, Torf und Mull (Humus) mit.

XVII. Schädigungen der Pflanzenwelt durch Thiere.

Referent: **C. W. v. Dalla Torre.**

Das nachfolgende Referat gliedert sich wie die früheren in 3 Abschnitte: A. Cecidozoen und Zoocecidien behandelnde Arbeiten. B. Phylloxera-Literatur. C. Arbeiten über die in A. und B. nicht berücksichtigten thierischen Pflanzenschädiger. — Jeder Abschnitt hat sein eigenes Titelregister.

A. Arbeiten über Pflanzengallen und deren Erzeuger. (Cecidozoen und Zoocecidien).

Alphabetisches Verzeichniss der besprochenen Arbeiten.

1. **Bargagli**, P. Ricerche sulle relazioni più caratteristiche tra gli insetti e le piante in: Atti acad. econ.-agrar. Georgofili (4), XI, p. 67—84. (Ref. 1.)
2. Beyerinck, M. W. Ueber das Cecidium von Nematus Capreae auf Salix amygdalina in Bot. Z., 1888. p. 1—11, 17—28, Taf. I. (Ref. 3.)
3. Bloomfield, E. N. Cecidomyia nigra Meig. in: Entom. M. Magaz., XXIV, p. 273—274. (Ref. 11.)
4. **Cameron**, P. On some new or little known British parasite Cynipidae in: Entom. M. Magaz., XXIV, p. 209. (Ref. 5.)
5. Chatin, J. Des divers anguillules qui peuvent s'observer dans la maladie vermineuse de l'orignon in: C. R. Paris, CVI, 1888, No. 20, p. 1431—1433. (Ref. 36.)
6. Cuboni, G. Sulla erinosi nei grappoli della vite in: Le stazioni sperimentali agrarie italiane, vol. XV. Roma, 1888. 8°. p. 524—527. Mit 1 Taf. (Ref. 28.)
7. **Douglas**, J. W. Mytilaspis pomorum in: Entom. M. Magaz., XXV, p. 16—17. (Ref. 25.)
8. **Forbes**, S. A. A new parasite of the Hessian Fly in: Psyche V, p. 39—40. (Ref. 18.)
9. **Kieffer**, J. J. Ueber Gallmücken und Mückengallen in: Z.-B. G. Wien, XXXVIII, p. 95—114. (Ref. 8.)
10. — Beitrag zur Kenntniss der Gallmücken in: Entom. Nachr., 1888, p. 200—205, 243—249, 262—268, 310—314. (Ref. 9.)
11. Kühn, J. Die Wurmfäule, eine neue Erkrankungsform der Kartoffel in: Oesterr. Landw. Wochbl., 14. Jahrg. Wien, 1888. p. 342—343. (Ref. 33.)
12. — Die Wurmfäule, eine neue Erkrankungsform der Kartoffel: in Milch-Ztg., 17. Jahrg. Bremen, 1888. p. 864—865. Zeitschr. f. Spiritus-Ind. N. F. 11. Jahrg., 1888. Berlin. p. 335. (Ref. 32.)
13. **Lindeman**, K. Ueber das epidemische Auftreten der Hessenfliege an wildwachsenden Gräsern in: Entom. Nachr., 1888, No. 16, p. 242—243. (Ref. 15.)
14. — Cecidomyia hierochloae, eine neue Gallmückenart in: Entom. Nachr., XIV, 1888, p. 50—52. (Ref. 19.)
15. Löw, Fr. Norwegische Phytopto- und Entomocecidien in: Z.-B. G. Wien, XXXVIII, p. 537—548. (Ref. 2.)
16. — Mittheilungen über neue und bekannte Cecidomyiden in: Z.-B. G. Wien, XXXVIII, 1888, p. 231—246. (Ref. 10.)
17. — Uebersicht der Psylliden von Oesterreich-Ungarn mit Einschluss von Bosnien und der Herzegowina nebst Beschreibung neuer Arten in: Z.-B. G. Wien, XXXVIII, 1888, p. 5—40. (Ref. 24.)

17b. Ludwig, F. Einige neue biologische Beobachtungen aus Brasilien und Australien. II. Milbenhäuschen des Forta-de-Condebaumes in: Wissensch. Rundschau d. Münchener Neuesten Nachrichten, 1889, No. 33. (Ref. 27b.)

18. Magnus, P. Ueber Wurzeln von Passiflora mit kleinen seitlichen Verdickungen, verursacht von Heterodera in: Sitzungsber. Ges. Naturf. Fr. Berlin, 1888, No. 9, p. 170. (Ref. 29.)

19. Marten, John. Description of Asphondylia helianthi-globulus in: Psyche V, p. 102. (Ref. 21.)

20. Meade, R. H. Description of the Ash-cauliflower Gnat in: Entom. M. Magaz., XXV, p. 77. (Ref. 23.)

21. Mik, Jos. Zur Biologie einiger Cecidomyiden in: Wien. Entom. Ztg., 1888, p. 311—316, Taf. IV. (Ref. 19.)

22. — Ueber die Gallmücke, deren Larve auf Lamium maculatum L. Triebgallen erzeugt in: Wien. Entom. Ztg., 1888, p. 32—38, Taf. 1. (Ref. 13.)

23. Ormerod, Eleanor A. The Hessian Fly, Cecidomyia destructor, in Great Britain 1887 being mainly reports of British observations, with illustrations from life and some means of prevention and remedy. London (Simpkin), 1888. 8°. 50 p. (Ref. 14.)

24. Prillieux. Maladie vermiculaire des avoines in: C. R. Paris, CVII, 1888, No. 1, p. 51—53. (Ref. 31.)

25. Provancher, L. Additions a la fauna hyménoptèrologique. Quebec, 1888, p. 273—440. (Ref. 7.)

26. Riley, C. V. Cecidomyia destructor in New Zealand in: Insect Life, I, p. 32. (Ref. 17.)

27. — Some recent entomological matters of international Concern in: Insect Life, I, p. 126—137, fig. 24—33. (Ref. 16.)

28. — Remarks on Cecidomyia destructor in America in: Insect Life, I, p. 107—108. (Ref. 16.)

29. — The Hessian Fly au imported Insect in: Canad. Entomol., XX, p. 121—123. (Ref. 16.)

30. Ritzema, Bos. J. Beiträge zur Kenntniss landwirthschaftlich schädlicher Thiere. X. Die Aelchenkrankheit der Zwiebeln (Allium cepa) in: Landw. Versuchsstat., 35. Bd. Berlin, 1888. p. 35—52. (Ref. 34.)

31. — Untersuchungen über Tylenchus vastatrix Kühn in: Biol. Centralbl., VII, p. 261—VIII, p. 129—138, 164—178, fig. (Ref. 15.)

32. Schlechtendal, D. v. Ueber Zoocecidien. Beiträge zur Kenntniss der Acarocecidien in: Zeitschr. f. Naturw. (Halle), LXI, 1888, p. 93—113. (Ref. 27.)

33. — Chilaspis nitida = Loewii Giraud Wachtl in: Wien. Entom. Ztg., 1888, p. 245—246. (Ref. 6.)

34. Skuse, A. A. Diptera of Australia in: Proc. Linn. Soc. N. South Wales (2), III, p. 17—145, pl. I u. II; p. 657—726, pl. XI; p. 1123—1222, pl. XXXI—XXXII. (Ref. 20.)

35. Strubell, Ad. Untersuchungen über den Bau und die Entwicklung des Rüben-Nematoden Heterodera Schachtii Schmidt. Cassel (Fischer), 1888. 4°. 52 p. 2 Taf. — Bildet Bibliotheca zool. Heft 2. (Ref. 30.)

36. Thomas, Fr. Ueber das durch eine Tenthredinide erzeugte Myelocecidium von Lonicera in: Verh. Brand., XXIX, p. XXIV—XXVII. (Ref. 4.)

37. Wachtl, F. A. Vorläufige Beschreibung einer neuen Gallmücke in: Wien. Entom. Ztg., 1888, p. 205—206. (Ref. 22.)

38. Westhoff, Fr. Die Milbengallen in: Natur u. Offenbarung, XXXIV, 1888, p. 449—470, 577—597, 684—691, 717—746. (Ref. 26.)

39. Anonym. Ravages of Cecidomyia destructor in 1888 in: Ormerod Rep., XII, p. 48—52. (Ref. 14.)

Ad. A. Von den nachfolgenden Referaten behandeln:
Arbeiten über Gallen verschiedenen Ursprungs, meist Sammelberichte: Ref. 1—12
Coleopterocecidien: vacat.
Hymenopterocecidien: Ref. 3—7.
Lepidopterocecidien: vacat.
Dipterocecidien: Ref. 8—23.
Hemipterocecidien: Ref. 24. 25.
Acarocecidien: Ref. 26—28.
Helminthocecidien: Ref. 29—36.

Arbeiten über Gallen verschiedenen Ursprungs; Sammelberichte.

1. **Bargagli** (1) sieht die Gallen als Pflanzenverstümmelungen durch Insecten an.

2. **Löw** (15) verzeichnet folgende 41 in Norwegen zwischen Ulvik 60° 35′ und dem Nordcap 71° 7′ zwischen dem 8. Juli bis 3. August 1886 von Dr. Lütkemüller gesammelte Phytopto- und Entomocecidien. 8 Cecidien wurden auf neuen Substraten beobachtet:

I. Phytoptocecidien.

1. An *Alchemilla vulgaris* L. Radiäre Faltung und Constriction der Blätter. (Thomas 1885).
2. An *Alnus glutinosa* Grt. Cephaleon pustulatum Bremi.
3. An *Alnus incana* DC. Cephaleon pustulatum und Erineum alnigenum Lk.
4. An *Betula pubescens* Ehrh. = *B. alba* L. p. p. — Erineum tortuosum Grev.
5. An *Betula verrucosa* Ehrh. Blattknötchen und Erineum betulinum Schum.
6. An *Galium boreale* L. Trichom an Blättern, Stengeln und am Blüthenstande. (Löw 1887.)
7. An *Geum rivale* L. Phyllerium gei Fr.
8. An *Lotus corniculatus* L. Rollung und Faltung der Blättchen nach oben mit weisser filziger Behaarung. (Thomas 1885.)
9. An *Populus tremula* L. Erineum populinum Pers.
10. An *Prunus Padus* L. Ceratoneum attenuatum Bremi.
11. An *Rhodiola rosea* L. Blattgallen und Blüthendeformation. (Löw 1881) auch in Schottland.
12. An *Rubus saxatilis* L. Cephaleon-artige Blattgallen. (Thomas 1870/71, 1872.)
13. An *Salix hastata* L. Cephaleon-artige Blattgallen. (Neu.)
14. An *S. herbacea* L. Dicht behaarte Triebspitzenköpfe. (Thomas 1885.)
15. An *S. pentandra* L. Ausstülpungen der Blattspreite mit Excrescenzen in der Höhlung. (Neu.)
16. An *Saxifraga aizoides* L. Triebspitzendeformation. (Thomas 1872.)
17. An *S. oppositifolia* L. Triebspitzendeformation. (Löw 1878.)
18. An *Sorbus Aucuparia* L. Erineum sorbeum Pers.
19. An *Veronica officinale* L. Vergrünung der Blüthen.

II. Entomocecidien.

a. Hemipterocecidien.

20. An *Cerastium triviale* Link. Cecidium der Trioza cerastii H. Löw. (Linné 1746, Reuter 1881, Thomas 1885.)
21. An *Crataegus Oxyacantha* L. Cecidium von Myzus oxyacanthae Koch.

b. Dipterocecidien (sämmtlich Cecidyiocecidien).

22. An *Galium boreale* L. Cecidium der Cecidomyia galii H. Löw und der C. galiicola F. Löw.
23. An *Juniperus communis* L. Cecidium der Hormomyia juniperina L.
24. An *Phaca astragalina* DC. Involutive hülsenförmige Stellung der Fiederblättchen. (Neu)

25. An *Populus tremula* L. Cecidium der Diplosis tremulae Wtg. und epiphylle Blattgalle. (Löw 1874.)
26. An *Rosa carelica* Fries. Cecidium der Cecidomyia rosarum Hand.
27. An *Salix Caprea* L. Cecidium der Hormomyia capreae Wtg.
28. An *S. hastata* L. Zweiggallen der Cecidomyia salicis Schrk. wie auf *S. myrsinites* (Löw 1877), *S. arbuscula* (Löw 1885) und *S. helvetica* (Löw 1888).
29. An *Spiraea Ulmaria* L. Cecidium der Cecidomyia ulmariae Bremi.
30. An *Vicia Cracca* L. Involutive hülsenförmige Faltung der Fiederblättchen, wohl von Cecidomyia viciae Kieff.

c. Coleopterocecidien.

31. An *Campanula rotundifolia* L. Fruchtknotengalle von Miarus campanulae L.

d. Hymenopterocecidien.

32. An *Salix Caprea* L. Blattgalle von Nematus bellus Zadd., von Nem. gallicola Westw.
33. An *S. hastata* L. Blattgalle ähnlich der von Nematus salicis cinereae Retz. und hypophylle Blattgalle, ähnlich der von Nem. bellus Zadd. (Beide neu.)
34. An *S. herbacea* L. Blattgalle von Nematus herbacea Cam.
35. An *S. purpurea* L. Blattgalle von Nematus ischnocerus Thoms. — Findet sich auch in Niederösterreich.

Hymenopterocecidien.

3. **Beyerinck's** (2) gründliche Arbeit über das Cecidium von Nematus Capreae auf *Salix amygdalina* und die Bildung der Cecidien überhaupt, vgl. Bot. J., XV, 2., 1887, p. 1.

4. **Thomas** (36) beschreibt das Myelocecidium (d. i. ein durch hypertropische Wucherung des Markes und des Parenchyms der primitiven Rinde erzeugtes Cecidium, eine Markgalle) von Selandria (Hoplocampa) Xylostei Gir. an *Lonicera coerulea* L., wogegen es an *L. Xylosteum* schon bekannt war. Er fand es bei St. Gertrud im Suldenthale bei 2070 m Höhe. Von Blennocampa pusilla beobachtete derselbe Autor Blattrollungen an *Rosa tomentosa* Sm.

5. **Cameron** (4) giebt einige synonymistische Notizen über Cynipiden, giebt eine Bestimmungstabelle der 9 britischen Aegilips-Arten und beschreibt dann Phoenoglyphis forticornis n. sp. — ohne Fundort.

6. **Schlechtendal** (33) bestätigt die Zusammengehörigkeit von Chilaspis nitida und Ch. Loewii.

7. Cynipiden von Quebec und Trinidad von **Provancher** (25).

Dipterocecidien.

8. **Kieffer** (9) beschreibt 1. folgende neue Gallmückenarten:

Cecidomyia Thomasiana. Deformationen an den Knospen und Blättern von *Tilia parvifolia* Ehrh. Die Laubknospen werden in halbgeöffnetem Zustande in der Weiterentwicklung gehemmt; wenn Streckung der Internodien doch noch erfolgt, so zeigen einzelne Blätter eine der Knospenlage entsprechende Faltung und Constriction. Thüringen, Lothringen; bei Metz in den Gallen von Diplosis ramicola Rud.

C. salicariae. Deformation der Axillar- oder der Endtriebe, sowie der Blüthen von *Lythrum Salicaria*. Im ersten Falle bestehen sie aus der Vereinigung der vier Blätter des Axillartriebes, welche am Grunde mit einander verwachsen und nur an der äussersten Spitze etwas getrennt sind; sie sind spitz-ei- bis kegelförmig, gerstenkorngross und roth gefärbt. Die Triebspitzen zeigen Anschwellung und Verkürzung der Internodien; die Blüthen sind angeschwollen und bleiben geschlossen. Lothringen.

C. scabiosae. In stark behaarten Triebspitzen- und Blattdeformationen auf *Scabiosa Columbaria* L. Die zwei grundständigen Blätter zeigen sich an ihrer Basis erweitert und sowohl nach innen als nach aussen abnorm dicht weissfilzig behaart. An ihrem Grunde, auf der Innenseite, sowie auf dem Triebe, den sie einschliessen, liegen die Larven zerstreut. Wenn der Trieb sein Wachsthum fortsetzt, so zeigt sich dieselbe Behaarung auf Stengel und Blättern, selten sogar auf den unentwickelt bleibenden Blüthen. Oft ist nur ein Theil des Blattes abnorm behaart, dann ist der Rand des Fiederchens nach oben eingerollt und beherbergt eine oder mehrere Larven. Thüringen, Alpen, Lothringen.

C. taraxaci. Verursachen in den Blättern von *Taraxacum officinale* kreisrunde Blattgallen, oft zu 30 auf demselben Blatte. Sie sind hell gefärbt und von einer breiten purpurrothen Zone umgeben, haben 3—6 mm im Durchmesser, sind sehr dünnwandig und ragen an der Oberseite sehr wenig, an der Unterseite etwas mehr hervor. Kaum identisch mit jenen an *Leontodon hastilis*. Lothringen, Schweiz, Danzig, Aachen, Niederösterreich, Münster, Tirol (Hochfinstermüz!).

C. thymi. Einzeln in den unansehnlichen, gänzlich unbehaarten Gallen an der Triebspitze von *Thymus Serpyllum* L. und *Th. Chamaedrys* Fr. Dieselben sind von den 2 oder 4 endständigen Blättern gebildet, welche kleiner sind als die normalen und eine gelblich grüne oder röthliche Farbe haben; das untere dieser Blattpaare bleibt aufrecht, erscheint an der Basis etwas verdickt und häufig schwach gekielt, oben bald gerade, bald etwas eingekrümmt und das obere Blattpaar einschliessend; an letzterem sind die Blätter fast schalenförmig gewölbt und übereinander geschoben, und umschliessen einen grossen Innenraum, worin die Larve lebt. Die Gallen sind kugel- oder eiförmig; der Durchmesser ist $1\frac{1}{2}$—4 mm. Oft finden sich Chalcidier als Parasiten. Oesterreich, Rhön, Tirol, Lothringen. — Hierher wohl auch Blüthengallen, welche in einer Deformation des Kelches bestehen, der kugelförmig aufgedunsen, fleischig und geschlossen ist; die Farbe ist röthlich-weiss. Die anderen Blüthentheile gelangen nicht zur Entwicklung, und der leere Innenraum wird fast ganz von der rothen Larve erfüllt. Man findet gewöhnlich nur eine oder zwei derselben Art an derselben Aehre. In Lothringen mit voriger; auch in Schottland.

C. thymicola. Larven in der Mitte einer knospen-, schopf- oder rosettenartigen, nur innen abnormen behaarten Triebspitzen- und Axillarknospendeformation von *Thymus Serpyllum* und *Th. Chamaedrys* f. Thüringen, Tirol.

C. viciae. Larven in den hülsenförmig gefalteten Blättchen von *Vicia sepium*. Diese liegen nur an den stark aneinander gedrängten Endblättchen, an denen alle Fiederchen deformirt sind, so dass ein Büschel solcher Gallen an der Spitze des Triebes erscheint; sie sind fleischig verdickt, meist weisslich gefärbt, glatt aufrecht aufgedunsen und stellen eine Hülse dar; an den grösseren Blättchen bleibt die Spitze normal, während die kleinen gänzlich gefaltet und oft eingekrümmt sind. Lothringen, Deutschland, Schottland.

C. Lotharingiae. In eiförmigen bis länglichen Gallen an den Triebspitzen und Anschwellungen der Blüthen auf *Cerastium glomeratum* Thuill., C. *triviale* Lk. und *C. arvense* L. Die an den Triebspitzen hervorgebrachte Galle ist mehr eine Blattgalle als eine Triebspitzengalle; die letzten Blätter sind aufrecht, zusammengeklappt, am Grunde bauchig aufgetrieben, verbreitert und verdickt; sie sind kürzer als die normalen (6 mm gegen 10—15 mm) und bilden eine meist eiförmige grüne, selten röthlich gefärbte Tasche, welche sich später spaltförmig öffnet und auf der Innenseite abnormen Haarwuchs zeigt. In diesem Innenraum leben 5—11 Larven. Auch die Blüthen sind deformirt, eiförmig, angeschwollen, der Kelch ist aufgeblasen, die Krone bleibt ungeöffnet. Lothringen.

Diplosis Frirenii. In Gallen von *Diplosis ramicola* und an *Tilia grandifolia* aus Metz.

2. Ergänzungen zur Beschreibung einiger schon bekannter Arten.

Cecidomyia pilosellae Binnie. Larven gesellig in Deformationen an *Hieracium Pilosella* L., die schon von Löw beschrieben sind. Niederösterreich, Lothringen, Münster.

C. rosarum Hardy. Männchen bisher unbekannt, nun entdeckt. Auch in Schottland. Gallen an *Rosa canina* L., *R. pimpinellifolia* L. und *R. villosa* L.

3. Ueber neue oder wenig bekannte Mückengallen, deren Erzeuger noch unbekannt sind.

An *Carpinus Betulus* L. Hülsenartige, von der Mittelrippe bis zum Blattrande reichende Falten nach oben an den Blättern. (Löw 1877, in Lothringen.)

An *Glechoma hederacea*. Faltung der zwei oder vier endständigen Blätter nach oben mit Verdickung, Verdrehung und rother Färbung der Mittelrippe; in den Falten wohnen weisse Gallmückenlarven. Lothringen (neu).

An *Hieracium umbellatum*. Deformation der zwei endständigen, die verkümmerte Triebspitze einschliessende Blätter, welche eine Tasche bilden, indem sie sich mit ihren Rändern berühren oder decken und an ihrem Grunde bauchig oder kielförmig aufgetrieben sind; meist auch an ihrer Basis, besonders um ihre Mittelrippe etwas verdickt und weisslich oder röthlich gefärbt. Larven jenen aus *Hieracium Pilosella* ähnlich. Lothringen. Hierher wohl auch eine Deformation, bei der sich in den Achseln der obersten Stengelblätter Larven aufhielten, welche durch Saugen eine Krümmung und Verdickung der Spindel, sowie Verkümmerung der Blüthenköpfe hervorgebracht haben. (Beide neu.)

An *Pteris aquilina* L. Die eine der von Gallmücken verursachte Deformation beschrieb Müller 1871 (als Cecid. pteridis) und Trail 1878, die andere Brischke 1882; beide in Lothringen, nebst der durch eine Fliege verursachten Deformation, die auch auf *Aspidium filix mas* L. und *Athyrium filix femina* Roth beobachtet wurde.

An *Silene inflata* Sm. Deformation der zwei endständigen Blätter, wie an *Hieracium umbellatum;* auch die Cecidomyia stimmt überein. Lothringen (neu).

An *Solidago Virga aurea*. Blattrandrollung (Thomas 1878) und Triebspitzendeformation (Liebel 1886) auf derselben Pflanze. Lothringen.

An *Sorbus Aucuparia* L. Blättchenfaltung ähnlich der an Kleearten durch Cecid. trifolii Löw, doch nicht verdickt und nicht verfärbt. Lothringen (neu).

An *Spiraea Ulmaria* L. Blattspreitenausbauchungen. (Schlechtendal 1883.) Lothringen.

9. **Kieffer** (10) beschreibt Epidosis erythromma n. sp. aus einem absterbenden Faulbeerbaum *(Rhamnus Frangula)* bei Bitsch, E. lutesceus n. sp. aus abgestorbenen Buchen daselbst; Asynapta pectoralis, Winn. (nicht gleich Cecid. hirticornis Zett.), unter Rinde von Brennholz; A. citrina n. sp. wie Epid. erythromma; Diplosis praecox Winn. aus Eichenklaftern; Dip. lonicerearum Fr. Lw. aus *Sambucus nigra* und *S. laciniata;* Dip. mosellana Geb. (= D. aurantiaca Wagn.); Dip. pulsatillae aus den Früchten von *Pulsatilla vulgaris;* Dip. nasturtii aus *Nasturtium palustre* DC., deren Kronblätter verkümmern; Asphondylia bitensis n. sp. aus *Genista sagittalis* L. (olim A. sarothamni H. Löw); Cecidomyia acercrispans n. sp. aus *Acer Pseudoplatanus* und *A. campestre,* weit verbreitet; Cecid. compositarum n. sp. aus *Hypochoeris glabra* L., *Hieracium pilosella* L., *H. murorum* L.; Cecid. genista intorquens n. sp. aus *Genista pilosa* L. (olim C. genisticola Fr. Löw); Cecid. genisticola Fr. Löw aus *Genista germanica;* Cecid. galeobdolontis Winn. aus *Galeobdolon luteum;* Cecid. raphanistri Kieff. aus Blüthengallen an *Raphanus sativus* L.; Cecid. salicariae Kieff. aus Blüthengallen ♂ neu; Cecid. viscariae Kieff., ♂ neu.

10. **Löw** (16) beschreibt 1. folgende neue Cecidomyiden.

Cecidomyia floriperda. Galle an *Silene inflata* Sm. Vergrünung und Hypertrophie aller Blüthenorgane mit Ausnahme des Kelches. Niederösterreich.

C. similis. Unbehaarte Triebspitzen- und Blüthenstanddeformation oder eine deformirte Blüthenknospe an *Veronica scutellata* L. Lothringen.

Diplosis auripes. Stengelknospengalle an *Galium Mollugo* um Stuttgart.

Dip. quinquenotata. Deformirte, abnorm verdickte und geschlossen bleibende Blüthe von *Hemerocallis fulva*. Niederösterreich.

2. Bemerkungen zu schon bekannten Arten.

Cecidomyia affinis Kieff. Involutive Blattrollungen auch an *Viola alba* Bess. Niederösterreich.

C. Beckiana Mik. Auch in Dalmatien.

C. circinans Gir. An Blättern von *Quercus macedonica* A. DC. in Montenegro.

C. Euphorbiae H. Löw. Auch an *Euph. palustris* L. Niederösterreich.

C. galii H. Löw. Auch auf *Galium lucidum* All. bei Fiume.

C. galiicola Fr. Löw. Auch auf *Galium silvestre* Poll. Niederösterreich. Hieher ziemlich sicher auch die Gallen an *Galium verum* (Trail 1871/72, 1878 und Binnie 1875/76); doch nicht jene an *Galium palustre* (Trail 1883/84), welche wohl gleich Cec. hygrophila Mik (1883) ist.

C. salicis Schrk. Auch an *Salix helvetica* Vill. im Venterthale (Tirol).

C. sonchi Fr. Löw. Auch an *Sonchus asper* Vill. Niederösterreich.

C. violae Fr. Löw. Auch in den Blüthen von *Viola tricolor*. Niederösterreich.

Diplosis Steini Karsch. Kommt mit und ohne Querader in den Flügeln vor.

Asphondylia Hornigi Wachtl. In den Blüthengallen von *Origanum vulgare* und von *Mentha candicans* Crtz. Niederösterreich (Löw 1885) 2 Generationen.

Asph. verbasci Vall. In *Scrophularia canina* bei Fiume. Hat im Süden 3 Generationen.

3. Ueber einige Gallen, deren Erzeuger noch nicht bekannt sind.

An *Arabis hirsuta* Scop. Triebspitzen- und Blüthenstanddeformation wie an *A. alpina* (Thomas 1886). Niederösterreich.

An *Fagus silvatica* L. Blattparenchymgallen. (Neu.) Niederösterreich.

An *Galium Mollugo* L. Blüthengallen. (Thomas 1876.) Niederösterreich.

An *Galium Mollugo* L. und *G. silvestre* Poll. Triebspitzendeformation. (Neu.) Niederösterreich.

An *Heracleum Spondylium*. Geschlossene Blätter. (Neu.) Niederösterreich.

An *Inula germanica* L. und *I. hybrida* Baumg. Deformirte Knospen. (Neu.) Niederösterreich.

An *Ligustrum vulgare* L. Blüthengallen. (Schlechtendal 1883, 1885). Niederösterreich.

An *Populus tremula* L. Involutive Blattrollung. (Brischke 1873), (Schlechtendal 1880), (Thomas 1885). Niederösterreich.

An *Salix reticulata* L. Deformirte Fruchtknoten. (Thomas 1885.) Tirol.

An *Senecia Cacaliaster* Lam. Deformirte Knospen wie an *S. nemorensis* L. (Löw 1885.) Salzburg.

An *Scorzonera humilis* L. Blattparenchymgallen. (Neu.) Niederösterreich.

An *Silene nutans* L. Deformirte Blüthen. (Thomas 1878.) Niederösterreich.

An *Tilia grandifolia* Ehrh. Involutive Blattrollung. (Réaumur 1737), (Schrank 1803). Niederösterreich.

An *Verbascum austriacum* Schott. Triebspitzendeformation. (Neu.) Niederösterreich.

An *Veronica saxatilis* Jacq. Deformirte Blüthen wie an *V. serpyllifolia* (Trail 1877/78, 1878), *V. officinalis* (Trail 1883/84), (Thomas 1878). Niederösterreich.

11. **Bloomfield** (3) schildert Cecidomyia nigra Meig. als Zerstörer der Marie-Louise-Birnen.

12. **Lindemann** (14) beschreibt Cecidomyia hierochloa n. sp. (unrichtig heirochloae genannt!) auf *Hierochloa repens*, und giebt die ausführliche Lebensgeschichte.

13. Cecidomyia lamiicola n. sp. **Mik** (22) lebt in *Lamium maculatum* und erzeugt in den Ausläufern erbsengrosse, hellgefärbte, runde, behaarte, oft unterirdische Gallen, in denen sie sich gesellschaftlich entwickeln; sie wurden in Salzburg gefunden.

14. Cecidomya destructor: **Ormerod** (23), **Anonym** (39).

15. **Lindemann** (13) beschreibt das Vorkommen der Hessenfliege an *Holcus lanatus* (sec White head), an *Phleum pratense* (Timothe-Gras) bei Moskau und im Gouv. Tambow, an *Triticum repens* in Tambow und Woronesh.

16. **Riley** (27, 28, 29) beweist in einem längeren Aufsatze, dass die von Hagen gegen die Einführung der Hessenfliege aus Europa vorgebrachten Gründe nicht stichhaltig sind.

17. Nach **Riley** (26) auch in Neu-Seeland zu beobachten.

18. **Forbes** (8) beschreibt ausser Platygaster Herrickii als Parasiten von Cecidomyia destructor auch Pl. hiemalis n. sp.

19. **Mik** (21) beschreibt und bildet ab 1. die Blüthenknospengallen auf *Silene nutans;* die Blüthenknospengallen auf *Phyteuma Michelii* Bertol., neu; die Triebgallen auf *Lotus*

corniculatus L., neu; alle werden ausführlich beschrieben; in den Beeren von *Polygonatum multiflorum* fand Verf. Cecidomyidenlarven, die jedoch zu Grunde gingen.

20. **Skuse** (34) beschreibt Cecidomyidae, Sciaridae, Mycetophilidae von Australien mit vielen neuen Arten und biologischen Beobachtungen.

21. Nach **Marten** (19) erzeugt Asphondylia helianthi-globulus Stengelgallen an *Helianthus grosse-serratus;* dieselben werden wie die Entwicklung des Thieres beschrieben.

22. Asphondylia prunorum n. sp. ♀♂ **Wachtl** (37) Larven licht orangefarbig, erzeugt die knospenförmigen Gallen an den Trieben des Schlehdornstrauches, *Prunus spinosa*, in welchen auch die Verwandlung vor sich geht.

23. **Meade** (20) beschreibt Diplosis fraxinella n. sp. (vielleicht Cecidomyia minuta Winn.) als Inquilinen an den Eschengallen.

Hemipterocecidien.

24. **Löw** (17) giebt eine Liste der 119 bisher in Oesterreich-Ungarn, Bosnien und der Herzegowina bekannt gewordenen Psylliden; bei jeder Art wird die Nährpflanze und die geographische Verbreitung angegeben. Den schönen Aufsatz schliesst ein Verzeichniss der Nährpflanzen.

25. **Douglas** (7) berichtet über die Stengelgallen von Mytilaspis pomorum an *Calluna* und *Erica;* in Britannien finden sich folgende Arten dieser Gattung: M. abietis Schrk. an Aesten von Balsamtannen; M. buxi Bché. an der Blattunterseite von Buchs; M. conchiformis Gmel. an Zweigen von Ulmen; M. juglandis Fitch an Walnuss und M. linearis Geoffr. an Linden.

Acarocecidien.

26. **Westhoff** (38) giebt eine sehr klare Uebersicht der Milbengallen, welche er mit Thomas in 11 Gruppen theilt, doch weicht er in der Reihenfolge und Umgrenzung etwas davon ab. Zahlreiche Figuren illustriren den Artikel; überall sind die betreffenden Pflanzenarten namhaft gemacht.

27. **Schlechtendal** (32) behandelt

1. Acarocecidien aus der Rheinprovinz.
   A. Ausser Phytoptus erzeugt auch Tarsonemus Cecidien; ferner Tetranychus. Letztere erzeugen Deformationen, welche auf unförmlicher Vergrösserung des Blattflächenwachsthums und dadurch bedingtes Ausstülpen bis Ausbauchen der Spreite bestehen, welche bis zu einem Zusammenrollen oder Zusammenkrausen des Blattes führen kann. Häufig tritt nun eine Veränderung der Blattform, ein Zurückbleiben in der Entwicklung des Blattes auf, verbunden mit krankhaften Störungen des Nervenverlaufes wie bei Phytoptus. Hierher gehören die unförmlichen Auftreibungen der Blätter von *Phaseolus vulgaris;* dann bei *Fraxinus excelsior,* wo die Blattspreite aufgetrieben und oberseits, besonders den Haupt-, weniger den Seitennerven entlang, mit Wülsten besetzt ist; auch in der Randnähe und am Blattrande finden sich solche.
   B. Phytoptocecidien. *Acer campestre* L. mit Cephaloneon myriadum, sparsamer Ceph. solitarium; auch Erineum-Bildung. *Alnus glutinosa* Grt. mit Erineum alneum; *Alnus incana* DC. mit Erineum alnigerum DC. und Nervenwinkelgallen; *Bromus mollis* und *arvensis* L., Vergrünung der Blüthen unter Deformation des Aehrchens; *Carpinus Betulus* L., Kräuselung der Blattnerven, Ausstülpung der Nervenwinkel; *Crataegus Oxyacantha* L., Erineum Oxyacanthae; *Fagus silvatica* L., Erineum nervisequim oft mit E. fagineum, oft an demselben Blatte feine Cecidien von Hormomyia und Phyllaphis Fagi, Blattrollungen nach einwärts, Knospenverderbniss durch Phytoptus; *Juglans regia* L. mit Blattknötchen; *Lonicera Periclymenum* mit Blattrandfalten; *Origanum vulgare* L. mit Verfilzung der Blüthenstände; *Populus alba* mit Blattdrüsengallen und frei lebenden Gallmücken; *Populus tremula* mit Knospenwucherungen, und Blattzahngalle; *Prunus domestica* mit Beutelgallen mit Mündungswall (Cephaloneon hypocrateriforme Bremi); *Pyrus communis* L. mit Blattrand-

rollung und Ausstülpung der Blattfläche, und freilebende Gallmilben; *Salix caprea* L. mit Wirrzöpfen; *Salvia pratensis* L. mit Ausstülpungen der Blattfläche; *Torilis infesta* Koch (nicht *T. Anthriscus*) mit Blüthenvergrünung.

2. Acarocecidien aus der Umgegend von Halle. († = neue Cecidien, * = neues Substrat.)
   a. Acarocecidien. *Stipa capillata* und *St. pennata* L., bei Rothenburg; **Triticum repens* L., Halmgallen von Tarsonemus.
   b. Phytoptocecidien. *Asperula galioides* MB., Vergrünung der Blüthen mit scheinbarer Füllung und Breitenwachsthum der Stützblättchen wie an *Galium lucidum* etc., Triebspitzendeformation; *Betula pubescens* Ehrh. mit Erineum roseum Kuntze und Nervenwinkelausstülpungen; **Centaurea maculosa* Lam. (*C. paniculata* Jcq.) mit Blattpocken an den Wurzelblättern nicht blühender Pflanzen wie an *C. jacea* und *Scabiosa; Coronilla varia* L. mit Blättchenfaltung; *Cotoneaster integerrimus* Mönch. (*vulgaris* Lindl.) mit Blattpocken und Rindengallen; *Galium Mollugo* L., Blattrandrollungen; *G. verum* L., Vergrünung; *Medicago falcata* mit violetten Blattgallen; *M. lupulina* L., Faltung der Blättchen; **Polygala amara* L. und *P. comosa* Schkuhr, Triebspitzendeformation wie an *P. vulgaris; Potentilla cinerea* Chaix (= *incana* H.W., *opaca* L., *verna* L.), Filzkrankheit; *Poterium Sanguisorba* L., Filzkrankheit; *Prunus domestica* und *P. spinosa* L., Blattgallen; *P. Padus* L., Erineum padi (genaue Beschreibung des mikroskopischen Befundes); *Pyrus Malus* L., Erineum pyrinum Pers. und Blattpocken; *P. communis* L., Blattrandrollungen nach oben und Blattausstülpungen; *Salvia pratensis* L., Blattausstülpungen mit weissem Filz; *Sorbus torminalis* Crantz; Blattpocken; *Syringa vulgaris* L., Knospenmissbildungen; †*Taraxacum officinale* Web., Blattrandrollungen nach oben mit abnormer Behaarung; *Teucrium Chamaedrys* L., gelbe Blattrandausstülpung; †*T. montanum* L., Blattdeformationen bei abnormer Verzweigung; *Thesium intermedium* Schrad., Vergrünung der Blüthen und starke Verzweigung; *Tilia ulmifolia* Scop. (*parvifolia* Ehrh.), abnorme Haarschöpfchen in den Haarwinkeln; *Ulmus spec.*, Beutelgalle auf Flatterrüstern und Blattknötchen auf Korkrüstern.

27b. **Ludwig** (17b.) beschreibt die Milbenhäuschen einer brasilianischen Anona-Art (Fonta-de-Condebaum), welche in den Nervenwinkeln befindliche Täschchen darstellen, denen von Elaeocarpus Lundström, Taf. II, Fig. 4 ähnlich, zu dessen Gruppe 4 der Acarodomatien gehörig; am Rande befinden sich Haarbildungen. In Brasilien sind diese Täschchen von Milben bewohnt.

28. **G. Cuboni** (6) berichtet über zwei Fälle von Phytoptose auf den Weintrauben. Den einen erhielt Verf. aus Alba, woselbst bereits 2 Jahre vorher Cavazza das Vorkommen von Phytoptus vitis auf den Trauben der Reben, nachdem die Blätter alle dicht invadirt gewesen, beobachtet hatte. Dieser Fall entspricht vollkommen der Löw'schen Angabe (1879). Der zweite Fall wurde zum ersten Male auf Trauben aus Parma beobachtet. Es handelt sich hier gleichfalls um ein Phytoptus — die Art konnte nicht näher angegeben werden, weil das Thier die Nester bereits verlassen hatte — welcher aber an der Spitze der Zweigchen der Rhachis zottige Knäuel entwickelte, bei welchen an der Achsel von haarförmigen Hochblättern kleine Knöspchen zur Entwicklung gelangten. Derartige Missbildungen erinnerten stark an die von Löw beschriebenen Proliferirungen von *Asperula galioides, Artemisia campestris* etc. und würden einigermaassen den Vergleich Jäger's (1860) mit einem Blüthenstande des Kohls, bekräftigen. — Die Tafel stellt ein Stück einer pathologischen Weintraube dar und ein der Länge nach aufgeschnittenes Knäulchen.

Solla.

Helminthocecidien.

29. **Magnus** (18) besprach Wurzeln von *Passiflora*, welche mit kleinen, seitlichen, von Heterodera radicicola herrührenden Verdickungen besetzt waren.

30. **Steubell's** (35) Abhandlung über Heterodera Schachtii ist vorwiegend zoologisch, sie behandelt eine historische Uebersicht, die Methode der Untersuchung, die Beschreibung des äusseren und inneren Baues der Geschlechtsthiere, die Organisation des Männchens und

des Weibchens, die Embryonal- und Postembryonalentwicklung, Taf. 2, Fig. 27—32 giebt Abbildungen von inficirten Pflanzen.

31. **Prillieux** (24) hebt hervor, dass Tylenchus tritici sich auch in anderen Pflanzen wie Klee, Karden u. s. w. findet, wogegen T. Havensteinii nur den Hafer bei Ferté-sous-Jouarre vernichte.

32. **Jul. Kühn** (12) schildert eine neue, wohl häufig bisher mit der Knollenfäule verwechselte Kartoffelkrankheit, die „Wurmfäule". Sie wird durch das Stockälchen, Tylenchus devastatrix, erzeugt. Matzdorff.

33. **Jul. Kühn** (11) fand, dass das Stockälchen, Tylenchus *devastatrix*, Kartoffelknollen befiel; später drangen Leptodera-Arten nach. Die Vermittlung an anderen Pflanzen erfolgte wohl durch die Stolonen. Matzdorff.

34. **J. Ritzema Bos** (30) schildert nach Beyerinck's und eigenen Untersuchungen die durch Tylenchus devastatrix an *Allium cepa* hervorgerufene Krankheit: Aelchenkrankheit der Zwiebel. Etwa 3% der Samen waren bereits von den Nematoden bewohnt. Matzdorff.

35. **J. Ritzema Bos** (31) beschreibt die Stockkrankheit des Roggens und des Hafers, die Aelchenkrankheit der Hauszwiebel, die Ringelkrankheit der Hyacinthe, die Stockkrankheit des Klees und der Luzerne, und die Fäule der Kardenköpfe und die Stockkrankheit des Buchweizens, sämmtlich folgen der Tylenchus *devastatrix*. — Ueberall ist die betreffende Literatur herangezogen und verwerthet.

36. **Chatin** (5) führt die Schäden an Zwiebeln zurück auf Tylenchus putrefaciens und sieht die damit in Verbindung gebrachten Arten Pelodera strongyloides und Leptodera terricola als Saprophyten an.

B. Arbeiten bezüglich der Phylloxera-Frage.

Alphabetisches Verzeichniss der besprochenen Arbeiten.

1. **Alpe, Vittorio.** Sulla situazione filloserica in Toscana e sui provedimenti presi da prendere relazione in: Atti Accad. econom-agrar. Firenze (4), XI, 1888. Disp. 3. (Ref. 9.)
2. **Barbusse, E.** Guérison des maladies de la vigne, mildew, oidium, chlorose, anthracnose, larves, insectes et escargots, traitements le plus simple e le plus économique a la portée de tous et sans appareils speciaux. Nimes (Dubois), 1888. 8⁰. 7 p. (Ref. 11.)
3. **Bisset, G. F.** Nouvelles expériences relatives à la désinfection antiphylloxérique des plantes de vigne in: C. R. Paris, CVI, 1888, No. 4, p. 247—248. (Ref. 12.)
4. **Bonneval d'Aabrigeon, J. A.** Dernier mot sur le phylloxera, l'oidium et le mildew; guérsion radicale des maladies de la vigne par l'emploi de l'amiante aphonolithe. Marseille (Cayer), 1888. 8⁰. 15 p. (Ref. 11.)
5. **Cafici, Ippol.** Il primo congresso antifillosserico relazione lette al club di Vizzini la sera del 2. guigno 1888. Vizzini (Marineo), 1888. 8⁰. 24 p. (Ref. 10.)
6. **Caille, L.** Guide pratique du vigneron pour la reconstitution des vignobles de l'est et du centre de la France à l'aide de la vigne américaine. Etude des cépages américaines: Multiplication de la vigne; établissement de la pépiniere et du vignoble; culture proprement dité; maladies de la vigne et moyens de la combattre. Chambey (Ménard), 1888. 8⁰. 207 p. (Ref. 13.)
7. **Carrière, J.** Die Reblaus (Phylloxera vastatrix) in: Biol. Centralbl., VII, 1888, p. 737—748. (Ref. 6.)
8. **Cecchi, S.** La fillossera a Brolio in: L'Italia agricola, an. XX. Milano, 1888. 4⁰. p. 335. (Ref. 9.)

9. **Cerletti**, G. B. Le nuove infezioni fillosseriche in: Bollet. d. Soc. gen. di viticoltori italiani an. III. Roma, 1888. gr. 8⁰. p. 367—370. (Ref. 13.)

10. **Cettolini**. La questione fillosserica in: Nuova Rassegna di orticoltura ed enologia. Anno II, 1888, No. 5. (Ref. 5.)

11. **Chavée-Leroy**. La Commission superieure du phylloxera et le rapport de M. Tisserand in: Journ. Microgr., XII, p. 152—154, p. 218. (Ref. 10.)

12. **Clement**, Jos. H. M. Lettres sur le phylloxera adressées aux vignerons de la paroisse d'Huriel. Montluçon, Prot. 1888. 8⁰. 122 p. u. 2 pl. (Ref. 5 u. 9.)

13. **Catta**, J. D. Visite aux Foyers phylloxériques de Philippeville et la Calle in: Bull. offic. syndicat viticult. dep. d'Alger. 1888. 8⁰. 20 p. (Ref. 9.)

14. **Crolas e Vermorel** F. Guida del vignaiuolo per l'applicazione del solfuro di carbon o nei vigneti fillosserati: Manuale prattico. Traduzione del Fed. Paulsen-Palermo. Virzi, 1888. 8⁰. 97 p. 8 Fig. (Ref. 12.)

15. **Crolas**. Phylloxéra et sulfure du carbone Enquête sur les vignes sulfurées dès le commencement de l'invasion phylloxerique. Lyon (Georg), 1888. 8⁰. 96 p. (Ref. 12.)

16. **Cuboni**, G. Le galle fillosseriche sulle foglie di vite Isabella a Ghiffa sul Lago Maggiore in: Rass. Con., an. I, 1887, p. 551—555. (Ref. 9.)

17. **Dejardin**, A. C. Recherches et observations sur la resistance de la vigne au phylloxéra; etudes preliminaires sur le défant d'adaptation et de resistance des cépages americains dans divers sols et sur la résistance relative de la vigne francaise dans certains milieux. 2e Edit. Paris (Masson), 1888. 8⁰. 39 p. (Ref. 13.)

18. **Dodille-Bourgeon**, J. B. Notice sur le phylloxéra et sa vraie destruction Chalon-sur-Saône (Marceau), 1888. 8⁰. 20 p. (Ref. 11.)

19. **Ducornot**, A. Guide pratique di viticulteur pour la préservation et conservation des vignes françaises et la reconstitution par les vignes americaines des vignobles détruits par le phylloxéra St Affrique. Aveyron, 1888. 8⁰. 216 p. 16 pl. (Ref. 11 u. 13.)

20. **Dufour**, Jean. Phylloxéra. Rapport de la station viticole du champ-de-l'air, à Lausanne pour l'exercice de 1887. Lausanne (impr. Aug. Pachl), 1888. 8⁰. 24 p. (Ref. 5 u. 9.)

21. **Fiedler**, P. J. Die Lösung der Reblaus-Frage. Stuttgart (E. Ulmer), 1888. 57 p. 8⁰. Mit 8 Taf. (Ref. 1.)

22. **Geise**, O. Die Reblausgefahr in: Sammlung gemeinnütz. wissensch. Vortr. N. F. Heft 57/58. 1888. 8⁰. 24 p. 1 Taf. (Ref. 1.)

23. **Gigli**, Leop. Del carbone antifillosserico. G. Valdarno, 1888. 8⁰. 30 p. (Ref. 12.)

24. **Göthe**, H. Berichte über eine mit Unterstützung des Kgl. Ackerbauministeriums zum Studium der Phylloxera-Frage im Sommer 1888 unternommene Reise nach Frankreich. Wien (Gerold & Cie.), 1888. 8⁰. 46 p. (Ref. 9.)

25. **Guinard**, D. Destruction des parasites de la vigne in: Moniteur vinicole, 1888, No. 41, p. 162. (Ref. 11.)

26. **Henneguy**, L. F. Rapport sur la destruction da l'oeuf d'hiver du Phylloxera. Paris (impr. nationale), 1888. 8⁰. 12 p. (Ref. 8.)

27. **Hugues**, C. La fillossera e le viti americane nell'Istria, Gorizia e Trieste in: Rass. Con., an. II, 1888, p. 617—624. (Ref. 9.)

28. **Kessler**, H. F. Weitere Beobachtungen und Untersuchungen über die Reblaus Phylloxera vastatrix Planch. Cassel (F. Kessler), 1888. 8⁰. 58 p. (Ref. 7.)

29. **König**, Clemens. Der Kampf zwischen Rebe und Reblaus in Sachsen in: Aus allen Welttheilen, XIX, 1888, Heft 14. (Ref. 9.)

30. **Laborier**, L. Nouvelles études sur le phylloxéra in: Moniteur vinicole, 1888, No. 81, p. 322. (Ref. 1.)

31. **Larcher**, J. Trattamento delle vigne col solfuro di carbonico in: Rass. Con., an. II, 1888, p, 701—704. (Ref. 12.)

32. Lemoine, V. L'anatomie du Phylloxera aile in. Journ. Microgr., XII, p. 282—283. (Ref. 3.)
33. — Sur le cerveau du Phylloxera in: C. R. Paris, CVI, p. 678—680. Journ. Microgr., XII, p. 150—151. (Ref. 3.)
34. Lunardoni, A. Dei metodi curativi per combattere la fillossera in: Bollettino d. Soc. gener. dei viticoltori italiani; an. III. Roma, 1868. gr. 8°. p. 62—63. (Ref. 12.)
35. — La questione fillosserica in Toscana in: Bollettino d. Soc. gener. dei viticoltori italiani; an. III. Roma, 1888. gr. 8. p. 449—452. (Ref. 9.)
36. — La fillossera nel 1886 e 1887 e le deliberazioni della Commissione consultiva in: Bolletino d. Soc. gener. viticoltori italiani; an. II, 1888, No. 21/22. (Ref. 10.)
37. M. Gegen die Reblausfurcht in: Mittheil. über Landwirthschaft, Gartenbau und Hauswirthschaft in: Berliner Tagblatt, X, 1886, No. 4, p. 18—19. (Ref. 2.)
38. Massa, C. Le principali malattie della vite ed i migliori metodi di cura in: L'Italia agricola; an. XX. Milano, 1888. 4°. p. 548—549, 562—563. (Ref. 1.)
39. Morel, C. Traitement du phylloxera, Préservation et reconstitution des vignes francaises. Méthode Morel-Dardy. Chalon-sur-Saone. Sardet Montalon, 1888. 8°. 23 p. (Ref. 1.)
40. Picaud. Le fillossere aptere col digiuno si trasformano in fillossere alate in: Nuova rassegna di vinicult. ed enolog., II, 1888, No. 1/2. (Ref. 4.)
41. Savani di Calenda, A. Discorso inaugurale del congresso antifillosserico siciliano. Palermo (Virgi), 1888. 8°. 8 p. (Ref. 10.)
42. Shipley, A. E. Diseases of wines in: Encycl. Brit. 9th Ed., Vol. XXIV, p. 238—240. (Ref. 1.)
43. Targioni-Tozzetti, A. Rivista di entomolgia agraria in: Stazione sperimentali agrarie itali., XV, 1888, p. 194—201, 462—464, 692—768. (Ref. 1.)
44. Viala, Pierre et Ferrouillat, Paul. Manuel pratique pour le traitement des maladies de la vigne. Montpellier et Paris, 1888. 8°. 164 p. 65 fig. (Ref. 11.)
45. Anonym. Atti della commissione consultiva per la fillossera, adunanze del 1° al 4° marggio 1887 in: Annali di agricoltura, No. 142, 1888. 8°. 228 p. (Ref. 10.)
46. — Bericht über den Stand der Phylloxera-Angelegenheit im Jahre 1887. Herausg. vom Kgl. Ung. Ministerium für Landwirthschaft, Industrie und Handel. 73 p. Mit 1 Karte. (Ungarisch.) (Ref. 9.)
47. — Carbone antifillosserico in: L'Italia agricola; an. XX. Milano, 1888. 4°. p. 531—533. (Ref. 12.)
48. — Il tabacco e la fillossera in: L'Italia agricola, an. XX. Milano, 1888. 4°. p. 399. (Ref. 1.)
49. — Infezioni fillosseriche in: L'Italia agricola; an. XX. Milano, 1888. 4°. p. 23. (Ref. 9.)
50. — La fillossera in Toscana in: L'Italia agricola; an. XX. Milano, 1888. 4°. p. 367. (Ref. 9.)
51. — La fillossera in Italia in: L'Italia agricola; an. XX. Milano, 1888. p. 478. (Ref. 9.)
52. — La fillossera in Lombardia in: L'Italia agricola; an. XX. Milano, 1888. 4°. p. 542. (Ref. 9.)
53. — La lotta contro la fillossera in: Ras. Con.; an. II, 1888, p. 280—282. (Ref. 12.)
54. — La vigne et le phylloxera. Observations pratiques. Lyon (impr. lyonaise), 1888. 8°. 55 p. (Ref. 1.)
55. — Prime notizie intorno alla fillossera delle viti e alle viti americane, ad uso degli agricoltori. Firenze, 1888. 8°. (Ref. 13.)
56. — Recenti infezioni fillosseriche in: L'Italia agricola; an. XX. Milano, 1888. p. 494—495. (Ref. 9.)
57. — Una composta velenosa per la distruzione della fillossera in: L'Italia agricola, an. XX. Milano, 1888. 4°. p. 474—475. (Ref. 12.)

B. Vorbemerkung. Wie im Vorjahre ist die Phylloxera-Literatur an Umfang und Inhalt zurückgegangen. Von rein wissenschaftlichen Arbeiten sind nur wenige erschienen; dagegen tritt die praktische Frage noch mehr wie früher hervor und ist das Experimentiren mit Insecticiden an der Tagesordnung geblieben. Wesentlich neue Resultate sind nicht zu verzeichnen. Die Anordnung der folgenden Referate ist die der früheren Berichte, nämlich:

I. Specifisch-wissenschaftlicher Theil.
- Allgemeines.
- Biologie.
- Winterei.
- Verwandte Arten.
- Parasiten.

II. Ausbreitung der Phylloxera.

III. Die praktische Seite der Phylloxera-Frage.
- Allgemeines, Gesetzgebung.
- Congresse, Sitzungen, Berichte.
- Bekämpfungsmittel und Methoden.
  - Amerikanische Reben.

---

1. Allgemeines: **Fiedler** (21), **Geise** (22), **Laborier** (30), **Massa** (38), **Morel** (39), **Shipley** (42), **Targioni-Tozzetti** (43). **Anonym** (54). Mittheilung, dass in Chili durch Anbau von Tabakspflanzen zwischen den Reben die von der Reblaus bereits angegriffenen Stöcke sich erholten. **Anonym** (48). Solla.

2. **M.** (37) glaubt, dass die wahren Ursachen des mangelhaften Gedeihens der Rebstöcke der geringen Widerstandsfähigkeit derselben gegen die Unbilden der Witterung und gegen die Angriffe der Insecten, sowie die zweifelhaften, durch jede nur einigermaassen ungünstige Jahreszeit beeinflussten Ernten darin zu suchen sind, dass die Ergebnisse der Forschungen über Bodenerschöpfung, Düngung, Pflanzenernährung, sowie die werthvollen Erfolge der Züchtung neuer Rebsorten von der weitaus grössten Mehrheit der Winzer unbeachtet gelassen oder doch nicht zur praktischen Verwendung gebracht worden sind, indem die Winzer sich hartnäckig gegen das Aufgeben ihrer tragmüden und geringwerthigen, weil spätreifenden, kleinbeerigen und sauren Traubensorten wehren. Daher ist nicht die Reblaus die Ursache der Rebenkrankheit, die sich ja auch an üppigen Rebstöcken vorfindet. Verf. glaubt weiter, dass man früher oder später einmal vor der Thatsache einer allgemeinen Verbreitung der Reblaus stehen wird und gezwungen sein wird, mit der Reblaus zu leben. Dann hofft er, dass mit Hülfe der Riesensummen, welche die Regierung für die Vernichtung der angesteckten Weinberge und für die Schadloshaltung der Besitzer aufwendet, das Feld von den kranken, tragmüden und überständigen Stöcken schlechter Rebsorten frei und der Ausführung einer besseren Bepflanzung zugänglich gemacht werden wird.

3. Anatomie: **Lemoine** (32, 33).

4. Entwicklung: **Picaud** (40).

5. Biologie: **Cettolini** (10), **Clement** (12), **Dufour** (20).

6. **Carriere** (7) hat die Wurzelreblaus in der Gemeinde Vallières bei Metz beobachtet. Es zeigte sich daselbst ein Herd in Gestalt eines öden, fast kreisrunden, ungefähr 10 Schritte im Durchmesser haltenden Flecks, auf dem nur abgestorbene Stöcke standen und an dessen Rebpfählen statt der Reben Bohnen wuchsen. Die dem gelben Ei entschlüpfte schwefelgelbe junge Laus ist borstig und mit spindelförmigem Fühlerendgliede und relativ langen Beinen mit eingliederigem Tarsus versehen, verliert aber nach der ersten Häutung die Borsten und nimmt ein cylindrisches Fühlerendglied an. Die dunkelgelbe Farbe dieser beiden Stadien erleidet in Alkohol keine Veränderung; nach der zweiten Häutung ist der Tarsus zweigliederig, das Fühlerendglied noch kurz; dieses wird bei der dritten Häutung fast viermal so lang, als das vorletzte; Thiere in der dritten und vierten Häutung werden

in Alkohol gebräunt. Zwischen den drei Häutungen liegen je 3—5 Tage, so dass das Individuum in 12—20 Tagen nach dem Verlassen des Eies zur Eierablage reif wird. Während nun der Körper von 0.3 mm auf 0.8 mm wächst, bleiben die Beine im Wachsthum zurück und die drei Ocellen jederseits werden mit jeder Häutung unscheinbarer. Das Thier „mère pondereuse, Amme", legt nun 30—40 Eier — daher als Legelarve (analog Legehenne) zu bezeichnen. — Die Wurzelreblaus entwickelt sich auch an stärkeren Wurzeln mit dicker Borke und pflanzt sich in denselben fort; in Vallières wurden noch am 5. November 1887 alle Entwicklungsstufen der Legelarven vom Ei an beisammen gefunden. C. sieht die zweierlei Eier der geflügelten Rebläuse mit Lichtenstein für Puppen an und glaubt, dass die Infection von intacten Weinbergen in Oesterreich und Deutschland nicht im Frühlinge, sondern im Herbste stattfindet, sowie dass das Erscheinen der geflügelten Form durch das Absterben der Radicellenanschwellung (in Folge Nahrungsentziehung nach guter Kost) bedingt werde; für die Praxis empfiehlt sich daher in Deutschland eine möglichst spät im Jahre vorzunehmende Desinfection mit Petroleum und Schwefelkohlenstoff.

7. **Kessler** (28) beobachtete, dass die Reblaus nur in der Thierform von verschiedener Grösse und verschiedenem Alter an den verschiedensten Wurzeltheilen überwintert und dass das Vorhandensein des Wintereies gänzlich ausgeschlossen ist. Ferner liefert er den Nachweis, dass die geflügelte Reblaus wegen ihrer körperlichen Einrichtung und ihrer Entwicklungs- und Ernährungsweise weder im Stande noch in der Lage ist, gesunde Weinstöcke zu inficiren, also auch nichts zur Verbreitung der Wurzelkrankheit des Weinstockes beitragen kann, wohl aber zur Erhaltung derselben an den Orten, wo sie einmal ist. K. glaubt daher, dass reblausfreie Gegenden und Länder reblausfrei bleiben werden, wenn man das Einfuhrverbot von Reben aufrecht hält und betont die Nothwendigkeit fortgesetzter Beobachtungen und Untersuchungen für den Zweck sicheren Schutzes.

8. Winterei: **Henneguy** (26).

9. Geographische Verbreitung:

Italien: **Anonym** (51, 56).

Toscana: **Alpe** (1), **Lunardoni** (35), speciell bei Brolio.

Brolio liegt auf den Hügeln des Chianti in der Provinz Siena. Der Feind wurde bald entdeckt, seine Ausbreitung mithin nicht gross. **Cecchi** (8). Solla.

Ferner: Zu Gajole, ebenfalls in der Provinz Siena, wurde ein neuer Reblausherd entdeckt. — Auf der Insel Elba nimmt der Parasit immer mehr Gebiet ein. **Anonym** (50). Solla.

Lombardei: **Anonym** (52).

Lago Maggiore. In einem Weinberge zu Ghiffa wurde auf Exemplaren von *Vitis Labrusca* var. *Isabella* die Reblaus in ihren beiden Formen, als Wurzel- und Blattbewohnerin, entdeckt. **Cuboni** (16). Solla.

Ligurien: **Anonym** (49).

Frankreich: **Clement** (12), **Cotta** (13), **Göthe** (24).

Deutschland. Sachsen: **König** (29).

Oesterreich. Istrien, Görz, Triest: **Hugues** (27).

Ungarn. Der ungarische Handelsminister (46) berichtet über den Stand der Phylloxera-Angelegenheit im Jahre 1887. In diesem Jahre wurde die fernere Verbreitung der Phylloxera in Ungarn an 228 Gemeinden constatirt. — Von den biologischen Bemerkungen des Berichtes heben wir hervor, dass sich, trotzdem die amerikanischen Reben bereits in bedeutender Menge cultivirt werden, die Blattgallen noch immer nicht vorfinden; dagegen wurden dieselben im benachbarten Rumänien, wo man noch keine amerikanischen Sorten cultivirt, schon 1885 in grosser Menge gefunden. Die beigelegte Karte demonstrirt auf's deutlichste die rapide Verbreitung des viel Wohlstand verwüstenden Insectes. Staub.

Schweiz: **Dufour** (20).

10. Congresse und Commissionen.

Cafici (5), **Lunardoni** (36), **Savini** (41).

Chavée-Leroy (11) berichtet, dass die Phylloxera das Resultat, aber nicht die Ursache des Schadens ist.

Ferner: **Anonym** (45). Vorgelegt ist ein Ueberblick über die Reblausinvasion innerhalb der einzelnen Provinzen des Landes. Motivirt werden die Verhältnisse der Lombardei und Liguriens vorwiegend, dann auch jene Sardiniens, Siciliens und von Reggio Calabria. — Bewerkstelligung der Culturalmethoden gegen die Invasion. Solla.

11. Vertilgungsmittel.

Barbusse (2), **Bonneval d'Abrigeon** (4), **Dodille-Bourgeon** (18), **Ducornot** (19), **Guinard** (25), **Viala** et **Ferrouillat** (44).

12. Chemikalien.

Bisset (3), **Crolas** (14, 15), **Gigli** (23), **Larcher** (31).

Ferner: Holzkohle mit Petroleum getränkt, zwischen die Rebenwurzeln eingegraben, tödtet die Reblaus. **Anonym** (47). Solla.

Ferner: **Anonym** (53 u. 57). Bonnafoux' Saft aus giftigen Pflanzen gemengt mit Kalk und sonstigen amorphen Stoffen, stellt von der Reblaus beschädigte Weinstöcke wieder her! Solla.

Lunardoni (34) bespricht die Anwendung von schwefelkohlensaurem Kali und die Injection mit Schwefelkohlenstoff als Reblausvertilger. Solla.

13. Amerikanische Reben.

Caille (6), **Cerletti** (9), **Dejardin** (17), **Ducornot** (19), **Anonym** (55).

C. Arbeiten bezüglich pflanzenschädlicher Thiere, sofern sie nicht Gallenbildung und Phylloxera betreffen.

Alphabetisches Verzeichniss der besprochenen Arbeiten.

1. **Anderlind, Leo, Dr.** Der Frass des Lebbachbockkäfers an den Lebbachbäumen in Aegypten in: Wien. Entom. Ztg., 1888, p. 275. (Ref. 50.)
2. **Atkinson, E. T.** Note on the rice juice fapper of Madras (Leptocorisa acuta) in: Proc. Asiat. Soc. Bengal, 1887, p. 4—7. (Ref. 88.)
3. **Bancroft, J.** An inquiry into the maize disease of the Caboolture district in: Proc. Roy. Soc. Queensland, III, p. 108—111. (Ref. 31.)
4. **Bargagli, P.** Ricerche sulle relazioni più caratteristiche tra gli insetti e le piante in: Atti accad. econ-agrar. Georgofili (4), XI, p. 67—84. (Ref. 1.)
5. **Berthelin.** Notes sur les moeurs d'un Coléoptere et de deux lépidopteres in: Bull. soc. entom. France (6), VIII, p. CLVI CLVII. (Ref. 82.)
6. **Blank, H.** Notice sur une Cochenille parasite des pommiers in: Bull soc. Vaudoise (3), XXIII, No. 96, p. 78—84, pl. 4. (Ref. 90.)
7. **Blochmann, F.** Ueber das regelmässige Vorkommen von bacterienähnlichen Gebilden in den Geweben und Eiern verschiedener Insecten in: Zeitschr. f. Biologie, XXIV, p. 1—15, pl. I. (Ref. 19)
8. **Brogniart, C.** Les Entomophthorées et leur application à la destruction des insectes nuisibles in: C. R. Paris, CVII, p. 872—874. (Ref. 18.)
9. **Brown, S.** Report on the Locust campaign of 1886—87. Bluebook, C. 5250. London, 1888. (Ref. 68.)
10. **Bruner, Law.** Notes on the Rocky Mountains locust in: Insect Life I, p. 65—67. (Ref. 68.)
11. **Buckton, G. B.** Remarks on Oestlunds Aphididae of Minnesota in: Entom. M. Magaz., XXV, p. 94—95. (Ref. 76.)

*12. **Canevari, A.** Lo Zabro gobbo, l'elateris, le ruffole ed un julus parassiti del frumento in: L'Italia agricola, an. XIX. Milano, 1887, p. 216. (Ref. 2.)

*13. Canevari, A. La cecydomia, le diplosis, i clorops e le anguillule nocivi al frumento (l. c., p. 249). S. oben. (Ref. 2.)

*14. — La calandra, la tignuola, e la falsa tignuola del grano (l. c., p. 275). (Ref. 2.)

*15. — Il bruco, la trogosita e il silvano del grano (l. c., p. 295). (Ref. 2)

*16. — Ivermi bianchi, le limaccie e le cavallette nocive al frumento (l. c., p. 259). (Ref. 2.)

*17. — I thrips ed il cephus nocivi al frumento in: L'Italia agricola, an. XIX. Milano, 1887, p. 232. (Ref. 2.)

18. Cencelli, A. La tortrice dell' uva in: Rass. Con., an. II, 1888, p. 155—163. (Ref. 58.)

*19. Cettolini, S. La sigaraia della vite in: L'Italia agricola; an. XIX. Milano, 1887. 4°, p. 183—185. (Ref. 43.)

20. Cholodkovsky, N. Ueber einige Chermes-Arten in: Zool. Anzeig., XI, p. 45—48. (Ref. 81.)

21. Cogan, Wm. J. Kerosene emulsion as a remedy for white grubs in: Insect Life, I, p. 48-50. (Ref. 18.)

22. Comes, O. Il verme delle ulive e l'andamento delle flagioné in: L'Agricoltura meridionale, XI, 1888, No. 14, p. 209—210. (Ref. 65.)

23. Comstock, J. H. The Joint-Worm in New-York in: Amer. Naturalist, vol. 21. Philadelphia, 1887. p. 381—382. (Ref. 20.)

24. — On the methods of experiments in economic entomology in: Amer. Naturalist, XXII, p. 1128-1132, pl. XXIX. (Ref. 18.)

25. Coquill, At. D. W. Supplementary Report on the Gas treatment for scale Insects in: Insect Life, I, p. 41—42. (Ref. 18.)

26. Cotes, E. C. Notes on Economic Entomology No. 1. A preliminary Account of the Wheat and Rice Weevil in India. Calcutta, 1888. p. 1—27, pl. (Ref. 30.)

27. — Notes on Economic Entomology No. 2. The experimental Introduction of Insecticides into India with a short account of modern Insecticides and methods of applying them. Calcutta, 1888. p. 1—9. (Ref. 18.)

28. Decaux. Notes pour servir à l'etude des insectes nuisibles au marronier (Aesculus Hippocastanum) in: Feuille jeun. Natural. XIX, p. 2—6. (Ref. 3.)

29. — Silpha opaca et leur parasites in: Feuille jeun. Natural. XIX, p. 20—21. (Ref. 44).

30. Douglas, J. W. Descriptions of a new species of Aleurodes in: Entom. M. Magaz., XXIV, p. 265—267. (Ref. 75.)

31. — Notes on some British and Exotic Coccidae No. 9—12 in: Entom. M. Magaz., XXV, p. 57—60, 86—89, 124—125, 150—153. (Ref. 82)

32. Dugès. La Llaveia dorsalis in: Natural. Mexico (2), I, p. 160. (Ref. 89.)

33. Fallou, J. Sur le Valgus hemipterus in: Bull. soc. entom. France (6), VIII, p. XVIII. (Ref. 49.)

34. Fitch. Ravages of Bruchus rufimanus in Essex in: Essex Natural. II, p. 48—50. (Ref. 29.)

35. — Atomaria linearis destroying mangold in: Essex Natural., II, p. 255. (Ref. 28.)

36. Forbes, St. A. Note on Chinch-bug diseases in: Psyche V, p. 110-111. (Ref. 18.)

37. — On the present state of our Knowledge concerning contagious Insect diseases in: Psyche V, p. 3—12. (Ref. 18.)

38. Gardner, J. Lophyrus pini in: Entom. M. Magaz., XXV, p. 131—132. (Ref. 21.)

39. Gaunersdorfer, J. Ein neuer Kartoffelschädling in: Oesterr. Landw. Wochbl., 14. Jahrg. Wien, 1888. p. 215. (Ref. 34.)

40. Gazagnaire, J. Sur la Silpha opaca et Stauronotus maroccanus in: Bull. soc. entom. France (6), VIII, p. CII—CIV. (Ref. 18)

41. Gillette, C. P. Chinch-bug diseases in: Jowa Agric. College. Experim. Station Bull. 3. Ames. Jowa, 1888. p. 57—62. (Ref. 18.)

42. Grote, A. R. Remedy for rose-Aphis in: Canad. Entomol., XX, p. 160. (Ref. 18.)

42b. Henschel, G. Megachile villosa (recte n. spec.) in: Entom. Nachr., 1888, p. 321—323. (Ref. 21 b.)

43. Hess, W. Tabelle zum Bestimmen der dem Rettig Raphanus sativus und dem Radieschen Raphanus radiola schädlichen Insecten in: 34.—37. Jahresber. Ges. Hannover, 1883—87, 1888, p. 66—68. (Ref. 4.)

44. Horváth, G. Paprikában élö rovarok (Im Paprika lebende Insecten) in: T. K. Budapest, Bd. XX, p. 111—113. (Ungarisch.) (Ref. 5.)

45. Howard, L. O. The yellow-spotted Willow-slug Nematus ventralis Say in: Insect Life, I, p. 33—37, fig. (Ref. 22.)

46. — The sugar-cane beetle injuring corn (Ligyrus rugiceps Lec.) in: Insect Life, I, p. 11—13. (Ref. 38.)

47. — The Chinch Bug: a general summary of its history habits, enemies and of the remedies and preventives, to be used against it. Washington, 1888. 48 p. Bull. Dep. Agric. Entom., No. 17. — Riley Report of the Entomologist. (Ref. 80.)

48. Karsch, F. Die Stelzenwanze als Zerstörerin des Zuckerrohrs auf Java in: Entom. Nachr., 1888, p. 205—207. (Ref. 86.)

49. — Schaden an Zuckerrüben in: Entom. Nachr., 1888, p. 221. (Ref. 45.)

50. — Cryptargus pusillus als Schädling in: Entom. Nachr., 1888, p. 271. (Ref. 33.)

51. — Beiträge zu Ign. Bolivars Monografia de los Pirgomorfinos Madrid 1884 in: Entom. Nachr. 1888, p. 328—335, 340—346, 355—361. (Ref. 69.)

52. Klein. Ravages of Ephestia Kühniella in London in: Trans. Middlesex Soc. 1887—1888, p. 16—20. (Ref. 56.)

53. Kolbe, H. J. Die Zerstörung der Lebbekalleen von Kairo durch Xystrocera globosa Oliv., eine Bockkäferart in: Entom. Nachr., 1888, p. 241—242. (Ref. 50.)

54. Krassilstchek. La production industrielle des parasite végétaux pour la destruction des insectes nuisibles in: Bull. scient. France et Belgique (3) I., p. 461—472. (Ref. 18.)

55. Kronfeld, M. Ueber vergrünte Blüthen von Viola alba Bess. in: S. Ak. Wien. Mathem. Naturw. Cl., Bd. XCVII, Abth. 1, 1888, p. 58—67, Taf. 1. (Ref. 63.)

56. Kühn, Jul., Dr. Ueber eine neue Krankheit der Kümmelpflanze (Chlorops glabra Meig.) in: Mitth. über Landwirthschaft u. s. w. in Berlin. Tageblatt, IX, 1887, No. 45, p. 265. (Ref. 64.)

57. — Zur Bekämpfung der Kümmelschabe (Depressaria nervosa) in: Mitth. über Landwirthschaft u. s. w. in Berlin. Tageblatt, X, 1888, p. 217. Entom. Nachr., XIV, p. 347. (Ref. 54.)

58. Kunckel d'Herculais, J. Les Acridiens en Algérie et Stauronotus maroccanus et ses déprédations in: La Nature XVI, p. 71—74, 305—310. (Ref. 70.)

59. Laboulbene, A. Note sur les dammages causés aux récoltes de mais sur pied par la chenille du Botys nubialis in: C. R. Paris, LVI, 1888, No. 20, p. 1388—1391. (Ref. 52.)

60. — Tentatives faites pour detruire divers insectes nuisibles au moyen de parasites végétaux insecticides in: Bull. soc. entom. France (6), VIII, p. CI—CII, CXXIX. (Ref. 18.)

61. — Otiorhynchus ligustici in: Bull. soc. entom. France (6), VIII, p. CV. (Ref. 41.)

62. Lindemann, K. Die schädlichsten Insecten des Tabaks in Bessarabien in: Bull. Moscou, 1888, p. 10—77. (Ref. 6.)

63. — Die der Landwirthschaft schädlichen Insecten Russlands, 1886 in: Land- und Hauswirthsch., Beil. der St. Petersburger Ztg., No. 37. St. Petersburg, 1886. (Ref. 94.)

64. — Ein neuer Parasit des Weizens. Agromyza lateralis Macq. in: Mitth. der Peters-Akademie für Land- und Forstwirthsch., Jahrg. IX, p. 139—142, 6. Abhandl. Moskau, 1886. (Ref. 61.)

65. Lintner, J. A. Cut-worms in: Bull. New-York Mus. No. 6, p. 1—36. (Ref. 51.)

66. Löw, Fr. Ueber Monier's Arbeit: „Les mâles du Lecanium hesperidum et la parthenogenesis" in: Z.-B. G. Wien, XXXVIII, Sitzungsber. p. 54—55. (Ref. 87.)

67. Lunardoni, A. Il bruco dei grappoli o il verme dell'uva nei vigneti di Marino e dintorni in: Bollettino d. Soc. gener. dei viticolt. ital., an. III. Roma, 1888. p. 580—582. (Ref. 59.)
68. — Insetti nocive alla vite in: Bollettino d. Soc. gener. dei viticolt. ital., an. III. Roma, 1888. gr. 8°, p. 270—272. (Ref. 26.)
69. — Comparsa dei bruchi della Agrotis crassa ed aquilina nei vigneti delle province di Lecce e Bari in: Bollettino d. Soc. gener. dei viticolt. ital., an. III. Roma, 1888. gr. 8°, p. 230. (Ref. 51.)
70. — Insetti nocivi alla vite in: Bollettino d. Soc. gener. dei viticolt. ital., an. III. Roma, 1888. gr. 8°, p. 255—257. (Ref. 36.)
71. Mac Millen, C. Twenty-two common Insects of Nebraska in: Bull. Agric. exp. stat. Nebraska, I, No. 2, Art. 2, p. 1—101. (Ref. 7.)
72. Maskell, W. M. An Account of the Insects noxious to agriculture and plants in New Zealand in: the Scale-Insects (Coccidae). New Zealand, 1887. 116 p, 23 pl. — S. Entom. M. Magaz., XXIV, p. 262. (Ref. 83.)
73. Massa, C. Le principali malattie della vite ed i migliori metodi di cura in: L'Italia agricol., XX, p. 548—549, p. 562—563. (Ref. 8.)
*74. — Entomologia agraria ad uso degli agricoltori pratici e degli agronomi. Modena, 1888. (Ref. 17.)
75. Mocsary, A. Az idei sáskajarásćól in: T. K., XX, 1888, p. 329—343. (Ref. 68.)
76. Morgan, A. C. F. Aspidiotus zonatus Frauenf. in: Entom. M. Magaz., XXIV, p. 205—208. (Ref. 79.)
77. — Observations of Coccidae in: Entom. M. Magaz., XXV, p. 42-48, pl. I., p. 118—120, pl. II. (Ref. 84.)
78. Murtfeldt, Mary. E. Life history of Graptodera foliacea Lec. in: Insect Life, I, p. 74—76. (Ref. 35.)
79. Ormerod, E. A. Annual Report for 1887 of the consulting Entomologist in: Journ. Roy. Agric. Soc. (2), XXIV, p. 289—296. (Ref. 17.)
80. Osborn, H. The food Habits of the Thripidae in: Insect. Life, I, p. 137—142. (Ref. 74.)
81. Patouillard, N. Note sur le genre Cordyceps, champignon parasite des insectes in: Le Natural. (2), I, p. 203—204, fig. (Ref. 18.)
*82. Portschinsky, J. A. Ueber die schädlichen Insecten Rhizotrogus solstitialis und die Raupe Agrotis segetum in: Landw. Ztg. 1885, p. 783. (Russisch.) (Ref. 9.)
83. — Insecten, die den Fruchtgärten in der taurischen Halbinsel Schaden thun. Tineiden und Pyralidinen in: Land- und Forstwirthschafts-Journ. des Domainen-Minist., p. 175—212. St. Petersburg, 1885. Einzeldruck 38 p. St. Petersburg, 1886. (Russisch.) (Ref. 10.)
84. Riley, C. V. Report of the Entomologist for the year 1887 in: From the Annual Report of the Dept. of Agriculture of the year 1887. Washington, 1888. p. VI, 48—179, 8 pl. (Ref. 17.)
85. — The Problem of the Hop Plant Louse in Europe and America in: Brit. Ass. f. the Addans. of Science, Sept. 3. 1887. — Nature, vol. 36, 1887, p. 566—567. (Ref. 91.)
86. — The Purslane Caterpillar (Copidryas ploveri Grotes Robinson) in: Insect Life I, p. 104—106, Fig. (Ref. 53.)
87. — The parsnip Web-worm (Depressaria heracliana De Geer) in: Insect Life, I, p. 94—98, fig. 13. (Ref. 55.)
88. — Further Notes on the habits and migrations of Phorodon humuli in: Insect Life, I, p. 70—74. (Ref. 91.)
89. — Some recent entomological matters of international concern in: Insect Life, I, p. 126—137; fig. 24—33. (Ref. 11.)
90. — The Corn-feeding Syrphus-fly (Mesograpta polita Say) in: Insect. Life, I, p. 5—8, Fig. (Ref. 66.)

91. Riley, C. The willow-shooot Saw-fly (Phylloecus integer Nort.) in: Insect. Life, I, p. 8–11, Fig. (Ref. 23.)

92. — Injuries to privet by Margarodes quadristigmalis in: Insect Life, I, p. 22–26, Fig. (Ref. 57.)

93. — The Sweet-potato Saw-fly (Schizocerus ebenus Nort) in: Insect Life, I, p. 33–37, Fig. (Ref. 24.)

94. — The morelos orange Fruit-Worm (Trypeta ludens Löw.) in: Insect Life, I, p. 45–49, Fig. (Ref. 67.)

95. Riley, C. V. et Howard, L. O. A Sandwich Island Sugar cane borer (Sphenophorus obscurus Bois.) in: Insect Life I, p. 185–189, Fig. 44 u. 45. (Ref. 47.)

96. Riss, Luise. Ein Nelkenfeind (Anthomyia radicum) in: Gartenflora, XXXVII, 1888, p. 382. (Ref. 62.)

97. Rörig. Einige kleine Feinde der Landwirthschaft und die zweckmässigsten Maassnahmen zu ihrer Vertilgung in: Fühling's Landw. Ztg., 1888, Heft 9, p. 26–41. (Ref. 17.)

98. Schewirew, J. Materialien zur Kenntniss der geographischen Verbreitung der Borkenkäfer in Russland in: Jahrb. St. Petersburg. Forstinstitut, II, 1888, p. 173–183. (Russisch.) (Ref. 48.)

99. Scudder, S. H. Further Injury to living Plants by white Ants in: Canad. Entomol., XIX, 1887, p. 217–218. (Ref. 73.)

100. Shipley, A. E. Insects injurious to wheat in: Encycl. Brit., 9th Ed. XXIV, p. 534–536. (Ref. 12.)

101. Sorauer, Paul. Die Schäden der einheimischen Culturpflanzen durch thierische und pflanzliche Schmarotzer, sowie durch andere Einflüsse. Für die Praxis bearbeitet. Berlin (P. Parey), 1888. 8°, VII u. 250 p. (Ref. 17.)

102. — Atlas der Pflanzenkrankheiten. 2. Folge, Taf. 9–16, mit Text. Berlin (P. Parey), 1888. 4 p., 8° (Ref. 17.)

103. Szaniszló, A. Egypár szokatlanabb eset a rovarok kártételei köréből (Einige ungewöhnliche Fälle von Insectenschäden. (M. Sz. Magyar-Óvár, 1888. VI. Jahrg., p. 224–225.) (Ungarisch.) (Ref. 13.)

104. Targioni-Tozzetti, A. Cronaca entomologica dell' anno 1887 e dei mesi di gennaio e febbraio 1888 in: Le stazioni sperimentali agrarie italiane, vol. XIV. Roma, 1888. 8°, p. 184–197. — Bull. soc. ital. entom., XX, p. 129–138. (Ref. 14.)

105. — Rivista di entomologia agraria in: Le stazioni sperimentali agrarie italiane, vol. XV. Roma, 1888. 8°, p. 194–201, 462–464, 692–708. (Ref. 15.)

106. — Cavalleta in Algeria e nell'Agro Romano in: Le stazioni sperimentali agrarie italiane, vol. XIV. Roma, 1888. p. 531–536. (Ref. 71.)

107. — Rivista di entomologia agraria in: Le stazioni sperimentali agrarie italiane, vol. XIX. Roma, 1888. 8°, p. 414–428, 718–736. (Ref. 16.)

108. — Sopra alcune specie di cocciniglie, sulla loro vita e sui momenti e gli espedienti per combatterle in: B. Ort. Firenze, an. XIII, 1888, p. 72–83. Mit 1 Taf. (Ref. 85.)

109. Targioni-Tozzetti, A. et Berlese, A. Sul potere emulsivo di alcune sostanze per dividere il solfuro di carbonio ed altri corpi insetticidi nell' acqua e sul potere insetticida dei corpi stessi, non che sulla volatilità del solfuro di carbonio in: Le stazioni sperimentali agrarie italiane, vol. XIV. Roma, 1888. 8°, p. 26–39. (Ref. 18.)

*110. — Intorno ad alcuni insetticidi, alle loro mescolanze, ed alle attività relative di quelli e di questo contro gli insetti in: Atti d. R. Accad. economico-agraria dei Georgofili, ser. IV, vol. 11. Firenze, 1888. 8°, p. 323–337. — Bull. soc. entom. ital., XX, p. 148–158. (Ref. 18.)

111. Thaxter, R. The Entomophthorae of the United States in: Mem. Boston. Soc., IV, p. 133–201, pl. XIV–XXI. (Ref. 18.)

112. Thümen, F. v. Orchestes populi als Weidenschädling in: Oesterr. Forstztg., 1887, p. 284–285. (Ref. 40.)

113. **Vermorel**, V. Note sur la destruction des vers blancs (Melolontha vulgaris) par le sulfure de carbone présentée au congrès viticole de Mâcon. Mâcon, 1888. 8°. 8 p. (Ref. 39.)
114. **Wachtl**, F. A. Ein Lindenverwüster. Beitrag zur Kenntniss der ersten Stände und der Lebensweise des Agrilus auricollis Kiesw. in: Wien. Entom. Ztg., 1888, p. 293–297, T. 3. (Ref. 25.)
115. **Webster**. Rhopalosiphum maiadis in: Riley Rep., 1887, p. 148. (Ref. 92.)
116. **Weed**, C. M. Contribution to a Knowledge of the autumn life history of certain little known Aphididae in: Psyche V, p. 123–134. (Ref. 77.)
117. **White**, J. Hylastes trifolii Mull ravages in Canada in: Canad. Entom., XX, p. 133. (Ref. 37.)
118. **Will**, L. Entwicklungsgeschichte der viviparen Aphiden in: Zool. Jahrb., III. Anat., p. 201–286, Taf. 6–10. — Biol. Centralbl. VIII, p. 148–155. — Journ. R. Micr. Soc., 1888, p. 573. (Ref. 78.)
119. **Ziliakow**, N. Pissodes Strobili Redt. in: Jahrb. St. Petersburg Forstinstitut, III, 1888, p. 113—114. (Russisch.) (Ref. 42.)
120. **Zur Mühlen**, von. Getreideverwüster in: Sitzungsber. Naturf. Ges. Dorpat, VIII, 3, 1888, p. 398. (Ref. 60.)
121. **Anonym**. Atomaria linearis in: Bull. insect. agric., XIII, p. 118. (Ref. 27.)
122. — Dammage des Orthopteres dans le Dept. Var in: Bull. insect agric., XIII, p. 97. (Ref. 68.)
123. — Dammage des Orthopteres in Setif in: Bull. insect. agric., XIII, p. 61. (Ref. 68.)
124. — Études sur les ravages de la Silpha opaca in: Bull. insect. agric., XIII, p. 87. (Ref. 46.)
*125. — L'afide lanigero del melo in: L'Italia agricola, an. XIX. Milano, 1887. p. 358—359. (Ref. 93.)
*126. — La mosca delle olive in: L'Italia agricola, an. XX. Milano, 1888. 4°, p. 507—508. (Ref. 65.)
127. — Parasites de la Silpha opaca in: Bull. insect. agric., XIII, p. 116. (Ref. 46.)
128. — Ravage of locusts in Algeria in: Insect Life, I, p. 92; Rev. hortic. Juli 1888. (Ref. 72.)
129. — Resulta d'un campagne contre le Melolontha in 1887 in: Bull. insect. agric., XIII, p. 101, 165–170. (Ref. 39.)

C. Die Referate sind nach folgender Ordnung aneinander gefügt: Es betreffen Allgemeines, populäre Schriften, Berichte und Aufsätze gemischten Inhalts: Ref. 1–19. Schädigungen durch:

1. Hymenopteren: Ref. 20–24.
2. Coleopteren: Ref. 25–50.
3. Lepidopteren: Ref. 51—59.
4. Dipteren: Ref. 60–67.
5. Orthopteren und Pseudoneuropteren: Ref. 68–74.
6. Hemipteren: Ref. 75–94.
7. Acarinen: vacat.
8. Würmer, Crustaceen: vacat.

Allgemeines, populäre Schriften, Berichte und Aufsätze gemischten Inhaltes.

1. **P. Bargagli** (4) behandelt in einem gemeinverständlichen Vortrage über die Beziehungen zwischen Insecten und Pflanzen folgende Gesichtspunkte: Die Pflanze

dient den Insecten zur Nahrung; sie bietet ihnen ausser Nahrungsstoff auch Zuflucht und Herberge (Larven von Rhynchites, von Apion etc.); die Pflanze wird von den Insecten zerstört (Xylophagen) oder verstümmelt (Gallen). — Die Insecten sind der Vegetation nützlich in der durch sie vollzogenen Blüthenkreuzung; sie dienen den Pflanzen zur Nahrung oder leben mit letzteren gesellig (Ameisen). Solla.

2. **Canevari** beschreibt folgende, dem Getreide schädliche Insecten: Zabrus gibbus, Elater segetum, Gryllotalpa vulgaris u. Larve, Julide (12), Cecidomyia, Diplosis, Chlorops und Anguillula (13), Calandra granaria und Tinea granella (14), Bruchus granarius, Trogosita mauritanica und Sylvanus frumentarius (15), Lamellicornia-Larven, Schnecken und Heupferdchen (16), Thrips und Cephus (17).

3. **Decaux** (28) zählt als Feinde der Rosskastanie *(Aesculus Hippocastanum)* auf: Mycetochares barbata Ltr., Rhamnusium salicis Fbr., Zeuzera aesculi und Cossus ligniperda. Ferner Rhyncolus punctulatus Boh. und Rh. cylindrirostris Ol. Ueberdies beobachtete er mehrere Parasiten.

4. **Bess** (43) giebt zum Bestimmen der dem Rettig *(Raphanus sativus)* und dem Radieschen *(Raphanus radiola)* schädlichen Insecten folgende Uebersichtstabelle:

I. Die fleischige Wurzel wird durchbohrt
  1. von fusslosen Fliegenmaden
    A. mit glatter Oberfläche,
      a. das Hinterende erscheint als fast senkrechte Scheibe mit 14 ungleichen Fleischzapfen: Cystoneura stabulans Fall.,
      b. die schräg abfallende Abdachung des Leibesendes trägt 12 gekörnte Fleischzapfen: Anthomyia radicum Meig.,
      c. auf derselben befinden sich nur 10 Fleischzapfen: Anth. brassicae Bouché,
      d. auf derselben befinden sich nur 8 Fleischzapfen: Anth. floralis Fall.,
    B. mit Reihen weisser Dornen: Homalomyia canicularia L.,
  2. von der 6füssigen Larve des Maikäfers: Melolontha vulgaris L.,
  3. von dem vielfüssigen getüpfelten Tausendfuss: Julus guttulatus Fabr.
II. Der Stengel wird durchbohrt von einer wurmförmigen Larve: Psylliodes chrysocephalus L.
III. Die Blätter werden beschädigt
  1. durch Frass,
    A. von 16füssigen Raupen,
      1. weisslichgrün, gelblichgrün oder gelb: Pieris brassicae L.,
      2. mattgrün, an den Seiten gelblich, sammtartig, mit schwarz umrandeten Luftlöchern: Pieris rapae L.,
      3. mattgrün, an den Seiten hellgrün, mit citrongelb umrandeten Luftlöchern: Pieris napi L.
      4. graugrün: Pieris Daplidice L.,
    B. durch die 20füssige Afterraupe der Rübenblattwespe: Athalia spinarum L.,
  2. durch Miniren von orangegelben Larven: Haltica nemorum Fabr.
IV. An den Blättern und Blüthenständen saugen zwei Arten von Blattläusen,
  1. die Fühler sitzen unmittelbar auf der Stirne: Aphis brassicae L.,
  2. die Fühler sitzen auf höckerförmigen Vorsprüngen der Stirne: Aphis dianthi Schrk.
V. Die Blüthen verletzt
  1. durch einen Rüsselkäfer: Ceuthorrhynchus assimilis Gyll.,
  2. durch einen rüssellosen Käfer: Psylliodes chrysocephalus L.
VI. In den Schoten leben, den Samen benagend, zwei Larven
  1. ohne äusserlich erkennbare Verletzung der Schoten: Ceuthorrhynchus assimilis Gyll.,
  2. die Schoten durchlöchernd: Orobena extimalis Scop.

5. **G. Horváth** (44) theilt mit, dass man bereits 4 Insecten kennt, die in gereiften und pulverisirten *Paprika*-Früchten wochen- selbst monatelang ihre Existenz haben. Es sind dies folgende: Anobium paniceum L., Gibbium psylloides Cremp. und die Raupen der Microlepidopteren Ephestia elutella Hb. und Tineola biseliella Homm. Staub.

6. **Lindemann** (62) untersucht in sehr gründlicher Weise die Krankheiten des Tabakes in Bessarabien, die er als Siechthum oder Schwindsucht, Thripskrankheit und Mosaikkrankheit unterscheidet und führt als unbedeutende Schädlinge auf: Agrotis segetum, Melolontha vulgaris, 5 Arten von Elateridenlarven, nämlich Agriotes lineatus, A. pilosus, Melanotus rufipes, Athous niger und A. scrutator, Haltica sinuata, eine schwarze Thrips-Art und Botis sticticalis; dagegen sind die bedeutendsten Schädlinge, welche sehr genau nach allen Richtungen besprochen werden: Opatrum intermedium Fisch., Pedinus femoratus, Platyscelis gigas Fisch., Opatrum pusillum Fbr., Thrips tabaci Lind. und die letzten 4 Elateriden. Schliesslich wird noch die Mosaikkrankheit genau beschrieben; sie ist nicht parasitär, sondern örtlich.

7. Schädlinge von Nebraska bei **Mac Millen** (71).

8. **C. Massa** (73) unternimmt die hauptsächlichen Feinde des Weinstockes zu beschreiben und die erfolgreicheren Culturmethoden gegen jene anzugeben. Die Feinde sollen zunächst aus dem Thier-, dann aus dem Pflanzenreiche recrutirt werden. Vorläufig ist mit der Reblaus der Beginn gemacht; Schilderung der verschiedenen Formen des Thieres; Geschichte der Reblausinvasion; Behandlung der Weinstöcke mit der Tauchmethode, und der Weinberge mit Schwefelkohlenstoff. — Fortsetzung soll folgen.

Solla.

9. **Portschinsky** (82) beschreibt Rhizotrogus solstitialis und Agrotis segetum als Schädlinge.

10. **Portschinsky** (83) untersuchte Yponomeuta malinella Zell. und Yp. variabilis Zell., giebt ihre Lebensweise auf Apfelbäumen resp. auf Pflaumen-, seltener Kirschbäumen an und empfiehlt, sie zu vermindern durch Absuchen der Puppencolonien bei ersterer und der durch die Raupen der letzteren geschwärzten Knospen (was Ch. Klein B. f. Gartenbau, p. 277 und 501 für undurchführbar und unpraktisch hält). Feinde der Apfelmottenpuppe sind Tachininae-Species, Ichneumon brunicornis Grv., ein Campoplex, Encyrtus und Eulophus und Dipterenlarven. Weiter beobachtete er Gelechia nanella S. W. und bestätigt Kessler's Angaben (J. d. Nassauer V. f. Naturk., XXV, XXVI); als hauptsächlichen Parasiten der Puppen führt er einen Betylus an, der sich in ihnen verpuppt. Verf. empfiehlt den Boden unter Apricosen-, Pfirsich-, Birn-, Pflaumen- und Apfelbäumen Ende Mai festzustampfen, wodurch die Puppe unschädlich gemacht wird. Choreutis parialis L., Cerostoma horridella Tr., Swammerdamia Vill., Celeophora hemerobiella Scop. und C. anatipenella Hübn. thun geringen Schaden, obwohl sie häufig anzutreffen sind. Acrobasis obtusella Hübn., ein schädlicher Parasit des Birnbaumes, ist auf der Halbinsel sehr verbreitet. Seine Lebensweise ist der von Gelechia nanella sehr ähnlich. Beim Aelterwerden der Raupen tritt ein Farbenwechsel von Schwarz und Grau zum Grün ein, der das Gegentheil von Mimikry in sich schliesst, da sie erst grüne Blätter und später die Rinde oder den Boden bewohnt. Die Puppe ist roth, 3 Linien lang. Der Schmetterling schlüpfte 1885 im halben Mai aus. Als Parasit der Art wurde Verf. nur Perilitus chrysophthalmus Nees bekannt.

Bernhard Meyer.

11. **Riley** (89) behandelt mit grosser Gründlichkeit Icerya purchasi Mark., Cecidomyia destructor Say. und Phorodon humuli Riley — welche 3 Arten aus andern Ländern eingeführt wurden.

12. **Shipley** (100) zählt die Weizenschädlinge auf.

13. **A. Szaniszló** (103) berichtet über einige ungewöhnliche Fälle von Insectenschäden, die er im Garten der landwirthschaftlichen Schule von Kolosmonostor in Siebenbürgen beobachtete. In Aepfeln fand er die Larven von Tenebrio (Mehlwurm); die Wurzeln der Hopfenpflanzen wurden von den Maden der Bibio hortulanus beschädigt; ferner machte er die unanfechtbare Beobachtung, dass die Ameisen die unterirdischen Theile der Weinstöcke und (wenigstens junge) Obstbäume vernichten können.

Staub.

14. **B. Targioni-Tozzetti** (104) bespricht die wichtigeren von Insecten verursachten Pflanzenschäden in Italien während 1887 und der beiden ersten Monate 1888. Erwähnt werden zunächst die Heuschreckenzüge in die südlichen Provinzen des Landes, sodann:

Die Vernichtung der Liebesapfelpflanzungen auf der Insel Capraja durch Larven von Agrotis lutulenta Schiff.;

die Decimirung der Cerealien zu Parma etc., durch Cecidomyia destructor Say und Zabrus sp.;

das massenhafte Wiederauftreten von Dacus Oleae F. auf Oelbäumen in Ligurien und zu Bari, und mit dieser Fliege auch noch Phleotrips oleae Targ. zu Porto Mauricio;

Simaethis nemorana Mill. besuchte die Feigenbäume in Ligurien;

Obstbäume wurden hie und da durch Eriocampa cerasi (L.) Hart. und Tingis piri stark geschädigt; während auf der Insel Capraia eine starke Zunahme von Aphiden und von Schizoneura lanigera Hausm. auf denselben Bäumen bemerkt wurde;

Cocciden schädigten abermals die Hesperideen auf Sicilien, Sardinien und in Calabrien;

zu Genua und Florenz trat Chionaspis Evonymi Comst. gleichzeitig mit Aspidiotus Evonymi Targ. verheerend auf;

auf Weinstöcken wurde Rhynchitis Alni Müll. frequent beobachtet; ferner in den Gebieten von Lugo, Rimini und Modena Antispila Rivillei und zu Palermo Heliothrips haemorrhoidalis Burm. — Ein Ueberblick über die Ausbreitung der Reblaus im Lande beschliesst den Artikel, welchem ein Verzeichniss der landwirthschaftlich-entomologischen Werke und Schriften, die innerhalb der oben angegebenen Zeit erschienen sind, als Anhang beigegeben ist. Solla.

15. **A. Targioni-Tozzetti** (105) setzt das Verzeichniss der pathologischen Fälle, durch Insecten verursacht, fort nach den Einsendungen vom Juli bis zum 2. December (im Ganzen ihrer 144). — Die literarische Uebersicht wird nicht fortgesetzt, an ihrer Statt bespricht Verf. einzelne hervorragendere Schriften über Reblaus, über Feinde der Zuckerrübe, über amerikanische Insecten, Blissus leucopterus, Carpocapsa pomonella etc, sowie über Heilmittel, die in einzelnen Fällen anzubringen wären. Solla.

16. **A. Targioni-Tozzetti** (108) publicirt, gleichsam als Fortsetzung der obigen Schrift (vgl. Ref. No. K. 57), das Verzeichniss der von März bis Juni der entomologisch-landwirthschaftlichen Station zu Florenz zugekommenen Fälle von Pflanzenkrankheiten.

In einem zweiten Theile wird auch die Bibliographie fortgesetzt, mit ausführlicheren Recensionen einzelner Erscheinungen. Solla.

17. Ueberdies vergleiche man noch die Schriften von **Massa** (74), **Ormerod** (79), **Riley** (84), **Rörig** (97), **Sorauer** (101, 102).

18. Entomophthores und Insecticides behandelt **Blochmann** (8), **Cogan** (21), **Comstock** (24), **Coquillet** (25), **Cotes** (27), **Forbes** (36, 37).

Gazagnaire (40) weist auf die Vertilgung der schädlichen Silpha opaca und Stauronotus maroccanus durch Entomocide hin. Trypeta artemisiae Mg. zerstört die Pflanzungen von *Chrysanthemum frutescens*.

Gillette (41) bemerkt, dass die von den Landwirthen gefürchtete Wanze Blissus leucopterus in Nordamerika von durch Pilze (*Empusa, Micrococcus insectorum* und *Botrytis*) erzeugten Krankheiten so verheert wird, dass dieselben dem Insecte stellenweise den Untergang drohen.

Grote (42) verwendet gegen Aphis und Tortrix auf Rosen Creolinlösung mit Erfolg.

Krassilstchek (51).

Laboulbene (60) weist auf die Zerstörung von *Cleonus puncticentris* durch die Sporen von Isaria destructor Metschn. und von *Callyptenus italicus* durch jene von Entomophthora grylli hin und empfiehlt dieses Mittel zur Vertilgung schädlicher Insecten.

Patouillard (81) theilt mit, dass verschiedene Insectenordnungen auch von verschiedenen Pilzarten angegriffen werden.

A. Targioni-Tozzetti und **A. Berlese** (106, 110) nehmen Marion's Experimente wieder auf und setzen dieselben mit mehreren anderen insectentödtenden Flüssigkeiten fort. Die Resultate der vielen angestellten Versuche sind in 11 Tabellen zusammengestellt. Die Schlussfolgerungen ergeben einen günstigen Erfolg mit mehreren der geprüften Mischungen;

der Erfolg ist derselbe, je nachdem man eine stärkere Concentration anwendet, oder minder, und je nach der Dauer. — Wenige Mischungen blieben erfolglos. — Auch über die Anwendung und die Flüssigkeit des Schwefelkohlenstoffs wurden Versuche angestellt.

Solla.

Thaxter (111) giebt eine Beschreibung der Entomophthoren, namentlich der insectentödtenden Pilze und eine Liste der von denselben angegriffenen Insecten, doch nur wenige sind nach der Art bestimmt.

19. In den Eiern von Periplaneta orientalis und Blatta germanica finden sich nach **Blochmann** (7) bacterienartige Körper; vielleicht tragen dieselben zur Beschränkung der Insecten bei.

Hymenoptera.

20. **J. H. Comstock** (23) berichtet, dass Isoma hordei, ein Insect, das vor 25 Jahren für Weizen, Roggen und Gerste verheerend auftrat, neuerdings wieder in den nordamerikanischen Staaten New-York, Ohio und Michigan Verwüstungen angerichtet hat.

Matzdorff.

21. Lophyrus pini richtete nach **Gardner** (38) bei Hartlepool grosse Verwüstungen an, welche weitläufig beschrieben werden.

21b. **Henschel** (42b.) berichtet, dass Megachile n. spec. (ursprünglich M. villosa bezeichnet), der Gartencultur in Oberhollabrunn dadurch schädlich wurde, dass sie die Zwiebelröhren zum Einbau ihrer Brutzellen benutzte und sie dementsprechend zurichtete. Die Tapezierung besteht aus den Blättern von *Rubus discolor* und *Pirus Achras*.

22. **Howard** (45) beschreibt die Entwicklung von Nematus ventralis Say, einem der grössten Weidenverwüster.

23. **Riley** (91) beschreibt die Entwicklung von Phylloecus integer Nort, welche an Weiden und gelegentlich an *Populus nigra* schädlich ist.

24. **Riley** (93) beschreibt die Entwicklung von Schizocerus ebenus Nort.

Coleoptera.

25. Agrilus auricollis Kiesw. von **Wachtl** (114), an Linden schädlich beobachtet, lebt in den schwächeren Partien des Griffels und der Aeste, doch nicht im Stamm; es wird eine sehr genaue Beschreibung der Entwicklung gegeben.

26. **A. Lunardoni** (68). Gleicherweise wird Anomala vitis Fabr., von welcher das Insect (nat. Gr.) abgebildet ist, besprochen. Derselben sind mehrere Schädigungen im Grossen in den Weinbergen Süditaliens (1808—1886) zuzuschreiben; in den nördlichen Provinzen scheint das Thier niemals verheerend aufgetreten zu sein. Solla.

27. Atomaria linearis **Anonym** (121).

28. Nach **Fitch** (35) ist Atomaria linearis an Mangold schädlich.

29. Nach **Fitch** (34) trat Bruchus rufimanus in Essex schädlich auf.

30. Nach **Cotes** (26) beträgt der durch Calandra oryzae in Indien verursachte Schaden jährlich 150 000 Pfd. St., welche Summe aber nur einen Bruchtheil des wirklichen Schadens darstellt.

31. **Bancroft** (3) beschreibt Conogethes punctiferalis Gr. als Maisschädling.

32. **Berthelin** (5) theilt mit, dass die Larve von Crioceris melanopa Fbr. die Blüthen von *Veronica spicata* verwüstete; Saturnia pyri Dup. trat in schädlicher Menge an den Fruchtbäumen von Vezinnes auf.

33. **Karsch** (50) berichtet, dass Crypturgus pusillus in der Nähe von Rothenhaus-Göskau an der sächsisch-böhmischen Grenze einen Bestand von 10 000 Fichtenstämmen vollständig vernichtet hat.

34. **J. Gaunersdorfer** (39) fand, dass die Larven des Kleekugelkäfers, Epilachna globosa, das Kartoffellaub verheerten. Matzdorff.

35. **Murtfeld** (78) beschreibt die Entwicklung von Graptodera foliacea Lec., einem Apfelschädling.

36. **A. Lunardoni** (70) beschreibt die Haltica oleracea L. als Rebenfeind, deren kurze Biologie, sowie deren Auftreten. In Italien ist das Insect allgemein verbreitet, doch

verlauteten noch niemals Klagen über Schäden, die es verursacht hätte, wie in Frankreich. — Tilgungsmittel werden angegeben. Ein grober Holzschnitt stellt das Thier (vergrössert), dessen Raupe, ein von letzterer durchlöchertes Rebenblatt (verkleinert) und eine Fangschale (verkleinert) dar. Solla.

37. Nach **White** (117) trat Hylastes trifolii am Klee in Ontario schädlich auf.

38. **Howard** (46) beschreibt Ligyrus rugiceps Lec. als Kornschädling.

39. Melolontha vulgaris **Anonym** (113, 129).

40. **Thümen** (112) berichtet über einen bisher nicht beobachteten Weidenschädling, Orchestes populi, dessen Larven kreisrunde Minen von 6–18 mm Durchmesser und bis 12 Stück auf einem mittelgrossen Blatte der verschiedenen Varietäten von *Salix amygdalina* var. *canescens*, *S. viminalis* und *S. pruinosa* in Steiermark hervorrufen. Der Käfer bohrt seine Löcher nur auf der Blattunterseite.

41. Nach **Laboulbene** (61) verwüstet Otiorhynchus ligustici die Spargelpflanzen.

42. **Ziliakow** (119) beobachtete bei Kazan zahlreiche abgefallene, unreife, zweijährige Zapfen von Kiefern, aus denen sich Pissodes strobili entwickelte; im folgenden Jahr wurde nichts mehr bemerkt.

43. **Cettolini** (19). Biologischer Ueberblick des Rhynchites betuleti und der Schäden, die er der Weinrebe zufügt. — Seine Metamorphose. — Mittel zu seiner Bekämpfung. Solla.

44. **Decaux** (29) beschreibt die Schädlichkeit und die Vertilgungsmittel der Silpha opaca.

45. **Karsch** (49) berichtet nach brieflichen Mittheilungen, dass die Larve von Silpha opaca auf den Zuckerrübenfeldern im Kreise Höxter erheblichen Schaden anrichtete.

46. Silpha opaca **Anonym** (124); Parasiten **Anonym** (127).

47. **Riley** und **Howard** (95) beschreiben Sphenophorus obscurus Boiss. als Schädling am Zuckerrohre.

48. Tomiciden, geographische Verbreitung in Russland: **Schewirew** (98).

49. Nach **Fallou** (35) beschädigt Valgus hemipterus Holzlager.

50. In Cairo wurden die seit 1822 eingeführten Lebbachbäume *(Albizzia Lebbek)* von Millionen von Xystrocera globosa Oliv. befallen; das einzige Mittel ist Verkohlen dieses wie der Holzniederlagen. **Anderlind** (1), **Kolbe** (53).

Lepidoptera.

51. **A. Lunardoni** (69) erwähnt des Auftretens der Raupen von Agrotis crassa und A. aquilina in den Weinbergen von Lecce und Bari. Daran anknüpfend bespricht Verf. die nächtliche Lebensweise der Raupen, die Biologie der Schmetterlinge und den Raupenfrass. Letzterer schädigt oft auch das Getreide und Gemüse. Solla.

Vgl. auch **Lintner** (65).

52. Botys nubialis in: **Laboulbene** (59).

53. **Riley** (86) beschreibt die Entwicklung von Copidryas Gloveri Grote et Robinson, einem Schädlinge an *Portulaca oleracea.*

54. **Kühn** (57) giebt folgende Maassregeln zur Bekämpfung der Kümmelschabe (Depressaria nervosa): Ist ein Feld in hohem Grade heimgesucht, so breche man es erst dann um, wenn die Räupchen in den Stengel gekrochen sind und lasse vorher abmähen und die Stengel verbrennen. Sind nur einzelne Stellen betroffen, so lasse man diese raufen und verbrenne die Stengel; das Ausdreschen des Restes ist ehethunlichst auszuführen; dasselbe gilt, wenn das Insect nur in mässiger Zahl auftritt. Weiters empfiehlt sich, die Pflanzen im Frühlinge von Schafen abweiden zu lassen, weil diese dann die ersten Eier mit dem Kraute verzehren, die bethauten Pflanzen können schliesslich noch nach dem Abweiden mit Kalkstaub bestreut werden.

55. **Riley** (87) beschreibt die Entwicklung von Depressaria heracliana D. G., einem Schädling an *Daucus Carota.*

56. **Klein** (52) beschreibt die Schädlichkeit von Ephestia Kühniella.

57. **Riley** (92) beschreibt Margarodes quadristigmalis Gn. als Schädling an *Ligustrum japonicum*.

58. **A. Cencelli** (18) beschreibt die Lebensweise der Tortrix ambiguella Hbn., giebt eine kurze Diagnose des Schmetterlings, der Raupe und der Cocons, damit man letztern leicht in dem Schlupfwinkel der Puppe entdecken kann und spricht über die Schäden, welche das Insect den Reben zufügen kann. Leider ist nichts über die Weite angegeben, welche eventuelle Schäden in Italien genommen. Recht ausführlich äussert sich Verf. über die Tilgungsmaassregeln und deren Anwendung. Solla.

59. Bei Veranlassung des Auftretens der Rebenblüthenmotte in den römischen Weingärten um Majeno (67) entwickelt **A. Lunardoni** die Biologie des Schmetterlings in seinen zwei bis dreijährigen Generationen. Die Motte ist durch ganz Italien verbreitet, doch verlauteten bisher keine Fälle von wesentlichen Schäden. Gegenüber der Passivität, mit welcher man allgemein dem Thiere begegnet, werden Vorbeugungsmaassregeln dringend empfohlen. Solla.

Diptera.

60. **Zur Mühlen** (120) notivirt als Getreideverwüster aus dem Fehling'schen: Oscinis pusilla Meig. und Cecidomyia spec. — doch nicht destructor.

61. **K. Lindemann** (64). Die Larven von Agromyza lateralis bohren bis 6 cm lange Gänge in die Fläche nur der oberen Blätter. Am 10. Juli ist die Puppenbildung allgemein eingetreten. Die Wirthspflanze scheint nicht Schaden zu leiden. Der Parasit ist beschrieben und abgebildet. Bernhard Meyer.

62. **Riss** (96) beschreibt den Schaden, welchen bei Danzig, doch nicht in Thüringen und bei Berlin, die Larve von Anthomyia radicum (nach Brischke) an Nelken veranlasst; von 150 Pflanzen überstanden nur 30 den Winter.

63. **Kronfeld** (53) berichtet von am Raude eingerollten und knorpelartig verdickten Hüllblättern einer *Viola alba* Bess., welche Verunstaltung wohl durch Cecidomyia affinis Kieff. hervorgerufen worden war.

64. **Kühn** (56) beschreibt eine neue Krankheit der Kümmelpflanzen, welche an mehreren Orten der Provinz Sachsen gegen Herbst 1886 auftrat und sich durch Schwarzwerden und Faulen der älteren Blätter charakterisirt, veranlasst durch die Larven von Chlorops glabra Meig.

65. **Comes** (22), **Anonym** (126). Maassregeln zur Hintanhaltung des Dacus Oleae. Solla.

66. **Riley** (90) beschreibt die Entwicklung von Mesograpta polita Say, welche dem Korn schädlich ist.

67. **Riley** (94) beschreibt die Entwicklung von Trypeta ludens Löw, einem Orangenschädlinge.

Orthoptera-Pseudoneuroptera.

68. Allgemeines: **Brown** (9), **Mocsary** (75). Rocky Mountains: **Bruner** (10). Selif: **Anonym** (123). Var.: **Anonym** (122).

69. Phymateus madagassus n. sp., verwüstet die Felder in Teita und Ukamba. Sie erscheint nach der Regenzeit im Juni in Zügen von 3—500 Stück. **Karsch** (51), p. 358.

70. Stauronotus maroccanus in Algier schädlich. **Künckel** (58).

71. **A. Targioni-Tozzetti** (107) überblickt das Erscheinen der Heupferdchen in Algerien, und erwähnt ausführlich der Schrift von Künckel d'Herculais, worin die europäischen Einwanderungen nicht genannt sind. Verf. erwähnt weiter der Verbreitungscentra dieser Thiere in Europa und besonders in Italien und bespricht die Zerstörungsmethoden. Hauptsächlich wird darauf hingewiesen, dass man den Schwärmen nachgehen und die Brutstätten aufdecken müsste, um die Eier vernichten zu können. Solla.

72. In Algier betrug der durch Heuschrecken verursachte Schaden im Jahre 1888 500000 Fr. **Anonym** (128).

73. **Scudder** (99) berichtigt gegen Hagen, dass Termiten lebende Pflanzen angreifen — auch Setzlinge.

74. **Osborn** (80) giebt ein genaues Verzeichniss der Futterpflanzen der amerikanischen Thripiden.

Hemiptera.

75. Aleurodes ribium n. sp. besiedelte nach **Douglas** (30) im September 1886 die Blattunterseite von *Ribes nigrum* und *R. rubrum;* auch die Entwicklung wird beschrieben.

76. **Bucktons** (111) kritische Besprechung von Oestlands Aphididae von Minnesota (Vgl. Bot. J. XV, 2, p. 19) ist sehr günstig.

77. **Weed** (116) beschreibt ziemlich weitläufig die Entwicklungsformen von Aphis cornifoliae Fitch an *Cornus paniculata*, *C. sanguinea*, *C. sericea*, Aphis spec. an *Amarantus albus*, Siphonophora rudbeckiae (Fitch) an *Solidago serotina, S. gigantea* und *Rudbeckia laciniata*, vielleicht als Aphis rudbeckiae an *Silphium perfoliatum*, dann an *Ambrosia trifida*, jedenfalls auch an *Lactuca canadense*, Schizoneura cornicola (Walk) an *Cornus sanguinea* und *C. sericea*, Callipterus discolor Monell an *Quercus bicolor* und *Q. macrocarpa*, Chaitophorus viminalis Monell (?) an *Salix lucida*, *S. babylonica* und *S. alba*.

78. **Will** (118) macht Mittheilungen über die embryologische Entwicklung der viviparen Aphiden, nämlich: 1. Kurze Uebersicht über die Entstehung des Blastoderms. 2. Die Entstehung der Keimblätter und der Embryonalhüllen. 3. Vergleichende Betrachtungen. 4. Die Entstehung der Organe. 5. Die Bedeutung des präoralen Abschnittes.

79. **Morgan** (76) beschreibt Aspidiotus zonatus Geschlechtsformen und reifes Weibchen.

80. Blyssus leucopterus **Howard** (47).

81. **Cholodkovsky** (20) beschreibt 1. Chermes Cembrae n. sp. auf jungen sibirischen Cedern *(Pinus Cembra)*. Sie kam als in weissen Wollenflocken überwinterndes flügelloses ♀, das im Frühjahr (Ende April) bernsteingelbe gestielte Eier ablegt, später, Ende Mai als auf langen Cedernnadeln eierlegendes, geflügeltes Thier und als vermuthliche Geschlechtsform kleiner gelbbrauner, flügelloser, die Nadeln aussaugender Individuen, zur Beobachtung. 2. Ch. pectinatae n. sp. lebt mit Ch. piceae Rtzb. auf den Nadeln unterseits in weissen, grobfaserigen Wollenhäufchen. Sie wurde im Winter als trockene, am Rücken geborstene, von 4 oder mehr röthlichen bis dunkelbraunen überwinternden, wahrscheinlich befruchteten Eiern mit dicker harter Schale umgebene, im Frühling als violett-schwarze, mit weisser Wolle bedeckte, flügellose Laus, und im Mai in dunkelbraunen, geflügelten, an den Nadeln röthlich-gelbe Eier ablegenden Individuen beobachtet. — Ch. Laricis Htg. lebt in Russland auf *Larix sibirica*.

82. **Douglas** (31) beschreibt folgende neue Cocciden: Lecanium clypeatum an *Adiantum capillus veneris, Bryophyllum calycinum* und *Asparagus plumosus;* Ortonia natalensis aus Mount Park Crescent, Ealing, und Pseudococcus ulicis aus Blackheath und Exeter, Pseudococcus ulmi an *Ulmus campestris* in Brockley, Coccus agavium an Agaven in Kent und bespricht die Synonymie und das Vorkommen von Lecanium lauri (Boisd.) Sign. in Southampton, Lec. bituberculatum (Targ.-Tozz.) Sign. an *Crataegus Oxyacantha* mehrfach in Britannien, und Vinsonia stellifera (Westw.) = Vins. pulchella Sign. an *Cypripedium niveum*.

83. Coccidae von Neuseeland: **Maskell** (72).

84. **Morgan's** (77) Arbeit über die Cocciden behandelt zumeist Systematisches und bezieht sich auf die Formcontouren der beiden Geschlechter; die Bilder sind unkenntlich.

85. **A. Targioni-Tozzetti** (109) nimmt Veranlassung zur vorliegenden Mittheilung über einige Cocciden-Arten von dem Auftreten eines Aspidiotus auf Blättern und Zweiginternodien von *Evonymus japonicus* L. fil. in dem Cascine zu Florenz. — Die betreffende näher untersuchte Art war A. Euonymi, von Verf. bereits früher beschrieben. Die Schäden, welche das Thier am genannten Orte durch Aussaugen der Blätter den Pflanzen zufügte, sind ganz erheblich gewesen.

Verf. bespricht weiter die Biologie und die Vermehrungsweise, welche die Arten von Aspidiotus, Diaspis und Mytilaspis gemeinsam haben, um daraus die für die Praxis nützlichen Kenntnisse zu folgern, wann die Vertilgung der Insecten auf den Pflanzen am angezeigtesten wäre. — Verf. gedenkt auch der Chionaspis Riccae Targ., welche in Sicilien und Griechenland die Obstbäume schädigte, ferner der den Hesperideen schädlichen Mytilaspis fulva Targ., sowie der Leucopsis-Arten auf Kiefern.

Die auzuwendenden Heilmittel werden besprochen, sowie die erforderliche Umsicht bei der Pflege der Pflanzen.

In einem Anhange sind die verschiedenen zur Besprechung gelangten Arten systematisch gruppirt und jede mit einer recht ausführlichen Diagnose versehen. Solla.

86. **Karsch** (48) beschreibt Colobathristes saccharicida n. sp. als Zerstörerin des Zuckerrohrs auf Java.

87. **Löw** (66) theilt mit, dass es Monier gelungen ist, die Männchen von Lecanium hesperidum zu entdecken; sie sind in einem blindsackförmigen Eianhange des Eierstockes vorhanden, wo sie von der Eianlage ab die ganze Entwicklung durchmachen. Vielleicht existiren bei den parthenogenetischen Aphiden ähnliche Verhältnisse.

88. **Atkinson** (2) beschreibt Leptocorisa acuta als Reisschädling.

89. Llaveia dorsalis, eine neue Coccide aus Mexico: **Dugès** (32).

90. **Blank** (6) berichtet über Mytilaspis pomorum Bouché als Schädling an Apfelbäumen und giebt eine Uebersicht über dessen Lebensweise und Entwicklung.

91. **V. C. Riley** (85, 88) hat bezüglich des wirklichen Verhaltens der so schädlichen Hopfenblattlaus, Phorodon Humuli Schrank, gefunden, dass mit dem Frost dieses Insect durchaus von den Hopfenfeldern verschwindet. Phorodon überwintert durch Wintereier, die an *Prunus*-Zweigen einzeln befestigt und 0.04 mm lang sind. Die daraus entstehenden Weibchen leben auf *Prunus*, und auf derselben Pflanze folgen ihm drei parthenogenetische Generationen. Die letzte (forma Mahaleb Fonsc.) ist geflügelt und geht auf Humulus über, um von Pflanze zu Pflanze gehend, einzelne Junge zu gebären. Es folgt wieder eine Anzahl parthenogenetischer ungeflügelter Generationen und im Herbst kehrt die letzte, wiederum geflügelte Generation auf *Prunus* zurück, um hier ungeflügelte Weibchen und geflügelte Männchen hervorzubringen, die dann zusammen einige wenige Wintereier erzeugen.

E. Koehne.

92. Rhopalosiphum maidis nach **Webster** (115).

93. **Anonym** (125). Verschiedene Mittel werden angeführt zur Vernichtung der Schizoneura lanigera Haus. auf Apfelbäumen. Solla.

94. **K. Lindemann** (63). Unter den zahlreichen Getreideschädlingen sei eine neue auf Gerste und Weizen (im Kreise Odessa) parisitirende Schildlaus erwähnt, die Verf. Westwoodia hordei genannt hat. Bernhard Meyer.

XVIII. Pflanzenkrankheiten.

Referent: **Paul Sorauer.**

Thierbeschädigungen werden von einem besonderen Referenten bearbeitet; Pilzkrankheiten sind auch im Capitel „Pilze" zu suchen. Einzelne Arbeiten, welche vorzugsweise in das Gebiet anderer Referenten fallen, sollen, falls die pathologische Seite nicht genügend berücksichtigt worden, im nächsten Jahresbericht noch Erwähnung finden.

Verzeichniss der besprochenen Arbeiten.

1. **A**werkijeba, E. G. Der Kerosingeruch als Mittel zum Schutz der Mistbeete vor Mäusen und Fröschen. (Bote für Gartenbau etc., No. 4, p. 50—51. St. Petersburg, 1886.) (Ref. 60.)

2. Baccarini, P. Coniothyrium Diplodiella Sacc. (Rass. Con., an. I, 1887, p. 713—715.) (Ref. 144.)
3. — Appunti per la biologia del Coniothyrium Diplodiella (Speg.) Sacc. (Mlp., an. II, 1888, p. 325—337.) (Ref. 148.)
4. Baillon, H. Sur un mode particulier de propagation du Mildew. (B. S. L. Paris, No. 96, 1888, p. 761—762.) (Ref. 106.)
5. Bartet et Vuillemin. Recherches sur le Rouge des feuilles du Pin sylvestre et sur le traitement à lui appliquer. (C. R. Paris, T. 106, 1888, p. 628—630.) (Ref. 127.)
6. Bastow, R. A. Peronospora infestans Mont. (Papers and Proceedings of the Royal Society of Tasmania for 1886. 1887, p. 27—31.) Enthält nichts neues.
Ed. Fischer.
7. Bauer, R. W. Ueber Galactose aus Pflaumengummi. (Landw. Vers.-Stat., Bd. 35, Berlin, 1888. p. 215—216.) (Ref. 31.)
8. — Ueber eine aus Pfirsichgummi entstehende Zuckerart. (Landw. Vers.-Stat., Bd. 35. Berlin, 1888. p. 33—34.) (Ref. 30.)
9. Baudisch, Friedrich. Ueber „Phytophthora omnivora" als Schädling des Buchenaufschlags. (Centralbl. f. d. ges. Forstwesen, 14. Jahrg. Wien, 1888. p. 382—385.) (Ref. 108.)
10. Berdau, F. J. Der Honigthau, eine Krankheit unserer Wald- und Gartenbäume. (Memoiren des „Neuen Alexander-Instituts für Feld- und Waldwirthschaft, Bd. VII. 8 p. Warschau, 1886. [Russisch.]) (Ref. 13.)
11. Berlese, A. N. Lo sviluppo dei parassiti vegetali, (Bullettino della Società veneto-trentina di scienze naturali, tom. IV. Padova, 1888. p. 114—115.) (Ref. 67.)
12. — Sopra due parassiti della vite per la prima volta trovati in Italia. (N. G. B. J., vol. XX, 1888, p. 441—445.) (Ref. 142.)
13. — Sopra due parassiti della vite per la prima volta trovati in Italia. (N. G. B. J., vol. XX, 1888, p. 441—445.) (Ref. 143.)
13a. Beyerinck, M. W. The Gardenia-root disease. (G. Chr., ser. 3, vol. 1, 1887, p. 488. Fig. 93—96; cit. Bot. C., 1888, Bd. XXXV, p. 92.) (S. Ref. 57.)
*14. La Blanchère, H. de. Les amis des plantes et leurs ennemis, 3. édit. Paris (Delagrave), 1887. 240 p. 8°. avec 150 fig.
15. Böhm, Josef. Ueber Krankheiten, Alter, Tod und Verjüngung der Pflanzen. Vortrag vom 15. Februar 1888. Selbstverlag des Ver. zur Verbreitung naturwiss. Kenntnisse. 26 p. 8°. (Ref. 10.)
16. Bos, Ritzema J. L'anguillule de la tige (Tylenchus devastatrix Kühn). (Extrait des Archives Teyler, ser. II, tome III deuxième partie. Haarlem, 1888. Les Héritiers Loosjes. 8°. 172 p. Mit 6 lith. Tafeln.) (S. Ref. No. 53.)
*17. Boye, A. De la chlorose des vignes, ses causes, son traitement. Montpellier (Coulet), 1887. 15 p. 8°.
18. Brenstein, G. Ueber die Einwirkung einer concentrirten Aetheratmosphäre auf das Leben der Pflanzen. (Chem. Centralbl., 1887, p. 1512; cit. Biederm. Centralbl. f. Agrikulturchemie, 1888, p. 429.) (S. Ref. No. 45.)
*19. Briolini, G. Delle uve gelate e del sapore che comunicano al vino. (Rass. Con., an. II, 1888, p. 59—64.) Uebersetzung von H. Müller-Thurgau's Artikel in „Weinbau und Weinhandel" über den Geschmack des Weines von gefrorenen Trauben.
*20. Briosi, G. Rassegna delle principali malattie sviluppatesi sulle piante culturali nell' anno 1887, delle quali si è occupati il Laboratorio crittogamico. Pavia, 1888. 8°. 4 p. Nicht gesehen.
Solla.
21. — Esperienze per combattere la peronospora della vite, eseguite nell'anno 1887. Terze Serie. (Istituto botan. d. R. Univers. di Pavia, Laborat. crittogam. ital. Milano, 1888. gr. 8°. 39 p. 1 Taf.) (Ref. 104.)
22. — Esperienze per combattere la peronospora della vite eseguite nell'anno 1888.

Quarta Serie. (Istituto botan. d. R. Univers. di Pavia, Laborat. crittogam ital. Milano, 1888. gr. 8⁰. 9 p.) (Ref. 105.)

23. Brunchorst, J. I. Ueber eine sehr verbreitete Krankheit der Kartoffelknollen. II. Zur Bekämpfung der Kohlhernie. III: Die Structur der Inhaltskörper in den Zellen einiger Wurzelanschwellungen. (Sep.-Abdr. aus Bergens Museums Aarsberetning 1887, p. 219—246. Mit 2 Taf.; cit. Bot. C., 1888, Bd. XXXIII, No. 7, p. 209.) (Ref. 24.)

24. — Ueber eine sehr verbreitete Krankheit der Kartoffelknollen. (Nach „Naturw. Rundschau"; cit. Biederm. Centralbl. f. Agrikulturchemie, 1888, p. 615.) (Ref. 25.)

25. Burgerstein, A. Ueber den Einfluss des Kampfers (Kampferwassers) auf die Keimkraft der Samen. (Landw. Vers.-Stat., Bd. 35. Berlin, 1888. p. 1—18.) (Ref. 47.)

26. Calvi, G. Intorno alla Peronospora. (L'Italia agricola, an. XIX. Milano, 1887. 4⁰. p. 504—506.) (Ref. 93)

27. Cámus, J. Nuovo parassita del Paliurus aculeatus Lam. (Atti della Società dei Naturalisti di Modena; Memorie, ser. III, vol. 7, 1888, p. 109.) (Ref. 149.)

28. Carpenè, A. La lotta contro la peronospora. (Rass. Con., an. I, 1887, p. 145—148.) (Ref. 91.)

29. Castellucci, R. La peronospora viticola ed i suoi rimedi. (Giornale della Società di letture e conversazioni scientifiche di Genova, an. XI, 1888.) (Ref. 101.)

*30. — Peronospora viticola. (L'Italia agricola, an. XX. Milano, 1888. 4⁰. p. 182—184.)

31. Cavara, F. Sul fungo che è causa del Bitter Rot degli Americani. (Istituto botan. della R. Univers. di Pavia; Laborator. crittog. ital. Milano, 1888. gr. 8⁰. 4 p.) (Ref. 145.)

32. — Intorno al disseccamento dei grappoli della vite. (Istituto botan. della R. Univers. di Pavia; Laborator. crittog. ital. Milano, 1888. gr. 8⁰. 34 p. 3 Taf.) (Ref. 76.)

33. — Appunti di patologia vegetale (alcuni funghi parassiti di piante coltivate). (Istituto botan. della R. Univers. di Pavia; Laborator. crittog. ital. Milano, 1888. gr. 8⁰. 140 p. 1 Taf.) (Ref. 70)

34. — Appunti di patologia vegetale. Alcuni funghi parassiti di piante coltivate. (Istituto botan. della R. Univers. di Pavia; Laborator. crittog. ital. Milano, 1888. gr. 8⁰. 14 p. 1 Taf; cf. Revue mycol., vol. 10, 1888, p. 205—207.) (Ref. 69.)

35. — Intorno al disseccamento dei grappoli della vite. (Istituto botan. della R. Univers. di Pavia; Laborator. crittog. ital. Milano, 1888. gr. 8⁰. 34 p. 3 Taf.) (Ref. 89.)

36. Cerletti, G. B. Pioggia e peronospora. (Rass. Con., an. I, 1887, p. 197—201.) (Ref. 92.)

*37. — Le malattie dei vini e la R. Stazione di patologia vegetale. (Bullett. della Soc. generale dei viticoltori italiani, an. III. Roma, 1888. p. 53—56.)

38. Cettolini, S. Sui rimedi contro la peronospora della vite. (L'Italia agricola, an. XIX. Milano, 1887. 4⁰. p. 215, 230, 518, 533.) (Ref. 100)

39. Cohn, F. Vorkommen von Sclerotien auf Kartoffeln. (Aus „Illustr. Landw. Zeit., 1887, No. 4"; cit. Biederm. Centralbl. f. Agrikulturchemie, 1888, p. 191.) (S. Ref. 124.)

40. Colocasia esculenta, Krankheit der —. (Naturforscher, 1888, No. 9.) (S. Ref. 111.)

*41. Comes, O. Il malnero o la gommosi. (Rass. Con., an. II, 1888, p. 70—73.) — Ist nur ein Auszug, die Weinrebe betreffend, aus der Abhandlung des Verf.'s, 1887, über die Gummibildung bei verschiedenen holzigen Culturgewächsen. (Vgl. Bot. J. XV.)

*42. — Il marciume delle radici nei vigneti di Angri. (Annali d. R. Scuola Superiore di agricoltura in Portici, vol. V, 1888, p. 3.) — Nicht gesehen. Solla.

*43. — La peronospora della vite e le altre malattie degli alberi fruttiferi nella provincia di Napoli (l. c., p. 7—53.) — Nicht gesehen. Solla.

44. Crozier, A. A. Vitality of Buried Seeds. (Americ. Naturalist., vol. 21. Philadelphia, 1887. p. 666.) (Ref. 11.)

45. Cuboni, G. Sulla cosidetta „uva infavata“ dei colli Laziali. (Le stazioni sperimentali agrarie italiane, vol. XV. Roma, 1888. 8⁰. p. 528-531.) (Ref. 131.)

46. — La peronospora ed i mezzi usati per combatterla nei diutorni di Alba ed in Val Barolo. (Rass. Con., an. II, 1888, p. 525—527.) (Ref. 94.)

47. — Malattia della viti prodotta da improvisi abbassamenti di temperatura. (Rass. Con., an. I, 1887, p. 291—294.) (Ref. 34.)

48. — Putrefazione nobile del Riesling. (Rass. Con., an. II, 1888, p. 564—567.) — Wiedergabe der Hauptgedanken und der vergleichenden Zahlenwerthe in Müller-Thurgau's Edelfäule der Trauben [vgl. Ref. 115].

49. — Per combattere la peronospora. (Bollett. della Soc. generale di viticoltori italiani an. III. Roma, 1888. gr. 8⁰. p. 253—254.) (Ref. 97.)

50. — Il marciume dell'uva (Rass. Con., an. I [1887], p. 17—24) (Ref. 77.)

51. — La peronospora dei grappoli: studi di patologia vegetale. (Atti del Congr. Nazion. di botanica crittogam. in Parma. Varese, 1887. gr. 8⁰. p. 91—108. Mit 2 Taf.) (Ref. 95.)

52. — Le malattie dei grappoli. (Bollett. della Soc. generale dei viticoltori italiani, an. III. Roma, 1888. gr. 8⁰. p. 555—557.) (Ref. 107.)

53. Cugini, G. Dei rimedi contro la Peronospora viticola e della loro influenza sulla composizione dei mosti e dei vini. (Atti del Congr. Nazion. di botanica crittogam. in Parma. Varese, 1887. gr. 8⁰. p. 49—54.) (Ref. 102)

54. Dangers, G. Ein Pflanzengift. (Fühling's Landw. Ztg., 37. Jahrg. Leipzig, 1888. p. 355-356.) (Ref. 61.)

55. Dietel, Paul. Verzeichniss sämmtlicher Uredineen nach Familien ihrer Nährpflanzen geordnet. 8⁰. 58 p. Leipzig (Serig'sche Buchhandlung), 1888. (S. Ref. 115.)

*56. Ducassé. Reconstitution du vignoble français par la marcelline, système rationnel de défense contre le phylloxéra. Paris (Masson), 1887. 64 p. 8⁰.

57. Duckstein. Ueber Kartoffelschorf. (Aus „Allgem. Zeit. f. Land- u. Forstwirthsch., 16. Jahrg., No. 85, Beilage; cit. Biederm. Centralbl. f. Agrikulturchemie, 1888, p. 191.) (S. Ref. 26.)

58. Dufour, J. Notice sur quelques maladies de la vigne: Le Black-rot, le coitre et le mildiou des grappes. (Bull. soc. Vaudoise des Sciences naturelles, vol. XXIII, No. 97, 1888, p. 129—145) (Ref. 75.)

59. Eidam. Untersuchung zweier Krankheitserscheinungen, die an den Wurzeln der Zuckerrübe in Schles'en seit letztem Sommer ziemlich häufig vorgekommen sind. (Schles Ges., 1887, p. 261-262.) (Ref. 136.)

*60. Farlow, W. G. Notes on fungus diseases in Massachussets in 1888. (Proceedings of the Society for the promotion of the agricultural science for the 1880 meeting.)

61. Fleischer, M. Ueber die zweckmässige Behandlung von Moorwiesen. (Milchzeitung, 1887, No. 8; cit. Biederm. Centralbl. f. Agrikulturchemie, 1888, p. 137.) (S. Ref. 17.)

62. Foëx, G. et Ravaz, L. Mémoire sur le Coniothyrium Diplodiella ou Rot blanc. (Annales de l'Ecole nationale d'agriculture de Montpellier, T. III, p. 304ff., 1888.) (Ref. 147.)

63. Frank, B. Ueber die Verbreitung der die Kirschbaumkrankheit verursachenden Gnomonia erythrostoma. (Hedwigia, 1888, p. 18-22.) (Ref. 132.)

64. Freda, P. Sui più efficaci rimedi contro la peronospora della vite. (Le stazione agrarie sperimentali italiane, vol. XIV. Roma, 1888. 8⁰. p. 309—311.) (Ref. 98.)

*65. F. P. Malattie della vite. La melanosi (Septoria ampelina B. et C.). (Rass. Con., an. II, 1888, p. 589—594.) — Ein ausführliches Resumé der Studien von Viala et Ravaz über die Melanose (Rev. Mycol., 1888).

66. **G**iard, M. La castration parasitaire. (Journ. de Bot. Paris 1888, p. 448. Extrait des Compt. rend., d. l'Ac. des sc., 5. Nov., 1888.) (S. Ref. 65.)

67. Grazzi-Soncini, G. Peronospora della vite. Risultati degli esperimenti fatti per combatterla nei vigneti della R. Scuola di viticoltura ed enologia in Conegliano. (Rass. Con., an. II, 1888, p. 116ff., zusammen ca. 22 p.) (Ref. 90.)

*68. — La peronospora. (Rass. Cou., an I, 1887, p. 277—281.) — Spricht vornehmlich über die vorgeschlagenen Salze als Heilmittel. Solla.

69. — La clorosi. (Rass. Con, an. II, 1888, p. 665—669, 723—732.) (Ref. 8.)

70. Gregg, W. H. Anomalous thickening in the roots of Cycas Seemanni Alex. Br. (Annals of Botany, vol. I, 1887, No. I, p. 63. With plate; cit. Bot. C., 1888, Bd. XXXIII, p. 75.) (Ref. 51.)

71. Guirard, D. Il Rot bianco dei sarmenti. (Rass. Con., an. II, 1888, p. 510—511.) — Ueber White Rot; Auszug aus „Moniteur Vinicole". Solla.

72. **H**artig, R. Zur Verbreitung der Lärchenkrankheit. (Sitzungsber. d. Bot. Ver. zu München, 16. Jan. 1888; cit. Bot. C, 1888, Bd. XXXVI, p. 286.) (S. Ref. 122.)

73. — Untersuchungen über den Lichtstandzuwachs der Kiefer. (Sitzungsber. d. Bot. Ver. zu München, 16. Jan. 1888; cit. Bot. C., 1888, Bd. XXXVI, p. 286.) (S. Ref. 36.)

74. Heinrich. Geschwefelter Weissklee. (Aus „Mecklenburgische Landw. Annalen, 1887, No. 8"; cit. in Biederm. Centralbl. f. Agrikulturchemie, 1888, p. 47.) (S. Ref 43.)

75. Hellriegel, H. und Wilfarth, H. Untersuchungen über die Stickstoffnahrung der Gramineen und Leguminosen. Unter Mitwirkung von H. Römer, R. Günther, H. Möller und G. Wimmer. Referent: H. Hellriegel. (Beilageheft zu der Zeitschrift d. Ver. f. d. Rübenzuckerindustrie d. D. R, November 1888.) (S. Ref. 85)

76. Hildebrand, F. Ueber Bildung von Laubsprossen aus Blüthensprossen bei Opuntia. (Ber. D. B. G., 1888, Bd. VI, p. 109—112. Mit 1 Taf.) (S. Ref. 49.)

77. Hindorf, R. Ueber den Einfluss des Chlormagnesiums und des Chlorcalciums auf die Keimung und erste Entwicklung einiger der wichtigsten Culturpflanzen. (Ber. a. d. physiol. Laborator. u. d. Versuchsanstalt d. landw. Instituts d. Univers. Halle, 6. Heft, 1886; cit. Biederm. Centralbl. f. Agrikulturchemie, 1888, p. 461.) (Ref. 44.)

78. **J**ensen, J. L. Smut (Ustilago segetum) in Oats and Barley. (G. Chr., ser. 3, vol. 3. London, 1888. p. 658)

79. Johannsen, W. Bemerkungen über mehlige und glasige Gerste. (Ugeskrift for Landmaend 1887, Bd. II; cit. Biederm. Centralbl. f. Agrikulturchemie, 1888, p. 551.) (Ref. 14.)

80. Jost, L. Ein Beitrag zur Kenntniss der Athmungsorgane der Pflanzen. (Bot. Z., 1887, No. 37.) (S. Ref. 15.)

81. — Zur Kenntniss der Blüthenentwicklung der Mistel. (Bot. Z., 1888, No. 23 u. 24, Taf. VI.) (S. Ref. 64)

*82. Joulie, H. Sulla clorosi della vite. (Rass. Con., an. II, 1888, p. 131—136.) — Artikel übersetzt aus „Messager agricole".

83. Just, L. Vierter Bericht über die Thätigkeit der Grossh. Badischen Pflanzenphysiologischen Versuchsanstalt im Jahre 1887. Karlsruhe, 1888. Braun'sche Hofbuchdruckerei. 8⁰. 70 p. (S. Ref. 7.)

84. **K**lebahn, H. Zur Entwicklungsgeschichte der Zwangsdrehungen. (Sep. D. B. G., 1888, Bd. VI, Heft 8) (S. Ref. 21.)

85. — Beobachtungen und Streitfragen über die Blasenroste. (Abhandlungen des Naturwissenschaftlichen Ver. in Bremen, X, 1, p. 145—155, Taf. 1; cit. Bot. C., 1888, Bd. XXXV, p. 302.) (S. Ref. 118.)

86. — Weitere Beobachtungen über die Blasenroste der Kiefern. (D. B. G., 1888, Bd. VI. Generalversammlungsheft.) (S. Ref. 119.)

87. Klebahn, H. Beobachtung über die Entleerung des Ahornrunzelschorfes (Rhytisma acerinum Fr.). (Hedwigia, 1888, Heft 11/12.) (S. Ref. 126.)

88. Koch, Ludwig. Zur Entwicklungsgeschichte der Rhinanthaceen (Rhinanthus minor Ehrh.). (Pr. J., Bd. XX, Heft I, 1888. Mit 1 Taf.) (S. Ref. 62.)

89. König, A. Neue Versuche über das Wachsthum unserer Waldbäume bei ausgeschlossener directer Bestrahlung durch die Sonne. (Forstl. Bl., 3. F., 12 Jahrg. [25. Jahrg.] Berlin, 1888. p. 358—362.) (Ref. 39.)

90. Kosmahl, A. Die Fichtennadelröthe in den sächsischen Staatsforsten. (Abhandlungen d. Naturwiss. Ges. Isis in Dresden, Jahrg. 1888, p. 32—36.) (Ref. 9.)

91. Kreusler, C. Beobachtungen über die Kohlensäureaufnahme und -Ausgabe (Assimilation und Athmung der Pflanzen.) (Landw. Jahrb., 1888, Heft I, p. 161; cit. Biederm. Centralbl. f. Agrikulturchemie, 1888, p. 265.) (S. Ref. 35.)

92. Kühn, Jul. Ueber die Wurmfäule, eine neue Erkrankungsform der Kartoffel. (Separatabzug; cit. Biederm. Centralbl. f. Agrikulturchemie, 1888, p. 842.) (S. Ref. 54.)

93. — Bericht über weitere Versuche mit Nematodenfangpflanzen. (Ber. a. d. physiol. Laborat. u. d. Versuchsanstalt d. land. Instituts d. Univers. Halle, 1886, 6. Heft, p. 163; cit. Biederm. Centralbl. f. Agrikulturchemie, 1888, p. 624.) (S. Ref. 55.)

*94. Lesner, A. Il marciume della vite. (Rass. Con, an. II, 1888, p. 389—390.) — Angabe der Erscheinungen, welche die Fäulniss der Reben begleiten und namentliche Aufzählung der Pilze, die sie zu veranlassen vermögen. (Aus Journ. d'Agric. prat.) Solla.

95. Lindemann, K. Ueber die Hessenfliege (Cecidomyia destructor Say). (Aus „Bull. soc. imp. des Naturalistes de Moscou"; cit. Biederm. Centralbl. f. Agrikulturchemie, 1888, p. 141.) (S. Ref. 59.)

*96. Loebe, W. Die Krankheiten der Culturpflanzen auf Aeckern, in Obstanlagen, Wein-, Gemüse- und Blumengärten. Hamburg (Kittler), 1887. 8°. Mit 18 Abb.

97. Ludwig, F. Weiteres über den Schleimfluss der Bäume. (Centralbl. f. Bacteriologie und Parasitenkunde, Bd. 4, 1888, p. 453.) (Ref. 87.)

98. — Der braune Schleimfluss, eine neue Krankheit unserer Apfelbäume. (Centralbl. f. Bacteriologie und Parasitenkunde, Bd. 4, 1888, p. 323—324.) (Ref. 88.)

99. Lundström, A. N. Ueber Mykodomatien in den Wurzeln der Papilionaceen. (Botaniska Sectionen af Naturvetenskapliga Studentsällskapet i Upsala. Sitzung vom 28. April 1887; s. Bot. C., 1888, Bd. XXXIII, p. 159.) (Ref. 82.)

100. Mach, E. Ueber den Schwefelsäuregehalt von schwefliger Säure beschädigter Gewächse. (Landw. Vers.-Stat., Bd. 35. Berlin, 1888. p. 53—54.) (Ref. 42.)

101. Märcker, M. und C. von Eckenbrecher. Ueber Aufschussrüben. (Achter Bericht über die Resultate der in der Provinz Sachsen mit verschiedenen Zuckerrübenvarietäten ausgeführten Anbauversuche 1887; cit. Biederm. Centralbl. f. Agrikulturchemie, 1888, p. 56.) (S. Ref. 27.)

102. Magnus, P. Einige Beobachtungen über pilzliche Feinde der Champignonculturen. (60. Vers. deutscher Naturf. u. Aerzte in Wiesbaden. Sitzung vom 21. Sept. 1887; cit. Bot. C., 1888, Bd. XXXIV, p. 394.) (Ref. 134.)

103. — Eine epidemische Erkrankung der Gartennelken. (Sitzungsber. der Ges. Naturf. Freunde zu Berlin, Jahrg. 1888, p. 181—186.) (Ref. 152.)

*104. Mancini, V. Il Melanconium fuligineum. (Rass. Con., an. II, 1888, p. 422—424.) — Auszug aus F. Cavara's Schrift betreffend die Greeneria fuliginea Scrb. et Vial. Solla.

*105. — Note sul Black-Rot. (Rass. Con., an. II, 1888, p. 320—325.) — Mittheilung von den Studien von Viala et Ravaz, die Laestadia Bidwellii P. V. et R. betreffend. Solla.

106. Martinotti, F. Saggio di alcune esperienze contro la peronospora. (Le stazioni sperimentali agrarie italiane, vol. XIV. Roma, 1888. 8°. p. 20—24.) (Ref. 103.)

107. Maskell, W. M. On the „Honey dew" of Coccidae, and the Fungus accompanying these Insects. (Transact. of the New Zealand Inst., vol. XIX, p. 41, t. 1: cit. Bot. C., 1888, Bd. XXXV, p. 93.) (S. Ref. 58.)

108. Massa, C. Non è peronospora. (L'Italia agricola, an. XX. Milano, 1888. 4°. p. 435—438.) (Ref. 141.)

109. Massalongo, C. Ueber eine neue Species von Taphrina. (Bot. C., 1888, Bd. XXXIV, p. 389.) (Ref. 121.)

110. Mayer, Adolf. Heilung der Mosaikkrankheit des Tabaks. (Landw. Vers.-Stat., Bd. 35. Berlin, 1888. p. 339, 340.) (Ref. 20.)

111. Micheli, M. Beobachtungen über Coniothyrium Diplodiella. (Verhandlungen der Schweizerischen Naturforschenden Gesellschaft in Solothurn. August, 1888, p. 54. — Compte rendu des travaux présentés à la session de la société helvétique des sciences nat. à Soleure, Archives des sciences physiques et naturelles Sept.—Oct. 1888, p. 56.) (Ref. 14.)

112. Minà Palumbo. Gangrena umida delle uve. (Rass. Con., an. II, 1888, p. 586—589.) (Ref. 22.)

*113. — La melanosi della vite. (Rass. Con., an. II, 1888, p. 219—221.) — Uebersetzung von Bernard's Artikel in „Journal d'Agricult. prat.", 1888, 521. Solla.

114. Molisch, H. Zur Kenntniss der Thyllen, nebst Beobachtungen über Wundheilung an der Pflanze. (S. Ak. Wien, Sitzung vom 14. Juni 1888; cit. Bot. C., 1888, Bd. XXXV, p. 222.) (Ref. 50.)

115. Müller-Thurgau. Die Edelfäule der Trauben. (Landwirthschaftl. Jahrb., 1888, p. 83—159. Mit 1 Taf.) (S. Ref. 130.)

116. — Einige noch ungenügend erforschte Blattkrankheiten des Weinstocks. (Weinbau und Weinhandel, 6. Jahrg. Mainz, 1888. p. 286.) (Ref. 6.)

117. — Botrytis und Peronospora als Schädiger der Gescheine und jungen Früchte des Weinstocks. (Weinbau und Weinhandel, 6. Jahrg. Mainz, 1888. p. 256—257.) (Ref. 129.)

*118. Nawaschin, S. Ueber das auf Sphagnum squarrosum Pers. parasitirende Helotium. (Aus dem bot. Cabinet der Petrowskischen Ackerbau- u. Forstakademie in Moskau. Hedwigia, 1888. No. 11/12.) (S. Pilze.)

119. N. N. Le malattie della vite ed i rimedi. (L'Italia agricola, an. XX. Milano, 1888. 4°. p. 483—485.) (Ref. 96.)

120. — Il „Black-Rot" delle viti ed il rimedio. (L'Italia agricola, an. XX. Milano, 1888. 4°. p. 381.) (Ref. 135.)

*121. Patrigeon, G. Le mildiou et son traitement, résumé des conférences faites sur ce sujet à Chabris, Levroux et Issoudun. Châteauroux. (impr. Majesté, libr. Nuret et fils, 1887, 31 p. 8°.)

122. Penzig, Ottone. Studi botanici sugli Agrumi e sulle piante affini. (Memoria premiata dal R. Ministero d'Agricoltura. 8°. VI, 590 p. Con. un atlante in folio 158 tav. Roma, 1887. Cit. Bot. C., 1888, Bd. XXXIII, p. 205.) (Ref. 5.)

*123. Pinolini, D. Le crittogame più dannose alla vite. 8°. Torino, 1888. — Populäre Beschreibungen der wichtigeren Pilzarten, welche den Weinstock schädigen. Solla.

*124. Plotti, A. Nuovo mezzo per combattere la peronospora. (Rass. Con., an. II, 1888, p. 39—40.) — Spricht von dem Präparate Dr. Müller's aus der chem. Fabrik S. S. Kuhl (Zürich). Solla.

125. Plowright, C. B. Smut (Ustilago segetum) in Oats and Barley. (G. Chr., ser. 3, vol. 3. London, 1888. p. 555—556.) (Ref. 114.)

126. — Smut (Ustilago segetum) in Oats and Barley. (G. Chr., ser. 3, vol. 3. London, 1888. p. 596.) (Ref. 114.)

*127. Poggi, T. u. Maissen, P. Alcuni rimedi contro la peronospora viticola. Seconda serie di esperienze. (Bollettino della Stazione agraria di Modena, 1888.)

128. Pollacci, E. Della peronospora e del modo più economico e razionale di combatterla. (L'Italia agricola, an. XX. Milano, 1888. p. 242—244, 258—261, 274—276, 292—294, 307—309, 322—323.) (Ref. 99.)
129. Prazmowski, A. Ueber die Wurzelknöllchen der Leguminosen. (Vortrag, Bot. C., 1888, Bd. XXXVI, p. 215.) (S. Ref. 84.)
130. Prevost, E. W. Beiträge zur Kenntniss der Beschädigung der Pflanzen und Bäume durch Hüttenrauch. (Landw. Vers.-Stat., Bd. 35. Berlin, 1888. p. 25—28.) (Ref. 41.)
131. Prillieux. Taches produites de jeunes feuilles de Cyclamen etc. (Bull. Soc. Bot. de France, 1887, t. XXXIV, p. 160; cit. Bot. C., 1888, Bd. XXXVI, p. 17.) (Ref. 33.)
132. — Les maladies de la vigne en 1887. (Session cryptogamique tenue à Paris en Octobre 1887 par les sociétés botanique et mycologique de France. Paris, 1888. p. 7—18.) (Ref. 78.)
133. — Maladie des feuilles des Pommiers et Chataigniers en 1888. (Bull. Soc. Mycol. France, vol. 4, 1888, p. 143—146.) (Ref. 81.)
134. — Production de périthèces de Physalospora Bidwellii au printemps sur les grains des raisins attaqués l'année précédente par le Black-Rot. (Bull. Soc. Mycol. France, vol. 4, 1888, p. 59—61.) (Ref. 140.)
*135. — Apparition du Black-Rot sur les feuilles de Vigne en 1888. (Bull. Soc. Mycol. France, vol. 4, 1888, p. 73.)
*136. — Esperienze sul trattamento del Black-Rot. (Rass. Con., an. II, 1888.) — Aus dem Französischen. Solla.
*137. — Le chancre du pommier produit par un Nectria. (Bull. Soc. Mycol. France, vol. 4, 1888, p. 73—74.)
138. Ravizza, F. Ueber das „Thränen" der Weinrebe mit Bezug auf die günstigste Zeit für das Verschneiden. (Le Stazioni Sperimentali Agrarie Italiane, vol. 14, 1888, p. 275; cit. Biederm. Centralbl. f. Agrikulturchemie, 1888, p. 541.) (S. Ref. 48.)
*139. R(oumeguère). Le rot blanc dans la Haute-Garonne et le Tarn en 1888. (Revue Mycol., vol. 10, 1888, p. 203—205.)
140. — Le remède du Black-rot. (Revue Mycol., vol. 10, 1888, p. 200.) (Ref. 139.)
141. Sadebeck, R. Ueber einige durch Protomyces macrosporus Ung. erzeugte Pflanzenkrankheiten. (Sitzungsber. d. G. f. Bot. zu Hamburg, III, 1887, p. 80; cit. Bot. C., 1888, Bd. XXXVI, p. 144.) (Ref. 112.)
142. — Neuere Untersuchungen über einige Krankheitsformen von Alnus incana und glutinosa. (XXIII. Sitzung, d. Ges. f. Bot. zu Hamburg; cit. Bot. C., 1888, Bd. XXXVI, p. 349.) (Ref. 120.)
143. Savastano, L. Tumori nei coni gemmarii del carrubo. (Bollettino della Società di Naturalisti in Napoli, vol. II, 1888. kl. 8°. p. 247—254. Mit 1 Taf.) (Ref. 29.)
144. Schlieckmann, O. u. Märcker, M. Ueber das Aufschiessen der Runkelrüben. (Aus Magdeburger Ztg., 1887, No. 595; cit. Biederm. Centralbl. f. Agrikulturchemie, 1888, p. 321.) (S. Ref. 28.)
145. Schöyen, W. M. Bygalen (Tylenchus hordei n. sp.) en ny for Bygget skadelig Planteparasit iblandt Rundormene. (Forhandlinger i Videnskabs Selskabet i Christiania for 1885, No. 22, 16 p., 1 Pl. Christiania, 1886. Cit. Bot. C., 1888, Bd. XXXV, p. 158.) (S. Ref. 56.)
146. Scioli, F. Le malattie delle viti e dei frutteti secondo la teoria Chavée-Leroy. (L'Italia agricola, an. XIX. Milano, 1887. 4°. p. 135—137.) (Ref. 12.)
147. Scribner, F. L. Esperienze sul trattamento del Black-Rot e del Brown-Rot in America. (Rass. Con., an. II, 1888, p. 528—529.) (Ref. 68.)
148. — Some results of mycological work in U. S. Dept. of Agriculture. (Bot. G., vol. 13, 1888, p. 14—16.) (Ref. 71.)

149. Scribner, F. L. Report of the chief of the section of vegetable pathology. Washington, 1888. 8°. (Ref. 72.)

150. — Report of the Section of vegetable pathology. (Rep. U. S. Dept. Agriculture for 1887.) (Ref. 4.)

150a. — New observations on the fungus of Black-rot of grapes, and successfol treatment of Black-rot. (Proceedings of the society for the promotion of agricultural science for the 1888 meeting.) (Ref. 138.) Fischer.

151. Seliwanoff, Th. Ein Beitrag zur Kenntniss der Zusammensetzung etiolirter Kartoffelkeime. (Landw. Vers.-Stat., XXXIV, Heft 16, p. 414—416.) (S. Ref. 40.)

152. Seymour, A. B. Character of the Injuries produced by Parasitic Fungi upon their Host-Plants. (Amer. Naturalist, vol. 21. Philadelphia, 1887. p. 1114—1117.) (Ref. 2.)

153. Smith, W. G. Disease of Lilies. Peronospora elliptica. (G. Chr., ser. 3, vol. 4. London, 1888. p. 184.) (Ref. 109.)

154. — Disease of Garden Hellebores. Peronospora Ficariae Tul. (G. Chr., ser. 3, vol. 4. London, 1888. p. 16—17.) (Ref. 110.)

155. Solla, R. F. Note di fitopatologia. Firenze, 1888. 8°. 350 p. Mit 11 Taf. (Ref. 1.)

156. Sorauer, P. Ueber Missernten bei Hafer. (Oesterr. Landw. Wochenbl., 1888, No. 23.) (S. Ref. 23.)

157. — Zur Charakteristik der Albicatio. (Forsch. Agr., Bd. 10. Heidelberg, 1888. p. 389—394.) (Ref 16.)

158. Targioni-Tozzetti, A. Relazione della R. Stazione di entomologia agraria di Firenze, per gli anni 1883—1885. (Annali di Agricoltura, No. 146. Firenze, 1888. 8°. VIII + 533.) (Ref. 3.)

159. Thomas, Fr. (Ohrdruf). Bemerkungen über die Holzkröpfe von Birken, Aspen und Weiden. (Verh. Brand, Jahrg. 29, p. XXVII—XXIX.) (Ref. 52.)

160. Thümen, F. v. Die Pilze des Aprikosenbaumes (Armeniaca vulgaris Lam.). Eine Monographie. (Aus den Laboratorien der K. K. Chemisch-Physiologischen Vers.-Stat. für Wein- und Obstbau zu Klosterneuburg bei Wien. 4°. Klosterneuburg, 1888, No. 11, 19 p.) (S. Ref. 79.)

161. — Die Pilze der Obstgewächse. Namentliches Verzeichniss aller bisher bekannt gewordenen und beschriebenen Pilzarten, welche auf unsern Obstbäumen, Obststräuchern, und krautartigen Obstpflanzen vorkommen. 126 p. Wien, 1887. (S. Ref. 66.)

162. — Die Lederbeeren. Eine neue Krankheit der Trauben. (Weinlaube. Zeitschrift f. Weinbau und Kellerwirthschaft, 1886, p. 447; cit. Bot. C., 1888, Bd. XXXIII, p. 16.) (S. Ref. 155.)

163. — Az uborka és dinnye ellenségei. Die Feinde der Gurke und der Melone. (Kertészeti Lapok. Budapest, 1888. III. Jahrg., p. 149 150 [Ungarisch].) (Ref. 80.)

164. — Verhütung des Getreiderostes. (Oesterr. Landw. Wochenbl., 14. Jahrg. Wien, 1888, p. 182, 183.) (Ref. 117.)

165. — Der Mehlthau der Apfelbäume. (Oesterr. Landw. Wochenbl., 14. Jahrg. Wien, 1888. p. 126—128.) (Ref. 154.)

166. — Die Ansteckung des Weizens durch den Steinbrand. (Oesterr. Landw. Wochenbl., 14. Jahrg. Wien, 1888. p. 216—217.) (Ref. 113.)

167. — Der Krebs der Obst- und anderen Laubbäume und seine Bekämpfung. (Oesterr. Landw. Wochenbl., 14. Jahrg. Wien, 1888. p. 230—231). (Ref. 133.)

168. Tubeuf, C. von. Ueber die Wurzelbildung einiger Loranthaceen. (Sitzungsber. d. Bot. Ver. München, Sitzung v. 21. März 1887; cit. Bot. C., 1888, Bd. XXXIII, p. 346.) (Ref. 63.)

169. — Pestalozzia Hartigii. (Bot. C., 1888, Bd. 36, p. 391.) (Ref. 153.)

170. — Beiträge zur Kenntniss der Baumkrankheiten. 61 p. 8°. 5 Taf. Berlin (Springer), 1888. (Ref. 74.)

171. Tubeuf, G. von. Eine neue Krankheit der Douglas-Tanne. (Bot. C., 1888, Bd. 33, p. 347–348.) (Ref. 128.)

172. Underwood, L. M. The clover rust. (Bot. G., vol. XIII, 1888, p. 301—302.) (Ref. 116.)

173. Viala, P. et Ravaz, L. La Mélanose. (Revue Mycol., vol. 10, 1888, p. 193—199.) (Ref. 151.)

174. — Recherches expérimentales sur les maladies de la vigne. (C. R., Paris, T. 106, 1888, p. 1711—1712.) (Ref. 137.)

175. Vuillemin, P. Sur l'étiologie des maladies parasitaires à propos de quelques épiphyties observées récemment en Lorraine. (Bulletin de la Société de Nancy, ser. 2, T. IX, Fasc. XXI, 1887, Paris, 1888, p. 53–79.) (Ref. 73.)

176. — Sur une maladie des Amygdalées observée en Lorraine en 1887. (Session cryptogamique tenue à Paris en Octobre 1887 par les sociétés botanique et mycologique de France. Paris, 1888. p. XL—XLVII.) (Ref. 32.)

*177. — Sur une bactériocécidie ou tumeur bacillaire du Pin d'Alep. (C. R., 26. Nov. 1888.) (Ref. im nächsten Jahrg.)

178. Wagner, P. Die Steigerung der Bodenerträge durch rationelle Stickstoffdüngung. Darmstadt, 1887, 76 p.; cit. Biederm. Centralbl. f. Agrikulturchem., 1888, p. 78. (Ref. 19.)

179. Wakker, J. H. Contributions à la pathologie vegetale. (Archives Neerlandaises, 1888, 1e livr, p. 1—71, 3 Taf.) (Ref. 86.)

180. Warburg, O. Beitrag zur Kenntniss der Krebskrankheit der Kinabäume auf Java. (Sitzungsber. d. Ges. f. Bot. zu Hamburg, III, 1887; cit. Bot. C., 1888, Bd. XXXVI, p. 145.) (S. Ref. 18.)

181. Ward, H. Marshall. On the tubercular swellings on the roots of Vicia Faba. (Philosophical Transactions of the Royal Society of London, vol. 178, 1887, 3, p. 539–562, Pl. 32, 33; cit. Bot. C., 1888, Bd. XXXIV, p. 305.) (S. Ref. 83.)

182. Wettstein, R. von. Notiz betreffend die Verbreitung der Lärchenkrankheit. (Bot. C., 1888, Bd. XXXVI, p. 345.) (Ref. 123.)

183. Wilhelm, G. Versuche über die Wirkung der Petroleumbeize auf die Keimung der Maiskörner. (Oesterr. Landw. Wochenbl., 1888, No. 9.) (S. Ref. 46.)

184. Windle, W. S. The black spot. (American Florist, for May 1, 1888.) (Ref. 150.)

185. Wollny, E. Untersuchungen über die Temperatur- und Feuchtigkeitsverhältnisse der Streudecke. (Forschungen a. d. Geb. d. Agrikulturphys., Bd. X, Heft 4/5, 1888.) (S. Ref. 38.)

186. — Untersuchungen über die Temperaturverhältnisse des Bodens bei verschiedener Neigung des Terrains gegen die Himmelsrichtung und gegen den Horizont. (Forschungen a. d. Geb. d. Agrikulturphys., Bd. X, 4. u. 5. Heft, 1888, p. 345.) (S. Ref. 37.)

187. Woronin, M. Ueber die Sclerotienkrankheit der Vaccinieen-Beeren. (Mem. Ac. imp. sciences d. St. Petersburg, VII. Serie, T. XXXVI, No. 6, 49 p. 4°. Mit 10 Tafeln. St. Petersburg, 1888.) (S. Ref. 125.)

I. Schriften allgemeinen Inhalts.

1. R. F. Solla (155). Vorliegendes Hülfsbuch zu dem pathologischen Studium der cultivirten und namentlich der Waldgewächse gliedert sich in vier Abschnitte. — Im ersten werden die der Vegetation schädlichen Pflanzen: Unkräuter, phanerogamen Parasiten, Pilze besprochen. Dieser Abschnitt ist vornehmlich nach R. Hartig und Sorauer zusammengestellt, berücksichtigt indessen auch die neuesten Errungenschaften der Wissenschaft und namentlich die bezüglichen italienischen Arbeiten (Comes, Cuboni etc.) — Der zweite Abschnitt bespricht die Thiere (Wirbelthiere und Wirbellose), welche den Pflanzen Schaden zufügen und ist vorwiegend aus Altum's Zoologie (II. Aufl.) excerpirt; nicht weniger sind

indessen auch die Werke **Ratzeburg's**, sowie die neueste Fachliteratur berücksichtigt. — Im dritten Abschnitte, der Mensch als Feind der Pflanzenwelt, gelangen die verschiedenerlei Wunden, Verwundungen, Harz- und Mannafluss, falsche Culturmethoden, Feuersbrünste zur Besprechung. Den Erörterungen ist der anatomische Bau der Pflanze, die Bildungsweise der Vernarbungsgewebe, sowie das physiologische Princip in den Lebensbedingungen der Pflanze zur Grundlage gelegt. — Ein vierter Abschnitt handelt von den klimatischen und von den Bodenverhältnissen. An der Hand von **Hallier's** Schriften geordnet, bringt er dennoch die recenteren Ansichten zur Discussion.

Die beigegebenen Tafeln illustriren zumeist pathologische Zustände von Waldbäumen, welche im Text, neben den Beschreibungen der schädlichen Pflanzen und Thiere, ausführlich dargestellt werden. Solla.

2. **A. B. Seymour** (152) schildert die schädlichen Einwirkungen parasitischer Pilze auf ihre Wirthe. Dieselben werden durch die Nahrungsaufnahme der Pilze entkräftet, die Functionen des Chlorophylls werden durch die deckenden Mycelien gestört, daher die sonst grünen Pflanzentheile braun, missfarbig, oft auch in der Form verunstaltet; das Wachsthum wird verzögert oder beschleunigt. Weiter schildert Verf. die Entstellung der Stengeltheile, Blüthen, Samen und Früchte durch Schmarotzerpilze. Dieselben bewirken vorzeitigen Blätter- oder Fruchtfall, beschleunigen oder verzögern die Fruchtreife. Manche Nutzpflanzen werden von Unkräutern aus inficirt. Gewisse Pflanzengruppen werden von bestimmten Pilzen befallen. Matzdorff.

3. **A. Targioni-Tozetti** (158) berichtet über die in den Jahren 1883—1885 der entomologischen Station zu Florenz eigesandten pathologischen Objecte, worunter nicht bloss solche von Thieren verursacht, sondern auch andere aufgenommen sind, welche Pilze und meteorische Umstände zu deren Urheber haben.

Der Bericht wird in zwei Theile, einen historischen und wissenschaftlichen Theil geschieden. Im ersteren lesen wir zunächst einiges über die Geschichte der Station, ferner allgemeine Betrachtungen über Culturen und deren Feinde, worauf die Angabe der verschiedenen eingesandten Objecte, je nach den Krankheiten abgetheilt und in jedem Capitel chronologisch geordnet folgt. — Verf. leitet jedes Capitel mit einer eingehenderen Darstellung der Krankheit, welche öfters von trefflichen Holzschnitten begleitet wird, ein. Jedesmal werden bei Besprechung der Krankheiten, die von Pilzen verursachten, vorangestellt; allgemeine Betrachtungen und Schlussfolgerungen oder Zusammenfassungen beschliessen die einzelnen Capitel. Mitunter äussert sich Verf. auch über die Methoden zur Abwehr oder zur Bekämpfung der Uebel. Die Krankheitserscheinungen sind in diesem Theile nach Pflanzengruppen oder -Arten geordnet: Kräuter, Waldbäume, Ziergehölze, Obstpflanzen.

Der wissenschaftliche Theil bespricht eingehend die schädlichen Thiere: Vögel, Insecten, Spinnen. Hier sind die Thiere eingehend beschrieben in ihren verschiedenen Entwicklungsstadien; analytische Schlüssel verhelfen zur Bestimmung der Arten; von jeder der letzteren ist das Vorkommen, die Tragweite der Schäden, mitgetheilt. Selbstverständlich sind nur die Thiere erwähnt, welche innerhalb des Trienniums sich gezeigt haben und irgend welchen Schaden der Vegetation zufügten. — Viele Holzschnitte illustriren diesen zweiten Theil.

Das Buch wird somit zu einem Repertorium der Pflanzenkrankheiten, die 1883—1885 in Italien vorgekommen sind. Solla.

4. **Scribner** (150) behandelt die Krankheiten verschiedener Culturgewächse (nach B. Torr. B. C. XV, p. 246). Ed. Fischer.

5. **Penzig** (122) behandelt im vierten Theile seines Werkes die Schmarotzerpilze und schädlichen Gliederthiere der Orangengewächse. Es werden 190 Arten parasitischer und saprophytischer Pilze beschrieben. Die zoologische Abtheilung enthält die Beschreibung von 29 Insectenarten.

6. **H. Müller-Thurgau** (116) fand an Weinblättern eine Krankheit, die mit gelblicher Verfärbung begann, nur einzelne Blätter befiel, weder auf *Peronospora* noch auf *Botrytis* zurückgeführt werden konnte (letzterer trat erst secundär hinzu), auch nicht auf Sonnenbrand beruhte. Die Ursache blieb unbekannt. Matzdorff.

7. **Just** (83) behandelt in seinem Berichte: 1. Versuche zur Vertilgung des Wurzelpilzes *(Dematophora necatrix)*. 2. Kranke Reben in Neckarzimmern. 3. Vergrünung an Reben. 4. Bericht über die Rebenuntersuchungen im Grossherzogthum, soweit dieselben durch die Versuchsanstalt ausgeführt sind. 5. Kartoffelkrankheit. 6. Beschädigung von Obstbäumen durch Hasenfrass. 7. Beschädigung durch Raupen. 8. Beschädigung von Kartoffeln und Tabakpflanzen durch den Stechwurm. Von den bei letzterem Uebel angewendeten Mitteln mögen hier nur als zum Versuch bei andern Krankheitserscheinungen empfohlen, erwähnt werden Schwefelwasserstoff, erzeugt durch Einwirkung von Phosphorsäure auf Schwefelalkalien (patentirte Methode von Dr. Clemm in Mannheim).

8. **G. Grazzi-Soncini** (69) auf die immer mehr um sich greifende Chlorose der Weinreben, namentlich der amerikanischen Arten hinweisend, sucht die directe Ursache dieser Krankheitserscheinung zu ergründen. Er resumirt die verschiedenen Ansichten der Autoren und durchleuchtet mit kritischer Feder wie nicht immer der Mangel an Eisensalzen im Boden die ausschliessliche Ursache des Uebels sein kann, sondern wie damit Hand in Hand auch ungünstige physikalische Verhältnisse des Bodens (Wärmeleitung, Porosität) gehen, und wie mitunter eine falsche Behandlung der Weinstöcke von Seiten der Menschen, beim Pfropfen vornehmlich, derartige krankhafte Erscheinungen in den Stöcken hervorrufen können. Darauf hin gestützt, ertheilt Verf. einige Maassregeln zur Abwehr und zur Hintanhaltung des Uebels. Solla.

9. **Kosmahl** (90) giebt eine Uebersicht über die Verbreitung der Fichtennadelröthe in den sächsischen Staatsforsten. Ed. Fischer.

10. **Böhm** (15). Das Lebewesen charakterisirt sich dadurch, dass es assimilirt. Das Leben ist ein beständiges Sterben. Gleichwie ein Stundenglas nicht durch das letzte Sandkorn entleert wird, sondern auch durch jedes vorangegangene, so macht auch die letzte Stunde, in welcher wir aufhören, zu sein, für sich nicht den Tod aus, sondern sie vollendet ihn nur. Alle Lebewesen müssen athmen, und zwar athmen die meisten durch Sauerstoffaufnahme, wofür sie ein gleiches Volumen Kohlensäure abscheiden (normale Athmung). In sauerstofffreiem Medium ersticken die Pflanzen; ehe dies jedoch geschieht, stellt sich die innere Athmung ein, welche als Gährung schon seit den ältesten Zeiten bekannt war. Die Alkoholgährung ist die Folge innerer Athmung der Hefezellen, welche diese Art der Athmung sehr gut vertragen. Manche Bacterien haben sich derart an die innere Athmung gewöhnt, dass sie in sauerstoffhaltigen Medien absterben. Unter „Krankheit" versteht man die Störung des harmonischen Zusammenwirkens der einzelnen Organe des Lebewesens. Die Lebensdauer ist eine beschränkte. Abgesehen von äusseren Todesursachen, stirbt die Pflanze eines natürlichen Todes, dessen Ursachen uns unbekannt.

Das natürliche Sterben der Bäume erklärt sich Verf. folgendermaassen: „Was bei einem Baume noch lebt, sind nur die unvergleichlich jüngeren Zweige und die äusseren Jahresringe des Holzes, der saftleitende Splint. Das Kernholz ist todt und hat, wenn es nicht vermodert, für den Baum keinen anderen Werth mehr, als eine äusserlich angebrachte Stütze desselben." Mit dem Dickerwerden des Stammes verschmälern sich die Jahresringe. Da der Uebergang von Splint in Kernholz ein stetiger ist, so wird die Bahn für den senkrecht aufsteigenden Saftstrom immer schmäler und endlich zu schmal, um alle Blätter mit Wasser zu versorgen. Ein Theil der Aeste vertrocknet und es fällt Zweig um Zweig. Die dadurch bedingte Verminderung der assimilirenden Blattfläche ist ein weiterer Grund nicht nur für das Schmälerwerden der neuen Jahresringe, sondern auch dafür, dass der ältere Splint nicht mehr ausreichend ernährt wird und daher vorzeitig in Kernholz übergeht. Die Saftbahn ist nun so klein geworden, dass nur mehr wenige Triebe mit Wasser versorgt werden können, und endlich vertrocknen auch diese."

II. Ungünstige Lage.

11. **A. A. Crozier** (44) stellte Keimungsversuche mit Samen von Hafer, Bohnen, Mais, Buchweizen u. a. derart an, dass dieselben in zinnernen Gefässen, deren Oeffnung nach unten gerichtet war, gesät wurden. Ein Theil des Maises hatte gesprosst, das meiste

Korn war gleichfalls gewachsen und hatte lange Wurzeln getrieben; doch waren sämmtliche Pflanzen nach zwei Jahren todt. Matzdorff.

III. Wasser- und Nährstoffmangel.

12. F. Scioli (146) entwickelt die Theorien von Chavée-Leroy, wonach die verschiedenen Krankheitserscheinungen der Reben und der Obstbäume einzig und allein in der Verarmung des Bodens an Kalk und Schwefel zu suchen ist. Ausnehmend hohe Wärmegrade und Dürre vermögen noch leichter die genannten Erscheinungen hervorzurufen; in allen Fällen ist das Auftreten von pflanzlichen oder thierischen Parasiten (Peronospora, Oidium, Reblaus, Phytoptose etc.) nur eine Folge der angegebenen Bodenverarmung. Solla.

13. F. J. Berdau (10) nimmt für Honigthau zwei getrennt auftretende Ursachen an; die Thätigkeit der *Aphis*-Arten und krankhafte Ausschwitzung der Blätter bei erhöhter Transpiration und geringem Wasserzufluss durch die Wurzeln. Bernhard Meyer.

14. Johannsen (79). Petri hat im Jahre 1870 schon angegeben, dass glasige Gerstenkörner durch Aufweichen in Wasser mehlig werden können. Dies bestätigt Verf. Es wurden 200 Kilo Gerste zur Hälfte wiederholt mit Wasser (im Ganzen 15 %) befeuchtet, darauf getrocknet und auf einem Boden ausgebreitet und gewendet, bis der ursprüngliche Trockensubstanzgehalt (84.7 %) erhalten war. Die Mehligkeit war jetzt 50, im ursprünglichen Material 19. Culturversuche ergaben, dass die Gerste um so mehliger gemacht werden kann, je ärmer sie an Stickstoff ist, und zwar erhält man eine stickstoffärmere Gerste bei früher Aussaat; bei später Aussaat erhält man die relativ stickstoffreichsten Ernten.

15. Jost (80). Die Arbeit ist insofern von pathologischer Bedeutung, als sie auf die Hülfsorgane gewisser Pflanzen eingeht, welche dieselbe bei Sauerstoffmangel besonders entwickeln. Die Organe bestehen in einer eigenthümlichen Ausbildung der Spitzenregion von meist senkrecht aus dem Boden wachsenden Wurzeln. Eingehend studirt Verf. derartige Athmungsvorrichtungen (Pneumathoden) bei den Palmen, von denen mehrere Arten von *Phoenix* und *Livistona*, ausserdem *Pritchardia filamentosa*, *Kentia*, *Chamaerops*, *Cocos*, *Caryota*, *Chamaedorea* und *Thrinax* betrachtet werden. Die Pneumathoden erscheinen meist als mehr oder weniger lang an der Wurzelspitze herablaufende Regionen von mehliger Beschaffenheit; letztere wird hervorgerufen durch Vermehrung, Vergrösserung und Lockerung der äusseren Lagen der Wurzelrinde. Das auf diese Weise entstehende Schwammgewebe reisst die Epidermis zusammenhängend oder aber auch unter Belassung ringförmiger Zonen auf und verdickt die ergriffene Wurzelpartie zu einer kolbigen Anschwellung, auf deren Spitze die zu einer braunen Kappe zusammengetrocknete Wurzelmütze sitzt. Die Gewebelockerung einer solchen Wurzelspitze wird noch dadurch erhöht, dass an den betreffenden Stellen der sonst vorhandene Sclerenchymring fehlt; nur zerstreut im Rindenparenchym liegen kurze, sclerenchymatische Elemente:

Wie experimentell bei *Phoenix* gezeigt wird, bleiben die mit Pneumathoden versehenen Wurzeln im Boden, wenn derselbe trocken, also gut durchlüftet, erhalten wird; dagegen steigen sie über die Kübeloberfläche bis in die Luft hinaus, wenn die Pflanze mit ihrem Ballen in Wasser versenkt wird. Man ist daher berechtigt, diese Erscheinung als einen Anpassungsvorgang bei Lufthunger der Wurzeln aufzufassen und als eine Form von Aërotropismus zu erklären.

Soweit das Material bei *Pandanus* reichte, zeigte sich im Wesentlichen eine Uebereinstimmung mit *Phoenix*; doch waren bei *Pandanus pygmaeus* unter den Schwammzellen mehrere continuirliche Schichten kurzer, sehr verdickter Zellen (Korkzellen) zu finden, zwischen denen intercellulare Lücken nicht bemerkbar waren.

Pneumathoden waren auch bei *Saccharum officinarum* und bei *Cyperus* zu beobachten. Hier zeigte sich die Epidermis nur spaltenförmig gesprengt.

Bemerkenswerth ist, dass die Pneumathoden nur an in Wasser cultivirten Landpflanzen, aber nicht an unsern einheimischen Sumpf- und Wasserpflanzen aus den Familien der Cyperaceen und Gramineen gefunden werden.

Bis jetzt ist nur bei den ins Wasser gebrachten Luftwurzeln von *Luffa amara* Roxb.

die Entstehung von Pneumathoden als einziges Beispiel unter den Dicotyledonen beobachtet worden.

Früher hatte Göbel (B. d. D. Bot. G., 1886, Heft VI) auf solche Athmungsvorrichtungen bei einigen tropischen Sumpfbewohnern *(Sonneratia* und *Avicennia)* schon hingewiesen.

Bot. Z., 1887, p. 717, macht Göbel darauf aufmerksam, dass er auch an zu tief ins Wasser gepflanzten Exemplaren von *Rumex Hydrolapathum, Nymphaea, Lotus* durch Sauerstoffmangel senkrecht herauswachsende Wurzeln beobachtet habe.

16. **P. Sorauer** (157) hält die Weissblättrigkeit der Pflanzen für einen Schwächezustand, der durch das Ueberwiegen derjenigen Einflüsse entsteht, die die Membranen vorzeitig in den Zustand des Dauergewebes übergehen lassen und somit ihre Unwegsamkeit für die zur Chlorophyllbildung nöthigen Stoffe zu früh erzeugen. Der Schwächezustand kennzeichnete sich in Versuchen durch die weit geringere Fähigkeit weisslaubiger Pflanzen (*Tradescantia zebrina* f. *multicolor* diente zum Versuch), neue Trockensubstanz zu bilden, und durch die geringere Verdunstungsgrösse für die gleiche Blattfläche.

Matzdorff.

IV. Wasser- und Nährstoffüberschuss.

17. **Fleischer** (61). Der Wasserüberschuss, der entweder noch vorhanden oder ehemals gewesen, zeigt sich am besten bei den Moorwiesen und es ist deshalb für den praktischen Pathologen von Interesse, die Resultate kennen zu lernen, die Verf. bei der Cultur der Moorwiesen nach mehrjährigen Versuchen erlangt hat. Zunächst ist bei der meistens vorhandenen ungenügenden Entwässerung Vorfluth zu schaffen und durch Anlage eines nicht zu weitmaschigen Grabennetzes der Grundwasserstand zu senken; aber man achte mit grösster Sorgfalt darauf, dass die Senkung des Wasserspiegels nicht zu tief und die Wiese dadurch zu trocken werde. Die Gefahr eines allzu starken Austrocknens wird wesentlich durch Bedeckung des Moores mit mineralischen Bodenarten vermindert. Als solche sind besonders grober, feldspathreicher Sand zu empfehlen; auf sehr stark entwässerten Wiesen können auch feinerdigere Bodenarten, wie Lehm und Klei verwendet werden. Steht das Grundwasser nicht tiefer als 30—40 cm, ist das Uebererdungsverfahren nicht angebracht. Durch die Entwässerung allein werden schon die Moose und Sumpfgräser durch nahrhafte Futterpflanzen verdrängt; aber hohe und dabei sichere Erträge kann erst die Düngung nachher bringen. Kompost wird auf Moorwiesen nicht genügend verwerthet, da nicht das Bedürfniss nach Stickstoff, sondern nach Kali und meist auch nach Phosphorsäure vorliegt. Entsprechend den Mengen, welche eine gute Heuernte entzieht, empfiehlt es sich, 3 Ctr. Kainit und $^3/_4$ Ctr. Thomasphosphatmehl (zu 20 %) alljährlich, in den ersten Jahren der Cultur auch noch mehr, zu geben. Eine Kalkung pflegt auf den von Natur graswüchsigen Mooren und anmoorigen Böden ohne Wirkung zu sein.

18. **Warburg** (180). Vorläufig ist die „Kanker" oder Krebskrankheit der Chinabäume erst im Süd- und Nordwesten von Java, dehnt sich aber immer mehr aus. Ihr Kennzeichen ist ein Schlaffwerden und Herabhängen der jungen Blätter, die Herbstfärbung anzunehmen; das Ende ist gewöhnlich der Tod des Baumes. Man unterscheidet Wurzel- und Stammkrebs. Bei Wurzelkrebs wird die Rinde grün und stirbt ab; unterhalb derselben ist Mycel, das durch die Markstrahlen in das Holz hineingeht, die Gefässe durchzieht und die Gewebe zerstört, stammaufwärts sich fortsetzt, namentlich aber an den Wurzeln abwärts steigt. Im Verlauf der Krankheit entstehen Risse in der Rinde oder pockenartige Wucherungen in Form einiger Millimeter grosser, mit einem Längsspalt versehener Erhebungen, die zum Theil mit einander zu längeren Spalten verbunden sind. Es sind auch Rhizomorphen vorhanden und die Ausbreitung der Krankheit erfolgt wahrscheinlich meist durch Mycelwanderung. Kräftige Pflanzungen vermögen der Seuche Widerstand zu leisten.

Der Stamm- oder Astkrebs an höheren Stammregionen oder an Aesten (meist unterhalb eines Aststumpfes) lässt auch in den angegriffenen Theilen Mycel erkennen. Die Erkrankung schreitet ringartig an der Axe fort und veranlasst schliesslich das Vertrocknen der oberhalb der Ringzone liegenden Theile, während der unterhalb gelegene Axentheil keinerlei Siechthumserscheinungen zeigt, sondern die kranke, durch die abfallende vertrocknende Rinde blossgelegte Stelle zu überwallen sucht; dadurch entstehen Anschwellungen. „Dabei treten vielfach Krebsrisse auf, oder das Austreten eines gelblich-grünen, beim schnellen Erhärten sich braun bis gelbroth färbenden Saftes, offenbar die Inhaltsmassen der länglichen Gewebeelemente zwischen primärer und secundärer Rinde.“ Die Krankheit zeigt viel Aehnlichkeit mit dem Lärchenkrebs und es sind auch einige Male gelbe *Peziza*-Früchte, die an *Peziza Willkommii* Hart. erinnern, gefunden worden.

Der Stammkrebs dürfte identisch mit der von Morris beschriebenen, ceylonischen Chinakrankheit sein. Der (radial fortschreitende) Wurzelkrebs ist auf Java bisher nur in einem scharf begrenzten Gebiete gefunden worden, dürfte aber wohl im Himalaya und in Ceylon auch zu finden sein. Die Culturen in feuchten Gründen werden besonders von der Krankheit heimgesucht, die zur Zeit des regnerischen Westmonsumes am schnellsten fortschreitet. Das Chinin verschwindet beim Absterben gänzlich. Empfohlen wird Entfernen und Verbrennen aller kranken Axentheile, die Anlage von 50 cm tiefen Isolirgräben. Der Boden ist während des trocknen Ostmonsums gründlich zu bearbeiten, an den gesunden Bäumen ist in der Regenzeit die Stammbasis mit den Wurzelansätzen bloss zu legen. Man lenke auch die Aufmerksamkeit auf die Züchtung widerstandsfähiger Varietäten. *Cinchona succirubra* z. B. ist widerstandsfähiger gegen den Wurzelkrebs als *C. Ledgeriana*.

19. **Wagner** (178). Aus der Arbeit des Verf.'s über die Stickstoffdüngung sind die Angaben über Stickstoffüberschuss hervorzuheben.

Zunächst bestreitet Verf. die Richtigkeit des Satzes, dass die Stickstoffdüngung die Blattbildung befördert und die Phosphorsäure die Körnerbildung. Die nach Salpeterdüngung allerdings häufig eintretende starke Strohvermehrung, welche gegenüber der Körnerbildung sich einstellt, erkläre sich aus der plötzlich überreichen Wirkung des Salpeters (Chilisalpeter) gegenüber dem Bodenstickstoff, der täglich nur etwas Salpetersäure bildet. Bei der Ernährung durch Bodenstickstoff beherrscht — in der Regel wenigstens — die täglich löslich werdende Stickstoffmenge die Vegetation; bei der Ernährung durch Chilisalpeter dagegen steht ein Ueberschuss von löslichem Stickstoff zur Verfügung und es wird — so lange dieser anhält — die Entwicklung der Pflanze nicht durch den Stickstoff, sondern durch die täglich aufnehmbare Menge von Phosphorsäure, Kali oder auch durch einen sonstigen Wachsthumsfactor, Feuchtigkeit, Wärme und Licht regulirt. Tritt nun der Fall ein, dass das gegebene Salpeterquantum schnell verbraucht wird, so langt dieselbe bloss für die Periode der Bestockung und Ausbildung der Halme aus; „schon beim Schossen aber hungern die Pflanzen nach Stickstoff, die Körnerbildung leidet; es giebt viel Stroh und verhältnissmässig wenig Körner“. Wenn dagegen der Boden so reich an organischer Substanz ist, dass nach Verbrauch des Düngerstickstoffs der Bodenstickstoff reichlich fortfliesst, wird der Körnerertrag im gleichem Maasse mit dem Strohertrage gesteigert. Dasselbe Resultat wird erzielt, wenn die Salpeterdüngung lange genug anhält.

Verf. hält ferner dafür, dass die Salpeteraufnahme abhängig ist von der aufzunehmenden Menge Phosphorsäure. Ist wenig von letzterer vorhanden, kann wenig Stickstoff verarbeitet werden und die Körnerernte steht im Verhältniss zum Stroh. Wird sehr viel Phosphorsäure neben Salpeter gegeben, so ist die Entwicklung der Pflanze eine derartig zügellose, dass bald Lagerfrucht eintritt — also Lagerfrucht in Folge von Phosphorsäuredüngung. Bei geringeren Gaben von Phosphorsäure hätte sich die Wirkung des Stickstoffs auf einen längeren Zeitraum vertheilt und es wäre, ebenso wie wenn man den Salpeter in mehreren Portionen (die letzte Rate vielleicht erst nach dem Schossen) gegeben hätte, keine Lagerung aufgetreten und Körner und Stroh hätten eine gleichmässige Steigerung erfahren.

Bei zu starker Phosphorsäuredüngung werden die Pflanzen frühzeitig gelb und reifen schneller als die mit überschüssigem Stickstoff gedüngten Exemplare. Märker nimmt an, die Phosphorsäure disponire die Pflanzen zu einem schnelleren Vollziehen aller Lebensfunctionen. W. meint, dass in Folge der starken Phosphorsäuregabe die Verarbeitung von Stickstoff, Kali und Wasser eine von vornherein so grosse ist, dass in den späteren

Phasen der Entwicklung der Pflanze Hunger an einem wichtigen Bestandtheil eintritt, so dass sie gezwungen wird, ihre Production frühzeitig einzustellen.

20. **A. Mayer** (110) betont im Hinweis auf eine frühere Arbeit über die Mosaikkrankheit des Tabaks (Landw. Versuchsstation, B. 32), dass Erneuerung der Erde in den mit jungen Tabakpflanzen besetzten Mistbeeten die Krankheit heilt. Matzdorff.

21. **Klebahn** (84) machte seine Studien über Zwangsdrehung an einem Stengel von *Galium Mollugo* L. Er führt dieselbe auf immer noch nicht aufgeklärte Ursachen zurück, die eine Veränderung des Vegetationspunktes bedingen. Diese Veränderung äussert sich in der Anlage der Glieder nach der $^2/_5$ Stellung statt in decussirten Paaren, also in einer Vermehrung der Glieder; ausserdem sind die Basen der aufeinanderfolgenden Blätter mit einander verwachsen, wodurch eine Gefässbündelverbindung von jedem Blatte zum folgenden entsteht.

22. **Minà-Palumbo** (112) referirt über Comes' Schrift und Ansichten, die Nassfäule der Weinbeeren betreffend, und führt ein Beispiel aus dem eigenen Weingarten an. Nur schliesst er sich jenem Autor nicht an in Betreff der unmittelbaren Ursache des Uebels, nämlich hochgradige Feuchtigkeit und niedere Temperatur; seine Vermuthungen sind aber etwas verworren und ziemlich unverständlich. Solla.

23. **Sorauer** (156) hat eine Anzahl Vegetationsversuche mit Getreidearten in Wassercultur durchgeführt und fand, dass Gerste und Hafer in solchen Ernährungsverhältnissen eine volle Ernte geben, die für Roggen und Weizen noch nicht ausreichend erscheinen, und dass ein Düngungszustand des Feldes, der für letztere beiden Getreidearten gerade genügend zu einer reichen Production ist, bereits für die beiden erstgenannten zu stark sich erweist und hindernd auf die Entwicklung wirkt. Daher versagt manchmal der Hafer auf Parzellen, die früher gute Ernten geliefert und allmählich in hohen Düngungszustand gelangt sind.

Bei den in den Versuchen durchgeführten Messungen der Transpirationsgrösse zeigte sich, dass der Düngungszustand eines Feldes von wesentlichem Einfluss auf den Wasserverbrauch der Pflanzen ist. Es ergiebt sich eine steigende Abnahme des Wasserverbrauchs zur Herstellung von 1 gr Trockensubstanz in dem Maasse, als die Lösung concentrirter wird, die den Wurzeln zur Verfügung steht. Je günstiger die Vegetationsfactoren zusammenwirken, d. h. je schneller eine Pflanze wächst, desto weniger Wasser verbraucht sie zur Herstellung von 1 gr Trockensubstanz. Bis zu einem für jede Species und jede Combination der Vegetationsfactoren bestimmten optimalen Grenzpunkte stellt gute Düngung gleichzeitig eine Wasserersparniss dar.

24. **Brunchorst** (23) beschreibt eine in Norwegen häufige, wahrscheinlich mit unserm Schorf identische Krankheit der Kartoffeln, welche durch einen, der *Plasmodiophora* ähnlichen Pilz hervorgebracht werden soll *(Spongospora Solani)*. Die in den krankhaften Zellen schon von Schacht beobachteten Plasmaballen hält Verf. für Hohlkugeln mit einer Wandung aus polyëdrischen Zellen. Die braunen Krusten des Schorfes entwickeln sich aus Knoten oder Erhöhungen, die von normalen Korkschalen bedeckt und ganz glatt sind. In diesem Stadium war das Plasma in den Zellen noch undifferenzirt.

II. Schon im Mistbeet kann eine Infection durch Plasmodiophora Brassicae erfolgen; deshalb ist die Mistbeeterde zu desinfiziren, wozu Schwefelkohlenstoff sehr geeignet ist.

III. In den Zellen der Wurzelanschwellungen von *Alnus* und den Elaeagnaceen liegen wirkliche Fadenknäuel, wie Verf. bereits früher angegeben, und Frank's Deutung ist nicht zutreffend. Ganz ähnliche Wurzelanschwellungen hat *Myrica Gale*.

25. **Brunchorst** (24). Die mit unserem Kartoffelschorf ganz übereinstimmende Krankheit, die in Norwegen sehr häufig, ist vom Verf. für eine parasitäre Erscheinung angesprochen worden. Er fand in den Zellen der Schorfstellen eigenthümliche Ballen, welche ihm als durchlöcherte Hohlkugeln erscheinen, deren Inneres von einem Netz- oder Balkenwerk durchsetzt ist. Sowohl die Kugelwandungen als die Balken bestehen aus kleinen polyëdrischen Zellen.

Durch Jodreagentien werden die Balken gelb bis braun gefärbt, Stärke- oder Cellulosereaction lässt sich nicht nachweisen. Die Schorfstellen gehen aus Erhöhungen hervor, welche vom normalen Korke der Kartoffelknolle bedeckt und daher glatt sind.

In dem Gewebe dieser Erhabenheiten sind die beschriebenen Ballen noch nicht zu finden; doch sind die Zellen schon stärkearm oder stärkefrei und enthalten undifferenzirte Plasmamassen, welche sich später abrunden und Schwammstructur annehmen. Weiterhin differenzirt sich dann das Plasma in der beschriebenen Weise. Aus diesem Befunde schliesst Verf., dass ein Myxomycet die Ursache des Schorfes ist. Die kleinen Zellen der Ballen sollen die Sporen sein, die sich hier nicht von einander trennen lassen. Keimung lässt sich allerdings bisher nicht beobachten. Der mit *Plasmodiophora* verwandte Organismus wird als *Spongospora Solani* eingeführt.

26. **Duckstein** (57) sah den Kartoffelschorf besonders stark auf frischgemergeltem Sandboden auftreten; Ammoniak- und Chilisalpeterdüngung waren ohne Erfolg dagegen. Kainit (3 Ctr. pro Morgen) half ebenfalls nicht viel, wohl aber eine stärkere Düngung mit Phosphorsäure. Bei Anwendung von 3 Ctr. Thomasschlacke, 2 Ctr. Kainit und $^1/_2$ Ctr. schwefelsaures Ammoniak pro Morgen zeigte sich der Schorf entweder gar nicht oder nur in verschwindend geringer Menge. Besonders gewarnt wird vor zu spätem Düngen im Frühjahr mit frischem Stallmist, weil dann der Schorf fast unvermeidlich ist.

27. **Märcker** und **v. Eckenbrecher** (101). Seit 8 Jahren werden in der Provinz Sachsen von einer Anzahl Versuchsanstalten die Zuckerrübensorten geprüft. Im Jahre 1887 betheiligten sich 19 Versuchsansteller, und 22 Sorten kamen zur Prüfung. Von pathologischem Interesse ist es, dass die einzelnen Sorten einen sehr verschiedenen Procentsatz an Rüben, die vorzeitig in Samen schiessen, geben.

Im Allgemeinen zeigte sich im Jahre 1887 ein sehr hoher Procentsatz an Aufschussrüben und namentlich gross war die Neigung zu diesem Fehler bei Rüben von Vilmorin-Abstammung. Die am meisten nach dieser Richtung hin ausartenden Sorten waren: „Gebr. Dippe's verbesserte, weisse Zuckerreichste“ (10%), „Knauer's Mangold“ (16.5%), Körbisdorf Vilmorin“ (16.7%), „Wilke's Altmärker Vilmorin“ (12.1%), „Mette's Vilmorin“ (11.4%), „Schreiber und Sohn Zuckerreichste“ (13,1%).

28. **Schlieckmann** und **Märcker** (144). Der erstgenannte Autor beobachtete bei seinen Culturen in der Aulebener Flur eine Abhängigkeit des Aufschiessens der Runkelrüben von der Grösse der durch Hagel hervorgebrachten Wachsthumsbeschädigung. Die im Jahre 1886 von den (noch nicht ganz ausgereiften Samenrüben) entnommenen Samen wurden unter gleichen Düngungs- und Bodenverhältnissen im folgenden Jahre ausgesät und ergab am 15. October pro Morgen von „Klein Wanzlebener Nachzucht“ welche nur unbedeutend vom Hagel gelitten, 134 Stück Aufschussrüben; ferner zeigte „Vilmorin Original“ (direct vom Züchter bezogen) 166 Stück, dagegen hatte „Vilmorin Nachzucht“, welche im Vorjahr mehr vom Hagel gelitten hatte als No. 1, schon 865 Stück Aufschussrüben und „Vilmorin Nachzucht“ mit sehr starker Hagelbeschädigung 1016 Stück Aufschussrüben pro Morgen. „Schlieckmann's Originalsamen“, ohne Hagel, hatte auf demselben Lande nur 85 Stück Aufschlusspflanzen. Bei „Vilmorins Nachzucht“ tritt der Einfluss des Hagels deutlich hervor. Es ist also eine weitere Bestätigung der früher von Rimpau-Schlanstedt gemachten Erfahrungen, dass jedes Vegetationshinderniss (z. B. zu tiefes Drillen des Rübensamens, Nachtfröste, ungünstige Keimungswitterung) entweder direct oder durch Erzeugung einer Disposition in der folgenden Generation den Procentsatz der Aufschussrüben erhöht (Ref.).

29. **L. Savastano** (143). Zweige und selbst Aeste von *Ceratonia Siliqua* L. sind zuweilen mit ungewöhnlichen Auswüchsen von ganz unregelmässiger Form bedeckt. Diese Auswüchse erscheinen nur auf Pflanzen, welche bereits fruchtbringend sind und beeinträchtigen einigermaassen den Reichthum der Früchte. Bereits von Gussone werden diese Auswüchse in Sicilien (1843) erwähnt, irriger Weise aber Insectenstichen zugeschrieben. Verf. studirte sie auf *Ceratonia*-Exemplaren der vesuvianischen Gegend.

Es handelt sich hier immer um Missbildungen des Vegetationskegels der Blüthenstände oder der die Blüthenstände tragenden Seitenaxen. Durch diese Missbildung, welche die Form tanninreicher conischer Auftreibungen zunächst annimmt, um später immer breiter zu werden, wird die Fruchtbildung sistirt. Anfangs vermögen die weiblichen Blüthen die Früchte nicht weiter zu entwickeln, sodann erscheinen die Blüthen sehr karg, oft mit atrophirten Reproductionsorganen, schliesslich gelangen sie gar nicht mehr zur Ausbildung.

Verf. verfolgte genau am Mikroskope die verschiedenen Entwicklungsphasen dieser Missgebilde, fand aber niemals einen Organismus als Erreger des pathologischen Zustandes. Daraus schliesst Verf., dass der Hang zu ähnlichen Missbildungen der Pflanze selbst inliege; dem Vegetationskegel wird die Kraft gelähmt, neue Blüthenstände hervorzubringen, während die in ihm sich ansammelnden Nährstoffe die Hypertrophie desselben verursachen.

Wohlangepasste Schnitte dürften dem Uebel entgegenarbeiten; im schlimmsten Falle ist der Baum zu fällen; jedenfalls ist zu beachten, dass das Uebel übertragbar ist.

Solla.

V. Verflüssigungskrankheiten.

30. **R. W. Bauer** (8) fand im Gummifluss des Pfirsichbaumes Galactose.

Matzdorff.

31. **R. W. Bauer** (7) wies im Pflaumengummifluss das Galactinkohlehydrat nach, das im Kirschgummi bisher nicht gefunden wurde. Matzdorff.

32. **Vuillemin** (176). Untersuchung über die durch *Coryneum Beyerincki* Oud. bedingte Krankheit der Amygdaleen in Lothringen (s. Bot. J., 1887, Pilze Ref. 252).

Ed. Fischer.

33. **Prillieux** (131) fand bei *Cyclamen* rostrothe Flecke auf den Blättern, die theils getrennt, theils verflossen auftraten. Palissaden- und theilweise auch das Schwammparenchym waren mit gummöser Masse angefüllt. Das Protoplasma des Primordialschlauches liess sich bisweilen noch deutlich durchzogen von äusserst feinen, netzartig verzweigten Gummizügen erkennen. Die mit Gummitröpfchen dicht erfüllten Zellen boten äusserlich den Anblick eines dichten Bacterienhaufens; doch war von wirklichen Bacterien nichts wahrzunehmen. Nach M. Comes sollte die Gummosis der Feige durch Bacterien hervorgerufen sein.

VI. Wärmemangel.

34. **G. Cuboni** (47) weist nach, dass ein Schwarzwerden und Eintrocknen der jungen Rebenschösslinge, wie es in Piemont vorgekommen, ausschliesslich bedeutenden plötzlichen Temperaturdifferenzen zugeschrieben werden müsse. Nicht nur leitet Verf. solches aus den meteorographischen Angaben ab, sondern er führte Rebenzweige in geeigneter Weise in das Innere eines künstlich erkalteten Raumes ein und bemerkte, wie die gleichen Phänomene auch im Experimente sich wiederholten. Das Mark und die Markstrahlen wurden zunächst schwarz, darauf erst folgte die Deterioration der übrigen Gewebe.

Verf. will damit bewiesen haben, dass eine Temperaturerniedrigung für sich, ohne Reifbildung und ohne Eisbildung in den Geweben, auf Pflanzengewebe tödtlich einzuwirken vermag. Solla.

35. **Kreusler** (91) zeigt, dass die Pflanzen seiner Versuche noch bei Temperaturen unter 0° assimiliren und athmen, was für die Erklärungen von Frostbeschädigungen wichtig ist. Er bemisst die Resultate nach dem Verbrauch und der Abgabe von Kohlensäure. Die zum Versuch benutzten Pflanzen waren Brombeere (Sprossen), *Phaseolus vulgaris*, *Ricinus communis* und *Prunus Laurocerasus*. Sämmtliche Objecte zeigten bei und selbst unterhalb 0° deutliche Aeusserungen der Athmung sowohl als des Assimilirens; es zeigten z. B. unzweideutige Wirkung nach beiderlei Richtung hin noch *Rubus* bei — 2.4° C., *Phaseolus* bei — 0.9° C., *Ricinus* bei — 0.6° C., *Prunus Laurocerasus* bei — 2.2° C., ohne dass mit der betreffenden Temperatur die unterste Grenze erreicht schien. Bei 0° war durchgehends, bei tieferer Temperatur in der Mehrzahl der Fälle die Assimilation noch von positiven Erfolgen begleitet, d. h. die am Licht verbrauchten Kohlensäurequantitäten überwiegen die bezüglichen Erträge der bei Verdunkelung für die nämliche Zeitdauer nachzuweisenden Athmung. Das quantitative Verhältniss zwischen der durch Athmung gelieferten und durch Assimilation verbrauchten Kohlensäure erscheint übrigens am weitesten für gewisse mittlere (je nach dem Object wechselnde) Temperaturen und verengt sich von da ab mit steigender, sowie mit fallender Wärme.

Die assimilatorische Leistung bei 0° war, rücksichtlich eines Vergleichs mit günstigerer Temperatur gegen Voraussicht erheblich; sie dürfte z. B. für *Prunus Laurocerasus* auf mindestens 8 % des Optimums sich veranschlagen lassen. Bei den anderen Objecten schätzt sie Verf. auf etwa die Hälfte des für *Prunus* gefundenen Procentsatzes. Die Athmungsquote für 0° (beziehungsweise etwas darunter) bezifferte sich bei *Prunus Laurocerasus* auf ca. 17 %, für *Ricinus* auf reichlich 20 % der bei + 20° C. beobachteten Kohlensäureausscheidung. Bei *Rubus* stellt sie sich etwa auf die Hälfte des für 10° nachgewiesenen Athmungsbetrages.

36. **Hartig** (73). In Rücksicht auf die Prädisposition für Frostbeschädigungen sind H.'s Untersuchungen über drei mehr als 100 Jahre alte Kiefern von Wichtigkeit, welche vor 17 Jahren plötzlich aus dem bisher geschlossenen Bestande freigestellt wurden. In den ersten 10 Jahren nach der Freistellung zeigte sich ein um das Doppelte gesteigerter Zuwachs; dann liess derselbe schnell nach, so dass in den letzten 7 Jahren der Zuwachs nicht mehr grösser war als vor der Freistellung. H. schreibt diesen Umstand der erhöhten Nährstoffzufuhr durch verstärkte Humuszersetzung zu, die in Folge directer Einwirkung der Atmosphärilien stattgefunden hat. Nachdem aber ein junger Bestand wieder heraufgewachsen, war der Boden wieder, wie vor der Freistellung, bedeckt und damit ging auch die Nährstoffzufuhr auf ihr früheres Verhältniss zurück.

Der Vergleich einer grossen Anzahl von Holzstücken, welche aus den verschiedenen Baumseiten entnommen worden waren, ergab, dass keine gesetzmässige Verschiedenheit durch den Einfluss der Himmelsrichtung bedingt wird und dass man von keiner harten oder weichen Baumseite betreffs der Holzqualität sprechen darf.

37. **Wollny** (186). Betreffs Erklärung localer Frostbeschädigung in Folge früheren Erwachens der Vegetation sind die Ergebnisse der Messung der Bodentemperatur von Wichtigkeit. Der Einfluss der Neigung des Terrains machte sich im (warmen) Winter in demselben Sinne geltend, als wie im Sommer, nämlich: der Boden war bis zu einem Neigungswinkel von 30° um so wärmer, je steiler die südlich exponirten Hänge waren. Im täglichen Gange der Bodentemperatur sind die bezüglichen Unterschiede am stärksten zur Zeit des täglichen Maximums (4—6 h. p. m.); zur Zeit des täglichen Minimums (8—10 h. a. m.) dagegen am schwächsten hervorgetreten. (Also muss die Abkühlung der Südseite stärker und schneller sein. Ref.)

Der südliche Hang ist am wärmsten; es folgt dann die Ost- und Westseite und schliesslich die Nordexposition. Die Südhänge sind um so wärmer, die Nordhänge um so kälter, je grösser die Neigung des Terrains gegen den Horizont ist. Die Temperaturunterschiede zwischen Nord- und Südhängen sind bedeutend grösser, als diejenigen zwischen Ost- und Westseiten.

38. **Wollny** (185). In Rücksicht auf die praktische Bedeutung, welche die Kenntniss der verschiedenen Streumaterialien als Schutz gegen Frostbeschädigungen besitzt, seien hier einige Resultate der ziemlich umfangreichen Arbeit wiedergegeben. Zur Verwendung gelangten ausser Erde sowohl Moos als auch Kiefern- und Fichtennadeln nebst Eichenlaub. Es zeigte sich, dass die Temperaturschwankungen in der Erde viel grösser als in sämmtlichen Streumaterialien (bei 10 cm Tiefe) sind; von letzteren erwärmen sich die Fichtennadeln am stärksten, dann folgt Eichenlaub und Kiefernadeln, während die Moosstreu, aus *Hypnum* bestehend, innerhalb der sechs Monate von April bis September die niedrigste Temperatur aufweist. Besonders hervorzuheben ist, dass die Abkühlung während der Nacht und die Erwärmung während des Tages bei der Erde beträchtlich grösser als bei den verschiedenen Streumaterialien ist.

In Beziehung auf ihr Verhalten zum Wasser lässt sich von der Waldstreu Folgendes aus den Versuchen ableiten. Laub- und Nadelstreu lassen das zugeführte Niederschlagswasser zwar in grossen Mengen nach unten hin abgehen, erhalten sich aber trotzdem in einem sehr feuchten Zustande, weil sie verhältnissmässig wenig Wasser durch Verdunstung verlieren. Die Moosstreu ist durch bedeutende Schwankungen in ihrem Wassergehalt ausgezeichnet, weil sie einerseits eine grosse Wassercapacität, andererseits ein beträchtliches Verdunstungsvermögen besitzt.

VII. Lichtmangel.

39. **A. König** (89) stellte den Einfluss directer Bestrahlung auf das Wachs-

thum der Waldbäume fest und fand, dass der Ausschluss derselben allein, wenigstens im ersten Jahrzehnt ihres Lebens, den Wuchs unserer wichtigeren Holzpflanzen nicht schädigt. Wurde ferner die Wurzelconcurrenz ausgeschlossen und starke Beschirmung zugelassen, so litten Eiche, Birke, Fichte, nicht aber Tanne, Buche und Kiefer unter derselben; dabei wurden Buchen und Birken am meisten durch Thiere geschädigt.

Matzdorff.

40. **Sellwanoff** (151) fand in etiolirten Kartoffelkeimen von 5—10 cm Länge einen Asparagingehalt von 2.95 % der Trockensubstanzmenge. Andere nicht proteïnartige Stickstoffverbindungen waren nur in sehr zurücktretender Menge in den Keimen vorhanden. Neben Asparagin waren in der Trockensubstanz 8.43 % Glycose und 3.45 % eines durch Säuren invertirbaren Kohlenhydrates (wahrscheinlich Rohrzucker) enthalten.

VIII. Schädliche Gase und Flüssigkeiten.

41. **E. W. Prevost** (130) fand, dass Ziegelhüttenrauch in Folge seines Gehaltes an schwefliger Säure Pflanzen schädigt. Es treten gelbliche Flecken, braune Spitzen und Ränder an den Blättern auf, ohne dass, wenn diese Erscheinungen fehlen, die Blätter noch immer gesund sind. Am empfindlichsten waren Hagenbuchen, Birnen, Schottische Tannen, Lärchen, *Pinus austriaca* und *Cembra*, weniger Linden und Pappeln, am wenigsten Eichen, Eschen und Cypressen.

Matzdorff.

42. **E. Mach** (100) giebt der Thatsache Ausdruck, dass in der Nähe einer Cellulosefabrik belegene Wiesen unter dem Einfluss der von jener freigegebenen schwefligen Säure Schaden litten. Die von Portele ausgeführten Analysen von etwas stark beschädigtem Heu ergaben in der Reinasche statt ca. 5—6 % Schwefelsäure über 8 beziehungsweise 11 % derselben.

Matzdorff.

43. **Heinrich** (74). Geschwefelter Weissklee besass ein überaus schönes, helles Aussehen, ergab aber bei der Keimprobe nur 43 bis 60 % Keimfähigkeit. Die schweflige Säure vernichtet bei jedem Saatkorn die Keimfähigkeit, wenn sie voll einwirken kann; selbst die noch keimenden Körner bringen in der Regel nur kümmerliche Pflanzen. Um den geschwefelten Weissklee zu erkennen, befeuchtet man einen Theelöffel voll der Saat mit wenig destillirtem Wasser, das, falls Schwefelung stattgefunden, blaues Lackmuspapier sofort verhältnissmässig stark röthet.

44. **Hindorf** (77). Die zur Düngung benutzten Stassfurter Abraumsalze enthalten fast alle Chlormagnesium und die in ihnen enthaltenen Chloralkalien setzen sich im Boden mit Kalk um, so dass Chlorcalcium entsteht. In Beziehung auf Weizen, Roggen, Gerste, Hafer, Erbsen, Rothklee und Raps ergaben die Versuche, dass Chlormagnesium und Chlorcalcium in mässiger Menge einen günstigen Einfluss auf Keimung und Wachsthum ausüben. Die namentlich dem Chlormagnesium bis jetzt zugeschriebene schädigende Wirkung tritt erst ein, wenn solche Mengen an die Pflanzen herantreten, wie sie in der Landwirthschaft nie verwendet werden. Der schädliche Factor ist das Chlor; die entsprechenden schwefelsauren Salze schädigen, in zu grossen Mengen angewendet, die Pflanzen nicht in so hohem Grade wie die Chloride.

45. **Bernstein** (18) weist nach, dass Gersten- und Weizenkeimlinge nach 3 Minuten in einer concentrirten Aetheratmosphäre schon absterben; bei sechs Tage alten Pflänzchen zeigte sich der Tod nach 25 Minuten langem Aufenthalt, während bei geringerer Zeitdauer die Pflänzchen sich bis auf die absterbenden oberen Theile wieder erholten.

46. **Wilhelm** (183) fand bei seinen Versuchen über den Einfluss der gegen die Schädlinge im Boden empfohlenen Samenbeize bei Mais, dass Keimung und das Aufgehen der Pflänzchen etwas verzögert werden. Ausserdem, dass weniger Körner keimen, ist auch die Entwicklung der Pflanzen eine ungleichmässigere. Doch ist der Schaden bei dem Verfahren (höchste Beizdauer 16—24 Stunden) nicht so bedeutend, um dasselbe deswegen fallen zu lassen, vorausgesetzt, dass es wirklich die verschiedenen Feinde der Samenkörner (Tausendfüssler etc.) abhält.

47. **A. Burgerstein** (25) kommt auf Grund von Versuchen zu dem Ergebniss, dass Kampferbehandlung die Keimkraft bei 24stündiger Andauer benachtheiligt und schon

in 12 Stunden schwächt. 1—6stündige Quelldauer wirkte verschieden, doch konnten niemals durch das genannte Mittel Kräftigung der Pflanzen oder Wiederbelebung der Keimkraft erzielt werden. Matzdorff.

IX. Wunden.

48. **Ravizza** (138) fand, dass durch das „Thränen" die kräftigsten Weinstöcke höchstens 2.692 l Saft verlieren. Dieser Saft ist merkwürdiger Weise stets gleich in seiner chemischen Zusammensetzung, so dass Sorte (es handelte sich nur um blaue Varietäten), Lage, Zeit des Schneidens u. s. w. keinen Einfluss ausübten. Aus allen Reben floss ein Saft von nahezu 0.1 % organischer Substanz und etwa 0.04 % Mineralstoffen; diese Menge vermindert sich etwas, wenn eine Rebe mehrere Tage reichlich blutet. — Rotondi fand in sehr regenreicher Zeit, dass 1 l Blutungssaft 0.1472 gr festen Rückstand, darunter 0.517 gr Mineralstoffe hinterliess und dass derselbe 0.97 % Stickstoff, 2.65 % Phosphorsäure und 8.62 % Kali enthielt. Es geht mithin durch das Bluten im Allgemeinen doch nur eine geringe Menge Nährmaterial verloren und der Weinstock kann daher zu jeder beliebigen Zeit geschnitten werden.

49. **Hildebrand** (76) zeigt an Blüthenknospen und Fruchtknoten von *Opuntia*-Arten, wie durch die Ablösung des reproductiven Sprosses die Bildung vegetativer Sprossen ein Uebergewicht gewinnt. Er sagt „die Anlagen zur geschlechtlichen und ungeschlechtlichen Fortpflanzung sind durch den ganzen Pflanzenkörper verbreitet; sie gelangen zwar im natürlichen Lauf der Dinge nur an bestimmten Stellen zur Entwicklung, können aber auch an anderen Stellen mehr oder weniger leicht durch äussere Einflüsse wachgerufen werden".

Von den angeführten Beispielen seien nur einige erwähnt. Eine Frucht von *Opuntia Ficus indica*, aus der eine zweite herausgesprosst war (Doppelfrucht), bewurzelte sich nach ihrer Ablösung und erzeugte an beiden Früchten Laubsprossen; ebenso verhielten sich abgeblühte Blumen von *Opuntia Raffinesquiana*. Auch einige junge Blüthenknospen letzterer Art wurden, in Erde eingesetzt, zur Entwicklung von Laubsprossen gebracht, ohne sich selbst weiter zu entfalten. Sehr bezeichnend für den Einfluss der durch die äusseren Factoren erzeugten Neigung des Pflanzentheils zur vegetativen Sprossung erwies sich ein Versuch mit einer Doppelfrucht. Aus der oberen Frucht derselben entwickelten sich erstens ein normaler Blüthenspross, der auch eine Frucht ansetzte, aus welcher nachher aber ein vegetativer Trieb hervorbrach; ferner entstand eine Blüthenknospe, die alsbald in der Entfaltung zurückblieb, aber an der Seite des Fruchtknotens einen vegetativen Spross anlegte; aus einer in der Entwicklung noch mehr zurückgebliebenen Blüthenknospe derselben Doppelfrucht trieb der Fruchtknoten zwei vegetative Sprosse, und ebenso bildete eine noch weniger entwickelte derartige Knospe einen Laubtrieb und ein solcher trat auch direct aus der Doppelfrucht hervor.

50. **Molisch** (114) findet bei seinen Untersuchungen über Wundheilung und Thyllenbildung, dass die Thyllen in den Schrauben- und Ringgefässen dadurch zu Stande kommen, dass die ausserordentlich dünne Gefässwand mit der benachbarten Parenchymzellwand zu einer homogenen Membran verschmilzt und zur Thylle auswächst. Bei den Tüpfelgefässen stellt die Schliesshaut einseitiger Hoftüpfel die Thyllenanlage dar. Die dabei stattfindende ungeheure Oberflächenvergrösserung der Schliesshaut und die gegenseitige Beeinflussung zweier mit einander verwachsender Thyllen sprechen sehr für die Anschauung von Wiesner, derzufolge die wachsende Zellhaut von Plasma durchdrungen ist und unter Vermittlung desselben wächst. Die Thylle ist meist nur eine Aussackung der Parenchymzelle, die sich von derselben in der Regel nicht durch eine Querwand abgliedert.

Ein Beweis für die lange Wachsthumsfähigkeit von Holzparenchymzellen ist der Umstand, dass diese bisweilen erst um das zehnte Jahr herum Thyllen bilden. Besonders zur Thyllenbildung geneigt sind *Marantaceae, Musaceae, Juglandeae, Urticaceae, Moreae, Artocarpeae, Ulmaceae, Cucurbitaceae, Aristolochiaceae* u. s. w. Bei *Mespilodaphne Sassafras* und *Piratinera Guianensis* nehmen die Thyllen das Aussehen von Steinzellen an. Durch Verletzung von Zweigen kann die Thyllenbildung willkürlich hervorgerufen werden, wie schon Böhm angegeben; in erster Linie ist es eine Abschlussvorrichtung, ausserdem aber auch eine Einrichtung für Stärkespeicherung.

Die Verstopfung der Gefässe durch Gummi findet auch bei krautigen Pflanzen statt. In Folge von Verunreinigungen mit „Lignin" zeigt das Gefässgummi oft alle Holzreactionen. Auch Zellwände, welche sonst nie verholzen, zeigen häufig in der Nähe von Wunden Holzstoffreactionen. Mitunter werden die Gefässe in der Nähe von Wunden dadurch verschlossen, dass sie von den sich querstreckenden benachbarten Parenchymzellen einfach eingedrückt werden (Wurzel von *Philodendron* und *Musa*). Auch grosse Intercellularräume können durch thyllenartig auswachsende Parenchymzellen bei Verwundungen geschlossen werden.

X. Maserbildung.

51. **Gregg** (70). Die Arbeit verdient hier registrirt zu werden, weil die Ergebnisse gewisse Analogien mit der Knollenmaserbildung einzelner Dicotylen zeigen. Die anatomischen Details sind schon im vorigen Jahrgang des Bot. J. (II. Abth., II. Heft, p. 610, Morphologie der Gewebe) wiedergegeben worden.

52. **Thomas** (159). Bemerkungen über Holzkröpfe, besonders über deren Fundorte.

Ed. Fischer.

XI. Gallenbildung und andere Thierbeschädigungen.

53. **Bos** (16). Die schöne Arbeit über Tylenchus devastatrix dürfte eine eingehende Besprechung im Abschnitt „Gallen" gefunden haben. Hier seien nur die Beobachtungen des Verf.'s über die Ringelkrankheit der Hyacinthen hervorgehoben. B. pflanzte drei Hyacinthenzwiebeln in einen von Tylenchus devastatrix infizirten Boden, und zwar eine Zwiebel in einen Lehmboden, wo im vorhergehenden Jahre die Zwiebeln von der „Kroufziek" Ringelkrankheit gelitten, zwei andere in sandigen Boden, wo seit mehreren Jahren der Roggen „stockkrank" war. Nach vier Wochen hatten alle drei Zwiebeln die Ringelkrankheit. Aus diesem Versuch schliesst Verf., dass die Ringelkrankheit durch den Tylenchus devastatrix verursacht sei. (Der Referent unterscheidet zwei Krankheiten unter dem Namen Ringelkrankheit: die hier beschriebene Wurmkrankheit und eine, bei welcher trotz fast gleichen Aussehens keine Anguillen gefunden werden, sondern nur Penicillium.)

Bei der vorstehenden, durch Anguillula verursachten Krankheitsform beschreibt B. die dabei auftretenden Erscheinungen des Gummiflusses. Die Schalen beginnen durchscheinend zu werden. Schon im frühen Zustande sieht man, dass in den ausgewachsenen Zellen und denjenigen, die sich noch theilen, die Stärkekörner verschwinden. Dieses Amylum dient gewiss zum Theil dem Tylenchus als Nahrung, vielleicht, nachdem es in Zucker umgewandelt worden; andererseits dürfte diese Glycose auch zum Aufbau der Zellwand der sich vergrössernden und theilenden Zellen an den von Tylenchus bewohnten Stellen dienen. An Stelle der verschwundenen Stärke zeigt sich eine hellgelbe Substanz, die als wasserlösliches Gummi, wahrscheinlich Arabin, sich erkennen lässt. Manchmal sieht man auch die immer kleiner werdenden Stärkekörner ihre Structur verlieren und in Gummi übergehen. Die entstandenen Gummimassen lagern sich der Zellwand an, die sich theilweis selbst in Gummi umwandelt und verfärbt; oft liegt Gummi in den Intercellularräumen.

Die Ursache der Gummose dürfte wahrscheinlich in der Wirkung eines Fermentes zu finden sein, das durch den Tylenchus ausgeschieden wird, so wie z. B. nach Wakker bei der „Geelziek" „maladie jaune" (Gelber Rotz) durch das *Bacterium Hyacinthi* eine gelbe Masse erzeugt wird, die viel Aehnlichkeit mit Gummi hat. Es ist sicher, dass die Bräunung der von Tylenchus bewohnten Zwiebeln theilweis durch den Tod der Zellen hervorgerufen wird, theilweis aber auch durch die Gummification.

54. **Kühn** (92). Die durch grosse Knollen ausgezeichnete Kartoffel „Eos" zeigte missfarbige und faule Stellen. Anfangs erscheint die Oberfläche der Knolle nicht wesentlich verändert; es macht sich nur eine leichte Trübung des Farbentones der Schale bemerkbar, die allmählich zur missfarbigen Stelle wird; diese erscheint im Durchschnitt ähnlich den durch Peronospora infestans verursachten braunen Flecken. Nur geht im vorliegenden

Falle die Braunfärbung weniger tief in das Fleisch hinein (höchstens 13 mm tief) und zeigt sich nicht in einzelnen Ausstrahlungen, die beim Zerschneiden der Knolle als isolirte Punkte im gesunden Fleisch erscheinen. Ausserdem sind hier bei der Wurmfäule die braunen Flecke in der Mitte meist von lichterer, bisweilen weisslicher Färbung und von lockerer, krumiger Beschaffenheit.

Wenn zahlreiche derartige Stellen mit einander verfliessen, nimmt die Knolle an ihrer Oberfläche eine schwärzlich-graue Färbung an, zeigt sich unregelmässig wellig oder gefaltet, ist gegen den gesunden Theil der Knolle etwas eingesenkt und wird nicht selten rissig. Im Innern zeigen sich weissliche Massen aus Stärkekörnern; bisweilen auch Hohlräume, so dass die Erscheinung Aehnlichkeit mit der Trockenfäule erhält. Am häufigsten zeigt sich die Erkrankung am Nabelende der Knolle und umfasst oft dasselbe ganz ringsum; viel seltener leidet die Spitze. Im Innern findet sich in allen Stadien der Entwicklung als Ursache der Erkrankung Tylenchus devastatrix, das Aelchen, welches die Kernfäule der Karden, die Stockfäule bei Roggen, Hafer und Buchweizen erzeugt und den Ertrag der Kleefelder sehr beeinträchtigt. Zu diesen Parasiten gesellten sich alsbald Humusanguillen (*Leptodera*-Arten), die überall eindringen, wo parasitische Formen ihnen einen Weg in das Innere von Pflanzentheilen gebahnt haben. In den mehr zersetzten Theilen älterer Flecke findet man sogar überwiegend mehr Humusanguillen, während die parasitischen Tylenchen abnehmen und selbst ganz fehlen können, da diese sich nach dem frischeren Gewebe der Knolle hinziehen.

Wegen der Unmöglichkeit, im grossen Betriebe die Knollen auszulesen, die in den Anfangsstadien der Erkrankung sind, muss empfohlen werden, neues Saatgut aus anderer Quelle zur Verwendung zu bringen. Wurmkranke Knollen sind wie pilzkranke zu verfüttern, aber erst nach vorherigem Kochen oder Dämpfen. Sollten so viel Kranke sich irgendwo ergeben, dass sie durch Verfütterung nicht aufgebraucht werden, so sind sie nach dem Dämpfen durch Einsäuern aufzubewahren. Durch Einsäuern ungedämpfter Knollen werden die Würmer nicht zerstört. Eier, Larven und geschlechtliche Würmer gehen im Magen der Thiere zu Grunde; die Krankheit wird also nicht durch Excremente übertragen, sondern eher durch verstreutes und in den Dünger gelangendes Futter. Die Verwerthung wurmkranker Kartoffeln durch den Brennereibetrieb sichert die Zerstörung der Parasiten, was bei der Stärkefabrikation nicht der Fall sein würde.

55. **Kühn** (93). Die Methode des Anbaues von Nematoden-Fangpflanzen zur Beseitigung der Rübenmüdigkeit hatte trotz ihrer Wirksamkeit den ihrer Verbreitung entgegenstehenden Nachtheil, dass sie zu viel Handarbeit erfordert. Verf. hat nun versucht, schon die jungen Fangpflanzen an Ort und Stelle mittels Pferdeinstrumenten zu zerstören. Die Nematodenlarve verliert nämlich nach ihrem Eindringen in das Würzelchen ihre Fortbeweglichkeit, sobald sie ihre Wurmgestalt verliert und durch Abrunden am hinteren Ende die Flaschengestalt einnimmt. Zu dieser Zeit aber bedarf die Larve noch einer reichen Stoffaufnahme, um sich zum geschlechtsreifen Thiere auszubilden; dies findet nicht mehr statt, wenn die Nährwurzel durch Aushebung der Pflanze abstirbt.

Für die jetzigen Versuche diente auf einem nematodenreichen Boden der Sommerrübsen (*Brassica Rapa oleifera annua* Metzg.), der zu 38 Kilo pro Hectar ausgesät wurde. Die breitwürfig vollzogene Aussaat und Vernichtung der Fangpflanzen erfolgte im Ganzen fünf Mal. Die Methode der Zerstörung der Fangpflanzen ist im Original nachzulesen; angewendet wurde eine zweimalige Maschinenhacke, Eggen und Grubbern und bald nachher ein Pflügen in schmalen Furchen. Der Erfolg der Methode war, was schon aus der graduellen Abnahme der Thiere an den Wurzeln jeder folgenden Fangpflanzengeneration vorauszusehen, dass im folgenden Jahre auf dem Ackerstück eine normale Rübenernte erzielt wurde. Trotzdem, dass sämmtliche Getreidearten zu den Nährpflanzen der Nematoden gehören, konnte doch zwei Jahre hintereinander nach den Rüben auch noch Gerste gebaut werden. Hafer begünstigt die Entwicklung der Nematoden etwas mehr wie Gerste, welche erst im Frühjahr auf den Acker kommt und denselben so früh verlässt, dass noch Fangpflanzen darauf gebaut werden können. Diese Fangpflanzensaat in den Stoppel ist sehr empfehlenswerth. Das Grubbern und Eggen darf aber auch hier nicht umgangen werden.

Da die Parasiten in den Getreidesaaten wesentlich durch den Hederich (sowohl *Sinapis arvensis* als auch *Raphanus Raphanistrum*) gefördert werden, so ist auf dessen Vertilgung durch Hacken und Ausziehen in den Drillsaaten besondere Aufmerksamkeit zu verwenden. Der richtige Zeitpunkt dieser Arbeit ist der, wenn die Würmer in den Wurzeln flaschenförmig werden.

Noch bessere Resultate wurden mit Hanf (Raufhanf ohne Samengewinnung) erzielt. Auf Parzellen, die theils mit Stallmist, theils mit künstlichem Dünger seit Jahren behandelt, wurde am 4. April 1884 Sommerrübsen gesät; die Pflanzen liefen am 18. April auf und wurden am 30. Mai zerstört. Die Hanfsaat erfolgte in $4^1/_2$ Fuss entfernten Drillreihen am 3. Juni, ging am 9. Juni auf und nach deren Ernte wurde am 26. August bereits wieder Sommerrübsen gesät, der am 27. September zerstört wurde. Am 30. September ward noch eine Fangpflanzensaat ausgeführt und vor Winter das Land tief aufgepflügt. Im folgenden Frühjahr wurde nach einer Düngung von 40 Pfd. Stickstoff und 40 Pfd. löslicher Phosphorsäure pro Morgen die Fangpflanzensaat am 31. März ausgeführt. Nach der am 22. Mai erfolgten Zerstörung derselben, wurde am folgenden Tage Hanf wie im Vorjahre gesät und derselbe am 20. August gerauft. Tags darauf kam in das abgeerntete Hanfland Sommerrübsen, der am 17. September zerstört wurde; die am 19. September erfolgte zweite Fangpflanzenaussaat wurde am 2. November zerstört und gleichzeitig das Saatpflügen für Zuckerrüben vorgenommen. Am 6. April 1886 wurden beide Parzellen (nämlich die mit Stalldünger und die mit künstlichem Dünger in den früheren Jahren gedüngt gewesenen) mit Dippe's zuckerreichster Rübe besät und dazu eine Düngung von 30 Pfd. Stickstoff und 40 Pfd. löslicher Phosphorsäure pro Morgen gegeben. „Bei der am 21. October erfolgten und nach Qualität und Quantität vorzüglich ausgefallenen Ernte wurden nur äusserst geringe Reste von Nematoden gefunden. Es scheint sonach mit diesem Verfahren die vollkommenste Lösung des Problems gefunden zu sein, wenn es sich weiterhin bei der Anwendung in grösserem Maassstabe gleich gut bewährt."

56. **Schöyen** (145) erklärt die in den hakenartig angeschwollenen Gerstenwurzeln vorkommende, von Eriksson als *Heterodera radicicola* beschriebene Wurmart für einen *Tylenchus*. Durch directe Infection wurde dieser *Tyl. hordei* auf die Wurzeln von *Elymus arenarius* übertragen. Diese hakenartigen Gallen stellen in einigen Kirchspielen Schwedens eine sehr schlimme Gerstenkrankheit dar.

57. **Beyerinck** (13a.) giebt Beschreibung und Abbildung der durch *Heterodera radicicola* deformirten Wurzeln von *Gardenia*-Arten. Ausserdem enthält die Arbeit eine vollständige Aufzählung aller bis jetzt bekannten Gewächse, die durch *Heterodera radicicola* angegriffen werden. Betreffs *Saccharum officinarum* glaubt B., dass die Wurzelgallen des Zuckerrohrs ebenfalls durch *H. radicicola* und nicht, wie Treub behauptet, durch eine besondere Art (*H. javanica* Fr.) erzeugt werden.

58. **Maskell** (107). Bei seinen Beobachtungen in Australien fand Verf., dass die Pflanzentheile, welche mit den klebrigen Ausscheidungen der Läuse (Honigthau) bedeckt sind, sich (wie in Europa Ref.) mit einer schwarzen Pilzvegetation bedecken. Er unterscheidet dreierlei verschiedene Pilzformen, kann dieselben jedoch nicht bestimmen.

59. **Lindemann** (95) giebt neben vielen neuen entwicklungsgeschichtlichen Daten über die Hessenfliege, namentlich eine Beschreibung der Verschiedenartigkeit des Aussehens der befallenen Pflanzen je nach dem Alter, in welchem die Getreidearten (Winter- und Sommerfrucht von Weizen und Roggen sowie Gerste) befallen werden. An Hafer und wilden Gräsern, selbst wenn dieselben in dem inficirten Getreide stehen, kommt die Fliege nicht vor. In Russland bemerkt man die Beschädigung in zwei Perioden: im Herbst an den jungen Pflanzen und im Frühsommer, wenn das Getreide in Blüthe steht. Bei den jungen Pflänzchen werden die Blätter zu gleicher Zeit welk; ohne dass die grüne Farbe sich wesentlich verändert, tritt der Tod alsbald ein. Andere Insectenlarven veranlassen ein „progressives" Welken, bei welchem zuerst das oberste Blatt unter weisser oder gelber Verfärbung welk wird und später die andern. Die Pflanze zeigt keine Spur von Frost und erscheint wie eingetrocknet. Die etwas angeschwollene „Wurzel" birgt die weissen Maden oder die ellipsoidischen, glänzend braunen Puparien. — Die Beschädigung im Vorsommer

äussert sich im Umknicken der Halme, wodurch die Aehren keine oder nur wenige Körner entwickeln. Wintergetreide knickt über dem ersten Knoten ab, Sommergetreide dicht über dem Boden. Der Halm ist an der Knickungsstelle an seiner Oberfläche eingeschrumpft, hat unregelmässige Grübchen, aber kein Wurmmehl; im Innern liegt die Made oder Puppe. Uebrigens bleibt die Fliege meist auf einem Ackerstück, da sie wenig lebhaft und wanderlustig ist; ihr Leben dauert nur bis fünf Tage. Je nach dem Klima entwickeln sich in einem Jahre drei oder mehr Generationen; man findet wegen der verschieden langen Entwicklungsdauer der einzelnen Individuen gleichzeitig Eier, Larven, Puppen und Fliegen.

60. **E. G. Awerkijewa** (1) theilt aus längerer Erfahrung mit, dass einige Tropfen Kerosin, jeden Abend um die Beeteinfassung gespritzt, Mäuse und Frösche ferngehalten, dass zufällig hineingekommene die Pflanzen nicht angefressen und dass letztere durch das in die Luft übergehende Kerosin keinen Schaden gelitten haben. Bernhard Meyer.

XII. Unkräuter.

61. **G. Dangers** (54) berichtet über die Vertilgung von Moosen auf Wiesen durch Eisenvitriol. Dasselbe schadete den Gräsern nichts. Matzdorff.

XIII. Phanerogame Parasiten.

62. **Koch** (88). *Rhinanthus* gehört zu den echten Parasiten. Der Parasitismus ist ein partieller; er erstreckt sich im Wesentlichen nur auf die Entnahme des Eiweisses oder der Rohstoffe für dieses. Die sonst noch nothwendigen anorganischen Salze sind die Begleiter des Rohmaterials für das Eiweiss und finden mit ihm ihre Aufnahme (also Ernährung ähnlich der Mistel). Den Bedarf an Kohlehydraten etc. deckt die Pflanze durch eigene Assimilation. Nebenher geht auch eine saprophyte Ernährung; namentlich gegen Ende der Vegetationsperiode nutzen die Haustorien auch noch für einige Zeit das todte Substrat aus. Der Parasitismus von *Rhinanthus* ist für das Gedeihen der Pflanze unbedingt nothwendig. Als Wirthe kommen fast ausschliesslich die Gräser in Betracht.

63. **Tubeuf** (168). Kurze Mittheilung über die Wurzelbildung der von Dr. Mayr gesammelten Loranthaceen. Es sind dies *Arceuthobium Douglasii* Englm. auf *Pseudotsuga Douglasii* und *Arceuth. Americanum* auf *Pinus Murrayana* von Amerika. Aus Japan waren ausser *Viscum album* noch *Viscum Kaempferi* DC. auf *Pinus densiflora*. — *Viscum articulatum* Burm. auf *Ligustrum japonicum* und aus Indien *Loranthus longiflorus*.

Die von Hartig für *Viscum album* angegebene Regelmässigkeit in Anordnung und Entstehung der Senker an den Rindenwurzeln findet sich bei den Arceuthobien nicht. Dieselben verursachen nicht nur eine Hypertrophie, sondern auch eine Hexenbesenbildung. Die Beschädigung der Douglastanne in ihrer Heimath durch obigen Schmarotzer ist sehr bedenklich, namentlich wenn der Wipfel des Baumes befallen wird. Manchmal ist die Menge der Arceuthobien so gross, dass der Baum überhaupt keine normalen Zweige besitzt.

Viscum articulatum hat nur eine einfache Wurzelscheibe, welche genau in der cambialen Region der Wirthspflanze wachsend, den Zweig zwischen Holz und Bast schalenförmig umfasst. Das *Viscum* nistet meist in den Blattachseln des Liguster.

Viscum Kaempferi und *Loranthus longiflorus* umranken die Wirthspflanze, deren Rinde von den Wurzeln der Parasiten durchwachsen wird, bis diese auf das Holz gelangen. *Loranthus longiflorus* hat einen einfachen Wurzelconus, der von einem Ueberwallungswulst des Wirthes umschlossen wird. Dagegen verästelt sich die Wurzel von *Viscum Kaempferi* in der cambialen Region der Wirthszweige, wie eine vielfingerige Hand. Die Parasitenwurzeln wachsen sehr schnell, breiten sich über eine grosse Fläche aus und entwickeln zahlreiche Seitenäste, die sämmtlich von den künftigen Jahresringen des Kiefernholzes allmählich umwachsen werden.

64. **Jost** (81) giebt eine eingehende Darstellung der weiblichen und männlichen Blüthe der Mistel. Die (bis zu drei vorhandenen) Embryosäcke entwickeln sich aus der hypodermalen Zellschicht des Axenendes der weiblichen Blüthe. Von den Antheren sagt der Verf., dass das pollenbildende Organ der Mistel seine Entstehung auf einem Blattgebilde nimmt und erst im Verlauf seiner Weiterentwicklung auf die Perigonröhre — „den

intercalaren Vegetationspunkt" — übergeht; es entsteht als ein Polster auf jedem Perigonblatt durch pericline Theilungen der äusseren Periblemschichten. Die Antheren (Mikrosporangien) sitzen nicht mehr besondern Staubblättern, sondern dem Perigon auf; in ihrer Structur ähneln sie mehr denen mancher Gefässkryptogamen, als denen der meisten Angiospermen Androeceen.

XIV. Kryptogame Parasiten.

a. Abhandlungen vermischten Inhalts.

65. **Giard** (66) bezeichnet mit dem Ausdruck „parasitäre Castration" die Gesammtheit der Veränderungen, die durch einen pflanzlichen oder thierischen Parasiten auf die Kreise der Sexualorgane oder die indirect damit in Verbindung stehenden Glieder der Wirthspflanze ausgeübt werden. Eine „androgene Castration" nennt Verf. das Auftreten gewisser Merkmale, die in der Regel zum männlichen Geschlecht gehören, bei dem weiblichen Geschlecht; im umgekehrten Falle ist sie „thélygène". Dagegen wird als „amphigène" die Castration angesprochen, wenn sich die charakteristischen Merkmale der beiden Geschlechter mischen, so dass bei den männlichen Blumen weibliche Merkmale und umgekehrt sich einfinden. Beispielsweise ist die Castration von *Lychnis dioica* durch *Ustilago antherarum* androgen; die Gegenwart des Parasiten innerhalb der weiblichen Blume hat zur Folge, dass Staubgefässe dort auftreten, also die einzigen Organe, in denen der *Ustilago* fructificirt.

66. **Thümen** (161). Die fleissige Zusammenstellung umfasst einige Tausend Arten von Pilzen, unter denen allerdings manche ältere, fragliche Species mit unterlaufen Immerhin ist die Arbeit sehr nützlich und eine Erleichterung zum Auffinden und Bestimmen der einzelnen Schmarotzer für den in der Mykologie weniger Bewanderten. Denn die Pilze sind bei den einzelnen Obstpflanzen auch nach den Theilen, an denen sie auftreten (Aeste, Blätter, Früchte, Wurzeln etc.) geordnet.

67. **Berlese** (11). Ein gemeinverständlicher Vortrag über Pflanzenparasiten aus der Reihe der Pilze, mit Anführung von Beispielen, welche auf die Landwirthschaft Bezug haben (*Oidium* und *Peronospora* der Reben, *Puccinia graminis*, *Septoria Mori* etc.) im Auszuge mitgetheilt.

68. **Scribner** (147). Auszug aus des Verf.'s Artikel in „Progrès Agricole".

Solla.

69. **F. Cavara** (34) fand bei eingehendem Studium einiger kranken Culturgewächse etliche Pilze, welche er als neue Arten beschreibt und theilweise abbildet.

Auf Hanfstengeln aus Forlì wurde *Dendrophoma Marconii* (p. 4, Fig. 11—14 der Taf.) beobachtet. Für diese wie für die folgenden Arten giebt Verf. eine kurze lateinische Diagnose, nachdem er das Auftreten des Pilzes, eventuell dessen Entwicklung, Formen u. dergl. ausführlicher erörtert. [Für das Aussehen der kranken Pflanzen vgl. das Ref. in der Abth. für Pathologie.]

Bei *Pseudopeziza Trifolii* (Bern.) Fuck. discutirt Verf. über den Werth der Arten, säubert die verschiedenen Synomyma derselben und gelangt zum Schlusse, dass dieselbe und die als *Phacidium medicaginis* Lib. beschriebene Pilzart mit einander — wenige nebensächliche Differenzirungen ausgenommen — zusammenfallen.

Ferner beschreibt Verf. eine neue Sphaeropsideae auf Kleeblättern, *Phleospora Trifolii* (p. 7, Fig. 5, 6), welche in das Blattgewebe eingesenkte Perithecien mit undeutlicher Peridie und etwas dicke, spindelförmige oder cylindrische Sporen (kleiner jedoch als bei *Rhabdospora*) besitzt.

Durch geeignete Culturen weist Verf. nach, dass ein Pilz, welcher das Erschlaffen von Tulpenblättern (*Tulipa Gesneriana* L. var.) veranlasste, auf eine *Botrytis*-Art zurückzuführen sei. Der Pilz lebt sowohl parasitisch als saprophytisch auf den besagten Blättern, vermag auch ein Ruhestadium, welches Verf. dem *Sclerotium Tulipae* Lib. entsprechend findet, zu durchlaufen, entwickelte aber niemals eine Asken-Generation. Die Art unterscheidet sich von *B. cana* Kze., weil sie einzelne oder nur gepaarte Hyphen besitzt, von

B. vulgaris Fr. und von *B. cinerea* Prs. durch die Form der Nebenaxen und durch die Grösse der Gonidien. Verf. bezeichnet sie daher als neu und benennt sie *B. parasitica* (p. 10, Fig. 1—4).

Eine Melanconieae mit braunen Basidien und Gonidien studirte Verf. auf Blättern von *Eriobotrya japonica* Lind. aus Caserta und fasst sie zum Typus eines neuen Genus auf: *Basiaschum* (p. 11) „acervulis subcutaneis mox erumpentibus, crustaceis; basidiis e stromate parenchymato ortis, brevissimis, basi valde inflatis, fuscis; gonidiis cito deciduis, continuis, concoloribus".

Die neue Art wird als *B. Eriobothryae* (p. 12, Fig. 19, 20) beschrieben.

Einige gelbfleckige Oliven mit Steinzellen im Fruchtfleische waren Wirthe eines besonderen Pilzes, dessen Fruchtträger von eigenthümlicher Gestalt, nach dem Aufbrechen aus der Fruchtoberfläche noch eine gelbliche Masse, aus dem sich zersetzenden Stroma gebildet, in sich barg. Die Basidien lösen sich in Gelatine auf. Mit einiger Schwierigkeit wurde der Pilz als neue Art zu *Plenodomus* zurückgeführt und *P. Oleae* (p. 13, Fig 17, 18) benannt.

Eine neue *Pestalozzia*-Art beschreibt Verf. unter dem Namen *P. Banksiana* (p. 13, Fig. 15, 16), weil dieselbe auf Blättern einer *Banksia* — welche aschgraue Flecke zeigten — gesammelt wurde und mit den bekannten *Pestalozzia*-Arten zwar Affinitäten aber keine Identicität aufwies. Solla.

70. **F. Cavara** (33) beschreibt folgende durch parasitäre Pilze verursachte Krankheiten von Culturgewächsen:

Auf Hanfstengeln aschgraue, elliptische (6—12 mm ⨯ 2—6 mm) Flecken mit schwarzen Pünktchen bedingt vom Parasitismus und von den Picnidien der *Dendrophoma Marconii* (n. sp.), welche die Hanfculturen um Forli verdarb.

Auf *Trifolium repens* L. nächst Pavia traten nachtheilig auf: *Polythrincium Trifolii* Kze., *Uromyces Trifolii* Fck. und *Pseudopeziza Trifolii* (Bern.) Fuck. Ferner ein Pilz, *Phleospora Trifolii* (n. sp.), dessen Verderben in gelblichen, dürren Flecken auf den Blättern längs den Rippen von linsenförmigen Bläschen bedeckt, sich kundgab. Diese Bläschen entsprechen den mit ihrer Oeffnung hervorragenden Perithecien.

Die Exemplare von *Tulipa Gesneriana* L (var.) des botanischen Gartens von Pavia wurden von einer *Peziza* durch Jahre lang beschädigt, von welcher bisher nur Gonidienformen und Sclerotien beobachtet werden konnten. Verf. benennt die ersten *Botrytis parasitica* (n sp.) und findet die zweiten mit dem *Sclerotium Tulipae* Lib. übereinstimmend.

Blätter der *Eriobotrya japonica* Lind. zu Caserta zeigten auf der Oberseite hervorragende olivenbraune Flecken von unregelmässiger Form und ineinanderlaufend; die Unterseite war entsprechend eingedrückt und sah wie ausgebrannt aus. Oft waren die Ränder der Blätter eingerollt. Als Ursache der Krankheit studirte Verf. eine Melanconieae *Basiaschum Eriobotryae* (n. sp.).

Oliven um Pegli zeigten sich gelbfleckig und entsprechend mit Sclerenchymbildungen im Fruchtfleische. Als Urheber des Uebels beschreibt Verf. *Plenodomus Oleae* (n. sp.).

Pestalozzia Banksiana (n. sp.) beschädigte eine cultivirte *Banksia*-Art und gab sich durch Hervorrufen aschgrauer Flecke von ungleicher und unregelmässiger Form auf den Blättern kund. Solla.

71. **Scribner** (148). Notizen über das Auftreten verschiedener phytopathogener Pilze. Fischer.

72. **Scribner** (149) bespricht die Pilze, welche 1887 die wichtigsten amerikanischen Culturen, besonders die Rebe, heimgesucht haben: *Sphaerella Fragariae*, *Fusicladium dendriticum*, *Gloeosporium fructigenum*, *Cercospora Gossypina*, *Gloeosporium venetum*, *Gl. Lindemuthianum*, *Macrosporium* et *Phyllosticta Catalpae*, *Actinonema Rosae*, *Phragmidium speciosum*, *P. mucronatum*, *Sphaerotheca mors-uvae*, *Ustilago Zeae-Mays*, *Puccinia Zeae-Maydis*, *Erineum Vitis*. Es werden dabei behandelt: die äusseren Krankheitserscheinungen, Ursachen und Wirkungen derselben, Einwirkungen, welche die Krankheit förderten,

Beschreibung des Pilzes, Gegenmittel, Literatur. 17 Tafeln illustriren die besprochenen Pilzarten. (Ref. nach Revue mycol., vol 10, 1888, p. 210.) Ed. Fischer.

73. **Vuillemin** (175) bespricht eine Reihe von parasitischen Pilzkrankheiten aus der Gegend von Nancy, (*Discula Platani*, *Coryneum Beyerinckii*, *Gnomonia erythrostoma*, *Pilacre Friesii*, *Leptostroma Pinastri* u. a.) und deren Aetiologie. Ed. Fischer.

74. **v. Tubeuf** (170) bespricht ausser *Botrytis Douglasii* n. sp. (s. Ref. No. 128) und verschiedenen Loranthaceen folgende parasitäre Pilze aus dem bayerischen Walde: *Trichosphaeria parasitia* Hart., bisher nur auf der Tanne bekannt, wurde auch auf *Tsuga Canadensis* und wahrscheinlich auf *Picea excelsa* in einem aus Tannen und Fichten gemischten Bestande gefunden. — *Lophodermium brachysporum* Rostr. auf der Weymouthskiefer. — *Taphrina borealis* Johans. bewirkte auf *Alnus incana* zahlreiche Hexenbesen. — *Pestalozzia Hartigii* n. sp. veranlasst eine schon 1883 von Hartig beschriebene, aber von demselben auf Quetschung durch Glatteisbildung zurückgeführte Krankheit an jungen Pflänzchen von *Picea excelsa* und *Abies pectinata* und vielleicht noch anderen Pflanzen; anschliessend beschreibt Verf. *Pestalozzia conorum Piceae* n. sp. Bei der Beschreibung einer *Mycorhiza* auf *Pinus Cembra* werden eine Reihe von Beobachtungen gegen die Allgemeinheit der Frank'schen Ernährungstheorie zusammengestellt. (Ref. nach Bot. C., XXXIX, p. 132)
Ed. Fischer.

75. **J. Dufour** (58) giebt eine Beschreibung der als Black-rot, Coître und Mildiou des grappes beschriebenen Krankheiten der Rebe; am Schluss seines Aufsatzes stellt er kurze Charakteristiken derselben, sowie der Anthracnose einander gegenüber. Der Coître ist im Waadtlande schon lange bekannt und tritt besonders nach Hagelschlag auf.
Ed. Fischer.

76. **F. Cavara** (32) beschreibt in Vorliegendem *Peronospora viticola* de By. und *Coniothyrium Diplodiella* (Speg.) Sacc. als Veranlassung des Vertrocknens der Weintrauben, fügt jedoch noch eine Reihe von Pilzen hinzu, welche auf den Fruchtständen und in den Beeren der Weinreben parasitiren, theilweise auch in den Vegetationsorganen vorkommen und krankhafte Erscheinungen hervorrufen. Die Mehrzahl der letzteren werden als **neue Arten** beschrieben und abgebildet; zu jeder ist eine kurze lateinische Diagnose gegeben, während ausführlicher über dessen Affinitäten, Auftreten und Schäden vom Verf. berichtet wird.

Physalospora baccae n. sp. (p. 23, Taf. III, 12—14) auf unreifen Beeren zu Stradella, welche von *P. Bidwellii* (Ell.) Sacc. sowohl durch grössere Ascosporen als vermöge der Gegenwart von Paraphysen in den Fruchtträgern sich unterscheidet. — *Phoma lenticularis* n. sp. (p. 24, Taf. V, 4), zu Stradella und Codenilla, machen die unreifen Beeren ledergelb-fleckig. — *P. reniformis* Vial. u. Rav. (1886) führt Verf. auf die Gattung *Macrophoma* (Berl. et Vogl.) zurück und zugleich mit dieser Art beobachtete er auf vertrockneten Beeren zu Stradella und Voghera eine saprophytische n. sp. *M. flaccida* (p. 27, Taf. V, 11—12). Als Gonidienform zur genannten *Physalospora* giebt Verf. *Glaeosporium Physalosporae* n. sp. (p. 27) an, verschieden von bekannten *Glaeosporium*-Arten auf Weinbeeren. *Pestalozzia viticola* n. sp. (p. 28, Taf. III, 15, 16), zu Stradella, verursacht braune Flecken von unregelmässiger Form auf den Beeren. Ist nicht mit den von Spegazzini (1878) angegebenen *Pestalozzia*-Arten der Weinbeeren zu verwechseln. — *Napicladium pusillum* n. sp. (p. 29) bildet braune Häufchen auf den Beeren, besitzt Hyphen 15—30 $\times$ 4,5—5.5 μ. und Gonidien 20—24 $\times$ 8—9 μ. *Alternaria vitis* n. sp. (p. 29, Taf. III, 8—11) auf Blättern in der Umgegend von Pavia sowie zu Mazzara (Sicilien) bewirkt Rothfärbung, ähnlich wie *Peronospora;* die angestellten Culturen entfernten jedoch jeden Zweifel über die Identicität der Gattung, besitzt jedoch Hyphen- und Gonidiengrössen (Hyphen 60—120 μ. lang; Gonidien 40—60 $\times$ 12—14 μ.), welche die Art von *A. tenuis* Nees erheblich abweichen lassen. — Auf kranken Beeren sammelte Verf. an braunen, warz-nartigen Stellen nahe dem Fruchtstielchen eine Stilbeae, welche wesentlich von allen bisher beschriebenen abweicht, derart, dass Verf. ein **neues Genus**, *Briosia* (p. 31) aufstellt, dessen Diagnose lautet: „Stroma verticale, cylindraceum, stipitatum, hyphis fasciculatis compositum, apice capitulum compactum efformans; conidia globosa, tipice catenulata, fusca, acrogena“: die charakteristische

Art — zu Stradella gesammelt — ist *B. ampelophaga* n. sp., mit gelben Stielen und ochergelben, kugelförmigen Fruchtträgern, Gonidien braun, gedunsen, 4—5 μ. im Durchmesser. Die neue Gattung gehört neben *Heydenia* unter die *Pheostilbeae*. — Schliesslich wird noch eine *Tubercularia acinorum* n. sp. auf kranken Beeren erwähnt, welche mit den bekannten Arten der Gattung (Thümen, 1887; Saccardo, Michel., II, Syll. IV) keine Identicität aufweist. Solla.

77. **Cuboni** (50). Als Ursachen der Traubenfäulniss citirt C., entgegen L. Savastano (vgl. Bot. J., XIV, 398), mehrere Pilze neben Insecten und Sonnenbrand. — Von den Pilzen werden einige — *Peronospora viticola* Brk. u. Crt., *Phoma uvicola* Brk. u. Crt., *Ph. Baccae* Catt. — ausführlicher besprochen; den Sonnenbrand betreffend, weist Verf. auf Penzig, Müller-Thurgau und auf eigene Beobachtungen (1886) hin; die Insecten werden übergangen. Zu den aufgezählten Ursachen würde vielleicht noch das von Savastano studirte *Bacterium* zuzuzählen sein. Solla.

78. **Ed. Prillieux** (132) giebt in einem Vortrage eine kurze Uebersicht über das erste Auftreten und die Weiterverbreitung der wichtigsten Rebenkrankheiten in Frankreich, ihre Urheber und die Bekämpfungsmittel. Er bespricht *Oidium Tuckeri*, die Phylloxera, *Peronospora viticola* und *Coniothyrium Diplodiella*. Ed. Fischer.

79. **F. v. Thümen** (160). Verf. beschreibt eingehend auf den Früchten des Aprikosenbaumes: *Phyllosticta vindobonensis* Thüm., *Phoma Armeniacae* Thüm., *Monilia fructigena* Pers., *M. laxa* Sacc. et Vogl., *Gloeosporium laeticolor* Berk., *Epochnium virescens* Mart, *Sporotrichum lycoceon* Ehrb., *Melanomma Minervae* H. Fab. — Auf den Blättern sind beobachtet worden: *Puccinia Prunorum* Lk, *Podosphaera tridactyla* d'By., *Capnodium Armeniacae* Thüm, *Phyllosticta circumscissa* Cooke, *Clasterosporium Amygdalearum* Sacc., *Cladosporium herbarum* Lk. — Auf Aesten und Zweigen kommen vor: *Valsa ambiens* Fr., *V. cincta* Fr., *V. leucostoma* Fr., *Eutypella Prunastri* Sacc., *Cenangium Prunastri* Fr., *Diplodia Pruni* Tuck., *D. Amygdali* Cooke et Hartn., *Cytispora leucostoma* Sacc., *C. cincta* Sacc., *C. rubescens* Fr., *Coryneum Beigerinckii* Ouds., *Melanconium fusiforme* Sacc., *Hymenula Armeniacae* Schulz et Sacc.

80. **F. v. Thümen** (163) beschreibt als die gefährlichsten Feinde der Melone die verschiedenen Arten von *Fusarium*; ein gemeinschaftlicher Feind der Melonen- und Gurkenanpflanzungen ist *Fuligo varians*; ferner der Mehlthau und ausser anderen, geringfügigeren Schaden anrichtenden wird noch Frank's *Hypochnus Cucumeris* angeführt, von welchem aber Verf. noch keine eigenen Beobachtungen mittheilen kann. Staub.

81. **Prillieux** (133). In Maine und einem Theil von Bretagne und Normandie trat an den Blättern der Apfelbäume im August und September eine Krankheit auf, welche dieselben zum Verdorren brachte und die Früchte in ihrer Entwicklung hemmte. Verf. fand an den Blättern ein *Cladosporium* (*Cl. herbarum* var. *circulare* Corda), ein *Phoma* und unentwickelte Perithecien einer Sphaeriacee (?). Im Aveyron und vielen Punkten der Cevennen und des Périgord erkrankten die Kastanienbäume unter ähnlichen Symptomen; an den Blättern fand sich *Phyllosticta maculaeformis*. Endlich wird *Pestalozzia Guepini* erwähnt, welche gesunde Camelienblätter befiel. Ed. Fischer.

b. Schizomycetes.

82. **Lundström** (99). Schon früher sprach L. die Ansicht aus, dass die Wurzelknöllchen der Papilionaceen zu den symbiotischen Pflanzenbildungen zu ziehen seien, die er Phytodomatien (besonders Mycodomatien) genannt hat. (S. Jahresb. 1887, I, p. 439, über Domatien.) Als „Domatien“ werden alle besondern Bildungen an einem Pflanzentheile oder Umwandlungen eines solchen angesprochen, welche für andere Organismen bestimmt sind, die als mutualistische Symbionten (mit dem Wirthe im Verhältniss gegenseitiger Förderung stehend) einen wesentlicheren Theil ihrer Entwicklung daselbst durchmachen. Der mutualistischen Symbiose entgegengesetzt wäre die antagonistische Symbiose, welche durch die wirthsfeindlichen Cecidien (Zoocecidien und Phytocecidien wie z. B. *Synchytrium*) vertreten ist.

In der vorliegenden Arbeit will Verf. die näheren Gründe angeben, weswegen er die Knöllchen als Mycodomatien ansieht. 1. Bilden sich die Knöllchen nicht in sterilisirter Erde (Frank); wenn ihre Entstehung nicht mit irgend einem Mikroorganismus in Verbindung stände, müsste man sie, auch wenn sich durch Sterilisirung der Erde die Verhältnisse ändern, als reducirte Bildungen wiederfinden; 2. haben sie in Form und Lage eine grosse Aehnlichkeit mit einigen zweifellos durch Pilze veranlassten Knöllchen (z. B. bei *Brassica* durch *Plasmodiophora*, bei *Juncus* durch *Entorrhiza cypericola*); 3. auch bei diesen letztgenannten pathologischen Gebilden zeigt sich eine Verkorkung der äusseren Zellwände, die dem Eindringen des parasitischen Pilzes kein Hinderniss in den Weg stellt. Ausser anderen Gründen wird noch hervorgehoben, dass eine Pilzanlage sich in dem Protoplasma einer andern Zelle finden kann, ohne dass man sie direct nachweisen kann, wie es z. B. bei *Rozella* (und *Woroninia*) der Fall ist, wenn ihre Sporen in eine *Saprolegnia*-Zelle eingedrungen sind (Fischer). Dann haben auch die in den Knöllchen sich vorfindenden „Fäden" und „Bacteroiden" unleugbar eine grosse Aehnlichkeit mit verschiedenen Stadien niederer Pilze (*Plasmodiophora*, *Vibrio*, *Clostridium* u. s. w.). Endlich sind entsprechende Fälle mutualistischer Symbiose durch die *Mycorhiza* gegeben. Es dürfte deshalb die von Woronin zuerst gegebene Erklärung insofern richtig sein, dass sich in diesen Knöllchen Körper von pilzartiger Natur vorfinden, und dass diese Knollenbildung ein Ausdruck ist für die Fähigkeit dieser Wurzeln, sich im Kampfe ums Dasein so dem Einflusse der parasitischen Pilze anzupassen, dass sie der Pflanze zum Nutzen gereichen.

83. **Ward** (181) hat speciell die Knöllchen von *Vicia Faba* studirt und darin sowohl die hyphenartigen als auch die bacterienähnlichen Elemente aufgefunden und hält dieselben für zusammengehörig. Es kommt nämlich die Hyphe aus einem Keim, der von aussen die Wurzel infizirt; diese Hyphe durchsetzt, die Zellwände durchbohrend, die Rinde bis auf das das Knöllchen bildende Meristem. In dem Knöllchengewebe verzweigen sich die Fäden und aus ihren häufig büschelig verzweigten Enden sprossen die bacterienähnlichen Körper. Das Zellenplasma wird in Folge des Pilzreizes vergrössert (es wird zum sogenannten Plasmodium), später vom Parasiten theilweis aufgezehrt, und letzterer gelangt bei dem Verfaulen der Wurzeln in den Boden. — An Pflanzen, die in Wassercultur erzogen und die sonst keine Knöllchen erzeugen, konnte Verf. solche dadurch hervorrufen, dass er Schnitte von alten Knöllchen an die neuen Wurzeln brachte. Der Pilz wird zu den Ustilagineen gerechnet und soll durch Anpassung an seine gänzlich endophytische Lebensweise die Fähigkeit zur eigentlichen Sporenbildung verloren haben.

84. **Prazmowski** (129) giebt zuerst eine Aufzählung der Ansichten der verschiedenen Forscher, die sich mit den Leguminosen-Knöllchen beschäftigt haben und geht dann zu seinen eigenen schon 1887 begonnenen Arbeiten über, die mit *Pisum sativum* und *Phaseolus vulgaris* ausgeführt wurden. Die Versuche wurden in sterilisirter Erde oder grobkörnigem Flusssand (nebst Controlversuchen) angestellt. Die Infection wurde entweder durch einen wässerigen Auszug der Gartenerde oder Theile des centralen Parenchyms (Bacteroidengewebes) von Knöllchen ausgeführt. Alle inficirten Töpfe und die nicht sterilisirten zeigten zahlreiche Knöllchen (im Flusssand spärlich); dagegen konnte in allen Töpfen, welche nach erfolgter Sterilisation mit ausgekochtem Wasser begossen wurden und nicht inficirt waren, auch nicht ein einziges Knöllchen aufgefunden werden.

Die Infection kommt aber bloss im jugendlichen Zustande der Wurzeln zu Stande, wahrscheinlich zur Zeit der Entwicklung der Wurzelhaare. An diesen ganz jungen Knöllchen, welche kaum unter der Lupe als solche zu unterscheiden, findet man eigenthümliche, den gewöhnlichen Pilzhyphen nicht unähnliche, unseptirte Fäden, welche Wurzelhaare und Epidermis durchwachsend, in das subepidermale Wurzelgewebe eindringen (was von Marshall Ward an *Vicia Faba* bereits beobachtet).

An Stellen, wo sich Knöllchen bilden, wurden schraubenförmig gekrümmte, mit ihren Scheiteln verwachsene, von Fäden besiedelte Wurzelhaare beobachtet, die sonst nicht gefunden wurden. Die den starken Lichtglanz der Fäden bedingende Membran erweist sich nur als die äusserste, erstarrte Schicht der plasmatischen Fadensubstanz. Die Fäden verzweigen sich meist schon in der Epidermis oder auch erst in den darunter liegenden Schichten der Rinde, wobei sie sich zum Theil blasen- oder schlauchförmig erweitern.

Unter dem Einfluss von verdünnter Kalilauge oder verdünntem Ammoniak, bisweilen schon in reinem Wasser, quellen die Blasen stark auf, ihre Membranen bersten oder verflüssigen sich wohl auch zum Theil, der plasmatische Inhalt quillt hervor und man erkennt in demselben grosse Mengen kleiner stäbchenförmiger Körperchen, wie solche sich auch schon innerhalb der unverletzten Fäden beobachten lassen.

Durch die Einwanderung der Pilzfäden füllen sich die inneren Rindenzellen mit Stärke und Plasma und beginnen schnell sich zu theilen, damit ist die Knöllchenbildung eingeleitet. Dieser Entwicklungsgang der Knöllchen ist im Wesentlichen auch vom Verf. bei *Phaseolus vulgaris*, *Vicia Faba* und *sativa* sowie bei *Lupinus luteus*, *perennis* und *angustifolius*, *Trifolium pratense* und *hybridum*, sowie bei *Medicago sativa* und *lupulina* beobachtet worden.

Nach diesen Ergebnissen spricht Verf. die Knöllchen als abnorme, in die Reihe der Pilzcecidien (Mykodomatien) gehörende Erscheinungen an. Die Bacteroiden sind keine geformten Eiweisskörper und entstehen auch nicht durch Sprossung und Abschnürung aus den Pilzfäden, sondern sind „innere Gebilde des Pilzplasma". Die Bacteroiden wachsen, sind oft zu zwei und drei und mehr mit einander verbunden, im ausgewachsenen Zustande zwei bis drei Mal so gross, wie anfangs und je nach der Wirthspflanze verschieden gestaltet. Bei *Phaseolus* und *Lupinus* verbleiben sie stets als einfache Stäbchen, bei *Pisum*, *Vicia* und *Medicago* gabeln sie sich und verzweigen, bei *Trifolium* sind sie meist einfach und von birnförmiger Gestalt. Bei der fortschreitenden Entwicklung der Knöllchen bemerkt man in den Bacteroidzellen zahlreiche Vacuolen, die mit der Zeit zu einem grösseren centralen Hohlraum zusammenfliessen; das mit den Bacteroiden sich an die Wand zurückziehende Zellplasma hat deutlich netzige Structur, wodurch die Wurzelzellen beinahe dasselbe Bild wie die von *Plasmodiophora* durchwucherten Kohlwurzelzellen darbieten. Die netzige Plasmastructur scheint die Sporenbildung des „Knöllchenpilzes" einzuleiten. Dann gestaltet sich das Bacteroidenplasma des Wandbelegs zu traubenförmigen Conglomeraten verschieden grosser Blasen, die bisweilen bersten und ihren Bacteroideninhalt entleeren; hier sind aber die Bacteroiden wieder ganz klein und einfach, wie in den jungen Schläuchen. Es scheint nun ferner, dass aus den grösseren Blasen durch Sprossung immer kleinere gebildet werden, welche noch anfangs mit einander in offener Verbindung stehen, später durch Scheidewände geschlossen werden und „schliesslich in einen Haufen von getrennten, aber noch mit einander zusammenhängenden kugeligen Sporen von etwa 0.005 mm im Durchmesser zerfallen". In grösseren Anhäufungen schimmern die Sporen bräunlich. *Phaseolus vulgaris* zeigt ganz ähnliche Vorgänge der Sporenbildung; bei *Vicia Faba* und *sativa* sind zwar ebenfalls Bilder, wie die oben bei der Sporenbildung des Erbsenknöllchenpilzes beschriebenen, gesehen worden, aber noch keine fertigen Sporen.

Der Pilz hat die meiste Aehnlichkeit mit der *Plasmodiophora*, unterscheidet sich aber durch seine Hyphennatur in der Jugend; doch ist er auch kein Mycelpilz, da den Hyphen die Cellulosemembran fehlt. Auch enthält er in sämmtlichen Lebensphasen in der plasmatischen Substanz seines Körpers zahlreiche stäbchenförmige Körperchen, welche wachsthums- und vermehrungsfähig sind (Bacteroiden). Sporenkeimung und Eindringen des Knöllchenpilzes direct in die Wurzel sind bisher nicht beobachtet worden; immer war es das fädige Stadium schon, das Verf. fand, ohne zu wissen, woraus dasselbe hervorgegangen. Indess sah P. doch Gebilde, die er für Sporen hält, den Wurzelhaaren und Epidermiszellen manchmal aufgewachsen. Die Sporenbildung ist aber bis jetzt vom Verf. nur als seltener, exceptioneller Vorgang beobachtet worden (an Erbsenknöllchen, die durch Insectenfrass beschädigt waren) und die Hauptverbreitung des Pilzes muss durch andere Organe (vielleicht die Bacteroiden) bewirkt werden.

Die Hauptsätze für die Theorie, welche in den Knöllchen normale Speichergewebe anspricht, nämlich die regelmässige Entleerung, findet Verf. nur bei der Lupine wirklich zutreffend. Bei *Vicia*, *Pisum*, *Phaseolus* kommt die Entleerung nur vereinzelt vor und dabei erscheinen die sich entleerenden Knöllchen in der Ausbildung zurückgeblieben. Auch kann bei der Lupine ziemlich weit fortgeschrittene Entleerung schon beobachtet werden, wenn das Pflänzchen erst 3—4 Blätter hat, und andererseits findet man bei der Erbse zur Zeit der Samenreife völlig normale, nicht entleerte Knöllchen.

Verf. neigt zu der Ansicht, ein symbiontisches Verhältniss existire zwischen Knöllchenpilz und Nährpflanze; die Art des Nutzens, den die Nährpflanze hat, wird durch die Hellriegel'schen Versuche angedeutet.

85. **Hellriegel, H.** und **Wilfarth** (75) geben die Resultate mehrjähriger gewissenhaft durchgeführter Sandculturen über die Stickstoffernährung, welche wir in Anbetracht ihrer Wichtigkeit betreffs der Thätigkeit der Leguminosenknöllchen wörtlich folgen lassen:

In einem stickstofflosen Boden war die Assimilation und Production der von uns geprüften Cerealien, Hafer und Gerste, gleichgültig, ob derselbe sterilisirt war oder nicht, immer nahezu gleich Null. Durch Zugabe von Nitraten zum Boden liess sich aber allzeit ein normales Wachsthum dieser Pflanzenarten hervorrufen, und zwar stand dann die Entwicklung derselben immer in annähernd directem Verhältnisse zu der Menge des gegebenen Nitrates. So lange sich die Nitratgaben innerhalb der Grenzen bewegten, in welchen sich der Stickstoffgehalt des Bodens als Wachsthumsfactor im Minimum befand, wurde durch einen Theil Bodenstickstoff immer annähernd der gleiche Ertrag, und zwar annähernd 90 bis 100 Theile oberirdische Trockensubstanz producirt. In den Ernten der Gerste und des Hafers, gleichgültig, ob sie in einem stickstofflosen, stickstoffarmen oder stickstoffreichen Boden gewachsen waren, wurde niemals mehr, oder auch nur ebensoviel Stickstoff wiedergefunden, als in dem Boden bei Beginn des Versuchs in Form assimilirbarer Stickstoffverbindungen vorhanden war. Nichts deutete darauf hin, dass die Cerealien eine bemerkenswerthe Quantität ihrer Stickstoffnahrung aus einer anderen Quelle, als dem Boden schöpften oder zu schöpfen vermochten."

„In einem stickstofflosen, sterilisirten und sterilisirt erhaltenen Boden verhielten sich die zu unseren Versuchen benutzten Leguminosen, Erbsen, Serradella und Lupinen, den Cerealien vollkommen gleich. Wachsthum und Assimilation war in diesem Falle auch bei ihnen immer ungefähr gleich Null. Durch Zugabe von Nitraten zum Boden liessen sich dieselben aber zur Entwicklung bringen und die Production stand dann in annähernd directem Verhältnisse zu der Menge des gegebenen Bodenstickstoffes, so lange sich der letztere als Wachsthumsfactor im Minimum befand. In den Ernteproducten war ein bemerkenswerthes Plus vom Stickstoff, welches aus anderen Quellen als dem Boden hätte stammen können, nicht aufzufinden. Der bekannte Boussingault'sche Fundamentalversuch ist unter diesen Verhältnissen ausgeführt und die Schlüsse, die aus demselben gezogen werden, haben nur für diesen Fall (sterilisirten Boden) Gültigkeit."

In einem nicht sterilisirten Boden aber vermochten die Leguminosen unter gewissen Umständen zu wachsen, auch wenn derselbe frei war von assimilirbaren Stickstoffverbindungen oder nur Spuren derselben enthielt, und zwar insbesondere dann, wenn die Versuchsculturen während der Vegetation unbedeckt im Freien gehalten wurden, und sicher dann, wenn man dem stickstofflosen Bodenmateriale den durch Anrühren mit destillirtem Wasser und Absetzenlassen bereiteten Aufguss von einer geringen Menge (1—2 ‰) eines zweckmässig gewählten Culturbodens beigab. Die Leguminosen brachten es im letzteren Falle nicht nur in der Regel zu einer durchaus normalen, sondern ausnahmsweise bisweilen zu einer auffallend üppigen Entwicklung und in den Ernteproducten derselben liess sich stets ein entschiedenes, häufig sehr hohes Stickstoffplus nachweisen, welches aus dem Boden nicht stammen konnte. Ein ähnlicher, wenn auch minder ausgiebiger Stickstoffgewinn wurde nach Zugabe von Bodenaufguss durch die Leguminosen auch dann erzielt, wenn der Boden nicht völlig stickstofflos war, sondern eine gewisse, aber für ihre Bedürfnisse nicht ausreichende Quantität Nitrats enthielt. Die Cerealien dagegen zeigten in einem stickstofflosen Boden, auch wenn derselbe nicht sterilisirt war, niemals eine Neigung zum Wachsen und niemals einen bemerkbaren Stickstoffgewinn. Eine Zugabe von Bodenaufguss blieb bei Hafer und Gerste in beiden Beziehungen ohne jede merkbare Wirkung.

Der eigenthümliche, sehr bedeutende Einfluss, den die Zugabe von einer geringen Menge Bodenaufguss auf das Wachsthum und die Stickstoffaufnahme der Leguminosen ausübte, liess sich **nicht** erklären durch den Gehalt des letzteren an Stickstoff oder anderen Pflanzennährstoffen. Wenn der Bodenaufguss gekocht oder auch nur einer Temperatur von 70° C. ausgesetzt wurde, so verlor er seine Wirksamkeit gänzlich und ausnahmslos. — Ein und dieselbe Leguminosenart wurde durch Bodenaufguss verschiedener Herkunft sehr ungleich beeinflusst und ein und derselbe Bodenaufguss wirkte auf verschiedene Leguminosenarten durchaus verschieden. So beförderte der Aufguss von einem vorzüglichen Zuckerrübenboden, in welchem Erbsen und verschiedene Kleearten seit langer Zeit in die regelmässige Fruchtfolge eingeschoben, Serradelle und Lupinen aber noch niemals angebaut waren, das Wachsthum und den Stickstoffgewinn der Erbsen sicher und in bedeutendem Grade, hatte aber in der geringen Menge, in der wir ihn verwendeten, für die Entwicklung der Serradella und Lupine nie den geringsten Effect.

Das durch Zufuhr von Bodenaufguss bedingte Wachsthum der Leguminosen in einem stickstofflosen Bodenmateriale unterschied sich von der Vegetation derselben in einem sterilisirten, mit Nitraten versehenen Boden wesentlich und äusserlich sichtlich dadurch, dass im ersten Falle nach der Keimperiode in der Regel ein eigenthümlicher, von sehr charakteristischen Erscheinungen begleiteter Hungerzustand der Pflanzen eintrat, welchem dann nach kürzerer oder häufig auch erst längerer Zeit eine sehr energische und rasche Entwicklung folgte. In sterilisirtem und steril erhaltenem oder mit einem unwirksamen Aufgusse versehenen Boden wurde das Auftreten von Wurzelknöllchen bei den Leguminosen nicht bemerkt, gleichgültig, ob der Boden stickstofflos war und die Pflanzen darin langsam verhungerten oder ob derselbe mehr oder weniger Nitrate enthielt und die Pflanzen in Folge dessen eine mehr oder weniger gute Entwicklung erreichten.

In nicht sterilisirtem, mit einem wirksamen Bodenaufguss versetzten Bodenmateriale war dagegen die Bildung normal entwickelter Wurzelknöllchen stets nachweisbar und mit dieser war eine erhebliche Assimilation von Stickstoff, dessen Quelle im Boden nicht zu suchen war, immer verbunden. Auch hier traten Knöllchenbildung und Stickstoffgewinn nicht nur in stickstofflosem Boden, sondern auch dann ein, wenn derselbe eine gewisse, aber für die Bedürfnisse der Pflanze unzureichende Menge Nitrate enthielt und waren in letzterem Falle nur quantitativ geringer. **Bei ein und derselben Leguminosenpflanze liess sich in der einen Hälfte des Wurzelsystems die Knöllchenbildung hervorrufen, an der anderen verhindern** dadurch, dass man die ersten in eine stickstofflose, mit etwas Bodenaufguss vermischte und nicht sterilisirte, die andere in eine ganz gleich zusammengesetzte, aber durch Kochen sterilisirte Nahrlösung eintauchen liess. Die Bildung der Wurzelknöllchen erfolgte nicht nur in einem sehr frühen Entwicklungsstadium der Pflanzen, sondern war auch in dem vorbezeichneten Hungerzustande nachweisbar, in welchem die Pflanzen, um ihr Leben zu fristen, ihre nothwendigsten Assimilationsorgane resorbiren mussten; ein sichtliches Wachsthum der Leguminosen in stickstofflosem Boden fand immer erst nach Entwicklung der Wurzelknöllchen statt. Lebhaftes Wachsthum der Leguminosen mit erheblicher Stickstoffassimilation in stickstofflosem Boden liess sich auch dann erzielen, wenn man sie in einer von Stickstoffverbindungen gereinigten Atmosphäre oder in einem beschränkten Luftvolumen vegetiren liess, welches ihnen nur Spuren gebundenen Stickstoffs liefern konnten."

Die Bedeutung der hier angeführten Versuchsergebnisse, die von einem so anerkannt zuverlässigen Beobachter erlangt worden sind, liegt darin, dass sie die Impfversuche der Botaniker ergänzen. Somit können wir die Knöllchen an den Leguminosen als eine pathologische Hülfsvorrichtung parasitärer Natur ansehen, die bei Stickstoffmangel in Wirksamkeit tritt. Man wird dabei auf die Annahme hingewiesen, dass die Mikroorganismen eine Wurzel dann namentlich leicht und reichlich inficiren, wenn dieselbe durch Stickstoffhunger in einen Zustand besonderer Disposition gelangt ist. (Ref.)

86. J. H. **Wakker** (179). I. Der gelbe Rotz der Hyacinthen, verursacht von *Bacterium Hyacinthi.* Die Krankheit zeigt sich gewöhnlich zuerst durch Verfärbung der Blattspitze; von hier breitet sie sich aus und befällt zuletzt die Zwiebel. In den kranken

Stellen befinden sich Bacterien im Xylem, und zwar zuerst in den Gefässen. Von hier aus treten sie in die angrenzende Zellmasse über, lösen die Intercellularsubstanz und bilden Hohlräume, die mit gelber Gallerte ausgefüllt sind. Zuletzt zerstören sie auch das Phloëm.

Die Bacterien sind kurzcylindrisch; sie bilden Sporen, doch in der Pflanze wurden diese bisher nicht gefunden.

Infection gesunder Pflanzen mit kranken Zwiebeln entnommener Bacterienmasse gelingt.

II. Der schwarze Rotz der Hyacinthen und ähnlicher Pflanzen, verursacht von *Peziza bulborum*. Die Krankheit ist schon lange bekannt. Verf. beschreibt die Krankheit und den Parasiten. Das Sclerotium kann Mycelium und wahrscheinlich auch secundäre Sclerotien bilden. Infection gelingt viel leichter durch dieses Mycelium als durch die Sporen. Aus seinen Impfungsversuchen schliesst Verf., dass die Rotzkrankheit bei Hyacinthen *Crocus* und *Scilla* identisch ist; dass sie jedoch von ähnlichen Krankheiten bei *Allium Cepa, Trifolium sp.* und *Daucus Carota* verschieden ist.

III. Der weisse Rotz der Hyacinthen. Siehe sub IV.

IV. Die Gummosis der Hyacinthen. Die Krankheit bewirkende Organismen wurden nicht gefunden. Sie scheint zu anderen Krankheiten zu prädisponiren. Verf. meint, dass der weisse Rotz unter Einfluss von Wärme und Feuchtigkeit aus Gummosis entsteht, und zwar durch unter diesen Umständen eintretende Fäulniss.

Gummosis und weisser Rotz traten auch bei *Narcissus* auf.

V. Krankheit an *Amaryllis Hippeastrum*-Blättern verursacht von *Thrips haemorhoidalis* Bouché. Das Insect beschädigt die Blätter 1. dadurch, dass es dieselben ihre grüne Farbe verlieren lässt, 2. indem es in die Blätter mittels eines dazu beim Weibchen vorhandenen Werkzeuges Höhlungen sägt, worin sie ihre Eier ablegen. Giltay.

87. **Ludwig** (97). Der Hyphenpilz im Schleimfluss der Apfelbäume und Kastanien ist *Torula monilioides* oder eine verwandte Species. Ferner führt L. weitere Beobachtungen über Schleimfluss an Ulmen(?) und Pappeln an. Ed. Fischer.

88. **Ludwig** (98) beobachtete an Apfelbäumen einen Schleimfluss ähnlich dem von ihm früher (s. Bot. J., 1886, Pilze Ref. 166) für die Eichen beschriebenen; doch hatte hier der Schleimfluss seinen Sitz nicht wie bei der Eiche in der Rinde und im Cambium, sondern im Holz. Der Schleim hat einen Geruch nach Buttersäure und zeigt auch hier einen *Endomyces*-artigen Pilz und Bacterien; letzteren kommt aber wohl der Hauptantheil an der Zersetzung des Baumes zu. Manche Eigenthümlichkeiten dieser Krankheit erinnern an den „Pear-blight" der Amerikaner. Auch an Kastanien beobachtete Verf. einen ähnlichen röthlichen bis rothbraunen Schleimfluss. Ed. Fischer.

c. Phycomycetes.

89. **F. Cavara** (35) führt als Urheber des Vertrocknens der Weintrauben an *Peronospora viticola* De By. und entwickelt die diesbezügliche Geschichte der Studien und Untersuchungen; ferner *Coniothyrium Diplodiella* (Speg.) Sacc., welches in seinen *Phoma*-Formen bereits beschrieben und von den Autoren lange discutirt wurde; schliesslich eine Reihe anderer Pilze, welche theilweise neu beschrieben werden und worüber in der Abtheilung für Pilze nachzusehen ist.

Fast überall erwähnt Verf. mit wenigen Worten die Cultur- und Abwehrmethoden des Uebels.

Die Tafeln beziehen sich auf Details der Pilzbiologie und -Morphologie.

Solla.

90. **G. Grazzi Soncini** (67). Einen vergleichenden Bericht über die meteorologischen Verhältnisse und deren Einfluss auf die Entwicklung der *Peronospora* vorausgesandt, theilt Verf. die Versuche (16 im Ganzen einer, und noch weitere anderer Reihen) mit, welche in dem Schulgarten zu Conegliano zur Bekämpfung des Pilzes angestellt wurden. Die besten Resultate wurden bei Anwendung von Kupfervitriol in wässriger Lösung erzielt. Die weiteren Betrachtungen des Verf.'s über Anwendung desselben Salzes in pulveriger Form

sind grösstentheils mit jenen Briosi's übereinstimmend; sie entziehen sich aber dem gegenwärtigen Referate. Solla.

91. A. Carpene (28). Das regnerische Frühjahr giebt leicht zur Entwicklung der *Peronospora viticola* in den Trauben Veranlassung. Man soll daher rechtzeitig mit der Anwendung der Heilmittel beginnen. Als solche wird dem Kalk der Vorzug gegeben. Solla.

92. G. B. Cerletti (36). Um darzuthun, in wie weit *Peronospora viticola* vom Regenwetter abhängig sei, sammelte C. die meteorologischen Daten verschiedener Jahre und die recenten Notizen über das Auftreten des Pilzes im Lande und stellte acht Versuchsgruppen auf. Aus dem Ganzen resultirt, dass Regenwetter das Auftreten des Parasiten wesentlich beeinflusse. Es erhellt solches schon aus dem Vergleiche der beiden extremen Gruppen. Gruppe 1 (Friaul, Lago Maggiore): im Mai bis September 749 mm Regen in 72 Tagen (als Mittel). Der Parasit ist so verheerend, dass er selbst die anderswo als immun geltenden Rebensorten angreift. Gruppe 8 (Sicilien, Sardinien): innerhalb derselben Zeit 96 mm oder 85 mm und 16, beziehungsweise 12 Tage (im Mittel). *Peronospora* daselbst noch unbekannt. Solla.

93. G. Calvi (26) bespricht ziemlich eingehend eine Schrift von M. Carlucci über die *Peronospora* der Reben. — Das Auftreten und die krankhaften Erscheinungen der Weinstöcke bei Gegenwart des Pilzes werden näher auseinandergelegt und mit *Erineum*-Bildungen verglichen. — Ein zweiter Abschnitt bespricht die bisher angewandten Heilmittel in pulveriger Form, sowie in Lösungen; die Zweckmässigkeit bei deren Anwendung, die Maassregeln, welche bei ähnlicher Gelegenheit zu beobachten sind, namentlich rücksichtlich der meteorischen Verhältnisse. — Zuletzt ist die Einwirkung hervorgehoben, welche die betreffenden Heilmittel auf den Wein auszuüben vermögen. Solla.

94. G. Cuboni (46) durchsuchte die Weinberge von Alba und von Val Barolo, welche stark von der Peronospora-Invasion heimgesucht worden waren. Verf. stellt fest, welchen Einfluss die meteorischen Verhältnisse auf die Ausbreitung der Krankheit nehmen können, indem gerade hier in Folge des unablässigen Regens im Frühjahre der Pilz auf den Trauben mehr als in den vegetativen Organen seine Entwicklung genommen hatte. Gleichzeitig waren auch Traubenschäden dem Sonnenbrande zuzuschreiben, weniger dem *Coniothyrium Diplodiella*, welches, ebenso wie *Gloeosporium ampelophagum*, nur ganz vereinzelt aufgetreten war. In Folge der genannten ungünstigen Verhältnisse war auch die Befruchtung der weiblichen Blüthen stark ausgeblieben.

Die Angaben über die Hülfsmittel gegen das Uebel bezeichnen die Kupfersalze als geeignetes Heilmittel. Solla.

95. G. Cuboni (51) studirt eingehend die Biologie der *Peronospora viticola* in den Trauben und in den Beeren der Rebe, sowie die Erscheinungen der Krankheit, welche — allgemein je nach den pathologischen Phasen, den meteorischen Verhältnissen und der specifischen Natur des Rebstockes verschieden sein können.

Nicht immer treten die Gonidienträger an den Blüthenorganen oder an den Stielen hervor; zuweilen bleiben dieselben im Innern der Beeren und erzeugen daselbst die Gonidien: letzterer Fall wurde häufig mit einer Verderbniss der Beeren in Folge von Sonnenbrand verwechselt. Verf. unterscheidet daher zweckmässig eine offene und eine verborgene Form, wiewohl die beiden naturgemäss nur verschiedene Zustände des gleichen pathologischen Processes sind. Nur giebt Verf. besonders an, dass die verborgene Form selbst dann auftreten kann, wenn die vegetativen Organe keine Spur des Parasiten aufweisen. Die Gegenwart der *Peronospora* in den Weinbeeren kann folgerichtig zuweilen nur mikroskopisch nachgewiesen werden.

Verf. bespricht daher eingehend die verschiedenen Präparirungsmethoden zum Nachweise des Parasiten, schildert dessen vegetatives Mycelium recht weitläufig, dessen Haustorienbildungen und gedenkt dabei auch der rhizoiden Processe, auf welche Prillieux bereits aufmerksam machte, und welche durch ihren hyalinen Gehalt und durch das starke Lichtbrechungsvermögen sich stark von den Mycelhyphen abheben. Ob jedoch diese Verzweigungen in das Innere der Zellen eindringen, liess sich nicht klarlegen.

Zum Nachweise, dass *Peronospora viticola* der wirkliche Parasit der Beeren sei, unternahm Verf. verschiedene experimentelle Culturen. Schon die Weiterentwicklung des Pilzes, in der als verborgenen bezeichneten Form bei geeigneter Cultur der damit befallenen Trauben, liess die charakteristischen Gonidienträger hervorspriessen, welche in ihren Charakteren vollkommen mit den bekannten Gebilden der genannten Pilzart übereinstimmten. Verf. säete aber in geeigneter Weise *Peronospora*-Gonidien auf gesunde Trauben aus und fand, dass — wenn auch sehr langsam — die Pilzhyphen zur Entwicklung gelangten und in das Innere der Beeren eindraugen. Ein directes Eindringen der Hyphe durch das Epicarp scheint durch den Wachsüberzug vereitelt zu werden. Am besten gelang der künstliche Parasitismus bei Aussaat der Gonidien auf die Fruchtstielchen nahe der Basis der Beeren.

Es ereignet sich auch in der Natur der eigenthümliche Fall, dass der Pilz fast nie die Hauptaxe des Fruchtstandes durchzieht, vielmehr in den Seitenverzweigungen desselben, und vornehmlich in den unteren verharrt, ohne sich viel auszubreiten.

Sind Gonidienbildungen im Innern der Beeren, und zwar mit vorwiegendem Auftreten von Makrogonidien bekannt, so wurde vergeblich bisher nach Reproductionsorganen des Pilzes daselbst nachgeforscht. Verf. hat hingegen starken Grund zu vermuthen, dass das Mycelium mit seinen dunkelgrüngelben Hyphen zwischen den Fruchtzellen hybernationsfähig sei.

Ein besonderer Abschnitt behandelt die Krankheiten, mit welchen die vorliegende in ihren Symptomen verwechselt werden könnte, und ein letzter beschäftigt sich mit den Heilmethoden.

Die erste der beigegebenen Tafeln führt eine kranke Weintraube in Chromolithographie vor; auf der zweiten sind die mikroskopischen Details zur Illustration des Textes wiedergegeben. Solla.

96. **N. N.** (119). Bespricht ausschliesslich die Resultate, welche in Italien 1888 mit Kupfervitriollösung gegen *Peronospora* der Reben erzielt wurden. Solla.

97. **Cuboni** (49). Empfiehlt Kupferverbindungen in gelöster Form. Noch vorziehbarer wäre eine Behandlung der Reben im Frühjahr mit pulverigen Gemengen, im Sommer mit Lösungen. Solla.

98. **P. Freda** (64) referirt über die von ihm angewandten Mittel gegen *Peronospora viticola*. Verf. arbeitete mit Reagentien in pulveriger Form und in Lösungen, sowie mit Reagentien verschiedener Art, nach einander angewendet. Die Ergebnisse lauten für einen Vorzug der den Kupfersalzen in Lösungen zu geben ist. Solla.

99. **E. Pollacci** (128) stellt in eigener Art dar, wie viel bisher mit der Benützung einer Kupfervitriollösung gegen die *Peronospora* der Reben erzielt wurde und was noch zu thun erübrige. Mehrere Mostuntersuchungen, bei welchen er von der Kupfertartratbildung sich überzeugen konnte, lassen ihn seine frühere Meinung von den eventuell schädlichen Wirkungen des Heilmittels zurückziehen. — Kupfersulfat muss in Lösung angewandt werden, denn in Pulverform ist seine Wirkung sehr bedingt von äusseren Umständen. Zur Lösung kann man aber nicht jedes beliebige Wasser gleich benützen, sondern es wird dazu ein chemisch reines Wasser erforderlich sein. — Die Hauptwirkung des Heilmittels besteht darin, dass es von den Blättern aufgesogen, letztere steifer macht, und mehrere Beobachtungen haben ergeben, dass Rebenvarietäten mit strafferen Blättern weit widerstandsfähiger sind gegenüber dem Pilze als die Formen mit weicheren Blättern. Ausserdem übt es auf den Pilz selbst tödtliche Wirkungen aus. Aus diesen beiden Gründen vermuthet Verf. — wiewohl hinreichende Beobachtungen noch nicht vorliegen — dass auch andere Blattparasiten (*Oidium* u. s. w.) mit Kupfersulfat in wässriger Lösung hintangehalten werden könnten. Solla.

100. **Cettolini** (38). Eingehende kritische Besprechung der verschiedenen als antiperonosporisch vorgeschlagenen Heilmittel; Angabe der Kosten, der Anwendbarkeit und praktischen Durchführung derselben und der dadurch erzielten Resultate.

Zum Schlusse erklärt sich Verf ziemlich unverhohlen für Kalkmilch und gegen Kupferverbindungen. Solla.

101. **Castellucci** (29). Anempfehlung des Gemenges von gebranntem Kalke mit Tafelsalz, von Saredo-Parodi vorgeschlagen, gegen den angeführten Pilz. Solla.

102. **Cugini** (53). Wird über Bekanntes berichtet bezüglich der chemischen Einwirkung, welche Kalkmilch und Kupfervitriol — als Heilmittel gegen *Peronospora* angewendet — auf den Wein bei der Mostgährung ausüben. Solla.

103. **F. Martinotti** (106) arbeitete in einem Weinberge des Piemonts mit Kalkmilch gegen die *Peronospora viticola*. Das Mittel blieb erfolglos. Nun stellte Verf. besondere Untersuchungen im Kleinen im Cabinete an mit Anwendung verschiedener Heilmittel, stets mit gleichzeitiger Austellung von Controluntersuchungen an gesunden Blattstücken und fand, dass Borsäure ein geeignetes Mittel zur Tilgung des Pilzes wäre; die anderen bekannteren Heilmittel, die ebenfalls geprüft wurden, sind ihrer Wirkungsweise nach classificirt. — Im Grossen wurden dann Kupfersalze mit Erfolg angewendet.

Solla.

104. **G. Briosi** (21) fasst die 1887 im Kampfe gegen die *Peronospora viticola* entfaltete Thätigkeit summarisch zusammen. — Das Arbeitsfeld wird vorgezeichnet; die Kupfersalze hatten das Jahr früher günstigere Resultate geliefert als die übrigen Heilmittel, also wurden mit denselben die meisten Versuche angestellt. Nebenbei wurden auch Kalkmilch mit Kohlenruss gemengt und Nickelsulfat in wässriger Lösung angewendet, schliesslich noch versuchshalber die Gemenge von Ghigliotti, Morganti, Vogel und von Saredo-Parodi.

Die vorgelegten Tabellen stellen die ganze Thätigkeit dar, welche auf die Hügelkette zwischen Voghera und Stradella sich erstreckte, da einige zu Lesa am Lago Maggiore angestellte Versuche aufgegeben werden mussten, nachdem Hagelsturm die Weinberge vernichtet hatte.

Wässerige Lösung von Kupfervitriol selbst zu 1—2 ‰ ist sehr günstig, namentlich in höheren Lagen; Schwefel mit Kupfersulfat (pulverig) gemengt, sind ebenfalls von Vortheil, wenn man nicht mehr als 3 % des Salzes dazu verwendet. — 1—5 ‰-wässrige Lösungen von Nickelsulfat tödten die *Peronospora*, lassen sich aber ohne Weiteres im Grossen nicht anwenden. — Kalkmilch übt noch immer preventiv gute Wirkungen aus.

Verf. vergleicht noch das Auftreten des Pilzes mit den meteorologischen Zuständen (graphisch auf der beigegebenen Tabelle illustrirt) und gelangt zu den Resultaten, dass die Maxima und Minima der Invasion den Maximis und Minimis der Regentage (als Anzahl der Tage, nicht als Niederschlagsmenge) entsprechen Ferner nimmt die Invasion zu mit der Abnahme der Temperatur; dieses zweite wechselseitige Verhalten ist aber weit weniger ausgesprochen als das erstgenannte. Solla.

105. **G. Briosi** (22) berichtet über die Behandlung der Weinstöcke gegen die *Peronospora* im Jahre 1888. Die Versuche wurden in nächster Umgebung von Pavia vorgenommen und zur Anwendung gelangten:

Kupfervitriol in Lösung zu	0.5 ‰	und zu 2 ‰
Nickelsulfat „ „ „	5.0 „	„ „ 8 „
Borsäure „ „ „	10.0 „	
„ mit Schwefel gemengt zu .	5.0 %	
Präparat Ghighliotti.		

Die besten Resultate wurden mit Kupfersulfat erzielt. Angesichts jedoch der schwankenden Witterung ist Verf. der Ansicht, dass ein Gemenge von Kupfersulfat und Kalk am tauglichsten wäre. — Die Wirkung des Nickelsulfats war geringer als jene des Kupfers; Borsäure gab keine günstigen Resultate.

Verf. erwähnt weiter, dass das Hügelgelände von Stradella bis Voghera, woselbst 1885—1887 gegen die *Peronospora* experimentirt wurde und 1888 den Winzern allein zur Pflege und Abwehr des Pilzes überlassen wurde, die schönsten und bis spät im Hochsommer reich belaubten Weinstöcke aufwies.

Auch der *Peronospora* in den Trauben wird gedacht. Solla.

106. **Baillon** (4) theilt einen Versuch mit, der es wahrscheinlich macht, dass *Pero-*

nospora viticola auch an der Oberfläche der Rebzweige in den Spalten der Rinde überwintern könne.

107. **G. Cuboni** (52) nennt als vorwiegende Traubenkrankheiten: Black-Rot, White-Rot und Bitter-Rot. Stellt die unterscheidenden Merkmale derselben nebeneinander und führt sie auf den entsprechenden Pilz zurück, durch welchen sie jeweils hervorgerufen werden. Diese drei Krankheiten sind aber in Italien noch gar nicht oder wenigstens nicht verheerend aufgetreten. Die Fäulniss der Weintrauben in Norditalien ist vielmehr auf *Peronospora viticola* zurückzuführen, entgegen den Ansichten C. Massa's (vgl. Ref. No. 141), zumal *Greeneria fuliginea* Schr. et Vial. nach Ansicht der Autoren nirgends eine hervorragende Wirkung noch ausgeübt hat. So wenig als *Macrophoma*, *Ascochyta* u. a.

Solla.

108. **F. Baudisch** (9) schildert die verderbliche Wirkung, die *Phytophthora omnivora* (= *P. fagi*) auf einen sehr dichten Buchenaufschlag ausübte. Die Entwicklung des Pilzes war an beschatteten Stellen besser als an belichteten und war an steilen Lehnen in Folge der besseren Beleuchtung gering. Niederschläge förderten sein Wachsthum und seine Ausbreitung. Matzdorff.

109. **W. G. Smith** (153) giebt Beschreibung und Abbildung der *Peronospora elliptica*, die auf einer ganzen Anzahl von Lilienarten rasch wuchernd ihren Wirth in wenigen Tagen vernichtete. Hyacinthen, Tulpen und ähnliche werden wahrscheinlich auch von diesem Pilz befallen. Matzdorff.

110. **W. G. Smith** (154) beschreibt und bildet ab *Peronospora Ficariae* Tul., die *Helleborus niger*, dessen Formen und Abarten, namentlich *H. n. maximus* (nicht = *H. altifolius* Heyne) befällt. Zuerst tritt der Pilz auf den Blumenblättern auf, um allmählich andere Theile der Pflanze, zuweilen selbst den Wurzelstock, zu befallen und zu schwärzen. Von der gewöhnlichen *P. Fic.* unterscheidet sich diese „Abart" durch Kräftigkeit und Grösse. Matzdorff.

111. **Colocasia** (40). Von Massee beschriebene Krankheit der Wurzelknollen von *Colocasia esculenta*, verursacht durch *Peronospora trichotoma* Mass. Der Pilz befällt nicht das Kraut, sondern dringt durch Wundstellen in die Knollen. Auf zerstörten Knollen beobachtete Massee zahlreiche Nematoden und zwei Pilze, *Heterosporium Colocasiae* Mass. und *Cephalosporium acremonium* Cda., die aber mit der Entstehung der Krankheit nichts zu thun haben.

d. Ustilagineae.

112. **Sadebeck** (141) fand *Protomyces macrosporus* im Algäu an fast sämmtlichen wilden und cultivirten Mohrrübenpflanzen. Die Blätter wurden gelb und an den vom Mycel durchzogenen Blattstielen wurden hier und da Fruchtkörper angelegt in Form von 1—2 mm langen Pusteln. Blüthenanlage in Folge dessen spärlich und Fruchtbildung nie eintretend; Wurzeln auch kümmerlich. S. sah auch den Mardaun *(Meum mutellina)*, ein wichtiges Futterkraut des Algäu, stellenweis gänzlich durch den Pilz vernichtet.

113. **F. von Thümen** (166) schildert die Ansteckung des Weizens durch den Stein- oder Schmierbrand, die am Wurzel- oder ersten Halmknoten oder am ersten Stengelglied erfolgt. Dünger aus Stroh brandiger Pflanzen überträgt oft die Sporen.

Matzdorff.

114. **C. B. P(lowright)** (125, 126) giebt, wie aus No. 125 hervorgeht, nach J. L. Jensen, der überdies in No. 126 einen Druckfehler berichtigt, einen Bericht über Versuche, die mit *Ustilago segetum* an Hafer und Gerste angestellt sind. Jensen fand, dass keimfähige Sporen, die aussen an den Pflanzen hingen, oder im Boden lagen, oder mit Dung auf den Acker gekommen waren, die jungen Pflanzen nicht inficirten; nur, wenn sie die Körner berührten, trat eine Entwicklung ein. Für diese war die Zeit des Blühens die geeignetste. Unter den Maassregeln zur Vermeidung der Krankheit war die beste, die Körner in Wasser von 56° C. 2' bis 3' zu tauchen (Hafer), oder einer gleich hohen trockenen Wärme auszusetzen (Gerste). *Tilletia tritici* und *Urocystis occulta* können durch das gleiche Mittel fern gehalten werden. Matzdorff.

e. Uredineae.

115. **Dietel** (55) giebt eine sehr reichhaltige, auf fleissigem Literaturstudium fussende Zusammenstellung, die theilweise durch eigne Untersuchungen er kritisch sichtet.

116. **Underwood** (172). Notiz über das reichliche Auftreten von *Uromyces trifolii* (A. et S.) Wint. auf *Trifolium pratense* und *hybridum*, sowie von *Uromyces Medicaginis-falcatae* auf *Medicago lupulina* im Staate New-York. Ed. Fischer.

117. **F. v. Thümen** (164) theilt mit, dass von den drei Getreiderostarten das Mycel des Streifenrostes, *Puccinia straminis* Fuckel, sicher, das des Kronenrostes, *P. coronata* Cda., wahrscheinlich, das von *P. graminis* Pers. nicht im Gewebe todter Grasblätter überwintert und dann am Ort die jungen Pflanzen befällt. Weiter erfolgt die Uebertragung der Sporen von den bekannten, die Aecidienform tragenden Pflanzen her und die Infection von anderen Gräsern, unter denen namentlich *Bromus mollis* stark ergriffen wird. Dünger von Stroh rostkranker Pflanzen und kranke Stoppeln sind gleichfalls Ueberträger. Matzdorff.

118 **Klebahn** (85) fand *Pinus Strobus* rostkrank, während daneben cultivirte *P. silvestris, nigricans, Cembra* und *Mughus* nicht befallen und nur einmal *P. Lambertiana* ergriffen erschien. Das auf der Weymouthskiefer an der Rinde vorkommende *Peridermium* beschreibt Verf. als neue Art *Perid. Strobi*. Die Sporen gleichen in Gestalt und Grösse denen von *Perid. Pini corticola*; nur ist die Membran etwas dünner und die Stäbchen, welche die äussere Schicht der Membran dicht warzig machen, sind bei *Strobi* auf einer grossen Fläche ($^1/_2$ – $^2/_3$ der Oberfläche) zu einem vollkommen gleichmässig glatten Ueberzuge verschmolzen, während sie bei *P. Pini cortic.* nur an einer Stelle durch breitere Platten ersetzt werden, so dass hier die Membran eigenthümlich areolirt erscheint. Bei *Peridermium Pini acicolum* sind die Sporen länger als bei den vorigen und die Stäbchen der überall gleich dicken Membran gleichmässig über die ganze Oberfläche vertheilt. Bei *Perid. Strobi* erscheinen die Aecidien im Mai und die Spermogonien im September; letztere schimmern als gelbliche Flecke durch die Rinde.

119. **Klebahn** (86). Der Weymouthskiefernrost, eine besondere Species *Peridermium Strobi* Kleb., der durch Impfversuche nachgewiesen, *Cronartium Ribicola* als Teleutosporenform hat. Dieser Pilz, ebenso wie *Cron. ascelepiadeum*, das sich mit seinen Uredosporen auf *Vincetoxicum* leicht übertragen liess, scheinen einjährig zu sein, so dass sie weder in der Nährpflanze überwintern, noch durch die Uredosporen erhalten werden. *Cron. Ribicola* liess sich nicht auf *Vincetoxicum* übertragen.

f. Discomycetes.

120. **Sadebeck** (142). Infectionsversuche beweisen, dass *Exoascus epiphyllus* Sad. an *Alnus incana* hexenbesenartige Gebilde erzeugen kann; der Pilz ist identisch mit *Taphrina borealis* Joh. (früher *T. Sadebeckii* var. *borealis* Joh.) und ist eine der verbreitetsten Arten der ganzen Gattung. *E. epiphyllus* verursacht zum grössten Theil die grauen Flecke auf den Erlenblättern — die gelben werden durch *Ex. Sadebeckii* Joh. verursacht — und kommt auch auf den durch *Ex. alnitorquus* deformirten Blättern von *Alnus glutinosa* vor, ja nicht selten bringt er seine Schläuche zwischen denen des *Ex. alnitorquus* zur Entwicklung.

Dagegen ist der die weiblichen Zapfenschuppen von *Alnus glutinosa* und namentlich *incana* deformirende *Exoascus* eine eigne gute Species, welche S. als *E. amentorum* bezeichnet. Durch Gestalt, Grösse und Mangel einer Stielzelle erinnert dieser Pilz an *Ascomyces endogenus* Fisch., unterscheidet sich aber von diesem durch sein reiches Mycel, wodurch er sich auch als *Exoascus* charakterisirt.

121. **Massalongo** (109) beschreibt *Taphrina Ostryae* spec. nov., welche auf der Unterseite der Blätter von *Ostrya carpinifolia* auftritt, aber keine Verunstaltungen der Blätter hervorruft, sondern nur bereifte, später trocken werdende, häufig zusammenfliessende Flecke erzeugt. Die mit einer Fusszelle versehenen Sporenschläuche reifen nur je acht Sporen, obwohl anfangs eine grössere Zahl derselben angelegt wird. Die vorliegende Art dürfte (wie dies von Johanson für *T. carnea* bewiesen worden) kein perennirendes Mycel besitzen.

122. **Hartig** (72) giebt im Anschluss an ein Referat von v. Thümen in der Oesterr. Forstzeitung seinem Bedauern über die Umtaufung der *Peziza Willkommii* in *Helotium* W. Ausdruck und spricht sich gegen die von Wettstein zuerst aufgestellte Wanderungshypothese aus. In der eigentlichen Lärchenregion der Hochalpen kommt der Pilz überall vor Da wo später die Lärchen ausserhalb ihrer Heimath angepflanzt worden, kommt der Pilz ebenfalls vor. So breite er sich auch in Oesterreich aus; aber dies ist keine Rückkehr in die Heimath, wie Thümen meint; da an den angeführten Orten die Heimath der Lärche gar nicht ist.

123. **Wettstein** (182) wendet sich gegen die von Hartig gemachte Aeusserung, dass im vorigen Jahrhundert in den Voralpen noch gar keine Lärchen gebaut worden seien und bringt eine Anzahl Citate, aus denen hervorgeht, dass der Baum früher in den niederösterreichischen Voralpen viel häufiger als jetzt zu finden gewesen ist. Es bleibt somit die Stütze des Verf.'s über die Verbreitung der *Peziza Willkommii* bestehen.

124. **Cohn** (39) fand in Kartoffelpflanzen, die im Juli abzusterben begannen, im hohlen Stengel *Sclerotium compactum* und *varium*, welche au Bohnen, Hanf, Rüben, Möhren, Balsaminen, Georginen, Zwiebeln etc. vorkommen, aber auf Kartoffeln bisher nur in Norwegen beobachtet worden sind.

125. **Woronin** (187). Einleitend erwähnt Verf., dass die durch sclerotienbildende Pilze hervorgerufenen Krankheiten die Sclerotienentwicklung entweder in Stengeln und Blättern oder in Blüthen beziehungsweise in den jungen Fruchtknoten aufweisen. Die Pilze der ersten Categorie sind facultative, die der zweiten obligate Parasiten. Zu der ersten Categorie gehören *Peziza (Sclerotinia) Sclerotiorum* Lib., *P. Fuckeliana* D. By. und *P. ciborioides;* zu der zweiten Abtheilung ausser den *Claviceps*-Arten die die Vaccinien befallenden Pezizen.

Die Sclerotienkrankheit befällt sowohl *Vaccinium Myrtillus*, als auch *V. Vitis Idaea*, *Oxycoccos* und *uliginosum*; jede Nährpflanzenspecies hat aber ihre besonderen Parasitenspecies, die indess in ihrer Entwicklung völlig gleichartig sind.

Verf. beginnt mit der Beschreibung von *Sclerotinia Vaccinii* Wor. auf der Preisselbeere, von der schon im Frühjahr eine nicht geringe Anzahl diesjähriger Triebe durch ihr welkes, geschrumpftes Aussehen auffallen; sie werden dabei hellbraun, dann dunkelbraun und schliesslich fast schwarz. Die Verfärbung geht mehr oder weniger vom Stengel auf die Blätter über, die deshalb immer von der Basis aus erkranken. An den erkrankten, meist an einer Stelle nach unten gebogenen oder geknickten Stengeln oder an den Nerven der Blätter erscheint (meist unterseits) ein ziemlich dichter, schneeweisser oder gelblicher, schimmelartiger Conidienanflug; dabei hauchen die Triebe einen angenehmen Mandelgeruch aus. Die Conidienform hat am meisten Aehnlichkeit mit *Torula* oder *Monilia;* auch ihre oft zu 20—30 aneinandergereihten Kettenglieder wachsen an der Spitze fort und gabeln sich oft in zwei oder drei Reihen. Das Wichtigste ist die Entwicklung der Ketten. Anfangs sind die torulösen Conidienketten ohne Querwände, sobald aber das Spitzenwachsthum aufhört, beginnt (und zwar fast gleichzeitig) in ihrer ganzen Länge die Gliederung. Der ganze Plasmakörper des Fadens zerfällt in so viele einzelne Theile, wie Glieder im Faden vorhanden sind. Jeder dieser einzelnen Plasmatheile umhüllt sich sofort mit einer feinen Membran, die an die äussere, gemeinschaftliche „primäre" Membran des ganzen Fadens sich fest anlegt. In jeder Einschnürung des torulösen Fadens, wo je zwei Nachbarschwesterzellen (also zwei junge Conidienzellen) aneinderstossen, bildet sich folglich eine aus zwei feinen Lamellen bestehende Querwand. Sobald die jungen Membranen der Tochterzellen nur etwas dicker geworden sind, tritt in jeder Querwand, gerade in ihrer Mitte, ein glänzender runder Punkt. Hier wird von jeder Zelle ein kegelförmiger Zellstoffkörper (durch eine wahrscheinlich tüpfelartig verdünnte Stelle der Membran) ausgeschieden. Mit ihren entgegengesetzten Spitzen — ihren allerjüngsten Theilen — hängen diese Kegelchen an den Querwandlamellen, mit ihren runden Basen dagegen stossen und wachsen sie fest aneinander, einen spindelförmigen, stark lichtbrechenden Cellulosekörper bildend, der mitten in der Querwand, zwischen den beiden Lamellen derselben eingeklemmt liegt. Dieses Organ „Disjunctor" dient dazu, um die reifen Conidien von einander zu trennen, indem er an den Spitzen fortwächst und dadurch die Lamellen schliesslich derartig auseinanderpresst, bis die sie zusammenhaltende Primärmembran ringförmig einreisst. Die frei gewordenen Conidien erhalten eine citronenförmige Gestalt und die Disjunctoren bilden jetzt intercalare Glieder zwischen je zwei Conidien des Fadens. Die Glieder fallen bei leiser Erschütterung schon auseinander.

Die Bildung der Conidienketten ist bei *Monilia fructigena* dieselbe, nur fehlt der Disjunctor. Ein analoges Beispiel acrogener Sporenbildung (aber auch ohne Disjunctor) beschreibt Fayod bei seiner *Monilia albo-lutea*, welche die Conidienform von *Peziza mycetophyla* sein soll.

Die Membran der auf den Vaccinien sich entwickelnden Conidien wird bisweilen durch Jodlösung allein blau, oftmals aber nicht. Jod und Schwefelsäure aber färben die Conidien gelb bis braun.

Bald nach dem Auseinanderfallen keimen die Conidien, und zwar bedecken sie sich in destillirtem Wasser mit runden, farblosen, höchstens 0,0040 mm messenden Sporidien (was übrigens auch bei noch ganz unreifen conidialen Tragfäden bereits geschieht). In nicht ganz reinem Wasser treiben die Conidien kurze Fäden, welche jene perlenartigen Körperchen abschnüren; in Pflaumen- oder Rosinendecoct endlich treiben sie lange, septirte, verzweigte Fäden, die aber niemals Sporidien abschnüren; sie sind an ihren Endverzweigungen mit einer feinen Schleimhülle umgeben. Keimung der Sporidien, die auch aus den Ascosporen aller vier hier in Betracht kommenden Pezizen sprossen und bei anderen Ascomyceten auch schon beobachtet worden sind war nicht wahrzunehmen.

In der Natur vollzieht sich folgender Vorgang. Durch den Mandelgeruch der Conidien angelockte Insecten übertragen diese Bläschen auf die zuckerhaltigen Narben, wo sie auskeimen und ihre Keimfäden mit den Pollenschläuchen gemeinsam in die Fruchtknotenhöhle wachsen, schliesslich sind die Fruchtknotenfächer mycelerfüllt, die Ovula durchsponnen und erstickt. Später sprossen von dem die Fächer ausfüllenden Geflecht die Fäden auch in die Fruchtknotenwand selbst und bilden mit der Randpartie des Fächergeflechts sich zum Sclerotium aus. Die knorpelig-gallertartigen Hyphen des Sclerotienmarkes färben sich mit Jodjodkalium schön blau. Die Gestalt der Fruchtknotenwand völlig nachahmend, erhält der Sclerotiumkörper die Form einer äusserlich wie innerlich mit einer schwarzen Rinde versehenen Hohlkugel, die an ihren Endpolen (oben und unten) offen ist.

Erst beim Röthungsprocess der gesunden Preisselbeeren bemerkt man die Kranken, die gelb und schliesslich kastanienbraun werden; dabei trocknet die Oberhaut auf das durch die Fruchtscheidewände ursprünglich vierrippig angelegte Sclerotium und die Beere wird dadurch gerippt wie eine Melone. Die „mumificirten" Beeren bleiben bis Frühjahr liegen, wo sich dann Ende April oder Anfang Mai die *Sclerotinia Vaccinii* zu 2—6 aus einem Sclerotialkörper entwickeln.

Die Bildung des Fruchtkörpers beginnt mit dem (vielleicht in Folge eines Befruchtungsvorganges hervorgerufenen) Auftreten eines Primordiums. Dasselbe stellt einen dichten, runden Fadenknäuel von brauner Farbe in der äusseren Markzone des Sclerotialkörpers dar und ist in viel grösserer Anzahl angelegt, als später Fruchtkörper entstehen. Durch reiche Vermehrung im Primordium und dem umgebenden Markgewebe bildet sich ein dichtes emporsteigendes Hyphenbündel zum ascustragenden Apothecium aus.

Die im Freien meistens nur einzeln oder zu zweien (bei Zimmercultur reichlicher) hervorbrechenden langgestielten braunen, mit zottigen Rhizoidenbüscheln an der Stielbasis versehenen Fruchtbecher sind in der Mitte trichterförmig vertieft.

Ueber die Ascosporenbildung und Keimung dürfte bei dem Abschnitt „Pilze" das Nöthige zu finden sein. Es sei nur erwähnt, dass bei der Ascosporenkeimung ebensolche Unterschiede, wie bei der Conidienkeimung in verschiedenen Substraten auftreten.

Infectionsversuche mit Ascosporen gelangen vollständig; schon 14 Tage nach der Aussaat im Frühjahr (Ende Mai) zeigten die ganz jungen Triebe alle Symptome der Erkrankung.

Ganz ähnlich verhält sich *Sclerotinia Oxycocci* Wor., *Sclerotinia baccarum* Schröt., welche die sogenannten weissen Heidelbeeren hervorruft und *Scl. megalospora* Wör. auf *Vaccinium uliginosum*.

Verf. untersuchte darauf mumificirte Kirschen, die verkümmert und braun im eingetrockneten Fruchtfleisch ein knorpeliges, sclerotinartiges Mycel zeigten. Stengel und Blätter zeigten keine Conidien; dagegen entwickelten sich letztere jedesmal auf der Fruchtoberfläche in feuchter Atmosphäre. Nach Entwicklung und Bau (Disjunctoren sind ebenfalls vorhanden) stehen sie den bei Vaccinien gefundenen sehr nahe; kugelige Sporidien werden in Wasser ebenfalls abgeschnürt. Ob dieser Pilz identisch mit dem bei der „Kirschendürre oder Bräune" auftretenden *Acrosporium Cerasi* Rabh. ist, bleibt noch festzustellen.

Junge Blätter und Stengel von *Prunus Padus* zeigten im Frühjahr ebenfalls üppig entwickelte Conidienbildung mit ihren Disjunctoren. Insecten und Wind übertragen diese Conidien auf die Narben der zu dieser Zeit völlig aufgeblühten Blumen.

In Folge dessen entstehen mumificirte Steinfrüchte, aus denen im nächsten Frühjahr gestielte, rhizoidenlose Apothecien einer kleinen *Sclerotinia* hervorbrechen. Frisch gesammelte mumificirte Früchte bedecken sich in feuchter Atmosphäre wie bei dem Kirschbaumpilze mit Conidien.

Weiter fand Verf. ganz analoge Conidien auf jungen Blättern von *Sorbus Aucuparia* und später auch mumificirte Früchte, aus denen im nächsten Frühjahr ebenfalls eine gestielte rhizoidenlose *Sclerotinia*-Becherfrucht hervorwächst.

Wahrscheinlich gehört hierher auch *Monilia fructigena* als Conidienform einer noch aufzufindenden Becherfrucht.

Ausserdem hat W. noch bei *Alnus* und *Betula* geflügelte Früchtchen mit Sclerotienkörpern gefunden. Conidien wurden nicht beobachtet. Die *Betula*-Sclerotien sah Verf. im Frühjahr massenhaft in kleine, zierliche, mit feinen Rhizoiden versehene Sclerotinien-Becherfrüchte auswachsen. Bei *Alnus* ist eine Becherfrucht noch nicht gesehen worden.

126. **Klebahn** (87). Cornu (C. r. 1878) hatte gezeigt, dass Schnitte durch reifes Stroma von *Rhytisma acerinum* auf junge Blätter gebracht die charakteristischen Krankheitsflecke hervorrufen. Verf. macht auf den Weg aufmerksam, wie in der Natur die Infection zu Stande kommen kann. Als er im Frühjahr von feucht aufbewahrten Herbstblättern die Glasglocke abhob, so dass trockene Luft hinzutreten konnte, bemerkte er das Aufsteigen zarter, weisser Sporenwölkchen aus den gereiften Perithecien. Die 65 Mik. langen und nur 1.6 Mik. dicken Sporen (im Verhältniss zur Masse ein grosses Volumen) sind von einer Gallerthülle umgeben, welche die Sporen, die vom Winde also leicht gehoben werden können, auf den Blättern festklebt. Es leuchtet ein, dass im Freien jeder trockene Lufthauch, der zur Reifezeit der Asci (Juni) das am Boden liegende feuchte Laub trifft eine Menge Sporen auf junge Blätter führen wird. Wichtig erweist sich damit die Vernichtung des Pilzbehafteten Laubes im Herbst.

127. **Bartet et Vuillemin** (5) untersuchten die „Rouge" genannte Krankheit der Kiefern, welche sie für identisch halten mit der Schütte. Ursache der Erkrankung ist *Leptostroma Pinastri* Desm., das von den einen Autoren zu *Lophodermium Pinastri* Chev., von anderen zu *Microthyrum Pinastri* Fuck. gezogen wird. Die Verff. fanden diese beiden Ascosporenfruchtformen auf den erkrankten Theilen, die erstere auf trockenen Blättern des Vorjahres, die zweite auf Zweigen vor Kurzem zu Grunde gegangener Pflänzchen. In der Bouillie bordelaise finden die Verff. ein wirksames Verhütungsmittel gegen das Uebel.

Ed. Fischer.

128. **v. Tubeuf** (171). An Douglas-Tannen — und zwar an Exemplaren, die durch dichten Schluss oder ihren Standort gegen trockene Winde geschützt sind — trat eine Krankheitserscheinung auf, darin bestehend, dass die jungen Triebe scharf gekrümmt sind; die Blätter sterben ab und fallen zum Theil ab, zum Theil werden sie von einem Pilzmycel zusammengehalten. Die Ursache der Erkrankung ist ein sclerotienbildender Pilz mit Conidienträgern, ähnlich denen von *Botrytis*. Aeltere Tannen, im Winter inficirt, widerstanden dem Pilze vollständig; dagegen wurden alle jungen Triebe im Triebjahre inficirt, in wenigen Tagen getödet. Ed. Fischer.

129. **H. Müller-Thurgau** (117) fand, dass *Botrytis cinerea* nicht nur die Rohfäule verletzter junger Beeren verursacht, sondern auch die Traubenstiele anfällt, ohne dass dieselben verletzt waren. Anhaltend feuchtes Wetter hatte wahrscheinlich ihre Hautzellen geschwächt. Weiter wurde an Stöcken mit gesunden Blättern *Peronospora viticola*, die sonst diese anfällt, als Schädiger junger Früchte gefunden. Matzdorff.

130. **H. Müller-Thurgau** (115). Die „Edelfäule" der Trauben entsteht durch *Botrytis cinerea;* der Name der Krankheit ist schon deshalb berechtigt, weil ihr Auftreten meist erst dann sich zeigt, wenn die Trauben eine gewisse edle Reife erlangt haben. Jahre, in denen die Trauben „edelfaul" werden, sind nicht gerade häufig und der Vorgang selbst auf einen verhältnissmässig kurzen Zeitraum beschränkt. Als Edelreife möchte der Zustand zu bezeichnen sein, bei welchem die Beeren über den Grad des höchsten absoluten Zuckergehaltes bereits hinaus sind und, ohne noch wesentlich an Volumen verloren zu haben, eine weitergehende Veredlung des Saftes zeigen, indem durch stärkere Verdunstung des Wassers der Saft concentrirter wird und dadurch doch ein etwas zuckerreicherer Most gewonnen werden kann. Ausserdem erfolgt neben dem Verbrennen des Zuckers auch eine (und zwar stärkere) Säureabnahme durch den Athmungsprocess. Endlich erleiden auch die stickstoffhaltigen Substanzen solche Veränderungen, welche sich als günstig auf die Qualität des Weines wirkend, erfahrungsgemäss herausgestellt haben. Bei anhaltend trockner Witterung endet die Edelreife mit der Rosinenbildung. Grössere Bedeutung hat die Edelfäule nur für Riesling, Orleans und Sylvaner.

Die Epidermiszellen der edelreifen Beeren sind schon im Absterben begriffen, was schon aus ihrer Verfärbung hervorgeht, und darum weniger widerstandsfähig gegen das Eindringen des *Botrytis*; sie greift der Pilz zuerst an. Das Eindringen in nur gerade reife Beeren bietet für den Pilz mehr Schwierigkeit; hier ist die Mithülfe eines grösseren Feuchtigkeitsgehaltes der Luft beziehungsweise einiger Regentage erforderlich. Derartig befallene Beeren stehen in ihrer Qualität den „edelfaulen" nach und sind einfach als „faul" zu bezeichnen. Die Edelfäule wirkt also insofern veredelnd auf die Traube, als sie die Beeren frühe in einen gewünschten rosinenähnlichen Zustand hinüberführt; denn die vom Pilz befallene Beere wird noch schneller Wasser abgeben, als die gesunde edelreife Beere. Solche von Pilzrasen manchmal unter einander verklebte, geschrumpfte und verfärbte Beeren erscheinen dem Laien durchaus nicht zum Genuss einladend, während sie vom Kenner sehr geschätzt werden.

In unreife Beeren vermag der Pilz nur einzudringen unter Umständen, wenn die Lebensverhältnisse für ihn sehr günstig, für die Trauben dagegen sehr ungünstig sind, wie z. B. bei andauernd nassem Wetter, bei Verletzungen durch den Sauerwurm (Raupe von *Tortrix ambiguella*). Bei nasser Witterung, bei der die Zuckerbildung in den Blättern und damit die Zuckerwanderung in die Beeren und deren Ernährung gehemmt wird, erfolgt auch die Ansteckung von Beere zu Beere sehr leicht; solche im unreifen Zustande befallenen Beeren bezeichnet man als „sauerfaul" oder „nassfaul" oder „mastfaul"; sie werden auch bei später ganz günstiger Witterung niemals für gute Weine anwendbar, sind vielmehr am besten zu beseitigen, weil der Pilz auf ihnen sehr üppig wuchert, ihnen bei ihrer Stoffarmuth noch mehr Zucker und andere werthvolle Stoffe entzieht und ausserdem in ihnen nicht selten sogar Essigsäure sich bildet.

Aus einer Reihe von Culturversuchen zieht Verf. den Schluss, dass der als *Botrytis acinorum* Pers. bisher aufgeführte Pilz nichts anderes als *Bot. cinerea* Pers. ist, die nach de Bary zu *Peziza Fuckeliana* zu ziehen ist, obwohl Brefeld (Botanische Untersuchungen über Schimmelpilze, IV, p. 129) immer nur solche Sclerotien aus dem *Botrytis* züchten konnte, deren Rindenzellen immer wieder Conidienträger, aber keine *Peziza* lieferten.

Abgesehen von den Wundstellen vermag der Pilz auch in die unverletzte Beere einzudringen; er bevorzugt dabei die Anheftungsstelle der Beere und die (bei manchen Sorten sehr deutlich hervortretenden) Korkwärzchen, kann aber an jeder beliebigen Stelle sich einbohren. Im Innern breitet er sich zunächst in den äusseren Hautschichten aus; die Zellen bräunen sich, sterben ab und werden vom Mycel isolirt und zusammengedrückt. Später dringen schmächtigere Fäden auch in das Innere der Beere, wo sie die Zellen auch durchwachsen. Durch die Pilzeinwanderung werden die Beeren der weissen Trauben braun;

bei den blauen und schwarzen Trauben tritt zunächst eine Rothfärbung auf. Während gesunde Beeren bei Gefrieren Stoffe aus den Hautzellen in den Beerensaft übertreten lassen, die den „Frostgeschmack" bedingen, ist dies bei den faulen Beeren nicht der Fall; ebenso gehen die vorzugsweise in der Haut befindlichen Stoffe verloren, aus denen bei der Gährung des Weines das Bouquet sich bildet.

Anfangs verräth sich der Pilz nur durch die eintretende Verfärbung der Beere und bei gutem Wetter kommt er oft gar nicht zur Conidienbildung. Sclerotien, die im Freien früher noch nicht beobachtet worden sind, später aber im Dezember auf Beeren unter abgefallenem Laube anzutreffen waren, liessen sich künstlich in geschlossenen Glasgefässen auf den Beeren erzeugen; sie stimmen mit denen der Blätter vollkommen überein. Ihre Bildung erfolgt unter und in den Zellen der Epidermis, deren Aussenschicht schliesslich durchbrochen wird. An zufällig verletzten Stellen können auch oberflächliche, abhebbare Dauermycelien entstehen und diese dürften wohl als *Sclerotium uvae* Desm. und *Sclerotium Vitis* Peyl. beschrieben worden sein.

Bei den Reinculturen fand Verf. auch die Haftorgane des Pilzes, die sich bilden, wenn die Mycelfäden auf glatte Flächen auftreffen; die büscheligen, kurzzelligen Zweige treten zu quastenartigen Knäueln zusammen; durch peripherisches Weiterwachsen auf der glatten Fläche entstehen Haftscheiben, die 5 mm Durchmesser erreichen können.

Die Einwirkung des *Botrytis* auf den Most besteht nach den Versuchen des Verf.'s darin, dass eine Abnahme an Säure, Zucker und Stickstoff stattfindet, und zwar nehmen Stickstoff und Säure verhältnissmässig rascher ab, als der Zucker. Ganz abweichend davon ist die Wirkung des *Penicillium glaucum*, das als Fäulnisserreger der Beeren noch in Betracht kommt. Hier wird die Säure anfangs nur in ganz unbedeutendem Maasse angegriffen, dagegen der Zuckergehalt ausserordentlich rasch verzehrt, was natürlich eine wesentliche Verschlechterung des Mostes zur Folge hat. Durch die *Botrytis*-Fäulniss wird in erster Linie Gerbsäure, dann freie Weinsäure und Apfelsäure verzehrt; somit ist der Säuregehalt der edelfaulen Rosinen vorzugsweise durch Weinstein bedingt, von welchem bei der Concentration durch Wasserverdunstung schon in der Beere ein Theil ausgeschieden wird. Durch den Stickstoffverlust wird eine geringere Gährungsintensität veranlasst.

Zu den Nachtheilen der Edelfäule gehört der Verlust an Bouquetstoffen. Diese sind von dem „Aroma" streng zu trennen. Das Aroma, wie es z. B. im Muskateller und Gewürztraminerwein sich zeigt, ist schon in der Traube vollständig ausgebildet, lässt sich durch Aether aus derselben ausziehen und besitzt die Eigenschaften der sogenannten ätherischen Oele. Das Rieslingbouquet dagegen ist in der Traube, welche unter Umständen etwas Aroma besitzen kann, noch nicht als solches vorhanden. Es entsteht aus noch unbekannten Stoffen derselben erst bei der Gährung. Diese bouquetgebenden Stoffe sind durch Aether nicht ausziehbar und lösen sich auch in Alkohol höchstens spurenweise, sind auch in anderen Theilen des Rieslingsstockes vorhanden und sind vom Verf. durch Gähren von Rieslingsblättern mit reinem Zuckerwasser in hohem Grade in der Flüssigkeit erzeugt worden. In der reifen Beere sind die bouquetliefernden Stoffe vorzugsweise in den äusseren Schichten, namentlich in der Beerenhaut zu finden; je tiefer das Mycel eindringt, desto mehr gehen sie verloren, was besonders bei nasser Witterung und wenig reifen Beeren bemerkbar wird. Bei den edelfaulen Beeren ist allerdings die Pilzvegetation weniger üppig, wahrscheinlich wegen der hohen Zuckerconcentration des Saftes, aber ein Verlust an Bouquet findet immerhin statt. Auch die praktischen Erfahrungen lehren, dass am meisten eigentliches Rieslingsbouquet in den Weinen derjenigen Jahrgänge sich findet, in welchen die Trauben hoch edelreif, aber wegen trockener Herbstwitterung wenig faul sind.

Wenn edelfaule Trauben oder Rosinen durch Regen benetzt werden, nehmen sie Wasser auf und lässt man sie hängen, bis sie wieder wie früher geschrumpft sind, so zeigen sie nicht nur weniger Zucker und Säure, sondern auch geringere Mengen an Bouquetstoffen.

131. G. Cuboni (45) beobachtete auch auf den Weinhügeln der Albanerberge das Vorkommen der *Botrytis cinerea* Prs. in den Weinbeeren, welche bis zum November auf den Reben belassen werden. Der Ausdruck „uva infavata" („bohnenförmige Weinbeeren") würde somit physiologisch der „Edelfäule" entsprechen. — Verf. äussert sich weiter über die meteorischen Verhältnisse, welche im Herbste zumeist ungünstig (im Lande) sind, um das Verfahren des Nordens auch in Italien zu wiederholen. Solla.

g. Pyrenomycetes
(s. auch Sphaeropsideae).

132. **Frank** (63). Zusammenstellung der Angaben über das Vorkommen von *Gnomonia erythrostoma* (cf. Bot. J., Pilze 1886, Ref. 183), aus denen hervorgeht, dass dieser Pilz im mittleren Europa ziemlich verbreitet ist.

133. **F. v. Thümen** (167) schildert den durch *Nectria cinnabarina* Fr. und *N. ditissima* Tul. an wunden Stellen verursachten Obstbaumkrebs. Matzdorff.

134. **Magnus** (102). Zwei Pilze machen den Champignonculturen den Nährboden streitig; 1. die mit dem Dünger eingeführte *Xylaria Tulasnei*, die in federkieldicken, sterilbleibenden, rhizomorphaartigen Strängen auftritt und 2. knollenförmige Gasteromyceten-Fruchtkörper, die in Bau und rosiger Färbung den in der Haideerde vorkommenden Hydnangien gleichen, aber grösser wie diese und steril sind. Als wirklicher Parasit auf den Champignons tritt in seiner zweizelligen Chlamydosporenform als weisser Ueberzug ein *Hypomyces* auf, den M. wegen seiner hyalinen weissen Färbung als neu anzusehen gezwungen ist und vorläufig als *Hypomyces perniciosus* Magn. einführt. Dieser Pilz ist der gefährlichste Feind und möglicherweise die Ursache für die Erscheinung, dass Champignonculturen an Orten, die eine längere Reihe von Jahren benutzt worden sind, nicht mehr gedeihen wollen.

135. **N. N.** (120). Geschichte der Krankheit; Angabe des Heilverfahrens von Prillieux. Solla.

136. **Eidam** (59) bespricht zwei Krankheitserscheinungen der Zuckerrübe, von denen die eine bereits von Kühn auf *Rhizoctonia Betae* zurückgeführt wurde. Dieser Pilz befällt nicht nur die ausgewachsenen, sondern auch die jungen Rübenwurzeln; dabei stellte sich heraus, dass Membran und Inhalt der Rübenzellen bereits desorganisirt werden, bevor noch die Pilzhyphen direct bis zu ihnen vorgedrungen sind. Verf. konnte das Mycel in Pflaumenabkochung cultiviren, doch erhielt er keinerlei Fructification. — Eine zweite Krankheit der Rüben, bestehend im Auftreten von Spalten und Rissen am Kopf, hat nichts mit einem Pilze zu thun, ist vielmehr auf ungünstige physikalische Verhältnisse zurückzuführen. Ed. Fischer.

137. **Viala et Ravaz** (174). Durch Aussaat von Ascosporen der *Physalospora Bidwelli* auf Blätter der Rebe konnte das Black-rot experimentell hervorgerufen werden und so die Zugehörigkeit dieser Perithecien zu der bisher bekannten *Phoma*-Form sichergestellt werden. Wegen des Fehlens von Paraphysen ist der Pilz übrigens nicht zu *Physalospora*, sondern zu *Laestadia* zu ziehen.

Versuche der Verff. gaben ferner den experimentellen Beweis dafür, dass *Coniothyrium Diplodiella* wirklich Ursache des „Rot blanc" ist. Die Ueberwinterung von *Sphaceloma ampelinum* geschieht durch das Mcyel. Endlich bestätigen die Verff. die Zugehörigkeit von *Uncinula spiralis* zu *Oidium Tuckeri*. Ed. Fischer.

h. Sphaeropsideae und Hyphomycetes.

138. **Scribner** (150a.). Neuere Beobachtungen über den Black-rot und dessen Bekämpfung.

139. **C. R.** (140). Prillieux hat gegen den Black-rot *(Phoma uvicola)* die Bouillie bordelaise mit Erfolg angewendet. Ed. Fischer.

140. **Prillieux** (134) giebt eine genauere Beschreibung von *Physalospora Bidwellii*, welche als Perithecienform von *Phoma uvicola* angesehen wird und nun auch in Frankreich aufgefunden wurde. Ed. Fischer.

141. **C. Massa** (108) beschäftigt sich mit Culturen des Pilzes, welcher die Traubenkrankheit verursacht. Die in Abbildung vorgeführte Traube zeigt schlaffe, zusammenschrumpfende Weinbeeren mit Krankheitsflecken hie und da, aber ohne Runzelung der Oberhaut. Verf. giebt mit Bestimmtheit an, dass seine Culturen weder *Phoma* noch *Peronospora* in den Beeren erkennen liessen; der Pilz, dem die Ursache des Verderbens zugeschrieben

werden muss, ist *Greeneria fuliginosa.* Solches glaubt Verf. auch darum annehmen, weil einiger aus kranken Beeren ausgepresster Saft auf die Blätter fallend, die Infection des Pilzes darin nicht hervorrief. Solla.

142. **A. N. Berlese** (12) signalisirt aus Norditalien (Vittorio) die Gegenwart von *Greeneria fuliginea* Scrb. et Vial. und *Ascochyta rufo-maculans* Berk. auf Weintrauben. Daran anknüpfend erörtert Verf. seine näheren Ansichten über die Auffassung der erstgenannten Art als ein *Melanconium* und über die Zurückführung der zweiten auf eine *Macrophoma*. Zu beiden Arbeiten giebt Verf. (p. 444) eine lateinische Diagnose. Solla.

143. **A. N. Berlese** (13) führt *Greeneria fuliginea* Scrb. et Vial. und *Ascochyta rufo-maculans* Berk. aus Oberitalien (Carpesica nächst Vittorio) an und bespricht das Auftreten der durch die genannten Pilze verursachten Traubenkrankheiten. Solla.

144. **P. Baccarini** (2) erhielt durch Culturen kranker Weinbeeren, worin er vorher die Gegenwart eines *Phoma*-ähnlichen Pilzes nachweisen konnte, in Most die nachfolgende Entwicklung des Pilzes selbst. Verf. gelang es dadurch, zu bestätigen, dass die fragliche Art das *Coniothyrium Diplodiella* (Speg.) Sacc. war und gleichzeitig, dass die von ihm (1886) ad interim aufgestellte *Phoma Briosii* nur eine Entwicklungsform des genannten Pilzes sei. Solla.

145. **F. Cavara** (31) hält an den Unterschieden zwischen *Coniothyrium Diplodiella* (Speg.) Sacc., *Tubercularia acinorum* Scrib. und *Greeneria fuliginea* Scrib. et Vial., als drei distincte Arten, fest, führt aber die letztere auf die Melanconieen zurück und betrachtet sie als eine *Melanconium*-Art, *M. fuligineum* (Scrib. et Vial.) Cavar. Maassgebend dazu erscheinen ihm: der Mangel eines Fruchtgehäuses mit Stylosporen; hingegen die Gegenwart von subcutan hervorbrechenden Knäueln, welche von einem pseudoparenchymatischen Stroma gebildet werden. Solla.

146. **Micheli** (111) und J. Dufours Beobachtungen ergeben, dass *Coniothyrium Diplodiella* nur schwer gesunde Traubenbeeren angreift, leicht dagegen solche die vom Hagel verwundet sind. Ed. Fischer.

147. **Foix** und **Ravaz** (62). Beschreibung des White Rot und des denselben hervorbringenden *Coniothyrium Diplodiella*; ganz gesunde Früchte konnten durch die Sporen des Pilzes nicht inficirt werden (Ref. nach Revue mycol., vol. 10, p. 201.) Ed. Fischer.

148. **P. Baccarini** (3) beschäftigt sich des Weiteren mit Culturen des *Coniothyrium Diplodiella* (Speg.) Sacc., und zwar auf verschiedenen Substraten und zu verschiedenen Zeiten. Verf. stellt sich zunächst die Frage, ob die abgefallenen Weinbeeren mit den Pilzkeimen die Rebenkrankheit fortzupflanzen vermögen. Doch diesbezüglich angestellte Beobachtungen haben ergeben, dass nicht allein in der freien Natur, sondern selbst bei Culturen im Brunnenwasser das Mycelium verschimmelt und zerfällt. In trockenen Beeren bleiben hingegen die Mycelien erhalten, so dass bei Culturen in zuckerhaltigen Flüssigkeiten zahlreiche Pycniden auf denselben entwickelt werden. — Weiters untersucht Verf., ob der Pilz auch in andere Organe eindringe als in die Trauben und brachte in geeigneter Weise und in mehreren Fällen die Sporen auf ausschlagenden Knospen zum Keimen. Die Sporen entwickelten sich zwar, drangen aber nicht in die Gewebe ein. Selbst nicht in Fruchtknoten bohrten sich die Sporenschläuche ein, so lange diese nicht zu Früchtchen heranwuchsen (vom Juli ab). Doch nicht bei allen Rebensorten vermögen die Sporenschläuche durch die Schale der Beeren einzudringen; einzelne derselben sind widerstandskräftiger. — Schliesslich bemühte sich Verf., die vegetativen Phasen des Pilzes zu verfolgen und etwaige Generationswechsel zu beobachten. Es blieben zwar seine Untersuchungen nach dieser Richtung hin erfolglos, doch gelang ihm, einige Beobachtungen zu machen, welche mit jenen Cavara's (1887) nicht völlig gleichlauten. So giebt B. die Hyphenverzweigung für normale Fälle als monopodial an; nur selten und unzureichend kann eine sympodiale Verzweigung eintreten; in stark concentrirten Lösungen theilten sich hingegen die Hyphen eminent dichotom. Auch gelang es nicht Verf., die Pycnidienbildung in der von C. angegebenen Weise zu verfolgen, vielmehr nahm er eine wiederholte Theilung der Initialzellen wahr, welche zu den sporen-

erzeugenden Organen nachträglich wurden, während Stroma und Peridie aus zahlreichen fingerförmigen Seitenzweigen der zunächstliegenden Hyphen hervorgehen. Solla.

149. **J. Camus** (27) macht auf einen neuen Parasiten des *Paliurus aculeatus* aufmerksam. Derselbe ist ein blattbewohnender Pilz, dessen Gegenwart durch weissliche Flecken auf den Spreiten sich anzeigt. P. A. Saccardo determinirte denselben als neu und benannte ihn *Phyllosticta Camusiana* (vgl. Ref. bei Pilzen). Solla.

150. **Windle** (184) behandelt den „black spot", eine durch *Actinonema Rosae* hervorgerufene Krankheit der Blätter der Rosen. (Ref. nach Bot. G., vol. XIII, 1888, p. 196.) Ed. Fischer.

151. **Viala** und **Ravaz** (173) untersuchten die Melanose, eine Krankheit der Rebe, die bisher von der Anthracnose nicht recht auseinander gehalten worden war. Die Krankheitserscheinungen bestehen im Auftreten von kleinen, hellbraunen Flecken auf den Blättern. Dieselben vermehren und vergrössern sich und werden später röthlichbraun bis schwarz. Später, gegen das Ende der Vegetationsperiode auftretende Erkrankungen bestehen in grösseren Gruppen oder klein bleibenden Flecken. Uebrigens gestalten sich die Krankheitssymptome etwas verschieden, je nach den Sorten. Der Schaden ist kein beträchtlicher. Die Krankheitsursache ist *Septoria ampelina*. Ed. Fischer.

152. **Magnus** (103). In vielen Gärtnereien Berlins trat eine epidemische zerstörende Krankheit der Nelken auf, die durch *Heterosporium echinulatum* (Berk.) Cooke hervorgerufen wird. Ed. Fischer.

153. **v. Tubeuf** (169). *Pestalozzia Hartigii* befällt junge, ein- bis mehrjährige Pflanzen verschiedener Waldbäume, verursacht durch Tödtung des Rindenkörpers dicht über der Bodenoberfläche eine Einschnürung und bringt schliesslich seine Opfer zum Absterben. Ed. Fischer.

154. **F. v. Thümen** (165) schildert die Erscheinungs- und Entwicklungsweise des Mehlthaupilzes auf Apfelbäumen, *Oidium farinosum* Cooke. Derselbe wird wiederum von *Cicinnobolus Cesatii* De By befallen. Seine Verbreitung erstreckt sich von der Krain und Siebenbürgen bis England und das nördliche Frankreich. Matzdorff.

155. **F. v. Thümen** (162). Die Lederbeeren-Krankheit kommt in Südtirol vor und soll durch einen neuen Pilz (*Acladium interaneum* Thüm.) hervorgerufen werden. Der Pilz vegetirt im Innern von ausgebildeten, aber noch nicht reifen Weinbeeren.

XIX. Pflanzengeographie von Europa.

Referent: J. E. Weiss.

Disposition:

1. Arbeiten, die sich auch auf andere Erdtheile beziehen. (Ref. 1—10.)
2. Arbeiten, die sich auf Europa allein beziehen.
   a. Arbeiten, welche sich auf mehrere Länder, beziehungsweise nicht auf ein bestimmtes Florengebiet beziehen. (Ref. 11—18.)
   b. Nordisches Gebiet. Dänemark, Schweden, Norwegen. (Ref. 19—52.)
   c. Deutsches Florengebiet.
      1. Arbeiten mit Bezug auf mehrere deutsche Länder. (Ref. 53—61.)
      2. Baltisches Gebiet. Mecklenburg, Pommern, West- und Ostpreussen. (Ref. 62—65.)

3. Märkisches Gebiet. Brandenburg, Posen.
4. Schlesien. (Ref. 66—68.)
5. Obersächsisches Gebiet. Sachsen und Thüringen. (Ref. 69—76.)
6. Niedersächsisches Gebiet. Hannover, Oldenburg, Bremen, Hamburg, Lübeck, Schleswig-Holstein, Ostfriesische Inseln. (Ref. 77—87.)
7. Niederrheinisches Gebiet. Rheinprovinz und Westfalen.
8. Oberrheinisches Gebiet. Hessen-Nassau, Pfalz, Elsass-Lothringen und Baden. (Ref. 88—97.)
9. Südostdeutschland. Württemberg und Bayern. (Ref. 98—102.)
10. Oesterreich. Arbeiten, die sich auf mehrere Länder der Monarchie beziehen. (Ref. 103—105.)
11. Böhmen. (Ref. 106—109.)
12. Mähren und Oesterreichisch-Schlesien. (Ref. 110—126.)
13. Nieder- und Oberösterreich, Salzburg. (Ref. 127—155.)
14. Tirol und Vorarlberg. (Ref. 156—165.)
15. Steiermark und Kärnthen. (Ref. 166—167.)
16. Krain, Küstenland, Istrien, Kroatien. (Ref. 168—173.)
17. Schweiz. (Ref. 174—181.)

d. Niederländisches Florengebiet. Luxemburg, Belgien, Holland. (Ref. 191—194.)
e. Britische Inseln. (Ref. 186—235.)
f. Frankreich. (Ref. 236—301.)
g. Pyrenäen-Halbinsel. (Ref. 302—303.)
h. Italien. (Ref. 304—327.)
i. Balkanhalbinsel. (Ref. 328—348.)
k. Karpathenländer. Ungarn, Galizien, Siebenbürgen, Rumänien. (Ref. 349—406.)
l. Russland. (Ref. 407—425.)
m. Finland. (Ref. 426—430.)

Verzeichniss der Arbeiten.

Jene Arbeiten, bei denen eine Referatnummer nicht beigegeben ist, konnten nicht besprochen werden, da die Referate entweder nicht einliefen oder die Arbeiten dem Referenten nicht zugänglich waren.

Abeleven, Th. H. A. J. Flora von Nymegen. (Nederlandsch kruidkundig Archief, 1888, p. 251—340.) (Ref. No. 184.)

Addenda ad floram italicam. (Mlp., an. II, 1888, fasc. I—10.) (Ref. No. 320.)

Aggjenko, W. Addendum secundum ad Chr. Steveni enumerationem plantarum in peninsula Taurica sponte crescentium. (Sep.-Abdr. aus den Schriften der St. Petersburger Naturf. Ges. 8°. 2 p. St. Petersburg, 1888.)

— Ueber die Pflanzenformationen der Taurischen Halbinsel. Vorläufiger Bericht, dem Krim-Comité abgestattet über meine Excursionen im Jahre 1886. 21 p. St. Petersburg, 1887.

— Bericht über Forschungen im Gouvernement Nisbny-Nowgorod. Bd. XVI, Heft 1, p. 311—336 der Arbeiten der St. Petersburger Naturf.-Ges. St. Petersburg, 1885. (Russisch.) (Ref. No. 424.)

— Ueber die Vertheilung der Pflanzen auf der Taurischen Halbinsel. Vorläufiger Bericht von der Expedition nach der Krujm. Bd. XVII, Heft I, p. 214—235 der Arbeiten der St. Petersburger Naturf.-Ges. St. Petersburg, 1886. (Russisch.) (Ref. No. 425.)

— Zur Flora des Kreises Pskow. Bd. XVII, Heft 1, p. 1—31 der Arbeiten der St. Petersburger Naturf.-Ges. St. Petersburg, 1886. (Russisch.) (Ref. No. 415.)

Ahlfvengren, Fr. E. Växtgeografiska bidrag till Gotlands Flora. (Pflanzengeographische Beiträge zur Flora von Gotland). (Bot. N., 1888, p. 113—116. 8°.) (Ref. No. 27.)

Ährling, E. †. Siehe Linné.

Akinfijew, J. J. Abriss der Flora der Umgegend von Jekaterinoslaw. (Denkwürdigkeiten der neurussischen Naturf.-Ges, p. 1—114, Bd. X, Heft I. Odessa, 1885. [Russisch.]) (Ref. No. 414)

— Tabellen zur Bestimmung der Familien der Blüthenpflanzen des europäischen Russlands. Heft I. Mit 3 Taf. (Russisch.)

— Verzeichniss der Blüthenpflanzen der Stadt Bolgrad. (Memoiren der neurussischen Naturf.-Ges., p. 1—44, Bd. X, Heft I. Odessa, 1885. [Russisch.]) (Ref. No. 420.)

Almquist, S. Siehe Krok.

Areschoug, F. W. C. Om Rubus affinis Whe. och R. relatus F. Aresch. (Ueber R. aff. und R. rel.) (Bot. N., 1888, p. 1—4. 8º.) (Ref. No. 46.)

— Om Trapa natans L. var. conocarpa F. Aresch. och dess härstamming. (Ueber T. nat. v. conoc. und ihre Abstammung.) (Bot. N., 1888, p. 16—23. 8º. Deutsch im Bot. C., Bd. 35, p. 253—256, 285—287.) (Ref. No. 47.)

Arrhenius, Axel. Einige für die Flora Finnlands neue Viola-Bastarde. (Bot. Z., XXXIV, 1888, p. 91—92) (Ref. No. 429.)

— Stellaria ponojensis. (Bot. N., 1888, Heft 4.)

Arvet-Touvet. Les Hieracium des alpes françaises ou occidentales de l'Europe. 8º. 132 p. Lyon, 1888. (Ref. No. 240.)

Artzt, A. Zur Flora von Schluderbach in Südtirol. (D. B. M., 1888, p. 60—68, 96—99.) (Ref. No. 162)

Ascherson, P. Correspondenz aus Berlin. (Oest. B. Z., 1888, p. 34—35.) (Ref. No. 348.)

— Die geographische Verbreitung der Seegräser. Anleitung zu wissenschaftlichen Beobachtungen auf Reisen in Einzelabhandlungen. 2. Aufl. Bd. II, p. 191—212.

— Die Verbreitung von Achillea cartilaginea Ledeb. und Polygonum danubiale Kern. im Gebiete der Flora der Provinz Brandenburg. (Monatl. Mittheil. aus dem Gesammtgebiete der Naturwissenschaften, VI, 1888, p. 129.)

— Ein neues Vorkommen von Carex aristata R. Br. in Deutschland. p. 283. (Ref. No. 60.)

Bagnall, J. E. The Warwickshire Stour Valley and its Flora. (Midland Naturalist, 1888.)

Baichère, E. Herborisations dans le Cabardrès et le Minervois (Versant méridionale de la montagne noire) (Aude). (B. S. B. France, 1888, Séss. extraord. à Narbonne L—LX.) (Ref. No. 255.)

— Note sur la végétation des environs de Carcassone. (B. S. B. France, 1888. Séss. extraord. à Narbonne, p. XXVIII—XXXV.) (Ref. No. 256.)

Baker, J. G. Note on Buckinghamshire Rubi. (J. of B. 1888, p. 248—249.) (Ref. No. 207.)

Barrington, Richard M. and Vowell, Richard P. Report on the Flora of the Shores of Lough Ree. (Proc. R. Irish Acad., 2. ser., vol. 4, p. 693—708. Dublin, 1884—1888.) (Ref. No. 235.)

*Basteri. Flora ligustica. (Giornale della Società di letture conversazioni scientifiche, an. XI. Genova, 1888.)

Batelli, A. Escursione al monte Terminillo. (N. G. B. J, vol. XX, 1888, p. 463—466.) (Ref. No. 310)

— Flora Umbra: terza Contribuzione. (Sep.-Abdr. aus Annali d. lib. Univers. di Perugia, 1888. gr. 8º. 20 p.) (Ref. No. 309.)

Batalin, A. Nachtrag zur Flora des Gouvernements Pskoff. (Sep.-Abdr. aus Acta horti Petropolitani, X, 2. 8º. 18 p. St. Petersburg, 1888. [Russisch.])

Battandier. Lotus drepanocarpus. (B. S. B. France, 1888, p. 61.) (Ref. No. 288.)

— Notes sur quelques plantes rares ou critiques. 8º. 4 p. avec fig. Paris, 1888.

Beauvisage et Blanc. Excursion à Donzère et Viviers. (Bull. trimestr. de la Soc. Bot. de Lyon, 1888, No. 1/2.)

Beck, Günther v. Mittheilungen aus der Flora von Niederösterreich. (Z.-B. G. Wien, 1888, Bd. XXXVIII, p. 765—768.) (Ref. No. 130.)

Beck, Günther v. Zur Kenntniss der Torf bewohnenden Föhren Niederösterreichs. (Annalen des K. K. Hofmuseums in Wien, Bd. III, p. 73—78. Wien, 1888.) (Ref. No. 127.)

— Die alpine Vegetation der südbosnisch-hercegovinischen Hochgebirge. (Z.-B. G. Wien, 1888, Bd. XXXVIII, p. 787—792.) (Ref. No. 341.)

— Schicksale und Zukunft der Vegetation Niederösterreichs. (Sep.-Abdr. aus den Blättern des Vereins für Landeskunde in Niederösterreich, 1888. 8⁰. 10 p.)

Beck, Günther v. et Szyszyłowicz, Jg. Plantae à Drc. Jg. Szyszyłowicz in itinere per Cernagoram et in Albania adjacente anno 1886 lectae. Kracoviae, 1888. 166 p. (Ref. No. 328.)

Beckmann, C. Florula Bassumensis. (Abh. Bremen, 1888, p. 481—515.) (Ref. No. 77.)

Beeby, W. H. On Callitriche polymorpha Lönnroth as a British Plant. (J. of B., 1888, p. 233—234.) (Ref. No. 213.)

— On Potentilla reptans and its allies. (J. of B., 1888, p. 78—79.) (Ref. No. 223)

— On the two Valerians. (J. of B., 1888, p. 340 -344.) (Ref. No. 195.)

Beketoff, A. H. Die südrussischen Steppen im Vergleich mit den ungarischen und spanischen. (Protok. der St. Petersb. Naturf.-Ges., Bd. XVI, Heft 2, p. 46—48. St. Petersburg, 1885. [Russisch.]) (Ref. No. 416.)

Belli. Addenda ad floram italicam. (Mlp., vol. II, fasc. VII—VIII, 1888, p. 342.)

Bennett, Arthur. Additional records of Scottish plants for 1887. (Scotish Naturalist. 1888.)

— Additions to the Scotish flora 1887. (Tr. Edinb., vol. XVII, 1888. Part 2. Nov.)

Berggren, Sv. Scirpus parvulus Roemer et Schultes i Skåne. (S. parv. in Schonen.) (Bot. N., 1887, p. 110—111. 8⁰.) (Ref. No. 45.)

Blanc, Léon et Viviand Morel. Dispersions des Tulipes. (Bull. trimestr. de la Soc. Bot. de Lyon, 1888.)

Blanc, Léon. Excursion à la forêt des Eparres. (Bull. trimestr. de la Soc. Bot. de Lyon, 1888.)

— Excursion au col de la Ruchère. (Bull. trimestr. de la Soc. Bot. de Lyon, 1888.)

— Excursion au Mont Granier. (Bull. trimestr. de la Soc. Bot. de Lyon, 1888.)

— Excursion aux environs de Givors. (Bull. trimestr. de la Soc. Bot. de Lyon, 1888.)

— Flore des environs d'Ajaccio. (Bull. trimestr. de la Soc. Bot. de Lyon, 1888.)

— Observations sur quelques plantes des environs d'Ajaccio. (Bull. trimestr. de la Soc. Bot. de Lyon, 1887.) (Ref. No. 244.)

— Plantes récoltées entre Rochemanne e Cruas. (Bull. trimestr. de la Soc. Bot. de Lyon, 1887, p. 57.) (Ref. No. 245.)

Błocki, Br. Correspondenz aus Lemberg. (Oest. B. Z., 1888, p. 70—71.) (Ref. No. 403.)

— Correspondenz aus Lemberg. (Oest. B. Z., 1888, p. 146—147.) (Ref. No. 402.)

— Correspondenz aus Lemberg (Oest. B. Z., 1888, p. 181—182.) (Ref. No. 399.)

— Correspondenz aus Lemberg. (Oest. B. Z., 1888, p. 217—218.) (Ref. No. 396.)

— Correspondenz aus Lemberg. (Oest. B. Z., 1888, p. 253.) (Ref. No. 395.)

— Correspondenz aus Lemberg. (Oest. B. Z., 1888, p. 286.) (Ref. No. 393.)

— Hieracium gypsicola n. sp. (Oest. B. Z., 1888, p. 296—297.) (Ref. No. 390.)

— Correspondenz aus Lemberg. (Oest. B. Z., 1888, p. 323—324.) (Ref. No. 391.)

— Correspondenz aus Lemberg. (Oest. B. Z., 1888, p. 396—397.) (Ref. No. 388.)

— Ein Beitrag zur Flora Ostgaliziens. (Oest. B. Z., 1888, p. 268—270.) (Ref. No. 394)

— Hieracium Andrzejowskii n. sp. (Oest. B. Z., 1888, p. 153—154.) (Ref. No. 401.)

— Hieracium pseudobifidum n. sp. (Oest. B. Z., 1888, p. 48 - 49.) (Ref. No. 404.)

— Hieracium subauriculoides n. sp. (Oest. B. Z., 1888, p. 190—192.) (Ref. No. 398.)

— Potentilla Andrzejowskii n. sp. (Oest. B. Z., 1888, p. 407—408) (Ref. No. 389.)

— Rosa Lichtensteinii n. sp. (Oest. B. Z., 1888, p. 117—118.) (Ref. No. 400)

— Rumex Kerneri n. hybr. (R. conferto × obtusifolius). (Oest. B. Z., 1888, p. 365—366.) (Ref. No. 392.)

Błocki, Br. Rumex Kerneri Bł. n. hybr. (R. conferto × obtusifolius). (Oest. B. Z., 1888, p. 365—366.) (Ref. No. 387.)

— Rumex Skofitzii n. hybr. (R. conferto × crispus). (Oest. B. Z., 1888, p. 340—341.) (Ref. No. 386.)

— Viola roxolanica n. sp. (Oest. B. Z., 1888, p. 15—16.) (Ref. No. 405.)

Bois, D. Sur quelques plantes rares des environs de Paris. (Journ. de Bot., 1887, p. 143.) (Ref. No. 294.)

Boissier, E. Flora orientalis, sive enumeratio plantarum in Oriente a Graecia et Aegypto ad Indiae fines hucusque observatorum. (Suppl. editere, R. Boser. 8°. XXXIII, 466 p. Mit Illustr. u. 6 Taf. Basel, 1888.)

Bondam, R. Overzicht der Flora van Harderwyk. (Nederlandsch kruidkundig Archief 1888. p. 177—230.) (Ref. No. 183.)

Bonnier, Gaston. Études sur la végétation de Chamonix et de la chaine du Mont-Blanc. (Revue générale de Botanique, Tom. I, 1889, No. 1, p. 28.)

Borbás, V. v. Correspondenz aus Budapest. (Oest. B. Z., 1888, p. 71—72.) (Ref. No. 384.)

— Correspondenz aus Budapest. (Oest. B. Z., 1888, p. 72.) (Ref. No. 383.)

— Correspondenz aus Budapest. (Oest. B. Z., 1888, p. 143—144.) (Ref. No. 382.)

— Correspondenz aus Budapest. (Oest. B. Z., 1888, p. 144.) (Ref. No. 381.)

— Correspondenz aus Budapest. (Oest. B. Z., 1888, p. 253.) (Ref. No. 379.)

— Correspondenz aus Budapest. (Oest. B. Z., 1888, p. 288—289.) (Ref. No. 376.)

— Correspondenz aus Budapest. (Oest. B. Z., 1888, p. 324—325.) (Ref. No. 375.)

— Correspondenz aus Budapest. (Oest. B. Z., 1888, p. 361—362.) (Ref. No. 374.)

— Correspondenz aus Budapest. (Oest. B. Z., 1888, p. 395—396.) (Ref. No. 378.)

— Cynoglossum paucisetum m. (Oest. B. Z., 1888, p. 44.) (Ref. No. 385.)

— Egy hazai szegfü prioritásának védelme. (Schutz der Priorität einer vaterländischen Nelke.) (Pótfüzetek zum T. K. 4. Heft. Budapest, 1888. p. 188—189 [Ungarisch].) (Ref. No. 351.)

— Geum spurium C. A. Mey. in Ungarn und G. montanum var. geminiflorum m. (Oest. B. Z., 1888, p. 157—159.) (Ref. No. 380.)

— Primula Benköiana. (Supplementhefte Pótfüzetek zum T. K. Budapest, 1888. 2. Heft. p. 95—96 [Ungarisch].) (Ref. No. 354.)

— Ueber Ceratophyllum demersum. (T. K. Budapest, 1888. Bd. XX, p. 38 [Ungarisch].) (Ref. No. 350.)

— Ueber die Formen von Bromus erectus Huds. (Oest. B. Z., 1888, p. 147—148.) (Ref. No. 377.)

Bornmüller, J. Beiträge zur Kenntniss der Flora des bulgarischen Küstenlandes. (Bot. C., 1888, Bd. XXXVI, p. 25—29, 56—63, 87—92, 124—127, 151—156.) (Ref. No. 348.)

— Correspondenz aus Belgrad. (Oest. B. Z., 1888, p. 109.) (Ref. No. 333.)

— Correspondenz aus Belgrad. (Oest. B. Z., 1888, p. 182—183.) (Ref. No. 329.)

— Correspondenz aus Belgrad. (Oest. B. Z., 1888, p. 289—290.) (Ref. No. 330.)

— Correspondenz aus Belgrad. (Oest. B. Z., 1888, p. 397—398.) (Ref. No. 331.)

— Einiges über Vaccaria parviflora Moch. und V. grandiflora Jaub. et Sp. (Oest. B. Z., 1888, p. 125—127.) (Ref. No. 335.)

— Ptilotrichum (Koniga) Uechtritzianum n. sp. (Oest. B. Z., 1888, p. 10—12.) (Ref. No. 331.)

— Verbascum Pancicii Bornmüller n. hybr. (Oest. B. Z., 1888, p. 267—268.) (Ref. No. 332.)

Borzi, A. La Quercus macedonica Alph. DC. in Italia. (Mlp., an. II, 1888, p. 158—164. Mit Taf. XI.) (Ref. No. 322.)

Botanischer Verein in Nürnberg. Beiträge zur Flora des Regnitzgebietes. (D. B. M., 1888, p. 128—129, 184—194.) (Ref. No. 101.)

Boudier, E. La forêt de Carnelle au point du vue botanique. (Journal de Botanique, 1887, p. 82—86.) (Ref. No. 295.)

Boullu. Description d'une variété longipedunculata du Rosa macrocarpa. (B. S. B. Lyon, 1887, p. 1.) (Ref. No. 249.)

— Le Doum et l'Organ. (B. S. B. Lyon, 1888.)

— Le Rosa Sauzeana n. sp. (B. S. B. Lyon, 1887, p. 2 ff.) (Ref. No. 247.)

— Variété à fleur jaune de l'Euphorbia salisburgensis. (B. S. B. Lyon, 1887, p. 57 ff.) (Ref. No. 248.)

Böckeler, O. Beiträge zur Kenntniss der Cyperaceae. Heft I. Cyperaceae novae. 8°. 53 p. Varel, 1888.

Böhlken, A. v. Die Buche und ihre Verbreitung. (Neunter Jahresb. des Riga'schen Gartenbauvereins, p. 22—32. Riga, 1886.) (Ref. No. 411.)

Braun, H. Correspondenz aus Wien. (Oest. B. Z., 1888, p. 105—106.) (Ref. No. 145.)

— Correspondenz aus Wien. (Oest. B. Z., 1888, p. 216.) (Ref. No. 149.)

— Kleiner Beitrag zur Flora von Hainburg a. d. Donau in Nieder-Oesterreich. (Oest. B. Z., 1888, p. 151—153.) (Ref. No. 146.)

Brenner, M. Om förekomsten af Festuca duriuscula L. in Finland. (Med. Soc. pro f. et fl. Fennica, 1888. Heft 14, p. 139—142.)

— Om variations vermågan hos Primula officinalis (L.) Jacq. in Finland. (Med. Soc. pro f. et fl. Fennica, 1888. Heft 14, p. 35—52.)

Briggs, Archer, T. R. Remarks on Pyrus latifolia Syme. (J. of B., 1888, p. 236—237.) (Ref. No. 212.)

Brotherus. Ueber die als Theilnehmer an der finnischen Kola-Expedition 1887 längs der Murmanischen Küste vorgenommene Reise. (Bot. C., 1888, p. 187—189, 219—222.) (Ref. No. 428.)

Brown, N. E. Vaccinium intermedium Ruthe, or new British Plant. (J. L. S. Lond., 1888, p. 125—128. Mit Taf.) (Ref. No. 188.)

Brückner. Umbelliferen des Herzogthums Coburg, Orchideen des Herzogthums Coburg. (I. Bericht über die Thätigkeit des Thier- und Pflanzenschutzvereins für das Herzogthum Coburg, 1888, p. 86—92.) (Ref. No. 69.)

Bubela, Joh. Berichtigungen und Nachträge zur Flora von Mähren. (Oest. B. Z., 1888, p. 169—173, 200—202.) (Ref. No. 121.)

Buchenau, Franz. Ueber die Vegetationsverhältnisse des Helms (Psamma arenaria Röm. et Schult.) und der verwandten Arten. (Abhandl. Bremen, 1888, p. 397—412.) (Ref. No. 86.)

Buchenau, F. und Focke, W. O. Melilotus albus × macrorrhizus. (Abhandl. Bremen, Bd. X, Heft I, 1888, p. 203—204.) (Ref. No. 78.)

Callier in Hirschberg. Eine botanische Excursion ins Riesengebirge. (D. B. M., 1888, p. 148—154.) (Ref. No. 67.)

Callmé, Alfred. Beiträge zur Caricologie. (D. B. M., 1888, p. 1—5, 49—51.) (Ref. No. 50.)

Camus, E. G. Catalogue des plantes de France, de Suisse et de Belgique. 8°. 330 p., avec 2 col. Paris, 1888.

— Note sur le Potentilla procumbens Sibth. (P. nemoralis Nestler) (B. S. B. France, T. XXXV, 1888. — C. R. Paris, p. 130—131.) (Ref. No. 287.)

— Note sur les Anémones du type de l'Anemone Pulsatilla. (Journ. de Bot., 1887, p. 204—206.) (Ref. No. 293.)

— Orchis Timbaliana (O. Morio × O. maculata) Camus n. h. (J. de Botanique, 1888, p. 349—350 avec planche.) (Ref. No. 299.)

— Quelques localités nouvelles de plantes intérressantes des environs de Paris. (B. S. B. France, 1888, p. 376—377.) (Ref. No. 274.)

— Un herborisation à Pourville, près de Dieppe (Seine-intérieure). (B. S. B. France, 1888, p. 408—410.) (Ref. No. 252.)

Camus et Duval. Herborisation a Saint-Lubin. Seine-et-Oise. (B S. B. France, ser. II, T. X, 1888. — C. R. Paris. No. 3, p. 289-291.) (Ref. No. 279.)

Carron, G. et Zerendelaer, H. Florule des environs de Bruxelles. (Bull. de la Soc. Linnéenne de Bruxelles, T. XIV, 1888, Livr. 10/11.)

Caspary, R. Bericht über die 25. Versammlung des Preussischen Botanischen Vereins zu Insterburg am 5. October 1886. (Schriften Phys. Oecon. Ges., Königsberg, 28. Jahrg., 1887. Königsberg, 1888. p. 46—72.) (Ref. No. 65.)

Ćelakovsky, L. Ueber einen Bastard von Anthemis Cotula L. und Matricaria inodora L. (Ber. D. B. G., 1888, p. 333—339.) (Ref. No. 106.)

— Ueber einige orientalische Pflanzenarten. (Oest. B. Z., 1888, p. 44—48, 83—86.) (Ref. No. 13.)

Chastaingt, Gabriel. Description de deux Rosiers de la sous-section Caninae hispidae (Déséglise), appartenant à la flore du département d'Indre-et-Loire. (B. S. B. France, ser. II, T. X, 1888. — C. R. Paris, No. 3, p. 281—284.) (Ref. No. 280.)

— Énumeration des Rosiers croissant naturellement dans le département d'Indre-et-Loire (B. S. B. France, T. XXXV, 1888. — C. R Paris, p. 131—133.) (Ref. No 286.)

Chelkowsky, St. Materialien zur Phanerogamenflora des Kreises Prassnysch. (Warschauer Universitätsnachrichten, No. 5, p. 1—50. Mit einer Karte. Warschau, 1886. [Russisch].) (Ref. No. 408.)

Christ, H. Au nouveau catalogue des Carex d'Europe. (Comptes rendus des séances de la Société r. de Bot. de Belgique, 1888, p. 168)

Clarke, W. A. Cerastium pumilum in Wilts. (J. of B., 1888, p. 248.) (Ref. No. 208.)

Cnattingius, Jacob. Några nya växtlokaler jemte ett par nya fanerogamer för Östergötlands flora. (Einige neue Standorte und einige für die Flora der [schwed.] Provinz Östergötland neue Phanerogamen. (Bot. N., 1888, p 41—44. 8°.) (Ref. No. 26.)

Colgan, N. The Summit Flora of the Grand Tournalin. (J. of B., 1888, p. 90.) (Ref. No. 222.)

Colmeiro, Miquel. Enumeracion y revision de las plantas de la Peninsula Hispano-Lusitana è islas Baleares con la distribucion geográfica de las especies y sur nombres vulgares, tanto nationales como provinciales. T. IV. (Corolifloras y Monochlamideas. Madrid, 1888.)

Conrath, Paul. Ein weiterer Beitrag zur Flora von Banjaluka, sowie einiger Punkte im mittleren Bosnien. (Oest. B. Z, 1888, p. 16—19. 49—52, 123—125.) (Ref. No. 344.)

Constantin, J. Observations sur la flore du Littoral. (Journ. de Bot., 1887, p. 5—7, 26—29, 41—45.) (Ref. No. 297.)

Copineau. Rapport sur les excursions faites par la Société les 20, 21 et 22 juin 1888. (B. S. B. France, tom X. — Séance extraordinaire à Narbonne, 1888, p. CXXV—CXXXVI.) (Ref. No. 272.)

Corbière, L. Erythraea Morieri n. sp. et les Erythraea à fleures capitées. (Mem. de la Soc. nationale des sc. nat. et math. de Cherbourg, t. XXV, 1887, p. 269—276.) (Ref. No. 260.)

— Nouvelles herborisations aux environs de Cherbourg et dans le nord du département de la Manche. (Bull. de la Soc. Linnéenne de Normandie, 4e sér., 1er vol., 1886—1887. Paris, 1888. p. 97.) (Ref. No. 259.)

— Sur l'apparition de quelques plantes étrangères à Cherbourg et à Fécamp. (Bull. de la Soc. Linnéenne de Cherbourg année 1886—1887. Paris, 1888. p. 321) (Ref. No. 258.)

Cosson, E. De speciebus generis Polygala ad subgenus chamaebuxus pertinentibus. (B. S. B. France, 1888, p. 358—361.) (Ref. No 275.)

Coste, H. Mes herborisations dans le Bassin du Dourdou. (B. S. B. France, 1888. Séssion extraord. à Narbonne, p. XI—XXVIII.) (Ref. No. 257.)

Couts, W Visit to Glenure. (Tr. Edinb., vol. XVII, 1888, Part. 2, Nov.)

Craig, W. Excursion of Scotish Alpine Botanical Club to Hardanger district of Norway 1887. (Tr. Edinb., 1888, vol. XVII, Part. 2, Nov.)

Crépin, François. Le Rosa villosa de Linné. (Comptes rendus des séances de la Soc. royale de Bot. de Belgique, 1888, p. 76.)

— Observations sur les Roses décrites dans le supplementum florae orientalis de Boissier. (Comptes rendus des séances de la Soc. royale de Bot. de Belgique, 1888, p. 99—115.)

Czakó, K. A Tátravidék nehaňy vitkább növénye. (M. K. É. Igló, 1888. XV. Jahrg., p. 244 246 [Ungarisch u. Deutsch].) (Ref. No. 364.)

— Az alsó-tátrafuredi lápos vidék nyári flórája. (M. K. É. Iglo, 1888. XV. Jahrg., p. 132—160 [Ungarisch u. Deutsch].) (Ref. No. 363.)

Csató, Johann v. Correspondenz aus Nagy-Enyed in Siebenbürgen. (Oest. B. Z., 1888, p. 284—286.) (Ref. No. 366.)

— Kirándulás a Bulla völgyén keresztül a Négoj Rúpjához. (Ausflug durch das Bullathal auf die Kuppe des Négoj.) (M. N. L. Klausenburg, 1888. XII. Jahrg., p. 84—93 [Ungarisch].) (Ref. No. 352.)

— Die Sommerflora des Unterschmeckser Moorbodens. Uebersetzt von Martin Roth. (Jahrbuch des ungarischen Karpathenvereins, XV, 1888, p. 194—224.)

Cserni, B. Gyulafehérvár környékének flórája. (Die Flora der Umgebung von Gyulafehérvár.) (Jahresb. des röm.-kath. Obergymnasiums für 1887/88 zu Gyulafehérvár. Gyulafehérvár, 1888. 112 p. [Ungarisch].) (Ref. No. 353.)

D'Alzac de la Douze. Lettre sur un Viola litigieux. (B. S. B. France, sér. II, T. X, 1888. — C. R. Paris, No. 3, p. 275—277.) (Ref. No. 281.)

Damanti, P. Geranium abortivum. De No. 1, Malpighia, vol. VI, fasc. VII VIII, 1888, p. 347.

***D'Amato, F.** Il Gran Sasso d'Italia. (Ascensioni sul Monte Corno. Teramo, 1888. 8° p. 70.)

Daveau, J. Contributions pour l'étude de la flore portugaise, Plumbaginenées du Portugal. (B. Soc. Broteriana, VI, fasc. 3. Coimbra, 1888. p. 145.)

— Excursions botaniques. (B. Soc. Broteriana, V, fasc. 3, 1887, p. 148.)

— Un Armeria nouveau: A. Rouyana. (B. S. B. France, 1888, p. 331—332.) (Ref. No. 276.)

De Bosschère, Charles. Les fleurs des champs et des jardins. (Description élémentaire de 20 familles végétales présentées dans l'ordre de leur floraison. 8°. 312 p. et 320 fig. Namur, 1888.)

Degen, A. v. Weiterer kleiner Beitrag zur Kenntniss der Pressburger Flora. (Oest. B. Z., 1888, p. 118—121.) (Ref. No. 368.)

Desbois, F. Monographie des Cypripedium, Selenipedium et Uropedium, comprenant la déscription de tautes les espèces, variétés et hybrides existant jusqu'à ce jour. 8°. 159 p. Gand, 1888. (Ref. No. 4.)

Debeaux, O. Notes sur quelques plantes rares ou peux connues de la flore oranaise. 8°. 16 p. Paris, 1888.

Dosch, L. und Scriba, J. Excursionsflora der Blüthen und höheren Sporenpflanzen mit besonderer Berücksichtigung des Grossherzogthums Hessen und der angrenzenden Gebiete. Dritte vermehrte und mit Abbildungen versehene Auflage. Neu bearbeitet von L. Dosch. 8°. CVIII und 616 p. 8 Taf. mit Text. Giessen, 1888. (Ref. No. 88.)

Douglas, Jos. The genus Primula. (G. Chr., vol. IV, 1888, No. 94, p. 409.) (Ref. No. 3.)

Dreier, J. Zur Flora von Borkum. (Abh. Bremen, 1888, p. 431—432.) (Ref. No. 87.)

Druce, Claridge. East Kent Plants. (J. of B., 1888, p. 349.) (Ref. No. 193.)

— Notes on the flora of Easterness, Elgin, Banff and West Ross. (J. of B., 1888, p. 17.) (Ref. No. 231.)

— Notes on the Flora of Easterness, Banff, Elgin and West Ross. (J. of B., 1888, p. 116.) (Ref. No. 221.)

— Notes on the Flora of Ben Laiogh etc. (J. of B., 1888, p. 364—369.) (Ref. No. 192.)

Drude, O. Die Vegetationsformationen und Charakterarten im Bereich der Flora Saxonia. (Abh. Isis, Jahrg. 1888, Juli—Dec., p. 53.)

— Pflanzengeographie. Nach der ersten Darstellung von A. Grisebach neu bearbeitet. Anleitung zu wissenschaftlichen Beobachtungen auf Reisen in Einzel-Abhandlungen. 2. Aufl., Bd. II, p. 139—199.

Dürer, M. Der Hengster bei Frankfurt a. M. mit seinen botanischen Schätzen. (D. B. M., 1888, p. 70—72.) (Ref. No. 90.)

Dusén, P. Ombärgstraktens flora och geology till ledning for den Ombärgsbesökande allmänheten framstälda. Med 1 Karta öfver Ombärg. 8°. 85 p. Stockholm, 1888.

Eggers, H. Verzeichniss der in der Umgegend von Eisleben beobachteten wild wachsenden Gefässpflanzen. Eisleben, 1888. p. 1—103. (Ref. No. 75.)

Entleutner, A. F. Die Ziergehölze von Südtirol. (Z.-B. G. Wien, Bd. XXXVIII, 1888, p. 115—132.) (Ref. No. 163.)

Enumerantur plantae Scandinaviae. Verzeichniss mit Werthangaben der skandinavischen Pflanzen. I. Phanerogamen und Gefässkryptogamen. 2. Auflage, 96 p. 8°. Lund, 1888. (Ref. No. 25.)

Ewing. On Carex spiralis n. sp. (Proceed. of the natural history Society of Glasgow, 1888.)

— On som scandinavian forms of Scotish alpine plants. (Proceed. of the natural history Society of Glasgow, 1888.)

Favrat. Arum Dracunculus L. (Bull. de la Soc. Vaudoise de sciences natur., vol. XXIII. Lausanne, 1888. p. XXI.) (Ref. No. 180.)

Fecam, W. On the Flora of Water-Meadows, with Notes on the species. (J. Linn. Society London, 1888, p. 451—461.) (Ref. No. 186.)

Fekete, L. Trencsénvármegye erdészeti viszonyai. (Die forstlichen Verhältnisse des Comitates Trencsén in Ungarn) (E. L. Budapest, 1888. XXVII. Jahrg., p. 969—981 [Ungarisch].) (Ref. No. 360.)

Fiek, E. Resultate der Durchforschung der schlesischen Phanerogamenflora im Jahre 1887. (Bericht über die Thätigkeit der botanischen Section der Schlesischen Gesellschaft für vaterländische Cultur im Jahre 1887, erstattet von F. Cohn, p. 309—339.)

Figert, E. Carex paniculata × canescens n. hybr. C. silesiaca m. Ein neuer Carex-Bastard in Schlesien. (D. B. M., 6. Jahrg. Arnstadt, 1888. p. 146—148.) (Ref. No. 66.)

Fischer, Emil. Taschenbuch für Pflanzensammler. 6. Aufl., Leipzig, bei Oscar Leiner, 380 p. 12°. Mit 6 Chromotafeln. (Ref. No. 54.)

Fischer, L. Flora von Bern. 5. Aufl. 8°. 306 p. Mit 1 Karte. Bern, 1888.

Fischer, R. Flower-land: an introduction to botany, for childern and for the use of parents and teachers. 8°. 62 p. London, 1888. (Ref. No. 187.)

Flahault, Ch. Les Herborisations aux environs de Montpellier. (Journ. de Bot., 1887 u. 1888, p. 34 ff, p. 97—108.) (Ref. No. 291.)

Fliche. Note sur les formes du genre Ostrya. (B. S. B. France, 1888, p. 160—172.) (Ref. No. 284.)

Flower, Bruges. Botany of the Steep Holmes. (J. of B., 1888, p. 26—27.) (Ref. No. 230.)

Focke, W. O. Anmerkungen zur Gattung Potentilla. (Abh. Bremen, 1888, p. 413—420.) (Ref. No. 57.)

— Bemerkungen über die Arten von Hemerocallis. (Abh. Bremen, Bd. X, Heft 1, 1888, p. 156—158.) (Ref. No. 5.)

— Die Verbreitung beerentragender Pflanzen durch die Vögel. (Abh. Bremen, Bd. X, Heft 1, 1888, p. 140.) (Ref. No. 14.)

— Zwei klimatische Parallel-Arten (Isatis tinctoria und Isatis canescens). (Abh. Bremen, 1888, p. 436—437.) (Ref. No. 15.)

— Zur Flora von Bremen. (Abh. Bremen, 1888, p. 432—434.) (Ref. No. 79.)

Formánek, Ed. Beitrag zur Flora des nördlichen Mährens und des Hochgesenkes. (Oest. B. Z., 1888, Fortsetzung, p. 21—23, 55—58, 92—95.) (Ref. No. 117.)

Formánek, Ed. Ein Beitrag zur Flora von Bosnien und der Herzegovina. (Oest. B. Z., 1888, p. 240—244, 271—279, 303—310, 345—353, 381—387, 419—423.) (Ref. No. 347.)
— Correspondenz aus Brünn. (Oest. B. Z., 1888, p. 34.) (Ref. No. 122.)
— Correspondenz aus Brünn. (Oest. B. Z., 1888, p. 72—73.) (Ref. No. 121.)
— Correspondenz aus Brünn. (Oest. B. Z., 1888, p. 107.) (Ref. No. 120.)
— Correspondenz aus Brünn. (Oest. B. Z., 1888, p. 146.) (Ref. No. 119.)
— Correspondenz aus Brünn. (Oest. B. Z., 1888, p. 217.) (Ref. No. 111.)
— Correspondenz aus Brünn. (Oest. B. Z., 1888, p. 252.) (Ref. No. 112.)
— Correspondenz aus Brünn. (Oest. B. Z., 1888, p. 286—287.) (Ref. No. 113.)
— Correspondenz aus Brünn. (Oest. B. Z., 1888, p. 324.) (Ref. No. 114.)
— Correspondenz aus Triest. (Oest. B. Z., 1888, p. 362.) (Ref. No. 115.)
— Mährisch-schlesische Menthen. (Abh. Naturw. Ver., XXVI. Bd. Brünn, 1888. p. 193—206.) (Ref. No. 110.)
— Mährische Thymus-Formen. (Oest. B. Z., 1888, p. 186—190.) (Ref. No. 118.)

Förster, F. Neue Standorte aus der Pfälzer Flora. (Mittheil. Freiburg, 1888, p. 433—437.) (Ref. No. 94.)

Foucaud, J. Note sur une variété nouvelle du Ceratophyllum demersum L. (B. S. B. France, 1888, p. 82—85.) (Ref. No. 289.)

Freyn, J. Beitrag zur Flora von Bosnien und der angrenzenden Herzegovina. (Z.-B. G. Wien, 1888, Bd. XXXVIII, p. 577—644.) (Ref. No. 339.)

Friderichsen, K. og Gelert, O. Danmarks og Slesvigs Rubi. (Bot. T., XVI, 1888, p. 46.)
— Les Rubus de Dänemark et de Slesvig. Résumé français. (Bot. T., Bd. XVI, 1888, Heft 4, p. 10—29.)
— Rubi exsiccati Daniae et Slesvigiae. 1888. (Ref. No. 83.)

Fritsch, Carl. Beiträge zur Flora von Salzburg. (Z.-B. G. Wien, Bd. XXXVIII, 1888, p. 75—90.) (Ref. No. 155.)
— Correspondenz aus Wien. (Oest. B. Z., 1888, p. 143.) (Ref. No. 169.)
— Ein neues Verbascum aus Steiermark. (Oest. B. Z., 1888, p. 262—263.) (Ref. No. 166.)
— Verbascum-Arten und Bastarde aus der Section Thapsus. (Z.-B. G. Wien, 1888, Bd. XXXVIII, p. 23.) (Ref. No. 154.)
— Vorläufige Mittheilung über die Rubus-Flora Salzburgs. (Z.-B. G. Wien, 1888, Bd. XXXVIII, p. 775—784.) (Ref. No. 137.)
— Zur Phylogenie der Gattung Salix. (Z.-B. G. Wien, 1888, Bd. XXXVIII, p. 55—58.) (Ref. No. 105.)
— Zur Nomenclatur unserer Cephalanthera-Arten. (Oest. B. Z., 1888, p. 77—81.) (Ref. No. 142.)

Fry, David. Glamorganshire Plants. (J. of B., 1888, p. 57.) (Ref. No. 226.)
— Helianthemum polifolium Pers. in N. Somerset. (J. of B., 1888, p. 313.) (Ref. No. 197.)

Fryer, Alfred. Notes on Pondweeds. (J. of B., 1888, p. 273—278, 297—299) (Ref. No. 204.)

Gandoger, M. Flora Europae terrarumque adjacentium, sive enumeratio plantarum per Europam atque totam regionem mediterraneam cum insulis Atlanticis sponte crescentium novo fundamento instauranda. Tom. XV, complectens: Ambrosiaceas, Lobeliaceas, Campanulaceas, Vaccinieas, Pyrolaceas, Ericaceas, Aquifoliaceas, Oleaceas, Jasminaceas, Primulaceas, Polemoniaceas et Apocynaceas. 8⁰. 404 p. Paris, 1888. (Ref. No. 10.)
— Flora Europae terrarumque adjacentium, sive enumeratio plantarum per Europam atque totam regionem mediterraneam cum insulis atlanticis sponte crescentium, novo fundamento instauranda. Tom. XIIX. Compositae cynarocephalae. 8⁰. 289 p. Paris, 1888. (Ref. No. 7.)

Gandoger, M. Flora Europae terrarumque adjacentium etc. Tom. XIII, 503 p., 1888. (Ref. No. 9.)

— Flora Europae terrarumque adjacentium, sive enumeratio plantarum per Europam atque totam regionem mediterraneam cum insulis atlanticis sponte crescentium novo fundamento instauranda. Tom. XIV. Comp.-Cichoriaceae. 8°. 412 p. Paris, 1888. (Ref. No. 8.)

— Excursions botaniques en Suisse. Herborisations au Simplon. (B. S. B. France, sér. II, T. X, 1888. — C. R. Paris, Heft 3. p. 185—194.) (Ref. No. 177.)

Gautier, G. Rapport sur l'herborisation faite par la Société le 9 juin au Pech-de-l'Agnèle. (B. S. B. France, 1888. Séss. extraordinaire à Narbonne. p. LXXVI—LXXIX.) (Ref. No. 271.)

— Rapport sur l'herborisation faite par le Société le 10 juin aux îles de Laute et de Sainte-Lucie. (B. S. B. France, 1888. Séss. extraordinaire à Narbonne. p. LXXIX—LXXXVII.) (Ref. No. 210.)

— Rapport sur l'herborisation faite par la Société le 11 juin aux pinèdes de Boutenac. (B. S. B. France, 1888. Séss. extraordinaire à Narbonne. p LXXXIII—LXXXVI.) (Ref. No. 261.)

— Rapport sur l'herborisation faite par la Société le 12 juin au mont Alaric. (B. S. B. France, 1888. Séss. extraordinaire à Narbonne. p. LXXXVI—XCVIII.) (Ref. No. 262.)

— Rapport sur l'herborisation faite par la Société le 13 juin à la Font-Estramer. (B. S. B. France, 1888. Séss. extraordinaire à Narbonne. p. XCVIII—CIII.) (Ref. No. 263.)

— Rapport sur l'herborisation faite par la Société le 14 juin aux Sidrières de Fitou et de Leucate. (B. S. B. France, 1888. Séss. extraordinaire à Narbonne. p. CIII—CVI.) (Ref. No. 264.)

— Rapport sur l'herborisation par la Société le 15 juin aux Gorges de la Pierre-Lisse. (B. S. B. France, 1888. Séss. extraordinaire à Narbonne. p. CVII—CXI.) (Ref. No. 265.)

— Rapport sur l'herborisation faite par la Sociéte le 18 juin à la forèt et au Pla-d'Estable. (B. S. B. France, 1888. Séss. extraordinaire à Narbonne. p. CXVIII—CXXIII.) (Ref. No. 267.)

— Rapport sur l'herborisation fait par la Société le 16 juin à la forèt des Fanges. (B. S. B. France, 1888. Séss. extraordinaire à Narbonne. p. CXI—CXVIII.) (Ref. No. 266.)

— Rapport sur l'herborisation faite par la Société le 19 juin au Pont-de-la-Fous. (B. S. B. France, 1888. Séss. extraordinaire à Narbonne. p. CXXIII—CXXIV.) (Ref. No. 268.)

— Liste méthodique des plantes, phanérogames et cryptogames supérieures, recoltées pendant la session à Corbières (juin 1888). (B. S. B. France, tom. X. Séss. extraordinaire à Narbonne. p. CXL—CLVIII.) (Ref. No. 269.)

Geisenheyner, L. Bemerkungen und Zusätze zur 3. Auflage der Excursionsflora des Grossherzogthums Hessen von L. Dosch und J. Scriba. (D. B. M., 6. Jahrg. Arnstadt, 1888. p. 175—184.) (Ref. No. 89.)

Gelmi, Enrico. Neue Standorte einiger seltenen Rosen der italienischen und südtirolischen Flora. (D. B. M., 1888, p. 10—11.) (Ref. No. 162.)

General-Doublettenverzeichniss des Schlesischen Botanischen Tauschvereines. Tauschjahr 1888. (Ref. No. 16.)

Goiran, A. Alcune notizie sulla flora veronese. (N. G. B. J., vol. XX, 1888, p. 399—401.) (Ref. No. 318.)

Golde, G. Aufzählung der Gefässpflanzen, die in den Jahren 1884—1886 in der Umgegend der Stadt Omsk gesammelt wurden. (Scripta bot. horti Universitatis Imp. Petropolitani, tom. II, fasc. 2, p. 41—114. St. Petersburg, 1888. [Russisch.])

Gordjagin, A. Flora der Umgegend von Krassnoufinsk im Gouvernement Perm. (Arb. der Naturf.-Ges. an der Universität Kasan, Bd. XVIII, 1888, Heft 6. 8°. 57 p. Kasan, 1888. [Russisch.])

Goroschankin, J. N. Materialien zur Flora des Moskauer Gouvernements. (Bull. Moskau, 1888, No. 2, p. 649—372 [Russisch])

Grans, J. F. and Bennett, A. Flora of Caithness. (Scot. Naturalist, 1888, No. 10.)

Gray, Asa and Hinxman, L. W. Flora of West-Sutherland. (Tr. Edinb., vol. XVII, 1888.)

Gremli, Auguste. Extrait des Lettres à M. le Président de la Société Botanique de France. (B. S. B France, 1889, p. 395.) (Ref. No. 176)

Gruber, K. Szepesvármegye erdöviozonyai. (Die Forste der Zips.) (Szepesi Emlékkönyo herausg. vom Bischof G. Csáska bei Gelegenheit der XXIV. Wanderversammlung der ungarischen Aerzte und Naturforscher zu Tátrafüred 1888. Szepes-Váralja, 1888. p. 94 - 109 [Ungarisch].) (Ref. No. 361.)

Gruner, L. F. Conspectus stirpium vascularium in vicinitate orbis Woronesch sponte nascentium. (Arb. der Naturf.-Ges. an der K. Universität zu Charjkow, Bd. XXI, p. 1—117. Charjkow, 1887. [Russisch.]) (Ref. No. 412.)

Halácsy, Eugen v. Beiträge zur Flora der Landschaft Doris, insbesondere des Gebirges Kiona in Griechenland. (Z.-B. G. Wien, 1888, Bd. XXXVIII, p. 745—768.) (Ref. No. 340.)

— Glechoma serbica Halácsy et Wettstein. (Z.-B. G. Wien, Bd. XXXVIII, p. 71—72.) (Ref. No. 338.)

Hallier, E. Convolvulus arvensis L. var. corolla partita. (Ein Bürger der Flora von Stuttgart.) (D. B. M., 6. Jahrg. Arnstadt, 1888. p. 154—155.) (Ref. No. 98.)

Hanbury, Frederick. Notes on som Hieracia new to Britain. (J. of B., 1888, p. 204—206.) (Ref. No. 211.)

Hanusz, J. A nagy magyar alföld sósflorája és talaja. (Die Salzflora und der Salzboden des grossen ungarischen Tieflandes) (Arb. der XXIV. Wanderversammlung der ungarischen Aerzte und Naturforscher zu Tátrafüred, 1888. Budapest, 1888. p. 184—194 [Ungarisch]) (Ref. No. 358.)

— A magyar puozták növényzetének létküzdelme. (Der Kampf um das Dasein in der Pflanzenwelt der ungarischen Steppen.) (Tt. F. Temesvár, 1888. Bd. XI, 1887, p. 129—145 [Ungarisch]; p. 193—202 [Deutsch]) (Ref. No. 359.)

Haring, Johann. Floristische Funde aus der Umgebung von Stockerau in Niederösterreich. (Z.-B. G. Wien, 1888, Bd. XXXVIII, p. 507—528.) (Ref. No. 131.)

Hart, H. C. The flora of Howth. Doublin, 1887. 138 p. 1 Karte. (Ref. nach: Bot. C., 36. Bd., p. 239.) (Ref. No. 232.)

Haussknecht, C. Beiträge zur Gattung Epilobium. (Sitzungsber. des Botan. Vereins für Thüringen. 1888, p. 4.)

— Botanische Notizen. (Mittheil. der Geograph. Ges. und des Botan. Ver. für Gesammtthüringen, 1888, p. 33—35.)

— Kleinere botanische Mittheilungen. (Mittheil. des Naturw. Ver. für Gesammtthüringen, 1888, p. 21—32)

Heinricher, E. Asphodelus albus Miller in Steiermark. (Mittheil. des Naturw. Ver. für Steiermark, Jahrg 1888, Sep.-Abdr., p. 1—4) (Ref. No. 167.)

Hennig. Phanerogamenfunde aus dem Hartwalde. (Sitzungsber. der Naturf.-Ges. zu Leipzig, Bd. XIII et XIV. Leipzig, 1888. p. 1 u. 2.) (Ref. No. 71)

Henriques, J. A. Additamento do catalogo dos Amaryllideas de Portugal. (Boletim da sociedade Broteriana, VI, 1888, fasc. I, p. 44—64.)

— Da serra da Estrella à da Louza. (Boletim da sociedade Broteriana, vol. V, fasc. II p. 192—208.)

Herbert, D. Vicia hybrida L. (J. of B., 1888, p. 219.) (Ref. No. 214.)

Héribaud. Plantes aux environs de Clermont-Ferrand. (B. S. B. France, 1888, p. 290—291, 224—225, 404—405.) (Ref. No. 273.)

Herter, L. Mittheilungen zur Flora Württembergs. (Jahreshefte des Ver. für Vaterländische Naturkunde in Württemberg, Jahrg. XLIV, 1888.)

Hill, J. R. Flowering Rush (Butomus umbellatus) in an Unlikely Quarter. (Ph. J., 3 ser., vol. 18. London, 1888, p. 810.) (Ref. No. 234)

— The Occurrence of Canary Grass (Phalaris canariensis) near Edinburgh. (Ph. J., 3 ser., vol 18. London, 1888. p. 810.) (Ref. No 233.)

Himpel, J. S. Excursionsflora für Lothringen. 8°. 222 p. Metz, 1888.

Hirc, Dragutin. Caronilla emeroides Boiss et Sprunn. (Ber. D. B. G., 1888, p. 232—240.) (Ref. No. 18.)

Hjelt Hjalmar. Conspectus Florae Fennicae. Pars I, Pteridophyta et Gymnosperma. (Acta Soc. F. u. Fl. Fenn, vol. V, Pars I. Helsingfors, 1888. 107 p. 8°. 2 Karten.) (Ref. No. 426.)

Höck, F. Einige Hauptergebnisse der Pflanzengeographie in den letzten 20 Jahren. (Monatl. Mittheil. Frankfurt a. O., Sep.-Abz., p. 1—21) (Ref. No. 17.)

Högrell, B. Nya växtställe för Hippophaë rhamnoides. (Neuer Standort für H. rhamnoides) (Bot. N., 1888, p. 281, Notiz.) (Ref. No. 24.)

Houlbert, Constant. Stations de plantes rares ou peu communes dans la Mayenne. (Feuilles des jeunes naturalistes 1er avril 1887.) (Ref. No. 241.)

Hult, R. Die alpine Pflanzenformation des nördlichen Finland. (Meddell. Fennica, 1888, p. 153—228.)

— En grup of Salix alba. (Bot. N., 1888, Heft 4.)

Hy, F. Quatrième Note sur les herborisations de la faculté des sciences d'Angers. (Mémoires de la Soc. nat. d'Agriculture, Sciences et Arts d'Angers, 4e sér., t. I, anno 1887, p. 59—75.) (Ref No. 237.)

Israel, A. Schlüssel zum Bestimmen der in der Umgebung von Annaberg-Buchholz wild wachsenden Pflanzen. In 3. Auflage neu bearbeitet von J. Rubsam. 8°. 191 p. Mit 200 Abbild. Annaberg, 1888.

Jetter, Carl. Ein Frühlingsausflug an die Dalmatinische Küste. (Oest. B. Z., 1888, p. 127—130, 163 169, 206 211, 245—248.) (Ref. No. 173.)

Javaseff, A. P. Beitrag zur Kenntniss der bulgarischen Flora. (Zeitschr. der Bulg. Literar. Ges. in Sophia, Bd. XXI u. XXII, p. 279—304 [Bulgarisch].)

Joret, Charles. Flore populaire de la Normandie. 8°. LXXXIII, 239 p. Caen, 1887.

Jungner, J. R. Om Rumex crispus L. $\times$ Hippolapathum Fr. (= R. similatus Haussk.). (Bot. N., 1888, p. 209—212. 8°. Deutsch im Bot. C., Bd. 38, p. 733.) (Ref. No. 44.)

Kampe, E. Brockenflora in der Westentasche. 8°. 35 p. Harzburg, 1888. (Ref. No. 76.)

Kaulfuss, J. S. Flora von Lichtenfels in Oberfranken. (D. B. M., 1888, p. 100—106, 139—140.) (Ref No. 100)

Keller, J. B. Rhodologiai adatok. Fragmenta rhodologica ad floram hungaricam spectantia. (M. N. L., XII. Jahrg. Klausenburg, 1888. p. 133—154. [Ungarisch mit latein. Diagnosen.]) (Ref. No. 349)

Keller, Robert. Wilde Rosen des Cantons Zürich. Ein Beitrag zur Rosenflora des schweizerischen Mittellandes. (Bot. C., 1888, Bd. XXXV, p. 167—174, 212—220, 249—252, 278—281, 310—315.) (Ref. No. 174.)

Kerner, A. von. Beiträge zur Flora von Niederösterreich. (Z. B. G. Wien, 1888, Bd. XXXVIII, p. 669-670.) (Ref. No. 129.)

— Untersuchungen über die Schneegrenze im Gebiete des mittleren Innthales. (Sep.-Abdr. 4°. 62 p. Leipzig, 1883)

Kihlman, A. O. Om förekomsten af Festuca glauca i Finland. (Bot. N., 1888, Heft 4.)

Killias, Ed. Die Flora des Unterengadins mit besonderer Berücksichtigung der speciellen Standorte und der allgemeinen Vegetationsverhältnisse. Ein Beitrag zur Kenntniss des Unterengadins. (Beilage zum XXXI. Jahresbericht der Naturf.-Ges. Graubündens. 8°. 266 p. Chur, 1887/88.)

King, Bolton. Hants Plants. (J. of B., 1888, p. 283.) (Ref. No. 205.)

Kirchner, O. Flora von Stuttgart und Umgebung. 8°. 767 p. Stuttgart, 1888.

Kissling, Benedict. Notizen zur Pflanzengeographie von Niederösterreich. (Oest. B. Z., 1888, p. 53—54.) (Ref. No. 144.)

— Notizen zur Pflanzengeographie Niederösterreichs. (Oest. B. Z., 1888, p. 159—161.) (Ref. No. 147.)

— Notizen zur Pflanzengeographie Niederösterreichs. (Oest. B. Z., 1888, p. 379 380.) (Ref. No. 141.)

Klinggraeff, H. von. Bericht über die Excursionen im Jahre 1887. (Berichte d. Naturf.-Ges. Danzig, 1888. p. 81—84.) (Ref. No. 63.)

Kneucker, A. Beiträge zur Flora von Karlsruhe. (Mittheil. Freiburg, 1888.) (Ref. No. 95.)

Knuth, Paul. Botanische Beobachtungen auf der Insel Sylt. (Humboldt, Bd. VII, 1888, Heft 3, p. 104.)

— Die Flora von „Land Oldenburg". (Natur, XIV, 1888, p. 332.)

— Einige Bemerkungen, meine Flora von Schleswig-Holstein betreffend. Leipzig, 1888. 28 p. (Ref. No. 82.)

— Die Orobanchen Schleswig-Holsteins. (D. B. M., 6. Jahrg. Arnstadt, 1888. p. 155—157.) (Ref. No. 80.)

Kobus, J. D. en Goethart, J. W. C. De Nederlandsche Carices. Folge. (Nederlandsch kruidkundig Archief, 1888, p. 231—245.) (Ref. No. 182.)

Koch, H. Die Kerbelpflanze und ihre Verwandten. (Abh. Bremen, Bd. X, 1888, Heft 1, p. 74-139.) (Ref. No. 58.)

Koch, H. und Brennecke. Flora von Wangerooge. (Abh. Bremen. Bd. X. 1888, Heft 1, p. 61—73.) (Ref. No. 85.)

Korshinsky, S. Die Nordgrenze des Tschernosem-Gebietes im Osten des europäischen Russlands in pflanzengeographischer und Bodenbeziehung. I. Einleitung. Pflanzengeographische Skizzen des Gouvernements Kasan. Bd. XVIII, Heft 5. 8°. 256 p. Mit einer Karte. Kasan. 1888. (Russisch.)

Köhlers. Medicinalpflanzen in naturgetreuen Abbildungen mit erklärendem Text. Herausgegeben von G. Pabst. Lief. 33 u. 34. 4°. 24 p. Mit Taf. Gera—Untermhaus.

Köppen, Fr. Th. Geographische Verbreitung der Holzgewächse des europäischen Russlands und des Kaukasus. Theil I. Beiträge zur Kenntniss des russischen Reiches und der angrenzenden Länder Asiens. Herausgegeben von L. von Schrenk und C. J. Maximowic. 3. Folge. Bd. V. 8°. XXVI. 668 p. St. Petersburg, 1888.

Krause, Ernst H. L. Ueber die Rubi corylifolia. (D. B. G., 1888, p. 106—109.) (Ref. No. 59.)

Krok, Th. O. B. N. Svensk botanisk Literatur 1887. (Die schwedische botanische Literatur 1887.) (Bot. N., 1888, p. 263—272. 8°.) (Ref. No. 23.)

Krok, Th. O. B. N. et Almquist, S. Svensk flora för skolor I Fanerogamer. (Schwedische Flora für Schulgebrauch, I. Phanerogamen.) Dritte Auflage. Stockholm, 1888. 252 p. 8°.

Krassnoff. Das russische Schwarzerde-Gebiet und seine Vegetation. („Der russische Reichthum", Bd. II, No. 5—6, p. 460—469; Bd. III, No. 7, p. 35—47.)

Krylow, P. Materialien zur Flora des Gouvernements Wjatka. (Arbeiten der Naturf.-Ges. an der Universität Kasanj, Band XIV, Heft 1, 131 p. Kasanj, 1885. [Russisch.]) (Ref. No. 422.)

Kükenthal, E. Verzeichniss der Ranunculaceen und Cruciferen im Herzogthum Coburg. I. Bericht über die Thätigkeit des Thier- und Pflanzenschutzvereins für das Grossherzogthum Coburg, 1888, p. 83—85. (Ref. No. 70.)

Kusnetzoff, N. J. Die Flora der Kreise Cholmogori und Schenkurst im Gouvernement Archangel. (Sep.-Abz. aus Arbeiten der St. Petersburger Naturf.-Ges., 1888. 8°. 94 p. Mit 1 Karte. St. Petersburg, 1888. [Russisch.])

Lakowitz. Die Vegetation der Ostsee im Allgemeinen und die Algen der Danziger Bucht im Speciellen. (Schriften der Naturf.-Ges. Danzig, 1888, p. 65–73.) (Ref. No. 62.)

Lackschewitz, P. Limnanthemum nymphaeoides Lk. und Erica Tetralix in Kurland. (Erstere Pflanze neu für die russ. Ostseeprovinzen. Ref.) (Sitzungsber. der Naturf.-Ges. bei der Universität Dorpat, Bd. VIII, Heft 1, p. 35–36. Dorpat, 1887.)

Lange, Joh. Haandbog i den danske Flora. 4. Udgave. Heft IV. 8⁰. 290 p. Kopenhagen 1888.

— Cyperaceae et Typhaceae Scandinavicae, ad tabulas „Florae Danicae" illustratae. 171 coll. ell ùcoloresed Tab. m. Text. Separate Ausgabe, colorirt oder uncolorirt, eines Theiles der Tafeln von „Flora Danica".

— Nomenclator Florae Danicae sive index systematicus et alphabeticus operis, quod „Icones Florae Danicae" inscribitur, cum enumeratione tabulorum ordinem temporum habente, adjectis notis criticis. 4⁰. 364 p. Havniae, 1887.

Latour-Marliac, Bory. Les Nymphaea et les Nelumbium rustiques. (Bull. S. L. de Bruxelles, T. XIV, 1888. Livr. 10/11.)

Lees, F. A. Flora of West-Yorkshire in connection with its climatology and lithology. 8⁰. London, 1888.

Leffler, J. A. Öfversigt af den skandinaviska halföns anmärkningsvärdare Rosa-Former. (Uebersicht der bemerkenswertheren Rosa-Formen der skandinavischen Halbinsel.) (Bot. N., 1888, p. 32–38. 8⁰.) (Ref. No. 43.)

Le Grand. Compte rendu des principales herborisations, faites dans le Cher, en 1887. (Mém. de la Société historique de Cher 1888, p. 311–314.) (Ref. No. 236.)

— Scirpus Holoschoenus aux environs de Bourges. (B. S. B. France, 1888, p. 324.) (Ref. No. 277.)

Le Jolis. Le Glyceria Borreri à Cherbourg. (Bull. de la Soc. Linn. de Cherbourg, année 1886–1887. Paris, 1888.) (Ref. No. 238.)

Lénström, C. A. E. Spridda växtgeografiska bidrag till skandinaviens Flora. (Pflanzengeographische Beiträge zur Flora von Skandinavien. (Bot. N., 1888, p. 241–263. 8⁰.) (Ref. No. 42.)

Lindemann, E. v. Dritter Bericht über den Bestand meines Herbariums. (B. S. N. Mosc., Bd. LXI, Heft 1, p. 37–92. Moskau, 1885.) (Ref. No. 419.)

Lindén, John. Zwei in Finland noch nicht beobachtete Ballastpflanzen: Ballota foetida und Ononis repens. (Bot. C., 1888, Bd. XXXVI, p. 186.) (Ref. No. 427.)

Lindström, A. A. Bidrag till Södermanlands växtgeografi. (Beiträge zur Pflanzengeographie der schwedischen Provinz Södermanland. (Bot. N., 1888, p. 194–198. 8⁰.) (Ref. No. 41.)

Linné, Carl v. Ungdomsskrifter, samlade af **Ewald Ährling**, och efter hans död med statsunderstöd utgifna af K. Vet. Ak. (Jugendschriften, von Ew. Ährling gesammelt und nach dessen Tode von der Kgl. Schwed. Ak. d. Wiss. herausgegeben.) I. Serie. Stockholm, 1888. 8⁰. V + 1 + 360 p. (Ref. No. 40.)

Linton, Edward F. Carex trinervis Degl. in Ireland. (J. of B. 1888, p. 56–57.) (Ref. No. 227.)

Linton, W. R. South Derbyshire Plants. (J. of B., 1888, p. 329–331.) (Ref. No. 196.)

Litwinoff, D. J. Verzeichniss der wildwachsenden Pflanzen des Gouvernements Tamboff. (B. S. des nat. de Moscou, 1888, No. 1, p. 98–118. [Russ'sch.])

Ljungström, Ernst. En Primula-Excursion till Möen. (Eine Primula-Excursion nach Möen.) (Bot. N., 1888, p. 6–14. 8⁰. Deutsch abgekürzt im Bot. C., Bd. 35, p. 181–183.) (Ref. No. 30.)

Lojacono-Pojero, M. Corrispondenza. (Mlp., an. II, 1888, p. 352–353.) (Ref. No. 307.)

— Sulla Rosa moschata Mill. in Sicilia. (Mlp., an. II, 1888, p. 318–324.) (Ref. No. 308.)

Longo. A. Quercus Fragnus Longo. (Bullettino del Naturalista Siena, 1888. Mit 1 Taf. Nach Mlp., an. II, 1888, p. 267.) (Ref. No. 323.)

Ludwig, F. Ueber eine eigenthümliche Art der Verbreitung des Chrysanthemum suaveolens (Pursh). Aschs. (Zeitschr. f. Naturwissensch. für Sachsen und Thüringen. 4. Folge. Bd. VII. 1888. Heft 6.)

Luizet, D. Herborisation au val di Piora, près Airolo, dans le Tessin septentrional. (B. S. B. France, 1888, p. 75—81.) (Ref. No. 175.)

Lundström, Axel N. Några i akttagelser öfver Calypso-borealis. (Bot. N., 1888, Heft 3, p. 129—133.)

Macchiati, L. Contribuzione alla flora del gesso. (N. G. B. J., vol. XX, 1888, p. 418—422.) (Ref. No. 317.)

— Prima contribuzione alla flora del Viterbese. (Atti della Società dei Naturalisti di Modena; Memorie, ser. III, vol. 7, 1888. p. 7—61.) (Ref. No. 311.)

Magnen. Glanes botaniques, notices sur diverses plantes à ajouter à la flore du Gard. (Mémoires de l'Académie de Nimes. Sér. VIII. T. VIII.)

Magnin, Antoine. Note sur la flore des environs de Salins et du Haut-Jura. (Bull. trimestr. de la Soc. Bot. de Lyon, 1887, p. 57 ff.) (Ref. No. 243.)

Marco, G. de. Monte Cassino illustrato nei tre regni della natura, vol. I⁰, cap. 4⁰; Geografia botanica di Monte Cassino. Napoli, 1888. 8⁰.

Mariz, Joaquim de. Subsidios para o estudo da Flora Portugueza. (Bol. da sociedade Broteriana. VI. 1888. Fasc. 1, p. 14—44.)

Marshall, Edward S. East Kent Plants. (J. of B., 1888, p. 311—312.) (Ref. No. 201.)

— Hieracium Gibsoni Backh. and Carex irrigua Hoppe in Westmoreland. (J. of B., 1888, p. 27.) (Ref. No. 229.)

— Notes on Highland Plants. (J. of B., 1888, p. 149—156.) (Ref. No. 220.)

— Pulmonaria officinalis L. as a native of Britain. (J. of B., 1888, p. 185—186.) (Ref. No. 216.)

— Suffolk Plants. (J. of B., 1888, p. 184.) (Ref. No. 217.)

— Valeriana Mikanii. (J. of B., 1888, p. 379.) (Ref. No. 210.)

— West Cornish Plants. (J. of B., 1888, p. 56.) (Ref. No. 228.)

Marshall, J. J. Goodyera repens in Yorkshire. (J. of B., 1888, p. 379.) (Ref. No. 209.)

Martin, B. Note sur deux Centaurea de la flore du Gard. (B. S. B. France, 1888, p. 441—443.) (Ref. No. 250.)

— Sur une Euphorbe hybride. (B. S. B. France, 1888. Sess. extraord. à Narbonne, p. XXXV.) (Ref. No. 254.)

Masclef, A. Contributions nouvelles à la flore des Collines d'Artois. (Cambrésis, Artois, Haut-Boulonnais.) (fin.) (Journ. de Bot., 1888, p. 359—367.) (Ref. No. 300.)

— Études sur la géographie botanique du Nord de la France. (Journ. de Bot., 1888, p. 177—184.) (Ref. No. 301.)

— Flore des collines d'Artois. (Journ. de Bot., 1888. 1. Oct.)

— Géographie botanique du Nord de la France. (Journ. de Bot., 1888.)

Massalsky, W. J. Abriss des Klimas und der Blüthenpflanzenflora des Mineralbades Druskeniki. Bd. XVI, Heft 2, p. 560—634 der „Arbeiten d. St. Petersburger Naturf.-Ges. St. Petersburg, 1885 [Russisch.]) (Ref. No. 417.)

Mathews, W. History of County botany of Worcester. (Midland Naturalist, 1888.)

— History of the County Botany of Worcester. (The Botanical Gazette, vol. XIII, 1888, No. 5, p. 121—125.)

Mattei, G. E. Di un raro tulipano esistente nelle vicinanze di Bologna. Bologna, 1887. 8⁰. 20 p. (Ref. No. 316.)

Mattirolo, O. Un'escursione botanica nel gruppo del Viso. (Sep.-Abdr. aus Bollettino del Club Alpino Italiano, vol. XXI. Torino, 1888. 8⁰. 10 p.) (Ref. No. 319.)

Melvill, Cosmo J. Arum italicum. (Journ. of Bot., 1888, p. 348—349.) (Ref. No. 194.)

Mejer, L. Vaccinium uliginosum × Vitis Idaea. (Bot. Z., 1888, p. 790.)

Miégeville, l'abbé. Étude des Daphnoidées des Pyrénées centrales. (B. S. B. France, T. XXXV, 1888. Comptes rendus des séances, p. 144—150.) (Ref. No. 285.)

Milutin, S. N. Einige Nachträge zur Flora des Gouvernements Moskau. (B. S. Im. Moscou, 1888, No. 3, p. 519—560. [Russisch.])

Monington, H. W. Alchemilla vulgaris L. in Kent. (J. of B., 1888, p. 311.) (Ref. No. 203.)

— Vinca minor und Erysimum cheiranthoides. (J. of B., 1888, p. 376.) (Ref. No. 190.)

Montresor, W. Uebersicht der Pflanzen, die zum Bestand der Floren in den zum Kiewer Lehrbezirk gehörigen Gouvernements: Kiew, Wolynien, Podolien, Tschernigow und Poltawa vorkommen. (Memoiren der Kiewer Naturf.-Ges., Bd. VIII, Heft 1, p. 1—144, Heft 2, p. 185—288. Kiew, 1886 resp. 1887. [Russisch.]) (Ref. No. 407.)

Morel, Francisque. Herborisations à la Bourboule et au Mont-Dore. (Extrait des Annales de la Soc. bot. de Lyon. 8⁰. 53 p. Lyon, 1888.)

Morot, L. Sur une forme à grandes fleurs de l'Anemone nemorosa L., observée dans le département du Nord. (Journ. de Bot., 1888, p. 407—408.) (Ref. No. 298.)

Murr, Josef. Ueber die Einschleppung und Verwilderung von Pflanzenarten im mittleren Nordtirol. (Bot. C., 1888, Bd. XXXIII, p. 121—123, 148—152, 183—184, 213—218.) (Ref. No. 159.)

— Wichtigere neue Funde von Phanerogamen in Nordtirol. (Oest. B. Z., 1888, p. 202—206, 237—240.) (Ref. No. 158.)

— Zur Diluvialflora des nördlichen Tirols. (Oest. B. Z., 1888, p. 297—300.) (Ref. No. 156.)

Murray, R. P. Notes on the Botany of Northern Portugal. (J. of B., 1888, p. 173—179.) (Ref. No. 218.)

— Notes on the Botany of the Serra do Gerez. (B. S. Broteriana, V, 1888, p. 185—191.)

Müllner, Michael Ferdinand. Ein neuer Centaurea-Bastard. (Z.-B. G. Wien, Bd. XXXVIII, 1888, p. 27—32.) (Ref. No. 139.)

Neuberger. Salix daphnoides — incana mas. (Mitth. Freiburg, 1888, p. 31.) (Ref. No. 91.)

Neue Indigene für die Niederlande. (Ref. No. 185.)

Neuman, L. M. Beriktigande. (Berichtigung.) (Bot. N., 1888, p. 101—103. 8⁰.) (Ref. No. 35.)

— Några kritiska eller sällsynta Växter, hufvudsakligen från Medelpad, i akt tagna under sommaren 1887. (Einige kritische oder seltene Pflanzen, vorwiegend aus Medelpad [schwed. Provinz], im Sommer 1887 beobachtet.) 41 p. 8⁰. Sundsvall, 1887, distr. 1888. (Ref. No. 29.)

— Om tvenne Rubi från mellersta Halland. (Ueber zwei Rubi aus dem mittleren Halland). (Bot. N., 1888, p. 52—60. 8⁰.) (Ref. No. 38.)

— Sparganium neglectum Beeby, funnen i Danmark. (S. neg. in Dänemark gefunden.) (Bot. N., 1888, p. 153—154. 8⁰.) (Ref. No. 39.)

Niel. Herborisation à Saint-Evroult-N.-D.-Du-Bois (Orne). (B. S. B. France, 1888, p. 112—115.) (Ref. No. 290.)

Nilsson, N. Hjalmar. Tvänne nya Rumex-hybrider. (Zwei neue Rumex-Bastarde.) (Bot. N., 1888, p. 147, 149. 8⁰.) (Ref. No. 37.)

— Scirpus parvulus R. et Sch. och dess närmaste förvandtskaper i vår flora. (Bot. N., 1888, p. 139—147.)

Norrlin, J. P. Bidrag till Hieracium-Floran i Skandinaviska halföns mellersta delar. (Beiträge zur Hieracium-Flora der mittleren Theile der skandinavischen Halbinsel.) (Acta Soc. pr. Fauna et Fl. Fenn. T. III, No. 4. Helsingfors, 1888. 117 p. 8⁰.) (Ref. No. 20.)

Norman, J. M. Carex holostoma Drej. (Bot. N., 1888, p. 144—145. 8⁰.) (Ref. No. 22.)

Nöldeke, C. Flora des Fürstenthums Lüneburg, des Herzogthums Lauenburg und der freien Stadt Hamburg (ausschliesslich des Amtes Ritzebüttel). Lief. I. 8⁰. 64 p. Celle, 1888.

— Flora des Fürstenthums Lüneburg, des Herzogthums Lauenburg und der freien Stadt Hamburg (ausschliesslich des Amtes Ritzebüttel). Lief. II. 8⁰. 128 p. Celle, 1888.

Olivier. Lathyrus tenuifolius Desf. (B. S. B. France, 1888. Sess. extraord. à Narbonne. p. XXXVI—XXXVII.) (Ref. No. 253.)

Olsson, P. För norrländska provinser nya växter. (Für norrländische Provinzen neue Pflanzen.) (Bot. N., 1888, p. 38—41. 8°.) (Ref. No. 34.)

— Genmäle. (Erwiderung.) (Bot. N., 1888, p. 237. 8°.) (Ref. No. 36.)

Pacher, D. und Jabornegg, M. Freiherr von. Flora von Kärnthen. Th. I, Abth. 3. gr. 8°. XVII, 420 u. XXIX p. Klagenfurt, 1888.

Palla, Ed. Zwei in Niederösterreich noch nicht beobachtete Carex: C. curvata Knaf und C. Nordmanni A. Kerner (ined). (Z.-B. G. Wien, Bd. XXXVIII, p. 69.) (Ref. No. 136.)

Palmen, J. A. und Kihlman, A. O. Ueber eine Expedition nach Russisch-Lappland. (Bot C., 1888, Bd XXXIV, p. 153—156.) (Ref. No. 430.)

Paolucci, L. Coronilla emeroides. (N. G. B. J., vol. XX, 1888, p. 398.) (Ref. No. 314.)

Parlatore, F. Flora italiana, continuata da T. Caruel, vol. VIII, p. 1. Firenze, 1888. 8°. 176 p. (Ref. No. 306.)

— Flora italiana, continuata da T. Caruel, vol. VIII, parte I. Firenze, 1888. 8°. 176 p. (Ref. No. 326.)

Patschosky, J. Materialien zur Flora der Kreise Sasslawl und Kowel im Gouvernement Wolhynien. (Mem. der Kiewer Naturf.-Ges., Bd. IX, Heft 1 und 2, p. 199—216. Kiew, 1888. [Russisch.])

— Ueber die Fauna und Flora der Umgegend der Stadt Wladimir in Wolhynien. (Mem. der Kiewer Naturf.-Ges., Bd. IX, Heft 1 und 2, p. 299—380. Kiew, 1888. [Russisch.])

— Umriss der Flora in der Umgebung der Stadt Umanj im Gouvernement Kiew. (Mem. der Kiewer Naturf.-Ges., Bd. VIII, Heft 2, p 371—437. Kiew, 1886. [Russisch.])

Pax, Ferdinand. Monographische Uebersicht über die Arten der Gattung Primula. (Bot. Jahrbücher, Bd. X, 1888, Heft 1/2, p. 75—192.) (Ref. No. 2)

Péteaux. Bunias orientalis naturalisé à Ecully. (Bul. trimestr. de la Soc. Bot. de Lyon, 1888.)

Peter, A. Die Pflanzenwelt Norwegens. (Neubert's Deutsches Gartenmagazin, 1888, p. 220 ff) (Ref. No. 48.)

Piccioli, L. Guida alle escursioni botaniche nei dintorni di Vallombrosa. Firenze, 1888. 8°. 297 p. (Ref. No. 313)

Pittier, H. Le Cardamine trifolia L. dans la Suisse occidentale. (Bull. Soc. Vaudoise des sc. nat., vol. XXIII. Lausanne, 1888. p. 156—160) (Ref. No. 178)

Prahl, P. Kritische Flora der Provinz Schleswig-Holstein, des angrenzenden Gebietes der Hansestadte Hamburg und Lübeck und des Fürstenthums Lübeck. Kiel, 1888. p. LXVIII u. 227. (Ref. No. 81.)

— Ueber die zum Theil sehr auffallenden älteren Angaben bezüglich der Flora von Hamburg. (Sitzungsber. der Gesellschaft für Botanik zu Hamburg, III, p. 59.)

Preston, T. A. Addition to the Flora of Wilts. (J. of B., 1888, p. 376—377.) (Ref. No. 189)

Prihoda, Moritz. Correspondenz aus Josefstadt. (Oest. B. Z., 1888, p. 431.) (Ref. No. 346)

Pryor, A R. A Flora of Hertfordshire. Edited for the Hertfordshire Natural History Society by B. D. Jackson. With an introduction on the geologie, climate, botanical history and of the county by John Hopkinson and the Editor. 8°. 648 p. London, 1888.

Raciborski, M. Materyali do flory Glonów Polski. Osobne odbicie z XXII Tomu Sprawozdán Komisyi fizyjograficznej Akademii Umiejętności. 8°. 43 p. Kraków, 1888.

Raimann, Rudolf. Mittheilungen über Fichtenformen aus der Umgebung von Lunz, sowie über Calcycanthemie bei Cyclamen europaeum L. (Z.-B. G. Wien, 1888, Bd. 38, p. 71—74.) (Ref. No. 133)

Rajewsky, W. Verzeichniss der während des Sommers 1884 im Gouvernement Nishny-Nowgorod gefundenen Pflanzen. (Ergänzung zur Brochüre: Pflanzen des Gouvernements Nishny-Nowgorod.) Bd. XVI, Heft 2, p. 535—544 der „Arbeiten d St. Petersburger Naturf.-Ges." St. Petersburg, 1885. [Russisch.]) (Ref. No. 413.)

Rassmann, Moritz. Correspondenz aus Wien. (Oest. B. Z., 1888, p. 284.) (Ref. No. 151.)

Reiche, C. Ueber die Veränderungen, welche der Mensch in der Vegetation Europas hervorgebracht hat. (Humboldt, 1888, Heft 5.)

Reuss. Beiträge zur württembergischen Flora. (Jahreshefte des Vereins für vaterländische Naturkunde in Württemberg, Jahrg. XLIV, 1888.)

Reuter, E. Fritillaria Meleagris. (Bot. C, 1888, Bd. XXXVI, p. 186) (Ref. No. 52.)

Ricci, R. Nota sulla Festuca alpina Sut., raccolta al M. Vettore nella Marca d'Ancona. (N. G. B. J., vol. XX, 1888, p. 329—331.) (Ref. No. 315.)

Richter, A. Adatok a Veporhegység es a Fabova hegycsoport flórájának ismeretéhez. (Beiträge zur Kenntniss der Flora des Veporgebirges und der Fabova.) (M. N L., Klausenburg, 1888. Jahrg. XII, p. 113—125. [Ungarisch.]) (Ref. No. 357.)

— Botanische Notizen zur Flora des Comitates Gömör. (Oest. B. Z., 1888, p. 199—200.) (Ref. No. 367.)

Richter, Carl. Floristisches aus Niederösterreich. (Z.-B. G. Wien, 1888, Bd. XXXVIII, p. 219—222) (Ref. No. 132)

— Ueber den Bastard zwischen Senecio viscosus und S. silvaticus L. (Z.-B. G. Wien, 1888, Bd. XXXVIII, p. 97.) (Ref. No. 123.)

Ridley, H. N. A Revision of the Genera Microstylis and Malaxis. (J. L. S. B London, 1888, p. 308—351.) (Ref. No. 6.)

Ringius, G. E. Några floristiska anteckningar från Wermland. (Einige floristische Notizen aus der schwedischen Provinz Wermland.) (Bot. N., 1888, p. 105—113. 8°.) (Ref. No. 33.)

Roux. Geum montanum × rivulare du Cantal. (Bull. trimestr. de la Soc. Bot. de Lyon, 1887, p. 1—32.) (Ref. No. 246.)

Rouy. Découverts du M. Coincy en Espagne. (B. S. B. France, 1888, p. 197.) (Ref. No. 263.)

— Especes distribuidas 1887. (B. S. Broteriana, VI, 1888, fasc. 1, p. 1—14)

— Excursions botaniques en Espagne (Mai—juin 1883). (B. S. B. France, 1888, p. 115—124.) (Ref. No. 302.)

— Notes sur la Géographie botanique de l'Europe. (B. S. B. France, 1888, p. 32—37.) (Ref. No. 11.)

— Note sur les Teucrium majorana Pers. et T. majoricum Rouy. (B. S. B. France, ser. II, t. X, 1888. Comptes rendus des séances, No 3, p. 319—320.) (Ref. No. 278.)

Rogers, Moyle W. Elymus arenarius in Dorset. (J. of B., 1888, p. 312.) (Ref. No. 200.)

— Polygonum maritimum Still. in S. Hants. (J. of B., 1888, p. 311.) (Ref. No. 202.)

— Some new Rubi Records for 1887. (J. of B., 1888, p. 156.) (Ref. No. 219.)

Roper, F. C. S. Rumex maritimus und R. palustris in East Sussex. (J. of B., 1888, p. 312.) (Ref. No. 199.)

Rostrup, E. Vejledning i den danske Flora. En populaer Anvisning til at laere at kjende de danske Planter. Syvende Udgave. 8°. 448 p. Kopenhagen, 1888.

Roze, Ernest. La flore Parisienne au commencement du XVII° siècle. (Journ. de Bot., 1888, p. 7 ff.) (Ref. No. 292.)

— Le Galanthus nivalis L. aux environs de Paris. (B. S. B. France, 1889, p. 257—260.) (Ref. No. 282.)

Russow, E. Ueber die Boden- und Vegetationsverhältnisse zweier Ortschaften an der Nordküste Estlands. (Sitzungsber. der Naturf.-Ges. d. Univ. Dorpat, Bd. VIII, Heft 1, p. 93—142. Dorpat, 1887.) (Ref. No. 409.)

Sadebeck. Sorbus sudetica Tausch. aus dem Algäu. (Sitzungsber. der Gesellschaft für Botanik zu Hamburg, III, p. 81.)

Saelan, Th. Om en för vår flora ny fröväxt Eritrichium villosum (Ledeb.) Bunge. (Acta soc. pro f. et fl. Fennica, 1888, p. 143—146.)

Sagorski, E. Plantae criticae Thuringiae. (D. B. M., 6. Jahrg. Arnstadt, 1888. p. 145—146.) (Ref. No. 74.)

Saint-Lager. Plantes nouvelles au rares de la Haute-Maurienne. (Bull. trimestr. de la Soc. Bot. de Lyon, 1887, p. 57 ff.) (Ref. No. 242.)

Sauter, F. in Bozen. Zwei neue Formen von Potentilla. (Oest. B. Z., 1888, p. 113–114.) (Ref. No. 161.)

Savorgnan, M. Della canapa. (L'Italia agricola, an. XX. Milano, 1888. 4⁰. p. 87 ff) (Ref. No. 321.)

Schatz. Die badischen Ampferbastarde. (Mitth. Freiburg, 1888, p. 14–16, 17–19.) (Ref. No. 92.)

Scherfel, V. A. Szepesvármegye növényzeti viszonyai. (Die Vegetationsverhältnisse des Comitates Szepes [Zips].) (Szepesi Emlékkönyo herausgeg. vom Bischof G. Császka bei Gelegenheit der XXIV. Wanderversammlung der ungar. Aerzte und Naturforscher zu Tátrafürece, 1888. Szepes-Véraljo, 1888. p. 74–93. [Ungarisch.]) (Ref. No. 362.)

— Szepesvármegyében exdig észlelt vadon termö vagy nagyban mivelt edényes növények rendszeres jegyzéke. (Systematisches Verzeichniss der im Comitate Zips bisher beobachteten wildwachsenden oder im Grossen cultivirten Gefässpflanzen.) Felka, 1888. gr. 8⁰. 31 p. (Ungarisch.) (Ref. No. 362.)

Scheuerle, J. Die badischen Weidenarten. (Mittheil. Freiburg, 1888, p. 1–13.) (Ref. No. 93.)

— Die Riedflora der Spaichinger Gegend. (Jahreshefte des Ver. für vaterländische Naturkunde in Württemberg, Jahrg. XLIV, 1888.)

— Die Weidenarten Württembergs. Mit Tafel. (Jahreshefte des Ver. für vaterländische Naturkunde in Württemberg, Jahrg. XLIV, 1888.)

— Ein südlicher Standort der Salix livida Whlbg.; deren Bastarde und Formen. (D. B. M., 6. Jahrg. Arnstadt, 1888. p. 56–59.) (Ref. No. 61.)

Scheutz, N. J. De duabus Rosis britannicis. (J. of B, 1888, p. 67–68) (Ref. No. 225.)

Schlegel, L. Floristische Beiträge zur Phanerogamenflora in den Scheren von Stockholm. (Bot. C., 1888, Bd. XXXIII, p. 29) (Ref. No. 49.)

Schmalhausen, J. Flora von Südwestrussland, d. h. der Gouvernements Kiew, Volhynien, Podolien, Polkowa, Tschernigoff und der angrenzenden Landstriche. (Handbuch zur Bestimmung der Phanerogamen und höheren Kryptogamen, 783 p. Kiew, 1886. [Russisch.]) (Ref. No. 410.)

Schneider, G. in Cunnersdorf. Uebersicht der sudetischen und systematischen Gruppirung der europäischen Archieracia. (D. B. M., 1888, p. 113–123, 161–175.) (Ref. No. 68.)

Schultz, Aug. Die floristische Literatur für Nordthüringen, den Harz und den provinzialsächsischen wie anhaltischen Theil an der norddeutschen Tiefebene. Halle a. S., 1888. p. 1–90) (Ref. No. 73.)

— Die Vegetationsverhältnisse in der Umgegend von Halle. Halle, 1888. p. 1–97. Mit 4 Karten. (Ref. No. 72.)

Schultze, Alb. Die Phanerogamenflora von Altenburg. Dicotyledonen. Nach Aufzeichnungen des verstorbenen Secretärs Stoy zusammengestellt. (Mittheil. aus dem Osterlande, herausgeg. von der Naturf. Ges. zu Altenburg. Neue Folge. Bd. IV, 1888.)

Schulze, Max. Aus der Flora von Jena. (Mittheil. des Bot. Ver. für Gesammtthüringen, 1888, p. 35–39.)

Schurig, E. Der Botaniker. (Eine Anleitung zur Kenntniss der überall häufig vorkommenden Blüthenpflanzen. 8⁰. XVI, 144 p. Mit 4 color. Taf. Halle, 1888.)

Schwaighofer, Anton. Tabellen zum Bestimmen einheimischer Samenpflanzen. Für Anfänger, insbesondere für den Gebrauch beim Unterrichte. 2. Aufl. 8⁰. 100 p. Wien, 1888. (Ref. No. 53.)

Scully, Reginald. Notes on some Kerry Plants. (J. of B., 1888, p. 71–78.) (Ref. No. 224.)

Seidel, C. F. Peucedanum aegopodioides. Mit Taf. II u. III. (Abh. Isis, 1888, p. 86.)

Semenoff, A. Florenskizze der Umgegend des Fleckens Nowo-Alexandria. (Warschauer Universitätsnachrichten, 1888, No. 5–6. 8⁰. 68 p. Warschau, 1888. [Russisch.])

Sennholz, G. Eine neue Medicago-Hybride. (Z.-B. G. Wien, Bd. XXXVIII, 1888, p. 32.) (Ref. No. 138.)

— Neue Pflanzen Niederösterreichs. (B.-Z. G. Wien, 1888, p. 11—13.) (Ref. No. 140.)

— Symphytum Wettsteinii. (Z.-B. G. Wien, Bd. XXXVIII, p. 67—70.) (Ref. No. 135.)

Simonkai, L. Bemerkungen zur Flora von Ungarn. (Oest. B. Z., 1888, p. 221—225.) (Ref. No. 369.)

— Bemerkungen zur Flora von Ungarn. (Oest. B. Z., 1888, p. 300—303.) (Ref. No. 370.)

— Bemerkungen zur Flora von Ungarn. (Oest. B. Z., 1888, p. 341—345, 374—375, 408—412.) (Ref. No. 372.)

— Correspondenz aus Arad. (Oest. B. Z., 1888, p. 107.) (Ref. No. 371.)

— Fiume flórája. (Die Flora Fiumes.) (M. N. L. Klausenburg, 1888. XII. Jahrg., No. 124, 127. p. 1—28 [Ungarisch].) (Ref. No. 172.)

— Magyarorszóg és környékének zanótjai. Cytisi Hungariae, terrarumque finitimarum. (M. T. K. Budapest, 1888. XXII. Bd., No. 8, p. 355—381 [Ungarisch und Lateinisch].) (Ref. No. 356.)

— Tilia Jurányiana Simk. (Kertészeti Lapok. Budapest, 1888. III. Jahrg., p. 145—146 [Ungarisch].) (Ref. No. 355.)

Skårman, J. A. O. Einige Salices aus dem Ober-Elfdal. (Bot. C., 1888, Bd. XXXVI, p. 383.) (Ref. No. 51.)

— Salix depressa × repens. (Bot. N., 1888, p. 128. 8°.) (Ref. No. 32.)

Smirnow, N. Phanerogame Pflanzen der Umgebung des Dorfes Nikolajewskoje im Gouv. Saratow. (Arb. der Naturf.-Ges. an der K. Universität Kasánj, Bd. XIV, Heft 3, 48 p. Kasánj, 1885. — Desgleichen in Mittheil. der Peters-Akademie für Land- u. Forstwirthschaft, Jahrg. VIII, Heft 2, p. 121—149 [Russisch].) (Ref. No. 423.)

Sommier, S. Una Genziana nuova per l'Europa. (N. G. B. J., vol. XX, 1888, p. 424—427.) (Ref. No. 304.)

Spitzner, W. Correspondenz aus Prossnitz in Mähren. (Oest. B. Z., 1888, p. 144—145.) (Ref. No. 125.)

— Correspondenz aus Prossnitz in Mähren. (Oest. B. Z., 1888, p. 394—395.) (Ref. No. 116.)

— Correspondenz aus Prossnitz in Mähren. (Oest. B. Z., 1888, p. 430—431.) (Ref. No. 126.)

Sprenger, C. Il Crocus Imperati Ten. e le sue varietà. (B. Ort. Firenze, an. XIII, 1888, p. 133—135.) (Ref. No. 305.)

Spribille, F. Verzeichniss der in den Kreisen Inowraclaw und Strelno bisher beobachteten Gefässpflanzen nebst Standortsangaben. 4°. 41 p. Inowraclaw, 1888.

Stapf, Otto. Das Edelweiss. (Z.-B. G. Wien, Bd. XXXVIII, p. 32—33.) (Ref. No. 104.)

— Ueber einige Iris-Arten des botanischen Gartens in Wien. (Oest. B. Z., 1888, p. 12—14.) (Ref. No. 148.)

Strobl, Gabriel. Flora des Aetna. Anhang. (Oest. B. Z., 1888, p. 24—26, 58—60, 95—96, 131—134, 161—163.) (Ref. No. 327.)

Svanlund, F. Förteckning öfver botanisk literatur zörande Blekinge, som hittels ai atkommen, uppsläld; kronologisk ordningsföljd. (Verzeichniss der bisher erschienenen botan. Literatur die Provinz Blekinge betreffend, chronologisch geordnet.) (Bot. N., 1888. p. 198—200. 8°. Auch Sep.) (Ref. No. 28.)

Talmont, André. La science à travers champs. (Promenades botaniques, Avec grav. 4°. 328 p. Limoges, 1888.)

Tanfani, E. Cenno sulla distribuzione altimetree dell' olivo in Italia. (N. G. B. J., vol. XX, 1888, p. 422—423.) (Ref. No. 324.)

— Su tre piante nuove orare per la Toscana. Mit Gegenbemerkungen von F. Caruel und M. Martelli. (N. G. B. J., vol. XX, 1888, p. 387—388.) (Ref. No. 312.)

Terracciano, A. Intorno al genere Eleocharis ed alle specie che lo rappresentano in Italia. (Mlp., an. II, 1888, p. 273—318. Mit 1 Taf.) (Ref. No. 325.)

Timbal-Lagrave, Ed. et Marais, Ed. Plantes critiques, rares au nouvelles. (Extrait du Bull. de la Soc. des sciences phys. et natur. de Toulous, t. VII, 14 p. 8°. 1888.) (Ref. No. 239.)

Toni, E. de. Note sulla Flora friulana. (Sep.-Abdr. aus Cronaca della Società alpina friulana, anni V—VI, 1888, 17 p.)

Towndrow, Richard F. Hieracium tridentatum in Worcestershire. (J. of B., 1888, p. 312.) (Ref. No. 198.)

Traitteur, O. v. Flora von Schweinfurt und Umgebung. Schweinfurt, 1887. 8°. p. 1—29.) (Ref. No. 99.)

Treichel, A. Botanische Notizen. (VIII, Schriften der Naturf. Ges. Danzig, 1888, p. 74—77.) (Ref. No. 64.)

Trolander, A. S. Växtlokaler i Nerike. (Standorte in der schwedischen Provinz Nerike.) (Bot. N., 1888, p. 88—93 und 116—118. 8°.) (Ref. No. 31.)

Ullepitsch. Correspondenz aus Gnezda. (Oest. B. Z., 1888, p. 397.) (Ref. No. 365.)

— Correspondenz aus Poisdorf in Niederösterreich. (Oest. B. Z., 1888, p. 251—252.) (Ref. No. 150.)

— Correspondenz aus Poisdorf in Niederösterreich. (Oest. B. Z., 1888, p. 287—288.) (Ref. No. 134.)

— Neue Pflanzenformen aus der Zips. (Oest. B. Z., 1888, p. 19—21.) (Ref. No. 373.)

Valles, J. Florule du Panthéon. (Journ. de Bot., 1887, p. 52—55.) (Ref. No. 296.)

Vandas, K. Beiträge zur Kenntniss der Flora von Südherzegovina. (Oest. B. Z., 1888, p. 329—337, 366—372, 412—414.) (Ref. No. 345.)

Van den Broeck, H. Catalogue des plantes observées aux environs d'Anvers. Suppl. II. (B. S. B. Belg. à Bruxelles, 1888, p. 7.)

Vierhapper, Friedrich jun. Correspondenz aus Ried. (Oest. B. Z., 1888, p. 394.) (Ref. No. 152.)

Viviand-Morel. Hybridations de Rosiers. (Bull. trimester de la Soc. Bot. de Lyon, 1888.)

— Origine de la Mâche. (Bull. trimester de la Soc. Bot. de Lyon, 1888.)

Vogl, Balthas. Flora der Umgebung Salzburgs, analytisch behandelt. Vorläufig die Ordnungen Ranunculaceae, Berberideae, Nymphaeaceae, Papaveraceae, Fumariaceae und Cruciferae. (Programm des Collegium Borromaeum zu Salzburg. 8°. 28 p. Salzburg, 1888.

Vukotinović, L. v. Neue Eichenformen. (Oest. B. Z., 1888, p. 82—83.) (Ref. No. 342.)

Wahlstedt, L. J. Berattelse om en botanisk resa till Öland och Gotland under sommaren 1887. (Bericht über eine botanische Reise nach Öland und Gotland im Sommer 1887.) (Sv. V. Ak. Öfv., 1888, Arg. 45, Heft 3, p. 169—177. 8°.) (Ref. No. 19.)

Wartmann, B. und Schlatter, Th. Kritische Uebersicht über die Gefässpflanzen der Kantone St. Gallen und Appenzell. Heft III. Schluss. Monocotyledoneae, Gymnospermae, Cryptogamae vasculares. 8°. p. 353—568. St. Gallen, 1888.

— Uebersicht über die Gefässpflanzen der Kantone St. Gallen und Appenzell. Schluss. (Bericht über die Thätigkeit der St. Gallischen Naturwiss. Ges. während des Vereinsjahres 1886/87. St. Gallen, 1888. p. 476.)

Weinländer, Georg. Die blühenden Pflanzen der Hochschobergruppe. (Z.-B. G. Wien, Bd. XXXVIII, p. 49—70.) (Ref. No. 171.)

Weiss, J. E. Die Pflanzengeographie in ihrer Bedeutung für die Pflanzencultur. (Neubert's Deutsches Gartenmagazin, 1888, p. 299.) (Ref. No. 56.)

— Vademecum botanicorum. (Verzeichniss der Pflanzen des deutschen Florengebietes. 8°. 216 p., Passau.) (Ref. No. 55.)

Wenzig, Th. Die Gattung Spiraea L. (Flora, 1888, p. 243—248, 266—274, 275—290.) (Ref. No. 1.)

Wessel, A. W. Flora von Ostfriesland. (Eine Anleitung zur leichten und sicheren Bestimmung der in Ostfriesland und dem preussischen Jadegebiet wild wachsenden sowie der in Gärten und Feldern häufiger gebauten Gefässpflanzen. Bd. XIII, 1888, 266 p.) (Ref. No. 84.)

West, Wm. New County Records. (J. of B, 1888, p. 376.) (Ref. No. 199.)

Westerlund, Carl Gust. Några bidrag till Beckings flora. (Einige Beiträge zu der Flora der schwedischen Provinz Beckinge.) (Bot. N., 1888, p. 193–194. 8°.) (Ref. No. 21.)

Wettstein, R. v. Daphe Blagayana in Bosnien. (Z.-B. G. Wien, 1888, p. 16—17.) (Ref. No. 337.)

— Linum elegans in Dalmatien. (Z.-B. G. Wien, Bd. XXXVIII, p 85.) (Ref. No. 170.)

— Pulmonaria Kerneri n. sp. (Z.-B. G. Wien, Bd. XXXVIII, p. 559–561.) (Ref. No. 128.)

— Ueber Sesleria coerulea L. (Z.-B. G. Wien, 1888, Bd. XXXVIII, p. 553–558.) (Ref. No. 12.)

— Zur Verbreitung der Veronica agrestis L. in Niederösterreich. (D. B. M., 1888, p. 59–60.) (Ref. No. 143.)

White, Buchanan. Salix fragilis, S. Russeliana and S. veridis. (J. of B., 1888, p. 196—201.) (Ref. No. 215.)

Whitwell, William. Polygala austriaca Crantz in Surrey. (J. of B., 1888, p. 249.) (Ref. No. 206.)

Wiesbaur, J. Correspondenz aus Mariaschein. (Oest. B. Z., 1888, p. 33—34.) (Ref. No. 107.)

— Correspondenz aus Mariaschein. (Oest. B. Z., 1888, p. 180—181.) (Ref. No. 108.)

— Correspondenz aus Mariaschein. (Oest. B. Z., 1888, p. 429—430.) (Ref. No. 109.)

— Verbreitung der Veronica agrestis in Oesterreich. (D. B. M., 1888, p. 31–38.) (Ref. No. 103.)

— Zur Verbreitung der Veronica agrestis L. in Oberösterreich. (D. B. M., 1888, p. 127—128.) (Ref. No. 155.)

Wilhelm, C. Pinus leucodermis. (B.-Z. G. Wien, 1888, p. 14.) (Ref. No. 336.)

Willkomm, Moritz. Illustrationes florae Hispanicae insularumque Balearium. Livraison XIV. Stuttgart, 1888. p. 49–64, tab. CXX–CXXVII. (Ref. No. 303.)

— Schulflora von Oesterreich. 8°. 371 p. Wien, 1888.

Winter in Achern. Pilatus. (D. B. M., 1888, p. 123–127.) (Ref. No. 179.)

— Scesaplana. (Oest. B. Z., 1888, p. 353—358, 387—391, 423–426.) (Ref. No. 165.)

— Unsere Brunnenflora. (Mittheil. Freiburg, 1888, p. 407—408.) (Ref. No. 96.)

Wołoszczak, E. Heracleum simplicifolium Herb. (Oest. B. Z., 1888, p. 122–123.) (Ref. No. 406.)

— Salix bifax und S. Mariana. (Oest. B. Z., 1888, p. 225—227.) (Ref. No. 397.)

Woerlein, G. Neue und kritische Pflanzen der Flora von München. (D. B M., 6 Jahrg. Arnstadt, 1888. p. 68–69.) (Ref. No. 102.)

Zachmann. Neue Standorte. (Mittheil. Freiburg, No. 44, 1888.)

Zahn, H. Sommer um den Feldberg. (Mittheil. Freiburg, 1888, p. 395—402.) (Ref. No. 97.)

Zeiller. Présence de Dianthus superbus et Goodyera repens aux environs de Chantilly. (B. S. B. France, 1888, p. 417.) (Ref. No. 251.)

Zimmeter, A. Correspondenz aus Innsbruck. (Oest. B. Z., 1888, p. 145–146.) (Ref. No. 181.)

— Correspondenz aus Innsbruck. (Oest. B. Z., 1888, p. 216—217.) (Ref. No. 157.)

— Zur Frage der Einschleppung und Verwilderung von Pflanzen. (Oest. B. Z., 1888 p. 154—157.) (Ref. No. 160.)

Zimpel, W. Interessantere z. Th. bisher in der Umgegend von Hamburg noch nicht beobachtete Blüthenpflanzen. (Sitzungsber. der Ges. für Bot. zu Hamburg, III, 1888, p. 74.)

Zinger, W. S. Zusammenstellung der Kenntnisse von der Flora des mittleren Russlands. 520 p., 1885 (Russisch). (Ref. No. 421.)

Zwanziger Gustav. Correspondenz aus Klagenfurt. (Oest. B. Z., 1888, p. 106.) (Ref. No. 168.)

I. Arbeiten, die sich auch auf andere Erdtheile beziehen.

1. **Wenzig, Th.** bearbeitete die Gattung *Spiraea*. In Europa finden sich: *Spiraea crenata* L. in Podolien und im südlichen Russland; *Sp. hypericifolia* L. in Russland (Taurien) und Siebenbürgen; *Sp. cana* W. et K., Herzegovina, Banat, Croatien, Dalmatien; *Sp. chamaedrifolia* L. in Russland var. a. *ulmifolia* Wz. in Galizien, Siebenbürgen, Banat, Marmaros, Krain (Idria); var. b. *confusa* Wenzig, Dalmatien, Krain; γ. *oblongifolia* Camb. Ungarn, Dalmatien, Banat; var. *Pikowiensis* Wz. in Podolien; *Sp. decumbens* K. in Kärnthen, Friaul, Krain, Tirol; *Sp. salicifolia* L. Russland, Krain, Kärnthen, Steiermark, Böhmen, Ungarn; *Sp. Ulmaria* L. und β. *denudata* K., letztere um Dorpat, Schlesien, Böhmen, Steiermark, Elsass; *Sp. Filipendula* L. überall, var. *minor* Gouan um Montpellier; var. *pubescens* Camb. um Fonchateau in der Provence; *Sp. Aruncus* Seringe gemein.

2. **Pax, Ferdinand** zählt die Species der Gattung *Primula* in systematischer Reihenfolge auf, ohne besondere Berücksichtigung der Pflanzengeographie.

3. **Douglas, Jos.** The genus Primula. Aufzählung der *Primula*-Arten. Pflanzengeographisch ohne Interesse.

4. **Desbois, F.** Die Monographie der Cypripedien, Selenipedien und Uropedien enthält bemerkenswerthe pflanzengeographische Notizen nicht.

5. **Focke, W. O.** giebt kritische Bemerkungen über die Arten von *Hemerocallis*; pflanzengeographische Daten sind nicht enthalten.

6 **Ridley** beschreibt monographisch alle Species von *Microstylis* und *Malaxis*. Nur *Malaxis paludosa* kommt in Europa vor, alle anderen Species sind aussereuropäisch.

7. **Gandoger, M.** Der XII. Band der Flora *Europae* enthält die *Compositae-Cynerocephalae*. Neu ist die Gattung *Tremolsia*, auf *Atractylis gummifera* begründet.

8. **Gandoger's** XIV. Band der Flora *Europae* enthält die Compositae-Cichoriaceae Neue Gattungen sind: *Davaella* auf *Chondrilla prenanthoides* und *Neorichtia* auf *Hieracium Pulmonaria* basirend.

9. **Gandoger** bearbeitete im XIII. Bande die *Compositae-Corymbiferae*. Die Gattungen *Steinitzia* für *Ptarmica* und *Protocamusia* für *Buphthalmum inuloides* sind neu.

10 **Gandoger's** Flora *Europae* etc. enthält im XV. Bande die Ambrosiaceen, Lobeliaceen, Campanulaceen, Vaccinieen, Pyrolaceen, Ericaceen, Aquifoliaceen, Oleaceen, Jasminaceen, Primulaceen, Polemoniaceen und Apocynaceen.

II. Arbeiten, die sich auf Europa allein beziehen.

a. Arbeiten, welche sich auf mehrere Länder, beziehungsweise nicht auf ein bestimmtes Florengebiet beziehen.

11. **Rouy, G.** liefert Beiträge zur Pflanzengeographie von Europa. Neu für die europäische Flora sind: *Malcolmia arenaria* DC., Spanien bei Ivica; *Silene juvenalis* Del., Thessalien am Pelian; *Linum Munbyanum* Boiss. et Reut., Malaga in Spanien; *Geranium linearilobum* DC., Saratow in Russland; *Nepeta megalorites* Webb., Cadix in Spanien bei Algeciras; *Trigonella orthoceras* K. et K., Russland bei Sarepta; *Astragalus mauritanicus* Cass. et Dur., Lorca in Murcia in Spanien; *Viola brachytropis* K. et K. in Sarepta in Russland; *Bupleurum foliosum* Salzm., Algeciras in Spanien; *Senecio Decaisnei* DC., Murcia; *Muricia maritima* Hochst. in Portugal bei Villanova und bei Cadix, *Echinospermum Vahlianum* Lehm. bei Astrachan; *Micromeria inodora* Benth. auf Majorca; *Satureia inodora* bei Algeciras; *Corispermum filifolium* C. A. Mey bei Sarepta; *Euphorbia latifolia* C. A. Mey bei Sarepta; *Carex Mauritanica* Boiss. et Reut. bei Cadix; *Leersia hexandra* bei Algeciras; *Catabrosa humilis* Trin. bei Sarepta im Gouvernement Saratow in Russland.

Die zweite Abtheilung enthält jene Pflanzen, welche für neue Länder entdeckt wurden: *Ranunculus macrophyllus* Desf. neu für Spanien bei Cadix, Majorca, Minorca, Corsica, Sardinien; *Aquilegia Othonis* Orph. in Italien; *Arabis alpina*, Schottland; *Thlaspi calaminare*, Rheinpreussen; *Aethionema ovalifolium* Boiss., Spanien, Frankreich; *Helianthemum leptophyllum*, Italien bei Tarmit; *Silene Sendtneri* in Croatien; *Stellaria bulbosa*,

Piemont; *Geranium striatum* am Pelion in Griechenland; *Erodium Cavanillesii*, Sicilien; *Rhamnus fallax*, Bosnien; *Astragalus alopecuroides*, Italien; *Astr. depressus*, Herzegovina; *Caronilla emeroides*, Istrien; *Cachrys alpina*, Serbien, Bulgarien; *Galium triflorum*, Schweiz; *Trichera magnifica*, Serbien; *Tr. lyrophylla*, Serbien; *Tr. macedonica*, Serbien; *Scabiosa triniaefolia*, Serbien; *Cineraria Aucheri*, Serbien; *C. campestris*, Frankreich; *Helichrysum frigidum*, Sardinien; *Centaurea dracunculifolia*, Frankreich; *Myosotis alpestris*, Nowaja, Semla; *Stachys plumosa*, Serbien; *Calamintha glandulosa*, Spanien; *Euphorbia Gayi*, Spanien; *Allium stramineum*, Spanien; *Juncus tenuis*, Schottland; *Heteropogon glaber*, Spanien; *Maillea Urvillei*, Sardinien; *Melica picta*, Böhmen; *Poa attica*, Spanien, Dalmatien; *Aspidium remotum*, Tirol.

12. **Wettstein, R. v.** bespricht *Sesleria coerulea* L. und giebt ausführliche Diagnosen dazu; für Schweden, westliches Russland, England bekannt, sodann in Bayern, Böhmen, Niederösterreich, Steiermark. Von Niederösterreich speciell sind zahlreiche Standorte angegeben. *Sesleria varia* Wettst. in Frankreich, in der Schweiz, Oesterreich-Ungarn, Süddeutschland, Oberitalien und Balkan; in Niederösterreich vorzugsweise zwischen Krems und Melk.

13. **Den kritischen Bemerkungen** des Verf.'s entnehmen wir, dass *Lathyrus filiformis* Gay var. *albida* ihre Westgrenze in Ungarn findet und von der östlich durch Siebenbürgen, Dobrudscha, Mittel- und Südrussland bis an den Ural und durch Klein-Asien bis Transkaukasien geht; var. *coerulea* wächst im nördlichen Spanien, in der Provence und in Piemont. *Lathyrus ensifolius* kommt in den Centralpyrenäen, im Neuenburger Jura und sehr selten am Hundsrück vor.

14. **Focke, W. O.** bespricht die Verbreitung beerentragender Pflanzen durch Vögel ganz kurz, ohne besonders detaillirte Angaben zu machen.

15. **Focke, W. O.** betrachtet auf Grund morphologisch physiologischen Beobachtungen die südliche *Isatis canescens* als Parallelform zu *I. tinctoria*.

16. **Im Generaldoublettenverzeichniss des schlesischen botanischen Tauschvereines** finden wir die Diagnosen von folgenden Formen: *Ervum gracile* var. *fissum* Frölich aus Preussen; *E. nemorale* Giraudias aus Frankreich; *E. Tenoreanum* Giraudias aus Westfrankreich; *Erysimum rectum* C. Frölich aus Preussen; *Euphorbia linariaefolia* Frölich, Preussen; *Hieracium florentinum* N. et P. var. *camburgense* Sagorski, Thüringen; *H. pannonicum* N. et P. var. *Sagorskianum* Pet. in lit., Thüringen; *H. syndoxum* Sagorski, Thüringen; *Holosteum Heuffelii* var. *glandulosum* Frölich, Preussen; *Polygonum convolvuloides* var. *pterocarpum* C. Frölich, Preussen; *Rosa abietina* var. *addensis* Cornaz, Lombardei; *R. barmiensis* Cornaz, Lombardei; *R. Pliniana* Cornaz, Lombardei; *Sparganium neglectum* Beeby, England.

17. **Höck, F.** stellt einige Hauptergebnisse der Pflanzengeographie in den letzten 20 Jahren zusammen. Er bespricht besonders die Einwirkung des Bodens auf die Gewächse und ihr Vorkommen. Verhältnisse, welche die europäische Pflanzengeographie besonders betreffen, werden nicht erörtert.

18. **Hirc Dragutin** kommt auf Grund seiner Beobachtungen zur Ueberzeugung, dass die in Fiume, Griechenland, Chias etc. vorkommende *Caronilla emeroides* nur eine Form von *C. Emerus* sei.

b. Nordisches Gebiet. Dänemark, Schweden, Norwegen.

19. **Wahlstedt, L. J.** reiste hauptsächlich, um *Violae* und *Characeae* zu studiren. Wegen des trockenen vorigen Herbstes waren erstere jedoch nicht so gut zur Entwicklung und in Flor gekommen wie wünschenswerth. Die Ergebnisse der Reise mit einigen Beobachtungen aus der Gegend von Kristianstad und Åhus in Schonen werden mitgetheilt; daraus sei Folgendes herausgegriffen:

Picris Villarsii Jord. Cat. Dijon ist vom Verf. seit 10—15 Jahren an der Eisenbahn Kristianstad-Hessleholm und anderswo beobachtet. Wahrscheinlich mit Grassaat bei Besäung der Bahnwälle eingeführt, die Art hat sich gut behauptet.

Die Unterscheidungsmerkmale von *P. hieracioides* werden angegeben.

Galium corrudaefolium Will in Gren. und Gord. Fl. u. Fr. Eine mit dieser Art gut übereinstimmende Form, wahrscheinlich ebenfalls mit Grassamen eingeschleppt, und zwar vor etwa 20 Jahren (1870), wurde auf einem Damm zwischen Kristianstad und Nosaby gefunden. Diese Art hat sich reichlich vermehrt und verbreitert. — Stimmt mit den Beschreibungen keiner von den in den deutschen Floren aufgenommenen Arten überein.

Verbascum nigrum × *thapsiforme* wuchs bei Karstad.

Veronica aquatica Bernh. neue Standortsangaben aus Schonen sowie aus einer trockenen Localität auf Gotland (niedriger Wuchs hier).

Melandrium pratense × *silvestre* bei Kristianstad. Schlechter Pollen, nur 60% gut.

Cerastium glutinosum Fr. Fl. Hall. Neu für Öland, Local: Färjestaden.

Carex obtusata Liljebl. 1886 bei Åhus entdeckt, hat eine grosse Ausbreitung in der Gegend.

Nitella tenuissima A. Br., früher wohl nur einmal (1871) in Schweden gesammelt, wurde wieder, obgleich spärlich, auf dem alten Standorte: Roma myr, Gotland, aufgefunden.

Chara contraria wuchs bei Wisby in Brakwasser.

Ch. stelligera Baulr., früher in Schweden nur in Lefrasjön angetroffen, wurde von Dr. Hj. Nilsson 1886 in Rubelöfssjön entdeckt. Ljungström.

20. **Norlin, J. P.** studirte in den Jahren 1881 die Hieracien auf Doore und 1886 dieselben in Jemtland, bei Drontheim und von dort südlich nach „Tönset" und theilt hier seine Beobachtungen über die Pilosellloiden mit. Die Vertheilung der Formen auf den untersuchten Localen wird durch folgende Tafel dargestellt:

Bei Åre	in	allem	18	Formen	angetroffen;	darunt.	von	*H.*	*pilosella*	4.
„ Meraker	„	„	8	„	„	„	„	„	„	4.
„ Drontheim	„	„	4 (+2)	„	„	„	„	„	„	1.
„ Singsaas	„	„	6	„	„	„	„	„	„	4.
„ Eidet	„	„	2	„	„	„	„	„	„	0.
„ Tyvold	„	„	1	„	„	„	„	„	„	0.
„ Tönset	„	„	8	„	„	„	„	„	„	1.
„ Lille Elvedal	„	„	6	„	„	„	„	„	„	0.
„ Foldalen	„	„	5	„	„	„	„	„	„	0.
„ Drivstuen	„	„	15	„	„	„	„	„	„	0.
„ Opdal	„	„	17	„	„	„	„	„	„	1.
„ Drivstuen und Opdal	„	„	25	„	„	„	„	„	„	1.
„ Lille Elvedal-Opdal	„	„	28	„	„	„	„	„	„	1.
„ Meraker-Drontheim-Tönset	„	„	9 (+2)	„	„	„	„	„	„	5.
Im ganzen Gebiet	„	„	45 (+2)	„	„	„	„	„	„	7.

Bemerkenswerth ist der Formenreichthum auf Dovre. Eine verhältnissmässig hohe Zahl der Formen scheinen Localformen zu sein. Die Arten, die eine weite Verbreitung im Gebiete haben, sind nur wenige: *H. Auricula*, *H. cochleatum*, *H. transbottnicum*, *H. pubescens*, *H. subdecolorans*, *H. decolorans*. — Die *Hieracium*-Flora ist demnach auf kleinen Entfernungen sehr verschiedenartig.

Verf. verzeichnet die beobachteten Formen ohne sich darauf einzulassen, ob die betreffende Form von höherem oder niedrigerem Werth ist. Die meisten neu aufgestellten dürften Verf. zufolge ungefähr den Subspecies von Nägeli und Peters entsprechen. Die Beschreibungen sind lateinisch.

Anhangsweise sind die während der Reisen beobachteten *Archieracia* verzeichnet.

Uebrigens sei auf das Original verwiesen. Ljungström.

21. **Westerlund, Carl Gust.** Standortsangaben. Verf. fand von *Achillea Ptarmica* eine Form mit röhrenförmigen Randblüthen, die aber länger als die inneren waren; ferner eine Form von *Veronica officinalis*, welche *V. montana* sehr ähnlich sah.

Ljungström.

22. **Norman, J. M.** Exemplare aus Grönland und Norwegen sind zum Verwechseln ähnlich. Der Artwerth wird bekräftigt durch diese Uebereinstimmung zwischen Exemplaren aus so weit getrennten Gegenden und durch das Fehlen von allen Uebergängen an die nahe-

stehende *Carex alpina*. — Die Verbreitungsgebiete liegen beide auf der Westseite je einer Halbinsel und haben annähernd dieselbe nördliche Breite: das Norwegische 68° 42′—69° 52′ und das Grönländische (zufolge Lange) 69° 10′—70° 40′ n. Br. Ljungström.

23. **Krok, Th. O. B. N.** Verzeichniss der botanischen Publicationen 1887 in Schweden sowie von schwedischen Autoren in ausländischen Zeitschriften oder von Ausländern in Schweden mit Angabe der Seitenzahl, Format, Druckort, Tafeln, Folgeschriften u. s. f. Ljungström.

24. **Högrell, B.** meldet den Fund von *Hippophaë rhamnoides* (durch Herrn Stud. Lagerfelt) in der Nähe von Lysekil, Provinz Bohuslän. Ljungström.

25. Ein Verzeichniss mit Seltenheitsangaben der Arten und Formen. Zu brauchen als Herbarcatalog und für Tauschzwecke. Herausgeber: Botan. Verein in Lund und Botan. Tauschverein in Upsala. Ljungström.

26. **Cnattingius, Jacob.** Standortsangaben. Neu für die Provinz: *Rosa canina* var. *sphaerica*, *R. Salevensis*, *R. Deseglisei*, *R. umbelliflora*. Aus der Flora der Provinz müssen dagegen zufolge Verf. *Bromus commutatus* und *Samolus Valerandi* ausgemustert werden. Ljungström.

27. **Ahlfvengren, Fr. E.** Standortsangaben. Neu für die Insel sind: *Buphthalmum salicifolium* (wahrscheinlich mit Kleesamen verschleppt), *Hieracium pratense*, *Myosotis silvatica*, *Veronica aquatica*, *Utricularia Bremii*, *Nasturtium anceps*, *Crambe maritima*, *Geranium macrorrhizum*, *Oxalis corniculata*, *Euphorbia Esula*, *Amarantus retroflexus*, *Potamogeton lucens*, *Polypodium Phegopteris*. Von *Gagea minima* wird eine neue var. *bifolia* mit 2 Wurzelblättern und breiteren gestutzten Blumenblättern aufgestellt. Ljungström.

28. **Svanlund, F.** verzeichnet 28 Arbeiten, die älteste aus dem Jahre 1662, die neueste 1887. Ljungström.

29. **Neuman, L. M.** Enthält Standortsangaben, sowie kleinere Beobachtungen und Bemerkungen, von welchen die folgenden hier zu erwähnen sind:

Achillea millefolium; auf der Insel Rödön kommt eine Küstenform vor, welche unter anderen Merkmalen auch constant stark rothe Blüthen hat, ebenso wie es im Hochgebirge der Fall ist. Auch hier ist Insectenmangel; vielleicht darum dieselbe Farbenvariation?

Anemone hepatica, Farbenvarietäten, so z. B. rein weisse Blumen und blauweiss gesprenkelte.

Melandrium silvestre × *pratense*: männliche Exemplare. Verf. hatte früher über den Fund eines weiblichen berichtet. Pollen meistens schlecht, 65—33 % untauglich; selten nur 10 %.

Rubus arcticus × *saxatilis* f. *subsaxatilis*. Die gefundenen Exemplare waren so steril, dass keine einzige Frucht, ja kein einziges Pollenkorn zu entdecken war. — Die „intermediäre Art" *R. castoreus* wurde von Arrhenius in zwei Formen getrennt. Die eine, a, ist zufolge Verf. *R. arcticus* × *saxatilis* f. *subarcticus*; die andere, b, dagegen ist theils die f. *subsaxatilis* der Hybride, theils *pinguis*-Formen von *saxatilis*, welche Verf. näher bespricht und begründet.

Oxycoccus microcarpus möchte Verf. als Art von *palustris* trennen. Als Gründe dafür werden die verschiedenen Merkmale angeführt, sowie dass Zwischenformen da, aber auch nur da auftreten, wo sich beide Formen zusammenfinden. Solche Zwischenformen werden als Hybride- und Recedensformen aufgefasst. Bei Pollenuntersuchungen ergab sich u. a. 1.8 % (!) gute Pollenkörner, 37 %, 48 %, 73 % gute.

Potamogeton obtusifolius, neu für Medelpad.

P. vaginatus Turcz., neuer Standort: Tynderö, die bis jetzt südlichste in Schweden.

Carex panicea f. *androgyna*, dadurch bemerkenswerth, dass 1. alle Exemplare im Moore androgyn waren, während solches sonst nur sporadisch vorkommt, 2. dass sich immer nur eine ♀-Aehre vorfand, obgleich die Art sonst nur äusserst selten weniger als zwei solche hat.

C. flava × *Oederi* aus Alnön; Beschreibung wird gegeben. Völlig steril; wenigstens über 150 Aehren untersucht ohne eine einzige entwickelte Frucht anzutreffen. Verf. findet, dass die meisten Autoren die beiden elterlichen Arten dieser Hybride zu wenig auseinander halten und weist darauf hin, dass dieses wohl daraus herrühren dürfte, dass man mit der einen oder anderen Art Bastardformen, die als solche nicht erkannt sind, vereinen wollte und somit auch von diesen Charaktere zur Beschreibung der Arten geliehen hat. Verf. führt eine Menge mehr oder weniger augenfällige, meistens bisher nicht beachtete Unterscheidungsmerkmale der beiden Arten an und bespricht das Variationsvermögen derselben.

Aira bottnica × *caespitosa*. Da dieser Bastard neu sein dürfte, wird eine eingehende Beschreibung gegeben mit Parallelisirung der Stammarten. — Dreierlei Pollenkörner: normale, kleinere und geschrumpfte. Die beiden letzten Sorten werden als untauglich angesehen und dann ergiebt sich folgendes: 11.9 % bis 15.8 % gute Körner.

Woodsia hyperborea f. *arvonica*, Rödön, früher nur aus dem Hochgebirge bekannt.

Als neu aufgefundene Ballastpflanzen werden verzeichnet: *Bupleurum protractum*, *Erodium cicutarium* v. *pimpinellaefolia*, *Silene gallica*, *Medicago ambigua* f. *orbicularis*, *Melilotus parviflora*. Ljungström.

30. **Ljungström, Ernst** reiste nach der dänischen Insel Möln, um das Variiren und Hybridisiren der dort reichlich vorkommenden gelbblühenden Primeln zu studiren. — Von *P. acaulis*, welche im Walde auf den kalkigen Uferfelsen die häufigste Art ist, fand Verf. wie früher in Schonen (Kullen) Variationen in Betreff der Länge des Kelches mit der Kronenröhre verglichen (ff. *brevicalyx* und *longicalyx*), wie in Betreff der Breite der Kronensaumlappen (ff. *latiloba* und *angustiloba*); ferner eine fast milchweiss blühende Form (f. *lactea*) und eine andere, die mit Ausnahme der gelben Sternfigur und des bisweilen weisslichen Aussenrandes purpurviolette Kronen hatte (f. *colerata*).

Auch von *P. officinalis* fanden sich extreme Formen *longicalyx* und *brevicalyx*, *latiloba* und *angustiloba*. Namentlich ist die Combination *brevicalyx latiloba* ausgezeichnet. — *P. elatior* war die seltenste Art und variirte auch nicht so viel wie in Schonen und wie die anderen auf Möen wachsenden Arten. Die Capsel von *P. elatior* ist meist länger als der Kelch (seltener gleichlang), fast cylindrisch; die Capsel der beiden anderen Arten ist verkehrt ei- bis birnenförmig, im Kelch eingeschlossen, und zwar bei *acaulis* so lang wie die Kelchröhre oder etwas kürzer, bei *officinalis* ungefähr halb so lang wie die Kelchröhre.

Von den Bastarden ist *P. peracaulis* × *officinalis* der häufigste und kommt vorwiegend da vor, wo *P. acaulis* herrscht (welche Art ja auch als Mutter angesehen wurde); die Form *perofficinalis* kommt dagegen auf mehr offenen Stellen vor, wo *officinalis* überwiegt. — Auch der dritte bisher nicht da gefundene Bastard *elatior* × *officinalis* wurde in einigen wenigen Exemplaren gesammelt, welche mit denen übereinstimmten, welche Verf. früher in Schonen gewonnen hatte.

Wenn man die Merkmale der drei Arten vergleicht, findet man, dass sie, obgleich sie alle sehr nahe verwandt, einander doch verschieden nahe stehen. *P. acaulis* und *elatior* haben die meisten, *acaulis* und *officinalis* die wenigsten Merkmale gemeinsam. Damit steht auch im besten Einklang das Ergebniss eines Vergleichs der Pollenproduction der Bastarde: Nähere Verwandtschaft der Eltern, bessere Pollen des Bastards und umgekehrt.

P. acaulis × *officinalis* 26.5 33 % gute Pollenkörner.
P. elatior × *officinalis* 31—36 % „ „
(Ex. aus Schonen. Mittelwerth 33 % gute Pollenkörner.)
P. elatior × *perofficinalis* (Schonen) 45 % „ „
P. acaulis × *elatior* 66—69 % „ „
P. peracaulis × *elatior* 78 % „ „

Ljungström.

31. **Trolander, A. S.** theilt eine Menge Standortsangaben mit. Ljungström.

32 **Skärmand, J. A. O.** fand in Wärmland eine vergrünte Form von diesem Bastard. Die Kätzchen waren fast ausnahmslos metamorphosirt und zwar so, dass die Kätzchenschuppen blattähnlich waren und die Blüthen in deren Axillen vegetative Knospen geworden. Einzelne von diesen trieben zu gewöhnlichen Zweigen aus und die Kätzchen persistirten dann mehrere Jahre. Ljungström.

33. **Ringius, G. E.** Standortsangaben. Neu für die Provinz sind: *Senecio viscosus*, *Lappa minor* v. *majuscula*, *Hieracium aurantiacum* v. *sativum*, *Echinospermum Lappula*,

Sisymbrium altissimum L. (= *S. pannonicum* Jacq. mit russischem Roggen eingeführt, hatte reife Samen; früher nur einmal in Schweden, bei Warberg in der Provinz Halland durch Scheutz beobachtet), *Sisymbrium Loeselii*, *Oxalis Acetosella* β. *lilacina*, *Cerastium vulgatum* v. *viscidum*, *Rosa coriifolia*, *R. rubiginosa*, *Oxycoccus microcarpus*, *Callitriche stagnalis*, *Carex glauca*, *Avena elatior*, *Polystichum dilatatum*. — Dagegen sind *Datura Stramonium*, *Veronica hederaefolia*, *Epilobium hirsutum*, *Ononis hircina*, *Herniaria glabra*, *Asarum europaeum* und *Lemna polyrrhiza* jetzt nicht mehr auf ihren früheren Standorten zu finden. Ljungström.

34. **Olsson, P.** Standortsangaben aus Herjeådalen, Helsingland, Medelpad, Ångermanland, Lappland und Södermanland, hauptsächlich nach Schulherbarien zusammengestellt:

Neuman, L. M. Beriktigande. Bot. N., 1888.

Olsson, P. Genmäle. Bot. N., 1888. Ljungström.

35. **Neuman, M. L.** hebt hervor, dass theils viele der von P. Olsson als neu für Medelpad angegebenen Pflanzen schon von den betreffenden Standorten bekannt waren, theils, dass einige Angaben unzuverlässig sein dürften als von Schülern herstammend und nicht von P. Olsson selbst controlirt. Verf. hatte sich von einigen solchen Angaben durch eigene Untersuchungen an Ort und Stelle überzeugt, dass sie falsch waren.

Ljungström.

36. **Olsson, P.** hält einige seiner Angaben Neuman gegenüber aufrecht.

Ljungström.

37. **Nilsson, N. Hjalmar** fand schon 1884 bei Råröd in Schonen *Rumex domesticus* Hn. × *sanguineus* L.; ziemlich intermediär. In Blattform an *sanguineus* erinnernd. Fertile Blüthen äusserst spärlich, gross, deren innere Kelchblätter breit, ganzrandig, plötzlich verschmälert, abgerundet; nur das eine schwielentragend.

R. crispus L. × *Hippolapathum* Fr. fand Verf. in Herbaren von fünf Localitäten aus der Mälargegend, und zwar unter dem Namen *R. platyphyllus* F. Aresch. Vielleicht hat auch dieser Bastard zu jenem Namen mehr Recht als *R. Hippolapathum* × *obtusifolius*.

Der Bastard von *Hippolapathum* mit *crispus* hat lange, schmale, wellig gerandete Blätter, dichteren Blüthenstand und die inneren Kelchblätter der fertilen Blüthen an die bei *crispus* × *domesticus* erinnernd, d. h. kurz und breit, fast ganz, plötzlich zu einer triangulären Spitze zusammengezogen. Schwiele gross, rundlich. Der Bastard mit *obtusifolius* dagegen hat an der Basis breitere Wurzelblätter, flache Blatträuder, lockeren Blüthenstand und ausgezogen eiförmige innere Kelchblätter, welche an der Basis zwei kurze, gewöhnlich scharf gesägte Lappen haben. Schwiele fehlt oder sie ist nur eine spindelförmige Verdickung des Mittelnervs.

Siehe J. R. Jungner. Om *Rumex crispus* × *Hippolapathum*. Bot. N., 188.

Ljungström.

38. **Neuman, L. M.** Der von Areschoug (Some Observ.) als Varietät des *Rubus corylifolius* *maritimus F. Aresch. aufgefasste *R. hallandicus* Gabrielsson mskr. bezeichnet Verf. als eine eigene Art, welche mit *R. dissimulans* Lindeb., vielleicht auch mit *R. pyracanthus* Lge. am nächsten verwandt ist, die aber mit *R. Wahlbergii* Arrh. **hoplites* K. Friderichsen völlig identisch zu sein scheint. Es wird eine sehr ausführliche Beschreibung geliefert, sowie auch mehrere neue Standorte aufgezählt. Auf einem dieser Standorte, wo die Art heute reichlich vorkommt, fand sich vor 20 Jahren kein einziges Individuum; wie aber diese Einwanderung geschehen ist, wird dahingestellt. — Als neue Art wird *R. eluxatus* Neum. beschrieben. Steht den Varietäten *salsus* F. Aresch. und *angiocarpus* F. Aresch. des *R. corylifolius* **maximus* F. Aresch. am nächsten, wird aber von diesen durch die schwachen eigenthümlich gebogenen Blüthenzweige, den *thyrsus*-ähnlichen, oben blattlosen Blüthenstand, die gewöhnlich dreizähligen, dicken Schösslingblätter, die breiten Kronblätter etc. getrennt. — Wie *R. hallandicus* kommt er an mehreren Punkten im mittleren Halland (Provinz von Schweden) vor und bildet nebst *R. salsus* F. Aresch., *R. angiocarpus* F. Aresch. und gewissen Formen von *R. raduloides* F. Aresch. und *R. centiformis* K. Friderichsen eine Art. B. Lidforss (Lund).

39. **Neuman, L. M.** fand in den Sammlungen des Kopenhagener Museums diese für Dänemark neue Art aus Vedbaek (ohne Datum und Finder). Die Früchte der dänischen Form vielleicht etwas schmäler als bei englischen Topfexemplaren und unten deutlicher gruppirt. Ljungström.

40. **Linné, Carl v.** Inhalt: Vita Caroli Linnaei. Catalogus plantarum rariorum Scaniae, item Catalogus plantarum rariorum Smolandiae. Spolia botanica. Hortus Uplandicus (drei Varianten). Adonis uplandicus sive Hortus Uplandicus. Ljungström.

41. **Lindström, A. A.** Standortsangaben, hauptsächlich aus der Gegend von Nyköping. Zu erwähnen: *Cirsium rivulare*, vom Verf. 1882 gesammelt und irrthümlich für *C. heteroph.* × *palustre* gehalten (unter diesem Namen von Samzelius gemeldet, Bot. N., 1885, p. 102); *Veronica Beccabunga* v. *pallida*, *Plantago maritima vivipara*, *Monotropa Hypopitys* β. *glabra* n. var. *rubella*, *Carex irrigua* v. *acrogyna* u. s. f.
Ljungström.

42. **Lönström, C. A. E.** Standortsangaben aus den schwedischen Provinzen Upland, Vestmanland, Jemtland und den Inseln Öland und Gotland. Für Gotland neu aufgefunden sind: *Matricaria maritima*, *Thlaspi perfoliatum*, *Rubus Wahlbergii*, *Astragalus danicus*, *Rumex sanguineus*, *Gagea stenopetala*. Ljungström.

43. **Leffler, J. A.** bearbeitete die Gattung für die im Erscheinen begriffene neue Auflage von Hartman's Flora, wo die ausführlichen Beschreibungen mitgetheilt werden sollen. Hier wird nur die Aufstellung gegeben, sowie hie und da einzelne Bemerkungen zu interessanteren Formen.

A. Spinosissimae Fr. Nov. fl. s.
- 1. *Rosa pimpinellaefolia* L.
  - f. *vulgaris* Ser.
  - f. *dunalis* Du Mortier.
  - × *R. involuta* J. E. Sm.
  - f. *glabrescens* Leffl. und
  - f. *pilosa* Leffl. mskr. (zufolge Murbeck wahrscheinlich Bastarde von *R. pimpinellaefolia* und *R. villosa* L. α. *mollis*).
  - f. *acuminata* Leffl. ad int. (vielleicht Hybride von f. *pilosa* und irgend einer *R. villosa* **tomentosa*-Form?).
- 2. *R. acicularis* Lindl.
- 3. *R. cinnamomea* L.
  - f. *typica* Leffl. mskr. (Früchte rundlich.)
  - f. *turbinella* Sw. (Früchte birnenförmig.)
  - f. *fluvialis* Müll.
- 4. *R. rubrifolia* Vill. (wohl verwildert; jetzt aber acclimatisirt).

B. Caninae Fr.
- 5. *R. villosa* L.
  - α. *mollis* (Sm.) = *R. mollissima* Fr. Nov., nicht Willd.
    - f. *archetypa* Du Mort.
    - f. *coerulescens* Scheutz.
    - f. *resinoides* Crép.
    - f. *pseudorubiginosa* (Lej.).
    - f. *coerulea* Woods.
    - f. *nemoralis* Lge.
    - f. *foetida* (Bast.).
    - f. *glabrata* Fr.
    - f. *fallax* A.Bl.
    - f. *acicularis* Scheutz mskr. Zahlreiche, nadelfeine Stacheln am Stamme. Norwegen.
    - f. *Scheutzii* (Christ).
    - f. *grandifolia* Scheutz.
    - f. *spinescens* Christ.

β. *pomifera* (Herrm.).
* *tomentosa* Sm.
α. *Smithiana* Ser.
f. *genuina* Leffl. mskr (Früchte mehr oder weniger oblong, meist nackt auf langen drüsenhaarigen Stielen; Kelchblätter hinfällig, vorwärts stehend.)
f. *Friesii* Scheutz.
f. *subglobosa* (Sm.).
f. *subcristata* Scheutz mskr. (nähert sich gewissen Formen von *R. vill.* α. *mollis*).
f. *conjungens* Leffl.
f. *ambigua* Leffl. mskr. (vielleicht Bastard von *R. vill.* α. *mollis* und * *tomentosa* α. *Smithiana*, Bohuslän).
f. *glabrescens* J. A. Gabrielsson in Sched. (mit f. *glabrata* analog).
f. *cinerascens* Du Mort. (mit f. *fallax* analog).
β. *umbelliflora* (Sw.).
f. *typica* Leffl. mskr.
f. *umbrosa* Scheutz.
f. *commutata* Scheutz.
f. *horrida* Leffl.
f. *Tullbergii* Leffl. mskr. (Blättchen einfach gesägt.)
γ. *venusta* Scheutz.
6. *R. canina* L.
α. *genuina* Leffl.
f. *Lutetiana* (Lém.).
f. *sphaerica* Gren.
f. *andegavensis* (Bast.).
f. *obnubila* Winsl.
f. *dumalis* (Bechst.).
f. *Acharii* (Billb.).
f. *affinis* (Rau).
f. *senticosa* (Ach.).
f. *scabrata* (Crép.).
β. *Reuteri* Godet.
f. *genuina* Gren.
f. *transiens* Gren.
f. *subcristata* Bak. (= f. *imponens* Rip.).
f. *venosa* (Sw.).
f. *adenophora* Gren.
f. *subcanina* Christ.
f. *mixta* Leffl. mskr. (Vielleicht Bastard von *R. canina* und irgend einer Form aus der Gruppe *Cinnamomeae* Koch.)
f. *simulans* Leffl. mskr. (Fast alle Stacheln gerade, fein; Blättchen 7—9, keilförmig rund bis eiförmig, spitz, klein, 1—2fach gesägt, Aeste und Stipeln röthlich, u. s. f.).
* *collina* Jacq.
α. *dumetorum* (Thuill.).
f. *vulgaris* Leffl.
f. *urbica* (Lém.).
f. *platyphylla* (Rau).
f. *clivorum* Scheutz.
f. *laevigata* Winsl.
f. *Jacquini* Leffl.
f. *caesia* (Sm.).

f. *Thedenii* (Scheutz).
f. *decipiens* Du Mort.
f. *tomentella* (Lém.).
β. *coriifolia* (Fr.).
f. *genuina* Crép. (= f. *Friesiana* Leffl.).
f. *implexa* Gren.
f. *aberrans* Leffl.
f. *hallandica* (Scheutz).
f. *pubescens* (A. Bl.) (umfasst f. *scanica* Crép. mit nackten und f *glandulosa* Leffl. mit drüsenhaarigen Fruchtstielen; Blättchen doppelt gesägt).
f. *Langei* Scheutz.
f. *subcollina* Christ.
f. *pycnocephala* (Christ).
γ. *gothica* (Winsl.).
δ. *sclerophylla* (Scheutz).
7. *R. agrestis* Savi (= *R. sepium* Thuill).
f. *borealis* Leffl. mskr. (= *R. inodora* Fr.).
f. *recedens* Leffl. mskr. Blühende Zweige mit ungleichförmigen Stacheln; niedrige Sträucher mit schwachen Aesten. Bohuslän.
8. *R. rubiginosa* L.
f. *comosa* (Rip.).
f. *echinocarpa* (Rip.).
f. *anceps* Scheutz.
f. *subeglandulosa* Scheutz.
f. *horrida* Lge.
f. *setulosa* Leffl. mskr. Aeste mit sehr kurzen Borsten und Drüsenhaaren; Stacheln klauenförmig; Früchte sehr kurz gestielt, drüsenhaarig mit aufrechten, gelappten Kelchzipfeln. Ljungström.

44. **Jungner**, J. R. fand den Bastard in Uppland an ein paar Localen mit den Eltern zusammen wachsend. Wenige Früchte entwickelt, nur 5 % der Pollenkörner tauglich. Eine Beschreibung wird gegeben und die Stammarten mit dem Bastard verglichen. — Ferner fand Verf. denselben bei der Schleuse in Stockholm, bei Stenstorp in Westergötland und in Schonen bei Lyckås; ebenso im Upsala Museum Exemplare unter anderen Namen aus Upland, Östergötland und Euare träsk. — In einem Nachtrag kritisirt Verf. die von Nilsson (siehe Ref.) ausgesprochenen Anschauungen, die Synonymik betreffend, sowie seine Bestimmungen. Der Name *Rumex platyphyllos* passt ja besser für den breitblättrigen *R. obtusifolius* × *Hippolapathum*, als für *R. crispus* × *Hippolapathum*, wozu kommt, dass der Autor selbst (F. Areschoug) sich für diese Auffassung erklärt hat. Ljungström.

45. **Berggren**, Sv. fand bei Hör im Innern von Schonen eine sterile Pflanze, die er als *Scirpus parvulus* bestimmte. (Siehe Nilsson. Bot. N., 1888.) Ljungström.

46. **Areschoug**, F. W. C. Die letztgenannte *Rubus*-Form wurde vom Verf., der anfangs nur Herbarmaterial davon gesehen hatte, als eine dem *R. affinis* Whe. nahestehende, aber mit ihm nicht völlig identische Species aufgefasst. Im Sommer 1886, da der Verf. die betreffende Art an Ort und Stelle beobachtete, fand er, dass sie dort in zwei von einander ziemlich getrennten Formen auftritt, von denen die eine sich als mit dem deutschen *R. affinis* Whe. identisch erwies, die andere aber, welche durch unten weissfilzige Blätter und Kelchzipfel, wie auch durch ihren blattlosen, cylindrischen Blüthenstand ausgezeichnet war, an dem *R. affinis* Whe. als var. *relatus* angereiht wird. *R. affinis* wird als eine Zwischenform zwischen *R. fruticosus* L. und *R. affinis* v. *relatus* aufgefasst, welch letztere mit *R. Scheutzii* Lindeb. (der sich als eine Unterart des deutschen *R. cordifolius* erwiesen hat) recht nahe verwandt ist. Von *R. affinis*, *R. aff.* v. *relatus* und *R. cordifolius* **Scheutzii* wird ferner angenommen, dass sie alle drei von *R. fruticosus* L. abstammen, und zwar, dass sie sich unter Einwirkung eines milderen Klimas differenzirt haben. Auf dürrem, magerem und

steinigen Boden entstand *R. affinis* v. *relatus*, die Hauptart dagegen auf feuchterem und fetterem Boden. B. Lidforss (Lund).

47. **Areschoug, F. W. C.** Der Verf., der schon 1873 die Form von *Trapa natans* L., welche zwei Jahre früher im Immeln-See im nordöstlichen Schonen wachsend angetroffen wurde, als die Varietät *conocarpa* beschrieb, welche hauptsächlich dadurch charakterisirt ist, dass die oberen Dornen in der Nähe oder unterhalb der Mitte der Frucht sitzen, hat hier in Kürze die Frage über das genetische Verhalten der Var. *conocarpa* zu der von Linné beschriebenen, auf dem Continente gewöhnlich vorkommenden Form behandelt. Verf. wurde zunächst dadurch zu seinem Aufsatze veranlasst, dass an vielen Orten des Landes in Torfmooren und Seen subfossile Früchte dieser Pflanze angetroffen wurden, und dass dem Verf. reichliches Untersuchungsmaterial von einem Locale zu Gebote stand. Er hatte Früchte von verschiedenen Stellen und von verschiedenem Niveau des *Trapa*-Früchte enthaltenden Torfes einsammeln lassen. Das Resultat der Untersuchung dieser Sammlung von Sinclairsholm im nordöstlichen Schonen ergab, „dass auf dem Local, von welchem hier die Rede ist, die typische Form in den älteren Schichten die vorherrschende ist, dagegen eine der Var. *conocarpa* mehr oder weniger ähnliche Fruchtform in den jüngeren Schichten“. Hieraus glaubt Verf. seine „früher ausgesprochene Vermuthung bestätigt, dass die Var. *conocarpa* sich aus der Hauptform entwickelt hat“. Ueberdies wird die Aufmerksamkeit auf die Mischung der verschiedenen sich hier vorfindenden Formen hingelenkt, welche beweist, „dass diese Form — Var. *conocarpa* — sich erst allmählich und während einer längeren Zeit entwickelt hat, und dass beide Formen gleichzeitig, wenn auch in verschiedener Menge zu verschiedenen Zeiten gelebt haben“.

Verf. knüpft hieran einige Vergleiche zwischen der Formenbildung in der Gattung *Rubus*, wo nach den Ansichten des Verf.'s die für die skandinavische Halbinsel eigenthümlichen Formen plötzlich und ohne Uebergänge aus den von dem Continente eingewanderten Formen entstanden und derjenigen in der Gattung *Trapa*, wo die Untersuchungen ergeben haben, dass das Entgegengesetzte stattgefunden hat. Letzteres erklärt Verf. daraus, dass *Trapa* eine formenarme Gattung ist, welche nicht plötzlich neuen äusseren Verhältnissen ausgesetzt wurde.

Zum Schluss werden die Veränderungen, welchen *Trapa natans* in Schweden unterworfen war, dahin zusammengefasst, dass an den Fundorten, die man damals kannte, die ursprünglichen und ältesten typischen Formen in Dänemark und dem südlichen Schonen ausgestorben sind, ohne eine neue Form gebildet zu haben. An anderen Orten wie die oben erwähnten Localitäten im nordöstlichen Schonen, sowie nordöstlichen Småland, wo die Pflanze zu Linné's Zeit wachsend angetroffen wurde, „ist sie in eine neue Form, nämlich Var. *conocarpa* übergegangen, welche sich in der Weise allmählich entwickelte, dass zuerst einzelne Individuen sich zu verändern anfingen. Die Zahl solcher Individuen vermehrte sich nach und nach, während die typische Form abnahm. Die Art ist schliesslich an den oben genannten Orten ausgestorben.

Weil A. G. Nathorst an einer Beschreibung über die verschiedenen Formen der fossilen *Trapa*-Früchte arbeitete, sind die verschiedenen Formen nicht näher in diesem Aufsatze behandelt. Gunnar Andersson (Lund).

48. **Peter, A.** schildert eingehend die Vegetationsverhältnisse der von ihm durchforschten Gebiete Norwegens. Wir müssen auf das Original mit Rücksicht auf den Umfang der Arbeit verweisen.

49. **Schlegel, L.** liefert Beiträge zur Flora der Scheren Stockholms; neu für Schweden ist *Allium Kochii* Lgs. in Vermdön.

50. **Callmé, Alfred** bespricht kritisch verschiedene *Carex*-Arten. In pflanzengeographischer Hinsicht ist zu bemerken: *Carex panicea*, Vestergötland; *C. praecox* Jordan var. **diastachya** Callmé n. var. auf dem Luquus in Vestergötland; *C. Oederi* Ehrh. var. *tularia* Callmé bei Töreboda; *C. Oederi* f. *virescens* Callmé im mittleren Schweden verbreitet; *C. Oederi* × *flava* in Upland und bei Töreboda in Vestergötland; *C. stellulata* Good. var. **oligantha** Callmé n. var., verbreitet an feuchten Stellen in Nadelwäldern; *C. canescens* × **loliacea** = *C.* **Mithala** Callmé n. h. bei Töreboda in Schweden.

51. **Skårman, J. A. O.** legte die im Ober-Elfdal gefundenen *Carices* vor, unter denen eine monströse *Salix depressa* × *repens* Brunner besonders bemerkenswerth war.

52. **Reuter, E.** legte die von J. E. Mortell bei Bolstaholm auf den Ålands-Inseln gefundene *Fritillaria Meleagris* vor; die Pflanze war früher nur einmal bei Wiborg angetroffen worden.

c. Deutsches Florengebiet.

1. Arbeiten mit Bezug auf mehrere deutsche Länder.

53. **Schwaighofer, Anton.** Tabellen zum Bestimmen einheimischer Samenpflanzen. Pflanzengeographisch ohne Interesse.

54. **Fischer, Emil** bietet in seinem Taschenbuch für Pflanzensammler ein recht zweckmässiges Büchlein für Anfänger im Botanisiren. Die Diagnosen sind kurz; specielle Standorte sind nicht verzeichnet. Die Pflanzen selbst sind nach den Blüthenmonaten aufgezählt. Auf den Tafeln finden wir die Charaktere der Linné'schen Classen.

55. **Weiss, J. E.** stellte die in Deutschland vorkommenden Gefässpflanzen nebst deren häufigsten Bastarden und Varietäten in alphabetischer Reihenfolge zusammen, um ein bequemes Büchlein zu Notirungen auf botanischen Excursionen zur Hand zu haben. In der Einleitung giebt Verf. ganz specielle Anleitung, in welcher Weise rationell botanisirt werden soll.

56. **Weiss, J. E.** sucht zu beweisen, dass bei der rationellen Pflanzencultur in erster Linie die pflanzengeographischen Verhältnisse zu berücksichtigen seien.

57. **Focke, W. O.** bringt Anmerkungen zur Gattung *Potentilla;* ohne pflanzengeographisches Interesse.

58. **Koch** giebt in seinem Aufsatze: „Die Kerbelpflanze und ihre Verwandten" interessante Verhältnisse bezüglich der Blattbildung und ihrer mathematischen Verhältnisse. Pflanzengeographische Daten sind nicht angegeben.

59. **Krause, Ernst H. L.** schliesst sich nunmehr der Ansicht jener an, welche die *Rubi corylifolii* für Bastarde halten. Im mittleren Norddeutschland kommen folgende Arten vor: *Rubus semisuberectus, R. semifissus, semiplicatus, hemithyrsanthus, semivillicaulis, hemisciaphilus, semisilvaticus, semivestitus, semidrejerianus, semiradula, semicaesius;* lauter neue Namen für diese verschiedenen Bastardformen.

60. **Ascherson, P.** theilt mit, dass *Carex Siegertiana* (*Carex aristata* R.Br. v. *Siegertiana*) ausser in Schlesien auch bei Inowrazlaw vorkomme, und zwar wird diese Form *Carex aristata* var. **cujavica** Aschers. genannt; *C. aristata* ist in Nordamerika häufig, in Europa selten.

61. **Scheuerle, J.** fand *Salix livida* Whlbg., als deren südlichster Standort bisher Konstanz bekannt war, in einem Ried bei Einsiedeln in der Schweiz. Es kommen dort auch Bastarde von ihr vor. Die daselbst gefundene Pflanze gehört unter den drei Parallelformen *depressa* Fr., *Starkeana* Willd. und *rostrata* Rich zu erstgenannter. Verf. führt dann an ihren morphologischen Merkmalen den Beweis, dass *S. livida* ein zur Art gewordener Bastard von *aurita* L. und *repens* L. ist. Der gleichfalls von diesen beiden erzeugte Bastard *S. ambigua* Ehrh. ist noch nicht artbeständig geworden.

2. Baltisches Gebiet. Mecklenburg, Pommern, West- und Ostpreussen.

62. **Lakowitz** bespricht in einem Vortrage die Vegetation der Ostsee im Allgemeinen und die Algenflora der Danziger Bucht im Speciellen. Bezüglich der Phanerogamen sind pflanzengeographische Details nicht gegeben.

63. **Klinggräff, H. v.** erstattet über seine im Auftrage des westpreussischen Bot. Zoolog. Vereins im Jahre 1887 unternommenen botanischen Excursionen. Er sammelte am 4. Mai bei Sagorsch *Valeriana simplicifolia* am Ufer der Radaue; am 10. Mai *Gagea lutea, minima, pratensis, Corydalis cava* und *intermedia, Asarum europaeum, Ranunculus cassubicus, Saxifraga tridactylites* var. *minuta* Pollin; im Stangenwalder Forste *Viola silvestris.* Am 27. Juni wurden bei Kahlbude beobachtet; *Chaerophyllum hirsutum, Crepis praemorsa,*

Hieracium pratense × *Pilosella*, *Helianthemum vulgare*; bei Rheda anfangs Juli: *Barbaraea vulgaris*, *Verbascum phlomoides* und *V. phlomoides* × *nigrum*, *Anthericum ramosum*. Im August fand Verf. im Carlikauer See *Lobelia Dortmanna*, *Litorella lacustris* an den Ufern *Gnaphalium luteo-album*, *Potentilla norvegica*; im Glemboki-See wenig *Litorella*, *Lobelia* fehlte, *Potamogeton gramineus* in Menge; an den Ufern wachsen *Ranunculus reptans*, *Juncus alpinus*, *supinus*, *Laserpitium latifolium*, *Scabiosa Columbaria*. Im Zittno-See: *Potamogeton gramineus*, in den Brüchen *Drosera longifolia*; bei Zuckau *Trifolium elegans*. Bei Zappot wächst am Strande *Hippophaë rhamnoides*.

64. **Treichel** bringt für einige Pflanzen neue Standorte. So wurden um Neu-Paleschken beobachtet: *Astragalus arenarius*, *Achillea Millefolium* var. *lanata*, *Campanula rotundifolia*; um Hoch-Paleschken: *Viola Riciniana*, *Epilobium montanum*, *Viburnum Opulus*, *Stellaria uliginosa*, *Peplis Portula*, *Cirsium acaule*, *Pulmonaria obscura*, *Potamogeton alpinus*, *mucronatus*, *pectinatus*, *Epipactis palustris*, *Gagea lutea*, *Carex acutiformis*, *Equisetum limosum*, *Cuscuta europaea*, *Myriophyllum verticillatum*; um Zelina: *Asarum europaeum*, *Melica nutans*; um Okania: *Anthericum ramosum*; um Gross-Pallubin: *Lathraea Squamaria*; um Orle: *Melilotus albus*, *Poa nemoralis*; um Gross Liniewo: *Anthemis tinctoria*; um Rischau: *Berula angustifolia* und *Juncus glaucus*; um Alt-Paleschken: *Neottia Nidus avis*, um Gora: *Centaurea maculosa*, *Dianthus Carthusianorum*, *Geum verum*; um Gorrenczin: *Geranium pusillum* und *Asperugo procumbens*.

65. **Caspari, Robert** erstattet über die 25. Versammlung des preussischen Botanischen Vereins zu Insterburg am 5. October 1886 Bericht. Die Excursion nach dem Stadtwalde ergab als interessant: *Alisma arcuatum*, *Bidens radiatus*, *Carex pilosa*, *Hypericum hirsutum*, *Agrimonia pilosa*, *Gladiolus imbricatus*. Professor Praetorius sandte unter anderen als besonders interessant: *Alisma natans* vom Klein Barsch-See und *Lobelia Dortmanna* von ebendort. Dr. Hilbert sandte von Sensburg mehrere Pflanzen; bemerkenswerth sind: *Astrantia major*, *Cypripedium Calceolus*, *Salix myrtilloides*, *Sarothamnus scoparius*, *Potentilla alba*, *Polygala amara*. Apotheker Scharlock vertheilte von interessanteren Pflanzen aus der Gegend von Graudenz: *Adenostyles alpina*, cultivirt, *Artemisia scoparia*, *Chaiturus Marrubiastrum*, *Dianthus arenarius* × *Carthusianorum*, *Fragaria viridis* var. *subpinnatisecta*, *Lathyrus tuberosus*, *Myosotis sparsiflora*, *Pulsatilla patens* × *pratensis*, *Ranunculus Steveni* f. *acris* und f. *frieseanus*, *Scirpus radicans* neu für Graudenz, *Viola collina*. Aus Thorn gingen von Herrn Frölich ein unter anderen: *Veronica Chamaedrys* f. **incisa** G. Fröl. n. f. und f. **serrata** G. Fröl.; *Potentilla digitato* × *flabellata*, *Salvia silvestris*, *Euphorbia Esula* L. var. *linariifolia*. Weiss sandte unter anderen aus Caymen: *Agrimonia Eupatoria*, *Coronopus Ruellii*, *Euphorbia Chamaesyce*, *Geum urbanum* × *strictum*, *G. rivale* × *strictum*, *Glyceria spectabilis*, *Lappa minor* × *tomentosa*, *L. nemorosa*, *Linaria arvensis*, *Salix nigricans*, *Scutellaria hastifolia* aus dem Kreise Schwetz stammend. Herr Kalmuss aus Elbing theilte mit: *Tunica Saxifraga*, *Calamagrostis litorea*, *Rubus macrophyllus*, *Chaerophyllum hirsutum*, *Rubus Wahlenbergii*, *Luzula sudetica*, *Zanichellia palustris*, *Geranium dissectum*, *Euphorbia exigua*, *Scabiosa Columbaria*, *Senecio erraticus*, *Festuca silvatica*, *Poa sudetica*. Herr Lehrer Pohl sendet aus Sackrau: *Orobanche coerulescens*, *Oxytropis pilosa*, *Silene chlorantha*, *Ceterach officinarum* und *Gymnadenia conopea*. Preuschoff sandte aus Tolkemit: *Pleurospermum austriacum*, *Galium aristatum*, *Luzula albida*, *Androsace septentrionalis*, *Lycopodium Selago*, *Circaea Lutetiana* und *intermedia*. — Sodann erstattete Dr. Abromeit über die botanische Untersuchung des Kreises Ortelsburg Bericht. Auf dem grünen Gebirge bei Ortelsburg wachsen (nur interessantere Pflanzen werden vom Referenten aufgeführt): *Trifolium Lupinaster*, *Adenophora liliifolia*, *Laserpitium latifolium*, *Dracocephalum Ruyschianum*, *Onobrychis viciifolia*, *Hieracium cymosum*, *Linnaea borealis*. Auf dem Boden entwässerter Seen wächst *Graphephorum arundinaceum*; auf feuchten Moorwiesen: *Pedicularis Sceptrum Carolinum*, *Drosera longifolia* × *rotundifolia*, *Carex chordorrhiza*. Auf Hügeln: *Platanthera viridis*, *Gymnadenia conopea*, *Dracocephalum Ruyschianum*, *Polygonatum verticillatum*, *Botrychium simplex*; bei Gross-Puppen: *Botrychium virginianum*, *Iris sibirica*, *Crepis succisifolia*, *Gentiana Pneumonanthe*, *Cephalanthera rubra*, *Cnidium venosum*, *Potentilla mixta*, *Ophio-*

glossum vulgatum, Calamagrostis arundinacea × *lanceolata, Botrychium Matricariae, Calamagrostis arundinacea* × *Epigeios*. In den Forsten finden sich: *Adenophora*. *Trifolium Lupinaster, rubens, Oxytropis pilosa, Laserpitium latifolium, Peucedanum Cervaria, Potentilla rupestris, P. alba, Arnica montana, Evonymus verrucosa, Dracocephalum Ruyschianum, Salix myrtilloides, aurita* × *myrtilloides, myrtilloides* × *repens, Pulsatilla patens, Potamogeton praelongus, Hydrilla verticillata* im Sarwitz-See. Hügelpflanzen sind: *Carlina acaulis, Hieracium echioides, Aster Amellus, Epipactis rubiginosa, Stellaria Frieseana, Carex loliacea* im Belauf Farienen und *Carex vaginata* im Belauf Rehhof: Geringe Verbreitung haben folgende Arten: *Arabis Gerardi, Prunus spinosa* und *Fragaria viridis* nur bei Passenheim; *Euphorbia Cyparissias* im Mensguther Gebiet; *Spartium scoparium* im Passenheimer Stadtpark und bei Malschöwen; *Agrimonia pilosa, Armeria vulgaris, Cardamine hirsuta* b. *multicaulis, Carex pilosa, Cirsium rivulare, Callitriche autumnalis, Brachypodium silvaticum, Bromus asper* b. *serotinus, Bromus racemosus, Equisetum variegatum, Fragaria elatior, Festuca arundinacea. Graphephorum arundinaceum, Gladiolus imbricatus, Lepidium micranthum, Polemonium coeruleum, Pedicularis silvatica, Stenactis bellidiflora, Cypripedium Calceolus, Corallorrhiza innata, Liparis Loeselii. Microstylis monophyllos* und *Rubus fissus*. Im Folgenden werden die Excursionen nach Passenheim, um Ortelsburg, um Schwentainen, Puppen, Friedrichshof, Willenberg und Mengsgut noch besonders geschildert. — Sodann erstattete Ludwig Valentin über seine Erforschung des Kreises Strasburg Bericht. Es werden die einzelnen an verschiedenen Stationen beobachteten Pflanzen aufgezählt; besonders hervorgehoben sind: *Melittis Melissophyllum* im Belauf Slupp und den angrenzenden Gebieten; *Sedum villosum* bei Drugimost, bei Pluskowenz, Otterode, Friederikendorf: *Alisma arcuatum, Teucrium Scordium;* im Belauf Skemsk: *Cladium Mariscus;* die selteuste Pflanze um Holzkirchen ist *Teucrium Scordium*. — Sodann erstattete Max Günther Bericht über seine Excursionen im Kreise Schwetz. Neu für diesen Kreis sind: *Pulsatilla pratensis* × *vernalis, P. patens* × *vernalis, P. patens* × *pratensis, Carex chordorrhiza, Scirpus pauciflorus, Botrychium simplex, Dianthus superbus, Polygala amara, Equisetum variegatum, Cladium Mariscus, Elatine Alsinastrum, Anacamptis pyramidalis, Cirsium palustre* × *oleraceum. Silene conica, Sherardia arvensis, Festuca silvatica, Matricaria discoidea, Orchis coriophora, Phegopteris Robertiana, Onobrychis viciifolia, Sanguisorba minor, Cardamine impatiens, Geum urbanum* × *rivale, Medicago minima. Thesium intermedium, Orchis Rivini, Hyssopus officinalis, Poterium polygamum, α. platylophium* und neu für Preussen: *Juncus tenuis*. Oberlehrer Kuck vertheilte *Polygonatum verticillatum* vom Eichwalder Forst und *Orobus luteus* vom Brödlauckener Forst; Apotheker Kühn *Bidens radiatus* vom Ententeich und *Zanichellia palustris*. — Seydler, Korrektor in Braunsberg, berichtet über seine Excursionen von 1885 und 1886. Von interessanteren Pflanzen wurden von ihm beobachtet: *Carex pilosa* im Forstrevier Damerau; im Kreise Heiligenbei auf dem Schlossberge bei Wildenhof: *Veronica montana, Glyceria nemoralis, Elymus europaeus, Polygonatum verticillatum* bei Gr. Döbricken, *Gladiolus imbricatus* bei Damerau; *Orobanche elatior* bei Frauenberg, *Agrimonia odorata* bei Sankau, *Melampyrum arvense* bei Althof, *Digitalis ambigua* im Kalthöfener Walde, *Salvia verticillata* bei Braunsberg; Patze aus Königsberg hatte *Euphorbia Cyparissias* von Gallehnen gesandt; van Höffen aus Wehlau vertheilte als von dort stammend: *Iris sibirica, Orobanche coerulescens*. Zieger berichtet über seine Funde im Kreise Neustadt bei Zarnowitz; selten sind: *Carex fulva, Schoenus ferrugineus, Arabis hirsuta, Cephalanthera xiphophyllum, Lysimachia nemorum, Carex paradoxa*. — Zuletzt berichtete Prof. Caspary über die nachträgliche Gewässeruntersuchung in den Kreisen Berent, Kartaus, Pr. Stargardt und Danzig. Caspary untersuchte 165 Seen, fand neue Characeen-Arten und von Phanerogamen als besonders erwähnenswerth: *Alisma arcuatum* in zwei Seen des Hochlandes und oft in Kolken der Gr. Falkenauer Niederung, *Ranunculus confervoides* an drei Standorten, *Callitriche autumnalis, Myriophyllum alterniflorum, Nuphar pumilum, Potamogeton lucens, praelongus, P. marinus, rutilus, Lemna gibba, Isoëtes lacustris*. — Anhangsweise spricht E. Knoblauch über *Carex vaginata* neu für Preussen und die deutsche Tiefebene im Memler Kreise 1885 von ihm an mehreren Plätzen gefunden.

3. Märkisches Gebiet. Brandenburg und Posen.

Allenfalsige Arbeiten werden im nächsten Jahresberichte besprochen werden.

4. Schlesien.

66. **E. Figert** fand bei Krummlinde (Kreis Lüben) einen Bastard von den im Titel genannten Carex-Arten. Diese *Carex silesiaca* Figert erinnert habituell an *paniculata*. Am gleichen Ort fand sich auch eine der *canescens* näher stehende zweite Bastardform von den beiden genannten Arten. Matzdorff.

67. **Callier** schildert eine botanische Excursion ins Riesengebirge unter Führung des Herrn Fiek. Wir können nicht weiter auf diese monotone Aufzählung eingehen, da nicht einmal die seltensten Pflanzen besonders bezeichnet sind; etwas Neues ist übrigens nicht gefunden worden.

68. **Schneider, G.** bringt eine Art systematischen Schlüssels über die Anordnung der in den Sudeten und in Europa vorkommenden Archieracien. Pflanzengeographische Notizen sind nicht enthalten.

Später werden dann die Archieracien des Riesengebirges aufgezählt und mit kritischen Besprechungen versehen. Die Standorte der 41 Species mit ihren Formen sind angegeben. Wir verweisen auf die Originalarbeit.

5. Obersächsisches Gebiet. Sachsen und Thüringen.

69. **Brückner** zählt die Umbelliferen und Orchideen des Herzogthums Coburg auf. Selten sind: *Carum Bulbocastanum* nur am Festungsberge; *Oenanthe fistulosa* bei Leutendorf; *Archangelica officinalis* nur mehr auf der Haarth; *Torilis infesta* am Festungsberg; *Peucedanum officinale* bei Heldburg; *Imperatoria Ostruthium* bei Theuern; *Seseli annuum* am Staffelberg. *Orchis coriophora* bei Neukirchen, scheint verschwunden zu sein. *Epipogon aphyllus* bei Taimbach; *Epipactis microphylla* bei Mönchröden; *Corallorrhiza innata* bei Tiefenlauter; *Malaxis paludosa* bei Neustadt; *Gymnadenia odoratissima* bei Lichtenfels.

70. **Kükenthal, E.** zählt die Ranunculaceen und Cruciferen des Herzogthums Coburg auf. Seltenheiten Sind: *Ranunculus Lingua* zu Neuhof und Neuhaus; *Adonis flammea* am Spitzberg; *Thalictrum minus* am Staffelberg; *R. aconitifolius* bei Theuren; *Nasturtium amphibium* an der Itz; *Barbaraea praecox*, Weichengereuth, Finkenau; *Lepidium Draba* am Buchberg; *Arabis turrita* am Staffelberg; *Cardamine impatiens* bei Lichtenfels; *C. silvatica*, Sonneberg, Lichtenfels; *Sisymbrium austriacum*, Staffelberg; ebenso *S. strictissimum*, *Lunaria rediviva* und *Isatis tinctoria*.

71. **Hennig** bemerkt, dass in dem Harthwald zwischen Zwickau und Leipzig folgende seltene Pflanzen vorkommen: *Iris sibirica*, *Cephalanthera ensifolia*, *Scorzonera plantaginea*, *Doronicum pardalianches*, *Pirola rosea*, *Euphorbia dulcis* und endlich *Carex obtusata* bei Bieritz.

72. **Schultz, A.** bespricht ausführlich die Vegetationsverhältnisse. Die Aufzählung ist in der Weise angeordnet, dass auf den ersten 7 Rubriken für die Bodenarten das Vorkommen der einzelnen Species angegeben, in den letzten 8 Rubriken dagegen nur der Kalkgehalt mit 0.2 %, 0.2–0.4 %, 0.4—2.0 %, 2–5 %, 5—10 %, 10—20 %, über 20 %. Es sind von den aufgezählten 1095 Gefässpflanzen 36 Wasserpflanzen und 1059 Landpflanzen, Porphyr hat 8, Rothliegendes und Zechstein 6, bunter Sandstein 3, Muschelkalk 6, Tertiär 8, Diluvium 9, Alluvium 159 eigenthümliche Species. Von den 54 Halophyten Deutschlands treten bei Halle 18 auf, nämlich: *Ranunculus Baudotii*, *Spergularia marina*, *Sp. marginata*, *Melilotus dentata*, *Apium graveolens*, *Bupleurum tenuissimum*, *Aster Tripolium*, *Artemisia maritima*, *Erythraea linariifolia*, *Glaux maritima*, *Plantago maritima*, *Chenopodina maritima*, *Salicornia herbacea*, *Zannichellia pedicellata*, *Juncus Gerardi*, *Scirpus parvulus*, *S. rufus*, *Carex secalina*. Die Abhandlung enthält auch noch sonstige werthvolle Notizen und verweisen wir angelegentlich auf dieselbe.

73. **Schultz, A.** zählt die botanische Literatur Nordthüringens auf. Der Inhalt der einzelnen Werkchen ist kurz charakterisirt.

74. **Sagorski, E.** beschreibt drei Bastardformen von *Salix cinerea* × *purpurea* Wimm. Die erste, forma *percinerea* ♂ Sag. erinnert in Farbe und Behaarung an *cinerea*, in der Färbung der Blattunterseite, der unteren Verwachsung der Staubblätter und den purpurn sich öffnenden Staubbeuteln an *purpurea*. Fundort Rossbach an der Saale zwischen den Eltern. Die zweite Form ist weiblich und stimmt mit *S. Pontederana* Koch überein. Die Narben sind rosa. Fundort Kösen an der kleinen Saale. Die dritte Form, forma *pedicellata* m. ♀, aus dem Wald zwischen Pforta und Almerich, stimmt in Blattform mit *Pontederana* überein, bleibt aber bis in den Herbst hinein behaart und besitzt gelbgrüne Narben.

Matzdorff.

75. **Eggers, H.** zählt ganz kurz die bei Eisleben beobachteten Gefässpflanzen auf. Die Flora zählt 388 Gattungen mit 806 Species. Zuletzt gefunden und selten sind: *Epilobium tetragonum*, *Hieracium floribundum*, *Monotropis Hypopitys*, *Orchis fusca*, *Cephalanthera pallens*, *Lycopodium clavatum*.

76. **Kampe, E.** zählt die auf dem Brocken wachsenden Phanerogamen auf. Besonders interessante Species befinden sich nicht darunter.

6. Niedersächsisches Gebiet. Hannover, Oldenburg, Bremen, Hamburg, Lübeck, Schleswig-Holstein, Ostfriesische Inseln.

77. **Beckmann, C.** giebt eine Flora von Bassum in systematischer Anordnung. Zu den Seltenheiten der dortigen Flora gehören: *Batrachium hederaceum*, *Nymphaea alba*, *Nasturtium amphibium*, *Barbaraea vulgaris*, *Erysimum alliaria*, *Melandrium rubrum*, *Cerastium glomeratum*, *Malva silvestris*, *Rhamnus cathartica*, *Ulex europaeus*, *Genista germanica*, *Trifolium arvense*, *Lathyrus montanus*, *Geum rivale*, *Rubus saxatilis*, *R. villicaulis*, *R. danicus*, *R. pallidus*, *R. caesius* × *Idaeus*, *Epilobium hirsutum*, *Galium verum*, *Erigeron acer*, *Cotula coronopifolia*, *Carlina vulgaris*, *Vaccinium Myrtillus* fructu albo, sehr selten; *Erythraea pulchella*, *Anchusa arvensis*, *Nepeta Cataria*, *Anagallis arvensis*, *Chenopodium hybridum*, *Salix aurita* × *repens*, *Epipactis palustris*, *Juncus Leersii* × *effusus*, *Cyperus fuscus*, *Scirpus Tabernaemontani*, *Carex paniculata* × *teretiuscula*, *C. remota* × *paniculata*, *C. remota* × *canescens*, *Alopecurus fulvus*, *Lolium temulentum*. Die eingeschleppten und verwilderten Pflanzen sind als solche durch kleinen Druck ausgezeichnet.

78. **Buchenau, F.** und **Focke, W. O.** beschreiben **Melilotus albus × macrophyllus** n. h.; sie wächst am Weserufer zwischen Oslebshausen und Mittelsbüren, 10 km unterhalb Bremen.

79. **Focke, W. O.** liefert weitere Beiträge zur Flora von Bremen: *Melilotus albus* × *macrorrhizus*, *Rubus fissus* bei Garlstedt, *R. Lindleyanus* bei Vegesack, *R. pubescens* bei Donnerstedt, *R. Radula* bei Neurönnebeck, Wollah; *Rosa tomentosa* um Dibbersen, *Gnaphalium luteo-album*, Hasbergen; *Chenopodium urbicum* scheint in den Hasbergen verschwunden zu sein; *Ornithogalum nutans* bei Gröpelingen, *Juncus Gerardi*, Hasbergen, *J. tenuis* unweit Stikgras, *Oryza clandestina* an der Drepte, *Alopecurus geniculatus* × *pratensis* bei Oslebshausen.

80. **Knuth, P.** weist nach, dass in Schleswig-Holstein nur zwei Orobanchen vorkommen, nämlich *O. elatior* bei Heiligenhafen in Holstein und *O. coerulea* bei Borby in Schleswig.

Matzdorff.

81. **Prahl, P.** hat die Flora der Provinz Schleswig-Holstein, des angrenzenden Gebietes der Hansestädte Hamburg und Lübeck und des Fürstenthums Lübeck herausgegeben. Die Diagnosen sind kurz, die Standorte für die selteneren Pflanzen genau angegeben.

82. **Knuth, P.** bringt Bemerkungen zu seiner Flora von Schleswig-Holstein. Angriffe auf seine Flora zurückweisend. Pflanzengeographische Angaben sind durchaus nicht enthalten.

83. **Friderichsen, K.** et **Gelert, O.** geben den 3. Fascikel der Rubi Dänemarks und Schleswigs heraus, welcher folgende Species enthält: *R. sulcatus* Vest., *R. sulcatus* var. *pseudo-thyrsanthus* K. Fr. et O. G., *R. Barbeyi* Favr. et Grem. var. *contiguus* O. G., *R. laciniatus* W., *R. Langei* Jensen, *R. sciaphilus* Lge., *R. sciaphilus* var. *microphyllus* K.

Fr. et O. G., *R. vestitus* Whe. et N., *R. macrothyrsus* Lge., *R. propexus* K. Fr., *R. rudis* Whe. et N., *R. imitabilis* K. Fr. form. *paniculatus*, *R. maximus* Marss. v. *simulatus* K. Fr., *R. Wahlbergii* Arrh. v. *tenuifolius* F. Aresch., *R. Wahlbergii* Arrh. var. *mutabilis* K. Fr. form. *subsimplex*, *R. Wahlbergii* var. *ferox* Lge., *R. Wahlbergii* var. **vexatus** K. Fr. n. f., *R. Wahlbergii* var. *vexatus* var. **subtiliaceus** K. Fr., *R. centiformis* K. Fr., var. *ducatus* L. M. Neum., *R. Warmingii* G. Jens. form. *glaber* F. et G., *R. pruinosus* Arrh. form. *subgothicus* F. et G., *R. Dethardingii* E. H. L. Krause form. *nostras* K. Fr. et O. G. var. *transjectus* K. Fr. et O. G., *R. gothicus* K. Fr. et O. G. 2 Formen; ferner *R. gothicus* form. *heteracantha* und *decipiens* K. Fr. et O. G., *R. roseus* K. Fr. et O. G.; sowie mehrere Bastarde von *caesius* mit anderen Species, sowie *Rubus saxatilis* und *Chamaemorus*.

84. **Wessel, A. W.** giebt eine Flora von Ostfriesland. In der Einleitung sind die Vegetationsverhältnisse nur ganz allgemein geschildert. Die Diagnosen sind kurz gehalten. Die näheren Standorte nur bei selteneren Pflanzen angegeben. Im Ganzen sind 548 Gattungen von Gefässpflanzen im Gebiete vertreten.

85. **Koch, H.** und **Brenneck** geben ein Verzeichniss der Flora von Wangerooge aus dem Jahre 1844. Wir übergehen diese Arbeit, da sie bloss geschichtlichen Werth hat.

86. **Buchenau, Franz** bespricht die Vegetationsverhältnisse der Helms und der verwandten Arten. In pflanzengeographischer Hinsicht ist zu bemerken: Die Studien sind auf der Insel Langeroog gemacht worden. Es findet sich da: *Psamma arenaria*, *P. baltica* (ein Bastard zwischen *Psamma arenaria* und *Calamagrostis Epigeios*), *Triticum junceum* × *repens*, *Hordeum arenarium* ist nicht besonders auf den ostfriesischen Inseln verbreitet.

87. **Dreier, J.** zählt folgende neue Pflanzen für Borkum auf: *Epilobium montanum*, *Anthemis arvensis*, *Allium vineale*, *Carex punctata*, *Asplenium Filix femina*, *Aspidium filix mas* und *Aspidium spinulosum*. *Convolvulus Soldanella* breitet sich aus.

7. Niederrheinisches Gebiet. Rheinprovinz, Westfalen.

Ueber allenfalsige Arbeiten wird im nächsten Jahresberichte berichtet werden.

8. Oberrheinisches Gebiet. Hessen-Nassau, Pfalz, Elsass-Lothringen und Baden.

88. **Dosch, L.** bearbeitete Scriba's Excursionsflora des Grossherzogthums Hessen und der angrenzenden Gebiete in dritter Auflage. Die Anzahl der Arten und speciell der neuen Standorte ist gewachsen. Leider können wir nicht näher darauf eingehen.

89. **Geisenheyner, L.** bringt Bemerkungen und Zusätze zur 3. Auflage der Excursionsflora des Grossherzogthums Hessen. *Osmunda regalis* ist für Hutteuthal zu streichen; *Setaria decipiens*, *Dactylon officinale*, *Avena praecox*, *Poa Chaixi* bei Kreuznach; *Eragrostis poaeoides* bei Bingerbrück; *Hordeum pratense* bei Theodorshall; *Tulipa silvestris* dürfte im Nahethal ausgerottet sein; *Scilla bifolia* häufig im Nahethal; *Smilacina bifolia* im Nahegebiete ziemlich selten; *Hydrocharis morsus ranae* dürfte bei Kreuznach nicht vorkommen; *Platanthera montana* im Langenlonsheimer Walde; *Pinus Mughus* und *Laricio* auf der Hardt bei Kreuznach angepflanzt; *Alnus incana* unfern Bingen; *Salsola Kali* bei Kreuznach; *Plantago arenaria*, *Ammi majus*, *Helminthia echioides*, *Rapistrum rugosum* bei Kreuznach nur einmal gefunden; *Anagallis arvensis* × *coerulea* häufig bei Hackenheim und Freilaubersheim; *Collomia grandiflora* bereits auf dem Hundsrück; *Scrophularia Neesii* bei Kreuznach; *Veronica Buxbaumii*, *Euphrasia lutea* bei Kreuznach; *Linaria striata* im Bucht fehlend, bei Flörsheim a. Main; *Orobanche Rapum*, *Mentha rotundifolia* und *silvestris*, *Calamintha officinalis* bei Kreuznach; *Asperugo procumbens* kommt dort nicht mehr vor; *Pulmonaria angustifolia* bei Schwanheim hätte aufgeführt werden sollen; *Andromeda polifolia* im Hengster; *Inula germanica* nicht häufig im Nahethal; *I. media* sehr selten; *I. britanica* bei Bingerbrück; *Anthemis Cotula* selten im Nahethal; *Artemisia Absinthium* und *pontica* fehlen bei Kreuznach; statt *Centaurea amara* kommt *serotina* vor; *Crepis taraxacifolia* auch bei Kreuznach; *Xanthium italicum* bei Bingerbrück; *Helosciadium repens* kommt im Nahethale nicht mehr vor; *Sium latifolium* im Nahethal selten; *Pastinaca opaca* fehlt; *Sedum Fabaria* auf der Gans und auf dem Lemberg; *Trapa natans* und *Potentilla*

recta finden sich nicht um Kreuznach; *P. micrantha* findet sich nicht bei Kreuznach. Von Rosen werden in der Dosch'schen Flora *R. Reuteri, tomentosa, coriifolia, micrantha, graveolens* und *Hibernica* vermisst; *Adonis vernalis* kommt auf dem Rosenheimerberg und sonst im Nahethal nicht mehr vor. *Iberis intermedia* kommt nicht vor; *Lepidium latifolium* und *Sisymbrium Loeselii* sind vom Felsen bei Bingerbrück verschwunden; *S. pannonicum* und *Brassica elongata* sind eingebürgert; *Sinapis cheiranthus* kommt nicht bei Bingen vor.

90. **Dürer**, **M.** zählt die Seltenheiten des Hengster bei Frankfurt a. Main auf; es sind dies: *Orchis coriophora, Carex Buxbaumii, stricta, Asarum europaeum, Pirola rotundifolia* und *secunda, Viola stagnina, Isnardia palustris, Silene gallica, Lepigonum segetale, Juncus capitatus, Centunculus minimus, Radiola linoides, Comarum palustre, Rhynchospora alba* et *fusca, Oenanthe peucedanifolia, Carex filiformis, Nymphaea alba, Utricularia vulgaris, Pilularia globulifera, Calamagrostis lanceolata, Potamogeton oblongus, Juncus supinus, filiformis, Scutellaria minor, Drosera obovata, Orchis incarnata, Traunsteineri, Triglochin palustre, Carex flava* × *Hornschuchiana, filiformis, Buxbaumii, teretiuscula, pulicaris, dioica, Metteniana, Erica Tetralix, Carex limosa, Gaudiniana, Eriophorum gracile. Utricularia minor, Sturmia Loeselii, Malaxis paludosa, Carex paradoxa* und *Anthoxanthum Puellii.*

91. **Neuberger** entdeckte den für Deutschland neuen Bastard *Salix daphnoides* × *incana mas* auf der Neuenburger Insel.

92. **Schatz** beschreibt die badischen Ampferbastarde. *Rumex alpinus* × *obtusifolius* (*R. Mezii* Hausskn.) auf dem Feldberg am Seebuck; *R. aquaticus* × *crispus* (*R. similatus* Hausskn.) bei Pfohren; *R. aquaticus* × *Hydrolapathum* (*R. maximus* Schreb.) von Pfohren bis Immendingen und an der Brigach und Bregach, var. *intermedius* bei Neidingen, Gotmadingen und Geisingen; *R. aquaticus* × *obtusifolius* (*R. Schmidtii* Hausskn.) pro p. zwischen) Hausen und Aulfingen am Ufer der Aitrach in Menge; *R. conglomeratus* × *maritimus* (*R. limosus* Thuill. × *R. palustris* Smith), Daxlanden, Philippsburg und Mannheim; *R. crispus* × *obtusifolius* (*R. pratensis* M. K., *R. cristatus* Wallr.) bei Mühlheim und Hugstetten, bei Freiburg und Karlsruhe, bei Kirchzarten, bei Riegel, bei Kuielingen und Heidelberg, bei Pfohren, bei Geisingen, Kirchen und Aulfingen.

93. **Scheuerle**, **J.** stellt die badischen Weidenarten zusammen und giebt damit den Anfängern einen Schlüssel zum Bestimmen. Standortsangaben sind nicht gemacht. Es finden sich in Baden: *Salix pentandra, daphnoides, nigricans, livida, glabra, Caprea, repens, cinerea, aurita, grandifolia, triandra, purpurea, fragilis, incana, repens, viminalis, vitellina, alba, glabra, daphnoides. Salix glabra* Sch. findet sich in Baden: Konstanz, Zollhaus, Wutach, Bachzimmern, Pfohren, Zimmern, Geisingen, Donaueschingen, Breisach, Faulewaag, Daxlanden, Eggenstein, Karlsruhe, Mannheim, Sanddorf. Ferner an den Donauflüssen, am Rhein, in der Schweiz, in Baden, Elsass und im nordwestlichen Theil Deutschlands bis Hannover.

94. **Förster**, **F.** giebt neue Standorte für die Pfälzer Flora. *Cynodon Dactylon* an den Rheindämmen gemein; *Calamagrostis minima* häufig, Käferthal, Viernheim, zwischen Sanddorf und Lampertheim; *Corynephorus canescens* sehr verbreitet; *Allium carinatum* bei Mannheim; *Gagea stenopetala* zwischen dem Relaishaus und Schwetzingen; *Iris sibirica* beim Relaishaus; *Triglochin palustre*, Rheinthal fast überall; *Parietaria erecta*, Heidelberger Schloss; *P. diffusa*, Neckarthal von Ziegelhausen bis Ilvesheim und Seckenheim; *Asarum europaeum* hinter dem Haarlast; *Kochia arenaria* um Schwetzingen; *Salsola Kali* von Grossgerau bis St. Ilgen; *Plantago arenaria* und *Veronica spicata* beim Relais; *Chlora serotina* häufig im Rheinthal; *Limnanthemum nymphaeoides* in den Neckarauer Sümpfen. Verf. weist nun an diesen und einigen anderen Pflanzen nach, dass diese Standorte nicht neu sind. Wirklich neu sind nur *Elodea canadensis* und *Oenanthe Lachenalii;* letztere ganz neu für Baden.

95. **Kneucker**, **A.** liefert neue Standortsangaben für eine grosse Zahl von Pflanzen für die Flora von Karlsruhe. Neu für das Gebiet sind: *Elymus europaeus* zwischen Eggenstein und Leopoldshafen; *Hemerocallis fulva* bei Maxau, verwildert; *Malva crispa* um

Karlsruhe; *Torilis helvetica* bei Untergrombach; *Potentilla cinerea* Koch zwischen Graben und Huttenheim; *Mentha rotundifolia* × *silvestris* ebendort; *Melissa officinalis* im Hardtwald; *Phytolacca decandra* in Blankenloch, verwildert; *Aubrietia deltoidea* in Grötzingen, verwildert.

96. **Winter** berichtet über die Brunnenflora in den Dörfern der Rheinebene. Nur Moose und Farne finden sich in den Schächten.

97. **Zahn, H.** schildert einen Ausflug auf den Feldberg. Die beobachteten Pflanzen werden nach einander aufgezählt. Neue Standorte oder neue Pflanzen für das Gebiet wurden nicht beobachtet. Zu den Seltenheiten gehört *Listera cordata* und *Streptopus amplexifolius*.

9. Südostdeutschland, Württemberg und Bayern.

98. **Hallier, E.** fand die von v. Spiessen 1886 *quinquepartita* genannte Form von *Convolvulus arvensis* L. in einem Weinberge Stuttgarts. Er verwirft den Zusatz quinque, da die Krone oft sechstheilig ist. Es finden sich übrigens zwischen dieser und der Stammform in Form, Grad der Spaltung, Farbe, Zeichnung u. a. Einzelheiten, im Bau der Krone sämmtliche Uebergänge. Matzdorff.

99. **Traetteur, O. v.** zählt die Pflanzen der Umgebung von Schweinfurt auf im Anschluss an die Flora von Schweinfurt von Emmert und Segnitz. Es ist nur die Blüthezeit angegeben. Es kommen im Gebiete 505 Gattungen von Phanerogamen und Gefässkryptogamen vor. Standortsangaben sind nicht gemacht.

100. **Kaulfuss, J. S.** zählt die Pflanzen von Lichtenfels in Oberfranken auf. Selten sind: *Spergularia arvensis, Hypericum pulchrum* nur bei Oberwallenstadt; *H. montanum, Trifolium striatum, Astragalus cicer, Ervum cassubicum, Spiraea salicifolia, Portulaca oleracea, Sempervivum soboliferum, S. Funkii, Chrysosplenium oppositifolium, Cicuta virosa, Berula angustifolia.*

101. Der **Botanische Verein in Nürnberg** giebt eine Zusammenstellung der wichtigsten Funde des Regnitzgebietes. Neu oder besonders interessant sind: *Pulsatila vernales, Helleborus viridis, Corydalis intermedia, Dentaria bulbifera, Cardamine hirsuta, Alyssum montanum, Silene Otites, Moenchia erecta, Impatiens parviflora, Sedum album, Circaea alpina, Turgenia latifolia, Galium rotundifolium, Aster Linosyris, A. Amellus, Pulicaria vulgaris, Matricaria discoidea, Hypochaeris glabra* × *radicata* bei Drehsendorf; *Campanula cervicaria, Gentiana verna, Pulmonaria angustifolia, Lithospermum purpureo-coeruleum, Melampyrum nemorosum, Orobanche caryophyllacea, O. rubens, Melittis Melissophyllum, Pinguicula vulgaris, Thymelaea passerina, Alnus incana, Stratiotes aloides,* Bamberg; *Platanthera viridis, Ornithogalum nutans, Carex tomentosa, Hordeum secalinum, Lycopodium Selago.*

102. **Woerlein, G.** giebt eine Fortsetzung neuer Pflanzen aus Münchens Flora: *Salix lapponicum* L. ist durch die Isar aus den Alpen angeschwemmt worden. *S. pentandra* ist wahrscheinlich durch Anpflanzung eingebürgert. Ebenso ist *Hordeum murinum* L. var. *leporinum* Lk. wahrscheinlich eingeschleppt. Neu sind ferner die Formen *Picris hieracioides* L., *forma*, *glabrescens* und f. *hispida, Thymus latifolius* Wallr. f. *hispida*. Weiter werden drei Formen von *Salix cinerea* und *S. aurita* kritisch besprochen.

Matzdorff.

10. Oesterreich. Arbeiten, die sich auf mehrere Länder der Monarchie beziehen.

103. **Wiesbaur, J.** bespricht die Verbreitung der *Veronica agrestis* in Oesterreich. Den Schlussfolgerungen entnehmen wir: 1. *V. agrestis* ist eine für die meisten Kronländer sehr zweifelhafte Art. 2. *V. agrestis* ist nachgewiesen in Böhmen, Siebenbürgen, Kärnten und wahrscheinlich auch Mähren. 3. In Niederösterreich, Salzburg und Oberösterreich muss *V. agrestis* erst nachgewiesen werden. 4. Ebenso für die kleineren Bezirke: Kremsier, Wolfsberg, Brixen und Meran, Cilli und Neuhaus für das Presburger, Wieselburger, Oedenburger und Zaläer Komitat in Westungarn. 5. *V. agrestis* fehlt in Mittelungarn, Südistrien

und im südlichen Wienerbecken. 6. *V. polita* ist um Wien gemein und in ganz Oesterreich und den übrigen Kronländern sehr verbreitet. *V. agrestis* liebt mehr kältere Orte und höhere Lagen, *V. polita* mehr tiefere. Ebenso zweifelhaft bezüglich des Vorkommens wie *V. agrestis* ist auch *V. opaca*. Fr.

104. **Stapf, Otto** hielt einen Vortrag über das Edelweiss. Neue Standorte sind: 1. Obersberg nordöstlich von Schwarzau in Niederösterreich; 2. Crnopać bei Graćać an der Grenze von Dalmatien und Croatien und 3. Grabovica an der bosnisch-herzegovinischen Grenze.

105. **Fritsch, C.** hielt einen Vortrag über die Phylogenie der Weiden. Pflanzengeographische Daten werden nicht gegeben.

11. Böhmen.

106. **Celakovsky, L.** beschreibt den von ihm bei Chudenitz im südwestlichen Böhmen beobachteten Bastard von *Anthemis Cotula* L. × *Matricaria inodora* L.

107. **Verf.** fand wild wachsenden Epheu auf Basalthügeln über Strahl bei Klostergrab und bei Topkowitz an der Elbe. Auf Porphyr und Gneis des östlichen Erzgebirges konnte Verf. den Epheu noch nicht finden.

108. **Verf.** bemerkt, dass *Viola Neilreichii* am Bisamberg bei Wien vorkomme.

109. **Wiesbaur** bemerkt, dass *Viscum laxum* β. *pallescens* Wiesb. = *V. austriacum* Wiesb. am Kahlenberg bei Mödling, am Hornstein bei Pisting wachse.

12. Mähren und Oesterreichisch-Schlesien.

110. **Formánek, E.** zählt die mährisch-schlesischen Menthen auf; es finden sich in diesem Gebiete: *Mentha candicans* Crantz var. *genuina*, var. *discolor* Opiz, var. *serrata* Opiz, var. *cuspidata* Opiz, var. *reflexifolia* Opiz, var. *semiintegra* Opiz, var. *Brittingeri* Opiz, *M. balsamiflora* H. Braun, *M. aquatica* L., *M. hirsuta*, *M. paludosa* Sole, a. *genuina*, b. *subspicata* Weihe, *M. serotina* Host, *M. plicata* Opiz, *M. sativa* L., *M. verticillata* L., a. *genuina*, b. *atrorubens* Host., c. *calaminthoides* H. Braun, *M. ballotaefolia*, *M. Prachinensis* Opiz, *M. ovalifolia* Opiz, a. *genuina*, b. *Pekaensis* Opiz, *M. Weidenhofferi* Opiz, *M. elata* Host., a. *genuina*, b. *tortuosa* Host., c. *montana* Host., *M. clinopodiifolia* Host., *M. origanifolia* Host., a. *elatior* H. Braun, *M. austriaca* Jacq., a. *genuina*, b. *sparsiflora* H. Braun, c. *Slichovensis* Opiz. d. *foliicoma* Opiz, *M. pulchella* Host., a. *genuina*, b. *approximata* Wirtgen, c. *lanceolata* Becker, *M. parietariaefolia* Becker, a. *genuina*, b. *praticola* H. Braun, *M. silvatica*, a. *genuina*, b. *Zatecensis* Opiz, *M. Pauliana* F. Schultz, *M. arvensis* L., a. *genuina*, b. *distans* H. Braun, c. *diffusa* Lejeune, d. *polymorpha* Host., e. *varians* Host., *M. Pulegium* L.

111. **Formánek** giebt die mährischen Standorte bei Stramberg und am Kreuzberge bei Gross-Ullersdorf im nördlichen Mähren für *Mentha Pauliana* F. Schultz an.

112. **Formánek** zählt die von ihm auf dem Cebinka bei Cebin gefundenen Pflanzen auf; bemerkenswerth ist *Pulmonaria obscura*.

113. **Formánek** zählt die von ihm am 24. Juni bei Woikowitz gesammelten, meist gemeinen Pflanzen auf.

114. **Formánek** zählt in gewohnter Weise die von Rossitz nach Rapotic beobachteten Pflanzen auf.

115. **Formánek** theilt mit, dass *Carlina semiamplexicaulis* Form. in einem grossen Theile von Bosnien, in der Herzegovina und in Dalmatien vorkomme, sogar noch an der montenegrinischen Grenze.

116. **Spitzner, W.** zählt die von ihm in der Umgebung von Drysic beobachteten Pflanzen auf. Es kommen dort vor: *Hieracium leptophyton* N. P. subsp. *atriceps* N. P., *H. brachiatum* subsp. *pseudobrachiatum*, *H. flagillare*, *H. Magyaricum* subsp. *hispidissimum*, *foliferum*, *Chondrilla juncea*, *Inula Oculus Christi*, *Achillea pannonica*, *Ajuga Chamaepytis*, *Teucrium Chamaedrys* und andere; ebenso giebt Verf. noch für die Hosteiner Gegend und für Olmütz interessantere Pflanzen an.

117. **Formánek** fährt in der Aufzählung des Beitrages zur Flora des nördlichen Mährens und des Hochgesenkes fort mit *Armoracia rusticana* beginnend.

118. **Formánek** führt die Standorte von nachfolgenden mährischen *Thymus*-Formen an: *Thymus pulcherrimus* Schur, *Th. praecox* Opiz, a. *genuinus*, b. *spathulatus* Opiz, c. *ciliatus* Opiz, d. *caespitosus* Opiz, *Th. Reineggeri* Opiz, *Th. Marschallianus* W., *Th. Löcyanus* Opiz, a. *genuinus* Husowitz, b. *bracteatus* Opiz, c. *sparsiflorus* H. Br., d. *serpens* Opiz, e. *stenophyllus* Opiz, f. *brachyphyllus* Opiz, g. *angustissimus* H. Br., h. *piligerus* Opiz, *Th. lanuginosus* Miller, a. *genuinus*, b. *pilosus* Opiz, c. *Kosteleckyanus*, *Th. montanus*, W. K., a. *genuinus*, b. *subcitratus*, c. *concolor* Opiz, *Th. parvifolius* Opiz.

119. **Formánek** beschreibt *Centaurea lanata* Form. n. sp. von Jablanica in der Herzegovina.

120. **Formánek** theilt folgende Standorte der *Mentha austriaca* Jacq. für Mähren mit: bei Adamsthal, Punkwathal, bei Blansko, Tischnowitz, Strelitz, Pohledec, Zvole, Ingrowitz, D.-Märzdorf, Blauda, Altvaterwald, bei Irmsdorf.

121. **Formánek** macht folgende *Thymus*-Formen für Mähren bekannt: *Th. Löryanus* Opiz, *Th. arenarius* Bernh., *Th. Marschallianus* Ant. var. *sparsiflorus* H. Braun, *Th. lanuginosus* var. *pilosus* Opiz.

122. **Formánek** zählt einige für Mähren neue *Thymus*-Arten auf: *Th. pinifolius* Heuffel auf den Kuhbergen bei Brünn; *Th. silvestris* Schreber im Malatiner Thale bei Billowitz; *Th. ovatus* Miller var. *concolor* Opiz an mehreren Orten.

123. **Richter, Carl** berichtet, dass er *Senecio viscidulus* Scheele *(S. viscosus* × *silvaticus)* bei Gloggnitz fand.

124. **Bubela, Joh.** giebt Berichtigungen und Nachträge zur Flora von Mähren, die sich theils aus unrichtigen Bestimmungen und eingeschlichenen Irrthümern, theils aus späteren Funden ergeben. Wegen des Umfanges dieser Ergänzungen verweisen wir auf das Original.

125. **Spitzner** theilt mit, dass Sabransky von dem Plateau von Drahan drei neue *Rubus* constatirte, nämlich *R. gracilescens* an der Babka bei Hartmanitz; *R. Caflischii* hinter Lulc und *R. gracilis* bei Protivanov. In den mährischen Karpathen wächst noch *R. moestus* bei Brezová. Ferner zählt Verf. Standorte von verschiedenen Pflanzen auf.

126. **Spitzner** zählt die von Altstadt zu den Saalwiesen im Gesenke beobachteten Pflanzen auf; ohne besondere Bedeutung.

13. Nieder- und Oberösterreich. Salzburg.

127. **Beck, Günther** beobachtete auf den Torfmooren Niederösterreichs 5 Föhrenarten, so: *Pinus uliginosa* Neum., *P. Pumilio* Haenke, *P. pseudopumilio* Willk., *P. silvestris* L. und *P.* **digenea** *(silvestris* × *uliginosa)* Beck n. h.

128. **Wettstein, R. v.** beschreibt **Pulmonaria Kerneri** Wettst. n. sp. zwischen Gross Sterfling und Palsau und am Fusse des Tamischbachthurm.

129. **Kerner, A. v.** beschreibt **Campanula solstitialis** Kerner n. sp. am Jauerling in Niederösterreich; **Gentiana praecox** A. et J. Kerner bei Bergen bei Mautern, am Jauerling, Ostrang in Niederösterreich, *Scabiosa Banatica* in der Nähe von Aggsbach, der westlichste Standort für diese Pflanze.

130. **Beck, Günther v.** bringt nachfolgende Mittheilungen zur Flora von Niederösterreich: *Artemisia Mertensiana* Wallroth im Marchfelde; *Phyteuma nigrum* bei Karlstift; *Crepis hieracioides* W. K. *α. typica* im Thale der Fugnitz bei Hessendorf; *β. nuda* und *γ. pilosa* bei Joachimsthal; *Alisma arcuatum* um Wien; **Pinus permixta** Beck n. hybr. *(P. nigra* × *silvestris)* in der Weickersdorfer Remise; **Alnus ambigua** n. hybr. im Prater und auf dem Marchauen bei Marchegg; **Orchis Kisslingii** *(speciosa* × *pallens)* Beck n. hybr. bei Rabenstein an der Pielach.

131. **Haring, Johann** bringt floristische Funde aus der Umgebung von Stockerau. Neu für das Gebiet sind: *Mentha nepetoides* Lejeune, *M. riparia* Schreber var. **nemophila** H. Braun n. var.; **M. Kitaibeliana** H. Braun n. sp., *M. deflexa* Dum., *Rosa silvestris* Hermann, *R. pimpinellifolia* L. var. **subspinosa** H. Braun n. var., *R. pimpinellifolia* L. var. *spinosa* Neilreich, *R. pimpinellifolia* L. var. *sorboides* H. Braun, *R. pimpinellifolia* L. var. *ciliosa* H. Braun, *R. sphaerica* Grenier, *R. frondosa* Steven var. *fissispina* Wiezbicki, *R.*

dumalis var. *sarmentoides* Puget mscr., *R. hirta* H. Braun var. **peracuta** H. Braun n. var., *R. uncinella* Besser, *R. Kosinsciana* Besser var., *R. Jundzilliana* var. *reticulata* A. Kerner, *R. micrantha* var. **pallidiflora** H. Braun n. var., *R. rubiginosa* var. *apricorum* Ripart, *R. Mareyana* Déségl.

132. **Richter, Carl** bringt neue Beiträge zur Flora von Niederösterreich: **Asperula Eugeniae** Richter n. sp. bei Gloggnitz und am Preiner Gschaid; **Primula danubialis** Richter bei Stockerau; **Orchis monticola** Richter *(O. latifolia × sambucina)* am Gipfel des Hofwaldes bei Schlottwien; **O. Regeliana** Brügger *(O. maculata × Gymnadenia odoratissima)* bei Mariazell; *Viola funesta* Richter *(V. odorata × spectabilis)* bei Stockerau und am Bisamberg; *V. insignis* Richter *(V. austriaca × spectabilis)* bei Gloggnitz und bei Langenzersdorf und Stockerau; *V. paradoxa* Richter *(mirabilis × hirta)* vom Mödling zum Richardshofe; *V. Neilreichii* Richter *(ambigua × collina)* vom Bisamberg; *V. Bethkei* Richter *(silvatica × Riviniana)* bei Langenzersdorf und bei Stekawinkl bei Wien; *V. pseudosilvatica* Richter *(silvatica × canina)* und *V. caninaeformis* Richter *(Riviniana × canina)* bei Stekawinkl; *Leucanthemum montanum* bei Prechtholdsdorf und Gutenstein; *Rosa amblyphylla* bei Gloggnitz; *Prunella spuria* bei Siebenstein; *Potentilla Billoti* bei Stekawinkl und Pressbaum; *P. Kerneri* bei Gumpoldskirchen; *P. incanescens* im Prater; *P. septemfida* bei Baden und *P. tenuiloba* bei Gloggnitz; alle noch nicht für Niederösterreich angegeben.

133. **Raimann, Rudolf** berichtet über einige Fichtenformen aus der Umgegend von Lunz, und zwar fand Verf. *Picea excelsa* Lk. var. *viminalis* Casp. bei Lunz in Niederösterreich; ebenso findet sich die Dornfichte dort, deren Zapfenschuppen dornig zulaufen.

134. **Ullepitsch** führt einzelne von ihm bei Poisdorf beobachtete Pflanzen an. *Sisymbrium Irio* wächst nicht selten. *Campanula sibirica* ist selten, *Orchis militaris* und *ustulata* sehr selten.

135. **Sennholz, G.** beschreibt **Symphytum Wettsteinii** G. Sennholz = *Symph. officinale × tuberosum* bei Kalksberg in Niederösterreich gefunden.

136. **Palla, Ed.** berichtet, dass *Carex curvata* Knaf in der Hinterbrühl bei Weissenbach gefunden wurde und bei St. Andrä-Wördern; *C. Nordmanni* auf der Margarethеninsel bei Ofen von Kerner und bei St. Andrä-Wördern von Rechinger mit voriger gefunden.

137. **Fritsch, Carl** macht vorläufige Mittheilungen über die *Rubus*-Flora von Salzburg. Es finden sich da: *Rubus saxatilis, Idaeus, suberectus, plicatus, sulcatus*; die Gruppe der *Rhamnifolii* fehlt; *Rubus bifrons, macrostemon*; **R. macrostemonides** *(R. caesius × macrostemon)* Fritsch n. h. aus Gaisberg bei Parsch; *R. Radula, R. rudis, R. Koehleri, R. hirtus, R. Metschii, insolatus, brachyandrus, coloratus, Bellardi, R. caesius, caesius × Idaeus.*

138. **Sennholz, G.** beschreibt **Medicago mixta** Sennholz n. hybr. = *M. falcata* L. × *prostrata* Jacq. bei Steinfeld in Niederösterreich, sehr selten.

139. **Müllner, Michael Ferdinand** beschreibt **Centaurea Beckiana** Müllner n. hybr. (= *Centaurea angustifolia* Schrank. × *Rhenana* Bor.), welche Pflanze unter zahlreichen Exemplaren der Stammeltern am linken Donauufer unweit den Kaisermühlen bei Wien gefunden wurde. Ausserdem giebt derselbe noch mehrere neue Pflanzen für Niederösterreich an: *Erechthites hieracifolia* Rafin am Rottelesberg bei Hütteldorf bei Wien; *Centaurea Gaudini* Boiss. et R. zwischen Prechtholdsdorf und Giesshübel; *Cirsium Benacense* Treuinfels auf der Esslingalpe bei Hallenstein; *Ajuga hybrida* A. Kern. im Eichenwäldchen von Schönbrunn nächst Wien; *Verbascum Schiedeanum* Koch unterhalb Melk.

140. **Sennholz, G.** zählt einige für Niederösterreich neue Pflanzen auf; es sind dies: *Orobus venetus* Mill. zwischen dem Wechsenberg und Reisemarkt, der nördlichste Punkt des Vorkommens, sonst im Süden häufig; *Knautia carpatica* Heuff zwischen Schlosshof und Marchegg als westlichster Ort der Verbreitung; *Oenothera muricata* L. an den Kaisermühlen bei Wien; *Oen. Braunii* Döll. ebendort; *Epilobium Weissenburgense* F. Schultz zwischen Lainz und Ober-St.-Veit; *Salix purpurea × repens* Wimmer beim Friedhof von Moosbrunn; *Inula Hausmanni* Huter *(I. hirta × ensifolia)* aus Richtberg bei Baden und bei Weissenbach am Fusse des Hundskogels.

141. **Kissling, Benedict** bringt einige Notizen zur Pflanzengeographie Niederösterreichs; besonders wird die Einbürgerung fremder Pflanzen in Bauerngärten hervorgehoben. Sonst ist zu bemerken: *Melica uniflora* auf der Hirschwand und am Seekopf bei Rossatz; *Melilotus dentata* bei Retz; *Nigritella angustifolia* am Haidberg bei Kottes; *Onosma calycium* bei Förthof; *Orchis pallens* × *mascula* in Königsbach; *O. coriophora* am Vogeltenn bei Kottes; *Orlaya grandiflora* bei Spitz; *Orobanche arenaria* bei Gr. Retz und im Donauthal bis Spitz; *O. coerulea* bei Kottes; *O. caryophyllea* am Hofberg und auf der Steisalm; *Passerina annua* auch bei Inzerstorf und Karlstetten.

142. **Verf.** bespricht die Nomenclatur der *Cephalanthera*-Arten; pflanzengeographische Notizen sind nicht angeführt.

143. **Wettstein, R. v.** führt an, dass *Veronica agrestis* in Niederösterreich sicher vorkomme bei Gerusbach, beim Scheibenhof, bei Krems, bei Schönbach, am Sauerling, ebenso im benachbarten Mühlviertel.

144. **Verf.** bespricht das Vorkommen und die Verbreitung einiger Pflanzenarten u. a.: *Atriplex laciniatum* findet seine Grenze am Manhartsberge; *Cerastium brachypetalum* von St. Pölten-Penkenstein; *Corydalis solida* bei Marbach; *Cirsium Erisithales* am Hofberg bei Texing; *C. rivulare* × *oleraceum* bei Petersberg; *C. Erisithales* × *palustre* am Hohenstein; *C. Candolleanum* am Hohenstein; *C. cano* × *oleraceum* bei Kilb; *Dianthus barbatus* am Hofberge; *Epilobium Dodonaei* auch bei Mautern; *Helleborus viridis* var. *dumetorum* um Kilb; *Glaux maritima* bis Retz gehend.

145. **Braun** fand *Tilia Hofmanniana* Opiz in Voslau an mehreren Stellen in Niederösterreich.

146. **Braun** theilt Standorte für Niederösterreich von nachfolgenden kritischen Arten mit. *Mentha mollissima* Borkh. im Thajagebiet, ferner nächst Esterház im Oedenburger Comitate und bei Deutsch-Altenburg; *M. hirsuta* var. *purpurea* bei Deutsch-Altenburg; *M. ovalifolia* ebendort; *M. diffusa* von Spaa kommt bei Pressburg am Gemsberge vor und an der Fischa; *M. arvensis* var. *divaricata* bei Hundsheim; *Thymus Loevyanus* bei Wolfsthal und Hainburg, var. *ellipticus* bei Wolfsthal und Hainburg, var. *stenophyllus* und var. *bracteatus* und var. *lanuginosus*, Braunsberg bei Hainburg, var. *Kosteleckyanus* bei Deutsch-Altenburg; *Thymus praecox* bei Hainburg; *Rosa canina* f. *fissidens* bei Edelsthal in Ungarn, im Weidritzthal bei Pressburg, f. *semibiserrata* im Weidritzthal; *R. dumalis* bei Deutsch-Altenburg; *R. dumalis* var. *innocua* nächst Deutsch-Altenburg.

147. **Kissling, B.** bespricht das Vorkommen einiger mehr oder minder seltener Pflanzenarten in Niederösterreich. *Hieracium villosum α. genuinum* am hohen Stein; *H. echioides* bei Lamnitz, *α. setosum* am Golitsche; *Hypericum humifusum* bei Scheibbs, Mark und Kilb; *Inula oculus Christi* dringt weiter vor; *Lychnis calcedonica* bei Mautern; *Malva moschata* ist neu für das Waldviertel.

148. **Stapf, Otto** bespricht die Gruppe der *Iris spuria;* in pflanzengeographischer Hinsicht ist angegeben: *I. notha* M. B. im südöstlichen Russland; *I. subbarbata* Joo im südöstlichen Mitteleuropa; *I. spuria* L. im übrigen Mitteleuropa und in Spanien; *I. Dierinckii* C. Koch in Algier.

149. **Braun** fand die seltene *Draba nemorosa* mit *D. verna, Veronica praecox* und *Arabis Thaliana* in der Krieau des Praters ziemlich häufig.

150. **Ullepitsch** zählt die um Poisdorf in Niederösterreich wachsenden Frühlingspflanzen auf und giebt die Unterschiede zweier *Cypripedium Calceolus*-Formen.

151. **Rassmann, Moritz** theilt mit, dass er *Orobanche arenaria* an einem neuen Standorte bei Sievring fand, mit *Alsine fasciculata;* zwischen Sievring und Grinzig wächst *Xeranthemum annuum* häufig.

152. **Vierhapper, Fr. jun.** theilt mit, dass er von für die Salzburger Flora seltenen Pflanzen fand: *Cladium Mariscus* an den Eglseen bei Mattsee; *Bromus serotinus* bei Seeham; beide neu für Salzburg. Sonst werden noch neue Standorte angegeben von *Hordeum murinum, Rhynchospora fusca, Oryza clandestina, Lolium temulentum, Datura Stramonium, Potamogeton densus, Hyoscyamus niger, Hypericum veronense, Lathyrus silvester, Orobanche minor.*

153. **Wiesbaur, J.** berichtet, dass *Veronica agrestis* in Oberösterreich bei Ried vorkomme, dass er aber den Standort bei Andorf bezweifle.

154. **Fritsch, C.** beschreibt zwei neue *Verbascum*-Bastarde: *V. Salisburgense* Fritsch (n. h.) (*Verisimile* var. *Verbasci Thapsi* L.) bei Leopoldskron in Salzburg; *V. Kerneri* Fritsch (*V. Thapsus* L. × *phlomoides* L.) n. h. bei Innsbruck, bei Wien und am Semmering.

155. **Fritsch, Carl** liefert neue Beiträge zur Flora von Salzburg; eine Reihe neuer Standorte sonst seltener Pflanzen wurden angegeben, welche in Sauter's und Hinterhuber-Pichlmayr's Flora von Salzburg nicht enthalten waren. Für das Gebiet neu sind: *Agrostis coarctata* bei Salzburg und im Pinzgau; *Glyceria plicata* um Salzburg gemein; *Festuca amethystina* auf Kalkbergen; *Bromus commutatus* bei Parsch, auch früher schon hie und da um Salzburg; *Agropyrum caesium* bei Salzburg nicht selten; *Adenostyles glabra* Vill. bei Glanegg und von Sulzau nach Werfen; *Centaurea Pseudophrygia* im Blühnbachthale; *Carduus viridis* bei Salzburg häufig; *C. defloratus* auf den Radtstädter Tauern; *Hieracium villosiceps* auf den Alpen um Salzburg; *Thymus montanus* häufig in Salzburg; *Th. humifusus* auf den Kalkalpen von Salzburg; *Verbascum montanum* Schrad. bei Leopoldskron; *Euphrasia hostkoviana* gemein; *Euph. versicolor* auf Alpenwiesen häufig; *Euph. stricta* verbreitet; *Pedicularis rostrata* L. und *P. caespitosa* Sieb.; *Primula Clusiana* auch auf der Zwieselalpe der Abtenau; *Saxifraga patens* Gaud. auf Felsen im Kaprunerthale; *Ranunculus Druetii* ziemlich verbreitet; *Lepidium majus* an der Gaisbergbahn, für Oesterreich der erste Standort; *Epilobium Lamyi* bei Söllheim; *E. tetragonum*; *Potentilla mixta* am Fusse des Untersberges und *Melilotus altissimus* an der Saale und Salzach; *Oxytropis sordida* im Kaprunerthal.

14. Tirol und Vorarlberg.

156. **Murr, Josef** bespricht die Verhältnisse, welche seine Anschauungen über die Einwanderung und Verbreitung der Pflanzen im nördlichen Tirol stützen sollen.

157. **Zimmeter** berichtet, dass Schönnach im Gamperdonathale die typische *Aquilegia alpina* fand; neu für Tirol und Vorarlberg; Steiniger fand *Taxus baccata* monöcisch am Schieferstein bei Reichraming.

158. **Murr, Josef** giebt die wichtigeren neuen Funde von Phanerogamen in Nordtirol. Abgesehen von neuen Standorten für seltenere Pflanzen werden für die Flora dieser Gegend als überhaupt neu aufgezählt: *Batrachium lutulentum* bei Flaurling; *Papaver Rhoeas* × *dubium* bei Arzl und in den Wiltauer Feldern; *Arabis* **ciliata** × **hirsuta** n. h. bei Mühlau; *Lotus tenuifolius* bei Afling; *Potentilla Johanniniana* verbreitet; *P. confinis* Natters; *P. aestiva* am Plumes Köpfl; *P. glandulifera* am Spitzbüchl; *Epilobium obscurum* bei Afling; *Callitriche hamulata* bei Völs; *Galium vernum* bei Mutters; *G. aristatum* bei Erl; **Crepis nicaeensis** × **biennis** n. h. auf den Miltauer Feldern; *Hieracium polítrichum* bei Afling; *H. superaurantiacum* × *Auricula* bei St. Quirin; *H. Wiesbaurianum* bei Wilten; **H. umbellatum** × **dumosum** n. h. bei Zirl; **Phyteuma spicatum** × **Halleri** n. h. bei Afling; *Campanula pusilla* und *pubescens* Haller, Salzberg; *C. Scheuchzeri* var. *hirta* ebendort; *Veronica nummularioides* Lec. et Lam. am Lavatschjoch; *Thymus montanus* zwischen Innsbruck und Mühlau; **Galeopsis versicolor** × **Tetrahit** n. h. bei Afling und Lienz; *globularia nudicaulis* auf den Zirler Mähdern; *Polygonum mite* × *Persicaria* an der Höttinger Au, *Thesium tenuifolium* zu Spitzbüchl, Gallwiese, Afling; *Carex Metteniana* bei Afling; *C. rupestris*, Saile; *C. nigra* × *atrata* ebendort; *C. pallescens* × *silvatica* bei Lans; *C.* **super-flava** × **Hornschuchiana** n. h. im Vesler Moor bei Innsbruck und *C. super-Hornschuchiana* × *flava* bei Afling; *Phleum nodosum* L. bei der Weiherburg; *Poa fertilis* bei Ambros, in der Gallenwiese und bei Flauerling; *Festuca amethystina* bei Mühlau.

159. **Murr** untersucht die Verhältnisse, welche eine Einschleppung fremder Pflanzen in das mittlere Nordtirol bewirkten. Der Sirokko soll folgende Species herübergebracht haben: *Saponaria ocymoides*, *Dorycnium decumbens*, *Avena distichophylla*, *Luzula nivea*, *Carex Baldensis* und *Lasiagrostis Calamagrostis*; ferner *Colutea arborescens*, *Genista germanica*, *Medicago minima*, *Helianthemum Fumana*, *Galium lucidum*, *Inula salicina*, *Lac-*

tuca perennis, *Parietaria officinalis*, *Stipa pennata* und *capillata*. Von den Bewohnern der Flugsandhügel dürften *Veronica prostrata*, *Euphrasia lutea* und *Alyssum calycinum* mit *Seseli coloratum* Sirokkopflanzen sein; *Ostrya carpinifolia*, ferner *Artemisia Absinthium*, *Centaurea nigrescens*, *Astragalus Onobrychis*, *Stipa capillata*, *Laserpitium pruthericum*, *Medicago minima* und *Malva Alcea*. Neben dem Sirokko schreibt der Verf. der Thätigkeit der Flüsse grossen Einfluss zu. Der Hauptfactor bleibt aber immer die Agricultur; ferner macht der Bahnbetrieb sich geltend. Zuletzt haben sich auch Arten eingebürgert, die aus Gärten flüchteten.

160. **Verf.** bespricht die Arbeit Murr's über die Einschleppung und Verwilderung von Pflanzenarten im mittleren Nordtirol. Neue pflanzengeographische Daten sind nicht angegeben.

161. **Verf.** beschreibt **Potentilla porphyracea** Sauter n. sp. von Bozen am Rivelaun und bei Meran; **P. Bolzanensiformis** Sauter n. sp. am Kalvarienberg bei Bozen.

162. **Artzt, A.** liefert Beiträge zur Flora von Schluderbach. An den Strudelköpfen wachsen als bemerkenswerth: *Thalictrum minus*, *Gypsophila repens*. Uebrigens scheint den Verf. nur die Vorkommenshöhe besonders interessirt zu haben; dieselbe ist dankenswerther Weise überall angegeben. Botanisirt wurde ferner im Schluderbach 1442 m. Seelandthal und Plätzwiesen 1442—2000 m; am Dürrenstein; 2000 – 2836 m, im Sattel der Ampezzostrasse zwischen Schluderbach und Peutelstein, in der Schlucht der Croda rossa, an den Abhängen des Col freddo, im mittleren Cristallthal des Monte Cristallo. Ferners in Venetien: Im Val Fonda des Monte Cristallo, im Val Popena bassa, am Missurina-See, am Monte Piano und auf dessen Aufstieg. Verf. liess alle Pflanzen, welche weder von Hausmann noch von Hackel für bezeichnete Stellen nicht besonders angegeben wurden, gesperrt drucken. Jedoch sind dies fast lauter gemeine Arten.

163. **Entleutner, A. F.** zählt alle von ihm um Bozen und Meran etc. beobachteten Ziergehölze auf mit ihren Standorten, resp. den Gärten, in denen sie angepflanzt sind.

164. **Gelmi, Enrico** bringt neue Standorte einiger seltenen Rosen der italienischen und südtirolischen Flora. *Rosa tomentella* f. *Obornyana* Chr. bei Pescora in Italien, bekanntlich bis jetzt nur von Mähren bekannt; *R. trachyphylla* Rau f. *Aliothii* Chr. auf dem Maranza bei Trient und dem Faeda bei Terlago; *R. montana* Chaix f. *marsica* Godet verbreitet im Trentino.

165. **Winter** schildert eine Excursion auf die Scesaplana; es werden die gelegentlich beobachteten Pflanzen von Standort zu Standort aufgezählt.

15. Steiermark und Kärnthen.

166. **Fritsch, Karl** beschreibt **Verbascum Styriacum** Fritsch n. sp., welches bei Eggenberg bei Graz in Steiermark wächst.

167. **Heinricher, E.** fand auf der Merzlica bei Graz *Asphodelus albus* Mill. Der nördlichste Standort in Zisleithanien. Dort finden sich noch *Ilex aquifolium* und *Cytisus radiatus*.

16. Krain, Küstenland, Istrien und Croatien.

168. **Verf.** theilt mit, dass Zdarek in Paternien eine neue *Prunus Padus β. leucocarpa* K. als *Pr. Salzere* Zdarek beschreibt.

169. **Fritsch** giebt an, dass Wulfens Angabe des *Verbascum thapsoides* L. für die Umgebung Klagenfurts falsch sei; dort kommt *V. phlomoides* vor.

170. **Wettstein, R. v.** berichtet, dass *Linum campanulatum* Vis. als synonym zu *Linum elegans* Spr. zu ziehen sei und dass somit diese letztere Pflanze und nicht *L. campanulatum* in Dalmatien vorkomme.

171. **Weinländer, Georg** zählt die blühenden Pflanzen der Hochschobergruppe, des Gebirgsstockes der nördlich von der Drau und südlich von der Centralkette der Ostalpen in der Richtung von West nach Ost hinzieht. Der Stock gehört den Glimmerschieferformation an; es werden einzeln aufgezählt: A. die Pflanzen des bebauten Bodens, landwirthschaftlich wichtige Pflanzen, Pflanzen des eigentlichen Gartenlandes. B. Pflanzen des nicht

bebauten Bodens: Die Pflanzen der eigentlichen Wiesen, und zwar der Thalwiesen und der Bergwiesen, der Almen, ferner die Pflanzen des nackten Gesteines und Gerölles, die Pflanzen des Waldes und Busches.

172. **Simonkai, L.** giebt Nachträge und Berichtigungen zu den bisherigen Publicationen über die Flora von Fiume. Er schliesst dabei an die Enumeration Staub's (Math. és természettud. Közleményck, herausg. von der Ung. Akademie d. Wiss., Bd. XIV, 1876/77, an. Verf. konnte für Fiume das Vorkommen folgender Arten constatiren: *Phalaris brachystachys* L., *Stipa Aristella* L., *Koeleria colorata* (Heuff.) (*K. cristata* Auct. Flum.), *Melica flavescens* Schur (*M. Bauhini* Auct. Flum.), *Briza maxima* L., *Poa Attica* Bois. et Heldr. (*P. angustifolia* Staub), *Cynosurus echinatus* L., *Festuca myurus* L. (*F. bromoides* Auct. Flum.), *F. Valesiaca* Schleich. (*F. ovina* Auct. Flum.), *Brachypodium rupestre* (Host.), *B. silvaticum* Huds., *Bromus squarrosus* L., *B. villosus* Gmel, *B. condensatus* Hackel (*B. confertus* Schloss. et Vuck. per M.B., *B. erectus* var. *raccmiferus* Borb), *B. albidus* M.B. (*B. erectus* Auct. Flum. p. s). *B. Madritensis* L. spec. (*B. tectorum* Staub), *B. rigidus* Roth, *Triticum villosum* M.B, *T. litorale* Host. (*T. acutum* Auct. Flum., *T. campestre* var. *pycnostachyum* Borb.), *T. pungens* Pers. (*T. junceum* Auct. Flum.), *Hordeum pseudomurinum* Popp. (*H. murinum* Auct. Flum.), *H. secalinum* Schreb., *H. Gussoneanum* Parl. (*H. maritinum* Auct. Flum.), *Aegilops triaristata* W., *Psilurus aristata* (h), (*Ps. nardoides* Trin.). — *Carex nemorosa* Lumn., (*C. muricata* Auct. Flum), — *Asphodelus Liburnicus* Scop., *Ornithogalum comosum* L., *Iris Illyrica* Tausch (*I. germanica* Staub) hieher auch *I. pallida* Auct. Flum., *Orchis globosa* L., *O. cordigera* Fries. (aus M. Maggior.). — *Ulmus glabra* Mill., *Plantago altissima* L., *Filago spathulata* Presl., *Achillea virescens* Fenzl (*A. lanata* var. *odorata* Auct. Flum.), *Anthemis Chia* L., *Carduus candicans* W. K. (*C. collinus* Auct. Flum.), *C. orthocephalus* Wallr. (M. Maggiore), *Centaurea diversifolia* Borb. ist nichts anderes als *C. alba* L. = *C. splendens* L., *Picris spinulosa* Bert. = *P. hieracioides* Auct. Fium. von L., *Tragopogon campestris* Bess., *Scorzonera Austriaca* W. und *Sc. glastifolia* W. (*Sc. hispanica* var. *glabrifolia* Untchj.), *Sonchus lacerus* W., *Hieracium Illyrium* Fries = *H. saxatile* Jacq., *H. subcaesium* Fries (M. Maggiore), *Campanula Rapunculus* L., *Specularia Speculum* A. DC., *Asperula canescens* Vis. = *A. cynanchica* Auct. Flum., *Mentha ovalis* (Vis.); vielleicht hierher auch Janka's *M. candicans*, *Betonica serotina* Host., *Teucrium Botrys* L., *Cynoglossum Columnae* Ten. = *C. officinale* Auct. Flum., *Veronica Jacquini* Baumg. = *V. austriaca* et *V. multifida* Auct. Flum, *V. montana* L. (M. Maggiore), *Euphrasia stricta* Host. = *E. officinalis* var. *nemorosa* Untchj. — *Orobanche Mutelii* F. Schulz = *O. nana* Noë, *O. ramosa* Auct. Flum. — *Lysimachia Linum stellatum* L. — *Caucalis daucoides* L. — *Sedum boloniense* Lois. — *Thalictrum saxatile* DC. = *Th. majus* et *Th. elatum* Auct. Flum., *Th. elatum* var. *litorale* Borb. — *Adonis aestivalis* L. — *Alsine laricifolia* L. spec. = *A. verna* Bartl. etc. — *Arenaria leptoclados* (Reichb.) = *A. serpyllifolia* Auct. Flum. — *Dianthus prolifer* L. = *D. obcordatus* Borb. — *D. Tergestinus* (Reichb.) = *D. silvestris* Staub etc. — *Silene nemoralis* W K. = *S. italica* Auct. Flum. — *S. Tenoreana* Colla = *S. inflata* Auct. Flum. — *Mercurialis perennis* L. — *Tribulus orientalis* Kern. = *T. terrestris* Auct. Flum. — *Potentilla Carniolica* Kern. = *P. Fragariastrum* Auct. Flum. etc. — *Rosa systyla* Bast. — *Poterium polygonum* W.K. = *P. sanguisorba* Auct. Flum. — *Dorycnium decumbens* Torel. = *D. suffruticosum* Auct. Flum. — *Vicia varia* Host. — *V. Gerardi* DC. = *V. cassubica* Auct. Flum.

Als neue Art ist beschrieben **Reseda Fluminensis** = *R. lutea* Auct. Flum. p.p. selten und als neue Varietät *Senecio vulgaris* var. **Fluminensis**, beide mit lateinischer Diagnose.

Staub.

Simonkai, L. Boissier's „Supplementum" und die Flora von Ungarn. (T. F., XI. Bd. Budapest, 1887/88. p. 156—158 [Ungarisch]; p. 212–213 [Deutsch].)

Simonkai, L. bespricht den von R. Buser herausgegebenen Supplementband zu Boissier's Flora orientalis und macht dazu folgende Bemerkungen: 1. *Ranunculus astrantiaefolius* Boiss. et Bal. Es wurde schon früher von Schur ein *R. astrantiaefolius* aufgestellt, weshalb S. die Pflanze Boissier's auf *R. Boissieri* umtauft. Die Pflanzen Schur's und Boissier's sind von einander verschieden. 2. *Rhamnus intermedia* Steud. et Hochst. kommt nicht im südlichen Siebenbürgen vor. Staub.

173. **Verf.** beschreibt einen botanischen Ausflug an die dalmatinische Küste und zählt die bei dieser Gelegenheit gefundenen Pflanzen auf. Der Umfang gestattet eine kurze Uebersicht nicht, zudem sind ja alle beobachteten Pflanzen, ob gemein oder selten, aufgeführt.

17. Schweiz.

174. **Keller, Robert** bespricht die Rosenarten des Kantons Zürich. Es kommen dort vor: *Rosa cinnamomea* sehr vereinzelt am Brühlberg, am Lindberg; f. *foecundissima* findet sich hie und da als Gartenflüchtling; *R. alpina* L. f. *pyrenaica* an mehreren Orten, f. *laevis* im Tobel bei Rykon am Hörnli, am Schnebelhorn und im Brühlbachtobel; f. *typica*, die häufigste Form; *R. alpina* × *R. mollis* im Brühlbachtobel und nach Brünggen zu; f. *denudata* im Brühlbachtobel; *R. mollis* × *R. alpina* im Brühlbachtobel; *R. Salaevensis* am Schnebelhorn; *R. alpina* × *pimpinellifolia* am Weg zum Schnebelhorn; *R. mollis* am Brühlbachtobel; var. *pedunculis* valde *elongatis* bei Sennhof; var. *grandifolia* am Brühlbachtobel; f. *glabrata*. Gefunden wurden weiter im Kanton Zürich: *R. pomifera*, *tomentosa*, f. *typica* und f. *subglobosa*, f. *scabriuscula*, f. *decolorans*, f. *anthracitica*, f. *venusta*; *R. rubiginosa*, f. *umbellata*, f. *apricorum*, f. *comosa*, f. *denudata*, f. *Jenensis*, f. *Gremlii*; *R. micrantha* f. *permixta*, *R. sepium* f. *pubescens*, *R. tomentella* f. *typica*, f. *concinna*, f. *affinis*, *R. trachyphylla* f. *typica*, f. *Aliothii*, f. *Jundzilliana*, f. *aspreticola*, *R. canina* f. *Lutetiana*, f. *capitata*, f. *dumalis*, f. *tenuicarpa*, f. *biserata*, f. *versus tomentellam*, f. *Andegavensis*, f. *hirtella*, f. *verticillacantha*, f. *glaberrima*, f. *hispidula*, subf. **tenuicarpa** n. subf., *Rosa Reuteri* f. *typica*, f. *complicata*, f. *myriodonta*, subf. *hispida*, f. *subcanina*, f. *pilosula*, *R. dumetorum* f. *platyphylla*, f. *urbica*, f. *trichoneura*, f. *Thuilleri*, subf. **prolifera** n. subf., f. *obtusifolia*, f. *Déséglisei*, f. *pseudocollina*, *R. coriifolia*, f. *frutetorum*, *scaphusiensis*, f. *subcollina*, *R. arvensis* f. *repens*, f. *umbellata*, *R. gallica* f. *typica*, *R. coriifolia* × *gallica* bei Winterthur. Die mittelschweizerische Rosenflora schliesst sich derjenigen des Jura enge an.

175. **Luizet, D.** untersuchte die Flora von Airolo resp. des Thales von Piora, im nördlichen Tessin. Es werden die an einem jeden einzelnen Tage und auf den einzelnen Plätzen gefundenen Pflanzen aufgezählt; besonders interessant ist *Phyteuma Carestiae* Biria im Tessin und *Melampyrum pratense* in einer eigenthümlichen Form. Alle beobachteten Pflanzen aufzuführen, liegt nicht im Rahmen eines Referates.

176. **Gremli, Auguste** widerlegt die Angaben vorzugsweise von Gandoger herrührend über das Vorkommen gewisser Pflanzen auf der Döll und am Grossen St. Bernhard und auf dem Simplon. Wir gehen nicht näher darauf ein; aber diese Notizen liefern den Beweis, dass M. Gandoger Pflanzen nicht zu bestimmen versteht und dabei doch eine Flora von Europa schreibt.

177. **Gandoger, Michel** zählt die von ihm am Simplon Station für Station beobachteten Pflanzen auf. Wir verzichten, die Funde aufzuführen, da die für das Gebiet neuen Pflanzen nicht besonders charakterisirt sind.

178. **Pittier, H.** berichtet über das Vorkommen von *Cardamine trifolia* L. in der Westschweiz. Diese Pflanze ist nunmehr in dem Schweizer Jura mit Sicherheit bei Rossinières nachgewiesen.

179. **Winter** zählt die auf einer Tour auf den Pilatus beobachteten Pflanzen auf. Derartige Aufzählungen sind wohl interessant, jedoch für unsere Zwecke nicht praktisch eingerichtet.

180. **Favrat** theilt mit, dass *Arum Dracunculus* L. bei Tessorata im Val Colla (Tessin) vorkomme.

181. **Verf.** theilt mit, dass *Achillea Neilreichii* bei Lausanne in der Schweiz mit ungarischem Getreide eingeschleppt, gefunden wurde.

d. Niederländisches Florengebiet: Luxemburg, Belgien, Holland.

182. **Kobus, J. D.** und **Goethart, J. W. C.** geben eine Tabelle zur Bestimmung der niederländischen Arten von *Carex*. Giltay.

183. **Bondam, R.** giebt Speciesnamen und Fundorte der um Harderwyk wachsenden Pflanzen. Giltay.

184. **Abeleven, Th. H. A. J.** giebt die Speciesnamen und Fundorte der um Nymwegen wachsenden Pflanzen. Giltay.

185. **Neue Indigene für die Niederlande sind:** *Orobanche Hederae* Dub., *Avena pratensis* L., *Peltigera venosa* Hoffm. (Siehe Nederlandsch kruidkundig Archief, Tweede Serie, 5e Deel, 2e Stuk, 1888, p. 126, 127 und 133. Giltay.

e. Britische Inseln.

186. **Fream, W.** zählt die in Wasserwiesen wachsenden Pflanzen auf und knüpft Bemerkungen daran. Pflanzengeographisch ohne Interesse.

187. **Fischer, R.** giebt in seinem Flower-land keine pflanzengeographisch wichtigen Notizen.

188. **Brown, N. E.** bespricht ausführlich *Vaccinium intermedium* Ruthe, welches als neu für England bei Carnock Chase gesammelt wurde, ferner ist es zu Maer Woods in Staffordshire gefunden worden.

189. **Preston, T. A.** liefert folgende neue Beiträge zur Flora von Wilts: *Sagina subulata, Rhamnus Frangula, Rosa involuta* f. *Robertsoni, R. tomentosa* var. *subglobosa, R. canina* var. *dumetorum*, var. *Andegavensis*, var. *verticillacantha, R. stylosa* var. *pseudo-rusticana, Taraxacum officinale* var. *udum, Erythraea pulchella, Myosotis arvensis* var. *umbrosa, Galeopsis Tetrahit* var. *bifida, Juncus supinus* var. *pedicellata, Carduus tuberosus* wächst zu Heytesbury.

190. **Monington, H. W.** fand *Vinca minor* und *Erysimum cheiranthoides* zu Tintern, Monmouth.

191. **West, Wm.** constatirt, dass *Bromus erectus* Huds. bei Great Ormis Head in Carnarvon vorkommt; ebenso findet sich *Potentilla tormentilla* in Kirkkudbright.

192. **Druce, Claridge G.** untersuchte die Flora von Ben Laiogh und verzeichnete folgende für die Gegend noch nicht erwähnte Pflanze: *Arabis sagittata;* für zahlreiche andere Species sind neue Standorte angegeben. Für Loch Awe Dalmally etc. wurden folgende neue Funde gemacht: *Barbaraea vulgaris, Sisymbrium Thalianum, Erophila vulgaris, Lychnis flos Cuculi, Geranium molle, Potentilla palustris, Fragaria vesca* und noch viele andere sonst meist gemeine Pflanzen, deren Aufzählung nicht besonders interessirt.

193. **Druce, Claridge G.** fand bei Whitstable: *Polypogon monspeliensis, Agrostis nigra, Rubus rusticanus, Vicia gracilis, Epilobium obscurum, E. lanceolatum, lanceolatum* × *obscurum; Bupleurum tenuissimum, Peucedanum officinale, Glyceria distans* var. *glauca, Hordeum murinum, Lactuca saligna, Vinca minor, Chenopodium album, Trifolium scabrum, Populus canescens.*

194. **Melvill, Cosmo J.** fand *Arum italicum* bei Sugar Loaf und Caesar's Camp bei Folkestone.

195. **Beeby, W. H.** bespricht *Valeriana Mikanii*, von Farthing Downs und *V. sambucifolia* von Reigate.

196. **Linton, W. S.** giebt als neu für South Derbyshire an: *Stellaria media* var. *neglecta, Rubus carpinifolius, Rosa mollis* var. *coerulea, R. canina* var. *surculosa* var. *Malmundariensis*, var. *verticillacantha*, var. *collina*, var. *Kosciniana, Ribes Grossularia* var. *Uva crispa; Taraxacum officinale* var. *erythrospermum; Sonchus arvensis* var. *glabra, Cuscuta Trifolii, Betula glutinosa, Salix repens, Iris Pseudacorus* var. *acoriformis; Juncus supinus* var. *Kochii; Carex paludosa* var. *Kochiana; Bromus arvensis, Agropyrum repens* var. *barbata.*

197. **Fry, David** fand *Helianthemum polifolium* bei Brean Down und bei Purn Hill in N. Somerset.

198. **Towndrow, Richard F.** fand *Hieracium tridentatum* bei Powick in Worcestershire.

199. **Roper, F. C. S.** fand *Rumex maritimus* bei Charston Pond, ebendort auch *R. palustris.*

200. **Rogers, Moyle W.** fand *Elymus arenarius* in Dorset zwischen Poole und Canford Chine.

201. **Marshall, Edwards S.** bringt folgende Beiträge zur Flora von East Kent: *Papaver Lecoquii* bei Shorncliffe Station, *Viola Reichenbachiana* an einigen Orten, *Arenaria serpyllifolia* b. *glutinosa* von Sandwich nach Deal, bei Walmer; *Festuca ambigua* an einigen Orten; *Melampyrum pratense* b. *latifolium* bei Wye, bei Sandwich; *Carex stricta*.

202. **Rogers, Moyle W.** theilt mit, dass *Polygonum maritimum* noch nicht bei Christchurch verschwunden ist.

203. **Monington, H. W.** fand *Alchemilla vulgaris* L. in Broadhoats Wood bei Seal in Kent.

204. **Fryer, Alfred** bringt eine morphologische Besprechung einiger *Potamogeton*-Arten ohne pflanzengeographische Notizen. *P. flabellatus* kommt im Frisch- und Brackwasser durch ganz Britanien vor.

205. **King, Bolton** fand bei New Forest und auf der anliegenden Küste: *Isnardia palustris*, *Spiranthes autumnalis*, *Ranunculus tripartitus*, *Carex filiformis*, *Drosera anglica*, *Eriophorum gracile*; bei Christchurch: *Scirpus parvulus*, *Lotus hispidus*, *Elymus arenarius*, *Diotis maritima* und *Polygonum maritimum*.

206. **Whitwell, William** fand *Polygala austriaca* Crantz bei Caterham in Surrey.

207. **Saker** notirte folgende *Rubus* von Buckinghamshire: *Rubus Lindleyanus* zu Burnham Beeches, *R. cordifolius* gemein, *R. discolor* bei Farnham Royal und Stoke Pagis, *R. thyrsoideus* bei Crown Inn; *R. leucostachys* bei Burnham Beeches und Farnham Royal, *R. Sprengelii* bei Burnham Beeches, *R. Koehleri* var. *pallidus* bei Burnham Beeches und Farnham Royal, *R. diversifolius* bei Farnham Royal, *R. cordifolius* bei Farnham Royal, *R. caesius* bei Stoke Pagis.

208 **Clarke, W. A.** berichtet, dass er *Cerastium pumilum* in S. Wilts beobachtet habe und nicht eine andere Species.'

209. **Marshall, J. J.** fand *Goodyera repens* zu Houghton Wood bei Market Weighton.

210. **Marshall, Edward S.** theilt mit, dass *Valeriana Mikanii* bei Mellis in East Suffolk, und zwar bei Burgate Wood in Menge vorkomme.

211. **Hanbury, Frederick** zählt die für Britanien neuen Hieracien auf; es sind dies: *Hieracium Schmidtii* Tausch zu Naver; *H. Orcades* Fries, Seeküste von Caithness; *H. bifidum* Kit., Glen Caness in Forfarshire, Teesdale, Carnarvonshire; *H. stenolepis* Lindb., Herefordshire und Braemar: *H. Sommerfeldtii* Lindb., Caithness, West-Aberdeenshire, Sutherland; *H. pulchellum* Lindb. von Burrafirth, Unst, Shetland; *H. Friesii* Hartmann von Sutherland, Caingorms, Ingleboro (Yorkshire); *H. dovrense* von Shetland; *H. ovarium* Lindb. von Sutherland und Caithness; *H. auratum* Fr. von mehreren Stellen; *H. angustum* Lindb. von Forfar und Teesdale; neu beschrieben sind *H.* **Langwellense** Murray von Caithness, *H.* **pollinarium** Murray von Sutherland; *H.* **scoticum** von Caithness und Sutherland.

212. **Briggs, Archer** bespricht *Pyrus latifolia* Syme, welche in Devon und E. Cornwall wild vorkommt.

213. **Beeby, W. H.** zeigt an, dass er *Callitriche polymorpha* auf der Insel Unst, Shetland, fand.

214. **Herbert, D.** theilt mit, dass Miss Hue und Mr. A. Steuart *Vicia hybrida* L. im Undercliff auf der Insel von Wight fand.

215. **White, Buchanan** giebt kritische Bemerkungen über *S. fragilis*, *Russeliana* und *viridis*. Alle drei Arten kommen nach der Meinung des Autors in Britannien vor.

216. **Marshall, Edw. S.** hält die bei Burgate Wood vorkommende *Pulmonaria officinalis* für einheimisch und nicht für neu eingebürgert.

217. **Marshall, Edw. S.** fand folgende für E. und W. Suffolk neue Pflanzen: *Viola hirta*, *V. Reichenbachiana*, *Taraxacum officinale* var. *erythrospermum*, *Myosotis silvatica*, *Carex stricta*.

218. **Murray, R. P.** besuchte Nordportugal und zählt die von ihm beobachteten Pflanzen auf. Der Umfang der Arbeit gestattet ein näheres Eingehen nicht. Neu beschrieben ist *Rubus lusitanicus* Murray von Caldas do Gerez.

219. **Rogers, Moyle W.** giebt als neu für Berks an: *Rubus nitidus, incurvatus, carpinifolius, saxicolus, villicaulis* var. *pampinosus* und *corylifolius* var. *fasciculatus;* für Süd-Hants: *R. nitidus* var. *hamulosus, thyrsiflorus, cordifolius;* für Dorset *R. nitidus* und *praeruptorum, hemistemon, thyrsoideus* var. *fragrans* und *mutabilis.*

220. **Marshall, Edw. S.** besuchte die Hochlandsdistricte Lawers (Mid Perth), Loch Awe (Argyll), Fort William (Westerness), Altnaharra (Durness und Inchnadamph (W. Sutherland), Ben Klibreck (E. Sutherland und Blair Asbole) (Mid und E. Perth). Als neu für einzelne dieser Bezirke und folglich als interessant wurden gefunden: *Arabis petraea, Polygala serpyllacea, Cerastium arcticum, Sagina nodosa, Sedum rhodiola, Epilobium obscurum, Carum verticillatum, Viburnum Opulus, Gnaphalium supinum, Matricaria inodora* var. *phaeocephala, Hieracium calendulifiorum, H. nitidum, H. caesium, vulgatum* und *Dewari, Gentiana Amarella, Stachys palustris, Oxyria digyna, Salix Caprea, S. Myrsinites, herbacea, Juniperus nana, Juncus trifidus, Luzula spicata, Potamogeton natans, Carex acuta, C. aquatilis* b. *Watsoni, C. capillaris, Poa nemoralis, Athyrium alpestre, Equisetum silvaticum* var. *capillare. E' variegatum* var. *arenarium.*

221. **Druce, G. v.** ergänzt sein Verzeichniss der von ihm in Easterness, Banff, Elgin und West-Ross beobachteten Pflanzen; bemerkenswerth sind: *Cerastium arcticum* Lange var. zu Carrie Leacaim, *C. triviale* var. *alpinum* zu Glen Ennich; *Galium verum* beim Loch Torridon; *Hieracium gracilentum* und *anglicum* var. *acutifolium* zu Glen Ennich; *H. strictum* zu Kingussie; *H. globosum* in Glen A'an; *H. pallidum* var. *crinigerum* zu Glen Ennich; *Agrostis canina* f. *grandiflora* an einigen Orten; *A. canina* var. *mutica* beim Findhorn; *A. alba* var. *coarctata* beim Loch Torridon; *Dechampsia caespitosa* var. *alpina* zu Cairngorms.

222. **Colgan, N.** fand auf dem Gipfel des Gross Tourmalin (11 150′) *Ranunculus glacialis, Thlaspi rotundifolium, Draba Wahlenbergii, Saxifraga oppositifolia. S. planifolia, Artemisia spicata, Linaria alpina, Androsace glacialis;* auf dem Rymphischgrat in Zermatt 10 850′ *Sempervivum arachnoideum;* auf dem Riffelhorn *Woodsia hyperborea.*

223. **Buby** bespricht *Potentilla reptans* und deren Formen und Verwandten. *Potentilla reptans* L. var. *microphylla* Tratt findet sich in Fens, Cambridge; *P. mixta* Nolte in Surrey und E. Sussex; *P. subcrecta* Zim in Surrey, Cambridge Lake Lancashire und Kirkcudbright.

224. **Scully, Reginald** durchforschte Kerry und fand folgende für diese Grafschaft noch nicht bekannte Pflanzen: *Ranunculus trichophyllus, Sisymbrium Thalianum, Brassica nigra, Wahlenbergia hederacea, Linaria viscida, Mimulus luteus, Lathraea Squamaria, Marrubium vulgare, Chenopodium rubrum, Polygonum minus, Epipactis palustris, Luzula pilosa, Lemna trisulca, Carex pendula* und *riparia.*

225. **Scheutz, N J.** beschreibt folgende für Britannien neue Rosenformen: *Rosa mollis* Sm. var. *glabrata* Fries in Schottland, Strome Ferry, Ross und *R. coriifolia* Fries var. **Lintoni** Scheutz n. var. in Schottland beim Braemar, Aberdeen.

226. **Fry, David** fand folgende für Glamorganshire noch nicht bekannte Pflanzen in diesem District: *Raphanus maritimus, Viola Curtisii, Rubus plicatus, R. affinis* var. *cordifolius, Apium nodiflorum* var. *ochreatum, Juncus obtusiflorus, J. acutiflorus. Scirpus Tabernaemontani, Aira caryophyllea, Sieglingia decumbens.*

227. **Linton, Edward F.** fand *Carex trinervis* bei Raundstone, Co. Galway.

228. **Marshall, Edward S.** fand bei Helston *Poa sudetica*, bei der Lipard-Küste *Scilla autumnalis, Polygala vulgaris* an der Südseite des Looe Pool und *Carex vesicaria* zu Gunwalloe. *Scirpus pauciflorus* kommt bei Kynance Cove und im Kynance Vale vor.

229. **Marshall, Edward S.** sammelte *Hieracium Gibsoni* Backh. bei Kirkby Stephen und *Carex irrigua* Hoppe bei Mazebeck, zwischen Caldron Snout und Highcoup Scar.

230. **Flower, Bruges** besuchte die Insel Steep Holmes in der Severn und notirte folgende Pflanzen: *Fumaria officinalis, Brassica oleracea, Silene maritima, Hypericum montanum, Lavatera arborea, Erodium maritimum, Smyrnium Olusatrum, Coriandrum sativum, Crithmum maritimum, Hedera Helix, Sambucus nigra, Inula crithmoides, Statice occidentalis, Ligustrum vulgare, Euphorbia Lathyris, Allium Ampeloprasum.*

231. **Druce, G. Cl.** bringt Beiträge zur Flora von Easterness, Elgin, Banff und West Ross. Für eine grosse Anzahl von Pflanzen sind neue Standorte angegeben; leider gestattet der Umfang der Arbeit ein weiteres Eingehen darauf nicht und es sei somit auf das Original verwiesen.

232. **Hart, H. C.** liefert eine Flora von Horth, einer kleinen Halbinsel bei Dublin, die auf 4 Q. miles 545 gegen 950 Arten ganz Irlands und 670 der 354 Q. miles fassenden Grafschaft Dublin enthält. Davon sind 25 nicht ursprünglich einheimisch. Verzeichnisse in Irland seltener und charakteristischer nicht allgemein verbreiteter Pflanzen siehe im genannten Referat. Matzdorff.

233. **Hill, J. R.** fand in der Nähe Edinburghs *Phalaris canariensis*, das bisher nur im südlichen England sich in Culturen fand. Matzdorff.

234. **Hill, J. R.** fand bei Edinburgh *Butomus umbellatus* blühend an einer Felsenklippe von 750 Fuss Höhe. Die Existenzbedingungen gewährte eine Quelle, die ein etwa 2 Fuss im Umfang grosses feuchtes Becken bildete. Matzdorff.

235. **Barrington, R. M.** und **Vowell, R. P.** geben einen Bericht über die Uferflora des centralirischen Sees Ree, einer Erweiterung des Shannon. Seine Lage, Grösse, physikalischen und geologischen Eigenschaften werden geschildert. Weiter werden die Ausflüge der Verff. am genannten See aufgeführt. Sodann geben die Verff. im Anschluss an Watson's „Cybele Britannica" eine Liste der gefundenen Arten, die nicht zu diesen britischen oder englischen Typen gehören. Die Ausbeute, die sich auf die nächsten Seeufer beschränkte und auf nicht höherem als wenige Fuss über dem Wasserspiegel erhobenen Gebiet gemacht wurde, umfasst 481 Arten. Von ihnen waren für den District Leinster (siehe Cybele Hibernica) 74, für den District Connaught 39 neu. 15 in allen 12 irischen Districten erwähnte Arten wurden nicht gefunden. Die bemerkenswerthesten der für die beiden genannten Gebiete neuen Pflanzen werden kurz besprochen. Schliesslich werden 211 der gefundenen Arten, die nicht ganz gewöhnlich sind, aufgeführt. Matzdorff.

f. Frankreich

236. **Le Grand** berichtet über die Erfolge von botanischen Excursionen, die unter seiner Leitung statthatten. In den Brüchen von Plaimpied: *Cytisus supinus*, *Carex Hornschuchiana* und *simplex*, *Orchis latifolia*, *palustris*, *Elodea canadensis*, *Euphorbia Gerardiana*, *Epipactis rubra*, *Orobus niger*, *Limodorum abortivum*, *Trifolium rubens*, *Carduncellus mitissimus*, *Orchis conopea*, *Linum suffruticosum*, *Rosa cinerascens*, *hybrida*, *Laserpitium asperum*, *Spiraea hypericifolia*, *Geranium sanguineum*, *Rosa pimpinellifolia*, *Avena pubescens*, *Aira media*, *Trinia vulgaris*, *Linum salsoloides*, *Orchis pyramidalis* und *ustulata*, *Ophrys myodes* und *arachnites*. Die zweite Excursion ging in die Wälder von Fontmoreau und Fublaine und die dritte von Guétin nach Fourchambault; überall wurden, wenn auch nicht gerade seltene Arten in grösserer Menge beobachtet.

237. **Hy, F.** bringt eine vierte Notiz über die Excursionen der Facultät der Wissenschaften von Angers. Von beachtenswerthen Pflanzen sind aufgeführt: *Equisetum litorale* bei Chaumont, neu für Maine-et-Oise, *Ophrys aranifera* × *myodes*, *Orchis alata* gemein und ein Bastard von *Orchis Morio* × *laxiflora*.

238. **Le Jolis** berichtet über das Vorkommen von *Glyceria Borreri* bei Cherbourg.

239. **Timbal-Lagrave** und **Marais, Ed.** berichten über Funde in der Haute-Garonne; neu sind: *Berteroa incana*, *Potentilla recta*, *Silene dichotoma*, *Bifora radians*, *Galeopsis longiflora*, *Mentha pachystachys* und *Orchis papilionaceo-Morio* bei Avignonnet.

240. **Arvet-Touvet** zählt die Hieracien der französischen Alpen auf; dieser Aufzählung gemäss finden sich in diesem Gebiete folgende Arten erster Ordnung: *Hieracium Pilosella*, *glaciale*, *Auricula*, *aurantiacum*, *pratense*, *cymosum*, *praealtum*, *glaucum*, *villosum*, *armerioides*, *piliferum*, *glanduliferum*, *subnivale*, *alpinum*, *humile*, *amplexicaule*, *saxatile*, *vogesiacum*, *lanatum*, *Schmidtii*, *coeruleum*, *murorum*, *vulgatum*, *juranum*, *prenanthoides*, *lanceolatum*, *lycopifolium*, *Cottianum*, *parcepilosum*, *lactucaefolium*, *viscosum*, *ochroleucum*, *picroides*, *intybaceum*, *heterospermum*, *rigidum*, *boreale*, *umbellatum*, *staticefolium*. Ausser-

dem gelangen noch 87 Species zweiter Ordnung und viele dritter und vierter Ordnung zur Aufzählung.

241. **Houlbert, Constans** zählt die seltenen Pflanzen von Mayenne auf; die seltensten sind: *Ranunculus reniformis, Lotus angustissimus, Barkhausia foetida, Lycopodium clavatum.*

242. **Saint-Lager** zählt die neuen und seltenen Pflanzen der Haute-Maurienne auf; dieselben sind: *Carex ustulata, Koeleria brevifolia, Festuca pilosa, Alsine lanceolata;* diese sind neu; für folgende seltene Species werden neue Standorte angegeben: *Scirpus alpinus, Carex rupestris, incurva, approximata, microglochin, hispidula, Chamaeorchis alpina, Echinospermum deflexum, Saxifraga diapensoides, Achillea dentifera, Saussurea alpina, Oxytropis foetida* etc.

243. **Magnin, Antoine** berichtet, dass er *Hieracium scorzonerifolium* Vill. am Mont Poupet wiederfand.

244. **Blanc, Léon** bringt Notizen über einige Pflanzen der Umgegend von Ajaccio; die seltenste Species ist *Leucojum vernum.*

245 **Blanc, Léon** berichtet, dass zwischen Rochemauve und Cruas (Ardéche) folgende seltene Pflanzen notirt wurden: *Scirpus Holoschoenus, Glaucium luteum, Spartium junceum, Valerianella coronata, Iberis pinnata, Genista Scorpius, Saponaria ocymoides, Linum campanulatum, Euphorbia serrata, Cistus salvifolius, Aphyllanthes monspeliensis, Lathyrus setifolius, Aristolochia Pistolochia, Rhus Cotinus* und *Coriaria, Phillyrea media, Erysimum australe, Alyssum macrocarpum* u. a.

246. **Roux** bemerkt, dass *Geum montanum* ⨯ *rivulare* bei Saint-Flour am Plomb von Cantal gefunden wurde. Sie wurde auch in Mont-Dore beobachtet.

247. **Boullu** beschreibt *Rosa Sanzeana* Boullu n. sp.

248. **Boullu** berichtet, dass *Euphrasia salisburgensis* var. **aurea Boullu** bei Bérarde en Oisans beobachtet wurde.

249. **Boullu** beschreibt *Rosa macrocarpa* Mérat var. **longepedunculata** Boullu.

250. **Martin, B.** bemerkt, dass im Departement des Gard' *Centaurea montana* var. *intermedia* Rouy vorkomme und ebenso auch *Centaurea axillaris* bei Chartreuse de Valbonne und bei Saint-Nicolas.

251. **Zeiller** zeigt an, dass er bei Chantilly *Dianthus superbus* und *Goodyera repens* fand, beide Species sind sehr selten für die Flora von Paris.

252 **Camus, E. G.** berichtet über eine Excursion nach Pourville bei Dieppe im Departement Seine-Inférieure. Am Strande wachsen: *Ranunculus Philonotis, Spergularia marina, Sp. marginata, Sagina procumbens, Trifolium scabrum, Glaucium flavum, Daucus gummifer, Beta maritima, Atriplex hastata* var. *prostrata, Chrysanthemum inodorum* var. *maritimum, Artemisia maritima, Glyceria maritima, distans, procumbens, Festuca rigida, rubra* var. *maritima, arenaria, Agropyrum acutum, pycnanthum, Lepturus filiformis, incurvatus, Silene maritima, oleracea, puberula, Anthyllis Vulneraria* var. *maritima, Cineraria lanceolata, Cirsium eriophorum, Tamarix anglica, Loroglossum hircinum, Conopodium denudatum, Orchis incarnata, maculata, Morio;* **Orchis Timbaliana** Camus n. b. ein Bastard der beiden letzten Arten und *Bellis intermedia* Loret, eine Hybride zwischen *Bellis annua* und *perennis.* Nicht gefunden wurden: *Sedum dasyphyllum, Bupleurum affine, Solanum villosum, Potamogeton praelongus* et *pectinatus* und *Lycopodium inundatum.*

253. **Olivier** bespricht *Lathyrus tenuifolius,* welcher bei Collioure, Port-Vendres, Banyuls sur-Mer gemein wächst.

254. **Martin, B.** berichtet über *Euphorbia amygdalina* ⨯ *Characias* ♂, welche zu Aumessas wächst.

255. **Baichère, E.** berichtet über seine Excursionen am Montagne noir bei Cabardès und Minervois. Die Resultate scheinen mit grossem Fleisse zusammengetragen zu sein; leider können wir auf diese Arbeit nicht näher eingehen.

256. **Baichère, E.** berichtet über die Vegetation der Umgegend von Carcassone. Seltene Pflanzen dieser Gegend sind: *Adonis flammea, Anemone coronaria, Nigella hispanica* var. *parviflora, Delphinium pubescens, Glaucium corniculatum, Erucastrum Pollichii,*

Clypeola Gaudini, Cistus laurifolius, Helianthemum guttatum, Viola hirta, Dianthus longicaulis, Althaea narbonenses, A. officinalis, Ruta montana, Ulex europaeus, Trigonella hybrida, monspeliaca, Vicia atropurpurea, tenuifolia, Pseudocracca, Lathyrus sphaericus, Coronilla Emerus, Spiraea Filipendula, Crataegus ruscinonensis, Oenothera biennis, Myricaria germanica, Anethum graveolens, Apium graveolens, Viburnum Lantana, Galium decolorans, Petasites fragrans, Artemisia Absinthium, Chrysanthemum coronarium, Bidens tripartita, Leuzea conifera, Sonchus aquatilis, maritimus, Jasione montana, Convolvulus tricolor, Nonnea alba, Cynoglossum cheirifolium, Antirrhinum latifolium, Gratiola officinalis, Odontites serotina, Brunella hyssopifolia, Stachys annua, Hyoscyamus niger, Phytolacca decandra, Atriplex Halimus, Aristolochia Clematitis, Pistolochia, Narcissus Pseudonarcissus, juncifolius, incomparabilis, Spiranthes autumnalis, Listera ovata, Orchis purpurea, Platanthera bifolia, Luzula Forsteri, Scirpus parvulus, Carex praecox, Phalaris canariensis, Bupleurum protractum.

257. **Coste, H.** zählt die von ihm im Bassin des Dourdou beobachteten Pflanzen auf; neu für Aveyron sind: *Cistus Pouzolzii, Helianthemum umbellatum, Viola sepincola, Dianthus brachyanthus* var. *subacaulis, Alsine cerna*, var. *Theveni, Melilotus neapolitana, Vicia purpurascens, Lathyrus setifolius, Potentilla micrantha, Pirus amygdaliformis, Orchis Simia, Scirpus Savii*; im Bassin des Rance kommen vor: *Camelina dentata* var. *ambigua, Scleranthus verticillatus, Gabactites tomentosa, Cytinus Hypocistis.*

258. **Corbière, L.** berichtet, dass sich bei Cherbourg und Fécamp folgende ausländische Pflanzen gefunden haben: *Grindelia squarrosa* und *glutinosa, Lepidium virginicum, Matricaria discoidea, Azolla filiculoides, Chenopodium ambrosioides*; andere stammen aus Central- oder Südfrankreich, so *Lathyrus angulatus, Centaurea melitensis, Vicia narbonensis.* Der grösste Theil war 1887 wieder verschwunden.

259. **Corbière, L.** berichtet, dass *Raphanus Landra* aus der Flora von Cherbourg zu streichen ist; *Lepidium virginicum* aber hat sich dort eingebürgert und *Oenothera stricta* bei Cabourg; *Galium neglectum* ist bei Lessay und *Erythraea littoralis* bei Surville gefunden worden; *Agrostis verticillata* ist gemein bei Cherbourg.

260. **Corbière, L.** beschreibt **Erythraea Marieri** Corbière n. sp. bei Havre Surville (Manche).

261. **Gautier, G.** berichtet über die Excursion nach Boutenac. Von bemerkenswerthen Pflanzen seien aufgeführt: *Lavandula Stoechas, Genista scorpius, Calycotome spinosa, Erica cinera, Briza maxima, Erica scoparia, Jasione montana, Cistus laurifolius et Ledon, Lycium afrum.*

262. **Gautier, G.** zählt die auf der Excursion auf den Mont Alaric beobachteten Pflanzen auf. Erwähnenswerth sind: *Turgenia latifolia, Bifora radians, Roemeria hybrida, Bifora testiculata, Scorzonera hirsuta, Tragopogon stenophyllos, Thalictrum tuberosum, Allium Moly, Teucrium aureo × montanum, Genista Villarsii*; auf dem Gipfel wachsen fast alpine Typen, so: *Fritillaria pyrenaica, Carex brevicollis, Leucanthemum graminifolium, Festuca spadicea, Serratula nudicaulis* und *heterophylla, Genista Villarsii, Senecio Gerardi, Euphorbia saxatilis, Dianthus subacaulis, Anthyllis montana, Nardus stricta, Globularia nana, Plantago argentea, Erinus alpinus* u. a.

263. **Gautier, G.** zählt die auf der Excursion nach Font-Estramer gefundenen Pflanzen auf. Bemerkenswerth sind: *Centaurea dracunculifolia* und *Cyperus distachyos*; ferner *Linaria rubrifolia, Phragmites gigantea, Rosmarinus laxiflora, Alkanna lutea, Frankenia pulverulenta, Isolepis Saviana, Juncus obtusiflorus, Cyperus fuscus, Carex divulsa, C. lepidocarpa, distans, Erodium chium, Rapistrum orientale, Cirsium echinatum, Hypecoum grandiflorum, Anthyllis cytisoides* und *Solanum nigrum* var. *induratum* Boiss.

264. **Gautier, G.** giebt ein Verzeichniss der an den einzelnen Stationen auf der Excursion nach Sidrières de Fitou und de Leucase beobachteten Pflanzen. Bemerkenswerth ist *Lippia repens* L. und *Paronychia echinata, Dianthus pungens* und *Scrophularia humifusa.* Das Cap Leucate weist auf: *Viola arborescens, Statice globularifolia, Anthyllis cytisoides, Orobanche Crithmi, O. fuliginosa, Sonchus aquatilis, S. glaucescens, Agropyrum elongatum*; letztere ist neu für Frankreich.

265. **Gautier, G.** berichtet über eine gemeinschaftliche Excursion nach den Gorges de la Pierre-Lisse. Von Seltenheiten sind zu erwähnen: *Myricaria germanica, Cistus laurifolius, Linum tenuifolium, Trigonella hybrida, Globularia cordifolia, Passerina dioica, Lonicera pyrenaica, Campanula speciosa, Saxifraga cobariensis, Vicia villosa, Androsaemum officinale, Hypericum montanum, Cynoglossum Dioscoridis, Lamium longiflorum.*

266. **Gautier, G.** erstattet Bericht über die Excursion nach dem Forêt des Fange. Die an den einzelnen Stationen beobachteten Pflanzen werden ohne weitere Bemerkungen aufgeführt. Bemerkenswerth sind: *Anacampseros coerulescens* und *cebennensis, Colchicum castrense, Asperula laevigata, Cynoglossum montanum, Euphorbia hybernica, Valeriana pyrenaica* und *Scrophularia pyrenaica* und *Teucrium pyrenaicum, Genista scorpius, Lavandula latifolia.*

267. **Gautier, G.** berichtet über die Excursion nach Forêt und Pla-d'Estable. Bei Pla-d'Estable wurden gefunden: *Senebiera Coronopus, Chrysanthemum corymbosum, Cynoglossum pictum.* Ferner *Pinus uncinata, Dethawna tenuifolia, Anemone alpina, Ranunculus Thora, Thesium alpinum, Hieracium Neocerinthe, Thalictrum aquilegifolium, Campanula speciosa, Laserpitium Nestleri, Hieracium saxatile, Passerina dioica, Allium fallax, Aster alpinus, Onoperdon pyrenaicum.* — Die Funde der einzelueu Stationen werden entsprechend aufgezählt ohne weitere Bemerkungen.

268. **Gautier, G.** zählt die auf einer von der Gesellschaft nach Pont-de-la-Fous gemachten Funde auf, ohne jegliche Angabe näherer Verhältnisse.

269. **Gautier, G.** zählt alle während der ausserordentlichen Sitzung der Französischen Bot. Gesellschaft zu Narbonne gefundenen Pflanzen auf. Die Häufigkeit oder Seltenheit ist nicht angegeben; ein näheres Eingehen ist dem Ref. mit Rücksicht auf den Umfang nicht möglich.

270. **Gautier, G.** erstattet über die Excursion nach den Inseln Laute und Sainte-Lucie Bericht. Es wurden zahlreiche Strandpflanzen beobachtet, so z. B. *Tamarix gallica, Inula crithmoides, Crithmum maritimum, Statice virgata, serotina, Alyssum maritimum, Salicornia fruticosa, Suaeda fruticosa* u. a., ferner *Potamogeton pectinatus, Ruppia maritima, Zostera marina* etc.; *Bulbocastanum incrassatum, Helianthemum thymifolium* etc.

271. **Gautier, G.** zählt die auf der Excursion nach Pech-de-l'Augèle beobachteten Pflanzen auf. Neu für Frankreich ist *Orobanche Santolinae.*

272. **Copineau** zählt alle während der Excursionen nach Saint-Antoine de Galamus, les Étroits d'Alet und nach dem Vallée de Veraza beobachteten Pflanzen auf. Bemerkenswerth dürften sein: *Lysimachia Ephemerum,* bei Saint-Paul, *Colutea arborescens, Cyclamen repandum, Cistus florentinus, Medicago media, Cistus laurifolius* u. a.

273. **Héribaud** theilt mit, dass er bei Clermont Ferrand folgende seltene Pflanzen fand: *Convolvulus Cantabrica, Orobanche minor, Ventenata avenacea, Serrafalcus patulus, Poa compressa, Langeana, Agropyrum glaucum.* Später schickte Héribaud von dieser Gegend Exemplare von *Biscutella Lamottei, Rapistrum Linnaeanum, Galium virgultorum, Convolvulus lineatus, Lycopodium Chamaecyparissus, Spergularia marginata, Scleranthus uncinatus, Artemisia Verlotorum, Carlina Cynara, Linaria vulgari-striata, Stachys heraclea, Eragrostis poaeoides, Isoëtes lacustris.*

274. **Camus, G.** giebt neue Standorte für seltene Pflanzen der Flora von Paris an: *Primula officinalis × elatior* bei Essarts-le-Roi, im Walde von Fosseuse: *Daphne Laureola, Sorbus torminalis, Stachys germanica, Mespilus germanica, Cirsium eriophorum, Cephalanthera grandiflora, Polygala calcarea, Orchis purpurea, Digitalis lutea.* Zwischen Laude und Ravie d'En-haut: *Orchis purpurea, O. Simia, Ophrys muscifera, Gymnadenia conopea, Epipactis atrorubens, Cephalanthera grandiflora, Aquilegia vulgaris, Veronica prostrata, Coronilla minima, Carum Bulbocastanum, Daphne Laureola, Prismatocarpus hybridus.*

275. **Cosson, E.** beschreibt die Species der Subgenus *Chamaebuxus* der Gattung *Polygala;* es sind dies: *Polygala Chamaebuxus* L. in Mittel- und Südeuropa und in Südosteuropa bis Siebenbürgen; in den Pyrenäen nicht beobachtet; *P. Vayredae Costa* in Ca-

talonien bei Olot; *P. Munbyana* Boiss. et Reut. im westlichen Algier; *P. Webbiana* Coss. in Marokko; *P. Balansae* Coss. im mittleren und südlichen Marokko.

276. **Daveau, J.** beschreibt *Armeria Rouyana* bei Moita, bei Grandola und Alcacer do-Sul, bei Sines, bei Olhao.

277. **Le Grand, Antoin** theilte mit, dass er *Scirpus Holoschoenus* in einem Sumpfe bei Bourges fand.

278. **Rouy, G.** Die Notiz über *Teucrium majorana* Pers. u. *T. majoricum* ist ohne pflanzengeographisches Interesse.

279. **Camus** et **Duval** fanden bei Hédouville und Saint-Lubin folgende seltene Pflanzen: *Caltha Guerangerii* Boreau, *Anemone Pulsatilla*, *Helleborus viridis*, *Polygala calcarea*, *P. comosa*, *Orchis purpurea*, *simia*, *Ophrys muscifera*, *aranifera* und *Euphorbia Gerardiana*; im Walde zu Grainval: *Cephalanthera grandiflora* und *Orchis ustulata*; und endlich bei Chambly: *Cephalanthera grandiflora*, *Orchis purpurea*, *militaris*, *simia*, *dubia* und *Polygala calcarea*.

280. **Chastaingt, Gabriel** beschreibt: **Rosa saxilliacensis** Chastaingt = *R. cuneata* Nob. mss. in Saxilly im Departement Indre-et-Loire; **Rosa superba** Chastaingt in Château-rénault.

281. **Abzac de le Dauze** theilt mit, dass er bei Périgieux eine *Viola* fand, welche er für *Viola alba* halte.

282. **Roze, E.** theilt mit, dass *Galanthus nivalis* 1/4 Stunde von Chaville entfernt stehe, wo auch *Isopyrum thalictroides* vorkomme; ausserdem ist er vom Parc de Versailles, vom Grand-Trianon und von Marly bekannt.

283. **Rouy, G.** theilt mit, dass Coincy in Spanien *Linum decumbens*, *Astragalus mauritanicus*, *Trinia Dufourii*, *Senecio Decaisnei*, *Echium polycaulon*, *Teucrium intricatum*, *cinereum* und *ramosissimum*, *Sternbergia aetnensis*, *Narcissus cernuus*, *Isoëtes setacea* u. a. entdeckte oder wiederfand.

284. **Fliche** bespricht die Formen der *Ostrya carpinifolia*, es sind dies: *O. carpinifolia* Scop. var. *genuina*, *virginica*, *corsica*. *Ostrya* kommt in Corsica, in den See-Alpen und im Departement Var vor.

285. **Miegeville** giebt an, dass sich folgende Daphnoideen in den Centralpyrenäen finden; es sind dies: *Passerina annua*, *dioica*, *nivalis*, *Daphne Mezereum* und *D. cneorum*, *D. Philippi* und *Laureola*.

286. **Chastaingt, G.** zählt die im Departement Indre-et-Loire wachsenden Rosen mit genauer Angabe der Standorte auf; es sind dies: *Rosa bibracteata*, *conspicua*, *arvensis*, *ovata*, *erronea*, *stylosa*, *systyla*, *leucochroa*, *virginea*, *pusilla*, *arvina*, *mirabilis*, *gallica*, *canina*, *glaucescens*, *albo-lutescens*, *ramosissima*, *montivaga*, *spuria*, *squarrosa*, *dumalis*, *oblonga*, *cladolelia*, *Chaboissaei*, *villosiuscula*, *andegavensis*, *Suberti*, *cuneata*, *superba*, *obtusifolia*, *dumetorum*, *urbica*, *semiglabra*, *hemitricha*, *trichoneura*, *platyphylloides*, *Déséglisei*, *lutea*, *pseudoflexuosa*, *sepium*, *diminuta*, *Lemanii*, *permixta*, *operta*, *nemorosa*, *umbellata*, *rotundifolia*, *comosa*, *comosella*, *dolorosa*, *cinerascens*, *dumosa*, *subglobosa*.

287. **Camus, E. G.** theilt mit, dass Jeanpert und Luizet *Potentilla mixta* bei Villers-Cotterets gefunden haben; ebendort kommt auch *P. procumbens* Sibth. vor; ferner findet sie sich bei Vernon (Euré).

288. **Battandier** theilt in einem Briefe an Malinvaud mit, dass er *Lotus drepanocarpus* bei Garqueirane bei Hyères fand, neu für die französische Flora.

289. **Foucaud, J.** beschreibt *Ceratophyllum demersum* L. var. *notacanthum* Lloyd, gemein um Rochefort, ferner um Tonnay-Charente, Breuil-Magne und bei Muron und Saint-Aignant.

290. **Niel** giebt die Resultate von botanischen Excursionen nach St. Evroult in der Normandie bekannt. Bei Echauffour findet man die für die Gegend sehr seltenen: *Majanthemum bifolium*, *Equisetum silvaticum* und *Wahlenbergia hederacea*. Im Uebrigen werden die Pflanzen nach Standorten ohne jegliche weitere Angabe aufgezählt.

291. **Flahault, Ch.** bespricht Excursionen in der Umgebung von Montpellier und zählt die auf denselben beobachteten Pflanzen auf.

292. **Roze, Ernest** zählt die Pflanzen der Flora von Paris vom Beginne des 17. Jahrhunderts auf; ohne Interesse für dieses Referat.

293. **Camus, E. G.** bespricht und bildet ab einige *Anemone*-Arten, so *Anemone Pulsatilla, montana* und *rubra*. Pflanzengeographische Notizen sind nicht angegeben.

294. **Bois, D.** zählt die Seltenheiten der Umgegend von Paris auf: *Impatiens nolitangere, Hippuris vulgaris, Tordylium maximum, Petroselinum segetum, Doronicum plantaginium, Echinospermum Lappula, Physalis Alkekengi, Stachys germanica, Lamium maculatum.*

295. **Boudier, E.** untersuchte den Forst von Carnelle. Selten sind *Cardamine amara* und *Melandrium silvestre*. Im Uebrigen werden die beobachteten Pflanzen der Reihe nach aufgezählt.

296. **Vallot, J.** zählt die Pflanzen des Pantheons, eines ganz beschränkten Raumes, auf; er beobachtete 42 Species, unter welchen folgende seltenere sind: *Gaudinia fragilis, Trifolium elegans, Tr. maritimum.*

297. **Constantin, J.** untersuchte die Küste des atlantischen Ocean und schildert die dortigen Vegetationsverhältnisse. Bei Grave fand Verf.: *Linaria thymifolia, Salsola Kali, Eryngium maritimum, Cakile maritima, Convolvulus Soldanella, Helianthemum guttatum, Ononis Natrix, Gnaphalium luteo-album, Eryngium campestre, Sonchus asper, Ranunculus Philonotis, Dianthus gallicus, Medicago striata, Galium arenarium, Lotus corniculatus* var. *crassifolius, Artemisia campestris* var. *crithmifolia*. Bei Verdon: *Artemisia gallica, Frankenia laevis, Suaëda fruticosa, Salicornia fruticosa, Statice lychnidifolia, Psamma arenaria, Lepturus incurvatus, Daphne Cnidium, Scirpus maritimus, Polycarpon tetraphyllum.* Entfernt man sich vom Ufer, so treten augenblicklich die Strandpflanzen zurück und Binnenlandpflanzen treten an ihre Stelle. Auf einer Excursion zu Croisic und Pouliguen ergaben sich die gleichen Verhältnisse; zu den Strandpflanzen traten nur noch *Medicago marina* und *Diotis candidissima*. Einige Meerstrandpflanzen sind localisirt: *Lathyrus maritimus, Althenia filiformis, Eryngium viviparum, Statice Dubyei, St. rariflora, Narcissus reflexus.*

298. **Morot, L.** bespricht eine Form von *Anemone nemorosa* mit grossen Blüthen, bei Rouen in einem kleinen Gehölz zu Mesnil-Esnard beobachtet; diese Form wurde auch im Departement Somme gefunden, ebenso bei Verlinghen bei Lille gefunden.

299. **Camus, E. G.** beschreibt *Orchis Timbaliana* Camus *(O. Morio* $\times$ *O. maculata)* und bildet diese Pflanze in einer colorirten Tafel ab. Sie wächst in der Umgegend von Paris

300. **Masclef, A.** fährt in der Aufzählung der Pflanzen von Collines d'Artois fort. Zweiundzwanzig interessantere Species hält Verf. für einheimisch oder wenigstens gut naturalisirt; es sind dies: *Anemone Pulsatilla, Ranunculus Godroni, Thlaspi perfoliatum, Holosteum umbellatum, Sedum micranthum, Potentilla argentea, Myriophyllum spicatum, Centaurea pratensis, Senecio saracenicus, Vincetoxicum officinale, Verbascum floccosum, V. Schiedeanum, Veronica triphyllos, Digitalis purpurea, Calamintha menthaefolia, C. Nepeta, Lamium hybridum, Orchis Jacquini, Heleocharis acicularis, Carex vesicaria, Poa angustifolia, Aspidium lobatum.* Dreizehn sind sicher eingeschleppt, aber bereits mehr oder weniger naturalisirt, so: *Fumaria pallidiflora, Neslea paniculata, Calepina Corvini, Geranium pratense, Vicia tenuifolia, Petasites fragrans, Lactuca scariola, Verbascum Blattaria, Amarantus retroflexus, Chenopodium opulifolium, Ch. glaucum, Allium oleraceum, Setaria glauca* und ebenso auch *Galeopsis versicolor.*

301. **Masclef** schildert in einem höchst interessanten Aufsatze die Vegetationsverhältnisse des Nordens von Frankreich. Er theilt das Gebiet in mehrere Zonen und bespricht die Formen, welche den einzelnen Zonen angehören, sie gleichsam charakterisirend. Er unterscheidet folgende Zonen. A. marine Zone: *Zostera marina.* B. Zone des Gestades: *Salicornia herbacea, Suaeda maritima, Aster Tripolium;* besondere Erwähnung verdienen: *Armeria maritima, Statice Limonium, Obione portulacoides, O. pedunculata, Carex extensa, Lepturus filiformis, Matricaria maritima, Beta maritima, Atriplex crassifolia, A. littoralis.* C. Zone des falaises. Hier wachsen: *Matricaria maritima, Apium graveolens, Silene mari-*

tima, *Chrithmum maritimum* und *Statice occidentalis*. D. Zone des aux saumâtres: Die speciellen Pflanzen dieser Zone sind: *Ranunculus Baudoti*, *Ruppia rostellata*, *Zanichellia palustris*, *Apium graveolens*. E Zone der Dünen: *Honkenya peploides* und *Salsola Kali*.

Es folgt ferner eine Schilderung der Vegetation des Meersandes: A. Seestrandpflanzen: *Convolvulus Soldanella*, *Euphorbia Paralias*, *Cakile maritima*, *Eryngium maritimum*, *Ammophila arenaria*, *Festuca araria*, *Agropyrum pungens*, *A. acutum*, *A. pycnanthum*, *Sclerochloa loliacea*, *Elymus arenarius*, *Lathyrus maritimus*, *Asparagus officinalis*, *Cochlearia danica*, *Erythraea littoralis*, *Carex trinervis*, *Glyceria procumbens*. Klima, Lage und Boden wirken aber auch auf Binnenlandpflanzen gewaltig ein, wodurch die maritimen Formen entstehen, z. B. *Sagina nodosa* var. *maritima*, *Chenopodium rubrum* var. *crassifolium*, *Polygonum aviculare* var. *littorale*, *Arenaria serpyllifolia* var. *macrocarpa*, *Koeleria cristata* var. *albescens*, *Viola sabulosa*, eine Form von *Viola tricolor*, *Lotus corniculatus* var. *crassifolius* und andere; wir erwähnen nur noch: *Ononis procurrens* var. *maritima*, *Asperula cynanchica* var. *densiflora*, *Galium verum* var. *maritimum*, *G. Mollugo* var. *littoralis*, *Senecio Jacobaea* var. *dunensis*, *Thrincia hirta* var. *arenaria*, *Erythraea centaurium* var. *capitatum*, *Poa pratensis* var. *littoralis*, *Ranunculus Flammula* var. *reptans*, *Viola canina* var. *loncifolia*.

g. Pyrenäen-Halbinsel.

302. **Rouy, G.** beschreibt seine botanischen Excursionen nach Spanien im Jahre 1883. *Dianthus hispanicus* Asso wurde bei Logroño, Toledo, Valencia, Alicante und Malaga gefunden und früher von ihm *D. setabensis* genannt; *Arenaria montana* L. var. **saxicola** Rouy n. var.; *Haplophyllum hispanicum* Spach. var. **Barrelieri** Rouy; **Astragalus gypsophilus** Rouy *A. incanus* Roth non L.; *A. monspessulanus* L. var. *incanus* Boiss. zu Aranjuez; **Hippocrepis fruticosa** Rouy auf den Balearen; **Ferula hispanica** Rouy bei Hifac; *Pyrethrum corymbosum* Willd. var. **gracilicaule** Rouy; *Hymenostemma Fontanesii* WK. var. **intermedium** Rouy; *Helichrysum valentinum* Rouy, Balearen; *Asteriscus spinosus* Gr. et Gdr. var. **subacaulis** Rouy und var. **minimus** Rouy; *Carduncellus Dianius* Webb. in Alicante bei Denia; **Microlonchus spinulosus** Rouy bei Madrid auf den Hängen des cerro Negro; *Carduus granatensis* W.K. var. **gracilis** Rouy; *Centaurea prostrata* Coss. var. **decumbens** Rouy; *Andryala Rothii* Pers. var. **major** Rouy, var. **stricta** Rouy, var. **ramosa** Rouy; *Crepis scorzoneroides* Rouy, Denia in Alicante; *Picridium prenanthoides* Rouy in Alicante am Mongo; *Borago officinalis* L. var. *saxicola* Rouy; *Cynoglossum pictum* Ait. var. **umbrosum** Rouy; *Thymus* **Webbianus** Rouy vom Hifac und Mongo; *Th.* **valentinus** Rouy am Hifac; *Th.* **micromerioides** Rouy in Alicante bei Benitachel.

303. **Willkomm, M.** beschreibt folgende spanischen Pflanzen und bildet sie ab: *Ranunculus fucoides* Freyn, Andalusien bei Puerto de Santa Maria; *R. leontinensis* Freyn auf Isla de Leon bei Cadix; *Clematis cirrhosa* L. var. **purpurascens** WK. n. var. auf den Balearen; *Cl. Balearica* Rich. auf den Balearen und Pithyusen; *Brassica Cossoneana* Boiss. et Reut. in Murcia und Valencia; **Verbascum Portae** Willk. sp. n. auf Majorca; *Celsia Barnadesii* G. Don var. **Baetica** Willk. bei Xeres de la Frontera; *C. sinuata* Cav. Südspanien; *Thymus Loscosii* WK. von Aragonien; *Th. aestivus* Reut. in Valencia und Aragonien an mehreren Stellen.

h. Italien.

304. **Sommier, S.** sammelte bei 57° n. Br. auf 1260′ M. Höhe auf der Uralkette *Gentiana barbata* Fröl., welche zwar von der asiatischen Seite bekannt, aber für die europäische Flora noch nicht angegeben worden war. Verf. betrachtet die Pflanze nicht für alpin (entgegen Grisebach), sondern, für die Uralkette wenigstens, als der bergigen Waldregion eigen. Sie kommt daselbst mit *G. Amarella*, *G. Pneumonanthe*, *Rosa acicularis* Lind. und *Rubus saxatilis* L. zusammen vor. Verf. fügt noch hinzu, dass der klimatische Einfluss der Uralkette gegen Norden sichtlich herabgemindert wird, dermaassen, dass er im Ob-Thale lauter Vertreter der europäischen Flora zu beobachten hatte. (Vgl. Bot. J., XIV, II, p. 102.) Solla.

305. **Sprenger, C.** erwähnt auf dem Monte St. Angelo, auf der Halbinsel von Sorrent, folgende sechs natürliche Varietäten von *Crocus Imperati* Ten. gesammelt zu haben: var. *flore pleno*, var. *albiflora*, var. *lilacina*, var. *pallida*, var. *purpurea*, var. *atropurpurea*.

Die von sämmtlichen Varietäten eingesetzten Knollen gediehen auch in der Ebene und erhielten die charakteristische Varietät. Solla.

306. Von **F. Parlatore's** Flora wird, nach vorläufiger Uebergehung der Fortsetzung des VII. Bandes (vgl. Bot. J., 1887) von **T. Caruel** sogleich der erste Theil des VIII. Bandes herausgegeben. Der neue Band entspricht in seinem Aeusseren vollständig der durch Caruel (mit dem VI. Bande) eingeführten Neuerung des Werkes. Doch findet es Caruel für angemessen, einige der Bemerkungen zum VI. Bande auch hier wieder zu betonen, namentlich mit Bezug auf die Citate. Zu näherer Verständigung der letzteren giebt Caruel ein Verzeichniss der öfters im Werke angeführten Werke und Schriften über die Flora des Landes und angrenzender Gebiete. Es sind in derselben 213 aufgezählt, vom Jahre 1565 bis 1888, in chronologischer Reihenfolge.

Der Band bringt eine Besprechung der Campaniflorae Car. (p. 15—146) und der Oleiflorae Car. (p. 147—170), beide durch E. Taufani; hierauf die ersten Seiten zu einer Bearbeitung der Umbelliflorae Car., durch T. Caruel, mit der allgemeinen Uebersicht der Ordnung und mit der Familie der Cornaceae Lk. nahezu vollständig. Solla.

307. **Lojacono-Pojero, M.** notirte im Juli auf dem Madonien um Castelbuono etc. herum u. a.: *Helianthemum nebrodense* Hldr., *Sedum glanduliferum* var. *nebrodense* Guss. (welche Verf. als selbständige Art vermuthet), *Silene rupicola* Huet.; *Cineraria nebrodensis* Guss., oberhalb Castelbuono auf 1200 m. M.-H., sehr selten; *Euphorbia Gasparini* Boiss., *Aethionema ovalifolium* Boiss., *Thesium italicum* A. DC., *T intermedium* Guss. auf dem Carbonara-Hügel, 1600 m; *Arabis tenella* Guss., *Galium verum* L. Solla.

308. **Lojacono-Pojero, M.** bemüht sich noch darzuthun, dass die von Burnat et Gremli für Sicilien angenommene *Rosa moschata* Mill. auf einen einzigen, etwa hundertjährigen aber cultivirten Busch zu S. Guglielmo nächst Castelbuono zurückzuführen sei. Leidige Verwechslungen haben das Vorkommen der genannten Pflanze bald als zweifelhaft hingestellt, bald wieder auftauchen lassen. Dieselben haben aber auch andere Missdeutungen hervorgerufen, die im Vorliegenden geklärt würden. *R. panormitana* Tod. aus Molara ist nur eine Var. von *R. sempervirens* L. und entspricht vollkommen den beiden Formen β. und $\beta\beta$. dieser Art bei Gussone. Todaro hat weiters nur aus Verwechslung *R. moschata* Mill. aus S. Guglielmo und von anderen Standorten her, wohin sie mit Reisern von jenem Stammbusche verpflanzt worden war (und woselbst sie jetzt nicht mehr existirt), unter dem Namen *R. panormitana* in seinen Tauschpflanzen aufgenommen. Solla.

309. **Batelli, A.** ergänzt seine Umbrische Flora (vgl. auch Bot. J., 1887) durch weitere 111 Gefässpflanzen, wovon eine ein Farn ist, indem er in dem vorliegenden dritten Beitrage hauptsächlich den eigenen Ausflug nach dem M. Ternimillo (vgl. Ref. No. 310), sowie jene Cicioni's nach Umbertide und Città di Castello, in der Provinz, einbegreift.

Die Darstellungsweise ist die nämliche. Von bereits erwähnten Pflanzen kommen 4 in diesem Beitrage vor, zu welchen neue Standorte oder sonst Bemerkungen hinzugefügt werden. Nämlich *Vesicaria graeca* Reut., welche, entgegen Parlatore, der *V. Barrelieri* Parl. und der *V. utriculata* Ait. synonym betrachtet werden muss; *Thlaspi alpestre* L., das einen der südlichsten, wogegen *Silene pendula* L. (nächst Terni) einen der nördlichsten Standorte einnimmt; *Arum maculatum* L. aus den Sibylliner-Bergen und *Gagea pratensis* R. et S. var. *spathacea* Parl. vom Terminillo (1650—1700 m).

Noch finden Aufnahme im Vorliegenden *Coriandrum sativum* L., subspontan auf den Feldern im oberen Tiberthale und zu Cerqueto, und *Ziziphora capitata* L. an steinigen Stellen des Malbeberges nächst Chiugiana. Solla.

310. **Batelli, A.** unternahm im Juni einen Ausflug nach dem Terminillo in Umbrien, gegen die Abruzzen zu, 2200 m hoch. — Er zählt 108 Arten auf, ausser *Cystopteris fragilis* Brnb. nur Phanerogamen, darunter von Holzgewächsen nur *Pirus Aria* Ehr. nebst *Rubus caesius* L., *R. discolor* Wh. et Nees, *Rosa canina* L. und *Viburnum Lantana*

L. — Eine kurze Schilderung des Berges geht dem Artenverzeichnisse voran. Verf. macht auf das Vorkommen einiger für die Abruzzen charakteristischer Pflanzen auf der umbrischen Abdachung aufmerksam, wie: *Cynoglossum magellense* Ten., *C. apenninum* L., *Verbascum longifolium* Ten., *Lathyrus asphodeloides* Gr. et Gdr. etc. — Von Interesse erscheinen auch einige subalpine Arten, welche Verf. gesammelt hat, als: *Anemone alpina* L. (wahrscheinlich wohl in der Var. *β. millefoliata* Bert., aus der Majulla etc. bekannt! Ref.); *Draba aizoides* L., *Valeriana tuberosa* L., *Gentiana lutea* L., *Primula Auricula* L. (welche Verf. als Vertreter einer Flora der Abruzzen nennt!), *Festuca spadicea* L. etc.

Solla.

311. **Macchiati, L.** giebt ein erstes Verzeichniss der Flora von Viterbo und speciell der Bergkette von Pallanzana, die er in den Jahren 1885—1886 durchwanderte. — Dem Verzeichnisse gehen einige Bemerkungen über die vulkanische Natur der Gegend voran. — Das Verzeichniss bringt 707 Phanerogamen (575 Di- und 132 Monocotylen), nach dem De Candolle'schen System geordnet; zu jeder Art ist der Standort und eine Bemerkung über deren mehr oder minder häufiges Auftreten gegeben.

Es folgen 15 Gefässkryptogamen und 58 Bryophyten, in gleicher Weise behandelt.

Von den Phanerogamen hebt Verf. als selten für die Gegend hervor: *Reseda alba* L., *Potentilla argentea* L., *Galium murale* All., *Centranthus ruber* DC., *Crepis leontodontoides* All., *Myosotis versicolor* Lk. (auf 600—680 m M.-H.), *Chenopodium Vulvaria* L., *Euphorbia Lathyris* L., *Lagurus ovatus* L., *Aegilops triaristata* Willd. Solla.

312. **Tanfani, E.** sammelte auf Giannutri im toscanischen Archipel *Ononis mitissima, Allium tenuiflorum* und *Narcissus serotinus*, drei in Toscana seltene Arten.

Dazu bemerkt **T. Caruel**, dass das Vorkommen von *Ononis mitissima* um Genua auf Verschleppung durch Dampfer beruhe, und dass die Insel Giannutri das nördlichste Vorkommen der Art bezeichne.

U. Martelli weist auf Verschleppungen durch Schafheerden oder durch Vögel am Monte Morello nächst Florenz hin, woselbst *Smyrnium perfoliatum* (aus den Maremmen) vorkommt und *Convolvulus tricolor* (aus dem Süden) längere Zeit hindurch gesehen wurde, gegenwärtig aber wieder verschwunden ist. Solla.

313. **Piccioli, L.** Ein ohne Sachkenntniss und Sorgfalt abgefasster dichotomischer Schlüssel zur Bestimmung der um Vallombrosa vorkommenden Gefässpflanzen, wobei nicht alles, was im Gebiete vorkommt, erwähnt ist und andererseits manches erwähnt wird, was an den angegebenen Standorten nicht vorkommt.

Bezeichnend sind die Stellen, an welchen Verf. angiebt (p. 16), dass er dem von Eichler in den „Blüthendiagrammen" vorgezeichneten Wege folgt, dabei aber für die Dicotylen (p. 97) besonders bemerkt, dass er sich an Caruel nach dem „Erborista toscano" hält und schliesslich (p. 16) bezüglich der Synonyme nahezu constant Nyman's „Conspectus" zu Rathe zieht. Auf dieser Vereinbarung der Ansichten Anderer ist der Schlüssel aufgebaut. Solla.

314. **Paolucci, L.** legt als neuen Beitrag zur Flora Ostitaliens um Arcona gesammelte Exemplare von *Coronilla emeroides* vor, welche mit Boissier's Diagnose vollständig — bis auf die Früchte — übereinstimmen. Solla.

315. **Ricci, R.** sammelte auf dem Monte Vettore in der Mark Ancona Exemplare von *Festuca alpina* Sut. (determ. Hackel), bisher nur vom M. Baldo für Italien angegeben. Verf. giebt jedoch an, dass er das Centralherbarium vergeblich nach einer *F. alpina* durchsucht habe, also dürfte obige Angabe (bei Hackel) nur mit Zweifel angenommen werden.

Verf. sammelte ferner folgende für Italien seltene *Festuca*-Arten: im Picanum, *F. laevis* Hack. (*F. duriuscula* Guss. fl. sic., non. L.) und von der *F. duriuscula* L. die fa. *compacta* Hck. und die var. *gracilis* Hack. — In Toscana, *F. rubra* L. und *F. Fenas* Lap. Solla.

316. **Mattei, G. E.** hat Bertoloni's *Tulipa scabriscapa* in der Nähe von Bologna (Osservanza, cà del Vento) wieder gefunden. Vor ihm traf D. Riva diese Tulpe daselbst an, welcher mit A. Fiori der *T. Fransoniana* Parl. sie zuschreibt. Verf. weist

nach, dass die Pflanze vielmehr der *T. strangulata* Reb. entspreche und wie diese ebenfalls mit gelben und mit rothgesprenkelten Blumen (var. *variopicta* Reb. und var. *neglecta* Reb.) vorkommen. Gleichzeitig lässt sich auf die gleiche Art auch *T. Didieri* Reb. aus Piacenza zurückführen; nicht jedoch *T. Didieri* Jord. aus Savoyen!

Verf. lässt sich weiter in die alte Discussion über die Herkunft der Tulpen ein und schliesst mit der Annahme von *Tulipa silvestris* als ausschliesslich endemisch (für das bolognesische) und von *T. praecox* und *T. Clusiana*, jede als eine gute Art, aus dem fernen Orient importirt. — *T. Oculus solis* St. Am. ist eine Form oder vielleicht eine Bastard von *T. praecox* und wahrscheinlich dürfte *T. strangulata* Reb. ebenfalls eine modificirte Form irgend einer orientalischen Art sein. Solla.

317. **Macchiati, L.** berichtet vom Hügel von Ventosa unweit Modena (Eocen, unerschöpfliche Selenit-Ablagerung, ringsum Gyps-Efflorescenzen). Auf dem nackten Gesteine wuchsen: *Erysimum Cheiranthus* Prs., *Helianthemum vulgare* Grtn., *Polygala vulgaris* L., *Lotus corniculatus* L., *Bonjeania hirsuta* Reich., *Medicago lupulina* L., *Spartium junceum* L., *Rosa arvensis* Hds., *Rubus* sp ?, *Poterium Sanguisorba* L., *Pyrus communis* L., *Hieracium Pilosella* L., *Tussilago Farfara* L., *Bellis perennis* L., *Chrysanthemum Leucanthemum* L., *Helichrysum angustifolium* DC., *Echium vulgare* L., *Anchusa italica* Rtz., *Scrofularia canina* L., *Stachys italica* Mill., *S. recta* L., *Thymus Serpyllum* L., *Plantago lanceolata* L., *P. Cynops* L., *Euphorbia Cyparissias* L., *Quercus Robur* L., *Holcus lanatus* L., *Poa bulbosa* L., *Dactylis glomerata* L., *Brachypodium pinnatum* Beauv. *Lolium perenne* L., *Aegilops ovata* L., *Asparagus acutifolius* L., *Pteris aquilina* L.

Verf. vergleicht sein Verzeichniss mit den Angaben Contejean's (1881) bezüglich der kalkliebenden Gewächse und hebt diejenigen hervor, die bei dem französischen Autor nicht vorkommen, um darzuthun, dass die besondere Gypsflora nicht dem Kalkgehalte im Boden ausschliesslich zuzuschreiben sei. — Nichtsdestoweniger sagt M. in seinem Schlusssatze, es sei noch zu vorzeitig auszusprechen, dass der gypshaltige Boden eine ihm eigenthümliche Vegetation entwickle. Solla.

318. Als besondere Eigenthümlichkeiten der Veronensischen Flora nennt **Goiran, A.**: *Scolopendrium vulgare* Sym. var. *daedaleum* Mild., auf dem M. Baldo in 850 m Höhe. — *Pteris cretica* L. und *Oxalis corniculata* L. var. *purpurea* Parl. sind auf den Mauern und in den Beeten eines Privatgartens zu Verona heimisch geworden. — *Callitriche verna* Ktz. var. *alpina* Parl. in einem Tümpel auf dem M. Malera (Lessinerberge). — Neue Standorte werden angeführt für mehrere Arten, darunter *Aegilops triticoides* in den beiden Formen des Hybrids mit Weizen, nämlich als × *Ae. ovata* L. und als *Ae. triaristata* W. (nächst Verona). Mit *Festuca alpina* Sut. (auf M. Baldo und dem Lessinerberge) kommt *F. alpestris* R. et S. sehr häufig zusammen vor, welch' letztere in italienischen Florenwerken zumeist mit *F. varia* Huk. verwechselt wurde. Solla.

319. **Mattirolo, O.** verzeichnet ungefähr 300 Gefässpflanzen, welche von ihm in der Gruppe des Monte Viso gegen Ende Juli 1887 gesammelt oder beobachtet wurden. — Die Pflanzen sind nach Stationen gruppirt und bloss aufgezählt; die häufigsten Arten sind weggelassen, die selteneren durch * hervorgehoben. Solche sind: Im Varaita-Thale. *Alsine rostrata* Kch., *A. Vilarsii* M. K., *Athamantha cretensis* L., *Peucedanum Ostruthium* Kch., *Laserpitium gallicum* L. **n. var.** *β. leptophyllum* Belli (p. 5), *Hieracium valdepilosum* Fr, *Leontodon proteiformis* Vill., *Scrofularia vernalis* L., *Nepeta nuda* L., *Phleum Michelii* All., *Poa nemoralis* L. *β. firmula* Gaud., *Bromus tectorum* L. — Zwischen Castello di Ponte Chianale, Souliers etc., auf dem Viso selbst, *Delphinium elatum* L. *β. montanum* DC., *Brassica Richeri* Vill., *Alsine recurva* Whlbg., *Dianthus furcatus* Balb., *Achillea herbarota* All., *Senecio Balbisianus* DC., *Primula latifolia* Sap., *Androsace brigantiaca* Jord. e Fours., *Aretia Vitaliana* L., *Oxyria digyna* Cmbd. — Nächst der Crissolo-Alpe, *Ranunculus rutaefolius* L., *Helianthemum italicum* Prs., *Hypericum Richeri* Vill., *Linum salsoloides* Lam., *Anthyllis Dillenii* Schlt., *Saxifraga Androsacea* L., *S. exarata* Vill., *Sedum alsinaefolium* All., *S. annuum* L., *Bupleurum caricinum* DC., *Galium helveticum* Weig., *Buphthalmum salicifolium* L. *β. grandiflorum* L., *Leucanthemum coronopifolium* Gren. et Gdr., *Carduus nutans* L. **n. var.** *latisquamum* Belli (p. 8), *Scrofu-*

taria vernalis L., *Linaria italica* Trew., *Betonica hirsuta* L., *Oxyria digyna* Cmbd., *Herminium Monorchis* R. Br., *Allium Schoenoprasum* L. β. *alpinum* Kch., *Lloydia serotina* Reich., *Eriophorum Scheuchzeri* Rth., *Carex foetida* Vill. pro sp. (1779), *C. microglochin* Whlbg., *C. nigra* Bell., (non. All.) *Sesleria Pedemontana* Kant., *Agrostis rupestris* All. — Von Crissolo nach Colle delle Porte zu, *Arabis Pedemontana* Boiss., *Geum reptans* L., *Sibbaldia procumbens* L., *Buphthalmum salicifolium* L. β *grandiflorum* L., *Senecio Balbisianus* DC., *S. nemorensis* L., *Agrostis rupestris* All. Solla.

320 Von den unter diesem Titel eingeführten neueren Beobachtungen über die Flora Italiens sind hervorzuheben:

Gennaria diphylla Parl. zu S. Teresa in Sardinien, von Reverchon gesammelt; bisher für Italien nur von den Inseln Maddalena und Caprera bekannt (R. Pirotta).

R. Pirotta macht auf das Vorkommen von *Digitaria paspaloides* Dub. um Genua aufmerksam. Die Pflanze ist nicht sporadisch daselbst, sondern als ansässig zu betrachten, da sie seit 1870 — wo sie von Chiappori und später von Canneva gesammelt wurde — immer mehr an Gebiet zunimmt und sowohl auf trockenen Standorten als im Flussbette, büschelweise vorkommt (p. 45).

Borzi erwähnt (p. 45) eines Vorkommens von *Wolffia arrhiza* Wim. in Wassertümpeln oder -Bassins der Gärten in der Umgegend von Catania.

Derselbe (p. 125) sammelte auch auf Wiesen nächst dem Monte Consuma (Toscana) Exemplare von *Colchicum alpinum* DC.

Als neu für Sardinien giebt P. Gennari (p. 171) an: *Anagallis crassifolia* Thor., *Artemisia vulgaris* L., *Nectaroscilla hyacinthoides* Parl. zu S. Tenere (Cagliari) auf Kalkfelsen; *Rumex maximus* Schrb., *Senebiera pinnatifida* DC., *Verbascum thapsiforme* Schrd., *Zappania repens* Bert.

C. Costa-Reghini sammelte ausserhalb Livornos *Eryngium creticum* Lam. (Borzi; p. 171.)

L. Nicotra giebt (p. 171 ff.) folgende Beiträge zur Flora Siciliens: *Atriplex platysepala* Guss. und *Chenopodium murale* L. var. *pruinosum* Guss. nächst Trapani. Südlich von diesem Orte, am Ronciglio, sehr häufig und nahezu verwildert *Medicago arborea* L. — Ferner *Gladiolus dubius* Guss. zu Paceco und *Andropogon panormitanum* Parl., *Linaria triphylla* Mill., *Ophris tenthredinifera* W. vom Berge Erice. — *Fumaria Petteri* Guss. zu Vallelunga und *Corydalis densiflora* Pr. im Valdemone.

A Fichera giebt (p. 172) folgende Beiträge zur Flora von Messina an: *Oenothera biennis* L., *Tamarix gallica* L., *Matthiola incana* DC., *Tanacetum vulgare* L., *Echinops banaticus* Kch., *Bellevalia romana* Rchb. — A. Borzi fügt (p. 172) den genannten Arten noch *Vicia lutea* L. hinzu. Derselbe sammelte auch *Filago eriocephala* Guss. auf Lipari (p. 172).

S. Belli macht (p. 265) eine neue Varietät von *Carduus nutans*, *latisquamus* aus Crissolo (cottische Alpen) bekannt, welche wesentlich von anderen Varietäten der genannten Art zu unterscheiden ist.

Zu Pegli (Ligurien) sammelte O. Penzig *Carex Grioletii* Röm. (p. 266); und zwischen Voltri und Arcuzano wurden von Baglietto *Cyperus globosus* All. und *Fuirena pubescens* Kuth. gesammelt.

Auf Hügeln um Bologna bemerkte Mattei (p. 267) *Tulipa connivens* Lev. und *T. strangulata* Reb., während Baldacci um Piacenza *T. Passeriniana* Lev., eine seltene und zeitlang verschwundene Art wieder beobachtete.

Neu für den toscanischen Apeninn sind: *Vaccinium Myrtillus* L. und *Doronicum austriacum* Jcq., von Piccioli auf dem M Secchiata (Prato-Magno) gesammelt (p. 267).

S. Belli giebt (p. 342) folgende von ihm um Vinadio oder sonst in den See-Alpen gesammelte *Hieracium*-Arten als neu für Italien an: *H. Burnati* Arv. T., *H. symphytaceum* Arv T., *H. viscosum* Arv. T., *H. ramosissimum* Schl. und dessen var. β. *conringiaefolium* Burn. et Grl.; *H. caesium* f. *laciniatum* Hegtsch., *H. sciadophorum* Naeg. P., *H. praealtum* var. *Zizianum* Burn. et Grl., *H. lantoscanum* Burn. et Grl. Auch *Viola lancifolia* Thr. aus den cottischen Alpen ist neu für Italien.

A. Terraciano bespricht (p. 344 ff.) das Vorkommen von *Brassica incana* Ten., *B. Tournefortii* Gouan., *B. fruticulosa* Cyr. in der Umgebung von Rom und giebt überhaupt einige Grenzlinien bezüglich der geographischen Area der genannten Arten an. Weiteres (p. 422 ff.) erwähnt derselbe aus der Flora Roms noch: *Scirpus nervosus* Boeck., n. var. *campanus* Terrac., *S. setaceus* L. var. *clathratus* Rchb. und *S. supinus* L. var. *minimus* Boiss. Solla.

321. **Savorgnan, M.** vereinigt einige statistische Daten betreffend die Hanfcultur in Italien und im Auslande. — Für Italien ist die am meisten jene Cultur betreibende Provinz Emilien, zunächst kommen dann die südlicheren Provinzen. Solla.

322. **Borzi, A.** erwähnt des Vorkommens von *Quercus macedonica* A. DC. in den Provinzen von Bari und Lecce, und zwar sowohl in der Ebene als auf den Hügeln (bis 400 m) an freiliegenden Stellen, bald für sich, bald gemischt, weite Waldbestände bildend. Ihre Zone reicht von 40° 50′ bis 41° 10′ n. Br.

Verf. giebt eine kurze Schilderung (nach De Candolle und Boissier) von der auf der beigegebenen Doppeltafel illustrirten Art, spricht über deren geographische Verbreitung auf der Balkanhalbinsel (Grisebach) sowie über die mit ihr verwandten Arten. Solla.

323. *Quercus Fragnus* **A. Longo** ist einfach *Q. macedonica* A. DC. Solla.

324. **Tanfani, E.** Ziffern über die oberste Grenze der Oelbaum-Zone für verschiedene Provinzen Italiens ergeben, dass für die Mehrzahl der Punkte die oberste Grenze zwischen 400 und 640 m schwankt, doch kann dieselbe bis 100 m hinabsteigen und selbst bis gegen 1000 m hinaufgehen. Bei genauerem Ueberblicke lässt sich genannte Höhengrenze als eine Curve darstellen, welche von Nizza (780 m) ab sich senkt, in Toscana am tiefsten wird (200–100 m) und von hier wieder steigt (Calabrien, 800 m) bis sie am Etna ihr Maximum (975–1000 m) erreicht.

Die Gründe, welche hiefür maassgebend wären, sucht Verf. in der Natur des Bodens und in den geänderten Temperaturbedingungen. Wo Kalk gegen Sandstein anstösst hört der Oelbaum auf; je weiter man sich vom Meeresstrande entfernt, ebenso, je mehr man nach Norden vordringt, desto tiefer senkt sich die Curve. Solla.

325. **Terracciano, A.** Die geographische Verbreitung der (8) *Eleocharis*-Arten in Italien entspricht nahezu drei Centren, welche einigermaassen auch mit den Verwandtschaftseigenheiten zusammenfallen (vgl. Abschn. Anatomie). Farbige Striche auf der beigegebenen Karte der Halbinsel verbinden die bekannt gewordenen Standorte der einzelnen Arten mit einander und weisen andererseits nach den Verbreitungscentren ausserhalb des Landes hin. *E. uniglumis* (Lk.) Schlt. wird als selbständige Art aufgefasst; es entspricht das ausser den specifischen Merkmalen auch der geographischen Verbreitung der Pflanze, die wir im Norden des Landes antreffen, von Ligurien ausgehend, längs dem Pothale nach Istrien und Dalmatien hinüber, theilweise auch in die Alpenthäler eindringend, eine besondere Verbreitungszone geht von Ligurien aus an der Westküste bis nach Terracina hinab. *E. palustris* R.Br. erstreckt sich hingegen durch die ganze Halbinsel mit einer Unzahl von Formen; unter den letzteren findet Verf., dass mehrere als Unterart *β. australis* getrennt zu halten sind, Calabrien (Pollino), Sicilien, Sardinien und Corsica einnehmend. Als Varietät dieser fasst Verf. die von den Abruzzen über die Nebroden nach Algerien hinziehende *E. nebrodensis* Parl. — *E. caduca* Schlt. erwähnt Verf. aus dem Gebiete von Spezia und mit Wahrscheinlichkeit auch aus Sicilien, sofern die Exsiccata im Herb. Gussone von *E. ovata* Guss. und Todaro's zweifellos mit der genannten Art übereinstimmen. — *E. ovata* R.Br. besitzt ein Centrum von Turin aus über Vercelli nach dem Lago Maggiore; *E. atropurpurea* Kth. entwickelt sich hingegen aus dem gleichen Centrum von Turin und Vercelli über Pavia nach Verona. *E. Zanardinii* Parl. wäre nur eine Form dieser Art, charakteristisch für den venetianischen Lido. Solla.

326. Die Bearbeitung der *Campaniflorae* Car. durch **E. Tanfani** für Parlatore's Flora bringt auch in der geographischen Richtung hin einige Neuerungen, von welchen die wichtigeren hier folgen mögen.

Von den 71 Campanulaceen-Arten (8 Gattungen) Italiens kommt eine überwiegende

Mehrzahl im Norden des Landes vor; so sind 46 Arten in den südlicheren Provinzen nahezu gar nicht vertreten, während von den 28 südlicheren Arten ungefähr 11 auch im Norden vorkommen. Auf den Inseln kommen ca. 19 Arten und davon nur 2 ausschliesslich vor. Allgemeinere Verbreitung geniessen im Ganzen 13 Arten, während 22 Arten ein sehr beschränktes Vegetationsgebiet bewohnen; von den letzteren sind 9 dem Lande eigenthümlich, 12 Arten sind oriental, 3 nur sind den westlicheren Ländern, die übrigen sind Arten des nördlichen Europas.

Lobelia urens von Ingegnatti aus dem Hermentale nächst Mondovi angegeben, kommt daselbst jedenfalls spontan nicht vor; auch ist die Verbreitungsarea der Pflanze eine ganz verschiedene. *Wahlenbergia tenuifolia* DC., von Reichenbach aus Sardinien angegeben: kann ebenfalls nur auf Irrthum beruhen. — Auffallender Weise führt Verf. *W. croatica* (sub *Hedraeanthus* Wett.) Tanf., mit der einzigen Standortsangabe Krainer-Schneeberg unter den italienischen Pflanzen auf. — Verdächtig erscheint De Candolle's Angabe (in den Compendien von Arcangeli und von Cesati, Passerini, Gibelli aufgenommen) des Vorkommens von *Phyteuma Sieberii* Sprg. auf dem Apennin. — Die Standortsangaben zu den von Jan vertheilten *Ph. orbiculare* L. (Guastalla) und *Ph. Scheuchzeri* All. (Apennin) können nur auf Verwechslungen beruhen. — *Ph. Charmelii* Vill. betrachtet Verf. als autonome Art, deren Verbreitungsgebiet von den Seealpen durch das südliche Frankreich bis zu den Pyrenäen sich erstreckt und noch das Bergland von Aragonien umfasst. — *Ph. Michelii* δ. *Alpini* Cess. Pass. Gib. ist *Ph. Balbisii* DC., sonach die betreffend angeführten Standorte in den Seealpen auf diese Pflanze zu beziehen. — Zweifelhaft scheint das Vorkommen von *Campanula rapunculoides* L. zu Difesa di Laurenzano im Matese-Gebiet (vgl. Terracciano). — Da Verf. mehrere der von den Autoren um *Campanula rotundifolia* gruppirten Pflanzen (*C. stenocodon* Boiss., *C. linifolia* Scop., *C. macrorhiza* Gay. etc.) als autonome Arten betrachtet, so wird dadurch das Verbreitungsgebiet der echten *C. rotundifolia* L. im Lande einigermaassen eingeschränkt. *C. micrantha* Bert. von Marzialetti am Fusse der Sibylliner-Berge längs dem Lambro gesammelt, betrachtet Verf. nur als Varietät der *rotundifolia*. — Unter den italienischen Campanulaceen erscheint noch *C. Tommasiniana* Reut., bekanntlich aus dem östlichen Istrien („Tschitschenboden") aufgenommen! — *C. fragilis* Cyr. (*C. Cavolini* Ten.) ist auf Sicilien (cit. Cupani, Rafinesque) nicht wieder gefunden worden. — *Prismatocarpus hirtus* Ten. ist nur eine südliche Habitusform von *Specularia Speculum* L.

Die *Oleiflorae* Car. gaben Verf. weniger Veranlassung zu Aenderungen in dem geographischen Vorkommen der einzelnen Arten; es sei denn eine Bereicherung um etliche Standorte mehr. — Zu erwähnen ist jedoch, dass Verf. *Jasminum humile*, von einigen Autoren als italienische Art angegeben, ausschliesslich nur cultivirt im Lande vorkommend bezeichnet. — Ausführlich lässt sich Verf. ein über die geographische Verbreitung des Oelbaumes (vgl. auch Ref. No. 324). Einiges ist auch über dessen Cultur mitgetheilt. — Von *Syringa vulgaris* ist Verf. der Ansicht, dass der Baum im Lande verwildert erscheine; gleichwohl zählt er Standorte auf, an welchen die Pflanze spontan (in Italien) auftreten sollte. Solla.

327. **Strobl, G.** zählt in einem Anhange zur Flora des Aetna die Laubmoose, Lebermoose, Lichenen, Algen und Pilze auf.

Borzi, A. Ancora della *Quercus macedonica* A. DC. (Mlp., an. II, 1888, p. 379—385.) — Erwiderung auf A. Longo im Bullet. del Naturalista, an. XII. Siena, 1888. p. 101-103. Solla.

Caruel, T. Sulla *Glaux maritima* (N. G. B. J., vol. XX, 1888, p. 580.) — Die Pflanze ist für Italien nur aus dem Lido Venedigs bekannt. Jedoch liegt im Centralherbar zu Florenz ein Exemplar vor, welches von Reboul zu Imprunecta unweit Florenz gesammelt wurde, welche Thatsache zu einer interessanten pflanzengeographischen Frage wird. Solla.

i. Balkanhalbinsel.

328. **Beck, G. et Szyszyłowicz** gaben die Resultate der Reise des Letztgenannten

durch die Cernagora und den angrenzenden Theil Albaniens heraus. An neuen Arten sind angegeben. *Allium carinatum* L. var. **montenegrinum** Beck. et Szysz. am Dziebeze; **Cerastium divaricatum** Beck et Szysz. am Kom Kucki in Montenegro und am Malovan in Dalmatien; **Dianthus Nicolai** Beck et Szysz. am Dziebeze; **D. medunesis** Beck et Szysz. um Medun; *Rosa pendulina* L. var. **pseudorupestris** H.Br. an einigen Stellen von Montenegro; *R. rubrifolia* Vill. var. **R. praerupticola** H.Br. am Dziebeze; *R. canina* L. var. **insubrica** am Niegué; *R. canina* L. var. **subfirmula** H.Br. bei Ljeva Rjeka; *R. spuria* var. *subsenticosa* H.Br.; *R. spuria* Puget var. **Cernagorae** H.Br. bei Ljeva Rjeka; *R. dumalis* Bechstein var. *dissimilis* H.Br. bei Medun; *R. surculosa* Woods var. **rupivaga** H.Br. um Medun; *R. pilosa* Opiz var. **subviolacea** H.Br. am Hum Orahovski; *R. dumetorum* Thuill. var. **valdefoliosa** H.Br. am Hum Orahovski und bei Orahovo; *R. collina* Jacq. var. *ornata* H.Br. bei Orahovo; *R. agrestis* var. **Milenae** H.Br. bei Ljeva Rjeka; *R. glutinosa* Sibth. et Sm. var. *dalmatica* A. Kern f. *minor* H.Br. am Dziebeze; *R. Heckeliana* Tratt. var. *Szyszylowiczii* H.Br. am Hum Orahovski; var. *R.* **montenegrina** H.Br. in Cornagora häufig; *R. Huteri* H.Br. bei Cattaro; *R. Heckeliana* Tratt. var. *Thessala* H.Br. am Parnassus; *Cirsium odontolepis* Boiss. var. **montenegrinum** Beck et Szysz. bei Orahovo.

329. **Bornmüller**, J. theilt mit, dass ihn **Borbás** benachrichtigte, dass *Vaccaria grandiflora* schon 1884 in der Flora von Wien gefunden wurde und durch ganz Ungarn verbreitet sei. Die Belgrader *Anemone nemorosa* dürfte eine eigene Varietät *„dissecta"* sein.

330. **Bornmüller**, J. theilt mit, dass *Setaria verticillata* neu für Dalmatien im Stagno grande vorkommt; *Lemna minor* kommt bei Budua in Dalmatien vor (der dritte Standort); *Sorbus florentina*, neu für die Balkanhalbinsel, auf dem Goriza bei Nisch; *Potentilla apennina* findet sich in der Hercegovina; *Lycopodium alpinum* kommt ganz isolirt im südlichen Serbien auf dem Mucanj bei Ivanica vor. Neu für Belgrad sind: *Juncus atratus*, *Luzula multiflora*, *Orchis elegans*, *Cephalanthera pallens*, *Polygonum minus*, *Nonnea atra*, *Hieracium murorum*, *H. brachiatum*, *Potentilla dissecta*, *incanescens*, *Silene livida*, *Sinapis orientalis*, *Ranunculus lateriflorus*.

331. **Bornmüller**, J. zeigt an, dass *Salix amplexicaulis* nicht nur auf der Balkanhalbinsel vorkomme, sondern auch in Bithynien in Kleinasien am Fusse des Olympes.

332. **Bornmüller**, J. beschreibt **Verbascum Pancicii** n. hybr. (*V. malacotrichum* Boiss. × *V. Jankeanum* Panc., durch Cultur im Belgrader botanischen Garten entstanden.

333. **Bornmüller**, J. theilt mit, dass die in Ostrumelien und Bulgarien einheimische *Ficaria pumila* Velen. bereits in Oesterreich vorkommt, so fand Verf. sie auf dem Triester Karst auf dem Monte Grisa, Gurka und Spaccate, und im montenegrinischen Gebiete bei Loveen. Die von **Pichler** bei Loveen gesammelte und ausgegebene Pflanze ist *F. pumila* und nicht *F. ficarioides*.

334. **Bornmüller**, J. beschreibt **Ptilotrichum Uechtritzianum** J. Bornmüller zwischen Pontus und Devno-See bei Varna in Ostbulgarien. Dortselbst wachsen noch: *Linaria euxina* Velen., *Silene supina* M.B., *Taraxacum leptocephalum* Rchb., *Veronica Velenovskii* Uechtr., *Stachys maritima* L., *Mulgedium tataricum* DC., *Teucrium Scordium* L. β *brevifolium* Uechtr., *Cirsium viride* Velen., *C. siculum* Spr., und zwar am Strande. An Rainen: *Jasione glabra* Velen., *Achillea compacta* W., *Silene densiflora* Urb. und *S. Frivaldskyana* Hmp., *Verbascum glanduliferum* Velen., *Taraxacum serotinum* Rchb., *Senecio cinereus* Velen., *Anchusa Gmelini* Ledb., *Linosyris villosa* L., *Artemisia taurica* W., *Trifolium purpureum* Lois. und *Heliotropium suaveolens* M. B.

335. **Bornmüller** J. fand *Vaccaria grandiflora* im bulgarischen Küstenland und bei Belgrad, und nimmt an, dass sie noch weiter verbreitet sei.

336. **Wilhelm**, C. zeigte *Pinus leucodermis* Ant. vom Bjelasnica-Gebirge in Bosnien vor.

337. **Wettstein**, R. berichtet über die Auffindung von *Daphne Blagayana* in Bosnien; die Pflanze wurde von **Orman** bei Pazaric nächst Serajewo gefunden.

338. **Halácsy**, E. v. beschreibt eine in Gemeinschaft mit **R. v. Wettstein** aufgestellte *Glechoma*-Art: **G. serbica** Halácsy et Wettstein, welche Pflanze von **Bornmüller** bei Belgrad gefunden wurde.

339. **Freyn, J.** liefert weitere Beiträge zur Flora von Bosnien und der angrenzenden Herzegovina, gewonnen aus dem Materiale der von P. **Erich Brandis** gesammelten Pflanzen. Das Gebiet ist begrenzt durch die Horizontlinie, welche man vom Vlasic aus sieht. Neu für dieses Gebiet sind: *Anemone baldensis, Ranunculus crenatus, illyricus, Steveni, carinthiacus, Aquilegia Haenkeana, Aconitum Anthora, Fumaria Wirtgeni, parviflora, Arabis sagittata, Dentaria polyphylla, Sisymbrium Sophia, Erophila praecox, Vesicaria macrocarpa, Alyssum montanum, Thlaspi Avellanae, Capsella gracilis, Viola Riviniana, scotophylla, austriaca, declinata* var. *lutea*, var. **rosea** Freyn, *Dianthus Carthusianorum, superbus, longicaulis, tergestinus, Cerastium uniflorum, Arenaria ciliata, leptoclados, Alsine recurva, Sagina Linnaei, bryoides, Linum laeve, Malva ambigua, Androsaemum officinale, Ononis procurrens, Anthyllis montana, Genista ovata* var. *angustifolia, Oxytropis Halleri* var. *Prenja, Rubus Idaeus, Weihei, elatior, macrophyllus, tomentosus, Potentilla patula, cinerea, Alchemilla fissa, alpina, Sorbus domestica, Cotoneaster tomentosa, Oenothera biennis, Herniaria glabra, Sempervivum rubicundum, Saxifraga stellaris, Angelica montana, A.* **brachyradia** Freyn n. sp. in Mittelbosnien am Vlasic und bei Gajni dol; *Pastinaca opaca, Heracleum Pollinianum, Ligusticum Seguierii, Athamantha Haynaldii, Seseli varium, Anthriscus nemorosa, Bupleurum Karglii, B. junceum, Lonicera alpigena β. glandulifera, Galium erectum, anisophyllum, constrictum, flavescens, Vaillantii, Scabiosa agrestis, S. leucophylla* var. **incana** Freyn, *Trichera lyrophylla, Fleischmanni, macedonica, ciliata, Senecio Fuchsii, nemorensis, Achillea pannonica, Anthemis Triumfetti, Bellidiastrum Michelii, Petasites niveus, Carlina aggregata, Cirsium rivulare, Scopolianum, Carduus nutans, alpestris, Amphoricarpus Neumayeri, Kentrophyllum lanatum, Centaurea decipiens, sciaphila, montana, atropurpurea, Hieracium stoloniflorum, pseudoporrectum, scorzonerifolium, praecox, murorum, brevifolium, Scorzonera purpurea, Leontodon hastilis, Symphyandra Hofmanni, Campanula macedonica, latifolia, pinifolia, Phyteuma confusum, pseudo-orbiculare, Pirola uniflora, Monotropa Hypopitys, β. hirsuta, Gentiana verna, Calystegia sepium* var. **rosea** Freyn. n. var., *Anchusa italica, Lycopsis variegata, Pulmonaria styriaca, Cerinthe glabra, Echium altissimum, Myosotis suaveolens, Scrophularia oblongifolia, heterophylla, Mimulus luteus, Linaria spuria, Veronica montana, Odontites Kochii,* **Euphrasia Brandisii** Freyn. n. sp., *arguta, stricta, Alectorolophus major, alpinus, Pedicularis brachyodonta, Melampyrum subalpinum, Tozzia alpina, Kopsia nana, Orobanche Laserpitii, Salvia Bertolonii, Stachys Sendtneri, Calamintha adscendens, Thymus montanus, Pinguicula vulgaris, Armeria alpina, Plantago maritima, sphaerostachya, glareosa, Atriplex patula, Rumex agrestis, Polygonum alpinum, Thesium intermedium, ramosum, Aristolochia rotunda, Euphorbia verrucosa, exigua, Urtica glabrata, Ulmus effusa, Salix silesiaca, Corrallorhiza innata, Orchis militaris, O. palustris, Satyrium hircinum, Iris bosniaca, Gladiolus illyricus, Crocus albiflorus, Narcissus radiiflorus, Fritillaria tenella, Ornithogalum Kochii, Muscari tenuiflorum, Acorus Calamus, Cyperus fuscus, Scirpus silvaticus, Carex acutiformis, Sorghum halepense, Alopecurus utriculatus, Sesleria nitida, Holcus mollis, Koeleria grandiflora, Bromus vernalis, fibrosus, Festuca arundinacea, montana, sulcata, Brachypodium gracile, Lolium temulentum, multiflorum, multiflorum × perenne, Athyrium filix femina, Aspidium angulare* und *aculeatum*.

340. **Halácsy, Eugen v.** liefert Beiträge zur Flora der Landschaft Doris, vorzugsweise des Kianagebirges in Griechenland; alle auf den Kiana und den anliegenden Vorbergen beobachteten Pflanzen werden aufgezählt. Uns interessirt: **Aethionema glaucescens** Halácsy n. sp., **Potentilla Kionaea** Halácsy n. sp., **Rosa Kionae** Braun und Halácsy, **R. Dorica** Braun et Halácsy, **Valeriana Hejderi** Halácsy n. sp., **Plantago graeca** Halácsy n. sp. Dass auch die übrigen aufgeführten Pflanzen Interesse bieten, versteht sich von selbst, doch können wir nicht näher darauf eingehen.

341. **Beck, Günther** schildert etwas die alpine Vegetation der südbosnischen herzegovinischen Hochgebirge. Ein ganz isolirtes Vorkommen zeigen: *Artemisia Villarsii* am Ortiš; *Aubrietia croatia* im Felsschutte der Treskavica; *Viola prenja* auf der Prenj-Planina; *Chrysanthemum alpinum* am Maglic; *Gnaphalium Leontopodium* auf der Plasa Planina; *Aster alpinus* auf der Stomanja Planina; *Silene acaulis* nur auf dem Maglic und Volujak;

Hutschinsia brevicaulis und *Arenaria ciliata* ebenda; *Sorbus Chamaemespilus* nur auf der Treskavica; *Linaria alpina* nur auf dem lu Volujak; und *Orchis bosniaca* auf der Treskavica. Die Vegetationsverhältnisse dieses Gebietes scheinen recht interessant zu sein.

342. **Beck, Günther** beschreibt *Quercus pubescens* W. f. **Schulzeri** Vuk. n. f. auf dem Belecine ober Gracan am Agramer Gebirge; *Qu. pubescens* W. f. **Brandisii Vuk.** n. f. bei Travnik in Bosnien.

343. **Ascherson** giebt als einen neuen Standort der *Omarica*-Fichte das Ozren-Gebirge unweit Serajewo an.

344. **Conrath** zählt die von ihm beobachteten Pflanzen der Flora von Banjaluka und einiger Punkte im mittleren Bosnien auf. Besonders bemerkenswerth sind: *Hyssopus officinalis*, Strasse von Jaice nach Jezero; *Echium altissimum* Jacq. von Budjak gegen Dervisi; *Verbascum orientale* M.B. var. **bosniacum** Conrath n. v. um Banjaluka; **V. nemorosum** × **phoeniceum** Conrath n. h. beim Trappistenkloster bei Banjaluka; *Seseli elatum* L. am Hum bei Jaice; *Angelica nemorosa* Ten. am Vrbas nächst Banjaluka; *Thalictrum Bauhini* bei Ivanjska; **Corydalis leiosperma** Conrath n. sp. am Hum bei Jaice; *Gypsophila spergulifolia* Griseb. var. *serbica* Griseb. in lit. ad Pancic bei Vrbanja, auch in Serbien und Albanien; *Dianthus deltoides* var. *serpyllifolius* Borbas bei Jaice; *Androsaemum officinale* am Ponir bei Banjaluka; **R. Humensis** Conrath n. f. am Hum bei Jaice; *Ononis hircina* Jacq. *β. spinescens* Ledeb. am Crkvina-Bache; *Trifolium scabrum* L. beim Kastell in Banjaluka.

345. **Vandas, K.** zählt die in der Südherzegovina wachsenden Phanerogamen auf. Neu sind: *Aronia rotundifolia* P. var. **macrophylla** Vandas bei der Carica-Höhle zwischen Milanov und Bogovic; *Peucedanum Cervaria* Guss. var. **simplex** n. v. bei Trebinje; *Viburnum maculatum* Pant. am Gubar, am Orien, auf dem Njegus in Montenegro; *Carlina aggregata* W. subsp. **decurrens** Vandas n. subsp. bei Milanow.

346. **Prihoda, Moritz** charakterisirt die Flora von Josefstadt im Gegensatz zu jener von Wien; so finden sich dort die um Wien fehlenden Pflanzen: *Trientalis europaea, Cirsium acaule, Pedicularis silvatica, Pulicaria vulgaris, Stellaria glauca, Carex ericetorum.*

347. **Formánek, Ed.** stellt auf Grund seiner eigenen Beobachtungen und unter Benützung der einschlägigen Literatur eine Standortsaufzählung der Pflanzen von Bosnien und der Herzegovina zusammen, bezüglich deren wir auf die Originalarbeit verweisen. Neu sind: *Chrysanthemum Leucanthemum* var. **bosniacum** Form. an mehreren Stellen; *Lappa minor* var. **microcephala** Form. bei Dabovci, **Carlina semiamplexicaulis** Form. bei Sarajevo; *Digitalis laevigata* var. **bosniaca** Form. am Brdo Baba bei Sarajevo; **Stachys Zepcensis** Form bei Zepce und bei Pribinic; **Scutellaria herzegovinica** Form. bei Mostar am Pod Veles.

348. **Bornmüller**, J. durchforschte das bulgarische Küstengebiet bei Varna. Neu für dieses Gebiet sind: *Clematis Vitalba, Thalictrum elatum, Ranunculus trichophyllus, R. Steveni, Sardous, sceleratus, Nigella foeniculacea* DC., *Delphinium paniculatum, Berberis vulgaris, Papaver Rhoeas, Chelidonium majus, Nasturtium silvestre, Erysimum canescens, Berteroa incana, Lepidium graminifolium, Capsella bursa pastoris, Helianthemum vulgare, Tunica prolifera, Saponaria officinalis, Vaccaria parviflora, Silene Otites, viscosa, Agrostemma Githago, Melandrium eriocalycinum, Cerastium triviale, Arenaria serpyllifolia, Linum hirsutum, Althaea officinalis, Tilia parvifolia, Hypericum perforatum, tetrapterum, Acer tataricum* var. **incumbens** Pax n. var., *Acer campestre* var. *Marsicum* und var. *hebecarpum, Tribulus terrestris, Ruta graveolens, Rhus Cotinus* var. *arenarius, Ononis spinosa, Medicago falcata, lupulina* var. *vulgaris, Trifolium pratense, arvense, elegans, fragiferum, Dorycnium latifolium, decumbens, Lotus tenuis, Coronilla emeroides, Colutea arborescens, Glycyrrhiza echinata, Astragalus dasyanthus, Wulfenii, glycyphyllus, Orobus ochroleucus, Prunus insititia, Rubus caesius, Potentilla reptans, pilosa, obscura, recta, collina, argentea, Geum urbanum, Rosa gallica, Agrimonia Eupatoria, Pyrus malus, communis, Sorbus domestica, torminalis* var. *pinnatifida, Crataegus melanocarpa, monogyna, Epilobium parviflorum, collinum, Circaea Lutetiana, Hippuris vulgaris, Myriophyllum spicatum, Ceratophyllum demersum, Lythrum Salicaria* var. *vulgaris, hyssopifolium, Peplis portula, Torilis*

Anthriscus, microcarpa, neglecta, Heracleum sibiricum, Selinum annuum, Oenanthe media, Sium lancifolium, Falcaria Rivini, Sison Amomum, Pimpinella Saxifraga, Bupleurum tenuissimum, Loranthus europaeus, Viscum album, Viburnum Opulus, Sambucus Ebulus, Galium verum, Mollugo, elongatum, Asperula Aparine, cynanchica, longiflora, Senecio erraticus, Jacobaea, Anthemis cotula, Ruthenica, Achillea Neilreichii, setacea, collina, polyphylla, Chrysanthemum Leucanthemum, Matricaria maritima, Artemisia Absinthium, campestris var. *sericea, Austriaca, Carpesium cernuum, Erigeron canadense, acre, Inula cordata, germanica* var. **foetida** Bornm. n. var., *Pulicaria vulgaris, Petasites officinalis, Lappa major. Onopordon tauricum, Cirsium canum, lanceolatum, nemorale, arvense, Carduus leiophyllus, acanthoides, Centaurea margaritacea, Jacea* var. *lacera. Pseudophrygia, stenolepis, Cyanus, rutifolia, diffusa* var. *brevispina, Adami, Crupina vulgaris, Lactuca scariola, muralis, sagittata, Chondrilla juncea, Hieracium umbellatum, vulgatum, Crepis rhoeadifolia, Scorzonera hispanica, Cichorium Intybus, Lapsana communis, Campanula sibirica, Grosseckii, rapunculoides, persicifolia, Specularia speculum, Fraxinus rotundifolia, Vinca herbacea, Convolvulus arvensis, sepium, Heliotropium suaveolens, Lycopsis arvensis, Nonnea pulla, atra, Cerinthe maculata, Echium italicum, Lithospermum purpureo-coeruleum, Myosotis caespitosa, Cynoglossum pictum, Physalis Alkekengi, Solanum miniatum, S. persicum, Verbascum Lychnitis, nigrum, Scrophularia aquatica, Linaria vulgaris, Elatine, Veronica multifida, officinalis, Chamaedrys, Anagallis, anagalloides, Beccabunga, Teucrium Chamaedrys, Polium* var. *compositum*, var. **racemiflorum** Bornm. n. var., *Salvia Aethiopis, verticillata, Scutellaria hastifolia, Prunella grandiflora, Galeopsis speciosa, Tetrahit, Stachys sideritoides, Leonurus Cardiaca, Ballota nigra, Marrubium vulgare, Glechoma hederacea, Clinopodium vulgare, Calamintha officinalis, Acinos, Mentha arvensis, aquatica, tomentosa, silvestris, Lysimachia nummularia, Primula acaulis, Anagallis arvensis, Plumbago europaea, Statice Gmelini, Plantago lanceolata* var. *sphaerostachya, Cornuti, media, arenaria, Amarantus retroflexus, Polycnemum majus, Chenopodium opulifolium, acutifolium, album* var. *concatenatum, Atriplex hastata, laciniata, Chenopodina maritima, Rumex Hydrolapathum, palustris, Polygonum Convolvulus, lapathifolium, Hydropiper, mite, Rayi, aviculare, Mercurialis ovata, annua, Euphorbia amygdaloides, agraria, Urtica dioica, Humulus Lupulus, Ulmus campestris* var., *Corylus Avellana, Carpinus betulus, Quercus pedunculata, conferta, Cerris, Alnus glutinosa, Salix alba, fragilis, purpurea, triandra, cinerea* var. *coerulescens, Populus Bachofenii, Steiniana, hybrida, dilatata, Alisma Plantago, Sagittaria sagittifolia, Triglochin palustre, Zostera marina, nana, Potamogeton natans, perfoliatus, pectinatus, Najas marina, Scilla autumnalis, Allium fuscum, Lilium Martagon, Juncus lamprocarpus, Sparganium ramosum, Lemna gibba, Cyperus flavescens, Carex muricata, vulpina β. nemorosa, glauca, Scirpus Tabernaemontani, maritimus, Holoschoenus vulgaris, Setaria viridis, Echinochloa crus galli, Crypsis alopecuroides, Arundo Pliniana, Calamagrostis Epigeios, Agrostis alba* var. *prorepens*, **Deplachne bulgarica** Bornm. n subsp., *Bromus tectorum, Eragrostis pilosa, Glyceria plicata, Equisetum arvense* und *Salvinia natans.*

k. Karpathenländer: Ungarn, Galizien, Siebenbürgen, Rumänien.

319. **Keller, J. B.** giebt Beiträge zur ungarischen Rosenflora. Von Szliacs wird eine Varietät in Frucht von *Rosa spuria* Pug. erwähnt und eine besondere sehr abweichende Form des längeren beschrieben; von Frsztenna (Cons. Arvo) 5 Arten mit ihren Formen; vom Berge Gyömbér aus der niederen Tátra beschreibt er unter dem Namen var. *Tatraea* die alpine Formreihe der *Rosa balsamea* Kit. und bespricht dabei ausführlich die alpine Form der *Rosa alpina* L. und *R. balsamea* Kit., sowie die scheinbare Verwandtschaft derselben mit *Rosa subinermis* Besser. Von der Baba hola wird beschrieben: 1. *Rosa balsamea* Kit. var. *Tatrae* Kll. (hier mit ausführlicher lateinischer Diagnose). 2. *Rosa balsamea* Kit. var. *subcalva* Kll. mit ihren Formen. 3. *Rosa adenophora* Kit. — Von derselben Localität und von „Volovec Uplasz" beschreibt Verf. ferner die verschiedenen Formen der *Rosa glauca* Vill.; schliesslich von der „Krupová hola" aus einer Meereshöhe von 1896 m Formen aus der Section Alpinae Déségl. und Montanae Crép. Staub.

350. **Borbás, V.** theilt mit, dass er in den Thermen von Ó-Buda bei Budapest seit Jahren vergebens nach den Früchten von *Ceratophyllum demersum* sucht. Staub.

351. **Borbás, V.** beweist, dass Kitaibel's *Dianthus petraeus* schon in den Jahren 1804—1807, daher vor den gleichnamigen Pflanzen M. Bieberstein's (Fl. Taurico-Caucas. 1808) bekannt war. James Donn datirt die Cultur dieser Nelke in seinem „Hortus Cantabrigiensis“ p. 168 seit 1804, giebt als Vaterland Ungarn an und beruft sich auf die Tafel 1204 in Curtis „Botanical Magazine“, welche 1809 erschien.

Nach einer brieflichen Mittheilung Prof. A. Kanitz ist W. et Kit.'s Descript. et icones pl. var. Hungariae in Decadow erschienen und nachdem 200 Tafeln mit dem Titelblatt schon 1805 ausgegebem wurden, so mag auch die 222. Tafel *(D. petraeus* W. Kit.) schon 1804—1807 erschienen sein; sonst hätte sie Donn nicht schon 1807 und Willdenow 1812 (Enum. horti regii botan. Berol. I) erwähnen können. Staub.

352. **Csató, J.** beschreibt einen durch das Bullathal auf den Négoj unternommenen botanischen Ausflug und zählt die unterwegs gesammelten Pflanzen — auf siebenbürgischer Seite 78 Species — auf. Staub.

353. **Cserni, B.** giebt eine Zusammenstellung der Flora von Gyulafehérvár, über die er schon früher (1879 vgl. Bot. J.) eine Arbeit veröffentlichte. Gyulafehérvar liegt im Comitate Alsó-Fehér (Siebenbürgen). Verf. benennt die früheren Botaniker der Flora dieses Gebietes, giebt Höhenmessungen, klimatische und spärliche phänologische Angaben und endlich die Aufzählung der Pflanzen u. a. 20 Gefässkryptogamen, 964 Phanerogamen und im Anhange 68 Thallophyten. Staub.

354. **Borbás, V.** beschreibt von der siebenbürgischen Alpe Királykö *Primula Berköiana.* Ihre Blätter sind schmäler als die der *Pr. elatior* (L. var. incl. *Pr. carpatica* Griseb. et Schenk), am Blattstiel herablaufend, unterseits grünlich, flaumig; hinsichtlich der Behaarung steht sie zwischen *Pr. elatior* L. und *Pr. Pannonica* Kern., mit welch' letzterer sie in den Blättern mehr übereinstimmt. Entlang den Adern des Kelches verlaufen die grünen Streifen der *Pr. elatior,* wie überhaupt der Kelch der letzteren in jeder Beziehung dem der neuen Pflanze entspricht. Verf. hält sie auch für den Bastard der beiden erwähnten, ebenfalls am Királykö vorkommenden Primeln. Staub.

355. **Simonkai, L.** beschreibt die neue Linde **Tilia Juránxiana** Simk., die für Ungarn endemisch ist und sich als Parkbaum vorzüglich empfiehlt. Staub.

356. **Simonkai, L.** giebt die analytische Uebersicht der ungarländischen *Cytisus*-Arten und berücksichtigt dabei die benachbarten Gebiete. In der systematischen Gliederung finden wir folgende Arten angeführt: I. *Corothamnus* Koch: 1. *Cytisus procumbens* W. et K. — 2. *C. decumbens* Jacq. — II. *Laburnum* DC.: 3. *C. nigricans* L. spec. — 4. *C. Laburnum* L. spec. — 5. *C. alpinus* Mill. — III. *Tubocytisus* DC.: 6. *C. Austriacus* L. spec. — 6/b. *C. pallidus* Schrad. — 6/c. *C. Pannonicus* Simk. — 7. *C. Rochelii* Wierzb. — 8. *C. albus* Hacq. — 8/b. *C. leucanthus* W. et K. — 8/c. *C. Heuffelii* Wierzb. — 8/d. *C. arenarius* Simk. — 9. *C. aggregatus* Schur. — 9/b. *C. supinus* L. α. spec. — 10. *C. Haynaldi* Simk. — 10/b. *C. polytrichus* M.B. Taur. — 11. *C. hirsutus* L. spec. — 11/b. *C. ciliatus* Wahlbg. — 12. *C. leucotrichus* Schur. — 13. *C. leiocarpus* Kern. — 14. *C. Ratisbonensis* Scharff. — 14/b. *C. biflorus* L'Herit. — 14/c. *C. elongatus* W. et K. — Von den Ungarn benachbarten Gebieten werden besprochen: *C. prostratus* Lam., *C. Bucovinensis* Simk., *C. Tommasinii* Vit., *C. purpureus* Scop. Staub.

357. **Richter, A.** beschreibt seine im Comitate Gömör in Vepor- und Fabova-Gebirge unternommenen botanischen Excursionen. Von seinen Funden ist hervorzuheben: *Primula Pannonica* Kern. und *Thymus pulcherrimus* Schur und mehrere Rosen (best. V. v. Borbás) von Gostanova. Staub.

358. **Hanusz, J.** schildert populär die Salzflora und den Salzboden des grossen ungarischen Tieflandes (Alföld). Staub.

359. **Hanusz, J.** schildert populär das Pflanzenleben der ungarischen Steppen; er findet, dass das Bild, welches Radde über die Steppen Südrusslands entwirft, vollkommen dem ungarischen Alföld entspricht. Staub.

360. **Fekete, L.** schildert die forstlichen Verhältnisse des Comitates Trencsén. Be-

sonderes Interesse verdienen folgende Angaben. Am Fusse des Berges „Nagy Manin“ fand Verf. im Weisstannenwald viele Bäume von *Taxus baccata* L. Das obere Gebiet des Comitates, welches aus gemischten Wäldern der Rothtanne und Weisstanne besteht, ist unverkennbar ein Appendix jenes grossen Nadelholzgebietes, dessen Centrum die Hohe Tatra bildet. Beide Bäume sind hier seit Urzeiten vorherrschend. In einer Höhe von ca. 900 m mischen sich unter die in grösserer Menge vorkommenden Rothtannen die Weisstannen, welche zwischen 600–800 m hie und da dominirend auftritt und reine Bestände bildet. Auch die Waldkiefer ist in diesem Comitate spontan verbreitet; zerstreut kommt die Lärche vor. Die Buche nimmt für sich allein ein so grosses Gebiet ein, als die übrigen Holzarten zusammen und verbreitet sich in Folge der modernen Ausnutzung der Mischwälder auf Kosten der Nadelhölzer immer mehr aus. In den niederen Theilen des Comitates finden sich die Stiel- und Traubeneiche vor; letztere verdrängt auf natürlichem Wege die Waldkiefer. Staub.

361. **Gruber, K.** schildert die forstlichen Verhältnisse der Zips in Ungarn. 41.6% oder 264,530 Katastraljoch des Comitates sind heute noch bewaldet, davon nimmt der Nadelwald 80%; der Laubwald 14% ein. *Abies pectinata* DC. geht von 400–1100 m Höhe; *Pinus silvestris* L. gedeiht am besten in der Höhe von 500—800 m, geht aber auf den Kalkbergen noch über 1000 m hinaus; *Abies excelsa* DC. kommt oft in Gesellschaft der *A. pectinata* DC. vor; bildet aber in der Höhe von 1000–1500 m selbständige Wälder. Beide bieten die reichste Einkommensquelle dieser Gegend. Den vierten Rang nimmt *Larix europaea* DC., *Pinus pumilis* Haenke, bildet in der Höhe von 1500—1900 m einen 200—400 m breiten Gürtel und mit ihr zerstreut *Pinus Cembra* L. Beide bewähren sich vortrefflich als Schutzwaldung. Staub.

362. **Scherfel, V. A.** Nach einer kurzen geschichtlichen Einleitung bezüglich der botanischen Erforschung des Comitates Czepes (Zips) gruppirt der Verf. die Flora dieses Gebietes folgenderweise. 1. Vegetationsform der Alpen. In der mittleren Höhe von 1000 m gedeihen in der Hohen Tatra keine hohen Bäume mehr; *Pinus pumilio* bildet dort einen breiten Gürtel, der auf den Granitbergen viel dichter ist als auf den östlichen Kalkbergen. Es folgt nun die Aufzählung jener Pflanzen, die von dieser Region angefangen bis zu den höchsten Spitzen vegetiren — 2. Vegetationsform des Waldes. Die Wälder werden fast ausschliesslich von Nadelhölzern gebildet, die Laubbäume haben eine sehr untergeordnete Rolle. Der vorherrschende Baum ist *Abies alba* Mill., der sich aber in den letzten Jahrzehnten *Larix europaea* DC. anschliesst. Nach *Abies alba* Mill. ist *Abies excelsa* DC. der häufigste Baum; dann folgt *Pinus silvestris* L., die dort schon einheimisch ist, obwohl sie meistens angepflanzt ist. *Pinus Cembra* L. ist im Aussterben begriffen. Zur Vegetation dieser Wälder gehören noch der Wachholder, die Preissel- und Heidelbeere; *Calluna* und *Pyrola secunda*. Die hie und da vorkommenden Laubwälder haben eine nur geringe Ausdehnung und gruppiren sich aus Buchen, Stein- und Stieleichen; in den südlicheren Theilen enthalten sie auch die Hainbuche, Ulme und den Ahorn. Man findet auch einzelne kleinere Gebiete mit der Birke bewachsen, der sich auch die Zitterpappel beigesellt. In Hainen und an Bachrändern begegnen wir noch den Erlen, dem Hopfen, der Liane dieser Wälder, der *Astragena alpina* und den Weiden. 3. Verzeichniss der Pflanzen, die an besonnten buschigen, sowie kahlen, grasigen Orten vorkommen. 4. Die Vegetation der steinigen Orte und Felsen. 5. Die Vegetationsform der Wiesen. 6. Die Vegetationsform der Sümpfe und Gewässer. 7. Die Pflanzen des Culturbodens und 8. die Pflanzen der wüsten Plätze und Wegränder.

Scherfel, V. A. giebt in einem Separathefte das systematische Verzeichniss der in der Zips wildwachsenden oder im Grossen cultivirten Gefässpflanzen. In demselben wurden 40 Gefässkryptogamen und 1335 Phanerogamen aufgezählt. Staub.

363. **Czakó, K.** beschreibt nach eigenen Beobachtungen die Sommerflora des Moorgrundes in der Umgebung von Unter-Schmecks. Er zählt 348 Dicotyledonen, 7 Gymnospermen, 89 Monocotyledonen und 12 Gefässkryptogamen auf. Staub.

364. **Czakó, K.** bringt Mittheilungen über in der Tatra gesammelte Hieracien und

Festuca. Von *Hieracium tridentatum* Fr. werden die beiden neuen Varietäten **paradoxum** und **perramosum** beschrieben und von *Festuca amethystina* L. die neue Varietät **Tatrae**.

Staub.

365. **Ullepitsch** berichtet, dass er *Galium Roitraianum* Gdgr. am Gränzbache am Fusse des Dreisesselberges, neu für Bayern und Oesterreich, fand.

366. **Csató, Johann** von theilt mit, dass er *Pedicularis limnogena* Kerner am Muntyélé máré in Siebenbürgen wieder auf ihrem Originalstandorte sammelte.

367. **Richter, Aladár** giebt für nachfolgende Orte des Comitates Gömör als charakteristische Pflanzenformen an: Zeberje: *Dorycnium herbaceum*, *Teucrium Chamaedrys*, *Genista tinctoria*, *Drepanophyllum sedoides*, *Gnaphalium rectum*; Balogh-Meleghedy: *Tanacetum vulgare*, *Inula britannica*, *Pastinaca silvestris*, *Rosa trichoneura*; Bugyikfala: *Aristolochia Clematitis*, *Datura Stramonium*, *Althaea officinalis*; Derencsény: *Eupatorium cannabinum*, *Sempervivum Heuffelii*, *Spiraea glauca* und andere gemeine Arten; Hrussó: *Struthiopteris germanica*, *Althaea officinalis* u. a.; Strizs Baradna und M. Pokorágy, überall nur gemeinere Pflanzen.

368. **Degen** bringt die Ergebnisse seiner Excursionen von 1883 und 1884 im Pressburger Comitata. Neu für die Flora Pressburgs sind: *Festuca pseudovina typica* Hack., *Atriplex microsperma* W.K., *Artemisia campestris β. lednicensis* Koch, *Myosotis versicolor* Sm., *Cardamine Hayneana* Welw., *C. dentata* Schult., *Hutchinsia petraea* R.Br., *Arenaria leptoclados* Guss., *Orobanche pallidiflora* W. Gr., *Polygala amarella* Crtz., *P. oxyptera* Rb., *Euphorbia stricta* L., *Epilobium Lamyi* F. W. Sz., *Potentilla vindobonensis* Zimm. *P. Wiemanniana* Gueuth., *Trifolium incarnatum* L., *Vicia monanthos* Desf.

369. **Simonkai, L.** bespricht in seinen Bemerkungen zur Flora Ungarns zunächst *Pedicularis carpathica* Audrae von den Arpáser Alpen in Siebenbürgen und bei der Stina-Zirna in Rumänien, sie findet sich ferner am Babka, Alpensee der Rackova, Thal Boziaska, Tatra (grosse und kleine), Berzava, Parád am Fusse der Mátra, Mármaros, Stina Galbina und Taturóea im Bihari-Gebirge, Banater Alpen, und in ganz Siebenbürgen.

370. **Simonkai, L.** bespricht *Genista nervata* Kit. vom Jakobsberge bei Fünfkirchen; sie ist im südlichen Pannonien, in Slavonien und Syrmien einheimisch; im südlichen Banat ist sie durch *G. ovata* vertreten und *G. Meyeri* kommt in Siebenbürgen sowie im Arader und Biharer Comitate vor. — *Erysimum banaticum* Griseb. stammt von dem Razanthale und den Herkulesbädern. Es vertritt von Svinicza angefangen bis Rumänien das *Er. silvestre;* alle für das untere Donauthal des Banates, sowie für Csiklova und die Herkulesbäder für *Er. Cheiranthus*, *helveticum*, *rhaeticum*, *longisiliquum*, *pumilum*, *crepidifolium* angegebenen Standorte beziehen sich auf *Er. banaticum*.

371. **Simonkai, L.** fand bei Oravicza, und zwar besonders bei Illadia und Zokolvär: *Echinops banaticus*, *Carlina acanthifolia*, *Cytisus falcatus*, *Cotinus coccygyra*, *Sorbus meridionalis*, *Libanotis leiocarpa*, *Peucedanum longifolium*, *Seseli rigidum*, *Cephalaria laevigata*, *Scorzonera austriaca* var. *latifolia*, *Veronica crassifolia*, *Satureja Kitaibelii*, *Teucrium prostratum*, *Ceterach officinarum*, *Helleborus odorus*, *Libanotis leiocarpa*, *Heracleum sibiricum*, *Knautia Drymeia*, *Lappa macrosperma*, *Cirsium furiens*, *Corylus Colurna*, *Ruscus hypoglossum*, *Carex ventricosa*, *Bromus serotinus*. Im Comitate Arad fand Verf. *Veronica aquatica* auf der Puszta Fövisegyháza.

372. **Simonkai, L.** bespricht zunächst *Bromus erectus* Huds. und die ihm nahe verwandten subtilen *Bromus*-Arten. *Bromus erectus* Huds. stellt die Race des mittleren, westlichen und nördlichen Europa dar, kommt in Ungarn an der Leitha, Ercsi und Budapest vor; *Br. condensatus* Hackel in Südtirol, Istrien und bei Fiume; *Br. caprinus* Kerner bei Neapel und in Sicilien; *Br. pannonicus* Kummer et Sendtner im mittleren und südlichen Ungarn; *Br. albidus* M.B. am Pilis und auf dem Rákos bei Fiume; *Br. transsilvanicus* Steud. in Siebenbürgen, im Banat und in Rumänien; *Psilurus hirtella* wächst an der unteren Donau; *Trollius transsilvanicus* in Siebenbürgen und der Hohen Tatra; *Tunica Haynaldiana* Janka wächst beim eisernen Thor in Rumänien; *Achillea magna* im Banate und Siebenbürgen; *A. compacta* wahrscheinlich = *virescens; A. tanacetifolia* in Siebenbürgen, im Banat und in Ungarn.

373. **Ullepitsch** beschreibt folgende Formen aus der Zips: *Arabis Halleri* δ. **paradoxa** Ullepitsch in den Sipkowaer Wäldern; *Saxifraga Aizoon* L. δ. **Scherfelii** Ullep. im Felkathale; *Urtica dioica* L. β. **trilobescens** Ullep. n. var. in der Nesselblösse des Kelaer Kalkgebirges; *Aquilegia vulgaris* in der Nesselblösse mit langgestieltem mittleren Blättchen an den Wurzelblättern.

374. **Borbás, V. v.** berichtet, dass *Thrincia hirta* im Pester Stadtwäldchen gefunden wurde. Desgleichen werden einige Funde von Rákos aufgezählt.

375. **Borbás, V. v.** beobachtete *Iris sibirica* bei Horgos und die var. *longifolia* bei Ipoly Litke und Otherfeld in Thüringen; *Iris graminea* var. *latifolia* bei Lippiza bei Triest, Körös in Croatien, Gladnik in Bosnien; *I. variegata* bei Nagy-Enyed und Hossznaszó; *Epilobium lanceolatum* verbreitet sich um Budapest. Am Rákos wächst *Hieracium sympodiale*. Am Schwabenberg wächst *Saponaria grandiflora*. Im Auwinkel bei Ofen wächst **Tilia trichoclados** Borb.

376. **Borbás, V. v.** erwähnt, dass *Ajuga Laxmanni* bei Hovily im Bácser und bei Bánhegyes im Csanáder Comitate, *Salix Silesiaca* beim Lublauer Bade vorkomme; *Thymus Jankae*, *Mentha brachystachya* und *Dianthus Armeriastrum* kommen auch in Serbien vor. *Bupleurum Gerardi*, *junceum* und *affine* kommen bei Ofen vor; *Viola elatior* findet sich auf dem Agayi erdó im Arader Comitate.

377. **Borbás, V. v.** bringt kritische Bemerkungen über die Formen des *Rubus erectus*, ohne pflanzengeographisch wichtige Daten.

378. **Borbás, V. v.** erwähnt, dass er von Bornmüller *Linum elegans* erhalten habe. Bei Puszta-Szent-Lórinc kommt *Tilia platyphyllos* var. *pluriflora* und *T. cordata* vor.

379. **Borbás, V. v.** bemerkt, dass *Hieracium auriculoides* bei Hainburg nicht vorkomme; jedoch soll dieses *Hieracium* oder eine langbehaarte, nahe verwandte Form bei Pressburg vorkommen. *Geum montanum* var. *geminiflorum* wächst im Langer Grund im Riesengebirge.

380. **Borbás, V. v.** berichtet, dass *Geum spurium* in Siebenbürgen nur vorkommt, wo beide Eltern zahlreich sind; bei Büdös kommt es zahlreich vor, ferner bei Dubienko bei Monasterzyska und bei Cygani in Galizien; beim „Grünen See" in der Tatra findet sich *Geum montanum* var. **geminiflorum** Borbás, nov. var.

381. **Borbás, V. v.** theilt mit, dass *Bupleurum aureum* Fisch. auf dem Rischdorferberge der Zips, *Ranunculus Tatrae* Bor. auf dem Sternberge, *Hieracium aurantiacum* var. *paucicalathium* Borb. im Cernalthale vorkomme.

382. **Borbás, V. v.** berichtet, dass *Silene Armeria*, aber nicht *Silene compacta* var. *chloraeformis* in Siebenbürgen vorkomme; *Cortusa pubescens* kommt auch bei Cotlina in der Tatra vor; ebenso *Adenostyles polyantha* Kerner; diese findet sich ferner bei Tömos, sowie bei Zernyert; *Rubus macrogynius* findet sich bei Drenova im Dragathale.

383. **Borbás, V. v.** meint, dass die von Ullepitsch besprochene *Aquilegia*-Form *Aquilegia longisepala* Zimm. sei, welche bei der Belair Tropfsteinhöhle und in Gömör beobachtet wurde.

384. **Borbás, V. v.** bemerkt, dass *Festuca amethystina* bei Karlsbad vorkomme und bei Lukavic; *Erythraea uliginosa* und *Chlora serotina* bei dem Palicser See im Bácser Comitate; *Rosa Buziae* auch bei Vajnafaln in Siebenbürgen; ebenso *R. biserrata* und *decalvata*; *Thymus comosus* am Herkulesbad und bei Torda; *Th. Jankae* höher oben wachsend; *Rosa Herbichiana* Błocki wird in *Rosa Błockiana* umgetauft.

385. **Borbás, V. v.** beschreibt das bei Büdös in Siebenbürgen vorkommende neue **Cynoglossum paucisetum** Borbás.

386. **Błocki, Br.** beschrieb **Rumex Skofitzii** n. h., welcher bei Lemberg nicht selten ist.

387. **Błocki, Br.** beschreibt **Rumex Kerneri** Bł. n. hybr. (*R. conferto* × *obtusifolius*), welche Pflanze bei Zamastynów und Hołoskowiekie bei Lemberg vorkommt.

388. **Błocki, Br.** zählt einige bei Ludwikówka, Bezirk Dolina, beobachtete Pflanzen auf.

389. **Błocki, Br.** beschreibt **Potentilla Andrzejowskii** Bł. n. sp. von der Kartumowagora bei Lemberg und von Hołosko und Brzuchowice.

390. **Błocki, Br.** beschreibt das in Okuo und Ostapie in Ostgalizien wachsende **Hie-**

racium **gypsicola** n. sp., welches dort mit *Gypsophila altissima*, *Dianthus capitatus*, *D. pseudobarbatus*, *Hypericum elegans*, *Phyteuma canescens*, *Cephalanthera corniculata*, *Potentilla Skofitzii* und *subobscura* zusammenwächst.

391. **Błocki, Br.** theilt mit, dass er bei Krzywczyce fand: *Hieracium tridentatum*, *Salix caprea* × *aurita*, *Achillea pannonica*, *Carlina intermedia* neu für Galizien; *Inula supersalicino* × *ensifolia*, *I. superensifolia* × *salicina*, *Thalictrum simplex* und *Veronica orchidea*. Bei Kasperowce und Dobrowlany bei Zaleszczyki beobachtete er ferner zwei neue *Salvia*-Bastarde, **S. Kerneri** Bł. *(S. supernutanti* × *dumetorum)* und **S. Skofitzii** Bł. *(S. superdumetorum* × *nutans)*; ferner in Podolien **S. Andrzejowskii** Bł. *(S. supersilvatica* × *pratensis)* in Werenczanka.

392. **Błocki, Br.** beschreibt **Rumex Kerneri** Bł. n. h. *(R. conferto* × *obtusifolius)*, welchen er in Zamarstynón und Hołoskowielkie bei Lemberg fand.

393. **Błocki, Br.** zählt wieder einige von ihm bei Zubrza, Syniówka, Basiówka und Jaryna beobachtete Pflanzen auf, darunter mehrere von ihm gemachte Hieracien.

394. **Błocki, Br.** fand auf der Księżagóra, 7 km westlich von Dubienko, folgende interessante Pflanzen: *Aconitum Anthora*, *Anthericum ramosum*, *Allium montanum*, *Acer campestre*, *Avena pubescens*, *Arabis hirsuta*, *Cypripedium Calceolus*, *Cimicifuga spicata*, *Centaurea austriaca*, *Campanula latifolia*, *sibirica*, *persicifolia* f. *dasyphylla*, *Cineraria campestris*, *Chrysanthemum corymbosum*, *Chaerophyllum temulum*, *Convallaria verticillata*, *Dianthus Carthusianorum*, *Erysimum Wittmanni*, *Euphorbia tristis*, *angulata*, *Festuca hirsuta*, *Galium polonicum*, *Mollugo*, *Schultesii*, *Gladiolus imbricatus*, *Geranium sanguineum*, *Inula ensifolia*, *Iris hungarica*, *Lilium Martagon*, *Laserpitium latifolium*, *Mercurialis ovata*, *Myosotis silvatica*, *Melica picta*, *Orchis militaris*, *Orobus lacteus*, *Phyteuma orbiculare*, *Potentilla alba*, *rubens*, *Pulsatilla polonica*, *patens*, *Peucedanum alsaticum*, *Pulmonaria mollissima*, *Ranunculus Breynianus*, *Salvia pratensis*, *Senecio umbrosus*, *Sesleria Heufleriana*, *Silene inflata* f. *umbrosa*, *Stachys recta*, *Thalictrum caesium*, *aquilegifolium*, *Teucrium montanum*, *Trifolium alpestre*, *Veratrum nigrum*, *Veronica spicata*, *dentata*, *Vicia tenuifolia*, *Viola collina* und *mirabilis*.

395. **Błocki, Br.** fand bei Hołosko *Populus villosa* und den für Galizien neuen Bastard *Viola silvatica* × *mirabilis* und bei Woloszczak *Salix silesiaca*; bei Kortumowagora wachsen: *Camelina microcarpa*, *Draba nemoralis*, *Galium Wirtgeni*, *Poterium sanguisorba*, *Thymus montanus* und *Serpyllum*; obenso wachsen dort **Potentilla Knappii** Bł. n. hybr. und *P.* **Andrzejowskii** Bł. n. hybr. sowie auch in Hołesko.

396. **Błocki, Br.** berichtet, dass er bei Basiowka und Sknilów fand: *Salix livida*, *S. silesiaca*, *S. silesiaca* × *aurita*, *Viola supersilvatica* × *Riviniana* und *V. subsilvatica* × *Riviniana*.

397. **Wołoszczak Eustach** beschreibt **Salix bifax** n. h. *(S. appendiculata* × *Mielichhoferi ♀)* bei Bein bei Sand in Tirol und **Salix Mariana** n. h. *(S. cinerea* × *daphnoides)* am Fusse des Gross-Zinken bei St. Mariam in Steiermark.

398. **Błocki, Br.** beschreibt **Hieracium subauriculoides** n. sp., welches an vielen Orten Ostgaliziens wächst, so in Kleparow, Zubrza, Winniki, Podamasterz, Pieniaki und Bilcze.

399. **Błocki, Br.** berichtet, dass *Thalictrum uncinatum* Rehm von Bilcze mit dem sibirischen *Th. petaloideum* L. übereinstimme.

400. **Błocki, Br.** beschreibt **Rosa Lichtensteinii** Bł. n. sp. zwischen Bedrykowce und Błyszczanka in Südostgalizien.

401. **Błocki, Br.** beschreibt **Hieracium Andrzejowskii** Bł. n. sp., welches zwischen Bodnarówka und Zubrza bei Lemberg vorkommt, ebenso in den Kołomyjaer-Karpathen.

402. **Błocki** bestreitet die Richtigkeit der Combination der von Richter gedeuteten Veilchenbastarde *Viola pseudosilvatica* C. Richt. *(V. silvatica* × *canina)* und *V. caninaeformis* C. Richt. *(V. Riviniana* × *canina)*. Einen Bastard *V. canina* × *silvatica* fand Verf. bei Siedliska. *Salix Caprea* × *aurita* fand Verf. bei Zubrza bei Lemberg.

403. **Błocki, Br.** zählt eine grössere Anzahl von interessanten Funden aus der galizischen Flora auf: *Aconitum Anthora* ß. *coerulea* bei Monasterzyska; *Botrychium Matricariae* bei Rawa ruska und Dubienko; *Circaea alpina* bei Rawa ruska; *Cytisus ruthenicus* bei

Siedliska und Prusie; *Carlina vulgaris* f. *nigrescens* im Siedliska; *Centaurea austriaca* bei Siedliska; *Digitalis ambigua* in Siedliska; *Epilobium adnatum* bei Cieszanów; *Euphorbia Esula* am Dniesterufer bei Horodenka; *Festuca arenicola* m in Siedliska und Prusie; *F. psammophila* Hack. in Prusie; *Hieracium boreale* in Siedliska und Prusie; ebenso *H. polonicum* Bł.; *Hierochloa australis* in Siedliska; *Koeleria glauca* in Siedliska; *Lathyrus paluster* bei Rawa ruska; *Lilium Martagon* in Siedliska; *Polemonium coeruleum* bei Sieniawa; *Ranunculus Flammula* var. *radicans* bei Brody; *R. Skofitziana* in Siedliska und Rzyczki; *Rumex confertus* in Horodnica; *Salix aurita* × *cinerea* in Prusie; *S. aurita* × *repens* bei Sieniawa; *S. cinerea* f. *spuria* in Prusie; *Spiraea salicifolia* bei Sieniawa; *Serratula heterophylla* bei Horodenka. Aus Sławuta: *Dianthus glabriusculus*, *Borbasii*, *Gymnadenia cucullata*, *Jurinea cyanoides*. *Prunella grandiflora*, *Thalictrum simplex*, *Thymus montanus*, *Marschallianus*, *Trifolium Lupinaster*, *Veronica spuria*.

404. **Błocki, Br.** beschreibt **Hieracium pseudobifidum** Bł. n. sp; die Pflanze wächst mit *Cornus mas*, *Staphylea pinnata*, *Lonicera Xylosteum*, *Rosa Herbichiana*, *R. thyraica* am Dniesterflusse zwischen Horodnica und Babin in Südostgalizien.

405. **Błocki, Br.** beschreibt **Viola roxolanica** Bł. an den steilen Uferabhängen in Bilcze, Sinkow und Pustolówka in Südostgalizien.

406. **Wołoszczak** berichtet neben kritischen Bemerkungen, dass *Heracleum simplicifolium* in der Bukowina und in Siebenbürgen, im Bistritzthale und auf der Czerno Hora in Galizien vorkomme.

1. Russland.

407. **Montresor, W.** Die Frucht 15jährigen Botanisirens. Synonyma, Blüthezeit, Standort, Blüthenfarbe u. Volksname sind angegeben. p. 9—38 sind die bisher im Gebiete gefundenen Familien und Genera verzeichnet, die in seinem Herbar nicht vorkommenden sind mit * versehen. Von Algen sind nur *Conferva* Fr., *Spirogyra* und *Nostoc fluviatilis*, Von Pilzen sind 22, von Flechten 10, von Moosen 11, von Gefässkryptogamen 32 erwähnt; die Liste der Phanerogamen ist im zweiten Heft noch nicht abgeschlossen. Das System ist das R. E. v. Trautvetters. Bernhard Meyer.

408. **Čelakowsky, St.** Dieser Kreis des Gouvernements Plozk stösst nach Norden an Ostpreussen, umfasst 23,7 Quadratmeilen und war bisher botanisch unerforscht; der östliche Theil hat auf Sumpf und Sandboden grossen Waldreichthum (Erlen, Birken, seltener Eichen und Hagebuchen, *Pinus silvestris*), der westliche hat fetteres Erdreich und keine Wälder. p. 3 und 4 sind die Gartenpflanzen aufgeführt. Die Hauptliste weist 565 Phanerogamen mit Blüthezeit und speciellen Standortsangaben auf; die Flora ist von der des Kreises Zjechanow kaum verschieden. Bernhard Meyer.

409. **Russow, E.** giebt neben detaillirten geologischen Daten, sehr specialisirte Standortsangaben der Pflanzen in zwei getrennten Küstengebieten Estlands Foila und Ontika einer und Kasperwieck andererseits. p. 113 und 116 sind für ersteres 103 Phanerogamen und 3 Kryptogamen aufgeführt, die in Gruner's Flora von Alleutacken fehlen; hier ist *Epipogum Gmelini* Rich. hervorzuheben; für letzteres seien aus den zahlreichen Angaben auf das (sterile) Vorkommen von *Pisum maritimum*, auf eine zwischen *Orchis Traunsteineri* Saut. und *Orchis curvifolia* Nyl. stehende Form und endlich auf *Sphagnum Girgensohnii*, *Sph. Russowii* und *Sph. recurvum*, die zu keulenförmiger Verdickung der abstehenden Schopfäste neigen, aufmerksam gemacht. Ueberhaupt sei dort eine reiche Fundgrube neuer *Sphagnum*-Formen. Bernhard Meyer.

410. **Schmalhausen, Iw.** Dieses grosse Werk enthält ausser Tabellen zur Bestimmung aller Familien und der Genera der Holzgewächse eine Beschreibung von 1723 einheimischen Species. Zwischenformen sind mit den Nummern ihrer typischen Verwandten und einem liegenden Kreuz bezeichnet. Zweifel an der Spontaneität des Auftretens sind durch Weglassen der Nummer ausgedrückt. Culturpflanzen sind mit einem * versehen. Bei jeder Pflanze sind angeführt: die örtliche Bezeichnung, die Blüthezeit, ihr Vorkommen in verschiedenen Gouvernements (oft in welchen Kreisen derselben), allgemeine Standortsbezeichnung und die geographische Verbreitung in grossen Zügen. Das Gebiet ist über die administrativen Grenzen hinaus ausgedehnt, im Norden bis Litauen, im Süden bis zum Meer

(mit Ausnahme der Taurischen Halbinsel), und im Südwesten bis zum Gouvernement Bessarabien. Bernhard Meyer.

411. **Böhlken, A. v.** Aus dem populär gehaltenen Vortrage sei entnommen, dass die Buche, die in Kurland nach Rossmässler bei Kalleten (nahe der litauischen Grenze) noch wildwachsend vorkommen solle, dort von angepflanzten Exemplaren abstamme.
Bernhard Meyer.

412. **Gruner, L. F.** Ausser einem kurzen topographischen Abriss der von drei Flüssen durchströmten Oertlichkeit und einer Aufzählung der floristisch durchsuchten Stellen giebt Verf. ein Verzeichniss von 778 Gefässpflanzen, nebst Boden-, Standorts- und Blüthezeitangabe. Von Coniferen kommt vor *Pinus silvestris* L. und *Abies excelsa* DC. vor. Von Kryptogamen sind aufgeführt *Equisetum arvense* L., *E. limosum* L., *E. silvaticum* L., *E. hiemale* L., *Lycopodium clavatum* L., *Botrychium rutaefolium* Al. Br., *Polypodium Dryopteris* L., *Polystichum Thelypteris* Roth., *P. Filix mas* Roth, *P. cristatum* Roth, *P. spinulosum* DC., *Cystopteris fragilis ?* Bernh., *Asplenium Filix femina* Bernh. und *Pteris aquilina* L. Bernhard Meyer.

413. **Rajewsky, W.** führt für Nischnij-Nowgorod mit genauer Standortsbestimmung 38 Pflanzen ergänzend an; ferner als anormale Formen: *Dracocephalum Ruyschianum* mit einer Blüthe, aber reicher Verzweigung und Blattbildung, *Salix alba* mit krüppelhaftem Blüthenstand, *Carex muricata* desgleichen, *Knautia arvensis* geschlechtslos, aber mit ungewöhnlich grossen und intensiv gefärbten Corollen, *Campanula rotundifolia* mit durchaus eleutheropetalen Blüthen, *Turritis glabra* mit grasgrüner Corolle und innormalen grünen Stamina und Fruchtknoten, *Taraxacum officinale* ohne Fruchtknoten mit langausgewachsenem grünen, saftigen Fruchtboden und *Bromus inermis* mit viviparen Aehrchen. — Zum ersten Mal im Gebiet fand Verf. *Geranium divaricatum*, *Serratula coronata* und *Crypsis alopecuroides*. — Als in der Brochüre ausgelassen erwähnt er noch *Potentilla thuringiaca*, *Epilobium roseum*, *Myosotis caespitosa*, *Poa compressa*, *Asplenium Filix femina* und zieht zurück *Galium trifidum* und *Eragrostis poaeoides*. Bernhard Meyer.

414. **Akinfijew, J. J.** zählte (mit lateinischen Pflanzennamen) 865 Species mit 140 Varietäten auf, die in Jekaterinoslaw und im Umkreise von 10.6 km wachsen, darunter 65 angebaute oder eingeführte Pflanzen. Von Gymnospermen ist nur *Pinus sylvestris* L., von Kryptogamen *Equisetum arvense* L., *Asp. Filix mas* Roth, *A. spinulosum* DC., *Cystopteris fragilis* Bernhard erwähnt. p. 8 sind 18 Species aufgezählt, die nicht aufzufinden waren, trotzdem sie bei Ledebour (Flor. Ross.) für die Stadt und (einen etwa weiteren?) Umkreis angegeben sind; ebenso fehlten jetzt *Medicago scutellata* und *Cynoglossum montanum*, die Tschernajew (Uebersicht etc. Charkow 1859) anführt. Verf. bespricht die Abhängigkeit der Vegetation vom Boden (Steppen, Wiesen, Schlamm und Sand) und führt sie an beschränkteren Oertlichkeiten genauer durch. Die klimatischen und athmosphärischen Verhältnisse entsprechen der allgemeinen geographischen Lage. p. 25 ist von 25 Frühlingspflanzen für 3 Jahr der Tag des Aufblühens, seine Entfernung vom letzten ergiebigen Regen und die Mitteltemperatur der 10 vorhergehenden Tage angegeben. — Die Namen sind nach E. Lindemann (Flora Chersonesis), für die bei diesem fehlenden Pflanzen nach Ledebour Tl. R. angeführt. Bernhard Meyer.

415. **Aggeenko, W.** Die Flora des Kreises Pskow sei sehr ähnlich der St. Petersburgs. Innerhalb des Gebiets constatirt Verf. unter Aufzählung zahlreicher Charakterpflanzen durchgehende Verschiedenheit der Vegetation 1) der Sumpfgegenden ohne Moosdecke (*Ranunc. flammula*, *R. sceleratus*, *Orchis incarnata*, *Veronica anagallis*, *Glyceria plicata*); 2. der *Sphagnum*-Sümpfe (*Betula nana*, an den Grenzen *B humilis*); 3. der Wiesen: a. von Flussufern entfernt (*Peristylus viridis*, *Ophrys myodes*, *Dianthus deltoides*, *Trifol. pratense*, *Trifol. agrarium*), b. an Flussufern (*Spiraea filipendula*, *Anthyllis vulneraria*, *Gladiolus imbricatus*); 4. der Wälder (*Ranunculus cassubicus*, *Angelica sylvestris*, *Trientalis europaea*, *Humulus lupulus*); 5. der Hügel mit Vorherrschaft von *Calluna vulgaris*; 6. des Wassers und 7. der Aecker. *Carex vulgaris* bewohnt in gleicher Häufigkeit trockenen und sumpfigen Boden. *Bunias orientalis*, *Solanum nigrum* und *Nepeta Cataria* kommen nur an der Südgrenze vor. Das Hauptverzeichniss giebt 352 Gefässpflanzen, von denen 19

(p. 31) nicht bei A. Th. Batalin (1884) vorkommen. *Carex acuta* L. und *C. canescens*, die Verf. Bd. XV, Heft II, p. 95 und 96 für das Gebiet angiebt, zieht er zurück.

Bernhard Meyer.

416. **Beketoff, A. N.** Verf. constatirt in der Ackerbaufähigkeit ohne (künstliche) Bewässerung und im Mangel des Waldes der Steppen zwischen Pruth und Donn einen charakteristischen Unterschied von dem übrigen Steppengebiete Grisebachs. Die Waldlosigkeit erklärt B. mit Hinweis auf Salzmorastcharakter des Gebietes nach Verschwinden der einst hier vorhandenen Meeresfluth; ferner aus der Ungunst des Klimas für Waldwuchs und nimmt auch Weide suchende Thiere als Hinderniss der Waldbildung an. In Betreff des Entstehens der „schwarzen Erde" schliesst Verf. sich Ruprecht und Dokytschbaew an. Für *Humus*-Bildung in der Tiefe hält er mehrjährige Gräser am geeignetsten. Ferner constatirt er, dass typische Schwarzerde älteren Formationen aufliege, auf neuen kaum vorkomme; dass ihre Bildung von dem Klima abhängig sei, das die Zersetzung subterraner Pflanzentheile begünstige. Die vorgenannten südrussischen Steppen und die ungarische Pussta hält er für die westliche Grenze des grossen Steppengebietes, aber im Gegensatz zu den Donu- und Wolga-Steppen, die asiatischen Charakter tragen, zu Europa gehörig. Für den europäischen Steppentypus ganz fremd hält er die spanischen Dissertiosen, die den Salzsteppen Nordafrikas und Centralasiens, vielleicht auch den transkaukasischen an die Seite zu stellen seien.

Bernhard Meyer.

417. **Massalsky, W. J.** Der Ort Druskeniki liegt im Gouvernement Grodno dicht an der Grenze der Gouvernementes Wilnow und Suwalki: diesen drei Gebieten gehören 437 Phanerogamen der Liste an; allein Verf. hält die Flora für noch lange nicht erschöpft. Er unterscheidet die Vegetationsformationen: 1. des Wassers (p. 625 aufgezählt) von der *Elodea canadensis* (nach Batalin 1884) erwähnt sei; 2. der Sümpfe p. 626; 3. der Wiesen p. 627; 4. der Nadelwälder p. 627 und 628; — hier sind für reinen Sandboden bezeichnend *Astragalus arenarius, Dianthus arenarius, Silene Otites* und *Tragopogon Gorskianum*, für Sandbeimischung *Helianthemum vulgare* und *Gypsophila fastigiata*; — des Laubwaldes p. 629 — hier findet sich die für Lithauen so seltene *Scutellaria hastaefolia*; 5. der Ufer des Flüsschens Rotnischauka, wo der Laubwald und seine Begleiter dichter stehen p. 630 und 631; 6. der Felder und Aecker p. 631 und 633, auf denen *Cynanchum Vincetoxicum, Silene Otites, S. Pseud-Otites, Plantago arenaria* und *Scabiosa ucrainica* besonders charakteristisch für den Standort sein sollen; 7. der Menschen begleitenden Pflanzen, die im 1. und 2. Absatz p. 634 aufgezählt sind; im 3. schliessen sich die verwilderten Species an.

Bernhard Meyer.

418. **Patschosky, J.** Neu sind für das Gouvernement Kiew *Muscari botryoidis* Mill. *Iris pumila* L. (?), *Ajuga Chia* Schreb., *Scilla cernua* Red., *Chorispora tenella* DC., *Lepidium perfoliatum* L., *Valeriana sambucifolia* Mikan, *Ledum spurium* M.B., *Althaea officinalis* L., *Nicandra physaloides*. Für *Potentilla alba* L. ward eine neue Varietät „*β. collina*" constatirt. Der Boden zeigt Schwarzerde auf Thon, unter diesem Granit, selten ist Kalkboden; Sand kommt nicht vor. p. 374 giebt eine Tabelle für barometrische und thermometrische Monatsangaben. Tamariscineen, Empetraceen, Ericaceen, Vaccinieen, Droseraceen, Frankeniaceen, Plumbagineen, Zygophylleen, Cistineen, Lobeliaceen, Lentibularieen, Thymelaeaceen, Mollugineen, Najadeen und wildwachsende Coniferen fehlen ganz, Orchideen sind nur durch *Epipactis latifolia* Swartz vertreten. p. 376 ist die Artenzahl der wichtigen Familien im Vergleich mit den im nördlich gelegenen Kreise Kadomuyslj, im Gouvernement Kiew, Minsk Jekaterinoslaw, Kalugu, in Südrussland und Russland überhaupt tabellarisch. p. 377 und 378 sind 70 Species aufgezählt, die dem Gebiete fehlen, aber im Norden des Gouvernements vorhanden sind. Durch die Cultur seien verdrängt worden *Gypsophila paniculata* L., *Scabiosa ucrainica* L., *Linum austriacum* L., *Salvia Sibthorpii* Sm., *Orobus albus* L. (Holz), *Astragalus virgatus* Pall., *Cephalaria uralensis*. Die Liste führt 968 Phanerogamen (angebaute mit † bezeichnet), 11 Gefässkryptogamen, 22 Moose nach Holtz (zur Flora von Russland), 23 Flechten (nach Holtz und Rischawi, Bemerkungen u. s. w.) Dieselben Memoiren: Band II, Heft 2, 38 Algen (nach Kischawi: Materialien a. a. O. B. II, Heft 1) und einige Pilze an.

Bernhard Meyer.

419. **Lindemann, E. v.** Enthält den Schluss der biographischen Notizen von 407 Pflanzensammlern, welche zu dem ca. 23000 Arten umfassenden Herbar (gegenwärtig in Elisabethgrad) beigetragen hatten. Bernhard Meyer.

420. **Akinfijew**, J. J. giebt für diese Stadt im russischen Besarabien mit lateinischen Pflanzennamen 492 wildwachsende und 58 angepflanzte Phanerogamen-Species an. Die Zahl erschöpft nicht die vorhandene Vegetation. Bernhard Meyer.

421. **Zinger** giebt ein Verzeichniss der Phanerogamen und Gefässkryptogamen des mittleren Russlands (Gouvernement Kostroma, Jaroslaw, Twer, Smolensk, Moskau, Wladimir, Nishny-Nowgorod, Rjasanj, Tula, Kaluga, Orel, Tambow, Saratow und (weniger vollständig) Pensa und Simbirsk. Für jedes Gouvernement sind (p. 9 - 27) die benutzten Herbarien und die vorhandene Litteratur angegeben. Bei jeder der 1789 Species sind das Vorkommen nach Gouvernement und Kreis, die Sammler, die Blüthezeit (häufig), die Bodenverhältnisse und wo bekannt die Varietäten verzeichnet. p. 510 sind tabellarisch für 15 Gouvernements (einzeln) die Speciesanzahl von 17 angiospermen Familien, der Dicotylen und Monocotylen, der Gymnospermen und Gefässkryptogamen angegeben. p 512 (oben) ist eine Liste der nördlich vom Gebiet der schwarzen Erde auf Kalkboden vorkommenden 55 Vertreter der Schwarzerdeflora (die auf anderem Boden vorkommenden mit † bezeichnet) gegeben. p. 312 (unten) und p. 513 oben folgen 69 Species dieser Flora, welche die Nordgrenze des ihr eigenthümlichen Bodens nur erreichen; p. 513 sind 61 Species verzeichnet, welche die Nordgrenze nicht erreichen. Das Sandgebiet an der nördlichen Grenze der schwarzen Erde ist durch *Dianthus arenarius* L., *Genista germanica* L. und (viell.) *Trapa natans* charakterisirt, die weiter nach Norden nicht mehr vorkommen. Nur im nordöstlichen Theil des Gebiets (Gouvernements Kostroma und Nord Nishny-Nowgorod) kommen *Atragena alpina* L., *Rubus humulifolius* C. A. M., *Cacalia hastata* L., *Ophrys Myodes* Jacq., *Juncus stygius* L., *Carex irrigua* Lm., *Larix sibirica* Ledb. vor. Es folgen p. 515 (oben) 10 Species, welche etwa die Wolga weiter, 13, welche die Breite von Moskau als südliche Grenze erreichen. Von Vertretern der nördlichen Lehmboden-, Sandlehmboden-, und Sumpfflora, die südlich von Moskau vorkommen, ohne das Gebiet der schwarzen Erde zu erreichen, sind erwähut: *Ranunculus fluitans* Lam., *Aconitum septentrionale* Koll., *Chaerophyllum aromaticum* L., *Linnaea borealis* L., *Galium trifidum* L., *Androsace filiformis* Retz., *Epipogon Gmelini* Rich., *Scirpus pauciflorus* Lightf., *Cynosurus cristatus*, p. 515 (unten) und 516 (oben) sind 24 Pflanzen angeführt, welche die südöstliche Grenze des Gebiets erreichen und auf schwarzer Erde nicht vegetiren können. p. 516 ist eine (für die Wiedergabe zu umfangreiche) interessante Liste solcher Pflanzen gegeben, die nur in je einem Gouvernement vorkommen. In dem Gebiet, das sich zwischen den nach Südosten gelegenen Steppen und dem nordwestlichen Lehm- und Sandgebiet ausdehnt (es erhebt sich höher als die ihm angrenzenden und zeigt Kalkboden oder mit Kalk vermengte schwarze Erde) sind Laubwälder verbreitet und kommen folgende alpine Pflanzen vor: *Schivereckia podolica* Andrz., *Artemisia sericea* Web. (beide nicht im westlichen Europa), *Potentilla tanaitica* Zing., *Echinospermum deflexum* Lehm., *Phegopteris Robertiana* A. Br., *Asplenium Ruta muraria* L. und *Aconitum Anthora* L. p. 518 sind ferner 18 Species verzeichnet, die im Gouvernement Saratow auf Kalkboden vorkommen. Verf. betont, dass diese alpine Flora auf Kalkboden zwischen dem Ural und den Karpathen sich vorfindet und etwa die Grenze der skandinavischen Eiszeitgletscher bezeichnen möge. Das würde dann auf ein weit höheres Alter der Schwarzerdeflora, als das des nordwestlicher gelegenen Gebiets hinweisen. Ferner deutet Verf. darauf hin, dass, wie in den Gouvernements Perm und Nishny-Nowgorod Schwarzerdepflanzen auch auf Kalk gedeihen, sie ebenso um Sarepta und Kamujschin auf Lehmboden vorkommen, was beides darauf hinweist, dass nicht die Bodenart die Zusammensetzung der Schwarzerdeflora in erster Linie bestimme. Er hält sie im Gegentheil für die wahrscheinlichen Bildner der bezeichneten Bodenart und glaubt sie zu einer sehr alten Flora rechnen zu können, deren Verbreitungscentren er im Ural, Altai und dem kaspischen Gebiet sieht. Für den südöstlichen Theil des Gebiets, der Steppe mit Salzmorästen nimmt er als erklärende Hypothese die Präsistenz eines sie überfluthenden Aralokaspischen oder Mittelmeerbassins an. Bernhard Meyer.

422. **Krylow, P.** giebt eine Liste der im Gouvernement Wjatka gefundenen 576

Angiospermen, 5 Gymnospermen (*Abies sibirica* Ledb., *Picea vulgaris* Link, *Larix sibirica* Ledb., *Pinus sylvestris* L., *Juniperus communis* L.) und 21 Gefässkryptogamen. Die bei Lepechin (Wanderungstagebuch) aufgeführten *Typha angustifolia, Heracleum Sphondylium, Rubus fruticosus* sind durch *T. latifolia* L., *H. sibiricum* und *R. caesius* zu ersetzen. Zweifelhaft ist *Ballota alba* L. — Bei Falk soll nach Verf. in den „Beitr. zur topogr. Kenntn. d. russ. Reichs" *Cornus sanguinea* L. und *Spiraea crenata* durch *C. sibirica, Sp. media* Schmidt ersetzt werden; auch seien *Rosa villosa, Stachys arvensis* L., *Orobus tuberosus* L., *Carduus tataricus, Cineraria glauca* L. der Bestätigung bedürftig. Im südlichen Winkel des Gouvernements zwischen dem Fluss Wjatka und der Kasanjschen Grenze gehört die Flora dem Waldsteppengebiet an; die Waldungen sind gering. Die Erhebungen (bis ca. 60 m) zeigen Mergel, Sand- oder Kalkstein, Schwarzerde tritt nur sporadisch auf. An den Abhängen nach Südosten und Südwesten wachsen manche mit dem Gouvernement Kasanj gemeinsame, südlichere Arten (24 davon sind p. 4 und 5 aufgeführt), welche, die Schwarzerde vermeidend, auf Kalk- und Mergelboden vorkommen. An Flussufern treten als südliche Formen *Asparagus officinalis, Mentha sylvestris, Gentiana Pneumonanthe* auf. Als Schuttvegetation und Ackerunkräuter sind *Geranium sibiricum, Medicago falcata, Calamintha Acinos, Stachys annua* verzeichnet. Auf sandigen Flussablagerungen wachsen *Galatella punctata* var. *dracunculoides, Artemisia procera, Plantago maxima, Corispermum hyssopifolium, Eragrostis pilosa, Digitaria glabra, Lythrum virgatum.* Beim Dorfe Roshkinsky kommt die Mehrzahl südlicher Formen nicht mehr vor, der Nadelwald ist dort schon ziemlich verbreitet. Bernhard Meyer.

423. **Smirnow, N.** botanisirte im Gouvernement (und Kreis) Saratow; das Gebiet umfasst ca. 200 □ km, steppenähnliche Strecken wechseln mit Wald und Culturgebiet. Obwohl zum Gebiet der schwarzen Erde gehörig, herrscht doch Beimischung von Lehm vor. Das Flussufer und die Region kleiner Seen zeigt Schlammboden mit Salzgehalt. Das Klima ist durch die Zugehörigkeit zur russischen Steppe gekennzeichnet. Die Blüthezeit beginnt für *Gagea pusilla* — 10. April; *Ranunculus Ficaria, Farsetia incana, Corydalis solida, Pulmonaria azurea* — 13 April; *Pulsatilla patens, Viola hirta, V. mirabilis, Ranunculus polyrhizos, Ceratocephalus orthoceras, Chorispora tenella* — 15. April; *Taraxacum officinale, Tussilago farfara, Tulipa silvestris* — 20. April; *Caltha palustris, Valeriana tuberosa, Potentilla opaca, Ranunculus pedatus, Fritillaria minor, Draba nemorosa, Pedicularis laeta, Glechoma hederacea, Astragalus festiculatus* — 24.—25. April; *Sambucus nigra, Ribes Grossularia, R. rubrum, Artemisia Abrotanum, Betula alba, Prunus Padus, Syringa vulgaris, Rosa canina, Pyrus malus* entfalten ihre Blüthen zwischen dem 15.—20. April; Ahorn und Eiche Ende April, die Linde im Anfang des Mai. Die Maiblüthler sind p. 9 oben, die des Juni p. 9 unten, die von Ende Juli p. 9 und 10 oben verzeichnet, *Atriplex hastata, Chenopodium hybridum* blühen am 5. August, *Ch. album, Salicornia herbacea, Polygonum arenarium, Pulicaria vulgaris* Mitte August, *Kochia arenaria, Suaeda maritima* am 20 August. Im September blühen nur *Trifolium pratense, Lavatera thuringiaca, Salvia nutans, Achillea Millefolium, Anthemis tinctoria, Tanacetum vulgare, Sisymbrium Loeselii, S. officinale, Farsetia incana, Matricaria inodora, Thlaspi arvense, Polygonum aviculare.* Gesondert werden aufgezählt: 1. die Steppenflora (p. 11), 2. die Ackerflora (p. 12), 3 die Wiesenvegetation (p. 12), im Speciellen auf nassem Boden (p. 12 unten), ferner im Wasser (p. 13 oben), 4. die Waldflora (p. 13), 5. die Kehrichtvegetation (p. 13). Auf salzhaltigem Boden wachsen *Trifolium fragiferum, Mulgedium tartaricum, Veronica Anagallis* u. a. m. (p. 14). Sehr ausführlich ist die Vegetation verzeichnet, die auf Brachfeldern verschiedenen Alters vorkommt. Die des einjährigen findet sich p. 15 unten, die folgenden bis zum 12 und 17—19jährigen p 17 u. 18.

Das angehängte Verzeichniss bietet 77 Monocotyledonen und 428 Dicotyledonen. Die bei Klaus „Localfloren der Wolgagegenden" nicht genannten Species sind mit * bezeichnet. Bernhard Meyer.

424. **Aggeenko, W.** Das Gouvernement Nishny-Nowgorod nach einzelnen Kreisen behandelnd, giebt Verf. für den von Balachna an den Florentypus 1. der Ueberschwemmungswiesen an der Oka und Wolga mit *Petasites spurius* (immer in grösster Nähe der

Flüsse und auf reinem Sand) und *Artemisia procera* als Charakterpflanzen; 2. des Sandbodens, auf welchem Eiche, Fichte, Tanne, Birke, *Econymus verrucosus*, *Juniperus communis* neben der p. 318 erwähnten Krautvegetation vorkommen.

Die Flora des Kreises Arsamas zeigt die Typen 1. der schwarzen Erde mit *Eryngium planum*, *Campanula sibirica* und *Phlomis tuberosa*, eingesprengte Sumpfinseln tragen ihre eigene Vegetation (p. 320 oben); 2. des Wald tragenden Dammerdelehmbodens mit *Aconitum septentrionale*. *Pulmonaria officinalis*, *Scrophularia nodosa*, *Poa sudetica*, *Pyrola rotundifolia*, *Androsace filiformis* u. a. m.; auf waldfreien Stellen gleichen Bodens *Trifolium montanum*, *T. alpestre*, *Inula hirta*, *Euphorbia virgata*, *Polygonum amphibium* u. s. w.; 3. des Sandbodens: Fichtenwälder, *Orchis maculata*, *Sedum acre*, *Veronica spicata*, *Origanum vulgare* u. a. m. p. 321 oben; 4. der Ueberschwemmungswiesen: auf schwarzerdigem, lehmigem Grunde wachsen *Phlomis tuberosa*, *Campanula sibirica*, *Centaurea Scabiosa*, *Dianthus Seguieri*, *Euphrasia officinalis*, *Rhinanthus crista galli* und andere p. 321 aufgezählte.

In der westlichen Hälfte des Kreises Lukajanow finden sich 1. auf schwarzer charakteristischer Erde Steppenpflanzen, die mit *Falcaria Rivini*, *Peucedanum alsaticum* *Echinops Ritro*, *Stipa capillata* beginnend, p. 323 aufgezählt sind (uncharakteristische im 2. Absatze); 2. auf Dammerde-Lehmboden im Laubwaldschatten *Impatiens noli tangere*, *Rumex obtusifolius*, auf Brachfeldern *Agrostemma Githago*, *Gypsophila muralis* ff. p. 324 1. Absatz; wo Steppe und Sandboden streifenweise ineinandergreifen, treten wieder Steppenpflanzen: *Adenophora liliifolia*, *Siler trilobum*, *Serratula tinctoria*, *Prunus Chamaecerasus*, weiter *Delphinium elatum*, *Prunella grandiflora*, *Lilium Martagon*, *Asparagus officinalis* u. a. m. p. 324 unten und p. 325 1. Absatz; 3. auf Sandboden *Silene Otites*, *Echium vulgare*, *Potentilla argentea* und *Verbascum Lychnitis*; 4. auf Ueberschwemmungswiesen: *Ononis hircina*, *Spiraea filipendula*, *Genista tinctoria*, *Veratrum album*, *Allium rotundum* auf. Im Kreise Ardatow wachsen 1. auf Schwarzerde keine Steppenpflanzen, 2. auf Lehm-Dammerde kommen Wälder von Fichten, Birken, Eichen und Tannen und eine p. 327 im 3. Absatz aufgeführte Krautflora; 3. auf Sandboden Fichten-, Birken- und Epheuwälder und neben uncharakteristischer Schuttvegetation (p. 327 unten) *Filago arvensis*, *Gentiana Pneumonanthe* u. a. m. (p. 328 oben) vor.

Im Kreise Gorbatow bewohnen 1. den Dammerde-Lehmboden eine uncharakteristische Vegetation (p. 328, 3. Absatz); 2. den Sand schon Charakterpflanzen der nördlichen Waldzone: *Dianthus arenarius*, *Jasione montana*, *Juniperus communis*, *Vaccinium uliginosum* zwischen Wäldern von Fichten, Tannen, Espen und Birken; doch kommt auch *Jurinea Pollichii* neben anderen südlichen Pflanzen noch vor; 3. überschwemmte Wiesen tragen sehr merkwürdiger Weise wieder Steppenbewohner: *Eryngium planum*, *Genista tinctoria* u. s. w, die wohl durch die Oka hierher befördert werden.

Im nördlichen Theile des jusarskischen Kreises, der floristisch dem von Lukajanow ähnelt, wächst auf Schwarzerde eine reiche Steppenflora, die auf Sumpfland anderer Vegetation (p. 331 oben) Platz macht. Erwähnt sei hier noch *Lychnis chalcedonica* auf reinem Sandboden.

Im ganzen Gebiet unterscheidet Verf. den südöstlichen Theil, mit schwarzer Erde, trockenerem Klima, geringerem Waldwuchs und typischer Steppenflora, welche auch auf eingesprengte Nicht-Schwarzerde übergreift; und den nordwestlichen, wo andere Bodenarten vorherrschen, der Nadelwald und die Kräutervegetation der nördlichen Waldregion auftritt, ohne in freien Lagen Steppenpflanzen auszuschliessen. So häufig deren Vorkommen überhaupt mit dem der Schwarzerde zusammentrifft, so hält Verf. die Vertheilung der Floren doch erst in zweiter Linie für abhängig vom Boden, sondern in weiterem Maasse vom Klima beeinflusst, was z. B. durch ihr Auftreten auf Sandboden bezeugt wird, wenn er durch seine Lage starker Erwärmung oder grösserer Trockenheit ausgesetzt ist. — Das Klima Russlands aber wird nach Südosten wärmer und trockener, wodurch den Steppenpflanzen in erster Linie ihr Verbreitungsbezirk bezeichnet sei. Bernhard Meyer.

425. **Aggeenko, W.** Auf der taurischen Halbinsel seien $^3/_4$ des Gebiets Steppe.

Von Sebastopol bis Feodosia ziehe sich ein ca. 32 Werst breiter Gebirgsgürtel mit Erhebungen bis 4900 Fuss hin. Grosse Flüsse fehlen. Sehr zahlreich sind salzige Seen.

Die Steppe zwischen Symferopol und Perekop hat verschiedene Vegetation, je nachdem der Boden schwarzerdig oder salzhaltig ist. Der allmähliche Uebergang findet ungefähr in der Linie Djurmenj-Juschunj statt. Der erstgenannte Boden enthält nur ca. 4—5% Humus, er ist kalkhaltig. Im April blühen auf diesem Boden (* auch auf Salzboden): *Amygdalus nana*, *Meniocus linifolius* DC., *Chorispora tenella* DC., *Sisymbrium Sophia*, *Lepidium perfoliatum* L.*, *Hesperis tristis* L.*, *Ranunculus oxyspermus**, *Ceratocephalus orthoceras* DC.*, *C. falcatus* Pers.*, *Androsace maxima* und *Cymbalaria borysthenica*. Cruciferen und Gräser überwiegen, *Stipa Lessingiana* und *St. capillata* kommen vor. Im Herbst blühen *Silene longiflora*, *Ceratocarpus arenarius*, *Hibiscus trionum* Guld, *Salsola Kali*, *Euphorbia Chamaesyce* L. und *Stipa capillata*. — Auch die Salzsteppe ist sehr kalkhaltig. *Artemisia maritima* und Salsolaceen walten vor; charakteristisch sind ferner *Halocnemum strobilaceum* M. Bieb. und an den Salzseen *Camphorosma*, *Atriplex canum* C. A. M. und *Tournefortia Arguzia* R. et Sch. — Die Halbinsel Kertsch hat meist Salzsteppe, nur im Innern etwas schwarze Erde. Im halben Juli ist die Vegetation meist ausgebräunt, *Althaea ficifolia*, *Eryngium* und *Statice* fallen auf. — Die Landzunge Arabat ist Salzsteppe mit *Atriplex canum*, *Halocnemum strobilaceum*, *Salicornia herbacea*, *Frankenia hispida* DC., *Spergula media* Pers., *Sideritis montana*. — *Peganum Harmala* kommt auf beiden Steppenböden und auf den Bergen vor; ebenso sind *Lavatera thuringiaca*, *Adonis vernalis*, *Echium rubrum*, *Phlomis pungens* und *Ph. tuberosa* zugleich Steppen- und Bergbewohner. *Veronica incana* kommt über der Waldgrenze des Tschatujrdaghs und *Stipa pennata* auf dem Ai-Petri (4052 Fuss hoch) vor. An den Grenzen kommen zwischen Steppencharakterpflanzen wie *Meniocus linifolius*, *Primula acaulis* oder *Colutea arborescens* — *Psoralea palaestina* und *Micromeria marifolia* vor.

Der nördliche Abhang des Gebirges wird durch Buchenwälder und Kräutervegetation der Thäler charakterisirt. Die ersteren bilden *Fagus silvatica*, *Quercus pedunculata*, *Cornus mas*, *Taxus baccata* und Linden kommen vor, *Betula alba* ist wohl nicht vorhanden; die letztere wird vertreten vorzugsweise (im April) von *Alliaria officinalis*, *Hesperis matronalis* L., *Scilla bifolia* L., *Galanthus plicatus* M. Bieb., *Moehringia trinervia* Clairv., *Medicago cretacea*, *Linum catharticum* L., *Medicago orbicularis* All., *Myricaria (?)*, *Crambe tartaria* Jacq. — in der zweiten Hälfte des Mai blühten in den Wäldern *Sanicula* und *Cypripedium*, Ende Juni (Tschatujrdag) *Melissa grandiflora*. — Die Hochebenen (Jaila) des Gebirges sind ohne Wälder. *Alchemilla vulgaris*, *Cerastium Biebersteinii*, *Androsace villosa* L., *Galium cruciatum*, *Asperula cretacea* sind charakteristisch; eben diese auf den Gipfeln des Tschatujrdaghs und Ai-Petri, dazu noch häufig *Draba cuspidata* M. u. Bieb.; nur auf ersterem findet sich typischer Rasen.

Am südlichen Bergabhang, dem Meeresgestade, kommen als Charakterpflanzen *Ruscus aculeatus*, *Cistus creticus* L. var. *tauricus* Dec., *Glaucium luteum*, *Capparis herbacea* Willd. (von Balaklawa bis Teodosia), *Arbutus Andrachne*, *Rhus coriaria*, *Farsetia clypeata*, *Juniperus excelsa* (von Sebastopol-Sudak) vor. *Pinus Laricio* bildet Wälder am südwestlichen Theil des Südabhanges; an den Bergflüssen wird hier *Myricaria* durch *Tamarix* ersetzt.

Steven's Verzeichniss gegenüber sind neu für die Halbinsel: *Clematis integrifolia* L., *Linum catharticum*, *Glaux maritima*, *Cymbalaria borysthenica*, *Atriplex canescens* C. A. M., *Platanthera chlorantha* Castor und *Stipa Lessingiana* Trin. et Rupr.

Bernhard Meyer.

m. Finland.

426. **Hjalmar, Hjelt.** Verzeichniss der Pflanzen Finlands mit Angabe der Grenzen der Verbreitung, sowie in welchen Provinzen eine jede vorkommt und wie selten oder häufig sie dort ist. Hin und wieder sind kleinere Notizen eingestreut. So z. B. Folgendes:

Picea excelsa Link und *P. obovata* Led. sind nicht so sehr von einander verschieden, wie viele meinten; letztere ist nur als Varietät aufzufassen. Weder die Zapfen noch deren Schuppen geben constante Charaktere zur Unterscheidung ab. Bestimmte Grenzen der beiden Formen giebt es auch nicht, obgleich die Form *ovata* überhaupt ein nördlicheres

Vorkommen hat. — Im westlichen Theil von Finland wie in Skandinavien geht die Kiefer nördlicher als die Fichte; in den Gegenden des Kola-Meeresbusen fallen ihre Verbreitungslinien fast zusammen, während die Nordgrenze der Fichte weiter nach Osten wie in Russland und Sibirien schneller abfällt, als die der Kiefer. Bemerkungen über verticale Höhe der Fichte, Ausdehnung der Fichtenwaldungen im Lande, Alter und Höhe einzelner Exemplare u. s. f. — Von Formen wurden beobachtet: f. (lusus) *virgata* Jacq., f. (lusus) *viminalis* Sparrm., f. *medioxima* W. Nyl, var. *obovata* (Ledeb.) Auct. Fenn., f. *chlorocarpa*, f. *erythrocarpa*, f. *versicolor* Wittr.

Pinus silvestris L. Die Nordgrenze ist im Zurückweichen begriffen. Der Baum ist im Lande der vorherrschende Waldbaum.

Larix sibirica Ledeb. kommt im Osten angepflanzt waldbildend vor. (40 m hohe Bäume.) Ljungström.

427. **Lindén, John** theilt mit, dass *Ballota foetida* und *Ononis repens* bei Käfsö auf dem Ballastplatze gefunden wurden.

428. **Brotherus** berichtet über die Ergebnisse der Reise längs der murmanischen Küste auf der Halbinsel Kola. Bei Gavrilova wurde *Primula stricta* var. *obesior* vielfach, und in Wiesen *Pedicularis verticillata*, auf kiesigen Feldern *Salix rotundifolia* häufig beobachtet. 10 Kilometer von Gavrilova am Flusse aufwärts wurde *Castilleja pallida* gefunden; bei Semiastrowa wurde gefunden: *Armeria arctica*, *Chrysanthemum arcticum*, *Phaca frigida*, *Koenigia*, *Carex parallela*, *C. microglochin*; auf den Inseln: *Archangelica*, *Ranunculus acris*, *Cochlearia arctica*, *Cineraria campestris*, *Rubus Chamaemorus*, *Empetrum nigrum*. Von Litsa aus ging es landeinwärts. Jenseits der hohen Sandbänke fanden sich von bemerkenswerthen Pflanzen: *Carex Buxbaumii*, *Eriophorum russeolum*, *Galium uliginosum*, *Gymnadenia conopea*, *Menyanthes*, *Veratrum*; am See Seagjaur wurden beobachtet: *Allium sibiricum*, *Antennaria dioica*, *Bartsia*, *Campanula rotundifolia*, *Hieracium*, *Solidago*, *Agrostis rubra*, *Calamagrostis lapponica*, *Carex ampullacea*, *Buxbaumii*, *capillaris*, *irrigua*, *Cerastium trigynum*, *Colpodium*, *Epilobium angustifolium*, *Eriophorum russeolum*, *Gnaphalium supinum*, *Juncus filiformis*, *Luzula arcuata*, *Menyanthes*, *Sibbaldia*, *Stellaria borealis* var. *calyculata*, *Vahlodea*, *Veratrum*, *Veronica alpina*, *Sphagnum Angstroemii* und *platyphyllum*. Am Ayrmana-See wurden gefunden: *Carex rariflora*, *saxatilis*, *Colpodium*, *Comarum*, *Eriophorum capitatum*, *russeolum*, *Nardus*, *Petasites frigida*, *Phleum alpinum*, *Ranunculus reptans*, *Sagina saxatilis*, *Sibbaldia*, *Veratrum*.

429. **Arrhenius Axel** beschreibt einige *Viola*-Bastarde, die neu für die Flora Finlands sind: *V. mirabilis* × *Riviniana* Uechtr. beim Landhoff Grelsby auf den Alands-Inseln; ebendort wächst auch *V. Riviniana* × *rupestris* Lasch., ferner auch bei Mariehamn; *V. canina* × *Riviniana* Betke ebenfalls bei Grelsby. Ferner theilt Verf. mit, dass *V. silvestris* aus der Flora Finlands zu streichen sei.

430. **Palmen, J. A.** und **Kihlmann, A. O.** berichten über ihre Reise in die Halbinsel Kola. Am Fusse der Lujauri uurt-Gebirge gedeiht eine üppige Vegetation, die durch *Dryas*, *Diapensia*, *Castilleja*, *Cineraria campestris*, *Veronica alpina*, *Ranunculus pygmaeus*, *Arenaria ciliata*, *Salix polaris*, *lanata* und *reticulata*, *Hierochloa alpina*, *Carex rupestris*, *Athyrium alpestre* und fast alle skandinavischen Saxifragen und auch durch die für die Flora Lapplands neue *Saxifraga hieraciifolia* charakterisirt ist. Die Vegetationsverhältnisse der Halbinsel Kola tragen also durchaus keinen so ausgeprägt arktischen Charakter, wie man bisher voraussetzte. Die östlichen resp. rein arktischen Elemente scheinen auf einen schmalen Streifen längs der Küste eingeschränkt zu sein.

XX. Pharmaceutisch-Technische Botanik.

Dieser Abschnitt kann erst im nächsten Jahrgang zum Abdruck gebracht werden, da der Herr Referent sein Manuscript nicht rechtzeitig zu liefern vermochte.

Autoren-Register.[1])

[1]) Die Seitenzahlen nach der II beziehen sich auf den zweiten Band.

Sach- und Namen-Register.[1])

[1]) N. G. = Neue Gattung; n. v. = Neue Varietät; P = Nährpflanze von Pilz. — Eine Anzahl Druckfehler konnte bereits im Register durch Vergleichung richtig gestellt werden; ein anderer Theil ist dem Register als Schluss angefügt.

Berichtignngen.

Bot. Jahresber. XVI, Jahrg. 1888.

1. Abtheilung.

S.	55	sub Ref.	159		statt	Rossel lies Kossel.
„	62	„ „	190		„	Bernstein lies Brenstein.
„	103	„ „	78		„	Salominn lies Saloininn.
„	308	Zeile	26	von unten	statt	cupulatum lies aureum.
„	641	„	9	„ „	„	Rosa lies Poa.

2. Abtheilung.

S.	96	sub Ref.	148		statt	Baker lies Becker.
„	96	Zeile	18	von unten	statt	Bais lies Bács.
„	103	„	5	„ oben	„	Ralfo lies Rolfe.
„	105	„	6	„ „	„	Mágors lies Mágocs.
„	105	„	23	„ unten	„	Zigas lies Zips.
„	105	„	6	„ „	„	Természettudománpi lies Természettudományi.
„	105	„	1	„ „	„	berczi lies bérczi
„	173	„	15	„ oben	„	Bock lies Buck.
„	213	„	14	„ „	„	Sau lies San.
„	213	„	22	„ „	„	Cocoma lies Caeoma.
„	213	„	20	„ unten	„	Cocoma lies Caeoma.
„	361	„	8	„ oben	„	Graccia lies Graecia.
„	361	„	8	„ „	„	Aegyptc lies Aegypto.
„	361	„	9	„ „	„	editere, R. Boser lies editore R. Buser.